I0127343

DICTIONNAIRE UNIVERSEL

DES CONNAISSANCES HUMAINES

PARIS. — TYPOGRAPHIE MORRIS ET COMPAGNIE
64, rue Amelot.

DICTIONNAIRE

UNIVERSEL

DES CONNAISSANCES HUMAINES

avec la collaboration ou d'après les ouvrages de

MM. Adde-Margras, de Nancy, Azémard, Barbot (C.), Bécherand, Becquerel, Biot, Blanc, Boitard, Bossu, Bouillet, Bourgain (E.), Bourdonnay, Brierre de Boismont, Brongniart, Castaing, Cazeaux, Champollion, Charma, Chasles (Ph.), Chomel, Conte, Cruveilher, Delecour, Delahaye, Descoings (A.), Dubocage, Desparquets, Dupasquier, Edwards (Milne), Elwart, Esquirol, Étienne (A.), Favre, Flourens, Gaillard (X.), Garnier (Ch.), Geoffroy-Saint-Hilaire, Gossart, Heinriech, Jemonville, Joisel, Jomard, Kramer, Larivière, Lagarrigue, Le Roi, Lesson, Lévy Alvarez, Louyet, Lunel mère (Mme), Menorval, Mercé, Montémont (A.), Nodier (Ch.), Rédarez, Saint-Remy, Orbigny (D'), Pariset, Payen, Pelouze, Pétron, Piorry, Prodhomme, Richard (du Cantal), Rambosson, Thénot, Valenciennes, Vallin, Yvon, etc.

SOUS LA DIRECTION DE

B. LUNEL

MEMBRE DE L'ACADÉMIE IMPÉRIALE DES SCIENCES DE CAEN,

Ancien Médecin commissionné par le Gouvernement pour l'épidémie cholérique de 1854; ex-vice-Président de la classe des Sciences à l'Académie des Arts et Métiers, Industrie, Sciences et Belles-Lettres de Paris, ancien Secrétaire général de l'Athénée des Arts; Membre honoraire et Secrétaire perpétuel de la Société des Sciences industrielles, de la Société des Sciences et des Arts, etc.; Membre de la Société des Archivistes de France; de la Société universelle des Sciences, des Lettres, des Beaux-Arts de Paris; Membre correspondant de l'Académie royale de Chambéry; de la Société universelle de Londres pour l'encouragement des Arts et de l'Industrie; de la Société d'Emulation littéraire de Joigny; de la Société de l'Union des Arts de Nancy, etc.

LAURÉAT DE PLUSIEURS ACADÉMIES ET SOCIÉTÉS SAVANTES.

Ouvrage honoré de 2 Médailles d'Or.

TOME TROISIÈME

ANCIEN COMPTOIR DES IMPRIMEURS UNIS

PARIS

ANCIENNE MAISON L. MATHIAS (AUGUSTIN)

LIBRAIRIE SCIENTIFIQUE-INDUSTRIELLE ET AGRICOLE

De LACROIX-COMON

15, QUAI MALAQUAIS

1857

DICTIONNAIRE

UNIVERSEL

DES CONNAISSANCES HUMAINES

BASSIN (marine). — Vaste enclos pratiqué auprès d'un port de mer, et qui en fait ordinairement partie, qui se remplit d'eau à volonté, et où l'on rentre les vaisseaux pour les radouber ou les réparer. Ce mot désigne plus généralement ce qu'on appelle en anglais *dock*, ou vaste bassin construit artificiellement pour y recevoir un certain nombre de vaisseaux marchands qui peuvent y séjourner, y embarquer ou débarquer leurs chargements avec plus de facilité et de promptitude que dans le port même dont dépendent ces bassins, attendu qu'il y a moins d'encombrement, qu'il s'y trouve des quais mieux construits, auprès desquels les bâtiments de toutes grandeurs peuvent aisément aborder, et où l'on trouve des grues de toutes dimensions pour enlever les plus lourds fardeaux; de vastes magasins et des hangars existent auprès des quais pour y recevoir les marchandises ou pour extraire des barques celles qui doivent servir aux chargements; enfin tout y est disposé de la manière la plus avantageuse pour faciliter et accélérer les chargements et les déchargements des vaisseaux marchands, comme dans les grands arsenaux maritimes de l'État. Ces bassins sont soigneusement gardés et entourés de murs pour la sûreté des marchandises et des navires. Les bâtiments qui y entrent et qui en font usage sont soumis à un droit très-minime, suivant leur tonnage, leur provenance et le temps plus ou moins prolongé de leur séjour. Ces bassins sont fort multipliés dans les ports de l'Angleterre; on commence à en sentir la nécessité en France. — Voy. *Docks*.

Bassin (géographie). — On appelle bassin, en géographie, l'*ensemble de toutes les pentes d'un terrain traversé par le lit d'un fleuve et de toutes les vallées qui y aboutissent*, ou bien encore l'*ensemble de tous les versants qui circonscrivent une mer intérieure* : de là deux sortes de bassins, les *bassins fluviatiles* et les *bassins maritimes*. La distinction des bassins est une des grandes bases de l'enseignement philosophique de la géographie. Le savant d'Avezac a présenté les considérations suivantes sur l'origine des bassins[1] : Aux premiers temps de sa formation, la masse terraquée, roulant incandescente dans l'espace, revêtait, sous la pression des lois de la gravitation universelle, la forme sphéroïdale qui lui est restée; un refroidissement graduel concrétait successivement, des pôles à l'équateur, la pâteuse fluidité des couches minérales, et cette cristallisation homogène offrait une surface unie sur laquelle se condensaient les eaux jusqu'alors suspendues dans l'atmosphère : il n'y eut ainsi d'abord qu'une seule mer enveloppant le globe tout entier, et déposant par assises, sur l'écorce plutonienne, les sédiments terreux qu'elle tenait dissous. Mais quand l'inégalité

[1] *Encycl. nouv.*, t. II, p. 474.

de retrait de la croûte refroidie à l'égard des couches inférieures eut forcé la pellicule externe à se rider, se ramasser en plis, se soulever, s'affaisser, se tourmenter de mille manières, comme le constate la diversité d'inclinaison des roches stratifiées, l'écorce solide n'offrant plus la symétrie d'un sphéroïde régulier, la mer ambiante alla combler de sa masse fluide les dépressions qui altéraient la forme primordiale, laissant à découvert une quantité de terres égale au volume de liquide que ces dépressions absorbaient.

Mais pour s'écouler entièrement en un seul océan, il fallait que les eaux trouvassent, au-dessous de leur niveau, des routes convergentes vers un grand réservoir commun; il n'en fut point complétement ainsi : au milieu des terres émergées, des dépressions plus ou moins vastes, plus ou moins profondes, conservèrent des portions plus ou moins considérables de l'ancienne enveloppe liquide, et formèrent autant de réservoirs diversement étagés et de grandeurs diverses, depuis celle d'un simple étang jusqu'à celle d'une mer. Les circonvallations naturelles qui fermaient ces réservoirs vinrent quelquefois à se rompre, ouvrant ainsi un détroit à travers lequel les eaux purent s'échapper d'un réservoir supérieur vers un réservoir inférieur, et c'est ainsi que d'étage en étage le trop plein des méditerranées se fraya passage jusqu'à l'océan. Mais d'autres lacs, d'autres mers intérieures demeurèrent isolés, comme la Caspienne, dont le nom est quelquefois appellativement appliqué aux grands amas d'eau de cette catégorie.

Il y eut ainsi à la surface du globe, d'une part un océan ou grande mer ambiante, avec ses golfes et ses méditerranées, d'autre part des caspiennes et des lacs.

Les eaux météoriques, que dans le principe l'atmosphère rendait immédiatement à la mer primitive, ne retournèrent plus exclusivement d'une manière directe aux réservoirs entre lesquels la masse des mers était distribuée; elles retombèrent en partie sur les terres émergées, et recueillies dans les sillons, dans les rides de la surface, elles descendirent en filets, en ruisseaux, en torrents, en rivières, en fleuves, aux réservoirs vers lesquels convergeaient les pentes respectives. Et il y eut à distinguer alors des eaux stagnantes occupant les réservoirs, et des eaux courantes s'allant verser et perdre dans les premières.

Alors l'océan, les méditerranées, les caspiennes et les lacs, les uns stagnant d'une manière absolue dans leurs réservoirs, les autres y oscillant en marées ou en seiches, eurent autour d'eux, comme dépendance de leur domaine respectif, l'ensemble des pentes sillonnées par les eaux courantes tributaires de chacun d'eux; ainsi furent constitués les bassins océaniens, méditerranéens, caspiens et lacustres.

Mais la perception de ces grands traits de l'aspect physique du globe a été le dernier terme d'une synthèse graduelle qui d'observations en observations a conduit l'esprit humain aux idées d'ensemble, comme la gravitation conduit de pente en pente le filet au ruisseau ou à l'étang, le ruisseau à la rivière ou au lac, la rivière au fleuve ou à la caspienne, le fleuve à la méditerranée ou à l'océan; et l'esprit humain, lent à généraliser, conçut par degrés le bassin du ruisseau comme celui de l'étang, le bassin de la rivière ou du fleuve comme celui du lac ou de la caspienne, avant qu'une perception moins incomplète lui fît reconnaître dans les uns des individualités indépendantes, quel que fût leur ordre de grandeur, dans les autres des fractions subordonnées d'étage en étage à l'unité fondamentale. Les bassins de cette seconde catégorie, désignés dans leur ensemble sous la dénomination de *bassins fluviatiles*, attendent encore une nomenclature de détail que le lieutenant-colonel Denaix a tentée chez nous, mais que la capricieuse exigence des oreilles françaises n'a point encore admise; la première catégorie, au contraire, a une nomenclature de détail et manque d'une dénomination générale, puisque celle de *bassins maritimes* laisse en dehors les bassins lacustres.

Quant aux bassins fluviatiles, leur constitution respective les sépare en deux classes qu'il est important de distinguer, autant à cause de leur aspect dissemblable qu'à raison de la différence de leur origine; les uns sont des gorges, des vallons et des vallées, proprement dites, résultant soit des ondulations, des plissements ou des déchirures de l'écorce terrestre, soit de l'érosion uniforme et continue des eaux courantes; les autres présentent un ou plusieurs cirques, anciens bassins lacustres, dont une déchirure abrupte ou un effort prolongé de la masse des eaux a procuré l'ouverture et l'épanchement vers des bassins ou des réservoirs inférieurs; quelquefois ce sont des chaînes de lacs se déversant successivement les uns dans les autres; et cette disposition demeure frappante alors même que le sillon des eaux s'est abaissé au-dessous du fond de ces lacs desséchés.

Je ne sais s'il n'y a point à tenir un compte tout spécial de cette classe de bassins fluviatiles; n'est-ce point en effet, sous de moindres proportions, l'image exacte des méditerranées? Est-ce autrement que du Palus-Méotide au Pont-Euxin, du Pont-Euxin à la Propontide, de la Propontide à la mer Egée, puis à celle de Libye, ensuite à celle des Baléares, et de là à l'Océan, les eaux, rompant leurs circonvallations primitives, se sont écoulées à travers une série de détroits jusqu'au dernier réservoir? Les lacs Supérieur, Huron, Erié, Ontario, se succèdent-ils autrement jusqu'à leur décharge, par le Saint-Laurent et son golfe méditerrané, dans le réservoir océanique? Il semble donc qu'entre les bassins fermés, soit maritimes soit lacustres, et les bassins fluviatiles proprement dits, il y ait lieu d'établir une catégorie intermédiaire des bassins dont la constitution complexe présente des formes soit actuellement soit originellement maritimes ou lacustres, en même temps qu'elle subit la loi de dépendance de tout bassin ouvert à l'égard du réservoir définitif auquel il aboutit. Ainsi se détacheront de la première catégorie les bassins méditerranéens, pour former dans cette nouvelle classe une division prochaine de celle où seraient compris les bassins à cirques et étranglements alternatifs, détachés de la seconde catégorie.

Ce n'est point une futile minutie qui nous porte à établir cette triple classification; la théorie des bassins a les plus intimes liaisons avec celles des reliefs terrestres, et les lois de corrélation mutuelle sont diverses pour chacune de ces trois grandes coupes.

Il est évident que la gravitation qui entraîne les eaux vers le réservoir où elles portent leur tribut leur assigne une marche telle que la ligne de leur passage est toujours celle de plus grande pente entre le point de départ et celui d'arrivée : c'est donc un principe incontestable que le cours des eaux est la mesure certaine et l'indicateur le plus sûr des reliefs généraux du terrain. Mais il serait absurde de conclure de ceux-ci aux culminances accidentelles, et de l'ensemble aux cas exceptionnels : ainsi le chevet d'une vallée appartient nécessairement à un système de reliefs d'un ordre supérieur à celui des reliefs latéraux; mais il arrivera fréquemment que ce chevet, considéré isolément, sera bien moins élevé que les contre-forts subordonnés au faîte principal dont il est lui-même une portion; il suffit que le point inférieur de la courbe concave qu'il décrit soit en même temps le plus élevé de la courbe convexe tracée de part et d'autre par le thalweg d'écoulement des eaux : c'est sur de tels chevets que passent d'ordinaire les grandes routes entre deux versants opposés, ou que s'établissent les biefs de partage des canaux de communication entre deux bassins. Il arrivera de même que dans un bassin primitivement lacustre ou maritime, la rupture des circonvallations se sera opérée ailleurs que dans les parties les moins élevées, et dans tous les cas, au surplus, le déversoir conduira les eaux à travers des digues rompues toujours plus hautes que le fond du réservoir qu'elles contenaient.

Ainsi, dans les bassins fermés, des reliefs continus envoient, de tous les points de la périphérie, des eaux convergeant vers le réservoir central; dans les bassins fluviatiles, des reliefs parallèles tracent dans leur intervalle le chemin des eaux courantes; dans les bassins à étranglements, des reliefs se présentent transversalement aux cours d'eau en leur livrant passage par d'étroites ouvertures.

Les reliefs qui circonscrivent d'une manière plus ou moins complète un bassin quelconque tracent, entre celui-ci et les bassins voisins, une limite mitoyenne qui a reçu le nom de *ligne du partage des eaux*. Cette ligne (que trop souvent des géographes inattentifs ont considérée comme une crête montagneuse ininterrompue) tire son degré d'importance de celui des bassins dont elle tranche la séparation; et comme tous les bassins ouverts, tributaires immédiats ou éloignés d'un même bassin, sont, comme nous l'avons déjà remarqué, subordonnés à l'unité fondamentale constituée par leur ensemble, il en résulte que les lignes primordiales de partage des eaux forment la limite mutuelle des bassins fermés; que les lignes les plus importantes sont ensuite celles qui séparent entre eux les bassins ouverts les plus vastes, tels que ceux du grand Océan, de l'Atlantique et de l'océan Arctique, grandes divisions de l'unique Océan ambiant, susceptibles à leur tour de subdivisions marquées par des lignes de partage d'un ordre immédiatement inférieur; et c'est ainsi que s'établit par échelons un système de dépendance successive de toute portion de la surface terrestre à l'égard d'une portion plus grande, de manière à lier de proche en proche la partie au tout et le tout à la partie.

Cette théorie de la distribution du globe par grandes régions physiques constituant des bassins de divers ordres a rendu célèbre le nom de Philippe Buache, qui, vers le milieu du siècle dernier, exposa à l'Académie des sciences un singulier système de continuité des chaînes montagneuses, au moyen de prolongements sous-marins, et prétendit déterminer la loi de leurs directions, établissant de grandes chaînes dans le sens des méridiens et des parallèles, puis des montagnes de revers séparant entre eux les fleuves originaires de ces grandes chaînes, et se ramifiant elles-mêmes en montagnes côtières.

Mais si Buache a fait abus d'une théorie dont les applications étaient d'ailleurs fort difficiles de son temps, le principe qu'il avait entrevu a été plus nettement posé et développé avec une haute justesse dans les considérations de géographie militaire du général Vallongue, et surtout de M. Allent; et le lieutenant-colonel Denaix a tenté d'en faire la base d'un enseignement géographique complet.

Certes, nul autre grand trait, dans la configuration extérieure du globe, ne pouvait servir plus heureusement à former des coupes naturelles et successives des terres et des eaux par régions bien déterminées; régions qui ont le précieux avantage de présenter simultanément dans leur aspect, dans leur constitution physique, dans leurs productions naturelles, un tout homogène. Ainsi, l'Europe méridionale et le nord de l'Afrique présentent, sur les pentes convergentes qui descendent à la Méditerranée, des eaux qui gravitent ensemble vers un même réservoir, des strates rocheuses déposées de part et d'autre par les mêmes ondes, une végétation absolument semblable, les mêmes races d'animaux; et l'homme lui-même, Grec, Latin, Franc ou Ibérien, n'a-t-il pas occupé la plage africaine, comme l'Égyptien, l'Arabe et le Berber ont foulé les terres européennes du littoral voisin?

Les lignes du partage des eaux semblent, au contraire, trancher une vive démarcation entre des pentes opposées, des fleuves qui se fuient, des terrains hétérogènes, des climats différents et des races diverses. Les nations germaniques qui se sont répandues sur les deux rives du Rhin fougueux n'ont point franchi la crête des Vosges et du Jura. (*D'Avezac.*)

BASSINOIRE. — Ustensile de cuivre ressemblant assez à une large casserolle recouverte d'un couvercle percé de petits trous, et emmanché d'un long manche de bois, dans lequel on place de la braise bien allumée. On s'en sert pour chauffer un lit, en la promenant entre les draps. « Il y a des bassinoires qu'on suspend dans une petite cage de bois garnie de tôle par-dessus et par-dessous, haute d'environ 40 centimètres; cette cage porte le nom de *moine*. Ces sortes de bassinoires ont plus d'un inconvénient; outre le danger du feu qui peut se communiquer aux draps, elles donnent une chaleur sèche, plus nuisible que bienfaisante au corps, et accumulent dans le lit des gaz malsains. Elle est remplacée avantageusement par la *bassinoire à eau bouillante*, inventée par les Anglais et nommée par eux *warmingpau*. Cette bassinoire présente dans sa forme un bassin d'étain d'environ 40 centimètres de diamètre, sur 12 ou 15 d'épaisseur au centre, s'aplatissant vers les bords; il est hermétiquement fermé par un couvercle adhérent. On ne peut mieux comparer cet ustensile qu'à une lentille. Dans un trou à écrou pratiqué sur une partie quelconque du bord, on fait entrer un manche de bois armé, à son extrémité, d'une vis du même métal. Pour emplir d'eau la bassinoire, on dévisse le manche et l'on emplit la bassinoire par le trou de l'écrou. Pour chauffer ensuite le lit, on promène la bassinoire entre les draps, comme on fait de la bassinoire ordinaire, ou on la suspend au moine. »

Fig. 1. — La Bastille.

BASSON (musique). — Instrument de musique à vent et à anche, qu'on peut considérer comme formant la basse de la flûte et du hautbois. Il se compose de plusieurs pièces de bois qui s'emboîtent les unes dans les autres et forment ensemble un tube long d'environ 1 mètre 33 centimètres. L'anche se place à l'extrémité d'un tube courbe de cuivre, qui est ajusté vers la partie supérieure de l'instrument. De tous les instruments à vent, c'est celui dont le son grave, plein et harmonieux, imite le plus la voix humaine. Le basson parcourt trois octaves et demie, depuis le *si* bémol grave au-dessous de la portée, et, comme il procède par demi-tons, tous les tons lui conviennent. On se sert encore du basson dans les théâtres et dans l'harmonie militaire; mais le trombone et surtout l'ophicléide l'ont fait un peu oublier.

BASTILLE [radical celtique *bast*, fort, château]. — Nom donné au moyen âge à un petit château flanqué de tours ou tourelles, placé en avant d'une ville pour la protéger contre les attaques de l'ennemi. Mais on a donné plus tard ce nom à une forteresse située à l'extrémité de la rue Saint-Antoine, et qui doit être envisagée sous le double rapport de place forte et de prison d'État. — Comme place forte, la Bastille se composait de huit grosses tours réunies ensemble par des massifs d'une égale dimension. La version la plus commune prétend que Hugues Aubriot, prévôt de Paris, en posa la première pierre le 22 avril 1371, sous le règne de Charles V; mais d'autres faits apprennent que cette forteresse, destinée à s'opposer aux incursions des Bourguignons, existait longtemps auparavant. Les fortifications de

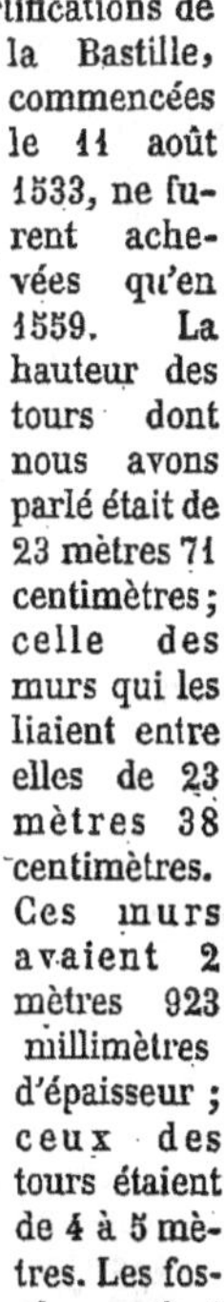

la Bastille, commencées le 11 août 1533, ne furent achevées qu'en 1559. La hauteur des tours dont nous avons parlé était de 23 mètres 71 centimètres; celle des murs qui les liaient entre elles de 23 mètres 38 centimètres. Ces murs avaient 2 mètres 923 millimètres d'épaisseur; ceux des tours étaient de 4 à 5 mètres. Les fossés avaient 12 mètres 993 millimètres de large; une partie existe encore. Les propriétaires des maisons furent taxés, pour cette dépense, de 4 à 24 livres tournois. — Sous Henri IV, le trésor royal était gardé à la Bastille. Selon Sully, il y avait, en 1604, sept millions d'or dans cette forteresse, et en 1610, *quinze millions huit cent soixante-dix mille livres d'argent comptant*, *outre dix millions qu'on a tirés pour bailler au trésorier de l'épargne*. Toutes les dépenses de l'État étaient payées exactement; on ne connaissait pas d'arriéré : tel était le résultat d'une bonne administration.

M. E. Mongin a résumé ainsi l'histoire de la Bastille, considérée comme prison d'État :

« L'histoire de la Bastille, prison d'État, comprendrait, à la rigueur, tout le mouvement intellectuel

... politique de la France. Dans ses cachots ont comparu tour à tour Hugues Aubriot lui-même, le prévôt des marchands, fondateur de la Bastille, qui expia, dans une détention perpétuelle, jeûnant au pain et à l'eau, sa prétendue hérésie et ses relations d'amour avec une Juive; et Jacques d'Armagnac, duc de Nemours, en 1475; et tant de hauts et puissants barons au temps de Louis XI et de Richelieu. Là ont comparu le maréchal de Biron, et Fouquet, le surintendant des finances, et les empoisonneurs de qualité sous Louis XIV. Les dernières résistances de la féodalité et de l'aristocratie sont allées mourir là; ensuite, c'est le tour du peuple. Lors de la révocation de l'édit de Nantes, la Bastille s'encombra de protestants. Là ont été ensevelis les jansénistes et les convulsionnaires de Saint-Médard, et la pauvre épileptique Jeanne Lelièvre, accusée de convulsions, et le vieillard plus que centenaire, avec la petite fille de sept ans! Là a souffert jusqu'à l'échafaud le brave gouverneur de l'Inde Lally, coupable surtout d'offense envers les courtisans. Là est entré un beau jour tout le conseil supérieur du Cap, enlevé, conseillers et greffier, en pleine audience par l'ordre du gouverneur de Saint-Domingue, et expédié sur un vaisseau pour la Bastille. Là ont souffert le savant Lenglet-Dufresnoy et Voltaire, et puis Linguet sous le règne de Louis XVI, aux approches de la révolution! Et ces hommes étaient jetés là sur une simple lettre de cachet; ils étaient jetés là sans être entendus, sans qu'on leur notifiât le prétexte de leur incarcération, et ils y languissaient au secret le plus sévère, sans que leur voix pût arriver jusqu'à personne et que personne pût s'assurer de leur existence, livrés sans recours aux brutalités des geôliers, aux fausses nouvelles dont on se faisait un jeu de leur torturer l'âme! Il n'y avait là pour eux ni juges ni jugement; c'était une main sourde qui s'appesantissait sur eux, bâillonnés, et ne se retirait qu'à son plaisir. S'ils mouraient, c'était une chute silencieuse dans l'abîme; nul ne pouvait s'assurer de leur mort. Le régime intérieur de la Bastille nous est assez bien connu par divers mémoires écrits au sortir de captivité. Nous voulons bien que dans ces récits l'on fasse une part aux hallucinations de la souffrance et aux justes ressentiments; mais les faits précis où tous s'accordent, qui peut les démentir? Il suit de ces faits, dûment rapportés, que la Bastille était un lieu atroce, et que le condamné du parlement dormait sur une couche de roses en comparaison des prisonniers du roi. « Pendant les sept ans que j'ai passés à la Bastille, écrit Pélissery, je n'y avais point d'air durant la belle saison; en hiver, on ne me donnait pour réchauffer ma chambre glaciale que du bois sortant de l'eau. Mon grabat était insupportable, et les couvertures en étaient sales, percées de vers. Je buvais ou plutôt je m'empoisonnais d'une eau puante et corrompue. Quel pain et quels aliments on m'apportait! des chiens affamés n'en auraient pas voulu. Aussi mon corps fut-il bientôt couvert de pustules; mes jambes s'ouvrirent; je crachai le sang et j'eus le scorbut. » Les cachots ne recevaient l'air et le jour que par un étroit soupirail, pratiqué dans un mur de cinq mètres et traversé d'un triple rang de barreaux qui ne laissaient entre eux que des intervalles de deux pouces. Les plus belles journées ne laissaient transpirer jusqu'au détenu qu'une faible lumière. « En hiver, ces caves funestes sont des glacières, parce qu'elles sont assez élevées pour que » le froid y pénètre; en été, ce sont des poêles humides où l'on étouffe, parce que les murs sont » trop épais pour que la chaleur puisse les sécher. » Il y en a une partie, et la mienne est de ce nombre, » qui donnent directement sur le fossé, où se dégage » le grand égout de la rue Saint-Antoine; il s'en » exhale une infection pestilentielle qui, engouffrée » dans ces *boulins* que l'on appelle chambres, ne se » dissipe que très-lentement. C'est dans cette atmosphère qu'un prisonnier respire; c'est là que, pour » ne pas étouffer entièrement, il est obligé de passer » les jours et souvent les nuits, collé contre la grille » intérieure du soupirail, par lequel coule jusqu'à » lui une ombre de jour et d'air; mais il ne réussit » bien souvent qu'à augmenter autour de lui la fétidité qui le suffoque. » (*Mémoires de Linguet.*) Un détenu, du nom de Pizzoni, demandait à écrire au lieutenant de police, ce qui ne s'obtenait point aisément; il fit solliciter en même temps la faveur d'être rasé. On trouve écrit de la main du lieutenant de police, en marge de la requête : « Je veux bien qu'on » le rase et qu'il m'écrive. *Ce 3 juin* 1756. » Voici, dit le bon Dussaulx, un billet lamentable qui m'a empêché de dormir pendant deux nuits; il est daté du 7 octobre 1752 : « Si, pour ma consolation, monseigneur voulait m'accorder, au nom de la sainte » Trinité, la grâce que je puisse recevoir des nouvelles de ma chère femme, *seulement son nom sur* » *une carte*, pour me faire voir qu'elle est encore au » monde, ce serait la plus grande consolation que » je puisse jamais recevoir, et je bénirais à jamais » la grandeur de monseigneur. » Point de réponse! (Dussaulx.) Une autre fois, le major de la Bastille écrivait au lieutenant de police, 13 septembre 1771 : « La tête du sieur de la Rivière est toujours fort » échauffée, et je commence à désespérer que sa » pauvre tête puisse guérir sans qu'on lui fasse le » remède... » On lit en marge cette apostille : *à pendre.* (Dufey de l'Yonne, *Histoire de la Bastille.*) Qu'étaient donc ces hommes que l'on torturait ainsi indistinctement? Sur les registres de la Bastille, on a trouvé pour motifs d'emprisonnement les notes suivantes : Il a l'esprit dérangé. — C'est un fou mélancolique. — Il prétend être le prophète Énoch. — Ont été renfermés les nommés : Richard, pour recherche de trésors; François Davant, pour fait de quiétisme; Roland, parce qu'il voulait se donner au diable..... (Dussaulx.)

Ainsi la Bastille, après avoir triomphé de la féodalité et de l'aristocratie factieuse de Louis XIII, se tourna contre le peuple; et, dans cette lutte inégale, la Bastille fut vaincue et renversée. Le 14 juillet, le peuple de Paris, se voyant cerné par trente mille hommes, s'insurge et prévient l'attaque en s'élançant à la Bastille; le soir, après un combat héroïque, la place fut emportée, et l'on commença de la démolir sur-le-champ.

Quelle que fût d'ailleurs la douceur naturelle de Louis XVI, la Bastille, de son temps, ne reçut aucun adoucissement. Et pourtant les mœurs d'alors étaient indulgentes et molles, et la philosophie avait répandu dans l'atmosphère un parfum d'humanité que tous respiraient avec enivrement! »

A l'histoire de la Bastille se rattache l'histoire du *Masque de Fer*. Aux précautions minutieuses et sévères qu'on prit pour cacher la condition de cet homme, on peut croire que la découverte de son rang pouvait occasionner de grands troubles politiques, et peut-être même révéler les droits d'un autre au trône de France. Élevé d'abord par une dame *Péronette*, il avait été remis ensuite par le cardinal Mazarin à un gentilhomme dont il ignorait le nom, mais qui lui fit donner une brillante éducation. Enfermé au château de Pignerol en 1666, il fut transféré, en 1686, à l'île Sainte-Marguerite, où le gouverneur Saint-Mars avait reçu l'ordre de lui faire construire une prison particulière. Conduit en litière, par le même gouverneur, à la Bastille (1698), il communiquait rarement avec les étrangers, et eut toujours un masque de velours noir sur la figure. Il mourut le 19 novembre 1703, et fut enterré sous le nom de *Marchiali*, dans le cimetière de l'église Saint-Paul. Sa tête fut coupée et mutilée; les murs de sa prison furent décrépis et fouillés; son linge, ses habits, ses meubles et tout ce qui avait servi à son usage fut brûlé. Vainement les historiens ont regardé le Masque de Fer comme étant le duc de *Beaufort* (François de Vendôme), le comte de *Vermandois*, le duc de *Montmouth*, *Don Juan de Gonzague*, *Fouquet*, secrétaire du duc de Mantoue, *Avédic*, patriarche d'Antioche; toutes ces conjectures nous prouvent que le nom et la qualité de cette victime politique seront toujours enveloppés d'un voile impénétrable. On croit généralement que le Masque de Fer était un frère jumeau de Louis XIV.

La prise de la Bastille a été célébrée comme la première époque de la Révolution. Chaque année, l'anniversaire était un jour de fête nationale. Le premier anniversaire (1790) fut une solennité sans exemple : des députations de toutes les contrées de la France, gardes nationales, troupes de ligne, Assemblée nationale, le roi, toute la cour, une population immense, prononcèrent spontanément le serment de *vivre libre ou mourir !*

TESSON DE LA ROCHELLE.

BASTION (art militaire). — Ouvrage qui fait saillie sur l'enceinte de la place, quoiqu'il fasse corps avec elle. Sa forme est à peu près celle d'un pentagone qui se compose de deux faces formant un angle saillant sur la campagne et de deux flancs ou côtés qui descendent presque perpendiculairement de l'extrémité postérieure des faces à la muraille ou enceinte. « L'espace qui se trouve entre les deux flancs, là où ceux-ci se joignent à l'enceinte, s'appelle *gorge*. Tout l'espace renfermé entre les faces et les flancs s'appelle *terre-plein*, et la ligne droite qui divise le bastion en deux parties égales, à partir de l'angle formé par les faces, est ce qu'on nomme la *capitale*. On désigne encore par le nom d'*angle flanqué* l'angle saillant des faces; *angle de l'épaule*, celui qui est formé par un flanc et une face; *angle du flanc*, celui qui est formé par un flanc et la courtine. La *courtine* est la portion de l'enceinte à laquelle tient le bastion. Le tracé d'un bastion doit être tel qu'il n'y ait aucune partie de l'enceinte d'une place qui ne soit vue et défendue de quelque autre. » Les opinions sont partagées sur l'origine des bastions, qui toutefois ne remonte pas au delà de 1500. Quelques auteurs en font honneur à Zisca, chef des Hussites, qui en avait fortifié Tabor. Folard l'attribue à Achmet-Pacha, qui en fit construire à Otrante, en 1580, après s'être emparé de cette place. Maffei en réclame l'invention en faveur d'un ingénieur de Vérone, nommé San-Micheli, qui en construisit pour fortifier cette ville.

BASTONNADE. — Peine anciennement appliquée aux esclaves. Elle était aussi infligée aux soldats romains. « Selon Pline, la simple bastonnade devait être soigneusement distinguée du supplice des bâtons, *fustuarium*. La mort devait être le résultat de ce dernier supplice, infamant de sa nature. La bastonnade est encore appliquée aux infortunés esclaves des colonies espagnoles, et aux misérables soldats de l'Autriche et de la Russie. En Russie, une politique aussi intéressée que cruelle a aboli la peine de mort, et, par une contradiction barbare, a maintenu cet affreux supplice, qui se termine presque toujours par la mort du patient. Il y a peu de temps, les journaux ont raconté les détails du supplice infligé à quatre soldats russes, condamnés à recevoir neuf mille coups de bâtons. Ils devaient en recevoir trois mille par jour. Le premier jour, une seule victime mourut; le second, deux succombèrent; le quatrième soldat survécut un jour aux neuf mille coups reçus! Ce qu'il y a d'atroce dans ce supplice, c'est la transformation en bourreaux d'infortunés soldats, contraints, sous l'œil des officiers, de frapper, de mutiler, de tuer. » La bastonnade n'avait rien de déshonorant chez les anciens, non plus que de nos jours chez les Chinois et les musulmans. Ces derniers l'appliquent sous la plante des pieds; tous les autres peuples l'administrent sur le dos. — Les Romains appliquaient la bastonnade à leurs soldats aussi bien qu'à leurs esclaves; les Allemands et les Anglais ont conservé en partie cet usage. Cette punition corporelle est depuis longtemps rayée de nos codes.

BATAILLE (art militaire). — Dans les derniers temps de l'antiquité, l'on désignait sous le nom de *batualia*, le lieu de combat des gladiateurs; de là l'espagnol *batalla*, escrime, et l'italien *bataglia*, d'où Ducange fait venir notre expression *bataille*. Tous ces mots dérivaient du bas latin *battuere*, battre, *batalare*, combattre, dont l'origine doit se chercher dans les anciennes langues germaniques; la souche s'en est conservée dans l'anglais *beat*, qui présente le même sens. Le mot *bataille* a eu successivement plusieurs significations. Au moyen âge, il indiquait générarement un corps d'armée; ainsi l'on disait : la bataille des Croisés; celle des Sarrasins. Villehardouin l'emploie pour *bataillon*; sous Philippe le Bel, il a désigné un *camp*; ailleurs, une ligne déployée : *être en bataille*. Enfin, c'est au temps de Louis XI qu'on lui voit prendre le sens de combat.

De tous les événements, de tous les faits dont l'exécution dépend des forces et de la volonté de l'homme, il n'en est pas un seul qui ait, au même degré qu'une bataille, le pouvoir de s'emparer de l'imagination, de provoquer l'admiration et l'enthousiasme. C'est qu'une grande bataille devant être le but final, le dénoûment et le résultat des opérations stratégiques et tactiques d'une campagne, exige, de la part du général, la mise en œuvre de l'ensemble le plus puissant et le plus complet des qualités brillantes et solides de l'esprit humain; de la part de l'armée, l'effort le plus considérable qu'une réunion d'hommes puisse fournir; c'est qu'elle décide du sort des empires, de l'existence des nations, de leurs intérêts les plus précieux, de l'honneur, de la liberté, de la vie; c'est qu'elle offre une vaste scène au déploiement des facultés les plus merveilleuses, le courage, la décision, le dévouement, le mépris de la mort; c'est qu'elle est la suprême manifestation de la force, qui, en définitive, régit le monde; c'est, enfin, que le bruit du canon, comme celui du tonnerre, fait tressaillir le cœur, que l'odeur de la poudre enivre, que la vue du sang enflamme, et que, faibles ou forts, audacieux ou timides, un instinct secret nous dit à tous que là est la plus sublime expression de grandeur, de puissance et de gloire!

L'histoire le démontre : là où tous les autres souvenirs se sont effacés, où toutes les gloires, les grandeurs se sont éteintes, la mémoire des batailles subsiste toujours, et c'est souvent le seul vestige qui nous reste encore des âges qui ne sont plus. Dieu lui-même a été surnommé le dieu des batailles; et le héros que la victoire favorisa obtint toujours le premier rang dans l'estime des hommes. C'est de là que sortent les fondateurs des empires et, souvent aussi, les bienfaiteurs de l'humanité : nous le prouverons ailleurs. La philosophie peut en gémir, mais le fait existe, et l'assentiment unanime de l'humanité dans tous les siècles ne permet pas de le révoquer en doute.

En présence d'un sujet aussi important, sachant les connaissances variées et profondes qu'il exige, et les talents supérieurs dont il a exercé les recherches, nous nous faisons un devoir de déclarer, en commençant, que nous n'entendons y apporter aucune vue qui nous soit propre, nous bornant à suivre fidèlement les autorités les plus graves, surtout Napoléon, Frédéric et Jomini.

Entre *bataille* et *combat*, il existe la même différence qu'entre les mots latins *pugna* et *prœlium*; l'un signifie engagement général de deux armées, l'autre n'est qu'une rencontre partielle se rattachant quelquefois à une action d'ensemble; ainsi une bataille peut renfermer plusieurs combats. D'où la définition de Jomini : « Les grandes batailles sont le choc définitif de deux armées qui se disputent de grandes questions de politique et de stratégie. Mais cette énonciation incomplète ne s'applique pas à tous les cas, et l'on doit préférer celle-ci tirée de Bardin : « Rencontre préparée dans un but plus ou moins décisif, conduite par les généraux en chef, et exécutée par l'ensemble des deux armées. » Il se peut que l'une des deux armées ne soit pas au complet, mais alors c'est la faute du général, le premier principe de la guerre étant « de réunir toutes ses forces pour l'action. » (Napoléon et Frédéric.)

Bataille rangée. — Autrefois, on entendait par là une action où l'on combattait méthodiquement. Au dix-septième siècle, quelques écrivains désignaient ainsi l'engagement comprenant l'avant-garde, le corps de bataille et l'arrière-garde réunis méthodiquement en échiquier. Maintenant, l'épithète *rangée* n'ajoute rien à l'idée de la bataille : si l'action n'est pas générale, il n'y a qu'un combat; si la méthode fait défaut, c'est une bataille mal conduite.

Bataille décisive. — Toutes les batailles ont un but décisif, dans l'esprit de celui qui attaque, soit qu'il s'agisse de terminer la guerre ou la campagne d'un seul coup, soit que l'on veuille devenir maître d'une position importante, faire lever un siége ou clore une série d'opération. Du reste, peu de batailles ont réellement un caractère décisif, et ce dernier dépend très-souvent des bonnes dispositions qui sont adoptées après la victoire.

Bataille stratégique. — C'est celle qui est livrée en vue d'un point objectif; on appelle ainsi le point qui est le but de la campagne, savoir : la capitale ou la province militaire qu'il s'agit d'occuper ou de couvrir, parce que du succès de l'opération dépend l'issue de la campagne et même celle de la guerre. Sébastopol était le point objectif de la guerre de Crimée; si la victoire de l'Alma nous eût assuré la possession de cette ville, cette affaire aurait été une bataille stratégique. Plusieurs des batailles de Napoléon offrent ce caractère; d'un coup, il ruinait l'armée ennemie ou s'emparait de la capitale, comme à Castiglione, Rivoli, Marengo, Austerlitz, Iéna, la Moskowa. « Ce fut là, dit Jomini, le mérite le plus incontestable de Napoléon. Rejetant les vieilles routines qui ne s'attachaient qu'à la prise d'une ou deux villes, ou à l'occupation d'une province limitrophe, il parut convaincu que le premier moyen de faire de grandes choses était de s'appliquer surtout à disloquer et ruiner l'armée ennemie, certain que les Etats ou les provinces tombent d'eux-mêmes quand ils n'ont plus de forces organisées pour les couvrir. »

Le succès devant être le but de toute action de guerre, il convient d'examiner quelles causes l'amènent. Jomini les dénombre ainsi : « L'espèce d'ordre de bataille adopté, la sagesse des mesures d'exécution, le concours plus ou moins éclairé des lieutenants-généraux, la cause de la lutte, l'élan, les proportions et les qualités des troupes, la supériorité en artillerie ou en cavalerie et leur bon emploi, mais par-dessus tout l'état moral des armées et même des nations. » Cette nomenclature est complète; il suffira de la développer dans un ordre méthodique et d'y introduire quelques subdivisions pour en faciliter l'intelligence.

Cause de la lutte, état moral de la nation. — On ne saurait nier l'influence de ces circonstances générales; on en a vu la preuve pendant la première révolution : la France entière, se levant pour défendre la patrie menacée, a porté ses armes dans toute l'Europe. Mais ce résultat n'a été atteint que lorsqu'elle a été bien commandée; et si la sainteté de la lutte et le dévouement des populations est un important accessoire, ils ne dispensent pas des autres conditions plus essentielles de la guerre. Que de pays conquis, de nationalités détruites, d'empires renversés, malgré un amour ardent de la liberté, des croyances profondément enracinées et les prodiges d'une valeur héroïque ! La conquête des Gaules par César, les guerres des Anglais en France au moyen âge, la destruction du royaume de Pologne, la soumission de l'Algérie et mille autres exemples le démontrent. Dans tous les cas, ces sentiments sont de précieux éléments de succès; et, s'il ne dépend pas du général en chef de les créer, il lui appartient du moins de les entretenir dans ses troupes par son exemple et ses proclamations.

Etat moral de l'armée. — Telle a été la principale condition de la victoire dans un grand nombre de guerres, celle de la Crimée entre autres. Elle tient à de nombreux motifs :

Les sentiments généraux dont nous avons traité au paragraphe précédent; mais, à la rigueur, on peut y suppléer : les Suisses au service de la France, les soldats de toute nation des armées de Frédéric, les Italiens sous l'Empire étaient parfaitement dévoués;

La confiance dans le général en chef;

La discipline parfaite, les soins apportés au bien-être de la troupe;

L'organisation bien entendue des services administratifs, surtout en ce qui concerne les vivres, les fourrages et les hôpitaux;

La conviction d'une supériorité relative : un premier succès est le gage des suivants. Au contraire, on doit éviter de nouvelles rencontres après un revers, ou du moins s'assurer, en ce cas, de la probabilité de la réussite par le nombre, la supériorité des armes et de la position. Avec des troupes découragées, on temporise, comme Fabius et Wellington, jusqu'à ce que des engagements fréquents aient aguerri le soldat et des succès partiels ou toutes autres circonstances aient ramené la confiance. Le grand Condé n'employait pas ce système; mais ce général, qui n'a pas été classé parmi les stratégistes de premier ordre, faisait, avec son opiniâtreté sans égale, des choses impossibles à tout autre que lui. Il est vrai que ses victoires coûtaient cher.

Qualités des troupes. — Indépendamment des conditions ci-dessus, il faut que le soldat soit bon manœuvrier : un général habile s'efforce, dès le commencement de la campagne, à compléter ce que l'instruction peut laisser de défectueux à cet égard. Quant aux autres qualités, comme elles dépendent du caractère même des peuples, il ne peut que chercher à en tirer le parti le plus avantageux, en subordonnant la marche de ses opérations aux ressources qu'il espère trouver dans son armée.

Proportions. — Il est toujours prudent de s'assurer la supériorité du nombre; Napoléon, Frédéric et tous les grands capitaines sont d'accord sur ce point : aussi, ne doit-on pas faire de gros détachements la veille d'une bataille, ni se diviser, mais, au contraire, réunir, pour combattre, toutes les forces dont on dispose. « La victoire, dit le proverbe, est aux gros bataillons. » Mais il faut se hâter d'ajouter avec Jomini : « Ce ne sont pas les masses présentes qui décident des batailles, ce sont les masses agissantes. » Napoléon reproche à Moreau de n'avoir mis en ligne, à Hohenlinden, que 70,000 hommes, lorsqu'il commandait à 140,000. « A quoi bon avoir des troupes, s'écrie-t-il, lorsqu'on n'a pas l'art de s'en servir? » Et ailleurs : « Règle générale, quand vous voulez livrer bataille, rassemblez toutes vos forces, n'en négligez aucune; un bataillon quelquefois décide d'une journée. » Frédéric ne s'exprime pas autrement : « Si vous voulez donner bataille, tâchez de rassembler toutes vos troupes; on ne saurait jamais les employer plus utilement..... » Une ancienne règle de guerre, que je ne fais que rapporter ici, est que celui qui partagera ses troupes sera battu en détail. Des armées inférieures en nombre ont souvent gagné des batailles; mais cela tenait soit aux dispositions vicieuses du général ennemi, soit à la mauvaise qualité de ses troupes. On peut citer parmi celles de Frédéric : Lutzen, contre Charles de Lorraine; Rosbach, contre Soubise; parmi celles de Napoléon : Castiglionne, contre le maréchal Wurmser; Arcole, contre le maréchal Alvinzi; les Pyramides.

Cavalerie. — Dans les pays de montagne, cette arme rend peu de services; mais en plaine, on évalue à un sixième, au moins, du total de l'armée, la proportion qu'elle doit atteindre. Dans les batailles, elle est souvent appelée à décider de l'issue de l'action; elle en hâte le moment par ses charges contre l'infanterie, elle assure le résultat de la victoire en dispersant les troupes qui reculent, en faisant des prisonniers, en s'emparant des canons et des bagages; elle atténue la défaite en protégeant les retraites; quelquefois même, elle fait tourner en avantages les chances contraires, en portant rapidement des secours sur les points menacés. Sans elle une armée obtient rarement de grands succès.

Artillerie. — Comme la cavalerie, l'artillerie est une cause de dépenses considérables pour l'État, ce qui oblige d'en restreindre les proportions; en outre, elle ajoute sensiblement aux embarras de l'armée dans les marches; un bon général remédie à ce dernier inconvénient. Dans les batailles, l'artillerie double la force des positions ou les déblaye, protége les mouvements des troupes et enfonce les masses d'ennemis que la mousqueterie ou l'arme blanche ne saurait entamer, ou bien encore, comme à Wagram, comble les trouées ou les vides que l'infanterie ne peut remplir. Des pièces sont placées à chaque division d'infanterie ou de cavalerie, mais il appartient au général en chef de les masser en grandes batteries, selon les besoins de l'action.

Choix du terrain. — C'est en cela surtout que brille le génie du chef d'armée : tous les grands capitaines y ont apporté l'attention la plus sérieuse, mais nul n'a montré à un plus haut degré que Napoléon l'art de mettre à profit les circonstances topographiques des localités; aucun détail ne lui échappe, et lorsque la position ne lui semble pas en rapport avec les moyens dont il dispose, il n'hésite pas à exécuter un mouvement général ou partiel, qui lui procure le champ de bataille convenable. A part ce que les circonstances peuvent exiger de particulier, on considère comme favorables les positions sur les hauteurs ou en amphithéâtre, les chemins creux, les fossés, les cimetières, les édifices isolés bâtis en pierre. Quant aux villages, l'occupation peut en devenir fatale par les facilités d'incendie offertes à l'ennemi et la difficulté des mouvements. Marsen perdit ainsi vingt-quatre bataillons, sans coup férir, à Hochstett.

Ordre de bataille. — Les armées romaines n'en connaissaient qu'un, qui était classique chez elles; ce que l'on sait du moyen âge fait penser que le hasard présidait plus que le savoir au rangement des troupes en bataille. « Chez les modernes, au contraire, dit Napoléon, l'art d'occuper une position pour s'y battre est soumis à tant de considérations qu'il exige de l'expérience, du coup d'œil, du génie. C'est l'affaire du général en chef lui-même, parce qu'il y a plusieurs manières de prendre un ordre de bataille dans une même position. On ne peut et l'on ne doit rien prescrire d'absolu : il n'y a point d'ordre de bataille naturel chez les modernes. »

Mesures d'exécution. — « *Consilio potiùs quàm gladio superare,* » dit César, devoir la victoire à de bonnes mesures plutôt qu'aux armes mêmes. A celles que nous venons d'indiquer on doit ajouter les approvisionnements de munitions, de vivres et d'eau-de-vie; le service des ambulance, l'ordre et la discipline dans les rangs, la facilité et la régularité des mouvements, etc. Il serait impossible de tout énumérer. Une fois ces dispositions prises, le général et les troupes peuvent dormir tranquilles jusqu'au moment de l'action. C'est ce qui explique la sécurité d'Alexandre avant la bataille d'Arbelles, de Napoléon la veille d'Austerlitz.

Concours des officiers. — Un général ne peut plus veiller personnellement à tout. « Dans les armées anciennes, dit Napoléon, le général en chef, à quatre-vingts ou cent toises de l'ennemi, ne courait aucun danger, et cependant il était convenablement placé pour bien diriger tous les mouvements de son armée. Dans les armées modernes, un général en chef, placé à quatre ou cinq cents toises, se trouve au milieu du feu des bataillons ennemis, il est fort exposé; et cependant il est déjà tellement éloigné que plusieurs des mouvements de l'ennemi lui échappent. Il n'est pas d'action où il ne soit obligé de s'approcher à la portée des petites armes. » Les champs de bataille

modernes sont si étendus, d'ailleurs, que le chef de l'armée est bien obligé de s'en rapporter à ses lieutenants généraux, et ceux-ci à leurs officiers pour un grand nombre de détails. La bonne distribution du commandement est donc l'un des éléments les plus essentiels du succès.

Jomini divise les batailles en *offensives, défensives* et *imprévues*, en se mettant au point de vue du général dont l'armée appelle spécialement son attention : du reste, « dans toutes les batailles, il y a un attaquant et un attaqué; chaque bataille sera donc offensive pour l'un et défensive pour l'autre. »

Il appelle bataille *défensive* celle que livre une armée dans une position avantageuse où elle attend l'ennemi; elle doit avoir pour but un point objectif important, tel que la défense d'une capitale ou de grands dépôts, le passage d'une rivière, un point décisif qui domine une contrée, ou enfin la protection d'un siége.

Maximes. Il faut 1° avoir un débouché facile pour tomber sur l'ennemi au moment favorable et prendre l'offensive; 2° que l'artillerie jouisse de tout son effet défensif; 3° que le terrain permette de dérober à l'ennemi les mouvements d'une aile à l'autre; 4° pouvoir découvrir les manœuvres de l'ennemi; 5° s'assurer une retraite facile; 6° avoir les flancs bien appuyés pour éviter d'être tourné.

Avant tout, il faut être prêt à reprendre l'offensive avant la fin de l'action : « Un général qui attendra l'ennemi comme un automate, sans autre parti pris que celui de combattre vaillamment, succombera toujours lorsqu'il sera bien attaqué. »

La bataille *offensive* est celle par laquelle une armée en attaque une autre dans une position reconnue. Les assaillants ont, en général, l'avantage que procure la certitude morale; ils savent mieux ce qu'ils veulent et ce qu'ils font. « Les meilleures batailles, dit Frédéric, sont celles qu'on force l'ennemi à recevoir, car c'est une règle constatée qu'il faut obliger l'ennemi à faire ce qu'il n'avait pas envie de faire. »

Le but d'une bataille offensive est de déposter et d'entamer l'ennemi, de le ruiner si ce résultat a été préparé par des manœuvres stratégiques.

Enfin, Jomini nomme batailles *imprévues* celles que se livrent deux armées en marche.

Il est inutile d'avertir que ces dénominations, qui n'ont rien de classique, ont pour objet unique de faciliter la distinction des dispositions préliminaires de l'action.

Ce qui concerne les préliminaires étant achevé, il convient d'examiner le placement des troupes en bataille. Avant la Révolution française, toute l'infanterie, formée par régiments et brigades, se trouvait réunie en un seul corps de bataille, subdivisé en première et deuxième ligne, ayant chacune leur aile droite et leur aile gauche. La cavalerie se plaçait ordinairement sur les ailes; l'artillerie, encore très-lourde, était répartie sur le front de chaque ligne. La Révolution amena le système des divisions, ce qui procura plus de mobilité; mais ces divisions, composées de trois armes (infanterie, cavalerie, artillerie), étaient souvent séparées par de trop grandes distances, établissant des intervalles où l'ennemi pouvait pénétrer, ce qui est contraire à l'un des principes les plus importants de l'art de la guerre. Dès la première campagne d'Italie, Napoléon remédia à cet inconvénient en réunissant le gros de ses divisions sur le point décisif. Au camp de Boulogne, il adopta l'organisation par corps d'armée comprenant plusieurs divisions des trois armes et formant autant de petites armées qui peuvent agir isolément ou d'ensemble. « Cette organisation, qui laissait peu à désirer, dit Jomini, est devenue le type de toutes les armées de l'Europe. »

Sur le champ de bataille, l'armée se range sur deux lignes avec une réserve en arrière; elle forme ainsi quatre fractions, savoir : les deux ailes, le centre, la réserve. Ce système, que Jomini considère comme le seul rationnel, ne supporte que de rares exceptions.

« Une troupe, rangée suivant le terrain et la disposition convenable à chaque arme, dit le général Pelet, doit établir, au moment de combattre, son front ou ligne de bataille et sa directrice ou ligne de marche pour se porter en avant ou en arrière. Il faut que ces lignes se coupent le plus carrément possible, c'est-à-dire en se rapprochant de la perpendiculaire élevée sur le centre, parce que, dans cette situation, la directrice est mieux soutenue et mieux couverte par le front. Si ces lignes étaient séparées, l'ennemi, nécessairement fort rapproché, pourrait se placer dans l'intervalle. Si elles se touchaient seulement par leur extrémité, le sommet de l'angle pourrait être forcé et la séparation opérée. Dans ces deux cas, la communication est compromise. A mesure que ces deux lignes deviennent plus obliques, les extrémités du front peuvent être tournées ou coupées; les troupes qui occupent celles-ci, peuvent se voir accablées ou du moins obligées de se retirer dans des directions excentriques. » Or, il est nécessaire, avant tout, que toutes les troupes soient placées de manière à se soutenir mutuellement.

Nous voudrions pouvoir donner la description générale d'une bataille. Lloyd l'a fait dans ses mémoires; mais son esprit de système ne lui a pas permis d'apporter dans cette question toute la gravité qu'elle comportait. Au surplus, les circonstances varient tellement, que force est de s'en tenir à quelques observations générales.

Les batailles se livrent généralement dans le jour. Les attaques de nuit présentent trop de dangers, « parce que l'obscurité cause des désordres, dit Frédéric, et que la plupart des soldats ne font leur devoir que sous les yeux de leurs officiers. » En 1715, Charles XII attaqua de nuit le prince d'Anhalt, auquel il voulait cacher le petit nombre de ses troupes (4,000 contre 20,000). Il fut battu. Quand on a pu se préparer dès la veille, le moment ordinairement choisi est le petit jour, quelques instants avant le lever du soleil, pour commencer l'attaque.

« D'ordinaire, dit Bardin, l'affaire commence par les tirailleurs; » il ne faut pas croire, cependant, qu'il en soit toujours ainsi : Frédéric, dans son *Instruction militaire*, indique la cavalerie comme devant engager l'action; il est vrai que les troupes légères n'étaient point la partie forte de son armée. D'autres fois, c'est le canon qui commence. L'affaire étant entamée, l'infanterie marche à la charge l'arme au bras, la cavalerie au galop.

« Une fois l'action sérieusement engagée, dit Bardin, la grande affaire du général est de la poursuivre fructueusement. S'il est habile et vaillant, vous le verrez conserver l'alignement et les intervalles des bataillons de pied ferme ou en marchant en bataille; tenir les flancs bien appuyés, en entreprenant sur ceux de l'ennemi; n'employer le feu que de manière à n'en jamais dégarnir à la fois toutes les armes; réparer aux dépens de la cavalerie ou de la seconde ligne les trouées dont souffrirait la première; renforcer ou ramener tout corps qui plie ou chancelle; n'en laisser aucun sur un champ de bataille défavorable; abriter des coups de canon les réserves; mettre à propos en jeu des troupes fraîches; préserver de rupture les arrière-lignes, en offrant écoulement aux troupes repoussées; payer, au besoin, de sa personne, et obtenir, enfin, silence dans les rangs, simultanéité dans les attaques, vigueur dans les charges et promptitude dans les ralliements. Bonaparte possédait par instinct cette théorie; mais les inspirations de son génie le dispensaient d'observer tous ces principes qu'il résumait trop brièvement en déclarant que l'art consistait à faire converger un grand nombre de feux sur un même point, que, la mêlée une fois établie, celui qui avait l'adresse de faire arriver subitement et à l'insu de l'ennemi, sur un de ses points, une masse inopinée d'artillerie, était sûr de l'emporter. » Ce jugement est vrai, mais non pas à un point de vue absolu : Napoléon savait et déclarait qu'il n'y avait pas de règles absolues à cet égard.

Frédéric avait aussi une grande confiance dans l'artillerie, puisqu'il traînait à la suite de ses armées jusqu'à dix canons par mille hommes, au lieu de quatre que veulent Gribeauval et Napoléon; néanmoins, son *Instruction militaire* contient ce qui suit : « L'infanterie marchera à grands pas à l'ennemi. Les commandants des bataillons auront attention de percer l'ennemi (à la baïonnette), de l'enfoncer et de ne faire usage de leur feu que quand il aura tourné le dos.

» Si les soldats commençaient à tirer sans ordre, on leur ferait remettre leurs armes sur l'épaule, et ils s'avanceraient sans s'arrêter.

» On fera des décharges par bataillon, lorsque l'ennemi commencera à plier. Une bataille engagée de cette façon sera bientôt décidée.

» ... Il faudra détacher la cavalerie contre l'ennemi aussitôt qu'on verra que la confusion se met dans ses troupes, qui, étant attaquées d'un côté par leurs flancs, pendant qu'on les charge de front, et voyant leur seconde ligne de cavalerie coupée par la queue, tomberont presque toutes en notre puissance.

L'affaire étant décidée, les mesures à prendre varient nécessairement selon que l'on est vainqueur ou vaincu.

Vainqueur. — « On commence, dit Frédéric, par soigner ses blessés, sans oublier ce que l'on doit à l'ennemi. » Ce précepte nous semble suffisant pour décharger ce grand capitaine du reproche qu'on lui a fait d'avoir détruit ses propres blessés dans les ambulances. De pareilles mesures peuvent être croyables au quinzième siècle : l'armée de Louis XI, dit M. de Barante, mit le feu « aux loges du camp et livra aux flammes une quantité de pauvres malades et blessés, » en levant le siége de Perpignan en 1473. L'évêque Vangalin aurait fait égorger sous ses yeux les blessés devant Groningue en 1672. Les atrocités ne sont pas de notre siècle, où l'on ne pardonnerait pas à une administration militaire de n'avoir pas des secours organisés, de façon à laisser sans pansement pendant un ou deux jours, comme cela est arrivé même dans ce siècle, des blessés dont une pareille incurie livrait la plupart à une mort certaine.

Vaincu. — Frédéric a prévu ce cas avec soin : « Dans une bataille perdue, le plus grand mal n'est pas la perte des hommes, mais le découragement des troupes qui s'ensuit... Quand vous verrez la bataille perdue sans ressource et que vous ne pourrez vous opposer aux mouvements de l'ennemi, ni lui résister plus longtemps, vous prendrez la seconde ligne de l'infanterie; et, s'il y a un défilé à portée, vous le lui ferez garnir, en y envoyant autant de canon que vous le pourrez.

» S'il n'y a point de défilé dans le voisinage, votre première ligne se retirera dans les lignes de la seconde, et se remettra en bataille à trois cents pas derrière elle.

» Vous ramasserez tout ce qui vous restera de votre cavalerie, et, si vous voulez, vous formerez un carré pour protéger votre retraite.

» Je finirai par dire que si l'on a été battu, il ne faut pas pour cela se retirer à quarante lieues, mais s'arrêter au premier poste avantageux qu'on trouve, et y faire bonne contenance pour remettre l'armée et pour calmer les esprits de ceux qui sont encore découragés. »

De la victoire. — Il n'est pas rare que les deux armées s'attribuent la victoire. A qui appartient-elle? évidemment à celle qui a atteint son but, ou du moins qui a obtenu le résultat matériel que l'on cherche dans tout combat, c'est-à-dire la possession du champ de bataille. Tel est l'avis de Napoléon et celui de tous les militaires dont le jugement n'est pas égaré par des préoccupations personnelles. Peu importe le chiffre relatif des pertes; là n'est point la question : l'on ne fait pas la guerre pour tuer des hommes, mais pour rester maître des positions. Ainsi, en y abandonnant le champ de bataille, quoique avec des pertes inférieures, nous avons été vaincus à Malplaquet en 1709, à Toulouse en 1814.

En attendant, le général ne doit pas perdre un instant pour faire rendre à la victoire tous les fruits dont elle est susceptible; sans cela, la bataille serait une boucherie inutile. C'est alors que l'avantage des grandes combinaisons se fait sentir; car, si la bataille a un caractère stratégique, le but est marqué d'avance, et l'on évite les retards d'une funeste indécision.

Une énumération, même très-abrégée, des principales batailles qui se sont livrées depuis les temps historiques, dépasserait infiniment notre cadre. Au surplus, outre l'incertitude qui règne sur la plupart de ces faits, très-peu d'entre eux présentent de l'intérêt au point de vue de l'art militaire. La plus ancienne description tactique que nous possédions est due à Xénophon : c'est celle de la bataille de Thymbrée gagnée par Cyrus, roi de Perse, contre Crésus, roi de Lydie, 548 ans avant J. C. Nous citerons ensuite les victoires de Coronée, par Agésilas, de Sparte; de Leuctres et de Mantinée, par Epaminondas, de Thèbes; de Chéronée, par Philippe de Macédoine; d'Issus et d'Arbelles, par Alexandre le Grand; du Tésin, de la Trébie, de Trasimène, de Cannes, par Annibal; de Zama, par Scipion; celles de César dans les Gaules, et de Pharsale.

A partir de l'empire romain, l'art militaire alla constamment en déclinant comme toutes les autres sciences, et les batailles ne sont plus au moyen âge que des rencontres plus ou moins sanglantes, où le défaut de détails tactiques ne permet aucun examen sérieux. Les guerres de Charles VIII et de François Ier ouvrent une ère nouvelle. Gustave-Adolphe, les généraux de la guerre de Trente Ans, ceux de Louis XIV et de ses ennemis, notamment Turenne et le prince Eugène, ramènent l'art à ses principes. Parvenus à ce point, nous ferons un relevé de quelques-unes des principales batailles livrées depuis un siècle, afin de donner une idée des résultats obtenus; les vainqueurs sont placés en première ligne :

NOMS des BATAILLES.	DATES.	GÉNÉRAUX EN CHEF.	NATIONALITÉ des ARMÉES.	EFFECTIF DES ARMÉES.	PERTES en morts et blessés.	AUTRES PERTES DU VAINCU.
Fontenoy.....	11 mai 1745.....	Maréch. de Saxe	Français	60.000	»	
		Cumberland...	Anglais	50 000	10.000	
Friedberg	2 juin 1745.....	Frédéric.......	Prussiens....	70.000	1.800	
		Ch. de Lorraine	Autrichiens..	»	4.000	7,000 prisonniers, 60 canons.
Prague.......	6 mai 1757.....	Frédéric	Prussiens....	60.000	12.000	
		Ch. de Lorraine	Autrichiens..	60.000	16.000	200 pièces de canon.

NOMS des BATAILLES.	DATES.	GÉNÉRAUX EN CHEF.	NATIONALITÉ des ARMÉES.	EFFECTIF DES ARMÉES.	PERTES en morts et blessés.	AUTRES PERTES DU VAINCU.
Lutzen.......	5 décembre 1757	Frédéric ...... Ch. de Lorraine	Prussiens.... Autrichiens..	86.000 60.000	2.000 6.500	7,000 prisonniers, 150 canons.
Zomdorf	25 août 1758.....	Frédéric....... Fermor	Prussiens.... Russes.......	35.000 40.000	10.000 18.000	60 canons.
Aboukir......	25 juillet 1799...	Napoléon ..... Mourad-Bey...	Français..... Turcs........	6.000 20.000	300 15.000	
Hohenlinden..	3 décembre 1800	Moreau........ Archiduc Jean.	Français..... Autrichiens..	70.000 75.000	20.000 25.000	7,000 prisonniers, 100 canons.
Austerlitz....	2 décembre 1805	Napoléon...... Kutusoff.......	Français..... Russes.......	80.000 80.000	6.000 23.000	23,000 prisonniers, 180 canons.
Iéna.........	14 octobre 1806..	Napoléon...... le roi de Prusse	Français..... Prussiens....	150.000 150.000	4.000 18.000	25,000 prisonniers, 200 canons.
Moskowa......	7 septembre 1812	Napoléon...... Kutusoff... ...	Français..... Russes.......	120.000 136.000	22 000 50.000	5,000 prisonniers, 60 canons.
Waterloo.....	18 juin 1815.....	Wellington.... Napoléon......	Anglais ..... Prussiens.... Français.....	120.000 70.000	60.000 40.000	y compris les pertes de la retraite.

Les batailles sont-elles nécessaires? Aussi nécessaires que la guerre. Assurément, on a vu des campagnes sans batailles amener de grands résultats; mais ces cas, excessivement rares, supposent de la part de l'un des généraux au moins des ressources de génie extraordinaires : Turenne a donné cet exemple. Encore ne faut-il pas oublier que, dans les grandes armées surtout, les longues campagnes sont la cause de maladies endémiques et épidémiques qui moissonnent les troupes, qu'elles amènent la démoralisation et le découragement du soldat, en même temps qu'elles ruinent les populations. Aussi, quand un général se voit en mesure de terminer la guerre d'un seul coup, ou du moins de lui donner une tournure décisive, ne doit-il pas hésiter à le faire; l'intérêt du pays et les sentiments même d'humanité le lui commandent. ALPH. CASTAING.

BATAILLON (art militaire). — Nous venons de dire que *bataille* a signifié armée, ensemble de forces. Villehardouin emploie dans le même sens le mot *bataillon*, ce qui rend douteuse l'origine italienne que l'on veut lui attribuer en le faisant venir de *battaglione*, grosse bataille, qui nous aurait été importé au commencement du quinzième siècle.

Bataillon a donc signifié d'abord une agrégation considérable de troupes. En 1510, Machiavel propose de donner ce nom à un gros régiment; un siècle plus tard, Brantôme, parlant du siége de Metz en 1552, appliquait ce terme à la cavalerie; par contre, l'infanterie présente à la bataille de Dreux, en 1562, avait des divisions qu'on nommait *escadrons*. Plus tard encore, le cardinal de Richelieu, dans une lettre qui s'est conservée, appelait les plus anciens capitaines au commandement des *bataillons* séparés de l'armée, c'est-à-dire des *fractions*. C'est enfin dans ce même sens qu'un proverbe, qui a cours encore, dit que : « Ce sont les gros bataillons qui gagnent les batailles. »

Le bataillon est l'unité tactique des troupes d'infanterie, c'est-à-dire l'agrégation de forces sur lesquelles sont fondées les règles des manœuvres de de cette arme.

Les Grecs avaient une unité tactique qu'ils nommaient *syntagma*. Chez les Romains, c'était la *cohorte* : elle comprenait trois manipules, chacune au minimum de 60 hommes commandés par un centurion, et un certain nombre de vélites, ou infanterie légère, formant un minimum total de 420 hommes. Le nombre pouvait être augmenté et fut porté beaucoup plus haut en diverses occasions. L'un des trois centurions avait le titre de *primopile* et commandait la cohorte, de même que chez nous, avant la Révolution, l'un des capitaines de compagnies commandait le bataillon.

Dans les temps modernes, les terzes espagnoles et les camps de huttes des Nassau présentent un commencement d'organisation; de son côté, Gustave-Adolphe, qui était doué de divination en ce qui concernait les besoins de l'art militaire, avait créé des bataillons de manœuvres dont il se servait comme moyen tactique dans les jours d'action.

Mais, en 1638, Rohan n'en fait aucune mention, et la lettre citée de Richelieu démontre que si le mot était connu, il ne s'appliquait pas à l'idée que nous en avons aujourd'hui. En 1668, on appelait *bataillon* la réunion de deux régiments, et plus tard encore, en 1686, Guillet en parle comme d'une agrégation passagère. Enfin, le maréchal de Puységur, mort en 1743, n'y voit qu'un parallélogramme comprenant de 500 à 900 hommes.

On peut donc dire avec vérité qu'avant 1793, le bataillon n'existait pas au point de vue de l'organisation militaire, et que, comme moyen tactique, il n'apparaissait sur le champ de bataille que d'une manière éphémère et sans la coopération d'aucune règle fixe.

Le bataillon ne peut être considéré comme définitivement constitué que du jour où il fut pourvu d'un chef spécial par le décret du 21 février 1793. A partir de cette époque, la compagnie cessa d'être la base de l'administration intérieure des troupes, et l'organisation ne tarda pas à devenir, à peu de chose près, ce qu'elle est aujourd'hui.

La force du bataillon a beaucoup varié, comme on peut le supposer d'après ce qui vient d'être dit; nous en donnons ici le tableau à diverses époques :

ANNÉES.	NOMBRE de COMPAGNIES	NOMBRE D'HOMMES	ANNÉES.	NOMBRE de COMPAGNIES	NOMBRE D'HOMMES
1651	»	1000	1791	9	477
1672	17	900	1799	»	980
1678	13	700	1804	9	792
1690	13	750	1808	6	840
1701	13	700	1820	8	640
1715	15	636	1831	8	895
1755	17	680	1841	7	581
1763	9	556	1854	8	664
1784	5	572			

Les derniers chiffres sont ceux du pied de paix; mais ils peuvent être augmentés de moitié environ sur le pied de guerre.

Au point de vue de l'organisation intérieure, le bataillon peut former corps, comme cela arrive aujourd'hui pour l'infanterie légère. Il peut faire partie d'un régiment comme dans l'infanterie de ligne. Il y a eu deux, trois, quatre et jusqu'à cinq bataillons par régiment. L'ordonnance du 8 septembre 1841, portant organisation des cadres constitutifs de l'armée, en règle le nombre à trois. Dans cette situation, le cadre du bataillon se confond dans celui du régiment. Quant à la composition, le bataillon, à huit compagnies, comprend :

OFFICIERS.

Etat-major.

Le chef de bataillon,
1 capitaine adjudant-major,
1 chirurgien.

Compagnies.

8 capitaines,
8 lieutenants,
8 sous-lieutenants.

TROUPE.

Petit état-major.

1 adjudant sous-officier,
1 caporal tambour.

Compagnies.

sergents-majors,
32 sergents,
8 fourriers,
64 caporaux,
16 tambours,
8 enfants de troupe.

Plus, un nombre indéterminé de soldats.

Dans l'infanterie légère (anciens chasseurs à pied), le bataillon, formant corps, a son cadre particulier, savoir :

OFFICIERS.

Etat-major.

Chef de bataillon commandant	1	6
Capitaine-major	1	
Capitaine adjudant-major	1	
Lieutenant instructeur de tir	1	
Lieutenant d'habillement	1	
Chirurgien aide-major	1	

Compagnies.

Capitaines (1 par compag.)	10	30
Lieutenants (1 par compag.)	10	
Sous-lieutenants (1 par compag.)	10	
TOTAL des officiers		37

TROUPE.

Petit état-major.

Adjudant sous-officier	1	3
Sergent-clairon	1	
Caporal-clairon	1	

Section hors rang.

Sergent-major vaguemestre		1	48
Sergents	1er Secrétaire du trésorier	1	
	Garde-magasin de l'habillem.	1	
	Maître armurier, tailleur, cordonnier	3	
Fourrier		1	
Caporaux	2me Secrétaire du trésorier	1	
	Conducteur des équipages	1	
Soldats	Secrétaire du chef de bataillon	1	
	Secrétaire de l'offic. d'habillem.	1	
	Ouvriers armuriers	2	
	Ouvriers tailleurs	18	
	Ouvriers cordonniers	15	
	Conducteurs de mulets	2	

Compagnies.

Sergents-majors (1 par compag.)	10	200
Sergents (5 par compag.)	50	
Fourriers (1 par compag.)	10	
Caporaux (8 par compag.)	80	
Clairons (4 par compag.)	40	
Enfants de troupe (1 par comp.)	10	
TOTAL de la troupe		251

Plus, un nombre indéterminé de soldats.

Les bataillons d'infanterie légère d'Afrique ont aussi leur cadre qui diffère du précédent en ce qu'il présente en moins : à l'état-major, 1 lieutenant inspecteur du tir; au petit état-major, 1 sergent clairon ; à la section hors rang, 1 ouvrier armurier, 5 tailleurs, 3 cordonniers; dans chaque compagnie, 1 sergent, 2 clairons. En plus, section hors rang, le secrétaire du capitaine-major. Les bataillons formant corps s'administrent eux-mêmes.

Nous avons dit que le bataillon est l'unité tactique des troupes d'infanterie. Il en résulte qu'il sert de base à la composition des armées et à leur dénombrement, à la formation des troupes en marche et en bataille, à leurs mouvements sur le champ de manœuvres; tel est l'objet de la théorie dite *école de bataillon.* ALPH. CASTAING.

BATARA (zoologie). — Genre d'oiseaux de l'ordre des passereaux, de la famille des pies-grièches, renfermant un grand nombre d'espèces qui habitent le nouveau continent. Les *bataras* sont des buissonniers par excellence. On ne les rencontre qu'à l'est de la grande chaîne des Andes et dans tous les lieux couverts de fourrés épais, soit dans les haies autour des maisons, soit dans les champs abandonnés, au sein même des forêts ou dans les petits bois peu élevés et chargés d'épines. Ils vont habituellement isolés ou par couples. Les plus familiers s'approchent des lieux habités en sautillant toujours sur les branches basses des buissons, qu'ils parcourent en tous sens, pour y chercher des larves ou des insectes. Le voyageur qui parcourt les sites sauvages du continent américain est surpris de les trouver animés par les chansons bruyantes des bataras, qui, surtout à l'époque des amours, font retentir les airs de leurs gammes sonores. (*D'Orbigny.*)

BATARD (droit) [du grec *bassara*, prostituée, femme perdue; ou suivant quelques-uns, de l'allemand *boes*, bas, vil, et de *art*, naissance : basse naissance, qui n'est pas de la véritable espèce, mais qui en approche, et qui en est comme dérivée]. — Sous l'ancienne législation, ce nom était donné aux enfants nés d'un commerce illégitime. Aujourd'hui la loi indique constamment l'expression d'*enfant naturel*, quant à ceux qui n'ont point été légitimés par l'action d'un mariage.

Pendant plusieurs siècles, dit La Châtre, le nom de *bâtard* ne fut point odieux en France. Même les bâtards des nobles étaient nobles également; ils pouvaient porter les armes de leur père barrées à gauche; ils n'étaient point sujets à la taille, pourvu qu'ils vécussent noblement; ils jouissaient enfin de toutes les prérogatives des nobles, comme s'ils eussent été légitimes. Ce n'était que dans les successions qu'on suivait à leur égard le droit commun; mais l'édit de 1600 vint abolir cet usage : « *Pour le regard des bastards*, porte l'article 26, *encore qu'ils soient issus de pères nobles, ils ne se pourront attribuer les titre et qualité de gentilshommes, s'ils n'obtiennent lettres d'anoblissement...* » Les débauches des Caraffa, des Médicis, des Borgia, couvrirent l'Italie du seizième siècle de bâtards. Les amours des rois avec les femmes de tout rang (car il existait une triste égalité devant leur libertinage) mirent en France la bâtardise en honneur avec Henri IV, et surtout avec Louis XIV. Ce grand roi poussa la bravade à l'égard de l'opinion et de la morale publiques jusqu'à faire déclarer princes et légitimer les enfants qu'il avait eus de Mme de Montespan, de La Vallière, de Fontanges. Dans les curieux *Mémoires de Saint-Simon*, on a un témoignage de l'ironie hautaine avec laquelle le peuple accueillit cette prétendue légitimation. Cet étalage, cette affectation de bâtardise, ont fort heureusement disparu de nos mœurs, mais il en est resté dans nos habitudes d'esprit une disposition à la sévérité contre les bâtards, qui s'adoucira sans doute, car un enfant ne saurait être entaché d'une sorte de flétrissure par sa naissance. On doit remercier l'un de nos plus grands écrivains, George Sand, d'avoir, dans son drame et dans son roman de *François le Champi*, plaidé en faveur de cette réparation sociale que nous demandons. Beaucoup d'hommes, atteints par cette réprobation, ont su triompher des préjugés de la société, et s'y créer une place honorable. Il suffit de citer ici Champfort, Delille, La Harpe, d'Alembert. On sait que Guillaume le Conquérant n'était d'abord que *Guillaume le Bâtard*. Plusieurs physiologistes, et parmi eux le célèbre Virey, ont pensé que les bâtards, étant le fruit d'une passion vive où l'âme joue souvent un aussi grand rôle que les sens, conservent dans leur manière d'être et d'agir quelque étincelle de cette flamme première. Des considérations variées militent en faveur de cette opinion, qui n'est cependant point généralement admise, et qui peut fournir matière à d'amples discussions.

BATEAU [en latin *batellus*, venant du saxon *bat, boot*]. — Petit bâtiment de transport qui sert principalement sur les rivières. Les bateaux se manœuvrent à la rame, à la voile, à l'hélice, et même par un système de roues à palettes que met en mouvement un être vivant ou une machine à vapeur; dans ce dernier cas, les bateaux ont de bien plus grandes dimensions, et se nomment en France bateaux à vapeur, et en Angleterre ou aux Etats-Unis *steamboat* ou simplement *steamer*. Les bateaux à rames, à voiles ou à palettes ont été usités de toute antiquité; ils ne différaient que par le nombre et la disposition des rames ou des voiles; et nous voyons que les Romains, dans les guerres puniques, transportèrent en Sicile des troupes au moyen de bateaux à palettes. Si nous citons les noms de Duguet et du prince palatin Robert, qui firent tous deux, au dix-septième siècle, de nouveaux essais sur ce système, c'est que les expériences de ces inventeurs eurent lieu devant trois savants qui ont mérité à divers titres la reconnaissance de la postérité : ce sont Papin, Savery et Worcester. Les essais postérieurs de Maurice de Saxe et du Hongrois Batthyani n'eurent guère de succès, lorsque enfin la découverte de la force motrice de la vapeur permit de substituer avec avantage au travail de l'homme celui des machines. Et, sous ce rapport, il devait être encore donné à la France de faire sortir de son sein l'idée première de cette découverte qui a opéré de si grandes améliorations matérielles dans le monde.

C'est en effet vers l'an 1711 que Denis Papin, né à Blois, et réfugié en Allemagne pour cause de protestantisme après la révocation de l'édit de Nantes, fit quelques essais qui mirent sur la voie de la construction actuelle des moteurs à vapeur, essais qui ne durent leur insuccès ou leur inutilité immédiate qu'au manque d'encouragement ou de moyens d'exécution. Les nations voisines ont pourtant revendiqué le privilége d'avoir vu construire les premiers bateaux marchant par la vapeur. Il est vrai que Worcester publia en 1663, sous le titre *Centuries d'Inventions*, une description vague et inintelligible d'une machine à vapeur, et que Jonathan Hulls, de Londres, fit connaître en 1737, c'est-à-dire vingt ans après Papin, la description d'un bateau à vapeur qu'il dit de son invention. Nous voyons aussi Vasco de Gama proposer à Charles-Quint de lui construire un bâtiment marchant sans voiles ni rames; mais ses essais ont pu être simultanés ou indépendants les uns des autres.

Enfin, il était réservé à Fulton, né en 1767, en Pensylvanie, de mettre en pratique cette grande et féconde découverte. Amené en France par l'ambassadeur des États-Unis John Barlow, il lança, en 1803, un petit bateau à vapeur sur la Seine, en présence de quelques membres de l'Institut. Mais, ne trouvant pas chez nous les encouragements nécessaires, repoussé par l'empereur Napoléon, à qui il proposait de remplacer la flotte si nombreuse des *coquilles de noix* destinée à envahir l'Angleterre par quelques bateaux à vapeur qui franchiraient plus sûrement et plus vite le détroit, Fulton revint dans sa patrie et fit accepter sans peine l'usage de son *steam-boat*. Là, en effet, les avantages de la nouvelle invention devaient apparaître dans tout leur éclat, et bientôt l'Hudson, l'Ohio, le Saint-Laurent et le Mississipi furent sillonnés de semblables bâtiments. L'Angleterre, qui, comme la France, avait repoussé les offres de Fulton, imita pourtant bientôt les États-Unis; enfin la France ne pouvait rester indifférente devant les résultats immenses de cette découverte, et l'année 1825 vit glisser sur ses rivières ses premiers bateaux à vapeur. Partout ces sortes de maisons roulantes sur l'eau sont meublées et décorées comme de vrais appartements; ni les glaces, ni les meubles d'acajou ne font défaut, et l'on vient même de construire aux États-Unis un bâtiment à vapeur d'une dimension si colossale, que plus de trois mille passagers peuvent y prendre place avec tout le confortable possible, ayant à leur disposition le gaz que distille un appareil placé dans l'entrepont et qui éclaire par de nombreux becs des salons splendides. Les passagers doivent oublier, dans cette petite ville flottante, d'autant mieux le voisinage de la mer et les dangers dont elle les menace, que sur une pareille masse le mouvement de roulis et de tangage est insensible, et que c'est à peine si la plus forte lame d'eau, dans les plus gros temps, ébranle ses énormes flancs.

Aucune nation ne possède dans une mer plus de bateaux à vapeur que la France n'en a sur la Méditerranée. Nos lignes de paquebots reliant les ports du sud de la France à ceux de la Corse, de l'Algérie ou du Levant, vont acquérir une importance et prendre un développement extrême, maintenant que l'isthme de Suez percé va ouvrir la route directe des Indes à notre pavillon.

Le *bateau-traîneau* est une simple barque dont le fond plat peut immédiatement servir de traîneau, en sorte qu'on puisse parcourir sans interruption et sans danger des routes interrompues par des courants d'eau ou les cours d'eau eux-mêmes dans les grands froids.

Le *bateau-plongeur* est destiné, comme la cloche à plongeur, à aller au fond de l'eau reconnaître les objets perdus dans les naufrages ou étudier la nature du terrain ou les écueils. Plusieurs systèmes de construction ont été proposés; tous sont basés sur ce principe : Une masse d'air est enveloppée dans une chambre de fonte très-résistante, et dont le poids égale à peu près la poussée du liquide vers le haut. Si l'on veut faire monter cet appareil, il suffira de jeter une certaine quantité de lest; si au contraire on veut descendre, on laissera pénétrer dans des cylindres vides, construits exprès, la quantité d'eau nécessaire pour augmenter suffisamment le poids de l'ensemble. Quelquefois, ces cylindres vides jouent le rôle de la vessie natatoire des poissons; c'est-à-dire qu'on ajoute ou qu'on enlève du liquide de l'ensemble de l'appareil, suivant que l'on veut descendre ou monter. L'emploi de semblables bateaux, se guidant avec des rames et un gouvernail, a été proposé en temps de guerre. Sans doute ils pourraient rendre quelques services dans ces circonstances toujours regrettables; mais peut-on calculer les conséquences de l'emploi de ces appareils s'ils étaient bien dirigés et si l'air ne leur manquait pas au sein des eaux? Ici la question est la même qui se présente lorsqu'on se demande si la découverte de la direction des aérostats ne serait pas plus nuisible qu'utile au bien de l'humanité. Où seraient les frontières d'un État qui serait ainsi exposé sans défense possible à une invasion aérienne ou à un débarquement soudain de brigands et de pirates? Opposerait-on des machines semblables pour combattre celles qui porteraient les agresseurs? Ne serait-ce donc pas assez de la surface de la terre à la race humaine pour s'entre-détruire; lui faudrait-il encore le sein des airs ou des eaux? De grandes difficultés s'opposent encore, d'ailleurs, à ce que nous puissions compter sur la réalisation prochaine de la direction des aérostats ou sur la parfaite construction des bateaux plongeurs; mais il y a certainement là un sujet d'examen sérieux de la part des législateurs ou des philosophes. — Voir *Hélice, Navire, Navigation.* J. Lagarrigue (de Calvi).

BATIMENT. — Ce mot s'entend en général de toutes les constructions en pierre, bois, etc., que l'on établit pour l'usage de l'homme, pour celui des animaux et bestiaux destinés à ses besoins ou son service, et pour la conservation des choses à son usage. L'acception du mot bâtiment est très-étendue, comme on le voit; mais on peut la résumer en disant qu'on l'emploie pour tout ce qui sert d'habitation ou d'abri : c'est ainsi qu'on appelle *bâtiments civils* ceux qui servent à tous les fonctionnaires de l'ordre civil; *bâtiments militaires*, ceux affectés aux services de l'administration de la guerre, arsenaux, magasins, etc.; *bâtiments hydrauliques*, ceux qui renferment les machines élevant les eaux employées au service public; *bâtiments de commerce*, la Banque, la Bourse, etc.

Depuis le dix-septième siècle, dit P. Vinçard, il y a eu en France de nombreuses améliorations apportées à l'art de bâtir. Mais, malgré les différents travaux de démolition et de reconstruction opérés dans nos grandes villes, il faut constater que, sous le rapport hygiénique et sanitaire, on n'a pas encore mis à profit les découvertes de la science; malgré les nombreuses transformations que nos grandes cités ont subies et subissent chaque jour, il subsiste une quantité de ruelles infectes, d'impasses où l'on ne respire que la maladie et la mort; les faubourgs contiennent une infinité de rues où l'air ne circule pas, où le soleil ne pénètre jamais, et qui, au moment des épidémies, fournissent à la mort un terrible contingent. Beaucoup de ces logements sont humides, malsains, l'espace manque, et ce qu'il y a de plus douloureux, c'est qu'ils sont habités par des ouvriers dont les forces sont déjà épuisées par le travail. Lorsqu'on voit un édifice ou seulement une maison, on ignore généralement ce qu'il a fallu d'efforts et de travail pour l'élever, l'on ne sait pas quelle a été cette lutte entreprise contre la matière brute, et quels dangers, quelles douleurs les ouvriers ont courus et endurés. Les *ouvriers du bâtiment* peuvent se diviser en carriers, briquetiers, tailleurs de pierre, maçons, charpentiers, couvreurs, menuisiers, serruriers, parqueteurs, carreleurs, vitriers, fumistes, plombiers, marbriers, peintres, sculpteurs sur pierre, etc. Il en est peu qui soient de Paris; ils y viennent principalement des départements de la Creuse, du Jura, de la Marne, d'Eure-et-Loir, etc. Ils ne résident pas longtemps dans les grandes villes, et, dès qu'ils le peuvent, ils s'empressent d'aller revoir leur pays natal. L'habitude de travailler la pierre, le bois et le fer, et de ne s'en rendre maîtres qu'en se servant d'outils pesants, donne aux ouvriers du bâtiment une physionomie toute particulière. Ils n'ont pas l'élégance, l'aménité qu'on rencontre souvent chez les ouvriers des autres professions; mais, en revanche, ils sont francs, courageux et d'une probité pour ainsi dire proverbiale. Le *compagnonage* a exercé sur eux une grande influence: mais elle a considérablement diminué dans ces dernières années. Le plus grand nombre est assez indifférent aux événements qui s'accomplissent, et les dangers qu'ils courent empêchent leur imagination de franchir les bornes qui leur sont tracées par leur travail manuel. Les affections de ces ouvriers sont donc à peu près uniquement concentrées sur leur famille et leur village, que malheureusement ils ne revoient pas toujours. Leur chômage a lieu pendant une grande partie de l'hiver, et sans une économie constante, ils auraient beaucoup à en souffrir. Sauf les peintres, les ouvriers du bâtiment ne sont pas sujets aux maladies professionnelles; mais les accidents auxquels ils sont exposés et qui les empêchent de travailler ou les rendent infirmes les placent dans les conditions ordinaires des autres travailleurs. Le chiffre officiel des ouvriers du bâtiment est pour Paris de 41,603; mais dans ce nombre ne sont pas compris les carriers, qui, à eux seuls, forment une série d'au moins 4,000 ouvriers. La totalité peut donc sans exagération être portée à près de 46,000 ouvriers, qui ne sont occupés qu'à construire, démolir ou réparer les maisons, les monuments et les édifices.

Bâtiment (droit). — La propriété du sol emportant celle du dessus et du dessous, toutes les constructions, plantations et ouvrages faits sur un terrain ou dans l'intérieur de ce terrain, sont présumés faits par le propriétaire du sol et à ses frais, et dès lors lui appartenir, sauf la preuve contraire ou la prescription acquise contre lui (C. civ. 552 et 553). Le propriétaire du sol qui a construit avec les matériaux d'autrui doit nécessairement en payer le prix ou la valeur, même avec dommages-intérêts, s'il y a lieu; mais le propriétaire ne peut les enlever (ibid. 554). Alors que les constructions ou plantations ont été faites sur le terrain d'autrui par un tiers ou avec ses matériaux, le propriétaire du fonds a le droit soit de les retenir, soit d'obliger ce tiers à les enlever (ibid. 555).

La loi du 24 août 1790 (t. II, art. 3) sur l'organisation judiciaire, et celle du 22 juillet 1791 (t. I, art. 18), ont compris parmi les objets confiés à la vigilance et à l'autorité des officiers municipaux l'alignement des maisons, la démolition ou la réparation des bâtiments menaçant ruine, et il est prononcé une amende contre ceux qui refuseraient.

BATISTE. — Nom que l'on donne à une toile très-fine et très-blanche qu'on fabriquait à Valenciennes, Cambrai, Douai, Amiens, Cambresis, etc., mais que les fines percales ont remplacée dans l'usage. On distingue trois sortes de batistes: les unes claires, les autres moins claires, et les autres plus fortes, qu'on appelle *batistes hollandées*, parce qu'elles approchent de la qualité des toiles de Hollande, étant, comme celles-ci, très-serrées et très-unies. On fabrique aussi des batistes à Saint-Gall, en Suisse; à Édimbourg, capitale de l'Écosse, et dans les États de l'Autriche. C'est surtout avec le plus beau lin ramé du Hainault que l'on fabrique les plus belles batistes. Les chaînes de batiste, qui se fabrique encore à Saint-Quentin et en Picardie, sont divisées par portées de 16 fils et par quarts de 200 fils, qui font douze portées et demie.

BATON [du grec *bakstron*, dont les Latins ont fait *bastum*, qui a produit *bâton*, *bastille*, *bâtir*, *bastide*, *bastion*, *bâtiment*, etc.] — ong morceau de bois qu'on peut tenir à la main, servant à plusieurs usages. Ce mot a plusieurs acceptions:

1° En *histoire ancienne*. — Dans les siècles les plus reculés, les princes, les personnes considérables, telles que les pères de famille, les juges, les généraux d'armée, etc., portaient, pour marques de distinction, un *bâton* fait en forme de sceptre. Quand un peuple ou un souverain établissait un officier pour le représenter dans le commandement d'une armée, dans quelque ambassade, ou dans l'administration de la justice, cet établissement se faisait par la transmission d'un bâton qui devenait la marque de sa dignité.

Les principaux magistrats romains portaient de ces bâtons : celui d'un consul était d'ivoire, celui du président était d'or. Les monarques français portaient autrefois le sceptre. Le bâton, à la hauteur d'un homme, était revêtu d'une lame d'or, à laquelle on substitua la main de Justice, au commencement du quatorzième siècle.

2° En *religion*.— *Bâton pastoral* ou *crosse*; c'est un bâton d'argent ou d'or, recourbé et ouvragé par le haut, tenu par les archevêques, les évêques et les abbés réguliers, ou qu'on porte devant eux dans les cérémonies. Le bâton pastoral est très-ancien, mais il n'est pas fait mention de la *crosse* avant le onzième siècle. Les premières *crosses* n'étaient que de simples bâtons de bois, qui d'abord eurent la forme d'un T, et dont on se servait pour s'appuyer; ensuite on les fit plus longues, et peu à peu elles ont pris la forme que nous leur voyons.

3° Dans la *marine*. — *Bâton de flamme* ou *de commandement*; c'est un *bâton* de pavillon de la tête des mâts, ainsi appelé parce qu'il porte une flamme, un pavillon ou marque de commandement, qui désigne le grade de l'officier général commandant, suivant le mât auquel il est placé.

On appelle *bâton d'enseigne* ou *de pavillon* une longue perche de bois de pin, qui sert pour arborer le pavillon.

4° En *mathématiques*.— *Bâton de Jacob*; on donne ce nom à une espèce d'arbalète qui sert à prendre les hauteurs ou les distances par les angles. Quelques-uns prétendent qu'il est ainsi nommé parce que les divisions du montant ressemblent aux degrés de l'échelle mystérieuse que Jacob vit en songe, et qui allait jusqu'au ciel.

5° En *musique*. — Un *bâton* est une sorte de barre épaisse qui traverse perpendiculairement une ou plusieurs lignes de la portée, et qui, selon le nombre des lignes qu'il embrasse, exprime une plus grande ou moindre quantité de mesures qu'on doit passer en silence.

Bâton de mesure; c'est un bâton fort court, ou même un rouleau de papier, dont le maître de musique se sert dans un concert pour régler le mouvement, et marquer la mesure et le temps.

6° En *architecture*. — *Bâton* est une mesure usitée dans la base des colonnes.

7° En *technologie*. — Les orfévres appellent *bâton à dresser*, un rouleau qui sert à mettre de niveau une plaque de métal mince. En termes de lapidaire, on appelle bâton à cimenter, un morceau de bois dans lequel on enchâsse les cristaux et les pierres, par le moyen d'un mastic, pour les égriser. *Bâton de semple* et *bâton de rame*, désignent, chez les fabricants, deux parties du métier d'étoffes de soie. Les papetiers appellent *bâton royal*, le papier de la petite sorte.

BATONNIER (droit). — Chef ou président de l'ordre des avocats dans chaque ressort de cour d'appel ou de tribunal d'arrondissement ayant un bureau constitué. L'origine de cette dénomination remonte au treizième siècle : tout était alors érigé en communauté de profession ou en congrégation religieuse. A cette époque le chef de la confrérie, actuellement ordre des avocats, portait un bâton comme marque de supériorité. Il ne le porte plus aujourd'hui, mais il conserve toujours le nom de bâtonnier.

C'est dire que le bâtonnier, et d'abord l'ordre des avocats, prennent leur origine dans la communauté de profession, qui leur fut rendue propre dès leur institution. Ainsi a été consacrée pour ce corps distingué l'importance de son ancienne organisation, ce qui, quoi qu'on dise, ajoute une considération particulière à la profession d'avocat et aux fonctions de bâtonnier, dont l'élection est annuelle. Des modifications ont pu être apportées par l'effet des révolutions successives; mais il ne faut pas moins reconnaître ici tout ce qu'a de sérieusement moral et digne le mérite de la tradition ancienne. Il n'est pas donné aux hommes de savoir faire de prime abord, dans les grandes réactions populaires, des choses, des changements toujours bien profitables à la société. — V. *Avocat*. JEAN ÉTIENNE.

BATRACHOMYOMACHIE [du grec *batrachos*, grenouille, *mus*, rat, et *maché*, combat. *Le combat des rats et des grenouilles*]. — C'est le titre d'un poëme héroï-comique, composé d'environ trois cents vers, et faussement attribué à Homère. Voici le plan de l'ouvrage : «Une grenouille fait connaissance avec un rat qu'elle rencontre au bord d'un marais; elle l'invite à venir visiter son humide royaume. Le rat y consent, et monte sur le dos de la grenouille; celle-ci, ayant aperçu une hydre, s'enfonce sous l'eau, et livre le rat à lui-même; il périt en invoquant les cieux vengeurs. En effet, un de ses compatriotes l'a vu du rivage; il court jeter l'alarme chez tout le peuple des rats. Une guerre effroyable, qui ne doit finir que par l'extinction de l'un des deux peuples, est résolue; les dieux sont divisés. Les rats sont déjà victorieux, ils font des grenouilles un carnage affreux; mais Jupiter, qui a fait inutilement gronder sa foudre, envoie des écrevisses qui coupent les pattes des rats et les obligent à la retraite. Rien n'est intéressant comme la naïveté du récit, la conviction feinte de l'auteur du poëme. » Dans *le Combat des rats et des belettes*, La Fontaine seul est parvenu à égaler le talent de l'auteur de la *Batrachomyomachie*.

BATRACIENS (zoologie) [du grec *batrachos*, grenouille]. — Quatrième ordre de la classe des reptiles, ayant pour type le genre grenouille.

L'ordre des *batraciens* paraît avoir été créé pour établir le passage des reptiles aux poissons. Placés par leur organisation sur la limite de ces deux classes, ils se rapportent également bien à l'une ou à l'autre. Si, dans les premiers temps de leur vie, ils tiennent des poissons par leurs branchies, ils se rapprochent davantage des reptiles lorsque, devenus adultes, ils perdent ces organes pour prendre des poumons : leur place ne saurait donc être mieux fixée qu'à la fin de l'herpétologie. Cet ordre se compose de reptiles qui offrent dans toute leur organisation des particularités tellement remarquables, que beaucoup de naturalistes, et notamment le savant de Blainville, ont cru devoir en faire une classe distincte, à laquelle ce dernier a donné le nom d'*amphibiens* ou de *nudipellifères*. Ils sont très-faciles à distinguer de toutes les autres classes de la zoologie : ils n'ont jamais ni carapace ni écailles; leur peau est entièrement nue et seulement enduite d'une humeur visqueuse; leur squelette manque de côtes ou n'en a que de rudimentaires; leurs doigts, toujours moins nombreux que chez les lézards terrestres, sont dépourvus d'ongles, excepté dans un seul genre. Mais ce qui distingue surtout les *batraciens* des autres reptiles et de tous les autres vertébrés, ce sont les *métamorphoses* ou changements qu'ils éprouvent dans leur forme extérieure et dans leurs organes intérieurs, durant les premiers temps de leur existence. Au moment où ils sortent de l'œuf où ils ont pris naissance, leur corps est pisciforme, dépourvu de membres et terminé par une queue presque semblable à celle d'un poisson; ils respirent par des branchies, tantôt apparentes derrière la tête, tantôt cachées dans une cavité qui fait suite à la bouche, et adhérentes aux branches de l'os hyoïde; et leurs habitudes sont exclusivement aquatiques : ils portent alors le nom de *têtards*. Mais peu à peu ces formes s'altèrent, des pattes se développent en avant et en arrière, ou seulement en avant; dans plusieurs espèces, la queue se flétrit et finit par disparaître complétement; enfin leur vie, d'abord exclusivement aquatique, devient terrestre, du moins en partie sinon entièrement. Pendant que ces modifications s'opèrent à l'extérieur, les organes circulatoires et respiratoires en subissent de plus importantes encore : leurs branchies s'atrophient et disparaissent pour faire place à des poumons, et leur respiration devient aérienne. Quelquefois cependant ils conservent leurs branchies en même temps qu'ils prennent des poumons; dans ce cas, l'animal a la respiration aquatique et la respiration aérienne en même temps : il est donc *amphibie* dans toute la force du terme. Le cœur et les vaisseaux sanguins, qui d'abord ressemblent à ceux d'un poisson, éprouvent des changement correspondants, et deviennent semblables à ceux des reptiles[1]. Les organes digestifs sont eux-mêmes modifiés : car, tandis que le *têtard* a un bec corné, une bouche petite, des intestins très-longs et un régime herbivore, le *batracien adulte* a la gueule très-fendue et armée de dents ou de gencives dures, mais non cornées, les intestins courts et le régime entièrement insectivore. A ces particularités caractéristiques de l'organisation des batraciens, il s'en ajoute d'autres, qui, pour être moins essentielles, ne laissent pas d'avoir leur importance. Leurs formes sont plus lourdes que celles des autres reptiles; leur tête est aplatie et comme écrasée, leur cou très-court ou plutôt nul, leur peau garnie de cryptes muqueux qui répandent à sa surface une humeur abondante; leur squelette est beaucoup plus simple que celui des autres espèces de leur classe; ils n'ont que deux frontaux, deux occipitaux, un seul sphénoïde, point de temporal ni de mastoïdiens, etc. Leurs vertèbres s'articulent entre elles comme celles des poissons, c'est-à-dire par la réunion de deux cônes creux, appliqués l'un contre l'autre par leur base, et attachés ensemble par un fibrocartilage dont la consistance diminue de la circonférence au centre : ils n'ont que deux ou trois vertèbres cervicales et manquent de côtes, ou n'en ont que de rudimentaires, quoique leur sternum soit très-développé. Leurs membres varient pour le nombre et la structure; ils en ont quatre, deux ou pas du tout; leur épaule et leur bassin sont formés de trois os comme à l'ordinaire; leurs radius et leur cubitus sont soudés ensemble, de même que leur tibia et leur péroné. Le nombre des doigts est le plus souvent de quatre en avant et de cinq en arrière. Leurs mouvements sont généralement peu actifs, quoique assez variés; cependant ils nagent tous assez bien et recherchent l'eau ou du moins les lieux humides. Leur cerveau est très-petit et n'occupe pas entièrement la cavité du crâne, dont les vides sont remplis, de même que chez les poissons, par une substance grasse et gélatineuse. Leur orbite est très-incomplète et manque de plancher osseux; l'œil, grand, médiocre ou nul, est constamment muni, quand il existe, d'une, deux ou même trois paupières; leur tympan n'est presque jamais apparent; leurs narines sont très-courtes et s'ouvrent postérieurement derrière la lèvre supérieure, quand cette ouverture n'est pas bouchée, comme cela s'observe dans les poissons; leur goût est peu développé, parce que la langue est tantôt nulle, tantôt fixée par sa pointe; dans ce dernier cas, elle ne sert que comme organe de préhension. Quant au toucher, il est à peu près nul, attendu que la peau est couverte d'une mucosité épaisse, ne reçoit que peu de nerfs et n'adhère presque pas aux tissus sous-jacents, excepté à la tête, au dos, etc. — L'absorption paraît et doit être très-active chez les *batraciens* : la

[1] Dans le têtard, le cœur n'a qu'une oreillette et un ventricule droit; de celui-ci part l'artère pulmonaire ou plutôt branchiale, qui, d'abord simple, ne tarde pas à se diviser en deux branches, l'une droite, l'autre gauche; celles-ci à leur tour se subdivisent en autant de rameaux qu'il y a de branchies de chaque côté, et vont distribuer à chacune d'elles le sang veineux qu'elles contiennent pour le faire artérialiser. Les veines qui naissent du tissu brachial, prennent le fluide devenu artériel, et se réunissent toutes ensemble pour former un seul tronc nommé *vaisseau dorsal*. C'est de ce vaisseau, qui représente le cœur gauche des animaux à sang chaud, que naît l'aorte, qui ne reçoit par conséquent que du sang artériel. C'est une circulation de poisson; mais, peu à peu, les organes et le mécanisme de cette fonction changent. A mesure que les branchies s'atrophient, les vaisseaux qui leur apportaient le sang s'oblitèrent, à l'exception de deux, lesquels prennent au contraire plus de développement et deviennent les seules artères pulmonaires. En même temps il s'établit une communication directe entre elles et l'aorte; de manière que celle-ci, au lieu de ne recevoir que du sang artériel, reçoit un mélange de sang artériel et de sang veineux.

poudre de tabac mise sur leur peau les fait mourir assez promptement et leur cause de vives douleurs; on sait que ces animaux demeurent très-longtemps enfoncés dans la vase humide tout en conservant leur activité, ce qui prouve évidemment que leur enveloppe cutanée absorbe l'oxygène nécessaire à leur respiration.—Le mécanisme de la respiration est assez compliqué : dans le têtard à branchies extérieures, l'eau baigne les branchies de toutes parts et artérialise le sang qu'y apportent les artères branchiales. Lorsque les branchies sont renfermés dans leur cavité particulière, le *batracien* pousse l'eau de sa bouche dans cette cavité, où elle baigne les branchies et vivifie le sang, et la fait sortir par les ouvertures latérales du cou. Enfin, lorsque les *batraciens* sont adultes, la respiration est encore différente; comme ils manquent de côtes et de diaphragme, ils aspirent l'air par leurs narines en fermant leur bouche et en agrandissant leur arrière-bouche, par l'abaissement des muscles de la gorge; puis fermant avec leur langue l'orifice postérieur de ces deux conduits (les narines), pendant que ces mêmes muscles se contractent, ils forcent le fluide à pénétrer dans le poumon pour vivifier le sang. Lorsque celui-ci a respiré, les parois abdominales, en revenant sur elles-mêmes, refoulent l'organe respiratoire et en chassent l'air devenu inutile. — Il résulte de ce mécanisme qu'on peutasphyxier ces animaux de deux manières : en les forçant à tenir la gueule ouverte, et en leur coupant les muscles de l'abdomen. Dans le premier cas, l'air ne peut pas s'introduire dans le poumon; dans le second, il ne se renouvelle plus. — Le larynx des *batraciens* est peu compliqué, et plusieurs d'entre eux manquent entièrement de voix; mais chez d'autres, cet organe communique avec des espèces de sacs situés de chaque côté du cou, et qui donnent aux sons qu'ils produisent une force et une intensité bien supérieures à celles qu'on s'attendrait à voir sortir d'animaux de si petite taille. Mais, dans aucun cas, leur voix n'est cadencée; c'est toujours un son rauque et sourd, que l'on désigne sous le nom de *coassement*.

Fig. 2. — Grenouille ordinaire.

— Le canal digestif de ces reptiles est court, leur bouche est grande, tantôt nue, tantôt armée de dents maxillaires et palatines; leur langue, fixée par son bord antérieur, est susceptible d'être lancée hors de la cavité buccale pour y ramener les insectes qui font la base de leur nourriture. Ils paraissent tous manquer de glandes salivaires. Du reste, ils ont tous un foie, une rate, un pancréas et des reins. Ceux-ci conduisent l'urine dans une vessie, d'où le liquide peut être lancé à distance par l'animal lorsqu'il se voit poursuivi par quelque ennemi. Mais c'est à tort qu'on a prétendu que cette urine était venimeuse; elle n'est que nauséabonde et désagréable, et ne peut faire aucun mal. Outre cette sécrétion, les *batraciens* en ont une autre produite par les cryptes de la peau, qu'on a également regardée comme un venin, mais elle est aussi peu malfaisante que l'urine. Ces animaux sont par conséquent des êtres parfaitement inoffensifs, dont les habitudes peuvent paraître dégoûtantes et les formes désagréables, mais qui, bien loin de nous faire du mal, nous rendent plutôt service en nous débarrassant des insectes nuisibles. Leur génération est ovipare; leurs œufs, qui ont leur enveloppe molle et visqueuse, sont ordinairement réunis en grand nombre et déposés dans l'eau sous le nom de *frai*; bientôt la chaleur et l'humidité les font gonfler, les embryons se développent et les têtards paraissent. Ordinairement les œufs ne sont fécondés qu'après la ponte; mais, quoique les mâles manquent de *pénis*, il n'y en a pas moins une espèce d'accouplement qui dure même fort longtemps. (*Salacroux*.) D'après MM. Duméril et Bibron, les batraciens se partagent aujourd'hui en trois sous-ordres : 1° les *péromèles*, qui établissent d'un côté le passage des ophidiens aux batraciens, et de l'autre aux poissons; les caractères sont : corps cylindrique et nu, membres nuls, yeux inapparents ou absents; ils ne forment qu'une seule famille, celle des *céciloïdes*; 2° les *anoures*, dits aussi *batraciens nageurs* ou *sauteurs*, qui en grandissant perdent leur queue, et prennent quatre pattes; leurs caractères sont : corps trapu et ramassé, peau nue et molle, tête déprimée et sans cou, pattes plus ou moins longues, doigts dépourvus d'ongles ou munis d'étuis cornés; les genres principaux sont : les grenouilles (voy. fig. 2), rainettes, crapauds, pipas; 3° les *urodèles*, à métamorphose moins complète, ont la queue ronde ou comprimée et persistante, à côtes rudimentaires, à branches caduques ou nulles; les principaux genres sont : les salamandres, protées, etc. DUBOCAGE.

BATTAGE (technologie) [de battre, formé du latin barbare *battuere*]. — En terme de manufacture, le battage est une préparation qu'on donne à la laine et au coton avant de les employer. L'usage, en France, est de battre le coton et la laine sur des claies de bois ou de corde pour en faire sortir les plus grosses ordures, et de les livrer ensuite à des éplucheuses qui ont soin de les bien manier, pour en ôter le reste des ordures que les baguettes n'ont pu en faire sortir. Mais les dangers auxquels le battage, ainsi que le cardage, du coton et de la laine exposent les ouvriers, par la quantité de poussière et de filaments qui se détache dans ces deux opérations, s'envole, est aspirée par les ouvriers, entre dans les narines, et forme souvent des dépôts funestes, ont fait imaginer des machines qui pussent les prévenir, et M. Connop, de Sheffield, en Angleterre, paraît avoir obtenu il y a déjà longtemps un succès complet. Sa machine est tellement construite, que les baguettes avancent ou reculent vers la masse de laine ou de coton que l'on veut battre; elles s'élèvent d'elles-mêmes, à des temps fixes et précis, pour l'opération du battage, qui s'achève avec le concours d'un seul ouvrier, et sans aucun danger pour lui. De nouvelles machines ont encore perfectionné le procédé de Connop.

BATTERIE (marine). — On entend par ce mot tous les canons qui portent sur le même pont de long en long du vaisseau et des deux bords. Ainsi un vaisseau à trois ponts a trois batteries, ou rangs de canons, les uns au-dessus des autres. La première de ces batteries, qui est la plus basse, porte les canons du plus fort calibre. On ne comprend pas sous le nom de batterie les petits canons qui sont sur les gaillards d'avant et d'arrière, parce qu'ils ne forment pas une suite continue d'un bout du vaisseau à l'autre.

Dans l'*art militaire*, une batterie est une suite de plusieurs pièces de canon et de mortiers, disposés pour tirer contre l'ennemi; batterie se dit encore du lieu où on les établit. Ainsi on appelle :

1° *Batterie élevée*, celle qui sert à découvrir et foudroyer dans les travaux;

2° *Batterie enterrée* ou *ruineuse*, celle dont la plate-forme est au-dessous du niveau de la campagne; on fait des ouvertures dans la terre pour servir d'embrasures;

3° *Batterie croisée*, celle qui se fait de deux batteries assez éloignées l'une de l'autre, et qui tirent en un même endroit, de manière que les coups se rencontrent à angles droits, et que le coup de la seconde achève d'abattre ce que la première a ébranlé ;

4° *Batterie en barbette*, celle dont la plate-forme est élevée aux angles flanqués des bastions, et des dehors, de un mètre trente centimètres sur le terre-plein, de sorte que le canon rase le parapet; c'est de là qu'on dit : Tirer *en barbe* ou *en barbette*;

5° *Batterie à redans*; on fait ces sortes de batteries lorsqu'on est battu en rouage, et que les traverses ne les couvrent pas assez; les redans contiennent une ou deux pièces placées non sur la même ligne, mais à angle droit;

6° *Batterie en écharpe*, celle qui bat par bricole, de côté, et par un coup oblique;

7° *Batterie en rouage*, celle dont on se sert pour démonter les pièces de l'ennemi ;

8° *Batterie de revers*, celle qui bat à dos, et voit dans la place, ce qui arrive quand la batterie est plus éminente que la place;

9° *Batterie d'enfilade*, celle qui tire en ligne droite et enfile une ligne ou une route;

10° *Batterie à ricochet*; ce sont des batteries qui chassent le boulet par sauts et par bonds. Cela dépend d'une certaine quantité de poudre assez considérable pour porter le boulet à une distance convenable, mais avec une telle force qu'il ne puisse point s'enfoncer dans le terrain sur lequel il tombe en glissant. L'invention de ces batteries est due à Vauban. Ce fut au siége d'Ath qu'il s'en servit pour la première fois.

BATTERIE ÉLECTRIQUE (physique). — Réunion de plusieurs jarres électriques ou bouteilles de Leyde, placées de manière à être déchargées toutes ensemble à travers le même corps préparé pour recevoir la décharge, et de cette manière produire, par une même charge, des commotions plus ou moins fortes selon le nombre des bouteilles. « Elles sont rangées dans une caisse dont le fond, garni d'une plaque de métal, est propre à établir une communication facile entre les armatures extérieures des jarres ou des bouteilles, ou sur un simple plateau de bois, mais alors il faut faire communiquer les armatures entre elles par des fils métalliques. Cette plaque de métal doit être mise en rapport avec le sol par le moyen d'une chaîne. La communication entre toutes les armatures intérieures doit aussi être établie avec beaucoup de soin à l'aide de conducteurs métalliques. Ensuite, on charge la batterie en faisant passer le fluide électrique dans les armatures intérieures par le moyen d'un fil de métal mis en rapport avec le conducteur d'une machine électrique en action. La décharge se produit en faisant communiquer les armatures intérieures avec celles du dehors par le moyen de fils métalliques. On ne peut la faire avec les mains sans s'exposer à de graves accidents; on se sert pour cela d'un excitateur. » Une puissante batterie égale la force de la foudre. La décharge peut facilement tuer un bœuf.

BATTEUR D'OR. — On appelle ainsi l'ouvrier qui, à force de battre l'or ou l'argent sur un bloc de marbre avec un marteau, dans des moules de vélin ou de boyau de bœuf, parvient à réduire ces deux métaux en feuilles très-légères et très-minces, qui sont employées à dorer le cuivre, le fer, l'acier, le bois et d'autres objets. Cet art est très-ancien; il était connu des Romains, qui, suivant Pline, ne tiraient d'une once d'or que 5 à 600 feuilles de quatre doigts en carré; mais les batteurs d'or modernes font leurs feuilles si minces et si déliées, qu'on s'étonne que la patience et l'industrie de ces ouvriers aient pu atteindre cette perfection. On a calculé qu'un morceau d'or ayant été battu peut occuper 652,500 fois plus de place qu'il n'en aurait tenu d'abord; 1,000 feuilles d'or battu étant placées l'une sur l'autre n'ont pas tout à fait un millimètre d'épaisseur; 30 grammes d'or peuvent se diviser en 1,600 feuilles, ce qui fait 1,599,092 fois plus que leur premier volume. On se sert de quatre moules de différentes grandeurs, savoir : ceux de vélin, dont le plus petit, de 40 à 50 feuiles, se nomme le *petit moule à caucher*, et l'autre, d'environ 200 feuilles, est appelé *grand moule à caucher*. Les deux autres, de 500 feuilles chacun, sont d'un certain boyau de bœuf bien dégraissé et préparé, auquel on donne le nom de baudruche. Chaque moule se met dans deux morceaux de parchemin appelés *fourreaux*, parce qu'effectivement le moule se fourre dedans pour le tenir en état. Les batteurs d'or sont aujourd'hui assujettis aux règlements de police sur la garantie des matières d'or et d'argent, et rangés dans les patentés de la classe désignée sous le nom de batteurs et tireurs d'or. Les batteurs d'or formaient jadis un corps particulier de maîtres-marchands, qui étaient reçus à la cour des monnaies; ils ne faisaient point d'apprentis; les fils de maître avaient seuls le droit d'aspirer à la maîtrise. Il en était de même pour les batteurs d'argent.

BAUDROIE (zoologie). — Genre de poissons acanthoptérygiens, remarquables par leurs formes bizarres et par l'étrange conformation de leurs organes extérieurs. Leur corps est court, large et aplati, leur peau est dépourvue d'écailles, leur gueule énormément fendue; leurs nageoires pectorales sont supportées par des espèces de bras, et semblent être terminées par une main analogue à celle des phoques; leur tête est hérissée d'épines, et leur museau garni de barbillons plus ou moins allongés; tout, en un mot se réunit pour en faire des espèces de monstres, dont la vue excite le dégoût et l'effroi : la force de leurs dents et la grandeur de leur taille (jusqu'à 1 mètre 70 cent.) en font d'ailleurs des poissons dangereux.

C'est surtout pour les faibles habitants des mers que les baudroies deviennent redoutables; aussi rusées que puissamment armées, elles savent également se rendre maîtresses de leur proie par adresse ou de vive force. Cachées dans la vase ou parmi les plantes aquatiques, elles attendent dans une immobilité complète l'arrivée de leur proie; souvent même elles l'attirent à elles, en laissant flotter au gré des eaux les longs filets qui garnissent leur tête ou leurs nageoires, et qui trompent d'autant mieux les petits poissons dont elles se nourrissent, que ces appendices ressemblent par leur forme à des lombrics ou vers de terre. Au moment où les imprudents s'approchent de l'appât séducteur, les baudroies, qui sont averties de leur présence par la position de leurs yeux, situés à la partie supérieure de la tête, se montrent subitement et les engloutissent dans leur énorme gueule! La forme aplatie de ces poissons et leur manière de pêcher les a fait nommer *raies pêcheresses*, et vulgairement *diable de mer*. L'espèce la plus commune qu'on trouve dans la Méditerranée et dans l'Océan d'Europe, est la *baudroie ordinaire*, qui atteint 1 mètre 60 centimètres à 1 mètre 70 centimètres de longueur (fig. 3).

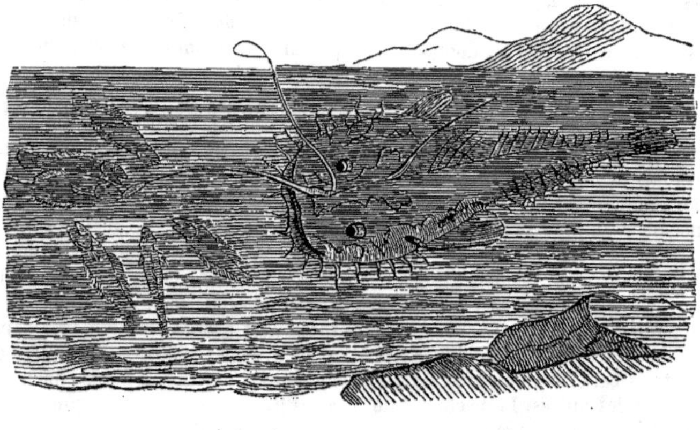

Fig. 3. — Baudroie.

BAUDRUCHE [diminutif de *baudrier*, formé de *baldringum*, corruption de *balteum*]. — Les bouchers, boyaudiers, etc., désignent par ce mot l'intestin *cœcum* du bœuf ou du mouton; mais le mot *baudruche* ne doit être consacré que pour la double membrane que les batteurs d'or emploient de temps immémorial. « Elle est retirée du *cœcum* du bœuf, et les charcutiers seuls font cette opération. On ne peut jamais la retirer entière, le tiers environ de cette pellicule se trouvant faire partie commune avec le suif, dont on ne peut la débarrasser sans qu'elle se déchire. La baudruche, préparée par les boyaudiers, a besoin d'être dégraissée pour servir au travail du batteur d'or. On place, à cet effet, les feuilles de baudruche entre des feuilles de papier non collé, et on bat le tout à coups de marteau. Quand la membrane a été bien dégraissée, on y passe une couche d'une liqueur composée de colle de poisson, de poivre blanc, de clous de girofle, de cannelle, de muscade et de fleur de muscade. Les feuilles de baudruche deviennent par l'usage très-dures et très-cassantes. On leur rend la flexibilité première en les plaçant une à une entre des feuilles de papier blanc, que l'on mouille avec du vinaigre ou du vin blanc et que l'on réunit en paquets que l'on recouvre de planches surchargées de poids. Comme les feuilles de baudruche dégraissée sont très-hygrométriques et attirent l'humidité de l'air, il est nécessaire de les dessécher chaque fois que l'on veut s'en servir, ce qui se fait en réunissant un certain nombre de ces feuilles dans une presse dont la plaque inférieure a été chauffée. La baudruche peut remplacer à merveille le taffetas d'Angleterre; comme ce dernier, après avoir été mouillée et appliquée sur une coupure, elle arrête le sang, propriété qui lui a valu le nom de *peau divine*. Depuis quelque temps, on est parvenu à faire servir la baudruche à la confection des aérostats. »

BAUME [du latin *balsaneum*]. — Ce nom se donne à certains sucs résineux qui découlent naturellement ou par des incisions faites à certains arbres, dans différentes parties du monde. Voici ceux qui sont le plus en usage :

Baume du Canada ou *baume blanc du Canada*. Il est transparent et a la même fluidité que la térébenthine du sapin; il n'en diffère que par son odeur, qui est plus suave et se rapproche de celle du citron ou du baume de la Mecque. On le tire du Canada, d'une espèce de sapin nommé *baumier de Gilead*. En Angleterre, on le vend sous le nom de *baume de Gilead*.

Baume de copahu, résine qui s'obtient par les incisions faites au tronc du *capaïferum officinale*, qui croît au Brésil, dans la Guyane, et qu'on trouve aussi dans l'Inde. Cette résine, récente, est très-fluide et incolore; en vieillissant, elle prend une couleur jaune, devient plus transparente, s'épaissit et finit par durcir. Elle a une odeur forte, désagréable, et un goût âcre, amer et repoussant. Pesanteur spécifique, 0,95.

Baume de la Mecque ou *de Judée*. Cette résine découle d'un arbre qui croît dans l'Arabie heureuse. Le véritable baume de la Mecque, qui est fort rare, est limpide et blanchâtre, âcre, aromatique et très-pénétrant.

Baume du Pérou, résine balsamique que l'on obtient par la décoction des branches et des feuilles du *myroxilum perniferum*, qui croît dans les contrées les plus chaudes de l'Amérique méridionale, et particulièrement au Pérou. Ce baume est transparent, d'une consistance semblable à celle du sirop cuit. Sa couleur est d'un rouge brun très-foncé, son odeur forte, agréable et pénétrante, sa saveur âcre, chaude, aromatique, très-amère et presque insupportable : il a les mêmes vertus que celui de copahu; il est d'un grand usage en pharmacie, et entre dans la composition d'autres baumes artificiels.

Baume de Tolu, résine balsamique connue dans le commerce sous le nom de baume d'Amérique, de Carthagène, produite par une espèce de *myroxilum* qui croît spécialement dons la province de Carthagène, aux environs de la ville de Tolu. Ce baume, qui tient le milieu entre les baumes liquides et les baumes secs, est d'une consistance molle, d'une couleur jaune verdâtre dorée, d'une saveur aromatique agréable, d'une odeur suave tirant sur celle du benjoin.

Il y a aussi des baumes artificiels, tels que ceux du commandeur de Gaïac, le baume lucetelle, etc.

C'est en Arabie et chez les peuples d'Orient que les baumes et les compositions balsamiques ont été primitivement employés. Les Égyptiens, dit un auteur, s'en servaient avec succès, dans leurs embaumements, pour empêcher la putréfaction des cadavres. A l'époque des croisades, les baumes commencèrent à se répandre en Europe, et ils y acquirent une grande célébrité. On croyait généralement à leur efficacité pour la guérison des blessures, et on leur accorda à une certaine époque des qualités presque merveilleuses. Les récits du moyen âge nous parlent de baumes précieux composés d'après de mystérieuses recettes, et qui fermaient, comme par enchantement, les nobles blessures des preux. Ils nous représentent les belles châtelaines s'occupant de la composition de ces merveilleuses drogues et de la recherche des simples qui entraient dans leurs compositions. Plus tard, les charlatans, s'adonnant à la recherche des simples, débitèrent, sous le nom de baumes, les plus singuliers médicaments; et, de nos jours, ce mot est devenu un mot type pour désigner les remèdes sans vertus présentés comme spécifiques universels à la crédulité du vulgaire. Il faut donc dégager avec soin la vraie signification de ce mot de la multitude d'applications qu'on lui a données. On ne doit considérer comme baumes, ainsi que nous l'avons dit, que certains sucs résineux découlant de l'écorce de quelques arbres, soit naturellement, soit par des incisions pratiquées à cet effet. Ils se rapprochent beaucoup des résines proprement dites; mais ils dégagent au contact du feu une vapeur odoriférante, qui est l'acide benzoïque. Ils sont solubles dans l'alcool et dans les huiles volatiles. Quant à certaines préparations pharmaceutiques connues généralement sous le nom de *baumes*, ce sont des mélanges plus ou moins innocents, plus ou moins nuisibles, et rarement efficaces, que le commerce, le charlatanisme et l'empirisme ont successivement inventés et exploités à leur profit.

Baumes naturels. — La plupart des baumes naturels sont des sucs ou plutôt des résines de nature enflammable, qui découlent de certains arbres, sans incision ou par incision. Ils ont quelque analogie avec les huiles essentielles; ils diffèrent des unes et des autres par des caractères particuliers : ceux d'entre les baumes qui sont fluides ont beaucoup plus de consistance que les huiles essentielles. On est parvenu à séparer des véritables baumes un acide concret et particulier, connu sous le nom d'acide benzoïque, tandis que les huiles essentielles paraissent, au contraire, contenir les substances propres à former du camphre. Le caractère qui pourrait présenter quelque analogie entre les baumes, les huiles volatiles et les résines, serait leur dissolubilité, à peu de chose près égale dans l'alcool.

Les anciens naturalistes désignaient indistinctement sous le nom de baumes toutes les excrétions fluides végétales odorantes; ils ne les avaient pas assez examinées pour les classer convenablement: ils se croyaient fondés à croire que les baumes étaient des résines, et les vrais baumes solides étaient selon eux de véritables résines.

On distingue deux sortes de baumes du Pérou, l'un qu'on appelle *noir*, d'une couleur brune et noirâtre, provenant de la décoction des feuilles et des branches du *myroxilon parviferum*. On le met dans des bouteilles, et c'est le baume du Pérou le plus commun. Il est d'usage dans la médecine et la parfumerie.

L'autre est le *baume du Pérou sec*, baume naturel proprement dit, qui découle par incision du tronc d'un petit arbre qui croît dans l'Amérique du Sud. Ce baume entre dans la composition de la thériaque céleste et d'autres remèdes : il convient dans l'atonie de l'estomac. (*Montbrion.*)

BAZAR (commerce, industrie) [en persan, *marché*]. — Lieu destiné au commerce parmi les Orientaux, surtout particulièrement chez les Persans. Les bazars de la Turquie, qu'on a voulu imiter en Angleterre et en France, quoique imparfaitement, sont de vastes marchés où sont exposées en vente toutes sortes de marchandises, et admirablement distribués. Voici la description que M. Michaud, de l'Académie française, nous a donnée des bazars de Constantinople :

« Le premier bazar dans lequel on m'a conduit, dit-il, est celui des drogues, qu'on appelle bazar égyptien ; toutes les drogues, depuis l'arsenic jusqu'à la rhubarbe, toutes les graines et les substances précieuses, depuis l'opium jusqu'au surmé, depuis le riz jusqu'à la fève de Moka, se trouvent étalées dans cette enceinte; on croirait voir une vaste pharmacie ou plutôt une riche collection d'histoire naturelle. Le bazar que j'ai visité le plus souvent est celui du papier; c'est là qu'un écrivain turc se procure tout ce qui est nécessaire à sa profession, une écritoire de cuivre jaune, une plume de roseau, un papier grossier, dur et cassant, qu'on appelle le papier de la chancellerie turque. J'ai vainement cherché dans ce bazar quelques feuilles de notre papier à lettre; comme je disais à l'un des marchands que son papier n'était pas bon... — Nous le tirons comme cela de Venise. — Vous devriez le faire venir de France? — Que voulez-vous? nous autres Turcs, nous n'en savons pas davantage. — Les Turcs ont néanmoins un très-grand respect pour le papier; l'espèce de culte qu'ils ont pour le papier surpasse celui que nous avons pour l'imprimerie; ils le regardent comme un moyen de propager la vérité et de publier les quatre-vingt-dix-neuf attributs d'Allah. On doit regretter que cette pensée ne leur ait pas inspiré jusqu'ici les moyens de fabriquer de meilleur papier que celui qu'on leur envoie de Venise et de Trieste.

» Après vous avoir conduit au bazar du papier, il est naturel que je vous conduise à celui des livres. Ce qui vous frappe d'abord dans ce bazar, c'est le religieux silence des artistes musulmans, qui les uns copient des livres, les autres enluminent des écritures, d'autres, à l'aide d'un jaspe tranchant, polissent le parchemin et lui donnent du lustre; ce travail, pour les livres, ressemble à une œuvre sainte, et les artistes du bazar ont l'air de prier. Le bazar des livres était autrefois interdit aux Francs et aux chrétiens; un voyageur d'Europe osait à peine jeter en passant un regard furtif sur les nombreuses copies du Coran. Depuis quelque temps, la tolérance a fait des progrès; aujourd'hui, le Coran et les autres livres sacrés et profanes sont visibles pour tout le monde; on les vend à quiconque veut les acheter. Presque tous ces livres sont des manuscrits; comme les libraires turcs font le métier de copistes, vous pensez bien qu'ils favorisent le moins qu'ils peuvent la circulation des ouvrages imprimés. Les manuscrits bien copiés sont fort rares et d'un très-haut prix; tout ce qu'il y avait ici de bons livres persans, arabes et turcs, a été acheté dans les derniers temps pour être envoyé en Perse; il semble que les muses d'Orient déménagent, et qu'elles redoutent quelque prochaine catastrophe à Stamboul.

» Si vous voulez vous procurer des ouvrages écrits en grec, en latin ou dans une de nos langues d'Europe, ce n'est pas au bazar des Turcs qu'il faut les demander. Il n'y a qu'un libraire à Constantinople qui vend des livres appartenant à nos littératures d'Occident. Je suis monté plusieurs fois dans sa boutique à Galata; cette boutique, placée presque sous les toits, a cinq ou six pieds carrés. On ne peut y entrer qu'en passant sur des volumes; on ne peut y rester qu'en se tenant assis sur des ballots de livres; c'est là que sont logés tous nos beaux génies de France, d'Italie, d'Allemagne et d'Angleterre; on ne saurait les trouver ailleurs; encore ne sont-ils là que pour les étrangers qui passent. Rien n'est plus rare qu'une bibliothèque chez les Francs établis à Constantinople; on ne voit dans nos couvents latins que des livres rongés des vers; on trouve à peine quelques livres rassemblés au hasard dans les palais de France, d'Angleterre et de Russie; je n'ai vu une bibliothèque choisie que chez l'internonce d'Autriche.

» Il faut que je vous dise un mot de la reliure des livres dans la capitale des Osmanlis; les reliures de Constantinople surpassent toutes les autres par la propreté, l'élégance et la perfection du travail; les volumes reliés par les ouvriers turcs s'ouvrent et se ferment avec une grande facilité; les ornements des couvertures et les étuis qui contiennent les livres sont des ouvrages achevés. Nulle part on n'a plus de soin des livres, nulle part on ne met plus de prix à les conserver, à les faire paraître avec éclat; je doute fort que dans le pays des Turcs aucun auteur ait jamais été aussi bien vêtu, aussi bien traité que ne l'est son ouvrage dans une bibliothèque, ou dans la boutique d'un libraire.

» Je me suis arrêté quelquefois dans le bazar des armes : c'est un grand édifice carré, semblable à un kan, au milieu duquel se trouvent étalées, comme dans un arsenal ou dans un musée, toutes les armures des Orientaux. Je me plaisais à voir des Turcs debout sur leurs bancs ou leurs estrades, vendant à la criée des pistolets montés en argent, des yatagans, de longs cimeterres; le bazar des armes est celui que les musulmans montraient autrefois aux étrangers avec le plus d'orgueil : il a, dit-on, beaucoup perdu dans ces derniers temps; la réforme de Mahmoud n'a pu encore déterminer les musulmans à nous permettre d'y faire des emplettes : un Franc ne pourrait y acheter un sabre ou un pistolet, quoiqu'il lui soit permis de porter des armes; c'est une de ces contradictions comme on en voit tant chez les Turcs, et dont le gouvernement ne s'occupe guère. Il ne se passe pas de jour que je ne visite le bazar des cuivres, où se fabriquent les plateaux et ustensiles de cuisine, et qui fait plus de bruit à lui tout seul que la capitale et ses faubourgs. Il m'arrive aussi quelquefois de passer dans la rue où se trouvent les manufactures de pipes. Toutes les industries de l'Orient semblent appelées à la confection d'un chibouk : toutes les régions de l'empire apportent leur tribut : Alep donne ses tiges de jasmin ou de cerisier, l'Asie-Mineure fournit une argile rouge ou noire que la Hongrie achève de préparer; la Perse envoie ses pierreries, son ivoire ou ses perles, et la mer elle-même paye son tribut en livrant son ambre gris ou jaune. Que de bras sont employés pour fabriquer la noix, le tuyau et l'embouchure de la pipe! Que de soins, que de mouvements, que d'opérations pour perfectionner ce meuble favori des Turcs! Et quand la pipe est achevée, il faut encore que Laodicée et Thessalonique envoient des feuilles brunes dont la fumée enivre les Osmanlis. Si une ordonnance impériale venait à proscrire aujourd'hui l'usage du tabac à fumer, comme cela est arrivé quelquefois, je suis persuadé que cent mille familles mourraient de misère et de faim dans la capitale et dans les provinces.

» Je voudrais vous donner une physionomie générale des bazars les plus renommés. La plupart ressemblent à de grandes baraques de bois, rangées à la file comme dans une foire; ici c'est une allée garnie de maroquins de toutes les couleurs, là c'est une longue avenue où brillent les châles des Indes, les mousselines du Bengale, les fourrures d'hermine; plus loin, vous voyez la porcelaine de la Chine, l'acier de l'Inde, le verre d'Alep, les diamants de Golconde, les perles du cap Comorin et du golfe Persique. Les acheteurs, et surtout les curieux, affluent toujours dans ces besestins. Le grand nombre de femmes turques qu'on y rencontre, et qu'il n'est pas permis de coudoyer, vous arrête sans cesse dans votre marche, et souvent une matinée ne vous suffit point pour parcourir deux ou trois bazars. Les boutiques n'ont d'autre ornement que les marchandises qu'on y étale et qui sont toujours disposées avec art. Le plus riche marchand n'occupe pas beaucoup de place dans sa boutique; le musulman ou l'Arménien qui étale des trésors autour de lui n'a besoin que de trois ou quatre pieds carrés sur une pauvre estrade.

» Les marchands ont des tailles comme chez nous les boulangers, les grains de leur rosaire les aident quelquefois dans leurs calculs; ils n'ont point de commis, tiennent peu d'écritures, et font souvent des comptes assez considérables avec le seul secours de leur mémoire. Les gens qui fréquentent les bazars disent que, lorsqu'on y fait une emplette, il faut offrir à un Turc les deux tiers de ce qu'il demande, la moitié à un Grec, le tiers aux Arméniens et aux Juifs. J'ai cru remarquer que les Osmanlis n'ont point entre eux cet esprit de jalousie qu'on trouve chez tous les marchands des autres nations. Comme je demandais un jour à un marchand turc un portefeuille un peu élégant : « Allez chez mon voisin, me dit-il, qui en a de plus beaux que moi. » Tout le monde s'accorde à dire qu'il n'y a rien de plus rare que le vol dans les bazars. Un marchand s'absente quelquefois plusieurs heures, tout est ouvert dans sa boutique; il revient et retrouve tout à sa place. Le délit de la filouterie est presque inconnu chez les Osmanlis. Il faut que le vol ait le caractère de la violence et qu'il ressemble un peu à la victoire pour que les Turcs s'en mêlent; aussi trouve-t-on des musulmans parmi les voleurs de grand chemin, mais jamais ou très-rarement parmi les filous et les escrocs. Ce n'est pas qu'ils n'aient grande envie d'avoir votre argent. Quand vous payez à un Turc ce qui lui est dû ou que vous lui donnez un bakchnis, il a bien plutôt les yeux sur les pièces de monnaie qui vous restent que sur celles qu'il reçoit. Les marchands osmanlis ne manquent pas d'adresse pour faire passer l'argent des acheteurs dans leur bourse; leurs manières sont quelquefois plus polies, plus engageantes que celles des Arméniens et des Grecs. J'entre souvent dans la boutique d'un gros parfumeur qui fournit, m'a-t-il dit, des essences de roses aux harems du sultan. Toutes les fois que j'arrive, ce sont des fêtes; on m'apporte le café, la pipe et tout ce qui s'ensuit. Je n'ai jamais grande envie d'acheter; mais de politesse en politesse, je me trouve, je ne sais comment, forcé de faire une provision nouvelle d'eau de roses et de pastilles du sérail.

» Je traversais ces jours derniers le bazar des étoffes; une vive inquiétude se montrait sur tous les visages : le bruit s'était répandu qu'on allait habiller à neuf les régiments de la garde impériale. Quand le gouvernement veut faire des habits aux troupes, on mande les marchands et les tailleurs, obligés de donner à un prix modique, les uns leurs draps, les autres leur travail. Ce qu'on redoute le plus dans les besestins et les bazars, c'est la fourniture du gouvernement. Pour trouver des fournisseurs, la Porte et ses ministres ont quelquefois eu besoin d'employer la bastonnade et même des moyens plus acerbes. Aussi n'est-il jamais venu dans l'esprit d'un marchand d'écrire sur une enseigne le nom des vizirs, des sultans ou des sultanes. Il faut ajouter d'ailleurs que le commerce de Stamboul n'a jamais recours aux enseignes et aux écriteaux : le désir qu'on a de montrer ses marchandises se trouve même neutralisé par la crainte qu'on a que certaines gens ne les voient. Ajoutez à tout cela que la monnaie altérée du grand-seigneur vient quelquefois jeter l'embarras et l'effroi parmi les marchands de la capitale. Lorsque le discrédit de la monnaie est à son comble, les marchandises sont tarifées, ce qui équivaut à notre maximum de 1793. Il y a longtemps qu'on n'en a vu d'exemple; mais la crainte subsiste toujours. Ici plus qu'ailleurs, on vit au jour le jour, et personne ne compte sur le lendemain. Les dernières révolutions ont beaucoup nui en général au commerce de la capitale : tous les marchands se ruinent, et la misère ne dispose pas les esprits à la sécurité.

» Nos financiers d'aujourd'hui diront sans doute qu'il manque à Constantinople une chose essentielle : c'est une Bourse. Il n'y a point de Bourse, en effet, dans aucune ville de la Turquie. On ignore ce que c'est qu'un emprunt, ce que c'est qu'une dette publique. Après le traité avec la Russie, deux grandes maisons de banque de Paris ont offert l'argent nécessaire pour remplir les obligations de la Porte envers le cabinet de Saint-Pétersbourg. On n'a voulu entendre aucune proposition. Le divan n'avait nulle envie de s'engager à payer une somme de 50 millions, par exemple, pour en recevoir seulement 40, car on ne se fait pas ici une autre idée d'un emprunt. Puisqu'on était dans la nécessité d'avoir des créanciers, on a mieux aimé avoir affaire à l'empereur Nicolas qu'à MM. Laffitte et Rothschild. Les Osmanlis d'ailleurs ne se soucient guère de multiplier leurs rapports avec les étrangers, et de les admettre à la connaissance de leurs affaires. Ajoutez à cela qu'un emprunt ne manquerait pas de blesser les opinions religieuses, sur qui l'agiotage, suite inévitable d'une dette publique, pourrait fort bien être placé par les ulémas dans la catégorie des jeux de hasard, si sévèrement défendus par le Coran. Vous pouvez par là vous expliquer comment il n'y a pas de Bourse en Turquie.

» J'ai pris des informations sur les lois et les coutumes qui régissent le commerce en Turquie, et j'ai reconnu que, sous ce rapport surtout, on en est encore aux siècles de la barbarie; Mahomet a placé un honnête négociant parmi les anges du paradis, et voilà tout ce qu'il a fait pour le commerce et l'industrie; ses disciples, ses compagnons et ses commentateurs n'en ont pas fait davantage. Les Turcs sont venus à Stamboul avec leurs lois du désert et n'y ont rien ajouté pour ce qui regarde les transactions commerciales; ils n'ont point de tribunal de commerce; leurs codes ne renferment aucune dispositions sur les lettres de change; seulement il existe des firmans et une espèce de jury pour réparer cette grande lacune de la législation musulmane. Comme dans nos grandes cités d'Europe au moyen âge, Constantinople a des corporations et des corps de métier. Ces corporations et ces corps de métier font quelquefois des réclamations en faveur des intérêts commerciaux, et ces réclamations, faites en commun, ont plus de poids que les représentations individuelles; chacune de ces compagnies a son chef reconnu par l'autorité; elles peuvent seconder parfois l'action de la police; il ne faut pas cependant exagérer les services qu'elles rendent à l'État ni les avantages qu'en peut retirer le commerce. Le gouvernement de la Porte ne les considère au fond que comme un moyen d'avoir de l'argent; on fait payer une taxe à chacun de ceux qui tiennent à ces associations industrielles, et si l'État s'en occupe, c'est pour que l'industrie individuelle ne puisse échapper au fisc.

» En parcourant le beau pays où nous sommes, on est partout poursuivi par une pensée douloureuse. Naguère, lorsque je traversais les campagnes de l'Anatolie, je m'étonnais qu'une terre pour qui la nature a tout fait fût restée presque partout stérile et inculte. Depuis que je suis arrivé dans la capitale et que j'ai pu voir sa position merveilleuse, je m'étonne même qu'elle en ait si peu profité pour la prospérité de son commerce et de son industrie. On nous parle sans cesse des réformes de Mahmoud; mais que de choses il lui reste à faire, je ne dis pas pour civiliser les Turcs, mais pour que leur pays soit comme Dieu l'a créé ! »

Aujourd'hui le nombre des bazars, surtout des petits bazars est considérable. Il y en a presque pour chaque espèce d'industrie, et dans ceux qui en réunissent plusieurs genres, chaque espèce de marchandises a son compartiment spécial, ce qui facilite singulièrement les recherches et le choix que l'on veut faire. Mais il faut dire que ce genre d'établissements est devenu d'autant moins prospère qu'il s'est étendu, et que tous ceux qui ont voulu y tenter une spéculation s'y sont ruinés généralement.

BDELLAIRES (zoologie) [du grec *bdallô*, sucer]. — Famille de vers intestinaux apodes, qui se meuvent au moyen de ventouses placées aux deux extrémités du corps.

BDELLE (zoologie) [en latin *bdella*]. — Genre d'acarides dont les caractères sont : un suçoir avancé pour bouche, quatre yeux, des palpes allongées, pieds postérieurs plus longs, corps mou, rouge; ces acarides se tiennent sous les pierres, sous les écorces d'arbre, dans la mousse.

BDELLIUM (chimie, botanique) [du grec *bdellion*]. — Gomme résine provenant d'une espèce de *balsamodendron*, qu'on trouve en Afrique, dans l'Inde et l'Arabie. Elle diffère de la gomme du Sénégal, avec laquelle elle est souvent mêlée, par les caractères suivants : morceaux de grosseur variable, rudes et inégaux ; de couleur grise, jaune, verdâtre ou rougeâtre; plus ou moins transparents ; assez compactes ; d'une cassure terne et cireuse (la gomme a une cassure nette et brillante); d'une odeur de myrrhe plus ou moins prononcée, ou d'une odeur très-désagréable (la gomme est inodore) ; d'une saveur âcre, très-amère et persistante (la gomme a une saveur douce, mucilagineuse), peu soluble dans l'eau (la gomme est entièrement soluble dans ce liquide). Le bdellium nous vient d'Arabie et des Indes; il entre dans la composition des emplâtres *diachylum gommé* et *vigo cum mercurio*. M. Pelletier, qui s'est occupé de l'analyse de cette substance, y a trouvé de la résine, de la gomme, de la bassorine et une huile volatile. Cette dernière est plus pesante que l'eau; la partie résineuse est transparente; mais, par l'ébullition avec de l'eau, elle devient blanche et opaque; elle entre en fusion à une température à peu près égale à celle de l'eau bouillante. La partie gommeuse est d'un jaune gris, et donne, avec l'acide nitrique, de l'acide oxalique, sans traces d'acide mucique; enfin, la bassorine (*mucilage végétal* de Berzelius), qui offre ces mêmes caractères, devient mucilagineuse quand on la traite par l'eau, se coagule par l'alcool,' et est transformée par l'acide nitrique en un liquide très-fluide. (*F. Foy.*)

BÉATIFICATION [du latin *beatus*, bienheureux, et *facere*, faire]. — Acte par lequel le pape déclare que l'âme d'une personne qui a vécu saintement jouit dans le sein de Dieu du bonheur éternel ou *béatitude*. Cet acte ne peut avoir lieu que cinquante ans après la mort de la personne. L'origine de la béatification remonte à Alexandre III. — Voy. *Canonisation*.

BÉATITUDE [en latin *beatitudo*]. — Etat des bienheureux dans la vie éternelle. « Les théologiens distinguent la *béatitude objective*, qui est Dieu même, et la *béatitude formelle*, qui consiste dans la connaissance, l'amour de Dieu et la joie de le voir et de l'aimer. Ils appellent *béatitude surnaturelle* la possession de la grâce et des vertus surnaturelles qui disposent le juste au bonheur éternel, et l'assemblage des biens que la nature ne peut acquérir par ses propres forces. — On nomme *béatitudes évangéliques* les huit maximes qui servent d'exorde au discours de J. C. sur la montagne, et qui renferment l'abrégé de sa morale (S. Matthieu, ch. 5, v. 3 et suiv.). On sait que ces maximes commencent par ces mots : « Heureux (*beati*) les pauvres d'esprit, parce que le royaume des cieux est à eux. » De là leur nom. »

BEAU (LE) (philosophie, morale) [en grec *cosmos*, signifiant à la fois *monde* et *beau*, en latin *mundus*, signifiant aussi *monde* et *beau*]. — Parmi les instincts que Dieu a donnés à l'homme, il en est un qui semble se manifester tout d'abord en présence des merveilles de l'univers et de la nature; cet instinct, c'est celui de la perfection. Nés pour aspirer sans cesse vers cet éternel foyer de majesté et de lumière, nous portons en nous cette étincelle divine de perfectibilité universelle d'où jaillissent pour nous et les conceptions de l'intelligence et les sentiments du cœur, et lorsque notre âme s'élève dans les régions de l'idéal, elle se plaît à embrasser par la pensée la double sphère du fini et de l'infini. Alors ce besoin de trouver quelque chose qui nous rapproche de ce type invisible répandu partout autour de nous, nous fait chercher dans notre faible langage une expression qui réponde à nos perceptions humaines, et cette expression nous la désignons sous ce nom : *le beau*. Nous nous représentons la création comme un immense rouage où se déroulent, autour de l'harmonie, le vrai, le bien, la symétrie, la régularité et l'ordre, et nous figurant que le beau doit renfermer l'essence de toutes ces qualités primitives que nous assignons aux objets qui nous environnent, nous rangeons au nombre des choses belles ou sublimes les œuvres sur lesquelles brille ce reflet divin de toute-puissance et d'immortalité. De là, l'idée d'un *beau absolu*, rayonnant, pour ainsi dire, sur un *beau idéal* et sur un *beau réel*, de là pour nous la distinction entre un *beau sensible* et un *beau intelligible*, de là, en un mot, le développement complet de toutes nos facultés et de toutes nos sensations en présence des splendeurs du monde et de Dieu. Le beau est-il alors la manifestation de tout ce que notre être a de pur et d'immatériel, ou la réunion de tout ce qui rapproche la créature du Créateur, en l'introduisant au sein des produits les plus parfaits de la création et de l'humanité? Nous n'osons le dire, et pourtant l'existence du beau est tellement incontestable qu'elle assiste à notre naissance intellectuelle, et que nous ne vivons qu'inspirés et soutenus par l'espoir d'arriver jusqu'à lui. Nous avancerions bien avec Platon que le beau c'est la splendeur du vrai, ou avec Saint-Augustin que c'est l'unité (*omnis pulchritudinis forma unitas est*), mais il nous semble que ces définitions sont trop générales, et nous nous hasardons à ajouter que le beau nous paraît être : l'expression universelle et parfaite de la pensée divine, réalisée dans l'idéal ou sur les objets extérieurs. D'ailleurs, si nous rapportons toutes les actions humaines à la pensée et à l'amour, le beau nous apparaît comme la double manifestation de ces deux modes primordiaux de l'existence, et sert en quelque sorte d'anneau entre les attributs de la Divinité et les aptitudes de l'homme, reliant ainsi, par une communication mystérieuse, l'image au modèle, et les aspirations de l'esprit et du sentiment vers l'éternelle beauté. Nous rencontrerons alors un *beau essentiel*, c'est-à-dire un beau nécessaire, puis un *beau naturel*, c'est-à-dire un beau réalisé dans la nature, ou, si l'on veut, exprimé par l'intelligence ou par les beaux-arts. Au beau essentiel appartiendront le *beau idéal* et le *beau moral*, au *beau naturel* les beautés de l'ordre matériel et physique, ainsi que le *beau artistique*, *littéraire* et *musical*. A proprement parler, le *beau* se divise en deux branches : le *beau idéal* et le *beau réel*; dans le premier se classent tous les genres de beautés accessibles à la pensée, à l'imagination, au sentiment; dans le second, toutes les beautés intelligibles et visibles de la nature, de l'art et de l'humanité. Nous allons essayer d'entrer ici dans quelques développements sur ces deux ordres de beau, et, sans le prendre précisément dans ses acceptions de *beau métaphysique*, de *beau naturel*, de *beau artistique* et *littéraire* et de *beau moral*; nous nous en tiendrons, pour rester dans les limites d'une division plus simple, à subdiviser tous ces genres dans le *beau idéal* et dans le *beau réel*, convaincu qu'il n'existe au monde que deux mobiles pour toutes les idées et actions humaines : l'idéal et la réalité.

Si, comme nous l'avons établi, il existe au-dessus de tout un *beau absolu*, c'est-à-dire Dieu, et un *beau essentiel*, c'est-à-dire un beau résultant de l'accord nécessaire de toutes les qualités constitutives d'ordre, de bien et d'unité, ce beau est perçu par notre intelligence de deux manières : par la notion du beau idéal et la notion du beau réel. La première n'existe que dans la pensée, la seconde dans la nature. Le *beau idéal* c'est l'intuition instinctive d'une perfection universelle résidant dans les êtres créés et restant accessible seulement à la pénétration intellectuelle ou aux inspirations de l'âme, ou encore c'est le beau réel revêtant une manière d'être supérieure aux objets visibles jugés parfaits par l'heureuse disposition de leurs formes, mais c'est un beau qui plane, pour ainsi dire, sur la création de toute la hauteur de l'immensité et de l'Infini. Quand la pensée monte jusqu'à lui, on dirait qu'elle pénètre au milieu de l'harmonie et de l'organisation des êtres, et que là, face à face avec Dieu, elle savoure ces merveilles répandues à profusion autour d'elle pour lire dans les secrets de l'inconnu et leur donner une forme qui voudrait être plus céleste qu'humaine, afin de leur imprimer comme un cachet vivant de leur origine et se persuader que dans sa contemplation, elle va faire irradier en elle ces magnificences extérieures qui n'appartiennent qu'au ciel. Alors, comme le Prométhée de la fable, elle ravit dans son extase ces produits de la toute-puissance, et elle les transporte soit dans ses actions, qui deviennent la plus haute expression du beau moral, soit dans ses pensées ou dans ses œuvres, qui se traduisent par le beau artistique, le beau littéraire ou le beau musical. Mais, par sa nature même, ne pouvant se soutenir à une élévation si grande, elle s'efforce de donner à ses idées et à ses œuvres ce reflet lumineux qui l'inonde, et elle s'inspire de tout ce que son imagination peut lui apporter de secours pour se tenir dans cette région sublime où elle a entrevu comme un regard de cet être qui l'a éblouie de ses perfections et de son immensité. Le beau idéal est-il autre chose que l'épanouissement de toutes les beautés humaines dans la beauté céleste? et, quand l'homme se laisse aller à lui, n'est-il pas comme un miroir ardent où se réfléchissent les sublimes clartés de ce beau absolu que nous plaçons en Dieu?

Une fois en possession de ce beau idéal, l'homme trouve pour l'exprimer deux formes différentes : la pensée et l'art. Par la pensée, nous entendons toutes les créations de l'intelligence, toutes les découvertes de l'esprit, tous les produits de la pénétration humaine appliquée aux relations extérieures; par l'art, nous désignons cette faculté de reproduire sous une forme quelconque cette manifestation intérieure du beau et de l'idéal. A la pensée appartient le beau littéraire; à l'art, la peinture, la sculpture et la musique, qui, constituent ce qu'on nomme ordinairement le beau artistique. Le beau littéraire consiste dans l'union de toutes les qualités de la pensée et du style, dans l'harmonie du fond et de la forme, dans le choix des images les mieux appropriées au sujet, en un mot dans le mélange habile des mouvements forts et tendres de l'âme, mouvements qui amènent, avec le charme, la persuasion et l'intérêt. Que l'on soit écrivain, historien, orateur, poëte ou philosophe, il y a toujours dans l'esprit l'idée d'une convenance idéale entre ce que l'on ressent et ce que l'on exprime, et c'est ce degré de convenance plus ou moins rapproché entre le type et le symbole qui établit parmi les hommes des nuances de goût assez délicates pour arriver souvent jusqu'au génie. La finesse, la facilité, la profondeur, l'élégance, les expressions douces et délicates, les traits spirituels et gracieux entrent dans la composition du beau littéraire. Puis vient le style, c'est-à-dire la forme extérieure et sensible de la composition, qui, par le sujet des ornements les plus beaux et les plus variés, donne à la phrase les tours les plus expressifs et les plus heureux, et sème dans le récit beaucoup d'animation, de vivacité, de délicatesse et de coloris. Le beau littéraire embrasse dans un cercle immense les élans les plus passionnés de l'âme et les émotions les plus puissantes de l'organisation humaine. Demandez à la raison ses conceptions hardies, à l'imagination ses couleurs brillantes, soyez indigné, furieux, brûlant de colère, ivre d'admiration et d'enthousiasme, attachez-vous à décrire ces tableaux qui maîtrisent si fortement toutes vos facultés, donnez à votre récit les ailes de l'exaltation et de la poésie, et vous vous ferez une idée de ce que peut être le beau idéal réalisé par le beau littéraire. Mais de même qu'il y a plusieurs manières de sentir, de même aussi l'idéal littéraire peut être variable selon les facultés et les aptitudes de celui qui cherche à l'exprimer. Les grandes scènes de la nature, les vérités éternelles de la religion, la longue chaîne des événements mémorables qui ont marqué la destinée et les vicissitudes des peuples, influent d'une manière différente sur les conceptions de chaque individu, et donnent à son œuvre une teinte particulière d'imperfection ou d'originalité; aussi, c'est dans la perception plus ou moins complète des rapports constituant le grand tout harmonique que se découvre le beau littéraire, et si l'on déroule devant soi l'immense liste de toutes les individualités d'élite qui dans chaque siècle ont laissé de leur passage une trace lumineuse et durable, on remarque qu'ils ont puisé chacun à leur science de prédilection les sources du beau, et que s'ils ont été grands par l'intelligence, c'est pour avoir appliqué à leur pensée ou à leurs expressions cette empreinte du beau absolu qui s'est changé pour eux en beau idéal et leur a montré, dans les mondes de la pensée et de la nature, des faits d'une inépuisable beauté. Le beau littéraire apparaît avec la Genèse, se continue par la philosophie grecque, se manifeste au Forum, et vient enfin s'épanouir dans l'Evangile et la prédication des apôtres, pour agrandir le cercle idéal de l'imagination et unir dans une indissoluble étreinte les pensées des illustres sages et penseurs de l'antiquité et les enseignements du culte catholique qui, par sa prédication de la loi d'amour, ouvrait à l'imagination les horizons les plus vastes de la pensée et du beau. Le beau littéraire appartient donc plutôt au beau idéal qu'au beau réel, et, quoiqu'il nous soit accessible plus dans son expression que dans son essence, il a sa source dans la notion de l'absolu et se range par là même non plus dans l'univers sensible, mais dans l'ordre intelligible et idéal.

A côté du *beau littéraire*, et toujours dans le *beau idéal*, se place le *beau artistique*, qui comprend, comme nous l'avons dit, la peinture, la sculpture et la musique. Ici ce n'est plus surtout la pensée qui dirige l'œuvre, mais le sentiment qui inspire la réalisation de l'idéal, et le but n'est point de développer les facultés intellectuelles, mais de faire naître l'émotion par la reproduction de quelque scène émouvante, ou d'exciter les passions par la sonorité et la douceur ineffable de certains accords. Le beau artistique doit toujours, pour être vrai, exprimer un type préexistant dans l'esprit et frapper agréablement nos sens en répondant d'une manière parfaite à la destination de son œuvre. Embellir pour charmer, animer pour plaire, tel est son but; rendre sa pensée sensible par l'imitation de la belle nature, tel est son idéal. Pourtant le mérite de l'artiste n'est point aussi bien dans le choix ou l'exécution de ses œuvres que dans l'inspiration qui les met en communication directe avec son âme même. En confiant au ciseau, au pinceau ou à la musique, une idée ou un spectacle qui nous ont profondément ému, c'est être sculpteur, musicien ou peintre; mais communiquer à son œuvre toute la puissance de son imagination, toute l'originalité de sa pensée, toute la chaleur de ses sentiments, faire, en un mot, parler son génie en écrivant sous la dictée de son âme, voilà l'art, et, ajoutons-le bien vite, voilà l'idéal de l'artiste. Pour atteindre cet idéal, la sculpture et la peinture demandent à la forme ses courbes les plus gracieuses, ses poses les plus délicates et les plus naturelles; elles combinent les mouvements et les effets de lumière et d'ombre : la sculpture s'attache plus particulièrement à se faire l'interprète des symboles vastes, majestueux et grandioses; elle s'applique à l'architecture, aux divers ordres de constructions ancienne ou moderne, et enferme son type de perfection dans un bloc de pierre ou de marbre, cherchant ainsi à réaliser par cette imitation vaste ou restreinte le beau idéal que, sous le ciseau de ses grands maîtres, elle réussit à rendre d'une manière si frappante et si naturelle; la peinture s'adresse plutôt aux passions, au sentiment, à la reproduction de quelque paysage, à l'esquisse de quelque scène publique ou domestique; mais, en général, elle réussit merveilleusement à nous faire partager les impressions et à nous associer à la pensée qui a guidé son pinceau. Elle parle à ce que notre âme a de plus sympathique, et nous attire en fixant devant nos yeux l'image de ceux que nous aimons ou le souvenir de certaines actions qui laissent dans notre esprit comme un parfum de fraîcheur et d'intérêt. Quelle source d'émotions délicieuses n'avons-nous pas trouvée bien souvent en présence d'un charmant paysage, d'un dessin aux formes pures et suaves, d'une figure aux traits nobles et distingués, d'une scène d'intérieur habilement distribuée et rendue avec cette fidélité de détails qui n'appartient qu'à l'art véritable! et d'où nous vient cette sympathie irrésistible qui nous porte à contempler tous ces tableaux de nos grands maîtres, si ce n'est de ce besoin que nous éprouvons de lire en quelque sorte la pensée divine écrite, sculptée, ou peinte par la main du génie? La musique appartient aussi au beau idéal par la liaison qui existe entre les sons qu'elle produit et les émotions de notre âme. Le beau est ici plutôt réel qu'idéal, car il s'adresse aussi bien aux sens qu'à l'imagination et aux sentiments; ce qui le rend idéal, c'est toujours cette pensée créatrice qui fait de l'harmonie musicale une corde de cette harmonie universelle qui compose et réunit le monde. Dans un morceau d'inspiration vraiment musicale, on retrouve, en effet, toutes les qualités essentielles du beau pris en général, et ces accords expriment si bien la justesse des tons, la régularité des mouvements, de plus ils trahissent si vite une pensée triste, souriante, grave, sévère ou heureuse, qu'on se laisse bercer doucement dans cette mélodie qui sympathise avec l'état de notre cœur ou de notre intelligence, et que cette musique tantôt gracieuse et languissante, tantôt bruyante et vive, exalte en nous le sentiment et nous porte à des pensées courageuses ou à de mélancoliques rêveries, tellement le compositeur a trouvé le secret de réunir à un même pôle les forces les plus opposées du cœur et de l'intelligence, et a su faire vibrer en nous cette corde de la sensibilité qui, une fois mise en mouvement, nous a apporté les émotions les plus diverses de plaisir, de douleur, d'amour, de haine, de souffrance ou de volupté. La musique atteint donc le beau idéal par la variété et la puissance de ses accords, et si elle a le don de nous rapprocher tellement de la pensée de l'artiste que nous nous sentons attendris ou électrisés par son œuvre, il faut supposer qu'au-dessus de cette preuve éloquente est une source féconde d'impressions sublimes dans laquelle l'artiste lui-même a puisé ses inspirations avant de leur donner son cœur et son âme; et ici encore nous apparaît le beau idéal. On le voit donc, le beau idéal préexiste toujours dans le beau réel, et soit qu'il se traduise par la pensée, soit qu'il emprunte à l'art ses formes les plus séduisantes pour se trouver ainsi réalisé dans la nature, c'est à lui qu'il faut remonter pour comprendre et apprécier dans toute son étendue les manifestations merveilleuses qu'il revêt dans le monde avant de faire luire sur les sentiments et les actions de l'homme le rayon de l'infini. Quant au *beau moral*, il tient à la fois du beau idéal et du beau réel; seulement il se manifeste de préférence dans le dernier, et prend sa raison d'être non plus dans un idéal intellectuel, mais dans l'étude des perfections divines prises comme toujours pour types et modèles des actions de l'humanité. Il consiste non-seulement dans la pratique de tous les devoirs de l'homme envers lui-même et envers la société, mais encore dans la lutte continuelle établie entre nos bons et nos mauvais instincts et surtout dans la victoire remportée par nos vertus sur nos passions et sur nos défauts. Être honnête homme, c'est-à-dire ne faire ostensiblement de mal à personne, en se conduisant selon ses convictions et sa conscience, voilà certainement la morale : mais soumettre toutes ses inclinations de faiblesse à une volonté trempée dans l'énergie et le courage, sacrifier son plaisir à son devoir, ses affections les plus chères aux exigences inexorables de l'existence, faire taire en soi tous les sentiments d'égoïsme et d'amour-propre pour ne songer qu'au bonheur de l'être que l'on aime, s'oublier à chaque instant pour reporter toutes ses facultés vers un but noble et désintéressé, voilà, ce nous semble, le beau moral. Le dévouement et la grandeur d'âme le précèdent toujours, et, tel qu'un roi qui s'avance entouré de ses seigneurs les plus fidèles, il fait briller sur son passage l'abnégation et l'héroïsme pour arriver ainsi jusqu'à la dernière limite de la perfection et de la sainteté. Interrogez les annales de l'histoire, remontez par la pensée jusqu'à ces premiers temps du christianisme, assistez à ces persécutions sanglantes et à ces martyres glorieux; bien avant même, voyez Socrate mourant en s'entretenant de l'immortalité de l'âme; évoquez ces grandes figures qui toutes ont gagné l'auréole céleste par l'immolation de leurs sentiments et de leur vie à cette éternelle idée du beau, et vous vous rendrez compte des effets que peut produire le beau moral. Ou encore, appelez à vous tout ce qu'il y a sur la terre de grandeur et de générosité, de qualités et de mérites, de splendeurs et de puissance; unissez comme dans un trophée victorieux toutes les conquêtes de l'esprit humain sur la matière, toutes les influences successives de la morale sur le progrès; voyez le monde s'avançant d'un pas ferme dans cette voie de la civilisation moderne; çà et là, apercevez, placés en éclaireurs, ces génies sublimes qui marquent une phase de l'humanité et semblent n'avoir paru que pour être les conducteurs de cette marche immense où se mêlent tous les peuples, et vous verrez se succéder devant vous les actions illustres, les résolutions magnanimes, les efforts surhumains de toutes ces générations apportant au beau moral leur tribut d'admiration et de vasselage, heureuses de s'éteindre dans la poussière des siècles avec cette bénédiction d'en haut qui perpétuera leur nom sans l'effacer jamais!

Il nous reste maintenant à parler du *beau réel*. Nous le diviserons en *beau naturel* et en *beau physique*, et, pour le distinguer du beau idéal, qui n'est simplement qu'intelligible, nous l'appellerons le beau visible. Les spectacles imposants que nous offre la nature, la structure de l'organisation et de l'organisme humains, les phénomènes du ciel et de la terre, le torrent qui gronde, le soleil qui luit, les étoiles qui brillent, le silence et la fraîcheur d'une belle nuit; tel est le beau réel. C'est en effet dans la nature que se trouvent jetés à profusion les modèles les plus parfaits, c'est dans son livre immense et toujours ouvert à nos études que nous allons chercher nos applications intellectuelles ou artistiques; en un mot, c'est devant nous que se résument et se groupent les merveilles de l'univers créé. Le beau réel répond à toutes nos facultés, aussi bien à notre intelligence qu'à nos sensations, et l'on ne saurait dire si, en présence d'un spectacle grandiose ou magnifique, l'esprit et le cœur ont plus de part que les sens, car il se fait alors en nous un tel concours de perceptions et de sensations que le beau réel semble agir d'une manière égale sur la matière et sur l'intelligence. Depuis le chêne le plus élevé jusqu'au plus humble arbrisseau, on rencontre partout ces qualités de symétrie, de régularité et de convenance qui constituent le beau essentiel; on admire l'Océan dans son immensité, la fleur dans son parfum, l'insecte dans la proportion de toutes ses parties, et cette admiration fait naître en nous le sentiment du beau. Ne demandez pas au beau réel toutes les combinaisons et tous les effets de l'idéal, il ne se conçoit ni ne se recherche, mais il est là, et il se montre tel qu'il est. Bernardin de Saint-Pierre, dans son livre des *Harmonies de la Nature*, s'est inspiré de cette beauté réelle pour saisir les rapports harmoniques existant entre tous les êtres créés, et s'est élevé par ce rapprochement jusqu'à des démonstrations pleines de feu et d'éloquence sur l'harmonie générale des parties qui prouvent l'existence d'un grand tout, lequel n'est autre que Dieu. La nature abonde en beautés saisissables et visibles, et sans parler de celles qui sont perçues par l'intelligence, mais simplement par la vue, elle reste sans cesse devant nos yeux pour nous prouver que, si ses produits excitent en nous la surprise ou l'enthousiasme, c'est qu'ils n'émanent ni du hasard, ni de l'homme, mais qu'ils attestent une origine divine manifestée par un talent suprême de création et de destination. Les beautés de l'ordre réel pourront être moins étendues que celles de l'ordre idéal, mais elles n'en demeureront pas moins les inspirations fécondes de l'humanité, qui fera sur elles l'apprentissage de ses œuvres pour arriver à la gloire et au génie.

Le *beau physique* résulte de la parfaite symétrie entre toutes les parties du corps et du rapport exact entre l'idée primordiale de la régularité avec le fini de l'exécution humaine; on le désigne ordinairement sous le nom de *beauté*. Sous ce titre, il devient plutôt une qualité ou une mise en action du beau et se concentre exclusivement dans les proportions plus ou moins heureuses de la figure et du corps. La grâce et la majesté, un port noble et distingué, des membres forts et vigoureux, chez l'homme; une démarche douce et timide, une pureté remarquable de lignes dans les traits, des yeux purs et pénétrants, une peau blanche et rose, chez la femme, semblent être les premiers attributs de la beauté. Le beau physique se rencontre bien plus rarement dans la nature que le beau réel; mais aussi il produit en nous un effet plus complet et plus direct, en ce sens qu'au lieu d'éveiller simplement l'admiration ou l'enthousiasme, il remue nos désirs et nos passions et fait passer notre âme par tous les degrés de l'espoir et du rêve, afin d'arriver jusqu'à la possession imaginaire ou véritable de l'être qui réalise pour elle son idéal de beauté matérielle en concentrant toutes ses aspirations dans le sentiment et dans l'amour. Plaire, attirer et vaincre, voilà le beau physique, qui se rapproche ainsi du beau réel par la nature même de son influence, et atteint bien souvent les hauteurs de l'idéal, en faisant du type humain l'image incomplète, mais réelle, de l'éternelle beauté.

Tels sont les différents aspects sous lesquels il nous a semblé que devait être envisagé le beau pour être perçu et analysé dans ses formes diverses et variées, qui font de lui l'expression la plus complète de la création et de la Divinité. En l'étudiant et en cherchant à découvrir partout son image, on se sent fier de contenir en soi tant d'éléments de grandeur et de supériorité; ou plutôt, si on réfléchit que la faiblesse humaine doit avoir pour la couvrir les voiles du silence et de la modestie, on abrite avec bonheur sa condition humaine sous ce sentiment instinctif qui rapproche le Créateur de la créature en les unissant tous deux par les bienfaits et la reconnaissance; et le beau laisse alors dans notre âme une traînée lumineuse d'espérance qui brille sur notre idéal pour illuminer notre avenir et notre destinée future du pur rayon de l'immortalité... ÉDOUARD BLANC.

BEAU-PÈRE, BELLE-MÈRE, BEAU-FILS, BELLE-FILLE, BEAU-FRÈRE, BELLE-SOEUR (droit). — Beau et belle sont des épithètes d'affection ajoutées aux mots père, mère, fils, fille, frère et sœur, pour élever en quelque sorte la fiction de la loi à la vérité de la nature. C'est ainsi qu'on nomme beau-frère celui dont on a épousé la sœur, comme le frère et la sœur de l'épouse appellent beau-frère le mari de celle-ci. Les deux individus qui ont épousé les deux sœurs ne sont pas beaux-frères, chacun d'eux n'est beau-frère que de la femme de l'autre et *vice versa*; néanmoins, il est d'usage que cette qualification soit attribuée dans ce cas. De même n'est pas beau-fils aux yeux de la loi le mari de la belle-fille, laquelle tient cette qualité honorifique de l'effet du second mariage de sa mère avec un homme qui est devenu son beau-père. — Voy. *Aliments et Parenté*.

Les rapports sociaux entre beaux-frères et entre belles-sœurs, a dit un sage observateur, sont ordinairement très-agréables, mais du jour où les intérêts privés sont en jeu dans une succession ouverte, il est rare que les discussions ne viennent pas à surgir et à les brouiller. On se fait même un ennemi déterminé d'un beau-frère auquel un avis, donné loyalement, est la cause, plus ou moins directe, d'une perte subie ou d'un mécompte survenu de quelque manière que ce soit. JEAN ETIENNE.

BEAUTÉ (philosophie, morale). — Qualité, ou réunion des qualités d'un objet qui excite en nous de l'admiration et du plaisir; assemblage de traits ou de caractères également propres à charmer les sens et l'esprit. Il appartient au *beau moral* d'intéresser le cœur, et nous en pressentons la raison, puisque le beau moral n'est autre chose qu'un sentiment élevé, un acte vertueux. La *beauté physique* entraîne le charme des sens et celui de l'âme, non que la régularité des formes de la matière soit propre par elle-même à intéresser le cœur. Tel intérêt étant néanmoins excité, il ne peut être produit que par les idées relatives qui résultent de l'inspection du beau, soit en nous peignant l'auteur, soit en se portant vers son objet. — Parmi les beautés physiques, celle de la femme est la plus frappante : cependant, cette beauté est relative; c'est une affaire de goût. La beauté, en effet, n'est pas un vain assemblage de traits fins, délicats, réguliers, de formes élégantes et de contours gracieux, c'est le miroir d'une âme noble et belle, douée de qualités généreuses et sensibles; il n'est de beauté réelle qu'à ce titre; la beauté sans la douceur est une rose sans parfum; la bonté, cette essence divine, doit être le partage du beau, du grand, du sublime, que la nature a bien voulu accorder à quelques privilégiés. La vertu attachée à la beauté, c'est la perle fine en son écrin; c'est la rosée bénie qui tombe sur le calice de la fleur; c'est le cristal des eaux limpides réfléchissant la gracieuse image des perfections divines! O combien la femme qui a tous ces dons en partage doit être en garde contre elle-même pour ne point ternir un fleuron de cette noble et précieuse couronne! Dès l'instant qu'on possède les qualités du beau et les grâces enchanteresses qui captivent les cœurs, on a droit aux hommages, au respect, à la considération, à l'admiration même; on doit être fier de conserver cette enveloppe virginale qu'on nomme candeur, innocence, modestie; avec de tels titres à l'admiration, on peut arriver aux honneurs, aux dignités même. La beauté qui cesse d'exprimer la vertu n'est plus qu'un dangereux fantôme couvrant sous des charmes séducteurs ou la frivolité qui dégrade, ou la corruption. « Quand je vois, dit George Sand, la beauté du visage servir de masque à la corruption du cœur, j'en suis révolté comme d'une double imposture, et je suis saisie de terreur comme à l'aspect d'un bouleversement dans l'ordre éternel de l'univers. » Contraste bien frappant de la chasteté et du désordre; d'ailleurs, toute beauté imparfaite n'est point la beauté; ce n'en est que l'apparence, de même que la fleur qui séduit les regards par ses belles couleurs, mais que l'odorat repousse.

Je ne veux point descendre dans cette atmosphère impure qui flétrit la vie à sa première aurore, néanmoins, je dirai que la beauté indigente est en butte à bien des séductions, et que, n'ayant pas toujours reçu de bons principes, elle succombe facilement aux piéges qui lui sont tendus chaque jour par l'homme corrompu; elle vend au prix de l'or sa beauté, sa seule richesse; cette fraîche guirlande qui devait contribuer à son bonheur descend avec elle les degrés infamants du vice, tombe d'abîme en abîme, et la vie n'est plus qu'un long désespoir! Donc la beauté sans la vertu est un présent funeste. Couvrons d'un voile épais tout ce qu'il y aurait à dire sur ce sujet. Rappelons-nous toujours que le vice a ses ennuis et le plaisir son chagrin, et que les âmes pures préfèrent planer dans les régions éthérées, pour y contempler cette harmonie divine qui donne au cœur cette joie indicible que Dieu accorde aux personnes animées de sentiments nobles et vertueux.

Que dirais-je de la *beauté physique*, de celle qui se manifeste dans les œuvres de la nature? Le corps de l'homme, celui des animaux, la brillante famille des plantes, la terre avec ses paysages, la mer avec son immensité, son calme ou ses tempêtes, le ciel avec son voile d'azur, ses éclairs, ses nuages, et, pardessus tout, la lumière, chaque phénomène dans la nature ne nous offre-t-il pas le spectacle incessant de la beauté physique?

Lamartine a peint, dans les beaux vers suivants, les beautés de la nature :

Beauté, secret d'en haut, rayon, divin emblème,
Qui sait d'où tu descends? qui sait pourquoi l'on t'aime?
Pourquoi l'œil te poursuit, pourquoi le cœur aimant
Se précipite à toi comme un fer à l'aimant,
D'une invincible étreinte à ton ombre s'attache,
S'embrase à ton approche, et meurt quand on l'arrache?
Soit que comme un premier ou cinquième élément,
Répandue ici-bas et dans le firmament,
Sous des aspects divers ta force se dévoile,
Attire nos regards aux rayons de l'étoile,
Au mouvement des mers, à la courbe des cieux,
Aux flexibles roseaux, aux arbres gracieux;
Soit qu'en traits plus brûlants sous nos yeux imprimée,
Et frappant de ton sceau la nature animée,
Tu donnes au lion l'effroi de ses regards,
Au cheval l'ondoîment de ses longs crins épars,
A l'aigle l'envergure et l'ombre de ses ailes,
Ou leur enlacement aux cous des tourterelles,
Soit, enfin, qu'éclatant sur le visage humain,
Miroir de ta puissance, abrégé de ta main,
Dans les traits, les couleurs dont ta main le décore,
Au front d'homme ou de femme, où l'on te voit éclore,
Tu jettes ce rayon de grâce et de fierté
Que l'œil ne peut fixer sans en être humecté,
Nul ne sait ton secret, tout subit ton empire,
Toute âme à ton aspect ou s'écrie ou soupire.

Dans les œuvres de la nature, comme dans celles de l'art, la beauté résulte, en général, d'un ensemble harmonieux de formes, de proportions, de couleurs ou de sons. Mais pour qu'il y ait beauté réelle, il faut que les choses matérielles rayonnent l'objet immatériel, Dieu ou l'âme humaine. La beauté, dans les créations de l'homme, n'est autre chose, dit M. Barbé, que la conception du beau absolu par l'esprit humain rendue sensible dans une œuvre d'art : l'esprit humain, en tant que concevant le beau absolu, est comme une lentille qui réfléchit la lumière ! Une conséquence logique de cette source divine du beau, c'est que toutes ses manifestations possibles doivent être belles. En principe donc, il ne doit y avoir rien de laid; c'est une loi divine, souveraine, que tout ce qui existe tend à la réalisation de la *beauté*, parce qu'étant une forme particulière de la justice et de la bonté, elle est un devoir ou une nécessité de la part du Créateur et un droit ou un besoin dans la créature. Ainsi, quand un enfant est conçu, comme il est conçu sur un type venant de Dieu, il est rationnellement impossible que, en suivant la loi de son développement, il ne tende pas vers la réalisation de ce type. Pourquoi donc tous les hommes, tous les êtres ne sont-ils pas beaux? C'est demander pourquoi ils ne sont pas tous bons, tous justes; en d'autres termes, c'est demander pourquoi il y a du mal dans ce monde; c'est poser le problème dont l'homme cherche la solution depuis des milliers d'années, et qu'il n'a pas encore trouvée. Quoi qu'il en soit, c'est un devoir sacré pour l'homme d'accomplir la *loi de beauté*, de même que la loi de justice et de bonté dans sa triple sphère physique, morale et intellectuelle. Pour cela, il faut qu'il s'efforce d'aider au développement régulier et normal de son corps et de son âme, ayant toujours présent à l'esprit cette simple vérité : *La beauté, c'est la vertu du corps, comme la vertu est la beauté de l'âme.*

Mme Lunel mère.

BEAUX-ARTS. — Si, d'après le Dictionnaire de l'Académie, l'*art* est une méthode pour faire, et bien faire, un ouvrage selon certaines règles, il en résulte que cette désignation peut s'appliquer tout aussi bien aux *arts mécaniques*, aux *arts industriels* qu'aux *beaux-arts*; c'est-à-dire à tous les arts et métiers créés pour les besoins ou les jouissances de l'humanité.

Cette définition est-elle suffisante pour rendre raison de toutes les acceptions dans lesquelles on admet le mot *art?* Quand on fait ce mot synonyme de profession, surtout quand on dit que les arts sont une occupation attrayante et qu'un artiste a le goût ou l'amour de son art, le mot art ne s'entend-il pas alors, non de la méthode suivant laquelle opère l'artiste, mais de l'opération elle-même ?...

Ne pourrait-on se faire comprendre, dans tous les cas, sans étendre trop loin l'acception du mot *art*, en disant qu'il signifie tout acte auquel on procède par industrie ou par génie, suivant des règles méthodiquement prescrites?

Les Grecs n'avaient point une expression particulière qui séparât ce que nous appelons les *arts* de ce que nous nommons les *métiers*; pour désigner l'art dans son ensemble, ils ne se servaient que du mot *techné*; mais aussi, ils caractérisaient chaque artiste par un terme propre à indiquer le genre et l'élévation de l'art qu'il exerçait. Les Romains ont fait absolument comme les Grecs, ils avaient un mot qui correspondait à celui de *techné*, et c'est de ce mot *ars* que nous avons fait *art*. Cependant, on a fait dériver le mot *art* de différentes sources : les uns, du verbe grec *aro*, *j'arrange*, *je dispose*, parce que l'art arrange différentes parties pour en former un tout plus satisfaisant; c'est pourquoi Festus fait dériver ce mot de *artus*, *membre*. Selon Isidore, d'autres trouvent son origine dans le mot *arété*, qui chez les Grecs signifiait *vertu* et *science*. Mais ne voulant nous occuper ici que de la partie la plus élevée comme la plus épurée des arts, nous lui donnons la désignation spéciale de *beaux-arts*.

Malheureusement, dans la plupart des dictionnaires comme dans les meilleures encyclopédies, on confond souvent sous la même dénomination l'art et les beaux-arts, ce qui produit la confusion dans les traités comme dans la pratique des beaux-arts. C'est à cette confusion d'un mot mal déterminé qu'il faut attribuer les systèmes déplorables qui se sont fait jour depuis quelques années et qui ont porté momentanément une atteinte aux principes comme à la vitalité des beaux-arts. Voyons ce que sont les beaux-arts, et de quelle source ils découlent.

Les besoins de l'esprit associés aux besoins physiques ayant mis l'homme sur la voie des études dans les arts scientifiques, il en est résulté une *partie savante*, la seule par laquelle on puisse clairement exprimer sa pensée, et à laquelle il faut attribuer l'idée et la faculté de rendre les besoins du sentiment du cœur et ceux de l'âme; en un mot, ce qu'il y a de plus noble, de plus élevé, de plus généreux et de plus exquis en nous-mêmes.

Dans l'antiquité, les divisions des arts qui avaient trait à ces sentiments, et qui s'étaient appliquées à les rendre dignement, prirent, lorsqu'ils se furent perfectionnés, le nom d'*arts divins*. Ce nom leur convenait d'autant plus, qu'avant tout ils servaient à glorifier la Divinité, à la représenter dans toute sa majesté aux yeux des peuples qui venaient se prosterner devant ces images idéalisées.

Peu à peu, les arts divins firent entrer dans leur domaine la reproduction des demi-dieux, des héros, puis des hommes bienfaiteurs de l'humanité. Or, comme toutes ces catégories se rapprochent sensiblement de la Divinité, dont elles sont des émanations supérieures, ces arts qui s'appliquaient à retracer les beautés du corps dans leur plus grande énergie, prirent une dénomination nouvelle, celle d'*arts libéraux*. La raison qui fit prendre cette détermination était toute naturelle, car alors les seuls hommes libres semblaient faits pour les exercer. Mais aujourd'hui que l'esclavage n'existe plus, que les priviléges ont été abolis, les arts divins, comme leur suite naturelle les arts libéraux, ont pris le nom de *beaux-arts*.

La dénomination de beaux-arts ne renferme guère maintenant que l'architecture, la sculpture, la peinture, la gravure et la musique. C'est de la sorte que l'entend l'Académie des Beaux-Arts; aussi tous ses membres sont-ils architectes, sculpteurs, peintres, graveurs ou musiciens.

Les encyclopédistes du dix-huitième siècle, dit Kératry, portaient à six le nombre des beaux-arts, dont ils faisaient six espèces de langage, ou six manières de manifester la pensée. Ainsi, ils comptaient trois divisions des beaux-arts dont les productions sont *transitoires* et *instantanées:* 1° la *pantomime*, ou langage d'action; 2° la *parole*, langage des sons articulés; 3° la *musique*, langage des sons modulés. Ils en comptaient trois autres dont les productions ont de la fixité et de la durée : 1° la *sculpture*, langage par l'imitation des formes des objets palpables; 2° *l'architecture*, langage par les dispositions significatives des bâtiments; 3° la *peinture*, langage par le moyen des couleurs étendues sur une surface plane.

Les *beaux-arts*, ajoute-t-il, ne sont que des imitations ou plutôt des copies, puisque leurs plus brillants efforts se borneront toujours à la reproduction de l'homme extérieur.

Après avoir constaté, d'après les idées de l'Académie des Beaux-Arts, que l'architecture, la sculpture, la peinture, la gravure et la musique sont les seules manifestations ou langages qui constituent les beaux-arts, voyons quelle est l'opinion des auteurs à leur égard.

Les beaux-arts, disent les uns, ce n'est que la fantaisie. Les beaux-arts, disent les autres, résident tout entiers dans la forme, ou plutôt ce n'est que la forme elle-même.

L'art, dit M. Cousin, est la représentation de l'absolu, du général, ou, en d'autres termes, de l'idéal.

Il ne faut pas croire, après avoir lu ces lignes, que toutes ces définitions soient de simples préliminaires sans conséquence, et dont on puisse ne pas tenir compte; loin de là, elles constituent les axiomes qui servent de fondement aux diverses écoles de notre temps, et d'où procèdent leurs œuvres. La variété et la nature de leurs travaux répondent exactement à la diversité et à la nature de leurs principes; on peut certifier qu'il y a une concordance parfaite entre les doctrines et les actes de nos peintres.

La confusion et l'incertitude qui frappent les yeux de tout observateur attentif des produits de nos beaux-arts ne sont rien de plus que la reproduction soit de l'indécision, soit des opinions émises et soutenues sur l'essence de l'art. Il y a confusion, anarchie, non pas seulement parce qu'il y a plusieurs définitions, mais encore parce que, dans aucune de celles-ci, il ne se trouve de criterium invariable et fixe. Aussi, lorsqu'on dit : Les beaux-arts ne sont autre que la fantaisie, on n'affirme pas seulement que les beaux-arts ne sont que le culte de la forme, on admet de plus qu'ils sont l'effet du pur instinct et du pur caprice, et cela tout aussi bien quant au sujet choisi par l'artiste que quant au moyen d'expression qu'il emploie; on met à néant toutes règles, toute expérience, toute critique. En effet, la fantaisie est précisément l'opposé de la règle et de l'expérience, et là où l'on ne peut en appeler soit aux règles, soit à l'expérience, il n'y a point de place pour la critique. Chaque fantaisie n'a d'autre juge qu'elle-même; et, bien plus, il suffit d'avoir un caprice pour se proclamer artiste et se placer au-dessus de l'observation et de l'étude. Je ne force point les conséquences; l'histoire de l'*école romantique* est là pour prouver que je n'ai en rien outrepassé la vérité. Mais, à côté de l'école romantique, il s'est formé depuis peu une nouvelle école aussi absurde en fait de beaux-arts; c'est l'*école réaliste*, dont la maxime générale se résume par ces paroles : *Imitez la nature*. Les chefs de cette école n'ayant pas dit à quel degré de beauté il faut choisir la nature pour l'imiter, et n'ayant montré dans leurs tableaux que ce qu'il y a de plus inerte et de plus dégradé, il en est résulté que chacun des imitateurs réalistes a pris le mot *imitez la nature* dans le sens le plus ordinaire; et il leur a suffi que les objets soient représentés naturellement, qu'ils aient du relief, de la couleur, qu'ils paraissent véritables et réels, pour qu'ils se figurent et prétendent qu'ils sont du domaine des beaux-arts.

L'expérience des siècles a cependant posé en principe que si le talent d'un peintre ou d'un sculpteur consistait seulement dans cette espèce d'imitation, la peinture et la sculpture perdraient de leur dignité, et ne seraient plus considérées comme des beaux-arts et comme des sœurs de la poésie.

Le réalisme absolu, cette imitation grossière et sans discernement, ne peut pas appartenir aux beaux-arts; ce simple réalisme tient seulement à la partie mécanique, dans laquelle *l'esprit le plus borné est toujours certain de réussir le mieux*, car l'artiste qui a du génie ne peut s'arrêter à des choses médiocres et sans une portée déterminée, auxquelles l'esprit n'a aucune part. Et de quel droit la peinture et la sculpture se diraient-elles sœurs de la poésie, si ce n'est par le pouvoir qu'elles exercent sur l'imagination? C'est ce pouvoir qui doit être le but des beaux-arts; c'est dans ce sens qu'il faut envisager et étudier la nature. Pour compléter notre pensée, voyons ce que Léonard de Vinci a écrit à ce sujet dans son *Traité de peinture* :

« S'il faut chercher la *vérité de l'imitation* avant la beauté des formes, il faut aussi connaître la *beauté des formes* avant de pouvoir en faire un heureux choix et de s'occuper de l'*expression des passions.* » Et il ajoute plus loin : « Imiter, *c'est l'art* proprement dit. Imiter ce qui est beau, après l'avoir choisi, *c'est l'art éclairé* des lumières du goût. Enfin, *imiter ce qui est beau, grand et expressif tout à la fois*, c'est l'art guidé par le goût et par la philosophie; en un mot, *c'est l'art dans son essence même.* » C'est ainsi que j'entends et que je définis les *beaux-arts*.

Pour terminer ce sujet, tant débattu et tant commenté, je dirai que la statuaire antique, de même que la sculpture et la peinture des quinzième, seizième, dix-septième et du commencement du dix-neuvième siècle, c'est-à-dire dans les temps que les uns et les autres ont jeté le plus vif éclat, n'étaient réellement que le résumé, que l'ensemble du progrès obtenu par les maîtres qui se sont succédé. Dans ces belles périodes, les artistes se sont renfermés dans les recherches les plus persévérantes et les plus consciencieuses; ils n'avaient en vue qu'un seul but : celui d'atteindre à l'apogée de la beauté. Mais cette beauté dans les beaux-arts, les savants et les philosophes modernes l'ont-ils définie et précisée, en ont-ils démontré la sublimité de l'ensemble et des éléments qui s'y rattachent? Je ne le pense pas. Ils n'ont pas plus caractérisé cette beauté qu'ils n'ont défini la constitution des beaux-arts; c'est encore une étude à faire, étude au moins aussi intéressante et plus utile aux beaux-arts que celle qui se trouve dans les systèmes avoués, combattus et soutenus avec acharnement, mais par des mots, quand ce n'est point par des idées vagues et confuses.

Quant à moi, je dirai quelle est ma manière d'envisager la vraie beauté dans les beaux-arts quand je traiterai de la peinture, de la gravure et de la musique, car, dans ces divisions de la manifestation humaine par le concours des beaux-arts, les conditions comme les principes doivent être les mêmes, et le but ne peut être autre que de plaire, charmer, instruire et moraliser. THÉNOT, professeur.

BEC (histoire naturelle) [du gaulois *bec*; en latin *rostrum*]. — Matière dure, cornée, à bords tranchants, qui sert de mâchoire aux oiseaux.

Un des caractères les plus saillants des os qui composent la face de l'oiseau, dit Doyère, c'est leur tendance à former un système de trois branches distinctes et minces, dont une supérieure et deux inférieures; ajoutons que ces différents os s'unissent entre eux par des ligaments, presque jamais par des sutures, et qu'il n'y a rien dans leur arrangement qui, abstraction faite de suture quelconque, en assure la solidité par la connexion des parties, comme cela a lieu d'une manière si éminente dans la face des mammifères, et l'on aura l'idée d'un ensemble surtout flexible : aussi le demi-bec supérieur offre-t-il généralement un mobilité plus ou moins grande, frappante surtout chez les perroquets, et très-sensible chez un grand nombre d'autres. Et cette mobilité elle-même, que l'on pourrait croire due à quelque appareil musculaire particulier, n'est pas ce qu'il y a de moins remarquable dans l'appareil qui nous occupe, car elle résulte mécaniquement et d'une manière nécessaire d'une particularité de construction du maxillaire inférieur. Cet os, au lieu de s'appuyer sur l'os temporal par l'intermédiaire d'une apophyse se logeant dans une cavité creusée à cette fin, offre au contraire lui-même une cavité glénoïde dans laquelle est reçue une apophyse de l'os carré, et en arrière une apophyse olécranienne d'une ressemblance frappante avec celle du bras humain. C'est ce levier coudé qui, repoussant en avant l'os carré et par son intermédiaire la branche latérale du bec, établit entre les deux mâchoires cet antagonisme de mouvement sur lequel nous venons d'appeler l'attention. Ce simple fait, accidentel et perdu au milieu d'une foule d'autres, si nous le considérions d'un point de vue stérilement analytique, prend, fécondé par la synthèse, toute l'autorité d'un fait primitif, d'où découle comme corollaire la persistance des sutures à l'état de ligaments élastiques; car l'ossification, gênée dans le premier âge par cette mobilité préexistante, dut définitivement s'arrêter là précisément où se trouva limité l'axe du mouvement pour chaque diverse pièce, c'est-à-dire dans les limites de l'accroissement excentrique des divers os de la face, en un mot dans les sutures.

Le bec est susceptible de mouvements très-variés; sa mandibule supérieure est souvent mobile, comme il est facile de l'observer dans les canards, les perroquets, etc.; ce caractère anatomique distingue parfaitement les mâchoires des oiseaux de celles des mammifères. La forme, la consistance et la longueur du bec varient beaucoup; mais toujours les modifications qu'elles éprouvent sont en rapport avec le régime et les habitudes de l'oiseau. Ainsi, les espèces qui se nourrissent de proie se font remarquer par leur bec crochu, admirablement disposé pour déchirer des lambeaux de chair; ces oiseaux ont ordinairement la mandibule supérieure armée d'une ou de deux fortes dentelures. Les granivores, au contraire, ont un bec droit et conique; les pics et quelques espèces de la même famille l'ont cunéiforme ou en coin ; chez d'autres, qui doivent tamiser la vase des ruisseaux pour en retirer les larves aquatiques, ses bords sont dentelés en scie ou en lame ; tels sont les canards. L'étude de ces variations a été d'un grand secours pour les ornithologistes, qui en ont tiré de très-bons caractères sur la considération desquels la plupart des genres ont été établis. Quant aux caractères qu'auraient pu fournir les variations de la structure intime du bec, on les a généralement négligés. « Cependant, dit M. Isid. Geoffroy (*Nouv. Ann. du Mus.*, I), cette structure est susceptible de modifications qui, se présentant à la fois dans des espèces vraiment analogues par le reste de leur organisation, peuvent fournir de véritables caractères génériques. » Les *dentelures* et les échancrures que l'on remarque sur le bord des mandibules sont aussi, lorsqu'elles existent en nombre déterminé, très-importantes à noter.

La bouche de quelques animaux des autres classes a quelquefois aussi reçu la dénomination de *bec* lorsque, à cause de sa forme ou de sa consistance cornée, on lui a trouvé de la ressemblance avec cet organe chez les oiseaux : ainsi on dit que les tortues et les têtards de certains batraciens ont un *bec* ; chez ces derniers, il est formé, comme l'a fait voir M. Rusconi, par les os palatins qui sont alors placés au-devant des maxillaires ; à mesure que le jeune batracien s'accroît, ses os palatins, véritables *maxillaires temporaires*, se détachent des apophyses post-orbitaires, deviennent plus grêles et prennent leur véritable place ; en même temps les os maxillaires se développent et s'allongent sur les côtés de la tête : c'est ce que l'on observe chez les têtards ou petits des grenouilles et des salamandres aquatiques ; les salamandres terrestres ne paraissent point être dans le même cas. Les sèches et tous les mollusques céphalopodes ont à l'entrée de leur bouche deux mandibules cornées assez semblables à celles des perroquets, avec cette différence cependant que la mandibule inférieure est la plus grande. On leur a aussi donné le nom de *bec*.

Le mot *bec* est également usité en entomologie ; on l'a appliqué à une avance cornée, cylindrique ou conique de la bouche (comme les charançons ou porte-bec et les insectes hémiptères et suceurs). Le plus souvent ce bec est courbé sous la poitrine et creusé supérieurement en gouttière dans le milieu de sa longueur pour recevoir trois filets ou soies capillaires. Le *rostrule* ou petit bec est formé par un tube très-court, sans articulation, et ne renfermant, à ce qu'il paraît, qu'une ou deux soies au plus. (*Gervais*.)

BEC-CROISÉ (zoologie). — Genre d'oiseaux de l'ordre des sylvains, de la famille des granivores, qui se trouvent dans les contrées boréales de l'Europe et de l'Amérique, principalement dans les forêts de pins, dont le grain est leur principale nourriture. Quelquefois, néanmoins, ils émigrent et pénètrent dans nos contrées septentrionales. « C'est ainsi qu'une espèce, le bec-croisé commun, qui est très-répandue dans le nord de l'Europe, jusqu'au Groënland, parut, il y a quelques années, au Havre, en troupes nombreuses. Ces becs-croisés firent beaucoup de tort aux pommes, qu'ils mettaient en pièces pour en manger les pepins. » Ces oiseaux sont peu méfiants et se laissent approcher facilement et même prendre à la main quand ils sont fatigués. Ils nichent dans la saison la plus rigoureuse. Leur nid de mousse et de lichen est suspendu aux branches des arbres, où il est attaché avec la racine de pin. Leur ponte est de quatre ou cinq œufs blanchâtres tachetés ou rayés d'un rouge sanguinolent.

BEC-EN-CISEAUX (zoologie) [*rhyncops*, appelés aussi *coupeurs d'eau*]. — Genre d'oiseaux palmipèdes assez voisins des hirondelles de mer par leurs petits pieds, leurs longues ailes et leur queue fourchue, mais se distinguant de tous les oiseaux par leur bec extraordinaire dont la mandibule supérieure est d'un tiers plus courte que l'inférieure ; toutes deux sont droites et comprimées en forme de lame de couteau. La singulière disposition du bec de ces oiseaux ne leur permet de se nourrir que de ce qu'ils enlèvent à la surface de l'eau avec leur mandibule inférieure. On connaît deux espèces de rhyncops, toutes deux propres aux mers de l'Amérique, soit dans l'Atlantique, soit dans l'océan Pacifique ; la plus anciennement connue est le bec-en-ciseaux noir. (*Gervais*.)

BEC-EN-FOURREAU (zoologie) [*chionis*]. — Genre d'oiseaux intermédiaires entre les échassiers et les palmipèdes grands-voiliers, et dont quelques auteurs ont formé une famille distincte, celle des chionidées. Ils sont caractérisés, dit Gervais, par leur bec dur, comprimé, fléchi vers sa pointe, la base de la mandibule supérieure étant recouverte par un fourreau de substance cornée, découpé en avant et garni de sillons longitudinaux. Les pieds sont assez courts, les doigts à demi bordés par un rudiment de membrane ; la face est nue, mamelonnée chez les adultes ; ailes éperonnées au poignet ; deuxième rémige plus longue que les autres. Le bec-en-fourreau blanc, *chionis alba*, est la seule espèce dont ce genre se compose ; son corps, gros et massif, est couvert de plumes d'une blancheur éclatante. La longueur totale est de 40 centimètres ; le vol a 72 centimètres d'étendue. Cet oiseau est mentionné dans les récits de presque tous les anciens navigateurs, le plus souvent sous le nom de *pigeon blanc antarctique* ; il habite les hautes latitudes australes, la terre de Diemen, la Nouvelle-Zélande, la Nouvelle-Hollande, et même les terres placées sous les limites du pôle sud. Son naturel est farouche, il est très-difficile de l'approcher ; son vol est lourd et peu analogue à celui des oiseaux de haute mer.

BEC-FIGUE (zoologie). — Nom vulgaire du gobe-mouches noir et du gobe-mouches à collier. — Voy. *Gobe-mouche*.

BEC-FIN (zoologie) [*motacilla*]. — Genre de passereaux dentirostres, se composant d'une multitude innombrable de petits oiseaux fort communs dans nos pays et dans toute l'Europe, et dont le caractère distinctif se tire de la forme de leur bec, qui est droit, grêle et en forme d'alène ou de poinçon, avec une échancrure si peu profonde, qu'il faut quelquefois une loupe pour l'apercevoir.

Voici ce que dit de ce genre le professeur Salacroux :

Ces timides habitants des bois nous plaisent, non-seulement par l'élégance de leurs formes et par la vivacité de leurs mouvements, mais surtout par leur chant sonore et mélodieux. Cachés parmi la verdure, qui les dérobe à nos regards, ce n'est que par les concerts variés dont ils charment nos oreilles, qu'ils nous annoncent leur présence; leur voix retentissante anime les solitudes les plus sombres et les bois les plus sauvages. Les espèces qui fréquentent le bord des ruisseaux sont seules plus silencieuses, et, si elles font quelquefois entendre des sons, leur voix est sans cadence et sans harmonie.

Tous les becs-fins vivent exclusivement d'insectes; c'est pour cela que chaque année le printemps nous les amène, et l'automne nous les ravit. Mais le temps qu'ils passent avec nous est le plus beau de leur vie; c'est alors qu'ils sont le plus gais et le plus agiles, et leur plumage, habituellement sombre et peu varié, prend pendant les beaux jours des teintes moins tristes et moins monotones. Aussi peut-on les regarder comme les hôtes les plus aimables de nos pays. Soit qu'ils suspendent leur nid à l'extrémité d'une branche flexible, soit qu'ils volent à la poursuite d'une proie fugitive, ou que, perchés sur un rameau solitaire, ils charment leur femelle de leur chant tantôt joyeux, tantôt mélancolique, en attendant que la naissance de leurs petits les appelle à d'autres soins, ils nous plaisent par leur adresse et par leur activité infatigable, nous récréent par l'agilité de leurs mouvements, ou nous amusent par la variété de leurs accords. La seule chose qu'on pourrait regretter en eux, c'est une parure plus brillante, car leurs couleurs sont généralement ternes, et ne prennent jamais de nuances éclatantes ni variées. Mais la nature a compensé ce désavantage, si c'en est un, en fondant les teintes de leur plumage avec une harmonie qui flatte presque autant les yeux que la variété ou l'éclat des couleurs.

Ce genre, qu'on pourrait regarder comme une grande famille, se compose de plusieurs sous-genres :

1° Le premier est celui des *traquets* (*saxicola*), auxquels se rapportent le traquet commun, le tarier, le motteux ou cul-blanc;

2° Le second est celui des *rubiettes* (*sylvia*); tels sont le rouge-gorge, le gorge-bleue, le gorge-noire ou rossignol de muraille, et le rouge-queue;

3° Les *rousseroles* (*rufecula*), comme la rousserole commune, la rousserole locustelle, la rousserole aquatique, la rousserole phragmite, la rousserole effarvatte, etc.;

4° Celui des *fauvettes* (*curruca*), qui est le plus considérable, renferme la fauvette commune, le rossignol, la fauvette tachetée, la fauvette à tête noire, la petite fauvette, la fauvette babillarde, la passerinette, etc.;

5° Les *pouillots* (*hypolaïs*), tels que le pouillot ordinaire, le grand-pouillot, le pouillot siffleur, le pouillot roux ou véloce, etc.;

6° Les *accentors* (*accentor*), tels que l'accentor des Alpes ou pégot, l'accentor harmonieux ou mouchet, l'accentor montagnard;

7° Celui des *roitelets* (*regulus*), comme le roitelet ordinaire, le roitelet triple bandeau;

8° Les *troglodytes* (*troglodytes*), dont on ne connaît qu'une espèce, qu'on appelle aussi fréquemment roitelet;

9° Les *lavandières* (*motacilla*), telles que la lavandière grise et la lavandière lugubre;

10° Les *bergeronnettes* (*budytes*), telles que la bergeronnette jaune, la bergeronnette de printemps et la bergeronnette citrine.

11° Le dernier sous-genre enfin est celui des *farlouses* (*anthus*); tels sont le pipi, la farlouse des prés, etc.

Voici, du reste, un tableau synoptique des sous-genres du genre bec-fin :

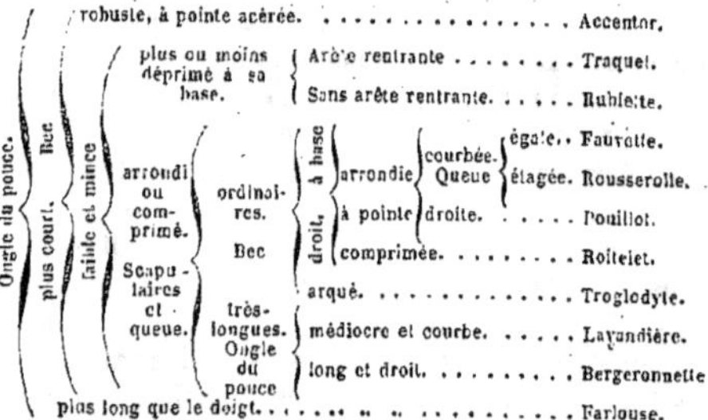

BEC-DE-LIÈVRE (chirurgie). — Difformité résultant de la division de l'une des lèvres, presque toujours de la supérieure, ce qui rappelle la conformation de la lèvre du lièvre. La maladie est *simple* ou *double* suivant qu'il existe une seule ou deux divisions. Lorsqu'il n'y en a qu'une, elle se voit sur le côté de la lèvre, rarement sur la ligne médiane; quand il y en a deux, l'une est à droite, l'autre à gauche, et l'on aperçoit au milieu une portion de lèvre isolée en forme de bouton ou de mamelon d'un volume variable. La division anormale a une direction plus ou moins oblique ou perpendiculaire; ses bords sont rouges, arrondis, muqueux. Tantôt elle n'intéresse que la lèvre, tantôt elle affecte en même temps le lobe ou les ailes du nez, la voûte palatine, le voile du palais. Dans certains cas plus rares, la voûte palatine manque tout à fait, et les fosses nasales communiquent largement avec la cavité buccale; alors, on le conçoit, la voix est altérée, sourde, la prononciation difficile, et, pendant la mastication, les aliments passent dans le nez. Ce qui augmente encore la difformité, c'est la tendance du rebord alvéolaire à s'élever dans l'espace interlabial, la mauvaise direction des dents incisives et leur saillie en avant.

Le bec-de-lièvre est presque toujours congénial, se formant dans les premiers temps de la vie intra-utérine par l'effet d'une perturbation dans le développement des lèvres. Il peut être le résultat d'un accident, d'une plaie dont les bords n'ont pas été mis en contact immédiat et se sont cicatrisés chacun isolément.

On remédie au bec-de-lièvre par une opération qui consiste d'abord à raviver avec des ciseaux ou le bistouri les bords de la solution de continuité, ensuite à les réunir immédiatement et tout saignants, au moyen de la suture entortillée. Il n'est pas nécessaire de lier l'artère labiale. Lorsque la maladie est double, le lobe moyen est souvent trop petit pour se prêter à deux sutures; il faut alors l'enlever. On est obligé quelquefois aussi d'arracher les dents saillantes. On conçoit qu'il n'y a rien à faire contre la disjonction des os de la voûte palatine, si ce n'est de placer un obturateur. Dr Bossu.

BÉCARRE (musique). — Espèce de *b* carré, qui, étant placé devant une note accidentellement élevée d'un demi-ton par un dièze ou baissée d'un demiton par un bémol, remet cette note dans son état naturel.

BÉCASSE (zoologie) [*scolopax*]. — Genre d'oiseaux de l'ordre des échassiers de Cuvier, formé par un démembrement du genre *scolopax* de Linné et caractérisé par « un bec subcylindrique obtus plus long que la tête, quatre doigts, dont le postérieur s'appuie sur le sol par plusieurs articles. » Si l'on jette les yeux sur les nombreuses espèces que comprend ce genre, dit M. Doyère, on reconnaît bientôt qu'il renferme quatre types différents d'oiseaux pouvant former autant de genres : de ces quatre types, les trois premiers ont le doigt extérieur réuni au doigt moyen par une membrane qui s'étend jusqu'à la première articulation, et se distinguent entre eux par la forme du bec. On a ainsi le genre *barge*, le genre *courli* et le genre *chevalier*. Le quatrième se distingue par ses doigts libres, ou dont la membrane ne va pas jusqu'à la première articulation, et par son bec parfaitement droit, caractères que ne réunit aucun des trois premiers. On forme ainsi le genre bécasse (*scolopax*). Autour de ces quatre types, viennent se grouper les différentes espèces de Linnée, mais de manière à former, d'un genre à l'autre, une transition telle qu'il est extrêmement difficile, ou, pour mieux dire, impossible de les limiter. Cette fusion insensible d'un genre dans l'autre ne peut, du reste, justifier la conclusion que l'on serait porté à en tirer; savoir, que tous ces genres n'en doivent former qu'un : avec un tel principe, il n'y aurait plus de classification possible, et l'histoire naturelle ne serait plus qu'un dédale sans fil. Toutefois, ce travail de jalonnement une fois terminé il est bien permis d'étudier la création à un point de vue bien autrement élevé, où toutes ces nuances s'effacent; et l'on se pénètre alors de la vérité de cet axiome du philosophe suédois : « La nature ne marche pas par sauts. » L'ensemble des êtres est une vaste chaîne dans laquelle chaque anneau est intimement lié à celui qui le précède et à celui qui le suit, soit que d'un même anneau partent plusieurs embranchements, soit que la chaîne se continue simple et indivisée; si quelquefois il nous semble qu'il en est autrement, c'est ou parce que le temps a détruit un des chaînons, ou parce que nous ne savons pas les voir à leur place; les caractères par lesquels nous distinguons deux genres voisins ne sont souvent que la somme des différences insensibles des espèces qui séparent chaque type.

Les bécasses seront donc pour nous des échassiers à quatre doigts dénués de membranes, ou n'en ayant qu'une très-courte entre les doigts externes, à bec droit, allongé, obtus, un peu aplati, terminé par une pointe molle, à narines supérieures, linéaires, longitudinales, atteignant presque l'extrémité du bec, la langue grêle et pointue, à tête carrée avec des orbites grandes placées en arrière et en haut; l'ouverture des oreilles est large, caractère qui, réuni au précédent, indique des oiseaux crépusculaires. Ce genre se subdivise en deux sous-genres : les bécasses et les bécassines, parfaitements distincts quant aux habitudes; fort peu, quant aux caractères artificiels déduits de l'organisation.

Les bécasses ont, en général, le corps plus trapu et plus gros que les bécassines, les jambes plus courtes. Elles habitent les bois. La plus connue et la plus importante des espèces que contient ce sous-genre est la bécasse commune (*scolopax rusticola* L.), à peu près de la grosseur d'une perdrix; sa longueur totale est de trente-six à quarante centimètres, longueur dont le bec occupe environ un cinquième; elle a à peu près un mètre d'envergure; son plumage est, en dessus, un mélange agréable de raies noires, grises et brun ferrugineux; une ligne noire se dirige de chaque côté depuis l'œil jusqu'à la commissure du bec; le dessous du corps est d'un gris roussâtre avec des raies transversales plus sombres; le bec, couleur de chair, est noirâtre à son extrémité. Cette espèce se trouve dans presque toutes les contrées du globe, sans qu'aucune d'elles puisse être désignée comme sa patrie; partout elle est voyageuse, partout elle ne reste qu'un temps; ses migrations ne sont pas d'un pays à un autre, comme cela a lieu pour la plupart des oiseaux de passage; mais elle va alternativement de la montagne à la plaine et de la plaine à la montagne. C'est pour cela que les pays montagneux sont ceux qui en possèdent le plus. Le voisinage des Apennins rendait cet oiseau extrêmement commun à Rome, où on le désignait par le nom de *perdix rustica*, et la facilité de le prendre l'y faisait vendre à vil prix; aussi était-il méprisé par les gastronomes de l'époque, qui lui préféraient la perdrix. C'est ce que Martial a exprimé par le distique suivant :

> Rustica sum perdix, quid refert, si sapor idem est?
> Carior est perdix, sic sapit illa minus.

Elles descendent dans la plaine vers la fin de septembre, une à une, ou par couples suivant Buffon, tandis que suivant d'autres auteurs, elles forment des troupes de cinquante à soixante, et repartent vers le mois de mars, après s'être accouplées. Arrivées sur la montagne, elles se construisent un nid composé de feuilles et d'herbes sèches où elles déposent quatre ou cinq œufs d'un gris roux sale, avec des taches plus foncées. Le mâle est, dit-on, fort attaché à sa compagne; on les voit presque toujours marcher de compagnie, et pendant qu'elle couve, il reste assidûment couché auprès d'elle. Les petits marchent aussitôt qu'ils sont éclos; toutefois, le père et la mère leur donnent longtemps des soins.

Comme tous les oiseaux de ce genre, la bécasse commune est un oiseau crépusculaire; ses yeux supportent avec peine une lumière vive, aussi ne la voit-on jamais voler durant le jour, à moins qu'il ne fasse sombre; elle se contente de marcher dans les taillis, où elle cherche sous les monceaux de feuilles sèches les vers qui composent sa pâture; mais lorsque arrive le crépuscule, on voit ces oiseaux s'animer et se rapprocher des mares et des ruisseaux pour laver leur bec et pour chercher dans la terre glaise du rivage les vers qu'elles déterrent avec une adresse telle que des observateurs ont cru que, pour les découvrir, elles se servaient de l'odorat. En effet, on les voit enfoncer leur long bec dans la terre, de manière qu'il n'y a que les narines qui restent au dehors, et il est rare qu'elles le fassent sans rien rapporter; mais la presque nullité de ce sens chez tous les oiseaux paraît de nos jours tellement reconnue, qu'il faut renoncer à cette explication, n'en eût-on pas une meilleure à offrir. Toutefois, la coïncidence de ce fait avec la mollesse de la membrane qui recouvre l'extrémité obtuse du bec a conduit beaucoup d'auteurs à regarder cette partie humide comme le siége d'une sensibilité particulière, au moyen de laquelle l'animal distinguerait sa proie à cette profondeur sous terre.

La situation reculée et élevée des yeux de cet oiseau lui donne un air singulièrement stupide que ne démentent en aucune façon ses manières. Il serait trop long d'énumérer ici tous les moyens qu'on emploie pour le prendre; il n'est peut-être pas un seul coin du globe où l'on n'ait une méthode particulière. Tantôt on profite de l'habitude où il est de voler horizontalement entre les arbres des taillis, et l'on tend d'un arbre à l'autre un certain filet appelé *pantierre*, où il ne manque jamais de s'engager; ou bien, dans les prairies qu'il fréquente, on plante deux haies artificielles de fougères et de genêts secs, entre lesquelles on dispose, soit des colets en crin, soit des rejets formés d'une branche élastique tenue pliée au moyen d'un petit trébuchet, et qui, en se redressant, enlace le pied de la pauvre bête. Il n'est, je crois, aucun piége auquel elle ne se prenne; mais, de toutes ces manœuvres, il n'en est aucune qui soit si singulière que la suivante, décrite par Bélon, mais que nous citons sans rien garantir.

« Il y a, dit-il, vne manière de la prendre qui, du » nom Francoys, est nommée Folastrerie, et d'au» tant que c'est moult plaisante manière, l'avons » bien voulu escrire. Il faut que celuy qui prendra » les bécasses soit couuert d'vn manteau de drap ou » de toiles de tané; sçavoir, est de la couleur des » fueilles de bois, qui sont fauues, et ait moufles de » même, et vn si grand chappeau qu'il luy céuure » la face et les espaules, où il y ait deux trous par

» où il puisse voir; aussi tiendra deux petits bastons » en ses mains en forelles, couuertes de drap de » même couleur, et faut que les bouts de ses deux » bastons soyent couuerts de drap rouge à la lon» gueur d'un poulce, et aussi que celuy qui veut ap» procher de la bécasse soit appuyé sur deux poten» ces allant bien à loysir, et quand la bécasse l'aura » bien apprins, il faut qu'il s'arrête, et lorsqu'elle » commencera à errer, adonc faut qu'il la poursuyue » et qu'il porte une uerge à sa ceinture, où il y ait » vn lasset de soye de cheual attaché au bout, et » qu'il poursuyne ladicte bécasse jusqu'à ce qu'il la » voirra s'arrester sans auoir la teste leuée; alors » frappera les deux bastons l'vn contre l'autre moult » bellement, et la bécasse s'y amusera et affolera » tellement que celui qui la poursuit pourra l'appro» cher, qu'il lui mettra le lasset qui est au bout de » sa verge dedens le col : car c'est l'vn des oyseaux » qu'on cognoisse qui est le plus sot et niais, et » aussi, comme dit Aristote, qui aime mieux » l'homme. »

L'oiseau qui se laisserait prendre à de semblables ruses n'aurait certes pas le droit de s'offenser de ce qu'on le traiterait de niais et de stupide. Quant à la dernière assertion, malgré toute l'autorité d'Aristote, nous ne voyons rien dans son histoire qui nous démontre le moindre trait d'un sentiment aussi gratuit de la part du pauvre animal.

C'est vers la fin de l'automne que l'on fait la chasse aux bécasses; c'est alors que leur chair a acquis ce fumet exquis qui la fait rechercher; au printemps, elle n'est plus mangeable. Nous pourrions décrire en peu de mots la sauce de rigueur sans laquelle une bécasse, pour un palais civilisé, n'est qu'un mets de faux aloi; on nous en dispensera; mais qui pourrait nous dire l'origine d'une si bizarre préférence? Il n'est pas un de nous assurément qui ne repoussât avec dégoût le potage dans lequel l'oiseau, frappé du coup mortel, aurait laissé tomber le ver qu'il tenait à son bec. Toutefois, il y a dans la bécasse quelque chose de préférable, gastronomiquement parlant, aux intestins, et même à ce qu'ils renferment d'un bout à l'autre, c'est la cuisse, pourvu toutefois que l'animal ait atteint le suprême degré de la préparation convenue, c'est-à-dire qu'il soit assez pourri pour qu'on ne puisse plus le suspendre par les pennes de la queue.

Il y a d'autres espèces peu différentes et de peu d'importance pour nous; nous allons dire quelques mots des *bécassines*. Ce sous-genre se distingue par ses formes généralement moins trapues, des jambes plus élevées et le volume total, qui est moindre. Ce sont, en général, des oiseaux de marais, tandis que les bécasses fréquentent de préférence les lieux ombragés et humides; du reste, leur nourriture est la même. Il y en a un grand nombre d'espèces, parmi lesquelles nous décrirons seulement la bécassine commune (*scolopax gallinago*). Cet oiseau a environ trente centimètres depuis l'extrémité du bec à l'extrémité de la queue; son bec a huit centimètres de long; son plumage est un mélange de gris-blanc et de noir, mais tellement disposé, que les raies sont longitudinales au lieu d'être transversales comme chez la bécasse. On en remarque surtout deux caractéristiques sur le sommet de la tête. Du reste, son port et sa forme ont avec ceux de la bécasse commune un si grand rapport, qu'on les prendrait pour des variétés d'une même espèce, si les mœurs n'étaient fort différentes. Ainsi, outre qu'elle fréquente de préférence les prairies et les lieux marécageux, son vol, au lieu d'être bas et horizontal comme celui de la bécasse, est au contraire si élevé, qu'on entend sa voix chevrotante longtemps encore après qu'on l'a perdue de vue. Elle vole ordinairement contre le vent; c'est pourquoi, lorsqu'on veut la chasser au fusil, il faut marcher ayant le vent au dos. Elle est, à son départ de terre, assez difficile à tirer, à cause de l'irrégularité de son vol; elle se tient beaucoup plus sur ses gardes que la bécasse, et il n'est pas facile de l'approcher.

Comme la bécasse, la bécassine quitte la France au printemps pour ne revenir qu'à la fin de l'automne. On trouve cependant quelquefois son nid en juin, placé sous quelque racine d'arbre dans des endroits où le bétail ne peut parvenir; il est formé d'herbes sèches et de plumes; ses œufs sont blanchâtres avec des taches roussès; les petits sortent du nid aussitôt qu'ils sont éclos. Cette espèce est aussi recherchée que la première; elle est ordinairement fort grasse; on la prend dans les mêmes lieux et elle y est encore plus répandue. (*Doyère.*)

BÉCHIQUES (matière médicale) [du grec *bex, béchos*, toux]. — Remèdes employés contre la toux, tels que les infusions de violette, de guimauve, de sirop de gomme, de capillaire, les dattes, jujubes, figues grasses, raisin de Corinthe, etc.

BEFFROI [du celte *ber*, porter; *effreiz*, effroi]. — Sorte de machine de guerre construite en forme de tour, portée sur quatre roues et garnie de cuir, pour en mettre les faces extérieures à l'abri des atteintes des traits et du feu. Froissart en a laissé la description suivante: « Les Anglois qui séoient devant la Réole, et qui y furent pendant plus de neuf sepmaines, avoient fait charpenter deux beffroys de gros merrien, à trois estages, et séant chascun beffroy sur quatre rouelles, et estoient ces beffroys devant la ville tout couverts de cuir boullu pour deffendre du feu et du traict, et avoit en chascun estage cent archers. » Plus tard, le nom de *beffroi* fut donné à la cloche qui surmonte la tour élevée de certaines églises. Pasquier, dans ses *Recherches de la France*, fait dériver l'expression : *sonner le beffroi*, de *sonner l'effroi*. « Dans la suite, le beffroi fut employé à divers usages et spécialement à convoquer les bourgeois des communes, d'où leur fut donné le nom de *campana banalis* (cloche banale), parce que tous ceux qui demeuraient dans le ban ou arrondissement de la cité devaient, à cet appel, se rendre à l'assemblée publique. Le beffroi joue un rôle important dans l'histoire des communes au moyen âge. Symbole de franchise, il était considéré comme le signe glorieux de la liberté politique. Aussi, lorsque les princes voulaient enlever les franchises à une commune, lui supprimaient-ils le droit d'avoir un beffroi. » La charte par laquelle Charles le Bel, en 1322, abolit la commune de Laon, porte que les bourgeois de Laon seront privés du droit de posséder des échevins, une assemblée de majeurs, un sceau, une cloche, un *beffroi* et une juridiction.

Le beffroi de Valenciennes, dont l'antiquité remontait au douzième siècle, s'écroula le 7 avril 1843. « A quatre heures vingt minutes du soir, la tour s'écroula tout entière avec un fracas épouvantable, s'abattant à peu près sur elle-même; le poids des pierres bleues qui couronnaient le beffroi, et surtout celui des vingt-quatre consoles qui supportaient le balcon, et ne pesaient pas moins de six milliers chacune, étaient devenus trop lourds pour les piétements affaiblis. On conçoit ce qu'a dû présenter d'horrible la chute d'une telle masse, qui comptait soixante-dix mètres de hauteur depuis la base jusqu'au paratonnerre, s'écroulant d'un seul coup, et tombant sur les habitations de son pourtour et les maisons voisines; les cloches, dont l'une ne pesait pas moins de neuf mille livres, enfoncèrent tous les étages jusqu'aux caves; enfin le dôme de la tour, violemment précipité, alla rouler jusqu'à la place du Commerce. La place d'Armes et l'entrée des rues voisines furent presque ensevelies sous une montagne de pierres, de poutres, de fer, de cloches et de plâtras. » Il n'y eut cependant que sept ou huit personnes de tuées au moment de l'écroulement du vieux beffroi, car dès la matinée du 7 avril, les pierres commençant à tomber successivement du faîte, avertirent les habitants de la place d'Armes de l'effroyable catastrophe qui les menaçait, et permirent ainsi au plus grand nombre d'échapper! LARIVIÈRE.

BÉGAIEMENT. — Vice de la parole qui consiste à répéter par saccades et secousses convulsives, un plus ou moins grand nombre de fois et avec plus ou moins de difficulté, certaines syllabes et certains sons qui entrent dans la composition du langage articulé. Le bégaiement ne dépend pas toujours d'un vice de conformation de la langue; il est dû quelquefois à un état de faiblesse des muscles vocaux, ou à un état nerveux particulier. — Plusieurs méthodes ont été imaginées, depuis le commencement de ce siècle, pour corriger le bégaiement, et toutes ont obtenu des succès plus ou moins complets. Voici l'analyse de celle de Colombat, de l'Isère, telle qu'il l'a insérée dans le *Dictionnaire de Médecine* publié sous la direction du docteur Beaude. L'Académie des Sciences a décerné à l'auteur de cette méthode un prix de 500 francs.

« La méthode curative que nous avons imaginée, dit Colombat, constitue une espèce de gymnastique *pectorale, gutturale, linguale* et *labiale*, qui consiste à remplir la poitrine d'air en faisant une forte inspiration, et à retirer la langue dans le pharynx, en portant, autant que possible, la pointe renversée de cet organe vers le voile du palais, un peu avant la base de la luette. On doit en même temps écarter transversalement les lèvres de manière à éloigner leur commissure, comme si l'on voulait rire. Aussitôt qu'à l'aide de ces diverses actions combinées la syllabe rebelle sera prononcée, la langue et tous les autres organes de l'articulation reprendront leur position naturelle : mais on devra aussitôt parler en mesure, et marquer la syllabe avec le pied ou en rapprochant le pouce de l'index. La mesure qu'on battra d'abord sur chaque syllabe deviendra plus tard à deux, trois, quatre, six ou huit temps, c'est-à-dire qu'on la marquera sur la deuxième, troisième, quatrième, sixième et huitième syllabe, de telle sorte qu'en soumettant les mots et les phrases à un rhythme musical, les mouvements de la langue, des lèvres et de tout l'appareil vocal deviendront tout à fait réguliers. C'est surtout sur le rhythme que les bègues devront insister, et apporter plus spécialement leur attention. Ils auront toujours soin de parler lentement, et de conserver les inflexions naturelles de la voix, afin d'éviter la monotonie d'un langage mesuré et toujours sur le même ton.

» Tous ces moyens modérateurs et régulateurs dont nous faisons faire simultanément l'application, agissent physiquement et moralement; en effet, ils agissent physiquement sur tous les muscles de la respiration, sur les poumons, sur le larynx, sur la langue, sur les lèvres, enfin sur tout l'appareil vocal. L'inspiration a pour but de faire cesser les contractions spasmodiques des cordes vocales, en ouvrant la glotte, en même temps qu'elle sert à distendre la poitrine par une grande quantité d'air, de manière à ce que ce fluide ne s'échappe des poumons que pendant une expiration lente qui doit avoir lieu graduellement et seulement pour fournir la *matière* du son vocal. D'après les recherches anatomiques que nous avons faites, nous nous sommes assuré qu'en plaçant la langue comme nous venons de l'indiquer, le larynx descend le plus possible, ce qui fait cesser le resserrement de la glotte et laisse les cordes vocales dans leur plus grand relâchement. Cette position de la langue est si favorable, qu'elle met les bègues, qui hésitent sur les lettres *gutturales, dentales* et *palatales*, dans l'impossibilité de bégayer, même le voulant bien, parce que le bégaiement qui se fait le plus souvent remarquer sur ces lettres ne peut avoir lieu lorsque l'organe phonateur est placé comme nous le conseillons; au contraire, cette infirmité, imitée ou naturelle, ne se manifeste que lorsque la langue est en bas, et l'observation nous prouve que, pour contrefaire les personnes qui bégayent, nous plaçons instinctivement le sommet de cet organe derrière les dents incisives de la mâchoire inférieure. La tension des lèvres, comme nous le conseillons, a pour but de faire cesser l'espèce de tremblement convulsif qui a lieu lorsque, pour articuler les lettres *labiales*, les lèvres forment une espèce de sphincter curviligne qui imite assez bien ce qu'on appelle vulgairement un *cul-de-poule*.

» Enfin, cette gymnastique vocale agit moralement, en ce sens que la mesure qui exerce son heureuse influence sur tous nos organes, en rendant plus réguliers tous leurs mouvements, fixe l'attention des bègues, et devient par cela même une idée accessoire qui, jointe à l'idée principale qui fait le sujet du discours, doit nécessairement ralentir l'émission de cette dernière et mettre l'influx nerveux qui suit la pensée plus en harmonie d'action avec la mobilité relative de tous les organes vocaux. »

Dans certains cas, la méthode générale du docteur Colombat ne suffit pas; il a recours alors à une foule de moyens artificiels que nous ne pouvons exposer ici. Dr Heinriech.

BÉDOUINS (ethnographie) [de l'arabe *bedoui*, habitant du désert]. — Nom donné aux tribus nomades qui habitent les déserts de l'Arabie, et qui se sont répandues dans l'Égypte, la Syrie, et dans plusieurs autres contrées d'Afrique et d'Asie, peuplant ainsi le grand désert qui s'étend de la Perse à l'empire du Maroc. « Le nom de Bédouin a dans la bouche des Français une teinte de mépris qu'il n'a pas chez les Arabes. Pour ceux-ci, les *Bédouins* sont les hommes libres par excellence, affranchis de la servitude des maisons de boue et des terres cultivées, vivant sous la tente mobile au milieu des steppes sauvages où ils font paître de nombreux troupeaux; vie toute guerrière et pastorale, qui continue de nos jours les mœurs des patriarches. Comme eux, les Bédouins se nourrissent du lait et de la chair de leurs brebis, dont les toisons, tissées par leurs femmes, les vêtent. Abraham, Isaac, Jacob, étaient des Bédouins. La vie nomade ne suppose pas un vagabondage indéfini; elle s'accomplit dans le cercle d'un territoire propre à chaque tribu et respecté des autres. Si les Bédouins sont pillards, redoutables aux voyageurs et aux cavaranes, fléaux des contrées qu'ils avoisinent, c'est que chez eux, ainsi que chez tous les peuples non civilisés, le vol extérieur passe pour un droit, même pour un titre d'honneur, en même temps que le vol à l'intérieur de la tribu est sévèrement puni. Les Bédouins, comme tous les peuples musulmans, sont très-hospitaliers. Ils méprisent les *hadars*, habitants de la ville. Ils sont organisés en tribus commandées par des cheiks ou des émirs, suivant leur importance. Leur vie libre, pleine d'aventures, de dangers, d'émotions d'amour et de razzias, a inspiré aux poëtes arabes des chants nombreux qui exaltent l'imagination et l'orgueil de ces peuples. L'émir Abd-el-Kader est l'auteur d'un des plus beaux poëmes sur les charmes de la vie du désert, au sein des horizons sans limites. »

BÉLEMNITE (zoologie) [du grec *bélemnon*, flèche, à cause de leur forme]. — Corps organisés fossiles qu'on ne trouve plus à l'état vivant. Ces corps ont occupé au plus haut point les naturalistes de la renaissance, non-seulement parce que ceux-ci croyaient y reconnaître la pierre que Théophraste désignait sous le nom de *lyncurium*, qui, disait-on, était formée d'urine de lynx, mais parce qu'ils attribuaient à ces restes fossiles des vertus merveilleuses. Les anciens n'ont point connu les bélemnites, et toutes les fables qui ont été débitées à ce sujet sont dues aux auteurs modernes. Lorsqu'on a voulu connaître à quel règne appartenaient ces corps, on a vu que certains auteurs les considéraient, soit comme du succin, soit comme des stalactites, soit enfin comme des pierres tombées du ciel. C'est au commencement du seizième siècle qu'on émit pour la première fois l'idée que ces restes avaient appartenu à des corps organisés, et, seulement alors, on commença à ne plus ajouter foi au merveilleux qu'on leur attribuait. Enfin, en 1775, Knor donna, dans son ouvrage sur les fossiles, une description très-détaillée des bélemnites, et les considéra comme ayant appartenu à des animaux marins à cloisons. Cette opinion fut combattue par les naturalistes de ce temps, et Klein, entre autres, avança qu'on ne devait pas les envisager comme des restes d'animaux cloisonnés, mais bien comme des parties de zoophytes, des baguettes d'oursins. Au commencement du dix-neuvième siècle, les naturalistes ont enfin placé ces êtres dans la série qu'ils occupent naturellement; et l'on voit, soit dans le règne animal de Cuvier, soit dans l'ouvrage de Lamark sur les animaux sans vertèbres, soit enfin dans la malacologie de Blainville, les bélemnites placées tout près des poulpes, dans la classe des céphalopodes de Cuvier. Les bélemnites sont des corps crétacés solides, symétriques, ordinairement de forme conique, souvent très-allongés en massue, quelquefois aussi très-aplatis. Ces corps ont dans leur intérieur un alvéole ou noyau, qui est cloisonné, qu'on voit très-rarement dans l'intérieur de la coquille; quelquefois il est enfoncé jusqu'à près de la moitié de cette coquille, d'autres fois aussi il ne pénètre que très-peu dans l'intérieur. A l'extrémité la plus élargie de la bélemnite, on trouve un sillon, qui n'existe pas, à la vérité, dans toutes les espèces, et dont on ne connaît pas l'usage. La partie de la coquille où se trouve le noyau n'est jamais entière, et il n'a pas encore été possible, malgré les nombreuses recherches qu'on a faites, de s'en procurer qui fussent en bon état.

Ces corps étaient, comme le pensent nos plus illustres naturalistes, placés dans l'intérieur d'un animal qui était très-rapproché des sèches, et ils étaient placés, comme les coquilles de ces céphalopodes, dans le dos de l'animal. Toutes les bélemnites connues jusqu'à ce jour ont été trouvées dans les terrains de sédiment, depuis le terrain houiller exclusivement jusqu'au terrain de craie inclusivement. M. de France, pensant que ces corps pouvaient caractériser certains terrains, les a divisés en bélemnites antérieures à la craie et en bélemnites de la craie. Lamark n'a décrit, dans son *Traité des Animaux sans vertèbres*, que deux espèces de bélemnites; depuis on a étudié ces corps avec un très-grand soin, et on a pu en faire connaître plus de cinquante espèces. C'est M. de Blainville qui a éclairé la science sur ce point. On a donné différents noms à ces fossiles : ainsi on les appelés *lyncurium*, *lapis lyncis* et *ceraunites* ou pierres de foudre. Le nom de bélemnite qu'ils portent aujourd'hui vient du mot grec *belos*, qui signifie *dard*, dont on a fait belemnon et ensuite bélemnite. (*Rousseau.*)

BEL-ESPRIT, au pluriel *Beaux-Esprits.* — Le bel-esprit s'attache plus particulièrement à l'harmonie des mots et à l'agrément des tours qu'au choix des idées. Il est plus superficiel que profond; il est plus brillant que solide.

Entre l'imagination, l'esprit et le bel-esprit, la différence est facile à faire.

L'imagination, qui embellit les objets que la mémoire lui retrace, invente les images; l'esprit, par l'impression des objets qui le frappent, perçoit les idées : le bel-esprit se borne à donner du coloris aux images et de l'attrait aux idées. C'est par ce moyen qu'il plaît.

L'esprit est un mot dont on abuse étrangement. On s'en sert dans beaucoup d'occasions sans en déterminer le sens d'une manière précise. Pour en rendre l'expression claire, et pour être bien compris, il a besoin d'être qualifié. Il n'est pas possible de généraliser l'esprit. Dans chaque science, dans chaque état, dans les arts, dans les positions diverses où l'homme, par la nature de ses relations, se trouve placé, on rencontre l'esprit approprié à chaque objet et qui diffère l'un de l'autre.

Le mot *bel-esprit* fait supposer la culture du beau. Tout ce qui peut orner l'esprit, la diction, l'élégance, l'expression juste, détermine le bel-esprit. Chez le bel-esprit la nature fait plus que l'instruction. Aussi on est bel-esprit sans être grand esprit. On peut appeler un bel-esprit, en bonne part, celui qui parle bien, qui écrit avec goût, mais qui est privé de génie. Cette définition peut paraître hasardée à certains yeux, mais, n'en déplaise à nos beaux-esprits, elle n'en est pas moins juste pour être dure. Le bel-esprit se croit homme d'esprit, il en est loin. L'homme d'esprit est souvent modeste, le bel-esprit rarement. Le bel-esprit est dédaigneux et jaloux. C'est ce qui explique le mépris de la plupart des beaux-esprits à l'égard des hommes de génie, la gloire de leur nation, et les attaques dont ils sont l'objet dans des écrits sans gravité, dans de petits pamphlets, ou autres petites feuilles.

Les beaux-esprits ne trouvent rien de beau que leurs petits articles, leurs petites anecdotes, leurs petits contes de ruelles, de coulisses, de boudoirs; et toute la littérature d'une nation, si on les écoutait, ne devrait pas aller au delà. Tels sont les chefs-d'œuvre qui, avec les grands et les petits romans, devraient enrichir nos bibliothèques. Précieux dépôt à transmettre à nos neveux!

Les beaux-esprits sont les précurseurs de la dégénérescence de la littérature; ils y travaillent, à leur insu, dans leur aveuglement et dans leur vanité. Cette décadence infailliblement arriverait si les hommes de goût n'opposaient une digue à ce torrent dévastateur. Ce sont eux qui répètent sans cesse :

Par nos lois, prose et vers, tout nous sera soumis;
Nul n'aura de l'esprit que nous et nos amis.
Nous chercherons partout à trouver à redire,
Et ne verrons que nous qui sachent bien écrire.

(MOLIÈRE, *Les Femmes savantes.*)

A la courte échelle qu'ils se font mutuellement, il faut ajouter aujourd'hui la réclame.

L'abbé de Longuerue méprisait Corneille et Racine. Que d'abbés de Longuerue de nos jours!

Cette maladie de mépris ne s'est jamais plus violemment manifestée que dans le dix-neuvième siècle. Aux dix-septième et dix-huitième siècles, on a vu beaucoup de beaux-esprits admirateurs des hommes de génie. C'étaient de vrais beaux-esprits. Mais ce mépris que le bel-esprit a voulu déverser sur l'homme de génie l'a depuis longtemps atteint lui-même, et il en a été si accablé qu'il ne saurait s'en relever.

On a vu, pour ainsi dire, ouvrir des bureaux d'esprit.

Il faut penser pour être au rang de mes amis;
Les beaux-esprits manqués n'y seront point admis.

. . . .

Quelques hommes choisis sont légers et profonds,
Quelques femmes aussi peuvent être citées,
Mais tout le reste vit de choses empruntées.

. . . .

Je compare ces tribunaux
A des cabinets de statues
Où sont, sur de grands piédestaux,
De petits bustes peints, figures inconnues,
Qu'un curieux étiquette du nom
D'Aristophane ou de Platon.
Chacun de ces bureaux se croit la seule école
Des talents et du goût, de la prose et des vers.

. . . .

. . . . Je crois voir ces boutiques
Où je lis quelquefois, en traversant Paris,
Sur des vases rangés, d'Esculape chéris,
Emétique, antimoine, essence, esprit de nitre :
Eh bien! ces vases-là n'ont souvent que le titre.

(Desmahis. *L'Honnête Homme*, comédie.)

Cette jonglerie a fait un tort immense aux beaux-esprits; et quand jadis le nom de bel-esprit était un titre honorable qu'enviaient de bons écrivains, d'élégants poëtes, donné à de pauvres esprits diseurs de bagatelles, ce nom est devenu un sarcasme, une injure, et il a aujourd'hui le sort d'être toujours pris en mauvaise part.

On dit que l'esprit court les rues.
. . . . . Rien n'est plus ordinaire;
C'est un titre banal; on ne peut faire un pas
Qu'on ne voie accorder ce nom imaginaire
A tout venant, à gens qui ne sont bien souvent
Que des cerveaux brûlés, des têtes à l'évent,
Que les plus fats de tous les hommes.

(La Chaussée. *L'École des Mères.*)

On se trompe, ce n'est pas l'esprit qui court les rues, c'est la monnaie du bel-esprit.

Redarez Saint-Rémy.

BELETTE (zoologie) [par corruption du latin *melis*, belette]. — Espèce de mammifère du genre putois, un peu plus petite que le rat, effilée, souple, d'une jolie couleur fauve en dessus, d'un très-beau blanc en dessous. La belette a l'œil vif et fin, le museau pointu, les pattes petites, et court avec beaucoup de vitesse. (Voy. fig. 4, page 42.)

La belette, dit Gervais, se trouve par toute l'Europe méridionale et tempérée; dans le Nord elle est beaucoup plus rare, et ne change pas ordinairement de couleur comme l'hermine; d'ailleurs, ce qui suffit pour l'en distinguer, c'est qu'elle n'a jamais le bout de la queue noir; elle se tient dans le voisinage des habitations rurales; chez nous elle est très-commune et fort redoutée des fermiers; en effet, elle est très-carnassière, et sa taille lui permettant de passer par les plus petites ouvertures, elle s'introduit souvent dans les colombiers et les poulaillers, attaque les poulets et les poussins, qu'elle tue par une seule blessure faite à la tête, et les emporte ensuite; quelquefois elle se contente de leur manger la cervelle; elle casse aussi les œufs et les suce avec une incroyable rapidité. Pendant la mauvaise saison, ces animaux se réfugient dans les granges, où les rats et les souris leur fournissent une proie assurée; c'est à cette époque de l'année que les sexes se rapprochent; les femelles mettent bas au printemps quatre ou cinq petits, qu'elles déposent sur un lit de paille ou d'herbes sèches. En peu de temps, toutes les jeunes belettes ont pris assez d'accroissement et de force pour suivre leur mère à la chasse; lorsqu'on les prend à cet âge, elles sont susceptibles de quelque éducation.

De même que le furet et le putois, la belette porte une odeur très-forte; aussi ne craint-elle point l'infection; elle se glisse dans les lieux les plus sales pour peu qu'elle espère y trouver quelque butin. Buffon rapporte qu'un paysan de sa campagne prit un jour trois belettes nouvellement nées dans la carcasse d'un loup qu'on avait suspendu à un arbre par les pieds de derrière; le loup était presque entièrement pourri, et la mère belette avait apporté des herbes, des pailles et des feuilles pour faire un lit à ses petits dans la cavité du thorax.

La Fontaine a mis la belette en scène dans quatre de ses fables : il la représente tour à tour comme un type de cruauté, de ruse et d'élégance; aussi c'est toujours dame ou damoiselle belette. Voyez *la Chauve-souris et les deux Belettes* :

La dame du logis, avec son long museau,
S'en allait la croquer en qualité d'oiseau.

La fable de *la Belette entrée dans un grenier* est une rude leçon donnée aux parvenus qui font abus de leur position :

Damoiselle belette, au corps long et fluet,
Entra dans un grenier par un trou fort étret.

Après s'y être démesurément engraissée, menacée de la mort par le maître du grenier, elle voulut sortir du même trou par lequel elle était entrée.

Un rat, qui la voyait en peine,
Lui dit : Vous aviez lors la panse un peu moins pleine;
Vous êtes maigre entrée, il faut maigre sortir.

Le Combat des Rats et des Belettes est considéré comme un des chefs-d'œuvre du fabuliste. Toute la morale de cette fable est contenue dans ces deux vers :

Une tête empanachée
N'est pas petit embarras.

Enfin dans la fable du *Chat, de la Belette et du petit Lapin*, la belette est d'un radicalisme qui scandaliserait encore plus d'un grippeminaud.

La dame au nez pointu répondit que la terre
Était au premier occupant.
C'était un beau sujet de guerre
Qu'un logis où lui-même il n'entrait qu'en rampant.
Et quand ce serait un royaume,
Je voudrais bien savoir, dit-elle, quelle loi
En a pour toujours fait l'octroi
A Jean, fils ou neveu de Pierre ou de Guillaume,
Plutôt qu'à Paul, plutôt qu'à moi ?

De pareils propos ne peuvent passer impunis : dame Belette fut croquée.

BÉLIER (ancien art militaire). — On nomme ainsi une ancienne machine de guerre faite d'une longue poutre dont l'extrémité était armée d'une tête de *Bélier* d'airain, et qui servait à battre et à renverser les murailles d'une ville assiégée. Le nom de *bélier* vient de ce que l'extrémité de la poutre qui frappait les murs recevait d'ordinaire la forme d'une tête de bélier, et peut-être aussi parce qu'elle imitait les mouvements du bélier lorsque celui-ci se bat. Pour pouvoir approcher le bélier des remparts, les assiégeants construisaient une galerie en charpente solidement blindée, et recouverte de terre et de peaux mouillées pour garantir la charpente des projectiles incendiaires lancés par l'ennemi, et sous ce blindage, les travailleurs se trouvaient à l'abri. Une centaine d'hommes, ainsi protégés, mettaient le bélier en action. Il fallut 1,500 hommes pour faire mouvoir celui que Vespasien employa au siége de Jérusalem. Le bélier était quelquefois protégé par une tour. On a vu de ces tours qui avaient jusqu'à cinquante mètres de hauteur; elles avaient trois étages, le bélier occupait l'étage inférieur; à celui du milieu se trouvait, à la hauteur des remparts, un pont-levis qui pouvait s'abaisser à volonté sur le rempart ennemi; l'étage supérieur était garni d'archers et de frondeurs habiles qui, tirant sans cesse sur les défenseurs des remparts, rendaient beaucoup plus facile l'attaque par le pont-levis. » Quelques auteurs attribuent l'invention des béliers aux Carthaginois, qui s'en servirent au siége de Cadix. D'autres à Artemon, de Clasomènes, qui inventa aussi la Tortue. (Voy. ce mot.) (441 ans av. J.-C.) Enfin Epicus, roi de Phocide, passe aussi pour l'inventeur du bélier. Vitruve attribue aux Tyriens Geras et Pephasménos la suspension de cette machine sous un toit, afin de la mouvoir plus facilement. Auparavant, le Bélier était porté par les mêmes hommes qui le manœuvraient. Plus tard, il fut encore perfectionné par le Thessalien Polydus, au siége de Bysance, par Philippe, roi de Macédoine. Les historiens ecclésiastiques font honneur de cette invention aux Hébreux ; elle fut employée en France jusqu'à l'invention du canon.

Bélier hydraulique. — Cette machine aussi simple qu'ingénieuse a pour but d'élever l'eau des rivières, au moyen de leur pente naturelle, sans roues ni pompes ; elle est due à Montgolfier, neveu de l'inventeur des aérostats, et à Argand frères (1797). Une autre machine de ce nom, qui porte l'eau à une grande élévation, fut inventée, en 1820, par M. Godin.

Fig. 4. — Belette.

Bélier (zoologie). — C'est le mâle de la brebis. (Voy. ce mot.)

BELGIQUE (géographie). — La Belgique actuelle est le pays compris entre le 49° 25′ et le 51° 30′ de latitude septentrionale et le 0° 15′ et le 3° 45′ de longitude orientale (méridien de Paris). — Ses limites, telles qu'elles ont été fixées en 1832, sont encore débattues sur quelques points.

Le pays que les Romains appelaient *Belgica* occupait tout le nord de la Gaule, et se subdivisait en quatre parties, savoir :

1° La Germanie supérieure, qui s'étendait entre le Rhin et la chaîne des Vosges, et qui était occupée par les Triboques (*Triboci*), dont la capitale, *Argentoratum* (Strasbourg), fut célèbre par la victoire que l'empereur Julien y remporta sur sept rois allemands, l'an 375 après J. C.; les Némètes, dont la capitale était *Noviomagus*, aujourd'hui Spire; les Vangions, capitale *Borbetomagus*, aujourd'hui Worms, dans le duché de Hesse-Darmstadt; les Caracates, capitale *Moguntium*, aujourd'hui Mayence, près de laquelle périt assassiné l'empereur Alexandre Sévère; enfin les Trévères, dont la capitale, *Trèves*, devint la métropole de la première Belgique, et fut choisie pour la résidence des préfets du prétoire et de plusieurs empereurs. . . . .

2° La Germanie inférieure, qui occupait toute la rive gauche du Rhin, depuis la province précédente jusqu'à la mer. Elle était habitée par les Ubiens sur l'emplacement actuel des duchés de Clèves et de Berg, qui sont soumis à la Prusse. Leur capitale, *Colonia Agrippinensis* (Cologne), vit naître dans ses murs Néron, fils d'Agrippine, le grand Rubens, et posséda le moine Berthold Schwartz, qui inventa, dit-on, la poudre à canon; les Gugernes, entre la Meuse et le Rhin; les Bataves, situés aux embouchures du Rhin et de la Meuse, et qui étaient si belliqueux et si puissants que les Romains préférèrent s'en faire des alliés que les combattre. Leurs villes principales étaient *Oppidum Batavorum*, aujourd'hui détruite; *Noviomagus* ou Nimègue, *Lugdunum Batavorum*, qui donna son nom à Leyde, ville célèbre par son université et par les grands hommes qu'elle a vus naître : Scalier, Boerhaave, Jean de Leyde et Vossius; les Ménapiens, entre la Meuse et l'Escaut; les Toxandres, sur l'emplacement de Maëstricht; les Tongres, sur celui de Liége et de Tongres; les Adnatiques, qui occupaient le pays qui forme aujourd'hui le territoire de Namur; enfin les Eburons, sur l'emplacement de Louvain, et qui furent presque complétement exterminés par Jules César.

3° La Belgique première, à l'ouest de la Germanie supérieure, dont la chaîne des Vosges la séparait en partie. Elle était occupée par les Trévires, les Médiomatrici, capitale *Métis* (Metz); les Vérodunois, capitale *Verodunum* (Verdun), et les Leuques (*Leuci*), capitale Toul (*Tullum Leucorum*).

4° La Belgique seconde, qui était la plus étendue des quatre et baignée par l'océan Germanique ou mer du Nord et le Pas-de-Calais ou *Fretum Gallicum*. Elle renfermait les Newiens, peuple puissant, dont les principales villes étaient *Bagacum* (Bavay), *Turnacum* (Tournay), *Camaracum* (Cambrai); les Morins (*Morini*), villes principales Térouenne (*Teruenna*), détruite par Charles-Quint en 1533, *Bononia* (Boulogne), et *Iccius Portus*, dont on ignore l'emplacement; les Atrebates, capitale *Nemetacum*, aujourd'hui Arras; les Ambianois, capitale *Samarobriva* ou *Ambianum* (Amiens); les Véromanduens, capitale *Angusta Veromanduorum*, appelée plus tard Saint-Quentin; les Bellovaques, capitale *Beauvais*, primitivement *Cesaromagus*; les Suessonais, capitale *Noviodunum*, puis *Suessiones*, d'où Soissons; les Rémois, capitale *Reims*, et les Catalaunes, capitale *Duro Catalaunum*, aujourd'hui Châlons-sur-Marne.

A partir de l'époque de Jules César seulement, on peut avoir des renseignements certains sur la conduite et l'existence de ce peuple d'origine germanique, qui ne considérait pas moins les Celtes comme des étrangers que les Romains eux-mêmes. Soumis avec peine par César, il voit passer tour à tour dans ses métropoles des empereurs et des gouverneurs illustres, Drusus et Germanicus entre autres. Caligula vient en costume de théâtre donner à ce peuple guerrier le spectacle de ses plaisirs efféminés et de son facile triomphe sur des contrées soumises en simulant d'avoir fait reculer devant lui les flots de l'Océan. Mais ils trouvent bientôt dans les Francs des alliés plus dignes de s'associer à leurs rudes entreprises guerrières; et après avoir laissé leurs rois s'avancer à travers leur territoire contre les Romains, et l'un d'eux, Clodion, s'établir à Tournay, ils s'unissent à eux pour repousser l'invasion d'Attila. La Belgique, berceau de la monarchie franque, et complétement réduite sous sa domination par la politique spoliatrice de Clovis, fit partie de l'Austrasie, et suivit le sort de cette province dans ses longues luttes avec la Neustrie. Le christianisme y pénétra, et y fit élever des monastères avec les prédications de saint Éloi; mais le fléau qui, sous les rois carlovingiens, dévasta l'Europe occidentale et méridionale ne devait pas épargner la Belgique, qui offre tant de ports bien situés et des campagnes si fertiles. Les Normands, à diverses reprises, profitant des luttes intestines entre les membres de la famille de Charlemagne, pendant que Lothaire organisait son royaume bizarrement découpé le long du Rhin, que l'on nommait Lotharingie, et qui devait devenir la Lorraine, pendant enfin que l'on organisait ce système de gouvernement basé sur la force brutale que l'on nomme la féodalité, les Normands, dis-je, suivant leurs coutumes et leur tactique, remontaient les fleuves ou débarquaient à l'improviste dans un port de mer riche et bien placé; puis, après avoir tout à leur aise pillé les villes, rançonné les habitants, brûlé les monastères en présence d'une population appauvrie par les guerres des seigneurs, ou que le nom seul de si terribles envahisseurs glaçait d'épouvante, ils s'en retournaient sur leurs légères barques surchargées d'un butin qu'ils se partageaient ensuite sur les côtes de la Scandinavie. La grande station navale établie à Gand par Charlemagne fut impuissante à les arrêter un instant, et Anvers, Courtray, Tournay, et presque toutes les villes un peu importantes de la Belgique, furent plusieurs fois incendiées ou tout au moins saccagées. Sous le régime féodal, chaque province ayant un maître particulier aurait aussi besoin d'une histoire spéciale. Celle de la Belgique deviendrait alors si compliquée que nous renverrons pour ce point aux ouvrages spéciaux. Qu'il nous suffise de dire que la Flandre se tint quelque temps au rang des premières nations de l'Europe et que son rôle dans les guerres de la France et de l'Angleterre prouve l'importance qu'avaient acquise ses armées et ses manufactures.

Sous Philippe le Bon et Charles le Téméraire, son fils, la Belgique fut soumise à une véritable royauté, quoique ces princes n'eussent que le titre de duc, et la punition sanglante qui fut infligée à Liége, révoltée par les agents de Louis XI, punition par laquelle le roi de France est traîné comme un prisonnier à la suite de l'armée de Charles, montre à la fois l'astuce du caractère de Louis et la puissance du bouillant et téméraire duc de Bourgogne.

Après ces temps de prospérité de la Belgique, le mariage de Marie de Bourgogne avec Maximilien, puis celui de son fils Philippe le Beau avec l'infante de Castille, font passer cette contrée tout entière à l'Espagne. Charles-Quint, après avoir châtié les Gantois révoltés, abdique à Bruxelles; puis la réforme fait de rapides progrès dans les Pays-Bas. En vain Philippe II veut-il s'opposer par tous les moyens en son pouvoir à la propagation de l'hérésie; il voit lui échapper la Hollande, qui constitue le royaume des Provinces-Unies, avec Guillaume d'Orange pour stathouder; les Belges, catholiques, comme aujourd'hui encore, restent fidèles à l'Espagne. D'ailleurs, les sanglantes répressions du duc d'Albe avaient fait rentrer les révoltés sous le joug espagnol. C'est à ce moment surtout que, selon l'expression du poëte flamand Jacques Van-Eyck, Mars pouvait quelquefois voyager ailleurs, mais avait élu domicile en Flandre. Ce sont d'abord les Français et les Espagnols, puis les Français et les Hollandais, qui s'y choquent et y luttent avec acharnement; toute l'Europe s'y réunit pour accabler Louis XIV, comme elle le fait plus tard obliger de rentrer dans son foyer la lave naissante de la révolution qui allait briser ces faibles obstacles pour se répandre sur le monde, jusqu'à ce qu'une dernière coalition, qui appelait à son aide les Tartares des bords de la mer Caspienne, vint mettre fin à cette brillante épopée guerrière qui, commençant à Valmy et finissant à Waterloo, vit s'accomplir de si grandes choses en si peu temps, et au-dessus de laquelle brille d'un si vif éclat le grand nom de Napoléon. Mais le temps n'était pas encore venu où cette contrée sans frontières naturelles se couvrirait paisiblement de ses belles moissons. Dès 1531, Charles-Quint avait donné à son gouvernement la forme qu'il conserva jusqu'à la révolution française. Après avoir formé sous l'Empire plusieurs départements de la France, la Belgique fut, par la loi du 27 août 1815, réunie à la Hollande. La charte constitutionnelle qui lui fut donnée garantissait tous les droits civils qui caractérisent véritablement un peuple libre; mais, comme elle consacrait aussi la liberté de conscience, le clergé défendit qu'on jurât d'y être fidèle, et cette opposition, jointe aux tendances nationales de la population s'accroissant de jour en jour, en 1830 la loi taxée d'impiété fut brisée en Belgique. En vain Guillaume, roi de Hollande, voulut-il reconquérir ce pays; les Belges, secondés par les Français, qui s'illustrèrent encore à Anvers, se formèrent en une monarchie constitutionnelle sous le roi Léopold. La liberté des cultes, la liberté de l'enseignement et celle de la presse, qui y sont consacrées, prouvent à quel point de perfection politique est arrivé ce petit peuple, exposé néanmoins à tant de vicissitudes et à de si nombreuses causes de destruction ou de désorganisation.

La Belgique se trouve ainsi partagée en neuf provinces, qui sont :

PROVINCES.	CHEFS-LIEUX.
Hainault	*Mons.*
Flandre orientale	*Gand.*
Anvers	*Anvers.*
Flandre occidentale	*Bruges.*
Brabant méridional	*Bruxelles.*
Limbourg belge	*Hosselt.*
Namur	*Namur.*
Liége	*Liége.*
Luxembourg belge	*Arlon.*

La Meuse et l'Escaut traversent la Belgique et arrosent toutes ses provinces par eux-mêmes ou par leurs affluents. Ils ont en France la partie supérieure de leur cours, et forment, à leurs embouchures, l'archipel zélandais. L'Escaut reçoit à gauche la Lys, et à droite le Ruppel, formé de la Dyle et des deux Nèthes. La Dyle a pour affluents, à droite le Demer, et à gauche la Senne. La Meuse reçoit à gauche la Sambre et à droite l'Ourthe.

Le poëte Regnard, qui nous a laissé quelques impressions de son voyage en Belgique, mit huit jours à faire le trajet de Paris à Bruxelles ; c'est à peine si maintenant on met huit heures. Grâce au système de fortifications modernes, les villes de l'Artois, du Hainault et de la Flandre, ressemblent à autant de piéges cachés sous l'herbe. Elles sont pour l'ordinaire bâties dans le creux de la plaine; des talus insensibles dérobent la vue de la pente et le sommet des maisons. Vous pourriez passer pendant le jour auprès de ces villes embusquées sans soupçonner leur existence. Tel est l'aspect de Mons. Entrez dans la ville et vous serez surpris comme tous les Français de voir les postillons avaler de grands verres de lait et manger des tartines de beurre, comme font les demoiselles chez nous. C'est à peine si l'eau-de-vie y est connue; encore devez-vous demander de la liqueur de France.

On est frappé en arrivant à Bruxelles de la construction des maisons, dont la toiture, au lieu de pencher sur les rues, forme une sorte de chaperon aigu, taillé, façonné et incrusté de mille manières. Cela donne à chaque maison la figure d'un homme couvert d'un bonnet particulier. Bruxelles est bâtie sur le penchant d'une colline tournée au Midi; les rues s'y croisent perpendiculairement; sur le haut de la colline se trouvent le palais du roi, celui du prince d'Orange, la Chambre des Etats, les principaux siéges des administrations et les habitations aristocratiques. Tout cela encadre un jardin appelé le Parc et qui sert de Tuileries à la capitale belge. Au bas de la colline, l'Hôtel de Ville, d'un style gothique peu régulier, s'élève sur une place où toutes les maisons sont contemporaines, et attestent le luxe des anciennes municipalités du Brabant. Les décorations, la sculpture et les filets d'or ne sont pas épargnés sur les façades. Le gros de la ville est entassé sur la pente où sont les quartiers marchands, les libraires qui pillent la France, les magasins qui étalent les étoffes anglaises. La cathédrale de Sainte-Gudule est à mi-côte; un haut escalier conduit au portail; les deux tours semblent inachevées, quoique le style donne à croire que leur construction remonte à un temps très-éloigné. Les églises en Belgique ne sont point ouvertes tout le jour; avant midi on ferme les portes ; on les ouvre rarement le soir. La chaire de Sainte-Gudule est une des compositions les plus chrétiennes et les plus pures de celles qui caractérisent l'art flamand.

Le vieux sang flamand se montre peu à Bruxelles et dans tout le reste du Brabant. Les grandes villes qui se sont formées dans cette ancienne province tendent à effacer par l'imitation de la France le reste des mœurs d'autrefois. D'un autre côté, le Hainault, étendu le long de notre frontière, s'est complétement dépouillé de sa personnalité dans notre fréquentation. Quant aux trois provinces de l'Est, Namur, Liége et Limbourg, la Meuse qui les traverse y apporte et y entretient inévitablement les productions et l'esprit de la France. Tout cela est donc français réellement; la conquête ou le traité qui y taillerait des départements pour la France ne dénaturerait rien au fond, et aurait simplement l'avantage de donner aux choses le nom qui leur convient. Mais à l'ouest, sur les bords de l'Océan, depuis Dunkerque jusqu'au fort l'Ecluse, et dans l'intérieur des terres, depuis Dendermonde jusqu'à Ostende, vit une population particulière qui a son génie à elle, ses souvenirs, ses monuments, sa langue et son histoire. Elle occupe deux provinces que l'on appelle les Flandres. Les bourgeois et les marchands de ces deux provinces ont leur racine dans le commerce des anciennes corporations flamandes, qui firent de leur pays au quatorzième siècle un des premiers exemples de la liberté démocratique.

Ypres est un des centres du vieil esprit flamand. Sa vieille cathédrale gothique est un chef-d'œuvre de ce genre; parmi les noms gravés sur ses murs se lit celui de Cornélius Jansénius, dont les doctrines ont bouleversé l'Europe pendant deux siècles. Nulle part plus qu'aux environs d'Ypres on ne pourrait se donner le spectacle de plaines plus vastes, plus vertes, plus grasses, et mieux peuplées d'arbres plus élégants. Ostende présente sur les côtes son port bien situé et où se recueillent les huîtres si recherchées des amateurs. Bruges est remarquable surtout parce qu'elle fut le foyer de la première école de peinture flamande; pourtant elle ne possède de remarquable que quelques tableaux d'Hemling précieusement gardés à l'hospice Saint-Jean. Mais quels tableaux! Gand a conservé plus de vie, plus de monuments, plus d'habitants, plus de richesse. Toutes les églises renferment plusieurs chefs-d'œuvre de Van-Eyck, de Rubens, de Jordaëns ou de Van-Dyck. L'hôtel de ville est aussi très-remarquable.

Anvers est, sans contredit, la plus belle ville de la Belgique; enrichie par un commerce très-étendu, embellie par Rubens, elle fut particulièrement aimée de Napoléon, qui en voulait doubler la force et la richesse pour la faire servir comme de tête de pont à son empire. Ses fortifications, qui avaient été complétées par Carnot, furent détruites en 1832. La citadelle, cachée au pied de la ville et protégée par l'inondation que les Hollandais s'empressèrent d'appeler à leur aide, fut tellement labourée par les soixante mille obus du maréchal Gérard, qu'on n'y put remuer de longtemps une poignée de terre sans y trouver un éclat de bombe, et que les casemates pratiquées à cinq mètres au-dessous du sol ont été brisées de tous côtés par le déluge de fer que faisait pleuvoir notre artillerie. Toutes les églises d'Anvers, en particulier la cathédrale, si haute et si ornée, possèdent des tableaux de Rubens et y joignent fort souvent des œuvres des Téniers, de Hemling, de Quintin Metsys ou de Van-Dyck.

Malines est, pour ainsi dire, une ville dorée sur tranches; les filets d'or serpentent sur toutes les façades; on ne voit, à travers les vitres de ses maisons que les mains des femmes qui font courir de petits fils blancs entre les mille épingles de leurs pelotes vertes, et qui fabriquent ainsi ces dentelles blanches, une des sources de la prospérité belge.

L'industrie des houillères fait toute la richesse de Liége, de Mons et de Charleroi; les collines qui entourent ces villes sont semées de ces grandes tours de briques rouges qui indiquent la place des hauts-fourneaux pour le traitement du fer. A cette industrie si importante s'ajoutent ou se rattachent la mécanique, l'armurerie, la chapellerie, les cristaux, les peaux, les instruments de précision, les dentelles, les produits chimiques, la typographie, la carrosserie, etc. Ces industries mettaient la Belgique au rang de l'Angleterre et de la France à l'Exposition universelle de 1855; encore, quelques autres branches importantes, telles que la fabrication de la bière et la distillerie, ne pouvaient-elles pas y être représentées.

La Belgique tire de ses exploitations agricoles la base la plus certaine de sa richesse et de sa prospérité; mais elle est aussi fort bien dotée sous le rapport des produits naturels. Ainsi, elle possède d'abondantes mines de houille, de fer, de cuivre d'alun, de marbre et de pierres de taille.

Le commerce est favorisé par de nombreux canaux, par de belles routes et de grandes lignes de chemin de fer; dix routes principales la relient à la France, et la balance des importations et des exportations est favorable à nos voisins. Nous devons citer : le canal de l'Escaut à la Meuse, qui relie Anvers à Vanloo; le canal de Bruxelles à Anvers et celui de Bruxelles à Charleroi; le canal d'Ostende à Gand, qui passe par Bruxelles et qui, en France, se prolonge jusqu'à Dunkerque par Nieuport et par Furnes.

Les principales lignes de chemin de fer sont : la ligne qui, continuant le chemin de fer français de Valenciennes, relie Mons, Bruxelles et Malines, avec embranchement sur Liége; la ligne qui, prolongeant le chemin de fer de Lille, passe par Courtray, Gand et Saint-Nicolas, avec embranchement sur Tournay; enfin la ligne d'Ostende à Verviers, qui coupe les deux précédentes.

La Belgique a trois universités : celles de Gand, de Liége et de Louvain, et compte environ 4,300,000 habitants, presque tous catholiques.

Ce n'est pas sans quelque raison qu'on a appelé la Belgique l'Italie du Nord ; elle a ouvert au quinzième siècle le mouvement de la peinture par les Van-Eyck, qui découvrirent le secret de la peinture à l'huile au moment où allaient paraître les Raphaël et les Michel-Ange, par les Hemling et toute l'école de Bruges. Elle l'a clos, au dix-septième, par Rubens, Van-Dyck, Téniers et toute l'école d'Anvers. Est-ce la liberté qui a valu à la Belgique tant de bonheur? Lorsque les Espagnols devinrent maîtres de ce pays, ils recueillirent tous les fruits d'or de cette liberté; et maintenant qu'elle est revenue, des talents nouveaux et ardents se révèlent aux expositions universelles par des œuvres que la nature de ce travail ne nous permet pas d'examiner ici.

La langue française ou wallonne est employée dans le Hainault, Namur et une partie du Luxembourg; la langue flamande, qui est vraiment la langue nationale, est parlée dans les deux Flandres, la province d'Anvers et le Limbourg; enfin, une partie du Brabant, de Liége et du Luxembourg parle l'allemand.

C'est vers le treizième siècle que la langue flamande prend une forme stable, qui s'altère un peu pendant la domination française sous les Valois; mais elle se relève bientôt avec les poëtes et les savants Kornhert, Spieghel et Visscher, puis Hooft et Vondel. Il est à remarquer que les habitants qui sont d'origine gauloise ou celtique parlent l'allemand, et les populations d'origine germaine le français.

Ce peuple, si heureux sous la paisible et paternelle administration du roi Léopold, semble vouloir aussi recouvrer son indépendance littéraire pour l'ajouter à sa nationalité politique, et nous ne pouvons mieux terminer cet article qu'en citant quelques strophes d'un poëte mort dans la guerre de l'indépendance, Veustenraad, dont la versification énergique, brutale même quelquefois, a obtenu un succès d'enthousiasme.

LE REMORQUEUR.

Symbole intelligent de force créatrice,
Du canon détrôné sublime successeur,
Héraut d'un avenir de paix et de justice,
Salut, ô noble remorqueur!
Salut, géant d'airain aux brûlantes entrailles,
Dont un souffle suffit pour relever du sol
Tout empire écroulé sous les mornes murailles
Que tu rencontres dans ton vol!

Sous le panache de fumée
Flottant sur son turban de fer,
Il poursuit sa course enflammée,
Rival des noirs démons de l'air,
Et sur le bronze de ses ailes,
Le tison chassé de ses flancs
Retombe en neige d'étincelles,
Au souffle refoulé des vents.

Point d'obstacle à son vol rapide
Qu'il ne dompte ou brise en chemin;
Regardez! un taureau stupide
Bondit contre son char d'airain:
Qu'importe! — il l'écrase et le lance
Tout palpitant sur les guérets;
Sages! vantez donc l'ignorance
Qui veut arrêter le progrès!

Rien n'intimide son audace,
Il marche, il vole, il fuit toujours;
Il fait tournoyer dans l'espace
Les champs, les flots, les bois, les tours;
Il éblouit de son prestige
Le peuple, le savant, le roi,
Et laisse partout le vertige
Assis à côté de l'effroi.

J. Lagarrigue, de Calvi.

BELLADONE (botanique). *Atropa belladona.* [Voir l'étymologie à la fin de l'article]. Genre de plantes de la famille des solanées, importante à connaître par les accidents que peuvent causer sa propriété toxique.

La belladone se rencontre assez communément dans les décombres, sur le bord des chemins, dans les bois montueux, surtout ceux qui ont été récemment abattus. La tige est verte, cylindrique, dichotome. Elle s'élève à la hauteur de un à deux mètres. C'est dans les forêts qu'elle atteint cette hauteur, et elle forme alors un buisson à cime arrondie. Les feuilles sont pétiolées, alternes ou géminées, c'est-à-dire que deux feuilles, l'une grande, l'autre petite, se trouvent placées l'une à côté de l'autre; elles sont aiguës, entières, molles au toucher, d'un vert foncé, pubescentes le long des nervures. Les fleurs sont solitaires, rarement géminées, pétiolées, pendantes. Le calice présente cinq divisions aiguës. La corolle est campaniforme, à cinq lobes arrondis; elle est d'un pourpre obscur. Les étamines, au nombre de cinq, sont insérées sur la corolle; les filets velus à leur base et courbés en dedans; les anthères biloculaires arrondies et s'ouvrant par deux fentes longitudinales. Le pistil est élevé sur un disque jaunâtre; il se compose d'un ovaire surmonté d'un style filiforme; le stigmate aplati est légèrement bilobé. Le fruit est une baie légèrement déprimée, de la grosseur d'une cerise, verte d'abord, d'un noir violacé plus tard, couronné par le calice, et renfermant des graines réniformes et chagrinées.

A tous ces caractères réunis, il est impossible de ne pas reconnaître la belladone, et l'examen le plus superficiel suffit pour distinguer ses baies de la merise ordinaire; en effet, la merise n'est point couronnée d'un calice persistant, et elle renferme un noyau. Lorsqu'une personne s'est empoisonnée avec des baies de belladone, elle est constamment prise de vomissements, et parmi les matières vomies on pourra encore reconnaître la baie de belladone. On trouvera des lambeaux pulpeux d'une couleur violacée, renfermant un grand nombre de petites graines réniformes et chagrinées à leur surface, et ces débris, joints aux symptômes que nous allons énumérer, suffiront pour faire reconnaître l'empoisonnement même à des personnes étrangères à la médecine. Les propriétés toxiques de la belladone sont dues à un principe découvert par Brandes, et connu sous le nom d'*atropine*, qui s'y trouve combiné avec un excès d'acide malique. De toutes les parties de la plante, la racine est celle qui en contient le plus; puis viennent les parties vertes et enfin les fruits. La belladone n'agit pas sur les animaux avec autant de force que sur l'homme ; ainsi un lapin fut nourri pendant trente jours avec des feuilles de belladone sans éprouver le moindre accident. Il ne faudrait pas croire cependant que les animaux résistent toujours aux effets narcotiques de cette plante. M. Flourens a observé qu'elle rendait les oiseaux aveugles. Orfila a tué des chiens avec l'extrait aqueux de belladone. Un homme peut manger impunément quelques baies de belladone. M. Gigault, médecin à Pont-Croix (Finistère), écrivait il y a quelques années que dans le pays qu'il habite les paysans mangent souvent des baies de belladone, qu'ils appellent guignes de côtes; souvent aussi il a vu des accidents d'empoisonnement, mais jamais ils n'ont été suivis de la mort. Hufeland rapporte l'observation d'un idiot qui mangea, sans en mourir, trente à quarante fruits mûrs de cette plante ; il eut, du reste, tous les symptômes de l'empoisonnement par les narcotiques. — On aurait tort de se fonder sur ces faits exceptionnels, et de croire que la belladone est du nombre de ces plantes dont on s'est plu à exagérer les propriétés délétères. Les deux observations précédentes prouvent seulement que trois à quatre baies ne suffisent pas pour empoisonner, et que l'état d'idiotisme peut modifier la susceptibilité du système nerveux au point d'affaiblir l'action des poisons. Les annales de la médecine ne contiennent que trop d'exemples d'empoisonnement par la belladone. M. Gaultier de Claubry eut l'occasion de l'observer, pour ainsi dire, en grand. Cent cinquante soldats campés dans les bois de Pirna, près de Dresde, se jetèrent, pour étancher leur soif, sur des baies de belladone, et en mangèrent chacun en quantité diverse. Ils éprouvèrent, à différents degrés, tous les symptômes de l'empoisonnement. Ceux qui n'en avaient mangé qu'une petite quantité avaient un délire gai ; ils riaient, dansaient, folâtraient; ils avaient des visions, cherchaient à saisir sur les habits de leurs camarades des objets qui n'y existaient pas. Leur pupille était dilatée, les yeux hébétés ou hagards, la vision confuse. Ceux qui en avaient mangé davantage pouvaient à peine se tenir debout ; les bras et les doigts étaient agités de mouvements continuels; ils avaient des faiblesses, des envies de vomir ; les lèvres, la langue et le palais étaient desséchés, l'articulation des sons confuse; quelques-uns couraient dans les bois, agités d'un délire furieux, se jetaient dans les feux des bivouacs, et se frappaient contre les arbres ; leurs yeux étaient rouges, leur pupille tellement dilatée qu'elle occupait toute la surface de l'iris; et dans leur délire furieux ils rappelaient ces fables superstitieuses d'hommes possédés du démon. Enfin, ceux de ces malheureux qui avaient mangé des baies en grande quantité furent trouvés morts au pied même des buissons qui les portaient. Sarlandière a rapporté l'observation d'un tailleur qui fut plongé dans un véritable état de somnambulisme pendant vingt-quatre heures. Cet homme fut insensible à tous les objets extérieurs, occupé uniquement à faire tous les gestes de son état de tailleur, comme s'il eût travaillé réellement; plus tard, il eut des hallucinations, parlant comme s'il eût suivi une conversation avec un interlocuteur. — Le délire que cause la belladone est ordinairement de nature gaie, et tous les auteurs rapportent l'histoire de ces paysans qui mangèrent des baies de belladone en allant à l'église, et furent pris, au milieu du service divin, d'accès de gaieté extravagants, se livrant à des contorsions ridicules et à des éclats de rire immodérés. — Nous croyons inutile de rapporter un plus grand nombre d'observations particulières d'empoisonnement par la belladone ; nous tracerons seulement ici le tableau abrégé des symptômes qui annoncent sa présence dans l'économie. Il y a des nausées qui sont le plus souvent suivies de vomissements, de vertiges, de faiblesse ; les yeux sont rouges, hagards, saillants, la pupille est extrêmement dilatée et immobile, avec trouble et même abolition de la vue. Le délire est presque toujours gai, très-rarement furieux ; l'attitude du malade est celle d'un hébété; d'autres fois il se livre à des gesticulations et des contorsions extraordinaires; le plus souvent il est extrêmement loquace et babille sans cesse. Cependant, Franck et Gaultier de Claubry ont vu des individus être privés de la parole et ne pouvoir pas articuler une syllabe. D'autres symptômes moins constants sont la sécheresse et la chaleur du gosier, l'impossibilité d'avaler, la soif, les sueurs

Fig. 5. — Belladone.

abondantes, la chaleur de la peau ; le pouls est tantôt vif et accélérée, tantôt faible et irrégulier, d'autres fois fort et fréquent; la respiration courte, précipitée, quelquefois irrégulière et oppressive. — De tous ces symptômes, la dilation et l'immobilité de la pupille, et le délire gai, peuvent être considérés comme les plus caractéristiques. Mais on n'aura une certitude absolue qu'en découvrant, parmi les matières vomies, les débris de baies de belladone. (*Young.*)

L'indication première et la plus urgente à remplir dans l'empoisonnement par la belladone est de se hâter de faire vomir le malade. A cet effet, on administre 10, 15, 20 et même 25 centigrammes de tartrate antimonié de potasse (émétique) dans un verre d'eau tiède. On cherche ensuite à provoquer et favoriser l'action du médicament par l'introduction des doigts dans la gorge ou bien en titillant l'intérieur de cette cavité avec les barbes d'une plume ou à l'aide de tout autre corps étranger propre à faire parvenir à ce but, et qu'on peut aisément trouver sous sa main. Si au bout d'un quart d'heure le vomissement n'a pas lieu, on donne alors de la même manière que ci-dessus 1 gramm. 20 centigr. de sulfate de zinc (couperose blanche) en deux fois, et à un quart d'heure d'intervalle, si la première moitié n'a pas déterminé l'évacuation désirée; puis on renouvelle les tentatives de chatouillement dans le gosier. Si enfin l'administration de ces substances demeure sans résultat, on prescrit 15 à 20 centigrammes de sulfate bioxyde de cuivre (couperose bleue) pareillement dissous dans un verre d'eau, toujours pour obtenir que le poison soit rejeté par la bouche. Lorsqu'on a été assez heureux pour exciter les vomissements (ce qui est souvent difficile, à cause du narcotisme cérébral et de la stupéfaction de l'estomac), et qu'on n'a d'ailleurs aucune raison de penser que la matière toxique ait passé dans les intestins, il convient de recourir à un autre ordre de moyens que nous exposerons plus loin. Mais dans le cas où le malade n'a pas pu vomir, il faut lui donner un purgatif, par exemple une médecine noire des pharmacies, un peu forte. Il est bon aussi de mettre en usage les lavements de même nature, dans lesquels ont fait entrer 90 à 120 grammes de vin émétique trouble. Quand enfin on est parvenu à faire évacuer le malade, soit par en haut, soit par en bas, soit par ces deux voies à la fois, on lui fait prendre alternativement, de cinq en cinq minutes, tantôt une tasse d'infusion très-chargée de la meilleure qualité de café que l'on puisse se procurer, tantôt de la limonade ou de l'eau acidulée avec du vinaigre. Il est tout à fait essentiel d'avertir que les boissons acidulées, en ce moment fort utiles pour achever de dissiper les accidents, ne feraient qu'augmenter les symptômes de l'empoisonnement si l'on s'en servait avant l'évacuation complète de la substance vénéneuse. On est encore fréquemment dans la nécessité de saigner le malade, afin d'accélérer le dégorgement des vaisseaux du cerveau, et de lui apposer des sangsues aux tempes et derrière les oreilles dans le même but. Ces dernières suffisent communément pour les jeunes sujets, tandis qu'on est souvent obligé d'y joindre l'emploi de la lancette lorsqu'il s'agit d'un adulte. Nous devons dire aussi que les doses que nous avons indiquées des émétiques, des purgatifs, etc., sont celles qui conviennent à une grande personne empoisonnée par la belladone; mais que si c'était un enfant de huit, dix ou douze ans, comme il arrive d'ordinaire, il serait indispensable de réduire ces doses au quart ou au tiers, suivant la force du petit malade.

Application thérapeutique. — Beaucoup de médecins, à la tête desquels il faut placer Hufeland, Muchstbech, Wagner, Velseu, Berndt, Wesener, Beake, Ibrélisle, Maïsier, Martini et nombre d'autres, affirment que, administrée dans les temps d'épidémies de scarlatine, la poudre de belladone possède la singulière propriété de préserver les enfants de cette maladie. Ils pensent, et particulièrement Muchstbech de Demming, que cette substance agit, dans cette circonstance, à peu près comme la vaccine contre la variole (petite vérole), avec cette seule différence que l'extinction produite par l'inoculation du virus-vaccin est radicale et définitive, tandis que celle opérée par la belladone n'est vraisemblablement que temporaire. Les éloges outrés que ce médicament a reçus dans une multitude d'autres affections morbides doivent être évidemment considérablement restreints, si l'on veut ne pas sortir des bornes de la vérité : il est certain, par exemple, que sa propriété calmante ne saurait être mise à profit pour apaiser la toux qui tient à la phlogose des organes respiratoires; mais il est non moins incontestable aussi que l'exercice de cette action pharmacologique a été suivi de nombreux succès dans plusieurs cas, surtout contre la coqueluche et les autres toux convulsives. Schaeffer, Wetzler, Hufeland, Méglin, Pieper, Raisin et le docteur Marc, soutiennent, avec juste raison, cette opinion, en faveur de laquelle nous pourrions aussi apporter le tribut de notre expérience particulière. — Lorsqu'une affection de la classe si intéressante et si variée des névroses résiste aux méthodes ordinaires de traitement les praticiens implorent fréquemment, quoique souvent en vain, l'énergique puissance de ce végétal : c'est ainsi qu'une foule d'écrivains ont été amenés à le préconiser dans la mélancolie, la manie, l'épilepsie, l'hydrophobie, la danse de Saint-Guy, l'hémiplégie, le tic douloureux du visage, etc. Les avantages de son administration ne sont guère mieux constatés dans les maladies cancéreuses, les squirrhes, les scrofules, les syphilis anciennes et dégénérées, etc. Les oculistes ont quelquefois recours à la vertu stupéfiante de la belladone, en topique sur l'œil, pour préparer cet organe à l'opération de la cataracte par extraction. Ces applications donnent lieu à la dilatation de la pupille, qui, dès lors, laisse passer le cristallin avec plus de facilité. Feu le professeur Chaussier l'a également conseillée, et souvent employée pour favoriser la dilatation du col de l'utérus, quand les contractions spasmodiques de cette partie du viscère s'opposaient à l'expulsion du fœtus; enfin, l'on a employé avec succès la pulpe de ses racines en cataplasmes pour calmer les vives douleurs que causent souvent les névralgies faciales.

Les dames employaient jadis, en Italie, l'eau distillée de cette plante pour entretenir la blancheur et l'éclat de leur teint; pratique qui lui a sûrement fait donner le nom qu'elle porte de *Bella Donna*. L'idée gracieuse de la beauté, à laquelle la désignation de l'espèce fait manifestement allusion, reçoit ici un lugubre désenchantement de l'association de ce mot avec celui du genre. On ne peut douter, en effet, que l'expression *Atropa* ne soit formée d'*Atropos*, celle des Parques qui tranche le fil de nos jours. *Atropos Belle Dame!* Quelle singulière qualification! quelle dérision amère! à moins toutefois qu'on ait prétendu y attacher un sens moral. (*Plisson.*)

Le docteur Debreyne, chef de l'institution médicale de la grande Trappe (Orne), est un des auteurs qui ont le plus étudié les effets thérapeutiques de la belladone. Pour ce médecin, il reconnaît les vertus de cette plante dans les affections épileptiformes, l'hystérie, les névralgies, la coqueluche et toutes les toux nerveuses, l'asthme, l'angine de poitrine, l'incontinence d'urines nocturne chez les enfants par excès de contractilité de la vessie, le tétanos. L'expérience a prouvé par des faits nombreux que la belladone est le meilleur remède contre cette dernière et terrible maladie. Nous passons sous silence une foule d'autres affections spasmodiques, convulsives et constrictives, que l'on ne dompte généralement, selon cet auteur, que par la belladone. Voici, du reste, un passage de l'ouvrage du docteur Debreyne sur les *vertus thérapeutiques de la belladone :*

« Les trois plus puissants agents thérapeutiques de tout le règne végétal sont, pour nous, le quinquina, l'opium et la belladone. Cette dernière, la belladone, de toutes les plantes médicinales de l'Europe, est pour nous la plus utile, et par nous la plus employée depuis près de trente-neuf ans. La belladone est pour la thérapeutique une ressource immense et toute moderne. Qui, en France, il y a quarante ans, employait ce précieux végétal? Personne. On ne le trouvait que dans quelques jardins botaniques, de même qu'on y rencontre les plantes vénéneuses, comme pur objet de science ou de curiosité. Nous avons commencé à employer la belladone dès l'année 1815, grâce à un pied de cette solanée célèbre que nous trouvâmes alors par hasard dans un jardin inculte. Sans cette circonstance fortuite, très-importante pour nous par ses suites, nous eussions été privé d'une très-grande ressource dans la plupart des maladies nerveuses, attendu que la belladone, à cette époque, n'avait point encore pris rang dans la matière médicale, et qu'elle ne se trouvait point dans les officines, au moins en France. »

La belladone, combinée avec le mercure, aurait donné à M. Debreyne des résultats heureux dans le choléra épidémique et dans la rage confirmée. Il serait bien à désirer que de nouvelles expériences vinssent confirmer les résultats obtenus.

Toutes les parties de la belladone (racines, fleurs, etc.) sont employées en médecine. Les préparations officinales sont la *poudre* de belladone, l'*extrait*, avec un suc clarifié; l'*extrait aqueux*, la *teinture alcoolique*, l'*alcoolature*, la *teinture éthérée*, enfin le *sirop* de belladone.

L'*atropine*, alcali végétal extrait des racines, des tiges et des feuilles de la belladone (voy. *Atropine*), est une substance si active qu'à la dose de 1 centigramme elle peut déterminer chez l'homme tous les graves accidents des solanées vireuses : délire, refroidissement à la peau, syncopes, troubles de la vue, aphonie, etc. M. le professeur Bouchardat a entrepris, avec M. Stuart-Cooper, une suite de recherches physiologiques et thérapeutiques sur cet alcaloïde, dont les résultats sont consignés dans l'*Annuaire thérapeutique* pour 1848.

La facilité d'administration de l'atropine, la sûreté de son dosage, la rendront infiniment précieuse, dit Bouchardat, dans toutes les conditions où la belladone et les autres solanées vireuses sont utiles : dans l'épilepsie, les hallucinations, la chorée, l'hystérie, le tétanos, et même l'hydrophobie, les névralgies, les rhumatismes; pour calmer les douleurs des cancers, etc. C'est un agent d'une incontestable puissance pour dilater rapidement et énergiquement la pupille. — A l'intérieur, l'atropine se prescrit à la dose de 1 à 5 milligrammes; par la méthode endermique, 5 centigrammes de cet alcali végétal sont divisés en vingt prises, dont on applique une ou deux chaque jour sur la peau dépouillée de son épiderme.

B. Lunel.

BELLE-DAME (zoologie). — Nom vulgaire d'un papillon diurne, du genre vanesse, qui présente cela de particulier qu'il est répandu sur presque toute la surface du globe, sans que la différence des climats le fasse varier, et qu'après avoir été commun dans certaines localités, il en disparaît complétement plusieurs années de suite. La chenille de ce papillon vit sur les chardons.

BELLE-DE-JOUR (botanique). — Nom vulgaire du *convolvulus tricolor*. — Voy. *Convolvulus*.

BELLE-DE-NUIT (botanique). — C'est le nom de la *rousserole* et d'une espèce du genre *nyctace*.

BELLES-LETTRES. — Les belles-lettres sont le brillant faisceau des beautés d'une langue, en ce qui concerne la littérature d'une nation. Elles désignent en général les lumières acquises par l'étude.

Suivant l'Académie, elles comprennent la grammaire, l'éloquence, la poésie. Cette définition n'es pas satisfaisante. Sans autre explication, elle est incomplète, comme la plupart des définitions dans les dictionnaires.

Nous la définissons autrement. Nous entendons par belles-lettres : la grammaire, la rhétorique, la poésie et l'histoire. C'est la définition de Platon, d'Aristote, de Quintilien et de plusieurs rhéteurs grecs et romains. Nous allons donner l'analyse succincte de chacune des parties de cette définition qui ne se trouve guère dans les dictionnaires qu'en état de synthèse.

Nous n'entendons pas, par *grammaire*, les éléments de la grammaire française de Lhomond, de Domergue ou de Wailly, pour si étendus qu'ils soient, comme on pourrait le penser par la simple définition de l'Académie. Nous donnons à ce mot de grammaire un sens plus large, tel que l'entendaient les Grecs et les Romains, et tel que Voltaire nous en donne l'explication. Le mot *lettre*, dit-il dans son *Dictionnaire philosophique*, ne signifiait d'abord que *gramma*; mais comme les lettres de l'alphabet sont le fondement de toutes les connaissances, on appela avec le temps *grammairiens*, non-seulement ceux qui enseignaient la langue, mais ceux qui s'appliquaient à la philosophie, à l'étude des poëtes et des orateurs, ainsi qu'à l'histoire. Condillac fait découler de l'étude de la grammaire, non-seulement l'art d'écrire, mais l'art de raisonner, ce qui peut nous conduire déjà bien loin, car par l'art de raisonner on entre dans la philosophie.

Quintilien, pour prouver l'importance de la grammaire, dit qu'après avoir lu les poëtes, il faut encore approfondir les écrits de tout genre, et il ajoute : Ce n'est pas tout. Sans la musique, la science grammaticale est incomplète puisqu'elle a à traiter de mesures et de rhythmes [1]. Platon a dit que la musique était nécessaire même à l'homme public (*De Phéd.*). L'alliance de la grammaire et de la musique autrefois était telle qu'Archytas et Aristoxène considéraient la grammaire comme une partie de la musique. Nous n'allons pas si loin. Laissons d'abord la philosophie aux études plus profondes, et si la grammaire aujourd'hui peut se passer de la musique, nous ne conseillerons pas moins l'étude de cet art plein de charmes et qui peut procurer les plus douces jouissances à l'homme qui a du loisir.

La rhétorique, dit Aristote, est l'art de trouver tout ce qui peut persuader en parlant [2]. Cicéron l'appelle une partie de la politique; par politique, il entend la sagesse. Sur dix définitions de divers philosophes, Quintilien s'arrête à celle-ci : la rhétorique est la science de bien dire [3]. C'est l'éloquence sortant de la bouche d'un homme de bien. C'est aussi la définition de notre bon et excellent Rollin, l'honneur de l'enseignement. On acquiert cette science par les préceptes qu'elle enseigne, par la lecture des bons auteurs, et surtout ceux qui ont traité de la matière, tels qu'Aristote, Denis d'Halicarnasse, Longin, Cicéron, Quintilien, Rollin, etc.

La rhétorique se divise en cinq parties : l'invention, la disposition, l'élocution, la mémoire, la prononciation ou l'action. C'est la division de Cicéron; c'est aussi celle de Platon avec une légère différence, comme il l'indique dans *le Sophiste*.

Elle comprend trois genres ou caractères : le simple, le sublime et le tempéré, ainsi que trois genres de causes, suivant Aristote et Cicéron, adoptés par Quintilien et par les modernes : le démonstratif, le délibératif et le judiciaire. Ces trois mots n'ont pas besoin d'explication.

La poésie est ainsi définie par Platon. Le délire, dit l'auteur du *Phédon*, qui est inspiré par les Muses quand il s'empare d'une âme simple et vierge, qu'il la transporte et l'excite à chanter des hymnes ou autres poëmes et à embellir les charmes de la poésie, les nombreux hauts faits des anciens héros, contribue puissamment à l'instruction des races futures. Mais sans cette poétique fureur, quiconque frappe à la porte des Muses, s'imaginant à force d'art se faire poëte, reste toujours loin du terme où il aspire, et sa poésie, froidement raisonnable, s'éclipse devant les œuvres inspirées.

Qui ne voit là tout l'exorde de *l'Art poétique* de Boileau? Cette remarque a échappé à tous nos philologues. Qu'on en juge :

C'est en vain qu'au Parnasse un téméraire auteur
Pense de l'art des vers atteindre la hauteur;
S'il ne sent pas du ciel l'influence secrète,
Si son astre en naissant ne l'a formé poëte,
Dans son génie étroit il est toujours captif,
Pour lui Phébus est sourd et Pégase est rétif.

Nous ne prétendons pas exiger ce feu sacré ni le délire de Platon, nous ne voulons pas non plus former des poëtes dans quelque genre que ce soit, nous voulons seulement rendre ceux à qui nous nous adressons propres à lire et à comprendre les poëtes.

Ce que nous conseillons, c'est l'étude des règles de la versification et la connaissance des rhythmes, des mesures, des cadences, pour en tirer toute la mélodie et l'harmonie dont ils sont susceptibles. Avec cette aide, l'esprit et le goût se forment sur les divers genres de poëmes en leur appliquant l'espèce de vers qui convient à chacun. Le poëme épique, l'ode, le drame, la comédie, la tragédie, etc., ont leur genre particulier de versification. Toutes ces règles initient l'esprit dans les secrets de l'art poétique. Elles apprennent la déclamation, le ton qu'il convient de prendre suivant le sujet qui a été traité. On ne peut pas lire une élégie comme on lit une satire. La prononciation est une partie des plus essentielles. Sans avoir une prosodie comme les langues grecque et latine, la langue française, surtout en poésie, exige la prononciation régulière de chaque syllabe d'un mot, suivant l'accent, l'aspiration, la quantité. C'est l'attribut de l'orateur, du comédien et de tout déclamateur ou lecteur.

Quant à l'histoire, nous ne voulons pas faire des Thucydide et des Tacite, mais on ne peut contester l'utilité de l'histoire. Par le tableau qu'elle représente des mœurs à chaque époque, par les faits qu'elle rapporte depuis les temps les plus reculés, par les réflexions philosophiques qu'elle fait naître dans tout esprit doué de quelque intelligence, elle offre un ensemble plein d'intérêt qui frappe l'imagination, et par ses récits tantôt elle émeut et tantôt

[1] Tum nec extra musicen grammatice potest esse perfecta, quum ei de metris rhythmisque discendum sit. (*De Inst. orat.*)

[2] Rhetorice est vis inveniendi omnia in oratione persuasibilia (*De Inst. Orat.* l. II, chap. XV.)

[3] Rhetoricen esse bene dicendi scientiam (*De Inst. Orat.* l. II, chap. XX.)

elle étonne. Si d'un côté quelquefois ses tableaux sont tristes et sombres et resserrent l'âme en l'agitant de sentiments pénibles, de l'autre, elle nous représente parfois des traits de vertu, de magnanimité et d'héroïsme qui font notre admiration et dont l'âme est bien dédommagée par le plaisir qu'elle ressent. L'histoire ouvre un champ des plus vastes à nos méditations; elle fait passer devant nos yeux et les siècles et les nations qui peuplent la terre; elle dit leur origine, leur grandeur, leur décadence et, enfin, leur anéantissement. Elle ajoute à nos connaissances par la variété infinie des faits qu'elle note dans ses pages immortelles. L'histoire, dit Cicéron [1], est le témoin des faits accomplis dans tous les temps, le miroir de la vérité, l'âme de la mémoire, l'école de la vie, l'éternel avertissement des âges.

Tel est l'ensemble des connaissances qui constituent l'étude des belles-lettres.

Certes, ce n'est pas le seul rôle auquel les belles-lettres peuvent être appelées. Nous n'avons effleuré qu'un côté de la question; il en est un autre plus beau, plus grand. Les belles-lettres s'allient à tout le cortége imposant qui accompagne le savant dans les sciences même les plus abstraites; les arts, soit libéraux, soit mécaniques même, leur empruntent leurs plus beaux ornements [2]. Elles sèment partout des fleurs sur les sujets les plus arides; elles donnent une forme agréable aux objets les plus difformes; tout respire, s'anime à leur souffle divin; les Grâces les suivent partout.

Cette noble alliance apparaît déjà aux premiers âges de la Grèce, avant Homère, pendant et après Homère. Elle brille avec Périclès, Socrate et Platon son disciple; elle brille sous Auguste avec Virgile, Horace, Ovide, etc.; sous Louis XIV, avec tous les hommes éminents qui se sont illustrés dans tous les genres.

Nous n'avons voulu parler des belles-lettres dans cet article que sous le rapport seulement du besoin de l'homme du monde, ou retiré du monde, qui veut goûter les auteurs sans prétendre à être un savant ni un philosophe.

Nous terminerons par les réflexions suivantes qui nous ont suggéré ce développement au mot de *Belles-Lettres*.

De nos jours la culture des belles-lettres est indispensable à tout homme dont la position sociale ne s'oppose point à donner du temps à l'étude. Dans un gouvernement où tous les citoyens peuvent indistinctement aspirer aux emplois publics, où le suffrage universel peut porter, soit à la tête d'une administration, soit à la représentation nationale, tout individu qui se distingue par ses mœurs, par ses talents, par d'éminentes qualités, ou qui a acquis, par le travail, une grande fortune, il ne doit plus être permis de négliger les connaissances qui peuvent lui aplanir le chemin de parvenir aux honneurs. En prenant part aux affaires publiques, ne peut-il pas, au milieu de graves événements, se trouver à même d'ouvrir un avis lumineux et sage, d'éclairer le gouvernement, de proposer des lois, de les soutenir à la tribune, et par son éloquence enfin de sauver la patrie. Démosthènes, Cicéron, et Lamartine, que nous ne craignons pas de citer après ces deux grands athlètes de la tribune civique, à des époques où la patrie s'est vue en danger, en sont une preuve éclatante.

Mais quand bien même une si belle fortune tromperait notre attente, quand tout ce brillant espoir s'évanouirait et qu'il ne nous resterait que ces beaux ornements de l'esprit, n'est-ce pas encore un bienfait et n'y gagnerions-nous pas l'habitude du travail, trésor inappréciable qui, dans mille circonstances de la vie, nous aide à supporter les contrariétés que le sort nous envoie? Le travail qui nous charme dans nos instants de loisir, qui fait une si heureuse diversion à nos travaux et même à nos amusements, ne nous porte-t-il pas à la contemplation des œuvres de Dieu et à en admirer les beautés. La faculté de contempler ce qui est beau, Platon la regardait comme la plus précieuse des facultés en ce qu'elle élève l'âme jusqu'à Dieu, créateur de toute beauté. D'ailleurs, les seules jouissances du cœur et de l'esprit sont notre félicité sur la terre, et c'est le travail seul qui la donne; il nous arrache à l'oisiveté, mère de tous les vices, au jeu, aux mauvaises liaisons; il nous fait fuir ces lieux, réunions toujours dangereuses et dégradantes où l'homme, pour s'étourdir, accablé du poids de son loisir, se livre à des habitudes dépravées. Comme le dit Sénèque : *Otium, sine litteris, mors est, et hominis vivi sepultura* (Epist. 28). (Sans les belles-lettres, l'oisiveté est la mort et le tombeau de l'homme vivant.) REDAREZ SAINT-RÉMY.

BÉLOSTOME (zoologie) [du grec *bélos*, dard, et *stôma*, bouche]. — Genre d'insectes de la famille des népiens, comprenant des espèces d'hémiptères très-remarquables. Les bélostomes, en effet, sont les plus grands hémiptères connus (voy. fig. 6). Quelques-uns atteignent jusqu'à huit centimètres de longueur. Ils sont carnassiers sous tous leurs états. Ce sont de terribles punaises; il est prudent, quand on les saisit, de ne pas s'exposer à sentir les atteintes de leur suçoir, qui est très-robuste et dont la piqûre est très-douloureuse. Ces insectes habitent les régions intertropicales du globe. Les femelles portent leurs œufs fixés sur le dos.

BÉLOMANTIE [du grec *bélos*, flèche, et de *mantéia*, divination]. — Divination qui se fait par les flèches. — La *bélomantie* était en usage chez les Orientaux, mais surtout chez les Arabes. On prenait trois flèches : sur l'une l'on écrivait *Dieu me l'ordonne*; sur la seconde, *Dieu me le défend*; on n'écrivait rien sur la troisième. Ensuite on les enfermait dans un carquois, et on en tirait une au hasard : si c'était celle qui portait *Dieu me l'ordonne*, on faisait la chose pour laquelle on consultait le sort; si c'était celle où il y avait *Dieu me le défend*, on s'en abstenait; et si c'était la troisième, on recommençait.

[1] Historia testis temporum, lux veritatis, vita memoriæ, magistra vitæ, nuntia vetustatis. (*De Orat.*)

[2] En effet, il n'est pas de science ou d'art quelconque qui n'ait son chantre inspiré soit en prose, soit en vers.

BÉMOL (musique). — Signe de musique qui a à peu près la figure d'un *b*, et qui, placé à gauche d'une note, indique qu'elle doit être abaissée d'un demi-ton. Le *bémol* se place accidentellement, ou à la clef. Accidentellement, il baisse la note d'un semi-ton jusqu'à ce qu'elle soit remise dans son état naturel par un *bécarre*; il exerce du moins son action sur cette note pendant toute la mesure. Lorsqu'il est placé à la clef, il agit sur la note qu'il représente dans le courant du morceau, sans la nécessité d'une autre indication apparente, et il détermine le ton dans lequel la musique doit être exécutée. Le premier *bémol* commence par le *si*, et l'on peut en mettre autant à la clef qu'il y a de notes de musique, c'est-à-dire sept, en les plaçant de quarte en quarte en montant ou de quinte en quinte en descendant.

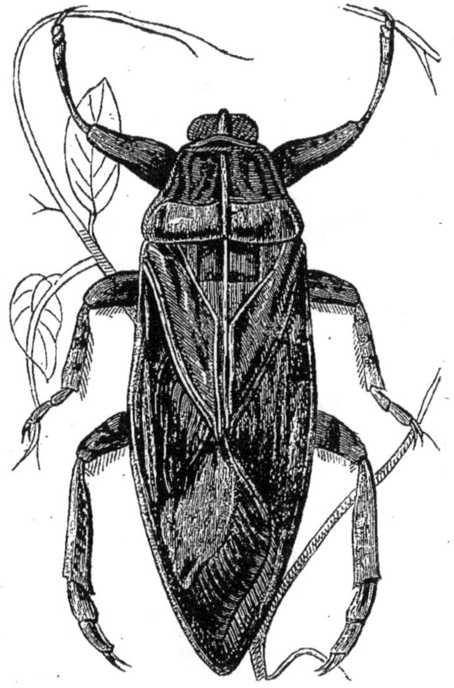

Fig. 6. — Belostôme.

1	2	3	4	5	6	7
si	*mi*	*la*	*ré*	*sol*	*ut*	*fa*

Le ton se reconnaît en prenant pour tonique la note placée à la quinte au-dessus du dernier *bémol*. Ainsi, par exemple, quand il n'y a qu'un *bémol* à la clef, on est dans le ton de *fa* (*fa bémol majeur*), à moins que la note qui vient après celle où est placé ce *bémol* ne soit diésée accidentellement, et alors on est dans le ton mineur du degré qui suit la note sensible. Ainsi, par exemple, lorsqu'il n'y a qu'un *bémol* à la clef, si la note qui vient après ce *bémol*, c'est-à-dire l'*ut* ou le *do*, est diésée, le morceau est en *ré* mineur. Lorsqu'il y a deux *bémols* à la clef, si la note qui vient après ce *bémol*, c'est-à-dire le derner *fa*, est diésée accidentellement, le morceau est en *sol* mineur, et ainsi de suite pour les autres. Du reste, pour les tons majeurs, l'on peut encore s'éclairer sur le ton dans lequel un morceau est écrit, en consultant la dernière note qui le termine; laquelle note s'appelle tonique, et qui surtout, prise à la basse, ne trompe presque jamais. (*Ch. Soullier.*)

BÉNÉDICTINS (histoire religieuse). — Religieux de l'ordre de saint Benoît. Cet ordre, fondé vers le milieu du sixième siècle au mont Cassin, est le plus célèbre et l'un des plus considérables qui aient existé. Son fondateur, saint Benoît de Nursi, choisit pour règle les meilleurs statuts observés dans les monastères de l'Orient. Il mêla sagement aux exercices de piété la culture des terres, les travaux littéraires et l'enseignement, ce qui rendit cet ordre le plus riche et le plus savant de tous. Les bénédictins conservèrent le dépôt des lettres, défrichèrent les forêts, bâtirent des villes, occupèrent en même temps le siége de saint Pierre et divers siéges de la chrétienté; ils entraient dans les conseils des rois et des empereurs, en même temps qu'ils rendaient dans l'école les oracles de la science. Parmi les papes qu'ils donnèrent, il faut citer saint Grégroire le Grand, saint Léon III, saint Grégoire VII, Urbain II; parmi les évêques, saint Anselme et saint Dunstan; parmi les missionnaires, saint Augustin de Cantorbéry et saint Boniface de Mayence; parmi les docteurs, Bède, Alcuin, saint Bernard, etc.

Un des disciples du fondateur, saint Maur, vint en France fonder l'abbaye de Glanfeuil, en Anjou. Le clergé régulier trouva cette règle si bien appropriée à la vie cénobitique et si supérieure à celles qui le régissaient, qu'il n'en voulut plus d'autres. Dès lors, des monastères de bénédictins s'établirent sur tous les points de la France, de l'Espagne et de l'Italie, et furent comme autant de colonies agricoles et intellectuelles qui enseignaient partout le travail et répandaient les fruits de la civilisation chrétienne.

Cependant cette règle se relâcha peu à peu, et au neuvième siècle on eut même quelques désordres à déplorer. Saint Benoît d'Aniane entreprit de la réformer et de la ramener à sa pureté primitive; mais plusieurs abbayes refusèrent de se soumettre à la règle nouvelle. Quelque temps après, une nouvelle réforme étant devenue nécessaire, Eudes, abbé de Cluny, l'opéra avec beaucoup de succès vers le milieu du onzième siècle. La règle de Cluny fut trouvée si convenable que cette abbaye ne tarda guère à compter sous sa juridiction deux mille monastères et plus de dix mille moines. La maison de Cluny fut alors la métropole et le chef de l'ordre de toutes les autres *congrégations* ou maisons secondaires groupées autour d'elle.

En 1098, Robert, abbé de Molesmes, se retira avec une vingtaine de moines à cinq lieues de Dijon, dans une forêt que lui avait donnée Reynard, vicomte de

Beaune, et y fonda l'abbaye de Cîteaux, la plus importante fraction, après Cluny, de la famille bénédictine. Il adopta la règle de saint Benoît; mais au lieu de l'habit noir, il prit l'habit blanc, par une dévotion spéciale envers la sainte Vierge : de là l'origine des *moines blancs* ou moines de Cîteaux, par distinction des *moines noirs* ou moines de Cluny. Cinquante ans après l'établissement de Cîteaux, cinq cents abbayes en étaient déjà issues. On donna le nom de *Filles de Cîteaux* aux quatre abbayes de Morimont, de la Ferté, de Pontigny et de Clairvaux, parce qu'elles étaient les premières dans la filiation de cette abbaye.

La plus célèbre des quatre fut celle de Clairvaux, fondée par saint Bernard en 1115; le nombre des moines qui en relevaient devint dans la suite fort nombreux. Le nom de *Bernardins*, donné dans l'origine à ceux de Clairvaux seuls, s'étendit même à tous les cirterciens.

Vers la fin du douzième siècle, l'ordre de Cîteaux se relâcha, et nécessita, à diverses reprises, des réformes qui donnèrent lieu à autant de congrégations particulières. Celles des *Feuillants* dut son origine à la réforme de Jean de la Barrière; elle s'établit à Paris en 1589. Une autre réforme par Jean Armand, abbé de la Trappe, rendit cette maison célèbre par l'austérité de ses statuts. Au dix-septième siècle parut la fameuse congrégation de saint Maur, qui a rendu des services nombreux et signalés aux lettres et à l'histoire. Elle eut pour chef-lieu l'abbaye de Saint-Germain-des-Prés, à Paris. Louis XIII lui accorda des lettres patentes, et le pape Urbain VIII s'empressa d'approuver ses statuts.

Ces maisons tenaient de hautes écoles et des établissements d'instruction à l'usage de la jeunesse noble; elles avaient toutes une bibliothèque assez riche. Les frères lais s'occupaient seuls des affaires matérielles pour ne pas distraire les moines de leurs occupations. « Il faut, disait le chapitre général de l'ordre en 1766, que la congrégation montre à l'État des hommes utiles dans tous les genres, et que leurs occupations, marquées au coin de l'amour de la patrie, apprennent aux Français qu'il est dans nos cloîtres d'autres Français estimables qui, contents de peu, s'efforcent de servir la patrie par des travaux utiles à la nation. » En effet, ils ont rendu de grands services par leurs écrits pleins d'une profonde érudition, d'une rare impartialité et d'une saine critique. Les publications que nous leur devons formeraient à elles seules une bibliothèque considérable. Ces congrégations furent supprimées le 13 février 1792 avec les autres corporations religieuses.

Dom Prosper Guéranger a réuni en 1833 quelques abbés à Solesmes, diocèse du Mans, dans l'intention de faire revivre la glorieuse corporation de saint Maur, dont il a adopté à peu près les mêmes statuts. En 1837, Grégoire XVI a érigé leur établissement en abbaye régulière sous le titre de *Congrégation de France, succédant aux congrégations de Cluny, saint Vannes et saint Maur*.

D'après un calcul de Fessler, l'ordre des bénédictins aurait compté vingt-quatre papes, deux cents cardinaux, mille six cents archevêques, quatre mille évêques, quinze mille sept cents écrivains, mille six cent soixante saints régulièrement canonisés, et cinq mille bienheureux.

On appelle *bénédictines* les religieuses qui vivent sous la règle de saint Benoît : le nombre en a été immense. Leur plus ancienne maison en France fut, dit-on, celle de Sainte-Croix, fondée par sainte Radegonde, épouse de Childebert Ier, en 544.

DUPASQUIER.

BÉNÉDICTION (religion) [de *bene*, bien, et *dicere*, dire]. — Ce mot n'est point susceptible d'une définition générale, car il a un sens différent suivant le cas où il est employé. Elle remonte presque au berceau du monde : la Bible nous apprend que Noé donna sa bénédiction à Sem et à Japhet. Chez les Hébreux, il y avait des bénédictions particulières, comme celle qu'Isaac donna à Jacob à la place d'Ésaü, et des bénédictions *solennelles* que les prêtres donnaient au peuple dans certaines cérémonies. Moïse dit au grand prêtre Aaron : « Quand vous bénirez les enfants d'Israël, vous direz : Que le Seigneur fasse briller sur vous la lumière de son visage, qu'il ait pitié de vous, qu'il tourne sa face vers vous et qu'il vous donne sa paix. » (*Nomb.* VI, *v.* 24.) Le pontife, en prononçant ces paroles, se tenait debout les mains étendues et les yeux élevés vers le ciel.

Les bénédictions catholiques remontent à J. C. lui-même, qui, pendant son passage sur la terre, a béni les personnes et les choses inanimées. Ainsi, l'Évangile nous apprend qu'il bénit les petits enfants qu'on lui amenait, et ses disciples avant de s'élever dans les cieux, qu'il bénit les cinq pains du désert et le pain qu'il changea en son corps. A son exemple, ses ministres bénissent les personnes, pour appeler sur elles les grâces du ciel, et les choses pour les rendre plus respectables et en quelque sorte sacrées.

Les bénédictions les plus solennelles sont appelées *consécrations*, comme la prise de l'habit religieux. Quelquefois, outre les cérémonies ordinaires, il est encore fait usage des saintes huiles. Les bénédictions simples se font avec de l'eau bénite, le signe de la croix et des prières. Il en est qui sont exclusivement réservées à l'évêque, et d'autres que le simple prêtre peut faire sans autorisation spéciale. Dans les églises catholiques, le prêtre bénit les fidèles soit en faisant simplement le signe de la croix, comme à la fin de la messe, soit d'une manière plus solennelle avec le Saint-Sacrement, comme aux grandes fêtes et à certains dimanches.

Dans les premiers temps du catholicisme, les chefs de l'Église étaient dans l'usage de bénir les fidèles par un signe de croix, et par suite de cette coutume, le souverain pontife donne encore solennellement sa bénédiction le jeudi saint et le jour de Pâques à Saint-Pierre, le jour de l'Ascension à Saint-Jean de Latran, et le jour de l'Assomption à Sainte-Marie-Majeure. — Les évêques, lorsqu'ils font leurs visites pastorales, donnent aussi la bénédiction aux fidèles qui se trouvent sur leur passage.

On appelle *bénédiction* nuptiale la cérémonie religieuse par laquelle le prêtre bénit les nouveaux époux. DUPASQUIER.

BÉNÉFICE (droit). — L'expression bénéfice, prise dans son sens légal, signifie en général une *exception favorable accordée par la loi*, qui nous rend habiles à une qualité dont, à la rigueur, nous étions incapables; tels sont, en droit, les bénéfices de cession, de division, de discussion et d'inventaire (voy. ci-après ces mots); et, relativement aux mineurs, les bénéfices de rescision et de restitution. Il dépend d'ailleurs de celui qui se trouve appelé à exercer un de ces bénéfices de l'accepter ou de le rejeter, dans certains cas, et s'il est majeur. — Voir d'ailleurs ci-après les différents bénéfices légaux. J. E.

BÉNÉFICE D'AGE (droit). — Sous l'ancien régime, le bénéfice d'âge était la faculté d'administrer ses biens avant sa majorité; sous la législation actuelle, c'est l'exercice de différentes faveurs accordées à l'âge.

Les lettres de bénéfice d'âge, données à un mineur pour l'administration de ses biens et affaires, ont été supprimées par la loi du 7 sept. 1790; mais l'émancipation produit aujourd'hui le même effet.

L'homme âgé de soixante-cinq ans accomplis peut refuser d'être tuteur, et celui qui a été nommé avant cet âge peut à soixante-dix ans se faire décharger de la tutelle (C. civ., 433). La contrainte par corps ne peut être prononcée, en matière civile, contre ceux qui ont atteint leur soixante-dixième année (*ibid.*, 2066, et C. pr., 800), et ils peuvent se dispenser de remplir les fonctions de juré. (C. d'instr. crim., 385. — Voy. *Jury*.) J. E.

BÉNÉFICE DE CESSION (droit). — C'est la faculté qui fut accordée par la loi au débiteur failli, malheureux et de bonne foi, de faire l'abandon de ses biens à ses créanciers, afin d'avoir la liberté de sa personne. J. E.

BÉNÉFICE DE COMPÉTENCE (droit). — Dans l'ancien droit, le bénéfice de compétence était une exception en vertu de laquelle une personne ne pouvait être condamnée, envers certains créanciers, au delà de ce qu'elle pouvait payer (L. 173, D. *De Reg. jur.*). Ce bénéfice pouvait être exercé par les ascendants à l'égard de leurs descendants, le mari assigné en restitution de la dot, les associés entre eux, le donateur à l'égard du donataire, et les militaires à l'égard de tous (L.L. 16, 17, 18 et 19, D. *De Re Judicata*); mais il n'a pas été adopté dans le droit français (Toullier, t. II, n° 613; Delvincourt, t. I, p. 226, notes). En effet, lorsque les père et mère sont débiteurs envers leurs enfants, ceux-ci ont actuellement les moyens légaux d'exécution qu'ils auraient contre tout autre débiteur, sauf la contrainte par corps (voy. C. civ., 371), et à la charge de leur fournir des aliments (Duranton, t. II, n° 400). J. E.

BÉNÉFICE DE DIVISION ET DE DISCUSSION (droit). — C'est la faculté accordée aux coobligés non solidaires, aux cautions d'une même dette, d'exiger que le créancier divise son action contre eux, c'est-à-dire ne les comprenne pas dans le même ordre de poursuites; et le bénéfice de discussion est le droit qui appartient, tant aux cautions simples et aux tiers détenteurs, d'obliger le créancier à discuter préalablement les biens du débiteur principal, en le poursuivant d'abord dans ses biens particuliers, qu'au cédant d'une créance ou d'un droit, d'obliger les cessionnaires à discuter de même les biens du débiteur cédé, ou sur lequel la cession a eu lieu, avant d'exercer aucun recours contre lui-même. J. E.

BÉNÉFICE ECCLÉSIASTIQUE (droit). — Ensemble des biens qui composent la dotation d'un siége épiscopal ou de toute autre fonction ecclésiastique. Les titulaires des fonctions du clergé exercent sur la dotation affectée à la place qu'ils occupent des droits semblables à ceux qui sont attribués par le Code civil aux usufruitiers ordinaires; et, sauf quelques modifications ci-après indiquées, ils doivent supporter les charges dont leur dotation est grevée, conformément aux mêmes règles. (Décr. 6 nov. 1813, art. 6.)

D'abord, leur prise de possession doit être constatée par un procès verbal que dresse le juge de paix, et qui doit contenir la promesse, souscrite par le titulaire, de jouir des divers biens en bon père de famille, de les entretenir avec soin, et de s'opposer à toute usurpation ou détérioration (*ibid.*, art. 7). Le titulaire n'est pas obligé de fournir caution, comme le serait un usufruitier ordinaire; mais il doit faire un inventaire détaillé, lequel doit être refait à chaque mutation du titulaire, par les soins du trésorier de la fabrique, et doit comprendre le récolement de l'inventaire précédent, des titres, des instruments aratoires et autres, et de tous ustensiles ou meubles d'attache, tant pour l'habitation que pour l'exploitation des biens (*ibid.*, art. 5, et Règlement des fabriques, art. 54). A l'égard des bois taillis et des arbres futaies compris dans la dotation, le titulaire doit se conformer tant au Code civil, art. 590, qu'à ce qui est prescrit pour les bois des communes (*ibid.*, art 12). Il est tenu de faire à ses frais toutes les réparations dites locatives; mais à l'égard des grosses réparations, il n'y est obligé que jusqu'à concurrence du tiers des revenus fonciers des bénéfices, à moins qu'il n'y ait des sommes en réserve. Si les grosses réparations excèdent le tiers du revenu, le titulaire peut être autorisé, en la forme voulue, soit à faire un emprunt avec hypothèque, soit même à aliéner une partie des biens. L'autorisation légale d'emprunt doit fixer les époques de remboursement à faire sur les revenus, de manière à ce qu'il en reste toujours les deux tiers aux cures, et, au besoin, le trésor doit suppléer à ce qui manquerait pour que le revenu restant au curé égale le taux ordinaire des congrues (*ibid.*, art. 13). Les curés ne sont tenus, à l'égard des presbytères, qu'aux réparations locatives, les autres étant à la charge des communes (*ibid.*, art. 13 et 21).

Les titulaires de bénéfices ecclésiastiques ne perçoivent pas le remboursement des capitaux qui dépendent de leurs bénéfices; et ces capitaux, s'ils dépendent d'une cure épiscopale, doivent être versés dans la caisse de la fabrique par le débiteur, qui n'est libéré que par la décharge signée des trois dépositaires des clefs de cette caisse; quant à ceux qui dépendent des chapitres ou des séminaires, ils doivent être versés dans la caisse du trésorier ou de l'économe, et il doit être pourvu au remploi de ces capitaux suivant qu'il est prescrit par les lois (décr. 16 juillet 1810, et 6 nov. 1813, art. 11). Les poursuites pour le recouvrement des revenus doivent être faites par les titulaires, à leurs frais et risques; néanmoins, ils ne sont point habiles à plaider ni en demandant, ni en défendant, ni même à se désister, quand il s'agit de droits fonciers de la cure, sans l'autorisation du conseil de préfecture, auquel doit être soumis l'avis du conseil de fabrique (décr. 6 nov. 1813, art. 14). Les frais du procès restent à la charge des curés, de la même manière que les dépenses pour grosses réparations (*ibid.*, art. 15). Dans les cas de vacance d'une cure, les revenus de l'année courante appartiennent à l'ancien titulaire ou à ses héritiers jusqu'au jour de l'ouverture de la vacance, et au nouveau titulaire depuis le jour de sa nomination, bien entendu au prorata du temps couru, eu égard à l'année entière de revenu (*ibid.*, art. 24, et Proudhon, nº 292); et il doit être tenu compte à l'ancien titulaire ou à ses héritiers des frais de culture et de semence dont l'avance aurait été faite, le revenu réel ne devant consister que dans ce qui reste après les avances remboursées. Quant aux revenus courus depuis le jour de l'ouverture de la vacance jusqu'au jour de la nomination nouvelle, ils doivent être mis en réserve, au profit du bénéfice, pour subvenir aux grosses réparations; et s'il s'élevait des difficultés sur les comptes et les répartitions des revenus entre le nouveau titulaire, les héritiers du précédent et le trésorier du bénéfice, elles seraient portées au conseil de préfecture (*ibid.*, art. 24 et 26).

Les baux que peuvent faire les titulaires des bénéfices sont régis par les dispositions du décret spécial du 6 novembre 1813; ils sont, du reste, considérés comme usufruitiers et en exercent les droits, aux termes du Code civil. JEAN ÉTIENNE.

BÉNÉFICE D'INVENTAIRE (droit). — Droit que la loi donne à tout héritier d'être admis à la succession sans être tenu au payement des dettes au delà des biens dont elle est composée. Il ne s'agit pas seulement de l'héritier du sang, mais aussi de l'héritier institué par contrat de mariage ou autrement, et du légataire universel; ils peuvent tous accepter sous bénéfice d'inventaire, ces derniers étant d'ailleurs soumis aux mêmes obligations que l'héritier du sang, et devant dès lors avoir les mêmes droits (Toullier, Chabot, Rogron, etc.). Mais ceux qui ne sont pas tenus des dettes, tels que les légataires et donataires particuliers, et ceux qui n'en sont tenus que jusqu'à concurrence de l'émolument, lorsqu'ils ont fait un bon et fidèle inventaire, comme les enfants naturels, les légataires à titre universel, le conjoint survivant et l'État, tous ces successeurs, en certains cas, aux biens et non à la personne, n'ont point à recourir au bénéfice d'inventaire, parce qu'il n'y a pas utilité pour eux. Par la même raison, la veuve ne peut pas accepter bénéficiairement la communauté.

L'héritier majeur et maître de ses droits est libre d'accepter purement et simplement, ou sous bénéfice d'inventaire. Dans tous les cas, il a la faculté d'adopter ce dernier mode, et il ne peut devenir passible des frais qui sont la suite de son acceptation ni des formes qu'elle entraîne, car des créanciers inconnus peuvent survenir et en absorber l'actif, sur lequel sont d'abord prélevés tous les frais relatifs.—A l'égard de l'héritier en état de minorité ou d'interdiction, il y a obligation rigoureuse de n'accepter jamais que sous bénéfice d'inventaire, et une acceptation pure et simple n'aurait pas d'autre effet pour lui (C. civ., 471), alors même que le tuteur ou curateur y aurait été autorisé par une délégation spéciale du conseil de famille (Chabot, *Des Succ.*, sur l'art. 776, nº 7).

L'héritier majeur qui aurait déjà fait acte d'héritier pur et simple ne serait plus recevable à déclarer qu'il n'entend accepter que sous bénéfice d'inventaire; seulement, il pourrait révoquer son acceptation dans les cas prévus par les art. 783 et 1111 C. civ. S'il existe contre l'héritier un jugement passé en force de chose jugée, qui le condamne comme héritier pur et simple, c'est seulement à l'égard du créancier pourvu de ce jugement que l'héritier se trouve privé du droit d'accepter bénéficiairement; ce droit lui est conservé relativement à tous les autres créanciers, aux légataires et à ses cohéritiers. Cette solution résulte de la combinaison des art. 800 et 1351 du C. civ. et de la discussion qui a eu lieu lors de la rédaction de ce Code.

L'acceptation bénéficiaire de la part d'un héritier grevé de substitution doit naturellement profiter aux appelés, comme il est enseigné par Delvincourt, t. II, p. 91.

Les formes à suivre par l'héritier qui tient à n'accepter que sous bénéfice d'inventaire sont réglées par les art. 793 et 794 du C. civ., et sa déclaration doit être faite, au greffe du tribunal civil, de l'ouverture de la succession. Il peut se faire représenter, à cet effet, par un fondé de procuration; mais cette procuration doit être authentique et spéciale (Chabot, sur l'art. 793 du C. civ., nº 4). Cette déclaration, faite au greffe, n'a d'effet qu'autant qu'elle est précédée ou suivie d'un inventaire fidèle et exact des biens de la succession. L'acceptation est réputée remonter au jour de l'ouverture de la succession. Pour faire cet inventaire, l'héritier a trois mois, à compter du jour du décès de la personne de la succession dont il s'agit. Il a de plus, pour délibérer sur son acceptation ou sur sa renonciation, un délai de quarante jours, qui commence du jour de l'expiration de ces trois mois, ou du jour de la clôture de l'inventaire, s'il a été terminé avant les trois mois (C. civ., 795, et C. pr., 174.)

L'héritier peut, en cas de poursuites dirigées contre lui, demander un délai en sus de ceux accordés par l'art. 795 C. civ.; et alors le tribunal, légalement saisi de la contestation, accorde ou refuse, suivant les circonstances (C. civ., 798).

Si l'héritier justifie que l'inventaire n'a pu être fait dans les trois mois, il doit lui être accordé par le tribunal un délai convenable pour le faire, plus les quarante jours pour délibérer (C. pr., 174).

Il n'est pas rigoureusement nécessaire que l'inventaire soit précédé d'une apposition des scellés, l'art. 810 portant, d'ailleurs, que les frais d'apposition des scellés, *s'il en a été apposé*, seront à la charge de la succession. Au reste, tous les intéressés ont droit de la requérir, et l'héritier qui veut se mettre à l'abri de tout soupçon fait sagement de provoquer l'apposition des scellés. Le choix du notaire appartient à l'héritier, et les héritiers présomptifs, directs ou collatéraux, doivent être appelés à l'inventaire, à peine par l'héritier de pouvoir être déchu du bénéfice d'inventaire (Combinaison des art. 794 C. civ., et 942 C. pr.). On doit aussi appeler à l'inventaire les créanciers de la succession qui auraient formé opposition aux scellés; quant aux créanciers non opposants, ils sont censés n'être pas connus, et ils ont seulement le droit d'y intervenir (Delvincourt, t. II, p. 92, notes). L'inobservation des formalités ainsi prescrites rendrait l'inventaire irrégulier, et pourrait être contre l'héritier une cause de déchéance du bénéfice d'inventaire.

Si l'héritier vient à mourir pendant les délais que dessus sans avoir fait option, ses héritiers ont, pour accepter ou répudier sa propre succession, pareils délais de trois mois et quarante jours; d'où il suit que pendant ces délais ils ne peuvent être contraints à prendre qualité dans la succession échue à celui dont ils sont héritiers présomptifs (Chabot, sur l'art. 795, n° 6). Toutefois, le délai de trois mois pour faire inventaire n'est pas tellement rigoureux que l'héritier ne puisse encore, après ce délai, et pendant les quarante jours accordés pour délibérer, continuer et même commencer l'inventaire, ainsi qu'il résulte des termes de l'art. 800 C. civ.; et seulement, dans ce cas, l'héritier doit supporter personnellement, aux termes de l'art. 799, les frais frustratoires que son retard peut avoir occasionnés.

S'il existe dans la succession des objets susceptibles de dépérir ou dispendieux à conserver, l'héritier peut préalablement, en sa simple qualité d'habile à succéder, et sans qu'on puisse en induire acceptation de sa part, se faire autoriser par justice à procéder à la vente de ces objets, mais dans les formes voulues et par ministère d'officier public (C. c., 796, et C. p., 986).

Pendant la durée des délais que dessus, l'héritier ne peut être contraint à prendre qualité, et il ne peut être obtenu contre lui de condamnation, bien entendu comme héritier (C. civ., 797).

L'héritier bénéficiaire est chargé d'administrer les biens de la succession, et il doit rendre compte de son administration aux créanciers et aux légataires (C. civ., 803). Il a le droit d'affermer et louer les biens, pourvu qu'il le fasse sans fraude et dans les limites légales (C. civ., 1429, et 1430).

Le Code n'impose pas à l'héritier l'obligation de faire vendre les biens de la succession; mais cette vente devient nécessaire pour arriver au payement des dettes et éviter que les créanciers n'agissent par eux-mêmes, ainsi qu'ils en ont le droit.

A l'égard de la vente du mobilier, lorsque l'héritier est mineur, le tuteur ne peut se dispenser d'observer les formalités que la loi prescrit dans l'intérêt des créanciers (C. civ., 452), et ces formalités sont les mêmes pour l'héritier majeur ayant accepté sous bénéfice d'inventaire, à peine, dans certains cas, et suivant l'opinion de tous les auteurs, d'être déclaré héritier pur et simple.

Quant aux immeubles, l'héritier bénéficiaire ne peut les vendre que dans les formes prescrites par les lois sur la procédure, à défaut de quoi il serait réputé héritier pur et simple (Art. 806 C. civ. et 987 et 988 C. pr.).

Ces ventes se font devant notaire lorsque l'héritier bénéficiaire demande qu'un notaire soit commis à l'effet d'y procéder.

La qualité d'administrateur légal que la loi donne à l'héritier bénéficiaire lui impose l'obligation de liquider la succession, puisque ce n'est qu'après cette liquidation qu'il peut être en état de rendre son compte. Une partie essentielle de la liquidation est le payement des dettes dont la succession est grevée, et d'abord des frais privilégiés de justice et autres. L'héritier est subrogé de plein droit aux lieu et place des créanciers qu'il désintéresse de ses propres fonds (C. civ. 1251).

Le prix de la vente du mobilier doit, quand il y a des créanciers opposants, être distribué entre eux par contribution, à moins qu'il n'y ait une somme suffisante pour les désintéresser tous, ou même qu'il n'y ait accord entre eux sur une distribution amiable et régulière. C'est seulement alors que les créanciers ne peuvent s'entendre que la distribution doit avoir lieu judiciairement (C. pr., 657, et Duranton, c. 7, n° 32).

Le prix de la vente des immeubles doit être délégué aux créanciers hypothécaires qui se sont fait connaître (C. civ., 806). Néanmoins, tous les créanciers sont admis à contester le mérite de cette délégation, et même à exiger que le prix de la vente des immeubles soit distribué suivant l'ordre des priviléges et hypothèques (C. pr., 991). Si les deniers obtenus sont suffisants pour tous, la voie amiable est offerte par la loi (C. pr., 656), et ce n'est que dans le cas de désaccord qu'il est nécessaire de procéder en justice. Mais les créanciers qui ne se présentent et ne viennent faire valoir leurs droits qu'après trois ans écoulés depuis l'apurement du compte et le payement du reliquat, n'ont de recours contre personne; et alors même qu'un faible reliquat serait resté entre les mains de l'héritier, cette circonstance étrangère au légataire remplie ne pourrait suffire pour le recours contre lui de la part du créancier en retard (Duranton, t. VII, n° 35).

Les fonctions de l'héritier bénéficiaire sont d'une nature toute spéciale, et elles peuvent se résumer ainsi, dans leur application comme dans leurs conséquences : il est le successeur du défunt; il est opposé au défunt, et même aux créanciers, lorsqu'il se trouve lui-même créancier de la succession; il est le contradicteur naturel et obligé des créanciers, comme représentant le défunt; enfin, administrateur légal de la succession, il est au-dessus des entraves que les créanciers pourraient mettre à sa gestion.

Les effets du bénéfice d'inventaire sont donc : de donner à l'héritier du sang ou institué la satisfaction de n'être pas tenu du payement des dettes et charges de la succession au delà de la valeur des biens qu'il a recueillis; de pouvoir se décharger du payement de ces dettes et charges, et de l'administration des biens de la succession, en faisant l'abandon de ces biens aux créanciers et aux légataires; de ne pas confondre ses biens personnels avec ceux de la succession, et de pouvoir, comme tout autre créancier, réclamer contre la succession le payement de ses propres créances sur le défunt (C. civ., 802).

Les legs étant réputés compris dans les dettes et charges de la succession, dans tous les cas où leur acquittement devrait avoir lieu *ultra vires*, ou au delà des forces, l'héritier bénéficiaire n'y serait obligé que jusqu'à concurrence de son émolument (Delvincourt, t. II, p. 100). La qualité d'héritier bénéficiaire n'exclut pas la qualité d'héritier; elle en est simplement une modification, et dès lors l'héritier bénéficiaire doit profiter des avantages et bénéfices qui sont attribués à l'héritier. Par exemple, lorsqu'il est en concours soit avec d'autres héritiers bénéficiaires, soit avec des héritiers purs et simples, que les choses soient entières ou qu'il y ait eu partage des biens, il n'est tenu personnellement, comme héritier ordinaire, des dettes et charges de la succession, qu'en proportion de sa part héréditaire, et même suivant sa part héréditaire dans chaque dette (C. civ. 802, 870 et 873). S'il était en même temps créancier et débiteur, et que les conditions requises par la compensation existassent, la plus forte des deux sommes serait éteinte jusqu'à concurrence de la plus faible (C. civ., 1290). Il lui est libre d'exercer aussi toutes les autres actions qu'il pouvait avoir contre le défunt, comme de revendiquer les choses lui appartenant et que le défunt possédait, d'intenter toute action en rescision, celles en réméré et toutes autres quelconques, attendu qu'il n'y a pas eu confusion des droits; et la prescription en peut courir contre lui à l'égard des créances qu'il a contre la succession (C. civ., 2258).

L'héritier bénéficiaire peut se décharger du payement des dettes en abandonnant tous les biens de la succession aux créanciers et aux légataires; mais cet abandon ne transfère à ceux-ci que le droit de les faire vendre judiciairement, comme dans le cas de cession faite par un débiteur insolvable : d'où il résulte que l'héritier peut toujours les reprendre tant qu'ils ne sont pas vendus, en payant les dettes et charges; et même s'ils l'ont été et que leur produit net surpasse le montant des dettes et du legs, l'excédant revient encore à l'héritier (Duranton, t. VII, n° 42), à moins de stipulations particulières et motivées (C. civ., 1267, arg.).

L'abandon doit être fait à tous les légataires et à tous les créanciers, sans aucune exception (C. civ., art. 802); sans quoi l'abandon fait, soit partiellement, soit à une partie des créanciers ou des légataires, pourrait faire considérer l'héritier bénéficiaire comme héritier pur et simple. (Chabot et Duranton.) Il est dans l'ordre que cet acte soit fait devant notaire; cependant, quoique aucun article des Codes n'autorise les greffiers des tribunaux civils à le recevoir, l'usage s'est établi, à Paris, de le faire au greffe.

L'héritier bénéficiaire devant administrer la succession qui lui est confiée, conformément aux règles prescrites, comme ce n'est qu'à cette condition que l'avantage du bénéfice d'inventaire lui est accordé, il est clair que, s'il s'écarte de ces règles, il peut perdre la qualité qu'il devait à la faveur de la loi, et qu'alors il devient héritier pur et simple, ce qui le soumet personnellement au payement de toutes les dettes et charges de l'hérédité. La jurisprudence constante ne laisse plus de doute à cet égard.

Nous arrêtons ici les explications relatives au bénéfice d'inventaire, en faisant remarquer qu'il faut d'abord une gestion loyale de la part de l'héritier bénéficiaire, et que, dans certains cas, il n'est pas assez soumis à une sérieuse vérification de ses actes principaux. Le notaire de la succession devrait, à notre avis, être nommé par le tribunal, et agir alors comme délégué judiciaire, par suite du renvoi prononcé en justice, comme lorsqu'il s'agit de la vente régulière de biens de mineurs, cas auquel le notaire commis procède plus particulièrement comme représentant la justice, à laquelle il doit d'ailleurs compte de ses travaux en cette qualité spéciale.

JEAN ÉTIENNE.

BÉNÉFICE DE RESCISION ET DE RESTITUTION (droit). — Droit accordé aux mineurs, aux interdits, aux femmes mariées et aux incapables, en général, de se faire relever des conventions et stipulations qui, alors qu'elles ont été consenties par eux, dépassaient les bornes de leur capacité. (C. civ., 1124, 1125, 1304 et suiv.) J. É.

BENGALI (zoologie). — Jolis petits oiseaux du genre *gros bec*, qui ont, pour la plupart, le bec rouge, le plumage agréable, et sont de la grosseur de la linotte : ils habitent la terre ferme et les îles de l'Afrique et de l'Asie, mais notamment le royaume de Bengale, ce qui les a fait appeler *bengalis* : ceux-ci ont le dessus du corps d'un joli gris et le reste bleu; au-dessous des yeux un trait pourpre ou rouge; ceux de Java sont piquetés de petits points blancs sur un plumage rouge différemment nuancé : on les appelle *amandava*.

Les *bengalis* vivent de grains, et ils font, par leur nombre, de grands dégâts dans les plantations de millet. Les nègres en prennent une grande quantité au moyen de calebasses qu'il tiennent à demi soulevées avec un bâton auquel ils ont attaché une ficelle qu'ils tirent quand le grain, mis sous la calebasse, y a attiré un nombre suffisant de ces oiseaux. Les bengalis s'apprivoisent aisément; quoique vifs, leurs habitudes sont très-douces. On peut en nourrir plusieurs (mâles et femelles) dans une même cage; leur chant est faible, cependant agréable. On en apporte souvent dans nos climats, mais il en périt beaucoup en route. On distingue : le *bengali*, appelé par nos oiseleurs le *cordon bleu*, et le *mariposa;* celui-ci a le trait rouge sous l'œil, en travers; le *bengali brun;* le *bengali piqueté* (voy. fig. 7).

BÉNITIER [du latin *benedictarium*]. — Sorte de bassin, fait le plus souvent de marbre et taillé en forme de coquille, destiné à recevoir l'eau bénite, et qui se place à l'entrée des églises.

L'usage des bénitiers, dit un auteur, a été introduit par le pape saint Alexandre, qui fut martyrisé sous Adrien. Chez les anciens, on avait l'eau lustrale, comme on a chez nous l'eau bénite; et ce que nous appelons *bénitier*, ils le nommaient *sympulum* : seulement, la forme du sympulum différait de celle du bénitier. Les plus beaux bénitiers que l'on connaisse sont ceux de l'église Saint-Sylvestre à Rome; ils sont en bronze. Leur forme est celle d'un bassin porté sur un balustre, lequel repose lui-même sur un socle. Ils appartiennent aux beaux temps de l'art moderne. On cite, après ceux-là, les bénitiers de Saint-Pierre à Rome, qui consistent en une coquille de marbre jaune antique portée par deux anges de six pieds, et ceux de l'église Saint-Sulpice à Paris, formés d'une coquille naturelle de l'ordre des acéphales conchyfères (le *tridacne géant*), lesquels furent donnés à François Ier par la république de Venise.

Bénitier (zoologie). — Nom vulgaire de la *tridacne*, coquille bivalve qui atteint un volume qui permet d'en faire des bénitiers.

BENJOIN (botanique). — Substance résineuse, inflammable, d'une odeur agréable, et qui vient des îles Philippines et de Sumatra. On reconnaît deux espèces de benjoin dans le commerce : l'une, qui est la plus pure, est nommée *benjoin amygdaloïde*, parce qu'il est formé de larmes blanchâtres, demi-transparentes, oblongues, assez semblables à des amandes, et qui sont enveloppées par un suc concret rougeâtre ou rouillé, grenu et très-cassant. L'autre espèce est le *benjoin commun*, d'une couleur plus foncée, plus opaque; il est plus grossier dans son tissu, et ne présente point les larmes qu'on observe dans le précédent. C'est celui dont on se sert le plus communément en pharmacie, dans les parfums et dans tous les arts où l'on emploie ce baume, qui découle par incision du styrax, benjoin qui croît dans l'Inde, au Bengale, à Siam, à Java, à Sumatra, et qui a été transplanté à Bourbon et au Brésil, où on commence à le cultiver. On distingue les deux espèces suivantes.

Benjoin en larmes. — Il offre une masse compacte, formée d'une multitude de larmes agglomérées, d'une cassure blanche lorsqu'il est récent, jaune et rougeâtre, selon qu'il est plus ou moins vieux. Sous cette forme, on le nomme benjoin amygdaloïde, parce que dans sa cassure il présente beaucoup de ressemblance avec une amande récente et cassée. On rencontre aussi quelquefois le benjoin amygdaloïde en larmes détachées, plates et allongées, jaunâtres à l'extérieur, blanches au dedans, et ayant tout à fait l'apparence d'une amande.

Fig. 7. — Bengali.

Benjoin en sorte. — C'est une réunion de larmes mélangées de parties ligneuses et terreuses, qui donnent à la masse, lorsqu'elle est naturellement cassée, un aspect gris-clair veiné de blanc.

On rencontre aussi un benjoin tout à fait ordinaire, dont la cassure rougeâtre et micacée ne fait qu'indiquer des larmes. Les caractères qui distinguent le benjoin des autres substances résineuses, et qui le placent au rang des vrais baumes naturels, sont de contenir un acide particulier, auquel on a donné le nom d'*acide benzoïque*, uni à une matière résineuse, et d'être plus odorant que les résines proprement dites; il est aussi soluble en partie dans l'eau, à la faveur de son acide, et totalement dans l'alcool.

Placé au premier rang parmi les baumes naturels, dit E. Plisson, le benjoin est un des plus délicieux parfums dont on puisse faire usage. Mêlé avec du charbon, on s'en sert pour fabriquer des trochisques ou clous fumants, qu'on fait brûler dans les appartements. Dissous dans l'acool et versé par gouttes dans un verre d'eau, il constitue le cosmétique appelé *lait virginal*. C'est lui qui forme la base des fameuses *pastilles du sérail*, dont on a fait dans un temps des colliers et autres bijoux. — Le benjoin entre dans la composition de plusieurs médicaments qu'on a décorés de titres ridiculement ambitieux; tels sont: *le baume anti-apoplectique, l'eau générale, l'emplâtre stomacal, les tablettes anti-asthmatiques, béchiques*, etc. Maintenant, si nous jetons un coup d'œil rapide sur la nature des propriétés actives de cette substance médicinale, il nous sera aisé de constater que le benjoin et son acide, jadis désigné par l'expression figurée de *fleurs de benjoin* (*flores benzoës*), possèdent une force excitante très-énergique, qui est la source réelle, et peut-être unique, des différentes vertus curatives qu'on a attribuées à ces matières. C'est ainsi qu'on qualifie cette force d'incisive, d'expectorante, lorsqu'elle agit sur les organes de la respiration et qu'elle les aide à se débarrasser des mucosités qui les surchargent. Si, au lieu des poumons, ce sont les exhalants cutanés qui ressentent davantage sa puissance, on dit alors qu'elle est diaphorétique ou sudorifique. Mais il n'est pas également facile de déterminer, avec certitude, le caractère de l'action antispasmodique, que la plupart des auteurs s'accordent à reconnaître à ces agents pharmacologiques. Et, en effet, cette action est-elle dépendante de la propriété stimulante générale, ou bien est-elle une faculté qui lui soit spéciale et inhérente? C'est ce que l'état présent de la science ne permet pas de décider. La substance dont nous parlons a été beaucoup plus usitée dans la pratique médicale de nos devanciers qu'elle ne l'est de nos jours. Schwilgué a plusieurs fois administré le baume de benjoin à l'approche des accès de fièvre intermittente tierce; mais, comme nous avons à notre disposition une foule de moyens bien préférables pour triompher du phénomène de la périodicité, l'exemple donné par ce médecin n'a guère eu d'imitateurs. Le sirop et la teinture qu'on prépare avec cette matière ont été et sont encore employés, quoique moins fréquemment qu'autrefois. On a aussi conseillé de faire respirer la vapeur balsamique qui s'élève quand on projette une pincée de poudre de benjoin sur des charbons incandescents, dans les toux pituiteuses, dans les catarrhes chroniques, dans l'asthme humide, les phthisies muqueuses, etc.; et l'on a tellement exagéré son efficacité contre ces maladies, que l'on s'est cru en droit de lui imposer le nom emphatique de *baume du poumon!* On imprègne souvent encore de cette fumée des morceaux de flanelle, avec lesquels on recommande de faire des frictions sur les tumeurs indolentes et sur tous les endroits du corps qui ont besoin d'être stimulés. Enfin, le benjoin, mêlé à l'encens, est employé dans les cérémonies religieuses.

B. LUNEL.

BENOITE ou **GALLIOTE** (botanique) [*geum* ou *caryophyllata*]. — Genre de plantes de la famille des rosacées, dont les caractères sont: calice à cinq divisions; corolle pentapétale, vingt étamines ou plus; plusieurs styles; baie composée de plusieurs grains réunis, renfermant chacun une graine; réceptacle court, conique, glabre. Dans ce genre viennent se ranger plus d'une quinzaine d'espèces cultivées dans nos jardins; mais on ne trouve guère, dans nos champs, que le *geum urbanum*, ou benoîte commune, dont la tige est droite, les feuilles radicales pinnées ou ternées, les caulinaires ternées ou simples, les fleurs droites, terminales, les arêtes nues, crochues. Cette plante se plaît dans les bois et les lieux ombragés et humides. Pilée et appliquée sur le poignet avant l'accès, elle guérit, dit-on, les fièvres intermittentes, et c'est de là que lui vient le nom de benoîte (*herba benedicta*). Quant au nom de caryophyllata, elle le doit à l'odeur de ses racines, qui, au printemps, sentent le girofle. Buchaw, médecin danois, a célébré la vertu fébrifuge de la benoîte; Bouillon-Lagrange a constaté, par l'analyse chimique, qu'elle contient beaucoup de principe tannin; Périlhe et Alibert la recommandent, dans leur *Matière médicale*, comme un bon *succedaneum* du quinquina. Le bétail est friand de ses jeunes pousses. La racine de la benoîte aquatique jouit des mêmes propriétés (*C. E.*).

BENZAMIDE (chimie). — Corps cristallin, blanc, découvert par Woehler et Liebig. On l'obtient en faisant bouillir une solution aqueuse d'acide hippurique avec de l'oxyde puce de plomb; la liqueur renferme l'hippurate de plomb et la benzamide. On détruit le sel de plomb par l'acide sulfurique. La benzamide fond à 115°, et donne à une température plus élevée des vapeurs inflammables. Elle est soluble dans l'eau chaude, dans l'alcool et dans l'éther. Elle est décomposée par les alcalis et les acides, sous l'influence de l'eau, en ammoniaque et en acide benzoïque, de la même façon que l'oxamide est transformée en ammoniaque et en acide oxalique. Sa composition est représentée par la formule empirique: $C^{14} H^7 NO^2$. Ceux qui admettent l'existence des radicaux hypothétiques de *benzoïle* et d'*amide* représentent la benzamide par Bz, Ad$=C^{14} H^5 O^2 + NH^2$. (*Hoefer.*)

BENZOATES (chimie). — Sels produits par la combinaison de l'acide benzoïque par une base salifiable. On n'a étudié jusqu'ici qu'un très-petit nombre de ces sels. « Ceux à base de potasse, de soude, d'ammoniaque, de chaux, de baryte, de strontiane, de manganèse, sont solubles et cristallisables; les autres sont généralement insolubles. Dans leur décomposition par le feu, les benzoates alcalins fournissent divers produits, entre autres un liquide oléagineux analogue à l'acétum et qui a été désigné sous le nom de *benzone*. Ce produit est liquide, incolore, d'une odeur empyreumatique, et bout à + 250; sa composition est $C^{13} H^{60}$ O. Il a été étudié par Péligot et Mitscherlich. Les benzoates alcalins tribasiques donnent, par leur décomposition au feu, du bicarbure d'hydrogène sous forme d'un liquide oléagineux. Tous les benzoates sont décomposés par les acides minéraux, qui isolent l'acide benzoïque et les précipitent en poudre blanche cristallisable. Les benzoates de soude, de potasse et d'ammoniaque sont seulement employés dans les laboratoires. » Comme l'acide benzoïque forme avec le peroxyde de fer un composé insoluble et avec le protoxyde de manganèse un sel soluble, on s'en sert en analyse pour séparer le premier oxyde du dernier. »

BENZOÏQUE (chimie). — Acide qu'on obtient par la distillation du benjoin. Cet acide, dit un savant chimiste, qui tire son nom de *benzoinum* (benjoin), a été trouvé, non-seulement à l'état de liberté dans ce baume naturel, mais encore dans la plupart des produits analognes, et dans certaines parties des végétaux, telles que les gousses de vanille, la fève de Tonka, et, suivant Vogel, dans plusieurs plantes odorantes composant l'herbe des prairies naturelles, telles que l'*anthoxanthum odoratum* et l'*holcus odoratus*. Son existence a surtout été signalée par Fourcroy et Vauquelin dans l'urine des animaux herbivores, où il est en combinaison avec la potasse; mais Liébig a démontré qu'il ne préexistait pas dans ce liquide, et qu'il était un des résultats de la décomposition, par la chaleur, d'un acide particulier, qu'il a nommé acide *hippurique*. L'acide benzoïque se produit aussi par l'action directe de l'oxygène de l'air sur l'huile essentielle des amandes amères. Son extraction est facile : comme il est libre dans le benjoin et qu'il est volatile, on expose à une douce chaleur ce produit résineux. Cet acide s'obtient en longues aiguilles blanches nacrées; cela s'appelait autrefois *fleurs de benjoin*.— L'acide benzoïque a une odeur aromatique qu'il doit à une petite quantité d'huile volatile qu'il est facile d'enlever en faisant un poids égal d'acide azotique à 26°. Scheele obtenait cet acide en mélangeant une partie de chaux éteinte, et cinq parties de benjoin pulvérisé, par dix à douze parties d'eau; il y a formation de benzoate et de chaux soluble, et un composé de résine et de chaux insoluble. Si, après avoir filtré la liqueur et l'avoir concentrée, on y verse de l'acide chlorhydrique, le benzoate est composé, et l'acide benzoïque est précipité en flocons blancs composés de petites aiguilles blanches. L'acide benzoïque est peu soluble dans l'eau froide, et très-soluble dans l'eau bouillante, l'alcool se dissout presque complétement. Les acides minéraux concentrés n'ont que peu d'action sur lui. Sa formule est, d'après Liébig : $C^{14} H^{60} O^{3}$. Cet acide fait partie des *pilules balsamiques de Morton*.

BERGER (économie agricole). — On nomme ainsi les individus dont la profession consiste à soigner les troupeaux, et principalement ceux des bêtes à laine. Cette utile profession date des commencements de la civilisation humaine; elle occupe une place considérable dans l'histoire de l'antiquité, et elle correspond à ce qu'on appelle la vie patriarcale. Des peuples entiers ne connurent pas d'autre profession, la plupart des personnages bibliques l'exerçaient. Abraham, Isaac, Jacob, Laban, tous les frères de Joseph, étaient bergers. Errants comme leurs troupeaux, les peuples connus aujourd'hui sous le nom de peuples pasteurs ont joué un grand rôle dans le monde. Si les bergers ont une part dans l'histoire, ils peuvent aussi en revendiquer une dans les arts et métiers, dont ils ont fait les premières découvertes, et dans la poésie, où nombre d'entre eux excellèrent. Les inimitables bucoliques de Virgile n'auraient pas eu de raison d'être s'il n'avait été admis, longtemps avant lui, que les bergers parlaient une langue élevée et musicale. Les fonctions du berger ne se bornent pas à conduire les troupeaux à la pâture et à empêcher les dégâts qu'ils pourraient commettre; ils sont tuteurs en même temps que gardiens. Leur intelligence doit être une seconde providence pour les animaux, chez lesquels la domesticité finit par effacer presque entièrement l'instinct. Ils doivent les écarter des pâturages où croissent les plantes malfaisantes, leur choisir les stations les plus convenables suivant les heures du jour, fixer leurs marches et leur temps de repos. Il faut qu'ils aient les connaissances nécessaires pour soigner les bêtes dans leurs accidents et dans leurs maladies. L'agnelage doit être pour eux l'objet d'une étude suivie; ils doivent y porter tous leurs soins. L'accouplement, si un troupeau possède plusieurs béliers, exige un alternement nécessaire pour la conservation de ceux-ci, et même pour obtenir de bonnes générations. La gestation mérite qu'on s'en occupe, attendu que, dans les derniers jours, la brebis fatigue beaucoup à la moindre marche, et, qu'en outre, il faut prévenir la mise bas dans les champs. L'acte de la délivrance doit être secondé par le berger de manière à le rendre le moins dangereux possible, et pour la brebis et pour l'agneau. C'est en veillant à la reproduction de ses animaux que le berger accomplit la majeure partie de sa tâche, le *croît* constituant le bénéfice d'un troupeau. Dans les contrées où on croise les races, les reproducteurs doivent être l'objet de soins spéciaux, sinon l'amélioration que l'on cherche est plus lente dans ses résultats, moins prononcée à chaque produit. Dans la Beauce, dans la Brie, dans la Flandre et dans quelques autres contrées où l'agriculture n'est plus seulement un art, mais une science, le berger est réellement le directeur, l'administrateur et le médecin de son troupeau. Ses fonctions, des plus importantes, sont rétribuées de manière à ce que nul travailleur des champs n'en fasse fi. Dans le Midi, au contraire, la profession de berger est reléguée au dernier degré de l'être intelligent. La basse Provence ne peut s'en procurer aucun sur place, elle est obligée de les recruter dans les Alpes, tant la rétribution consacrée à cette utile profession est au-dessous des besoins de l'homme civilisé. Par contre, n'obtient-on de ces recrues au rabais que de simples conducteurs chargés de mener le troupeau d'un champ dans l'autre, de la contrée estivale à la contrée hivernale. Les avertissements qu'ils adressent à leurs bêtes n'ont lieu qu'à coups de pierre, d'où résultent chaque jour des fractures sans nombre, sinon des accidents plus graves encore. Les chiens de Crau et du Midi ne sont pas dressés à la direction, mais seulement à la protection des troupeaux. Ils les suivent dans leurs changements de place ou dans leurs émigrations pour les préserver des bêtes féroces, jamais pour les mettre ou les maintenir dans leur chemin; ce ne sont pas des ministres, mais des gendarmes. Aussi a-t-on vu souvent les troupeaux diminuer d'un dixième et plus dans le trajet des bas pays aux montagnes des Pyrénées, des Cévennes ou des Alpes. L'étendue de terrain dont ils disposent, dès que le voyage d'aller et de retour est accompli, leur permet de ne s'occuper de leurs troupeaux que d'une manière secondaire; l'exiguïté de leur rétribution les forçant à confectionner eux-mêmes leurs vêtements, leur chaussure et leur coiffure, tout leur temps se passe à ces occupations et à la préparation de leurs aliments; inconvénients résultant nécessairement d'une économie mal entendue. La profession de berger, en Provence, est payée sur le pied de 100 à 120 fr. par an; le bayle en chef reçoit 30 fr. de plus. De novembre à mai, les troupeaux vivent dans les plaines, notamment dans la plaine de Crau; le reste de l'année se passe dans les montagnes, situées quelquefois à quatre cents kilomètres et plus. Il n'est rien alloué au berger à titre de surcroît de frais pour ce long voyage. Les stations ou haltes ont lieu en parquant les troupeaux, au moyen de claies, dans les champs que leurs propriétaires veulent faire engraisser. Il est alloué pour cela une redevance calculée sur la quantité de bêtes à laine, et dont les bergers sont comptables envers le maître du troupeau. La partie de la montagne où doit pâturer celui-ci se prend à location par baux à long terme, comme la plaine où a lieu l'hivernage; le sol est loué tout nu; les cabanes qu'on y élève pour protéger les troupeaux et les bergers lui profitent à titre de droit d'accession, ce qui entraîne l'inconvénient de ne jamais établir des logements selon toutes les lois de l'hygiène. La Provence et le Languedoc sont les deux contrées où l'on s'occupe le plus de l'élève des troupeaux, mais où les races sont restées les plus brutes, où les améliorations sont encore inconnues. Pour n'avoir pas été signalés, ces vices n'en existent pas moins. (*La Châtre.*)

Bergers (droit). — Aux termes de l'art. 22 de la loi des 25 septembre-6 octobre 1791, les pâtres et les bergers ne peuvent mener les troupeaux d'aucune espèce dans les champs moissonnés, ouverts, que deux jours après la récolte entière rentrée, sous peine d'une amende de la valeur d'une journée de travail, amende qui est double si les bestiaux ont pénétré dans un enclos rural.

La même loi, art. 1er, sect. III, porte aussi que nul agent de l'agriculture, employé avec des bestiaux au labourage, à d'autres travaux, ou à la garde des troupeaux, ne peut être arrêté, sinon pour crime, avant qu'il n'ait été pourvu à la sûreté des animaux, et qu'en cas de poursuite criminelle, il doit également y être pourvu aussitôt après l'arrestation, et sous la responsabilité de ceux qui l'auront exercée. J. E.

BERGERIE (économie rurale). — Construction rurale destinée à loger les bêtes ovines. Une bergerie doit être salubre et tempérée : on élèvera donc, au besoin, le sol des bergeries en le couvrant de sable, de gravier ou de pierres, pour éviter l'humidité ; on le nivellera, pour laisser aux urines un écoulement facile; on entourera le bâtiment de fossés, pour arrêter les eaux du voisinage; les murs seront percés aux faces opposées, pour le renouvellement de l'air; ces ouvertures seront formées de simples créneaux longs et étroits, se fermant avec une botte de paille; enfin, chaque bête devra avoir un espace au moins égal à une fois sa largeur et deux fois sa longueur. La meilleure forme à donner au bâtiment est celle d'un carré long avec des râteliers simples aux quatre murs et un râtelier double au milieu; d'autres subdivisions seront établies au moyen de claies, soit pour les béliers, soit pour les couples de béliers et de brebis, soit pour les bêtes malades; enfin, deux portes cochères seront percées en face l'une de l'autre au milieu de deux murs opposés, pour faciliter l'enlèvement du fumier. Outre les râteliers, une bergerie doit être munie d'*auges;* ces auges sont faites de planches de sapin clouées deux à deux en forme de V; le berger les place au moment de donner les rations de grain, de son, de racines coupées, etc., et les enlève après le repas. Enfin il est utile que l'on place de distance en distance, dans la bergerie, surtout pendant les saisons pluvieuses, de petits sacs remplis de sel que les moutons viennent lécher, ce qui augmente leur appétit, et, selon quelques agronomes, diminue beaucoup leur mortalité. — M. Morel de Vindé avait fait construire, dans son domaine de la Celle-Saint-Cloud, une *bergerie* que l'on a jusqu'ici considérée comme le meilleur modèle des constructions de ce genre. — L'État entretient des bergeries sur plusieurs points du territoire; les plus importantes sont celles de Rambouillet (pour les mérinos), de Montcravel (Pas-de-Calais), de Gévrolles (Côtes-d'Or). (*Bouillet.*)

BERGERONNETTES (zoologie) [en latin *motacilla*]. — Genre d'oiseaux que l'on place quelquefois parmi les becs-fins, et qui constituent un petit groupe très-naturel, reconnaissable aux caractères suivants : bec droit, grêle, à narines basales, ovoïdes, à moitié fermées par une membrane nue; pieds à tarses deux fois plus longs que le doigt du milieu, qui est soudé à sa base avec l'extérieur; ongle du pouce plus ou moins courbé, toujours plus long que ceux des doigts antérieurs; queue longue, égale; première rémige des ailes nulle, la seconde est la plus courte de toutes, une des grandes couvertures est aussi longue que les rémiges.

Les bergeronnettes arrivent dans nos contrées au printemps; elles se tiennent habituellement dans les lieux humides et découverts, dans les prés, les champs et sur le bord des fleuves; elles nichent sous les tas de pierres, dans des trous ou dans les herbes. La mue a lieu deux fois par an, au printemps et à l'automne. Les mâles diffèrent un peu des femelles, pendant le temps des amours. Ils ont alors les couleurs plus brillantes; mais, cette époque passée, il est bien difficile de reconnaître les sexes et même les différents âges. Les espèces ne sont point nombreuses, elles sont toutes de l'ancien continent; l'habitude qu'elles ont d'abaisser et d'élever sans cesse leur queue en marchant leur a fait donner les divers noms de *hoche-queue*, *basse-quouette*, etc.

Celui de *lavandière* a été donné à quelques espèces, parce qu'on les voit fréquemment aux environs des lavoirs et des buanderies. (*Gervais.*)

BERNARD-L'HERMITE (zoologie). — Nom vulgaire donné au crustacé appelé *pagure* par les naturalistes.

BÉRYL (histoire naturelle, commerce). — Nom qu'on donne, 1° en minéralogie, à quelques variétés de quartz et de topaze; 2° dans le commerce, à l'aigue-marine orientale, pierre précieuse d'un beau bleu, sans mélange de vert, ce qui la distingue de l'aigue-marine occidentale, qui offre un mélange de vert et de bleu. — Voy. *Aigue-marine.*

BESOIN (droit commercial). — Après avoir écrit sur une lettre de change l'adresse de celui qui doit payer, le tireur ajoute assez souvent *au besoin*, avec l'adresse d'une autre personne, qui est désignée ainsi pour payer à défaut de la première. Cette indication se fait quelquefois par un écrit séparé, qui est remis au porteur, ce qui n'arrive guère que quand le tireur n'est pas bien certain que le tiré payera, ou qu'il ne veut pas le lui faire connaître. De son côté, le tiré peut, en acceptant, ajouter à son acceptation *au besoin*, avec l'adresse d'un tiers dans le même lieu (Pardessus, t. II, n° 370), et l'endosseur peut faire la même indication à la suite de son endossement. (*Ibid.*, n° 406.) On peut encore indiquer, *au besoin*, telle personne ou telle autre personne, et dans ce cas le porteur doit se présenter chez chaque personne, dans l'ordre où elle est désignée. (*Ibid.*, 421.) Il est nécessaire que le protêt, faute d'acceptation ou de payement, soit fait au domicile des personnes indiquées par la lettre de change, pour la payer *au besoin*, le tout par un seul acte et le même jour. (C. comm., 173.) Néanmoins, si l'acceptation indiquait *au besoin* une personne domiciliée dans un autre lieu que celui de l'accepteur, le protêt pourrait être fait un autre jour chez la personne désignée *au besoin*; et, en cas d'événement constaté de force majeure, il pourrait en être de même. (Pardessus, t. II, p. 422.) Du reste, l'art. 173 du C. comm. n'est pas applicable aux endosseurs. (Cass., 14 mai 1829.) J. E.

BESTIALITÉ. — Commerce criminel de l'homme avec les bêtes.

La bestialité était si commune parmi les Juifs, qu'on ordonnait de mettre à mort l'individu avec la bête.

Cum omni pecore non coibis, nec maculaberis cum eo. (LEVIT., chap. XVIII, vers. 23.)

Mulier non succumbet jumento, nec miscetur ei, quia scelus est. (Ibid., vers 24.)

Qui coierit jumento et pecore, morte moriatur, pecus quoque occidite. (EXOD., chap. XXII, vers. 19.)

Mulier qui succubuerit cuilibet jumento, simul interficietur cum eo. (LEVIT., chap. XX, vers. 15.)

Il paraît donc que les Juives se prostituaient à toute espèce de bête indistinctement.

Du temps des Romains, les baudets n'étaient pas en moindre honneur auprès de certaines femmes.

Si desunt homines, mora nulla per ipsam
Quo minus imposito clunem sumitat asello.
(JUV., sat. 6.)

Enfin, n'est-il plus d'homme?
Qu'on mène en ce parvis une bête de somme.
(*Trad. de* MÉCHIN.)

En 1562 et 1567, on envoya en France des troupes italiennes qui traînaient à leur suite quantité de chèvres, parées comme de nouvelles mariées; leur nombre était égal à celui des officiers. Les paysannes françaises en furent si scandalisées, qu'après la retraite de ces Italiens, elles accoururent dans tous les lieux où ils avaient passé, et jetèrent à la voirie leurs pauvres chèvres. Ce fait est attesté par Lefèvre, Varillas, d'Aubigné, Théodore de Bèze, Artagan, Bayle, etc., etc.

On connaît l'histoire de la fille sauvage, religieuse à Châlons, qui vivait encore en 1801, et qu'on croyait avoir quelque affinité avec les habitants des bois. Les anciens croyaient au produit du libertinage des hommes avec les bêtes : le chien, l'âne, le cheval, et en particulier avec les chèvres et les boucs, tant aimés par les Italiens. Les faunes, les satyres, les égypans étaient, d'après les anciens, le produit des boucs ou des chèvres avec l'espèce humaine. Saint Gervais, lui-même, ne dit-il pas avoir vu des satyres nés de filles et de singes?

Beaucoup de personnes croient encore que ces copulations donnent naissance aux monstres.

Le jésuite Delrio assurait que *Luther* naquit d'une femme et d'un bouc, sans doute aussi diabolique que les dogmes du réformateur.

BÉTAIL (économie agricole). — Nom collectif des animaux mammifères soumis à la domesticité et liés essentiellement à la prospérité de la maison rurale. On distingue les bestiaux en *gros* et en *menu bétail.* Le gros bétail comprend le cheval, l'âne, le mulet, leurs femelles et leurs petits, appelés aussi *bêtes chevalines*; le taureau, le buffle, appelés encore, avec leurs femelles et leurs petits, *bêtes bovines* et *bêtes à grosses cornes*; le chameau et le dromadaire, dont l'usage est limité à quelques contrées. Le menu bétail comprend les *bêtes à laine* ou *bêtes blanches*, le bélier, la brebis, l'agneau, le mouton; les *bêtes à poil*, le bouc, la chèvre, le chevreau; les *bêtes à soie*, le porc, la truie, le cochon.

DU PERFECTIONNEMENT DES PRINCIPAUX ANIMAUX DOMESTIQUES.

§ Ier. *Principes généraux de perfectionnement.*

Le bétail manque en France. Nous sommes tributaires de l'étranger pour des sommes considérables. On importe annuellement chez nous environ *vingt-trois mille chevaux*, *trente-cinq mille bœufs*, *cent soixante mille bêtes à laine*, et *cent quarante-cinq mille porcs*, que l'on peut, sans exagération, porter, en bloc, à une valeur de *trente-cinq millions*, sans comprendre, dans ce tribut annuel et forcé, environ vingt millions de produits animaux, tels que peaux, laines, cuirs, poils, plumes, fromages, etc.

Cet état de choses est fâcheux, nous disons même

qu'il est alarmant. Il peut, d'un moment à l'autre, compromettre notre existence comme individus, et notre avenir comme peuple; car, n'avons-nous pas vu, au premier cri de guerre parti d'Orient en 1840, toute l'Allemagne nous fermer ses portes, nous refuser ses chevaux, et nous livrer ainsi, sans cavalerie, à la merci d'une première bataille? Aujourd'hui même, nos spahis démontés ne sont-ils pas contraints d'aller en Piémont pour remonter notre cavalerie d'Afrique? N'est-ce pas là pour le pays un spectacle affligeant, une déplorable situation? Aussi le maréchal Bugeaud, frappé du danger de cette fausse situation, s'écriait-il, en 1840, dans l'une des séances de la Chambre des Députés : « *Un pays sans bétail » est un pays livré à l'étranger quant à la richesse, » et encore un pays livré à l'étranger quant à la » force.* »

Et si, passant à un autre ordre de considérations, l'étranger refusait aux individus ce qu'il a refusé à l'État, s'il cessait d'approvisionner nos marchés, comment alimenterait-on les masses? Serait-ce exclusivement avec des racines et des céréales? Outre que cette nourriture est nuisible à la santé, qu'elle détériore, affaiblit rapidement les hommes soumis aux rudes travaux des champs et des ateliers, ces récoltes ne peuvent-elles pas disparaître en un instant, menacées comme elles le sont par des fléaux si nombreux, si divers?

Les tristes faits qui se sont produits pendant l'hiver de 1846 le démontrent. Ils prouvent, en outre, qu'on ne saurait trop se hâter de multiplier le bétail, non-seulement pour se procurer des ressources, pour parer à de semblables éventualités et mettre la tranquillité du pays, le bien-être des populations à l'abri des conséquences d'un brouillard, mais encore pour régénérer l'agriculture. Le problème de l'amélioration des classes pauvres qui agite si violemment la société et a donné lieu à tant d'utopies, ne sera évidemment résolu par aucune d'elles. Qui donc le résoudra? L'agriculture; car l'agriculture seule peut, en augmentant la production, mettre les objets de première nécessité à la portée des plus petites bourses.

Il faut, d'ailleurs, qu'on sache bien que, malgré le secours de l'étranger, on enlève, tous les ans, *trente mille bœufs* à l'agriculture pour les livrer à la boucherie; car, pendant que l'Angleterre possède *deux cent quatre-vingt-treize têtes de bestiaux* pour chaque *cent hommes*, la France n'en a que *cent quarante-huit*, et se trouve au huitième rang des nations de l'Europe dans cet ordre de richesse, qui est la source de toutes les autres. Elle voit passer avant elle l'Angleterre, le Danemark, l'Écosse, la Sardaigne, la Prusse, l'Espagne et le Hanovre.

C'est à vous, propriétaires et agriculteurs, qu'il appartient de faire cesser cet état de choses, en multipliant et en perfectionnant votre bétail; c'est-à-dire en modifiant l'organisation des races existantes, de manière à ce qu'elles remplissent, aussi avantageusement que possible, le but auquel on les destine; car, perfectionner, c'est développer des formes, des aptitudes, faire naître des qualités et disparaître des défauts. Mais ce but, auquel on doit tendre, ne sera atteint que lorsqu'on l'aura clairement arrêté, défini; qu'on sera, en d'autres termes, entièrement convaincu de l'utilité, de la nécessité de former des races spéciales pour le travail, pour la boucherie, pour la qualité des produits. On a tort de croire qu'un bon bœuf de travail puisse jamais, quelques soins qu'on se donne, faire un bon bœuf de boucherie, sous le rapport de la quantité comme de la qualité de la viande, pas plus qu'un cheval de course ne peut faire un cheval de labour. La nature, tout en créant les espèces animales sur un plan à peu près identique, a donné aux races, comme aux individus, des facultés, des aptitudes, des dispositions natives différentes. C'est à l'homme à profiter de ces dispositions, à les étudier et à les développer selon ses besoins. Mais il faut, pour cela, mettre chaque chose à sa place, développer l'œuvre du Créateur, et ne pas prétendre la faire.

Avantages du perfectionnement. — On ne saurait jamais assez se persuader de l'avantage des bonnes races. Non-seulement elles ont plus de valeur, donnent de meilleurs résultats, mais elles ne coûtent pas davantage. Ainsi, une belle jument, portant un fruit de choix, ne dépense pas plus qu'une jument commune, dont la saillie a été faite au hasard! Cependant, arrivés à l'âge adulte, leurs produits, quoique ayant exigé les mêmes soins, auront une valeur bien différente! Le beau bœuf, qui trace des sillons profonds et sûrs, ne dépense guère plus que le bœuf petit et malingre; la vache donnant seize litres de lait par jour, que celle qui n'en produit que quatre, et le troupeau à laine fine, que celui qui l'a grossière.

Il nous paraît inutile d'insister davantage sur l'importance des bonnes races. Ces idées n'ont besoin que d'être émises pour être acceptées. Il ne s'agit plus que de savoir quelles sont les races que l'on doit élever de préférence, et quels sont les principes à suivre pour arriver le plus tôt possible à un bon perfectionnement.

Principes de perfectionnement. — En général, les améliorations à introduire dans nos races indigènes portent sur les formes ou sur le volume, sur la qualité ou la quantité des produits. Or, il est reconnu, en principe, que les parents donnent les formes et les qualités, les lieux et la nourriture, la quantité, le volume. D'où il suit rigoureusement qu'il faut employer des races nouvelles ou des animaux de choix pour perfectionner les formes et les qualités, et une bonne nourriture pour en augmenter la taille et le volume. On conçoit, en effet, qu'il soit difficile de modifier, de changer la direction des os sans l'influence des parents ou du sang, comme il l'est de donner de la taille et du volume sans une nourriture abondante et nutritive.

Tout perfectionnement se bornant donc à des modifications de forme ou de volume, de quantité ou de qualité, les choix doivent, nous le répétons, porter exclusivement sur les lieux et les parents. On a dit qu'en changeant les milieux, on changeait les hommes : cette maxime est en tout applicable aux animaux. On doit donc s'occuper d'abord d'étudier les milieux, c'est-à-dire les lieux, les climats, la nourriture, dont l'action est toute-puissante sur les races, puisqu'elles en sont les résultats évidents. Le Créateur a fait les espèces, les milieux ont fait et font les races. L'homme ne crée rien, il modifie. Ces principes sont rigoureux, on ne doit point s'en écarter. On s'assurera ensuite des besoins du pays sous le rapport commercial, industriel et agricole; de ceux de la contrée que l'on habite, de ses débouchés, de leur proximité, en d'autres termes, de la facilité et de l'économie du débit; car il ne suffit pas de produire, il faut encore vendre.

Ces études faites, réfléchies, approfondies, on en déduit le mode de perfectionnement que les lieux permettent; car il faut se garder de dire : Je veux élever telle race, développer telles facultés, avant de savoir si cette race et ces facultés sont compatibles avec le climat, les eaux, la nourriture du pays que vous habitez. C'est en vain que vous voudriez élever des moutons à laine fine dans des vallées humides et herbeuses, des bœufs pour la boucherie sur des montagnes arides, ou des chevaux sveltes et légers dans des plaines marécageuses. Vous y perdrez vos soins et votre argent. Il faut donc, nous le répétons, produire et perfectionner selon ses moyens, les facultés des lieux, et en vue du débit le plus facile; car le producteur ne doit jamais perdre de vue que l'animal est une marchandise qu'il faut fabriquer aussi bonne et aussi économiquement que possible pour en avoir un bon résultat et s'en défaire facilement.

C'est à l'inobservation de ces principes que bon nombre d'éleveurs, hommes de bonne volonté et de dévouement, doivent attribuer les mécomptes d'essais décourageants et ruineux. Au lieu d'étudier les lieux, de voir ce qu'ils permettaient, de vouloir le possible, ils ont cherché l'idéal, l'absolu, comme si nos animaux étaient des objets d'art à mettre en peinture ou sous verre pour l'édification des siècles à venir.

Mais il ne suffit pas de faire les meilleurs choix sous le rapport des lieux et des améliorations à introduire; il ne suffit pas de rechercher et de posséder les meilleurs étalons pour réussir; il y a une question première, capitale, qui domine toutes les autres et les annihile, quelque heureux choix que l'on ait fait : c'est celle des aliments, de leur abondance, de leurs qualités. Buffon a dit avec raison que « les climats » agissaient sur la surface extérieure des animaux » en changeant la couleur du pelage, mais que la » nourriture agissait sur les formes intérieures par » ses propriétés, *toujours relatives à celles de la terre* » *qui la produit.* »

Ces incontestables vérités n'ont pas besoin d'être démontrées, elles sont sanctionnées par l'expérience.

Le propriétaire éleveur doit donc, avant toute tentative, tout essai de perfectionnement et de multiplication, s'assurer de l'abondance et des qualités de la nourriture. Il doit calculer les fins selon ses moyens, proportionner le nombre d'animaux à la quantité de fourrage, et se garder surtout de cette erreur trop commune que la quantité de bétail surpasse la qualité. Il ne saurait jamais assez se persuader de l'influence de la nourriture sur la beauté comme sur la bonté des animaux. C'est le modificateur par excellence. Aussi, doit-on à tout prix étendre la culture des plantes fourragères. C'est là qu'est toute la question. Produire autant de fourrages que possible pour élever beaucoup d'animaux qui alimentent économiquement les masses, travaillent bien la terre en donnant beaucoup d'engrais pour la féconder. Les engrais manquent à l'agriculture, voilà les motifs de sa stérilité.

§ II. *Encouragements.*

Il y a déjà longtemps que le grand Colbert, sentant le danger qu'il y avait d'être tributaire de l'étranger pour une chose aussi utile que les chevaux, imagina d'introduire en France deux cents beaux étalons destinés à améliorer nos races. On a depuis lors continué assez régulièrement ces importations. Mais il s'est opéré de nos jours de grands changements à cet égard. On a créé au ministère de l'agriculture et du commerce une section des haras chargée de provoquer et surveiller toutes les mesures de perfectionnement de nos animaux. C'est de là qu'est partie l'idée d'encourager ces perfectionnements par des primes et des prix.

On a donné le nom de *primes* à des indemnités accordées à tous les éleveurs qui ont le mieux rempli des conditions déterminées.

Primes. — Nous ne contesterons pas l'utilité des primes, mais nous dirons que jusqu'à ce jour elles ont manqué leur but; qu'au lieu de provoquer le perfectionnement des races, elles n'ont fait que *créer un art, de préparer les poulains pour l'exposition, comme il y en a un pour les préparer à la course.* C'est là l'opinion de M. Mathieu de Dombasle, que nous partageons entièrement. Nous allons encore plus loin, nous disons que les primes ont mêlé, confondu les races, au lieu de les caractériser, de les individualiser. Cela tient à ce que l'on n'a pas de type arrêté, de but déterminé; que chaque juré, livré à ses idées, à ses goûts personnels, prime ce qu'il croit être la beauté. L'un donne la préférence au sang anglais, l'autre à l'arabe; celui-ci aime la taille et le volume, les formes gracieuses et arrondies; celui-là, la légèreté, l'élégance, etc. On fait une question d'art d'une question d'économie politique, et chacun défend son type du bec et des ongles. Ce sont des discussions ardentes, passionnées, exclusives, des discussions sans fin et sans fond, et c'est avec ce désordre d'idées, cette divergence d'opinions, que les jurys se présentent bravement pour distribuer les primes aux plus *beaux* produits. Or, comme ce mot est très-vague, il en résulte des jugements qui font taxer les jurys d'ignorance ou de partialité, selon le point de vue où l'on se place.

Tous ces facheux résultats et ces abus disparaîtraient, si, après une étude approfondie des localités et des races naturelles qu'elles produisent, faite par des hommes spéciaux et capables, on assignait à chaque contrée la production de chevaux de selle, de trait léger ou de gros trait, de bœufs de travail ou de boucherie, de troupeaux à laine courte ou à laine longue, selon la nature, le vœu, la possibilité des lieux. De cette manière on pourrait, en n'employant jamais que des étalons d'une seule et même race, mais d'une race éprouvée, espérer de voir se perfectionner et se caractériser la race primitive. Ce perfectionnement serait d'autant plus rapide que les appareillements, c'est-à-dire le choix, la convenance des mâles et des femelles, seraient plus rigoureux, au lieu de voir, comme aujourd'hui, les plus précieux étalons livrés, que disons-nous, *prostitués* à toute sorte de femelles.

Les conditions étant ainsi posées et le but clairement déterminé, la tâche des juges deviendrait facile. Ils n'auraient à apprécier que des *qualités définies, une beauté relative*. Car la beauté dans les animaux ne saurait être identique; elle varie avec le but auquel on les destine. La beauté du cheval de trait n'est point celle du cheval de course.

De cette facon, les primes pourraient être, à notre avis, de puissants moyens d'encouragements. Mais d'ici là, nous estimons que ces moyens seraient beaucoup plus efficaces si on les employait à récompenser les propriétaires qui, proportionnellement à leur propriété, récolteraient le plus de fourrages de bonne qualité. On conçoit, en effet, qu'un animal soit primé, sans augmenter en rien le nombre ni les qualités d'une race ; tandis que les fourrages produits, il faut les consommer, et pour cela augmenter le nombre d'animaux ou tendre à les améliorer par une nourriture plus abondante. On atteindrait ainsi un double but : celui d'augmenter le nombre ou la valeur des bestiaux, et celui d'améliorer l'agriculture par les fumiers qu'ils donneraient. La plupart de nos cultivateurs ne sont pauvres que parce qu'ils cultivent trop de terrains relativement aux engrais dont ils disposent. Jusqu'ici, on n'a accordé les primes qu'aux plus beaux produits, sans s'informer de ce qu'ils coûtaient, comme si l'économie n'était pas le premier mot de toute production, de tout perfectionnement, et si nous avions quelque chose à gagner ou à espérer d'animaux qui coûtent plus qu'ils ne valent. Voilà pourquoi les primes sont devenues un privilége, un monopole en faveur de la fortune qui, par orgueil ou vanité, sacrifie tout pour obtenir un beau produit contre lequel ne peuvent lutter ceux des petits propriétaires, seuls éleveurs sérieux qui, découragés, se sont retirés ou se retirent.

Désormais, on ne devrait accorder les primes qu'aux produits qui, coûtant le moins, seraient les plus beaux, c'est-à-dire les meilleurs. Ceci nous amène directement à la question des courses.

Courses. — Il est évident que l'examen le plus scrupuleux d'un animal ne peut jamais donner la mesure de son mérite, de ses qualités, comme l'essai ou l'exercice. C'est pour cela que nous avons critiqué la distribution des primes et des prix faite sur la simple inspection d'un animal considéré sous le rapport de la beauté absolue d'un type arabe, anglais, normand ou auvergnat, cette beauté n'étant pas toujours, bien s'en faut, l'indice certain de la valeur réelle. L'exercice nous semble donc le meilleur moyen de bien juger un cheval, d'en apprécier rigoureusement le fond, les qualités, le côté vraiment utile, sans négliger en rien l'agréable. A ce point de vue, l'institution des courses peut devenir utile, mais elle a besoin, comme on le sait déjà, de grandes et nombreuses modifications.

Dans l'état actuel des choses, cette institution n'a donné que de fâcheux résultats; elle a compromis nos races, au lieu de les améliorer; et c'est pour cela que nous en désirons la suppression.

Nous tranchons hardiment, nous le savons, une question bien ardue, et nous entendons déjà le *haro* à peu près général qui s'élève contre nous! Mais cela nous importe peu. Nous plaçons l'intérêt du pays, celui de l'agriculture, du commerce, de l'industrie, bien au-dessus des questions de personnes, d'amusements et de modes.

Nous admettons, nous engageons même les admirateurs des coursiers anglais et des courses au galop, à fonder, en compagnie des modistes, maîtres d'hôtel, carrossiers, etc., des prix de course, comme les horticulteurs en ont fondé pour la rose noire ou le dahlia bleu. Ce sont des motifs de dépenses qui profitent au commerce, à l'industrie, et nous y applaudissons. Mais que l'État, le département, la commune, dépensent de grosses sommes pour ces concours, nous ne l'admettons pas; nous le blâmons, au contraire; car, quels avantages en retire-t-on? Ceux de développer, de propager le goût du cheval, de provoquer le perfectionnement, la multiplication de l'espèce; enfin, d'avoir par là toujours sous la main des étalons qui ont fait leurs preuves. Voilà, si nous ne nous trompons pas, les motifs qu'on allègue,

Eh bien! nous croyons, en effet, que les courses ont développé, dans l'oisive opulence, le goût du cheval, mais du cheval de course exclusivement, à cause du relief, de l'agrément, des bénéfices qu'il peut donner. Ce goût est même devenu une sorte de fureur, car c'est un moyen comme un autre de jouer gros jeu et de tenter le sort. Les jockeys ne sont-ils pas d'ailleurs d'excellents compères?

On sait les turpitudes et les honteuses menées auxquelles le turf donne lieu en Angleterre. Ce sont des généalogies faussées, des jockeys achetés, des chevaux empoisonnés pour satisfaire la fureur du gain qu'excitent les gros paris. C'est une caverne, où il se fait un ignoble trafic de choses et de gens.

Voilà, en réalité, les goûts que les courses ont développés et les conséquences qu'elles amènent. Nous ne voyons pas trop ce que le pays et la société peuvent y gagner. Les courses n'améliorent pas plus les races de chevaux que celles des jockeys. Heureusement que le bon sens public en fera justice; nous l'espérons; car, comme l'a dit encore M. de Dombasle : *Si les courses sont moins sanguinaires que les combats de coqs ou de taureaux, elles ne sont guère plus utiles.*

Mais, dira-t-on, si les courses sont, comme vous le prétendez, un jeu, un passe-temps, une récréation pour l'opulence, sans influence sur la multiplication des races, elles ont au moins l'avantage incontestable de donner des étalons précieux pour les améliorer. Les triomphes de l'hippodrome ne sont-ils pas les plus sûrs garants des qualités de l'individu comme de la pureté de son sang et de sa race?

Si vous vouliez contester, il nous serait trop facile de prouver que les vainqueurs ne sont pas toujours ceux qui reçoivent les couronnes! *Il est avec les jockeys des accommodements.* Mais nous acceptons, nous reconnaissons et proclamons le haut mérite, les précieuses qualités des bons coursiers, et c'est justement pour cela que nous déclarons, avec des hippiatres et des agronomes célèbres, que *les chevaux de course ne sont bons qu'à gâter les races, au lieu de les améliorer.*

S'il est vrai, en effet, comme nous le croyons, que l'étalon donne au produit ses qualités et ses formes, nous aurons, par l'emploi des coursiers anglais, une beauté relative fort contestable et des qualités de circonstance fort inutiles au point de vue général. Nous ne comprenons pas, en effet, la beauté d'un corps raide, long et étroit, emmanché d'un long cou et huché sur de longues jambes, pas plus que nous ne comprenons l'utilité d'un cheval faisant, quatre ou cinq fois par an, une lieue en cinq minutes, et passant le reste du temps à ne rien faire, parce qu'il n'est plus bon à rien. Quels avantages peut-on retirer de ces facultés, et qu'ont à en attendre la patrie et la société? Nous sommes de bonne foi, et nous demandons à quoi sont bons les chevaux de course, si ce n'est à dépenser beaucoup plus qu'ils ne valent. Ce sont les parasites de l'espèce. *Grâce au baudet*, s'écrie un éleveur du Cantal, et *à défaut d'acquéreurs*, nous pourrons purger le sol des rejetons de *Fang*, *Reweller*, etc. Si c'est le dernier mot de l'expérience, il n'est pas consolant.

De grâce donc, messieurs les sportsmen, abandonnez les chevaux de course qui vous ruinent en pure perte, et consacrez la moitié seulement de ce qu'ils vous coûtent à élever et perfectionner des races utiles; vous aurez bien mérité de la patrie.

Pour ouvrir la voie que nous proposons et encourager à s'y engager, les courses actuelles devraient être remplacées par des concours où l'on distribuerait des prix aux jeunes animaux qui rempliraient le plus complétement le but auquel on les destine.

Ainsi, il y aurait un prix pour le cheval qui, monté de son cavalier, aurait le plus tôt fait quarante kilomètres; un pour l'équipage ou pour l'attelage qui remplirait le mieux les mêmes conditions; un autre, enfin, pour le cheval qui aurait le plus tôt parcouru le même chemin en traînant au pas, et sur un terrain donné, un lourd fardeau.

Tout le monde comprendra les avantages de ces luttes, et la vigueur de résistance et d'organisation qu'il faudrait pour triompher. Il ne s'agirait pas alors de quelques minutes d'une énergie factice, mais bien d'une solidité de constitution à toute épreuve. Ces concours, combinés avec notre système de primes, amèneraient, ce nous semble, les plus heureux résultats.

Élévation du prix des chevaux de guerre. — Mais il y a un autre moyen plus efficace que tous ceux-là, c'est celui d'élever le prix des chevaux de guerre, ou bien d'accorder à tout propriétaire ou éleveur qui en présenterait remplissant toutes les conditions, une prime d'encouragement au-dessus du prix réel. Nous ne voyons pas pourquoi le ministre de la guerre ne prendrait pas de semblables mesures. Au lieu d'aller porter notre argent à l'étranger, il vaudrait mieux le laisser en France, en faire jouir nos éleveurs, dussions-nous payer nos chevaux plus cher?

LAVIGNE, *médecin-vétérinaire.*

BÊTE. — Nom collectif des animaux considérés comme des êtres dépourvus d'intelligence. On appelle *bêtes sauvages*, celles qui ne sont ni privées, ni apprivoisées; *bêtes farouches*, celles qu'il est difficile ou impossible d'apprivoiser; *bêtes féroces*, celles qui aiment la chair et le sang; *bêtes à cornes*, les bœufs, les vaches, les chèvres, et autres animaux domestiques qui ont des cornes; *bêtes à laine*, celles qui sont couvertes d'une toison, comme les moutons, les brebis, etc.; *bêtes de somme*, celles qu'on emploie à porter les fardeaux, comme les ânes, les mulets, les chameaux et certains chevaux; *bêtes de trait*, celles qu'on emploie à tirer les voitures.

EMPLOI COMPARÉ DU CHEVAL ET DU BOEUF CONSIDÉRÉS COMME BÊTES DE TRAIT.

Dans la plupart des exploitations rurales, on se sert généralement d'une manière exclusive, soit de chevaux, soit de bœufs, comme bêtes de trait. Il arrive rarement que le raisonnement ou le calcul guide le cultivateur dans sa préférence : ordinairement il suit l'usage établi de temps immémorial dans la contrée qu'il habite. Il peut être sage, pour un agriculteur commençant, de ne pas trop s'écarter, dans le principe, des coutumes locales, qui sont souvent le produit de circonstances particulières en dehors de toute comparaison. Ainsi, dans une contrée qui exécute tous les labours avec des chevaux, où l'élève de ces animaux peut présenter des avantages sérieux, où leur commerce est parfaitement établi, où, par conséquent, l'éducation et la conduite des bêtes à cornes rencontrerait des difficultés dans les mœurs des habitants, il ne serait pas prudent de songer à brusquer des changements. La même observation peut se faire pour une localité entièrement peuplée de bœufs ou de mulets. Il arrive presque toujours, en pareil cas, que les bénéfices du laboureur se trouvent dans un genre de produit différent de celui du travail.

En sortant de ces circonstances spéciales, c'est principalement entre le bœuf et le cheval, uniquement considérés comme bêtes de trait, que le cultivateur doit faire son choix pour les travaux de sa ferme. On a beaucoup écrit sur la préférence à accorder, dans ce cas, à l'une ou à l'autre espèce de ces animaux. J'ai toujours remarqué que, dans la plupart de ces discussions, chacun prenait fait et cause pour l'espèce à laquelle il donnait la préférence, par des considérations puisées dans un ordre d'idées en dehors de la question du travail. Souvent aussi, on n'a raisonné sur ce chapitre comme sur tant d'autres, qu'avec des chiffres, sans s'attacher exclusivement aux faits, sans faire la part des événements, des sinistres, des saisons ; et la plupart de ces calculs n'ont été établis que sur la possibilité d'un travail quotidien.

Des services variés nécessitant dans mon exploitation l'emploi simultané des bœufs et des chevaux, j'ai dû, pour ma gouverne, chercher à me rendre compte des produits respectifs de ces deux espèces d'animaux. J'ai tenu, à cet effet, pendant l'espace de plusieurs années, des états très-exacts de tous les travaux exécutés, des causes de profits et pertes, des recettes et des dépenses. Enfin, j'ai dressé un tableau spécial pour cinq mois d'hiver, pendant lesquels toute la nourriture est consommée à l'étable, et où j'ai eu soin d'égaliser parfaitement toutes les circonstances accessoires. J'ai obtenu le résultat suivant qui, du moins dans ma position, éclaire complétement cette question.

EMPLOI DES CHEVAUX PENDANT CINQ MOIS DE L'HIVER.

NOMBRE d'animaux existant.	MOIS.	CHIFFRE de jours de nourriture.	NOMBRE de jours de travail effectué.	DIFFÉRENCE en perte sur le travail.
7	Novembre.	210	135	76
7	Décembre.	217	139 1/2.	77 1/2.
7	Janvier.	217	113	104
7	Février.	196	129	67
7	Mars.	217	146	71
Tot. . 35		1,057	662 1/2.	395 1/2.

Les chevaux avaient chaque jour :

10 kilogrammes de foin, à 25 fr. les 500 kilogrammes.......................... » fr. 50 c.

5 kilogr. de paille au râtelier, à 12 fr. les 500 kilogr.......................... » 12

10 litres d'avoine, à 7 fr. l'hectolitre.. » 70

5 litres de son, à 3 fr. l'hectolitre.... » 15

Ferrage, entretien des harnais et non-valeur de l'animal pour l'user......... » 2.

Dépense de chaque jour pour un cheval. 1 fr. 72 c.

Pendant les cinq mois, il y a eu, pour 35 têtes, 1,057 jours de nourriture, qui, à 1 fr. 72 c., font 1,818 fr. 14 c. Les animaux n'ayant travaillé que 662 jours 1/2, c'est par ce nombre que doit être divisé le total de la dépense pour connaître le prix réel du travail, ce qui donne 2 fr. 74 c. L'attelage étant

deux chevaux, le prix de revient est de. 5 fr. 48 c.

A quoi il faut ajouter les gages du charretier à 150 fr. par an, ce qui donne pour un jour.................... » fr. 41 c. } 1 13
et pour sa nourriture....... » 72 }

Ainsi chaque jour de travail effectif est revenu à......... .... 6 fr. 61 c.

EMPLOI DES BOEUFS PENDANT CINQ MOIS DE L'HIVER.

NOMBRE d'animaux existant.	MOIS.	Chiffre de jours de nourriture.	NOMBRE de jours de travail effectué.	DIFFÉRENCE en perte sur le travail.
Paires.				
	Novembre.			
9	du 1er au 5.	45 } 245	152	93
8	du 6 au 30.	200 }		
	Décembre.			
8	du 1er au 20	160 } 237	154 1/2	82 1/2
7	du 21 au 31.	77 }		
7	Janvier.	217	164 1/2	52 1/2
7	Février.	196	151 1/2	44 1/2
7	Mars.	217	154 1/2	62 1/2
Tot. 53		1,112	777	335

Généralement on nourrit les bœufs de trait avec des racines, de la paille et un peu de foin. Voulant établir une comparaison exacte, j'ai supposé qu'ils étaient nourris, comme les chevaux, avec du foin seul, et, dans ce cas, pour un bœuf de grande taille, il faut chaque jour 15 kilog. de foin, et pour deux 30 kilog., qui, à 25 fr. les 500 kilog., font.................................. 1 fr. 50 c.

Pour ferrage, entretien des harnais et non-valeur des animaux.............. » 15

Dépense de chaque jour pour une paire de bœufs.............................. 1 fr. 65 c.

En suivant le même raisonnement pour les bœufs, les 53 paires ont eu 1,112 jours de nourriture, qui, à 1 fr. 65 c. pour la nourriture et l'entretien, font 1,834 fr. 40 c. Divisant ce nombre par les 777 jours de travail, on a pour résultat......... 2 fr. 36 c.

Ajoutant les gages et nourriture du bouvier.................................. 1 13

Chaque jour de travail effectif d'une paire de bœufs est revenu à.......... 3 fr. 49 c.

Il résulte des deux tableaux ci-dessus, que le prix de revient de chaque jour de travail est, pour deux chevaux et le charretier, de........... 6 fr. 61 c.

Et pour une paire de bœufs et son conducteur, de.............................. 3 49

Ce qui établit une différence, en faveur des bœufs, de....................... 3 fr. 12 c.

Cette différence n'est cependant pas celle sur laquelle il faut compter. Le bœuf, moins agile que le cheval, fait moins d'ouvrage. Des agronomes établissent une différence d'un cinquième en moins pour le bœuf; d'après un grand nombre d'observations que j'ai faites, je l'ai reconnue être d'un quart.

Si, pour labourer un hectare en un jour, il faut trois charrues de deux chevaux chacune, la dépense, d'après le tableau qui précède, sera de.. 19 fr. 83 c.

Pour le faire avec des bœufs, il faudra quatre charrues, ce qui coûtera........ 13 96

Il y a donc une différence réelle en faveur des bœufs de..................... 5 fr. 87 c.

pour chaque labour d'un hectare.

Tous ces détails sont positifs; ils sont établis sur ce qui se fait dans mon exploitation.

Cet avantage n'est pas le seul qui existe en faveur du bœuf, il y a encore celui de l'emploi d'un moins grand capital. Avec 600 fr., on a une paire de bœufs de grande taille. Pour avoir deux bons chevaux dans cette proportion, il faudra dépenser de 800 fr. à 1,000 fr.

Les harnais des chevaux sont très-coûteux; leur entretien est presque journalier. Une paire de bœufs n'a besoin que d'un joug et d'une chaîne, objets d'une longue durée, sans nécessité d'entretien.

Le bœuf est moins exposé que le cheval aux événements et aux maladies. Sa constitution le rend plus rustique; son caractère patient fait qu'il ne s'emporte pas comme le cheval. — Au travail, son tirage est plus constant; s'il rencontre des obstacles, il résiste. Le cheval, au contraire, après avoir donné le coup de collier, s'il ne réussit pas, refuse.

Le bœuf doit être largement nourri, mais il est moins friand que le cheval. Quoique pour l'un comme pour l'autre j'aie établi une non-valeur pour l'user et la perte par l'âge, je mets en fait que le cultivateur qui achète de jeunes bœufs et les nourrit bien peut les revendre sans perte, après s'en être servi pendant trois à quatre ans; alors ils conviennent mieux aux herbages.

En consultant les deux tableaux, on voit que les 35 chevaux ont perdu, pendant les cinq mois, 394 jours 1/2, et que 14 bœufs n'en ont perdu que 335. — Les mauvais temps, les jours fériés, ont été les mêmes pour les deux, et cependant il y a eu une différence de plus du double. — Cette différence provient de ce que les chevaux se fatiguent plus au travail, qu'il leur faut du repos. — Elle est encore provenue de ce que quelques-uns, ayant été mal ferrés ou piqués, n'ont pu être remis au travail. — Le cheval qui fait des dents a besoin de repos. — Il a le temps de la gourme à passer; le bœuf est moins exposé à toutes ces choses.

Dans tous les cantons où il y a des défrichements à faire, le bœuf est l'animal qui convient le mieux, tant par son caractère patient que pour sa constance dans le tirage; il n'emploie sa force que progressivement. — Le cheval, plus pétulant, plus ardent, se hâte de donner le coup de collier, et si la résistance ne cède pas, on a peine à le ramener.

De ce qui précède, je crois pouvoir conclure que les supputations que l'on a faites en faveur de l'emploi du cheval présentaient des avantages au-dessus de la réalité; que, dans toutes les opérations agricoles dans lesquelles il n'y a pas de grands et longs charrois à faire, l'emploi du bœuf doit présenter une économie notable; que, dans les pays où l'élevage de ces animaux se fait sur une grande échelle, le cultivateur trouvera toujours avantage à adopter le bœuf plutôt que le cheval, car il pourra revendre avec profit, en saisissant les circonstances favorables, les animaux qu'il serait obligé de nourrir à l'étable, faute de ne pouvoir les utiliser durant la morte saison; enfin, que le décroissement de la valeur qu'éprouve chaque année le cheval, la perte de sa valeur vénale lorsqu'un accident le rend impropre au travail, les débouchés certains que le bœuf trouve au marché lorsqu'il est mis hors de service, détermineront, dans bien des circonstances, le cultivateur à donner la préférence aux bœufs comme animaux de travail. (*Doncker.*)

BETEL (botanique) [*arecacatechu* de Linnée, en anglais *betel-nut tree*]. — Arbre qui est un des plus beaux de la famille des palmiers. Il est indigène dans presque toutes les régions intertropicales de l'Asie, et est soigneusement cultivé dans l'Inde pour sa noix, qui est très-recherchée. Il croît dans toutes les îles de l'Archipel indien, auquel on a donné le nom d'Océanie, ainsi que sur les côtes du continent voisines de ces îles, qui sont favorables à sa croissance. Sa culture y exige moins de soins qu'ailleurs; il porte du fruit dès la cinquième année, et meurt à peu près à sa vingt-cinquième. Néanmoins, dans plusieurs pays du continent, il a une existence plus prolongée et donne aussi des fruits beaucoup plus tard; dans ce cas, sa culture demande à être plus soignée, et exige aussi des frais plus considérables. Le docteur Buchanan, dans son voyage à travers le Mysore, le Conara et le Malabar, nous apprend que cet arbre rapporte du fruit depuis sa cinquième année jusqu'à sa dixième, et qu'il dure de vingt-cinq à quarante ans, et soixante suivant les localités. Cet arbre est en fleur la plus grande partie de l'année. Le tronc s'élève depuis treize jusqu'à seize mètres de haut, et n'a ordinairement qu'environ cinquante centimètres de circonférence; son épaisseur est presque généralement égale et lisse. La noix est de la grosseur à peu près d'un œuf de poule, renfermée dans une membrane qui lui sert de couverture, de la couleur d'un rouge jaunâtre quand elle est parvenue à sa maturité. L'arbre n'a point de branches; mais ses feuilles, qui forment un panache à son sommet, sont magnifiques et ont l'apparence de belles plumes d'autruche. On fait deux récoltes par an; la quantité des noix de chaque arbre varie beaucoup suivant les lieux. Sur la côte de Coromandel, le nombre, terme moyen, qu'on en récolte sur un seul arbre, s'élève à environ 300 annuellement.

La noix du betel est d'abord séchée, et ensuite on la coupe en plusieurs tranches, ordinairement en quatre, qui sont enveloppées dans des feuilles de poivre noir, qu'on asperge avec de la chaux vive, appelée par les indigènes *chunam*. Ainsi préparées, elles servent à *chiquer*, ce qui est considéré comme une grande jouissance et un grand luxe. On ne mange jamais la noix seule, dont la saveur est trop astringente, mais seulement avec la feuille piquante et chaude du poivre, recouverte de chaux vive, que les gens du pays trouvent d'un goût délicieux. L'usage qu'ils en font provoque une salivation rougeâtre, et les Indiens prétendent qu'elle affermit les dents, nettoie, purifie et rafraîchit la bouche. Les Arabes y ont aussi pris goût, mais plus modérément que les Indiens. Quoi qu'il en soit, les noix de betel forment l'objet d'un commerce considérable dans l'Inde; il en vient de grandes quantités de Bornéo, de Malacca et de la Cochinchine. Mais un usage plus rationnel est celui de son emploi pour la teinture; il y en a une variété d'une teinte rougeâtre, qui donne cette belle couleur au Malabar.

BÉTOINE (botanique) [*betonica*]. — Genre de plantes de la famille des labiées, comprenant plusieurs espèces propres à l'Europe et à la Turquie d'Asie, et dont la plus connue est la *bétoine officinale*. Voici les caractères auxquels on reconnaît cette espèce : tige droite simple, élevée et un peu velue; feuilles opposées, pétiolées, en cœur, ovales-oblongues, ridées et un peu velues; les inférieures sensiblement festonnées et les supérieures presque sessiles; fleurs d'un rouge vif, quelquefois blanches, à lèvre supérieure entière, à division intermédiaire de l'inférieure qui est échancrée, et disposées en épi terminal et interrompu à la base. On trouve cette plante dans les bois découverts; elle passe pour vulnéraire et sternutatoire; ses racines, à odeur forte, sont purgatives.

BETTE (botanique) [*beta*]. — Genre de plantes de la famille des chénopodées, contenant plusieurs espèces, dont la principale est la *betterave*. — Voy. ce mot.

BETTERAVE [*beta cycla*]. — Variété de la belle plante potagère de la famille des *chénopodées*.—Olivier de Serres, l'un des plus grands agronomes de France, est le premier qui, en 1599, ait parlé de la betterave, qui venait d'être apportée d'Italie; elle croît en Europe, en Afrique et en Asie.

C'est sous l'influence du blocus continental et de nos guerres avec l'Angleterre que se développa en Europe l'industrie de la fabrication du sucre de betterave, comme naquit celle du sucre de raisin ou glucose. C'est aux chimistes prussiens Margraft et Achard que sont dus les premiers travaux et les premières expériences en grand des procédés d'extraction. Qu'on se reporte à la bette maritime, *beta maritima*, petit végétal croissant çà et là sur les bords de la mer où il échappe à l'œil, et qu'on mette ses racines, aussi petites qu'un fil, en parallèle avec celles de la betterave cultivée, qui parviennent à une grosseur telle qu'on en voit qui pèsent de 8 à 10 kilogrammes, on concevra l'importance des modifications que le mouvement organique fait subir aux plantes et combien l'étude de ces sortes de matières peut amener de découvertes. La culture de la betterave, en particulier, présente d'immenses avantages que nous allons passer successivement en revue. Il est désirable d'abord que cette culture, faite dans le but d'augmenter la production du sucre, prenne de l'extension, car le sucre est aussi nécessaire à la vie que le pain, en ce qu'il est comme celui-ci un aliment respiratoire. Or, en France, la consommation du sel, qui ne sert en aucune façon à l'alimentation et qui n'aide pas plus que le sucre à l'assimilation des principes nutritifs, est double de celle du sucre, tandis qu'elle ne devrait en être environ que le quart. A Paris, par exemple, chaque habitant consomme bien 15 ou 16 kil. de sucre par an, mais dans les campagnes c'est à peine si en moyenne chaque habitant en consomme annuellement 1 kil. Il est certain pourtant que la santé générale gagnerait à une plus grande proportion.

De plus, la betterave améliore le sol de plusieurs manières : par la grande profondeur à laquelle pénètrent ses racines, elle remue et rend perméable le terrain où on la cultive. La nourriture, puisée dans une épaisseur de terre qui peut atteindre deux mètres, vient s'accumuler dans les feuilles en même temps que les éléments empruntés à l'air; les feuilles, directement ou indirectement, s'ajoutent aux engrais : ainsi les composés et les sels solubles qui seraient perdus pour les cultures suivantes, sont ramenés à la superficie du terrain. Cette culture d'ailleurs n'est pas épuisante, car les produits extraits des betteraves et qui ne retournent pas à la terre, *les sucres bruts* ou *raffinés*, sont dépourvus d'azote et très-pauvres en substances minérales, et par conséquent à peu près sans valeur comme engrais. Il ne faudrait pourtant point que cette culture devînt exclusive dans une localité, car la betterave est aussi très-propre à faire croître et développer des insectes et des plantes parasites. Mais si elle revient dans l'assolement au bout de trois ou quatre années seulement, elle est sans contredit l'une des meilleures cultures sarclées.

La betterave peut être semée à la main ou en lignes avec un semoir. Pour empêcher les jeunes betteraves d'être facilement attaquées par les insectes, on fait développer les graines le plus tôt possible. On y parvient en les laissant tremper dans l'eau pendant 24 heures, et les mettant ensuite en tas jusqu'à ce que la germination commence. Avant de les semer, on roule, en outre, ces graines encore humides dans du noir animal fin, qui fournit pour les jeunes plantes un très-bon engrais. Il faut aussi dans cette culture choisir les terrains profonds et argilo-sableux, et user modérément des moyens d'irrigation; car si le collet de la betterave était submergé, il y aurait rapidement une altération de la partie médullaire qui se propagerait jusqu'au cœur et détruirait bientôt toute la racine.

On cultive plusieurs variétés de betteraves, dont les principales sont : 1° La betterave dite *disette* ou d'*abondance*, ainsi nommée parce que dans les cas de disette de fourrages, elle les remplace avec avantage pour les animaux, par sa facile culture et ses propriétés nutritives; 2° la betterave rouge; 3° la jaune. Ces deux dernières espèces, cuites dans des fours, servent d'aliment aux hommes. Les habitants du Nord, en particulier, la conservent confite dans du vinaigre pour en jouir pendant toute l'année et en faire un supplément de nourriture très-sain et très-économique; 4° la blanche de Silésie, ou *betterave à sucre*. Cette dernière espèce est trop importante, au point de vue industriel, pour que nous ne nous arrêtions pas un instant à son étude. Elle contient des quantités variables de sucre suivant la qualité du sol et la nature des engrais; mais ce qu'il y a de remarquable, c'est la disposition de la matière sucrée. Si l'on fait à une betterave rosée une section perpendiculaire à son axe, on remarque que tous les faisceaux vasculaires conducteurs de la séve qui ont été ainsi coupés sont entourés d'une petite zone blanche, presque exclusivement composée de sucre. La réunion de ces taches blanches forme autour du centre de la section une suite de zones concentriques alternativement blanches ou roses, suivant que le sucre ou l'eau prédominent. On peut ainsi déterminer approximativement les qualités d'une betterave à sucre à la seule inspection d'une section.

La composition chimique de la betterave est très-complexe, puisqu'elle renferme au moins 25 substances. En première ligne viennent l'eau pour 83,5 pour 100, et le sucre pour 10 pour 100; il est à remarquer que la cellulose et la pectose, qui forment le tissu cellulaire de la betterave et celui de tous les végétaux en général, n'y entrent que pour 0,8 pour 100. Cette faible quantité de matières étrangères fait voir que, lorsque, par la râpe et la pression, on a extrait des betteraves 75 pour 100 d'eau et de sucre, ce qui reste n'est pas simplement du tissu cellulaire et des matières terreuses, mais presque encore de la betterave pure.

On doit en conclure que les résidus actuels des raffineries de sucre de betterave ne sont pas soumis à des traitements suffisants d'extraction, et l'on comprend dès lors l'importance de ces résidus comme nourriture des animaux.

Il y a en outre dans la betterave, en albumine, caséine, et autres matières azotées, 1,5 p. 100. Le reste, c'est-à-dire 3 p. 100 environ, se compose d'acide malique, de pectine, de substances gommeuses et grasses, d'une substance aromatique et colorante désagréable pour l'usage du sucre de betterave brut, d'oxalates de chaux, de magnésie, de chlorhydrate d'ammoniaque, de silicates, d'azotates, de sulfates et d'oxalates de potasse et de soude, de chlorure de sodium et de potassium, de soufre et de silice. Une si longue énumération paraît peut-être inutile, mais le chimiste doit se pénétrer de cette idée, qu'il n'est aucune analyse assez délicate et assez minutieuse pour les besoins de l'industrie. Ainsi, M. Mége-Mouriès vient de découvrir ce principe qu'il a appelé *céréaline*, et que l'on négligeait auparavant, tant était faible la proportion pour laquelle il entre dans la pâte du pain; et pourtant ce principe était cause de la coloration du pain bis et en partie de son goût spécial. De même, la faible quantité de matière colorante et aromatique qui entre dans la composition de la betterave rose, suffit pour rendre le sucre brut de betterave inférieur au sucre brut de canne, dans lequel ce principe aromatique est, au contraire, agréable au goût. Du reste, disons-le immédiatement, quoique nous renvoyions au mot *Sucre* pour la fabrication de cette substance par la betterave, le sucre de canne et celui de betterave, raffinés, ont identiquement les mêmes qualités, les mêmes propriétés et presque constamment le même aspect. Une certaine dimension est nécessaire aux betteraves pour qu'elles produisent le maximum de matière sucrée. Pour leur faire atteindre exactement ce degré, on a soin de les semer plus ou moins rapprochées les unes des autres, suivant que le sol est plus ou moins humide.

La betterave a été proposée pour remplacer le café, au moyen de ses racines réduites en poudre, la rouge surtout; mais si l'infusion de cette poudre, prise comme du café, n'a rien de désagréable, il est certain qu'elle n'a sur l'estomac qu'une action alimentaire ordinaire, à la manière de beaucoup d'autres racines et semences torréfiées et moulues, et qu'elle ne donne aucune fécondité au cerveau, sur lequel le café d'Arabie a jusque aujourd'hui conservé un empire exclusif. J. Lagarrigue, de Calvi.

BEURRE (économie domestique) [du latin *butyrum*, pris du grec *boutyron*, formé lui-même de *boüs*, vache, et *tyros*, fromage]. — Matière grasse, onctueuse, alimentaire, de couleur jaune ou blanche, que l'on tire de la crème en la battant. La préparation du beurre demande trois opérations : 1° l'écrémage du lait; 2° le battage de la crème, et 3° le délaitage du beurre. « Vingt-quatre heures en été, et douze heures en hiver après la traite du lait, on procède à l'écrémage du lait, qui se fait soit en crevant la pellicule qui couvre la surface de ce liquide et en faisant écouler le lait par cette ouverture dans une cruche destinée à le recevoir : alors la matière crémeuse reste au fond; soit en débouchant l'ouverture inférieure de la jatte et en laissant passer le lait jusqu'à ce que la crème reste seule au fond. Le battage consiste à battre la crème jusqu'à ce que le beurre soit fait; il faut craindre de trop augmenter la chaleur en hiver et avoir soin de placer la baratte dans un bain d'eau fraîche, afin d'empêcher la crème de s'aigrir ou de fournir trop promptement son beurre. Le délaitage s'opère afin de débarrasser le beurre du fluide qui se trouve dans ses interstices. L'opération se borne à presser le beurre dans les mains, quand on fait du beurre pour une consommation immédiate. Mais quand il s'agit du beurre de provision, on le manie fortement à plusieurs reprises, on le lave jusqu'à ce que l'eau soit claire, et on le place ensuite dans un lieu frais pour qu'il ne prenne pas de la rancidité. Il arrive parfois que, par suite de malpropreté ou de la mauvaise nourriture des vaches, le lait prend une teinte bleue. La qualité n'en est pas altérée, mais la crème a perdu de la sienne. On y remédie en soumettant les vaches à un régime de sel marin et de plantes crucifères. »

Le beurre se fond avec la plus grande facilité; il est insoluble dans l'eau, soluble dans l'alcool bouillant, décomposable par les alcalis, altérable à l'air, etc. Cette altération du beurre, dit le docteur Foy, par le contact de l'air a éveillé la cupide sagacité des marchands de comestibles. Tous ou presque tous savent plus ou moins bien ce qu'ils appellent *retravailler le beurre*, en faire du *frais* avec de l'ancien. Nous, qui ne voulons pas augmenter le nombre de ces *habiles* et *intègres* manipulateurs, nous tairons les moyens qu'il faut mettre en usage pour ce genre d'industrie, mais qui n'échappent pas, en général, au fin dégustateur. Les usages du beurre, comme aliment, sont trop connus pour être rappelés ici; la médecine et la pharmacie l'emploient peu; cependant cette matière grasse entre dans la composition d'un emplâtre connu sous le nom vulgaire d'*onguent de la mère Thècle*. Ce composé polypharmaque porte le nom de son inventeur, la sœur Thècle, autrefois supérieure des religieuses de l'Hôtel-Dieu de Paris. D'après M. Chevreul, le beurre est formé de stéarine, de deux huiles, l'une qu'il a nommée *butyrine*, et une autre qui présenterait toutes les propriétés de l'oléine, si on parvenait à la priver entièrement de butyrine, d'acide butyrique, d'un principe colorant jaune, et d'un principe aromatique que l'on rencontre surtout dans le beurre frais. . .

On distingue dans le commerce le beurre frais, le beurre salé et le beurre fondu.

Le beurre frais est celui qui est nouvellement battu. Il est apporté ou en livres ou en mottes. A Paris, le beurre en livres vient des villages voisins; les beurres en mottes sont envoyés d'Isigny, de Gournay, etc.

Le beurre salé est du beurre pétri avec le sel pour le conserver. Le sel blanc est moins propre pour cet usage que le gris; il rend les beurres plus âcres. Les provinces qui fournissent le plus de beurre salé sont la Bretagne, la Normandie, la Flandre, le Boulonnais, etc. Il en vient aussi de Hollande, d'Angleterre, d'Écosse et d'Irlande. Les beurres salés de la Bretagne, ceux de la ferme de la Prévalais surtout, sont les plus estimés. Ils viennent en petits pots de grès d'environ un demi-kilogramme. La basse Normandie fournit deux sortes de beurres salés : les gros beurres et les beurres fins ou beurres d'herbes; on les tire surtout d'Isigny. Les beurres fins ou d'herbes (faits dans les temps que les vaches sont dans les herbages) sont envoyés dans de petits pots de grès de 250 à 500 grammes. Les gros beurres sont apportés en pots de grès ou en tinettes de bois : les pots, nommés *tallevannes*, sont du poids de 3 à 20 kilogrammes; les tinettes pèsent depuis 10 jusqu'à 100 kilogrammes.

Les beurres fondus arrivent à Paris presque tous d'Isigny et d'autres lieux de Normandie; ces beurres, bien fondus et placés dans des pots de grès, peuvent se maintenir bons deux années.

100 kilogrammes de lait donnent 15 kilogrammes de crème, 8,93 de fromage, 75 de petit-lait. 15 kilogrammes de lait peuvent donner 3,33 de beurre, ou plus de 21 p. 100.

On ignore l'époque précise de la découverte du beurre, et l'on présume que les Scythes, les Thraces ou les Phrygiens le firent connaître aux Grecs, et les Germains aux Romains, qui ne l'employèrent que comme remède. Les Indiens paraissent en avoir fait usage, dans leurs cérémonies religieuses, douze siècles avant J. C.

On donnait autrefois le nom impropre de *beurre* à certaines préparations appelées aujourd'hui *chlorures*; c'est ainsi qu'on disait : *beurre d'antimoine*, *beurre d'arsenic*, *beurre de bismuth*, etc.

BÉZOARD [du persan *bedzahar*, antidote]. — Concrétion de nature très-variée qui se rencontre dans certains organes de différents animaux. Il y en a depuis la grosseur d'un pois jusqu'à celle d'un melon.

Les animaux herbivores de l'Asie méridionale, de l'Afrique et de l'Amérique, produisent plus communément des bézoards que les animaux des climats tempérés : ceux des pays froids en fournissent encore moins.

On distingue principalement les bézoards en orientaux et en occidentaux. Les gazelles ou chèvres des Indes donnent le bézoard oriental; l'yzard ou chamois, le lama et l'alpaca du Pérou, donnent le bézoard occidental; les chèvres domestiques donnent les bézoards ordinaires. Ceux qui viennent d'Égypte, de Perse, des Indes, de la Chine, sont tirés d'une espèce de bouc. Il y a aussi les bézoards du caïman, du porc-épic, du sanglier, du singe-bouc, de la tortue, de l'éléphant, du cheval, du mulet, du rhinocéros, de la vigogne, du chien, du bœuf, du morse, du castor.

Les bézoards sont composés de couches concentriques, de couleur verdâtre ou olivâtre, tachetées de blanc dans leur épaisseur. Toutes les lames n'ont ni la même couleur ni la même épaisseur : elles s'écrasent facilement sous la dent, ont une saveur glutineuse, urineuse, et donnent une légère teinte à la salive. On remarque presque toujours au centre du bézoard quelques corps, tels que des pailles, du poil, des grains, du bois, des noyaux, etc. Ces corps ont servi de point d'appui pour la formation des couches. Les bézoards sonnent quelquefois comme les géodes, en les agitant, effet produit par le corps dur qui avait servi de point d'appui, et qui s'est détaché.

On attribuait au bézoard, surtout à l'oriental, de grandes vertus sudorifiques : on croyait qu'il chassait les venins hors du corps. Ces bézoards, qui proviennent des chèvres et gazelles de l'Asie, sont d'autant plus chers qu'ils sont plus gros. Comme les vrais bézoards sont très-recherchés, on en a fait de factices. Par exemple, les compositions nommées *pierres de Goa* ou *de Malaca*, sont de faux bézoards. Voici la manière dont on s'y prend.

On fait avec des serres d'écrevisses de mer, des coquilles d'huîtres broyées sur le porphyre, du musc et de l'ambre gris, une pâte que l'on réduit en boulettes, de la forme des bézoards, et qu'on roule ensuite dans des feuilles d'or. Ceux qui veulent imiter davantage les vrais bézoards ne les recouvrent point de feuilles d'or. Cette supercherie serait cependant utile pour imiter les bézoards de bœuf, s'il était vrai, comme on le lit dans une observation des *Éphémérides*, que les bézoards de cet animal ont une couleur d'or et un brillant métallique, lorsqu'on a enlevé les premières couches. On distingue ces bézoards factices en imprimant une trace sur un morceau de papier frotté de céruse, de craie ou de chaux; si la trace devient d'un jaune verdâtre ou olivâtre, c'est la preuve que le bézoard est naturel; du moins jusqu'à présent on n'a pu donner cette propriété aux bézoards factices. Les bézoards naturels s'imbibent d'eau et d'esprit de vin, troublent ces liqueurs, et font effervescence avec les acides.

On peut regarder comme des espèces de bézoards les pierres nommées improprement *yeux d'écrevisses*.

De tous les bézoards, celui du porc-épic (*piedra del porco*) est le plus cher. Il est gras et savonneux à l'œil et au toucher, d'une couleur verdâtre ou jaunâtre : on en trouve aussi de rougeâtres et de noirâtres. On aurait peine à croire le cas qu'on en fait en Hollande. Nous avons vu un de ces bézoards, de la grosseur d'un petit œuf de pigeon, chez un Juif à Amsterdam, qui voulait le vendre six mille livres. On les loue, dans ce pays et en Portugal, un ducat par jour, aux gens qui craignent d'être attaqués de la contagion, et qui prétendent s'en préserver en les portant en amulette; de même qu'on fait en Allemagne des pierres d'aigle pour faciliter l'accouchement, de l'aimant pour guérir la fièvre, du jade, en Espagne, pour préserver de la gravelle. Voilà un tableau assez frappant de la superstition et des folies de l'imagination humaine!

Ainsi les bézoards varient relativement à la différence des animaux, des climats et des causes accidentelles. En général, il paraît que le bézoard est, ou une substance mucilagineuse et tartreuse, durcie, ou un résidu de nourriture végétale, et qui ne se trouve pas, ou rarement, dans les animaux carnassiers, et qui ne se produit que dans ceux qui se nourrissent de plantes.

On a donné le nom de *bézoards minéraux* à certaines préparations pharmaceutiques; ainsi on appelait *bézoard de Saturne* un médicament composé de protoxyde de plomb, de beurre d'antimoine et d'acide nitrique; le *bézoard de Vénus* avait le cuivre pour base; on nommait encore *bézoard jovial* une poudre fortement diaphorétique composée d'antimoine, d'étain, de mercure; *bézoard martial*, un médicament composé en partie de tritoxyde de fer; *bézoard lunaire*, une préparation de nitrate d'argent et de beurre d'antimoine; *bézoard solaire*, un médicament sudorifique où les lames d'or se mélangeaient à l'acide nitrique. Enfin, on désignait sous le nom de *bézoard végétal* les concrétions pierreuses qu'on rencontre dans l'intérieur des cocos.

ADDE MARGRAS (de Nancy).

BÉZOARD FOSSILE. — Pierre arrondie, de couleur cendrée, composée de couches concentriques, friables, depuis la grosseur d'une aveline jusqu'à celle d'un œuf d'oie. Au centre de cette pierre est quelquefois un grain de sable, une petite coquille ou un morceau de charbon de terre. Une de ces matières a servi de noyau, de point d'appui, et venant à rouler sur des terres molles, à demi-trempées, elle s'est ainsi accrue par couches roulées comme une pelote de rubans. On en trouve dans divers terrains près de Montpellier et de Compostelle : les plus gros se rencontrent en Sicile et dans le fleuve de Dezhuatlan à la Nouvelle-Espagne. (*Idem.*)

BIBERON [du latin *bibere*, boire]. — Petit vase de verre, de porcelaine, d'argent ou autre métal, pourvu d'un col ou tube plus ou moins allongé et recourbé, avec lequel on fait boire les enfants au berceau. « Le plus ordinairement, c'est une fiole bouchée avec un morceau d'éponge fine recouvert d'un linge fixé autour d'un goulot. On substitue souvent à l'éponge et au linge, qui ont de graves inconvénients, un *bout de sein* ou mamelon artificiel fait avec de la gomme élastique (biberons de Salmer), ou avec une tétine de vache préparée (biberons de Mme Breton) : ces derniers biberons consistent en un flacon de cristal percé à sa partie moyenne d'un trou capable d'admettre une forte épingle, et destiné à permettre l'entrée de l'air; le bouchon, également de cristal, présente une saillie en forme de cône sur laquelle est fixé le pis de vache préparé; on rend l'écoulement du lait plus ou moins facile en laissant libre ou en bouchant avec le doigt le petit trou latéral indiqué ci-dessus. »

BIBLE [du grec *biblios*, livre]. — Collection des livres sacrés ou écrits par l'inspiration de Dieu, qui contiennent l'histoire et les dogmes traditionnels de la religion chrétienne ou l'Écriture sainte. La *Bible* comprend : l'*Ancien Testament*, qui contient, outre la loi de Moïse, l'histoire de la création du monde, celle des patriarches et des Juifs, les prédictions des prophètes, différents traités de morale, enfin ce qui s'est passé de plus remarquable relativement à la religion révélée, depuis la création du monde jusqu'à la venue de Jésus-Christ; le *Nouveau Testament*, qui contient l'histoire de la vie de Jésus-Christ, sa doctrine, ses miracles, sa mort, sa résurrection, la première prédication de l'Évangile, écrits par les apôtres ou les disciples de l'Homme-Dieu. « La *Bible* est le plus ancien des livres, celui qui, sans contredit, a le plus influé sur toutes les civilisations des peuples, comme sur toutes les consciences des individus; livre universel où le poëte, l'orateur, l'historien, le théologien, le philosophe, le politique, sont venu tour à tour puiser; livre sans pareil, qui a subi toutes les critiques, et reçu toutes les apothéoses; livre véritablement immortel, qui a traversé tous les siècles, qui a été traduit dans toutes les langues, qui a été lu dans toutes les parties du monde. » La *Bible* est un livre dont les diverses pages ont été écrites pendant un espace de temps de seize siècles. Longtemps, chaque livre de la *Bible* a formé un seul volume. Ce n'est guère qu'au quatrième siècle de l'ère chrétienne que s'est faite la collection complète des divers livres de la

Bible. La division de l'*Ancien Testament* en chapitres n'a été définitivement fixée que par la *Bible* de Bamberg, imprimée en 1525. On attribue la division des chapitres par versets à Robert Estienne, dans son édition de *la Vulgate*, de 1548. Les principales éditions de la *Bible* sont les suivantes : les trois premières de l'*Ancien Testament*; celles qui ont valeur de manuscrits sont : celle de Zoucine (1488, in-fol.); le texte hébreu de la polyglotte d'Alcala (1514); l'édition de Ben Chajim, à Venise (1525). La première édition complète du *Nouveau Testament* parut avec la polyglotte d'Alcala, 1514; celle d'Érasme vit le jour en 1516. Ces deux éditions ont établi le texte généralement reçu dans celles qu'on a publiées depuis trois siècles. Dans ce nombre on distingue les éditions de Robert Estienne, de Théodore de Bèze, des Elzevirs, etc. Les Juifs ont peu traduit et peu propagé leur code sacré. Ils ne songèrent pas à le donner aux Mèdes, aux Chaldéens, aux Perses, aux Égyptiens, et ne le mirent en grec que dans les derniers siècles avant notre ère. Peut-être même n'y eussent-ils pas songé sans l'injonction que leur adressa le roi Ptolémée-Philadelphe, qui voulut enrichir de quelques volumes de plus la riche bibliothèque du musée d'Alexandrie. Cette version reçut de ses auteurs le nom de *Septante*. La première version latine, revue par saint Jérôme, fut reçue généralement dans l'Église sous le nom de *Vulgate*. Au seizième siècle, la réforme de l'Église a multiplié les éditions du volume sacré et ses traductions en langue vulgaire. La version de Luther, faite en langue allemande, a servi de base à la plupart de celles des peuples du Nord qui ont embrassé la doctrine du réformateur. La plus ancienne version française est celle de Pierre de Vaux, chef des hérétiques vaudois, qui vivait vers l'an 1160. En 1612 parut la version de Le Maistre, prêtre de Port-Royal, plus connu sous le nom de Sacy, faite sur *la Vulgate*, avec des explications du sens littéral et spirituel. Cette traduction a été reproduite par dom Calmet, l'abbé de Vence et le père Carrière. Les protestants, de leur côté, ont donné un grand nombre de traductions françaises qui ont pour base l'ancienne *Bible*, dite de Genève.

BIBLIOGRAPHIE [du grec *biblios*, livre, et *graphô*, écrire]. — Science qui consiste à connaître les livres, leurs différentes éditions, leur degré de rareté, de curiosité, leur valeur intrinsèque et extrinsèque, enfin le rang qu'ils doivent occuper dans le système de classification adopté. Un goût éclairé et perfectionné par l'étude, une instruction aussi solide que variée, sont indispensables à ceux qui s'appliquent à l'étude de cette science.

L'ordre adopté dans une classification quelconque d'ouvrages, imprimés ou manuscrits, pour former une bibliothèque ou un catalogue de livres, constitue un *système de bibliographie*. On comprend qu'aucun de ces systèmes ne puisse être parfait, puisque chaque auteur en compose un selon ses idées. Néanmoins, nous mentionnerons ici les systèmes de MM. Ameilhon, Camus, Achard, Peignot, Debure, Barbier, Ersch et Girault de Saint-Fargeau.

Le système bibliographique de M. de Saint-Fargeau étant l'un des plus remarquables par sa simplicité, nous le ferons connaître en entier.

Système de M. Ameilhon. Grammaire. — Logique. — Morale. — Jurisprudence. — Métaphysique et théologie. — Physique. — Arts. — Belles-lettres. — Histoire.

Système de M. Camus. Bibliographie. — Belles-lettres. — Droit naturel et des gens. — Histoire. — Encyclopédies. — Sciences.

Système de M. Achard. Bibliographie. — Histoire. — Belles-lettres. — Sciences et arts. — Jurisprudence. — Théologie.

Système de M. Peignot. Bibliographie. — Histoire. — Philosophie. — Imagination.

Système de M. Debure. Théologie. — Jurisprudence. — Sciences et arts. — Belles-lettres. — Histoire.

Système de M. Barbier. Théologie. — Jurisprudence. — Sciences et arts. — Arts. — Belles-lettres.

M. Ersch, ancien bibliothécaire de l'université d'Iéna, a placé en tête du Répertoire universel de la littérature de 1785 à 1790, le système bibliographique le plus méthodique et le plus détaillé qu'il soit peut-être possible d'examiner. Les grandes divisions sont au nombre de seize : Littérature générale, philologie, théologie, jurisprudence, médecine, philosophie, pédagogie, science de l'homme d'Etat, science de l'homme de guerre, connaissance de la nature, connaissance des arts et métiers, mathématiques, géographie et histoire, beaux-arts, histoire littéraire, mélanges.

Système de M. Girault de Saint-Fargeau.

PREMIÈRE DIVISION. — SCIENCES.

Subdivisions. — Bibliographie. — Histoire littéraire. Belles-lettres. — Histoire. — Politique. — Philosophie. — Théologie. — Jurisprudence. — Physique.

DEUXIÈME DIVISION. — ARTS.

Subdivisions. — Arts libéraux ou beaux-arts. — Arts mécaniques.

TROISIÈME DIVISION. — ENCYCLOPÉDIES.

—

PREMIÈRE DIVISION. — SCIENCES.

Bibliographie.

Bibliologie; Traités sur les bibliothèques; Bibliographes généraux, spéciaux, particuliers, nationaux, étrangers, périodiques; Bibliographes périodiques : journaux politiques, littéraires, scientifiques, bibliographiques, ecclésiastiques; Catalogues d'ouvrages manuscrits, d'ouvrages imprimés, des bibliothèques publiques, des bibliothèques particulières, des libraires, des recueils de gravures et dessins; Dictionnaires bibliographiques; Traités sur les anonymes, pseudonymes, etc.

Histoire littéraire.

Prolégomènes historiques; Histoire des lettres et des langues; Histoire de l'imprimerie, diplomatique; Paléographie, sténographie, tachygraphie, typographie; Histoire littéraire universelle, générale ancienne, particulière ancienne, des Égyptiens, des Hébreux, des Grecs, des Romains, des peuples du Nord, des peuples de l'Orient, générale moderne, particulière moderne, d'Italie, de France, d'Allemagne, du Nord, etc.; Histoire particulière de chaque science; Mémoires littéraires; Histoire des universités, des académies et sociétés des gens de lettres; Dictionnaires littéraires.

Belles-lettres.

Logique : Art de penser, Traités sur l'entendement humain; Art de retenir, Mnémonique; Art de communiquer, Grammaire; Rhétorique : Rhéteurs et orateurs anciens, grecs, latins, modernes, français, étrangers; Poétique : Traités de l'art poétique en général, Poésie épique, didactique, satirique, lyrique, dramatique, érotique, cyclique, pastorale; Poëtes orientaux, grecs, latins, macaroniques, italiens, français anciens, modernes, provençaux et languedociens, patois divers, espagnols, portugais, anglais et écossais, allemands, russes et des peuples du Nord, américains; Fabulistes : contes, nouvelles et historiettes en vers, poésies fugitives; Prosodie : Nouvelles et contes, contes moraux, contes des fées et autres merveilleux; Romans : Traités sur les romans, Romans grecs, latins, français, gothiques, de chevalerie ou héroïques, fabuleux, allégoriques, philosophiques et moraux, galants et érotiques, politiques français et traduits de différentes langues, espagnols, italiens, allemands, anglais, américains; Facéties : Pièces burlesques, anas; Philologie et critiques : Traités sur la critique, Critiques anciens et modernes, Satires, défenses, apologies, gnomiques, sentences, apophthegmes, proverbes, hiéroglyphes, symboles, emblèmes, devises; Polygraphes ou auteurs qui ont écrit sur divers sujets en grec, en latin, en italien, en français, en allemand, en anglais; Dialogues, mélanges et entretiens sur divers sujets; Épistolaires : Traités du style épistolaire, Lettres des auteurs grecs, latins, français, étrangers traduites en français, italiens, allemands, anglais; Linguistique : Traités généraux sur les langues, Grammaires et Dictionnaires des langues orientales, grecque, latine, italienne, espagnole, portugaise, française, hollandaise, allemande, anglaise, islandaise, russe et des peuples du Nord.

Histoire.

Traités sur la manière d'écrire et d'étudier l'histoire; Cosmographie; Géographie moderne, ancienne, physique; Topographie; Hydrographie; Dictionnaires géographiques universels, de la France, des pays étrangers, Cartes géographiques et atlas; Voyages : Traités sur les voyages, Voyages autour du monde, en Europe, en Orient, en Asie, en Afrique, en Amérique, pittoresques et description des lieux, itinéraires, imaginaires et amusants; Chronologie : Chronologie technique, historique; Histoire universelle ancienne, moderne; Histoire ancienne des Égyptiens, des Assyriens, des Mèdes, des Perses et des Macédoniens; Histoire grecque, Histoire romaine, Histoire du Bas-Empire ou Bysantine; Histoire religieuse : Histoire universelle des diverses religions, Histoire ancienne de la religion des Égyptiens, des Hébreux, des Grecs, des Romains, des peuples du Nord; Histoire du peuple juif; Histoire de l'Église chrétienne : Histoire ecclésiastique générale, des conciles, des papes et des cardinaux, des ordres de chevalerie, des lieux saints et des reliques; Martyrologes et vies des saints, Histoire des ordres religieux et des églises, Histoire des hérésies, Histoire des inquisitions, Histoire des croisades, Histoire de l'islamisme, des religions indienne, chinoise, etc., des soi-disant religions modernes, quakers, théophilanthropes, saint-simoniens; Histoire moderne des différents peuples de l'Europe : Histoire de France, Histoire des anciens Gaulois et de l'établissement des Francs, Chroniques nationales, Recueils des historiens et histoires générales de France, Histoires politiques, chartes, titres et diplômes concernant l'histoire de France, Histoire des provinces et des villes de France, Histoire militaire de France, Histoire des rois de France, Histoire de la révolution française, Histoire de la révolution de 1830, Mémoires historiques concernant l'histoire de France, Histoire d'Italie, de la Suisse, de Genève, des Pays-Bas, d'Allemagne, d'Espagne, de Portugal, d'Angleterre, d'Écosse, d'Irlande, des peuples du nord de l'Europe, des Arabes, des Sarrasins, des Turcs et des Grecs; Victoires, conquêtes et revers des différents peuples, Histoire héraldique et généalogique, Histoire moderne d'Asie, d'Afrique, d'Amérique, de la mer du Sud; Dictionnaires historiques des religions; Antiquités (voy. aussi Beaux-Arts, Archéologie) : Mœurs et usages des anciens, Usages civils et militaires, religieux, civils et militaires des Orientaux, des Grecs, des Romains, des Gaulois et autres peuples; Biographie : Vies des hommes illustres de l'antiquité, Biographies universelles, des hommes modernes, des contemporains, des hommes vivants, Annuaires nécrologiques; Dictionnaires historiques et biographiques.

Politique.

Traités généraux; Politique des anciens; Traités sur l'art de gouverner; Différents systèmes de gouvernement; Constitutions des différents peuples; Sociétés politiques; Police; Économie politique : Administration publique, industrie, commerce, navigation (voy. aussi Mécanique), luxe, finances, contributions, monnaies, poids et mesures, statistique, population, mendicité, colonies.

Philosophie.

Traités généraux de philosophie; Histoire de la philosophie et des philosophes : Philosophes anciens, grecs, latins, Philosophes modernes; Éthique ou morale : Moralistes anciens, modernes, Mœurs et passions, Mélanges de philosophie morale; Métaphysique : Traités généraux de métaphysique, psychologie, idéologie, erreurs de l'esprit humain, astrologie, alchimie (voy. Chimie), magie, cabale, sorciers; Economie : Traités généraux sur l'éducation, Instruction publique et particulière.

Théologie.

Théologie naturelle ou Théodicée : Théisme, panthéisme, théophilanthropisme, owennisme, saint-simonisme; Théologie surnaturelle ou révélée : Théologie juive et chrétienne, Textes et versions de la Bible, Bibles polyglottes, hébraïques, Versions grecques, latines, françaises, en différentes langues; Histoires et figures de la Bible, Écrits et Évangiles apocryphes, Interprètes et commentateurs, Harmonies, concordance, dictionnaires de la Bible; Philologie sacrée, Vérités de la religion chrétienne, Ouvrages pour et contre la religion chrétienne, Opinions particulières, Liturgies et recueils de prières, Conciles, décrétales, bulles; Saints Pères grecs et latins, Collections ou extraits des saints Pères, Théologie scolastique, morale, mystique; Catéchistes, Sermonaires, Traités sur l'Église romaine, etc.; Controverses sur la morale des jésuites, Cérémonies, superstitions; Traités sur le ciel, l'enfer, etc.; Hétérodoxes : Églises grecque d'Orient, chaldéenne ou nestorienne, monophysite ou eutychienne, jacobite, copte, arménienne, maronite; Église latine ou d'Occident, unitaires, ariens, sociniens, unitaires proprement dits; Trinitaires, protestants, luthériens, calvinistes; Anglicans; Mystiques et enthousiastes, congrégationistes, arminiens, ménonites, quakers, hernnhuters ou frères moraves, swedenborgiens, méthodistes; Judaïsme; Théologie, mahométisme ou islamisme : Sonnites, schyxtes, yzidis, wahhabis; Théologie de divers peuples de l'Asie : Brahmanisme, bouddhisme, doctrine de Confucius, naturalisme mythologique, religion de Sinto, magisme ou religion de Zoroastre, nanekisme, sabéisme, fétichisme, mythologie païenne, ossianique.

Jurisprudence.

Introduction à l'étude du droit, et Traités généraux sur les lois; Droit de la nature et des gens; Droit des gens entre les nations; Droit politique (voy. aussi Politique); Mémoire, négociations et traités de paix; Droit maritime; Droit civil et criminel : Droit romain, Droit français ancien, coutumes, etc.; moderne; Droit étranger, italien, espagnol et portugais, allemand, des peuples du Nord, anglais, asiatique, africain et américain; Droit ecclésiastique : Traités généraux, Droit canonique ancien, Traités de la hiérarchie de l'église et de la primauté du pape, etc., Traités de la puissance ecclésiastique et royale, Traités du célibat des prêtres et de la police de l'Église, Capitulaires, pragmatiques, concordats et libertés de l'Église gallicane, Traités des droits et prérogatives des Églises de France, Règles, constitutions et privilèges des monastères, des ordres religieux et militaires; Droit ecclésiastique étranger, Lettres du pape, canons, décrétales et bulles; Traités pour et contre l'autorité ecclésiastique; Dictionnaires et répertoires de jurisprudence.

Physique.

Physique générale : Mathématiques; Mathématiques pures : Arithmétique, algèbre, géométrie; Mathématiques appliquées : Mécanique, Traités généraux, statique et dynamique, hydrostatique et hydrodynamique, hydraulique, Recueils de machines, Hydrographie ou science de la navigation, et architecture navale; Optique, Acoustique, Pneumatique; Astronomie : Astronomes anciens, Histoire et traités généraux et élémentaires, Système du monde et mécanique céleste, Traités particuliers sur le soleil, les planètes, les étoiles fixes, etc.; Observations et tables astronomiques, Cosmographie, usages de la sphère, Gnomonique et atlas célestes, Dictionnaires d'astronomie; Physique particulière : Physique proprement dite, Cours et traités généraux, Traités particuliers sur différentes branches de la science, Météorologie, Traités des fluides aériformes, Traités sur la lumière et le calorique, Traités sur l'électricité, le magnétisme, le galvanisme; Physique expérimentale, Physique récréative, Instruments de physique, Mélanges de physique, Dictionnaires de physique; Chimie : Traités généraux et particuliers, Chimie appliquée aux arts et à l'agriculture, Dictionnaires de chimie, Alchimie; Histoire naturelle : Traités généraux et élémentaires, Traités particuliers, Histoire naturelle de la terre, des montagnes, des volcans; Histoire naturelle particulière des différents pays, Dictionnaires d'histoire naturelle, Cabinets et collections d'histoire naturelle; Zoologie (*règne animal*) : Histoire générale des animaux, Animaux vertébrés, mammifères, oiseaux, reptiles, poissons; Animaux invertébrés, mollusques; Animaux articulés, insectes, arachnides, crustacés, annelides; Animaux rayonnés, zoophytes; Anatomie de l'homme, des animaux; Physiologie; Médecine : Hygiène, pathologie, thérapeutique, médecine légale, matière médicale, chirurgie, pharmacie; Art vétérinaire et hippiatrique : Traité sur l'éducation des animaux; Botanique (*règne végétal*) : Traités généraux et élémentaires, Botanique proprement dite, Physique végétale, Botanique appliquée, Catalogues des plantes, Recueils de figures des plantes, des fleurs; Herbiers, Systèmes de botanique; Agriculture : Traités généraux, Agriculture théorique, pratique; Jardinage; Dictionnaire d'agriculture et de botanique; Minéralogie (*règne minéral*) : Traités de géologie, Traités généraux et élémentaires de minéralogie, Traités particuliers, Traités des minéraux de différents pays, Marbres, cristaux et pierres précieuses; Métallurgie et exploitation des mines, Eaux minérales, École des mines.

DEUXIÈME DIVISION. — ARTS.

Arts libéraux, ou Beaux-Arts.

Traités généraux et particuliers; Dictionnaires des beaux-arts; Peinture : Traités généraux et élémentaires, Traités sur différents genres de peinture, Art du dessin, Perspective, Iconographie, Galeries et cabinets de tableaux; Gravure : Traités généraux et particuliers, Recueils d'estampes d'après des tableaux et des dessins, Recueils de gravures par écoles, de costumes; Catalogues de gravures et dictionnaires des graveurs; Lithographie; Sculpture; Architecture : Traités généraux anciens et modernes, élémentaires, particuliers sur différentes parties de l'architecture civile; Architectures militaire, navale (voy. aussi Mécanique), rurale; Jardins d'agrément; Archéologie : Traités généraux, Recueils de monuments antiques de tous genres, Description des cabinets de monuments antiques, Antiquités d'Herculanum et de Pompéia, Monuments d'architecture de différents pays, Obélisques, pyramides, arcs de triomphe, etc.; Peinture, Mosaïques, Sculpture, Glyptographie, ou pierres gravées; Instruments, meubles et ustensiles; Numismatique, Inscriptions et marbres, Mémoires des sociétés d'antiquaires, Dictionnaires d'antiquités; Musique : Histoire de la musique, Auteurs anciens, Traités généraux et particuliers sur la théorie de la musique, Dictionnaires de musique, Traités sur la musique vocale, instrumentale; Œuvres de musique; Art militaire : Traités sur l'art militaire des anciens, des modernes; Tactique et stratégie, Tactique navale, Génie, fortifications, attaque et défense des places; Artillerie, Pyrotechnie, Génie des ponts et chaussées, Histoire des opérations militaires; Gymnastique : Équitation, escrime, natation, danse, chasses et pêches; Jeux de société, de hasard et de calcul.

Arts mécaniques.

Arts de nécessité, ou industriels : Traités concernant différentes parties de l'art du bâtiment, Taillanderie, forgerons, armes, mécaniciens; Tannerie et mise en œuvre des cuirs, Savonnerie, blanchisserie, etc.; Charronage et instruments aratoires, Filatures et fabriques de tissus divers, Poterie, briqueterie, porcelaine, cristaux; Papeteries, Art alimentaire et culinaire, Forges, fonderies et verreries; Arts industriels divers : Arts de luxe, Orfévrerie, bijouterie, joaillerie, etc.; Bronze et horlogerie, Ébénisterie, Sellerie et carrosserie, Arts de luxe divers.

TROISIÈME DIVISION. — ENCYCLOPÉDIES.

Encyclopédies par ordre alphabétique; Encyclopédies par ordre de matières; Mémoires des sociétés savantes.

Le bibliographe, qu'il ne faut pas confondre avec le *bibliomane* (voy. ce mot), est celui qui, versé dans la connaissance des livres, des éditions et même des manuscrits anciens, sait encore appliquer son savoir et son talent à l'appréciation du mérite littéraire des livres. Le bibliographe digne de ce nom, dit A. Barbé, sera celui qui, préférant les bons ouvrages à ceux qui ne sont remarquables que par leur rareté ou leur bizarrerie, aura puisé une véritable doctrine dans les meilleurs auteurs anciens et modernes, et saura communiquer aux personnes qui le consulteront les renseignements les plus capables de les bien diriger dans les études auxquelles elles voudront se livrer.

Les anciens ne nous ont laissé aucun ouvrage de bibliographie proprement dite. Le premier de ce genre que nous connaissions est la *Bibliotheca mundi* de Vincent de Beauvais, contemporain du roi saint Louis. Longtemps négligée comme toutes les autres sciences, la bibliographie fut étudiée en France par Duverdier et Lacroix du Maine, au seizième siècle; elle doit beaucoup aux travaux de G. F. Debure (*Bibliographie instructive*, 1763-68), d'A. Barbier (*Nouvelle Bibliothèque d'un Homme de goût*, 1808-10; *Dictionnaire des Anonymes et des Pseudonymes*, 1806), de Peignot (*Manuel bibliographique*, 1800), de Quérard (*la France littéraire*, 1817-31, qui se continue sous le titre de *Littérature française contemporaine*), et surtout de Brunet, l'auteur du *Manuel du Libraire*, ouvrage devenu classique. La *Bibliographie de la France*, journal de la librairie, rédigé depuis 1811; le *Journal général de la Littérature de France* et le *Journal général de la Littérature étrangère*, publiés tous deux par Treuttel et Wurtz, permettent de suivre assez bien d'année en année les progrès de la bibliographie.

DE JÉMONVILLE.

BIBLIOMANE [du grec *biblos*, livre, et de *mania*, manie]. — On donne ce nom à celui qui a la fureur de posséder des livres, bien moins pour s'instruire que pour le plaisir de les avoir. Le bibliomane ne connaît ordinairement les livres que par leur titre, leur frontispice et leur date; il s'attache aux bonnes éditions, et les poursuit à quelque titre que ce soit; la reliure surtout le séduit, soit par son ancienneté, soit par sa beauté. Il y a des bibliomanes qui acquièrent des livres dans tous les genres indistinctement; d'autres qui s'attachent à une certaine classe de livres; c'est ainsi que l'on a vu un fou qui avait conçu une passion extrême pour tous les livres d'astronomie, quoiqu'il ne sût pas un mot de cette science. Il les achetait à tout prix, et les enfermait dans une caisse, pour ne plus leur laisser voir le jour. Un prince allemand avait formé le projet de réunir toutes les éditions de la *Bible*; il en avait déjà 8,000 lorsque la mort vint le surprendre; il ne lui en manquait plus que 2,000. Un Anglais avait 333 belles éditions d'Horace; il ne les touchait point, il les laissait encore moins toucher; et lorsqu'il voulait lire son auteur chéri, il allait chez son voisin emprunter une édition commune.

BIBLIOTHÈQUE [du grec *biblos*, livre, et de *thékê*, boîte]. — Ce que nous avons dit des *Archives* peut également s'appliquer aux bibliothèques. Elles furent nombreuses et importantes chez les peuples qui parvinrent à un degré avancé de civilisation. La plus ancienne bibliothèque sur laquelle on possède quelques notions, qui nous ont été conservées par Diodore de Sicile, est celle du roi Osymendias; ce monarque l'avait formée à Thèbes d'Égypte, capitale de son royaume, vers le vingtième siècle avant J. C. Une bibliothèque analogue existait dans le palais de Sésostris III, son successeur, au seizième siècle avant l'ère chrétienne. Cette bibliothèque était placée dans une des salles qui servaient d'habitation à ce monarque; elle était ornée de peintures représentant le dieu des sciences et des arts, Thoth à tête d'ibis, et la déesse Saf, sa compagne, portant le titre de *Dame des lettres* et *Présidente de la salle des livres* (Lettres écrites d'Égypte par Champollion). Les chroniques et les rituels religieux sont les seuls ouvrages de ces bibliothèques qui soient arrivés jusqu'à nous. On ne sait rien des bibliothèques des successeurs de Sésostris, en Égypte, jusqu'au temps du règne de la famille des Ptolémée. Ptolémée-Soter fonda la bibliothèque d'Alexandrie, devenue si célèbre par la richesse de ses collections de livres. Démétrius de Phalère en était le bibliothécaire; il fit venir des ouvrages d'histoire de toutes les parties du monde connu, et, à la mort de Ptolémée-Soter, cette bibliothèque possédait plus de cent mille volumes. Zénodote succéda à Démétrius, sous le règne de Ptolémée-Philadelphe; il fit acheter par le roi les bibliothèques particulières d'Aristote et de Théophraste, et les réunit à celle d'Alexandrie. A cette même époque, Manethon écrivait, d'après les archives égyptiennes, les tableaux chronologiques des rois de cette contrée, et les livres des Hébreux étaient traduits en grec. La bibliothèque d'Alexandrie avait pris un si grand développement sous le règne d'Evergète II, qu'il fut nécessaire d'établir dans cette ville une seconde bibliothèque; les œuvres de Sophocle, d'Euripide, d'Eschyle, etc., en furent l'un des plus grands ornements. Elle était placée dans le temple de Serapis ou *Serapeïon*; mais César, en ordonnant d'incendier la flotte égyptienne, lors du siége d'Alexandrie, fut cause de la destruction de la première de ces collections. P. Orose assure que quatre cent mille volumes devinrent la proie des flammes. On reforma une nouvelle bibliothèque dans le même palais, et elle dut son plus important accroissement à Cléopâtre, qui avait reçu de Marc-Antoine tous les livres pris par lui à Pergame. Après avoir été pillée et rétablie plusieurs fois pendant la domination romaine en Égypte, cette précieuse bibliothèque du *Serapeium*, ainsi que la grande bibliothèque d'Alexandrie, furent entièrement détruites, vers l'an 650 de notre ère, par les Arabes, devenus les conquérants de la terre des Pharaons.

Les bibliothèques particulières étaient, en général, très-peu du goût des Chinois; le gouvernement suppléait à cette indifférence des peuples pour les livres en fondant de vastes établissements. En l'an 502 de notre ère, la bibliothèque de l'empereur Lean passait pour contenir trois cent soixante-dix mille volumes; mais beaucoup de ces livres se sont perdus depuis, et l'on ne possède pas de notions exactes sur l'état des bibliothèques modernes dans un pays où les livres sont nombreux et d'un prix modique. Les Birmans avaient aussi une belle bibliothèque dans la ville d'Ummerapoura, capitale du royaume d'Ava; elle était composée surtout d'ouvrages en écriture pali et concernant l'ethnologie, l'histoire et la poésie.

Les Phéniciens acquirent par la navigation et le commerce des connaissances étendues en géographie et en astronomie; il est donc permis de supposer que les ouvrages relatifs à ces deux sciences faisaient le principal ornement de leurs bibliothèques, car les historiens anciens parlent peu des livres recueillis par ce peuple. Ctésias assure, au contraire, que les Persans furent plus curieux de posséder des livres que les Phéniciens. La bibliothèque de Suze avait même une certaine célébrité du temps de Diodore de Sicile. Les Hébreux n'eurent des livres qu'après la mort de Moïse, époque à laquelle on s'occupa à recueillir ses écrits; plus tard, on y ajouta ceux de Josué et des Prophètes. Il en existait des exemplaires authentiques dans le sanctuaire du temple de Jérusalem; mais ils furent brûlés lors de la prise de cette ville par les Babyloniens. Néhémie et Esdras rassemblèrent de nouveau, après la captivité du peuple de Dieu à Babylone, les livres sacrés; mais ils subirent, lors de cette nouvelle transcription, des modifications que l'on reconnaît facilement. Du reste, les Hébreux, peu lettrés, s'occupèrent rarement des sciences.

Chez les Grecs, les premières collections de livres connues furent celles de Polycrate, à Samos, et de Pisistrate, à Athènes. Les poëmes, les chants populaires et les livres d'histoire s'y remarquaient en grand nombre; et les savants auxquels Pisistrate confia la garde de ses livres étaient en même temps chargés de rechercher et de recueillir les poëmes que le peuple chantait généralement. Xerxès, avant de brûler Athènes, ordonna d'emporter cette précieuse bibliothèque et la fit transporter en Perse, où elle resta jusqu'au règne de Séleucus-Nicator. A cette époque, les Grecs en obtinrent la restitution. Bientôt après, des collections rivales furent formées, entre autres celle de Cnide, composée d'œuvres de médecine, et les bibliothèques particulières d'Euclide, de Nicocrate, d'Euripide, d'Aristote, etc. Les couvents de la Grèce chrétienne ont toujours possédé des bibliothèques riches en manuscrits; mais elles ont été dévastées ou vendues et les ouvrages dispersés; à peine ces maisons religieuses conservent-elles aujourd'hui les livres indispensables au culte.

Asinus Pollion fonda la première bibliothèque chez les Romains; ordinairement elles occupaient l'*atrium* des temples. Le temple de la Liberté, celui d'Apollon, d'Octavie, de la Paix, etc., possédaient de riches bibliothèques; les incendies de la ville de Rome sous Néron, Tibère, etc., consumèrent tous les livres qu'elles contenaient. Trajan réunit une belle collection de livres; Pline le Jeune et Sammonius-Serenius en eurent aussi de très-riches. L'empereur Constantin, en transportant le siége de l'empire dans l'ancienne Bysance, y fonda aussi une bibliothèque, qui fut détruite, en 727 de J. C., par Léon l'Isaurien; celle que réunit Constantin-Porphyrogénète eut le même sort, par ordre d'Amurat IV, après la prise de Constantinople par les Turcs. Depuis cette époque, quelques livres turcs, arabes et persans, ont été réunis dans la bibliothèque du sérail; on croit qu'au commencement du siècle dernier leur nombre était de quinze mille. Le calife Haroun-al-Raschid et son fils Abdalla-al-Mamoun passent pour avoir été parmi les musulmans ceux qui ont le plus recherché les livres. A Fez, à Maroc, dans l'Andalousie, pendant la domination arabe, il y eut de belles bibliothèques, dont l'Escurial hérita en grande partie.

L'Europe moderne a voulu surpasser ce que nous ont raconté des belles bibliothèques les historiens de l'antiquité. A Rome, les papes fondèrent la bibliothèque du Vatican, qui dut les six mille premiers ouvrages qu'elle posséda à la munificence du pape Nicolas V, vers 1450; dispersée plusieurs fois, transportée à Avignon, reportée ensuite au Vatican, elle s'accrut rapidement par des cadeaux provenant de quelques églises de France et de Rome, des collections réunies par la reine Christine, l'Électeur palatin, etc. Les autres bibliothèques particulières de la capitale de la chrétienté ne figureront pas dans cette courte nomenclature; car les princes et grands seigneurs qui en étaient propriétaires en ont, en général, vendu les raretés bibliographiques et paléographiques pour les remplacer par de nombreux livres imprimés qu'ils ne consultent pas plus souvent. A Florence, au seizième siècle, les Médicis fondèrent une bibliothèque devenue depuis la rivale de celle du Vatican. A Milan, Frédéric Boromée en institua une qui prit le nom d'Ambroisienne, à cause du monastère dans lequel elle était déposée. Nous ne devons pas oublier ensuite celles de Mantoue, de Turin, de Padoue, de Ferrare, de Bologne, de Saint-Marc à Venise, du Roi à Naples, du Mont-Cassin, qui toutes eurent, à divers degrés, leur moment de splendeur et de célébrité, qu'elles ont perdu en partie depuis.

L'Allemagne compte avec orgueil parmi ses plus riches bibliothèques celle de l'Empereur, à Vienne, fondée en 1430, par Maximilien. Berlin, Francfort, Leipzig, Augsbourg, et surtout Wolfembutel, prennent rang après celle de Vienne.

L'Académie de Saint-Pétersbourg possède une très-belle collection de livres, chinois principalement. Celle du roi de Suède et celle de l'Université d'Upsal; la Bibliothèque Royale et celle de l'Université, à Copenhague; celles de Kiel, d'Amsterdam, de Leyde, d'Utrech, de Bruxelles, Berne, Bâle, Zurich, Saint-Gall et Genève, ont aussi de la célébrité.

La bibliothèque Bodléienne est la plus riche de celles d'Angleterre; mais elle ne fut publique qu'en l'année 1602. L'Université d'Oxford et le British Museum, à Londres, l'Escurial en Espagne, compléteront cette énumération des plus riches bibliothèques étrangères.

En France, les villes entretiennent les bibliothèques publiques qu'elles possèdent avec les ressources ordinaires de leur budget; l'État leur distribue gratuitement une partie des livres auxquels il souscrit, et les doubles de ceux qui proviennent du dépôt légal. Parmi les plus anciennes bibliothèques de France, on a cité celle qu'avait formée, au cinquième siècle, Loup, professeur à Périgueux, Magnus, consul à Narbonne, Aurice, évêque de Limoges, Tonance Feweol, près de Nîmes. Au septième siècle, l'abbaye de Fontenelle avait une collection de manuscrits qui fut enrichie par les papes. Charlemagne en établit une à Saint-Gall d'abord, puis une seconde à l'île Barbe, près de Lyon. La bibliothèque de l'abbaye de Pontevi, en Bretagne, se composait d'environ deux cents volumes, et celle de Fontenelle, près Rouen, n'en comptait qu'une trentaine. Le premier règlement relatif à une bibliothèque dont on connaisse le texte date de l'an 1145; Udon, abbé de Saint-Père de Chartres, régla l'usage qui devait être fait des livres de l'abbaye et leva un impôt sur tous les obédienciers de l'abbaye, dont le produit était destiné à accroître cette bibliothèque. Mais saint Louis fut le premier qui, après avoir ordonné de copier et traduire les livres saints, pensa à former une bibliothèque, qu'il voulut rendre publique. Il joignit à ces ouvrages les chroniques, poëmes et romans. Malheureusement, ce monarque suivit les usages de ses prédécesseurs sur le trône de France : il disposa d'une partie de ses livres, et le surplus fut compris dans l'inventaire des objets qui devaient être vendus. En rappelant les principaux traits de l'histoire de la Bibliothèque, aujourd'hui impériale, nous dirons aussi les progrès que firent en France les bibliothèques publiques. Ajoutons seulement que les plus importantes bibliothèques des départements sont celles de Lyon, de Bordeaux, d'Aix, de Strasbourg, Rouen, Marseille, Grenoble, Versailles, Cambrai, Amiens. Leur nombre total est de deux cents environ, renfermant plus de trois millions cinq cent mille volumes.

Bibliothèque Impériale (rue de Richelieu). — On a conservé, en général, aux bibliothèques d'Europe, le nom de leur fondateur; s'il en avait été ainsi pour celle dont nous allons parler, il n'y aurait pas plus d'incertitude sur son origine que de difficulté pour la désigner exactement. Cette bibliothèque s'est appelée successivement Bibliothèque *du Roi, Nationale, Impériale, du Roi, Royale, Nationale,* et de nouveau *Impériale.* Un décret de 1852 a conservé au Palais-Royal sa dénomination; pourquoi toujours changer celle de la plus riche collection de livres qui existe en Europe? Nous avons dit que jusqu'au règne de saint Louis, tous les rois de France disposèrent de leurs bibliothèques. Cependant, Jean II, qui fut un des monarques qui rassembla le plus grand nombre de livres, les légua au roi Charles V, son fils. Ce prince en réunit beaucoup d'autres, et mit sa bibliothèque à la disposition des seigneurs, des littérateurs et savants de son règne, auxquels il les prêtait avec une certaine libéralité; un inventaire en fut dressé, en 1373, par Gilles Malet, son bibliothécaire. Cette bibliothèque, qui comptait au plus 900 volumes manuscrits, fut emportée à Londres par le duc de Bedford, pendant qu'il occupait la ville de Paris au nom des Anglais, durant les premières années du quinzième siècle. Rachetés en grande partie par Charles, duc d'Orléans, et par Jean, duc d'Angoulême, pendant leur captivité en Angleterre après la bataille d'Azincourt, ces livres furent portés à Blois et à Angoulême, et, après la mort de ces princes, on les réunit à la bibliothèque du roi François Ier, au château de Fontainebleau. On remarquait alors dans ce château, en outre des deux bibliothèques dont nous venons de parler, les manuscrits rapportés de Naples par Charles VIII, ceux de la bibliothèque des ducs de Milan, pris par Louis XII à Pavie, et les collections particulières de Pétrarque, du seigneur de la Guituse, des princes de la maison de Bourbon, après le procès fait au connétable, enfin la collection de livres qui avait appartenu à Louise de Savoie, mère de François Ier, et les volumes grecs, au nombre de soixante, rapportés de ses voyages par Gérôme Fondule. Les manuscrits en cette langue et en dialectes orientaux furent dès lors vivement recherchés; la bibliothèque de Fontainebleau en possédait, à la fin du règne de François Ier, 400 grecs et 40 orientaux. Cet illustre monarque avait créé aussi, en faveur de Guillaume Budé, la charge de maître de la librairie du roi. Henri II ordonna, par lettres patentes de l'année 1556, de déposer à sa bibliothèque un exemplaire sur vélin de tous les livres imprimés par privilége. Ce fut une source très-grande d'accroissement pour cette collection; mais, pendant la Ligue, elle perdit la plus grande partie de ses richesses. Henri IV en fit transporter les débris à Paris et les plaça au collége de Clermont. La Bible de Charles le Chauve, l'un des plus admirables monuments paléographiques de la seconde race, fut alors achetée de l'abbé de Saint-Denis, ainsi que 800 manuscrits qui provenaient de la bibliothèque de Catherine de Médicis. La bibliothèque du roi changea encore une fois de local; elle fut transportée dans le monastère des cordeliers, et bientôt après, par ordre de Louis XIII, rue de la Harpe, chez les religieux de Saint-Côme. Les principaux accroissements, pendant le dix-septième siècle, furent 418 volumes, dont 150 grecs, achetés de la succession de Philippe Hurault, évêque de Chartres; 200 manuscrits vendus au roi par les frères Dupuy; 1,923 par le comte de Béthune; 400 par le comte de Brienne; 10,000 par la veuve Dufresne; 13,000 confisqués après la condamnation de Fouquet; 2,156 manuscrits et 3,660 ouvrages imprimés échangés avec la Bibliothèque Mazarine contre des livres doubles de celle du Roi; enfin, les bibliothèques particulières de Jacques Galois, de Gilbert Gaulmies, de Jacques Mental, des Carmes de la place Maubert, de Bassini (700 volumes), de Mézeray, de Chantereau le Fèvre, de Jacques Dupuy, du collége de Foix, les livres grecs (62 manuscrits) envoyés du Levant par Monceaux, de Portugal par le ministre du roi (250 volumes); 340 volumes de copies de titres originaux faites dans les archives du midi de la France, par le président Doat, et 180 relatifs à la Flandre par Godefroy; 620 manuscrits en toutes langues, rapportés par le voyageur Vansleb, vinrent augmenter cette belle collection. Il faut ajouter à cette liste, fort incomplète encore, les livres donnés au roi par l'empereur de la Chine, et ceux qui furent achetés, par ordre de Louvois, en Angleterre, en Hollande, en Suède, en Espagne et en Italie. Galland en rapporta également du Levant un grand nombre.

Vers 1692, on signala à l'attention des savants le premier manuscrit palimpseste que venait de reconnaître le bibliothécaire Boivin; ce volume contenait un texte des œuvres de saint Ephrem, transcrit au quatorzième siècle; mais les feuillets de parchemin, avant de recevoir le texte récent, avaient été lavés et grattés, afin de faire disparaître l'écriture très-ancienne qu'ils contenaient; on étudia alors les moyens chimiques de faire réparaître cette première écriture, et de nos jours on y est parfaitement parvenu. Les savants travaux de l'illustre cardinal Maï sont le résultat d'opérations chimiques analogues faites sur les palimpsestes de la bibliothèque du Vatican. Le cardinal a publié tous les textes ainsi nouvellement restitués.

La Bibliothèque du Roi avait été transportée depuis quelque temps (1666) rue Vivienne, dans une maison appartenant à Colbert, et deux sections nouvelles avaient complété cet établissement digne des rois de France, en ajoutant aux livres manuscrits et aux livres imprimés un cabinet des médailles et antiques, dont le premier fonds venait des objets rares et des médailles recueillis par les rois de France, surtout depuis le seizième siècle, et par Gaston, duc d'Orléans, frère de Louis XIII. L'autre se composait des estampes et planches gravées ayant une même origine. Les cabinets particuliers de Pellerin et de Mariette enrichirent bientôt ces deux mêmes collections.

Les bâtiments de l'hôtel de Nivernais, rue de Richelieu, furent appropriés spécialement pour la Bibliothèque du Roi en 1724; mais il devint nécessaire de modifier considérablement les dispositions intérieures de l'hôtel dans lequel Mazarin avait fait son séjour habituel. C'est dans ce nouveau local qu'on réunit les richesses littéraires dont les rois de France recommandaient de doter la capitale de leur royaume. Parmi les accroissements notables de la Bibliothèque soit par des acquisitions ou par des dons volontaires, les plus importants du dix-huitième siècle furent : les 558 manuscrits de Louvois; 275 manuscrits de Faure, docteur de Sorbonne; 450 de Linévy Bigot; 109 volumes ou liasses de pièces généalogiques ou historiques, confisqués à d'Haudiquier, et provenant des historiographes Duchesne; 18,000 portraits gravés, légués par le sous-bibliothécaire Clément; 290 volumes achetés à Tévenot, et les collections considérables léguées par Gaignières, d'Hozier, Bignon, Baluze, Lamare; les livres des Chinois achetés des prêtres des missions étrangères; les collections de Thorcy, Targuy, Fontanieu, Saint-Martial, de Limoges, N. Dame, de Paris, Serilly, du Cange, Lanulat, Cangé, de Mesmes, la Vallière, et surtout celle qui provenait de Colbert, composée de plus de 10,000 volumes; le cabinet d'estampes de Biringhem et celui d'objets antiques de de Boze ne doivent pas être passés sous silence.

Lorsque la révolution de 1790 éclata, la Bibliothèque du roi possédait 152,000 volumes imprimés et 30,000 manuscrits, indépendamment d'une série considérable de cartons contenant des pièces isolées. Son budget ordinaire était de 130,000 livres; des hommes illustres dans la science ou la politique portèrent successivement, depuis Guillaume Budé, le titre et occupèrent l'emploi de garde de la Bibliothèque du Roi; sous leurs ordres étaient des savants qui s'occupaient spécialement des livres imprimés, des manuscrits, des estampes et des antiques. Le public était admis deux fois par semaine; il était peu nombreux, et cependant les archives de cet établissement et l'*Essai historique* publié par Leprince, avaient déjà enregistré de graves abus et des actes de déprédations commis par les étrangers qui fréquentaient cet établissement. Saint-Léger publia alors un mémoire sur la conservation des bibliothèques, et l'abbé Barthélemy en présenta un autre à l'Assemblée constituante, dans lequel il déclarait que le moyen le plus certain de conservation était de ne rendre jamais l'établissement public. M. de Boze, son prédécesseur, s'était fait, disait-il, une règle d'en défendre l'entrée au public, et il ne l'avait jamais montré sans être pénétré de frayeur! Mais les orages politiques qui agitaient la France devaient aussi retentir dans l'intérieur du sanctuaire paisible des lettres et des arts. La hideuse délation partit de l'intérieur même de cette administration pour signaler à l'animadversion des patriotes les fonctionnaires de la Bibliothèque. Un employé secondaire, appuyé par un professeur du collége de France nommé Villebrune, se chargea de ce triste emploi. Six conservateurs furent arrêtés et emprisonnés pendant plus de huit mois. Ils furent remplacés par un journaliste virulent, du nom de Carra, par le délateur Villebrune et le comédien Bélissin; on ne dit pas quelle fut la récompense accordée à l'employé associé de Villebrune; il eut sans doute une augmentation de traitement. Les deux premiers n'occupèrent pas longtemps leur emploi : on n'hérite pas de ceux qu'on a égorgés. Quant au comédien, on lui tint compte de ses bonnes intentions, et on lui accorda une pension de retraite après la réorganisation de la Bibliothèque. C'est à cette époque que le représentant Rome proposa d'envoyer à la Monnaie pour y être fondues toutes les médailles et antiques de la Bibliothèque; mais ce projet fut repoussé par la Convention.

Enfin, le 25 vendémiaire an IV, une loi organisa une nouvelle administration de la Bibliothèque du Roi, devenue *nationale*; elle fut confiée à huit conservateurs d'un mérite reconnu, *liés entre eux par les liens de la fraternité*, dit le rapport, et qui délibéraient à la majorité sur toutes les questions relatives à cet établissement. C'étaient Langlès, la Porte du Theil, Legrand d'Aussy, Barthélemy, Millin, Caperonnière, Van Praël et Joly. Quelques mois après, le gouvernement ordonna de transporter à la Bibliothèque Nationale tous les livres et manuscrits placés dans des dépôts provisoires dits *nationaux*, et provenant des émigrés et des établissements religieux supprimés. Cette opération se fit sans précaution et sans contrôle; les conservateurs n'avaient pas de local préparé et ne purent constater si les ordres du gouvernement avaient été exécutés avec exactitude et fidélité. Ce ne fut que quelque temps après que l'on reconnut des confusions regrettables, des erreurs graves. En même temps arrivaient à la même bibliothèque les livres imprimés, les manuscrits, les estampes, les médailles, choisis par des commissaires spéciaux envoyés dans les États dont nos armées victorieuses occupaient le territoire. L'Italie, l'Allemagne, l'Espagne, le Portugal, contribuèrent tour à tour, et aux dépens de leurs collections, à enrichir la Bibliothèque Nationale; mais nous ne mentionnerons pas les plus beaux monuments de paléographie ou de glyptique, que l'on vit alors arriver à Paris, pour ne pas être obligés de dire que presque tous ont été rendus, contrairement aux capitulations de Paris en 1815, et en vertu de cette loi si ancienne de la raison du plus fort, qui elle-même nous avait procuré ces raretés archéologiques. Quant aux monuments et aux collections régulièrement acquis par la Bibliothèque, nous aurons occasion de les mentionner en parlant bientôt de chacune des sections spéciales de cet établissement.

Les liens de la fraternité, dont la Convention nationale croyait avoir doté les conservateurs de la Bibliothèque, ne furent pas de longue durée. Des difficultés administratives engagèrent en l'an IX Lucien Bonaparte, alors ministre de l'intérieur, à modifier l'organisation de cet établissement; mais son arrêté ne remédiait pas au mal réel, et il fut rapporté. L'empereur Napoléon s'occupa bientôt après du projet de transférer la Bibliothèque au Louvre, mais il n'y donna aucune suite. Toutefois, il consacra des sommes importantes à faire acheter les livres imprimés en France depuis 1785, et qui n'avaient pas été déposés. La Restauration modifia plusieurs fois en partie l'administration républicaine de la Bibliothèque, sans lui enlever ses plus importantes attributions; elle avait encore le droit de présentation aux fonctions de conservateur et de nomination aux autres emplois de tous grades, la discussion du budget et celle des acquisitions; seulement, les décisions du conservatoire de la Bibliothèque n'étaient valables qu'après l'approbation du ministre responsable. La Bibliothèque eut successivement l'abbé Barthélemy, Millin, Gosselin et Dacier pour présidents-directeurs. Les ressources du budget annuel de cet établissement étaient loin de suffire aux besoins que le développement des études scientifiques et littéraires en Europe avaient créés pour la Bibliothèque du Roi. Les reliures et les acquisitions furent surtout fort négligées pendant les premières années de la Restauration. Il existait à cette même époque dans les combles de la Bibliothèque, une masse de parchemins entassés sans ordre, provenant d'une vente aux enchères faite, vers 1780, par l'ancienne chambre des comptes de Paris. Cette portion avait été achetée par Beaumarchais, qui s'en était rendu adjudicataire, et qui, plus tard, embarrassé de son acquisition, était parvenu à faire résilier ce marché en considération d'une entreprise nouvelle soumissionnée également par lui et agréable au gouvernement. Par son ordre, ces parchemins avaient été déposés à la Bibliothèque du Roi, où l'on ne s'en occupa que lorsque les eaux de la toiture ayant pénétré à travers les ardoises dans l'intérieur des combles et atteint ces parchemins, il en résulta, par l'effet de la fermentation, des émanations dangereuses. Ce fut alors, en 1824, que, sur la demande du conservatoire de la Bibliothèque, le ministre de l'intérieur autorisa le triage de ces parchemins et la vente de ceux qui seraient reconnus inutiles aux collections de la Bibliothèque, et à ces conditions 1° que les indemnités accordées aux élèves de l'École des Chartes ou autres qui procéderaient au triage, seraient prélevées sur le produit de la vente des pièces rejetées; 2° que le surplus de ce produit serait employé à la reliure des manuscrits ou à des acquisitions; on y ajouta ensuite la transcription du supplément du catalogue latin; 3° que l'administrateur de la Bibliothèque, M. Dacier, dirigerait l'opération, et en adresserait tous les six mois le compte au ministre. On enleva d'abord les parchemins pourris, et l'opération du triage fut immédiatement commencée. MM. Floquet, Guérard, Paulin Pâris, Marin, Lenoble et autres, prirent part à ce travail, et furent indemnisés selon l'arrêté du ministre. De grandes collections manuscrites furent reliées; des acquisitions nombreuses, des échanges utiles furent faits; une acquisition considérable de médailles se fit également avec le concours des fonds des parchemins. M. Dacier adressait au ministre compétent les comptes sémestriels qui lui étaient prescrits. Ces comptes subsistent; ils font connaître la recette et la dépense et les noms des parties prenantes, soit à titre d'indemnité de triage, soit comme vendeurs ou relieurs de manuscrits. Les objets reçus en échange étaient inscrits comme acquisition sur le registre d'entrée du département des manuscrits. Aux dates de 1825 et 1826, on y trouve les mentions d'échanges de cette nature inscrite de la main d'Abel Rémusat, conservateur au même département. D'autres échanges y sont inscrits par M. Champollion-Figeac depuis l'année 1828, époque de sa nomination à la Bibliothèque: le manuscrit unique des *Lettres d'Éginard* a été acquis par un de ces échanges. Ces renseignements, tirés des pièces officielles et des registres de l'administration de la Bibliothèque, rectifieront toutes les relations plus ou moins erronées qui ont couru ou paru sur cette opération, et notamment dans une édition récente, de l'*Essai historique sur la Bibliothèque du Roi* de Le Prince. Ce triage des parchemins de l'ancienne chambre des comptes dura jusqu'en 1831, époque à laquelle le ministre, sur un avis du domaine, fit cesser ce travail. Il en était résulté un choix considérable de pièces mises en ballots, et qui seront un jour classées et utilement consultées pour l'histoire. Cette opération n'était pas sans utilité, puisqu'elle fut reprise en 1853 par M. Guérard, devenu conservateur. Il y employa spécialement un élève de l'école des Chartes, M. Dupleix-Agier. Une salle à moitié pleine de débris de toute sorte fut le lot du nouveau triage, et l'opération terminée, on n'en vendit pas les pièces maculées et inutiles; elles servirent économiquement à allumer le calorifère de la Bibliothèque.

Le personnel de la Bibliothèque, tel que la loi de l'an IV l'avait créé, était presque entièrement renouvelé depuis l'année 1818. Millin avait été l'avant-dernier survivant des conservateurs nommés par la République. Gosselin, Dacier, Raoul-Rochette, Abel Rémusat, Gail, de Manne, furent successivement appelés aux fonctions devenues vacantes, de conservateurs des antiques, des médailles, des manuscrits et des livres imprimés. En 1828, deux places nouvelles furent créées: l'une pour M. Champollion-Figeac, nommé conservateur des manuscrits, chartes et diplômes, et l'autre pour M. Jomard, chargé de conserver les cartes et plans, ainsi que les documents et la publication provenant de l'ancienne commission scientifique d'Égypte. La révolution de 1830 ne changea rien à la Bibliothèque du Roi, mais les administrateurs profitèrent de la discussion de la loi relative à la nouvelle liste civile pour faire restituer à l'établissement confié à leurs soins les camées, médailles et pierres gravées, choisis autrefois dans les collections du cabinet des antiques pour orner les colliers de l'Impératrice et les tabatières de Napoléon. Ces objets précieux étaient restés jusqu'en 1832 déposés parmi les diamants et bijoux de la couronne: mais il manqua alors vingt-cinq des quatre-vingt-deux pièces emportées autrefois par ordre de l'Empereur, et elles n'ont pu être retrouvées. Il était également resté entre les mains des anciens commissaires délégués par le gouvernement de la République pour choisir dans les départements parmi les livres, les manuscrits et les antiques provenant des établissements supprimés, ceux de ces objets rares qui pouvaient compléter les collections de la Bibliothèque, un certain nombre de manuscrits; notamment entre les mains de M. Prunelle, toute la correspondance littéraire du savant abbé Nicaise et du président Bouhier, formant plus de trente volumes d'autographes; chez un autre, les quatre volumes, dont trois autographes aussi, des Mémoires du cardinal de Retz, etc.; ils furent également, mais non sans de dures difficultés et de vives instances, réintégrés à la Bibliothèque du roi par les soins des conservateurs des manuscrits.

Cet établissement eut à regretter, en 1831, un second vol considérable, commis dans le cabinet des antiques, pendant la nuit, avec escalade et effraction (le premier avait eu lieu en 1804). Une partie des objets enlevés fut recouvrée; mais la Bibliothèque n'éprouva pas moins une perte scientifique d'environ 300,000 francs; et dans le nombre des pièces rares qu'elle perdit, il s'en trouvait quatre d'absolument uniques. On avait volé 170 livres pesant d'or; on en a recouvré en nature 81 livres pesant et 80 livres en lingots de la valeur de 120,000 francs. Cette perte regrettable a été à peu près entièrement réparée par des acquisitions nouvelles faites avec le produit des lingots. La Bibliothèque s'enrichit aussi, en 1831, de la précieuse collection de vases et statues antiques en argent découverts à Bernay (Eure), et qui sont aujourd'hui exposés dans les montres du cabinet des antiques.

M. Guizot, ministre de l'instruction publique, augmenta, en 1832, le personnel de la Bibliothèque et surtout les attributions du directeur-président de l'administration. D'après cette nouvelle ordonnance, le conservatoire présentait trois candidats aux fonctions d'administrateur, et le ministre nommait. L'administrateur devait exercer pendant cinq années. En même temps, MM. Letronne, Lenormant, Magnin, Hase, Fauriel, furent appelés aux fonctions de conservateurs ou de conservateurs-adjoints. *Le Moniteur* du 2 juin 1836 constate les améliorations réalisées dans cet établissement pendant les quatre années qui suivirent sa réorganisation, soit au cabinet des antiques, soit aux manuscrits, où des travaux de dépouillement des collections manuscrites s'exécutaient, d'après un règlement donné par le ministre, sous la direction de M. Champollion-Figeac. Mais au gré du pouvoir, son influence ne s'exerçait pas d'une manière assez directe sur la Bibliothèque, dont l'administration avait été établie par une loi de l'an IV, quelque peu modifiée à plusieurs époques. En 1839, M. de Salvandy, ministre de l'instruction publique, voulut créer une direction générale qui aurait à elle seule toutes les attributions des conservateurs. Une ordonnance du roi fut rendue le 23 février; elle donna lieu à de vives réclamations de la part des conservateurs de la Bibliothèque; ils exposèrent leurs griefs dans des Lettres imprimées au nombre de trois, qui furent suivies de réponses du directeur général Dunoyer; mais ce conseiller d'État ne put réussir à entrer en possession des fonctions dont il avait été investi, et bientôt après, l'ordonnance du 23 février fut remplacée par une autre ordonnance contre-signée Villemain. Sa rédaction, sujette à des interprétations diverses, fit naître dans la Bibliothèque de nouvelles controverses entre les conservateurs. M. Letronne avait été nommé administrateur; il fut obligé de soutenir, en vertu de ses nouvelles fonctions, l'exécution d'une partie de l'ordonnance qu'il avait combattue comme conservateur en participant à la rédaction des *trois lettres* imprimées. Aussi se décida-t-il peu à peu à abandonner ses fonctions d'administrateur de la Bibliothèque, et à accepter celles de garde général des Archives du royaume. Il eut pour successeur, pendant le ministère de M. Cousin, M. Naudet, nommé conservateur, et qui réunit à ce titre celui d'administrateur. Mais M. de Salvandy, étant redevenu ministre, jugea convenable de remettre en vigueur son ordonnance du 23 février 1839. Il sépara les fonctions d'administrateur de celles de conservateur, et accorda même à M. Naudet le titre d'administrateur général, en augmentant d'une manière notable ses attributions administratives et ses appointements. La plus importante de ces nouvelles attributions fut sans contredit la direction absolue des catalogues des livres imprimés de la Bibliothèque Royale, pour laquelle il fut accordé un fonds spécial et un bureau composé d'employés *ad hoc*. Mais le travail n'obtint pas tous les suffrages; un membre de l'Institut de France, appartenant aussi à l'administration de la Bibliothèque, M. Paulin Pâris, publia, en 1847, une brochure intitulée : *De la Bibliothèque Royale et de la nécessité de commencer, achever et publier le Catalogue général des livres imprimés*. Elle fut suivie de plusieurs autres sur l'état des catalogues, et ces publications successives, faites par divers conservateurs, prit le nom de *Guerre des Brochures*. Néanmoins, le travail dirigé par M. Naudet fut continué jusqu'à ce que *le Moniteur universel* annonçât au public, dans les termes suivants, les résultats *insignifiants* obtenus après de si grands sacrifices d'argent. Nous donnons un extrait du *Moniteur* du 6 septembre 1852 : « Les travaux effectués depuis l'époque à laquelle un crédit fut ouvert pour la confection des catalogues, n'avait pas produit les résultats que donnaient droit d'espérer les sacrifices considérables qui avaient été faits..... » Le rapporteur ajoute : Je fis dresser le compte de l'état du travail, et cet état a été la révélation d'un mécompte nouveau et la cause d'une surprise dont il est difficile de revenir... En somme, il en résultait que tout le travail fait (durant les premiers mois de l'administration de M. Taschereau) n'avait servi qu'à rendre exact et réel le chiffre total (des livres portés au catalogue) qui jusque-là était exagéré, et par conséquent le progrès qui avait été trouvé *si insignifiant, si nul*, est dans le fait le résultat du travail récent (exécuté sous la direction de M. Taschereau). »

Par décret du 24 janvier 1854, M. Naudet fut remplacé dans la direction des travaux du catalogue de la Bibliothèque Impériale par M. Taschereau, qui reçut en même temps le titre d'administrateur adjoint. En moins de trois années, M. Taschereau a pu, par les résultats réalisés sous son active direction, publier quatre volumes in-4° de catalogue. Ils sont relatifs aux livres concernant l'histoire de France.

Mais, dans cet intervalle de temps, la France avait vu éclater la révolution de 1848, qui, comme la première république, opéra des changements dans la Bibliothèque, redevenue nationale. M. Carnot fut nommé ministre de l'instruction publique le 28 février, M. Génin chef de division le 29, et le 1er mars deux conservateurs, M. Champollion-Figeac et M. Raoul Rochette, furent destitués. Le premier fut remplacé par M. Hauréau, l'un des rédacteurs du *National*; le traitement du second pourvut à celui de divers fonctionnaires nouveaux, tels que MM. Landolfe, Deveria, etc. M. Landolfe, employé au catalogue, obtint l'emploi de secrétaire de l'administrateur général, M. Naudet. Mais les dépenses du personnel, par suite des promotions de circonstance, se trouvèrent alors tellement dépasser les sommes fixées par les budgets votés sous la monarchie, que, pour ramener ce sous-chapitre du budget à un chiffre plus normal, le ministre Carnot destitua M. de Slene de ses fonctions de professeur de langue turque, et obligea M. du Beux, conservateur adjoint de la Bibliothèque, orientaliste distingué, à accepter ce professorat, afin de laisser vacant un traitement et de pouvoir payer les nouveaux dignitaires. Ainsi réorganisée, la Bibliothèque traversa les temps orageux de 1848, privée en grande partie de son public habituel, n'étant pas plus heureuse qu'avant à satisfaire à toutes les demandes du public nouveau et ancien et à préserver ses collections de tout dommage. Un jeune critique, M. Lalanne, se plaignait en 1854 que la plus grande partie des richesses anciennes de la Bibliothèque étaient perdues pour le public (*Encyclopédie moderne*); mais il eût été juste d'ajouter que le public demande ordinairement d'une manière si inexacte la plupart des ouvrages dont il veut se servir, qu'il rend souvent ainsi les recherches impossibles. M. Hauréau ne resta pas longtemps à la Bibliothèque Nationale. Lorsqu'en 1852 la loi exigea des fonctionnaires le serment à la nouvelle Constitution, M. Hauréau ne le prêta pas et continua ses fonctions. A cette même époque, le Prince-Président venait de faire, en faveur de M. Arago, une généreuse exception à cette formalité du serment rendue obligatoire par la loi; les amis de M. Hauréau en espéraient-ils une seconde? Elle ne fut vraisemblablement pas demandée; M. Fortoul, ministre de l'instruction publique, invita M. Hauréau à se retirer, et le 30 octobre, M. Guérard, membre de l'Institut, fut nommé conservateur. Il mourut en 1854 et eut pour successeur M. Natalis de Wailly. Peu de temps après, le nombre des conservateurs de la Bibliothèque fut augmenté, et la section des estampes divisée en deux, celle des estampes et celle des cartes et plans.

Aujourd'hui, l'administration coûte, savoir: deux directeurs, un trésorier et un secrétaire, 26,800 fr. — Section des manuscrits: trois conservateurs, 18,000 fr.; quatre adjoints, 14,400 fr.; employés, 8,400 fr. — Section des livres imprimés: deux conservateurs, 12,000 fr.; trois adjoints, 10,800 fr. (le quatrième porté au budget ministériel est trésorier de la Bibliothèque et ne participe pas au service de la section); employés, 30,900 fr. — Section des médailles: un conservateur, 6,000 fr.; deux adjoints, 7,200 fr.; employés, 4,500 fr. — Section des cartes: un conservateur, 6,000 fr.; deux adjoints, 7,200 fr.; employés, 7,000 fr. — Section des estampes: un conservateur 6,000 fr.; deux adjoints, 7,200 fr.; employés, 8,100 fr. — Gagistes, 19,900 fr.; matériel, 86,000 fr. (cette partie du service se trouve réduite, depuis 1856, de 14,000 fr. au profit du personnel); chauffage, 15,000 fr.; cours d'archéologie près la Bibliothèque, 3,400 fr.; fonds extraordinaires pour le catalogue, 50,000 fr. — Total: 338,800 fr.

Il nous reste à donner une idée sommaire des cinq sections dont se compose la Bibliothèque Impériale. Contrairement à l'usage, nous commencerons par la section des manuscrits, parce qu'elle est la plus ancienne de cet établissement littéraire, celle qui date de la fondation même de la Bibliothèque. Les conservateurs sont MM. Hase (manuscrits grecs), de Wailly (manuscrits latins et français), Reinaud (manuscrits orientaux); les adjoints sont MM. S. Julien, B. de Xivrey, Paulin Pâris et L. Lacabane.

Les manuscrits sont classés par langues, savoir: 1° manuscrits orientaux, formant autant de fonds qu'ils comprennent de langues différentes: hébreux, samaritains, syriaques, coptes, éthiopiens, arméniens, arabes, turcs, siamois, indiens, chinois. Ces derniers ne sont cependant que des livres imprimés mais réunis aux manuscrits à cause des connaissances spéciales qu'ils exigent pour en rédiger le catalogue. 2° Manuscrits grecs, comprenant ceux du fonds du roi, ceux de divers monastères, réunis à la Bibliothèque depuis 1790, enfin les volumes de nouvelle acquisition. 3° Manuscrits latins. 4° Manuscrits français et en langues de l'Europe moderne. Les divisions sont les mêmes que celles des manuscrits grecs. Ce département de la Bibliothèque a eu successivement pour conservateurs, depuis son origine jusqu'au milieu du seizième siècle, Gilles Mallet, Antoine des Essars, Garnier de Saint-Yon, Jean Maulin, Laurent Palmier, Robert Gaguin, Mellin de Saint-Gelais, Jacques Amiot, Pierre de Montdoré. Après cette première période et jusqu'en 1719, les fonctions de maître et de garde de la Librairie du roi entraînaient souvent la surveillance de l'ensemble de la Bibliothèque, livres imprimés et livres manuscrits. Mais lorsqu'on divisa cet établissement en sections distinctes, les manuscrits furent confiés successivement à l'abbé de Louvois, à Boivin, à l'abbé de Targny, à Sévin, à Mélot, à Capperonnier, à l'abbé Sallier, à Béjot. Nous avons nommé les personnes qui leur succédèrent après la révolution de 1790; mais nous devons ajouter à cette liste le nom de l'illustre orientaliste baron Silvestre de Sacy. Clément, Boivin et Capperonnier s'étaient occupés plus particulièrement de la publication des catalogues des manuscrits; quatre volumes in-folio furent imprimés par leurs soins pendant les années 1739 à 1744, savoir: un pour les manuscrits orientaux, un pour les grecs et deux pour les latins. La révolution interrompit cette œuvre éminemment utile, et elle n'a pas encore été reprise. Des tentatives diverses furent faites à plusieurs époques; une collection de *notices* sur les principaux manuscrits de la Bibliothèque du Roi a été publiée par l'Académie des Inscriptions et Belles-Lettres; elles sont dispersées aujourd'hui dans seize volumes in-4°. En 1836, M. Paulin Pâris commença, sur l'ensemble des collections manuscrites, un travail analogue à celui de l'Académie, et il a publié successivement sept volumes in-8° de très-curieuses notices descriptives des manuscrits du fonds du roi. Cette publication a pour titre: *Les Manuscrits français de la Bibliothèque du Roi*. Mais, entreprise sur un plan aussi vaste, il était difficile de penser que l'auteur pût terminer un catalogue qui aurait exigé un nombre infini de volumes. Lorsque le gouvernement eut accordé à la Bibliothèque Royale un crédit spécial destiné à la confection et à l'impression des catalogues, M. Champollion-Figeac, alors conservateur, rédigea un projet d'impression du catalogue des manuscrits français et en langues modernes du fonds du roi; il voulait compléter ainsi l'œuvre de Boivin et de Capperonnier. Ce projet fut lithographié et présenté au Conservatoire en 1842; une commission fut nommée pour l'examiner; mais la commission ne fit jamais son rapport. En 1847, M. Champollion-Figeac communiqua son plan au ministre de l'instruction publique, qui lui répondit le 9 septembre:

« J'ai communiqué ce projet à M. le directeur de la Bibliothèque Royale, qui pense avec moi que ce travail est d'une incontestable utilité, mais qu'il ne saurait être publié à part, dans l'intention où je suis d'ailleurs de faire une collection complète de tous les catalogues des manuscrits de la Bibliothèque Royale. Je vous remercie, néanmoins, de m'avoir transmis ce document, que j'ai fait classer avec soin pour le consulter en temps opportun.

» Recevez, etc. SALVANDY. »

Peu de temps après, M. Champollion publia également une brochure ayant pour titre : *État actuel des Catalogues des manuscrits de la Bibliothèque Royale* (27 pages in-8°). Ces travaux rentrent à présent dans les attributions de l'administrateur général des catalogues, M. Taschereau.

La collection de manuscrits orientaux de la Bibliothèque Royale est des plus riches, tant par le nombre des volumes que par la rareté de certains textes arabes, chroniqueurs et géographes, que les savants français et allemands consultent fréquemment. Un des principaux accroissements des collections primitives provient d'une acquisition faite, par les soins de M. Champollion-Figeac, aux héritiers du consul français Asselin. Elle consiste en plusieurs centaines de volumes, dont trois manuscrits des plus importants valaient à eux seuls une portion marquante du prix total de cette acquisition. M. Reinaud, conservateur de cette section depuis 1854, avait commencé depuis longtemps une partie du catalogue des manuscrits orientaux; il fait exécuter maintenant le surplus de ce travail, sous sa direction, par des savants orientalistes, ses élèves ou ceux de Silvestre de Sacy, attachés temporairement au travail du catalogue, et indemnisés sur les fonds extraordinaires affectés à cette œuvre importante.

La section des manuscrits grecs du moyen âge est la moins nombreuse. Elle compte au plus 4,000 volumes dont le catalogue est imprimé depuis 1744. Le plus ancien de ces manuscrits est un fragment d'un volume sur vélin, du quatrième siècle, en lettres onciales. Il contient *l'Exode, le Lévitique* et *les Nombres*. Le manuscrit des *Épitres* de saint Paul, écrit au septième siècle, accompagné d'une traduction latine en regard, a une grande célébrité. C'est le plus ancien texte des œuvres de ce saint, et, de plus, il renferme quelques variantes qui ont été l'objet de vives controverses entre le clergé catholique et les dissidents. Un ordre du roi fit enfermer ce volume sous clef avec défense de le communiquer; mais cet ordre a cessé d'être exécuté depuis 1790. Nous devons encore citer, parmi les manuscrits grecs les plus remarquables, une *Vie des Saints*, de l'an 890 (n° 1470); un *Saint Grégoire* orné d'admirables peintures (n° 510); un *Recueil de Prières* du dixième siècle, dont les grandes et belles miniatures méritent une attention spéciale, ainsi que les *Évangiliaires*, n°s 70, 74, 1208 (onzième siècle). De très-belles miniatures des douzième, treizième et quatorzième siècles, rendent extrêmement précieux les volumes n°s 1528, 889, 550, 95, 1128 et 135. Dans leur ensemble, ces manuscrits peuvent donner une idée exacte des diverses phases de décadence et de progrès que subit la peinture chez les Grecs chrétiens. Les accroissements de cette partie de la collection des manuscrits du roi, depuis 1790, seraient presque insignifiants, si on n'avait pas à mentionner les volumes grecs qui proviennent de l'ancienne abbaye de Saint-Germain-des-Prés, de Paris, qui les devait à la libéralité du cardinal de Coislin.

La collection des manuscrits latins a une bien plus grande valeur historique; elle offre, de plus, des ressources inappréciables pour notre histoire nationale depuis le huitième siècle. Le nombre des volumes latins rassemblés par les anciens rois de France, était de plus de 10,000. Depuis 1790, des acquisitions extrêmement précieuses ont été faites, et tous les manuscrits conservés dans les maisons religieuses de Paris sont venus accroître le fonds du roi. Néanmoins, le plus ancien manuscrit est d'origine royale; c'est un *Prudentius* sur vélin, en capitales rustiques, qui remonte au moins au quatrième siècle (n° 8084). Cette Bibliothèque possède également des chartes sur papyrus des siècles suivants, dont l'état de conservation est admirable; elles ont été publiées par D. Mabillon. Les autres manuscrits, qui ont une célébrité justement méritée, sont : n° 2630, un *Saint-Hilaire de Trinitate*; un *Missel* de l'abbé de Saint-Germain, en vélin pourpre et en lettres d'or et d'argent; un *Tite-Live* en lettres onciales du huitième siècle (n° 5730); deux beaux *Térence* du neuvième siècle, dont un est orné de figures au trait (n° 7899); deux *Horace* du dixième siècle. L'un de ces volumes rappelle un usage très-singulier du moyen âge : lorsqu'un prêtre avait fait copier un livre, même de littérature profane, et qu'il s'était assuré de la correction du texte, il offrait ce travail à un saint en le déposant sur l'autel qui lui était consacré, et il demandait ensuite que ce livre fît partie de la bibliothèque d'un monastère placé sous le vocable du même personnage auquel il l'avait offert. Cet usage sauva de la destruction un grand nombre d'importants ouvrages et fit multiplier les copies des livres de la latinité païenne. La Bibliothèque Impériale possède également la plus belle collection de *Missels*, de *Bibles*, d'*Évangéliaires* manuscrits, en latin, qu'il soit possible de trouver dans un établissement de ce genre. Souvent ils sont recouverts de riches reliures en or, ciselées et chargées de pierreries, d'ivoire sculpté, etc.; et dans les calendriers qui précèdent ces livres, se trouvent fréquemment des notes historiques contemporaines des événements qu'elles retracent. Citons encore la *Bible* de Charles le Chauve et son *Psautier*, le *Missel* qui fut à l'usage de saint Louis, les *Heures* d'Anne de Bretagne et de Louis XIV. Il faudrait placer à côté des volumes qui portent ces noms illustres une longue série de numéros de livres qui pour n'avoir pas reçu un nom royal, n'en sont pas moins précieux au point de vue de l'art. Leur origine obscure les a préservés d'une translation au Louvre pour figurer d'une manière assez triste à côté des bas de soie de l'empereur Napoléon Ier et du bureau de Louis-Philippe, brisé à coups de hache en 1848.

Parmi les acquisitions importantes de manuscrits latins faites *avant* 1848, nous devons citer surtout le *Code Théodosien* (livres VI, VII et VIII), provenant de la bibliothèque du château de Rosny; c'est le plus ancien texte de ce code; il est du sixième siècle, en lettres onciales, et sur les marges se trouvent quelques notes de la main du célèbre jurisconsulte Cujas; — l'unique manuscrit connu des *Fables* de Phèdre, qui avait appartenu à Pierre Pithou; et parmi les manuscrits intéressants par la richesse et l'élégance de leurs ornements, le missel du roi Réné II, un *Evangéliaire*, recouvert de sculptures en ivoire du septième siècle enchâssées dans des reliefs en or soigneusement travaillés et représentant le Christ, les apôtres saint Pierre, saint André et sainte Menna, etc. La *Revue Archéologique* a publié une description de ce curieux monument, et une planche (la vingt-septième du recueil) en reproduit exactement l'état actuel.

Les plus anciennes traductions françaises des livres saints et des auteurs classiques, tous les poëmes connus en notre langue, les chroniques de France et des pays voisins, les traités moraux et ascétiques, telle fut la première série de livres qui servit de base à la bibliothèque des rois de France, et dont on retrouve encore la plus grande partie dans le fonds du roi, aux manuscrits français de la Bibliothèque Impériale. C'est la collection la plus complète d'ouvrages français du moyen âge. Elle est aussi riche en poésies des troubadours provençaux qu'en romans de la Table ronde et autres, dans lesquels on trouve retracée l'expression fidèle des mœurs de la chevalerie. Les précieux recueils de rondeaux, virelais, ballades et chansons y sont nombreux, et parmi eux, ceux du duc Charles d'Orléans occupent une des premières places. Nous en avons publié le texte d'après un manuscrit authentique, qui provient de la bibliothèque même de ce personnage. Les livres sur la chasse, sur la médecine, la cabale, les voyages, et une infinité d'ouvrages italiens, espagnols, portugais et allemands, complètent l'ensemble de cette section de la Bibliothèque. Le volume des *Meneisingers* est le plus précieux parmi les manuscrits allemands, et les *Romanceros* parmi les espagnols. Des catalogues particuliers des manuscrits italiens, espagnols et portugais ont été publiés par le savant abbé Marsand, par M. Occhoa et par le vicomte de Santarem.

Les notices de M. P. Pâris sur un certain nombre de manuscrits français (n° 6701 à 7310) du fonds du roi font apprécier l'ancienneté des textes, et connaître en même temps les belles peintures dont ils sont ornés, de quelle bibliothèque ancienne ils proviennent, s'ils sont publiés ou inédits, s'ils portent la signature de leur premier propriétaire, enfin tous les caractères bibliographiques particuliers qui peuvent recommander ces précieux volumes à l'attention de l'érudit ou de l'amateur. Nous renvoyons donc pour tous ces renseignements à l'ouvrage même dont nous venons de parler, qui a pour titre : *Les Manuscrits français de la Bibliothèque du Roi*.

Il nous reste à faire connaître les collections de pièces historiques, qui ne forment pas une des moindres richesses manuscrites de la Bibliothèque Impériale. Nous parlerons d'abord de la collection du comte de Béthune, composée de 1,900 volumes; elle renferme principalement des lettres autographes des rois et reines, princes et princesses d'Europe, depuis le quinzième siècle jusqu'au milieu du dix-huitième; les instructions données aux ambassadeurs envoyés par la France dans les divers États de l'Europe, les récits de leurs négociations et toute leur correspondance. Mais, pour l'histoire du seizième siècle, on trouve principalement dans cette collection des notions qui n'existent dans aucun autre recueil de la Bibliothèque. Le fonds de Béthune a fourni de nombreux documents au volume que nous avons publié dans la collection du ministère de l'instruction publique, sous le titre de : *Captivité du roi François Ier*. Une seconde série de volumes absolument consacrés aux affaires diplomatiques, mais uniquement composés de copies de pièces prises sur les originaux, est celle qui provient de Brienne. Antoine de Loménie, comte de Brienne, secrétaire d'État, avait formé ce recueil, en 360 volumes, uniformément reliés à ses armes, et le roi en fit l'acquisition moyennant 40,000 livres. Il en existe plusieurs copies, et celle que fit faire Serilly est également déposée à la Bibliothèque Impériale. M. de Sérilly avait de plus rassemblé 66 volumes d'extraits du Trésor des Chartes, plusieurs recueils des ordonnances des rois de France, une copie des registres de la cour des aides, des extraits de ceux des cours des comptes de Paris, Montpellier, Provence, Dijon, Guyenne, Rouen, etc., et du Parlement de Paris. Gaignière avait formé un cabinet composé des plus grandes raretés en livres imprimés, manuscrits, estampes, dessins, tableaux, cartes géographiques, etc. On y remarquait 100 volumes de titres originaux sur les évêchés et abbayes; 270 volumes de lettres et dépêches originales des rois, princes, ambassadeurs et ministres de toutes les cours d'Europe, depuis Charles VII jusqu'au règne de Louis XIV; enfin, un recueil considérable de chartes et de cartulaires. Tous ces précieux documents se trouvent aujourd'hui à la Bibliothèque Impériale; mais on avait autrefois détaché la partie de ce cabinet qui pouvait intéresser spécialement le dépôt des affaires étrangères. Cependant, parmi les volumes qui sont aujourd'hui à la Bibliothèque Impériale, on en remarque plusieurs composés uniquement des minutes autographes du comte de Brienne, secrétaire d'État, sur les négociations les plus secrètes de la cour de France.

Il existe à la Bibliothèque une autre collection qui devrait prendre rang avant toutes celles que nous venons de nommer, si elle n'avait été si fréquemment explorée par les savants de toutes les nations, à cause de la variété infinie de pièces dont elle se compose sur toutes sortes de sujets : c'est celle de *Dupuy*, ancien garde du Trésor des Chartes et de la Bibliothèque du Roi. Quarante années furent consacrées à former un cabinet qui consistait en 300 manuscrits anciens et plus de 900 volumes de pièces manuscrites originales et copies, et 9,000 volumes imprimés.

On peut puiser dans ces manuscrits des notions exactes sur l'histoire politique de la France, sur celle des offices et dignités, sur les droits et prérogatives de la couronne, enfin sur l'état des cours et juridictions de France; les traités de paix, d'alliance, de trêves, les contrats de mariage des rois et enfants de France, les testaments des princes et personnages illustres, l'état des maisons des souverains: la correspondance des personnages illustres dans les lettres grecques, latines, françaises et italiennes, complète cet admirable recueil de pièces. Il tient lieu en très-grande partie du Trésor des Chartes des rois de France, dont Pierre Dupuy fit copier les documents les plus notables sur les sujets que nous venons d'énumérer. Il est plus facile de les trouver aujourd'hui dans cet immense recueil que d'obtenir la communication du document original aux Archives générales de l'Empire.

L'abbé de Louvois, mort bibliothécaire du roi, avait aussi formé une collection de 300 volumes de dépêches, mémoires et négociations, depuis 1640 jusqu'en 1660. Il les légua par son testament, et l'on peut les consulter à la Bibliothèque Impériale, ainsi que les collections suivantes, savoir : La Mare, 600 volumes sur l'origine des charges, offices et dignités de France, et correspondances de divers personnages; Baluze, 1,000 volumes et un grand nombre de chartes originales des rois de France depuis Louis le Débonnaire; correspondances des ministres et ambassadeurs; 258 bulles des papes, conciles, et autres documents sur les affaires ecclésiastiques; lettres et actes relatifs à la Catalogne, l'Aragon et Majorque, le Languedoc et spécialement l'Agenais, le Quercy, les Templiers, le domaine du roi. Les lettres originales et chiffrées du cardinal Mazarin, qui font partie de ce fonds, ont été publiées pour la Société de l'Histoire de France par M. Ravenel, en un volume in-8°. Le fonds de de Mesmes, dont le recueil le plus important est celui qui concerne la Ligue, compte 22 volumes de mémoires originaux. Le fonds de Colbert est aussi riche en documents précieux pour l'histoire que celui de Dupuy, dont nous venons de parler, et les manuscrits anciens qui proviennent de cet homme d'État n'avaient pas une moindre valeur. En disant que le roi a payé cent mille écus cette précieuse collection, nous indiquons assez tout ce qu'elle renferme de monuments inappréciables aujourd'hui pour l'histoire littéraire et politique de la France. Le cartulaire de Philippe-Auguste, la bible et le livre de prières de Charles le Chauve, enrichi de pierreries, 240 volumes grecs, figuraient dans cette acquisition. De plus, on y remarquait une collection de 300 volumes relatifs au Béarn, au Languedoc, au pays de Foix, à la Guyenne; 180 concernant la Flandre; 505 l'histoire politique de France, presque tous composés de documents originaux; indépendamment d'autres recueils relatifs aux bâtiments construits par Louis XIV, aux embellissements de Paris, aux travaux exécutés dans toutes les généralités de France et aux études administratives faites sous l'impulsion de ce ministre pour créer en France des manufactures qu'elle ne possédait pas et développer le commerce des colonies, la marine, etc.

Nous devons encore citer quelques collections d'une moindre valeur historique et littéraire, mais dans lesquelles on trouve des notions spéciales sur la poésie et l'histoire comme : celle de Cangé, en 200 volumes; 500 portefeuilles et 200 volumes relatifs à l'Université, aux offices, cours et juridictions, aux généalogies des familles de France, aux ordres militaires et à l'histoire, tous provenant d'Antoine Lancelot, de l'Académie des Inscriptions. Les portefeuilles, toutefois, font encore partie de la section des livres imprimés. Le fonds de Du Cange a été formé de la réunion des débris, autrefois dispersés en France et en Allemagne, des manuscrits du savant auteur du *Glossaire* de la moyenne et basse latinité. Parmi les plus importants sont le texte revu et corrigé de la *Chronique* de Ville-Hardouin, l'*Histoire des comtes d'Amiens et de Ponthieu*, un recueil sur la Picardie, etc. L'intendant Fontanieu avait réuni 1,200 volumes manuscrits relatifs à l'histoire de France, parmi lesquels on remarque un recueil de 800 portefeuilles remplis de documents sur l'histoire de France rangés chronologiquement, on y compte plus de 60,000 pièces. Enfin, les manuscrits du duc d'Orléans, mort à Sainte-Geneviève; ceux de Mézerai, de de Boze, d'Haudiquier, de Duchesne, historiographe de France, des abbés de Targny, de Legrand, sur le règne de Louis XI; du maréchal de Noailles, de Morel de Toisy, de Peyresc, Gassendi, Bouillaud, de Fourmont, sur la langue et la littérature chinoise; de Champollion sur l'Égypte ancienne, etc.

En l'an V, la section des manuscrits s'était enrichie :

1° De la précieuse collection de manuscrits rassemblés depuis si longtemps par les religieux de l'abbaye de Saint-Germain, la plus considérable de Paris après celle du roi. Elle avait été formée autrefois avec les collections particulières de d'Estrées, de l'abbé Renaudot, du cardinal de Gèvres, des Coislin, d'une partie de celle du chancelier Séguier, etc. Le manuscrit latin de saint Augustin, du sixième siècle, sur papyrus d'Égypte, les œuvres de Pierre Lombard, des tablettes de cire, des romans de chevalerie, de très-beaux cartulaires, et une volumineuse correspondance diplomatique relative au dix-septième siècle, telles sont les principales raretés de la célèbre bibliothèque de Saint-Germain des Prés, qui n'est aujourd'hui qu'un important appendice de celle du roi : nous avons déjà parlé des manuscrits grecs de la même provenance; 2° des manuscrits de l'abbaye Saint-Victor, moins nombreux que ceux de Saint-Germain, mais parmi lesquels il se trouvait cependant des manuscrits très-précieux; 3° les livres de la Sorbonne, qui ne tiennent que le troisième rang comme importance de collection parmi celles qui furent réunies à la Bibliothèque du Roi, à la même époque. Enfin on y transporta encore : 4° les manuscrits des Grands-Augustins; 5° des Barnabites; 6° des Carmes; 7° des Carmes de la place Maubert; 8° des Célestins; 9° de Saint-Martin-des-Champs; 10° de la Merci: 11° des Minimes; 12° des Missions étrangères; 13° de Navarre, dont les précieux volumes furent détournés de leur destination avant d'arriver à la Bibliothèque et sans qu'on ait su ce qu'ils étaient devenus; 14° de l'Oratoire; 15° de divers émigrés.

La dernière acquisition un peu notable faite par la section des manuscrits avant 1848, fut celle de la collection Joly de Fleury, composée de tous les papiers des procureurs généraux de cette famille de parlement et de titres anciens sur l'histoire, dont les plus précieux sont le cartulaire des rois de France Philippe-Auguste et saint Louis, les procès des possédées de Loudun, celui de Cartouche, celui de Damiens, du collier, et toute la correspondance relatives aux événements politiques jusqu'au moment de la révolution. En réalisant cette acquisition, la Bibliothèque se délivra de l'obligation de fournir à la famille Joly de Fleury une copie complète de 900 volumes de la collection de Dupuy.

Le cabinet des *Titres généalogiques* forme une division à part parmi les manuscrits. Il consiste en plus de 5,000 portefeuilles ou cartons remplis de titres originaux tous très-précieux, non-seulement pour les familles de France et d'Europe, mais aussi pour notre histoire nationale. Ce cabinet commença à se former en 1711, et fut bientôt après enrichi par les collec- de Gaignières, de Charles d'Hozier, de Clairembault, d'Baudiquier de Blancourt. Ce dernier fut condamné, en 1701, à une prison perpétuelle, pour avoir fabriqué de faux titres et de fausses généalogies. De nos jours, cette même industrie a pris un grand développement et est devenue des plus productives depuis que le gouvernement n'en surveille plus les élucubrations; les cabinets généalogiques, les livres et les annuaires de la noblesse de tous les pays n'ont cessé de paraître ni pendant la dernière république, ni depuis le rétablissement du gouvernement impérial. Mais on annonce enfin l'étude d'une loi qui régira sévèrement cette matière.

En 1754, le roi fit acheter de M. Blondeau 12,700 titres originaux destinés à compléter le cabinet généalogique; plus tard, on y réunit également une collection de testaments originaux de gentilshommes bourguignons, des titres relatifs à la noblesse de Lorraine, 129,600 titres provenant de M. de la Cour, un grand nombre de généalogies rédigées par Bertin du Rocheret, le plus médisant des généalogistes, dont les notes satiriques formeraient un curieux supplément aux historiettes scandaleuses de Tallemant des Réaux. En 1777, on acheta encore de Jault 142 portefeuilles et 8,000 titres, et de Blondeau 649 boîtes de documents originaux. Enfin, le dernier des Cherins a légué au même cabinet une nombreuse collection de généalogies dites *Preuves de cour*, et le cabinet conservé par le dernier survivant des d'Hozier a été en partie acquis par la Bibliothèque Impériale depuis quelques années seulement.

Cette immense collection échappa heureusement aux brûlements de titres féodaux entrepris en 1793; la table des noms de famille, travail extrêmement précieux, périt seule et fut triomphalement brûlée sur la place Vendôme. Mais tous les actes originaux et les généalogies subsistent encore de nos jours. Le cabinet des titres est divisé en quatre classes : 1° Titres originaux par ordre alphabétique des noms de famille; 2° mémoires et généalogies rangés dans le même ordre; 3° cabinet officiel de d'Hozier, formé avant 1790, et appartenant au roi de France; 4° série de 1,400 volumes manuscrits, parmi lesquels 80 renferment des rôles originaux et des montres militaires depuis 1344.

Section des livres imprimés. — Conservateurs : MM. Magnin et Ravenel; conservateurs adjoints : MM. Pillon, Richard, de Manne. — La collection des ouvrages des premiers temps de l'imprimerie que possède la Bibliothèque, et à laquelle on a donné le nom d'*incunable*, passe pour la plus complète. C'est assez dire que la xilographie d'abord, et tous les premiers essais d'imprimerie en caractères mobiles faits par Gutemberg, J. Fust et leurs élèves existent dans cet établissement. Les uns sont d'acquisition moderne, d'autres proviennent de la munificence de Louis XVIII; la plupart étaient dans la Bibliothèque des Rois de France avant 1790. De ce nombre la *Bible* de 1455, en deux volumes, et dont on ne connaît que cinq exemplaires; la *Bible* de Pierre Schœffer de l'année 1462, in-fol; la *Bible historiée* de Verard, 1496, dont il ne subsiste que trois exemplaires, etc. Il en est de même du *Psautier* de 1474. Sur 2,700 ouvrages anciens imprimés sur vélin et connus des bibliographes, la Bibliothèque en possède plus de 1,470. Toutes ces raretés bibliographiques sont exposées sous des montres vitrées dans la grande et belle galerie de la Bibliothèque Impériale. L'un des anciens conservateurs de cette section, le savant bibliographe Van Praët, a fait connaître, par ses publications spéciales sur les incunables et les livres imprimés sur vélin, toute la valeur de ces volumes. Disons encore qu'il ne manque à la collection des éditions princeps des classiques latins, pour être complète, que le *Lucrèce* de 1471 et l'*Horace*, sans date. Les beaux modèles de l'imprimerie moderne française et étrangère n'ont pas été négligés. Les Bodoni, les Didot, la *Charte d'Angleterre*, les plus beaux produits de l'Imprimerie Impériale, s'y trouvent également réunis.

Le département des livres imprimés de la Bibliothèque impériale passe pour renfermer environ 900,000 volumes.

Cabinet des Estampes : Conservateur, M. Deveria; conservateurs adjoints, MM. Duchesne jeune et de la Borde.

La formation et les accroissements successifs de cette belle collection et la description artistique des pièces les plus rares et les plus précieuses ont été l'objet d'une publication faite par feu M. Duchesne aîné, ancien conservateur, dans laquelle on trouve toutes les notions désirables sur l'origine et l'état actuel des cabinets. Nous nous bornerons à indiquer les principales divisions du classement des estampes, ce qui contribuera bien mieux à faire apprécier l'immensité des recueils que possède la Bibliothèque. A. Galeries, cabinets et collections des souverains et des particuliers; singularités de l'art du dessin et de la gravure, 592 volumes. B. Ecolés d'Italie et du Midi, 244 volumes. C. École germanique, 313 volumes. D. Ecole française, 583 portefeuilles. E. Graveurs anciens, dits *vieux maîtres*. Graveurs d'Italie, Allemagne, Hollande, flamands, anglais, français, 966 portefeuilles. F. Sculpture, œuvres des sculpteurs, recueils de statues, de bas-reliefs, de pierres gravées, 144 volumes. G. Antiquités, 319 volumes. H. Architecture, œuvres des architectes français et étrangers, monuments et détails, 282 portefeuilles. I. Sciences physico-mathématiques, ponts et chaussées, histoire militaire, 214 volumes. J. Histoire naturelle, 411 portefeuilles. K. Arts académiques, jeux, écriture, dessin, musique, équitation, lutte et maniement des armes, échecs et cartes, 369 volumes. L. Arts et métiers, 316 volumes. M. Encyclopédie, 202 volumes. N. Portraits de personnages de France, d'Italie et du midi de l'Europe, d'Allemagne, d'Angleterre, du Nord et des régions lointaines, etc., 509 portefeuilles. O. Costumes de France, d'Europe, d'ordres religieux et militaires, orientaux, chinois, d'Afrique, d'Amérique, d'Australie, etc., 793 volumes. P. Prolégomènes historiques, tables chronologiques et généalogiques, calendriers, monnaies et sceaux, blasons, fêtes publiques et cérémonies, pompes funèbres, jugements, exécutions, 307 portefeuilles. Q. Histoire ancienne, de France, d'Italie et du midi de l'Europe, d'Allemagne et du nord de l'Europe, livres historiques, 231 portefeuilles. R. Hiérologie, Bible, saints et saintes, liturgie, histoire ecclésiastique, 227 portefeuilles. S. Mythologie, 95 volumes. T. Fictions, poëmes, théâtres, romans, allégories, emblèmes, rébus, caricatures, 378 portefeuilles. U. Voyages, 389 portefeuilles. V. Topographie de France, d'Italie, d'Angleterre, d'Allemagne, du Nord, d'Asie, d'Afrique, d'Amérique, 987 portefeuilles. Y. Bibliographie, 1025 volumes.

Le nombre total des pièces contenues dans les portefeuilles et volumes dont nous venons d'indiquer la classification peut être évalué à treize cent mille, sans compter les acquisitions nouvellement faites, comme la collection de soixante mille portraits réunis par feu M. de Bure. Dans la galerie où est déposé cet admirable ensemble d'estampes, on a mis sous verrine les plus belles épreuves des gravures de tous les temps et de tous les pays. C'est aussi à feu M. Duchesne aîné, l'un des conservateurs qui se sont le plus occupés d'enrichir le département à la direction duquel il a présidé pendant un demi-siècle, qu'on est redevable de la création de cette exposition permanente des plus beaux types de la gravure ancienne et nouvelle.

Cabinet des Cartes et Collections géographiques : Conservateur, M. Jomard; conservateurs adjoints, MM. de Pongerville et Franck.

Ce cabinet a été formé par M. Jomard, nommé conservateur en l'année 1828; il se compose des cartes qui existaient déjà à la Bibliothèque Impériale, aux sections des imprimés et des estampes, de celles nouvellement acquises, et surtout des documents, dessins et objets antiques provenant de l'ancienne commission archéologique qui suivit l'expédition de Bonaparte en Égypte.

On trouve dans ce cabinet quelques cartes manuscrites du moyen âge, exécutées sur parchemin; deux mappemondes que l'on croit être l'œuvre de Louis XVI, etc.

Cabinet des Médailles et Antiques : Conservateur, M. Ch. Lenormant; adjoints, MM. Chabouillet et Lavoix.

La formation de cette précieuse collection remonte au règne de François Ier. Elle est aujourd'hui une des principales richesses de la Bibliothèque Impériale; mais ce sont les médailles et les monnaies qui attirent principalement l'attention. Les séries de la Grèce et de Rome contiennent toutes les raretés connues dans ce genre. Les monnaies françaises du moyen âge ont été l'objet d'un soin particulier de la part du conservateur actuel, M. Ch. Lenormant, qui a fait acheter dans les ventes publiques toutes celles dont le cabinet ne possédait pas d'exemplaire. Cette lacune, qui était regrettable pour un cabinet français, doit être aujourd'hui à peu près entièrement comblée. Les monnaies orientales, principalement celles des Arabes et des Turcs, ont été classées par M. Lavoix, à son retour d'un voyage qui avait pour objet de compléter les séries de la bibliothèque. Les camées et les pierres gravées les plus célèbres se trouvent aussi à la Bibliothèque Impériale; mais les sculptures antiques en marbre et en pierre n'offrent qu'un médiocre intérêt relativement à ce que possède le Musée du Louvre. Il en est de même des papyrus, momies et autres objets d'origine égyptienne, dont la véritable place serait aussi dans le Musée Impérial. Il n'en est pas de même de la collection des statues en or et en argent, des vases, boucliers, etc., d'un haut intérêt pour l'histoire de l'art dans l'antiquité, et que l'on voit exposés dans des montres vitrées du cabinet. Le choix des pièces dont se compose cette exposition d'objets du plus grand prix est due à M. Lenormant; il mérite d'arrêter l'attention des visiteurs. Les monuments qui y sont réunis forment une histoire de l'art de la Grèce, de Rome et du moyen âge français. Les coupes et médailles, en petit nombre, qui proviennent des rois grecs de la Perse (dynastie des Sassanides), sont d'acquisitions récentes et ne se trouvent que rarement dans d'autres cabinets. Une des pièces principales dans ce genre, parmi celles que possède la Bibliothèque, lui a été donnée par M. le duc de Luynes.

Bibliothèques de Paris.— Indépendamment de l'immense établissement dont nous venons de parler, il existe à Paris diverses autres collections de livres moins importantes, mais précieuses encore sous de certains rapports. Cependant, elles sont loin de rendre aux études tous les services qu'on devrait en attendre. En effet, ces collections forment souvent double et triple emploi entre elles, et toutes restent incomplètes. Il est donc bien à regretter que le gouvernement ne prenne pas en sérieuse considération l'état précaire de ces établissements, et ne leur donne pas une destination tout à fait spéciale. Ainsi, en laissant la Bibliothèque de la rue de Richelieu comme la collection unique et la plus complète de toutes celles qui peuvent exister, où on ne communiquerait que les livres rares et précieux qui ne se trouveraient pas dans les autres établissements, on formerait à la Bibliothèque Mazarine, par exemple, une collection spéciale et complète de livres d'histoire et d'érudition; à l'Arsenal, une collection complète de poëtes et d'ouvrages de littérature; enfin, à Sainte-Geneviève, une bibliothèque d'ouvrages classiques et élémentaires nécessaires aux études de la jeunesse qui suit les cours de droit, de médecine, d'histoire et des sciences, dont la Sorbonne, le collége de France et les autres établissements scientifiques sont l'enseignement oral. On ne verrait plus exister de ces déplorables anomalies qui font que deux mille manuscrits restent enfouis, non catalogués et inconnus, à la Bibliothèque Sainte-Geneviève, où personne ne les consulte, tandis qu'il y a une section spéciale de ce genre rue de Richelieu. Il en est de même de la Bibliothèque de l'Arsenal : elle possède, entre autres, deux cartons de la collection Fontette, dont la Bibliothèque Impériale a les cent cinquante autres; et l'administration de l'Arsenal ne consentirait certainement pas à s'en dessaisir pour combler une lacune de la Bibliothèque de la rue de Richelieu. La belle collection des travaux manuscrits de Sainte-Palaye, sur le moyen âge, a été également divisée entre ces deux établissements. Des ouvrages doubles et triples encombrent chacune de ces bibliothèques, celle de la rue de Richelieu surtout, et avec ces doubles, régulièrement répartis, on trouverait de quoi enrichir les bibliothèques de Paris de second ordre, et une foule d'autres dans les départements auxquelles les municipalités n'accordent pas les fonds nécessaires pour avoir des livres indispensables même au cabinet d'un simple particulier. Mais nous devons abandonner ces considérations générales, pour faire connaître plus spécialement, et en quelques lignes seulement, les bibliothèques de Paris.

La *Bibliothèque Mazarine*, située dans les bâtiments de l'ancien collége des Quatre-Nations, dont l'autre partie est occupée par l'Institut de France, fut donnée à ce collége par le cardinal dont elle porte le nom. Elle compte aujourd'hui plus de 90,000 volumes. Cette Bibliothèque possède la collection la plus complète d'anciens livres de droit, de théologie, de médecine et des sciences physiques et mathématiques. Elle a eu pour conservateurs, depuis la Révolution, entre autres : MM. Petit-Radel, Felez, Naudet, etc.; mais elle a perdu, par suite de soustractions, un grand nombre de volumes rares et précieux et des opuscules imprimés au quinzième siècle. MM. de Sacy, Sainte-Beuve, Chasles, etc., sont aujourd'hui chargés de la conservation de cet établissement, dont l'administrateur reçoit 4,000 francs de traitement, et les conservateurs, les employés, les gens de service et le matériel coûtent en sus 38,000 francs.

Le budget de la Bibliothèque de l'Arsenal est de 35,800 fr. pour un administrateur, un conservateur, trois adjoints, deux bibliothécaires, quatre sous-bibliothécaires et employés. Cette Bibliothèque doit son origine au marquis de Paulmy, ancien ambassadeur français en Pologne. Le comte d'Artois en fit l'acquisition, et la compléta en 1781 par une grande partie de l'ancienne collection du duc de la Vallière, achetée aux enchères. C'est pour ce motif que cet établissement se nommait, sous le règne des Bourbons, *Bibliothèque de Monsieur*. C'est encore une des Bibliothèques qui ont changé de nom à chaque révolution; elle compte 175,000 volumes et 6,000 manuscrits, dont quelques-uns ornés de très-belles peintures. La Bibliothèque de l'Arsenal est riche surtout en romans, en ouvrages de littérature moderne, en pièces de théâtre depuis l'époque des mystères, et en recueils de poésies françaises depuis le commencement du seizième siècle. Elle a eu pour administrateur Charles Nodier; elle a pour conservateur M. Paul Lacroix (Bibliophile Jacob), dont les publications relatives aux Bibliothèques ont attiré l'attention du gouvernement.

La *Bibliothèque Sainte-Geneviève*, dont la fondation remonte à 1624, est celle qui possède le personnel le plus nombreux, savoir : un administrateur, six conservateurs, cinq bibliothécaires, cinq sous-bibliothécaires, sept employés, absorbant, avec les dépenses de matériel, 87,700 fr. Le département des livres imprimés de la Bibliothèque Impériale n'a pas autant de personnes pour un service public qui concerne 900,000 volumes. La Bibliothèque Sainte-Geneviève en renferme 160,000 et 3,500 manuscrits; mais sa collection d'incunables est assez précieuse, ainsi que celle des Aldes. M. Ferdinand Denis, M. Cucheval-Clarigny, M. Avenel, auquel on doit la belle publication de la correspondance du cardinal de Richelieu, en sont les conservateurs très-connus du public studieux.

Il nous reste encore à mentionner les bibliothèques de troisième ordre pour le nombre des volumes, comme celle de la Sorbonne, du Louvre, de l'Institut, de la Chambre des Pairs, de la Chambre des Députés, confiées longtemps au biographe Beuchot, qui a eu pour successeur M. Miller, savant helléniste; de l'École de Droit, de l'École de Médecine, du Jardin des Plantes, des Avocats, de la Cour de Cassation; mais si elles sont peu nombreuses, elles ont au moins le mérite incontestable d'être tout à fait spéciales, d'un accès facile et assez en ordre pour qu'on y retrouve les livres qu'elles possèdent.

Bibliothèques des palais impériaux. — Dans chacun des palais de la liste civile, il existe des bibliothèques plus ou moins nombreuses provenant de diverses origines, mais qui toutes renferment quelques raretés. Celle du palais de *Fontainebleau*, dont M. Champollion-Figeac est conservateur, a été formée avec une partie de la bibliothèque de l'ancien Conseil d'État et un grand nombre de livres provenant des dépôts de 1791. Aussi retrouve-t-on sur les reliures des livres de cette bibliothèque les armes des Montmorency, des Noailles, des Choiseul, etc.

Cette collection se compose de 32,000 volumes. Elle avait eu pour conservateur le savant bibliographe Barbier, qui, chargé plus tard de la Bibliothèque du Louvre, n'oublia jamais de comprendre dans les distributions des ouvrages remarquables auxquels les listes civiles souscrivaient, la bibliothèque qui avait été autrefois confiée à ses soins. Aussi remarque-t-on à Fontainebleau une belle collection de voyages anciens et modernes, les grandes histoires de provinces publiées par les bénédictins, les recueils académiques, et tous les livres à gravures dont l'impression remonte au commencement de ce siècle. Casimir Delavigne fut nommé conservateur de cette bibliothèque après 1830, et en porta le titre jusqu'à sa mort.

Le château de Versailles possède aussi une bibliothèque, qui a été formée par ordre du roi Louis-Philippe : M. de Bonnechose en est le conservateur. Les livres de cette bibliothèque se rapportent particulièrement à l'histoire de France et au règne de Louis XIV. Le musée historique, créé avant la révolution de 1848, a servi de point de départ pour la formation d'une collection d'ouvrages qui ne devaient être en quelque sorte que l'histoire écrite dont le château renfermait l'histoire iconographique.

Nous n'avons pu nous procurer aucune notion exacte sur les bibliothèques des châteaux de Saint-Cloud, de Compiègne, de Meudon et de Pau. Elles sont peu considérables, mais elles ont plus d'importance encore que la plupart de celles que l'on trouve dans quelques villes de nos départements. Celle de Neuilly a été en grande partie incendiée, ainsi que le château, en 1848, et celle du Palais-Royal vendue aux Archives, par suite des décrets relatifs aux biens de la maison d'Orléans.

Nous terminerons cet ensemble de notions sommaires sur les bibliothèques anciennes et modernes en rappelant que les ouvrages de Petit-Radel, ceux de M. P. Pâris, du comte Léon de Laborde, les rapports de M. Ravaisson et les traités spéciaux de Peignot, etc., renferment des renseignements très-détaillés sur ce sujet, dont nous n'avons touché que les généralités. Il existe au ministère de l'instruction publique un fonds de 20,000 fr. pour le service général des bibliothèques, sur lequel des subventions sont sans doute accordées aux établissements des villes dont la municipalité ne possède que des revenus insuffisants pour subvenir à l'entretien d'une bibliothèque. Un ou plusieurs inspecteurs des bibliothèques sont payés sur ce fonds; mais une dépense plus incontestablement utile est celle de l'impression des catalogues des manuscrits disséminés dans ces bibliothèques. Deux volumes ont déjà été publiés.

Nous n'avons donné aucune description des bâtiments occupés par les bibliothèques de Paris, M. le comte de Laborde, membre de l'Institut, ayant consacré une de ses *Lettres sur l'Organisation des Bibliothèques* à en faire connaître l'état ancien et moderne. Des erreurs typographiques ont fait imprimer : Sammonius-Serenius pour Samonicus-Serenus; Aurice pour Rurice; Guituise pour Gruthuyse; Galois pour Galius de Leyde; Gaulmies pour Gaulmain; Bassini pour Cassini; Linevy-Bigot pour Lineri; Targuy pour Targny; Lannelat pour Lancelot; Birenghem pour Beringhen, et quelques autres mots que le lecteur reconnaîtra facilement, cet article ayant été imprimé en l'absence de l'auteur.

AIMÉ CHAMPOLLION.

BIBLIOTHÈQUE. — *Catalogue de la Bibliothèque Impériale. Améliorations à introduire dans cet établissement.* — En lisant le dernier rapport que M. Taschereau a fait en 1856 à M. le ministre de l'instruction publique, les amateurs des études ont dû voir avec plaisir que les travaux relatifs au catalogue se poursuivaient sans interruption.

N'était-ce pas une chose déplorable qu'une vaste et précieuse collection de richesses intellectuelles ne fût à certains égards qu'un amas informe de volumes et de paperasses empilés? L'incurie s'en étant mêlée pendant plus d'un demi-siècle, il faudra maintenant des efforts inouïs pour arriver à une bonne classification de tous ces matériaux. La Révolution, en amenant à la Bibliothèque une masse énorme de livres et de papiers provenant des monastères et des établissements publics supprimés, contribua à augmenter ce désordre.

Nous ignorons les matières que renferment les livres et les manuscrits qui viennent d'être mis en ordre, d'après le rapport, et qui n'étaient pas encore communiqués au public. Mais, assurément, nous pouvons dire, sans témérité, qu'il doit y en avoir beaucoup d'inutiles et de très-insignifiants. A l'époque où ces fonds se charriaient à la Bibliothèque, on n'avait pas le temps d'examiner si, dans le nombre des objets qu'on emmagasinait, tout valait la peine d'être conservé. Il est donc probable qu'on a catalogué bien des inutilités, et qu'il restera encore à faire un travail de triage pour rejeter tout ce qui ne ferait que produire de l'encombrement. Il ne suffit pas non plus de savoir ce qu'on possède, il faut se mettre en position de communiquer dans le plus bref délai les livres demandés. Déjà on ne les délivre que fort tard; ils ne viendront pas plus vite quand les rayons seront encore plus chargés.

La Bibliothèque n'étant ouverte que plusieurs heures, on doit économiser le plus possible le temps du lecteur, du travailleur. Pour cela, une bonne classification des matières est indispensable, afin que les employés, chargés de distribuer les livres, puissent les trouver facilement; on devrait aussi avoir sous la main les livres les plus communément demandés. Autrefois, vous désiriez Saint-Simon, Voltaire, Buffon, Cicéron, Pline, l'Encyclopédie; les ouvrages de biographie, de géographie, d'histoire; Lamartine, Thiers, Guizot, vous les aviez à la minute; les anciens habitués de la Bibliothèque, ceux qui l'ont fréquentée du temps de ces petits carrés de papier gris qui étaient si commodes, ceux-là s'en souviennent avec plaisir. Il nous est arrivé d'attendre une demi-heure l'un de ces ouvrages qui ont été déplacés depuis peu.

Le catalogue nouveau mettant à la disposition du public une plus grande somme de livres, il sera nécessaire d'augmenter le personnel; mais cette augmentation ne gênera-t-elle pas un service déjà compliqué? Le meilleur moyen de sortir de cette difficulté est de couper la Bibliothèque en deux, et de former deux bureaux de conservateurs pour la distribution des livres. Il y aurait des classifications de matières bien tranchées; l'histoire, la philosophie, la littérature, la biographie, etc., pourraient être rangées dans une de ces sections; les sciences proprement dites, les mathématiques, la physique, l'astronomie, la géographie, la statistique, les sciences naturelles, l'archéologie, les voyages, la navigation, l'industrie et le commerce seraient rangés dans une autre section, et les livres en seraient distribués par le second bureau. On livrerait aux lecteurs une nouvelle salle d'étude.

Les ouvrages relatifs aux beaux-arts pourraient dès ce moment même être adjoints aux estampes et décharger d'autant les rayons de la Bibliothèque. Les doubles devraient être immédiatement vendus. A quoi bon avoir vingt éditions du même livre, surtout quand il s'agit des auteurs modernes? Que l'on choisisse la meilleure, la mieux imprimée, et qu'on la mette seule à la disposition du public. Il est inutile de se prêter à la manie d'une foule de gens qui ne cherchent dans les éditions qu'une différence de date.

Maintenant, un mot sur la manière dont les livres sont communiqués. En octobre 1855, un nouveau mode de demandes pour les livres a été adopté. Il faut aujourd'hui remplir, dans un bulletin délivré par les conservateurs eux-mêmes, une foule de blancs. Ainsi, non-seulement on est obligé d'écrire le titre de l'ouvrage, mais d'indiquer son format, la date et le lieu de sa publication, le prénom et le nom de l'auteur. Toutes formalités qui sont fort gênantes, car on peut avoir besoin d'un livre dont on connaît le titre et le nom de l'auteur, en ignorant le format, le lieu et la date de sa publication. Une formalité à laquelle on est encore astreint, est celle de donner ses nom et prénoms, sa qualité et son adresse. Cela, sans doute, ne doit répugner à aucun galant homme; mais est-ce une vraie garantie qui protége les livres communiqués? Qui empêche qu'on ne mette un faux nom dans le bulletin? Et même, avec le vrai nom, supposons qu'un livre soit égaré; ira-t-on s'en prendre à celui qui l'a demandé? Quand un lecteur n'a plus besoin du livre qu'on lui a communiqué, il vient le déposer sur une table attenant au bureau des conservateurs. Toutes les personnes qui stationnent autour du bureau, en attendant que le panier de cuir, qui circule dans les épaisseurs du mur, apporte l'ouvrage qu'elles ont demandé, passent leur temps à examiner ces livres, à les lire. Si une d'elles trouve le moyen de dérober celui que j'ai déposé, serai-je accusé à sa place? Il est visible que, dans cette mesure, on a obéi à des intentions excellentes, mais qui ne vont pas à leur but, celui de mettre les livres à l'abri des détournements, et de remonter jusqu'au voleur au moyen du bulletin. Ainsi donc, la première série d'indications demandées au lecteur est gênante, la seconde est illusoire, et peut même attirer des désagréments fort pénibles à la personne qui aurait signé un bulletin dont le livre aurait été détourné. Cette obligation de signer un bulletin en comporte une autre à laquelle on semble n'avoir pas songé : celle d'exiger des conservateurs un récépissé du livre que l'on rapporte au bureau. Ces bulletins, leur forme, ne sont pas les seules entraves. Autrefois, un employé était spécialement occupé à vous communiquer des dictionnaires bibliographiques, où vous puisiez des indications précises pour vos recherches. On avait encore à sa disposition la *Bibliothèque* du père Lelong. Tout cela a été enlevé et mis sous clef. De sorte qu'il est vrai de dire que des entraves sérieuses sont apportées au travail, et qu'un littérateur, un savant, qui malheureusement a besoin du secours de la Bibliothèque, emploiera deux fois plus de temps qu'il n'en mettait autrefois à rassembler ses matériaux.

Quant à la confection du catalogue, il faut s'en réjouir : sans doute il assurera la conservation de tout ce que la Bibliothèque possède; mais le public y gagnera-t-il? A en juger par ce qui se passe aujourd'hui, on peut répondre non. L'ancien catalogue n'est jamais communiqué; le nouveau ne le sera pas davantage. De sorte que telles recherches ne seront possibles qu'au personnel de la Bibliothèque, qui s'en fera une spécialité et qui aura seul le privilége de certaines publications. Mais avec le temps, on sentira l'injustice et les inconvénients qui résultent de cette mise au secret des catalogues. Les élèves de l'École des Chartes sont fort estimables, mais ils sont en général de fort mauvais critiques en matière d'histoire, et nous ne voyons pas pourquoi ils jouiraient de ces faveurs qu'on ne laisse pas goûter aux simples et modestes travailleurs dans les lettres, les arts, les sciences. Quelle gêne, quel ennui aussi n'éprouve-t-on pas lorsque, après avoir attendu une bonne demi-heure, le bulletin vous rapporte une réponse négative, *le livre est sorti !* Est-ce que les livres devraient jamais sortir d'une bibliothèque? C'est encore là un des anciens abus qui ne choquent pas parce qu'ils sont vieux et bien enracinés. Voilà comment les ouvrages se perdent! Eh quoi! on se rend à la Bibliothèque pour faire une recherche qui vous tient en suspens, et l'on vous répond : L'ouvrage qui pouvait vous éclairer est sorti, et sorti indéfiniment!

On conçoit qu'à l'époque où la Bibliothèque s'ouvrait deux ou trois fois par semaine, où les travailleurs étaient peu nombreux, on prêtait des ouvrages aux savants sérieux; on comprend que d'Alembert, Diderot, de Jaucourt, Condorcet, en aient emprunté, et que madame Duchâtelet et Voltaire en aient emporté à Cirey; mais aujourd'hui, avec les besoins incessants, et quelquefois imprévus, des personnes qui se livrent aux lettres et aux sciences, la Bibliothèque doit constamment rester complète. Voilà sa véritable destination. Que si l'on ne veut pas rompre immédiatement avec cet état de choses, qu'on s'habitue à ne prêter que les ouvrages dont on a des doubles.

On se ferait difficilement une idée de la quantité des richesses numismatiques renfermées dans cet élégant cabinet d'antiques de la Bibliothèque, orné des tableaux de Boucher. Des choses fort intéressantes sont exposées dans les vitrines; mais la plus grande quantité des médailles est enfouie dans une multitude de tiroirs dont le public et même le savant et l'amateur ne voient que l'entrée des serrures. Il nous semble que ce cabinet serait bien mieux placé au Louvre, où la place abonde; toutes les antiquités seraient ainsi rassemblées dans le même palais. L'amateur serait heureux de voir une belle suite de médailles se recommandant au dessinateur par la beauté des formes, au physionomiste et au philosophe par le caractère et l'expression des têtes, au savant par les notions historiques, frappées par le coin antique ou gravées dans la pierre précieuse, de voir, disons-nous, toutes ces merveilles de l'histoire et de l'art aussi bien logées que les tessons de terre rouge, magnifiquement encadrés dans les belles vitrines du musée du Louvre. Les arts, les lettres, les sciences, s'attendent à voir l'administration tirer le plus grand parti, dans leur intérêt, des vastes salles du nouveau Louvre. (*J. Baïssas.*)

BICÊTRE (géographie et histoire) [corruption de *Winchester*]. — A peu de distance de la route de Fontainebleau, après avoir traversé le village dit la Maison-Blanche, on trouve une construction considérable rappelant par son architecture le style des demeures de Henri IV et de Louis XIII; c'est Bicêtre. — Dans le complément de l'*Encyclopédie moderne*, le docteur Patté donne, d'après Lebœuf, Godefroi, Sauval, etc., les détails qui suivent sur cet hospice.

Saint Louis acheta dans les environs de Gentilly, d'un nommé Pierre le Queux, une terre pour établir les Chartreux. On appela *Grange au Queux*, et non pas *au Gueux*, comme on l'a souvent dit, les constructions qui s'élevèrent alors. Les Chartreux ne restèrent là que pendant quinze mois, et Jean, évêque de Vincestre, en Angleterre, ayant acquis une partie de leurs terres, y fit bâtir un château ou une demeure. Cette propriété fut confisquée en 1294 par Philippe le Bel au profit d'un de ses chambellans, comme l'attestent des lettres datées de Crèvecœur. En 1301, Philippe le Bel donna main-levée de cette confiscation à l'évêque de Vincestre. Ensuite la propriété passe à Amédée VIII, comte de Savoie. Sous le roi Jean, elle est prise par Kanolle, chef des Anglais. Plus tard, le frère de Charles V y fait bâtir un château, et l'évêque de Paris obtient que ce château n'aura ni fossés ni pont-levis. Ses appartements avaient alors une grande richesse; on y voyait des dorures à profusion, avec des portraits de Clément VII et des cardinaux du sacré collége, des images des rois de France et des empereurs d'Orient et d'Occident. En 1411, la faction de Bourgogne, conduite par le boucher le Gois, vint y mettre le feu; l'embrasement fut général, et il ne resta d'entier que deux petites chambres, enrichies *d'un parfaitement bel ouvrage à la mosaïque*. En 1416, le duc de Berry légua Bicêtre au chapitre de Notre-Dame de Paris. Cette donation fut confirmée par Charles VII en 1461, et par Louis XI en 1464. Claude Châtillon, dans sa *Topographie Française*, publiée vers l'an 1610, a représenté, au folio 10, cet ancien château tel qu'il était alors. En 1632, il fut entièrement rasé. Louis XIII le fit rebâtir à neuf, pour y loger les soldats blessés à la guerre. En 1634, le 24 août, Jean de Gondi, archevêque de Paris, y célébra l'office dans une chapelle qui fut remplacée, en 1670, par une église. En 1648, saint Vincent de Paul y fit placer les enfants trouvés quand ils étaient sevrés. En 1655 et 1656, les dames de la Charité obtinrent des places à la Salpêtrière et à Bicêtre pour les indigents. On venait de rendre une ordonnance qui prohibait la mendicité dans Paris; les mendiants pris en flagrant délit étaient internés à Bicêtre, où on les faisait travailler suivant leurs forces. Enfin, quand l'hôtel royal des Invalides, à Paris, fut achevé, Bicêtre devint une décharge de l'hôpital général. Les indigents, les mendiants, couchaient à quatre dans un lit pendant la moitié de la nuit; quatre autres coucheurs y passaient le reste de la nuit. On vit jusqu'à six malades étendus sur le même grabat. Les galeux et les galeuses reçues à Bicêtre y étaient traités par une méthode difficile, sale et insalubre. Les syphilitiques des deux sexes, fustigés avant le traitement, étaient le plus souvent traités par le mercure et ne respiraient qu'un air infect et délétère. On donnait à l'Hôtel-Dieu de Paris les premiers soins aux aliénés; on les dirigeait ensuite sur Bicêtre, où la plupart de ces malheureux étaient renfermés dans des cabanons et chargés de chaînes. Des jeunes gens y étaient renfermés, par ordre supérieur ou par la volonté de leurs parents, dans un local qu'on nommait *la Petite Correction*. Bicêtre servait aussi de prison; on y voyait des prisonniers d'État, des détenus, des réclusionnaires, des suspects, des condamnés à mort et des forçats. En 1792, les septembriseurs vinrent, sans artillerie, attaquer Bicêtre, qui se défendit aussi sans artillerie. Pendant trois jours et trois nuits il se fit un affreux carnage. Pinel, qui eut la gloire de faire tomber les fers des aliénés et d'inaugurer un traitement médical plus moral et plus efficace, raconte, dans son *Traité de la Manie*, qu'au milieu de ces scènes de désolation un insensé tua dix ou douze septembriseurs avant qu'on pût s'en rendre maître. En 1803, on commença à introduire des améliorations sérieuses; on fit des constructions et des plantations. Sous Louis-Philippe, la prison de la Roquette remplaça celle de Bicêtre, et la chaîne des forçats fut remplacée par des voitures cellulaires. De trop fréquentes rébellions, des évasions à Bicêtre et d'autres considérations morales réclamaient ce changement.

Aujourd'hui, le souvenir de ces temps mauvais a tout à fait disparu. Sous l'habile et intelligente administration du directeur actuel, M. Herbet, Bicêtre ne chagrine plus la vue par son aspect. On ne voit plus dans les cours des mendiants mal tenus se jeter avidement sur les visiteurs pour leur demander quelques pièces de monnaie. Des plantations agréables, des dortoirs plus espacés, un réfectoire confortable, propre, presque élégant, où mangent à la fois cinq cents indigents valides, qui sont une heure après remplacés par cinq cents autres, telles sont les améliorations qui ont été récemment introduites. M. Herbet a obtenu de l'administration des hôpitaux la création d'un atelier de cordonnerie, où l'on fabrique par an quatre mille paires de chaussures; on monte un atelier de tailleurs, de chaussonniers; on rend le travail obligatoire. Comme sous saint Vincent de Paul, on poursuit l'oisiveté de l'indigent valide; on soigne charitablement et avec zèle l'indigent infirme. Depuis une année on a diminué de trois cents le nombre des lits, pour espacer davantage et obtenir de meilleures conditions de salubrité. Dans la même vue, depuis un an les inhumations ont lieu à Gentilly. La population actuelle, se répartit ainsi : première division : indigents valides, quatre cents; deuxième division : indigents valides, six cent cinquante; troisième division : indigents infirmes, cinq cent soixante-dix; quatrième division : infirmerie générale, deux cents; service des aliénés : hospice de Bicêtre, six cent cinquante-quatre; annexe ferme Sainte-Anne, deux cents; employés, service de santé, ecclésiastiques, trois cent quatre-vingts; total : trois mille cinquante-quatre. La ferme Sainte-Anne, exploitée par les aliénés, ne paraît pas donner les résultats qu'on en avait attendus pour le rétablissement des convalescents aliénés. Parmi les curiosités de Bicêtre, on signale le puits, remarquable par sa largeur et sa profondeur; il fut construit en 1733, sous la direction de l'architecte Boffraud. On peut voir au Conservatoire des Arts et Métiers une machine attribuée à Vaucanson et qui figure le système qu'on employait alors pour puiser de l'eau. Aujourd'hui, comme on le croirait difficilement, les eaux viennent de la pompe à feu d'Auteuil; on dépense en moyenne trente à quarante mille litres d'eau par jour. Mais il arrive assez souvent des irrégularités dans la distribution des eaux; il serait donc à souhaiter que l'administration fît placer une pompe au grand puits, car il donne encore aujourd'hui ce qui peut suffire d'eau par jour quand les eaux d'Auteuil viennent à manquer. Comme nous l'avons déjà dit, l'aspect de Bicêtre n'a plus rien de triste. A la façade nord, qui a une largeur de quatre-vingts croisées assez espacées, s'ajoutent, du côté sud, des bâtiments reliés par d'autres et constituant ainsi trois cours principales. L'église est située dans le milieu de la deuxième cour; au fond de la troisième, on voit la direction, la cuisine, la buanderie, l'entrée de la division des aliénés, qui est éloignée des quatre autres et composée d'une série de bâtiments propres, sains et bien aérés. La moyenne de dépense d'un indigent revient par jour à l'administration à 1 fr. 66 c.; celle d'un aliéné à 1 fr. 50 c. Ce dernier chiffre s'explique par les recouvrements que l'administration peut opérer en partie ou en totalité sur les familles pour la pension des aliénés. Enfin, dans plusieurs départements de la France, il existe aussi des établissements qui portent le nom de Bicêtre, et où l'on voyait autrefois des aliénés, des indigents et des prisonniers. (Dr *Patté.*)

BICHIR (zoologie). — Genre de poissons du Nil et du Sénégal, de la famille des clupes. Ils ont le bord de la mâchoire supérieure immobile, formé au milieu par les intermaxillaires, et sur les côtés par les maxillaires; une pièce osseuse, chagrinée, comme celle du reste de la tête, couvre la joue; les ouïes n'ont qu'un rayon plat; le corps est allongé et couvert d'écailles pierreuses si dures qu'on ne peut entamer ce poisson avec le couteau; il a un grand nombre de nageoires dorsales isolées, soutenues chacune par une forte épine qui porte quelques rayons mous; la caudale entoure le bout de la queue, l'anale en est rapprochée; les ventrales très en arrière; les pectorales sont sur un bras écailleux; autour de chaque mâchoire il y a un rang de dents coniques, et derrière des dents en velours ou en râpe. Le port de ce poisson le ferait prendre pour un serpent; sa chair est blanche et plus estimée que celle des autres poissons du Nil; il habite les endroits les plus profonds du fleuve, et se tient constamment dans la vase.

Gossart.

BIEN (bien et mal) (philosophie, morale). — Le *bien* n'est autre chose que la satisfaction raisonnable des besoins de l'âme et du corps, dont la source est dans l'accomplissement de la *loi naturelle*. Cette loi, reconnue par toutes les nations, se réduit aux préceptes suivants : *Adore l'Être suprême. — Ne fais point à autrui ce que tu ne voudrais pas qui te fût fait. — Fais aux autres ce que tu souhaiterais raisonnablement qu'on te fît.* — Le *mal* est contraire à l'harmonie générale établie par l'Être suprême, c'est-à-dire à la *loi naturelle*, qu'on ne peut enfreindre sans devenir aux yeux de ses semblables un objet de mépris ou d'horreur. Du reste, tout mal fait à autrui retombe tôt ou tard sur celui qui en est l'auteur, et abrége sa vie, tandis que la pratique du bien embellit et prolonge l'existence.

Comme ici-bas chaque chose a ses avantages et ses inconvénients, que la multiplicité des objets que nos yeux peuvent apercevoir y sont diversifiés à l'infini, et que notre manière de les juger est également différente[1], il en résulte que, tout étant mystères dans la nature, nous nous trouvons placés sous la dépendance de son divin Auteur. « Sa voix est » agréable, et celui qui lui obéit établira la paix » dans son âme et l'abondance dans sa maison[2]. » D'où il suit que le bien venant de Dieu, et le mal de nous-mêmes, chaque homme en particulier n'agit que d'après les pensées qui se succèdent continuellement dans son esprit, et qu'au milieu des êtres avec lesquels il est obligé de vivre, ces mêmes pensées produisent,

[1] Voyez l'ouvrage intitulé : *Du Culte des tombeaux et du danger des inhumations dans certains cas.* 1852.

[2] Mon fils, n'oubliez pas ma loi, dit Salomon, et que votre cœur garde mes préceptes; car vous y trouverez la longueur des jours, la multiplication des nnées de votre vie et la paix. (*Prov.*, ch. III, v. 1 et 2.)

suivant leur direction, le bien ou le mal. Or, tout homme qui fait le bien sans autre but que d'aider ses semblables, jouit d'abord de son action par le sentiment intérieur, et tôt ou tard en reçoit la récompense, quelle que soit l'injustice qui règne sur la terre; tandis que celui qui se livre au mal n'échappe jamais aux peines de l'âme, bien que le physique de certains coupables semble démentir cette vérité. De plus, dans l'action bonne ou mauvaise à laquelle nous nous livrons, les pensées du bien se présentent toujours à notre esprit avant d'agir; et ce n'est qu'en méconnaissant la voix de la nature que, de faute en faute, nous nous précipitons dans un abîme de maux. Il faut d'ailleurs se convaincre que l'ignorance et les mauvaises habitudes sont la cause principale de nos malheurs, et que ce n'est que par l'étude de soi-même et par une ferme résolution de rapporter tout au bien de la société que l'homme peut parvenir à se rendre réellement heureux, du moins autant qu'il lui est permis de l'être dans la sphère où l'a placé l'Arbitre souverain des destinées humaines.

Si tous les hommes, plus instruits de leurs véritables intérêts, suivaient à cet égard la *morale du Christ*, morale si pleine d'attraits et de charmes, on verrait bientôt disparaître de la terre ce faux bonheur que tant de gens recherchent aux dépens de leurs semblables, pour être remplacé par ces suaves plaisirs de l'âme, qui portent, en tous pays, les cœurs généreux à coopérer à la réforme des mœurs publiques et privées, à l'extinction, ou du moins à la diminution de misères dont la source est dans le défaut d'éducation de la classe la plus nombreuse.

Pour corroborer ce que nous venons de dire, nous allons nous servir de l'esprit de quelques maximes recueillies à une époque où nous étions loin de penser que nous en ferions un jour une telle application.

D'abord, ce qu'il y a de certain, c'est qu'aucune action n'est absolument isolée. Toutes celles qui sont bonnes produisent longtemps après elles une heureuse suite de bonnes actions; toutes celles qui sont mauvaises enfantent une inévitable série de maux.

En effet, lorsque l'action est bonne, elle fait du bien à quelqu'un; c'est en cela que consiste la *bonté*. Tout plaisir qui vient d'autrui dispose à la reconnaissance, rend l'homme meilleur, et partant plus utile à ses semblables; c'est ainsi qu'il y aura du bien de fait en seconde, en troisième, en millième génération, parce qu'il y aura des désirs plus multipliés d'en faire, comme aussi plus de moyens d'y parvenir. Or, les êtres intelligents, libres par leur nature, font ce qu'ils désirent fermement toutes les fois qu'ils en ont le pouvoir.

Lorsque l'action est mauvaise, celui qui en souffre est porté à la résistance, à la colère, à la vengeance; il est au moins tenté de payer le mal par le mal. Et s'il en commet, chacun de ces maux sera, comme le premier, la cause de mille autres.

S'il y a des actions indifférentes, il y en a très-peu, et si nous croyons qu'il en est quelques-unes, c'est véritablement par ignorance, je suis même disposé à dire par inobservation. — Il ne sera point indifférent que je reste à la maison ou que je me promène, si la promenade ou le séjour importent à ma santé; car la santé me rendra capable de plus de travaux utiles. — Seul chez moi, il n'est pas indifférent que j'étudie ou que je demeure oisif, à moins que mon apparente oisiveté ne soit employée à des réflexions propres à me rendre meilleur. — Si j'étudie ou si je me corrige, je serai plus instruit, je ferai moins de fautes, et mon travail sera plus profitable pour les autres et pour moi. Alors, nous en serons tous plus heureux, plus aimables, plus aptes à faire d'autres heureux.

Et si je ne puis mieux faire, il n'est pas indifférent que je me livre à un travail manuel, à un métier ou à un art quelconque. Supposons qu'il soit d'agriculture, mon labeur ne sera pas sans fruit pour moi ni pour la société. Je jouirai de ce que j'aurai fait par le chatouillement d'un amour-propre qui se félicitera du bénéfice que les autres pourront retirer de mon œuvre. Or, la paresse qui m'aurait enlevé ces avantages aurait donc été nuisible, à moi d'abord, et ensuite à la société.

Supposons qu'un homme et sa femme soient retirés dans leur chambre. Il semble au vulgaire que ce qui va se passer entre eux est absolument indifférent au reste du monde; il n'en en est cependant pas ainsi. Si avant de dormir ils se querellent, le lendemain ils auront de l'humeur; cette humeur se répandra sur leurs enfants et sur leurs domestiques. Ceux-ci, frappés de leur injustice, prendront de l'aigreur à leur tour; les serviteurs se dédommageront par la négligence et la désaffection; les enfants contracteront de la dissimulation, ils éprouveront une rébellion secrète qui leur rendra leurs parents moins chers et moins respectables, ils en seront plus susceptibles de mauvais conseils. Devenus moins bons, ils auront à leur tour, quand leur temps sera venu, des enfants plus mauvais, parce qu'étant le fruit d'une race détériorée, ils seront eux-mêmes moins bien élevés. — Les deux époux prendront moins d'intérêt à leurs affaires; il en résultera pour eux des pertes et des chagrins. Ils chercheront au dehors des distractions capables de leur faire contracter des goûts ruineux, dangereux même. Donnant moins bon exemple à leur famille, il y aura diminution de bien-être, de bons sentiments, de bonnes actions. Tout cela ne sera peut-être pas aussi grave; mais quand il n'en arriverait qu'une partie, qu'une faible partie, ces maux, très-réels, auront des conséquences fâcheuses, d'où découleront nécessairement d'autres malheurs.

Si, au contraire, les deux époux passent leur soirée dans une douce intimité, leur sommeil sera plus pur, la journée suivante plus belle; leur âme étant plus attendrie, leurs enfants seront plus attentivement soignés et avec une sensibilité plus encourageante pour ces jeunes cœurs. Les travaux, tant extérieurs que domestiques, seront conduits avec plus de vigueur et de sagesse, parce que l'esprit des deux chefs étant plus libre, plus gai, plus serein, le concours de leurs forces sera plus amical, mieux entendu, plus parfait.

Et s'il est vrai qu'une multitude d'êtres intelligents, d'une nature au-dessus de la nôtre, ayant le pouvoir de nous protéger, s'il est vrai que leur bienveillance ne puisse être excitée que par le spectacle des vertus auxquelles il nous est donné d'atteindre, combien l'intérêt qu'inspire un ménage heureux et bon ne peut-il pas lui attirer des secours qui le rendront encore plus fortuné, surtout par l'espérance de retrouver, dans ce monde spirituel de transition, les êtres qui lui ont été chers ici-bas? En effet, il n'est pas impossible qu'il existe des génies, des anges tutélaires, puisque Celui qui régit toutes choses possède éminemment les qualités qu'on peut supposer à ces génies [1]. D'ailleurs, la Providence, qui nous tient dans le doute sur les détails de l'autre vie, n'a pas voulu nous révéler de si grands secrets; elle désire seulement qu'en esprit et vérité, nous tendions vers un objet aussi étendu qu'immense, et qu'ici-bas

La vérité, l'erreur, en tout temps, en tout lieu,
Redisent aux mortels qu'ils ont besoin d'un Dieu.

En résumé, nous avons tous besoin de porter sur nos actions un regard d'espérance, et de dire : *La chose que je vais faire amènera-t-elle du bien ou du mal?* Cet exercice, extrêmement simple, a un charme indicible pour ceux qui en ont pris l'habitude. On ne sait point assez combien dans ce qu'on fait pour les autres, *même pour les animaux*, on trouve de gages pour soi. C'est une des sources de plaisir les plus abondantes, qui se trouvent sous la main de tout le monde, où tous les âges, toutes les capacités, toutes les destinées, peuvent puiser presque également; enfin, c'est un point de moralité qui, lorsqu'il sera mieux connu et pratiqué, doit perfectionner l'ordre social et ramener l'homme à la vraie religion, qui n'est autre chose que l'étude de soi-même. Alors, et seulement alors, chacun comprendra combien les saines idées morales et religieuses sont nécessaires aux mortels pour les rendre meilleurs, et par conséquent plus heureux. Xavier Gaillard.

BIENFAISANCE (philosophie, morale.) — Penchant à répandre des bienfaits sur autrui; vertu qui nous porte à faire du bien à notre prochain. La bienfaisance, dit un auteur, est la fille de la bienveillance et de l'amour de l'humanité. Aimer à faire le bien est une chose très-rare, quel qu'en soit le motif. La nature, la raison nous invitent à faire le bien : la nature, par le sentiment du plaisir, qui est dans l'âme de celui qui a obligé, et qui se renouvelle en voyant l'objet de ses bienfaits; la raison, par l'intérêt que nous devons prendre au sort des malheureux. L'occasion de faire des heureux est plus rare qu'on ne pense : la punition de l'avoir manquée est de ne plus la retrouver; et l'usage que nous en faisons nous laisse un sentiment éternel de contentement ou de repentir. Il n'y a que l'exercice continuel de la bienfaisance qui garantisse les meilleurs cœurs de la contagion des ambitieux : un tendre intérêt aux malheurs d'autrui sert à mieux en trouver la source, et à s'éloigner en tous sens des vices qui les produit. L'homme bienfaisant se fait aimer par force, parce que tous ses dons et tous les services qu'il rend sont autant de liens dont il enchaîne les cœurs; celui qui se réjouit des présents qu'on fait à son prochain est aussi bienfaisant que celui qui les donne.

[1] Voyez l'ouvrage intitulé : *Preuves consolantes de l'existence de Dieu et de l'immortalité de l'âme*, pages 15 à 24, 32, 40 à 50, 60 et 61. 1844.

Bienfaisance (contrat de) (droit), Bienfaisance (assistance publique et légale). — Le contrat de bienfaisance est un terme de jurisprudence qui comprend tous les actes faits à titre gratuit (voy. *Contrat*, et *Donation*).

L'Assistance publique est aujourd'hui l'expression consacrée, en France, pour le fait de la distribution des secours publics en faveur de l'indigence; c'est la bienfaisance confiée aux soins de l'administration locale. En se reportant d'abord au décret organique du 19 mars 1793, on remarque qu'il devait être attribué annuellement à chaque département une somme à employer en secours au profit des indigents, puis formé dans chaque canton une agence chargée, sous la surveillance de l'autorité, de la distribution du travail et des secours aux pauvres, valides ou non valides, domiciliés, et inscrits sur un registre. Les fonds de secours étaient ainsi divisés : 1° travaux de secours pour les pauvres valides dans les temps morts au travail; 2° secours à domicile pour les pauvres infirmes, leurs enfants, les vieillards et les malades; 3° maisons de santé pour les malades n'ayant point de domicile, ou ne pouvant y recevoir les secours nécessaires; 4° hospices pour les enfants abandonnés, pour les vieillards et les infirmes non domiciliés; 5° secours pour les accidents imprévus; 6° soins médicaux, en établissant des médecins pour les pauvres secourus à domicile, pour les enfants abandonnés et pour les enfants inscrits sur l'état des pauvres; accoucheurs et accoucheuses chargés des accouchements des femmes inscrites sur l'état des pauvres. Telles étaient les dispositions principales d'après lesquelles la mendicité devait être réprimée, les distributions de pain et d'argent aux portes et dans les rues devant d'ailleurs cesser, pour être remplacées par des souscriptions volontaires versées dans la caisse de secours du canton; mais cette loi a été rapportée, en ce qui concernait les secours, par l'art. 12 de celle du 7 frimaire an v, qui a ordonné la perception, au profit des indigents, d'un droit sur les billets d'entrée aux spectacles et théâtres.

Le titre v de la loi du 24 vendémiaire an II explique les conditions exigées pour l'établissement du domicile du secours; et le ministre de l'intérieur a écrit à ce sujet, le 29 frimaire an x, aux préfets, une circulaire dont voici quelques bons passages :

« La société ne doit des secours qu'à ceux qui, par la force des circonstances, se trouvent dans l'impossibilité de fournir à leurs premiers besoins. Distribuer des secours dans tout autre cas, c'est créer la mendicité, nourrir la paresse et produire les vices. Ainsi, le premier soin qui doit occuper une administration chargée de répartir les aumônes consiste à constater l'état de besoin. Ce soin est à la fois le plus important et le plus difficile à remplir.

» Les besoins qui provoquent les secours publics sont de trois genres : l'état de pauvreté, l'état d'infirmité, l'état d'abandon.

» Pour constater ces trois états, qui donnent lieu à des secours publics, il suffit d'organiser dans chaque ville un ou plusieurs bureaux de bienfaisance, conformément à la loi du 7 frimaire an v. Ces bureaux doivent être composés de personnes riches et considérées. Ces personnes seront aidées dans leurs utiles fonctions par la charité douce et active des sœurs hospitalières attachées aux comités. Nul ne peut avoir droit à des secours publics qu'après avoir fait la déclaration de ses besoins au bureau de son arrondissement, qui seul prononce sur le besoin, et détermine le genre de secours qui convient à l'individu. »

Ensuite, le ministre indique quels sont les individus et les familles qui doivent être classés dans chacune de ces catégories, et fait remarquer que l'état d'infirmité étant constaté par le médecin du bureau, le témoignage d'hommes probes et le rapport des sœurs hospitalières peuvent garantir et éclairer sur tous les autres cas. Il énonce aussi que le genre de secours doit être borné à la distribution en nature des objets qui peuvent remplir le besoin, à savoir : le pain, la soupe, les vêtements et les combustibles; les soupes aux légumes surtout, comme formant une ressource aussi facile qu'économique, et pouvant faire la moitié de la nourriture du pauvre. — *Nous ajouterons ici, pour ces mêmes soupes, l'emploi du riz, cuit en même temps que les légumes, et pour un cinquième environ, ce qui augmente le volume par un large rendement du riz, dès lors sans surcroît de dépense relative; ce qui contribue économiquement, dans ce mélange, à en améliorer la valeur nutritive, en rendant d'ailleurs le bouillon plus épais, plus consistant, à ce point que le pain n'y est plus autant utile; autre économie ainsi rendue facile, et sans, du reste, que le riz soit jamais employé seul, ni comme aliment principal, pour les pauvres.*

Il est exprimé aussi, dans cette circulaire remarquable, que la distribution des vêtements et des combustibles est peut-être une des plus utiles, parce que le dénûment de ces objets, dans la saison rigoureuse de l'hiver, éteint le courage et paralyse les forces.

Dans la troisième classe, celle de l'état d'abandon, sont compris les enfants trouvés, les vieillards et les incurables. De tous temps, et chez tous les peuples, la société a donné des secours à ces infortunés; mais le droit qu'a seul le vrai besoin aux aumônes publiques fait un devoir à l'administration de la plus inflexible sévérité pour l'admission; et à l'égard des enfants, il importe de les élever à part, de manière à ce qu'ils deviennent utiles à la société qui les adopte; c'est-à-dire qu'il faut leur faire contracter de bonne heure l'habitude du travail, d'un travail qui fasse de leur hospice une école de mœurs et une pépinière d'ouvriers convenables. Les vieillards et les incurables ne demandent que du repos, dans une habitation saine et spacieuse.

Les soins que prend une sage administration pour ne faire participer aux secours publics que ceux qui y ont des droits positifs, commencent toujours par en réduire le nombre de moitié, et permettent alors à la société de pouvoir soulager les véritables nécessiteux. Donner à tous indistinctement, ce serait doter la profession de mendiant; donner aux seuls nécessiteux, c'est payer la dette de la société. Porter des consolations dans le sein des familles, y distribuer les secours de la bienfaisance, c'est la perfection de la charité publique.

Par l'article 8 du préambule de la Constitution de 1848, il est dit que l'Etat doit, par une assistance fraternelle, assurer l'existence des citoyens nécessiteux, soit en leur procurant du travail dans les limites de ses ressources, soit en donnant, à défaut de la famille, des secours à ceux qui sont hors d'état de travailler.

Enfin, une loi du 13 janvier 1849, relative seulement à Paris, a organisé l'assistance publique en partie. Par cette loi, l'assistance publique est considérée sous le double rapport des services et secours à domicile, et du service des hôpitaux et hospices civils. Elle organise une administration générale, placée sous l'autorité du préfet de la Seine et du ministre de l'intérieur. Cette administration consiste dans un conseil chargé de surveiller un administrateur unique et responsable. Un arrêté du 1er mai 1849 a organisé ce conseil. Une loi du 7 août 1851 a réglé l'admission des malades dans les hospices, sans en rien déroger à la loi du 13 janvier 1849.

Tel est l'état de notre législation française sur l'assistance publique. Cette théorie apparaît assez convenable; mais de là à la pratique régulière et opportune il y a une grande distance, parce que, d'une part, le nombre des indigents s'accroît sensiblement, dans les villes surtout, et que, de l'autre, le personnel de l'assistance publique n'est ni assez nombreux, ni assez rapproché, pour parler ainsi, du paupérisme, des infirmités des classes inférieures. C'est trop dans les attributions de l'administration municipale; ce n'est point assez dans le concours personnel et obligé de la société des hommes riches et considérés et des femmes charitablement chrétiennes. — Voy. *Paupérisme*.

JEAN ÉTIENNE.

BIENS (droit). — Ce mot comprend tout ce que l'homme possède, tant en immeubles qu'en meubles, en argent, en créances et autres valeurs. Ce serait une erreur que de prendre comme synonymes les expressions *biens* et *choses*; la doctrine leur a attribué une signification différente, comme le font observer MM. Toullier, t. III, n° 3, et Duranton, t. IV, n° 3. « Les choses, dit le premier, sont tout ce que l'on peut posséder; les biens, tout ce que l'on possède. » En effet, dans le langage du droit, le terme de *choses* s'entend de tout ce qui, dans la nature, peut être de quelque utilité aux hommes, soit qu'il puisse être possédé par eux, comme un pré, un champ, une statue, l'air, les animaux sauvages, etc.; le mot *biens* a une signification bien moins étendue : il désigne seulement les choses qui sont l'objet d'une propriété publique ou privée, les choses que l'on possède, dont on est propriétaire.

Le Code civil, en traitant des biens sous les art. 516 et suivants, les a divisés en quatre titres distincts, qui sont : 1° de la distinction des biens ; 2° de la propriété ; 3° de l'usufruit ; 4° des servitudes ou services fonciers.

Les biens sont à considérer sous deux rapports principaux : en eux-mêmes, suivant leur qualité naturelle ou légale, et dans leurs rapports avec ceux qui en ont la possession. Sous le premier rapport, les biens sont *corporels* ou *incorporels*; ils ont tous aussi la qualité de meubles ou d'immeubles (C. civ. 516.). — Il y a aussi une autre distinction à l'égard des meubles; les uns ne sont consommés que par l'usage auquel ils sont destinés, et les autres se consomment par l'usage.

Dans leurs rapports avec ceux qui les possèdent, les biens se divisent en *biens dans le commerce*, et *biens hors du commerce* (C. civ. 1128, 1598 et 2226). Les biens qui sont dans le commerce sont ceux qui peuvent changer de maîtres ou de possesseurs, par vente, engagement, échange, donation, prescription ou autre titre. Les biens hors du commerce sont ceux qui ne sont pas susceptibles d'une propriété privée, et ceux qui sont destinés à des usages publics, incompatibles avec la propriété privée, mais qui peuvent rentrer dans le commerce dès que cesse leur destination, comme les chemins, routes et rues, les édifices publics, églises, portes, murs, fossés et remparts des forteresses et places de guerre (C. civ. 538 et suivants) ; puis les biens qui font partie des apanages de la liste civile, des majorats. Les biens qui sont hors du commerce ne peuvent être vendus ni aliénés, et on n'en peut prescrire la propriété tant qu'ils conservent leur destination (C. civ. 2226).

Les biens qui sont dans le commerce appartiennent soit à l'État, aux communes ou à d'autres établissements publics, soit à des particuliers; ou bien ils n'appartiennent à personne, comme les objets abandonnés ou perdus, les animaux sauvages, etc. Mais la désignation générique de *choses* convient mieux que celle de *biens* aux animaux sauvages, puisqu'on ne les possède pas, et que seulement on peut les posséder par circonstance.

Les biens de l'État qui sont dans le commerce sont ceux qui n'ont pas la destination spéciale d'utilité publique, et qui ne sont pas déclarés inaliénables, en partie ou en totalité, tels que les bois et forêts, et les autres biens que l'État possède de la même manière que les particuliers. Le droit civil est applicable à ces biens; mais ils ne peuvent être loués qu'en observant des formalités particulières, ni transmis à des particuliers que conformément à des lois spéciales.

La location et l'aliénation des biens dits dans le commerce, et que possèdent les communes et autres établissements publics, sont de même régis par une législation toute particulière.

Quant aux biens qui sont possédés par des particuliers, ceux-ci en ont la libre disposition, mais sous diverses modifications et conditions établies par la loi (C. civ. 537). JEAN ÉTIENNE.

BIENS COMMUNAUX (droit, administration civile, immeubles communs). — Ces biens, tant meubles qu'immeubles, sont actuellement ceux sur la propriété ou le produit desquels tous les habitants d'une ou de plusieurs communes, ou d'une section de commune, ont un droit acquis, dans le sens qu'il est défini par l'art. 1er de la loi du 10 juin 1793 et de l'art. 542 du Code civil. En règle générale, les maires régissent les biens des communes et administrent les établissements qui leur appartiennent : tous les biens-fonds des communes, excepté les bois, doivent être affermés à l'enchère devant le sous-préfet ou devant le maire, délégué par celui-ci; les bois sont mis en coupe réglée, et vendus dans la forme usitée : les revenus casuels, tels que ceux des octrois, peuvent être mis en ferme ou régie intéressée, dans la forme réglée par le préfet. Les conseils municipaux règlent les travaux ou réparations jugées nécessaires : lorsque des biens et établissements se trouvent indivis entre plusieurs communes, l'administration exclusive en appartient au maire de la commune qui a la plus forte partie de ces biens, ainsi qu'il est déterminé par le préfet renseigné régulièrement. Les communes jouissent aujourd'hui des églises, cimetières, presbytères, maisons d'école et autres bâtiments qui n'ont pas été aliénés, et elles sont chargées de leur entretien : aucun bien rural appartenant aux communautés d'habitants ne peut être concédé à bail à longues années, c'est-à-dire pour plus de neuf ans, qu'en vertu d'une ordonnance spéciale, et après avoir observé, pour y parvenir, les formalités prescrites. Déjà nous sommes entrés, aux mots relatifs, dans d'utiles explications sur différents points, dont la base administrative est l'autorité constituée (voy. le mot *Autorité*). Il nous reste surtout à jeter ici un coup d'œil rétrospectif sur l'élément du bien-être commun, que nos ancêtres avaient bien compris, les immeubles communaux, en terme moderne.

Les biens immeubles communaux, autrefois nommés communes, et y compris ceux qu'on appelait patrimoniaux des communes, étaient l'objet d'un soin tout particulier pour leur gestion et dans leur conservation entière, placés qu'ils étaient sous l'égide des parlements. Mais la loi du 10 juin 1793, en autorisant et favorisant le partage de ces biens communaux, a produit un mal tellement senti, par suite des aliénations faites, que deux ans après, par la loi du 21 prairial an IV, on ne maintenait que provisoirement dans leur jouissance tous les propriétaires des biens communaux qui avaient été partagés, et en même temps il était sursis à toutes les actions et poursuites résultant de l'exécution de cette loi de 1793; puis ensuite intervint l'avis du conseil d'État du 7 mai 1808, qui modifia utilement cet ordre de choses. Les communes continuèrent donc à jouir, comme par le passé, des biens communaux non partagés avant la loi du 21 prairial an IV, et il fut décidé que les particuliers qui se permettraient de s'en approprier une partie quelconque, pour en jouir à leur volonté, seraient regardés comme des usurpateurs et dénoncés au préfet, lequel statuerait et prononcerait ainsi que de droit. Du reste, une loi du 26 germinal an II, a réglé le mode de payement des contributions assises sur les biens communaux, en prescrivant aux fermiers ou locataires en nom d'en payer les impositions de tout genre, à la décharge des communes, en déduction du prix du bail, et en disposant, en outre, qu'à l'égard des domaines utiles, qui sont ceux dont chaque habitant profite également ou qui ne sont pas susceptibles d'être affermés, comme des bois, pacages et marais communaux, ou des bâtiments servant à l'usage commun, s'il n'y a pas de revenus suffisants pour payer la contribution relative à ces domaines, la répartition en serait faite en centimes additionnels sur les contributions diverses de tous les habitants, sauf, selon le cas, si tous les habitants n'ont pas un droit égal à la jouissance, à faire cette répartition au prorata de la part afférente à chacun ou proportionnellement à leur jouissance respective. Enfin, d'après un avis du conseil d'État du 3 juin 1809, toutes les usurpations de biens communaux qui avaient eu lieu depuis la loi du 10 juin 1793 jusqu'à celle du 9 ventôse an II, qu'il y ait ou n'y ait pas eu de partage exécuté, devaient être jugées par les conseils de préfecture s'il s'agissait de l'intérêt de la commune contre les usurpateurs, et par les tribunaux quand il était question des usurpations d'un copartageant vis-à-vis d'un autre. De tout cela, que dire et quels sont les effets produits? Si l'on consulte de bons et anciens laboureurs, ils répondront, en énonçant ce fait sérieux, que les communes rurales où il y a le plus de bien-être, de savoir, d'émulation industrielle et agricole, de moralité et de religion, en même temps que le moins de pauvres et de malheureux, où aussi les mariages sont le plus satisfaisants et les émigrations le moins nombreuses, sont celles dans lesquelles les lois sur le partage et sur la vente des biens communaux ont été le moins exécutées, par l'opposition faite judicieusement à ces mêmes lois : et pour cela il y avait de bonnes raisons, de saines traditions locales, notamment dans la prohibition, coutumière et motivée, du partage des biens communaux; ce qui nous porte à rappeler ici le mérite d'un édit d'avril 1667, permettant et pour ainsi dire prescrivant aux communautés d'habitants de rentrer, sans formalité de justice, dans les fonds, prés, pâtures, bois, terres, usages, etc., par eux vendus ou baillés à baux à cens ou emphytéotiques, depuis 1620, pour quelque cause que ce soit, même à titre d'échange, et en remboursant aux acquéreurs, en dix années et payements égaux, le prix desdites aliénations, faites pour cause légitime et qui a tourné au profit de la communauté, le tout avec l'intérêt au denier 24. En ce temps-là et jusque vers 1789, on le comprend assez, les biens communaux étaient convenablement administrés et dès lors profitaient davantage à la communauté, aux pauvres surtout; mais aussi la tradition était en respect, l'autorité locale était stable, bien posée, et la haute administration s'en occupait avec zèle, ainsi que le prouvent un édit d'avril 1683, puis un arrêt du conseil d'État du 20 août 1737, cassant un partage de communes ou biens communaux, et une foule d'arrêts de parlements contraires aux partages et aux aliénations de ces biens ou communes. En étudiant la matière, il y a à peu près sept ans, près d'anciens cultivateurs de la Lorraine, nous avons même recueilli cette assertion de l'un d'eux, que, du jour où cette loi de 1793 avait détruit les communes, les biens communaux par le partage définitif, suivi de ventes partielles, la mesure exécutée avait enlevé l'élément le plus puissant à l'égard des idées sainement républicaines. Le fait est qu'en détruisant ainsi les communes, par le partage et la vente de ces biens, les ressources du pauvre ou de l'homme inhabile ou sans conduite ont été bientôt anéanties, et que de là est venu un mouvement successif de déclassement et de déplacement de la population des campagnes vers les bourgs et les villes; origine regrettable d'émigrations successives, au détriment de l'agriculture et d'autres industries locales, puis au préjudice des ressources particulières de nos villes; origine ou principe, également fâcheux, du morcellement et du fractionnement de la propriété foncière; le tout, ainsi qu'on le reconnaît davantage dans les années où la production du sol fait défaut à la consommation générale. De là, en outre, la multiplicité des procès, des discussions et des inimitiés entre les cultivateurs.—Toutefois, il est bien des villages, en Lorraine, en Alsace, dans les Vosges et la Franche-Comté, que n'a point atteints la triste loi de 1793, repoussée par la raison et la sagesse du peuple, et où les biens communaux, par des distributions et allocations accoutumées, soit en nature, soit en argent, produisent pour chaque ménage ou ayant droit, la valeur nette d'environ cent francs par an, ce qui suffit aux besoins essentiels de la famille pauvre et la retient dans ses foyers paternels. Nécessairement dans ces villages l'émigration est moins prononcée que dans les autres, même il y arrive plus de jeunes et bons habitants, par l'effet de mariages convenables, et conséquemment on peut y remarquer plus de bien-être, de savoir en agriculture ou autrement, plus de moralité, de religion et de patriotisme que dans les communes appauvries par des dispositions diamétralement opposées. Il paraîtrait donc prudent de veiller à la conservation, à l'entretien et surtout à l'amélioration des biens communaux, comme le ferait un bon père de famille, et en agissant avec ce discernement qui porte soit à drainer les terres arables, soit à transformer les friches et autres terres incultes, dont les villages retirent peu de choses, par l'éloignement surtout, en bois taillis ordinaires ou autres bois d'essences convenables, d'autant mieux que les bois forment toujours la partie la plus positive des revenus communaux et des produits annuels du sol.

Jean Étienne.

Biens nationaux (droit). — Dans le langage actuel, on affecte spécialement cette expression aux immeubles provenant de l'ancien domaine du roi, des princes de sa famille, du clergé, de diverse corporations civiles et religieuses, des émigrés et des condamnés révolutionnairement; en un mot, on désigne ainsi tous les biens fonds qui, depuis 1790, ont été vendus, et dont le prix de vente a été versé au trésor public.

Par la charte de 1814 (art. 9), toutes les propriétés sont inviolables, sans aucune exception de celles qu'on appelle nationales, la loi ne mettant aucune différence entre elles. Par l'effet de cette disposition, toutes les ventes ont été irrévocablement maintenues. Celles de ces ventes qui avaient pour objet des biens provenant d'émigrés par la loi du 27 avril 1825 ont une nouvelle garantie d'irrévocabilité. C'est en effet d'après cette loi que les anciens propriétaires ou leurs héritiers et ayants cause ont été indemnisés par l'État, en raison de la valeur établie par ceux de leurs biens vendus. « La charte, les lois, la nécessité et le temps ont tout garanti, tout légitimé, tout couvert. » (Cormenin, *Droit administratif*, p. 191, vol. II.)

Une disposition peu connue généralement dans la vente de ces biens immeubles dits nationaux était celle que lesdits biens n'avaient été transmis que sous la condition du payement total du prix réglé d'après un décompte approuvé par la régie de l'enregistrement, et souvent il n'en avait pas été dressé, ou les acquéreurs n'avaient qu'une quittance pour solde, délivrée par le receveur; d'où il résultait que ces acquéreurs étaient fréquemment dans l'embarras, soit pour hypothéquer ces biens à la sûreté d'un emprunt ou en garantie d'un traité, d'une convention, soit pour les revendre, même en partie : mais une loi, du 20 mars 1820, a favorisé les détenteurs, en statuant que les quittances pour solde d'une date antérieure au 22 octobre 1808 libéraient pleinement les acquéreurs, alors qu'aucune signification de décompte ne leur avait été faite dans les six années à partir de cette époque, et de même les mentions de payement inscrites sur les registres des receveurs, quand les quittances ne pouvaient être représentées. Ont aussi été déclarés libérés par la même loi les acquéreurs qui avaient reçu une quittance pour dernier terme, depuis le 22 octobre 1808, auxquels il n'avait pas été signifié de décompte dans les six années de la date de la quittance; ceux qui, d'après les décomptes faits, ne devaient que vingt francs; ceux à qui aucun décompte n'aurait été signifié avant le 1er janvier 1822, et ceux à qui il aurait été signifié des décomptes, dont ils n'auraient pas payé le reliquat avant le 1er janvier 1825. Toutefois, à côté de la rigueur apportée dans la vente des biens nationaux, rigueur mise à néant par le gouvernement de la restauration, à ce point de décharger les acquéreurs restés sans signification de décision, jugement ou arrêt à eux faits avant le 1er janvier 1823, ainsi que les sous-acquéreurs qui s'étaient libérés en vertu de jugements, il y avait un grand vice ou une lacune contraire aux intérêts de l'État, en ne précisant pas l'espèce de valeurs dans laquelle il serait permis de se libérer. En effet, cette lacune a autorisé les détenteurs à payer leur prix avec le chiffre nominal d'assignats tellement dépréciés que le dernier cours officiel était au plus de trois francs pour cent. On comprend qu'ainsi ces biens, déjà vendus à bas prix, ont en grande partie été soldés avec des valeurs pour ainsi dire nulles; et l'on conçoit, à plus forte raison, combien fut injuste la critique dont la loi d'indemnité du 27 avril 1825 a été et est encore l'objet de la part de ceux-là même qui ont recueilli le bénéfice immense des ventes faites révolutionnairement. A l'abri des influences politiques et passionnées, il serait plus raisonnable de reconnaître, au contraire, que la base des indemnités allouées aux familles dépossédées, par émigration ou autrement, était fort critiquable et à bon droit, puisque dans beaucoup de contrées les biens vendus au nom de la nation ont été adjugés à bas pris, puis généralement assez mal payés. JEAN ÉTIENNE.

BIENVEILLANCE (philosophie, morale) [du latin *benevolentia*, même sens, composé de *bene*, bien, et *volens*, voulant]. — Sentiment naturel qui porte les hommes à se vouloir du bien. De même que la bienfaisance, qui est l'accomplissement, l'action même du bien, la bienveillance est une vertu qui naît de l'amour de l'humanité, et qui attire, dès qu'elle se montre, l'estime et le suffrage de tous les hommes. César disait que rien ne le flattait davantage que les demandes et les prières, parce qu'alors il était grand. En effet, on n'a véritablement à soi que ce que l'on donne; tout s'use, tout s'altère, tout meurt ici-bas; les bienfaits seuls sont impérissables!

Une éducation dont les principes ne tendraient pas à développer les sentiments de bienveillance dans l'enfance serait mauvaise et même fort éloignée de la bonne morale, car l'homme doit être élevé pour la société, et c'est à ce sentiment que celle-ci doit ses liens les plus doux et les plus durables. Celui qui est juste ne mérite pas de récompense, il ne fait que son devoir; celui qui est bienveillant a des droits incontestables à la considération publique, car l'estime est toujours accordée à celui qui est doué de nobles sentiments; enfin, celui qui a reçu en partage un cœur généreux et bienfaisant peut mériter jusqu'à des statues.

La bienveillance est au cœur humain ce qu'est à un fruit délicieux le velouté qui le recouvre : c'est un signe qui annonce sa délicatesse et son excellence.

L'homme bienveillant est celui pour qui la vue du malheur d'autrui est pénible à supporter, et qui, pour s'arracher à ce triste spectacle, est, pour ainsi dire, forcé de secourir le malheureux. La bienveillance est donc la mère de la bienfaisance; en calmant les tristes douleurs de la vie, elle ramène l'homme à des sentiments plus élevés. Son esprit, porté à la révolte par la misère, s'adoucit pour les cœurs portés à la bienfaisance, cette sœur de l'indulgence et du pardon. Une citation nous en donne la preuve. Un ennemi de Henri III avait fait contre ce prince une violente satire. Après l'avoir lue, le monarque fit remettre à l'auteur, qui n'était pas fort riche, 500 écus d'or, en lui disant : *Voilà de quoi acheter du miel et du sucre pour adoucir l'aigreur de votre ton.* Effectivement, est-il rien de plus beau que de répandre chaque jour, sur nos semblables, les bienfaits que leurs besoins réclament de nous?

Ah! si tous les hommes connaissaient le bonheur et la joie que l'on ressent après une bonne action, ils voudraient tous être bons, sensibles et compatissants; ils rempliraient ici-bas le mandat qui leur fut confié d'en haut; car nous nous devons à nos frères, la loi sainte nous l'ordonne, et la preuve, c'est que l'esprit bienveillant ne connaît point de distance entre les hommes; il ne suit que la pente du bien, guidé par son cœur. Voyez l'impératrice Marie-Thérèse d'Autriche; craignait-elle de descendre de son trône pour aller visiter les pauvres et les malades et répandre sur eux ses bienfaits? Animée des sentiments brûlants de la charité, les dons qu'elle répandait sur le malheur étaient accompagnés de paroles consolantes qui fortifient celui qui se voit condamné à la triste indigence; mais un cœur magnanime s'identifie avec l'être souffrant et adoucit en lui les rigueurs du sort. Donc, la bienveillance doit être regardée comme un don précieux, puisqu'elle renferme dans son sein l'amour de l'humanité entière. Et que l'on sache bien que pour les âmes douées de tels sentiments, l'encens divin de la reconnaissance brûle sans cesse, car le cœur est tout : voilà l'autel!

Mme Lunel mère.

BIÈRE (boissons) [de l'allemand *bier*, de l'anglais *beer*]. — Après le vin, sans crainte d'être contesté, la boisson la plus souveraine, la plus hygiénique, la plus nutritive enfin, c'est la bière.

La bière existe depuis les temps les plus reculés, et plusieurs auteurs prétendent qu'elle était en usage chez les Hébreux, qu'Osiris même en fut l'inventeur vingt siècles avant l'ère chrétienne; seulement, cette boisson n'était composée que d'une infusion d'orge en tout semblable à la tisane qu'ordonnent les médecins comme rafraîchissant, puisque ce n'est que vers le quinzième ou seizième siècle que le houblon fut employé. On suppose que les premiers qui en firent usage étaient des Allemands, des Hollandais ou des Anglais; ils lui donnèrent le nom de *bière*.

La bière, disons-nous, est une boisson excellente, fabriquée dans tous les pays du monde civilisé.

Nous allons indiquer avec les détails les plus minutieux comment cette boisson se fabrique et de quoi elle est composée en général.

Notre expérience dans cet art (car c'en est un), et vingt années de pratique, nous permettent de renseigner le lecteur, non comme beaucoup d'auteurs qui, se targuant de leurs connaissances en chimie, croient pouvoir décrire la manière de fabriquer la bière, mais nous, nous parlerons comme théoricien d'abord, et ensuite comme praticien de père en fils.

Envers et contre toutes les idées erronées, disons tout d'abord que pas une boisson, *quelle qu'elle soit*, n'est préparée avec plus de soin et de propreté que la bière; chaque objet, outil, vaisseau, est lavé avec l'eau bouillante et rincé à l'eau froide. Voici la préparation[1] : On fait tremper l'orge pendant quarante-huit heures dans une cuve appelée *mouilloir*, quelquefois plus longtemps, selon sa qualité et la température. L'eau est renouvelée matin et soir par le moyen d'un robinet jusqu'à ce que le grain soit gonflé et souple au toucher. On laisse bien égoutter, puis on transporte l'orge dans une cave appelée *germoir*. Le sol de cette cave doit être salpêtré ou carrelé, ce qui est préférable. L'orge reste encore en tas pendant douze heures, ensuite on l'étend à une épaisseur de trente centimètres au moins; cela se nomme *mettre en couche*. Quarante-huit heures après, selon la température de la cave, on tourne cette couche, c'est-à-dire qu'il faut que la partie supérieure se trouve en dessous. Au fur et à mesure que le germe se prononce et que l'orge s'échauffe, on retourne la couche en diminuant d'épaisseur. Cette opération a lieu de vingt-quatre heures en vingt-quatre heures, et ensuite de douze en douze heures, c'est-à-dire cinq à six jours en tout, toujours, nous le répétons, selon le calorique du germoir. Lorsque le germe a atteint un centimètre et demi, il faut éviter de le laisser se peloter, sans quoi le grain prendrait un goût de moisi.

[1] Nous serons souvent obligés de répéter les mêmes mots pour la nomenclature des objets ou outils.

On ne saurait attacher trop de surveillance et de soin à ce travail, car de là dépend *tout*. On reconnaît que l'orge est arrivée à la fin de sa germination lorsqu'il n'y a plus de suintement sur la pelle qui doit toujours être posée à plat sur la couche. Cette pelle est en bois. Lorsque le germe se détache du grain, ce qui se voit en frottant une légère poignée, dans le creux de la main, l'opération est terminée, et l'orge est nommée *malt*.

L'homme spécialement chargé de ce travail se nomme *touraillon*. Ceci achevé, on transporte le malt sur un séchoir ou *touraille*.

La touraille est une étuve dont la plate-forme est couverte de carreaux en terre percés de petits trous; on doit donner la préférence à celle faite en gros fil de fer bien serré. Un fourneau est en contre-bas, et doit être construit de manière à ne pas laisser monter la fumée si l'on chauffe au bois, ou d'odeur si l'on emploie du charbon de terre. En France, c'est du charbon de Charleroi que l'on se sert.

Le malt étendu comme dans les germoirs, on chauffe la touraille, qui est construite de manière à conserver la chaleur, soixante degrés environ. Le feu passé, on tourne le malt; on continue le feu en diminuant graduellement le calorique, de crainte d'incendie. Enfin, lorsque le grain est cuit (vingt-quatre heures après), il est *sucré*. On le transporte alors dans un grenier aéré pour le laisser refroidir. Il n'est pas prudent de l'employer quand il est chaud, cela nuirait à la clarification.

Avant de se servir du grain, il doit être passé au tarare pour extraire le germe qui est cuit; ensuite il est moulu ou plutôt concassé pour éviter autant que possible la fausse farine; aussi les meules du moulin sont-elles établies en conséquence.

On met cette farine dans une cuve (*cuve démêloir*), munie d'un double fond percé de petits trous pour laisser monter l'eau sans mêler la farine.

L'eau, que l'on verse par une gouttière ou pompe, doit avoir de quarante-cinq à cinquante degrés, selon les saisons. Quand la quantité d'eau est suffisante, on démêle avec un outil appelé *fourquet* jusqu'à ce que le malt soit imbibé et ne laisse plus de farine blanche; on verse ensuite une plus grande quantité d'eau ayant cent degrés, c'est-à-dire à l'état d'ébullition; alors on remue avec un autre outil appelé *vague*. Ce travail se nomme *brasser* ou *vaguer*, et doit se faire pendant une demi-heure au moins. On laisse reposer la trempe jusqu'à ce qu'elle soit claire; on la fait ensuite couler, par le moyen d'un robinet, dans une cuve appelée *raverdoir*; puis par le moyen d'une pompe à bras, ce thé ou métier est mis dans une chaudière en cuivre rouge. Lorsque le métier commence à bouillir, on met le houblon, environ un demi-kilogramme par hectolitre; on couvre la chaudière et on laisse bouillir continuellement. Le malt ne rendant plus de métier, on jette une dernière eau, que l'on brasse encore et laisse reposer comme la première fois. On peut, pour donner plus de sucre, employer de la mélasse de préférence au sirop de fécule de pomme de terre, qu'à tort pour la santé les brasseurs de Paris emploient.

Après six heures d'ébullition, temps voulu pour la bière qui se boit de suite, on la fait couler sur de grands vaisseaux appelés *bacs rafraîchissoirs*, n'ayant que vingt centimètres de profondeur, exposés à des courants d'air.

Le thermomètre descendu au degré voulu, toujours selon les saisons, vingt-quatre degrés en hiver, et le plus bas possible (dix-huit) en été, on fait couler dans une grande cuve appelée *guilloire*. On délaye dans un baquet une certaine quantité de levain de bière qu'on laisse fermenter et monter comme le lait sur le feu; on le jette ensuite dans la cuve, on remue avec un outil (*rade*), puis on laisse reposer. La fermentation a lieu dans cette cuve, et l'on reconnaît qu'on peut mettre la bière dans les tonneaux (*entonner*) lorsque le levain a produit une mousse d'un jaune noirâtre, épaisse et compacte, qui se fend et semble retomber au fond. Alors encore, et de temps à autre, on remue pour mêler le tout, afin que la fermentation ait lieu dans les quarts.

Les tonneaux sont posés inclinés sur des *auges* ou *chantiers* pour laisser l'écume sortir par la bonde; cette mousse fondant, on soutire le liquide appelé *épurures*, qui sert à remplir les tonneaux. Lorsque la fermentation cesse, on redresse les quarts, on les tient pleins, et l'on peut livrer la bière au consommateur.

La bière de Paris est collée à la colle de poisson.

Dans les pays du Nord, où la bière est la boisson générale, on ne la colle pas, par la raison qu'on la fait cuire douze, vingt-quatre heures et même plus; aussi peut-elle se conserver et est-elle bienfaisante; telles sont les bières de Bavière, faro, ale d'Écosse, etc., etc. Le *porter* étant une bière enivrante, nous conseillons d'en faire usage avec beaucoup de réserve.

Dans les grands établissements, le travail se fait par le moyen de la vapeur, ce qui est bien préférable. GIEHL.

BIGAMIE (droit). — État de celui qui est ou qui a été marié légitimement ou légalement à deux personnes en même temps.

La bigamie, a dit un auteur, n'a été nulle part aussi sévèrement punie qu'en France. Par arrêt du parlement de Bretagne, du 23 août 1567, un procureur au présidial de Rennes fut condamné pour ce fait à être pendu. Un arrêt du parlement de Paris envoya à la potence un baron de Saint-Angel, coupable d'un pareil délit. Depuis, les parlements condamnèrent les bigames aux galères, au bannissement, à la marque, au carcan; le coupable devait, outre la peine prononcée contre lui, faire amende honorable, nu, en chemise, un jour de marché, les hommes avec deux quenouilles, les femmes avec deux chapeaux, et affublés, devant et derrière, d'écriteaux où se lisait la cause de leur condamnation. Le Code pénal de 1791 prononçait la peine de douze ans de fer contre toute personne engagée dans les liens du mariage qui en contracterait un second avant la dissolution du premier. Enfin, l'art. 340 du Code pénal de 1810 est ainsi conçu : « Quiconque, étant engagé dans les liens d'un premier mariage, en aura contracté un autre avant la dissolution du précédent, sera puni de la peine des travaux forcés à temps. » Deux éléments sont nécessaires pour constituer le crime de bigamie : 1° l'existence d'un premier mariage valablement contracté; 2° l'existence d'un second mariage valablement célébré avant la dissolution du premier. Selon l'art. 2 du Code pénal, la tentative du crime de bigamie est punie comme le crime lui-même s'il y a eu commencement d'exécution. Cependant, un arrêt de la Cour de Cassation, du 28 juillet 1826, a confié à l'appréciation des jurés de prononcer sur ce point. Le bigame, poursuivi, peut opposer, comme moyen de défense, qu'il a été de bonne foi. L'art. 201 du Code Napoléon porte que le second mariage, déclaré nul par suite d'une poursuite criminelle, produira cependant tous les effets civils que produirait un mariage valable, pourvu que les époux aient été de bonne foi en le contractant. Si l'un des époux seulement est de bonne foi, lui seul peut participer à ces avantages. Les enfants issus d'une pareille union sont légitimes, et, comme tels, succèdent à leurs père et mère et à leurs parents. L'époux de mauvaise foi ne succède point à ses enfants. Si les deux époux ont été de mauvaise foi, leur union ne produit aucun effet civil; leurs enfants sont adultérins. La prescription de l'action publique est acquise au coupable au bout de dix années révolues.

J. E.

BIGNONIACÉES (botanique). — Famille de plantes des régions équatoriales de l'Amérique, comprenant des arbres, des arbrisseaux et quelques plantes herbacées à tige souvent sarmenteuse, garnie de vrilles. Ces végétaux sont remarquables par la beauté de leurs fleurs monopétales, à cinq divisions irrégulières; quelques-uns se rencontrent dans les parcs et les jardins, tels que le catalpa, originaire de la Caroline, et aujourd'hui naturalisé en France. Les feuilles sont ordinairement opposées ou ternées; le calice monosépale, à cinq lobes; le plus souvent, quatre étamines didynames, deux seulement ou cinq dans un petit nombre d'espèces; ovaire à deux loges polyspermes, porté sur un disque hypogyne; style simple, stigmate à deux lamelles; fruit capsulaire à une ou deux loges, s'ouvrant à deux valves, plus rarement charnu ou dur et indéhiscent; graines souvent bordées d'une aile membraneuse; embryon dressé, sans endosperme. Le sésame, qui donne une graine oléagineuse, appartient à cette famille, ainsi que quelques autres espèces d'arbrisseaux grimpants, à grandes fleurs rouges, dont on fait des berceaux ou des guirlandes d'un effet charmant. G.

BIHOREAU (zoologie). — Oiseau d'Europe du genre héron, caractérisé par un bec beaucoup plus long que la tête, droit, pointu, épais à la base, conique; la queue courte, le tarse plus long que le doigt médium. G.

BIJOU (technologie). — Petit ouvrage de luxe, précieux par le travail ou la matière, servant à la parure des deux sexes, à l'ornement d'un cabinet, d'un meuble, d'une étagère, d'un musée, etc.

Les bijoux se composent, pour les femmes, de bracelets, broches, colliers, boucles d'oreilles, bagues, médaillons, boutons de manchettes et de robes, ceintures, peignes, épingles à cheveux, aigrettes, jarretières, diadèmes, carnets et de toutes les choses usuelles qu'on peut enrichir, telles que manches d'ombrelles, livres de messe, coffrets, nécessaires à ouvrage, flacons, etc.; pour les hommes, des chaînes de gilet pour montre, boutons de chemise, épingles, cachets, breloques, pommes de canne, cravaches, tabatières, pipes, etc.

Les gens de toutes conditions portent du bijou; le degré de fortune peut se distinguer à la richesse plus ou moins grande qu'on y déploie.

Autrefois, en France, il fallait être noble pour avoir des bijoux.

Chez les Romains, les castes élevées portaient le bijou d'or, d'argent et d'ivoire; celui de la populace et des esclaves était de cuivre et de fer; car c'était tout à la fois un signe d'honneur et une marque d'esclavage. De tout temps, il servit comme gage d'union dans le mariage; l'anneau des fiançailles était, comme aujourd'hui, remis à la femme par son époux devant l'autel. Cet anneau fut d'abord de fer avec le chaton d'aimant, parce que, comme l'aimant attire le fer, de même l'époux doit attirer sa bien-aimée des bras de ses parents. (*Noël.*) Il est maintenant formé de deux cercles réunis; il représente le lien du mariage, et s'appelle alliance.

L'invention du bijou doit être aussi ancienne que le monde, et paraît plutôt provenir des besoins que de la fantaisie. En effet, les premières créatures humaines durent, pour attacher leurs premiers vêtements, songer à un mode quelconque, et ce qui s'offrit à leur vue furent d'abord des arêtes de poissons en guise d'épingles, ou des lianes qui devinrent et se transformèrent plus tard en colliers ou bracelets. Elle suivit donc la marche ascendante du goût et de la civilisation; aux formes barbares succédèrent d'autres formes prises en partie dans ce que la nature nous offre, et enfin dans tout ce que l'imagination peut avoir d'original et de fantasque. L'invention de la montre fit considérablement développer l'usage de la chaîne, des clefs, breloques, cachets, etc.; la châtelaine pour porter les clefs, et ainsi des autres. E. Paul, bijoutier-orfévre.

BIJOUTERIE (technologie). — Profession de celui qui fait le commerce du bijou; industrie complète de tous les genres de bijoux; fabrique de bijouterie; ensemble de plusieurs bijoux.

Il y a différentes sortes de bijouteries, confectionnées avec différentes matières; on en fait avec du bois, de l'os, de l'ivoire, de l'écaille, de la nacre, de perle, du verre, de la gutta-percha dans ces derniers temps; mais la plus grande partie se fabrique avec l'or, l'argent, le doublé d'or, le cuivre, l'acier et le jais. Ces deux derniers, à cause de leur couleur noire, servent pour le deuil.

La bijouterie en cuivre doré se produit dans des proportions inouïes, comparativement aux autres. Le foyer principal de cette fabrication, à Paris, est dans les quartiers Saint-Martin et du Marais; des nuées d'ouvriers et d'enfants exécutent chaque année des quantités fabuleuses de cette espèce de bijouterie; elle se vend dans les cinq parties du monde, et, en France, dans nos foires de village, puis encore pour le théâtre. Les formes suivent de près celles de la bijouterie d'or; chaque nouveauté qui apparaît dans celle-ci est aussitôt copiée et imitée avec beaucoup d'adresse, quoique ce soit par d'autres moyens.

La bijouterie du doublé d'or joue un rôle presque aussi important, et est beaucoup plus à craindre, en ce qu'on peut la confondre facilement avec celle d'or. La perfection dans le travail est aussi grande pour tout individu qui ne sait point observer; la différence est tellement peu sensible, qu'il faut presque être du métier pour ne pas confondre l'or avec cette nouvelle espèce de doré.

Néanmoins, malgré ces dangers, auxquels sont souvent pris nos habitants des campagnes (quoique l'absence du contrôle puisse éclairer à cet égard), cette partie toute spéciale offre encore beaucoup d'intérêt et donne de grands bénéfices à l'exportation, qui répand à profusion ces bijoux, qui valent dix fois moins que ceux en or et produisent le même effet, sauf la durée, qui est moins longue, et l'art qu'on n'y peut pas déployer, à cause des difficultés matérielles et le prix de revient si modique.

La proportion dans l'assemblage de ces deux métaux est d'une partie d'or pour vingt de cuivre environ.

La bijouterie en argent est peu commune; elle s'applique principalement à la petite orfévrerie de poche, de bureau, de voyage ou de table, à la joaillerie, et enfin à une certaine partie de petits objets de religion et une autre partie de bijouterie ordinaire, mais qui s'écoulent plus en province qu'à Paris. Il y a quelques années, cependant, un genre nouveau, dit *artistique*, eut une très-grande vogue; mais il eut le sort de toutes les nouveautés, et de celles surtout qui sont excentriques : il ne dura pas longtemps. Il était composé d'argent oxydé presque noir et de parties d'or très-vives. Il s'en fait aussi de doré, qu'on nomme vermeil.

La bijouterie argent se fait à deux titres : d'abord au premier titre, qui est à 950 millièmes, composé de 1 partie alliage pour 20 parties argent ; puis le deuxième titre, à 800 millièmes, composé de 1 partie alliage pour 4 parties argent.

Les différences des titres dans la bijouterie argent ou or n'ont été inventées que pour obtenir le degré de résistance qui n'est pas dans le métal pur de tout alliage. En effet, si l'or et l'argent étaient employés tels qu'ils sortent de l'affinage, c'est-à-dire à 100 millièmes, et dégagés à ce titre de tout métal étranger, il serait impossible, d'après l'extrême malléabilité qui existe à cet état, de se servir soit de l'orfévrerie ou du bijou, car ils se ploieraient sous la moindre pression.

Le poinçon de garantie ou contrôle représente pour le bijou argent, depuis 1838, une tête de sanglier pour Paris, et un crabe pour les départements ; la marque diffère pour la grosse orfévrerie et l'horlogerie.

Les frais de contrôle perçus pour l'argent sont de 11 fr. par kilogramme.

La bijouterie or termine la nomenclature de toutes ces espèces de bijoux, qui, quoique ne formant qu'une seule et même industrie, n'en sont pourtant pas moins très-distinctes les unes des autres par dissemblance entre elles, soit dans l'aspect ou les moyens de production. Dans cette branche, il y a encore une multitude de genres ou de spécialités; ainsi, par exemple, nous placerons en première ligne la bijouterie d'art, celle qui se rapproche le plus du domaine des beaux-arts, et que ceux-ci ne désavoueraient souvent pas; les plus grands statuaires et peintres y ont souvent apporté leur concours; les ouvriers ciseleurs et bijoutiers qui coopèrent à l'exécution de cette bijouterie peuvent être considérés parfois comme de véritables artistes.

Cette sorte de bijouterie est ordinairement commandée ou achetée par les hauts personnages; aussi en voit-on fort peu dans nos magasins. Il n'en est point de même d'une autre sorte, qui lui est inférieure, mais est d'une plus grande importance commerciale, et représente grandiosement la bijouterie parisienne; nous voulons parler de la bijouterie dite de *commerce*, et qu'on nomme *fantaisie*. On pourra s'en faire une idée en visitant les étalages de ces riches magasins que nous voyons dans nos plus beaux quartiers. Rien de plus varié, de plus bizarre, de plus incompréhensible, que ces milliers de formes capricieuses, se tordant en contours si divers, et parsemées de pierres précieuses et d'émaux ; rien de plus harmonieux que ce mélange de couleurs et de décorations. Il serait impossible d'apporter ici un type quelconque de dessin : chaque jour amène ses créations nouvelles, selon le goût de la mode; chaque fabricant possède ses modèles, et les remplace ou les modifie constamment; de là cette myriade d'objets qui se renouvellent sans cesse et font les délices de tout un monde. Ces ornements sont vraiment faits, par leur finesse, leur grâce et leurs nuances infinies, pour nos dames, dont les sentiments sont si délicats et tant modulés.

Une autre catégorie et façon de bijouterie, appelée le *creux* (dont nous pouvons voir quelques échantillons pendus aux vitres de quelques boutiques dans les quartiers populeux), se vend peu à Paris, mais beaucoup en province et à l'étranger; presque toutes nos paysannes sont munies d'une croix à la Jeannette, et de pendeloques aux oreilles. La fabrication consiste dans un mode tout particulier qui se résume à ceci : on estampe ou on imprime dans des matrices ayant des formes gravées des plaques d'or très-minces, au moyen du mouton; elles en sortent alors en coquilles toutes gaufrées qu'on rapproche les unes des autres et qu'on soude ensemble; elles sont aussitôt données à la polisseuse, qui les termine et leur donne le brillant. Il s'en débite et s'en consomme une très-grande quantité. Leur extrême légèreté et cet état creux leur donnent peu de solidité, et les rendent sujettes à s'écraser facilement; aussi, pour remédier à cet inconvénient, on les bourre de gomme laque ou de quelque autre mastic. Leur prix peu élevé les met à la portée de toutes les classes.

La chaîne en or occupe une place très-importante dans la fabrique comme degré de perfection, de variété et de commerce; il existe toute une population occupée à cette industrie : hommes, femmes, apprentis de tout sexe et de tout âge, appelés *chaînistes*, emmaillent avec une délicatesse inouïe ces milliers de chaînons ou anneaux imperceptibles, et avec une vivacité étonnante. Ces fabriques spéciales fournissent leurs produits à toutes les autres fabriques, qui façonnent ces chaînes et les approprient à toutes sortes de bijoux, tels que bracelets, chaînes de gilet, etc., etc., en y ajoutant des plaques ou quelque ornementation.

Beaucoup d'autres genres de bijouterie se font encore et sont, pour ainsi dire, les auxiliaires des autres; il en est de même des clefs à encliquetage ou à ressort, des porte-mousquetons, des anneaux brisés, des brisures pour boucles d'oreilles, des chatons à griffes et à arcades, etc. Bien différente des autres industries, qui tendent à se monopoliser de jour en jour, la bijouterie, au contraire, se sépare et se spécialise d'une manière bien tranchée; nous croyons que les progrès réalisés depuis un demi-siècle dépendent en partie de cette cause, et, on le comprendra facilement, chaque fabricant n'ayant à s'occuper que d'un genre quelconque, il l'étudiera plus profondément et pourra ainsi le perfectionner.

Le poinçon de garantie pour le petit bijou or représente une tête d'aigle pour Paris, et une tête de cheval pour les départements; pour les chaînes d'or une tête de rhinocéros; pour les gros bijoux une tête de médecin grec.

La bijouterie d'or se fait à trois titres : à 18, 20 et 22 karats. Le titre à 18 karats est celui qu'on emploie journellement. Les deux autres, plus fins et plus malléables, s'emploient moins, par la raison que nous avons citée plus haut; on les fait entrer dans la composition des bijoux, par petites parties, pour obtenir de plus riches émaux et pour sertir les pierres.

Les frais de contrôle perçus par le bureau de garantie sont de 22 fr. par hectogramme.

L'alliage, pour ces trois titres, est dans les proportions suivantes : or à 18 karats ou 750 millièmes, 3 parties or, 1 partie alliage; or à 20 karats ou 833 millièmes, 5 parties or, 1 partie alliage; or à 22 karats ou 917 millièmes, 11 parties or, 1 partie alliage.

L'or s'allie, pour le bijou, avec le cuivre rouge pur et l'argent fin; on emploie en plus ou moins grande quantité l'un des deux métaux, selon la couleur qu'on veut donner à l'or; le cuivre seul, allié à l'or, fait l'or rouge; l'argent, l'or blanc; mi-partie cuivre et argent fait un or jaune demi-rouge; et enfin, pour obtenir des tons gradués, on augmente ou diminue les proportions selon les exigences.

Quelques fabricants ont parfois demandé qu'on pût établir, comme chez nos voisins étrangers, une bijouterie plus basse de titre de plusieurs karats, afin de pouvoir, disaient-ils, soutenir la concurrence qu'ils nous font dans les pays éloignés; cette idée émanait plutôt d'un intérêt personnel que d'un sentiment national. Voici ce qu'on a jugé à cet égard, et nous sommes de cet avis :

« La bijouterie française occupe le premier rang dans le monde; elle doit son succès non-seulement à cause de son élégance, mais encore pour la qualité de l'or qu'on connaît partout et qu'on achète en toute sécurité. Si l'on acceptait un instant cette nouvelle condition, il en naîtrait immédiatement une perturbation qui ne profiterait qu'à quelques-uns et déprécierait cette industrie à jamais. »

Nous devons dire un mot sur les moyens de production. On ne peut se faire une idée des dangers auxquels sont soumis les bijoux d'art jusqu'à ce qu'ils soient complétement terminés. Que de péripéties, que de craintes pour le fabricant! L'obligation de soumettre son œuvre à des mains différentes pour la décorer le tient constamment dans une perplexité incroyable. Ainsi, quand un bijou de cette nature a été façonné par l'ouvrier bijoutier, on le donne à des graveurs qui y gravent des ornements et le préparent pour l'émail; on le passe alors à l'émailleur; puis il revient souvent encore chez le graveur, qui n'a pas pu tout d'abord faire un certain travail qu'eût abîmé le feu; ce travail fini, la polisseuse s'en empare pour lui donner l'éclat nécessaire; le sertisseur le termine le plus souvent en y enchâssant les pierres fines, et enfin il est donné au gaînier pour lui faire son écrin. On comprendra maintenant tout le soin que chaque métier devra apporter dans son concours pour ne point détériorer ni changer l'effet qu'on s'était proposé.

La plupart des anciens orfévres bijoutiers avaient d'immenses qualités qui les mettaient au rang des plus grands artistes; c'était de composer, fabriquer et finir leurs travaux eux-mêmes, sauf la peinture sur émail, qui fut toujours interprétée par des artistes spéciaux. Nos peintres d'aujourd'hui en ce genre se plaignent constamment du peu d'intelligence apportée dans la préparation du bijou en vue de leur art; quelques rares individus, cependant, y parviennent quelquefois, et alors les résultats obtenus sont admirables. Les efforts qui ont été faits par Lefournier atteignent la pureté et le ton des émaux du seizième siècle.

Quoique la bijouterie ait beaucoup progressé, il reste toujours difficile d'imiter ces fameux talents qui combinaient et préparaient leur travail de façon qu'une harmonie complète régnât dans l'ensemble; ils n'étaient pas, comme à présent, obligés de livrer leur conception à des mains plus ou moins habiles, qui modifient ou altèrent souvent l'idée primitive de l'auteur.

Néanmoins, malgré toutes les imperfections qui donnent seulement à regretter qu'elle ne soit pas plus parfaite, la bijouterie est encore une des industries dont la France s'enorgueillit à juste titre.

E. Paul, *orfévre bijoutier.*

BILAN (droit commercial) [du latin *bilanx*, *balance*]. — C'est l'état de l'actif et du passif d'un débiteur tombé en déconfiture ou en faillite. La production de cet état, qui est dressé par le failli ou par les syndics de la faillite, est nécessaire pour discerner et établir s'il y a faillite ou simple suspension de payements, pour, dans le cas de faillite, en découvrir et constater les caractères; pour mieux connaître les créanciers et pouvoir les convoquer au besoin; pour faciliter la vérification et le détail des créances; et pour guider les agents et les syndics dans leur administration et leurs opérations.

Un bilan doit contenir et présenter l'énumération et l'évaluation de tous les effets mobiliers et immobiliers du débiteur failli ou en déconfiture; l'état de ses dettes actives et de celles passives; le tableau détaillé des profits et des pertes qu'il a faits, et celui de ses dépenses (C. comm. 471). On doit y trouver tous les renseignements propres à éclairer sur les causes et sur les circonstances de la faillite; et le failli qui l'établit ne doit jamais perdre de vue que son sort dépend essentiellement de la sincérité de cette pièce (Pardessus, *Cours de Droit comm.*, n° 1150). Ainsi, pour se conformer au vœu de la loi, il faut que le bilan présente cinq tableaux ou chapitres différents : celui de l'actif, celui du passif, celui des profits, celui des pertes, celui des dépenses. Le tableau du passif doit énoncer trois choses principales : le nom de chaque créancier; la somme qui lui est due en principal, puis en intérêts et frais; la cause exacte de la créance. La première doit fournir la liste des créanciers présumés; la seconde sert à établir la balance entre l'actif et le passif du failli, et fixe ainsi sa situation; la troisième, beaucoup trop négligée généralement, est nécessaire pour la vérification des créances, qui a lieu contradictoirement entre les syndics et les créanciers présumés. Les déclarations du failli, dans son bilan, ne peuvent lier la masse de ses créanciers, puisqu'il y a d'ailleurs une vérification ultérieure; mais ayant le caractère d'aveu judiciaire comme faites en justice, elles lient le failli lui-même, et elles forment preuve contre lui, à moins de prouver qu'elles sont la suite d'une erreur de fait (v. C. civ., 1356).

Si le failli s'est occupé du soin de dresser son bilan avant la déclaration de sa faillite, et qu'il l'ait conservé par devers lui, il doit en faire remise aux agents de la faillite, dans les vingt-quatre heures de leur entrée en fonction (C. comm., 470).

Le bilan doit être certifié véritable, daté et signé par le débiteur (C. comm., 471); néanmoins, s'il arrivait que le commerçant failli ne pût ou ne sût pas signer, il pourrait le faire rédiger par un notaire ou le faire dresser par un tiers, sauf à le disposer lui-même ou par un mandataire spécial au greffe du tribunal de commerce (*Pardessus*, n° 1154). Mais si à l'époque de l'entrée en fonction des agents, le failli n'avait pas préparé son bilan, il devrait alors le rédiger en leur présence, ou en présence de la personnne qu'ils auraient préposée à cet effet, et encore charger de cette rédaction un fondé de pouvoirs, dans le cas où un sauf-conduit lui aurait été refusé. Les agents doivent, à cet effet, communiquer, mais sans déplacement, les livres et les papiers du failli (C. comm., 472). Lorsque le failli est décédé après l'ouverture de sa faillite, sa veuve ou ses enfants peuvent suppléer leur auteur dans le travail du bilan (*ibid.*, 475).

Dans le cas où le bilan n'aurait pas été rédigé, ni par le failli ou son fondé de pouvoirs, ni par ses héritiers, il devrait être dressé par les agents provisoires de la faillite, au moyen des livres et papiers du failli, ainsi que des observations et renseignements qu'ils pourraient se procurer auprès de la femme du failli, de ses enfants, de ses commis et autres employés (*ibid.*, 473).

Le bilan, quoique très-utile pour entrer dans l'examen des affaires du failli, n'est au fond qu'un travail provisoire, à la vérification duquel il doit toujours être procédé après la nomination des syndics définitifs de la faillite (*ibid.*, 528). Ce travail, qu'il faut faire sur papier timbré, peut être ratifié; mais aussi il peut recevoir des additions et des modifications régulières. Lorsque le bilan est fait par les syndics, il est signé et certifié par eux. JEAN ETIENNE.

BILE (physiologie, chimie pathologique) [du latin *bilis.*] — Liquide visqueux, d'une couleur jaune-verdâtre, d'une saveur amère: c'est un des produits de la sécrétion du foie. A son histoire se rattache un très-grand nombre de questions qui se trouvent forcément disséminées dans les nombreux articles de cette Encyclopédie, et auxquels nous renvoyons le lecteur. — Voyez *Foie, Nutrition, Sécrétions, Excrétions, Digestion, Calculs biliaires, Ictère, Maladies biliaires.*

Propriétés physiques. — Au point de vue de ses propriétés physiques, la bile est une humeur d'une couleur verdâtre, mais extrêmement variable dans ses teintes; jaune, brûne, rougeâtre, d'un jaune verdâtre; quelquefois même incolore chez l'homme, elle est d'un vert émeraude chez les oiseaux, les poissons et les amphibies, d'un blanc jaunâtre dans la raie et le saumon. D'ailleurs, l'altération de la bile est si prompte, et alors ses propriétés se modifient de telle manière, qu'on est en droit de se demander si elle a toujours sur le vivant la coloration que nous trouvons sur le cadavre, chez l'homme au moins, c'est-à-dire vingt-quatre heures après la mort. D'autre part, la bile cystique, c'est-à-dire celle qui a séjourné longtemps dans la vésicule du fiel, et dont les parties les plus liquides ont été résorbées, la bile cystique offre constamment une coloration plus foncée que la bile hépatique, c'est-à-dire celle qu'on recueille au moment où elle s'écoule de ses canaux sécréteurs.

La couleur de la bile varie sous l'influence des réactifs chimiques, et c'est là un moyen précieux de reconnaître ce produit de sécrétion dans les liquides où il se trouve anormalement ou physiologiquement. Si dans un liquide contenant une petite quantité de bile on ajoute quelque gouttes d'acide azotique, on voit la solution prendre d'abord une coloration vert pré caractéristique, puis la liqueur devenir successivement bleue, puis rouge, puis jaune, à mesure qu'on augmente la proportion du réactif. De même, un courant de chlore donne à la bile qu'il traverse une coloration d'un bleu azur, qui passe au jaune, puis au blanc laiteux, et un dépôt blanchâtre et floconneux se dépose au fond du vase. Un réactif plus sensible encore est celui que M. Pettenkofer, et après lui M. Platner ont fait connaître : on mélange le liquide contenant de la bile, avec les deux tiers de son volume d'acide sulfurique concentré ; il faut faire le mélange peu à peu pour éviter l'élévation de la température : si alors on ajoute quatre ou cinq gouttes d'une dissolution de canne à sucre faite avec une partie de sucre et cinq parties d'eau, on voit se manifester une belle coloration violette qui sera l'indice de la présence de la bile.

La saveur de la bile est amère, et en même temps fade, douceâtre et légèrement sucrée ; cette amertume, très-peu prononcée chez le fœtus, l'est davantage chez l'homme adulte, et devient très-marquée chez les herbivores, les oiseaux et les poissons ; elle augmente très-notablement avec le degré de concentration de la bile dans la vésicule cystique.

Lorsqu'elle est fraîchement recueillie, et surtout quand on la prend sur un animal vivant, elle est presque complétement inodore, mais par son exposition à l'air et son séjour dans la vésicule biliaire, elle acquiert très-promptement une odeur fade et nauséabonde, extrêmement tenace et facile à reconnaître.

Elle est d'une consistance visqueuse, filante, qui peut manquer quelquefois; souvent, au contraire, surtout lorsqu'il y a eu un obstacle prolongé à son excrétion, les parties les plus liquides se sont résorbées, et elle offre l'aspect d'une bouillie plus ou moins épaisse, quelquefois même dure et crayeuse; de là à la formation des calculs il n'y a qu'un pas.

Sa pesanteur spécifique est un peu supérieure à celle de l'eau; le poids spécifique de l'eau étant représenté par 1000, celui de la bile l'est par 1026. Ce chiffre varie lui-même, mais dans de faibles proportions ; ainsi, tandis que sur un animal qu'on avait fait jeûner pendant plusieurs jours, la bile contenue dans la vésicule pesait 1030, elle ne pesait plus que 1028 quelques instants après un repas copieux. Il est bien entendu que dans les cas de rétention de la bile dont nous venons de parler, les différences sont infiniment plus marquées : mais alors on agit sur un produit altéré.

La bile doit à la soude qu'elle contient une réaction alcaline habituelle, mais légère, qu'un très-faible excès d'acide suffit pour lui faire perdre : quelquefois elle est neutre, et même, d'après M. Cl. Bernard, tandis que chez les herbivores et les omnivores elle est alcaline pendant la digestion, et qu'elle devient légèrement acide pendant les intervalles, chez les carnivores, au contraire, elle est constamment acide. Le même observateur a constaté que la bile du lapin, qui normalement est alcaline, devient acide dix-sept heures après la ligature ou la section des nerfs pneumogastriques.

La bile est soluble dans l'eau en toute proportion, et si l'on agite la liqueur, elle mousse comme de l'eau de savon; quand la bile a été filtrée, qu'on en a séparé le mucus, et même quand l'agitation se fait dans le vide, ce phénomène persiste encore, et cette propriété de la bile, de mousser quand on la mélange à l'eau, a pu servir à faire reconnaître sa présence dans les liquides qui la contenaient.

Chauffée jusqu'à l'ébullition, elle se trouble légèrement, et le dépôt ainsi formé est dû sans doute à la petite quantité d'albumine que contient le mucus; l'acide acétique, l'alcool, précipitent également une matière jaunâtre qui n'est que ce même mucus : la liqueur a perdu alors sa viscosité, elle passe limpide sous le filtre, et l'acide azotique peut encore précipiter une petite quantité d'albumine, qui trouble de nouveau le liquide.

Lorsqu'on examine la bile sous le microscope avec un grossissement de 250 à 300 diamètres, on y découvre des cellules épithéliales, détachées des parois des canaux biliaires et de la vésicule cystique par la mue incessante de ces muqueuses; ces cellules sont cylindriques, polygonales par leur extrémité libre, et pourvues au centre d'un noyau qui apparaît sous la forme d'un point brillant. Ces cellules sont d'autant plus abondantes que la bile a séjourné plus longtemps dans les voies biliaires. On y trouve encore : 1° des granulations moléculaires de $0^{mm},001$ à $0^{mm}002$ de diamètre, grisâtres, animées, mouvement brownien très-prononcé, et quelquefois réunies en amas : 2° des gouttelettes huileuses, sphériques, verdâtres, et qui manquent très-souvent. C'est par erreur et par suite d'une fausse interprétation qu'on a cru y voir de la matière colorante non entièrement dissoute, et de la cholestérine à l'état de suspension. La cholestérine peut apparaître à l'état solide dans la bile, mais alors ce liquide est altéré; cette présence est un cas maladif, et la cholestérine se reconnaît à ses écailles brillantes, blanches, rhomboïdales, relativement beaucoup plus volumineuses. Dans l'homme, la plupart des mammifères, et le plus grand nombre des animaux, la bile se présente avec ces caractères physiques, et nous avons mentionné les légères différences que quelques autres présentent.

Composition chimique. — De tous les liquides de l'économie, la bile est peut-être celui qui a été le plus étudié par les chimistes pour en tirer une connaissance exacte de sa composition intime; on peut dire que c'est une de ces substances dont l'analyse semble se jouer des procédés de la chimie, et si l'on compare les uns aux autres les résultats auxquels sont arrivés tour à tour Berzélius, M. Thénard, MM. Tiedemann et Gmelin, on est étonné du désaccord complet, des différences énormes qui existent entre eux : à tel point que tandis que Berzélius n'y trouve que cinq ou six principes constituants, MM. Tiedemann et Gmelin en ont pu trouver jusqu'à vingt et un.

Toutefois, depuis quelques années, grâce surtout aux travaux de MM. Demarçay[1] et Strecker[2], la lumière s'est faite peu à peu sur cette matière difficile, et l'on a reconnu que ces différences dans les résultats obtenus tenaient surtout à l'instabilité des éléments constitutifs de la bile; sous l'influence des réactifs employés, il se forme en effet des décompositions, des combinaisons nouvelles, qui varient d'une opération à l'autre, suivant la nature, l'intensité de ces réactifs, et qui ont fait croire à l'existence primitive, dans la bile, de corps que l'analyse seule y avait introduits. C'est dans cette catégorie qu'il faut ranger la *résine biliaire*, le *picromel* de M. Thénard, la *taurine* de MM. Tiedemann et Gmelin, le *principe résinoïde* de M. Blondlot, et quelques autres corps qui se sont évidemment produits par la décomposition ou le mélange des deux principes fondamentaux de la bile, le cholate et le choléate de soude.

On a pendant longtemps considéré la bile comme un savon, dont la soude serait la base, et ce qui semblait confirmer cette supposition, c'est l'emploi que font journellement les teinturiers de la bile de bœuf pour dégraisser la soie et les étoffes de laine. Cette opinion avait été, sinon agitée, du moins oubliée complétement, quand M. Demarçay, en 1838, avança de nouveau, et établit péremptoirement que la bile est en grande partie constituée par un savon dans lequel un acide, qu'il appela *acide choléique*, s'unit à la soude, et forme un *choléate de soude*, qui est le principe essentiel de la bile. Il put séparer de la bile le choléate de soude, isoler même l'acide choléique, qui se présenta sous l'aspect d'un corps blanc, jaunâtre, d'une saveur amère, pulvérulent, soluble dans l'alcool et l'éther, mais peu soluble dans l'eau, quand il n'est pas fraîchement préparé.

Cet acide était composé d'azote, de carbone, d'oxygène, d'hydrogène, et d'une petite quantité de soufre, suivant la formule.

Ce premier pas fait, M. Strecker[1] démontra que

[1] *Annales de Chimie et de Physique*, vol. LXVII, p. 177.
[2] *Annalen der Chemie und Pharmacie*, vol. LVX, p. 1; vol. LXVII, p. 1; vol. LXX, p. 149.

Carbone	63,83
Hydrogène	9,05
Azote	3,34
Oxygène et soufre	23,78

C'était ce même acide qu'antérieurement Liebig avait désigné sous le nom d'acide bilique.

Voici quelle était, selon lui, la composition de la bile ramenée à son expression la plus simple :

Eau	875,0
Choléate de soude	110,0
Matières colorantes, matières grasses, mucus	5,0
Sels divers	10,0
	1000,0

le choléate de soude de M. Demerçay n'était pas un principe immédiat, mais bien le mélange de deux corps, le choléate, et le cholate de soude, formés par deux acides dictincts, l'acide cholique et l'acide choléique. L'un, le premier, l'acide cholique, cristallisable comme le sel qu'il forme avec la soude, et facilement isolable, existe en proportion relativement très-considérable : il diffère de l'acide choléique en ce qu'il ne contient pas de soufre, et sa formule est :

$$C^{52} H^{43} AZO^{12}, 2HO$$

Soumis à divers traitements, il se transforme successivement en *glycocole* et en *acide cholalique*, ce dernier en *dyslysine*, puis en acide *choloïdique*, qui peut être ramené à l'état de *dyslysine*; nous ne nous arrêterons pas sur ces diverses transformations, dont l'ensemble est en général désigné par les chimistes anciens sous le nom de résine biliaire. L'autre acide, auquel M. Strecker a conservé le nom d'acide choléique, se présente sous forme de cristaux blancs, à l'état de choléate de soude ; il n'a pu être obtenu libre : il diffère de l'acide cholique en ce qu'il contient une petite proportion de soufre, et l'on en a donné la formule suivante :

$$C^{52} H^{45} NS^{2} O^{14}$$

C'est cet acide que Lehman désigne sous le nom *d'acide tauro-cholique*. Les produits que Demarçay recueillait sous les noms d'acide choléique et de choléate de soude étaient un mélange, l'un d'acide cholique et de choléate de soude, l'autre de cholate, et d'une petite quantité de choléate de soude.

Outre ces deux principes, qui contiennent les éléments essentiels de la bile, on y trouve un certain nombre de substances accessoires, qui sont la matière colorante, de la cholestérine, des acides gras, du mucus, quelques sels minéraux tenus en dissolution dans de l'eau; nous allons successivement les passer en revue.

Pour beaucoup de chimistes, et spécialement pour MM. Robin et Verdeil, la matière colorante de la bile est constituée par une matière unique, la *biliverdine* (de *bilis*, bile, *viridis*, verte), dont la coloration

[1] *Annalen der Chemie und Pharmacie*, vol. LXVII, p. 1.

varie du vert foncé au jaune verdâtre ou rougeâtre, suivant la concentration ou la fluidité de la bile; cette substance, qu'ils regardent comme un principe immédiat, est peu connue dans sa composition. Elle est azotée, elle dégage de l'ammoniaque quand on la brûle : insoluble dans l'eau, l'alcool, l'éther, les huiles, elle est soluble dans les alcalins, par conséquent à l'état liquide dans la bile. C'est elle qui, dans l'ictère, circulant avec le sang, donne à la peau et à tous les tissus la coloration jaune caractéristique de cette affection.

Pour Berzélius, au contraire, et un grand nombre de chimistes, cette matière colorante contient deux principes, l'un la *biliverdine*, admise par les précédents comme élément unique, l'autre la *bilifulvine* (*bilis*, bile, *fulvus*, jaune), de couleur jaune ou brune ; ce serait, selon lui, un sel acide double de soude et de chaux, formé par un acide insoluble dans l'eau et l'alcool, pulvérulent, jaune pâle, qu'il appelle *acide bilifulvique*, et qui n'est peut-être qu'une transformation d'un des principes immédiats de la bile. Plus tard même, Berzélius, conservant la bilifulvine, décomposa sa biliverdine en deux corps, l'un analogue à la chlorophylle des plantes, l'autre qu'il appela cholépyrrhine (de *cholé*, bile, *pyrrhos*, orangé), qui ne diffère du premier que par sa couleur orangée. Mais on est menacé de voir reparaître encore ici toutes les transformations que nous avons vues se produire dans l'analyse de la bile, et il semble plus exact de considérer avec MM. Verdeil et Robin la matière colorante comme constituée par la *biliverdine*, dont les nuances peuvent varier sans aucun changement dans sa composition.

C'est à la réaction de la matière colorante de la bile que sont dues les colorations d'abord vertes, puis bleues, puis rouges, puis jaunes, que présentent la bile et les liquides qui en contiennent, quand on y ajoute des proportions variées d'acide azotique.

La *cholestérine* (de *cholé*, bile, et *stéréos*, solide), est une matière grasse cristallisable découverte par M. Chevreul [1] dans les calculs biliaires et dans la bile, et que Fourcroy avait décrite sous le nom d'*adipocire*. On la trouve dans les calculs biliaires, qu'elle constitue presque uniquement, sous la forme d'écailles blanches, brillantes, rhomboïdales; elle est insipide et inodore, soluble dans l'éther et l'alcool, insoluble dans l'eau, fusible à 137 degrés centigrades; analogue, quant à ses propriétés, à la cétine et aux autres corps gras; mais elle en diffère en ce qu'elle n'est pas saponifiée par les alcalins. A l'état normal, elle est maintenue en dissolution dans la bile, par les cholate et choléate de soude.

L'acide margarique est une autre matière grasse qui existe dans la bile à l'état libre, comme acide isolé et sans combinaisons avec les bases. On y trouve aussi de l'acide oléique, mais à des doses extrêmement faibles.

De même que tous les liquides contenus dans une

[1] *Mémoires du Muséum d'Histoire naturelle*, vol. XI, p. 239.

cavité revêtue d'un épithélium, la bile renferme du mucus, mais en quantité peu considérable, et qu'on peut précipiter par l'acide acétique ou l'alcool. Ce mucus n'est point, primitivement, contenu dans la bile; il ne s'y trouve que d'une manière accidentelle. En effet, on en trouve à peine des traces dans celle qui coule des canaux hépatiques, tandis qu'il est beaucoup plus abondant dans la bile cystique. Et, dans les cas où un obstacle n'a pas permis à la bile de se verser dans la vésicule, on trouve ce réservoir rempli de mucus, qui s'y est accumulé aux dépens de la mue incessante de la membrane muqueuse. Ce sont ces débris d'épithélium que M. Bouisson a pris pour des fragments de cholestérine cristallisée.

Enfin l'on y trouve, comme véhicule de toutes ces matières, de l'eau, dans une proportion très-considérable, environ 90 parties sur 100, tenant en dissolution du chlorure de sodium, des phosphates et des carbonates alcalins, de très-petites quantités de phosphates terreux, et des traces de sels de fer et de silice.

Depuis la découverte si intéressante de la fonction glycogénique du foie par Cl. Bernard, on a dû chercher à constater la présence du sucre dans la bile; mais, jusqu'à présent, il a été impossible d'y retrouver cette substance. Peut-être le dernier mot n'est-il pas dit sur cette question.

Si l'on connaît à peu près exactement la nature des principes constitutifs de la bile, on est beaucoup moins fixé sur les proportions dans lesquelles ils s'y trouvent, principalement de la matière colorante, des matières grasses, du mucus. Voici les tableaux les plus exacts de ces diverses proportions :

Analyse de Frerichs sur 100 parties de bile prise sur un homme sain.

Acides de la bile unis à la soude (cholate et choléate de soude).	10,2
Matières grasses (cholestérine, margarine, oléine)	0,5
Mucus	2,7
Sels	0,6
Eau	86
	100,0

Analyse faite sur 1000 grammes de bile fraîche recueillie sur un bœuf.

Eau	875
Cholate et choléate de soude	110
Sels d'origine minérale, phosphates et chlorures	10
Cholestérine	0,10
Principes gras	Traces.
Biliverdine, mucus, le reste, soit.	0,9
	1000,00

M. Bensch, analysant la bile de différents animaux, y a trouvé les proportions suivantes des corps simples qui la constituent :

	Veau.	Mouton.	Poule.	Poissons.
Carbone	55,43	57,32	57,42	55,98
Azote	2,28	3,94	3,51	2,55
Hydrogène	7,75	7,85	8,25	8,05
Oxygène	4,88	5,71	4,96	5,58
Soufre	15,81	13,32	14,78	13,73
Cendres	15,15	11,86	10,99	14,11

D'après le tableau qui précède on peut voir les différences qui existent dans la composition de la bile des divers animaux.

Tout ce que nous avons dit jusqu'à présent de la bile s'applique principalement à la bile de bœuf; mais, pour être complet, nous devons ajouter quelques mots sur la composition de cette humeur dans la série animale.

Outre l'acide cholique et l'acide choléique, M. Strecker [1], et après lui M. Gundlach, ont trouvé dans la bile du porc un acide d'une nature particulière qu'ils ont appelé acide hyocholique, une petite quantité d'un autre acide sulfuré, et une nouvelle base organique sulfurée.

La bile du porc est surtout remarquable par la petite proportion de soufre qu'elle contient, opposée aux nouveaux produits sulfurés dont nous venons de parler. Tandis que la bile du mouton renferme 5,71 pour 100 de soufre, celle du porc n'en contient que 0,34. La proportion d'eau est également moins considérable; elle est de 92 à 93 dans le bœuf, et de 88,8 seulement dans le porc.

Le choléate de soude augmente d'une manière très-notable dans la bile du chien, mais dans des proportions bien plus considérables encore dans celle des poissons, qui est presque exclusivement formée de choléate; et, tandis que la base de ce sel est la soude dans les cendres des poissons d'eau douce, la potasse domine très-notablement dans celles des poissons de mer.

Quant à l'humeur contenue dans les canaux biliaires des insectes, on a cru y reconnaître de l'acide urique; mais l'anatomie de ces parties n'est pas assez parfaitement connue pour qu'on puisse affirmer que les tubes pris pour des canaux biliaires ne sont pas des réservoirs communs à l'urine et à la bile.

Nous l'avons dit, on a eu de rares occasions d'analyser la bile humaine, et si l'on connaît très-peu la composition normale de la bile de l'homme sain, on connaît moins encore ses altérations dans les diverses maladies ; cependant ce travail présenterait le plus grand intérêt car, l'intervention de la bile ou de quelques-uns de ses matériaux dans le sang doit avoir une influence très-marquée sur la santé. Les anciens, qui faisaient jouer à la bile un rôle beaucoup plus important encore qu'il ne convient, et qui espéraient trouver dans les altérations de ce fluide une brillante confirmation de leurs idées humorales, notaient avec un grand soin dans leurs observations nécroscopiques les différences de coloration, de consistance, d'odeur et de quantité de la bile; mais ces indications, qui abondent dans les traités de médecine

[1] *Journal de Pharmacie*, vol. XIII, p. 145.

d'autrefois et du commencement même de ce siècle, n'ont rien appris touchant le rapport entre ces altérations et la maladie. C'est à peine si l'on trouve disséminées, çà et là, deux ou trois analyses faites par des chimistes, et à une époque où la composition de la bile était encore très-peu connue.

Thénard [1] a trouvé que dans la maladie du foie qui convertit cet organe en une masse de graisse, le liquide sécrété par lui devient albumineux; que lorsque le foie contenait déjà les cinq sixièmes de son poids de graisse, la bile avait perdu tous ses caractères primitifs, et qu'elle était changée en une matière albumineuse. Chez un jeune enfant mort subitement au milieu d'accidents convulsifs, Mascagni trouva, dans la vésicule et l'intestin, de la bile qui tachait d'une couleur violette l'instrument tranchant, et dont l'âcreté était telle, qu'il suffit de toucher des pigeons avec la pointe d'un scalpel qui en était imprégné, pour les faire périr subitement. Orfila a trouvé dans la bile d'un individu mort de fièvre typhoïde à forme bilieuse, 96 environ d'une matière comme résineuse, 3 de soude et 1 de sel; la matière résineuse avait une saveur extrêmement âcre et amère, et il suffisait d'en mettre un atome sur la lèvre, pour faire naître des ampoules très-douloureuses.

Il est bien regrettable que cette dernière analyse, donnée par Orfila, n'ait pas été répétée sur un plus grand nombre de sujets, et que ces recherches n'aient pas été reprises par d'autres auteurs.

Bizio a fait connaître l'analyse d'une bile altérée par la maladie, dont le résultat est si extraordinaire, sous le point de vue chimique, qu'il demanderait à être constaté par d'autres observations avant qu'on pût admettre comme exactes, les observations qui lui servent de base. On trouva chez une personne morte à l'hôpital de Venise, d'une maladie de foie accompagnée d'ictère, la bile chargée de grumeaux semblables à du sang coagulé, de l'albumine, de la matière colorante du sang, de la graisse jaunâtre, et une matière verte cristallisable assez abondante, décomposable en plusieurs principes élémentaires, spécialement en un corps doué de propriétés toutes nouvelles, et que Bizio appela Erythrogène.

Cette analyse isolée, qui ne ressemble à rien de ce que l'on connaît de la composition de la bile, a une valeur presque nulle en elle-même, mais est bien faite pour encourager les recherches des chimistes et des médecins.

Schœrer a également analysé la bile d'un homme mort avec un ictère. Elle contenait pour 1,000 parties :

Eau	859,6
Parties solides	140,4
Biline	48,6
Acide bilifellinique	30,5
Graisse	8,8
Pigment biliaire	44,3
Sels	8,0

[1] Berzélius, *Traité de Chimie*, t. VIII, p. 233.

Ce sont là les seuls documents que nous possédions sur la composition de la bile dans les diverses maladies. Quant à l'action que la bile malade, altérée, est capable d'exercer sur la vésicule, sur le duodénum et les intestins, il est probable qu'il y a là des faits intéressants qu'une observation ultérieure fera découvrir, mais sur lesquels tout est encore à faire.

Après avoir étudié la bile en tant que liquide inerte, à l'état de repos pour ainsi dire, au point de vue de ses caractères physiques et de ses propriétés chimiques, il convient d'examiner comment ce liquide se forme dans l'animal vivant, quel trajet il parcourt, quelles fonctions il remplit avant de s'échapper au dehors, questions importantes sur lesquelles la science n'a pas encore dit son dernier mot.

Sécrétion de la bile. — Sans vouloir entrer ici dans les détails de la sécrétion de la bile, qui trouveront mieux leur place à l'article *Foie* de cette *Encyclopédie*, il est indispensable cependant de dire quelques mots de cette fonction. Dans les animaux les plus inférieurs, la bile est contenue dans une série de cellules hépatiques qui tapissent toute la longueur du tube intestinal; à chaque digestion, ces cellules se crèvent, laissent échapper le liquide qu'elles contiennent, et se reproduisent pour la digestion suivante. A mesure qu'on s'élève dans la série animale, les appareils se spécialisent davantage, l'appareil biliaire en particulier; et déjà chez les insectes il existe des canaux ramifiés qui viennent verser la bile dans le tube digestif par des conduits distincts. Le foie de l'homme et des animaux supérieurs est constitué par l'agglomération de lobules d'un à deux millimètres de diamètre qui constituent chacun une glande complète; ces lobules ou acini sont formés par deux couches vasculaires, l'une centrale, l'autre périphérique, qui contiennent les dernières ramifications de la veine porte, de l'artère hépatique et des veines sus-hépatiques; entre ces deux couches, il en existe une troisième qui représente les anastomoses partout formées de canalicules biliaires sécréteurs et excréteurs; les premiers, tapissés de cellules hépatiques qui contiennent la matière primitive de la bile, se continuent sans interruption avec les canaux excréteurs, et ce réseau très-serré est entouré par les capillaires sanguins qui lui apporteront les matériaux de la sécrétion. Ce sont ces cellules hépatiques qui, se crevant à mesure qu'elles se forment, laissent échapper leur contenu dans les canaux excréteurs, et donnent ainsi naissance à la bile hépatique. Mais, la veine porte et l'artère hépatique apportent toutes deux du sang au foie, et c'est encore une question pendante de savoir lequel de ces deux sangs fournit à la sécrétion biliaire. D'une part, le volume de la veine porte, sa distribution dans le foie à la manière d'une artère, son origine sur le tube digestif, dans lequel elle puise une grande partie des matériaux utiles de la digestion; d'un autre côté, le petit volume de l'artère hépatique, dont les ramifications arrivent à peine au contact des canalicules biliaires, toutes ces considérations semblent établir à priori que l'artère hépatique est spécialement destinée à la nutrition du foie, tandis que la sécrétion de la bile se fait aux dépens du sang de la veine porte. On a dit qu'une sécrétion de cette nature était en opposition flagrante avec cette loi par laquelle toutes les sécrétions de l'économie se font aux dépens du sang artériel; mais la veine porte a une disposition toute spéciale, elle diffère complétement des autres veines par la manière dont elle se distribue, par la composition du sang qu'elle charrie, et cette première exception ne pouvant être contestée, il n'y a qu'un pas à faire pour accepter la possibilité de la seconde. Des vivisections nombreuses ont semblé venir confirmer ce rôle de la veine porte : des ligatures portées sur des artères hépatiques de pigeons n'ont nullement arrêté la sécrétion biliaire, tandis que cette sécrétion a cessé presque subitement après la ligature de la veine porte. Toutefois, il est impossible de ne pas reconnaître que le sang artériel concourt pour sa part à la sécrétion de la bile, et l'on cite un cas observé par Abernethy, dans lequel la veine porte s'ouvrait directement dans la veine cave; les fonctions du foie n'étaient pas troublées, la sécrétion de la bile semblait se faire normalement, et la santé n'était pas altérée.

Il est beaucoup plus difficile d'assigner à ces deux sangs les matériaux que chacun fournit : on suppose que le sang de la veine porte abandonne en passant dans le foie les matières grasses qu'il contient, et cette dépuration préalable a pour but de ne pas laisser pénétrer dans la masse du sang une quantité considérable de matériaux hétérogènes qui pourraient altérer sa nature. On ne sait absolument rien de la part du sang artériel; et l'on n'a pu encore constater la présence dans le sang ni de l'acide sulfurique, ni de l'acide cholérique : peut-être les progrès de la chimie y découvriront-ils quelques-uns de ces principes. Ce serait là une solution bien intéressante pour ceux qui ne veulent voir de glande que là où il y a un organe chargé de séparer du sang certains principes qui y sont contenus, et qui, à cause de cela, ne considèrent point le foie comme une glande. Toute la question se résume en ceci : les éléments de la bile sont-ils éliminés, sécrétés par le foie, ou bien cet organe les fabrique-t-il de toutes pièces aux dépens du sang? On comprend l'extrême difficulté d'une semblable solution : si certains principes de la bile se trouvent contenus dans le sang, ils pourront aussi bien s'y trouver parce qu'ils ont été résorbés que parce qu'ils y préexistaient; aussi, tandis que les uns expliquent la coloration jaune des ictériques en disant que la bile, ne pouvant être excrétée, a été peu à peu résorbée, les autres, au contraire, prétendent que les matériaux de la bile préexistaient dans le sang, et que leur élimination par le foie ne se faisant plus, c'est leur accumulation dans le sang qui produit l'ictère. L'opinion la plus raisonnable semble être que le foie fabrique seul les principes constitutifs de la bile, et que c'est anormalement, par exception, qu'ils sont entraînés dans le système circulatoire.

Excrétion de la bile.—La sécrétion de la bile se fait d'une manière continue; elle augmente seulement d'une manière notable aux heures de la digestion. Au sortir de ses canalicules excréteurs, la bile descend jusque dans le canal hépatique; là, deux voies lui sont ouvertes, l'une le canal cholédoque qui s'ouvre au commencement de l'intestin, l'autre le conduit cystique, qui la dirige dans la vésicule biliaire au moment de la digestion : la bile s'écoule abondamment par le canal cholédoque; mais dans l'intervalle, cet orifice étant presque complétement fermé, elle monte par un trajet rétrograde dans la vésicule biliaire, où elle s'accumule pour regagner le canal cholédoque pendant l'acte digestif. Ce conduit cystique qui existe chez l'homme et plusieurs mammifères, est remplacé par des canaux hépato-cystiques qui font communiquer directement le foie et la vésicule chez le bœuf, certains grands mammifères, chez les oiseaux et les poissons. Le réservoir cystique lui-même manque chez le cheval, l'éléphant, le cerf, le marsouin, le rat, la souris, l'autruche, le pigeon, la tortue noire, quelques poissons, et d'une manière générale chez tous les animaux qui prenant presque à chaque instant de la nourriture, n'ont point de digestions intermittentes. Nous verrons l'importance de ces considérations pour expliquer le rôle de la bile dans l'acte digestif.

La marche de la bile dans son appareil excréteur est due non-seulement à la continuité de la sécrétion qui établit une sorte de vis à tergo, dont l'action est incessante, mais encore à la contractilité des canaux vecteurs, dans lesquels on peut constater des fibres libres analogues à celles des artères, et qui dans certains cas apparaissent très-manifestes sur la vésicule. Le contact des aliments sur la muqueuse duodénale et l'orifice du canal cholédoque détermine dans tout cet appareil une action réflexe qui augmente la contractilité musculaire, et hâte la progression du liquide. D'un autre côté, la pression sur le fond de la vésicule par l'abaissement du diaphragme pendant l'inspiration, et par les matières qui de l'estomac passent dans le duodénum sur lequel repose la vésicule, cette pression ne reste pas étrangère, à l'évacuation de la vésicule, et quel qu'en soit la cause, elle existe réellement, car si on ouvre un animal en pleine digestion, on trouve la vésicule à peu près vide, tandis qu'elle est pleine et distendue quand l'animal est à jeun depuis longtemps.

La quantité de bile sécrétée dans les vingt-quatre heures varie considérablement suivant un grand nombre de circonstances. Ainsi l'usage de certains condiments épicés, de diverses substances purgatives, dites cholagogues, la coloquinte, la rhubarbe, la gomme-gutte, activent cette sécrétion de la même manière qu'un mets de haut goût augmente la sécrétion de la glande salivaire; de même aussi la présence du bol alimentaire dans l'intestin, à l'heure de la digestion, parfaitement analogue à l'abondance plus grande de la salive pendant la mastication. Dans les pays chauds, la sécrétion biliaire augmente, sans doute pour suppléer à la petite quantité d'acide carbonique dont la respiration débarrasse l'économie ; de là, la fréquence des ictères, des maladies du foie dans les pays intertropicaux.

L'habitude d'une alimentation composée principalement de matières grasses, et en général de substances non azotées active pour un temps la sécrétion de la bile ; mais bientôt le foie s'altère, sa constitution se modifie, il passe à l'état de foie gras, et alors la sécrétion est presque suspendue. On observe un phénomène semblable chez les animaux qui sont soumis à une asphyxie lente, chez les phthisiques avancés, qui sont dans un état normal de semi-asphyxie; mais l'hypersécrétion n'est que momentanée, la respiration ne suffit plus à comburer les principes gras que le sang charrie, ces matériaux s'accumulent dans le foie, qui passe à l'état de foie gras et qui ne sécrète plus rien.

La communication anormale des oreillettes par le défaut d'oblitération du trou de Botal augmente très-sensiblement encore la sécrétion.

Malgré ces différences, et même à cause de ces différences, il est nécessaire d'avoir une moyenne qui représente la quantité de bile sécrétée en vingt-quatre heures. Les chiffres les plus dissemblables ont été donnés à différentes époques et par différents auteurs : c'est ainsi que Borelli calculant la surface des canaux excréteurs, évaluait théoriquement cette quantité à trente-quatre litres en vingt-quatre heures, tandis que Tacconi n'en avait recueilli que 120 grammes dans le même espace de temps sur une femme atteinte de fistule biliaire. Le seul moyen d'arriver à un résultat certain est de pratiquer sur des animaux bien portants des fistules biliaires, et de recueillir tout le liquide qui s'écoule, l'animal continuant son régime et son genre de vie habituels. En supposant la quantité de bile sécrétée en un temps donné à un kilogramme du poids total de l'animal, MM. Nasse et Platner sont arrivés à établir qu'un chien qui pèse 10 kilogrammes perd 150 grammes de bile en vingt-quatre heures, soit 15 grammes par kilogramme du poids de son corps. M. Stackmann a obtenu sur des chats des résultats complétement identiques. En appliquant ces données à l'homme, on est conduit à porter cette évaluation de 800 à 900 grammes par vingt-quatre heures, soit 15 grammes × 60 kilogrammes, poids moyen d'un homme adulte.

Fonctions de la bile. — C'est donc là une sécrétion très-abondante, qui ne le cède en rien à aucune autre de l'économie, et qui par cela même doit avoir une très-grande importance. Cependant, lorsqu'on veut étudier les usages de la bile, on est arrêté par les plus grandes difficultés ; on remarque entre tous les auteurs qui se sont occupés de cette vaste question les plus grandes dissidences. Les uns, assimilant le foie à l'appareil rénal, considèrent la bile comme un produit analogue à l'urine, comme une sécrétion purement excrémentitielle, qui n'a d'autre rôle que de débarrasser le sang de certaines substances devenues impropres à l'entretien de la vie; les autres font jouer, au contraire, à la bile un rôle essentiel dans la digestion, surtout dans celle des corps gras; ils la considèrent comme une sécrétion en partie récrémentitielle, c'est-à-dire un produit dont certaines parties rentrent dans le sang pour servir de nouveau à la nutrition.

A différentes époques, ces deux propositions opposées ont été soutenues avec une grande ardeur, et de nos jours, la découverte par M. Cl. Bernard de l'action émulsive du suc pancréatique a semblé venir appuyer cette idée que la bile devait être considérée comme un excrément. Avant d'entrer dans l'exposition de tous ces faits, il convient d'établir d'une manière bien positive que si la bile est excrémentitielle, ce qui est généralement admis, on ne peut méconnaître qu'elle joue un rôle important dans la digestion intestinale, et pour n'être pas bien connu, ce rôle n'en est pas moins certain.

Le plus puissant argument sur lequel s'appuient ceux qui ne voient dans la bile qu'une sécrétion excrémentitielle, est tiré de vivisections pratiquées sur des chiens à qui l'on a établi des fistules biliaires ; sur ces animaux, la bile s'écoulait au dehors, l'appétit était conservé, et la santé, languissante pendant les premiers temps, redevenait bientôt florissante.

Quand on examine de plus près cette observation, on y découvre certaines circonstances qui n'ont empêché qu'en apparence l'écoulement de la bile dans l'intestin, et qui leur ôtent une grande partie de leur valeur : ainsi, après avoir lié le canal cholédoque, on a ouvert la vésicule biliaire, ou fixé cet orifice aux bords de la plaie extérieure; dans certains cas, les chiens léchaient continuellement leur plaie, et introduisaient par une voie la bile qui s'échappait par l'autre. Dans d'autres cas, où cet inconvénient a été prévenu par une muselière qu'on mettait à l'animal, la santé s'est maintenue en bon état, mais on n'a pas pris soin de s'assurer par l'autopsie si la continuité du canal cholédoque ne s'était pas rétablie, et l'on sait avec quelle facilité se fait, chez les chiens surtout, la réparation des conduits excréteurs. Toutefois, M. Blondlot, à qui l'on doit ces expériences suivies de succès, a sacrifié, au bout de quarante jours, un chien qui était parfaitement portant malgré sa fistule; il a trouvé le canal oblitéré et sans communication avec l'intestin. M. Schaw, d'un autre côté, qui a fait un bien plus grand nombre d'expériences, est arrivé à des résultats différents : presque tous les chiens sont morts plus ou moins promptement, à une époque qui a varié de trois jours à trois semaines, et chez tous ceux qui ont survécu il a trouvé le rétablissement de la continuité du conduit.

Puis MM. Tiedemann et Gmelin sont venus signaler chez le chien une disposition qui permet à la bile, malgré la ligature du canal cholédoque, de se verser dans l'intestin. Du foie de ces animaux part un canal supplémentaire indépendant du conduit hépatique principal, et qui vient s'ouvrir à la partie la plus inférieure du canal cholédoque, de telle sorte qu'une ligature située au-dessus de cette insertion n'empêche nullement l'écoulement de la bile dans le duodénum. L'existence de ce fait anatomique ne permet pas d'accepter comme définitifs les résultats auxquels est arrivé M. Blondlot. On a dit que si la bile était utile à la digestion, le fœtus, qui ne se nourrit point dans le sein de sa mère, n'avait pas besoin de ce liquide, et son intestin est rempli de méconium qui n'est autre chose que de la bile. Mais ce fœtus, dans quelques jours à peine, sera un enfant qui se nourrira, qui digérera, et cette fonction aura besoin pour s'accomplir de la présence de la bile; il faut donc que l'appareil biliaire préexiste, et comme il est dans sa nature de sécréter, il sécrète avant la naissance, tout aussi bien que les glandes salivaires qui n'ont pas plus que lui de rôle à remplir avant cette époque. On n'a pas été plus heureux quand on a allégué la persistance de la sécrétion biliaire chez les animaux hivernants; si l'animal ne mange pas (et encore il se nourrit aux dépens de la graisse qu'il a amassée dans son tissu cellulaire), son foie n'en existe pas moins, le sang y coule comme d'ordinaire, et la sécrétion est un résultat inséparable de la circulation du sang dans les glandes.

A ceux qui disent que les ictériques se portent bien malgré l'absence de l'intervention de la bile dans leurs digestions, l'on peut répondre qu'en général ils se portent mal, qu'ils ne peuvent digérer que très-difficilement les aliments gras, et que c'est à la condition expresse de supprimer ces aliments dans leur régime qu'ils doivent un état de santé passable.

D'ailleurs, si la bile n'avait aucune action dans la digestion intestinale, dans quel but le canal cholédoque viendrait-il s'ouvrir à la partie la plus élevée de l'intestin grêle, et souiller le suc pancréatique avec lequel la bile s'écoule, au lieu de s'ouvrir dans le colon transverse qui est situé au même niveau? A quoi servirait la vésicule biliaire, qui ne manque jamais chez les animaux carnassiers par exemple, et tous ceux qui ont des digestions intermittentes?

Les vivisections ont démontré, d'un autre côté, que le rôle de la bile est seulement auxiliaire, et que l'absence de ce liquide n'empêche pas sensiblement certains phénomènes digestifs de s'accomplir.

On a lié le canal cholédoque sur des animaux, et l'on a constaté que les chylifères contenaient encore la matière émulsive qui constitue le chyle. Dans tous les cas, on n'a trouvé à ce liquide que des différences à peine sensibles, qui portent sur son opacité, sa coloration laiteuse un peu moindre, sur une légère teinte jaune qu'il acquiert dans le canal thoracique. Malheureusement, ces expériences ont été faites il y a quelques années déjà, avant qu'on eût songé à établir sur les animaux des fistules biliaires. On se contentait, à cette époque, de lier le canal cholédoque, et comme cette opération entraîne presque toujours la mort par péritonite au bout de très-peu de temps, on était forcé d'étudier les phénomènes de la digestion dans les premiers jours qui suivaient l'opération, alors que l'animal, devenu ictérique, était sous l'influence d'un état de santé tout exceptionnel. Dans les cas rares où l'on n'a rien trouvé dans les chylifères, ainsi que cela est arrivé à M. Brodie, on a constaté qu'on avait lié du même coup le canal cholédoque et le canal de Wirsung, et qu'on avait ainsi empêché l'action du suc pancréatique, qui peut suffire seul à l'émulsion des corps gras. Ce dernier fait, démontré par M. Cl. Bernard, est incontestable et incontesté; il est venu détruire l'opinion, bien ancienne, que la bile servait spécialement à cette émulsion. Mais la modification produite par le mélange de la bile et de l'huile, par exemple, est en quelque sorte mécanique, analogue à celle que nous obtenons par l'action du jaune d'œuf ou d'un mucilage; le microscope y reconnaît les globules huileux très-divisés et suspendus; le repos peut, le plus souvent, séparer le liquide en deux couches de densité différente. L'émulsion produite par le suc pancréatique, au contraire, est une sorte de combinaison chimique dont les éléments sont méconnaissables et ne peuvent plus être séparés.

Une expérience qui montre bien le pouvoir émulsif de la bile seule dans la digestion est celle que M. Lenz a faite sur des lapins. Chez ces animaux, le canal pancréatique s'ouvre dans l'intestin beaucoup plus bas que le canal cholédoque et par un orifice isolé. M. Lenz a constaté, sur plusieurs lapins auxquels il avait fait avaler de l'huile, que les chylifères situés au-dessus de l'embouchure du conduit pancréatique contenaient du chyle blanc et parfaitement émulsionné. De plus, les animaux porteurs de fistule biliaire et nourris avec des aliments gras rendent avec les matières fécales une certaine quantité de substances grasses, liquides, qui n'ont subi aucun changement, parce que le suc pancréatique n'a pas suffi à cette transformation.

Il ne faut donc pas considérer le suc pancréatique comme l'agent exclusif de l'émulsion; mais l'union de la bile et du suc pancréatique, qui se fait à l'orifice de leur canal commun, donne à ce liquide inerte une action à laquelle très-peu de corps peuvent résister. Ainsi, tandis que la bile pure n'altère point la viande crue ou cuite, le pain, les fruits, le contraire a lieu quand elle est mélangée avec le suc pancréatique; la bile même dissout complétement le parenchyme du pancréas.

Les substances féculentes que la diastase transforme en glycose ou en dextrine ne peuvent subir cette métamorphose que dans un milieu alcalin ou peu acide. Or, la masse chymeuse s'est chargée, dans l'estomac, d'une grande quantité de suc gastrique qui est acide, et la bile concourt, pour sa part, avec le liquide pancréatique et le suc intestinal, qui sont alcalins, à diminuer cette trop grande acidité.

L'action de la bile sur les corps féculents est à peine sensible; elle ne les transforme jamais en glycose, et c'est à peine si, après vingt-quatre heures, à une température de 40 degrés centigrades, un mélange de bile et d'empois d'amidon présente quelques traces douteuses de dextrine.

La bile exerce encore, par son âcreté, sur les mouvements péristaltiques de l'intestin, et sur la sécrétion du fluide intestinal, une action très-marquée qui explique la propriété qu'ont les purgatifs cholagogues de produire des évacuations abondantes.

Probablement elle concourt aussi à empêcher la fermentation des matières chymifiables et chymifiées contenues dans l'intestin. Cette action paraît manifeste pour le sucre, qui se trouve placé dans des conditions très-propres à cette fermentation, et qui jamais ne se transforme en alcool et en acide carbonique. C'est la bile qui donne aux fèces leur couleur et leur odeur caractéristiques; aussi, la constipation opiniâtre et la décoloration des excréments sont-ils des symptômes qui annoncent que la bile a cessé de s'écouler au dehors.

Il est un autre phénomène très-intéressant qui se produit au contact de la bile et des matières chymeuses de la digestion : c'est la formation de petits flocons blanchâtres, insolubles dans les liquides intestinaux, solubles seulement dans le suc pancréatique pur. Ces filaments insolubles sont des produits de décomposition de la bile au contact du chyme et des acides qu'il renferme; ce sont de l'acide margarique, de la cholestérine, du mucus, de la matière colorante, et les diverses transformations que subissent les acides cholique et choléique en présence de l'acide chlorhydrique, c'est-à-dire des acides cholalique, choloïdique et de la dyslisine. Cette insolubilité laisse s'échapper avec les matières fécales ces substances, qui sont purement excrémentielles, et qui auraient pu être résorbées si elles étaient restées à l'état soluble; les acides cholique et choléique ont été complétement transformés, ou bien elles ont disparu, peut-être par résorption, car le réactif si délicat de M. Platner (l'acide sulfurique et le sucre de canne) n'en manifeste aucune trace dans les matières fécales.

De toutes les considérations que nous venons de présenter sur les usages de la bile, il ressort cette conclusion, que nous avions annoncée par anticipation, savoir, que la bile est une sécrétion excrémentielle, il est vrai, mais nullement comparable à celle de l'urine, à laquelle on a voulu l'assimiler; qu'elle joue un rôle accessoire, mais réel, dans la digestion, et qu'il n'est pas encore démontré que plusieurs de ses principes constitutifs, plus ou moins modifiés, ne rentrent point dans l'économie pour fournir de nouveaux matériaux à la nutrition.

Nous avons déjà dit quelques mots du rôle de la bile dans la production de l'ictère. Nous n'insisterons pas davantage sur les maladies qui sont produites ou aggravées par l'intervention de la bile; nous renvoyons aux divers articles de cette *Encyclopédie* où ces questions seront traitées.

La bile, et spécialement la bile de bœuf, qu'on se procure facilement et en grande abondance, est utilisée dans les arts, l'industrie et la pharmacie; mais la rapidité avec laquelle elle se putréfie, sa facile décomposition, ont dû forcer à recourir à divers moyens de préparation. On désigne sous le nom de *fiel de bœuf concentré* une substance verte, en consistance d'extrait, qu'on obtient en faisant bouillir la bile au bain-marie; on sépare les matières étrangères et l'écume qui montent à la surface, et l'on amène peu à peu à la consistance que l'on désire.

Le *fiel de bœuf purifié* est un liquide incolore qu'on peut préparer de deux manières :

On fait bouillir et écumer la bile, puis on la partage en deux flacons, dans l'un desquels on ajoute 30 grammes d'alun, et l'autre 30 grammes de chlorure de sodium par litre. On laisse reposer jusqu'à ce que les liqueurs soient éclaircies; on les décante, on les mêle et on laisse reposer de nouveau. On filtre ensuite, et on obtient ainsi un liquide incolore qui se conserve très-bien. C'est là le procédé de M. Tomkins.

Mais il en est un autre plus simple et plus convenable, en ce qu'il altère moins la composition de la bile :

On dessèche de la bile de bœuf au bain-marie, on la dissout dans l'alcool rectifié, puis on met la solution alcoolique en digestion sur du charbon animal, ou bien on y ajoute, avec précaution, de l'eau de baryte, qui forme une combinaison insoluble avec la matière colorante.

On trouve encore dans la vésicule biliaire du bœuf des concrétions d'un jaune foncé, presque entièrement formées de matière colorante et qui sont usitées dans la peinture.

La bile fraîche, connue sous les noms de *fiel de bœuf* et d'*amer*, est employée par les dégraisseurs pour enlever les taches de graisse sur les tissus qui sont altérables par les alcalis et le savon, parce qu'en raison de sa légère alcalinité, elle se mêle très-bien aux corps gras, les amène à un état de division extrême et les dissout complétement. Mais, comme la coloration propre à la bile pourrait altérer les couleurs de ces étoffes, on emploie souvent le fiel purifié et complétement décoloré d'après un des procédés que nous avons indiqués. Les peintres à l'aquarelle et à la miniature, ainsi que les enlumineurs, font également usage de la bile de bœuf pour donner plus de ton, de brillant aux couleurs, qu'elle fixe plus facilement sur les corps polis et qu'elle conserve mieux que les autres vernis.

Dans certains pays, et spécialement chez les Islandais, la bile de loup de mer, *anarrhicus lupus*, tient lieu de savon et suffit à tous les usages domestiques.

L'*extrait de fiel de bœuf* a eu jadis une certaine célébrité comme fondant et incisif; on l'employait surtout contre les engorgements chroniques du foie. Il doit la plupart de ses propriétés curatives à la quantité considérable du savon de soude qu'il contient, et il agit à la manière des préparations alcalines, par lesquelles on le remplace. L'épisode du fils de Tobie, qui rend la vue à son père en lui frottant les yeux avec de la bile de poisson n'a rien qui ne soit conforme à ce que l'on sait de l'action des alcalins. On l'emploie cependant encore comme adjuvant de la médication tonique, chez les personnes dont les digestions sont languissantes, qui sont sujettes à une constipation habituelle, à des évacuations acides. Peut-être ce médicament agit-il, dans ces circonstances, en ajoutant à la masse alimentaire des sucs biliaires dont la sécrétion est ou insuffisante ou altérée d'une manière quelconque.

ÉMILE VALLIN.

BILL (législation anglaise). — Mot qui reçoit en Angleterre une foule d'acceptions. Appliqué aux actes du parlement, *bill* est synonyme de projet de loi; il peut être présenté aux chambres par un de leurs membres ou par le gouvernement; mais il ne devient *acte* qu'après avoir été discuté, voté et sanctionné par le souverain. — Dans la pratique légale anglaise, *bill* signifie, selon les cas auxquels on l'applique, *affiche, catalogue, liste, acte, lettre,* etc.; par exemple, on dit *bill of indictement,* acte d'accusation; *bill of exchange,* lettre de change. — On appelle *bill d'indemnité* la résolution par laquelle le parlement déclare qu'un acte du ministère, quoique irrégulier, ne donnera lieu à aucune poursuite. — *Bill de réforme.* Ce bill, adopté en 1839, qui apporta quelques modifications au système électoral suivi jusqu'alors en Angleterre, n'a eu d'autres résultats que d'amoindrir l'influence de l'aristocratie nobiliaire au profit de celle des écus.

BILLARD (radical, *bille*). — Table très-grande, à rebords, sur laquelle on joue avec des billes d'ivoire de différentes couleurs; elle est soutenue par quatre pieds. Le jeu de billard est très-ancien. Il était en grand honneur chez la plupart des rois de France de la branche des Valois. Sous Louis XIV, son ministre Chamillard fut célèbre pour son adresse à ce jeu. Ce qui lui valut l'épitaphe suivante :

Ci-gît le fameux Chamillard,
De son roi le protonotaire,
Qui fut un héros au *billard,*
Un zéro dans le ministère.

Dans les villes, dit P. Vincard, une quantité considérable de jeunes gens et d'hommes faits perdent à ce jeu leur argent, leur temps et quelquefois leur dignité. Au lieu d'en faire un délassement passager, ils y consacrent les plus belles années de leur vie; tel individu qui joue au billard et s'y livre avec passion termine son existence dans la honte et l'infamie. Les habitants des petites villes de province ont été et sont encore souvent pervertis par ce jeu, qui offre un attrait tout particulier, puisque pour gagner il faut de l'adresse, du coup d'œil et une grande habitude. Nous ne le blâmons donc pas en lui-même, car il est très-agréable, nous n'en condamnons que l'abus et les maux qui en sont la suite.

BILLET, BILLET A ORDRE [droit, commerce]. — C'est l'engagement ou la promesse de payer une somme d'argent, et avec des expressions très-concises, pour mieux faciliter la marche des opérations de commerce, d'où l'usage en a été étendu aux transactions civiles ou pour reconnaître une dette fixée. Il y a différentes espèces de billets, et chacune a reçu de l'usage une dénomination spéciale. Il y a donc les *billets simples,* — *à ordre,* — *à domicile,* — *au porteur,* — *et les billets de change.*

Le billet simple est celui qu'on doit payer à la personne au profit et au nom de laquelle il a été souscrit. C'est, suivant le cas, ou une obligation purement civile, ou un engagement commercial (C. comm., 638, et Pardessus, n° 244). Cela s'applique également aux billets à ordre. Toutefois, le billet simple est, comme l'acte sous seing privé ordinaire, du ressort du droit civil, et il ne peut être l'objet d'un protêt : seulement il peut être cédé ou transporté comme toute créance ordinaire. Le billet doit contenir la cause de l'obligation : néanmoins, cette cause est suffisamment exprimée quand il est écrit : *Je reconnais devoir à.* — (Nouv. Denisart, v° *Billet simple,* n° 3.)

Le billet à ordre est un titre qui doit être payé soit à la personne à laquelle il a été souscrit, soit au tiers à qui il a été transmis régulièrement. Tout billet à ordre est soumis à la juridiction des tribunaux de commerce; mais la contrainte par corps ne peut être prononcée contre les individus non négociants ni comptables publics (C. comm., 637).

Un billet à ordre doit être daté, il doit énoncer la somme à payer, le nom de celui à l'ordre de qui il est souscrit, l'époque à laquelle le payement doit s'effectuer, la valeur qui a été fournie en espèces, en marchandise, en compte, ou de toute autre manière (*ibid.,* 188). A défaut de l'exonération de la valeur fournie, les tribunaux de commerce sont incompétents pour en connaître, et le billet n'est plus qu'une simple promesse.

Le billet à ordre peut être garanti par un aval, de la même manière qu'une lettre de change; il peut être également garanti par une hypothèque, dans un acte séparé.

Sa propriété se transmet par voie de l'*endossement* (*ibid.,* 136 et 137). L'endossement, de même que le billet, peut être fait devant notaire, si la partie ne sait ou ne peut signer. — Si le billet vient à être perdu, ou si celui en faveur de qui il a été endossé tombe en faillite, il peut être fait opposition au payement (*ibid.,* 149). Le refus de payement doit être constaté le lendemain du jour de l'échéance, par un acte, que l'on nomme *protêt faute de payement* (*ibid.,* 162). Toutes les dispositions relatives aux lettres de change sont, d'ailleurs, applicables aux billets à ordre (*ibid.,* 187). Le protêt, fait en temps utile, donne le droit au porteur d'exercer son action en payement contre celui qui l'a souscrit et contre les endosseurs; et de plus, l'intérêt du principal lui est dû à compter du jour du protêt (*ibid.,* 184 et 187). Ce dernier effet résulte d'une innovation introduite par le droit nouveau : auparavant, les intérêts de ces billets ne pouvaient courir qu'à dater du jour de la demande faite en justice (Ordonn. de 1673, art. 7, titre 6).

Toutes les actions relatives tant aux lettres de change qu'à ceux des billets à ordre souscrits par des négociants, marchands ou banquiers, ou pour faits de commerce, se prescrivent par cinq ans, à compter du jour du protêt ou de la dernière poursuite juridique, s'il n'y a eu condamnation, ou si la dette n'a été reconnue par acte séparé (C. comm., 189). D'où il suit que si le billet à ordre n'a pas été souscrit par un commerçant, et qu'il n'ait pas pour objet un acte de commerce, il ne peut se prescrire que par trente ans, comme le billet simple.

Le *billet au porteur* est celui qui ne désigne pas comme créancier un individu quelconque, et qui doit être payé à la personne qui le présente. Les billets au porteur ont été autorisés formellement par la déclaration du 21 janvier 1724, et implicitement par la loi du 8 octobre 1792, qui ne défend pas les effets au porteur qui auraient pour but de remplacer ou de suppléer la monnaie ; le Code de commerce lui-même ne les proscrit pas, et il faut en conclure qu'il les admet (Locré, t. I, p. 554; Cass. 10 novembre 1829). La transmission de ces billets a donc lieu légalement de main en main, et la simple tradition en faveur de ceux qui en sont porteurs en constitue la propriété, ainsi que le droit et la qualité nécessaires pour en exiger le payement. — Suivant que le billet au porteur se rattache ou non à des opérations et affaires commerciales, la juridiction relative doit être celle des tribunaux de commerce ou des tribunaux ordinaires (Favart, *Billet au porteur*, n° 1).

Le *billet de change* est le titre par lequel le souscripteur s'engage à payer une somme pour le prix de lettres de change qui lui ont été fournies, ou celui par lequel il promet de fournir de pareilles lettres pour la valeur qu'il en aurait reçue (C. comm. 188). Le billet de change peut donc être billet à ordre s'il est fait ainsi; et s'il n'est pas à ordre, il ne vaut que comme billet simple ou ordinaire.

JEAN ETIENNE.

BILLET D'HONNEUR (droit). — Sous l'ancien régime, on appelait ainsi le billet par lequel un officier militaire ou un gentilhomme promettait sur l'honneur de payer la somme due, au terme indiqué. Si le billet d'honneur était fait au profit d'un marchand ou de toute autre personne qui n'était pas justiciable du tribunal des maréchaux, celui qui l'avait souscrit et qui ne faisait pas honneur à son engagement était puni d'un mois de prison ou même plus. Actuellement, les billets d'honneur des militaires seraient, sous tous les rapports, assimilés aux billets ordinaires. Il faut en conclure que, sous l'ancien régime, les officiers militaires et les gentilshommes étaient d'autant mieux disposés à remplir leurs engagements d'honneur. Il peut y avoir bien des créanciers qui regrettent aujourd'hui la loi ancienne, surtout pour les officiers pensionnés, sur le traitement desquels il n'y a plus à exercer une retenue quelconque. J. E.

BILLET DE BANQUE (droit). — Les billets dits de banque, mis en circulation par les banques légalement autorisées, doivent, à certains égards, être considérés comme monnaie, comme argent, puisque les individus qui les falsifieraient ou qui en fabriqueraient de faux seraient assimilés aux faux monnayeurs (L. 24 germ. an II, art. 36; C. pén. 139).

BILLON (droit). — Le billon était une petite monnaie de cuivre, mêlée d'une partie d'argent, ou même de cuivre pur.

Par le décret du 11 mai 1807, il a été défendu de faire entrer en France du billon de fabrication étrangère, et ce billon de fabrication étrangère ne devait plus être admis dans les caisses publiques en payement des droits et contributions. Un autre décret, du 18 août 1810, a prescrit que le billon de fabrication française ne pourrait plus être admis dans les payements, si ce n'est de gré à gré, que pour l'appoint de la pièce de 5 francs.

Comme billon, il n'y a plus actuellement en circulation, en France, que les pièces nouvelles de 1, 2, 4, 5 et 10 centimes. J. E.

BIMANES (zoologie) [du latin *bis*, deux fois, *manus*, mains; qui a deux mains]. Premier ordre des mammifères, dans la classification de Cuvier.

Le caractère principal de l'ordre des bimanes, c'est l'usage de *deux mains* aux membres antérieurs seulement. Mais qu'entend-on par *main* sous les rapports anatomique et zoologique? Si nous consultons les naturalistes, nous voyons que « c'est un instrument de préhension formé par l'extrémité d'un membre divisé en parties plus petites, ordinairement au nombre de cinq, libres et inégales entre elles, et nommées *doigts*. Ces doigts sont eux-mêmes formés d'articulations mobiles, agissant librement les unes sur les autres pour l'extension et la flexion, en outre mobiles toutes ensemble sur des os cachés dans les chairs ou os métacarpiens; ceux-ci, libres par leur extrémité antérieure, mais engagés à mortaise fixe par artrodie planiforme sur une autre partie de la main ou le carpe. De petits os engrenés ensemble par leur forme polyédrique, et par là même peu mobiles, composent le carpe, qui se meut, par un mouvement de totalité et par une surface artrodiale convexe, sur la surface concave que présente l'extrémité inférieure de l'un des os de l'avant-bras. Mais cette disposition anatomique ne suffit pas pour compléter l'idée d'une main; tout cela appartient aussi bien à la patte élargie de l'ours, à la griffe du chat, à toutes les extrémités de fissipèdes, qu'à la main du singe et de l'homme. » — La définition de la main, pour être complète, exige encore une disposition toute spéciale : c'est l'opposition du pouce ou doigt radial, le plus gros et le plus court d'entre eux, avec les quatre autres doigts, soit ensemble, soit séparément, de manière qu'un anneau complet puisse résulter de cette conjonction du pouce avec chacun des autres doigts qui lui sont opposables. De cette réunion d'ensemble des doigts avec le pouce résulte une sorte de cage à claire-voie, capable d'enserrer, de maintenir un corps orbe par plusieurs de ses méridiens. Les mouvements de préhension s'opèrent donc par l'opposition du pouce avec un ou plusieurs doigts; de là, dit Doyère, cette variété dans la force et la manière de *prendre*, qui se traduit par les verbes *saisir*, *empoigner*, *pincer*, etc. L'opposition la plus éloignée et la plus faible a lieu entre le pouce et l'auriculaire, aussi ce dernier doigt est-il aidé dans son mouvement vers le pouce par les muscles opposants abducteurs de l'éminence hypothénar, tandis que le pouce est porté en dedans par les muscles opposants du pouce ou adducteurs, qui forment ce renflement de la main qu'on nomme l'*éminence thénar*. L'articulation lâche du premier métacarpien du pouce sur l'os trapèze facilite encore ces mouvements; et c'est cette faculté qu'a le pouce de l'homme de se porter dans quatre directions, et par cela même dans la rotation, qui donne à sa main une perfection que la main des singes n'offre déjà plus (beaucoup d'espèces parmi eux n'ont qu'un pouce très-court, d'autres n'en ont même plus de trace). Tous les doigts sont mus par de longs tendons grêles, des fléchisseurs profonds et superficiels, et par des extenseurs. Tous les degrés de la flexion, de l'extension, sont donc possibles. Voyez s'agiter les doigts du musicien sur le piano ou sur le manche d'un instrument à cordes, et admirez cette exactitude et cette rapidité des mouvements? La main de l'homme, au lieu d'être un organe de préhension pour les seuls corps solides, devient encore, par le rapprochement des doigts un peu fléchis, une sorte de coupe naturelle assez creuse pour recevoir et porter à la bouche l'eau d'une fontaine; les doigts serrés font encore de la main de l'homme une rame placée à l'extrémité d'un assez long bras de levier, très-puissante dans la natation. Comme organe du tact, la main est douée d'une extrême délicatesse : l'aveugle reconnaît les plus légères inégalités sur la surface des corps les plus polis; on a été jusqu'à dire qu'il distinguait les couleurs des étoffes par le toucher..... Serait-ce par une différence toute moléculaire entre les substances colorantes employées en teinture qu'il aurait cette impression, à laquelle nous ne pouvons cependant croire? — Après l'homme et les singes, l'extrémité du membre se dégrade promptement, et ne peut plus servir seule à la préhension. Ainsi les ours, les écureuils, les castors peuvent encore rapprocher leur nourriture de leur bouche en la fixant entre les deux pattes opposées. De toute la série animale, après l'homme, les singes et les lémuriens, le perroquet seul trouve dans les doigts opposables de son pied une véritable main; il saisit avec elle sa pâture, et alors l'attaque à l'aide de son bec tranchant. — Mais est-ce donc à cet instrument que l'homme doit sa prééminence sur tous les êtres? On a été jusqu'à le dire : c'est un véritable paradoxe, auquel il est facile de répondre. Le singe, aussi habile et plus peut-être que l'homme à saisir les plus petits objets, à enlever aux fruits leurs tuniques les plus fines, à chercher les insectes cachés au milieu de ses poils les plus fourrés, devrait aussi se bâtir des villes, et arriver à l'aide du compas et de la lime à établir à son tour les montres marines de Bréguet. L'idiot, le crétin, immobiles sur leur triste escabelle, pourraient alors trouver dans leur main cet instrument conducteur du pinceau le plus délicat, et faire vibrer avec harmonie les cordes des instruments de musique. Et pourtant le singe se contente d'utiliser sa *main* agile pour satisfaire à de grossiers besoins; son industrie *manuelle* est tout entière dans ces petits actes dont nous avons parlé : éplucher un fruit, se gratter avec adresse et activité. Et l'idiot humain! le crétin des Alpes! il a oublié même jusqu'à l'usage de ces *mains* naguère si habiles; inutile fardeau, elles pendent à ses côtés comme si elles ne lui appartenaient pas; il reçoit sa nourriture d'une *main* étrangère, et sans ce secours emprunté il périrait de faim... peut-être sans se plaindre! Mais que manque-t-il au singe encore si intelligent, à l'être dégradé qui a perdu son rang parmi les êtres humains?... cette particule du souffle divin, créateur, intelligent, prévoyant, qui fait l'*essence de l'humanité*, comme a dit le poëte philosophe, et qui semble ne pouvoir habiter que dans un organe cérébral, sain dans toutes les parties qui le composent, et capable alors de diriger cette main elle-même, qui n'est, il faut l'avouer, qu'un faible instrument; ses ongles débiles pourraient-ils creuser la terre, déchirer la chair des animaux, façonner les métaux, si l'intelligence développée par l'imitation et la succession des temps ne lui avait fabriqué mille mains surajoutées, depuis le soc de la charrue qui s'enfonce pesamment dans la terre, la retourne, la féconde, tandis que la main du laboureur n'a qu'à conduire le mancheron, jusqu'à la pointe d'acier qui taille, incise avec tant d'art et de précision de riches camées; depuis ces machines à vapeur qui agitent les mille et mille bobines qui dévident et tordent en frémissant la soie et le coton, véritable Briarée aux mille bras que l'intelligence humaine a su créer, jusqu'au simple marteau, jusqu'à la lime, jusqu'à la vrille, admirable instrument qui, de nos jours, démesurément agrandie, creuse les flancs des montagnes, le fond des vallées, et en fait jaillir des fontaines d'eau vive? Que de *mains* tranchantes, perforantes, contondantes, la *main* désarmée de l'homme n'a-t-elle pas conquises à son aide par cette force d'industrie qui centuple ses efforts! — D'après ces considérations, l'ordre des bimanes doit-il être restreint à un seul genre et à la seule espèce humaine divisée en ses trois ou plus nombreuses variétés, ou doit-il admettre, comme un zoologiste spécieux l'a voulu, en affinité générique, les orangs, les pongos et les gibbons? Certes, il y a autant de rapports entre l'homme et les premiers singes qu'entre certains groupes de quadrumanes; mais cela n'est pas une raison suffisante pour accoler l'homme aux premiers singes, parce que l'affinité le placerait beaucoup trop près de beaucoup de singes de l'ancien et du nouveau continent, et l'éloignerait trop des lémuriens, qui sont de très-bons quadrumanes, zoologiquement parlant.

Pour sortir de cette difficulté, il faut rétablir l'ordre des *primates* de Linnée, comme Geoffroy Saint-Hilaire l'a fait dans ses cours du Muséum d'histoire naturelle. Comme zoologiste, il trouve entre les hommes et les singes des caractères suffisants pour établir dans cet ordre des *primates* une première famille séparée, mais voisine de la deuxième, ou des *pitheciens* ou singes; la troisième, des *lémuriens*; la quatrième, des *tarsiens*; la cinquième, des *chéiromiens*.

La première famille serait caractérisée « 1° par la *station droite*, toujours facile pour l'homme, et même la seule à laquelle il puisse s'astreindre, toute son organisation étant faite pour la station verticale; comme l'évasement de ses os iliaques, la puissance des muscles extenseurs et fléchisseurs du pied sur la jambe, de la jambe sur la cuisse, de la cuisse sur le bassin, manifestée par la saillie des mollets, de la cuisse et des fesses, l'indiquent suffisamment, tandis que les singes, même les plus anthropomorphes, sont très-faibles sur les jambes, ne pouvant se tenir debout ni marcher posément sans trébucher, et sont réduits à marcher à la manière des culs-de-jatte et des impotents, en faisant porter sur le sol leurs longs bras, tenant alors les jambes fléchies, les pieds tournés sur le bord externe, les doigts du pied étant contractés en moignon; 2° par le *système dentaire*: les singes de l'ancien monde ont bien le même nombre de dents que l'homme, ainsi disposées: à chaque mâchoire: de chaque côté cinq molaires, deux incisives, et une canine. Mais jamais chez l'homme les canines ne deviennent saillantes, et ne surpassent la couronne des fausses molaires, ou le biseau des incisives, tandis que les singes, surtout les espèces les plus avancées en développement physique, ont tous de longues et quelquefois de terribles canines. Le nombre des vertèbres lombaires varie chez les singes de six à huit, tandis que chez l'homme il n'est jamais que de cinq; 3° par la *conformation du pied*, qui éloigne surtout l'homme des singes; chez lui le pouce est lié aux autres doigts dans une abduction constante, encore outrée par la coercision habituelle exercée par la chaussure; la voûte du pied est haute et donne à la base de sustentation une grande étendue, et en même temps beaucoup de force; l'articulation du tibia et de l'astragale est en forme de mortaise solide, qui rend la rotation en dedans difficile, le péroné ne descendant pas si bas, et ses ligaments étant plus serrés que chez les singes, ce qui indique que le pied est plutôt fait pour appuyer à plat sur le sol que pour s'accommoder à toutes les surfaces courbes des arbres.»

Considéré zoologiquement, l'homme est donc encore éloigné des premiers singes; une distance immense le sépare d'ailleurs de tous les animaux, même des plus intelligents: c'est la *raison*. Aussi l'empire qu'il exerce sur tous les êtres est-il un empire légitime, qu'aucune révolution ne peut détruire: *c'est l'empire de l'esprit sur la matière*. C'est non-seulement un droit de nature, un pouvoir fondé sur des lois inaltérables, mais c'est encore un don de Dieu, par lequel l'homme peut, à tout instant, reconnaître l'excellence de son être; car ce n'est pas parce qu'il est le plus parfait, le plus adroit des animaux qu'il leur commande; s'il n'était que le premier du même ordre, les seconds se réuniraient pour lui disputer l'empire; mais c'est par supériorité de nature qu'il règne et commande: *il pense*, et, dès lors, il est le maître des êtres qui ne pensent point. — Voyez *Homme*.

Quelques zoologistes, entre autres Cuvier, désignent aussi sous le nom de *bimanes* un genre de reptiles de la famille des sauriens ou lézards. Il se distingue des ophidiens, ou serpents, par l'absence des pattes postérieures et par l'existence de deux pattes antérieures.

B. Lunel.

BIMBELOTERIE [dérivé de *bimbelot*, jouet d'enfants]. — Ensemble de l'industrie dans laquelle on fabrique les joujoux. Les petits moutons, les ménages en plomb, l'ébénisterie en miniature, tables, chaises, fauteuils, commodes, etc., polichinelles, pantins, poupées, tous ces objets vendus à bas prix forment ce qu'on appelle la *bimbeloterie*. C'est une des branches les plus importantes du commerce de Paris. Anciennement, c'était l'Allemagne qui fournissait les joujoux d'enfants à la France, et Nuremberg était renommée pour cette fabrication. Maintenant, il s'en fait beaucoup à Paris et plus encore à Valenciennes. Nous ne restons tributaires de l'Allemagne que pour les figures de bois sculptées qu'on fabrique à Mannheim, quoique le département du Jura en fournisse une grande quantité à nos grandes villes. Il y a tant de détails dans la *bimbeloterie* et tant d'ouvriers qui y participent, que la nomenclature en serait aride. Nous ajouterons seulement: On est surpris du bon marché de ces petits objets; et l'on ne s'en explique la cause que lorsqu'on sait que ceux qui les fabriquent gagnent à peine de quoi subvenir aux dépenses de première nécessité. Sauf un petit nombre de spécialités, la *bimbeloterie*, prise dans son ensemble, ne donne de bénéfices qu'à ceux qui la vendent en gros; les ouvriers et les ouvrières qui la produisent sont dans la plus affreuse misère, non-seulement en France, mais encore en Allemagne (*P. Vinçard*).

BINOME [du latin *bis*, deux, et du grec *nomê*, part, division]. — Terme d'algèbre; expression composée de deux termes combinés par voie d'addition ou de soustraction; telles sont: $a + b$, $a - b$, $a^2 b - a b_2$, $a^3 x + b^2 y$. Les puissances d'une pareille quantité étant d'un fréquent usage en algèbre, on a longtemps cherché une formule qui donnât immédiatement le moyen d'obtenir une puissance d'un degré quelconque d'un binome. Newton, le mathématicien anglais, en donna une aux savants de son temps, qui résolvait très-simplement cette question; mais, jugeant sans doute très-simple le moyen qui l'y avait conduit, il négligea de l'indiquer, et l'on fut obligé de trouver, après coup, la démonstration de sa formule. Les applications de ce théorème, désigné sous le nom de *binome de Newton*, sont nombreuses et importantes; nous renvoyons pour ce point aux ouvrages spéciaux.

F. L.

BIOGRAPHIE (belles-lettres) [du grec *bios*, vie, et *graphô*, j'écris]. — Genre d'ouvrage qui a pour objet l'histoire de la vie et des travaux des particuliers. La différence de la biographie à l'histoire proprement dite, c'est que la biographie ne raconte de l'histoire des peuples que ce qui est en rapport avec l'individu dont elle s'occupe. Une biographie doit être écrite avec impartialité; la bienveillance ou la malveillance s'y montre-t-elle, dès lors elle perd son caractère; ce n'est plus qu'une diatribe ou qu'un panégyrique, et l'on ne la consultera plus qu'avec défiance.

Chez les anciens, ce genre de littérature était

moins cultivé qu'il ne l'est chez les modernes. On pourrait cependant considérer comme des biographes Plutarque, Cornélius Népos, Suétone, etc. Quelques auteurs ecclésiastiques peuvent également être classés parmi les biographes; mais c'est à compter du dix-septième siècle que ce genre d'écrits a pris d'immenses développements.

Les *Dictionnaires historiques* de Moréri et de Bayle furent les premiers essais en ce genre. Ladvocat, Barral, Chaudon et Delandine, Feller, Hoéfer, ont donné depuis des *Dictionnaires historiques et biographiques*; ces recueils sont éclipsés par la *Biographie universelle* des frères Michaud, commencée en 1811 et dont le *Supplément* n'est pas encore achevé.

BIPÈDES (zoologie) [du latin *bis*, deux fois, et *pes*, *pedis*, pieds]. — Nom donné, en histoire naturelle, à tous les animaux qui n'ont que deux pieds. Les bimanes sont bipèdes, de même que tous les oiseaux. — Cuvier a aussi donné ce nom à un genre de reptiles sauriens, de la famille des Scincoïdiens, qui ont deux petites pattes postérieures.

BISCUIT DE MER [du latin *bis*, deux fois, et *coctus*, cuit]. — Pain extrêmement desséché et durci, au moyen de quatre cuissons qu'on lui fait subir pour le voyage de long cours, et deux seulement pour les autres voyages moins longs ou de cabotage. Le biscuit est un composé de farine de froment épuré et de son. Il faut surtout que la pâte en soit bien levée. Il s'en fabrique dans tous les ports de mer, et celui destiné aux voyages de long cours doit avoir été fabriqué six mois avant son embarquement; néanmoins, celui qu'on prépare pour les vaisseaux de guerre n'est confectionné qu'un mois environ avant le départ.

Le biscuit et l'eau sont les objets indispensables pour l'approvisionnement des vaisseaux. Si l'un ou l'autre se corrompt, les équipages en souffrent souvent et périssent, sinon en totalité, du moins en partie, lorsqu'ils font de longs voyages pendant lesquels ils ne trouvent aucune relâche pour renouveler leurs provisions.

Pour se procurer du biscuit de bonne qualité, on doit choisir le froment dont le grain est rouge et glacé, et surtout qu'il soit exempt de la nielle, de l'ivraie, et généralement de tout ce qui pourrait donner un mauvais goût et hâter sa corruption. Le meilleur biscuit est celui de trois à quatre mois; mais on peut aussi se servir de celui d'un an, pourvu qu'il n'ait pas été échauffé.

Il ne serait pas prudent de se servir de farines plus ou moins échauffées pour faire du biscuit; on connaît celles qui sont propres à cet usage lorsqu'elles n'ont aucune odeur, qu'elles sont fort douces au toucher et point sablonneuses et qu'elles ont un goût de noisette. Ce serait en vain qu'on aurait pris toutes les précautions nécessaires dans la cuisson du biscuit, si l'on négligeait l'opération qui contribue le plus à sa conservation : dès qu'il est sorti du four, on le porte à la *soute*, qu'on a bien nettoyée et chauffée pendant l'espace de quatre jours. Cette soute est un magasin au-dessus du four, boisé du haut en bas, et dont les joints et les planches sont très-bien calfatés. Lorsqu'il est plein, on ne l'ouvre que pour en délivrer le biscuit. Il faut au moins un mois pour ressuyer le biscuit et autant pour le rendre rassis avant de l'embarquer. On doit aussi profiter d'un beau temps lorsqu'on veut l'embarquer et le mettre dans les soutes d'un vaisseau, qui doivent avoir été chauffées pendant six jours et six nuits avec du charbon, et bien doublées de fer-blanc, calfatées et garnies de tous côtés de nattes de Provence, qui sont meilleures que les autres. On ne doit jamais ouvrir les soutes que l'une après l'autre, à mesure qu'on a besoin, et l'on ne doit pendre le biscuit qu'à l'entrée de l'écoutille. C'est le moyen de le conserver plus longtemps. (*Montbrion.*)

BISMUTH (minéralogie) [de l'allemand *Wissmuth*, même signification], dit aussi *Étain de glace*. — Métal blanc, grisâtre, lamelleux, fragile, fondant à 250°, et pesant spécifiquement 9,85. Il cristallise avec facilité en cubes ou en trémies tétraédriques, brillant des plus vives couleurs. On le trouve particulièrement à l'état natif, uni avec le soufre et l'arsenic, dans les mines de cobalt et d'argent de la Saxe, de la Thuringe et de la Bohême, etc. Pour l'avoir pur, il suffit de chauffer le minerai dans des tuyaux de fonte légèrement inclinés; à mesure que le métal fond, il se rend dans un récipient placé à l'extrémité inférieure des tuyaux. Le bismuth est un des métaux les plus fusibles, et il communique cette propriété aux métaux avec lesquels on l'allie.

La formule de ce métal est

$$BI = 330,38.$$

Voici, d'après le docteur Hoéfer, les composés de ce métal :

Composés oxygénés du bismuth. On connaît deux degrés d'oxydation du bismuth : 1° le *protoxyde*, 2° le *peroxyde*. Le premier seul fait fonction de base. Le prétendu *sous-oxyde*, qui se forme lentement par l'exposition du métal au contact d'un air humide, n'est autre chose qu'un mélange de protoxyde et de bismuth métallique. A l'état anhydre, le protoxyde est jaunâtre, pulvérulent, se colorant passagèrement en brun pendant la calcination. Il fond à la chaleur rouge, et, comme la litharge, il traverse les coupelles et les vases de grès. Il est facilement réductible par le charbon. Il se comporte au chalumeau à peu près comme le tellure et l'antimoine. Il se réduit instantanément sur le charbon; en continuant à l'exposer à la flamme du chalumeau, il se volatilise sensiblement, et s'entoure d'une auréole à fond rouge ou orangé. A l'état d'hydrate, le protoxyde de bismuth est blanc et perd facilement son eau par la chaleur. Il se combine bien avec les acides. Parmi les alcalis, l'ammoniaque seule en dissout une petite quantité. Il est sensiblement soluble dans les huiles. Chauffé avec du sel ammoniac, il donne naissance à une poudre blanche volatile qui porte le nom de *fleurs argentines de bismuth* (chlorure double de bismuth et d'ammonium).

Formule : Bi O. On le prépare en calcinant l'azotate de bismuth. Le peroxyde est de couleur puce foncé, semblable au peroxyde de plomb. A la température de 350° environ, il se transforme en protoxyde jaune. Il est facilement réduit par le charbon. Les acides sulfurique, azotique et phosphorique l'attaquent en dégageant de l'oxygène; sous ce rapport, le peroxyde de bismuth se comporte absolument comme le peroxyde de plomb. Formule : $Bi^2 O^3$. (Strohmeyer.) On l'obtient en faisant bouillir le protoxyde hydraté avec un chlorite alcalin.

Composés sulfurés du bismuth. Le sulfure est d'un gris bleuâtre, semblable au sulfure d'antimoine. Il cristallise en prismes aciculaires entrelacés. Il est fusible et volatil. Il est réduit par le fer. Chauffé au contact de l'air, il bouillonne, et répand des vapeurs mêlées de gaz acide sulfureux. On le rencontre naturellement en Saxe, en Bohême, etc. Formule : $Bi^2 S^3$, analogue au peroxyde ($Bi^2 O^3$). Il existe probablement un sulfure de bismuth (BiS), analogue au protoxyde.

Composés chlorés du bismuth. Le *chlorure* est blanc, déliquescent, de consistance butireuse (*beurre de bismuth*). Il est très-volatil. Il se décompose dans l'eau en *oxychlorure* blanc qui se précipite, et en acide chlorhydrique qui reste en dissolution avec une petite quantité de chlorure. Cet oxychlorure est quelquefois employé comme fard, sous le nom de *blanc d'Espagne.* Formule : Bi Cl, analogue au protoxyde. On peut l'obtenir directement en projetant du bismuth en poudre dans du chlore gazeux. La combinaison est accompagnée de chaleur et de lumière.

Le *brôme*, l'*iode* et probablement le *fluor* donnent avec le bismuth des composés analogues. Le *phosphore* a très-peu d'affinité pour le bismuth. L'*arséniure* de bismuth est peu stable, et complétement décomposable par la chaleur. L'arsenic rend le bismuth très-combustible.

Le bismuth forme avec l'étain, le plomb et le mercure, un alliage fusible à la température de l'eau bouillante. Avec l'argent, il donne un alliage d'un blanc éclatant, connu sous le nom d'*argent moussif.*

Les *sels de bismuth* sont blancs ou incolores. Ceux d'entre eux qui sont solubles se décomposent dans l'eau en sous-sels blancs très-peu solubles, et en sur-sels très-solubles.

1° Les alcalis les précipitent en blanc. Le précipité est insoluble dans un excès de précipitant.

2° Le carbonate de potasse les précipite en blanc; ce précipité est complet; il retient seulement un peu de potasse. Le précipité produit par le carbonate de soude est moins complet. Le carbonate d'ammoniaque en excès y donne un précipité complet. Par la chaleur, on chasse tout le carbonate d'ammoniaque, et on obtient l'oxyde de bismuth pur.

3° L'acide sulfhydrique précipite tout le bismuth à l'état de sulfure noir.

4° La noix de galle précipite les sels de bismuth en jaune clair.

5° L'acide iodhydrique et les iodures alcalins y produisent un précipité brun très-soluble dans un excès d'iodure alcalin.

6° Le cyanoferrure de potassium les précipite en blanc.

7° Le fer, le zinc, le cuivre et l'étain précipitent le bismuth de ses dissolutions.

Sels de bismuth. L'*azotate* cristallise en prismes blancs contenant 1 équivalent d'eau. Il a une réaction acide. Il est soluble dans une petite quantité d'eau. Dans une grande masse d'eau, il se décompose en *sous-azotate.* On peut employer l'azotate de bismuth comme encre sympathique, en exposant au contact de l'hydrogène sulfuré les caractères tracés avec une dissolution de ce sel. Formule : $BiO, NO^5 + HO$ = 1 équiv. d'azotate de bismuth cristallisé. On le prépare en dissolvant le bismuth pur par l'acide azotique. A la température ordinaire l'action est extrêmement vive, si le métal est en poudre.

Le *sulfate* s'obtient difficilement à l'état neutre. Mis dans l'eau, il se partage en sulfate tribasique et en sulfate acide, susceptible de cristalliser en aiguilles, par l'évaporation. Le sulfate acide se décompose, à son tour, dans une grande quantité d'eau, en sulfate basique et en sulfate acide; en répétant cette dissolution un certain nombre de fois, on finit par séparer à peu près tout le bismuth.

Les sels solubles de bismuth ont pour caractère commun d'être décomposés par l'addition d'une certaine quantité d'eau en sous-sels insolubles et en sel acides solubles. C'est ce qui a lieu, par exemple, pour l'azotate de bismuth.

Le sous-azotate obtenu ainsi est la seule préparation du bismuth employée en médecine; il est connu sous le nom de *magistère de bismuth.* Ce sel bien pur est d'un beau blanc; quoique insoluble, il ne laisse pas d'avoir des propriétés irritantes : Orfila a pu empoisonner des chiens avec une dose de 12 grammes. Le lait serait un bon remède à administrer dans un cas d'empoisonnement de ce genre.

En médecine, le sous-azotate de bismuth est employé avec succès, surtout pour combattre certaines affections nerveuses de l'estomac, connues sous le nom de *gastralgie*, de *crampes d'estomac*, de *pyrosis*, etc. Sous l'influence de ce médicament, on a souvent vu les douleurs se calmer comme par enchantement; on l'administre en poudre ou sous forme de pilules à la dose de 30 à 60 centigrammes pour les jeunes enfants, et progressivement jusqu'à 2 gr. 50 centigrammes pour les adultes. M. Monneret a prouvé qu'on pouvait l'employer utilement, jusqu'à la dose de 10 gram. en vingt-quatre heures, dans les diarrhées rebelles, surtout celles qui succèdent à la fièvre typhoïde. Le sous-azotate de bismuth porte encore le nom de *blanc de fard*, et sert aux femmes qui veulent se farder. On a peut-être exagéré les inconvénients de ce cosmétique; le moyen de le rendre moins irritant serait de le priver d'une petite quantité d'azotate d'argent qu'il contient souvent, et qui peut lui donner la propriété de noircir à l'air; il noircit aussi par l'action de l'hydrogène sulfuré.

Le bismuth est employé dans les arts pour composer l'alliage fusible de *Darcet*, qui est formé d'une partie d'étain, une partie de plomb et deux parties de bismuth; cet alliage fond à 96° centigrades, et sert à quelques dentistes pour plomber les dents; ils l'allient dans ce but avec un peu de mercure. Uni avec quatre parties de ce dernier métal, le bismuth constitue l'amalgame destiné à étamer l'intérieur des globes de verre. — Voy. *Blanc de fard*.

B. Lunel.

BISON (zoologie) [de *Wisent*, nom sous lequel on désignait l'aurochs dans la langue des Germains]. — Espèce de bœuf sauvage de l'Amérique septentrionale, qui se distingue surtout par sa longue barbe, par la bosse qui surmonte ses épaules, et par sa tête couverte d'une laine épaisse. Ses cornes sont courtes, arrondies, noires et susceptibles d'un beau poli; sa queue, peu longue, se termine par un bouquet de poils. Le nom de *bison* est aussi celui par lequel Pline, Sénèque et d'autres auteurs latins désignent le même animal, que les armes romaines avaient fait connaître récemment à l'Italie. Dans les auteurs du moyen âge, le mot *bison* s'applique à tous les bœufs sauvages. « Les bisons sont particuliers à l'Amérique du Nord, où ils errent en liberté par troupes considérables. Les chasseurs, dont l'approche ne les effarouche pas, les tuent avec la plus grande facilité pour avoir leur suif, leur cuir et leurs cornes, et quelquefois leur chair, qui est excellente. Ces animaux sont dociles, alertes, et aiment la société. A quatre ans, ils pèsent de 600 à 700 kilogrammes. Leur force est beaucoup plus grande que celle du bœuf, et, dans quelques États anglo-américains, l'agriculture s'est enrichie de l'acquisition de cette espèce. Lorsqu'on tue une femelle accompagnée de son petit, celui-ci ne quitte point le cadavre qu'emporte le chasseur. »

Fig. 8. — Bison, bœuf sauvage de l'Amérique septentrionale.

BISSEXTILE (ANNÉE) (astronomie) [du latin *bis*, deux fois, *sex*, six]. — Cette année est composée de 366 jours, et arrive tous les quatre ans. — On ajoute un jour tous les quatre ans, parce que *l'année tropique* excède l'année civile de six heures à peu près. Pour trouver l'année bissextile, on divise le nombre qui exprime l'année donnée par quatre, et s'il n'y a aucun reste, cette année sera bissextile.

BISTOURI (chirurgie) [du latin *bis*, deux fois, et *tortuosus*, retourné]. — Espèce de petit couteau destiné à faire des incisions. Il tire son nom de la ville de *Pistoie* ou *Pistori*, en Italie, renommée autrefois par la fabrication de ces instruments. Le *bistouri* a remplacé l'ancien *scalpel*. Il y en a de droits et de courbes : « le *bistouri droit* est rectiligne : le tranchant règne dans toute son étendue, le *bistouri convexe* offre dans le tranchant une courbure prononcée, il sert à faire les incisions simples; le *bistouri-mousse* a l'extrémité émoussée et non acérée; le *bistouri boutonné* présente un renflement assez considérable de forme olivaire, et sert à débrider les ouvertures; le *bistouri recourbé*, qui présente une lame étroite et arrondie, dont le tranchant se trouve sur la concavité ou sur la convexité, sert dans les hernies; le *bistouri à deux tranchants* a, comme son nom l'indique, la lame tranchante des deux côtés; le *bistouri gastrique* sert à dilater les plaies du bas-ventre; le *bistouri cannelé*, qui a une cannelure sur un des côtés de sa lame, sert dans l'opération de la fistule lacrymale; le *bistouri à la lime* est droit, à lame dormante, boutonnée à l'extrémité; son tranchant est fait avec une lime; il sert à couper les parties tendues, qu'il peut seules atteindre, et ménage ainsi celles qui sont lâches; le *bistouri royal*, ainsi nommé parce qu'on s'en servit pour opérer Louis XIV d'une fistule à l'anus, a son extrémité terminée par un stylet, ou sonde boutonnée; le *bistouri caché*, nommé aussi *bistouri caché de Bienaise*, qui n'est plus en usage, avait la lame cachée dans une canule, et sortant à volonté au moyen d'un ressort; le *bistouri à chape*, dont on se sert pour l'opération du paraphimosis. »

BITUME (minéralogie) [du latin *pitus*, pin, ou *pitta*, poix]. — Substance combustible, solide, liquide, sur l'origine de laquelle les savants ne sont pas d'accord : les uns en font un produit de l'organisation spécialement des végétaux; d'autres les regardent comme de véritables produits volcaniques : nous prouverons plus loin que c'est là l'opinion la plus raisonnable. — Cette substance se trouve le plus souvent dans les contrées volcaniques et dans les terrains de deuxième et troisième formation. Le bitume solide ressemble à de la houille, mais il a pendant la combustion une odeur particulière qui le fait reconnaître. En le chauffant avec du sable, on en fait des dalles extrêmement commodes et du plus bel aspect. On distingue cinq espèces de bitumes : 1° le *bitume liquide* ou *naphte*, qui est très-rare dans la nature; on en extrait par distillation du bitume pétrole ou oléagineux. C'est sur les bords de la mer Caspienne qu'on le rencontre le plus abondant; à Bakou, il suffit de gratter la terre à quelques centimètres pour déterminer le dégagement de vapeurs bitumineuses qui, à l'approche d'un corps embrasé, s'enflamment sur-le-champ; 2° le *bitume oléagineux* ou *pétrole*, ou *huile de Gabian*. Ce bitume est beaucoup plus répandu que le précédent. Le lieu de la France qui en produit le plus est Gabian, dans le département de l'Hérault, d'où lui vient son nom d'huile de Gabian; 3° le *bitume glutineux* ou *piciforme*, vulgairement appelé *goudron minéral*, *malthe*, *pissophalte*. On en trouve partout où il y a du pétrole, et même dans quelques localités où le pétrole ne se trouve pas. On en fait un grand commerce près de Clermont en Auvergne et de Seyssel (Ain); 4° le *bitume résinoïde noir*, ou *asphalte*, s'appelle aussi bitume de Judée, parce qu'on le tirait anciennement de la mer Morte, où on le trouvait surnageant; aujourd'hui il nous arrive de Neuchâtel en Suisse et des départements français de l'Ain et du Bas-Rhin. Les anciens Égyptiens s'en servaient pour embaumer et momifier les cadavres; 5° le *bitume élastique*, ou *caoutchouc minéral*, n'a encore été rencontré qu'en Angleterre, dans le Derbyshire, et en France aux environs d'Angers. Il renferme beaucoup d'oxygène.

Usages des bitumes. — Nous allons les faire connaître d'après M. Th. Virlet.

Les usages auxquels les bitumes peuvent servir sont extrêmement nombreux; ils ont donc sous ce rapport une très-grande importance. On s'en sert comme combustibles, et le naphte et le pétrole sont employés dans plusieurs localités pour cuire la chaux, et même pour cuire les aliments; dans les environs de Bakou, où il suffit d'enfoncer dans la terre un tuyau de 30 centimètres de long pour en faire exhaler un jet violent de vapeur bitumineuse à laquelle il suffit de mettre le feu; en Perse, depuis Mossul jusqu'à Bagdad, le peuple ne se sert pas d'autre chose pour l'éclairage; en Chine, où il se trouve avec les eaux salées, il sert à évaporer celles-ci; dans les Apennins, on emploie les feux naturels non-seulement pour cuire la chaux et les aliments, mais aussi pour cuire les poteries et évaporer les liquides; la ville de Parme est éclairée par le pétrole d'Amiano; en Valachie, les Parsis s'en servent aussi pour l'éclairage. Dans les lieux où il est abondant, le bitume entre dans la composition des vernis noirs et même de la cire noire à cacheter, et l'on assure qu'il entre dans celle du brillant vernis chinois qu'on nomme *laque*; on l'emploie aussi à enduire les bois et les câbles qu'on veut préserver de l'humidité, ou qu'on veut faire servir sous l'eau; celui de Gabian sert à enduire les tourillons et les engrenages des grandes machines; et, pour lui donner plus d'onctuosité, on le fond avec de la graisse. On a quelquefois aussi employé les bitumes avec avantage dans les constructions hydrauliques; on en fait d'excellents mastics, qui peuvent servir à toute espèce de constructions; il paraîtrait même que les anciens en ont fait usage dans les constructions de la tour de Babel et des murs de Babylone.

Les Égyptiens faisaient aussi usage de l'asphalte de Judée et d'autres bitumes pour embaumer leurs morts et en faire ce que nous appelons aujourd'hui des *momies d'Égypte*, et c'est à cette circonstance qu'il doit son nom de *baume de momies* ou *des funérailles* qu'on lui a quelquefois donné; aujourd'hui, on se sert encore de l'asphalte pour fabriquer la couleur qu'on appelle *momie*, parce qu'on a souvent extrait des momies elles-mêmes le bitume, comme y étant de meilleure qualité. En médecine il est employé comme vermifuge, et l'huile de Gabian a eu sous ce rapport une grande renommée; en chimie, on l'emploie pour conserver le potassium et le sodium, qui décomposent immédiatement les liquides contenant de l'oxygène; mais l'un des principaux usages auxquels servent les bitumes est le goudronnage des vaisseaux et de leurs agrès; on l'emploie non-seulement en Grèce, en Russie, en Syrie, mais encore presque dans tous les ports de mer. Enfin, outre des étoffes imperméables propres à couvrir les bâtiments, on peut encore en faire des espèces de dalles, en les mélangeant avec du sable, et l'on exploite dans quelques localités des bancs de sable bitumineux pour cet objet; ces dalles ont l'avantage de pouvoir être soudées au moyen d'un fer chaud, en sorte qu'on peut en former des terrasses tout à fait imperméables à l'eau.

Si l'on récapitule maintenant toutes les circonstances du gisement des bitumes sur lesquelles nous venons de nous étendre, et qui les caractérisent en Chine, en Perse, à Bakou, au lac Asphaltite, en Valachie, en Albanie, à Zante, en Sicile, en Italie, à Pietra-Mala et dans le Modénois, où ils sont en rapport soit avec les salces, soit avec les sources brûlantes de gaz hydrogène carbonné; si l'on tient compte de leur liaison avec certains gypses, de leurs rapports avec la production des sels ammoniacaux, alumineux et autres produits chimiques; si l'on se rappelle que la présence du bitume a été constatée par Vauquelin dans tous les minerais de soufre dont il a eu l'occasion de faire l'analyse; que Persoz en a constaté aussi dans les eaux mères de Soulssous-Forêts; qu'il se rencontre dans beaucoup de roches ignées, telles que certains granits, des basaltes, des vakites, des laves, etc.; qu'il existe en filons dans des roches trappéennes, ou qu'il est souvent mélangé avec des substances de filons telles que le cuivre pyriteux, la galène, la baryte, etc.; que M. Fournet l'a découvert dans les calcaires roses spathiques des filons métallifères de Pont-Gibaut; qu'il a été reconnu dans les quartz des environs de Limoges; qu'enfin certaines sources minérales et thermales en charrient quelquefois de grandes quantités, et qu'il se rencontre aussi en abondance au milieu de terrains entièrement volcaniques, comme en Auvergne, dans les eaux qui entourent le Vésuve, aux îles de Lipari, où déjà au temps des Carthaginois il était le sujet d'un commerce important, dans les îles du Cap-Vert, etc., il sera bien impossible de ne pas regarder la plupart des bitumes comme de véritables produits volcaniques. C'est du moins le résultat auquel nous ont amené l'étude et la comparaison de ces différentes circonstances. Néanmoins, s'il restait encore, après l'énumération de tant de faits, quelques doutes, il nous serait facile de les détruire, et de prouver par un simple calcul que leur origine n'est point organique et qu'ils ne peuvent provenir, par exemple, de la distillation des houilles, comme le pensent quelques personnes. Nous avons vu que les sources de pétrole de l'île de Zante en fournissent annuellement 100 barils de 100 kilogr. environ. Ces sources existaient déjà du temps d'Hérodote, qui vivait dans le cinquième siècle avant notre ère; en prenant donc pour leur produit la moyenne de 100 barils par année, 2,300 ans $\times$ 100 barils $\times$ 100 kilog. sera approximativement la quantité de kilogrammes de pétrole qu'elles ont dû fournir depuis que cet historien les a décrites; or, M. Reichenbach ayant reconnu, par plusieurs expériences, que chaque quintal de houille donnait au plus 60 grammes d'huile, il n'aurait pas fallu moins de $2,300 \times 100 \times 200 \times 8 =$ 368,000,000 de quintaux de houille pour produire cette masse effective de pétrole. Si l'on ajoute maintenant que ces sources devaient exister bien avant Hérodote; qu'elles sont loin de paraître épuisées; que la quantité de pétrole recueillie est très-probablement loin de répondre à celle qui est produite, on voit que toutes les mines de houille de l'Angleterre (pays le plus riche en ce genre de combustible) n'auraient pu suffire à alimenter, par leur distillation lente, les seules sources de Zante, et cependant elles ne fournissent guère que la quatre centième partie de la quantité qui se recueille aux environs de Bakou.

L'âge des bitumes n'est pas moins difficile à déterminer que leur origine; car nous les voyons remonter de l'époque actuelle jusqu'aux terrains houillers, où l'on commence déjà à les rencontrer mélangés à quelques argiles schisteuses et à des grès; tous les autres terrains secondaires, particulièrement la formation crayeuse, en renferment plus ou moins abondamment; mais ce sont les terrains tertiaires surtout qui les présentent le plus fréquemment et en plus grande abondance. Il semblerait donc résulter de là que les bitumes n'ont pas d'époque précise de formation, mais que seulement ils ont commencé à paraître à l'époque des terrains houillers et peut-être même déjà antérieurement; qu'ils ont continué à se former depuis lors en augmentant toujours de proportion jusqu'à nos jours, où ils semblent se produire plus abondamment qu'ils ne l'ont fait à aucune autre époque géologique. B. Lunel.

BLAIREAU (zoologie). — Genre de mammifères carnassiers de la tribu des plantigrades, qui faisaient encore autrefois partie du genre ours, avec lequel ils ont en effet de nombreux rapports par la pesanteur de leurs formes, par la brièveté de leurs membres et de leur queue, par leurs habitudes nocturnes, etc. Mais il est un caractère qui appartient exclusivement aux blaireaux : c'est une poche qu'ils ont sous la queue, et d'où suinte une humeur grasse et fétide. Leurs pattes sont si courtes que les longs poils de leur ventre touchent la terre, et qu'ils semblent ramper plutôt que marcher. D'ailleurs, leur appétit est beaucoup plus carnassier que dans les deux genres précédents; leur poil est aussi plus grossier, leurs doigts plus courts et moins bien séparés, leurs ongles antérieurs plus forts et plus tranchants. Par suite de cette dernière particularité, les blaireaux peuvent creuser facilement la terre; aussi sont-ils *terriers*, c'est-à-dire qu'ils passent leur vie, comme la taupe, dans un souterrain qu'ils se sont pratiqué eux-mêmes. Ils sont si apathiques, qu'ils ne sortent de leur retraite que lorsque, manquant de provisions, ils s'y trouvent contraints par la nécessité; et quand ils s'y résolvent, ce n'est que pendant la nuit, époque où ils surprennent plus facilement les reptiles et les petits quadrupèdes dont ils font principalement leur nourriture. A ce moment ils sont aussi beaucoup moins exposés aux regards de leurs ennemis. Ce n'est pas cependant qu'ils en aient beaucoup à craindre; la force de leurs dents et de leurs griffes les met en état d'opposer une résistance opiniâtre aux carnassiers les plus grands; et ils se défendent avec d'autant plus d'avantage, qu'ils ont l'instinct, quand ils sont attaqués, de se coucher sur le dos, de manière à ne présenter à leur adversaire que leurs pattes et leur tête, parties que leurs armes vigoureuses mettent à l'abri du danger. Ce système de défense, joint à l'odeur infecte qu'ils répandent autour d'eux, empêche la plupart des animaux de les attaquer. Au reste, les blaireaux s'exposent rarement à ces combats, que leur indolence leur fait redouter autant que s'ils étaient incapables de les soutenir. Ne s'éloignant jamais de leur terrier, ils ont presque toujours le temps de s'y réfugier et d'éviter ainsi la bataille.

Une qualité de ces animaux, qui doit souvent contrarier leur apathie, c'est leur excessive propreté; ils ne peuvent souffrir aucune ordure autour d'eux, et ils aiment mieux abandonner leur demeure que d'y vivre dans la malpropreté. Le renard, qui connaît leur susceptibilité sous ce rapport, s'empare souvent de leur terrier en allant faire tous les jours ses excréments à son entrée. Les propriétaires, pour se soustraire au désagrément de les ôter sans cesse, ne tardent pas à le céder à leur rusé voleur. Quoique le blaireau fasse plutôt du bien que du mal dans les campagnes, puisqu'il détruit une multitude d'animaux malfaisants, on le chasse partout avec acharnement, à cause de sa fourrure, avec laquelle on fait des housses et des couvertures pour les chevaux de trait. Son poil, qui ne se feutre pas, est aussi fort recherché pour la fabrication des pinceaux et des brosses. On distingue deux espèces de ce genre, le *blaireau d'Europe* et le *blaireau de la baie d'Hudson*, qui diffèrent très-peu l'un de l'autre, et peut-être ne forment qu'une seule et même espèce. (*Salacroux*).

BLANC [de l'allemand *blank*, qui a la même signification, ou du latin *albicus*, dont les Italiens ont fait *bianco*, et les Espagnols *blanco*]. — Ce mot a plusieurs significations.

1° En physique, c'est ainsi que l'on nomme un corps dont la surface réfléchit les rayons de lumière sans les décomposer. Un tel corps paraît blanc, ou sans aucune des couleurs primitives, parce que la réunion parfaite, et un mélange proportionné de toutes ces couleurs, les font entièrement disparaître. Toutes les surfaces blanches éparpillent donc la lumière et la réfléchissent sans la décomposer. C'est pourquoi les corps blancs sont les plus propres à nous garantir des ardeurs du soleil, et à diminuer les impressions vives que ses rayons pourraient faire sur nous lorsque nous y sommes exposés.

2° En botanique, le blanc est une maladie qui attaque les plantes. C'est une espèce de lèpre qui se communique aux feuilles, aux rameaux, et même aux fruits, et qui les rend tout blancs; on les voit couverts d'une matière cotonneuse qui s'oppose à leur transpiration. Le pêcher est l'arbre auquel le blanc est le plus funeste; les melons et les concombres sont les plantes potagères qui en sont le plus incommodées.

3° En peinture, le blanc, relativement au mécanisme de cet art, est une substance tirée du règne minéral, et jusqu'à présent une préparation de chaux de plomb; mais on dit quelquefois d'un tableau qu'il est *noir*, ou que son coloris est trop *blanc*. On dit qu'un artiste *donne dans la farine*, qu'un autre *donne dans l'encre*. La lumière et l'ombre ne peuvent pas être représentées par des couleurs, parce que ni l'une ni l'autre ne sont effectivement une couleur; on a été réduit à regarder le blanc matériel comme la couleur la plus significative de la lumière. Mais l'art, en admettant ces moyens et ces approximations, prescrit au peintre d'éviter, avec le plus grand soin, de faire dominer trop le blanc dans ses lumières, et le noir dans ses ombres, et surtout de n'employer, s'il est possible, ni l'une ni l'autre de ces couleurs, pures, dans son tableau. Le désir de parvenir à un coloris brillant égare la plupart des peintres; et lorsqu'ils ont cru prodiguer leur prétendue lumière, c'est-à-dire le blanc de leur palette, c'est alors qu'ils tombent, comme on dit, *dans la farine*. De même, lorsqu'ils prodiguent le noir comme un équivalent de la privation de la lumière, alors ils peignent noir au lieu de peindre vigoureux, et les ombres et les touches deviennent de la couleur de *l'encre*.

4° En poésie moderne, on appelle *vers blancs* des vers non rimés. Plusieurs poëtes anglais et allemands se sont affranchis de la rime; mais les Allemands ont prétendu y suppléer en composant les vers métriques à la manière des Latins. Les Anglais se sont contentés de leur vers rhythmique, qui est le même que celui des Italiens.

Le vers blanc peut être aussi harmonieux que le vers rimé, à la consonnance près, mais la difficulté vaincue et le plaisir qu'elle nous cause, et qui se renouvelle à chaque instant, n'existent plus dans les *vers blancs*.

Il faut ajouter que, dans toutes les langues, les vers les plus difficiles à bien faire ont été les mieux faits. De tous les vers métriques, l'hexamètre est celui qui admet le moins de licence, et c'est en hexamètres que sont écrits les plus beaux poëmes anciens. Notre vers de douze syllabes est le plus difficile des vers rhythmiques, et c'est en vers de douze syllabes que nos plus beaux poëmes sont écrits. Les vers de Racine ne se ressentent pas plus de la gêne imposée par la rime que ceux de Virgile ne se ressentent de la nécessité de finir par un dactyle et un spondée.

Blanc de champignon. — Partie rudimentaire des champignons, substance blanche, fugace et filamenteuse, que les jardiniers placent sur des couches préparées à cet effet quand ils veulent produire des champignons comestibles.

Blanc d'Espagne (de Dieppedal ou de Meudon). — Carbonate de chaux ou craie pulvérisée, puis réduite en pâte au moyen de l'eau. On le débite moulé sous forme de pains ovoïdes ou cylindriques. On l'emploie comme crayon pour écrire sur les tableaux noirs; il entre dans la peinture à la détrempe. On trouve cette craie en abondance en Espagne, à Dieppedal, près de Rouen, à Meudon, près de Paris, etc.

Blanc de Hambourg (de Hollande, de Venise). — Céruse ou carbonate de plomb, mélangé avec plus ou moins de sulfate de baryte, qui s'emploie dans la peinture.

Blanc-manger. — Aliment qu'on prescrit souvent aux estomacs délicats et aux convalescents. Il se compose ordinairement de gelée animale, rendue blanche et opaque par une addition de lait d'amandes; on y joint du sucre, de l'eau de fleurs d'oranger, etc., afin d'en varier la saveur.

Blanc de plomb. — Synonyme de carbonate de plomb.

Blanc de zinc. — Synonyme de carbonate de zinc. Cette préparation remplace avantageusement la céruse dans la peinture à l'huile; il ne noircit pas par les émanations sulfureuses, et n'exerce aucun effet fâcheux sur la santé des ouvriers. Un arrêté ministériel du 24 août 1849 en a prescrit l'emploi pour tous les travaux du gouvernement.

Blanc de fard (chimie). — Sous-nitrate de bismuth lavé à grande eau. Substance qui se présente en flocons blancs ou en paillettes nacrées très-légères, que l'on obtient en étendant d'eau le dissoluté de bismuth dans l'acide nitrique, et que l'on employait beaucoup autrefois, avant qu'on ne connût les beaux rouges tirés des végétaux, pour donner au teint flétri l'éclat passager de la fraîcheur ou pour rehausser le masque vivant des artistes dramatiques. Ce cosmétique est abandonné aujourd'hui, et avec juste raison; car, de parfaitement incolore qu'il est naturellement, il a l'inconvénient de noircir facilement, de se transformer en sulfure, lorsqu'il est en contact avec un air chargé de miasmes fétides, et surtout sulfureux. Cette propriété du sous-nitrate de bismuth est bien connue des fabricants d'encre de sympathie, des saltimbanques, des tireurs de cartes, etc., qui occupent les places et les promenades publiques des grandes villes. Nos lecteurs ont vu sans doute plusieurs fois, sur les quais et les boulevards, à Paris, de ces habiles escamoteurs qui, en deux minutes, donnent à l'ouvrier où à la bonne d'enfants qui les écoute des nouvelles d'un argent ou d'une lettre attendus avec impatience, et cela en plongeant, non sans beaucoup de paroles et de tours de baguette, un petit morceau de papier dans un long bocal où il n'y a rien pour la vue, mais où il y a pour l'odorat, et que l'on ferme exactement. Au bout de quelques minutes, des lignes apparaissent sur le papier; ce qu'elles renferment n'est pas toujours ce que vous attendiez, mais ce n'est pas là le plus important : vos dix centimes sont dans la poche du facteur de la nouvelle espèce, et si vous n'êtes pas content, c'est que vous y mettez de la mauvaise volonté; car, après tout, vous avez eu affaire à un chimiste et non à un escamoteur. Maintenant, nous vous devons l'explication de tout ce préambule de place publique. Des caractères ont été tracés d'avance sur du papier avec le soluté incolore de sous-nitrate de bismuth; l'écriture apparaît après quelques instants que le papier a été déposé dans le bocal, parce que, dans ce dernier, existe un sulfure ou un hydrosulfate qui décompose le sel de bismuth et le transforme en sulfure. Telle est la théorie d'une expérience qui paraît si merveilleuse à la foule ébahie, et tel est aussi ce qui se passait sur la figure de nos dames quand, pour paraître jeunes et belles et pour vouloir briller dans un bal, elles avaient l'imprudence de se plâtrer la figure avec le blanc de fard.

Dr Foy.

BLANCHIMENT (action de blanchir). — Ce mot ne doit s'employer qu'au propre, c'est-à-dire lorsqu'il signifie le blanchiment de la toile, de la laine, etc. Dès que la toile de chanvre ou de lin sort des mains du tisserant, dit M. P. Vinçard, on opère son blanchiment. Le *parou* dont on s'est servi pour faire glisser le fil a donné à la toile une couleur jaunâtre, éloignée de la blancheur qu'elle doit avoir; c'est pour cette raison qu'il faut la blanchir. Le blanchiment consiste donc à enlever toutes les matières inhérentes à la nature du fil avec lequel on a tisssé la toile. Ce travail nécessite plusieurs opérations différentes : on enlève d'abord le parou à l'aide d'une fermentation qu'on obtient par l'action de l'eau chaude dans laquelle on trempe la toile; ensuite, on la nettoie encore par le moyen du *dash wheel* (machine à laver), puis on la plonge dans la chaux pour lui donner de la blancheur. Comme ce procédé enlève une partie de la solidité du tissu, quelques blanchisseurs mettent la toile dans une lessive de carbonate de soude. Après ces différentes opérations, on fait passer la toile sous une machine de pression qui aplatit ou régularise toutes les aspérités des fils; on la met encore à la lessive, on l'étend et on la trempe dans de l'acide sulfurique. On trempe enfin la toile dans un bain de savon pendant quelques minutes, et en dernier lieu on la met dans un cuvier contenant de l'eau et de l'amidon de pomme de terre, on l'étend, et le blanchissage est terminé. La toile de coton n'exige pas d'aussi nombreuses opérations, parce que, lorsqu'elle vient d'être tissée, sa blancheur se rapproche beaucoup plus de celle qu'elle doit avoir que la toile de lin ou de chanvre, qui est toujours enduite de parou. « On blanchit la *laine* au moyen du soufrage, c'est-à-dire en l'exposant humide à l'action du gaz acide sulfureux; le chlore et les alcalis attaquant la laine, il est impossible de les employer pour la blanchir. — On blanchit la *soie* en la maintenant dans des dissolutions bouillantes de savon; on y parvient aussi par le soufrage. — Pour blanchir l'*ivoire* jauni, on le brosse avec de la pierre ponce calcinée et délayée dans l'eau, puis on le renferme encore humide sous une cloche de verre qu'on expose journellement au soleil. — On blanchit la *cire* jaune en la réduisant en rubans minces qu'on expose au soleil et à la fraîcheur des nuits, sur des châssis en toile. La cire se blanchit promptement dans le gaz oxygène pur. Un procédé expéditif et peu coûteux consiste à la faire fondre, à y verser une petite quantité d'acide sulfurique, puis à y ajouter quelques fragments de salpêtre, en agitant le tout avec une spatule de bois.

BLANCHISSAGE. — Action de blanchir le linge dans le but de purger les tissus des matières grasses ou autres substances qui les salissent accidentellement. Le blanchissage comprend huit opérations : 1° le *trempage*, simple imbibition d'eau froide; 2° l'*essangeage*, lavage fait aussi à l'eau froide pour enlever le plus gros de la malpropreté; 3° le *coulage* ou *lessivage*, qui consiste à faire passer à travers le linge une dissolution alcaline de soude ou de potasse, le plus souvent des cendres; 4° le *savonnage*, dans le but d'enlever les taches qui auraient résisté aux opérations précédentes; 5° le *rinçage*, pour enlever l'eau de savon; 6° l'*égouttage*; 7° le *séchage*; 8° le *pliage* et le *repassage*.

Banchissage a la vapeur. — Ce procédé réunit certains avantages qui doivent le faire préférer à la lessive ordinaire : économie de temps, de savon et de combustible. On estime qu'il faut, si la construction du fourneau est bonne, cent kilog. de bois pour mille kilog. de linge. Malgré les justes critiques qui ont été faites sur les procédés employés pour le blanchissage, malgré les progrès de la science, une aveugle routine préside à ce travail. Cela est d'autant plus fâcheux, que le linge coûte cher, que le pauvre ne peut en avoir assez pour satisfaire aux lois de l'hygiène, et que sa santé en souffre. Les quatre principales opérations du blanchissage sont : le lessivage, le lavage, le battage et le repassage. Il n'est pas besoin de décrire en quoi ces opérations consistent : leurs noms le disent assez; il suffira d'indiquer comment le linge devrait être blanchi pour qu'il revienne à sa propreté primitive, et qu'il ne s'use pas aussi vite. « Le linge qui a servi à tous les usages domestiques est imprégné d'une quantité plus ou moins considérable de matières de toute espèce qu'il faut enlever avec soin pour le mettre en état de servir de nouveau. Celui qui sert pour le corps, et principalement les parties de vêtements qui ne touchent pas ou sont peu en contact avec la peau, se trouve dans un état très-différent du linge plus ou moins grossier employé au nettoyage des appartements et dans les cuisines. » (*H. Gaultier-Claubry.*) Pour ne pas salir l'eau, il faudrait donc séparer ces deux sortes de linge; et c'est ce qui a rarement lieu. Pour le lessivage, on emploie des cendres, surtout dans les villes de province et les villages; mais dans les grands centres industriels, on se sert de potasse. Les marchands, profitant de l'ignorance des blanchisseurs, substituent la soude à la potasse : il y a entre ces deux matières des ressemblances extérieures qui échappent à l'œil de gens peu expérimentés. Le linge est propre, mais il est, pour ainsi dire, brûlé par la soude. La question de savoir si le linge doit être passé dans l'eau avant de le mettre à la lessive a donné lieu aussi à bien des discussions. Cureaudeau, qui a publié de sérieux travaux sur le blanchissage, prétend que le linge mouillé ne peut être aussi bien pénétré par la lessive que celui qui ne l'est pas. Le blanchissage à la vapeur serait donc préférable à tous les autres systèmes, et voici la description d'un procédé peu coûteux que l'on devrait utiliser si la routine n'y mettait obstacle : « On peut opérer le lessivage au moyen d'un cuvier en bois placé au-dessus d'une chaudière qui repose dans un fourneau; le cuvier est fermé par le moyen d'un couvercle assujetti avec des bancs, comme dans les appareils employés pour le blanchiment. Le cuvier est ouvert à sa partie inférieure, et porte une grille mobile en bois, recouverte de lames de plomb, sur laquelle on fait reposer le linge. Sur sa circonférence intérieure se trouvent fixées des baguettes en bois, destinées à ménager le passage de la vapeur. Ce mode a l'avantage de ne pas fatiguer le linge comme la friction et le battement qu'on lui fait habituellement subir. » Le blanchissage se fait mieux à la campagne que dans les villes, non parce qu'on y est plus instruit, mais parce que l'espace et l'eau n'y manquent pas, que le linge y est une des principales richesses, et que, se salissant moins, on peut le blanchir plus facilement. Dans les villes, le blanchissage présente tant de difficultés, les conditions dans lesquelles il s'opère sont si défavorables, que, lorsque le linge est propre, on ne demande rien de plus. La santé et l'économie du pauvre sont pourtant intéressées à ce qu'il en soit autrement; mais les femmes qui blanchissent le linge sont pauvres aussi, et leur ignorance s'oppose à ce qu'elles tiennent compte de ce que nous venons de dire, et de ce que beaucoup d'autres ont dit avant nous sur le blanchissage. (*P. Vinçard.*)

BLANC, LACUNE, INTERVALLE (droit). — Ces expressions ont été employées dans l'art. 13 de la loi du 25 ventôse an XI, qui énonce que « les actes des notaires seront écrits en un seul et même contexte, sans *blanc, lacune ni intervalle,* à peine d'amende. » Ainsi qu'il est expliqué et prescrit par une circulaire ministérielle du 30 août 1825, « c'est au moment même de la signature de l'acte que le notaire instrumentaire doit faire approuver par les parties les barres tirées pour remplir les blancs laissés dans les actes et non remplis par l'écriture. » L'approbation doit être faite et constatée comme celle des mots rayés, soit à la marge de chaque page, soit à la fin de l'acte, et en ces termes ou leurs équivalents : *Approuvé* (ou reconnu) (le nombre) *de lignes en blanc, dans lesquelles il a été tiré autant de traits ou de barres;* ou si c'est à la fin de l'acte et avec l'approbation des mots rayés : *Approuvé .... mots rayés comme nuls, plus .... lignes en blanc, dans lesquelles il a été tiré,* etc. Cependant, il y a exception à l'égard des procurations en brevet, dans lesquelles bien souvent le nom du mandataire doit être laissé en blanc, pour le remplir ensuite ou lorsque l'on doit en faire usage. « L'usage en est très-ancien, dit Toullier, t. VIII, n° 108, et la remise ou l'envoi d'une procuration en blanc n'est qu'un mandat de choisir un mandataire, et de remplir de son nom l'espace laissé en blanc. »

On comprend que toutes ces mesures et dispositions sont également applicables aux actes faits sous signatures privées. JEAN ÉTIENNE.

BLANC-SEING (droit). — Le blanc-seing se caractérise par la signature privée, avec ou sans approbation d'écriture, au-dessus de laquelle on a laissé plus ou moins de blanc, suivant l'acte ou l'engagement auquel on veut que la signature se rapporte ou corresponde; ainsi le billet revêtu d'un *Bon pour* .... et d'une signature n'est autre qu'un blanc-seing. Si l'usage du blanc-seing n'est autorisé par aucune loi, il n'en est aussi aucune qui le condamne ou le défende positivement; d'où il faut reconnaître que tout dangereux qu'il peut être, il est en quelque sorte permis ou toléré. Et puis il y a un article de la loi qui l'autorise implicitement, en établissant des peines contre l'abus qui en serait fait (voy. C. pén., 407). L'acte fait sur un blanc-seing peut donc être très-valable, comme aussi il peut, de même d'ailleurs que tous autres actes, être annulé pour cause de fraude ou de dol; mais le blanc-seing étant de la nature du mandat, du mandat le plus général et le plus illimité, il faut examiner un principe rigoureux qui s'applique à tous les contrats, et spécialement aux procurations, savoir : que si le dol est une cause de nullité de la convention, lorsque les manœuvres pratiquées par l'une des parties sont telles qu'il est évident que, sans ces manœuvres, l'autre partie n'aurait pas contracté (C. civ., 1116), alors que le dol est le fait d'un tiers, sans complicité de l'autre partie, le contrat ne peut être annulé, sauf à la partie victime du dol à en poursuivre l'auteur. — Les blancs-seings étant de véritables procurations illimitées, peuvent être révoqués de la même manière que les procurations. — JEAN ÉTIENNE.

BLAPS (zoologie) [du grec *blaptô*, nuire]. — Genre d'insectes coléoptères, de la famille des mélasomes, recherchant de préférence les endroits arides et exposés à une température élevée.

Les blaps ont le corps allongé, quelquefois presque cylindrique, ailleurs assez large; leurs élytres embrassent fortement l'abdomen en dessous, sont soudées, et se prolongent postérieurement en une pointe plus ou moins longue; leurs tarses sont simples dans les deux sexes, et leurs jambes grêles, sans arêtes ni dents au côté externe; leur menton est petit, et laisse en dessous la majeure partie de la bouche à découvert; le troisième article des antennes est beaucoup plus long que les suivants et cylindrique, les trois avant-derniers sont grenus, et le dernier est ovoïde et court; enfin, leur corselet est carré et presque plan. Ce genre contient une quarantaine d'espèces, toutes propres à l'ancien continent. Ce sont des insectes d'assez grande taille, tous de couleur noire, marchant lentement, et exhalant, lorsqu'on les saisit, une odeur des plus repoussantes; quelques-uns répandent même alors par l'anus une liqueur noirâtre également puante. On les rencontre dans les lieux les plus sombres des maisons, tels que les caves, les bûchers, cachés sous les corps qui s'y trouvent, et ils ne sortent guère de leur retraite que pendant la nuit. La seule espèce que nous possédions dans nos environs est le blaps *présage-mort* (*blaps mortisaga* de Linnée, Fabricius, etc.), long d'environ deux centimètres, médiocrement allongé, assez large, d'un noir mat et finement pointillé en dessus; son corselet est presque carré, et offre de chaque côté, près des angles postérieurs, un petit rebord aplati; ses élytres forment à leur extrémité une pointe obtuse, plus longue dans le mâle que dans la femelle. Il est très-commun.

Malgré la répugnance qu'inspirent naturellement ces insectes, Fabricius rapporte, sur l'autorité de Forskael, que les femmes turques qui habitent l'Égypte, et chez qui, comme on sait, l'embonpoint passe pour une condition indispensable de beauté, font cuire dans du beurre une espèce de blaps commune dans le pays, le *blaps sillonné*, et le mangent pour s'engraisser. (*C. Lacordaire.*)

BLASON, science qui s'occupe de la connaissance et de l'explication des armoiries. — Certains érudits, dit l'auteur du *Mémorial de Chronologie*, font dériver ce mot du verbe allemand *blasen*, donner du cor; les anciens chevaliers, selon eux, donnaient du cor quand ils se présentaient aux tournois; ceux qui s'étaient trouvés à deux tournois solennels avaient le droit de porter deux cornets sur leur casque, ce qui attestait que *leur noblesse était authentiquement reconnue.* Les cornets qui décorent les armoiries de plusieurs familles allemandes n'ont pas d'autre origine, et ne sont pas des *défenses d'éléphant*, comme leur forme l'a fait imaginer à certains écrivains. — Les *armoiries* sont en usage de temps immémorial dans diverses parties de l'Asie, particulièrement en Chine et au Japon. Les conquérants les plus fameux de l'Orient choisirent des emblèmes ou des signes particuliers pour leur sceau; celui que Tamerlan faisait apposer à ses lettres diplomatiques présentait trois ronds en forme d'œufs, rangés de cette manière 0o0, pour indiquer, disent quelques voyageurs, la juridiction qu'il s'attribuait sur les trois parties du monde alors connu; le sceau d'une lettre en langue persane, qu'il écrivait au roi de France Charles VI, le 1er août 1403, présente cet emblème. De nos jours, les Abyssins fameux par quelques exploits décorent leurs armes de figures ou d'emblèmes propres à en retracer le souvenir; ainsi, celui qui a tué un lion en porte les pattes sur son bouclier, etc. L'usage de conserver des signes héréditaires de famille paraît avoir existé en Italie dès les temps les plus anciens; Virgile dit dans *l'Énéide* qu'Aventinus, l'un des adversaires de Turnus, portait sur ses armes le signe héréditaire de ses ancêtres, qui était *un serpent à plusieurs têtes.* L'*aigle à deux têtes* qui, depuis fort longtemps, sert de support aux armoiries de certaines villes d'Allemagne, entre autres à celles de Vienne, et qui est l'emblème particulier et distinctif de plusieurs puissants monarques du nord de l'Europe, fut, dit-on, choisi par Constantin lorsqu'il transporta le siége de son gouvernement en Orient, marquant par cet insigne que son sceptre impérial s'étendait également sur deux grands empires. Parmi les anciens ornements impériaux conservés par le patriarche de Constantinople, on distingue un sceptre décoré de l'aigle à deux têtes. Les antiquaires allemands expliquent autrement l'origine de cet emblème : les *aigles enlevées à Varus* furent, disent-ils, liées dos à dos, et les Germains ayant pris ce trophée pour marcher au combat, il devint ensuite le signe militaire de leurs descendants. On trouve *l'aigle à deux têtes* sculptée dans certains monastères fondés au delà du Rhin du temps de Charlemagne; mais elle n'a constamment orné le blason autrichien que depuis Charles V. A partir du onzième siècle, les princes, les seigneurs puissants adoptèrent des signes particuliers; ceux qui parvinrent à les illustrer les transmirent à leurs descendants comme l'une des portions les plus importantes de leur héritage. Ainsi, les souverains du Dauphiné, qui n'eurent pour armes que des *tours* et même un *château* jusqu'à la fin du douzième siècle, prirent pour emblème un dauphin vers le treizième, en l'honneur de Gui VIII, mort en 1149; ce prince avait reçu le titre de *dauphin* comme dénomination personnelle, parce que la figure du poisson qui porte ce nom ornait le cimier de son casque. Les ducs d'Autriche décorèrent longtemps de *plumes de paon* leur écusson et leurs armes; les anciens portraits de Frédéric, partisan de Balthazar Cossa, déposé en 1415 par le concile de Constance, le représentent avec des plumes de paon sur la tête. Le droit de porter des plumes de paon est, de temps immémorial, l'une des principales distinctions accordées par l'empereur de la Chine à ceux qui se sont distingués au service de l'État; les noms des individus qui ont obtenu cette faveur sont insérés dans le journal officiel de la cour de Pékin.

Quoique les *fleurs de lis* fussent l'emblème particulier des rois de France de la troisième race, on en reconnaît cependant sur des monuments très-anciens de plusieurs autres pays. Des antiquaires ont même cru es remarquer sur le front des sphinx égyptiens placés dans certains musées de l'Europe, notamment dans celui du Louvre. La couronne de l'impératrice Placidie, celles de plusieurs statues et figures des empereurs de Constantinople, sont ornées de fleurs de lis. Jaime II, roi de Majorque en 1291, est représenté avec une couronne décorée de *fleurs de lis* parfaitement semblables à celles de l'écu de France. Plusieurs anciens rois d'Angleterre, notamment Guillaume *le Conquérant*, sont peints ou représentés sur leurs sceaux avec des sceptres terminés par la fleur de lis, ou avec des couronnes décorées de cet ornement. On distingue des fleurs de lis sur les couronnes des statues de la reine Clotilde, épouse de Clovis; on a trouvé à Tournai, le 27 mai 1653, dans le tombeau du roi Childéric, de petits ornements en or que quelques antiquaires ont pris pour des *abeilles*, tandis qu'ils ont présenté à d'autres l'image imparfaite de la *fleur de lis*.

Dans plusieurs monuments très-anciens, les sceptres de Pépin *le Bref* et de Charles *le Chauve* sont terminés par une fleur de lis. La forme de cet emblème a très-souvent varié; on y distingua d'abord cinq pétales; Charlemagne est souvent représenté avec deux fleurs de lis à trois pétales, etc.; Hugues *Capet* l'est ordinairement avec une main de justice, mais la statue de son fils Robert, couronné à Orléans le 3 décembre de la même année, tient en main une fleur de lis. Louis VII, dit *le Jeune*, fils de Louis le *Gros*, couronné à Reims le 25 octobre 1131, par le pape Innocent II, et qui succéda à son père en 1137, choisit le premier, dit-on, les fleurs de lis pour emblème distinctif et royal, et ce fut sous son règne que la fleur de lis parut pour la première fois sur les monnaies de France, conformément à une ordonnance rendue en 1179; ce prince fit aussi décorer de fleurs de lis les habillements destinés au couronnement de son fils. Suivant Mabillon, Philippe-Auguste se servit le premier d'une fleur de lis seule au contre-sceau de ses chartes. Sur les vitraux d'une ancienne église de Poissy, qui représentaient le sacre de saint Louis, célébré le 29 novembre 1226, on voyait le jeune monarque revêtu d'un manteau couleur d'azur parsemé de fleurs de lis. Le nombre des fleurs de lis sur l'écusson de France fut indéterminé jusqu'à Charles V, qui réduisit leur nombre à trois en *l'honneur de la benoîte Trinité*. Le roi d'Angleterre Édouard III fit placer des fleurs de lis dans son écusson, et prit pour la première fois le titre de *Roi de France* en l'année 1340.

On a aussi attribué l'origine des *armoiries* en Europe aux guerres des croisades; la nécessité d'avoir un moyen de se reconnaître entre tant de guerriers de nations différentes, fit imaginer, dit-on, ces signes distinctifs (*bannières, drapeaux, enseignes, étendards, gonfalons*). Mais le savant académicien Foncemagne a combattu cette opinion à l'aide de divers monuments : il cite entre autres un sceau de Robert Ier, comte de Flandre, attaché à une charte de l'année 1072, ainsi que le rapporte Mabillon, et sur lequel Robert est représenté à cheval, tenant une épée d'une main et de l'autre un écu sur lequel est un lion. Wiffroy, dit le *Velu*, comte de Barcelone, ayant été blessé à la bataille de Saucour, livrée aux Normands dans le neuvième siècle, le roi Louis III se rendit auprès du guerrier, trempa le doigt dans le sang de ses plaies, et en traça quatre traits en forme de pal sur l'écu du comte, en disant : *Comte, voici désormais vos armes*. Cet écu a passé dans la famille des comtes de Barcelone, ensuite dans celle des souverains d'Aragon. On voit des cavaliers avec des écus chargés de *figures de monstres*, de représentations de *croix* et de *feuillages*, dans la célèbre tapisserie sur laquelle la reine Mathilde a représenté la conquête de l'Angleterre par Guillaume. Les anciens auteurs désignent une multitude d'animaux et de signes adoptés par divers territoires ou villes pour symboles particuliers : celui des Troyens était une *truie*; on prétend que le nom de leur ville désigne aussi cet animal en celte et en phrygien; un *bouc* et une *chèvre*, animaux de pays montagneux, avaient été choisis par la ville d'Athènes; une *louve allaitant deux enfants* était l'emblème de Rome; un *lion* désignait Babylone, et plusieurs de ces animaux y étaient entretenus, vraisemblablement par le même motif qui a fait longtemps nourrir des ours dans les fossés de la ville de Berne. — L'usage d'armorier les habits, introduit en France du temps de Charles V, existe en Chine et au Japon de temps immémorial; ainsi que dans ces monarchies asiatiques, les Françaises de cette époque firent orner leurs robes des armes de leurs maris; cette mode dura un siècle.

La *science héraldique*, ou la connaissance des figures, des symboles et des emblèmes honorifiques, tire son nom, disent quelques étymologistes, du mot allemand *harald*, *herold* ou *harold*, qui signifie *messager militaire*. Comme ces officiers assistaient toujours aux joutes, aux défis, aux tournois, et devaient parfaitement connaître les devises, les signes particuliers, les symboles et les armoiries des guerriers des diverses nations, les souverains du moyen âge les chargeaient de signifier les déclarations de guerre, et leur donnaient d'autres missions importantes, lointaines et souvent très-périlleuses.

L'usage des *noms de famille* s'introduisit en France, en Allemagne et en Angleterre dans le onzième siècle; les nobles prirent alors *les noms de leurs fiefs*, les serfs ceux *de leurs professions* ou *de leurs métiers*; et comme l'industrie était plus honorée en Europe que dans l'ancienne Rome, où les arts mécaniques paraissaient avilissants et ne convenir qu'à des esclaves, les noms d'*Argentier*, de *Boulanger*, de *Carrier*, de *Coutelier*, de *Meunier*, de *Laboureur*, de *Mercier*, de *Pelletier*, de *Potier*, de *Vigneron*, de *Peintre*, de *Maréchal*, de *Maçon*, de *Tourneur*, de *Serrurier*, de *Fournier*, de *Charpentier*, etc., devinrent très-communs; cependant les noms de famille héréditaires ne furent généralement adoptés en France dans toutes les classes qu'au commencement du quatorzième siècle. Les noms de famille n'ont pas été en usage en Pologne avant le quinzième siècle. En Écosse, le nom héréditaire du *clan* ou du seigneur du territoire fut, jusque vers l'entreprise du Prétendant, en 1745, le seul que portassent tous les vassaux. L'usage des *noms de famille* est très-ancien parmi les Lapons, les Samoïèdes, les Baskirs, ainsi qu'en Chine et au Japon; dans ces derniers pays, on récompense, même après la mort, les services rendus à l'État, ou un éminent savoir, par de nouveaux noms ou des surnoms. A Rome, un grand nombre de familles durent leurs noms à diverses circonstances accidentelles, particulières à leurs auteurs, telles que des qualités ou des défauts corporels : la hauteur, la taille, la couleur de la peau, l'époque de la naissance; les noms des Claudius, des Flavius, des Niger, des Paulus, et tant d'autres, célèbres dans l'histoire romaine, n'ont pas d'autre origine.

DE JÉMONVILLE.

BLASPHÈME [du grec *blaptô*, nuire, et *phémé*, réputation]. — Parole impie prononcée avec l'intention d'outrager la Divinité ou la religion. Le *blasphème* diffère du *sacrilége* en ce que le premier consiste en paroles, et le deuxième en action. « *Chez les Hébreux, le blasphème était puni de mort.* Au moyen âge, les lois canoniques et civiles ont déployé contre le blasphème la plus grande sévérité. Un capitulaire de Louis le Débonnaire porte que les blasphémateurs seront condamnés au dernier supplice par le premier magistrat de la ville, et que celui qui, connaissant le coupable, ne l'aura pas dénoncé, sera aussi puni de mort. Philippe-Auguste publia une ordonnance contre ceux qui auraient prononcé les mots *tête bleue, corbleu, ventre bleu, sang bleu,* etc., mots dérivés par atténuation de *tête de Dieu, corps de Dieu, sang de Dieu,* etc. Les coupables devaient être punis d'une forte amende s'ils appartenaient à la noblesse, et, s'ils étaient roturiers, mis dans un sac et jetés à la rivière. Louis IX ne fit qu'enchérir sur ces ordonnances : il porta un édit par lequel ceux qui seraient convaincus de blasphème seraient marqués d'un fer chaud au front, et, en cas de récidive, auraient la lèvre supérieure et la langue percées d'un fer chaud. Cet édit fut appliqué à un bourgeois de Paris. Plus tard, sur quelques observations du pape Clément IV, Louis IX substitua aux mutilations une amende au profit du roi, du seigneur et de l'église du lieu où le blasphème était commis, et au profit du dénonciateur lui-même. Philippe le Hardi, en 1274, accorda aux juges la faculté de substituer les peines corporelles aux amendes prescrites par les ordonnances de son père. Philippe de Valois ordonna que celui ou celle qui proférerait le *vilain serment* contre Dieu et la sainte Vierge serait, pour la première fois, attaché au pilori depuis *prime* jusqu'à *none,* avec permission aux habitants de lui jeter aux yeux des ordures, sans néanmoins le blesser; que, pour la seconde fois, il serait remis un jour de marché au pilori, où la lèvre supérieure lui serait fendue avec un fer chaud; la troisième fois, le coupable devait avoir la lèvre inférieure fendue de la même manière, et la quatrième, les deux lèvres coupées; en cas de cinquième récidive, la langue devait être tranchée. Celui qui ne dénonçait pas un blasphémateur qu'il avait entendu en flagrant délit était condamné à une amende assez forte, et dans le cas d'insolvabilité, il devait être mis en prison et jeûner au pain et à l'eau jusqu'à ce que son crime fût expié par une *pénitence suffisante.* Sous les rois Charles VI, VII, VIII, ces pénalités furent modifiées, et Louis XII les réduisit, en 1510, à l'amende et à l'emprisonnement. François Ier défendit « aux soldats et à tous gens de ses légions, de blasphémer le nom de Dieu et de la sainte Vierge, à peine d'être mis au carcan pendant six heures, pour la première et la seconde fois, et en cas de double récidive, d'avoir la langue percée d'un fer chaud et d'être chassé des légions. » Le parlement de Paris, par arrêt du 8 août 1523, condamna pour blasphème un ermite clerc à être conduit au parvis Notre-Dame, dans un tombereau servant à l'enlèvement des immondices de la ville, pour y faire amende honorable, et de là au marché aux pourceaux, où il fut brûlé vif. Le pape Pie V, par décret de 1556, condamna ceux qui s'étaient rendus coupables de ce crime à une amende pour la première fois, au fouet pour la deuxième; s'ils étaient ecclésiastiques, ils étaient dégradés et envoyés aux galères. Peu à peu, à mesure que la liberté de conscience alla gagnant du terrain, ces rigueurs barbares finirent par disparaître de nos codes criminels.

BLATTE (zoologie) [du grec *blaptô*, nuire]. — Genre d'insectes orthoptère, de la famille des coureurs, dont les caractères sont : corps ovale ou orbiculaire, aplati; tête médiocre, fortement inclinée, entièrement cachée sous le prothorax; bouche composée d'un labre fortement transversal, de mandibules fortes, inégalement dentées, de mâchoires ciliées au côté interne, et renflées en galette à leur extrémité; enfin d'une lèvre échancrée; prothorax très-grand, aplati en dessus, foliacé sur les côtés et débordant le corps; élytres coriaces, minces, transparentes, horizontales, se croisant un peu au côté interne, moins longues que les ailes; celles-ci moins consistantes, et plissées dans leur longueur; pattes ayant les hanches très-développées avec les jambes longues, épineuses, et les tarses composés de cinq articles; abdomen terminé par quatre appendices, dont deux inférieurs et deux supérieurs; ceux-ci plus développés et formés d'articles distincts.

Les blattes, dit T. Lacordaire, sont au nombre des insectes, sinon les plus nuisibles, du moins les plus incommodes et les plus dégoûtants qui existent. Si quelques espèces habitent dans les bois, beaucoup d'autres ont adopté pour leur séjour les maisons, les magasins, les cuisines, où rien n'échappe à leur voracité : les provisions de toute espèce, cuir, vêtements, papier, jusqu'au cirage et à l'encre, tout leur est bon. Toujours en mouvement, pénétrant partout, malgré leur taille, elles souillent et gâtent tous les objets qu'elles touchent, tant en les rongeant qu'en les imprégnant de leur mauvaise odeur. Dans les colonies, où elles abondent, elles sont un véritable fléau, ne respectant pas même l'homme, dont elles viennent ronger la peau épaisse de la plante des pieds pendant son sommeil, ainsi que nous l'avons éprouvé plus d'une fois nous-même à Cayenne. Les navires en sont également infestés, et l'on a vu assez souvent des barils de biscuits et autres provisions dans l'intérieur desquels elles avaient pénétré en grand nombre, entièrement vides des provisions qu'ils contenaient. Il n'est pas jusqu'à leurs œufs, qu'elles collent aux vêtements et à tous les objets en général, avec une gomme tenace, qui ne soient une cause de dégradation pour ces objets, qui en conservent l'empreinte ineffaçable.

Le nombre des espèces de blattes est assez considérable; Olivier, dans l'*Encyclopédie méthodique*, en a décrit trente-sept, et il en existe presque autant de non décrites dans les collections. Les trois suivantes sont les plus remarquables.

La *blatte américaine* ou *blatte kakerlac* est l'une des plus grandes, ayant jusqu'à trois centimètres de long sur deux de large. Son corselet est jaunâtre, avec deux grandes taches et une bordure brune; l'abdomen est roussâtre, et les antennes sont très-longues. Originaire d'Amérique, où elle abonde dans les sucreries et les maisons, elle a été importée par les navires en Europe, et infeste aujourd'hui les magasins dans les ports. Elle est beaucoup moins répandue dans l'intérieur. La *blatte des cuisines* ou *blatte orientale*, est longue de deux centimètres, d'un brun marron uniforme. Les ailes du mâle sont plus courtes que l'abdomen, et ces organes se trouvent réduits à de simples rudiments dans la femelle. Sa patrie primitive est le Levant, d'où elle s'est répandue dans toute l'Europe, et, ce qui est assez singulier, principalement dans le Nord. Elle n'est nulle part plus commune que dans la Finlande et en Russie. La *blatte germanique*, de moitié plus petite que la précédente, est d'un jaune livide avec deux raies noirâtres sur le corselet. Répandue également dans toute l'Europe, et originaire de ses parties centrales, elle est très-commune en Russie, où les armées l'ont importée dans le siècle dernier, à la suite de la guerre de sept ans. — On a cherché plusieurs moyens pour détruire ces insectes dégoûtants : l'arsenic, la fumée de charbon de terre, la vapeur du soufre et l'eau bouillante, ont été proposés tour à tour; mais, outre que ces substances ne sont pas sans danger pour la plupart, il est reconnu qu'elles sont à peu près insuffisantes. Le meilleur moyen de défense contre ces animaux est le même que pour les punaises : une extrême propreté dans les appartements. (*Lacordaire.*)

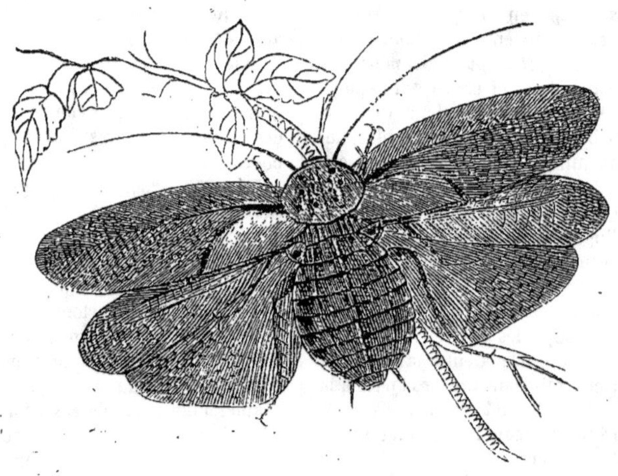

Fig. 9. — Blatte américaine.

BLÉ [du latin barbare *bladum*, et du saxon *blud*, fruit]. — Ce mot désigne les fruits de plusieurs espèces de plantes appartenant au genre *triticum* et à la famille des graminées. Il est d'ailleurs tellement connu, qu'une description spécifique serait superflue; il sera plus intéressant d'indiquer les diverses races cultivées en France. Ce sont : pour les races à épis glabres munis de barbes, le froment à barbe caduque de l'Anjou; le blé de la Providence; le froment à barbes divergentes; le froment à barbes serrées; le froment à grains ronds des environs d'Avignon et le froment d'Italie, cultivé dans le même endroit. Parmi les races à épis glabres dépourvus de barbes : le froment d'automne à épis blancs; le froment d'automne à épis dorés de la Picardie; le froment à grains de riz du Nord; le froment touzelle, du Midi, et le froment de Phalsbourg ou d'Alsace. Parmi les races à épis velus garnis de barbes : le froment gris de souris de l'Anjou; le pétamelle roux ou froment renflé ou gros blé de la Gascogne; le pétamelle blanc du Dauphiné, appelé aussi *blé d'abondance;* enfin, le froment de Barbarie rapporté d'Afrique par M. Desfontaines et décrit par ce naturaliste sous le nom de *triticum durum.*

Parmi les races à épis velus et dépourvus de barbes, nous devons citer le froment grisâtre du pays d'Auge, qui lui-même admet plusieurs variétés.

Les grains de blé sont surtout composés d'amidon, de gluten et de substances azotées, qui se retrouvent dans la farine et que nous détaillerons à propos de la fabrication du pain. Il y a, en outre, sous le périsperme du grain une substance nouvellement découverte, que l'on a nommée *céréaline*, et dont les effets doivent être annulés dans la fermentation de la pâte à faire le pain.

D'où vient le blé? Qui apprit aux hommes à le cultiver et à le broyer pour le réduire en farine, puis cette farine en pain? Consultez les Grecs, et ils vous répondront : C'est un présent de Cérès, et Triptolème reçut de la déesse même les premières leçons d'agriculture. C'est Osiris qui en dota le monde, diront les Égyptiens ; mais les Perses attribueront la découverte de ses propriétés nutritives à Zoroastre ; les Chinois à Chin-Hong, le second de leurs neuf premiers empereurs. Pourquoi ces divers personnages n'auraient-ils pas des titres égaux à la reconnaissance des générations? et pourquoi vouloir toujours attribuer à un seul une découverte qui peut avoir été faite à la fois par plusieurs, ou même à des intervalles de temps assez éloignés, mais sans que les nations aient pu se communiquer les résultats de leurs travaux agricoles? Il est à croire que le blé, qui est pour l'homme d'une importance immense, puisqu'il forme la base de son alimentation, a été semé par la main de Dieu au jour de la création dans les diverses parties des zones tempérées, et que la loi du travail imposée ensuite à l'homme lui aura, sans beaucoup d'efforts, fait trouver l'art de fabriquer le pain, qui, d'ailleurs, a fait si peu de progrès depuis les temps anciens.

Le blé de Turquie ou *maïs* était une des plantes les plus anciennement cultivées dans l'Amérique méridionale, lors de la découverte de ce continent par les Espagnols. C'est donc vers la fin du quinzième siècle qu'il fut rapporté du Pérou en Europe, où il prit mille formes variées et non moins de nuances. Parmentier, dont le nom est si justement célèbre dans les annales de l'agriculture, appela l'un des premiers l'attention sur cette céréale, à la fois si nutritive et si saine. On a remarqué que la chair des animaux nourris de maïs a une qualité supérieure ; en particulier les porcs, les poulets, et même les carpes.

Les caractères distinctifs d'un beau blé sont d'être pesant, compacte, bien mûr, d'un jaune clair, brillant, sec, conservant néanmoins une sorte de fraîcheur, ce que les marchands appellent *avoir de la main*. On reconnaît que le blé a été mouillé lorsqu'il est d'un blanc mat.

Une année trop humide, ainsi qu'une année trop sèche, est contraire au blé : l'année trop sèche diminue la quantité, car les blés sont petits ; l'année trop humide est préjudiciable à la qualité et non à la quantité. On reconnaît encore la bonté des blés à la quantité d'eau que boit la farine lorsqu'on la pétrit ; mais une des méthodes les plus sûres pour distinguer les bons blés, et celle à laquelle ont recours les boulangers, c'est de comparer leur pesanteur spécifique. Le blé le plus pesant, à volume égal, est toujours le meilleur ; car il est bon de faire remarquer que même le blé mouillé a une pesanteur absolue moindre que le blé bien sec.

La France est de toutes les contrées la plus fertile en froment de toutes les espèces, principalement dans les départements qui environnent Paris. La production du blé en France est supérieure à celle qui serait nécessaire à une consommation bien appropriée aux besoins de ses habitants ; mais malheureusement, et c'est une tendance que présentent tous les pays civilisés, le pain y entre pour une trop forte proportion, à défaut de viande et de substances purement azotées, dans l'alimentation des ouvriers des villes et des campagnes. Donc, pour mettre ces populations à l'abri des disettes ou des variations trop grandes dans le prix des farines, il est très-important de prendre toutes les précautions nécessaires pour la conservation économique des grains. Nous aurons occasion d'indiquer, à l'article *Céréales*, les méthodes les plus avantageuses sous ce rapport ; citons ici celles qui sont particulières aux blés. — Une des principales causes d'altération est la pluie, qui pourrit les blés fauchés qu'on laisse étendus sur le sol humide. Dans le nord de la France, on atténue et l'on annule presque cette cause d'altération en formant avec les épis, à mesure que le moissonneur les a fauchés, de petites meules équivalant à dix ou douze gerbes. Pour disposer une de ces meules, on place une première brassée debout, les épis en haut, puis on dépose les autres brassées autour de celle-ci, en formant une espèce de cône que l'on consolide à sa partie supérieure à l'aide d'un lien ; on l'achève ensuite en renversant sur le sommet de la première gerbe une seconde gerbe fortement liée à sa base et les épis en bas. Ces *moyettes*, en temps de pluie, mettent le grain à l'abri de toute avarie et permettent d'attendre le beau temps pour lier les gerbes et les rentrer ; pendant la sécheresse, elles préservent les tiges d'une dessiccation trop rapide, et laissent aux grains le temps d'acquérir une maturité parfaite, de sorte que le blé est toujours meilleur que lorsque la moisson est faite suivant les procédés ordinaires. Mais le meilleur des procédés de conservation, et sans contredit le plus économique, c'est celui qui consiste dans l'emploi du grenier mobile, dont la description sera donnée au mot *Céréales*. Voir aussi *Farine*, etc.

J. Lagarrigue (de Calvi).

BLENNORRHAGIE (pathologie) [du grec *blenna*, *mucus*, et *regnumi*, je chasse dehors]. — Ce mot, qui signifie écoulement de mucosités, sans indiquer la cause ni le siége particulier du mal, pourrait aussi bien convenir à toutes les sécrétions morbides des membranes muqueuses en général ; mais il est spécialement consacré aujourd'hui d'après Swédiaur, pour désigner l'inflammation du canal de l'urètre, ou du gland et du prépuce chez l'homme, et de l'urètre et du vagin chez la femme, avec écoulement mucoso-purulent. Lorsque cet écoulement existe sans symptômes inflammatoires, ou qu'il persiste après la cessation de ces symptômes, la maladie prend le nom de *blennorrhée*.

Toute cause d'irritation de la membrane muqueuse génito-urinaire peut déterminer la blennorrhagie ; mais cette maladie résulte plus ordinairement d'un virus susceptible de se transmettre par contact. Elle se manifeste habituellement du deuxième au huitième jour, à dater de l'instant où l'on a eu commerce avec une personne infectée. Quelquefois pourtant elle ne paraît qu'après quinze jours et même un mois ; mais ce dernier cas est fort rare. Le premier phénomène qui annonce cette affection est une sensation de chatouillement et de constriction à l'extrémité du gland. Cette faible excitation augmente ensuite progressivement, et devient, au bout de deux à trois jours, une cuisson très-incommode. Alors le méat urinaire rougit, se gonfle, ses lèvres sont collées par une mucosité peu consistante, limpide, qui suinte de l'intérieur du canal; de fréquents besoins d'uriner se font sentir, et chaque fois que le malade y satisfait, il éprouve un accroissement de la douleur, qui finit par devenir brûlante et presque intolérable. L'irritation se communique quelquefois au gland; le prépuce lui-même se tuméfie; il survient en outre de fréquentes érections, toujours excessivement douloureuses, et qui sont encore augmentées par la chaleur du lit. Du sixième au huitième jour, à peu près, l'écoulement devient plus abondant, s'épaissit, est opaque comme du lait, puis se colore en jaune et en vert. Les phénomènes inflammatoires augmentent d'intensité jusqu'au quinzième jour environ, puis ils décroissent; l'écoulement diminue, prend une teinte plus blanche, devient plus visqueux et disparaît plus ou moins promptement, selon une foule de circonstances. Abandonné à lui-même, il cesse rarement avant cinq à six semaines, et peut durer plusieurs mois et même des années.

Les écoulements blennorrhagiques doivent être regardés comme les symptômes les plus fréquents de tous ceux que peut occasionner la maladie vénérienne; ils ont leur siége immédiat dans la membrane muqueuse du canal.

La blennorrhagie est primitive ou consécutive, suivant qu'elle se manifeste peu de jours après la cohabitation, ou qu'elle ne paraît qu'après d'autres signes d'infection, ce qui est très-rare; elle est simple ou compliquée, selon qu'elle existe seule, ou qu'elle est accompagnée de chancres, bubons, orchites, excroissances, etc. (voyez ces mots).

Ici se présente une question de grande importance pour la pratique : c'est celle de savoir si la blennorrhagie est susceptible de donner naissance à des accidents syphilitiques. D'après MM. Lagneau et Vidal (de Cassis), certaines blennorrhagies exposeraient à ces graves dangers, et ils n'admettent pas qu'on puisse distinguer entre eux la nature des différents écoulements. D'après MM. Ricord, Maisonneuve et Montanier, il serait facile de reconnaître les écoulements blennorrhagiques simples d'avec les écoulements blennorrhagiques syphilitiques. C'est au moyen de l'inoculation qu'ils prétendent arriver à ce résultat. La blennorrhagie simple, dit M. Ricord, n'est pas susceptible de produire de chancre par l'inoculation; pour cela, il faut que le canal de l'urètre soit le siége de chancres, comme Astruc, Bell, Capuron et Spangenberg en ont cité des exemples. Ce dernier rapporte l'observation très-curieuse d'un jeune homme qui vit un matin sortir l'urine de petites ouvertures du canal qui n'étaient autre chose que des chancres qui avaient un trajet fistuleux: depuis longtemps il avait une blennorrhagie qui avait cédé aux injections, mais il était toujours resté un point fixe et douloureux qui était évidemment le siége d'un chancre qu'on n'avait pu apercevoir. — Appliquée sur les muqueuses, la matière blennorrhagique ne développe, quand elle agit, que des écoulements. Dans aucune circonstance elle ne peut produire le chancre; aussi les inoculations de muco-pus blennorrhagique ne donnent-elles lieu à aucun ulcère syphilitique. Les accidents consécutifs incontestables et réguliers de la blennorrhagie ne fournissent pas non plus un pus inoculable. Ainsi, les bubons qui surviennent après une blennorrhagie sans chancre, lorsqu'ils se terminent par suppuration, ce qui arrive rarement, ne sont pas susceptibles d'être inoculés. Quant aux épididymites qui, plus rarement encore, suppurent, jamais le pus n'a rien fourni par l'inoculation.

On peut donc affirmer, d'après M. Ricord, que les accidents de la syphilis constitutionnelle ne sont pas la conséquence de la blennorrhagie; et il ajoute que toutes les fois que celle-ci a pu être notée comme antécédent, dans les observations rapportées par les auteurs, cas dont la rareté est précisément en rapport avec celle des chancres larvés, le diagnostic n'a pas été exact, les surfaces malades n'ayant pas été explorées. Nous nous rangeons pleinement de l'avis de M. Ricord, notre expérience personnelle nous ayant démontré la justesse des propositions de ce savant spécialiste.

Traitement. — Le traitement de la blennorrhagie consiste, dans le principe, à prescrire des boissons délayantes et mucilagineuses, propres à calmer la disposition inflammatoire, tant en agissant par la voie de la circulation générale qu'en faisant perdre aux urines, en les étendant, une âcreté qui ne manquerait pas d'augmenter l'irritation déjà trop vive du canal de l'urètre. On les choisit parmi les décoctions légères de graine de lin, de racine de guimauve, de réglisse, la solution de gomme arabique, etc.; on édulcore ces boissons avec le miel, le sirop d'orgeat, de guimauve, etc. Les aliments doivent être légers et rafraîchissants, tels que les viandes blanches, bouillies ou rôties, les légumes, le laitage, les fruits cuits, les potages, le tout très-peu assaisonné. La boisson, pendant le repas, sera de l'eau légèrement rougie. On devra s'abstenir rigoureusement de vin pur, de café et de liqueurs alcooliques. Le malade ne devra jamais sortir sans porter un suspensoir bien fait, et il aura soin d'éviter la course, la danse, l'équitation, l'escrime, en un mot tous les exercices violents. Ces recommandations devront être suivies d'autant plus rigoureusement que l'inflammation sera plus prononcée. On fera bien dans ce cas d'avoir recours aux bains prolongés, à la diète, aux lavements et aux cataplasmes émollients sur le périnée. Cette période aiguë passée, on administrera le poivre de cubèbe et le baume de copahu, soit seuls, soit mélangés. Lorsque l'écoulement devient chronique, que les symptômes inflammatoires sont dissipés, que la douleur a cessé, la blennorrhagie n'est plus alors qu'une *blennorrhée*, et l'on a recours aux injections astringentes pour s'en débarrasser complétement. Ces injections se font avec une solution de nitrate d'argent, de sulfate de zinc, de tannin, d'extrait de ratanhia, etc.

On emploie quelquefois, dans l'affection qui nous occupe, la méthode abortive, traitement qui consiste à faire, dès le début de l'infection, des injections de nitrate d'argent à haute dose, pour enrayer immédiatement l'écoulement blennorrhagique. Ce moyen a pu procurer quelques succès, mais, pour notre part, nous ne pouvons l'approuver, en raison des graves symptômes inflammatoires auxquels il expose. Du reste, les accidents assez nombreux qui sont la suite de cette violente médication, quand elle échoue, viennent à l'appui de notre manière de voir.

La *blennorrhagie du gland*, que l'on nomme aussi *gonorrhée bâtarde, fausse blennorrhagie*, ou plus judicieusement *balanite* (de balanos, gland), est une affection qui n'a presque jamais lieu que chez les individus dont le gland est habituellement recouvert (voy. *Balanite*).

La *blennorrhagie chez la femme* tient aux mêmes causes que chez l'homme. Cette maladie, fort commune, est caractérisée par un écoulement muqueux, opaque, puriforme, accompagné de plus ou moins d'inflammation, et fourni, dans le plus grand nombre des cas, par la membrane qui tapisse le vagin et son orifice. Quelquefois aussi la matière provient de l'intérieur du canal de l'urètre, et même de la portion de la membrane muqueuse qui recouvre le col de l'utérus. Il est assez difficile de reconnaître la blennorrhagie contagieuse d'avec celle qui résulte d'une simple irritation de la muqueuse génito-urinaire et surtout du catarrhe utéro-vaginal ou *leucorrhée* (flueurs blanches) (voyez ce mot). La matière de l'écoulement dans la blennorrhagie vénérienne présente les mêmes caractères que chez l'homme. De plus, elle exhale une odeur très-fétide, surtout pendant la période d'acuité de la maladie, et son âcreté est quelquefois telle, que les grandes et les petites lèvres en sont excoriées.

Un prurit incommode et une sensation pénible de tension et de chaleur aux organes de la génération accompagnent presque toujours cette affection lorsqu'elle est récente. Ces symptômes d'irritation augmentent très-sensiblement lors de l'émission des urines; les malades ont de la peine à marcher et souvent même à rester assises, ce qui dépend de la tuméfaction des parties génitales externes, toujours plus ou moins enflammées dans cette circonstance.

La marche de cette affection est à peu près la même que celle que nous venons de décrire chez l'homme; aussi ce que nous avons dit relativement au régime à suivre et aux précautions à prendre pendant la période inflammatoire s'applique-t-il également à la femme. Il en est de même du traitement qui est indiqué dans l'un comme dans l'autre sexe. Pourtant, nous avons observé que chez la femme le cubèbe et le copahu sont presque sans action, et que le moyen le plus efficace de mettre fin chez elles à ces écoulements consiste surtout dans l'emploi énergique et soutenu d'injections astringentes, associé à une hygiène bien entendue et régulièrement suivie.

Docteur Desparquets.

BLÉPHARITE (pathologie) [de *blépharos*, paupière]. — Inflammation des paupières, qui peut être *phlegmoneuse* ou générale, *muqueuse*, *glanduleuse* et *ciliaire*.

1° Blépharite phlegmoneuse[1]. — Les paupières peuvent être le siége d'une inflammation qui en affecte tous les éléments à la fois, et dont les causes les plus fréquentes sont l'érysipèle de la face, les coups, plaies, et surtout les piqûres d'insectes.

Le tissu cellulaire palpébral s'enflamme et suppure facilement. Une tuméfaction considérable existe aux paupières et s'étend aux environs; la peau de ces organes est d'un rose foncé, quelquefois transparente. Le globe oculaire ne peut être découvert dans certains cas, tant le gonflement et l'irritation sont prononcés; et souvent il en résulte que les larmes et le mucus, étant retenus en partie, irritent cet organe. Il y a de la douleur et de la fièvre. La maladie se termine par résolution dans les cas peu intenses, par suppuration le plus ordinairement, et quelquefois l'on voit survenir des phlyctènes gangréneuses, une mortification plus ou moins étendue et profonde de la paupière.

Le traitement doit être antiphlogistique : sangsues autour de l'orbite, saignée même; fomentations émollientes, qu'on rendra astringentes dès que l'acuité de la phlegmasie aura disparu. On doit ouvrir les abcès palpébraux de bonne heure. M. Velpeau préconise les scarifications faites dès le début sur la paupière enflammée, pour juguler la maladie et prévenir les accidents consécutifs, qui sont des décollements, et surtout la gangrène, laquelle, détruisant une partie du tissu palpébral, amène une ulcération, et plus tard un ectropion. Quand le canal intestinal est sain, il est indiqué d'agir révulsivement sur lui au moyen d'un purgatif.

2° Blépharite muqueuse (blépharite catarrhale; conjonctivite palpébrale; ophthalmie des paupières). — La blépharite muqueuse ou conjonctivite palpébrale se développe sous l'influence des causes générales des affections catarrhales, telles que les temps brumeux, le séjour dans des lieux bas et humides, une constitution molle et lymphatique, etc. Ce qui indique, par conséquent, que l'inflammation de la muqueuse des paupières existe le plus souvent à l'état chronique, puisque toutes ces influences n'agissent qu'en modifiant l'économie et en la prédisposant à l'irritation catarrhale, laquelle se fixe de préférence aux yeux chez les individus exposés aux poussières irritantes, aux travaux de cabinet, à la contemplation d'objets fins, à une lumière artificielle vacillante, etc.

La conjonctivite palpébrale, si on la suppose isolée de l'oculaire, ce qui est l'exception, se manifeste avec les caractères suivants : La face interne de la paupière (c'est surtout l'inférieure qui est malade) est d'un rouge plus ou moins vif; les petits vaisseaux de la membrane muqueuse, étant injectés de sang,

[1] Extrait de notre *Anthropologie*, t. II.

présentent des ramifications tortueuses, mobiles sur le plan palpébral sous-jacent, et font éprouver la sensation de picotements, de poussière, de sable dans l'œil. La conjonctive exhale, par l'effet de l'inflammation, un mucus d'abord limpide, qui devient ensuite plus épais, et qui s'accumule souvent dans le grand angle de l'œil. Dans quelques cas, par l'effet soit de l'acuité de la phlegmasie, soit d'une disposition particulière, la muqueuse se gonfle, se boursoufle, s'épaissit et forme sur le bord libre de la paupière une espèce de bourrelet qu'on appelle *chémosis* : alors la conjonctive oculaire est presque toujours envahie en même temps. Dans d'autres cas, l'inflammation paraissant affecter spécialement les follicules muqueux, la membrane conjonctive présente un aspect granulé et comme velouté : cette forme, à laquelle on a donné le nom de *blépharite granuleuse*, existe ordinairement à l'état chronique, et se montre très-rebelle aux traitements qu'on lui oppose; elle finit par altérer le tissu conjonctival de la paupière, y produire un gonflement permanent, une extension avec induration, qui forcent la paupière à se renverser en dehors, ce qui constitue l'*ectropion*, difformité que l'on rencontre souvent chez les vieillards, et dont nous parlerons bientôt.

Traitement de l'ophthalmie des paupières. — Si l'inflammation est vive, aiguë, la face interne de la paupière rouge, boursouflée, il faut appliquer 6, 8 à 12 sangsues derrière l'oreille correspondante au côté malade, saigner même en cas de pléthore générale. En même temps on a recours aux bains de pieds, aux laxatifs ou purgatifs légers et aux collyres émollients. Aussitôt que l'inflammation diminue, il faut remplacer ces collyres par ceux au sulfate de zinc, au sulfate de cuivre, au sulfate d'alumine, au sublimé ou au nitrate d'argent. Ce dernier est celui qu'on doit préférer; on peut l'employer dès le début de la maladie, car le nitrate d'argent est le meilleur modificateur de l'inflammation des membranes muqueuses.

Dans la conjonctivite palpébrale chronique compliquée d'un état granuleux (*blépharite granuleuse*), tous les collyres demeurent impuissants, ainsi que les sangsues, les poudres et les purgations. Il n'y a qu'un moyen de modifier l'état de boursouflement, d'hypertrophie des follicules muqueux, c'est de les toucher avec la pierre infernale, de les cautériser légèrement une ou plusieurs fois à quelques jours d'intervalle. Après la cautérisation, on applique une goutte d'huile d'amandes douces pour calmer l'irritation. Il est inutile d'ajouter que l'on combattra la constitution scrofuleuse par les moyens appropriés.

3° Blépharites glanduleuse et ciliaire. — Suivant que la phlegmasie occupe les glandes de Meïbomius ou les follicules ciliaires, la blépharite reçoit l'épithète de *glanduleuse* ou de *ciliaire*. Ses causes sont celles de la conjonctivite palpébrale; seulement, la constitution lympatique ou scrofuleuse joue un rôle encore plus important dans sa production.

A. *Blépharite glanduleuse.* — Dans cette forme de l'inflammation palpébrale, les glandes de Meïbomius sont le siége spécial de la maladie. Elles sont développées et forment un petit bourrelet sur le bord interne de la paupière. En renversant celle-ci (c'est presque toujours l'inférieure qui est envahie), on aperçoit une rougeur vive, et quelquefois un liséré grisâtre, pointillé, siégeant sur la crête glanduleuse de son bord libre, liséré qui donne l'idée d'une concrétion membraniforme (*bléph. gland. diphtéritique*). Une sécrétion muqueuse a lieu; elle se concrète et colle les deux paupières pendant la nuit (*œil chassieux*). La maladie ne développe aucun phénomène général et se montre presque toujours à l'état chronique. Elle donne lieu quelquefois à des petites ulcérations du bord palpébral, à des petits abcès même; elle cause la perte des cils, et se montre extrêmement rebelle aux divers traitements qu'on lui oppose.

B. *Blépharite ciliaire.* — Ici l'inflammation paraît siéger spécialement dans les follicules où naissent les cils. Il se forme à la naissance de ces poils des espèces de petites écailles ou croûtes dont la chute découvre de petites ulcérations. La rougeur est peu marquée. Une matière gluante réunit en pinceaux les cils, qui finissent par se perdre aussi.

Au reste, ces deux formes de la blépharite existent le plus souvent simultanément et se compliquent fréquemment de conjonctivite palpébrale. Aussi leur diagnostic précis, exact, est-il souvent difficile, et leur traitement complexe. Elles sont presque toujours chroniques, difficiles à guérir, parce qu'elles sont nées sous l'influence prédominante d'une constitution lymphatique ou scrofuleuse; et, suivant que celle-ci est plus ou moins prononcée, elles se montrent plus ou moins rebelles. En causant la perte des cils, elles ont le double inconvénient de priver les yeux d'un ornement, et de les exposer davantage aux causes d'irritation.

Traitement. — Il se distingue en local et en général. — Le premier se compose de topiques (collyres et pommades de différentes sortes), et de la cautérisation. Si les collyres doivent être préférés dans la blépharite catarrhale, c'est aux pommades qu'il faut donner la préférence dans la blépharite glanduleuse : celles dites de Lyon, de Janin, de Régent, de Desault, celle au nitrate d'argent, surtout, sont très-employées. Quand la maladie résiste, il faut toucher légèrement le bord palpébral avec le crayon de nitrate d'argent. Dans la blépharite *ciliaire*, on réussira en cautérisant les petites ulcérations qui se trouvent sous les écailles, qu'on fait tomber préalablement au moyen de topiques gras. — Quant au traitement général, c'est celui qui convient dans l'affection scrofuleuse. On doit en effet tonifier les sujets, les placer dans des conditions hygiéniques favorables; appliquer un vésicatoire à demeure au bras des enfants, etc.

En résumé, on traite les maladies chroniques du bord des paupières : 1° par les diverses pommades ophthalmiques, qu'on essaye les unes après les autres et dont on place gros comme une tête d'épingle, une ou deux fois par jour, entre les paupières; 2° par la cautérisation légère des petites ulcérations, au moyen du crayon de nitrate d'argent bien taillé; 3° par quelques purgatifs et vésicatoires; 4° par les amers et les toniques chez les scrofuleux.

Docteur Bossu.

BLESSURE (médecine légale). — On comprend sous ce nom *toute lésion locale*, avec ou sans solution de continuité, produite par une cause vulnérante, soit qu'elle ait été dirigée contre le corps, soit que le corps ait reçu une impulsion contre elle.

LÉGISLATION.

Meurtre, coups et blessures volontaires.

Cod. pén. — Art. 295. L'homicide commis *volontairement* est qualifié *meurtre*.

Art. 296. Tout meurtre commis avec préméditation ou de guet-apens est qualifié *assassinat*.

Art. 302. Tout coupable d'assassinat sera puni de mort.

Art. 303. Seront punis comme coupables d'assassinat tous malfaiteurs, quelle que soit leur dénomination, qui, pour l'exécution de leurs crimes, emploient les tortures ou commettent des actes de barbarie.

(La loi a laissé à la conscience des jurés à déterminer quels actes doivent être réputés *actes de barbarie*. Arrêt du 9 février 1816; Dalloz, III, 313.)

Art. 304. Le meurtre emportera la peine de mort lorsqu'il aura précédé, accompagné ou suivi un autre *crime*. — Le meurtre emportera également la peine de mort lorsqu'il aura eu pour objet soit de préparer, faciliter ou exécuter un *délit*, soit de favoriser la fuite ou d'assurer l'impunité des auteurs ou complices de ce délit. — En tout autre cas, le meurtre sera puni des travaux forcés à perpétuité.

Art. 309. Sera puni de la réclusion tout individu qui, *volontairement*, aura fait des blessures ou porté des coups, s'il est résulté de ces actes de violence une maladie ou incapacité de travail personnel pendant plus de vingt jours. — Si les coups portés ou les blessures faites volontairement, mais sans intention de donner la mort, l'ont pourtant occasionnée, le coupable sera puni des travaux forcés à temps. (Ce dernier paragraphe a été ajouté par la loi du 28 avril 1832.) L'art. 463 du Code pénal réduit à la réclusion ou à un emprisonnement de deux à cinq ans la peine des travaux forcés à temps, et il change contre un an de prison la peine de la réclusion portée par le premier paragraphe de l'art. 309.

Art. 310. Lorsqu'il y aura eu préméditation ou guet-apens, la peine sera, si la mort s'en est suivie, celle des travaux forcés à perpétuité, et si la mort ne s'en est pas suivie, celle des travaux forcés à temps.

Art. 311. Lorsque les blessures ou les coups n'auront occasionné aucune maladie ou incapacité de travail personnel de l'espèce mentionnée en l'art. 309, le coupable sera puni d'un emprisonnement de six jours à deux ans, et d'une amende de 16 fr. à 200 fr., ou de l'une de ces deux peines seulement. — S'il y a eu préméditation ou guet-apens, l'emprisonnement sera de deux ans à cinq ans, et l'amende de 50 fr. à 300 fr.

Homicide, coups et blessures involontaires.

Cod. pén. — Art. 319. Quiconque, par maladresse, imprudence, inattention, négligence, ou inobservation des règlements, aura commis involontairement un homicide, ou en aura involontairement été la cause, sera puni d'un emprisonnement de trois mois à deux ans, et d'une amende de 50 fr. à 600 fr.

Art. 320. S'il n'est résulté du défaut d'adresse ou de précaution que des blessures ou coups, l'emprisonnement sera de six jours à deux mois, et l'amende sera de 16 fr. à 100 fr.

Art. 463. Si les circonstances paraissent atténuantes, les tribunaux correctionnels sont autorisés, même en cas de récidive, à réduire l'emprisonnement même au-dessous de six jours, et l'amende même au-dessous de 16 fr.; ils pourront aussi prononcer séparément l'une ou l'autre de ces peines, et même substituer l'amende à l'emprisonnement, sans qu'en aucun cas elle puisse être au-dessous des peines de simple police.

Une sage-femme qui, *dans un accouchement difficile*, néglige d'appeler un médecin, est coupable, en cas de mort de la mère ou de l'enfant, d'homicide involontaire par imprudence et par inobservation des règlements : elle est passible des peines portées en l'art. 319 (arrêt du 18 septembre 1817; Dalloz, XII, 973). Mais cet article n'est pas applicable au médecin ou chirurgien qui aurait commis une erreur dans la pratique *consciencieuse* de son art.

Bien que les art. 309 et 311 parlent de *coups* et de *blessures* au pluriel, il n'est pas nécessaire que plusieurs coups aient été portés ou plusieurs blessures faites, puisqu'un seul coup peut avoir des suites plus graves que plusieurs coups moins violents (arrêt du 5 mars 1831, n° 42).

Cette disposition de la loi, qui répute criminelles les violences qui ont produit une maladie ou incapacité de travail pendant vingt jours, ne doit pas non plus être entendue en ce sens que ce seraient seulement *les marques* de violence qui auraient duré pendant plus de vingt jours (arrêt du 17 décembre 1819; Sirey, XX, 145). Elle ne s'appliquerait pas non plus au cas où l'empêchement du blessé n'aurait duré que juste vingt jours (arrêt du 9 juillet 1812; Sirey, XIII, 65). Il faut que la maladie ou l'incapacité de travail personnel ait duré *plus* de vingt jours; et lors même que les marques de violences et de sévices auraient persisté au delà de cette époque, l'art. 309 n'est pas applicable si l'individu frappé ou blessé a pu reprendre son travail personnel avant le vingt-unième jour (arrêt du 17 novembre 1819, n° 135).

Si un individu, déjà atteint d'une maladie qui le met en danger de mort, venait à recevoir des coups ou blessures, et qu'il fût reconnu que ces coups ou blessures ont pu causer la mort ou du moins concourir à la donner, il y aurait lieu d'appliquer l'art. 309, encore que la personne déjà malade ait pu mourir autrement que par suite de ces violences. Celles-ci ne pourraient être considérées comme de simples délits punissables seulement de peines correctionnelles, sous prétexte qu'il eût été impossible aux juges de fixer la durée de la maladie ou de l'incapacité de travail que ces blessures ou coups auraient occasionnées (arrêt du 7 octobre 1826; Sirey, xxvii, 351).

La loi ayant égard à la qualité de la personne blessée, il est important de connaître les dispositions suivantes du Code pénal.

Art. 228. Tout individu qui, même sans armes, et sans qu'il en soit résulté de blessures, aura *frappé* un magistrat dans l'exercice de ses fonctions, ou à l'occasion de cet exercice, sera puni d'un emprisonnement de deux à cinq ans. Si cette voie de fait a eu lieu à l'audience d'une cour ou d'un tribunal, le coupable sera en outre puni de la dégradation civique.

Art. 230. Les violences de l'espèce exprimée en l'art. 228, dirigées contre un officier ministériel ou un agent de la force publique, ou un citoyen chargé d'un ministère de service public, si elles ont eu lieu pendant qu'ils exerçaient leur ministère ou à cette occasion, seront punies d'un emprisonnement d'un mois à six mois.

Art. 231. Si les violences exercées contre les fonctionnaires et agents désignés aux art. 228 et 230 ont été la cause d'effusion de sang, blessures ou maladie, la peine sera la réclusion; si la mort s'en est suivie dans les quarante jours, le coupable sera puni des travaux forcés à perpétuité.

Art. 232. Dans le cas même où ces violences n'auraient pas produit d'effusion de sang, blessures ou maladie, les coups seront punis de la réclusion s'ils ont été portés avec préméditation ou de guet-apens.

Art. 233. Si les coups ont été portés ou les blessures faites à un des fonctionnaires ou agents désignés aux art. 228 et 230, dans l'exercice ou à l'occasion de l'exercice de leurs fonctions, avec intention de donner la mort, le coupable sera puni de mort.

Malgré cette législation étendue sur les blessures, tous les auteurs de médecine légale reconnaissent que le but de la loi n'est pas atteint. Voici, à ce sujet, les réflexions du savant professeur Sédillot :

Il existe, en effet, un grand nombre de circonstances qui sont de nature à répandre beaucoup de doutes et d'obscurité sur l'histoire médico-légale des blessures.

1° Tous les individus ne jouissent pas de la même organisation ni du même degré de vitalité. Chez l'un, les os du crâne sont très-minces, peu résistants, et un coup qui serait sans danger pour un autre peut alors déterminer une fracture mortelle; chez un second, lymphatico-sanguin, dont les chairs sont molles et la peau blanche, le système capillaire très-développé, mais sans énergie, une légère contusion occasionnera des ecchymoses énormes, et même des dépôts sanguins. Un de mes clients m'en a fourni la preuve; pour avoir eu la cuisse froissée par un homme vigoureux qui le heurta en passant, il lui survint une énorme ecchymose de tout le membre, avec épanchements sanguins partiels qui le forcèrent à garder le lit pendant plus d'un mois; cependant, il se portait parfaitement avant cet accident, dont sa constitution a fait toute la gravité.

En outre, il est des hommes déjà affaiblis par leur genre de vie, leurs plaisirs ou leurs privations, les maladies qu'ils ont éprouvées, les lésions plus ou moins profondes dont ils sont atteints, et chez lesquels un faible coup, une chute, etc., détermineront la mort ou des affections longues ou très-graves qui ne seraient pas survenues chez un autre individu placé dans des conditions plus favorables.

2° Une blessure qui a paru légère, et qui n'a pas empêché le blessé de se livrer à ses travaux habituels pendant les quinze ou vingt premiers jours, peut cependant devenir mortelle; ainsi une plaie de tête par un instrument piquant : les exemples n'en sont pas rares, et les praticiens les plus habiles se sont trompés dans leur pronostic.

3° Une plaie n'aurait peut-être pas été mortelle si un homme de l'art avait pu donner au blessé les secours nécessaires : tel est le cas d'une plaie de quelque grosse artère, dont la ligature était praticable, ou celui d'une plaie par instrument tranchant, qui aurait été guérie en quelques jours si l'on eût employé un appareil convenable.

4° Une femme qui était grosse de deux mois reçoit un coup qui la fait avorter. Un homme affecté d'un anévrisme périt par la rupture du sac anévrismal, à la suite d'une secousse un peu forte. Un autre meurt parce qu'une vomique se rompt et l'étouffe. Dans tous les cas, celui qui est l'auteur des violences est la cause occasionnelle de ces accidents; mais doit-il être responsable des suites dangereuses qu'il ne pouvait prévoir?

Ici, l'on entend deux langages, deux opinions. Les uns veulent que la société, partant de ce principe que tous les hommes sont doués d'une même force, d'une même résistance et d'une même constitution, rende la peine égale pour des lésions semblables, et qu'elle ne s'occupe pas de la différence des résultats; ils disent, avec le docteur Biessy, que le seul moyen de bien apprécier la gravité d'une blessure est de la considérer comme survenue chez un individu sain et exempt de toute surcause, et d'examiner quelles sont, en pareil cas, ses suites ordinaires et sa terminaison naturelle. — Le pronostic des blessures devrait donc se réduire à déterminer, suivant l'espèce et le siége de la lésion : 1° la voie que la nature emploiera pour arriver à la guérison; 2° le temps que l'observation a démontré nécessaire pour que cette guérison soit complète. Ce système est très-favorable à l'accusé, qui ne devient responsable que de la violence de ses actions, et nullement de leurs effets possibles. C'est refuser d'admettre les responsabilités de l'exception, et dès lors on ne devrait plus condamner pour meurtre par imprudence.

Mais les partisans de l'opinion contraire répondront que la société doit étendre sa protection sur tous ses membres; que la vie d'un infirme doit avoir autant de prix à ses yeux que celle de l'homme le plus robuste, puisque leurs droits sont égaux; que tel individu chez qui l'on rencontrera une altération organique profonde, et certainement mortelle, dans un laps de temps à peu près déterminé, aurait pu vivre encore quelques années, et que sa perte est peut-être plus funeste à sa famille et à la société entière que celle d'un autre homme auquel son organisation assurerait une longue existence. Aussi l'opinion de Stoll, *que le danger des blessures ne peut être jugé qu'individuellement*, est-elle la plus généralement adoptée, et Chaussier conseillait-il au médecin chargé du rapport de considérer toutes les circonstances d'une blessure pour en porter le pronostic; car, quelque semblables que paraissent les affections, dit-il, elles diffèrent toujours en quelques points. Peut-être, en portant la peine selon la gravité abstractive de la blessure, et élevant l'amende, lorsqu'elle est applicable, d'après la considération des effets conditionnels, obtient-on le résultat le plus équitable auquel on puisse parvenir dans l'application de la loi.

Le docteur Biessy, de Lyon, a dressé un tableau synoptique des blessures pour causes externes, comprenant leur nature, leur siége, leur voie de guérison et la durée de leur traitement. On pense bien qu'un tel travail doive laisser beaucoup à désirer; néanmoins, les experts pouvant trouver dans ce tableau des indications précieuses pour l'application des cas individuels, nous allons le reproduire ici (voy. page 137).

Eusèbe de Salles a classé les blessures, selon le vœu de la loi, en trois espèces : *simples*, *graves* et *mortelles*. Voici cette classification :

I.

Blessures occasionnant une incapacité de travail de moins de vingt jours.

Excoriations, plaies intéressant la peau. Plaies intéressant la peau et les muscles avec ou sans lésion de vaisseaux, mais sans hémorrhagie, et susceptibles de guérir par réunion immédiate. Piqûre de l'œil ou plaie simple de cette partie. Brûlure au premier et au second degré, mais peu étendue. Entorse légère. Luxation d'une phalange, de la mâchoire inférieure. Plaies des articulations sans accidents inflammatoires. Plaies de tête sans perte de substance et sans autre complication. Plaies de tête avec commotion faible du cerveau. Commotion faible du cerveau sans plaie. Plaie pénétrant dans la poitrine sans lésion d'organes, sans accidents inflammatoires, sans lésions des artères intercostales et sans emphysème. Plaies pénétrant dans la poitrine avec lésion des poumons, sans accidents inflammatoires, sans lésion d'artère intercostale et sans emphysème. Plaie pénétrant dans la poitrine avec lésion du cœur sans pénétration de l'instrument dans ses cavités; sans lésion ou avec lésion des poumons, sans accidents inflammatoires, sans hémorrhagie et sans emphysème. Plaies pénétrantes traversant le diaphragme avec ou sans lésions des poumons, mais sans accidents hémorrhagiques, sans inflammation forte et sans hernie des viscères abdominaux. Plaies de petite étendue pénétrant dans l'abdomen sans lésion d'artères, sans lésion d'organes et sans phlegmasie consécutive. Plaies pénétrant l'abdomen avec lésion d'organes, et sans phlegmasie consécutive. Blessures des testicules sans accidents consécutifs. Contusions avec ecchymoses et stupeur.

II.

Blessures occasionnant une incapacité de travail de plus de vingt jours.

Plaies de la peau avec perte de substance ne permettant pas la réunion immédiate. Plaie d'armes à feu. Plaie contuse avec attrition de la peau amenant gangrène. Plaie de la peau et des muscles profonds avec ou sans lésions de vaisseaux, mais sans hémorrhagie, et non susceptible de se guérir par première intension. Brûlures aux troisième, quatrième et cinquième degrés sans accidents inflammatoires graves. Entorse grave. Luxation de toute articulation, moins celles des phalanges et de la mâchoire inférieure. Toute fracture, moins celle d'une phalange. Plaie des os suivie de nécrose ou de carie. Plaie des articulations avec inflammation. Entorse compliquée de fracture. Plaie de tête avec contusion faible au cerveau. Contusion du cerveau. Plaie de tête avec fracture de crâne simple. Coup de feu intéressant la peau et les os du crâne. Plaie de la moelle épinière avec myelite légère. Plaie pénétrant dans la poitrine sans lésion des organes contenus, mais avec accidents inflammatoires. Plaie pénétrant dans la poitrine avec lésion des poumons et accidents inflammatoires. Plaie pénétrant avec lésion des parois du cœur sans pénétration dans les cavités, avec accidents inflammatoires, mais sans hémorrhagie. Plaie pénétrant dans la poitrine sans lésion des organes, sans accidents inflammatoires, mais avec emphysème et pénétration de l'air dans la cavité. Plaie pénétrant dans la poitrine avec lésion d'une artère intercostale et épanchement de sang non mortel. Plaie pénétrante avec lésion des poumons et épanchement non mortel. Plaie pénétrante avec lésion du diaphragme et hernie d'un des viscères abdominaux dans la poitrine. Plaie pénétrante avec lésion d'une artère diaphragmatique et épanchement modéré non mortel. Plaie pénétrant dans l'abdomen sans lésion d'organe, mais avec péritonite consécutive. Plaie pénétrante avec lésion des viscères abdominaux sans épanchement, mais avec péritonite. Plaie pénétrante avec lésion d'organes et épanchement léger, sans péritonite grave. Plaie pénétrante avec lésion d'artères et épanchement peu considérable. Plaie pénétrante sans lésion d'organes creux, mais avec hernie et phlegmasie légère. Plaie pénétrante avec lésion du foie ou de la rate et phlegmasie consécutive légère. Piqûre de l'œil suivie de phlegmasie. Contusion profonde des membres.

Les blessures ci-dessus peuvent se guérir sans infirmité. Il n'en est pas de même des suivantes, qui laissent des infirmités permanentes ou temporaires :

Section des tendons des doigts. Rupture du tendon d'Achille. Plaie de la peau et des muscles avec une grande perte de substance. Plaie d'armes à feu né-

Tableau du Pronostic des Lésions par Causes externes.

NATURE DES LÉSIONS.	SIÉGE.	VOIES DE GUÉRISON.	TEMPS DE TRAITEMENT.	OBSERVATIONS.
		I. POUR LES PARTIES MOLLES.		
Excoriations.........	La peau.............	Croûtes sanguines....	4 à 5 jours.	
Inflammation.........	Les membranes muqueuses.	Résolution...........	10 jours.	
Escarres............	....	Chute de l'escarre et suppuration.	21 à 22 jours.	
Contusions..........	La peau, les membranes muqueuses.	Résolution..........	10 jours.	
Ecchymoses.........	Le tissu cellulaire, les muscles.	Suppuration.........	17 jours.	
Plaies..............	La peau, les membranes muqueuses.	Réunion par première intention.	4 à 5 jours.	
	Le tissu cellulaire, les muscles.	Suppuration.........	17 jours.	
Plaies avec perte de substance.	La peau, les membranes muqueuses, le tissu cellulaire, les muscles.	Suppuration.........	21 à 22 jours.	
Plaies d'armes à feu.	*Ibid*..............	Chute de l'escarre et suppuration.	*Idem.*	
		II. POUR LES PARTIES DURES.		
Inflammation........	du périoste.........	Résolution..........	17 jours.	
	des os spongieux.....	Suppuration.........	21 à 22 jours.	
Nécrose............	Corps des os longs, tissu compacte.	Chute de la partie nécrosée.	....	Ne peut se déterminer qu'après la chute de la partie nécrosée, qui demande quelquefois des années entières.
Plaies des os en général.	Tissu compacte et tête des os.	Le cal..............	Selon l'âge..........	Relatif aux fractures.
	Les os longs, les os courts, tels que le calcanéum, la clavicule, etc.		De la naissance à 5 ans, 12 à 18 jours.	
	Les os courts........		De 5 à 25 ans. 14 à 20 jours......	Le plus souvent d'un traitement local.
	Les os longs des membres supérieurs.		25 à 30 jours.	
	Les mêmes os des membres inférieurs.		30 à 35 jours......	Toujours d'un traitement alité.
Fractures en général.	Les os courts.........	Le cal..............	25 à 60 ans. 14 à 25 jours......	Le plus souvent d'un traitement alité.
	Les os longs des extrémités supérieures.		30 à 40 jours.	
	Ceux des extrémités inférieures.		40 à 50 jours.	
	Les os courts........		60 à 70 ans. 14 à 30 jours.....	Toujours d'un traitement alité.
	Les os longs des extrémités supérieures.		40 à 60 jours.	
	Ceux des extrémités inférieures.		50 à 70 ou 80 jours.	
Entorse légère.......	Articulation du pied avec la jambe. Articulation du poignet	Résolution..........	10 jours.	
Entorse grave........	*Ibid*..............	Suppuration.........	17 jours............	Souvent suivie d'infirmité.
Luxations...........	des articulations en général.	Réduction..........	Instantanée..........	Convalescence relative à l'espèce d'os.
Plaies des articulations	Articulations........	Réunion par première intention.	4 à 5 jours.	
		Suppurat. et amputat.	17 jours.	
Ankyloses...........	Articulations........	Réunion des surfaces articulaires.	Temps relatif aux variétés établies pour les fractures.	
Plaies des tendons....	Tendons grêles.......	Réunion............	25 à 30 jours........	Infirmité.
	Gros tendons.			
Aponévroses.........	Général.............	Débridement........	....	Ne fait point varier le pronostic.

cessitant amputation. Plaie pénétrant dans l'abdomen formant une hernie, puis un anus contre nature. Plaie de l'œil entraînant opacité de la cornée, cataracte, amaurose, ou écoulement des humeurs. Castration complète. Brûlure profonde de la peau des mains. Fracture consolidée avec raccourcissement. Fracture suivie de fausse articulation. Luxation non réduite. Luxation grave arrivant chez un vieillard. Fracture du col des os longs au même âge. Entorse avec luxation du pied et fracture du péroné. Entorse grave, quoique simple, chez un veillard. Plaie de la moelle suivie de paralysie. Nécrose ou carie étendue d'un os. Plaie d'une articulation suivie d'ankylose ou de tumeur blanche.

III.

Blessures mortelles de nécessité.

Brûlure superficielle occupant plus de la moitié de la surface du corps. Brûlure profonde d'une grande étendue. Plaie à la peau, aux muscles, aux os, nécessitant l'amputation et suivie d'accidents inflammatoires ou d'une hémorrhagie mortelle. Fracture comminutive avec amputation et accidents inflammatoires graves. Piqûre ou plaie de l'œil avec phlegmasie et arachnitis. Plaie de tête avec fracture et enfoncement du crâne. Plaie de tête sans fracture, mais forte contusion du cerveau. Plaie de tête avec commotion. Commotion du cerveau sans plaie : contusion du cerveau seule. Plaie ou contusion de la moelle avec myelite grave. Section de la moelle dans la région supérieure de la colonne vertébrale. Plaie du cuir cheveiu avec fracture du crâne, ouverture d'un vaisseau et épanchement considérable. Plaie pénétrante dans la poitrine avec lésion des poumons et épanchement considérable. Plaie pénétrante avec ouverture du cœur et épanchement considérable. Plaie pénétrante avec ouverture de l'artère aorte ou pulmonaire, ou de la veine cave, suivie d'un épanchement mortel. Plaie d'arme à feu traversant le cerveau. Plaie de la peau et des muscles compliquée de l'ouverture d'une des artères suivantes : temporale, maxillaire externe, carotide, sous-clavière, axillaire, brachiale, radiale, crurale, poplitée, alors que l'hémorrhagie n'est arrêtée par aucun obstacle. Plaie pénétrante de poitrine avec lésion du diaphragme et hernie de l'estomac ou d'un intestin. Blessures de ces organes et épanchement de leurs liquides dans la cavité de la poitrine. Plaie pénétrant dans l'abdomen et intéressant les mêmes organes avec épanchement dans la poitrine. Plaie pénétrante avec blessure d'une artère qui fait un épanchement de sang. Plaie pénétrante sans lésion d'organes, hernie de ces organes au dehors, puis phlegmasie grave. Plaie pénétrante avec lésion du foie, de la rate, des reins, de la vessie, épanchement et péritonite consécutive très-intense. Plaie pénétrante avec lésion des intestins, anus contre nature et péritonite consécutive.

Examen médico-légal des blessures.

1° *Pendant la vie.* — Lorsque l'on visite un blessé qui est encore vivant, dit le Dr Bayard, on lui fait exposer toutes les circonstances qui ont précédé, accompagné ou suivi sa blessure, et l'on se fait représenter les vêtements qu'il portait ; on note la forme des ouvertures faites aux étoffes, leur situation, leur dimension, la quantité plus ou moins grande de sang dont elles sont tachées. Il faut chercher à reconnaître la forme et la nature de l'instrument vulnérant, l'examiner s'il a été saisi et le rapprocher des incisions faites aux vêtements. Si la blessure était déjà couverte d'un appareil et que l'on craignît de provoquer une hémorrhagie, ou que l'on eût besoin de l'assistance d'un second médecin, on remettrait à un examen ultérieur la description de la blessure, en ayant soin, toutefois, d'énoncer dans son rapport les motifs qui ont engagé à apporter ce retard.

Dans la description de la blessure, que ce soit une *contusion*, une *plaie*, une *fracture*, une *luxation* ou une plaie d'*armes à feu*, le médecin notera la situation, l'étendue des parties intéressées, la direction, la forme de la blessure, l'époque où elle a été faite, si elle est ancienne ou récente. Il indiquera son état de simplicité ou ses complications.

Si la blessure paraît *légère*, l'expert peut, dès sa première visite, déclarer que la guérison aura lieu dans l'espace de quelques jours, *à moins de circonstances imprévues*. Cette restriction est nécessaire, puisqu'il arrive souvent que les lésions en apparence très-simples ont des suites fort graves.

Si la blessure est grave par son siége, son étendue, etc., le médecin expose son opinion sur le traitement et les soins particuliers qui sont nécessaires, ainsi que sur la terminaison qu'elle peut avoir. Au bout de plusieurs jours, il visite de nouveau le blessé, et après avoir indiqué les changements divers qui sont survenus, il fixe d'une manière approximative la durée de la maladie. A cette époque, on ne peut pas toujours déterminer si la blessure entraînera ou non une infirmité, et on ne doit le faire qu'avec circonspection.

Le danger des blessures qui ne sont pas immédiatement mortelles s'apprécie d'après les désordres existants ou les complications survenues ; ces dernières dépendent de la mauvaise constitution du blessé, de ses écarts de régime ou du défaut de soins convenables, de l'insalubrité du local ou de l'atmosphère, enfin de la mauvaise direction donnée au traitement.

L'expert doit en outre noter avec soin tout ce qui peut contribuer à établir si les blessures sont le résultat d'un accident, de violences étrangères ou d'un suicide, ou bien si elles n'ont pas été aggravées ou simulées afin d'obtenir des dommages plus considérables.

2° *Après la mort.* — *Ouverture du cadavre.*

Plusieurs des indications que nous venons d'exposer sont applicables lors de l'examen après la mort. Ainsi, la description minutieuse des vêtements, du siége, de l'étendue, de la profondeur des blessures, l'énumération de leurs caractères particuliers, dévront être faites avec méthode en parcourant successivement chacune des régions du corps. Mais il est en outre certaines précautions prescrites par les auteurs (Chaussier, Fodéré, Orfila), et que l'expérience pratique engage à suivre.

Dans une blessure de la poitrine, par exemple, il ne faut pas inciser les bords de la plaie, et détruire ainsi les rapports nouveaux formés par l'instrument vulnérant, mais, au contraire, conserver intacte cette plaie, détacher les tissus à 5 ou 6 centimètres d'elle, les disséquer par couches, en pénétrant jusque dans la cavité viscérale dont on ouvre la voûte osseuse. On reconnaît alors si la blessure a intéressé des organes essentiels à la vie, et quels ont été les vaisseaux ouverts par l'instrument ou par le projectile dans le trajet qu'il a parcouru.

Ce que nous venons de dire pour une blessure située à la poitrine s'applique à toute autre blessure, quel que soit son siége. Dans les fractures du crâne, on notera le nombre et la direction des fragments, leur degré d'enfoncement, la quantité de sang épanché, la compression qu'il a exercée, le décollement ou la déchirure de la dure-mère, la présence du pus, etc.

On se rappellera qu'il existe un certain nombre de signes propres à déterminer si les blessures ont été faites pendant la vie ou après la mort.

Ainsi, on ne peut pas confondre les plaies par instrument tranchant, les piqûres ou les plaies d'armes à feu, faites peu de temps avant la mort, avec celles faites plusieurs heures après, parce que, *dans ces dernières, les lèvres de la division, dont la rétraction peut être assez considérable, sont pâles, sans gonflement et sans aucune trace de caillot adhérent à leur surface.* A moins d'atteinte d'un gros vaisseau veineux, il n'y a pas d'infiltration sanguine dans les aréoles du tissu cellulaire environnant. — Voyez *Autopsie.*

Quant à la distinction des blessures faites quelques jours avant la mort et celles faites après, la marche de la cicatrisation éclairera le diagnostic.

Si tout un membre a été coupé, la section présente des différences marquées. Sur un cadavre, la section est uniforme en procédant de la peau aux parties profondes. Toutes les parties sont sur le même plan. La plaie est pâle, décolorée, blafarde; les artères sont vides, béantes, leur paroi est blanche.

Pendant la vie, au contraire, la peau est rétractée, à moins qu'on ne l'ait tendue, la surface de la section des muscles est inégale, les vaisseaux y sont enfoncés, rétractés, les muscles sont colorés, couverts de sang. S'ils étaient décolorés, l'air fait reparaître la coloration rouge, le tissu cellulaire se bousoufle, proémine, s'injecte d'air.

Pendant la vie, un phénomène constant des plaies est l'écoulement de sang qui varie en raison 1° du volume des vaisseaux ouverts, 2° de la nature des vaisseaux, 3° de la quantité de vaisseaux capillaires sanguins dont la partie est pourvue, 4° de la plasticité variable du sang.

Or, après la mort, un vaisseau peut être ouvert et donner lieu à l'issue du sang; mais si le refroidissement du corps était complet, le sang ne se coagulera pas. La coagulation ne serait qu'imparfaite avant le refroidissement. Quant aux infiltrations et épanchements de sang intérieurs, après la mort et même avant toute extinction de chaleur, ils sont très-limités; le sang est peu coagulé, et non pas incorporé avec les tissus comme si c'eût été pendant la vie.

La putréfaction rapide peut modifier ces résultats comme nous le verrons en faisant son histoire. — Pour les brûlures, une ligne étroite, rouge, entourant la partie affectée, et non susceptible de disparaître sous la pression du doigt, persiste sur le cadavre si la brûlure a eu lieu pendant la vie; des phlyctènes remplies de sérosité ne se développent pas si la mort a suivi de très-près la brûlure. Sur le cadavre, ces phlyctènes ne sont remplies que d'air.

Le but principal de l'ouverture du corps étant de rechercher la cause de la mort, l'expert aura soin de décrire les altérations importantes, les traces de maladies d'organes qui n'ont pas été atteints par la cause vulnérante, mais qui ont pu influer sur la rapidité de la mort. — Voy. *Cicatrices.*

Le mot *blessure* est encore le terme générique par lequel on désigne les brûlures, les plaies par instruments tranchants, piquants, contondants, les contusions, luxations, effractures, etc. — Voy. ces mots.

B. Lunel

BLEU (physique) [de l'allemand *blaw*, dont les Anglais ont fait *blue*]. — Une des sept couleurs primitives dont la lumière est composée; c'est la cinquième, en commençant à compter par la plus forte, ou, ce qui est la même chose, par la moins réfrangible; de sorte que le rouge, l'orangé, le jaune et le vert sont moins réfrangibles, et en même temps moins réflexibles que le bleu, l'indigo et le violet. C'est pour cette raison que le ciel nous paraît bleu.

Bleu (peinture). — La couleur *bleue* dont on se sert dans la peinture à l'huile est le *bleu de Prusse* ou d'*outremer*. Le bleu de Prusse, plus en usage, parce qu'il est moins cher, demande des précautions dans le choix et même dans la manière de l'employer, sans quoi il est sujet à changer de teint, à verdir ou à noircir. L'outremer, moins exposé à ces inconvénients, est tiré de la pierre qu'on nomme *lapis lazuli.* Ce bleu s'altère peu; mais, par cette raison aussi, son effet se trouve quelquefois peu d'accord avec les autres couleurs qui deviennent à la longue ou plus vigoureuses, ou moins qu'elles ne l'étaient lorsqu'on les a employées; ce qui est très-sensible dans des tableaux anciens dont le coloris a généralement poussé, et dans lesquels l'outremer seul a gardé ses nuances.

Bleu d'azur. — Matière colorante de couleur bleu de ciel, que l'on obtient par la pulvérisation du bleu d'outremer ou lazulite, ou que l'on forme artificiellement en faisant fondre du minerai de cobalt et du sable avec de la potasse ou de la soude; on obtient ainsi un verre bleu qu'on pulvérise sous des meules. On le prépare en grand dans la Saxe, la Hesse et la Silésie. Cette couleur sert à donner une teinte azurée au linge, aux différents tissus, aux papiers, et surtout aux poteries, aux porcelaines, etc.

Bleu de cobalt. — Voy. *Cobalt*.

Bleu de composition (*bleu en liqueur* ou *bleu de Saxe*). — Dissolution d'indigo dans l'acide sulfurique.

Bleu de montagne ou *Cendres bleues*. — Mélange de chaux, de sulfate de chaux et de carbonate de cuivre, employé en peinture.

Bleu d'outremer. — Couleur très-belle et très-solide, préparée avec un minéral bleu appelé *lazulite outremer*, lequel nous vient de Perse, de Chine et de Boukarie. On prépare aussi de l'*outremer factice* ou *bleu Guimet*, dont les peintres font une grande consommation. — Voy. *Outremer*.

Bleu de Prusse ou de Berlin (*prussiate de fer, ferrocyanure de fer*). — Combinaison formée de cyanogène et de fer, solide, d'un bleu foncé, sans saveur ni odeur, prenant par le frottement un reflet métallique; insoluble dans l'eau, l'alcool, les acides faibles. Les caractères suivants le distinguent de l'indigo : « chauffé fortement à l'air, le bleu de Prusse brûle difficilement, et laisse un résidu brun de peroxyde de fer; le chlore ne détruit pas sa couleur; l'acide sulfurique concentré le rend tout à fait blanc; les alcalis caustiques concentrés le décolorent entièrement. Le bleu de Prusse du commerce enferme toujours de l'alumine, avec laquelle on le mélange pour lui donner du corps. On obtient le bleu de Prusse en précipitant du prussiate de potasse jaune (ferrocyanure de potassium) par une dissolution faite avec du sulfate de fer et de l'alun, et en lavant le précipité avec de l'eau jusqu'à ce qu'il ait acquis une belle couleur bleue. Il s'emploie dans la fabrication des papiers peints, la peinture à l'huile, l'azurage des papiers, l'impression des indiennes et des tissus de laine et de soie. Il présente aussi de nombreuses applications dans la teinture; mais, dans ce cas, on le produit directement sur les tissus en mordançant ceux-ci dans un sel de fer, et les plongeant ensuite dans un bain de prussiate de potasse. » — La découverte du bleu de Prusse est due à Diesbach (1810) de Berlin; Woodward fit connaître (1724) le procédé de fabrication qui est encore suivi actuellement.

Larivière.

BLUTAGE [radical *bluter*, du celtique *bleut*, farine]. — Opération qui a pour but de nettoyer le grain et de débarrasser la farine du son et des corps étrangers qui ont pu s'introduire pendant la mouture.

BLUTOIR. — Machine servant à séparer le bon grain du mauvais, le son de la farine et à enlever les ordures et la poussière. « Le blutoir a la forme d'un cylindre incliné, et il se meut à l'aide d'une manivelle, dans une boîte fermée très-hermétiquement. Il y en a de deux sortes : le blutoir à blé et le blutoir à farine. Le premier se compose d'une trémie où l'on met le grain, d'un crible sur lequel il se nettoie, se trie, et d'une ouverture par laquelle il sort. Les meuniers assez intelligents pour se servir de ce blutoir y trouvent une grande économie de temps. Le second blutoir se compose de plusieurs divisions et d'autant de toiles qu'il en faut pour séparer les différentes sortes de farine. L'Angleterre possède des blutoirs où l'étamine des nôtres est remplacée par des toiles métalliques, et dont le cylindre est fixe; ce qui produit une farine bien plus régulière. »

BOA (zoologie) [du latin *boa*]. — On donne actuellement ce nom à un genre de serpents comprenant quatre espèces de la famille des pythoniens, famille qui comprend, dans quinze genres, les plus grands ophidiens et les espèces les plus connues, telles que les boas et les pythons.

Les boas ont un corps robuste, plus gros au milieu qu'aux deux bouts; la tête petite, distincte du cou,

Fig. 10. — Serpent boa.

assez déprimée, représente une pyramide quadrangulaire ayant un rectangle pour base et un sommet fortement tronqué; ses parties latérales s'arrondissent brusquement sur toute l'étendue de la ligne où elles se rencontrent avec la face supérieure; le museau est coupé droit ou un peu oblique; bouche légèrement fendue; queue conique, prenante. Des ergots de chaque côté de l'anus, très-apparents dans les deux sexes, mais plus développés chez les mâles. Il n'existe de véritables plaques symétriques qu'au bout du museau et sur les lèvres. Les autres parties de la tête sont couvertes d'écailles polygones inéquilatérales. Les écailles du corps sont carrées ou en losanges, plates, lisses et si nombreuses, que, sur le tronc, elles forment de soixante à nonante rangées longitudinales et plus. Les scutelles ventrales sont excessivement étroites, ainsi que les sous-caudales, et ce n'est qu'accidentellement qu'il s'en trouve quelques-unes divisées en deux parties. Les os de la tête acquièrent avec l'âge une grande solidité, et la crête qui surmonte le pariétal devient excessivement haute. Les dents, dépourvues de la gouttière que présentent celles des serpents venimeux, sont fortes, placées sur six rangs, et vont en diminuant de longueur; il y en a, de chaque côté, dix-huit ou dix-neuf sus-maxillaires, vingt sous-maxillaires, cinq ou six palatines et douze ptérygoïdiennes.

Les plus grands boas ont environs trois mètres; les serpents auxquels on a attribué dix mètres et plus étaient des pythons ou des eunectes marins. Ils vivent dans les forêts, sur les arbres; ils se creusent quelquefois des terriers sous les racines, ou se retirent dans des trous de rochers. Ils n'attaquent guère que de petits animaux, tels que des agoutis, des pacas, de jeunes chèvres. Ils pondent dans le sable des œufs à enveloppe membraneuse, de forme ellipsoïde, gros comme ceux de l'oie. Les petits, lorsqu'ils éclosent, ont de vingt à trente centimètres de longueur. La chair du boa a le goût du poisson et se mange. Les espèces sont : le *boa constricteur* ou *devin*, qui habite le Brésil, la Guyane, Rio de la Plata; le *boa diviniloque*, des Antilles; le *boa empereur*, du Mexique; le *boa chevalier*, du Pérou. GOSSART.

BOCARD (technologie). — Machine en usage dans les mines et qui sert à écraser le minerai avant de le fondre. — Voy. *Bocardage*.

BOCARDAGE (minéralogie). — Opération qui consiste à débarrasser les minerais de la gangue qu'ils contiennent. « Le bocardage se fait à l'aide de pilons armés à leurs extrémités d'une masse de fer; ces pilons sont mis en mouvement par une manivelle et retombent dans une auge longitudinale en pierre. Il y a ordinairement cinq ou six auges, et les pilons sont disposés de telle sorte que leur soulèvement et leur chute se font successivement à des intervalles égaux. Le bocardage s'opère tantôt à sec, tantôt à l'aide d'un courant d'eau. »

BOEUF (zoologie) [*bos*]. — Genre de mammifères de l'ordre des ruminants, dont les cornes sont creuses comme dans les antilopes, les chèvres et les brebis; mais au lieu de s'élever verticalement au-dessus de la tête, comme dans ces dernières, elles se dirigent sur les côtés et tendent à s'éloigner l'une de l'autre; d'ailleurs leur surface est toujours lisse et polie chez les bœufs, tandis qu'elle est ordinairement marquée de lignes plus ou moins saillantes dans les trois genres précédents.

Outre ce caractère, les *bœufs* en ont d'autres qui ne sont ni moins remarquables, ni moins constants. Ils sont tous de grande taille; leurs formes sont massives et épaisses; leur tête est grosse et terminée par un mufle très-large; leurs jambes sont courtes et très-fortes. Au-dessous de leur cou pend un vaste repli de la peau qu'on appelle *fanon*; leur queue est assez longue et se termine toujours par un bouquet de poils; enfin ils ont dans toute leur physionomie quelque chose de sauvage et de farouche, que font ressortir surtout leurs yeux étincelants et leurs cornes menaçantes.

Ces caractères extérieurs sembleraient devoir rendre ces ruminants terribles et dangereux; cependant, malgré leur apparence formidable, ils sont rarement à craindre; ils vivent en troupes nombreuses, au milieu d'immenses plaines désertes, et évitent la rencontre de tous les autres animaux. Néanmoins, lorsqu'on les provoque par des blessures ou par des tentatives contre leur liberté, leur timidité naturelle se change en un courage furieux; ils s'élancent tête baissée au milieu des périls, et ne cherchent qu'à percer leur ennemi à coups de cornes ou à l'écraser sous leurs pieds.

Quoique ces mammifères soient peu féconds, puisque les femelles ne produisent qu'un seul petit qu'elles portent neuf à dix mois, et qu'elles allaitent pendant assez longtemps, ils ne laissent pas d'être fort nombreux; d'abord parce qu'ils ne fréquentent que des solitudes ou des montagnes de difficile accès, et ensuite parce que leur chasse offre des dangers que ne compensent pas les profits qu'elle procure. Du reste, quand on peut s'emparer de ces animaux dans leur jeune âge, ils perdent bientôt leur humeur sauvage et brutale, et deviennent même assez dociles pour qu'on puisse les atteler à la charrue ou aux voitures lourdes.

Parmi douze ou quatorze espèces de bœufs qu'on connaît, nous citerons les cinq espèces suivantes : le *bœuf ordinaire*, *l'aurochs*, le *bison*, le *buffle* et *l'yack*. Le *bœuf domestique* paraît descendre d'une espèce éteinte depuis peu, et que les anciens nommaient *urus*. On le distingue à son front plat et plus long que large, et à la position de ses cornes placées aux deux extrémités d'une ligne saillante qui sépare le front de l'occiput. Tout le monde connaît les services que cet animal rend à l'agriculture, au commerce et à l'économie domestique. On l'emploie également à labourer la terre, à traîner la charrette ou la herse, et même à porter des fardeaux. Sa *chair* nous fournit la plus grande partie de la viande de boucherie; on tire de son *lait* le beurre et le fromage; sa *graisse*, qui se durcit par le refroidissement, constitue le suif, dont les usages sont si variés; sa *peau* sert à fabriquer presque toutes nos chaussures; ses *cornes* et ses *sabots* servent à fabriquer des manches de couteaux, de canifs et autres objets de tabletterie, etc.; ses *os*, calcinés ou bouillis dans l'eau, donnent du *noir animal* ou de la *gélatine*; avec son *sang*, on clarifie les vins et les sirops, on raffine le sucre, on purifie les huiles; ses *intestins* et la *membrane séreuse* qui les enveloppe se transforment, entre les mains des baudoyers, en cordes d'instruments et en baudruche, etc. Parmi les variétés que cette espèce a fournies, on cite celle qui a une loupe de graisse sur les épaules, et une autre qui manque de cornes.

L'aurochs surpasse le bœuf domestique en grandeur, et s'en distingue par la longueur de ses poils et par son front bombé et plus large que haut. On le trouvait autrefois dans les forêts de la Gaule et de la Germanie, mais maintenant il est relégué dans celles des monts Crapacks et du Caucase. Certains naturalistes le regardent comme la souche de l'espèce domestique; mais il en diffère essentiellement par le nombre des côtes, qui est de treize paires chez ce dernier et de quatorze chez l'aurochs.

Le *bison* est très-reconnaissable à ses formes trapues, à ses jambes courtes et à la laine longue et crépue qui couvre sa tête, son cou et ses épaules (fig. 11). Il habite en troupes innombrables les contrées tempérées de l'Amérique septentrionale, se tenant l'hiver dans les forêts et l'été dans les prairies. Sa chair est excellente, et il s'apprivoise aisément.

Le *buffle* a le front bombé et plus long que large; ses cornes, dirigées sur les côtés, lui donnent un air menaçant. Il habite les pays chauds de l'Asie, de l'Afrique et de l'Europe méridionale; il recherche les lieux humides et marécageux, où il aime à se vautrer comme le sanglier. Malgré son naturel sauvage, on parvient à le dompter et à l'employer au labourage, comme le bœuf domestique; mais on remarque qu'il est beaucoup moins docile et qu'il se livre quelquefois à des accès de fureur dangereux.

Fig. 11. — Bison

L'*yack*, aussi appelé *vache grognante* à cause de sa voix, et *buffle à queue de cheval* à cause de sa queue, qui est garnie de longs poils, est une espèce de petite taille, qui habite les montagnes du Thibet. Les Turcs se servent de sa queue comme d'étendard pour distinguer les officiers supérieurs.

Outre ces cinq espèces, nous nommerons l'*arni*, qui a les formes du buffle, et dont les cornes ont jusqu'à quatre ou cinq pieds de long chacune; le *gyall* ou bœuf des Jongles, qu'on élève en domesticité dans quelques parties de l'Inde, et qui ressemble beaucoup au bœuf ordinaire; le *bœuf musqué*, qui a la queue très-courte et l'extrémité du museau garnie de poils, et qui habite le nord du nouveau continent. (*Salacroux.*)

BOEUF GRAS (fêtes publiques). — Bœuf très-gras, paré de guirlandes, que les bouchers promènent dans la ville, au milieu d'un cortége brillant, pendant les derniers jours de carnaval. La cérémonie du bœuf gras est fort ancienne en France; on la fait remonter aux processions du bœuf Apis, en usage chez les Égyptiens. « Dans les promenades qui avaient lieu avant la révolution, un jeune enfant était porté dans un fauteuil par un bœuf d'un poids énorme. Les savants y voyaient l'image d'Horus assis sur le taureau céleste. Quoi qu'il en soit, le bœuf gras jouait autrefois le principal rôle dans les réjouissances du carnaval. Il n'appartenait qu'aux bouchers de le promener dans les villes pendant les jours gras. Cet usage semblait s'être perdu, comme tant d'autres, pendant la première révolution; mais il fut renouvelé, en 1805, par une ordonnance de police qui réglait l'ordre du cortége, désignait le nombre des individus dont il serait composé et déterminait les costumes. Le bœuf gras, richement enharnaché, portant sur son dos un enfant vêtu en Cupidon, s'avançait, entouré de douze garçons bouchers, les uns porteurs des marques de leur état, les autres déguisés en sauvages armés de massues. Quelques années après, un beau char attelé de six ou huit chevaux et conduit par le Temps accompagnait le bœuf gras; l'Amour y était assis, entouré des trois Grâces, sous les yeux de Vénus, sa mère, avec divers attributs de la mythologie. Ces dernières dispositions furent adoptées après un accident survenu au jeune enfant qui faisait l'Amour. Pendant quelques années, cette cérémonie avait été interrompue; elle a été reprise. Aujourd'hui, les principaux personnages des romans les plus populaires donnent leurs noms au bœuf gras; c'est ainsi que nous avons vu successivement Monte Cristo, le père Goriot, Dagobert, le père Tom, etc. On promène aussi maintenant plusieurs bœufs gras au lieu d'un seul. A la différence des Égyptiens, qui ne mangeaient pas leur bœuf Apis, nous mangeons le bœuf gras; les meilleurs morceaux de l'animal sont réservés pour le chef de l'État, les ministres et les premières autorités de la ville, auxquels il a rendu visite avant d'être assommé à l'abattoir. Les éleveurs de la Normandie sont, depuis longtemps, en possession de fournir aux bouchers de la capitale le bœuf gras, que les révolutions, qui ont détruit tant de vieilles institutions, tant de vieux usages, n'ont pas encore réussi à faire disparaître. »

BOIS (botanique). — Substance fibreuse, dure et compacte, à filament et à écorce, formant la racine, le tronc et les branches d'un arbre ou d'un arbuste. — Voy. *Arbre, Racine, Végétal.*

Bois et forêts (droit). — C'est l'espace de terrain qui est planté d'arbres, tels que chênes, hêtres, sapins, etc. Dans l'usage ordinaire, le mot *bois* ne s'applique guère qu'au cas où le terrain est d'une moyenne étendue en bois ou en taillis; lorsque l'espace est considérable, on l'appelle forêt; et s'il est d'une petite étendue, ce n'est plus qu'un bosquet, un bouquet de bois ou une remise.

En France, les bois et forêts ont toujours été soumis à des lois et règlements particuliers. Il importe, en effet, tant dans l'intérêt de l'agriculture et de l'industrie privée qu'à cause de différents travaux publics qui tiennent aux besoins et à la grandeur du pays, que les bois et forêts soient conservés, réservés et aménagés avec ordre et soin.

Avant la promulgation du Code forestier, du 31 juillet 1827, cette matière était régie et réglée par l'ordonnance de 1669.

Sont actuellement soumis au régime forestier : 1° les bois et forêts qui font partie du domaine de l'État; 2° ceux faisant partie du domaine de la couronne; 3° ceux possédés à titre d'apanage et de majorats, et qui sont reversibles à l'État; 4° les bois et forêts des communes et des sections de communes; 5° ceux des établissements publics; 6° tous ceux dans lesquels l'État, les communes ou les établissements publics ont des droits de propriété indivis avec les particuliers.

Le régime forestier consiste dans un ensemble de prescriptions et réserves légales, dont l'application est surveillée et maintenue par une administration publique, nommée administration forestière. A cette administration il appartient de régler les coupes, les réserves, le mode de jouissance et celui d'exploitation. C'est elle qui fixe les ventes et en détermine les conditions; et en cas d'indivision entre l'État, les communes, les établissements publics et les propriétaires particuliers, à elle seule il appartient de nommer et de révoquer les gardes communs (C. for., art. 89, 90, 113 et suivants). — Lorsque les bois des particuliers sont isolés, et qu'ils ne sont pas indivis avec ceux de l'État, des établissements publics ou des communes, les propriétaires peuvent exercer tous les droits qui résultent de la propriété acquise, sauf néanmoins certaines restrictions. — Ceux qui veulent avoir, pour la conservation de leurs bois, des gardes particuliers doivent les faire agréer par le sous-préfet de l'arrondissement et leur faire prêter serment devant le tribunal de première instance (*ibid.*, art. 117). Ces gardes doivent être âgés d'au moins vingt-cinq ans (l. 28 sept. 1791, art. 5).

Les bois et arbres sur pied sont réputés immeubles (C. civ., 520 et 521). Ils ne sont considérés comme meubles que lorsque la coupe en a été exploitée ou vendue séparément du sol.

Les bois des particuliers, dans certains départements, arrondissements et cantons désignés en l'ordonnance réglementaire du 1er août 1827, sont grevés d'un droit d'usage qui a pour objet le choix des arbres propres, notamment, à la construction des vaisseaux de l'État.

Les peines en matière forestière consistent en des amendes; l'emprisonnement n'est prononcé que bien rarement, à l'exception de cas particuliers. Les confiscations se réduisent à celles des objets qui ont servi au délit. — Les actions et réparations de délits et contraventions se prescrivent par trois mois, à partir du jour où les délits ont été constatés, et lorsque les prévenus sont désignés dans les procès-verbaux; dans le cas contraire, le délai de prescription est de six mois, à compter du même jour (C. for., 185). A défaut de procès verbaux, la prescription pour les délits est de trois ans, à dater du jour où ils ont été commis, et d'un an pour les contraventions (C. inst. crim., 637, 638 et 640).

Quand il existe des droits d'usage sur les bois, les propriétaires seuls ont le droit de les éteindre au moyen du cantonnement (C. for., 118).

Les droits de pâturage, parcours et glandée ne peuvent être exercés que dans les parties de bois déclarées défensables par l'administration forestière (*ibid.*, 119). Jean Étienne.

BOISSON (hygiène). — Toute substance liquide introduite dans la bouche et de là dans le tube digestif. Nous adopterons la division des boissons en *aqueuses, acidules, fermentées, spiritueuses* et *aromatiques.*

1. Boissons aqueuses. — Elles comprennent les eaux des rivières, des canaux, des marais, de pluie, de sources et de puits.

L'*eau de rivière* est celle qui réunit les qualités désirables, surtout lorsqu'elle coule rapidement sur un lit de sable ou de roc. Elle constitue la boisson par excellence. Elle seule, dit Requin, est indispensable à la vie; elle seule répond et suffit au besoin naturel de la soif; pure ou mélangée, elle doit venir presque incessamment arroser l'organisme; l'être animé qui en est privé succombe bientôt à de cruelles souffrances. Heureusement, pour la conservation du règne animal et de l'humanité, l'eau est abondamment répandue sur la surface du globe, en pluie, en fontaines, en lacs et en rivières. Mais les animaux vivent heureux et sains en n'usant que des dons de la nature pour se désaltérer. L'homme, au contraire, par une supériorité d'industrie qui ne tourne pas toujours au profit de la santé et de la longévité, a imaginé une foule de breuvages divers pour satisfaire sa sensualité et son immodéré désir d'excitation. Toujours est-il, néanmoins, que l'eau est encore un des éléments principaux de ces boissons artificielles. Un grand nombre d'entre elles en effet ne sont, pour ainsi dire, que de l'eau assaisonnée, comme, par exemple, la limonade, l'orangeade, l'orgeat, etc. Celles même qui ont l'alcool pour principe actif et prédominant, et qui lui doivent leurs plus remarquables propriétés, contiennent encore beaucoup d'eau. Si, contrairement à l'opinion des anciens, nous n'avons point admis dans les diverses espèces d'aliments un principe commun toujours identique et exclusivement assimilable, il n'en est pas de même à l'égard des boissons; car celles-ci ont toutes un principe commun, exclusivement propre à réparer certaines pertes de l'économie : ce principe, c'est l'eau.

Sans être aussi enthousiastes de cette boisson que la plupart des hygiénistes, nous dirons que les personnes habituées aux toniques se trouvent ordinairement fort mal de l'usage exclusif de l'eau; que, pour d'autres, elle diminue l'excitation dont l'estomac doit être le siége pour la digestion; mais c'est une erreur de croire qu'elle engendre des crudités.

Les *eaux de pluie* reçues dans des citernes sont excellentes, pourvu qu'elles n'aient point été en contact avec des métaux (zinc ou plomb).

Les *eaux de sources* ne sont que les eaux de pluie filtrées à travers la terre. Selon les terrains qu'elles traversent, elles sont ou non potables.

Les *eaux de canaux*, de *marais*, renferment des matières végétales et animales, suivant la lenteur du courant ou relativement à leurs masses; il faut les faire bouillir, les filtrer à travers le sable ou le charbon pulvérisé, et leur donner de l'air, si l'on est forcé d'en boire.

Les *eaux de puits* manquent d'air et contiennent des matières calcaires ou salines qui les rendent peu propres aux usages domestiques [1].

Quant à l'eau froide bue lorsque le corps est en sueur, elle peut causer des accidents redoutables : inflammations, la mort même; témoin le dauphin, fils de François Ier, qui mourut en quatre heures d'une pleurésie aiguë pour avoir bu un verre d'eau fraîche après s'être extrêmement échauffé en jouant au jeu de paume, à Tournon.

II. Boissons acidules. — Ce sont la *limonade*, l'*orangeade*, l'*eau vineuse*, etc., dont se trouvent bien seulement les tempéraments sanguins et bilieux. — Voy. *Acides*.

III. Boissons fermentées. — Les principales sont : le *vin*, la *bière* et le *cidre*. — Voy. ces mots.

IV. Boissons spiritueuses ou alcooliques (dont l'alcool est le véhicule). — Les principales sont : l'*eau-de-vie*, le *rhum*, le *kirschwaser* et les différentes liqueurs de table. — Voy. ces mots.

V. Boissons aromatiques. — Les principales sont : le *café* et le *thé*. — Voy. ces mots. B. Lunel.

BOL (pharmacie) [du celtique *bola*, petite boule]. — Composé de poudres, de pulpe, d'extraits, de résine, etc., d'une forme olivaire, plus volumineux et plus mou que la pilule. On fait des bols astringents, fondants, ferrugineux, fébrifuges, etc.

[1] C'est parce que les eaux de pluie sont chargées de ces matières calcaires ou salines qu'elles ne peuvent cuire les haricots ni dissoudre le savon; dans le premiers cas, une couche de ces sels recouvre les haricots; dans le second, le savon ne peut être dissous par l'eau qui en est saturée.

BOL ALIMENTAIRE (physiologie). — Masse que forment les aliments après avoir été broyés par la mastication et imbibés de salive. La langue, dirigée dans toutes les parties de la bouche, rassemble les parcelles alimentaires en un seul bol pour les avaler : c'est ce qui constitue la *déglutition*. — Voy. ce mot.

BOLÉRO.—Danse espagnole, appelée proprement *seguidilla*, dans laquelle un danseur, nommé *Boléro*, introduisit quelques nouveaux pas. Ce qui constitue le boléro, c'est l'air seul, et non le rhythme d'accompagnement. « Après avoir exécuté tous les pas dont cette danse se compose, chaque danseur reprend sa place primitive, où se danse l'estrivillo, composé de huit mesures. On finit alors par le commencement de la neuvième, indiquant seulement le premier temps, qui doit coïncider parfaitement avec la dernière syllabe du chant, le coup de castagnettes, de guitare, et la pose immobile des danseurs. On tient beaucoup à la simultanéité de cette terminaison. Les spectateurs en font l'éloge en disant : *Bien parado* (bien arrêté). »

BOLET (botanique). — Genre de la famille des champignons, caractérisé par un chapeau garni en dessous de tubes perpendiculaires rapprochés ou soudés entre eux. C'est le genre agaric des anciens, et ce nom lui est resté pour les espèces officinales. Les espèces principales de bolets sont :

1° Le *bolet bronzé* (*boletus æreus* de Bulliard), connu sous le nom de *ceps noir*, dont le chapeau est d'un brun foncé, les tubes courts et jaunâtres, le pédicule veiné, et qui est assez rare aux environs de Paris. La chair du bolet bronzé, coupée près de la peau, prend une teinte légèrement vineuse.

2° Le *bolet comestible* (*boletus edulis* de Bulliard), ou *ceps ordinaire*. Cette espèce, très-commune dans les bois, a le chapeau fauve, les tubes longs et jaunâtres, le pédicule renflé à sa base et veiné, et sa chair passe également au rose quand on la coupe.

3° Le *bolet orangé* (*boletus aurantiacus* de Bulliard), ou *gyrole rouge*, *roussile*, etc., est, comme son nom l'indique, d'un beau rouge orangé; son pédicule est gros, renflé, épineux; sa chair, blanche, prend à l'air une teinte rose.

4° Le *bolet rude* (*boletus scaber* de Bulliard). Cette espèce, assez semblable à la précédente, et connue sous les mêmes noms vulgaires, est moins bonne que le bolet orangé; sa chair est molle, son chapeau est brun; son pédicule, mince et cylindrique, est aussi hérissé de petites pointes noires.

De ces quatre espèces, que l'on pourrait réduire à deux, les deux dernières sont fréquemment servies sur nos tables; on doit les choisir jeunes, peu développées, et leur chair, seule partie que l'on mange, doit être blanche et ferme, séparée du pédicule, des tubes que l'on appelle vulgairement *foin*, et de la peau qui recouvre le chapeau.

Bolet du mélèze (agaric blanc, ou agaric du mélèze, *boletus laricis* de Linné). Ce bolet, qui paraît être l'agaric des anciens auteurs grecs et latins, est une excroissance analogue aux champignons, qu'on trouve sur le tronc du *pinus larix*, arbre des Alpes, de la famille des conifères de Jussieu. Le bolet du mélèze se présente sous forme de masses plus ou moins volumineuses, qui doivent être choisies blanches, légères, pulvérulentes, débarrassées d'une enveloppe sous-ligneuse rougeâtre, et non ligneuse à l'intérieur; d'une odeur particulière, d'une saveur d'abord douce, puis sucrée, un peu amère, nauséeuse et fort tenace. On l'a employé autrefois comme émétique, et surtout comme drastique; aujourd'hui, on le fait encore entrer dans la teinture d'aloès composée, appelée vulgairement *élixir de longue vie*, et quelques médecins le prescrivent contre les sueurs nocturnes des phthisiques.

Bolet amadouvier (agaric de chêne des chirurgiens, ou agaric proprement dit, *boletus fomentarius* de Linnée, ou *boletus igniarius* de Sowerb.), champignon qui se forme par couches successives sur le *quercus robur* de Linnée, et que l'on trouve également sur le hêtre, le tilleul, le bouleau, etc. Ce bolet se rencontre dans toute l'Europe; ses usages sont nombreux. — Voy. *Agaric*.

Quelques bolets présentent un phénomène fort remarquable : c'est la coloration en bleu, en violet ou en vert qui a lieu lorsqu'on coupe leur chapeau; le bolet indigotier, étant coupé, offre immédiatement une couleur du plus beau bleu. (*F. Foy.*)

BOMBARDEMENT (art militaire). — Pluie de bombes, obus, boulets rouges et autres projectiles incendiaires. Le bombardement consiste particulièrement à lancer des bombes sur les établissements militaires des villes assiégées, pour les mettre hors d'état de défense. Les principaux bombardements dont l'histoire a conservé le souvenir sont ceux d'Alger, en 1682 et 1683, par Duquesne; de Gênes, en 1684; de Tripoli, en 1685; de Barcelone, en 1691; de Bruxelles, en 1694; de Prague, en 1759; de Bréda, Lille, Lyon, Maestricht, Mayence, en 1793; de Menin, Valenciennes, Le Quesnoy, Ostende, en 1794; de Copenhague, par les Anglais, en 1807; de Saragosse, en 1808; d'Anvers, en 1832; de Saint-Jean-d'Ulloa, en 1838; de Mogador, en 1844; de Salé, en 1851; de Sébastopol, en 1856. Espérons que, le progrès aidant, l'humanité n'aura bientôt plus à redouter ces inventions du génie de l'homme. Il est à remarquer que plus les moyens de destruction seront perfectionnés, moins les guerres deviendront meurtrières. L'invention de la poudre a diminué de plus des trois quarts le nombre des victimes des champs de bataille. Que le génie humain fasse une nouvelle découverte en ce genre, dit un auteur moderne, et la guerre, déjà rendue si difficile, sera tout à fait impossible.

BOMBE (art militaire). — Globe creux en fonte de fer chargé de poudre et destiné, par son éclatement, à produire un effet destructeur, soit sur des troupes, soit sur des établissements, des magasins ou des navires. Un trou, nommé *œil*, reçoit une *fusée*, canal en bois ou en métal.

La fusée, chargée d'une composition qui brûle lentement, produit la communication du feu à la poudre dont la bombe est chargée.

La bombe est lancée par une bouche à feu nommée *mortier*. Elle est placée sur la poudre, qui, dans son embrasement, allume la fusée et projette la bombe. Ce projectile est lancé suivant des lignes courbes de formes paraboliques, de manière à aller atteindre un but caché derrière des remparts ou autres obstacles de défense.

Les premières bombes furent employées au siége de Rhodes, en 1522. En 1634, le maréchal de la Force en fit usage au siége de la Mothe. Les calibres aujourd'hui en usage sont exprimés en nombres de centimètres que contient le diamètre du projectile et la bouche du mortier.

Pour mortiers de	0,32 c.	bombe de	0,32 c.
—	0,27	—	0,27
—	0,22	—	0,22
—	0,15	—	0,15

On ne coule plus de bombes de 0,22 ni de 0,15 c., les obus de 0,22 et de 0,15 c. étant employés pour le tir des mortiers de ces deux calibres. JOUBERT.

BOMBYX (zoologie) [du grec *bombyx*, ver à soie]. — Genre de lépidoptères nocturnes, qui avait pour type le ver à soie; mais il a été tellement réduit par des retranchements successifs, que les caractères qu'on lui assignait d'abord ne peuvent plus lui convenir; le bombyx par excellence (ver à soie), qui aurait dû y rester comme type, n'en fait même plus partie. Le genre bombyx se réduit en Europe à cinq espèces : le *bombyx du chêne* (*minime à bandes*), brun avec une bande jaune, et remarquable par la finesse de son odorat; le *bombyx de la ronce*; le *bombyx du trèfle*; le *bombyx du spart*, et le *bombyx borgne*. — Le *bombyx cynthia*, qui vit sur le ricin, donne, dit-on, une très-bonne soie. — Voy. *Ver à soie*.

BONBONS. — Terme générique de diverses sucreries. Les sucreries et les bonbons colorés occupent, en France comme à l'étranger, une place importante dans les usages de la famille. La coloration, que nous admirons tant, et qui semble en augmenter la valeur, est l'objet de fraudes coupables. A Londres, et les choses ne se passent pas différemment chez nous, un rapport officiel a constaté que les poisons les plus violents et les plus mortels étaient journellement employés pour la coloration de la sucrerie.

Les experts ont soumis à l'analyse 100 échantillons de chaque couleur, et ont trouvé les résultats suivants :

Parmi les jaunes, 70 renfermaient du chromate de plomb et de la gomme gutte.

Parmi les rouges, 79 contenaient du minium et du sulfure de mercure.

Parmi les violets, 2 étaient colorés avec du bleu de Prusse et de la cochenille.

Parmi les bleus, 38 contenaient de l'indigo, du bleu de Prusse et du bleu d'Antwerp.

Parmi les verts, 19 étaient colorés par du vert de Brunswick mélangé de chromate de plomb et de bleu de Prusse, de vert-de-gris ou carbonate de cuivre, et enfin de vert de Schcele ou arsénate de cuivre.

Les couleurs qui précèdent étaient combinées entre elles de différentes manières, et souvent, dans un même échantillon, on a rencontré trois et même quatre substances vénéneuses.

Dans quatre de ces bonbons, la couleur avait été faite avec de la céruse ou carbonate de plomb; treize étaient falsifiés avec du sulfate de chaux hydraté; dix-sept, enfin, avec de la fécule de blé ou de pomme de terre et de l'arrow-root.

Les confiseurs ne peuvent employer dans leur fabrication d'autres substances que celles désignées ci-dessous, sous peine d'être responsables des accidents d'empoisonnement qui peuvent provenir de leurs bonbons.

Substances colorantes que peuvent employer les confiseurs ou distillateurs pour les bonbons, pastillages, dragées ou liqueurs, et sur les papiers coloriés servant à envelopper les substances alimentaires.

Couleurs bleues. — L'indigo, — le bleu de Prusse ou de Berlin, l'outremer pur. — Ces couleurs se mêlent facilement avec toutes les autres, et peuvent donner toutes les teintes composées dont le bleu est l'un des éléments.

Couleurs rouges. — La cochenille, — le carmin, — la laque carminée, — la laque du Brésil, — l'orseille.

Couleurs jaunes. — Le safran, — la graine d'Avignon, — la graine de Perse, — le quercitron, le curcuma, — le fustel, — les laques *alumineuses* de ces substances.

Couleurs composées.

Vert. — On peut produire cette couleur avec le mélange du bleu et des diverses couleurs jaunes; mais l'un des plus beaux est celui que l'on obtient avec le bleu de Prusse ou de Berlin et la graine de Perse; il ne le cède en rien, pour le brillant, au vert de Schweinfurt, qui est un violent poison.

Violet. — Le bois d'Inde, — le bleu de Berlin. — Par des mélanges convenables, on obtient toutes les teintes désirables.

Pensée. — Le carmin, le bleu de Prusse ou de Berlin. — Ce mélange donne des teintes très-brillantes.

Toutes les autres couleurs composées peuvent être préparées par les mélanges des diverses matières colorantes qui viennent d'être indiquées, et que les confiseurs ou le distillateur sauront approprier à leurs besoins.

Liqueurs. — Le liquoriste peut faire usage de toutes les couleurs précédentes, mais quelques autres lui sont nécessaires; il peut préparer avec les substances suivantes diverses couleurs particulières :

Pour le curaçao de Hollande. — Bois de campêche.

Pour les liqueurs bleues. — L'indigo dissous dans l'alcool.

Pour l'absinthe. — Le safran mêlé avec le bleu d'indigo soluble.

Substances dont il est défendu de faire usage pour colorer les bonbons, pastilles, dragées et liqueurs.

Toutes les substances minérales, le bleu de Prusse, l'outremer, les ocres et la craie exceptés, et particulièrement : les oxydes de cuivre, les *cendres bleues*; — les oxydes de plomb, le *massicot*, le *minium*, le sulfure de mercure ou *vermillon*; — le *jaune de chrome*, connu en chimie sous le nom de *chromate de plomb*; — le *vert de Sweinfurt* ou *vert de Scheele*; — le *vert métis*; — le *blanc de plomb*, connu sous le nom de *céruse* ou de *blanc d'argent* [1].

Les confiseurs ne doivent employer, pour mettre dans leurs liqueurs, que des feuilles d'or ou d'argent fin : on bat actuellement du chrysocalque presque au même degré de ténuité que l'or; cette substance, contenant du cuivre et du zinc, ne peut être employée par le liquoriste.

Quelques distillateurs se servent d'acétate de plomb ou sucre de Saturne pour clarifier leurs liqueurs. Ce procédé est susceptible de donner lieu à des accidents graves; il est formellement interdit.

Papiers servant à envelopper les bonbons et les substances alimentaires.

Il faut apporter beaucoup de soin dans le choix du papier colorié et du papier blanc qui servent à envelopper les bonbons et les substances alimentaires en général. Les papiers lissés, blancs ou coloriés, sont souvent préparés avec des substances minérales très-dangereuses.

Ils ne doivent pas servir à envelopper les bonbons, sucreries, fruits confits ou candis, ou autres substances alimentaires, qui pourraient, en s'humectant, s'attacher au papier et donner lieu à des accidents.

Le papier colorié avec des laques végétales peut être employé sans inconvénient.

La plupart des débitants, confiseurs, épiciers, charcutiers ou autres, qui font usage de papiers coloriés, n'ayant pas à leur disposition les moyens nécessaires pour reconnaître si les papiers qu'ils emploient sont coloriés avec des substances toxiques, il est de leur intérêt de n'acheter ces papiers que sur la garantie écrite du fabricant qu'ils ne contiennent aucunes substances toxiques, notamment celles qui sont indiquées dans le présent avis.

BONGARE (zoologie) [*bongarus*]. — Ce mot, dérivé du nom indien d'une espèce de serpent, sert aujourd'hui à désigner tous les ophidiens qui se rapprochent d'elle, et qui ont la tête courte, déprimée, le museau obtus, l'œil petit, à pupille circulaire, la langue fortement protractile et profondément bifide, renfermée dans un fourreau membraneux; les dents nombreuses, coniques, simples, légèrement recourbées en arrière, inégales, implantées sur les mâchoires et au palais, les maxillaires antérieures plus grandes que les autres, les premières surtout développées en forme de crochets, moins prolongés pro-

[1] Les confiseurs-pastilleurs ne doivent employer aucun mélange dans lequel entrerait l'une ou l'autre de ces substances.

portionnellement que chez les crotales et les vipères, canaliculées à l'intérieur, et communiquant avec une glande venimeuse, mais non isolées et mobiles comme chez les autres serpents à morsure délétère; l'intermaxillaire et le maxillaire étant réunis solidement au reste du crâne, l'occiput est peu renflé; le crâne recouvert de plaques; le corps est presque d'égale grosseur partout; l'abdomen est protégé par des lames, et la queue médiocrement longue, mais traînante, couverte de lamelles entières à sa partie inférieure; les écailles du dessus du corps sont rhomboïdales, lisses, subverticillées; mais ce qui distingue les bongares des autres serpents plus ou moins analogues, c'est que, comme chez les dipsas, le dos, comprimé en carène, est garni d'une rangée rachidienne, impaire, de grandes écailles hexagonales, allongées transversalement et recourbées dans le même sens, ce qui leur a fait donner dans les derniers temps le nom de aspidoclonion (*aspis*, bouclier, et *clonion*, épine du dos). Tous les bongares connus sont de l'Asie méridionale. (*T. Cocteau.*)

Le genre bongare contient trois espèces : le *bongare à anneaux*, le *bongare bleu* et le *bongare à demi-bandes*. Tous sont venimeux, et leur venin est fort actif. Les deux premières espèces sont répandues au Bengale; la troisième est originaire de l'île de Java. Le bongare à anneaux, le plus grand de tous, atteint de 2 à 3 mètres de longueur.

BONHEUR (philosophie morale) [de *bona*, bonne, et *hora*, heure [1]]. — Il est un mot mystérieux qui répond à nos désirs les plus brûlants et à nos espérances les plus chères; un mot qu'on prononce d'abord avec une joie toute mélancolique, et que plus tard on répète avec un soupir, un sourire ou des larmes; ce mot, c'est le *bonheur!* Le bonheur est-il une ombre, un idéal, un rêve, un éclair, une réalité? Et, quand le ciel nous en a donné l'instinct, a-t-il voulu nous récompenser ou nous punir en nous le montrant toujours dans le lointain de l'infini? Sommes-nous heureux par l'intelligence avant d'être heureux par le cœur; et, quand nous nous agitons pour arriver à cet ensemble de jouissances intellectuelles, matérielles et morales qui constituent dans leur développement la félicité humaine, ne sommes-nous pas de pauvres créatures courant après des chimères qui s'éloignent d'autant plus qu'on s'en approche et ne laissent dans notre âme que ce découragement sceptique qui mène si vite à la déception et au désespoir? En un mot, cette notion de bonheur que nous recevons avec la vie n'a-t-elle pas une apparence trompeuse qui égare à la fois nos pensées et nos sentiments, ou bien est-elle destinée à éclairer ou à soutenir notre faiblesse en réunissant à nos yeux les biens de la terre et les biens de l'éternité? Le bonheur, disent les uns, c'est la vie paisible de la campagne, avec ses occupations et ses travaux rustiques; selon les autres, c'est le luxe du grand monde, où l'on s'étourdit au milieu des fêtes, des lumières et des fleurs; ici, c'est un doux aveu échangé entre deux êtres qui s'aiment; là, un coup de bourse ou un héritage qui fait succéder à une existence obscure et modeste les agitations et les folies de la richesse; de tous côtés, enfin, la satisfaction du désir qui nous rend ce qu'on appelle heureux. Le bonheur est comme l'amour, difficile à comprendre; de plus, il échappe à une définition bien précise, et devient tellement multiple dans ses manifestations, qu'il prend sa raison d'être non plus sur un type ou dans un caractère d'individu, mais qu'il se modifie d'après les instincts et la nature de celui qui l'éprouve, pour s'entourer toujours de ces formes vagues qui nous laissent indécis entre sa possession et sa présence. C'est un grand bonheur, a-t-on dit, de posséder ce qu'on désire; mais c'en est un plus grand de ne pas désirer tout ce qui nous manque, et de se contenter du sort et des biens que nous avons reçus. Aussi, le bonheur semble-t-il consister plutôt dans la médiocrité que dans la fortune, en ce sens que nos besoins, plus circonscrits par l'exigence de nos moyens, se contentent de peu, et se trouvent ainsi plus aisément satisfaits. Ce qui rend la plupart des hommes malheureux, c'est de ne sentir jamais autour d'eux assez d'avantages et de jouissances; leur ambition ne connaît pas de limites, et au lieu de se concentrer dans leur intérieur et de puiser dans les découvertes de leur intelligence l'ennui des soucis du monde, ils s'en créent au contraire tous les jours de nouveaux, en spéculant continuellement avec leur tranquillité sur leur bien-être et leur santé. D'ailleurs, la condition humaine est telle qu'il lui faut sans cesse une passion quelconque pour la faire vivre : lorsque ce n'est pas l'amour, c'est l'intérêt; lorsque ce n'est pas l'intérêt, c'est l'ambition; et elle se trouve ainsi ballottée entre une foule d'éléments opposés, qui la sollicitent tour à tour et l'emportent presque toujours au delà du but qu'il lui a été donné d'atteindre. Le sage est celui qui sait jouir avec modération et calme des biens que lui a envoyés la Providence, et qui mêle dans une mesure juste et raisonnable la vie de l'esprit et la vie du corps, afin d'arriver ainsi à cet équilibre moral qui soutient ses déterminations et ses actes et assure à ses jours repos, contentement et prospérité. Lui seul a l'idée du bonheur sur la terre; tous les autres hommes n'en saisissent à peine que la silhouette, et encore se détache-t-elle presque toujours en couleurs fantastiques sur le fond monotone des plaisirs, du luxe et de la volupté. D'ailleurs, il est certaines organisations pour lesquelles le bonheur sera toujours un problème; d'autres, au contraire, qui pourront le goûter sans trop d'efforts. Aussi, en jetant les yeux sur la société, on est tenté d'interroger la justice divine, en se demandant si, par leur nature même, certains êtres pourront jamais réaliser ici-bas l'idéal pour lequel ils ont été créés, c'est-à-dire la félicité et le bien-être, tellement la réalité les éloigne chaque jour de leurs espérances, et tellement la société, les

[1] Dans les anciens écrivains, on trouve fréquemment *heur* et *eur*, pour *félicité*, *état heureux*, et *bon heur*, écrit en deux mots. L'opinion vulgaire, qui faisait attacher à l'heure de la naissance une heureuse influence sur le reste de la vie, a fait prendre ce mot dans cette acception.

mœurs, les usages, l'ordre établi dans les relations humaines, contribuent à rendre plus grande cette distance en y ajoutant les obstacles de l'inflexible nécessité. Pourquoi l'amour, par exemple, ce sentiment auquel on est toujours tenté de revenir, parce que c'est celui qui inspire tous les autres, pourquoi l'amour, qui ne paraît être d'abord qu'un sourire du ciel sur l'humanité, devient-il bien souvent pour elle une source féconde et empoisonnée de tristesses et de malheurs? Pourquoi l'ambition, qui ne nous attire d'abord que pour améliorer notre position, nous entraîne-t-elle bientôt dans des affaires si gigantesques que notre fortune y sombre tout entière, trop heureux lorsque notre honneur peut échapper au naufrage? En un mot, pourquoi ce qui nous semble conduire le plus vite au bonheur nous en éloigne-t-il davantage, et comment concilier l'idée d'une félicité humaine avec cette ardeur insensée qui nous la fait poursuivre, et change ainsi en peines et en regrets nos chances de succès et de prospérité? On nous répondra que nous n'avons pas su nous arrêter à temps, que nous n'avons pas assez réfléchi aux conséquences de nos pensées, de nos paroles et de nos actes, et que nous avons pris l'ombre pour la réalité. Mais, alors, pourquoi ces natures, qui ne sont composées que d'exaltation, de poésie et d'enthousiasme, ont-elles la notion et le désir du bonheur, puisque leurs passions, toujours plus ardentes que leur raison, demandent en vain cet aliment éternel que Dieu leur promit en les créant, et se consument-elles, dévorées d'anxiétés et d'angoisses, dans cette lutte sans fin entre leur idéal et leur pauvre individualité?... Ces natures sont peut-être rares; mais enfin, chez les hommes et surtout chez les femmes, elles existent, et, depuis que le monde est monde, on leur répond en les plaignant ou en les tournant en ridicule; mais elles n'en restent pas moins des défis vivants jetés à cette frivolité universelle qui croit être heureuse avec de l'or, des plaisirs et de l'amour-propre, sans songer que l'or et les plaisirs passent, et que si l'esprit et le cœur ne sont pas encore usés, ils seront d'autant plus insatiables, qu'après leur existence factice, ils se verront forcés de se river à la même chaîne d'exaltation et d'enthousiasme, rompue à chaque instant par ce bonheur que l'on n'étreint jamais!

Nous le répétons, il n'y a sur la terre qu'un bonheur possible, celui que l'on trouve en soi, c'est-à-dire dans le contentement que notre état nous apporte et dans la force de caractère avec laquelle nous supportons les événements malheureux qui dérangent l'existence de calme et de bien-être dont nous croyions pouvoir jouir toujours. Bien réfléchir et ne pas se faire trop d'illusions sur les choses de ce monde, voilà ce qui conduit au bonheur; car la vie n'étant le plus souvent qu'une suite de déceptions cruelles, nous finirons par devenir plus indifférents aux coups de l'adversité, si nous nous persuadons que le plus puissant obstacle à notre bonheur c'est de nous attendre à un trop grand bonheur. Si nous ne regardions pas les biens que nous donnent la nature ou la richesse comme des dettes qu'elles nous payent, nous ne les recevrions pas avec une telle indifférence, et le bonheur nous serait sensible en cette vie autrement, comme dit Nicole, que par la délivrance du mal. « Le plus grand secret pour le bonheur, dit Fontenelle, c'est d'être bien avec soi; naturellement, tous les accidents fâcheux qui viennent du dehors nous rejettent vers nous-même, et il est bon d'y avoir une retraite agréable; mais elle ne peut l'être si elle n'a été préparée par les mains de la vertu. Il reste un souhait sur une chose dont on n'est pas le maître; c'est d'être placé par la fortune dans une condition médiocre; sans cela, le bonheur et la vertu seraient trop en péril. » L'art d'être heureux consisterait, ce nous semble, dans une ligne de conduite inspirée par la modération, soutenue par l'espérance, continuée par la résignation et le courage, et développée avec la morale, le travail, l'insouciance et la gaieté. Point de passions trop cultivées, surtout point d'idoles dans les sentiments et dans les pensées; une bonne amitié, s'il se peut, et la société de quelques personnes sympathiques et choisies. L'homme qui veut devenir heureux devrait continuellement faire suivre à son âme le régime que l'on fait observer aux malades qui sont convalescents; étudier son organisation comme on étudie l'organisme, saisir les éléments qui amènent chez nous une perturbation morale et arrêtent ce système d'enchaînement et d'harmonie qui fait de la création une terre immense où se trouvent semés le contentement et le bonheur, mais où le plus souvent les passions mauvaises étouffent la séve féconde qu'elle renferme. Circonscrivons nos besoins matériels, cherchons dans les plaisirs intellectuels la source de ce bien-être intérieur que nous ne saurions trouver dans le tumulte du monde, et peut-être alors arriverons-nous à la connaissance d'un bonheur moins brillant et moins artificiel que celui après lequel les hommes courent avec tant d'avidité, et nous trouverons-nous bien récompensés s'il nous est donné de jouir ainsi comme par anticipation, dans le cercle modeste de nos ressources et de nos relations sociales, de l'éternelle et véritable félicité!

ÉDOUARD BLANC.

BOORT[1] (minéralogie). — Diamant dit *de nature*. Sa forme est le plus souvent parfaitement sphérique, et sa cristalisation est tellement confuse qu'on ne peut la comparer qu'aux *nœuds* les plus compliqués de certains bois. C'est un enchevêtrement de parties moléculaires sans ordre et sans liaison suivie, unies seulement par leur extrême adhérence, principe de leur excessive dureté. Aussi cette espèce toute particulière de diamant ne peut-elle subir l'opération du *clivage*, si précieuse et si facile dans les cristaux parfaits à lames superposées.

Le boort, presque toujours rond, mais présentant

[1] Nous avons trouvé, dans les comptes rendus des séances de l'Académie des sciences, ce mot écrit ainsi : *Bowr*. Mais nous croyons devoir maintenir notre orthographe, laquelle, à notre avis, rend mieux la prononciation et l'intonation du mot, qui d'ailleurs paraît être d'origine hollandaise. (C. B.)

parfois des formes cristallines, bien que généralement mal indiquées, est à l'extérieur beaucoup plus rugueux encore que certains diamants bruts. Il est le plus souvent d'un blanc grisâtre ou noirâtre, et n'est pas aussi susceptible de diverses couleurs que le diamant à cristallisation accusée ou régulière. Sa pesanteur spécifique est un peu plus forte que celle du diamant ordinaire, dont le maximum est de 3,6.

Cette espèce ne doit pas être confondue avec les diamants octaèdres à arêtes courbes et à faces bombées, et qu'on emploie particulièrement à couper le verre. Ceux-ci sont simplement à lames curvilignes, tandis que le boort est un inextricable amas de parties contournées et nouées dans tous les sens possibles.

Le boort n'est et ne peut être employé qu'à user et polir le diamant régulier. Pour en obtenir cet effet, on le concasse et on le pulvérise dans un mortier *ah koc*, et sa poussière, mêlée avec de l'huile et étendue sur une roue tailladée, remplace avantageusement l'*égrisée*, produit du frottement de deux diamants. Son prix, un peu variable suivant les besoins est actuellement de 15 francs le *carat*.

Cette curieuse minéralisation du carbone ne peut être prise comme une production amorphe, car sa forme presque constamment sphérique l'en éloigne considérablement, et c'est peut-être le seul exemple d'une déviation aux règles de cristallisation du savant Hauy, en ce sens que le boort ne contient pas de noyau ou cristal primitif.

On sait que, quelles que soient les aberrations de forme de certains cristaux, on peut au moyen du clivage les ramener à une forme précise et déterminée; mais, pour le boort, cela est impossible, sa contexture entortillée ne permettant jamais de le fendre régulièrement; quels que soient sa grosseur et son poids, qui varient de 1 grain à 200 et plus, on n'en peut rien tirer. Des expériences décisives ont fait connaître que ses molécules constituantes sont aussi divergentes dans le cœur du cristal qu'à sa surface.

Ce fait étant difficile à vérifier à cause de l'impossibilité de cliver le boort, l'auteur de cet article put s'en assurer en en faisant brûler un morceau pesant vingt-cinq carats. La combustion eut lieu dans les mêmes conditions et avec les mêmes phénomènes que présentent celle du diamant régulier, et ce morceau de boort ayant été réduit par cette opération à quinze carats, ce qui l'avait diminué de 2/5 sur toute sa surface, il fut reconnu qu'il avait conservé sa forme et sa nature primitive, qu'il n'y avait en lui aucun indice de forme appréciable, qu'il ne pouvait pas plus se cliver qu'avant cette réduction, et qu'il était par conséquent toujours intaillable.

Le boort se trouve actuellement dans les mines de diamants du Brésil, d'où il est envoyé dans un proportion de 2 à 10 p. °/ₒ dans les parties de diamants bruts expédiées en Europe. On comprend qu'une grande quantité de ces cristaux réfractaires diminue singulièrement la valeur d'une partie de diamants bruts; aussi les exploiteurs les éliminent-ils avec grand soin ou réduisent le prix d'achat d'après leur quantité.

En somme, ce produit informe, d'une matière si précieuse, est jusqu'à présent réduit au seul emploi que nous avons cité, et cependant on prétend qu'on parvient à le tailler aux Indes. Si cela est, il ne doit produire que du diamant peu brillant, la réfraction si pure du diamant bien cristallisé n'étant obtenue qu'en raison de la régularité de sa construction lamellaire.

Le boort, bien examiné, est sensiblement une cristallisation de carbone avortée ou inachevée. Il semble que les forces naturelles qui concourent à ce grand acte aient été insuffisantes dans ce cas, soit par manque d'énergie, soit par manque de temps. Enfin, et pour nous résumer, nous croyons que le boort est l'intermédiaire qui sépare le carbone[1] du diamant cristallisé régulièrement, car il participe à la fois de ces deux variétés de la même production minérale; d'abord par sa constitution essentiellement et visiblement carbonique, ensuite par sa cristallisation, quoique diffuse. CH. BARBOT.

BORACITE (*sous-borate de magnésie*) (minéralogie). — Substance vitreuse, limpide et incolore, quand elle est pure, ou grisâtre et translucide, et devenant même opaque par altération. « Cette substance est insoluble dans l'eau, mais soluble dans l'acide nitrique, et précipitant alors par la soude ou l'ammoniaque; le précipité, qui est blanc, prend une couleur lilas lorsqu'on le chauffe après l'avoir humecté de nitrate de cobalt. Sa dureté est de 6,5; sa densité, de 2,9. Elle est fusible au chalumeau en globule vitreux qui se hérisse de petites aiguilles cristallisées par le refroidissement, et devient blanc et opaque. La boracite ne s'est encore offerte dans la nature qu'en petits cristaux disséminés dans le gypse et l'anthydrite. Ces petits cristaux sont remarquables par la netteté de leurs formes et la singularité de leurs propriétés physiques. En effet, ils sont doués de la pyroélectricité polaire; et, conformément à leur structure moléculaire, ils acquièrent par l'action de la chaleur huit pôles électriques, qui correspondent aux angles solides du cube, et dont quatre sont positifs et quatre négatifs. » Les principales localités où se trouve la boracite sont le mont Kalkberg, et à Schildstein, près de Lunébourg, en Brunswich; au Segeberg, près de Kiel, dans le Holstein. Elle est ordinairement accompagnée de chaux carbonatée magnésifère, et, suivant M. Steffens, de succin, ou d'une matière bitumineuse et fétide.

BORATE (chimie). — Sels caractérisés par la fixité et la stabilité de l'acide borique. Il n'y a guère de solubles dans l'eau que les borates alcalins. Les borates solubles, traités par l'acide sulfurique ou par tout autre acide fort, ne produisent point d'effervescence, et laissent précipiter l'acide borique sous forme de paillettes nacrées, brillantes. L'action a lieu assez lentement, et l'acide borique, peu soluble dans l'eau, se dépose. Il faut que la dissolution de

[1] Voir au mot *Carbone* (minéralogie).

borate soit faite à chaud pour obtenir un abondant précipité, à mesure que la liqueur se refroidit. Aucun borate n'est décomposé par la chaleur, excepté le borate d'ammoniaque, qui laisse dégager sa base. Sous l'influence de la chaleur, l'acide fond et entraîne dans sa fusion la base qu'il fait également fondre. De là l'usage de l'acide borique et des borates alcalins, comme fondant des métaux. L'acide sulfurique décompose les borates, comme nous venons de le voir en sulfates et en acide borique. Mais, en élevant la température au-dessus de 400 degrés, l'acide sulfurique est à son tour éliminé, et les borates se reconstituent. Ainsi, à froid, l'acide sulfurique est plus fort que l'acide borique, tandis qu'à une température élevée, c'est tout le contraire. Dans les borates neutres, 1 équivalent d'acide sature 1 équivalent de base. L'oxygène de l'acide est à l'oxygène de la base comme 3 : 1. Leur formule générale est : MO, BO^3. Les borates alcalins existent en général tout formés dans la nature. On prépare artificiellement les autres par voie de double composition. (*Hoefer.*)

BORAX (chimie, minéralogie), appelé aussi *sous-borate de soude, tinkal,* et connu des anciens sous le nom de *chrysocolle,* sous-borate de soude. — Cette substance saline se présente à l'état naturel sous un aspect gris, couleur qu'elle doit à une substance organique. Sa densité est 1,74. Le borax est soluble dans l'eau, et se trouve en dissolution dans certains lacs du Thibet. A l'état naturel, il est prismatique, et fut connu en Europe dès le seizième siècle. On le trouve abondamment sous la forme hexaédrique dans l'Inde, la Chine, la Perse, l'île de Ceylan et l'Amérique du Sud; on en a même rencontré en Europe dans le royaume de Saxe. Recueilli sur les bords des lacs qui le tiennent en dissolution, il était autrefois importé en grande partie en Europe, où il était connu sous le nom de *tinkal.* Les Vénitiens, et plus tard les Hollandais, eurent longtemps le monopole de ce commerce. Comme il contenait une certaine proportion de matières étrangères, il avait besoin d'être raffiné avant d'être livré à la consommation industrielle.

L'industrie du raffinage, longtemps tenue secrète à Venise, puis concentrée en Hollande, fut enfin importée en France par les frères Lécuyer. Depuis quelques années, on le fabrique en Europe au moyen de l'acide borique naturel qui s'exploite en Toscane. Dans plusieurs parties des maremmes toscanes, surtout aux environs de Sienne, il existe des fissures du sol qui laissent échapper des jets de gaz et de vapeurs, nommés *suffioni* dans le pays et *fumarolles* par les géologues. Ces jets de vapeurs entraînent de l'acide borique, de l'acide chlorhydrique et d'autres matières, qui, en se condensant, forment de petits lacs, *lagoni,* tenant en dissolution de l'acide borique. Un Français, M. le comte de Varderelle, a imaginé de construire des *lagoni* artificiels en maçonnerie dans les endroits où sont les *suffioni* les plus abondants; puis il fait évaporer le liquide qui s'y dépose par l'action seule de la chaleur des *suffioni,* et l'on recueille les cristaux qui se déposent. En faisant une nouvelle dissolution de ces cristaux dans l'eau bouillante et laissant déposer par le refroidissement, on obtient de l'acide borique d'une assez grande pureté, et servant par sa combinaison avec l'oxyde de sodium ou la soude à la préparation du borax.

M. Payen a obtenu le borax en cristaux octaédriques en faisant cristalliser une solution alcaline de cette substance à la température de 30°. D'ailleurs le borax sous ses deux formes devient anhydre par la dessiccation.

En pharmacie, on retire du borax, à l'aide de l'acide sulfurique, l'*acide borique,* sel sédatif de Homberg, qui en fit la découverte en 1702. C'est un acide blanc, lamelleux, nacré, cristallisé en hexaèdres, inodore, d'une saveur légèrement aigre, et inaltérable à l'air.

Le borax s'emploie en médecine comme astringent, en collutoire, contre les aphthes, les ulcérations de la langue et de la membrane muqueuse de la bouche; dans le muguet, l'angine pultacée, etc. En injections, il est fort utile dans le traitement de la leucorrhée. On se sert quelquefois d'une dissolution très-concentrée de sous-borate de soude pour toucher les ulcères scorbutiques, scrofuleux, etc. On emploie encore le borax à l'extérieur, contre les engelures, les eczemas chroniques, contre certains lichens, etc. Hufeland s'en est servi avec succès pour faire disparaître les taches jaunes dites *hépatiques.* Enfin, sous forme de collyre, il est très-usité dans certaines espèces d'ophthalmies.

Dans les arts, le borax facilite les alliages des métaux, et est employé comme flux dans leur soudure. Il sert au même usage dans la peinture sur verre et sur émail, et est aussi employé comme fondant dans les essais docimastiques. J. Lagarrigue.

BORBORYGME (médecine) [du grec *borborygmos,* bruit sourd]. — Appelé vulgairement *gargouillement.* Bruit que font entendre les gaz de l'abdomen lorsqu'ils se déplacent au milieu des liquides contenus dans les intestins; quelquefois il indique un embarras dans les voies digestives; d'autres fois il se manifeste chez des personnes bien portantes, surtout si elles sont à jeun.

BORE (chimie). — Corps simple, métalloïde, découvert en 1808, simultanément en France, par Gay-Lussac et Thénard, et en Angleterre, par Humphry Davy. Ce corps existe dans la nature à l'état d'acide borique, soit libre, soit combiné avec la soude ou la magnésie. On l'obtient en traitant l'acide borique par le potassium. Il se forme de la potasse qui s'unit à l'acide borique non décomposé, et forme du borate de potasse soluble. On traite par l'eau, qui dissout le borate de potasse; le bore étant insoluble, il suffit d'évaporer la liqueur pour obtenir ce corps, qui se présente à l'état de poudre fine d'une couleur brune. Sa formule est $B = 136,20$.

BORIQUE (ACIDE). — Synonymes : *acide boracique, acide du borax, sel sédatif de Homberg.* Cet acide fut découvert, en 1777, par F. Hoefer, dans les eaux de Monterotondo en Toscane. L'acide borique est un composé soluble, inodore, d'une saveur très-faible, comme l'acide carbonique. Sa densité est 1,8. Exposé à la chaleur, il fond facilement, quoiqu'il ne devienne jamais parfaitement liquide. Il reste toujours épais, visqueux et comme pâteux; il ne se volatise pas; c'est un des acides les plus fixes. Il peut arriver qu'en se vaporisant, de l'eau, contenant de l'acide borique en dissolution, entraîne des parcelles de cet acide qui viennent se refroidir et cristalliser sur les parois du vase. Mais il ne faut pas, pour cela, croire que l'acide borique soit volatil ; car il n'est que mécaniquement déplacé, à peu près comme la poussière de carbone l'est par les courants d'air que produit l'action de la chaleur. L'acide borique est assez peu soluble dans l'eau : 100 parties d'eau dissolvent 3 parties d'acide borique à la température ordinaire. A 100°, 100 parties d'eau en dissolvent environ 10 parties. La dissolution, faite à la température de l'eau bouillante, laisse, par le refroidissement, déposer des paillettes micacées, brillantes, nacrées. Dans cet état, l'acide borique retient six équivalents d'eau. Il perd à peu près la moitié de cette eau à 100°, et il faut la chaleur rouge pour en chasser le reste. L'acide anhydre a l'aspect du verre. Comme l'acide carbonique, l'acide borique rougit la teinture de tournesol en rouge vineux. C'est un acide très-faible à la température ordinaire; mais à une température élevée, c'est un acide très-puissant qui, par sa fixité, déplace l'acide nitrique, l'acide sulfurique, en un mot, les acides les plus forts. Il est éminemment stable, et il n'est décomposé que par le potassium, l'aluminium, etc. Le charbon lui-même ne le décompose à aucune température. De là, la grande utilité de l'acide borique dans les arts; il facilite puissamment la fusion des métaux, tels que le manganèse, le cobalt, le chrôme. Mis en contact avec l'acide fluorhidrique, il donne naissance à de l'eau et à du fluorure de bore. Avec les bases, il forme des borates. Brûlé avec de l'alcool, l'acide borique produit une belle flamme verte. Fondu avec le cobalt, il donne un produit d'une belle couleur violette; fondu avec le chrôme, il donne une masse vitreuse verte. On a trouvé l'acide borique, à l'état de liberté, dissous dans l'eau de quelques lacs de l'île de Volcano, et à Sasso en Toscane; mais on le rencontre surtout à l'état de combinaison avec la soude (borax, borate de soude), dans quelques lacs de l'Inde et du Thibet. Le bore, en brûlant au contact de l'oxygène ou de l'air, à une chaleur rouge obscure, produit de l'acide borique; celui-ci, en se fondant, recouvre, comme un vernis, la surface du bore non brûlé, et la combustion s'arrête. Il faut enlever cette couche et recommencer. Pour brûler complétement un gramme de bore, il faut recommencer l'opération jusqu'à cinq fois (Gay-Lussac). Ce procédé n'est jamais employé pour préparer l'acide borique. Le procédé le plus simple pour se procurer l'acide borique consiste à faire agir l'acide sulfurique sur une dissolution de borate de soude, faite à chaud. L'acide borique se dépose, par le refroidissement, sous forme de paillettes micacées : on lave ces cristaux à plusieurs reprises pour les débarrasser des substances étrangères, et surtout de l'acide employé, qui pourraient les rendre impurs.

Composition. — 100 parties d'acide borique se composent de 31,22 de bore, 68,78 d'oxygène. Sa formule est BO^3. On se sert de l'acide borique, mais le plus souvent du borax (borate de soude), comme fondant. (*Hoefer.*)

BORNE, BORNAGE. — On entend par *borne* toute marque, naturelle ou artificielle, indiquant la ligne de séparation de deux héritages contigus. Le Code civil (art. 646) reconnaît à tout propriétaire le droit d'obliger ses voisins au bornage de leurs propriétés contiguës; il punit le déplacement ou la suppression des bornes d'un emprisonnement d'un mois à un an et d'une amende qui ne peut être au-dessous de 50 fr. L'origine du bornage se confond avec l'origine du droit de propriété. A Rome, dit M. A. Caumont, on adorait le dieu Terme sous la forme de pierres carrées ou de troncs d'arbres taillés et plantés en terre pour servir de bornes. Chez les anciens, les bornes servaient non-seulement à fixer la limite des champs, mais encore les confins des territoires. Le tombeau des Philènes est historiquement resté comme la limite sacrée de Cyrène et de Carthage. La législation des Hébreux renferme des malédictions contre ceux qui changent les bornes des héritages. La législation des Romains considère comme un sacrilége la destruction des bornes; plusieurs de nos anciennes coutumes considèrent comme un vol leur enlèvement ou leur suppression. Sous notre législation pénale en vigueur, le déplacement ou la suppression des bornes est un délit entraînant une peine correctionnelle. D'après le Code Napoléon, tout propriétaire peut obliger son voisin au bornage de leurs propriétés contiguës; ce droit est une servitude. Le bornage se fait à frais communs. Lorsque la propriété ou les titres sont contestés, le juge de paix de la situation des lieux connaît de l'action en bornage; l'action en bornage est mixte et imprescriptible; elle est possessoire lorsqu'elle est fondée sur la possession annale; pétitoire lorsqu'elle repose sur les titres ou la propriété. L'action en bornage appartient, en demandant ou en défendant, à l'emphytéote, au communiste, à l'usufruitier, au nu-propriétaire, au propriétaire, à l'État, aux communes et aux administrations. Le bornage implique deux opérations : la délimitation des héritages et le placement des bornes. Enfin l'exercice de l'action en bornage exige : un fonds rural, des propriétaires distincts, et la contiguïté des propriétés. L'empiètement sur un fonds urbain n'ouvre que l'action en revendication. L'indivision, la communauté, la société n'ouvrent que des actions en partage. — En droit maritime, on entend par *bornage* la navigation faite par une embarcation jaugeant vingt-cinq tonneaux au plus, avec faculté d'escales intermédiaires entre son port d'attache et un autre point déterminé, mais qui n'en doit pas être distant de plus de quinze lieues marines. Les chiffres du tonnage et de limite de parcours peuvent toutefois être élevés, mais seulement pour les chalands, alléges, penelles et autres bâtiments naviguant sur les fleuves et rivières au moyen du remorqueur ou du halage. Peut commander au halage tout marin âgé de vingt-quatre ans au moins, et réunissant soixante mois de navigation. Le rôle d'équipage de tout bâtiment ou embarcation armé au bornage mentionnera ce genre de navigation, il sera assimilé au rôle des bâtiments ou embarcations armés au cabotage, en ce qui touche le décomptage des services et la prestation des Invalides. Les bâtiments et embarcations armés au bornage sont assimilés à ceux qui sont armés au cabotage, relativement aux infractions en matière de rôle d'équipage, d'indication à l'arrière, d'embarquements et de débarquements irréguliers. Le décret du 20 mars 1852, en réglementant la navigation dite au bornage, sans atteindre sérieusement les droits des capitaines de commerce qui ne veulent point commander les embarcations destinées au transport, dans des limites restreintes, d'objets d'approvisionnement, des produits locaux, de sables pour le lestage des navires, de matériaux nécessaires à des constructions maritimes, régularise l'état de choses actuel, substitue l'action de la loi à l'action administrative, et donne une légitime satisfaction à des nécessités locales.

BORRAGINÉES (botanique) [du latin *borrago*, bourrache]. — Famille de plantes dicotylédones monopétales hypogynes, à fleurs disposées en épis unilatéraux, à feuilles alternes et souvent hérissées de poils rudes, à racine vivace. Elle comprend un grand nombre de genres, dont le plus connu est la *bourrache*. Ces plantes, en général mucilagineuses et émollientes, sont aussi diurétiques, à cause de l'azotate de potasse qu'elles contiennent.

BORURE (chimie). — Combinaison du bore avec un autre corps simple.

BOSSAGE (architecture) [de *bosse*]. — Parement saillant brut ou taillé laissé à la surface d'une pierre dont les arêtes apparentes sont relevées par une ciselure de peu de largeur.

La figure ci-jonte (fig. 11 bis) représente l'angle d'un monument comprenant les quatre principaux systèmes de bossages : un bossage en pointe de diamant; deux bossages en tablette; trois bossages vermiculés et quatre bossages arrondis. C. G.

BOSTON. — Jeu de cartes d'origine américaine qui se joue à quatre avec un jeu de cinquante-deux cartes. « Celui qui distribue le jeu donne les cartes comme il l'entend, une par une, deux par deux, trois par trois ou plus, au nombre de treize à chacun, puis il met une fiche au panier, dont la valeur est fixée à cinquante. Celui qui a carte blanche l'annonce avant tout le reste du jeu, et reçoit une fiche de la valeur de dix de chacun des joueurs. La couleur *pique* est subordonnée au *trèfle*, le trèfle l'est au *carreau*, et le carreau au *cœur*. Le joueur à droite de celui qui donne demande ou passe; le second soutient ou passe aussi, ou il demande en une couleur supérieure; le troisième, de même. Lorsque tous les joueurs passent, on recommence le coup; mais le dernier perd sa *donne*. Celui qui demande et qui n'est pas soutenu n'est obligé qu'à cinq levées. La couleur demandée devient *atout*. Deux joueurs qui se sont soutenus doivent faire huit levées. On ne peut demander moins de six levées quand on joue seul. On appelle *honneurs* l'*as* et les *figures*, qui se payent, de même que les levées en plus ou en moins, lorsqu'elles ne sont pas égales entre les mains des joueurs, trois contre une ou toutes les quatre. La *petite misère* s'opère en écartant une carte et sans faire de levées; et la *grande misère*, sans écarter, et de même sans faire de levée. Huit levées faites par un seul joueur forment ce qu'on nomme une *grande indépendance*. Si deux joueurs demandent dans la même couleur, la *pri-*

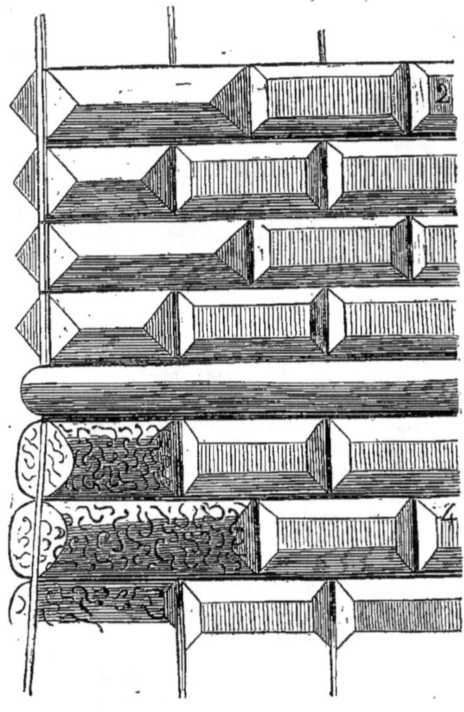

Fig. 11 bis. — Bossage.

mauté est acquise au premier demandant; on ne peut la lui enlever que par la demande d'une levée de plus, ou dans une couleur supérieure. La grande misère enlève huit levées; neuf levées priment la grande misère, comme sept levées la petite misère. Le *picolissimo* est un coup qui s'opère en ne faisant qu'une levée; il est supérieur à sept levées et à la petite misère. La *misère des quatre as* prime tous les coups que nous venons d'énumérer, et enlève aussi neuf levées; elle se joue en n'écartant pas et avec la faculté de renoncer jusqu'à la dixième carte; il ne faut faire aucune levée pour gagner. Dix levées enlèvent la misère des quatre as. La *grande misère sur table* n'est primée que par onze levées dans une couleur supérieure, et se joue cartes sur table; il faut douze levées dans une couleur inférieure pour enlever ce coup. *Faire boston* ou *chlem*, à deux ou seul, c'est faire toutes les levées. Le *boston seul* enlève douze lévées; le *boston sur table* prime tous les coups. Les levées en sus des demandes se payent à part. Celui qui ne fait pas le coup qu'il a demandé paye les trois autres joueurs et met une *mouche* au panier. »

BOTANIQUE (histoire naturelle) [du grec *botané*, herbe]. — Science qui traite des végétaux et de tout ce qui s'y rapporte. Elle embrasse non-seulement la connaissance des plantes, mais les moyens de parvenir à cette connaissance, soit par un système qui les soumet à une classification artificielle, soit par une méthode qui les coordonne dans leurs rapports naturels.

On peut la diviser en trois parties : la partie qui considère les végétaux comme des êtres distincts les uns des autres, qu'il s'agit de reconnaître, de décrire, de classer; celle qui étudie les végétaux comme êtres organisés et vivants, fait connaître leur structure intérieure, le mode d'action propre à chacun de leurs organes, et les altérations qu'ils peuvent éprouver; enfin, celle qui s'occupe des végétaux sous le rapport de leur culture, de leur utilité, ou de leurs usages dans la médecine, les arts, l'économie domestique, etc.

La botanique est, de toutes les branches de l'histoire naturelle, celle qui présente les objets d'utilité les plus nombreux, et les agréments les plus variés. Les aliments sains et de tout genre que les plantes offrent à l'homme pour ses besoins les plus essentiels, les ressources innombrables qu'elles fournissent à la médecine pour le traitement des maladies, les tributs multipliés dont elles enrichissent les arts, assurent une prééminence marquée à cette branche étendue des connaissances humaines.

Envisagée dans ses applications, la botanique occupe un rang distingué parmi les sciences utiles. Est-il, en effet, une étude plus attrayante que celle de ces productions innombrables et variées qui parent nos prairies et font l'ornement de nos jardins et de nos forêts? La botanique est la science de tous les temps, de tous les lieux. Partout on trouve des plantes : la nature en a fait la parure de la terre, et toutes les saisons, l'hiver même, malgré ses glaces et ses frimas, voient naître et se reproduire de nouveaux végétaux.

La botanique a, comme toutes les autres sciences, des principes invariables dont on ne pourra jamais s'écarter; elle a ses difficultés et ses problèmes, et elle procure de douces jouissances à ceux qui s'en occupent avec fruit.

Les Égyptiens ont été regardés comme les premiers qui se soient appliqués à ce genre d'étude. Dans le nombre prodigieux de livres attribués à Mercure Trismégiste, on dit qu'il y en avait plusieurs qui traitaient de la vertu des plantes. Parmi les Grecs, presque tous les personnages des siècles héroïques se sont distinguées par leurs connaissances dans cet art, et l'on désigne encore aujourd'hui plusieurs plantes par le nom de quelques-uns de ces héros.

La connaissance des plantes ne fut d'abord que médicinale, ce qui en rendit le catalogue extrêmement borné; Théophraste, Dioscoride et Pline n'en ont guère cité plus de six cents, sans ordre et sans caractères auxquels on pût les reconnaître. A l'époque de la renaissance des lettres, on ne songea qu'à entendre les anciens, pour en tirer les lumières qui avaient été si longtemps ensevelies. Mais les traductions de Théophraste et de Dioscoride n'ayant servi qu'à exciter des disputes éternelles et sans fruit, on comprit enfin qu'il fallait aller chercher les lumières dans les lieux mêmes où les anciens avaient écrit, et avant la fin du quinzième siècle, les naturalistes avaient déjà parcouru les îles de l'Archipel, la Syrie, la Mésopotamie, l'Arabie et l'Égypte, décrit les plantes qu'ils avaient découvertes, et donné à la botanique sa véritable forme, en changeant en observations naturelles et en science propre ce qui n'était auparavant que citations et commentaires. Les amateurs de la *botanique* s'efforcèrent, de leur côté, de seconder les travaux des savants voyageurs, en décrivant les plantes qui croissaient sous leurs yeux, en indiquant le temps de leur naissance, de leur durée et de leur maturité.

Théophraste a développé dans l'*Histoire des Plantes* et dans le *Traité des Causes*, la doctrine botanique et le système de physiologie végétale qu'il enseignait à ses deux mille élèves; comme l'un et l'autre ont été suivis pendant près de vingt-deux siècles sans subir la plus légère modification, il importe d'en offrir ici le résumé rapide. « Les caractères généraux et essentiels des plantes offrent, dit-il, un rapport remarquable avec ceux des animaux; il existe entre eux quelques différences, mais ils sont les uns et les autres soumis aux mêmes lois pour l'organisation et le développement, pour la nutrition et la reproduction. La force vitale détermine tous les phénomènes de l'existence végétale, et pour le maintien de cette force, il faut que l'humide radical soit dans une juste proportion avec la chaleur. La reproduction a lieu par l'union des sexes. Ce sont les corpuscules pulvérulents qu'on remarque dans les fleurs mâles, sous l'aspect d'un léger duvet, qui fécondent les fleurs femelles, et leur font porter des fruits. Il y a analogie frappante entre l'odeur qu'exhale la poussière des fleurs et celle de la liqueur séminale. Jamais les fleurs femelles ne produisent sans le concours des fleurs mâles. Tantôt l'hymen s'accomplit par le ministère des vents, ou par la main des hommes qui rapproche les individus parfois très-éloignés, et apporte aux épouses le principe fécondant; tantôt les organes sexuels sont réunis sur le même pied, et sont placés de manière à ne pouvoir jamais être privés du tribut conjugal. La graine est l'œuf végétal; une partie de sa substance sert à former la tige, les rameaux et les feuilles qui les ornent, l'autre à nourrir le germe et à développer les racines : tous les éléments de la végétation et de la reproduction sont déposés dans la semence. C'est par les racines que la plante reçoit de la terre une partie de sa nourriture; là, comme dans l'estomac des animaux, l'eau et les matières qu'elle tient en dissolution acquièrent le degré de coction nécessaire pour être incorporées à la substance végétale. C'est par les racines que les germes aspirent une nouvelle vie, qu'ils prennent de l'accroissement, et que les parties supérieures se chargent de verdure et de fruits. La forme des racines varie à l'infini, et avec elle les propriétés qui leur sont inhérentes. Une plante privée de sa racine ne tarde pas à périr. Les tiges s'élèvent vers le ciel ou rampent sur le sol; celles qui montent le plus vite s'énervent et ne donnent point de fleurs ni de fruits, ou si elles en portent, les premières tombent aisément, les seconds sont mauvais. La première évolution extérieure commence par des feuilles séminales, dont la forme est le plus ordinairement ronde et simple; de leur centre sort la tige. Il y a des plantes qui lèvent avec une seule feuille séminale, les autres en ont deux. Aux feuilles radicales succèdent les caulinaires; elles affectent différentes formes; les plus communes sont aiguës ou composées; leur teinte varie, elle est d'un vert foncé en dessus et blanchâtre en dessous. Chacune de leurs faces est formée de fibres et de vaisseaux disposés en un réseau particulier, dont la partie supérieure n'a point de communication avec l'inférieure. Les feuilles nourrissent la plante des vapeurs qui circulent dans l'atmosphère; c'est par elles que le végétal transpire et qu'il se débarrasse des parties inutiles à sa nutrition. Les fleurs sont le siége des sexes; les fleurs doubles sont stériles, les mousses et les fougères en sont privées. Les fleurs s'épanouissent à des époques fixes qui varient selon les individus, les localités qui leur donnèrent primitivement le jour, et la température de l'année. Les fruits viennent après les fleurs, à l'exception du figuier chez qui le fruit se développe sans qu'aucun appareil de floraison l'ait précédé. Chez certaines plantes, le fruit est une pulpe charnue; chez d'autres, c'est une enveloppe plus ou moins épaisse, plus ou moins dure, qui renferme les semences. »

Passant ensuite aux parties internes, Théophraste y reconnaît les mêmes organes que chez les animaux, et pour les exprimer, il emploie les mêmes termes.

« L'écorce sert d'enveloppe extérieure; celle des espèces herbacées n'est qu'un simple épiderme recouvrant un tissu cellulaire plus ou moins épais et presque toujours succulent; l'écorce des espèces ligneuses, proprement appelée *écorce*, est lisse ou raboteuse, fendillée et pour ainsi dire déchirée par lambeaux. Très-importante à la vie végétale, l'écorce est chargée d'élaborer les sucs nutritifs et de réunir en un seul faisceau toute la puissance régénératrice de la plante. Des tubes capillaires fibreux constituent le corps du végétal; c'est par eux que s'opère l'absorption des sucs vitaux et la nutrition des feuilles. Les corps fibreux offrent un assemblage de vaisseaux qui ne se déchirent que lorsqu'on fend la tige; ils s'écartent tout simplement les uns des autres, et ne se confondent jamais au point que deux vaisseaux n'en forment qu'un seul. Ces fibres suivent une direction parallèle dans le pin et le sapin, tandis que dans le liége elles se croisent en tous sens. On peut les observer jusque dans les fleurs et même dans les fruits. Outre le corps fibreux, la plante possède encore des vaisseaux plus gros et plus épais; ils promènent la séve et les autres fluides; ils sont très-apparents dans certains arbres, ils manquent dans d'autres. Entre les fibres et les vaisseaux séveux est le parenchyme : cette substance est répandue dans toutes les parties du végétal, elle abonde surtout dans le fruit; on la trouve aussi quelquefois dans le ligneux. Le bois est principalement composé de fibres et de sucs; sa portion la plus faible est celle qui touche à la moelle; elle occupe toute la plante depuis l'origine des racines jusqu'au sommet de la tige. Le palmier n'a point de moelle ni de couches concentriques. La moelle se distingue du reste du bois par sa couleur foncée; elle donne naissance au fruit et au noyau; elle périt souvent dans le tronc des arbres, et l'on n'en aperçoit plus de vestiges qu'à l'extrémité des branches : le ligneux ne cesse point pour cela de végéter avec quelque vigueur, de donner chaque année de nouvelles pousses, des feuilles et même des fruits. La bonté du bois dépend de la nature du sol; celui venu sur les hautes montagnes et les plaines élevées est plus compacte, plus dur, d'un meilleur usage que celui provenant des terrains marécageux. Les végétaux sont disséminés inégalement sur la terre; les vents, les oiseaux et les ondes en transportent les semences à des distances plus ou moins grandes. Plusieurs causes peuvent nuire aux plantes même les plus robustes et porter le désordre dans leur organisation. La rigueur des frimas, les chaleurs excessives et longtemps prolongées, l'humidité constante, les vents impétueux, la foudre, les insectes déterminent des lésions plus ou moins nombreuses, outre les affections générales ou particulières à chaque végétal, qui décident tôt ou tard de sa destruction. »

Sans doute, au milieu de ces doctrines vraies, où l'on retrouve toutes celles que le temps a confirmées, il se rencontre quelques erreurs, quelques observations incomplètes; mais quand on calcule l'espace de temps qui sépare Théophraste des modernes législateurs de la botanique, on ne peut qu'admirer la puissance de son génie. Il forma deux grandes classes des végétaux, les arbres et les herbes; ces dernières, il les divisait en plantes potagères, fromentacées ou céréales, succulentes ou médicinales, oléagineuses et d'agrément. En envisageant ainsi la botanique, il a quitté la route qui devait le conduire à la distinction des genres et des espèces, qui l'aurait amené à des considérations plus philosophiques, à des notions plus exactes. Il rachète cette faute lorsqu'il parle des localités, car il le fait toujours en voyageur qui sut tout apprécier, en géographe fidèle; et quand il s'applique à décrire une plante, ce qui malheureusement arrive trop rarement, c'est avec une telle précision, une telle vérité, qu'on le croirait armé de tous les instruments que l'esprit d'investigation fit inventer plusieurs siècles après lui.

Les élèves de Théophraste, au lieu de suivre l'impulsion progressive qu'il avait imprimée à la botanique, demeurèrent stationnaires. L'école d'Alexandrie fit moins encore; elle ne connut que les livres, tout était là suivant elle, et ce qui ne s'y trouvait pas n'existait point. Elle compta de nombreux érudits, mais pas un botaniste. Il faut cependant distinguer, parmi les compilateurs et les lourds commentateurs des âges suivants, Cratévas, qui décrivit bien les plantes, et en donna de très-bonnes figures dessinées, et coloriées sur la nature vivante; Dioscoride, qui reconnut le premier la nécessité de la synonymie, et Galien, qui éclaira la botanique médicale par ses observations au lit des malades, par ses expériences sur lui-même.

Cependant il manquait à la botanique un ordre général, ou un système qui en fit une science proprement dite, en lui donnant des principes et une méthode; c'est à quoi ont travaillé, avec un succès qui s'est de plus en plus perfectionné Dillenius, Tournefort, Buffon, Vaillant, Schoeffer, Haller, Œder, Linnée, Jussieu, etc.

L'étude de la botanique comprend la *glossologie* (dénomination des organes des plantes); la *taxonomie* (théorie des classification), et la *phytographie* (description des végétaux).

Lorsqu'on considère les végétaux sous le point de vue de quelqu'une des applications qui peuvent en être faites, on se sert des termes de *botanique agricole, botanique industrielle, botanique médicale,* qui ne constituent pas des sciences à part, mais des observations particulières se rattachant toujours à la botanique proprement dite.

GLOSSOLOGIE. — Une plante est un être qui naît, vit, grandit et meurt : il diffère des animaux en ce qu'il n'a pas la faculté de se mouvoir; il se compose de parties distinctes nommées *organes,* telles sont la racine, la tige, les fleurs et leurs subdivisions. Ces organes sont eux-mêmes formés d'un organe élémentaire appelé *cellule* (fig. 12, n° 1).

Au moment où elle se forme, la cellule est globuleuse ou ovoïde; mais elle éprouve des modifications occasionnées soit par la pression qu'exercent les parties environnantes, soit par le fait même de la croissance, de sorte qu'elle devient elliptique, polyédrique, prismatique, etc. (n°s 2, 3, 4); lorsqu'elle est fort allongée, on lui donne le nom de *fibre* (n°s 6, 8, 9): c'est la réunion des fibres qui forme la masse du bois et des matières textiles. La fibre est naturellement creuse, quoique la cavité soit quelquefois nulle ou presque nulle; les *vaisseaux* (n° 10), qui sont des conduits fort longs où circule la *séve,* paraissent formés de la réunion bout à bout de plusieurs fibres dont les cloisons intermédiaires ont disparu. Les vaisseaux se montrent sous différents aspects, auxquels on a donné les noms de *trachées, vaisseaux annulaires, réticulés, laticifères, ponctués* On trouve dans les cellules différentes substances, variables selon leur âge et les plantes d'où elles proviennent; ce sont de la séve, de l'air, des acides, des huiles fixes, des huiles essentielles, de la matière colorante, de la fécule, des sels.

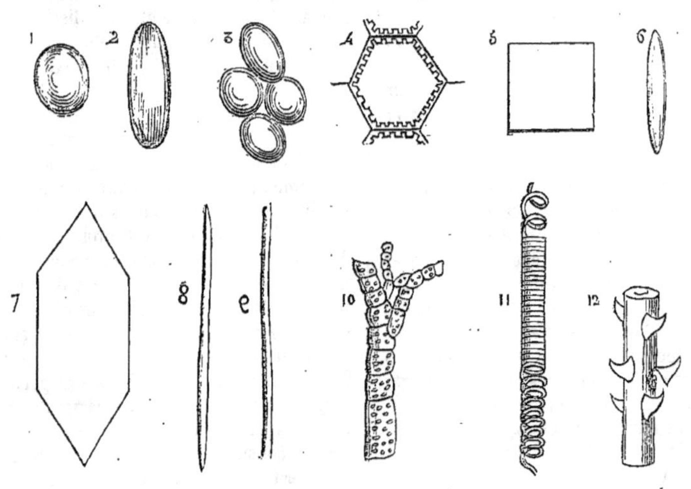

Fig. 12. — ORGANES DES VÉGÉTAUX. 1. Cellule ronde. 2. Cellule elliptique. 3. Tissu cellulaire lâche. 4. Cellules rapprochées, polyédriques. 5. Coupe transversale. 6. Fibre. 7. Coupe longitudinale. 8 et 9. Fibres. 10. Vaisseaux se formant des cellules. 11. Trachée. 12. Aiguillons.

Un végétal bien développé, tel qu'un rosier, un lis, un œillet, nous offre une *racine,* par laquelle il tient au sol; une *tige* qui s'élance dans les airs; des *feuilles* plus ou moins larges; un *pistil* et des *étamines* pour reproduire le végétal; un *calice* et une *corolle* pour protéger les organes de la reproduction; le *fruit,* qui contient les germes d'une ou de plusieurs nouvelles plantes, et un grand nombre d'autres organes qui entrent dans la composition de ceux-ci.

Mais en considérant la destination de ces divers organes, on ne tarde pas à s'apercevoir qu'elle est la même pour la plupart d'entre eux; qu'ainsi la *racine,* la *tige,* les *feuilles,* etc., servent à absorber dans la terre, dans l'air ou dans l'eau, les aliments nécessaires à la plante; de même le *pistil,* l'*étamine,* le *fruit,* la *corolle,* le *calice,* et autres organes analogues, ont pour objet sa reproduction. Il résulte de là que les différentes parties dont se compose le végétal sont destinées à l'accomplissement d'une des deux grandes fonctions organiques, les unes à la *nutrition*, les autres à la *reproduction*.

La *racine* est composée de deux parties dont l'une lui sert spécialement de support et l'autre de suçoir pour absorber sa nourriture. La première, qui est la continuation de la tige, est d'une force généralement proportionnée à la grandeur du végétal, et porte le nom de *corps*; la seconde, composée de *fibres* ou de filaments déliés, dont toute la surface et surtout l'extrémité sont criblées de pores absorbants, est appelée *chevelue*, parce qu'elle a été comparée aux cheveux pour la ténuité; mais ces deux parties n'ont pas leurs fonctions tellement distinctes, qu'elles ne puissent se remplacer mutuellement. Le corps de la racine a sa surface criblée de pores qui lui permettent d'absorber les molécules nutritives; et les fibres, en se répandant au loin dans le sol et en s'insinuant même dans les fentes des rochers, servent à fixer la plante, en même temps qu'elles puisent avec une activité infatigable les sucs que la terre recèle dans son sein. Les pores radicaux n'absorbent pas indistinctement tout ce qui se présente à eux; doués d'une espèce de sentiment ou de tact instinctif, ils savent laisser de côté les matières nuisibles ou inutiles, pour ne prendre que les substances nutritives; c'est ainsi qu'on voit la *racine* qui ne se trouve pas dans un terrain convenable parcourir des trajets longs et tortueux, traverser des murs épais, en un mot surmonter mille obstacles qu'on croirait invincibles, pour trouver dans un sol plus favorable la nourriture propre au végétal.

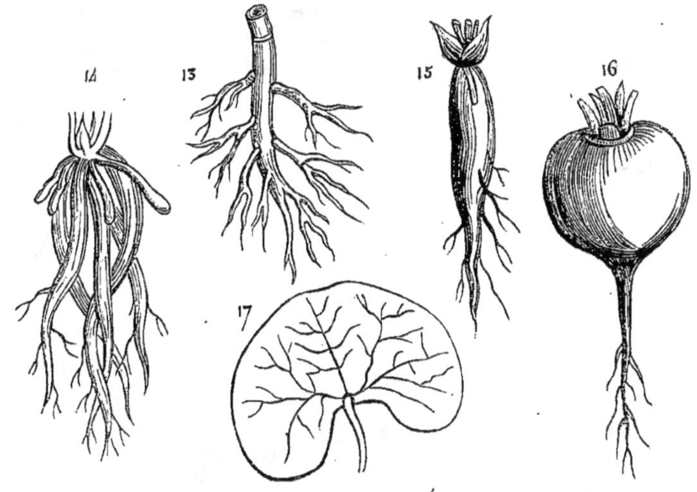

Fig. 13. — Organes des végétaux. 13. Racine simple. 14. Racine composée. 15. Racine fusiforme. 16. Racine napiforme. 17. Feuille entière.

Mais la *racine* ne se borne pas à fixer la plante à la terre et à lui fournir des sucs nourriciers, elle sert encore à la débarrasser de ses matériaux inutiles et à la multiplier. Ce sont les pores dont elle est munie qui produisent l'*exhalation*, par laquelle le végétal rejette hors de lui les débris usés de ses organes ou le résidu de la nutrition. Quant à la manière dont la *racine* sert à la multiplication, elle s'explique aisément par les boutons ou bourgeons dont elle est parsemée, et dont le développement produit un nouvel individu.

La consistance, la structure, la composition, la durée et la forme des racines fournissent de bons moyens de distinguer les végétaux.

La racine est *charnue*, quand elle est grosse et tendre (la betterave, la carotte, etc.), et *ligneuse*, lorsqu'elle est dure comme le bois (le chêne, le peuplier, etc.).

Elle est *pivotante*, si elle est conique et s'enfonce perpendiculairement dans la terre, comme la *carotte*; *fibreuse*, si elle se compose d'un grand nombre de filaments déliés (le palmier, le froment, etc.); *tubéreuse*, si elle est grosse, charnue et non fibreuse (la pomme de terre, la patate, etc.) (fig. 20); *bulbeuse*, si elle est formée d'écailles charnues placées les unes sur les autres; tel est l'*ognon* (fig. 20).

La racine est *simple*, quand elle n'a qu'un seul corps (la rave, le panais, etc.) (fig. 13); *composée* ou *rameuse*, quand elle en a plusieurs (le chêne, l'orme, etc.) (n° 13).

La racine est *annuelle* lorsqu'elle périt tous les ans (le coquelicot, etc.); *bisannuelle* quand elle en dure deux (la carotte, etc.); et *vivace* quand elle dure plus longtemps (les arbres).

La *forme* des racines est extrêmement variée; elle est *fusiforme* (n° 15), *conique*, *arrondie*, *noueuse*, *fasciculée* ou en faisceau, *napiforme* ou en toupie (n° 16), *didyme* ou formée par la réunion de deux tubercules, *bulbifère* quand elle est surmontée par une bulbe, etc. (fig. 14, n° 20).

Il y a des plantes qui, étant dépourvues de tige, comme la primevère, la jacinthe, sont dites *acaules*.

Dans les autres, la tige a deux parties bien distinctes : l'une, extérieure, généralement mince, appelée *écorce*; l'autre, intérieure, dont la structure varie beaucoup selon les espèces, forme le *corps de la tige*. La première, qu'on peut regarder comme la peau du végétal, se compose de plusieurs couches dont la plus extérieure est nommée *cuticule*, et s'étend à la surface de tous les organes exposés au contact de l'air; tels que les feuilles, les fleurs, etc. La partie interne de la tige est formée des vaisseaux séveux, des trachées et des canaux destinés à rejeter au dehors certains produits, tels que la gomme, la résine, etc.

La *structure*, la *consistance*, la *forme*, la *direction* et la *surface* de la *tige*, offrent un grand nombre de modifications qui ont permis d'en distinguer de plusieurs sortes.

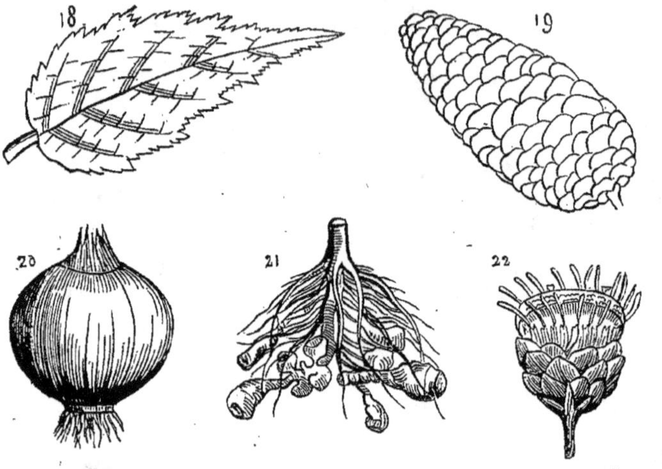

Fig. 14. — Organes des végétaux. 18. Feuille dentée. 19. Cône de pin maritime. 20. Bulbe tuniquée. 21. Tubercule de topinambour. 22. Involucre.

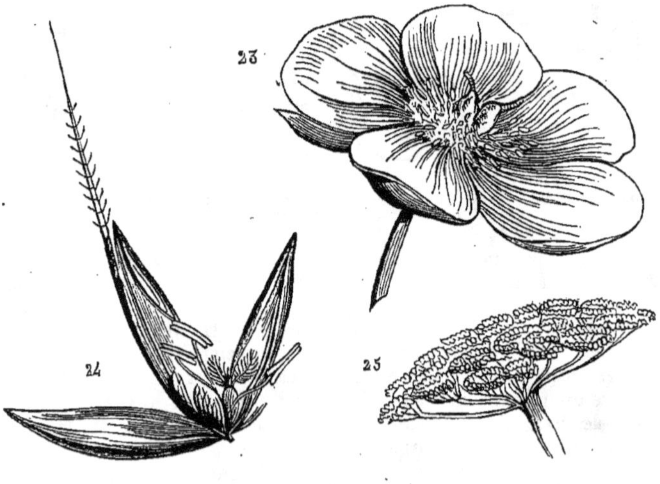

Sous le rapport de la structure, on distingue le *tronc*, qui est ligneux, allongé et conique (le chêne, le peuplier); le *stipe*, qui est une espèce de colonne cylindrique, aussi grosse au sommet qu'à la base (le palmier); le *chaume*, qui est *fistuleux* ou creux intérieurement, et marqué de distance en distance de *nœuds* et de cloisons (l'avoine, le *maïs*); la *souche*, qui est souterraine et horizontale (l'iris, le sceau de Salomon), et la *tige* proprement dite, qui n'est ni tronc, ni stipe, ni chaume, ni souche. D'après la *consistance* de la tige, on dit que le végétal est une *herbe*, quand sa tige est verte, tendre et périt chaque année (le blé, l'avoine); un *sous-arbrisseau*, quand elle est ligneuse et persistante, tandis que ses rameaux meurent et se renouvellent tous les ans (le thym, la sauge); un *arbrisseau*, quand elle est ligneuse et se ramifie dès sa base (le noisetier, le lilas); un *arbre*, lorsqu'elle est ligneuse, simple à sa base et divisée seulement à une certaine hauteur (le chêne, l'orme). Quand à sa *forme*, la tige est *cylindrique* ou *ronde* (le pin, le lin); *comprimée* ou aplatie (le poa comprimé, espèce d'herbe des prairies); *anguleuse* marquée de côtes saillantes (la sauge, la menthe); *noueuse* ou *renflée* de distance en distance (le maïs, l'avoine); *sarmenteuse* quand elle est armée de *vrilles* ou *mains* pour se soutenir (la vigne); *grimpante* quand elle s'élève en se fixant aux corps environnants par des espèces de

Fig. 15. — Organes des végétaux. 23. Fleur complète. 24. Glume. 25. Ombelle.

racines (le lierre); *volubile* ou *spirale* quand elle grimpe en s'entortillant autour d'un support (le haricot, le chèvre-feuille).

Par rapport à la *direction*, la tige est *dressée* ou *verticale* dans la campanule, le lin, et *rampante* dans la nummulaire.

Relativement à sa *surface*, elle est *glabre* quand elle n'a pas de poils (la pervenche); *pubescente* quand elle en a (la digitale pourprée); *épineuse* quand elle a des épines (le prunelier); *aiguillonnée* quand elle a des aiguillons (le rosier).

Les usages de la *tige* sont assez bornés à l'égard de la plante; le principal paraît être de servir de support aux feuilles, aux bourgeons et aux organes de la reproduction; par conséquent, elle sert en même temps à nourrir et à multiplier les plantes. Mais les services qu'elle rend aux arts et à l'économie domestique sont bien plus nombreux; les arbres fournissent le bois de charpente, les herbes font la base de la nourriture de nos bestiaux; le santal, le campêche, etc., s'emploient journellement dans la teinture; nous tirons de la canne à sucre la plus grande partie du sucre du commerce; enfin, la médecine fait un usage continuel du quinquina, la tannerie de l'écorce du chêne, etc.

On donne le nom de *bourgeons* à de petites éminences qui se remarquent sur la tige et sur ses divisions, et qui renferment les rudiments des feuilles, des fleurs et des rameaux : ce sont par conséquent des organes très-importants et qui sont aussi utiles à la reproduction qu'à la nutrition; aussi la nature a-t-elle pris un soin particulier pour les garantir des injures de l'air. Formés de petites écailles placées en recouvrement les unes sur les autres, les *bourgeons* sont de plus protégés, du moins dans les climats septentrionaux et tempérés, par un duvet fin et cotonneux, et par une couche d'enduit gluant et résineux, qui les rend inaccessibles au froid et impénétrables à l'humidité.

Les *bourgeons* commencent à paraître en été, et portent le nom d'*yeux*. Devenus plus gros en automne par l'effet du mouvement plus actif de la séve, ils prennent le nom de *boutons*. La forme et la nature des bourgeons diffèrent dans les diverses espèces de plantes. On appelle spécialement *bourgeons* ceux qui se développent dans l'aisselle des feuilles, et c'est surtout à ceux-là que s'applique ce que nous venons de dire sur les bourgeons en général (le pêcher, le prunier, etc.). On nomme *turion* celui qui naît d'une racine ou d'une souche souterraine, comme celui de l'asperge comestible. Enfin, on donne le nom de *bulbe* à celui qui provient d'une racine bulbeuse, et qui est formé d'écailles charnues (le lis, la jacinthe, etc.).

On dit que le bourgeon est *florifère*, *foliifère* ou *mixte*, selon qu'il renferme des *fleurs* ou des *feuilles* seulement, ou des feuilles et des fleurs en même temps.

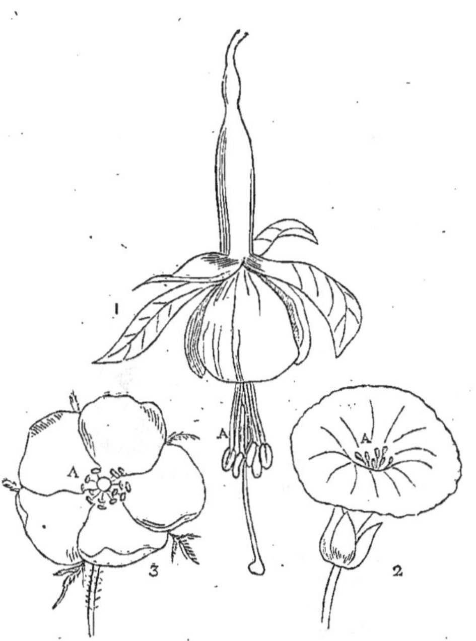

Fig. 16. — ORGANES DES VÉGÉTAUX. 1. Anthère de fuschia. 2. Convolvulus. 3. Rose.

Indépendamment de l'utilité des *bourgeons* par rapport au végétal, ces organes ont plusieurs usages soit dans l'économie domestique, soit en médecine, soit dans le jardinage. Ainsi l'oignon, le poireau, l'échalotte, l'asperge, etc., sont journellement employés comme aliments ou comme assaisonnement : la scille, l'ail, etc., fournissent à l'art de guérir des remèdes efficaces.

Mais le service le plus important que nous rendent les *bourgeons*, c'est celui qu'ils procurent à l'agriculture en servant à la *greffe* (on désigne ainsi une opération par laquelle on transporte un *bourgeon* d'une plante sur l'autre, pour qu'il s'y développe). Ce procédé, qui est d'un usage journalier, s'emploie pour améliorer la qualité des fruits ou des fleurs de certaines plantes, pour multiplier celles qui ne se propagent que difficilement par graines, pour hâter la fructification de certaines espèces, etc.

Pour que la *greffe* réussisse, il faut qu'elle ait lieu entre des végétaux de la même espèce, ou au moins du même genre, et sur les parties végétantes, afin que la séve du *sujet* qui reçoit la *greffe* puisse nourrir les bourgeons de cette dernière et en produire le développement.

On désigne sous le nom de *feuilles* ces expansions membraneuses, ordinairement vertes, qui naissent sur la tige ou sur ses divisions. Cette définition s'applique à la généralité des feuilles; il en est pourtant quelques-unes qui n'ont pas tous ces caractères, et qui, au lieu d'être vertes, offrent une couleur jaune ou rougeâtre. D'autres, au lieu d'être de simples expansions minces et membraneuses, sont grosses et charnues, comme celles de l'aloès, de la joubarbe, etc.

Toute feuille se compose de deux parties : le *disque* ou *limbe*, qui est la feuille proprement dite, et le *pétiole*, connu vulgairement sous le nom de *queue*.

Le *pétiole*, qui manque dans certaines feuilles appelées *sessiles* (le pavot), est une petite tige qui, sous le nom de *côte*, traverse le disque dans toute sa longueur, en envoyant de chaque côté des prolongements nommés *nervures*. Ces dernières se divisent et donnent naissance aux *veines*; et les veines, en se ramifiant à leur tour, forment un réseau fin et délicat, qu'on peut regarder comme la charpente de la feuille, et dont les mailles sont remplies de tissu cellulaire.

Dans certaines plantes (le lis, le blé), le pétiole, au lieu de se ramifier en *nervures* et en *veines*, se fend, à son entrée dans le limbe, en un certain nombre de parties qui se dirigent parallèlement jusqu'à l'extrémité de la feuille.

Quelquefois les nervures ne s'arrêtent pas à la circonférence du limbe, et, formant au delà une saillie plus ou moins considérable, acquièrent de la dureté et se transforment en *piquants*, comme dans le *houx*.

On distingue ordinairement deux faces dans les feuilles : l'une, *supérieure*, plus verte et moins poreuse, et l'autre, *inférieure*, de couleur moins foncée, plus velue et plus poreuse.

L'étude des feuilles, sans avoir l'importance de la fleur, est d'un grand intérêt pour la distinction des plantes; les différences qu'elles offrent dans leur *disposition*, leur *forme*, leur *surface*, leur *circonférence*, leur *consistance*, leur *durée* et leur *composition*, présentent d'excellents caractères pour établir une ligne de démarcation entre certains végétaux analogues par leur organisation et leurs propriétés.

Par *disposition* on entend la manière dont les feuilles naissent de la tige. Ainsi elles sont *opposées* quand elles sont placées à la même hauteur et qu'elles partent de deux points opposés (l'olivier, la pervenche); *verticillées* quand elles forment une espèce de couronne autour de la tige (la garance, le laurier-rose); *alternes* lorsqu'elles partent de deux points opposés, mais à des hauteurs différentes (l'orme, le tilleul); *éparses* quand elles paraissent dispersées sans ordre sur la tige (l'euphorbe); *fasciculées* quand elles sortent en grand nombre d'un même point de la tige (le cerisier, les conifères); *perfoliées* quand elles sont traversées par la tige.

La *forme* des feuilles est si variée qu'on a dit qu'il n'en existait pas deux parfaitement semblables; mais quoique cela soit rigoureusement vrai, il n'en est pas moins certain que ces organes ont dans chaque espèce de végétaux une forme à peu près déterminée, et qui n'est pas sans utilité pour leur distinction. Elles sont *rondes*, *ovales*, *oblongues*, *carrées*, *triangulaires*, *linéaires*, dénominations qui n'ont pas besoin d'être définies. Elles sont dites *cordiformes*, *réniformes*, *sagittées*, *ensiformes*, *palmées*, *pandurées*, etc., selon qu'elles ressemblent à un cœur (le tilleul), à un rein ou rognon (le lierre terrestre), à un fer de flèche (la sagittaire), à une épée (l'iris), à une main ouverte (le marronnier d'Inde), à un violon (certains liserons), etc.

La *surface* des feuilles peut être *plane*, *convexe* ou *concave*, *luisante* ou *opaque*, *unie* ou *raboteuse*, *glabre* ou *velue*, etc.

Leur *contour* est *entier* (fig. 13, n° 17) ou sans échancrures (l'olivier, le muscadier), *denté* (n° 18) ou dé-

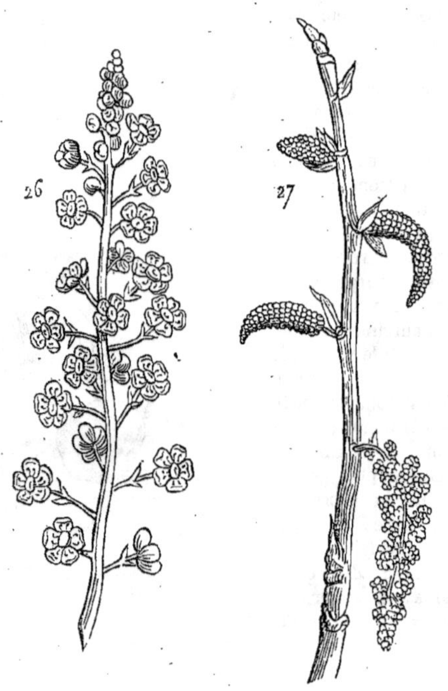

Fig. 17. — 26. Grappe. 27. Chaton.

coupé en dents (la violette, le houblon), *épineux* ou garni de piquants (le houx).

Sous le rapport de la *consistance*, les feuilles sont *coriaces* dans le laurier-rose, *molles* dans l'épinard, *charnues* dans la joubarbe, *creuses* ou *fistuleuses* dans l'oignon.

Suivant leur *durée*, elles sont *caduques* lorsqu'elles tombent promptement (le marronnier), *marcescentes* lorsqu'elles ne tombent que vers l'automne, et *persistantes* quand elles restent sur la plante pendant plus d'une année (le buis, les conifères).

Enfin les feuilles peuvent être *simples* ou *composées*; simples quand le pétiole de chaque feuille naît de la tige ou d'une branche (le chêne, la citrouille); composées lorsque d'un petit pétiole commun il part plusieurs pétioles plus petits (l'acacia, le palmier, le marronnier d'Inde. A l'égard des feuilles composées, il faut remarquer qu'il en existe de plusieurs sortes. Ainsi, elles sont *simplement composées* quand le pétiole commun ne se divise pas. On les dit *décomposées* lorsque le pétiole se ramifie, et *surdécomposées* quand les rameaux du pétiole se subdivisent eux-mêmes. Les feuilles *simplement composées* présentent elles-mêmes plusieurs modifications. Si toutes les folioles partent du sommet du pétiole commun, la feuille est dite *trifoliée* quand il y a trois folioles; *digitée* quand il y en a cinq ou sept; *multifoliée* quand il y en a un plus grand nombre. Si au contraire les folioles naissent de chaque côté du pétiole commun comme les barbes d'une plume, la feuille est dite *pennée*. Les feuilles pennées elles-mêmes se divisent en feuilles *pennées sans impaire*, et en feuilles *pennées avec impaire*, selon que le pétiole commun se termine par une foliole ou sans foliole.

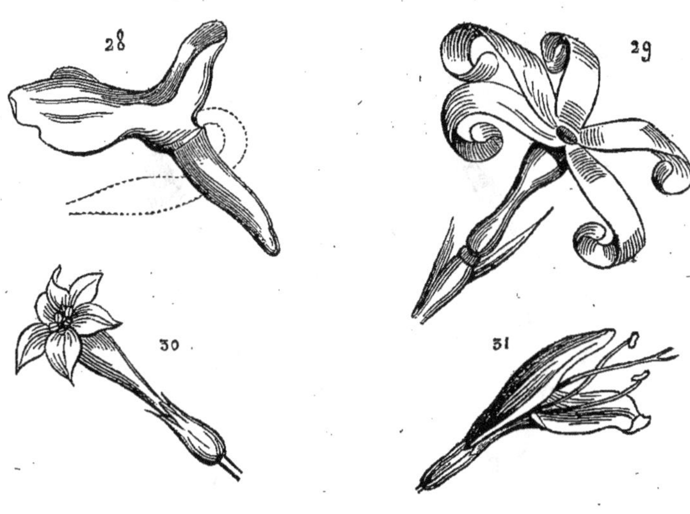

Fig. 18. — Organes des végétaux. 28. Corolle éperonnée. 29. Corolle tubulée. 30 Corolle en entonnoir. 31. Corolle labiée.

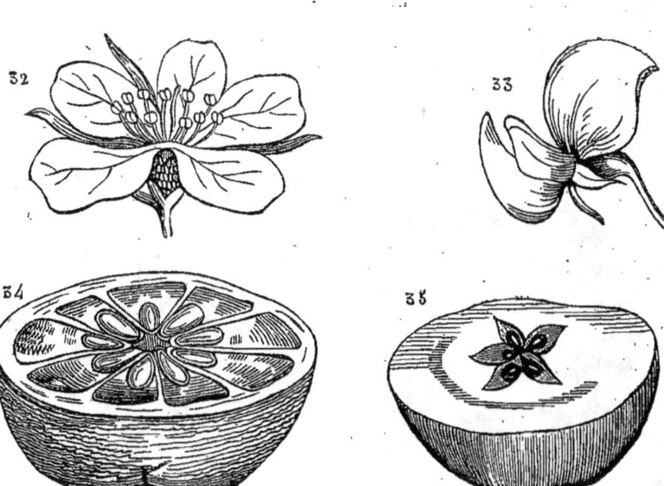

Fig. 19. — 32. Corolle rosacée. 33. Corolle papillonacée. 34. Orange (hespéridie). 35. Pomme.

Les *usages* des feuilles sont très-multipliés ; sans parler de leurs propriétés absorbantes, assimilatrice et exhalante, qui en font des organes essentiellement propres à la nutrition, quels services ne rendent-elles pas à l'économie domestique et à la médecine? Ces organes éprouvent, par l'influence de certains agents, tels que la chaleur, la lumière, l'électricité, des changements extraordinaires qu'on ne peut pas regarder comme l'effet d'une véritable motilité, puisqu'ils n'ont rien de volontaire, mais qui ont des rapports frappants avec les mouvements qu'exécutent certains animaux inférieurs, et surtout les mollusques et les zoophytes. Fléchissez, par exemple, une branche chargée de feuilles, de manière que la face inférieure de ces dernières devienne supérieure et réciproquement; vous verrez que peu de temps après, elles se retourneront pour revenir à leur postion naturelle. Placez telle plante que vous voudrez dans une cave où la lumière ne pénètre que par un soupirail, toutes les feuilles se dirigeront vers ce dernier pour recevoir l'influence des rayons lumineux.

Dans un grand nombre de végétaux, les feuilles suivent les mouvements de l'astre du jour. L'acacia, par exemple, a ses feuilles étendues au moment où le soleil paraît sur l'horizon, et, à mesure que cet astre s'élève vers le zénith, elles se redressent, pour commencer à baisser lorsque le jour décline, et pour devenir presque pendantes durant les ténèbres de la nuit. C'est à ce phénomène curieux que le célèbre Linnée donnait le nom de *sommeil des plantes*.

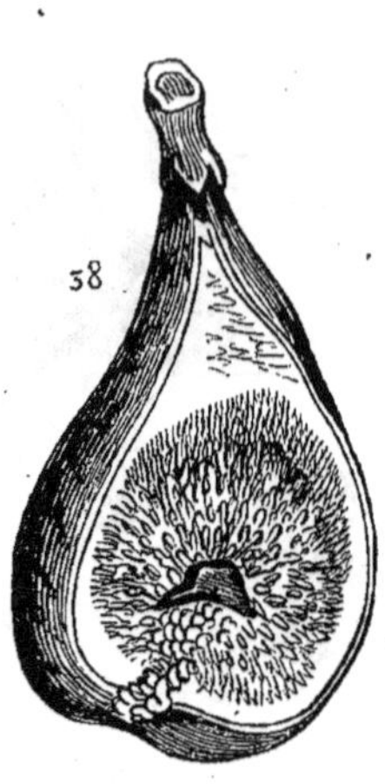

Fig. 20. — 36. Silique. 37. Arille. 38. Sicône.

La secousse la plus légère, le moindre changement de température, la plus faible influence de l'électricité et même le passage d'une ombre suffisent pour émouvoir la sensitive. Mais un des végétaux les plus curieux sous ce rapport est la *dionæa muscipula*. Quand un insecte, attiré par l'odeur cadavéreuse que sa fleur exhale, vient se poser sur ses feuilles, aussitôt celles-ci, irritées par sa présence, se contractent avec force et se rapprochent; et comme elles sont garnies de piquants, elles saisissent et retiennent l'imprudent

Fig. 21. — Baobab, famille 87e.

Fig. 22. — Guimauve, famille 87e.

animal; aussi cette plante porte-t-elle le nom d'*attrape-mouche*.

Fig. 23. — Achillée, famille 180e.

On appelle *organes accessoires de la nutrition* certaines parties du végétal dont les usages ne sont

Fig. 24. — Bruyère, famille 12e.

pas bien connus, quoique leur position et leur structure ne permettent pas de douter qu'ils ne servent à la nutrition. Les principaux de ces organes sont les *stipules*, les *vrilles*, les *griffes*, les *suçoirs*, les *épines*, les *aiguillons* et les *poils*.

Les *stipules* sont des membranes foliacées placées à la base des feuilles. On en trouve dans le pois, le haricot, le rosier, le tilleul, la mauve.

Les *vrilles*, les *griffes* et les *suçoirs* ont cela de commun, qu'ils servent de soutien aux plantes trop faibles pour se soutenir par elles-mêmes. Les premières sont fortes, quoique flexibles (la vigne); les secondes ne diffèrent des précédentes que par une plus grande ténuité (le lierre). Quant aux *suçoirs*, on peut les regarder comme des *griffes*, également propres à soutenir la plante et à absorber des sucs nutritifs (la cuscute).

Les *épines* et les *aiguillons* (n° 12) sont des armes

Fig. 25. — Agave, famille 37e.

défensives que le végétal oppose à ses ennemis; mais il y a cette différence, que les premières, étant des prolongements de la tige ou de la branche dont elles sortent, ne peuvent être enlevées sans déchirer leur support (le prunelier); tandis que les seconds, ne tenant qu'à l'épiderme, s'en détachent par le moindre frottement (le rosier) et sans qu'il en résulte de plaie sur la tige.

Les poils sont de petits filaments minces et déliés qui servent à garantir les plantes des injures du temps; et de plus, quand ils ont à leur base une glande, ils exhalent ordinairement une liqueur brûlante (l'ortie) qui cause de vives douleurs aux animaux.

La *nutrition* est cette importante fonction par laquelle le végétal puise autour de lui, dans la terre, dans l'eau ou dans l'air, les substances dont il a besoin pour croître et se développer, en même temps qu'il se débarrasse des débris usés de ses organes.

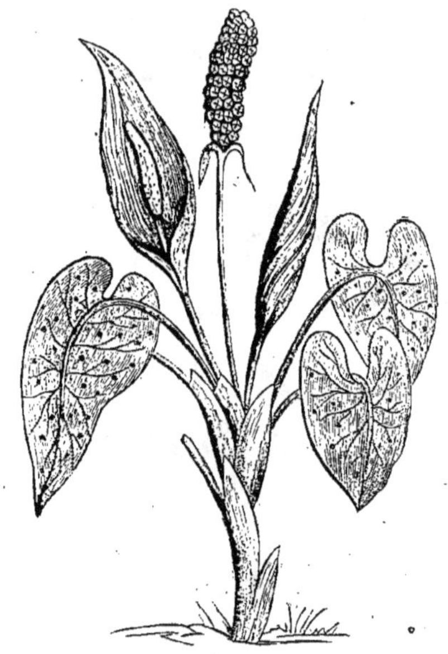

Fig. 26. — Arum, famille 22e.

La *sève* est le principal agent de cette fonction, en servant de véhicule aux matières nutritives venues du dehors, et aux débris organiques qui doivent

Fig. 27. — Artagène.

être rejetés; elle est par conséquent pour le végétal ce que le sang est pour les animaux.

On voit par là que la nutrition végétale n'est pas une fonction simple : c'est une réunion de plusieurs fonctions secondaires, dont les principales sont : l'*absorption*, l'*élaboration*, l'*assimilation*, la *respiration* et la *transpiration*.

Les racines, les feuilles, et toute la surface extérieure de la plante, sont criblées d'une multitude de pores, continuellement ouverts et doués de la faculté d'attirer les fluides aériens ou liquides qui les environnent. Mais ces pores n'absorbent pas au hasard tout ce qui se présente à eux. Doués d'une espèce de sensibilité délicate, ils distinguent, au milieu des substances dans lesquelles ils sont plongés, celles qui

Fig. 28. — Bryone, famille 122e.

peuvent leur être utiles ou nuisibles, pour admettre les unes et repousser les autres. Que dis-je? les parties du végétal où ces organes sont en plus grand nombre ont une sorte d'instinct qui les porte à se diriger du côté où les sucs bienfaisants se trouvent en abondance. C'est ainsi qu'on voit les racines traverser des rochers et des terrains arides, pour gagner une terre riche en sucs nourriciers. De même, les feuilles placées dans un endroit obscur se tournent toujours du côté d'où vient la lumière, parce que l'action de ses rayons est indispensable pour qu'elles puissent absorber les gaz nécessaires à la vie de la plante.

La force absorbante est plus énergique tantôt dans

les racines, tantôt dans les feuilles. L'arrête-bœuf et le chiendent végètent avec vigueur, quoiqu'on leur ait enlevé tout leur feuillage; ce qui prouve que la

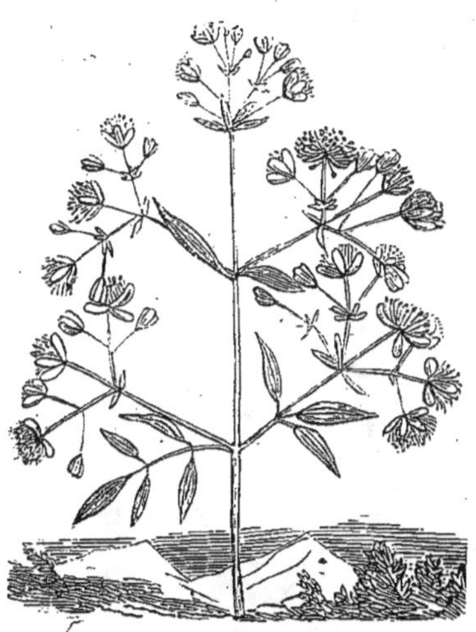

Fig. 29. — Adonide, famille 77e.

racine leur suffit pour vivre; tandis que les diverses espèces de *palmiers* vivent très-bien dans de petites caisses qui ne contiennent que quelques pieds cubes de terre, et périssent dès qu'on leur coupe la touffe

Fig. 30. — Ammi-Visnagu, famille 129e.

de feuilles qui couronne leur tige; d'où l'on peut conclure que c'est principalement par ces dernières que s'opère leur absorption. Il en est de même de la plupart des plantes marines; leurs racines, qui sont très-petites, sont implantées dans des rochers sur

Fig. 31. — Axiris.

lesquels elles ne peuvent puiser aucune nourriture; et cependant elles ont des tiges de quatre à six cents mètres de long, qui ne sauraient tirer leurs

Fig. 32. — Amaryllis, famille 37e.

aliments que de l'eau dans laquelle elles sont plongées.

A mesure que les pores absorbent les sucs nutritifs, ceux-ci sont mêlés avec la séve et sont transportés avec elle dans toutes les parties de la plante. Dans ce mouvement, la *séve* acquiert les propriétés nécessaires au but qu'elle doit remplir. On remarque, en effet, que ce liquide est différent, selon qu'il est nouvellement absorbé ou élaboré par la circulation. Dans le premier cas, il est presque entièrement semblable à de l'eau, qui contiendrait une petite quantité de matières sucrées ou salines; dans le second, la proportion du liquide est considérablement diminuée et se trouve remplacée par des parties solides, de nature variable, mais toujours éminemment propres à la nutrition. Aussi distingue-t-on deux sortes de *séves* : la séve *ascendante*, encore imparfaite, et la séve *descendante*, qui est plus élaborée.

Le mouvement de la *séve* est presque entièrement

Fig. 33. — Aristoloche, famille 63e.

subordonné à l'influence des saisons. A peu près nul en hiver, il devient très-rapide au printemps, se ralentit pendant l'été, pour reprendre un peu d'énergie en automne. La chaleur et l'électricité paraissent surtout déterminer ce mouvement.

Lorsque la séve a été suffisamment élaborée et qu'elle a pris les caractères de la *séve descendante*, elle se trouve propre à réparer les pertes du végétal, et à produire des sucs particuliers qui varient selon l'espèce de plante : tels sont la *résine* des pins, des sapins, etc. ; le *lait* du figuier, de l'euphorbe, etc. ; la *manne* du frêne, la *gomme* des pêchers, des abricotiers, etc. Alors, par un mouvement rétrograde qui lui a fait donner le nom de *séve descendante*, ce liquide va aux divers organes, leur fournit les matériaux nécessaires à leur développement, et détermine

ainsi l'augmentation en volume des différentes parties du végétal ; ou bien il se rend aux *glandes*, dans lesquelles il change complétement de nature et se transforme en *gomme*, *manne* et autres produits dont nous avons parlé.

Les plantes *respirent*, c'est-à-dire qu'elles enlèvent à l'atmosphère une certaine quantité de ses principes constitutifs, pour se les approprier et pour les faire servir à leur nutrition.

Les organes de la respiration végétale sont des *trachées* élastiques, qui portent l'air dans toutes les parties du corps pour le mettre en contact avec la séve et la rendre propre à être assimilée. Les trachée

Fig. 34. — Bourrache, famille 105e.

s'ouvrent au dehors par des *stomates* ou pores, qui sont très-nombreux partout, mais surtout à la face inférieure des feuilles ; aussi est-ce principalemen par ces dernières que s'opère la respiration des plantes : néanmoins la tige, les fleurs, les fruits et même les racines ne sont pas étrangères à cette fonction.

On conçoit que les respirations végétale et animale réunies auraient depuis longtemps épuisé l'atmosphère de tout l'oxygène qu'elle contient si, en même temp qu'elle perd de ce gaz par cette opération, elle n'en regagnait par une autre; aussi remarque-t-on qu'indépendamment de l'absorption respiratoire, les plantes en ont une seconde, par laquelle elles s'emparent de l'acide carbonique qui se dégage dans la respiration animale. Cet acide, décomposé dans l'intérieur du végétal, se sépare en ses deux éléments, dont l'un (le *carbone*) se mêle avec la séve pour la rendre plus nutritive, tandis que le second (l'*oxygène*) est rejeté au dehors et se répand de nouveau dans l'atmosphère. Il suffit, pour que cette décomposition se fasse, que la plante soit soumise à l'action de la lumière, car on observe qu'elle n'a pas lieu dans l'obscurité.

C'est ainsi que la respiration animale et l'absorption de l'acide carbonique par les végétaux, tout en puisant dans l'atmosphère les matériaux nécessaires à la nutrition des êtres organisés, n'altèrent pas sa composition naturelle, et la conservent dans l'état de pureté indispensable à l'entretien des corps vivants.

La *transpiration*, comme la respiration, est commune à tous les êtres organisés. Les plantes, aussi bien que les animaux, ont toutes les parties extérieures de leurs corps percées de pores, par lesquels s'échappent continuellement des gaz ou des liquides de nature variable.

Quand la *transpiration* est peu considérable, elle demeure *insensible;* mais pour peu que la quantité en augmente, elle forme à la surface des feuilles, qui sont les principaux organes de cette fonction, des gouttelettes plus ou moins volumineuses, qu'on rencontre le matin sur les feuilles de plusieurs végétaux, et qu'on désigne sous le nom de *rosée*. La preuve qu'elles proviennent de la plante et non de l'atmosphère, c'est qu'elles se forment lors même qu'on place le végétal sous une cloche de verre qui ne contient pas la moindre humidité, et qu'on recouvre la terre où il est planté d'une plaque de plomb.

Mais les plantes ne rejettent pas seulement de l'eau, elles exhalent souvent des fluides plus ou moins épais, susceptibles de se condenser à l'air ou de s'y évaporer. Les gommes, les résines, la manne, l'opium, le suc de l'érable à sucre, les huiles fixes, etc., sont dans le premier cas; les différentes espèces d'huiles volatiles dans le second. Ces diverses espèces de transpirations, qu'on désigne sous le nom particulier d'*excrétions*, s'opèrent spécialement par les feuilles et par la tige; mais les racines en sont également susceptibles, et c'est par ces exhalations des racines qu'on explique la sympathie et l'antipathie que certaines plantes ont les unes pour les autres. On sait combien la scabieuse nuit au lin, le chardon hémorrhoïdal à l'avoine, etc.

La racine et la tige peuvent aussi bien que la graine servir à la reproduction : ainsi un rameau détaché ou simplement recouvert de terre prend racine et devient une plante nouvelle.

Un second mode de reproduction très-commun se fait par les racines. Ces organes ont à leur surface de petits bourgeons, qui, en se développant, produisent des plantes semblables à celle dont elles proviennent. Le cerisier, l'abricotier, l'ail, la pomme de terre, etc., sont dans ce cas. C'est même presque exclusivement de cette manière que l'on multiplie cette dernière.

La *fleur* réunit tout ce qui peut flatter la vue : l'élégance, la délicatesse et la variété dans la forme; la magnificence et l'éclat dans les couleurs. On y distingue trois sortes d'organes, les uns indispensables, ce sont les *organes sexuels;* les autres ne servent qu'à protéger les premiers; les troisièmes ne sont qu'accessoires et manquent dans un très-grand nombre de plantes, ce sont les *nectaires*. Mais, quelque différents que soient ces organes sous le rapport de leurs fonctions, on remarque qu'ils sont toujours disposés circulairement sur un axe central, autour duquel ils forment des *verticilles* composées d'un plus ou moins grand nombre de pièces.

Les *organes sexuels* sont généralement placés à l'extrémité d'une petite tige ou *pédoncule*, qui se termine à cet effet par un renflement ou évasement auquel on donne le nom de *réceptacle*. Ces organes sont de deux sortes : l'un appelé *pistil*, dans lequel se forment et se développent les graines; et l'autre, auquel on donne le nom d'*étamine*, qui renferme une poussière fine (le *pollen*), dont l'influence est indispensable au développement des germes contenus dans le pistil.

Ces deux organes sont ordinairement réunis dans la même fleur, qui est alors *hermaphrodite* (fig. 23); mais il arrive assez souvent que le pistil se trouve placé sur une fleur, tandis que l'étamine est renfermée dans une autre. Ces fleurs sont alors dites *unisexuées*. On appelle encore celle qui contient le pistil fleur *femelle*, et celle où se trouve l'étamine fleur *mâle*.

Lorsque la fleur mâle et la fleur femelle sont placées sur un pied différent, dans le chanvre par exemple, la plante est alors *dioïque;* si les deux fleurs sont placées sur le même pied, comme dans le melon, la citrouille, etc., la plante est dite *monoïque*.

Pistil. — Quand on examine une fleur, on aperçoit ordinairement à son centre une ou quelquefois plusieurs petites éminences, presque toujours surmontées d'une aigrette effilée, avec un petit évasement à son extrémité; c'est le *pistil*, qui se compose le plus souvent de trois parties : l'*ovaire*, le *style* et le *stigmate*.

La première présente une cavité intérieure, qui renferme les germes du fruit, et qui, par son développement, produit la graine.

On distingue deux sortes d'ovaires, d'après leur position relativement à l'enveloppe florale. Lorsque celle-ci le recouvre en totalité de manière à le rendre invisible, comme dans le safran, on dit que l'ovaire est *infère* ou *adhérent;* il est, au contraire, *libre* ou *supère* lorsque l'enveloppe s'attache au-dessous, de manière qu'on l'aperçoit sans effeuiller la fleur, comme le lis, l'aloès.

La considération de la cavité de l'ovaire a donné lieu à une autre division de cet organe; ainsi il est *uniloculaire, biloculaire, triloculaire, quadriloculaire, multiloculaire*, selon que sa cavité est simple, ou divisée en deux, trois, quatre ou plusieurs compartiments. D'après le nombre des germes contenus dans l'ovaire, on dit aussi qu'il est *monosperme, disperme, tétrasperme* ou *polysperme*, quand il y a une, deux, quatre ou plusieurs graines.

La seconde partie du pistil est le *style*, ou cette aigrette dont nous avons parlé et qui surmonte l'ovaire: c'est un canal de longueur variable, destiné à transmettre le pollen fécondant à l'ovaire. Ce canal est quelquefois si court, qu'on a de la peine à le voir, tandis que dans certaines fleurs, comme le lis, le safran, etc., il a plusieurs centimètres de longueur.

Le style est toujours terminé par un petit évasement, que l'on appelle *stigmate*. Cette troisième partie du pistil, qui n'est point essentiellement distincte de son support, est destinée à recevoir le pollen, et à le faire passer, par le moyen du style, jusqu'au germe de l'ovaire.

Étamine. — Dans l'immense majorité des fleurs, on voit s'élever à côté ou autour du pistil un ou plusieurs filaments déliés, qui forment comme une espèce de couronne; ce sont des *étamines*.

Toute étamine se compose de deux parties: d'un *filet* ou support, qui est plus ou moins long, et d'une *anthère*, espèce de poche membraneuse qui renferme le *pollen*, ou poussière fécondante.

La manière dont les étamines naissent du réceptacle par rapport au pistil et à la corolle, se nomme leur *insertion*, et cette insertion peut se faire de trois manières différentes: elle est *hypogynique* quand ces organes naissent sous l'ovaire, comme dans l'aloès, la moutarde, l'œillet, la mélisse, etc.; on la reconnaît aisément en ce qu'on peut enlever la corolle sans toucher aux étamines. L'insertion est *périgynique* lorsque les étamines sont attachées au calice, autour du pistil, comme dans le rosier, le palmier, le colchique d'automne ou safran bâtard, etc.; enfin elle est *épigynique* toutes les fois que les étamines naissent de l'ovaire, qui dès lors est infère (la giroflée, le romarin, la pomme de terre, la douce-amère).

La connaissance de l'insertion des étamines est extrêmement importante, en ce qu'elle sert de base à la classification des plantes.

L'enveloppe de la fleur varie presque dans chaque plante. Elle est quelquefois simple, comme dans la tulipe, le lis; elle porte alors le nom de *périgone;* mais souvent elle est double, et, dans ce cas, la partie extérieure s'appelle *calice* (n° 28), et l'intérieure *corolle* (n°s 28, 29, 30). Dans quelques végétaux, la nature a même ajouté une troisième partie, que l'on appelle *involucre* (n° 22), quand elle forme une espèce de collerette autour de la fleur, comme dans la carotte, et *spathe* lorsqu'elle enveloppe la fleur dans sa totalité, comme dans le narcisse, le dattier.

On distingue trois parties dans le *calice:* le *tube* ou portion rétrécie, qui s'étend depuis son origine jusqu'à la partie évasée; le *limbe* ou portion évasée, et l'*orifice* ou *gorge*, qui sépare le limbe du tube.

Les lobes du limbe sont en nombre variable. Lorsque les découpures ne vont pas jusqu'au répectacle, le calice est dit *monosépale* (la menthe, le jasmin), et quand elles y parviennent, on l'appelle *polysépale* (le pavot, la renoncule). D'après le nombre des divisions du calice, celui-ci est *disépale, trisépale, tétrasépale, pentasépale*, etc.

Chaque sépale est composé d'une *lame* et d'un *onglet*. L'onglet est cette partie plus ou moins rétrécie qui adhère au réceptacle; il forme le tube du calice par son union avec ceux des sépales adjacents. La *lame* est la portion étalée qui le termine supérieurement.

Corolle. — La *corolle* peut être composée d'une ou de plusieurs pièces appelées *pétales;* dans le premier cas, elle est *monopétale*, et dans le second *polypétale*.

La corolle monopétale est *bifide, trifide, quadrifide* ou *quinquéfide*, selon que son limbe est partagé en deux, trois, quatre ou cinq parties. La polypétale est dite *dipétale, tripétale, tétrapétale, pentapétale*, d'après le nombre de ses divisions. Il faut remarquer que l'on peut rendre les *pétales* d'une fleur plus nombreux qu'ils ne le sont naturellement; c'est ce qui a lieu pour les fleurs doubles, dans lesquelles les étamines se trouvent transformées en pétales. Dans ce cas, il ne faut pas compter les pétales additionnels; on ne doit avoir égard qu'à ceux que la fleur a naturellement. On distingue les fleurs doubles des fleurs naturelles, en ce que celles-ci ont des étamines, tandis que les autres en sont privées, ou en ont moins qu'elles ne doivent en avoir.

On dit qu'une corolle est *régulière* lorsque tous ses pétales sont semblables ou que toutes ses divisions sont égales, comme dans le lis, la rose; dans le cas contraire, elle est *irrégulière*, comme dans la gueule-de-loup, la sauge, etc. Lorsque la corolle régulière a la forme d'une clochette ou d'un entonnoir, elle est *campanulée* ou *infundibuliforme* (n° 30). Imite-t-elle les rayons d'une roue, on l'appelle *rotacée* si elle est monopétale, et *rosacée* (n° 32) si elle est composée de plusieurs pièces. On la nomme encore *cruciforme* quand elle est formée de quatre pétales opposés en croix, comme dans la giroflée, la moutarde, et *caryophyllée* lorsqu'elle est pentapétale et munie d'un long tube, comme dans l'œillet. La corolle irrégulière peut être *labiée* (n° 31), *personnée* ou *papilionacée* (n° 33). La première est partagée transversalement en deux divisions ou *lèvres*, l'une supérieure et l'autre inférieure, comme dans la mélisse. Dans la corolle *personnée*, la division supérieure forme une espèce de capuchon, comme dans la gueule-de-loup. Quant à la *papilionacée*, elle se compose de cinq pétales: l'un supérieur, large et étalé sur les quatre autres, qui s'appelle *étendard;* deux moyens, nommés *ailes*, et deux inférieurs, réunis et renfermant les organes reproducteurs; c'est la *carène* (le genet, le pois de senteur).

On donne le nom d'*inflorescence* à la disposition des fleurs sur leur tige. Elles sont verticillées, lorsqu'elles forment autour du pédoncule une espèce de couronne. Si elles y sont éparses sans ordre, elles forment une *panicule* ou une *grappe* (n° 26), selon que le pédoncule particulier de chaque fleur est plus ou moins long. La panicule et la grappe prennent le nom de *chaton* (n° 27) lorsqu'ils ne portent que des fleurs écailleuses et unisexuées (le noisetier, le noyer, etc.); d'*épi* lorsque les fleurs sont complètes (le plantain, le blé, le maïs, etc.), et de *spadice* lorsqu'elle est entourée d'une spathe (l'arum). Enfin on appelle *ombelle* cette disposition des fleurs qui, partant d'un même point de la tige, s'élèvent à la même hauteur, de manière à imiter une ombrelle (n° 25).

Le nom de *nectaires* s'applique aux amas de glandes nectarifères qui se font remarquer sur le réceptacle de certaines plantes.

Anthère. — On donne ce nom à l'ensemble des phénomènes qui se manifestent au moment où une fleur s'épanouit. Toutes les plantes ne fleurissent pas à la même époque; on les distingue en *printanières, estivales, automnales, hivernales,* selon la saison durant laquelle les fleurs se développent. On a même remarqué qu'un certain nombre s'ouvrent toujours dans le même mois, ce qui a donné l'idée du calendrier de Flore, que voici :

Janvier.	*Juillet.*
Perce-neige.	Catalpa.
Peuplier blanc.	Œillet.
Violette.	Menthe.
Février.	*Août.*
Anémone hépatique.	Balsamine.
Bois gentil.	Myrte.
Noisetier.	Scabieuse.
Mars.	*Septembre.*
Giroflée jaune.	Amaryllis jaune.
Narcisse.	Lierre.
Primevère.	Réséda.
Avril.	*Octobre.*
Jacinthe.	Aralia épineux.
Lilas.	Chrysanthème des Indes.
Tulipe.	Topinambour.
Mai.	*Novembre.*
Iris.	Anémone du Japon.
Muguet.	Éphémérine.
Pivoine.	Verveine.
Juin.	*Décembre.*
Bluet.	Lopézie.
Nénuphar.	Mousses.
Pavot.	Rose de Noël.

Les fleurs s'ouvrent aussi à des heures différentes de la journée et même de la nuit, et Linnée, qui avait imaginé le calendrier de Flore, a aussi fait l'horloge de Flore; mais les phénomènes atmosphériques et la lumière plus ou moins vive du soleil ont une influence marquée sur les plantes, ce qui peut faire varier le moment où les fleurs s'épanouissent.

HORLOGE DE FLORE.

Minuit.	Cactus à grandes fleurs.
1 heure.	Laiteron de Laponie.
2 —	Salsifis jaune.
3 —	Grande Picridie.
4 —	Liseron des haies.
5 —	Crépide des toits.
6 —	Scorsonère.
7 —	Nénuphar.
8 —	Mouron des champs.
9 —	Souci des champs.
10 —	Ficoïde napolitaine.
11 —	Ornithogale.
Midi.	Glaciale.
1 heure.	Œillet prolifère.
2 —	Crépide rouge.
3 —	Barkhausie à feuilles de pissenlit.
4 —	Alysse alyssoïde.
5 —	Belle-de-nuit.
6 —	Géranium triste.
7 —	Hémérocalle safranée.
8 —	Ficoïde nocturne.
9 —	Nyctante du Malabar.
10 —	Liseron à fleur pourpre.
11 —	Silène noctiflore.

Fécondation. — Dès que, par la floraison, le pistil et les étamines ont acquis le développement nécessaire, l'anthère s'ouvre et laisse échapper le pollen, qui va féconder l'ovaire. Cette fécondation n'a pas besoin, pour avoir lieu, que l'étamine soit à côté du pistil; le pollen peut se transmettre, par les courants d'air ou d'eau, à des distances de huit cents kilomètres et même davantage. On peut aussi l'opérer artificiellement, comme cela se pratique en Arabie pour les dattiers, plantes dioïques dont on féconde les ovaires en suspendant au sommet des plus hauts un bouquet de fleurs chargées de pollen, que le vent disperse sur toutes les fleurs femelles.

Fructification. — Après la fécondation de la fleur, les pétales se fanent et tombent; l'ovaire, au contraire, prend plus de vigueur, se gonfle, se remplit d'une matière liquide d'abord, mais qui acquiert ensuite plus de consistance, jusqu'à ce qu'enfin elle se trouve changée en *fruit.*

Tout fruit se compose essentiellement de deux parties : le *péricarpe*, qui n'est autre chose que la paroi de l'ovaire, ou, si l'on aime mieux, l'enveloppe de la graine, et la *graine* elle-même, qui contient le germe de la nouvelle plante.

Mais il faut remarquer, à l'égard du *péricarpe*, qu'il est quelquefois si mince, qu'on ne peut pas le distinguer de la graine; c'est ce qui a lieu dans le blé, la carotte, la lavande, etc. D'autres fois, au contraire, il est extrêmement épais, comme la pêche, la prune, etc. Cependant on peut presque toujours y distinguer trois parties : une membrane ou enveloppe extérieure nommée *épicarpe*, une autre membrane interne qui est en contact avec la graine et qu'on appelle *endocarpe*, et enfin une partie parenchymateuse placée entre ces deux enveloppes dite *sarcocarpe*. Ces parties sont on ne peut plus distinctes dans la pêche. Ainsi, la peau veloutée qui la recouvre est l'*épicarpe*, la portion charnue que l'on mange est le *sarcocarpe*, et enfin la coque ligneuse qui entoure l'amande est l'*endocarpe*. Quelques graines, comme le café, la muscade, ont une enveloppe particulière, complète ou incomplète, adhérente seulement aux bords de l'ombilic; elle se nomme *arille* (n° 37).

La distinction des fruits est essentielle; à cet effet, on considère s'ils sont secs ou charnus, simples ou composés, etc. Les deux listes ci-après donnent, au moyen des numéros de renvoi, tous les caractères qui peuvent servir à les reconnaître.

1, fruit simple. 2, fruit composé. 3, fruit agrégé. 4, indéhiscent. 5, déhiscent par la suture ventrale. 6, déhiscent par les deux sutures. 7, déhiscent par des dents terminales. 8, déhiscent par une fente circulaire. 9, déhiscent par des fentes longitudinales. 10, charnu. 11, sec. 12, adhérent en un point. 13, adhérent partout. 14, étendu en membrane. 15, pas de cloisons. 16, cloisons rudimentaires. 17, cloisons entières membraneuses. 18, cloisons entières cornées. 19, cloisons ligneuses entières. 20, réceptacle extérieur entourant les fruits. 21, réceptacle central charnu. 22, réceptacle central ligneux.

	Ex. :
Akène, 1, 4, 11, 12.	Cerfeuil.
Baie, 2, 4, 10, 15.	Raisin.
Capsule, 2, 7, 11.	Pavot.
Cariopse, 1, 4, 11, 13.	Blé.
Cône, 3, 22 (n° 19).	Pin.
Drupe, 1, 4, 10.	Prune.
Follicule, 1, 5.	Pervenche.
Gousse, 1, 6.	Pois.
Hespéridie, 2, 4, 10, 17 (n° 34).	Orange.
Nuculaine, 2, 4, 10, 19.	Nèfle.
Péponide, 2, 4, 10, 16.	Courge.
Pixide, 2, 8, 11.	Jusquiame.
Pomme, 2, 4, 10, 18 (n° 35).	Pommier.
Samare, 1, 4, 11, 14.	Érable.
Sicône, 3, 20 (n° 38).	Figuier.
Silique, 2, 9, 11 (n° 36).	Giroflée.
Sorose, 3, 21.	Mûrier.

TAXONOMIE. — On connaît environ cent mille espèces de plantes; s'il fallait avoir un nom distinct pour chacune, la mémoire la plus vaste n'y pourrait suffire. D'un autre côté, des noms indépendants les uns des autres ne donneraient aucune idée des ressemblances souvent frappantes d'une plante avec une autre. Pour éviter ces inconvénients, les naturalistes sont convenus de former tous les noms de deux mots latins; le premier indiquant le *genre* dans lequel la plante est rangée, le second déterminant l'*espèce*. Par exemple, l'églantier est nommé *rosa eglantiera*, la rose de Provins *rosa gallica*, la patience *rumex patientia*, l'oseille *rumex acetosa*. Ce qui réduit à deux mille à peu près les dénominations dont il s'agit.

Les genres qui se rapprochent le plus ont été réunis en familles, et les familles en classes, comme on le voit dans les classifications ci-après :

SYSTÈME DE TOURNEFORT.

Herbes.

Fleurs simples monopétales.	régulières...	1. Campaniformes.
		2. Infundibuliformes.
	irrégulières..	3. Personnées.
		4. Labiées.
Fleurs simples polypétales.	régulières...	5. Crucifères.
		6. Rosacées.
		7. Ombellifères.
		8. Caryophyllées.
		9. Liliacées.
	irrégulières..	10. Papilionacées.
		11. Anomales.
Fleurs composées............		12. Flosculeuses.
		13. Semi-flosculeuses.
		14. Radiées.
Sans pétales................		15. Fleurs à étamines.
		16. Sans fleurs.
		17. Sans fleurs ni fruits.

Arbres.

Sans fleurs.................		18. Apétales vraies.
		19. Amentacées.
Fleurs monopétales..........		20. Monopétales.
Fleurs polypétales.	régulières...	21. Rosacés.
	irrégulières..	22. Papilionacés.

Ces classes se subdivisent en sections basées sur la forme de la corolle; la consistance, la composition et l'origine du fruit; la forme et la disposition des feuilles, etc.

SYSTÈME DE LINNÉE.

Fleurs hermaphrodites, visibles, à étamines.	Libres et égales entre elles.	1 étamine..	1 Monandrie.
		2 —	2 Diandrie.
		3 —	3 Triandrie.
		4 —	4 Tétrandrie.
		5 —	5 Pentandrie.
		6 —	6 Hexandrie.
		7 —	7 Heptandrie.
		8 —	8 Octandrie.
		9 —	9 Ennéandrie.
		10 —	10 Décandrie.
		12 environ.	11 Dodécandrie.
		20 à 100 adhérent. au calice	12 Icosandrie.
		20 à 100 non adh. au calice	13 Polyandrie.
	Libres inégales.	4 dont 2 plus longues...	14 Didynamie.
		6 dont 4 plus longues...	15 Tétradynamie.
	Adhérentes entre ell. par les filets.	en un corps..	16 Monadelphie.
		en deux corps	17 Diadelphie.
		en pl^rs corps.	18 Polyadelphie.
		par les anthères...	19 Syngénésie.
		au pistil............	20 Gynandrie.
Fleurs uni-sex		mâl. et fem. sur un pied......	21 Monoécie.
		id., sur pieds différens......	22 Dioécie.
		id., et hermaphrodites......	23 Polygamie.
Fleurs invisibles............			24 Cryptogamie.

Chacune de ces classes se subdivise en plusieurs ordres fondés sur le nombre et la forme des pistils, l'existence ou l'absence d'enveloppe aux graines, etc.

MÉTHODE D'ANTOINE-LAURENT DE JUSSIEU.

Acotylédones..............		1 Acotylédones.
Monocotylédones à étamines.	hypogynes...	2 Monohypogynes.
	périgynes....	3 Monopérigynes.
	épigynes.....	4 Monoépigynes.

Dicotylédones	Apétales.	épigynes.. ..	5	Epistaminées.
		périgynes....	6	Péristaminées.
		hypogynes ...	7	Hypostaminées.
	Monopétales.	hypogynes ...	8	Hypocorollées.
		périgynes....	9	Péricorollées.
		Epigyne anthère. soudées	10	Epicorollées synanthères.
		Epigyne anthère. libres. .	11	Epicorollées chorisanthères.
	Polypétales	épigynes	12	Epipétalées.
		hypogynes ...	13	Hypopétalées.
		périgynes....	14	Péripétalées.
Diclines irrégulières			15	Diclines.

Adrien de Jussieu a démontré qu'en allant toujours du simple au composé, la classification de son père devait être modifiée dans le sens du tableau ci-dessous :

Cryptogames..............		Amphigènes.......	I
		Acrogènes.........	II
Monocotylédones............		Fluviales	III
		Spathidées	IV
		Glumacées	V
		Périanthées	VI
Dicotylédones..	Apétales....	Diclines	VII
		Monoclines........	VIII
	Polypétales..	Hypogynes........	IX
		Périgynes.........	X
	Monopétales.	Hypogynes........	XI
		Périgynes.........	XII

Cette méthode est dite *naturelle*, parce qu'elle permet de comprendre dans la même famille les plantes dont les caractères et les propriétés sont analogues.

Voici un résumé des parties qu'il convient d'examiner dans les végétaux :

La racine. — Son collet, sa direction, sa consistance, ses tubérosités, ses radicelles.

La tige. — Les branches, les rameaux, les épines, les aiguillons, les cirrhes, la pubescence, les glandes, les appendices.

Les bourgeons. — Leurs enveloppes.

Les feuilles. — Le pétiole, les stipules, la gaîne, les folioles, le disque, les bords.

Les fleurs. — L'inflorescence, le sexe, les bractées, le pédoncule, les pédicelles.

Le calice. — Le réceptacle, le tube, la gorge, l'orifice, le limbe, les lèvres, les lobes, les sépales.

La corolle. — Le tube, la gorge, l'orifice, l'onglet, le limbe, les lèvres, les divisions, les pétales.

Le pistil. — Le disque, l'ovaire, les loges, les ovules, le style, le stigmate.

Les étamines. — L'insertion, les filets, les anthères, les loges, le connectif, le pollen.

Le fruit. — Les parties florales persistantes, le péricarpe, les valves, les loges, les cloisons, la columelle, le placenta, le trophosperme, le podosperme, l'arille.

La graine. — Le hile, l'épisperme, l'endosperme, l'embryon, la radicelle, les cotylédons, la plumule, la tigelle.

Liste des familles naturelles, avec des exemples et l'indication approximative du nombre de genres pour chacune :

BOT

Classes.	Familles.	Exemples.	Genres.
I	1 Ulvacées	Protococcus........	13
	2 Floridées	Ceramion............	17
	3 Fucacées	Laminaire..........	18
	4 Mucédinées	Oïdium............	17
	5 Urédinées	Tuberculaire.......	11
	6 Lycoperdacées	Truffe.............	14
	7 Champignons	Agaric.............	20
	8 Hypoxylées	Cytispora..........	8
	9 Lithénées	Usnéa..............	20
II	10 Hépatiques	Marchantia.........	5
	11 Mousses	Polytrichum........	14
	12 Fougères	Ptéris..............	36
	13 Équisétacées	Prêle.............	2
	14 Lycopodiacées	Isoëtes............	14
	15 Marsiléacées	Salvinia...........	6
	16 Characées	Nitella............	2
III	17 Nayadées	Zanichellie.........	10
	18 Lemnacées	Lentilles d'eau......	1
	19 Alismacées	Sagittaire..........	5
	20 Butomées	Jonc fleuri.........	1
	21 Hydrocharidées	Vallisnérie.........	4
IV	22 Aroïdées	Gouet..............	18
	23 Typhacées	Massette...........	2
	24 Pandanées	Baquois............	1
	25 Cyclanthées	Cyclanthe..........	2
V	26 Cypéracées	Papyrus............	16
	27 Graminées	Avoine.............	80
VI	28 Palmiers	Dattier............	25
	29 Joncées	Jonc...............	4
	30 Restiacées	Restio.............	3
	31 Commélinées	Éphémère..........	4
	32 Pontédériacées	Pontédérie.........	1
	33 Mélanthacées	Colchique..........	8
	34 Liliacées	Asperge............	50
	35 Broméliacées	Ananas............	6
	36 Dioscorées	Igname............	4
	37 Narcissées	Perce-neige........	15
	38 Iridées	Iris...............	17
	39 Hémodoracées	Dilatris...........	6
	40 Burmanniacées	Burmannia.........	1
	41 Taccacées	Tacca.............	2
	42 Musacées	Bananier...........	4
	43 Scitaminées	Balisier...........	15
	44 Orchidées	Vanille............	30
	45 Apostasiacées	Apostasia..........	2
VII	46 Cycadées	Cycas.............	6
	47 Conifères	Pin...............	18
	48 Myricées	Cirier.............	4
	49 Platanées	Platane...........	1
	50 Bétulinées	Bouleau...........	2
	51 Salicinées	Saule.............	2
	52 Cupulifères	Chêne.............	6
	53 Juglandées	Noyer.............	1
	54 Ulmacées	Orme..............	3
	55 Urticées	Figuier............	14
	56 Pipéracées	Poivre............	8
	57 Podostémées	Mniopsis..........	4
	58 Monimiacées	Pavonia...........	6
	59 Myristicées	Muscadier.........	1
	60 Euphorbiacées	Mancenillier........	32
	61 Balanophorées	Cynomoir..........	2
	62 Rafflésiacées	Népenthe..........	6

Classes.	Familles.	Exemples.	Genres.
VIII	63 Aristolochiées	Asaret	3
	64 Santalacées	Thésion	6
	65 Samydées	Samyde	2
	66 Aquilarinées	Aloès	1
	67 Pénéacées	Sarcocollier	1
	68 Protéacées	Protée	12
	69 Laurinées	Laurier	10
	70 Thymélées	Dirca	8
	71 Éléagnées	Argousier	2
	72 Polygonées	Oseille	8
	73 Phytolaccées	Rivine	3
	74 Atriplicées	Épinard	12
	75 Amarantacées	Amarante	5
	76 Nyctaginées	Nyctage	6
IX	77 Renonculacées	Clématite	20
	78 Dilléniacées	Tétracéra	4
	79 Magnoliacées	Badiane	7
	80 Anonacées	Corossol	3
	81 Berbéridées	Épine-vinette	6
	82 Ménispermées	Ménisperme	3
	83 Ochnacées	Ochna	2
	84 Rutacées	Rue	22
	85 Pittosporées	Pittospore	1
	86 Géraniacées	Capucine	6
	87 Malvacées	Guimauve	27
	88 Tiliacées	Tilleul	9
	89 Théacées	Camellia	6
	90 Marcgraviacées	Norantea	2
	91 Clusiacées	Guttier	6
	92 Hypéricinées	Millepertuis	2
	93 Aurantiacées	Oranger	5
	94 Ampélidées	Vigne	3
	95 Hippocraticées	Salacia	2
	96 Acérinées	Érable	1
	97 Malpighiacées	Marronnier	6
	98 Méliacées	Cannelle blanche	12
	99 Sapindacées	Savonnier	8
	100 Polygalées	Polygala	4
	101 Fumariacées	Fumeterre	2
	102 Papavéracées	Pavot	6
	103 Cabombées	Cabomba	2
	104 Nymphéacées	Nénuphar	4
	105 Crucifères	Giroflée	30
	106 Capparidées	Caprier	3
	107 Résédacées	Réséda	1
	108 Droséracées	Dionée	5
	109 Cistinées	Hélianthème	2
	110 Violariées	Pensée	1
	111 Bixacées	Rocouyer	5
	112 Coriariées	Redoul	1
	113 Frankéniacées	Sauvagesia	2
	114 Caryophyllées	Œillet	17
X	115 Paronychiées	Herniole	7
	116 Portulacées	Pourpier	6
	117 Ficoïdées	Tétragone	7
	118 Cactées	Cactus	1
	119 Crassulacées	Joubarbe	9
	120 Saxifragées	Dorine	10
	121 Ribésiées	Groseillier	1
	122 Curcubitacées	Courge	15
	123 Bégoniacées	Bégonie	1
	124 Loasées	Loasa	2
	125 Passiflorées	Grenadille	4
	126 Homalinées	Acomat	2
	127 Hamamelidées	Hamamelin	2
	128 Bruniacées	Brunia	2
	129 Ombellifères	Persil	50
	130 Araliacées	Lierre	8
	131 Rhizophorées	Manglier	2
	132 Onagrariées	Onagre	8
	133 Combrétacées	Badamier	5
	134 Haloragées	Pesse	7
	135 Mélastomacées	Mélastome	10
	136 Lythrariées	Salicaire	6
	137 Tamariscinées	Tamarix	1
	138 Myrtacées	Myrte	16
	139 Rosacées	Fraisier	23
	140 Mimosées	Acacia	5
	141 Papilionacées	Pois	80
	142 Térébinthacées	Pistachier	13
	143 Rhamnées	Nerprun	5
	144 Célastrinées	Fusain	4
	145 Ilicinées	Houx	2
XI	146 Éricinées	Arbousier	26
	147 Styracées	Styrax	1
	148 Ébénacées	Plaqueminier	2
	149 Jasminées	Troène	8
	150 Sapotacées	Achras	7
	151 Myrsinées	Ardisia	8
	152 Primulacées	Anagallis	13
	153 Plumbaginées	Dentelaire	2
	154 Plantaginées	Plantain	2
	155 Globulariées	Globulaire	1
	156 Utricularinées	Grassettes	8
	157 Gessnériacées	Isoloma	15
	158 Orobanchées	Clandestines	2
	159 Scrophularinées	Molène	25
	160 Bignoniacées	Catalpa	14
	161 Acanthacées	Nelsonia	14
	162 Myoporinées	Myoporum	11
	163 Verbénacées	Verveine	17
	164 Labiées	Sauge	48
	165 Borraginées	Bourrache	18
	166 Convolvulacées	Liseron	17
	167 Polémoniacées	Polémoine	6
	168 Gentianées	Gentiane	14
	169 Solanées	Morelle	31
	170 Loganiacées	Logania	10
	171 Apocynées	Pervenche	60
XII	172 Campanulacées	Jasione	18
	173 Lobéliacées	Lobelia	23
	174 Loranthacées	Gui	5
	175 Caprifoliacées	Chèvrefeuille	10
	176 Rubiacées	Garance	39
	177 Valérianées	Mâche	10
	178 Dipsacées	Scabieuse	6
	179 Calycérées	Boopis	4
	180 Composées	Séneçon	88

Le nombre des familles est de cent quatre-vingts,

comme on le voit dans la nomenclature qui précède. Toutes les familles n'ont pas la même importance; il en est qui se bornent à un seul genre, comprenant quelquefois un très-petit nombre d'espèces; d'autres comptent jusqu'à quatre-vingts genres et plus, telles sont les graminées, les papilionacées et les composées. Le nombre des espèces de chaque genre varie aussi beaucoup; ainsi le genre pachysandre est formé d'une seule espèce, tandis que le genre agaric en compte plus de douze cents. Dans certaines espèces, la culture a introduit des caractères particuliers, plus ou moins stables, qui en font des variétés; celles des roses vont de deux à trois mille; mais le botaniste, qui porte toute son attention sur l'étude des lois de la nature, laisse aux horticulteurs le soin de décrire les sujets nouveaux que sa persévérance lui fait obtenir. GOSSART.

BOTANIQUE. — *Du latin moderne en général, et du latin de la botanique en particulier.*

Depuis de longues années, les savants sont à la recherche d'une langue universelle, c'est-à-dire d'une langue qui puisse être comprise de tous les peuples, comme le sont les chiffres dont nous faisons usage. De nombreux écrivains ont consacré leurs veilles à ces recherches, et ont créé des langues artificielles très-ingénieuses, mais qui n'ont jamais été qu'à leur usage particulier. Ils auraient pu s'épargner tant de peine pour obtenir un si mince résultat, puisqu'ils savaient que, depuis des siècles, le latin était admis sans contestation par les hommes instruits de tous les pays pour correspondre entre eux.

Pourquoi le latin a-t-il eu si longtemps ce privilége, et pourquoi tend-il de jour en jour à le perdre? c'est ce que je me propose d'examiner.

Les Romains, ayant successivement soumis à leur empire à peu près tout le monde connu des anciens, imposèrent leur langue aux peuples vaincus, car c'est là un puissant moyen de dénationalisation; aussi les conquérants ne manquent-ils guère d'y recourir.

Le christianisme naissant sentit combien il était important d'adopter, pour les cérémonies du culte et pour la prédication, une langue aussi répandue. De là la nécessité, pour tous les membres du clergé, d'étudier cet idiome, qui marchait alors rapidement vers sa décadence; aussi le latin ecclésiastique, né dans de telles circonstances, ne pouvait-il être bien pur, ce qui faisait dire au cardinal Bembo, un des latinistes les plus distingués du siècle de Léon X, que, de peur de corrompre sa belle latinité, il ne lisait ni son bréviaire, ni la Bible. Malgré sa corruption, le latin fut un puissant moyen de propagande pour la nouvelle religion, qui, par reconnaissance sans doute, s'en sert toujours dans ses actes officiels.

Pendant tout le moyen âge, le clergé avait le monopole de la science, et les moines, au fond de leurs couvents, hors de tout contact avec le peuple, ne parlaient et n'écrivaient qu'en latin.

Leur éloignement du monde ne les aurait pas engagés à préférer la langue des Romains à leur langue maternelle, que l'état des idiomes formés des débris du latin ne leur aurait pas permis d'en faire usage pour traiter des sujets scientifiques ou littéraires : rudes, grossières, informes, soumises à des changements continuels, elles n'étaient pas encore assez polies, assez souples, assez énergiques.

Si, plus tard, les savants ont continué à écrire en latin, lorsqu'ils auraient pu exprimer leurs idées en langue vulgaire, cela a tenu à l'habitude, et surtout à ce que presque tous les ouvrages des savants français ou étrangers étaient en latin. Nul ne pouvait acquérir aucune espèce de connaissance s'il n'étudiait préalablement cette langue. On en était venu au point d'écrire en latin les premières grammaires françaises.

Non-seulement tous les livres, mais même tous les actes, tous les contrats, ou, comme on disait alors, toutes les chartes, étaient en latin. Quelque barbare qu'il fût, ce latin était encore préférable au français des premiers siècles, qui changeait sans cesse, et qui variait suivant les pays; car alors il n'y avait pas de langage dominant, chaque province avait sa manière de parler particulière. Mais lorsque la concentration du pouvoir commença à s'opérer, il en résulta nécessairement que le langage de la cour obtint la prééminence. Enfin, François Ier obligea de rédiger les actes en français. Il serait peut-être bon d'exiger aujourd'hui qu'ils fussent écrits en bon français.

Ainsi, pour les nombreux ouvrages, ecclésiastiques ou profanes, écrits dans un latin plus ou moins barbare, depuis le quatrième siècle de notre ère jusqu'au seizième, il est facile de justifier leurs auteurs : ils étaient mieux compris que s'ils eussent écrit dans la langue de leur pays. Alors il n'y avait pas à s'occuper du peuple, qui ne savait pas lire.

Mais, depuis la Renaissance, la question change de face : les langues modernes étaient déjà assez perfectionnées pour exprimer toutes les idées, surtout si elles avaient été maniées par la nombreuse pléiade de savants qui parut sous Léon X et sous François Ier, et cependant bien peu se hasardèrent à écrire dans leur langue maternelle, à l'enrichissement de laquelle ils auraient tant contribué. Les idiomes modernes ne leur paraissaient que d'informes patois auprès de la langue de Cicéron et de Virgile, à l'étude de laquelle ils avaient consacré toutes leurs veilles. Et quoique chaque peuple de l'Europe commençât dès lors à avoir sa littérature, l'Europe savante n'abandonna nulle part l'étude et la pratique littéraire de la langue latine; et encore de nos jours un trop grand nombre d'ouvrages sont composés en cette langue.

A partir de cette époque, le goût s'étant perfectionné, la latinité fut beaucoup plus pure, beaucoup plus correcte, le style fut bien plus élevé et moins inégal. Il est impossible de ne pas admirer les beaux écrits en prose et en vers qui parurent dans cette période : l'*Anti-Lucrèce*, du cardinal de Polignac; les *Jardins*, du P. Rapin; le *Prædium rusticum*, du P. Vanière; les hymnes de Santeuil, de Coffin, etc.; la belle prose d'Erasme dans son *Éloge de la Folie*, etc. Mais, après un instant donné à l'admiration, on se prend à regretter que ces écrivains aient employé tant de génie à cacher leurs belles et nobles pensées dans une langue morte; qu'ils n'aient pas songé à en faire jouir leurs contemporains, qui ignoraient le latin; qu'ils n'aient pas envié la gloire qui s'attache aux noms du Dante, du Tasse, de l'Arioste, de Montaigne, d'Amyot, etc., encore lus avec plaisir de nos jours, tandis que les écrits des latinistes modernes, quelque recommandables qu'ils soient d'ailleurs, ne sont plus lus, et encore très-rarement, que des savants de profession. La plupart d'entre eux sont même à peine connus de nom dans leur propre pays.

Une autre considération devrait arrêter les latinistes modernes. Malgré leur profond savoir, leurs longues veilles pour s'assimiler une langue morte depuis plusieurs siècles, sont-ils bien sûrs d'en connaître parfaitement le génie, d'en pouvoir apprécier toutes les finesses, toutes les beautés? On peut en douter, quand on voit Tite-Live, parce qu'il était né à Padoue, accusé de *patavinité* par ses contemporains, bien qu'il vécût à une époque où le latin était encore dans toute sa vigueur. Est-il possible, même en se bornant à des pastiches plus ou moins habiles, de ne pas introduire à son insu quelques idiotismes de sa propre langue? C'est ce qui arrive tous les jours aux écrivains les plus exercés, quand ils ont à écrire dans une langue étrangère vivante. Qu'est-ce donc quand il faut écrire dans un idiome qui n'est plus parlé? Aussi, dussé-je attirer sur ma tête toutes les foudres universitaires, loin de me plaindre, comme M. du Rozoir, que notre jeune Université ne cultive pas avec assez d'amour la poésie latine, je désirerais voir tomber en friche notre Parnasse latin, et abandonner totalement la culture de la prose prétendue cicéronienne de nos orateurs académiques qui, tous les ans, à la Sorbonne, endorment leurs auditeurs au son de leurs belles périodes; mais la société qui les écoute est trop polie pour ne pas applaudir de confiance tout ce beau langage, auquel elle n'a pas compris un mot. La révolution de 1848 avait détruit ce gothique usage, que l'on a eu grand tort de rétablir. Espérons que ce ne sera pas pour longtemps.

S'il est ridicule de prononcer des discours en latin en présence d'auditeurs qui ne comprennent pas cette langue, il est tout aussi peu raisonnable de placer des inscriptions latines sur des monuments ayant pour but de rappeler au peuple des événements remarquables, lorsqu'on sait que la langue dans laquelle elles sont écrites lui est tout à fait inconnue. Quand les Romains couvraient d'inscriptions latines les vastes contrées qui dépendaient de leur empire, le latin était imposé par eux à tous les peuples vaincus; leur conduite, en cette circonstance, était donc dictée par la politique. Mais peut-on alléguer une seule bonne raison en faveur de nos latinistes modernes qui, par routine et sans se rendre compte des motifs qui ont guidé le peuple-roi, souillent tous nos monuments de leur latin plus ou moins barbare? On me citera, pour justifier cet usage, les admirables inscriptions de Santeuil. Je suis bien loin d'en contester la beauté; mais qui s'en occupe? On pourrait dire, en parodiant un vers de Voltaire : *Sacrées elles sont, car personne ne les lit.* Si, au contraire, elles eussent été écrites en français par un aussi bon poëte que Santeuil, tout le monde les saurait par cœur. On vante la concision du latin comme une qualité précieuse pour les inscriptions. Oui, s'il était compris du peuple. Mais, dès que c'est pour la foule une langue complétement inintelligible, que vos inscriptions soient en latin, en hiéroglyphes, ou qu'il n'y en ait pas du tout, le résultat est exactement le même. Après tout, ce défaut de concision que l'on reproche à notre langue n'est pas aussi réel qu'on veut bien le dire. Un poëte de talent peut toujours, quand il le veut, renfermer sa pensée dans un petit nombre de mots. Par exemple, est-ce que ce vers sur La Fontaine :

Il peignit la nature et garda ses pinceaux,

ne conviendrait pas bien au style lapidaire? Et combien en avons-nous de ce genre? Arrière donc toutes les inscriptions latines! Les latinistes ont beau faire, cet usage tombe partout en désuétude. Faisons des vœux pour qu'il disparaisse tout à fait, comme cela a déjà eu lieu sur nos monnaies. Ce changement commence aussi à s'introduire pour les médailles, au grand déplaisir des antiquaires et des archéologues, mais à la satisfaction de tous les gens sensés.

Autrefois plusieurs sciences s'enseignaient en latin. Le catholicisme, qui tient essentiellement à son immobilité, a seul conservé cet usage pour la philosophie et la théologie, malgré les nombreux solécismes et barbarismes qui en sont la conséquence nécessaire; car, dans la chaleur de l'argumentation, les élèves s'embarrassent peu si les expressions dont ils se servent sont avouées par la grammaire, pourvu qu'ils répondent à leurs adversaires. Quelque vicieux que cet usage nous paraisse à nous autres profanes, il n'est pas probable que l'église catholique y renonce; « elle craindrait, dit-elle, d'altérer la pureté du dogme, si elle faisait usage du français. » Je n'en crois rien; mais, du moins, le français n'en souffre pas, puisque tout cela n'est traité qu'en latin. C'est pour la même raison que je passe sous silence les thèses latines.

On voit, par ce que je viens de dire, que l'abandon du latin s'opère successivement, et cela a lieu en même temps dans tous les pays. Aujourd'hui tous les actes se rédigent en français; les ouvrages scientifiques et littéraires se font en cette langue, et bien peu de poëtes et de littérateurs recourent à la langue de Virgile et de Cicéron.

Le latin ne convient plus à notre civilisation : nous n'avons ni les mêmes mœurs, ni les mêmes usages, ni la même religion que les Romains; nos arts, nos sciences, notre industrie, tout est différent; les choses diffèrent, les mots doivent donc différer également. Aussi, malgré leur ardent désir de calquer leurs phrases sur celles des anciens, de combien de néologismes les latinistes modernes sont-ils obligés de farcir leur style, à moins de recourir éternellement à la périphrase! Le latin est donc bien une langue morte, aucun talent ne pourra le rappeler à la vie. Il a fait son temps. *Requiescat in pace.*

Qu'on ne croie pas qu'en parlant ainsi, je demande la suppression de l'enseignement du latin dans les colléges. C'est là une tout autre question que celle que j'examine ici.

Tout le monde étudie bien encore le latin; mais, dans ce nombre, combien y en a-t-il qui terminent leurs études, et, dans ces derniers, combien, après avoir quitté les bancs de l'école, oublient ce qu'ils ont mis tant de peine à apprendre! On peut donc dire avec vérité que les latinistes en état de parler et d'écrire correctement le latin forment le petit nombre des élus.

Et voilà le moment qu'ont choisi les botanistes pour prêcher une croisade en faveur du latin, afin de proscrire complétement notre langue de la botanique!

Écoutez ce que dit, pour la préférence à accorder au latin, M. Alphonse de Candolle dans la préface de sa *Géographie botanique* :

« C'est une tendance heureuse de la civilisation moderne de remplacer les noms vulgaires d'une foule de langues et de dialectes par un seul nom commun à tous les peuples, et basé sur des règles positives. Je n'aurais rien dit sur ce point secondaire, si, depuis quelques années, des littérateurs de beaucoup d'esprit et même des naturalistes n'avaient répandu à ce sujet des idées assez fausses. Les uns ont voulu ridiculiser les noms latins; les autres ont essayé de populariser des noms vulgaires. Si l'on veut plaisanter avec les premiers, je me charge de citer, pour chaque nom botanique, un nom français, anglais, allemand, russe ou tout autre, tout aussi ridicule, et même plus ridicule, car le latin, du moins, a le mérite de pouvoir être prononcé par tous les peuples, tandis que certains noms anglais torturent une bouche française, et certains noms français une bouche anglaise. Si l'on traite la question sérieusement, je ferai une seule remarque, à ajouter aux considérations très-sensées qui se trouvent dans les traités de botanique en faveur d'une seule nomenclature pour tous les pays et pour toutes les provinces d'un même pays.

» Pourquoi certains noms scientifiques paraissent-ils bizarres, même ridicules, à plusieurs personnes? Est-ce parce qu'ils sont latins? Pas le moins du monde; c'est uniquement parce qu'ils sont nouveaux; j'entends nouveaux pour le public. On se récrie sur des noms tels que *phaca, lophantus, tanacetum*, qu'on n'a jamais entendus, mais on trouve *geranium, reseda, hortensia*, même *rhododendrum* ou *fuchsia* tout à fait naturels. Les uns sont peu connus; les autres sont entrés dans le cercle des habitudes et des notions de tout le monde. Dites à un Français non botaniste que telle plante s'appelle *bugle*, il trouvera le nom aussi singulier que si vous lui appreniez son nom latin *ajuga*, quoique celui de *bugle* soit dans le dictionnaire de l'Académie. Parlez à un ouvrier anglais de la plante nommée dans sa langue *nipple-wort*, il aimera autant le nom de *lampsana* des botanistes, et il rira peut-être de tous les deux, parce qu'il ne les a pas entendus auparavant. En fait de noms, il n'y a de bizarres que les noms nouveaux qu'on entend et qu'on prononce rarement.

» Il en est, à cet égard, des noms de plantes exactement comme des noms de localités et des noms d'hommes. Voici un petit village, dont le nom allemand, russe ou turc, est parfaitement ridicule, ou impossible, dit-on, à se rappeler. On y livre une bataille; dès lors et à jamais ce nom est dans toutes les bouches. Voici un homme obscur, inconnu, qui porte un nom incroyable; cet homme devient célèbre, ou acquiert seulement une notoriété de mauvais aloi; personne n'hésite pour le nommer. Autrefois, à une époque d'ignorance, les villes avaient des noms différents dans chaque langue, et il en reste parfois des exemples risibles et qui surchargent bien inutilement la mémoire : on dit, pour les mêmes villes, en français, *Liége*, et en allemand *Lüttich* ; en français, *Avenche*, et en allemand, *Wifflisburg*; en italien *Livorno*, et en anglais *Leghorn*. C'est l'idéal d'une nomenclature par les noms vulgaires. Peu à peu on a trouvé plus simple que chaque ville n'eût dans toutes les langues qu'un seul nom, et les géographes ont eu le bon esprit d'encourager cette tendance. La même chose arrivera, j'en suis persuadé, pour les noms des plantes; mais c'est aux botanistes de donner toujours l'exemple et de s'y prêter. »

Les botanistes sont dans l'erreur en prétendant que le latin est encore aujourd'hui une langue universelle; il l'a été, mais il ne l'est plus, je pense l'avoir suffisamment démontré.

Quand même il serait beaucoup plus cultivé qu'il ne l'est aujourd'hui, quel est le latiniste, doué d'un peu de goût, qui ne reculerait d'horreur en ouvrant un ouvrage de botanique! Les mots ont bien des terminaisons latines, mais c'est la seule ressemblance qu'ils aient avec le latin. Ce pseudo-latin vaut tout au plus le latin macaronique; il est inférieur même à celui des chartes. « Avec quel aplomb semi-burlesque, dit M. Blanchard, dans *le Siècle*, les botanistes tranchent parfois dans la langue au gré de leurs adulations!... Et quelle promiscuité de noms dissonants dans ce jardin de Flore, si gracieux à voir, si rocailleux à lire : le latin, le grec, les idiomes étrangers, les noms d'hommes, de femmes, de princes, de divinités païennes ou financières, de saints, de contrées, d'objets les plus disparates, tout cela se coudoie pêle-mêle et enterre les dénominations propres des plantes qui, de la sorte, sont pour ainsi dire chassées de chez elles! » A cela j'ajouterai que, non-seulement les plantes sont chassées de chez elles, mais même que le latin est chassé de chez lui. Les mots latins sont si rares dans ce prétendu latin, qu'on peut leur appliquer ce vers :

Apparent rari nantes in gurgite vasto.

Pline et Columelle ne comprendraient pas un mot de cet affreux jargon. Voici quelques expressions de ce nouveau latin : *leersia, rottboella, phaca, brachystachys, oplismenus, echinochloa, hemarthria, piptatherum, urachne, isolepis, chlorostachya*, etc. J'en pourrais citer des milliers d'autres semblables. En les entendant, on est porté à s'écrier, comme dans *les Plaideurs* :

Si j'en connais pas un, je veux être étranglé.

Quelques-uns de ces mots sont d'une longueur si démesurée, qu'on pourrait les comparer au *Thesaurochrysonicochrysides* de Plaute.

C'est une espèce de fétichisme de vouloir conserver les noms établis par Linnée et les autres botanistes qui ont écrit en latin. Ces savants ont dû employer des dénominations latines, puisqu'ils écrivaient dans la langue des Romains; mais ils avaient trop de bon sens pour employer des noms latins s'ils eussent écrit en français, en anglais, en allemand, etc.

Ce qui montre bien que la routine est la principale cause de la conservation du latin en botanique, c'est la réponse de deux professeurs du Jardin des Plantes de Paris. Interrogés pourquoi les botanistes ne parlaient pas français comme les autres savants, l'un d'eux ne daigna pas répondre; l'autre dit que c'était l'usage, que le latin était une langue universelle, et que d'ailleurs il n'y avait jamais réfléchi. Voilà où en sont ceux qui se trouvent placés à la tête de l'enseignement. Il est vrai que tous les savants ne sont pas aussi insouciants. Il y en a qui gémissent de l'état de choses actuel, mais c'est en secret; aucun d'eux n'ose tenter de lever l'étendard de la réforme.

M. de Candolle s'étonne que des littérateurs et même des naturalistes aient cherché à tourner en ridicule la langue de la botanique; moi, au contraire, je suis étonné qu'il ne se soit pas trouvé un plus grand nombre d'opposants; que tous les gens sensés ne se soient pas ligués contre ce monstrueux amas de barbarismes. Sur cent mots, on doit se trouver heureux si l'on en trouve trois ou quatre dans un dictionnaire latin. Aussi, loin d'adhérer au vœu, je dirais presque impie, de M. de Candolle, qui engage les botanistes et tous ceux qui s'occupent de la culture des plantes, à substituer partout les noms botaniques aux noms français, allemands, etc., je dirais plutôt avec M. Blanchard, rédacteur de la partie scientifique du *Siècle* : « Quand surgira le fleuve qui, lançant un beau jour ses flots rénovateurs à travers les étables d'Augias, les purgera une bonne fois de tant d'ingrédients hétérogènes? »

Si la botanique était une science réservée à un petit nombre d'adeptes, comme le blason, la fauconnerie, l'alchimie, etc., on concevrait que, pour se distinguer des profanes, les botanistes eussent adopté, comme les voleurs, un langage complétement différent de leurs compatriotes. Mais il n'en est rien : la botanique est une des sciences les plus utiles par ses applications à la médecine, à l'agriculture, à l'industrie. Malgré son épouvantable patois, beaucoup de dames suivent les cours de botanique; on y voit également des jardiniers, des herboristes, et beaucoup d'autres personnes étrangères à l'étude des langues savantes. Toutes les classes de la population se livrent avec amour à la culture des plantes, soit pour leur utilité, soit pour leur agrément. Quelle jeune ouvrière n'aime pas à avoir, faute de jardin, quelques fleurs sur sa fenêtre? Et quand cette jeune fille viendra vous demander le nom de la fleur, objet de ses prédilections, vous oserez lui cracher vos affreux noms latins, tortures de toutes les bouches et de toutes les oreilles françaises. Vous avez poussé la barbarie, la sauvagerie jusqu'à proscrire le nom de la *rose*, de l'*œillet*, de la *violette*, du *lis*, du *blé*, du *lin*, du *chêne*, etc., et qu'y avez-vous substitué? Ce beau latin dont j'ai donné plus haut un spécimen.

On me dira, je le sais, que je confonds le langage scientifique avec le langage vulgaire; que les savants ne parlent pas autrement que les simples mortels. J'en conviens; mais ce n'est qu'à leur corps défendant qu'ils se décident à agir ainsi; ce n'est que transitoirement qu'ils recourent encore au français. Pour eux, le beau idéal, ce sera l'époque où tout le monde parlera leur latin, où les littérateurs eux-mêmes ainsi que les poëtes ne s'exprimeront pas autrement. Voilà la terre promise dans laquelle, nouveaux Josué, ils se proposent de nous conduire. Dieu veuille que, comme Moïse, ils meurent avant d'y arriver, et que leurs successeurs ne se montrent pas empressés de marcher sur leurs traces!

Si les botanistes n'avaient créé des noms nouveaux que pour le classement des plantes, et afin d'en faciliter l'étude, il y aurait eu peu de chose à dire; on aurait pu peut-être leur reprocher d'avoir poussé l'amour du grec et du cosmopolitisme un peu trop loin, mais ce serait un léger péché auprès de ces énormes crimes de lèse-littérature et de lèse-grammaire dont ils se rendent continuellement coupables.

On leur aurait volontiers permis de donner des noms nouveaux aux plantes récemment découvertes, à condition toutefois qu'ils n'eussent pas été trop hétéroclites. Lorsque Lavoisier et ses collaborateurs créèrent la nomenclature chimique, ils ne supprimèrent pas tous les noms français, ils se contentèrent de nommer les produits nouveaux dans un langage très-simple, et pouvant être compris dans toutes les langues, sans être barbare dans aucune. Ce serait là un bel exemple à suivre.

Pour les noms des plantes, il y avait, disent les botanistes, ou à adopter les noms vulgaires, et alors chaque province en aurait eu un et quelquefois plusieurs pour désigner la même plante; ou à fabriquer des noms entièrement nouveaux, mais admis dans tous les pays. C'est ce dernier parti que nous avons adopté.

Quant aux noms vulgaires, je vous les abandonne très-volontiers : ils me semblent devoir être proscrits de la science, parce que la plupart sont fondés sur des propriétés souvent imaginaires, et ne sont propres qu'à éterniser parmi le peuple des préjugés séculaires. Ils ont d'ailleurs le grand inconvénient d'être purement locaux. Ainsi, qu'on ne parle plus d'*herbe au charpentier*, d'*herbe à la femme battue*, d'*herbe au chat*, etc. Pour donner un exemple entre mille des embarras qu'ils présenteraient s'ils étaient admis par les savants, le *tabac* a été désigné sous les noms suivants : *herbe sacrée, herbe Sainte-Croix, herbe à la reine, nicotiane, petun*, etc. A ces dénominations ajoutez-en un nombre au moins aussi grand dans chaque langue, et vous en serez effrayé.

Mais ne proscrivez que les noms de cette espèce, gardez-vous de rejeter les noms de *chanvre*, de *pavot*, de *froment*, etc. Ce sont là des mots admis par tous ceux qui parlent français, et qu'il faut savoir respecter.

Examinons maintenant si votre langage est aussi universel que vous le prétendez.

Je prends le premier ouvrage de botanique venu, et j'y trouve les nombreux synonymes suivants :

1. *Leersia hexandra. Leersia australis. Asprella hexandra. Leersia mexicana. Asprella mexicana. Asprella australis. Leersia mauritanica. Leersia brasiliensis. Asprella brasiliensis. Leersia contracta. Leersia glaberrima. Leersia triniana. Leersia abyssinica.*

2. *Phalaris brachystachys. Phalaris quadrivalvis. Phalaris nitida. Phalaris canariensis.*

3. *Oplismenus crus galli. Panicum crus galli. Echinochloa crus galli. Oplismenus crus galli.*

4. *Hemarthria fasciculata. Rottboella fasciculata. Rottboella altissima. Lodicularia fasciculata.*

5. *Piptatherum cærulescens. Milium cærulescens. Agrostis cærulescens. Urachne cærulescens.*

6. *Melica Cupani. Melica persica. Melica humilis. Melica Jacquemontii. Melica inæquiglumis. Melica breviflora. Melica vestita. Melica trachyantha. Melica Hohenaceri. Melica pannosa. Melica Kotschyi. Melica lanata. Melica glaucescens.*

7. *Scirpus Savii. Scirpus filiformis. Scirpus setaceus. Scirpus meridianus. Scirpus cernuus. Fimbristylis pygmæum. Isolepis numidiana. Isolepis cernua. Isolepis sicula. Isolepis tenuis. Isolepis saviana. Isolepis leptalea. Scirpus leptaleus. Scirpus brevis. Isolepis magellanica. Isolepis pumila. Isolepis brevis. Isolepis meyeniana. Isolepis chlorostachya. Isolepis fuscata. Isolepis brachyphylla. Isolepis brevifolia.*

Et ces nombreux synonymes existent dans toutes les familles, dans tous les genres, dans toutes les espèces, dans toutes les variétés et sous-variétés !

Ce n'était donc guère la peine de créer une langue de toutes pièces, sous prétexte d'introduire la clarté dans la science, lorsqu'il n'en résulte que désordre et confusion. Un résultat aussi fâcheux est né de ce que le plus mince botaniste, en bouleversant la nomenclature, et en créant sans nécessité de nouveaux noms dans ce beau latin que vous savez, s'imagine marcher de pair avec les Linnée, les Jussieu, etc.

La même anarchie règne dans les autres branches de l'histoire naturelle. Ecoutez à ce sujet les plaintes de Ch. Nodier. « Hélas ! nos enfants ne sauront pas ce que c'était que l'escarbot du fabuliste... Linnée veut que ce soit un *lucane*, et Geoffroy que ce soit un *platycère*. Quant à la *cigale*, je ne saurais que vous dire de cet *hémiptère collirostre*, sinon que je l'ai vu changer, depuis mon enfance, une douzaine de fois de nom, et que vous êtes parfaitement libre de lui en donner de nouveaux d'ici à la clôture prochaine de la loterie de mots, car tous les noms sont bons, pourvu que l'on en change. »

Vous prétendez que vos noms scientifiques ne paraissent bizarres et ridicules que parce qu'ils sont nouveaux. Non, ils ne sont ridicules que parce qu'ils sont inutiles et contraires au génie des langues des divers pays dans lesquels on cultive la botanique. Si par hasard quelques-uns d'entre eux sont passés dans le langage vulgaire, c'est parce qu'ils étaient moins barbares que les autres.

La meilleure preuve que vous êtes dans l'erreur, c'est que votre langage excite la répulsion générale : celle des savants, à cause de la barbarie des mots ; celle des ignorants, parce qu'ils ne comprennent rien à tous vos noms. Des médecins instruits m'ont assuré qu'ils ne pouvaient pas ouvrir un livre de botanique, tant le style en est rebutant, hérissé qu'il est de mots latins, car ce n'est pas en dehors du texte que les botanistes placent leurs termes d'argot, ils en lardent le français. Voici quelques phrases pour exemples : *Nous avons réuni l'*ELIMUS CRINITUS *avec l'*ELIMUS CAPUT MEDUSÆ. *M. Grisebach a démontré que le* SECALE CEREALE *n'a été indiqué comme originaire de la Russie que par suite d'une confusion avec les* SECALE FRAGILE *et* SECALE ANATOLICUM. *C'est là une variété du* TRITICUM DURUM. *Le* TRITICUM POLONICUM *existe dans cette contrée. Il y a plusieurs espèces de* CAREX : *le* CAREX VESICARIA, *le* CAREX VULPINA, etc.

Ne vaudrait-il pas mieux écrire les ouvrages de botanique entièrement en latin que de larder ainsi le français de mots latins ?

On prétend arriver ainsi à être compris dans tous les pays. Quelle étrange illusion ! Si les savants étrangers ne comprennent pas le français, comment voulez-vous qu'ils entendent le texte d'un ouvrage français souillé par ci par là de votre affreux latin ? S'ils savent le français, à quoi bon votre latin ?

Ne pourriez-vous pas, pour contenter en même temps, s'il est possible, les gens raisonnables et les partisans du patois latin, mettre tout à fait en dehors du texte vos termes de jargon, et présenter aux autres lecteurs un français pur de tout alliage ?

Ne serait-il pas également très-facile, dans les jardins botaniques, de placer toujours sur les étiquettes des plantes le nom français d'abord en caractères très-apparents, puis le barbarisme latin au-dessous et en caractères moins visibles ? De cette manière tout le monde pourrait étudier les plantes.

Vous avez adopté le latin, dites-vous, parce que c'est une langue universelle. Vous savez maintenant que ce n'est plus vrai. C'est aujourd'hui le français qui tend à remplacer le latin. Lorsque les nations étrangères ont à faire un traité, quelle langue choisissent-elles de préférence, à cause de sa clarté ? le français. Et vous, Français, vous proscrivez notre langue de la botanique, quand, dans toutes les contrées du globe, tous les gens éclairés s'empressent de l'étudier. Peut-on être aussi peu patriote?

Quand les jardiniers ont vu que les botanistes ne parlaient que latin, ils n'ont pas voulu paraître moins savants qu'eux; ils ont rédigé leurs catalogues entièrement en latin. A ce sujet Nodier raconte l'anecdote suivante : « Depuis quelque temps, les pépinières se sont extrêmement multipliées; il n'y en avait qu'à Paris et près de quelques grandes villes, à présent il y en a presque partout. Malheureusement les nomenclatures se sont multipliées avec elles. Cet automne, au mois de novembre, un pépiniériste du département de l'Yonne publia un catalogue en treize pages in-8°, imprimé en petit-romain, et contenant plus de mille articles différents. Un de ses chalands ordinaires, honnête et riche campagnard, mais fort dépourvu d'ailleurs de latin, de grec et de nomenclatures, se croit obligé de répondre à son envoi par les lignes que voici : « Monsieur, j'espérais vous faire » cette année des commandes assez considérables; je » voulais principalement vous demander des *chèvre-» feuilles* variés, des *lilas*, quelques *érables* et des » *marronniers rouges* pareils à ceux que vous me » fournîtes l'an passé; mais je vois avec regret que » vous n'avez rien de tout cela. Quant à vos arbres » et à vos arbustes étrangers, je m'en passerai déci-» dément, parce que je ne les connais point, et que, » selon toute apparence, ils ne viendraient pas dans » mon terrain. » Le pépiniériste, désolé de manquer une belle affaire, a beau réclamer : « Eh quoi! mon-» sieur, vous n'avez donc pas lu mon catalogue? » Vous auriez trouvé tout ce que vous me demandez » aux articles *acerlonicera*, *æsculus rubicunda*, etc. » Cette fois il ne reçut pas de réponse. Notre amateur s'était pourvu chez un homme qui parlait sa langue, qui appelait les arbres par leur nom, et qui se faisait entendre sans le secours des dictionnaires. »

On ne s'est pas arrêté là : on commence à introduire dans les livres de cuisine ce jargon botanique.

Vous croyez peut-être que j'ai passé en revue toutes les folies de ce genre. Vous êtes dans l'erreur. Il y a quelques années on a publié un dictionnaire géographique dans lequel les noms des villes, des contrées se trouvent non au mot français par lequel nous les désignons, mais au mot indigène. Ainsi, par exemple, si l'on avait cherché *Aix-la-Chapelle*, on le trouvait à *Aachen*; on ne trouvait les détails sur l'*Angleterre* qu'au mot *England*, et pour les *États-Unis*, c'était à *United-States*, et ainsi du reste. N'est-ce pas se moquer de ses lecteurs?

Conçoit-on que l'on fasse un tel abus de la science? Messieurs les savants, humanisez-vous un peu. Abaissez-vous jusqu'à notre niveau. Arago, Cuvier et d'autres princes de la science n'ont pas dédaigné d'écrire pour le peuple, et leur gloire n'en a pas été obscurcie, bien au contraire. Simplifier les connaissances humaines, c'est contribuer à développer la civilisation et par suite la moralité du peuple. Qui ne serait fier de contribuer à un si beau résultat? Si vous craignez d'être compris de la foule, n'écrivez pas, gardez pour vous toute votre science.

J. B. Prodhomme,

Correcteur à l'Imprimerie impériale.

BOUC (zoologie) [de l'allemand *bock*]. — Individus mâles et adultes du genre *chèvre*. — Voy. ce mot.

BOUCHE (anatomie, physiologie) [du latin *bucca*]. — Cavité symétrique située à l'entrée des voies digestives, dont elle est en quelque sorte le vestibule, et qui occupe le tiers inférieur de la face. Cette cavité est circonscrite en haut par la voûte palatine, en bas par la langue, en arrière par le voile du palais et des piliers postérieurs qui la séparent du pharynx, en avant par les arcades dentaires et les lèvres, latéralement par ces mêmes arcades et les joues. La capacité de la bouche, presque nulle à l'état de repos, c'est-à-dire quand les deux mâchoires sont rapprochées, augmente d'une manière très-variable suivant qu'on abaisse plus ou moins la mâchoire inférieure, qu'on projette les lèvres en avant, ou qu'on écarte les joues en dehors en les gonflant d'air, comme dans l'action de souffler. L'aire de la bouche est irrégulièrement ovalaire, de même que la langue et les arcades dentaires, et son plus grand axe, l'axe antéro-postérieur, est dirigé suivant une ligne horizontale chez l'homme, tandis qu'il est plus ou moins oblique en bas chez les animaux quadrupèdes. Cette prédominance de l'axe antéro-postérieur, qui chez l'homme est à peine de deux centimètres, devient excessive dans les espèces animales, et est en rapport avec l'allongement du cou et de cette partie de la face qui est pour eux un organe de préhension. Le volume considérable de la bouche, relativement à la partie du tissu digestif qui lui fait suite, est une exception à cette règle par laquelle il existe entre toutes les parties de cet appareil des proportions telles qu'une cavité ne peut admettre des substances trop volumineuses pour passer dans la portion située au-dessous; mais c'est dans la bouche que les aliments sont reçus, broyés, insalivés; ils restent là complétement subordonnés à l'empire de la volonté, et nous pouvons régler nous-même le volume des aliments que nous introduisons par chaque mouvement de déglutition, de telle sorte qu'aucun inconvénient n'existe en réalité. La cavité buccale est limitée par un très-grand nombre de parties qui la constituent par leur juxta-position, et dont nous ne devons faire ici qu'une énonciation rapide, parce qu'elles seront étudiées à leur place. A sa partie antérieure on trouve deux voiles charnus, épais, contractiles; les lèvres, dont l'orifice constitue la *bouche proprement dite* dans un langage nullement scientifique. Les lèvres sont tapissées du côté de cette cavité d'une membrane muqueuse, qui, après avoir formé le frein de la lèvre supérieure et inférieure, va se terminer sur les gencives. En arrière des lèvres se voient les rangées des dents, divisées en canines, incisives et molaires, implantées dans des arcs osseux à la manière de chevilles et fixées solidement par les gencives. Entre les lèvres et les gencives se trouve une sorte de cul-de-sac, profondément creusé, et tapissé de tous côtés par la muqueuse; à l'état ordinaire, ces deux surfaces sont en contact, mais dans l'acte de la manducation il se glisse toujours une petite partie des aliments dans ce sillon, où la langue va en chercher toutes les parcelles pour les réunir sur elle-même. Cet espace, qu'on appelle le vestibule de la bouche, se continue sur les côtés avec celui qui sépare les dents molaires des joues, et c'est sur un point de cette paroi, au niveau des secondes grosses molaires supérieures, que s'ouvre le canal de Sténon; elle est limitée en arrière par un cul-de-sac résultant de la muqueuse des joues sur la gencive, mais elle présente un orifice, en arrière de la grosse molaire, par lequel ce vestibule communique avec la bouche proprement dite. En cet endroit se trouve, chez certains animaux, un paquet de glandules désigné sous le nom de glande molaire, et qui sert à l'insalivation des aliments. A la partie postérieure, la bouche est à moitié fermée par un repli valvulaire, très-mobile et contractile, le voile du palais, et deux piliers charnus, entre lesquels est situé un petit corps ovoïde, aplati, l'amygdale; ces diverses parties établissent une limite tranchée entre la bouche et le pharynx, qui, hors l'état de contraction, ne communiquent ensemble que par un orifice étroit qu'on appelle l'isthme du gosier. A la partie supérieure se voit une surface arrondie, concave en bas, et d'arrière en avant, formée par une partie osseuse, recouverte d'une membrane muqueuse très-dense et peu sensible. Elle sert d'appui aux aliments quand la langue les dirige vers l'isthme du gosier. Cette paroi se confond en arrière avec le voile du palais qui s'y insère par sa base, et se continue obliquement avec elle. Inférieurement, la face supérieure de la langue forme la plus grande partie de la bouche, et ce plancher, très-mobile, change de forme, de consistance, de position, suivant les différents actes qui se passent dans la bouche; de chaque côté, et en avant, règne un sillon très-prononcé quand la pointe de la langue est appliquée sur la voûte palatine, et dans lequel viennent s'ouvrir les conduits de Rivinus, de Warthon, qui versent le produit des glandes sub-linguales et sous-maxillaires. Au-dessous de la langue, un repli de la muqueuse, qu'on appelle le filet, unit la partie inférieure de cet organe au fond du sillon gengivo-lingual. Sur les parois latérales se trouvent les arcades dentaires, et les gencives, qui, par leur régularité concentrique, donnent à la bouche sa forme ovale et parfaitement symétrique.

Toutes ces parties sont recouvertes d'une membrane muqueuse extrêmement vasculaire, généralement très-résistante, mais dont l'épaisseur, la structure varient suivant les différentes régions et suivant les fonctions que ces parties ont à remplir; ainsi, tandis que la muqueuse des lèvres est mince et fine, et jouit de la sensibilité la plus esquise, celle qui recouvre la voûte palatine est épaisse, rugueuse, peu sensible et peu impressionnable au contact des corps étrangers : la muqueuse de la face dorsale de la langue, si délicate à la pointe et sur les bords, prend à la base une apparence, une structure presque cornée, et ne peut que très-difficilement être détachée des parties qu'elle recouvre. Cette muqueuse est couverte de glandules mucipares, salivaires, de toutes sortes, et d'une quantité innombrable de papilles siégeant principalement sur les parties où la sensibilité tactile est le plus développée, sur la langue, sur les lèvres spécialement; un épithélium très-mince recouvre toutes ces papilles, les protége contre l'action trop directe des agents extérieurs, et lorsque, dans certaines maladies, la scarlatine, la stomatite, les aphthes, la langue se dépouille de cet épiderme, les anses nerveuses des papilles mises à nu font éprouver dans toute la bouche une sensation de brûlure insupportable.

Le développement de la bouche, parfaitement connu depuis les beaux travaux de M. Coste, se fait au moyen de bourgeons, qui sont les premiers rudiments de la face. De la ligne médiane, on voit naître un bourgeon qui fournira plus tard au développement du nez, du front et de la lèvre supérieure; de chaque côté apparaissent d'autres bourgeons latéraux, qui constitueront les mâchoires : les uns, inférieurs, plus précoces, pour la mâchoire inférieure; les autres, plus tardifs, pour la supérieure. Les bourgeons inférieurs se réunissent très-vite sur la ligne médiane, et leur soudure forme la symphyse du menton; les supérieurs marchent plus lentement l'un vers l'autre, se soudent d'abord entre eux en arrière, et viennent peu à peu se fondre avec le lobule médian qui forme la lèvre supérieure. On comprend que dans les cas où cette évolution des bourgeons maxillaires supérieurs est arrêtée avant leur fusion soit entre les deux congénères, soit avec le lobule médian, on comprend qu'alors se produisent toutes ces variétés de becs-de-lièvres si communs à la naissance, et dont le dernier degré constitue ce qu'on appelle la *gueule-de-loup*. La rapidité de l'évolution des bourgeons inférieurs, au contraire, explique la rareté de ce vice de conformation à la lèvre inférieure, et il n'existe dans la science que trois cas bien avérés de cette difformité.

L'absence complète de la bouche ou *astomie* est un fait très-rare, qui trouve aussi son explication dans l'étude de l'embryogénie. A une certaine époque, la dépression, qui plus tard sera la bouche, n'est pas encore ouverte; elle est comme voilée par le feuillet séreux du capuchon céphalique, et ce n'est que vers le vingt-cinquième ou le trentième jours que cette matière blastodermique se creuse d'une cavité qui s'agrandit dans tous les sens; on voit alors successivement disparaître, d'une part, le feuillet aminci qui fermait l'orifice buccal, de l'autre le cul-de-sac qui fermait en haut le pharynx. Si l'on suppose que, par une cause dont l'essence nous est encore inconnue, un arrêt de développement se manifeste sur cette partie du feuillet blastodermique qui ferme l'orifice buccal, le développement des autres parties pourra se faire comme à l'ordinaire, et l'*astomie* sera complète à la naissance : il y a là la plus grande analogie avec ce qui se passe dans les cas d'imperforation congénitale de l'anus.

La bouche est le siége d'un grand nombre d'actes fonctionnels qui se rattachent aux appareils de la digestion et de la respiration; dans la plupart des espèces animales, elle est le seul organe de préhension pour les aliments. Chez l'homme, les lèvres jouent un très-grand rôle dans cet acte, principalement dans la préhension des boissons. C'est dans la bouche que se fait le broiement, l'insalivation, que se prépare la déglutition du bol alimentaire, et c'est elle qui est le siége le plus parfait du sens du goût; pendant l'acte respiratoire, elle donne passage à l'air qui sort du poumon ou qui va y rentrer; elle exerce sur le timbre de la voix des modifications essentielles, et par les mouvements des parties qui la composent, elle rend possible l'articulation des mots; elle est l'organe de la parole. Les maladies dont elle peut être le siége sont extrêmement nombreuses, et se prêtent peu à des considérations générales : les inflammations de la muqueuse, très-communes chez les enfants à la mamelle; les aphthes, le muguet, les ulcérations de toutes natures, scorbutiques ou vénériennes; la salivation mercurielle, les gangrènes, qui, chez les enfants surtout, produisent d'effroyables ravages; toutes ces affections seront étudiées successivement, et à part, dans le cours de cette Encyclopédie; nous y renvoyons le lecteur. Il est un certain nombre de lésions des organes contenus dans cette cavité qui constituent une classe distincte de maladies, et qui rentrent dans le domaine de l'art du dentiste. L'examen de la bouche fournit au pathologiste des signes symptomatologiques très-précieux, et qui servent à établir soit le diagnostic, soit le pronostic des maladies. Tantôt, dans les paralysies, dans les accidents convulsifs, sa symétrie disparaît, les lèvres sont déviées d'un côté ou de l'autre, et produisent ce qu'on a appelé le spasme cynique, le rictus, le rire sardonique; tantôt la mâchoire inférieure est pendante, la bouche largement ouverte, comme dans tous les états où la faiblesse est excessive; l'humidité, la sécheresse, la température, la couleur, les enduits de la langue et des gencives, sont encore autant de signes qui peuvent aider à juger de la gravité des maladies, ou à en établir le diagnostic.

Jusqu'à présent nous n'avons parlé de la bouche que dans le sens anatomique du mot, nous ne l'avons envisagée que comme un appendice de l'appareil digestif; mais dans le langage ordinaire, dans celui des peintres, des statuaires, on désigne sous ce nom cette partie du visage qui forme l'orifice de la cavité buccale, et qui comprend le bord libre des lèvres, leurs commissures, la ligne sinueuse qui les sépare. La grande mobilité de toutes ces parties, les changements que les passions, les différentes émotions de l'âme leur font éprouver, exercent sur la physionomie une action qu'il est intéressant d'étudier. La bouche, dit Lebrun, est la partie qui, de tout le visage, marque le plus particulièrement les mouvements du cœur. Lorsque l'âme se plaint, la bouche s'abaisse sur les côtés; lorsqu'elle est contente, les coins de la bouche s'élèvent en haut; lorsqu'elle a de l'aversion, la bouche se pousse en avant et s'élève par le milieu. Lavater est allé plus loin quand il a dit d'une manière absolue qu'on remarque toujours un parfait accord entre les lèvres et le caractère; « qu'elles soient fermes, qu'elles soient molles et mobiles, le caractère, dit-il, est-il toujours d'une trempe analogue. » Voici, du reste, comment il s'exprime sur l'importance physiognomonique de cette partie du visage :

« La bouche est l'interprète et le représentant de l'esprit et du cœur, et dans son état de repos, et dans la variété de ses mouvements, un monde de caractères; elle est éloquente jusque dans son silence. Quel objet d'admiration! s'écrie-t-il[1], quel miracle sublime parmi tant de miracles qui composent mon être! Non-seulement ma bouche respire le souffle de la vie, et s'acquitte des fonctions que j'ai en commun avec la brute, elle sert encore à former le langage; elle parle, elle parlerait même en ne s'ouvrant jamais.

Que cette partie du visage est différente de toutes celles que nous comprenons sous ce nom! Plus simple et plus compliquée à la fois, elle ne saurait être ni détachée ni fixée. Ah! si l'homme connaissait et sentait la dignité de sa bouche, il proférerait des paroles divines, et ses paroles sanctifieraient ses actions. Hélas! pourquoi suis-je réduit à bégayer et à trembler, quand je voudrais énoncer les merveilles de cet organe qui est le siége de la sagesse et de la folie, de la force et de la faiblesse, de la vertu et du vice, de la rudesse et de la délicatesse de l'esprit; le siége de l'amour et de la haine, de la sincérité et de la fausseté, de l'humilité et de l'orgueil, de la dissimulation et de la vérité? Ah! si j'étais ce que je dois être, ma bouche s'ouvrirait, ô mon Dieu, pour chanter tes louanges..... Pourquoi ne voyons-nous pas ce qui est en nous? Pourquoi ne pas jouir de nous-mêmes? Les observations que je suis à portée de faire sur la bouche de mon frère ne seront-elles pas suivies d'un retour sur moi-même? Ne me feront-elles pas sentir que ma bouche aussi découvre mon intérieur?..... Qui sait? peut-être des observations trop exactes nous conduiraient trop loin; la marche de nos découvertes physiognomoniques deviendrait trop rapide; le voile, déchiré tout d'un coup, offrirait un spectacle trop affligeant; la secousse serait trop forte; et, par cette raison peut-être, la Providence nous cache-t-elle ce qui serait clairement exposé à nos regards. Mon âme est oppressée par des réflexions qui résultent de cette triste idée. Vous, qui savez apprécier la dignité de l'homme, vous partagerez volontiers ma peine; et vous, cœurs moins sensibles, mais toujours chers au mien, pardonnez des plaintes qui ne vous toucheront pas. » Nous avons cité ce passage tout entier, parce que l'arrêt de Lavater avec son ardente piété, sa conviction profonde et cette bonté affectueuse qui faisait le charme de son caractère, semble s'y refléter à chaque trait.

Lavater admet trois classes principales pour les différentes formes de la bouche. Dans la première,

[1] Lavater, *Principes de Physiognomonie*, tome II, p. 185.

qu'il appelle *sentimentale*, il range celles dont la lèvre supérieure déborde celle d'en bas; conformation qui est le signe de la beauté. Il comprend sous la seconde, qu'il appelle *loyale*, les bouches dont les deux lèvres sont également avancées de manière qu'une règle, appliquée sur les deux extrémités, décrive une perpendiculaire; c'est la classe des gens honnêtes et sincères. Il en établit une troisième, qu'il désigne sous le nom d'*irritable*, pour les bouches dont la lèvre inférieure dépasse celle de dessus; mais la saillie de la lèvre d'en bas varie si prodigieusement, qu'une qualification générale pourrait aisément donner lieu à des erreurs ou à des abus. En général, une lèvre d'en bas fort avancée, charnue à l'excès et d'une coupe rebutante n'est jamais le signe de la raison et de la probité; jamais elle n'admet cette délicatesse qui est la pierre de touche d'un jugement droit et solide; mais, d'un autre côté, il importe de ne pas oublier que l'âge, les accidents, les maladies peuvent avoir ajouté à la difformité de ce trait si expressif et si facile à déranger. Une bouche resserrée, dont la fente court en ligne droite, et où le bord des lèvres ne paraît pas, est l'indice du sang-froid, d'un esprit appliqué, ami de l'ordre, de l'exactitude, de la propreté; c'est un des traits de la bouche, et aussi du caractère de Lavater. Si, au contraire, elle remonte en même temps aux deux extrémités, elle suppose un fonds d'affectation, de prétention et de vanité; peut-être aussi un peu de malice, le résultat ordinaire de la frivolité. Des lèvres charnues ont toujours à combattre la frivolité et la paresse. Bien développées, mais bien proportionnées, régulièrement serpentées au milieu, elles sont incompatibles avec la bassesse; elles répugnent à la fausseté et à la méchanceté; tout au plus pourra-t-on leur reprocher un peu de penchant à la sensualité.

Une lèvre inférieure qui se creuse au milieu n'appartient qu'aux esprits enjoués. Regardez attentivement un homme gai dans le moment où il va produire une saillie, le centre de sa lèvre ne manquera jamais de se baisser et de creuser un peu.

Nous ne pousserons pas plus loin l'exposé de ces observations empruntées à Lavater, observations généralement vraies, mais qui, dans un trop grand nombre de cas, sont sujettes à de fréquentes rectifications qui dépendent de l'âge, de la maladie, des difformités acquises. Et puis, ce désir de vouloir interpréter constamment le naturel, le caractère et les individus d'après la conformation de leurs traits n'est pas sans offrir un véritable danger : non-seulement, si tant est que la physionomie soit le miroir de l'âme, l'éducation, la volonté peuvent avoir complétement modifié un naturel vicieux, mais encore une instruction incomplète, une observation ignorante pourraient entraîner certains esprits dans des jugements téméraires, et bien peu de personnes sont douées de ce tact exquis qui put permettre à Lavater de reconnaître si souvent l'existence de passions dont l'avenir apporta la révélation. Craignons de porter un œil trop hardi dans ce monde qui nous est inconnu, et ne nous abandonnons pas à cet entraînement qui faisait dire alors à Lichtenberg : « Jamais on n'a fait plus d'efforts que de nos jours pour violer l'asile de la pensée et les plus secrets mouvements du cœur. » ÉMILE VALLIN.

BOUCHE (anatomie comparée). — La forme de la bouche varie à l'infini chez les divers animaux, et son appareil paraît déterminer la manière dont vivent les individus qui en sont pourvus. « Dans les animaux à sang rouge, avec un squelette articulé osseux, elle est toujours transversale; la mâchoire inférieure est la seule mobile, et tous ont des dents ou des rudiments d'un système dentaire. Mais plus on descend l'échelle des êtres, plus cet appareil digestif se simplifie. Ainsi, chez les zoanthaires, la bouche paraît n'être formée que par un rétrécissement antérieur de la cavité digestive, et chez les oursins, elle est armée d'un puissant appareil masticateur. Les ascidées ont une bouche des plus simples; les céphalopodes l'ont armée de robustes mandibules cornées. Les dernières annélides n'ont qu'un simple orifice extérieur, tandis que les insectes et les crustacés présentent un appareil buccal très-compliqué. Parmi les vertébrés, les myxines semblent n'avoir qu'une bouche de ver, au lieu que chez les mammifères, la bouche est très-compliquée. Chez les articulés, les pièces de la bouche se présentent sous deux aspects différents, suivant qu'ils sont destinés à broyer des aliments solides ou à sucer des liquides. Dans les crustacés broyeurs, les pièces varient en nombre suivant les familles : la première paire s'appelle *mandibules*; elle est suivie de deux autres appelées *mâchoires*. Après, viennent quelquefois plusieurs autres paires de pièces servant à la déglutition et à la préhension des aliments, comme chez les crabes et les écrevisses, qui sont nommées *pieds-mâchoires*. En outre de ces pièces, il existe encore deux parties connues sous le nom de *lèvres*. Dans les crustacés suceurs, les lèvres s'allongent et forment un tube en dedans duquel sont les mandibules grêles faisant l'office de lancettes. Les mâchoires sont presque nulles, et les pieds-mâchoires sont réduits à un petit crochet destiné à fixer l'animal sur sa proie. Dans les arachnides, la bouche n'a plus que trois paires de pièces : les *mandibules* ou *forcipules*, les *mâchoires* et la *lèvre* que forme une pièce médiane et unique. Dans les insectes, ces appendices sont réduits à deux lèvres, deux mandibules et quatre mâchoires. L'alimentation s'exerce à l'extérieur du corps, soit par une surface étendue, comme chez certaines méduses, soit par des espèces d'appendices, nommés *suçoirs*, comme chez les acalèphes hydrostatiques. Ils n'ont pas, à proprement parler, de bouche, ainsi que certains vers intestinaux dont le tissu ne paraît présenter aucune trace de cavité, et les éponges. »

BOUCHERIE. — Profession et commerce de boucher. Étudiée au point de vue de sa réglementation, dit P. Vinçard, la *boucherie*, telle qu'elle est encore constituée maintenant, est un des derniers vestiges des anciennes corporations. Sous ce rapport, on doit même avouer qu'elle n'a conservé que les abus, et que le monopole dont elle jouit depuis si longtemps a été plutôt onéreux que profitable aux classes pauvres. Cependant, il faut dire aussi que ce monopole a été souvent attaqué et qu'il l'est encore chaque jour, non-seulement par l'opinion publique, mais encore par divers règlements et ordonnances émanant de l'autorité. Sauf les parties intéressées, il n'est personne aujourd'hui qui oserait défendre ce qui est regardé avec raison comme une injustice. — La législation qui a régi le commerce de la boucherie a continuellement varié en France: « Avant 1789, les bouchers de Paris formaient une corporation ayant ses droits et ses priviléges. La loi du 17 mars 1791 ayant proclamé la liberté de toutes les industries, les anciens bouchers, ruinés par la concurrence, fermèrent leurs étaux; et il en résulta un grand désordre dans le commerce de la boucherie. Pour y mettre un terme, le décret du 8 vendémiaire an XI rétablit le syndicat de la boucherie avec le système des cautionnements; et, comme le nombre des étaux paraissait trop considérable, un autre décret (8 févr. 1811) ordonna le rachat et la suppression des étaux existants jusqu'à réduction du nombre des bouchers à 300. Cet état de choses se maintint jusqu'en 1825. A cette époque, le nombre des étaux était déjà réduit à 370, lorsqu'une ordonnance du 12 janvier de cette année proclama une seconde fois la libre concurrence. Sous ce régime, 142 nouveaux étaux s'élevèrent; mais, en 1829, en présence d'un grand nombre de faillites, une nouvelle ordonnance (18 octobre) fixa le nombre des étaux à 400, et rétablit le syndicat et les cautionnements. Le 25 mars 1830 parut une ordonnance en 301 articles qui devint le code de la boucherie parisienne. Ce code est encore en vigueur aujourd'hui; mais il est fortement question de revenir au système de liberté illimitée; les bouchers de Paris ont, à Poissy, une caisse commune, connue sous le nom de *Caisse de Poissy*, qui a pour objet de faciliter leurs payements aux divers marchands de bestiaux, et de leur épargner la peine de transporter les fonds nécessaires à leurs acquisitions : l'origine de cette caisse remonte à 1733. »

En 1843, on eut l'intention de détruire ce monopole de la *boucherie* et l'on supprima d'abord les droits que percevait la caisse de Poissy : mais on ne tarda pas à les rétablir; seulement, ce fut au poids, au lieu d'être par tête de bétail, que la perception eut lieu; mais le seul changement qui ait quelque importance est celui de la vente à la criée. Cette vente, établie dans l'excellente intention de faire baisser le prix de la viande et par là de venir en aide aux classes laborieuses, n'a cependant pas produit tout le bien qu'on en attendait. Quelques jours après l'autorisation de ce nouveau mode de vente, le prix de la viande a remonté à son taux primitif. La vente à la criée n'a été utile qu'aux traiteurs, aux chefs d'institution, aux maîtres de grandes maisons, à tous ceux qui peuvent acheter plusieurs kilogrammes de viande à la fois; mais pour l'ouvrier auquel ses ressources ne permettent pas d'en agir ainsi, ce mode n'a diminué en rien ses charges : la viande, pour lui, coûte toujours le même prix. Cependant, comme la viande à la criée est une tentative contre le monopole de la *boucherie*, on ne peut qu'applaudir à cette mesure. Si, ce que personne ne conteste, on ne peut véritablement se nourrir qu'à la condition de manger de la viande, le gouvernement doit s'efforcer de changer l'ordre de choses actuel pour que ceux dont le corps est chaque jour fatigué par un travail pénible profitent des propriétés nutritives contenues dans la viande. Pour que ce désir devienne une réalité, nous croyons qu'il faut quelque chose de plus qu'une réforme partielle de la *boucherie*. Nous pensons qu'il serait juste que cette industrie devînt libre comme toutes les autres, et qu'elle ne constituât pas un privilége. Quant aux raisons d'hygiène et de salubrité publiques, qui sont les seules qu'on oppose pour maintenir ce monopole, il nous semble que les industries alimentaires sont soumises à une surveillance qui continuerait à être appliquée à la *boucherie*, comme cela a lieu dès à présent. Pour ce qui est de la crainte de manquer de viande si le monopole n'existait plus, on ne saurait mieux y répondre qu'en citant l'auteur auquel nous avons emprunté la plupart des détails qui précèdent :

« Avec le perfectionnement et la multiplicité des moyens de transport et de communication, avec les chemins de fer, qui conduisent en vingt-quatre heures les bestiaux de la Flandre, de l'Artois, du Nivernais, du Berry, du Limousin, de l'Anjou, du Maine et de la Normandie, sous les murs de la capitale, les questions d'approvisionnement ont perdu leur intérêt et leur importance; il n'est donc plus nécessaire de maintenir ces anciens règlements tombés en désuétude, mais non abrogés, et qui défendent encore de vendre ou d'acheter des bestiaux de *boucherie* ailleurs que sur les marchés de Sceaux et de Poissy, dans un rayon de 100 kilomètres à partir de Paris. Conserver cette interdiction, c'est gêner le commerce et pousser à une fraude trop facile pour n'être pas fréquente. » (Ad. Blaise.) On pourrait ajouter aussi qu'en Angleterre, la *boucherie* est complétement libre, et que c'est peut-être le pays où l'on consomme le plus de viande. — Voy. *Taxe de la viande*, au mot *Alimentation*. (*P. Vinçard.*)

BOUCLIER (antiquités) [du latin *bucula*, boucle]. — Arme défensive en usage chez les peuples de l'antiquité et chez les chevaliers du moyen âge, pour se défendre et se préserver des coups de l'ennemi. On portait le bouclier attaché au bras gauche avec des boucles et des courroies. Les anciens avaient deux espèces de boucliers. « L'un, le *clipeus argolicus*, d'abord de forme ronde, fut ensuite en ovale allongé, et fait avec de l'osier entrelacé, recouvert d'une peau de bœuf, que maintenait sur les bords un cercle de métal. Au centre, se trouvait une sorte de renflement armé d'une pointe qui servait au besoin d'arme. Chez les Grecs, dans les temps homériques, ce bouclier se pendait au cou au moyen d'un baudrier. Plus tard, on le perfectionna, au moyen d'une bande de métal, de bois, de cuir, allant d'un bord à l'autre du bouclier, dans son intérieur; dans son milieu, il portait plusieurs petites barres de fer croisées, et cette arme était fixée au bras, au-dessous du coude, par cet appareil. Ce bouclier, seul en usage chez les Grecs, était suspendu dans les temples, après qu'on en avait ôté les courroies. Les Romains se servaient également de celui-ci et du *scutum*, qui avait la forme d'une porte, et était bombé et convexe, afin de s'adapter facilement à la forme du corps. Sur le *scutum* étaient gravés des emblèmes et des devises. Homère a décrit le bouclier d'Achille, Hésiode celui d'Hercule, et Virgile celui d'Énée. » — Les Hussites, dans les sanglantes guerres qu'ils eurent à soutenir contre l'Empire, étaient armés de boucliers en bois de la hauteur d'un homme. Dans leurs campements, ils les plantaient en terre avec des crocs et se retranchaient derrière. On a conservé pendant longtemps un grand nombre de ces boucliers dans plusieurs villes de la Bohême, et entre autres à Prague. A Lacédémone, dit Michelet, la perte de son bouclier dans une bataille rendait un soldat infâme pour toujours. Épaminondas, inquiet de ce qu'était devenu son bouclier au moment où, percé d'un javelot, il allait expirer, témoigna qu'il mourait content en voyant que son bouclier était resté à côté de lui.

Bouclier (zoologie). — Genre d'insectes coléoptères pentamères de la famille des clavicornes, dont la forme générale est celle d'un bouclier ovale. Les boucliers sont des coléoptères de moyenne taille, de couleur noire ou sombre : tous exhalent une odeur nauséabonde qui provient de leur genre de nourriture. Ces insectes ne vivent que de cadavres en putréfaction et d'excréments. Lorsqu'on les saisit, ils répandent par la bouche et l'anus une liqueur noire et fétide. Le *bouclier à taches noires* et celui *à corselet jaune* vivent de chenilles.

BOUDDHISME. — Une des religions qui compte plus de 200 millions de sectateurs. Originaire de l'Hindoustan, dit M. Melville-Blancourt, cette religion a presque entièrement quitté ce pays pour se répandre depuis l'Indus supérieur jusqu'au bord du Grand-Océan, et même jusqu'au Japon. Le bouddhisme ne fut, dans son origine, qui remonte environ à mille ans avant notre ère, qu'une réforme qui détruisait la division en castes légitimée par le brahmanisme. Débarrassés d'observances puériles et de préjugés barbares, les bouddhistes permettaient l'usage de la chair des animaux et rappelaient l'homme à sa dignité. De cette différence dans la doctrine résulta une lutte entre le brahmanisme et le bouddhisme : celui-ci fut vaincu et totalement anéanti dans l'Inde. Mais déjà il s'était répandu dans la Bactriane et parmi les peuples de l'Asie centrale. Dans le premier siècle de notre ère, le bouddhisme pénétra en Chine ; dans le quatrième, en Corée ; en 407, dans le Thibet, et en 552, dans le Japon, après s'être répandu parmi les Mongols, sous les premiers successeurs de Tchinghis-Khan. Les principes du bouddhisme sont résumés dans les deux propositions suivantes, auxquelles reviennent fréquemment les livres canoniques : les trois mondes sont vides, et il n'y a point de différence entre l'être et le non-être. Comme conséquences sociales, le bouddhisme, proclamant l'unité de Dieu, aboutit ainsi à l'unité du genre humain, laquelle entraîne l'abolition des castes. Aussi, dans un des livres des bouddhistes, trouve-t-on ce passage : « Tous les hommes, pareils au dedans et au dehors, ne sont assurément qu'une caste. » La doctrine bouddhique repose de plus sur ce principe, que l'esprit est un captif retenu par les sens ; que par eux le corps est condamné à rester dans les ténèbres de l'ignorance et du mal. L'âme opère sa délivrance lorsque, fidèle à la conscience, elle s'attache de toute la force de sa pensée à l'immatériel, à l'absolu, de telle sorte qu'elle devienne entièrement insensible aux impressions et aux charmes que les sens voudraient exercer sur elle. Les actions méritoires et utiles suffisent à elles seules pour faire renaître celui qui les exécute comme être plus parfait, même sans les efforts faits pour parvenir à la connaissance de l'immatériel. Si l'on examine avec soin la doctrine bouddhique, on s'aperçoit facilement qu'elle n'est basée ni sur l'athéisme ni sur le panthéisme. Elle n'est point athée, puisqu'elle admet une révélation divine de la raison primordiale, et moins encore panthéiste, puisque la dissémination de la Divinité dans la nature ou dans l'existence est une idée tout à fait contraire aux principes du bouddhisme, qui ne reconnaît dans la création que l'intelligence, tombée et obscurcie, mais éternelle par son essence. Le rapport du brahmanisme au bouddhisme est celui de l'affirmation absolue à la négation absolue. Dans la religion de Brahma, l'Orient aspirait à saisir, à incarner son Dieu en toutes choses ; dans celle de Bouddha, il aspire à le distinguer, à l'éliminer de tout ; ennemi du réel, dégoûté de l'idéal, adorateur de l'impossible ; insatiable de spiritualité, de privation, de renoncement, le bouddhiste se plonge dans le vide pour mieux se purifier des souillures de la lumière et de la vie. Sous ce rapport, le dogme de Bouddha dépasse de beaucoup le christianisme. Mais, dit Edgard Quinet, dans son livre du *Génie des Religions*, de ce spiritualisme né du dernier effort de l'homme pour lutter, que pouvait-il sortir en réalité, si ce n'est une moralité négative et une société pour ainsi dire toujours occupée à se dissoudre elle-même ? En effet, puisque ce dogme exige l'abolition de toute personnalité privée ou collective, cette croyance livrée à elle-même conduit d'abord à la réprobation des idées de nation, de peuple, d'État, de gouvernement, tout devant disparaître et s'ensevelir dans le détachement des mœurs cénobitiques ; aussi le monastère est-il la véritable cité du bouddhisme. Le vrai croyant n'a de patrie que le couvent ; et comme tout ce qui rappelle un droit individuel est contraire à l'esprit de sa religion, il s'ensuit encore qu'il ne doit rien posséder en propre. Le bouddhiste, de sa nature même, appartient aux ordres mendiants. De plus, si toute alliance est fausse, excepté avec l'invisible, voilà le mariage également condamné ; dans cette exagération de l'idéalisme, chaque réforme dépassant son but au point de le rendre impossible, la polygamie se corrige par le célibat, la propriété par l'aumône ; le pis est que la conséquence rigoureuse du dogme se résout dans l'extinction absolue de l'humanité et de la nature.

BOUE [du celtique *bos*, gras]. — Mélange plus ou moins pâteux, avec l'eau, de tous les débris que le broiement et la décomposition produisent à la surface du sol.

Boue minérale (thérapeutique). — Terre imprégnée des matières que contiennent certaines eaux minérales, et qui sont dans un état de demi-liquéfaction. Ces boues sont ordinairement produites par une source minérale qui vient se mêler à un terrain tourbeux, formé en grande partie de débris de végétaux. Beaucoup de sources thermales ont des boues minérales dans leur voisinage; de ce nombre sont : Saint-Amand, Bagnères-de-Luchon, Bagnols, Baréges, Bourbonne, Dax, Néris, Nîmes, Ussat, etc.

On remarque généralement que ces boues ont une action plus vive et plus marquée que les eaux minérales qui leur communiquent leurs propriétés. Cette différence tient certainement à ce que la plupart des principes actifs des eaux minérales se concentrent par l'évaporation dans ces vastes bourbiers; car chaque portion de l'eau qui se perd par l'évaporation laisse dans la masse bourbeuse les principes non volatils dont elle était chargée. Les boues, comme on le voit, peuvent être considérées comme renfermant d'une manière plus énergique une partie des principes contenus dans les eaux minérales. L'expérience vient confirmer ces faits; car on remarque que les bains de boues minérales ont une action beaucoup plus vive que celle des eaux, et souvent leur emploi est suivi d'éruptions qui ont lieu à la peau : c'est même sur cette énergie, beaucoup plus grande, qu'est basée leur efficacité.

Toutes les boues minérales dont on fait usage sont thermales; la chaleur qu'elles doivent à l'eau minérale, qui les détrempe, est un des plus puissants éléments de leur action; elle ajoute à leur activité, et l'on comprend que l'on ne peut faire usage de celles qui ne sont pas thermalisées; car, indépendamment des difficultés que l'on rencontrerait pour faire chauffer des portions de ces boues, la chaleur artificielle déterminerait sans doute quelques changements dans leur composition, tels que le dégagements des gaz et de nouvelles réactions dans les principes qui les constituent.

Les cas dans lesquels on emploie les boues minérales sont surtout ceux dans lesquels les eaux ont échoué; c'est dans les anciennes paralysies, dans les rhumatismes chroniques, dans les engorgements squirrheux, dans les tumeurs blanches, les maladies des articulations, les contractures des membres, les douleurs qui persistent dans les membres après des blessures ou des fractures guéries. On les a essayées aussi dans les affections scrofuleuses. Au reste, on doit être très-circonspect dans la prescription des boues minérales, on ne doit les indiquer qu'avec réserve aux personnes qui sont douées d'un tempérament nerveux et irritable, et surtout aux femmes et aux enfants. Souvent on associe à leur emploi l'usage des eaux minérales en boissons et en douches. Parmi les eaux minérales, celles qui jouissent du plus de célébrité sont celles de Saint-Amand; l'antiquité et la réputation de ces boues ne nous permettent pas de les passer sous silence. Saint-Amand est une petite ville du département du Nord, à trois lieues de Valenciennes et à six lieues de Lille. Des autels, des statues de bronze et des bas-reliefs, qui ont été trouvés dans la ville et près des bains, ne permettent pas de douter que ce lieu ait été fréquenté, à cause de ses thermes, par les Romains. Saint-Amand possède plusieurs sources minérales dont les eaux sont peu employées aujourd'hui.

Les boues sont situées sous un grand bâtiment en forme de hangar; leur température est de 25° centigrades, la température de l'air étant à 21°. Elles sont épaisses, noires, douces au toucher, onctueuses, et elles exhalent une odeur sulfureuse mêlée à une odeur marécageuse; leur profondeur est assez considérable. On a trouvé qu'il entrait dans la composition de ces boues de l'acide carbonique, de l'hydrogène carboné, de l'eau, 55 parties pour 100, une matière extractive et végéto-animale, du carbonate de chaux et de magnésie, du fer, du soufre et de la silice. Ces boues sont employées dans les cas dont nous avons déjà parlé; on les administre en plongeant la partie malade dans la masse bourbeuse, et en l'y laissant séjourner un temps plus ou moins long. La température peu élevée de ces boues ne permet pas de les prendre en toute saison, car ce n'est seulement que pendant les chaleurs de l'été que la température s'élève à 25°. A toute autre époque de l'année, elles sont trop froides pour que l'on puisse y plonger les malades. La saison des eaux à Saint-Amand dure pendant les mois de juin, juillet et août. (*J. P. Beaude.*)

BOUÉE (marine) [de l'anglais *busy*]. — Masse de bois léger ou de liége destinée à flotter au-dessus d'un écueil ou au-dessus d'une ancre mouillée, à laquelle on l'attache au moyen d'une corde assez longue pour que cette masse puisse venir à flot. « Les bouées indiquent la place où l'ancre est mouillée et empêchent qu'on ne la perde si la corde vient à casser ou si l'on est forcé de la couper. Celles qui sont permanentes servent à indiquer les écueils, et sont souvent des barils en forme de cônes, ou deux cônes soudés à leur base. Certaines bouées sont en zinc et flottent sur la surface des eaux. Elles servent aussi à indiquer la route que doivent suivre les navires pour entrer dans un port, comme Marseille, ou pour se diriger d'un point à un autre, comme de Caen au Havre. Il y a aussi des bouées faites de tonnes vides, en tôle, ou bien encore en fagots.

BOUFFON [radical *bouffer*]. — Homme qui fait métier d'amuser par des plaisanteries. Dès la plus haute antiquité, dit un auteur moderne, on rencontre des bouffons. Les grands et les riches, en Grèce comme à Rome, avaient des bouffons à leur service; c'étaient généralement des nains et de malheureuses créatures disgraciées de la nature. Les femmes de Rome en avaient de leur sexe qu'elles appelaient *fatuæ*. Au triomphe de Scipion l'Africain, les rois et les généraux qu'il avait vaincus marchaient devant son char, enchaînés, et deux ou trois *bouffons*, enchaînés aussi et vêtus de magnifiques robes, contrefaisaient, par leurs mines et par leurs gestes, ces malheureux captifs, pour divertir le peuple. L'épithète de *bouffon* était aussi une épithète injurieuse; ainsi Cicéron, pour avoir trop aimé à dire de bons mots, fut appelé le *bouffon consulaire*, *scurra consularis*. Au moyen âge, les bouffes et l'opéra *buffa* remplacèrent en Italie les représentations bouffonnes et obscènes. C'est alors que naquirent l'Arlequin, Pantalon et *Pulcinella*. Quant aux morions, ils furent remplacés par des *fous*. Parmi ces malheureux dont la vie était consacrée aux joies des grands, on cite surtout à cette époque un nommé Danderry, que la femme de l'empereur iconoclaste Théophile fit rouer de coups de bâton pour l'avoir surprise en adoration devant des images et avoir rapporté cette circonstance à son maître. L'usage des fous, ou bouffons à gages, devint plus général dans les siècles suivants. Alors, non-seulement les rois, mais les ministres aussi eurent leurs bouffons en titre. On raconte que sir John Norris ayant apporté, de la part de Henri VIII, une bague d'un grand prix au cardinal Volsey, en signe du retour de la bienveillance de ce capricieux monarque, l'ambitieux prélat, qui ne savait comment témoigner sa reconnaissance, s'avisa d'une galanterie assez singulière : il fit présent au roi de son bouffon, nommé Patch, et ordonna qu'on le conduisît sur-le-champ à la cour. Les bouffons s'habillaient d'une façon burlesque, adoptant à la fois les plumes, les grelots, les bijoux et les étoffes à couleur éclatante. Le dernier bouffon des rois de France a été l'Angély, que Louis XIV fit chasser de la cour. On sait que l'Angély est un des personnages du drame de *Marion Delorme*. Mais le plus célèbre des bouffons des rois de France fut Triboulet, fou de François Ier. Il a aussi servi de type à l'une des plus émouvantes créations dramatiques de Victor Hugo. Ces pauvres bouffons avaient plus d'intelligence et de tact que leurs maîtres, et malgré leur *folie*, ils donnaient quelquefois d'excellents conseils; témoin ce même Triboulet qui, apprenant un jour que Charles-Quint allait traverser Paris et se livrer ainsi à la discrétion de son rival, s'écria que ce prince était un fou qui méritait bien de figurer sur sa liste. (Il portait habituellement des tablettes sur lesquelles il inscrivait les noms des courtisans qui avaient fait, selon lui, des actes de folie.) «Mais, lui demanda François Ier, si je le laisse passer, que diras-tu? En ce cas, sire, j'effacerai son nom de mes tablettes et j'y mettrai le vôtre.» De la réalité les bouffons passèrent dans la littérature. Thersite, dans *l'Iliade*, est le bouffon de l'armée des Hellènes; Shakspeare fait d'un fou le compagnon du roi Lear. Molière a représenté le bouffon Moron dans *la Princesse d'Élide*, et dans *Ivanhoë* Walter Scott nous montre Wamba. L'auteur de *Notre-Dame-de-Paris* a créé dans Quasimodo non un type bouffon, mais un type grotesque.

BOUGIE (commerce, industrie) [de *Bougie*, ville d'Algérie, d'où la France tirait autrefois une grande partie de sa cire]. — Chandelle de cire qui donne une lumière plus brillante que la chandelle de suif. La bougie ne se distingue de la chandelle, dont elle a la forme, que par la matière, qui est de la cire, tandis que l'autre est du suif. Il y a deux sortes de bougies : celle de table, et la bougie filée. Elles se vendent par paquets d'un demi-kilogramme; chaque paquet contient un certain nombre de bougies, suivant leur poids. Il s'en fait de quatre, de cinq, de six, de huit, de dix, de douze et de seize au demi-kilogramme.

La *bougie filée*, ainsi nommée parce qu'elle se fait à peu près comme le fil d'archal, en passant la mèche par les trous d'une filière, se distingue en bougie de Venise, bougie de cave, bougie à lampe, bougie en billot ou bougie à bougier, et bougie commune et ordinaire.

La *bougie de Venise*, ainsi nommée seulement pour la différencier des autres sortes de bougies, qui lui sont inférieures en beauté et en qualité, est faite de cire plus blanche et de fil de Cologne très-fin.

Les *bougies ordinaires* se font de cire blanche, jaune ou citronnée de plusieurs grosseurs, et toutes avec de la mèche de fil de Guibray.

La bougie se falsifie en mêlant dans la fonte de la la cire plus ou moins de suif de mouton; mais la fraude est facile à découvrir. La bougie mélangée de suif et de cire est plus blanche, moins sèche, moins dure, moins transparente, moins sonore, plus grasse au toucher, moins odorante que celle de cire pure.

Presque toutes les petites bougies communes filées blanches ou jaunes, qui se vendent en pain ou rond, ne sont qu'un mélange de suif, de résine et de mauvaise cire. On fabrique aussi des bougies de spermacéti ou blanc de baleine, plus transparentes, plus légères que celles de cire, mais dont la lumière a beaucoup moins de vivacité et qui coûtent bien plus, ce qui en fait négliger l'usage. Les villes et lieux de France où se trouvent les principales fabriques de bougies sont : Albi, Angers, Angoulême, Antoni, Bazas, Bernai, Brives, Dijon, Lodève, le Mans, Marseille, Montrouge, Orléans, Paris, Rennes, Rodez, Tulle, etc. (*Montbrion.*)

Bougie (chirurgie). — Petit cylindre flexible fait de cire, de gomme élastique ou d'autre matière, qu'on emploie comme des sondes pour dilater divers canaux, tels que le rectum, l'œsophage et surtout l'urètre, ou pour y introduire des substances médicamenteuses; mais elles diffèrent des sondes en ce qu'elles sont pleines, tandis que les sondes sont creuses; si quelquefois les bougies sont creuses, elles ne sont pas ouvertes à leur petite extrémité.

BOUILLIE (hygiène). — Nom donné à cette préparation alimentaire destinée aux enfants à la mamelle, et composée de farine détrempée dans de l'eau, du lait, etc. Sans parler ici des conditions nécessaires pour que la bouillie constitue un aliment nutritif, chose assez importante pour que le médecin ne dédaigne pas de s'y arrêter, nous ne pouvons passer sous silence les opinions diverses qui font que certains auteurs mettent à l'index cet aliment; que d'autres le regardent comme nourrissant, d'une digestion facile, et le seul convenable pour la première alimentation solide des enfants. Ces deux opinions sont, selon nous, l'une et l'autre trop exclusives, et nous allons le démontrer.

Pour les tempéraments lymphatiques, pour les sujets renfermés dans les lieux bas et humides, la bouillie ne convient pas, attendu qu'un stimulant est nécessaire pour suppléer à l'énergie vitale qui leur manque. Mais pour les tempéraments sanguins et nerveux, pour les sujets habitant la campagne, surtout les lieux élevés et exposés en plein air à l'action vivifiante des rayons solaires, la bouillie n'offre plus d'inconvénient, et constitue, au contraire, un aliment qui leur offre un puissant moyen de diminuer l'activité trop grande des mouvements vitaux.

La mère prévoyante, qui habite les grandes villes, nourrira donc son enfant avec du bouillon léger, des potages et des panades au gras.

L'époque prématurée à laquelle on commence à nourrir les enfants avec de la bouillie est aussi une des circonstances qui en rendent l'usage funeste pour leur santé. Sans doute, il n'est rien de plus variable que l'époque à laquelle il convient d'ajouter quelques aliments étrangers au lait de la nourrice; mais, puisque nous avons à nous prononcer, nous dirons que du quatrième au cinquième mois les organes digestifs des enfants ont acquis assez d'énergie assimilatrice pour supporter le travail que nécessitent des aliments un peu plus substantiels. — Voy. *Allaitement.* B. Lunel.

BOULANGERIE. — Mot sous lequel on comprend la fabrication et la vente du pain. La boulangerie forme une profession importante et sert de base à un commerce considérable en blé et en farine, dont les meuniers et boulangers sont les principaux agents. Les meuniers spéculent toujours d'une manière avantageuse sur la qualité des blés et des farines, ainsi que les boulangers, qui, au moyen du blutage, séparent la fleur de farine, qu'on appelle *gruau*, qu'ils vendent pour la pâtisserie au lieu de la laisser dans la farine dont ils font le pain. Mais c'est encore le moindre inconvénient. Lorsque la fécule de pomme de terre est à bon marché, les meuniers en mêlent dans leur farine, et les boulangers, qui ne peuvent pas découvrir facilement cette falsification, font aussi de leur côté ce même mélange, qui leur procure un grand bénéfice aux dépens des consommateurs, attendu que le pain fabriqué avec de la farine de froment plus ou moins mélangée avec de la fécule n'est pas aussi bon ni aussi nourrissant. Il en est de même du mélange de la farine de haricots blancs, qui est une ancienne falsification qui a précédé celle de la fécule de pomme de terre. La boulangerie est assujettie en France aux règlements de la police, qui en fixe, d'après les mercuriales des marchés, le prix du pain sur le taux moyen de la combinaison des prix de la basse et de la première qualité de farine des halles, d'après laquelle la boulangerie est censée fabriquer le pain; mais le boulanger, avide de profits, au lieu de mettre la quantité convenable de farine de première qualité, en met fort peu ou quelquefois point du tout, et, pour blanchir son pain, met dans le pétrin une dissolution d'alun et force levure de bière, ce qui le rend d'un goût âcre et peu nourrissant. Tels sont les abus qui, à Paris, se sont glissés dans la boulangerie en général. En Angleterre, où la police ne se mêle pas de la fixation du prix du pain, ainsi qu'en Allemagne, les boulangers luttent entre eux pour le vendre le meilleur marché et de la meilleure qualité.

M. P. Vinçard résume ainsi l'historique de la boulangerie depuis la suppression des corporations. Par une loi de 1791, on établit une taxe pour la viande et le pain, et, bien que cette loi ne dût être que momentanément appliquée, elle a, depuis ce temps, conservé son caractère primitif, c'est-à-dire que la boulangerie ainsi que la boucherie sont restées deux monopoles dont on ne peut que blâmer la création. Sous le consulat, un arrêté parut le 19 vendémiaire an X; il avait pour objet de fixer les conditions auxquelles on pourrait s'établir maître boulanger. La première était une permission délivrée par le préfet, et cette seule condition suffisait pour que la boulangerie devînt un monopole. Les autres conditions portaient sur le dépôt de la farine; chaque boulanger était tenu d'en déposer quinze sacs qui devaient peser chacun trente-deux livres; son approvisionnement était proportionné à sa vente quotidienne. Indépendamment de ces conditions, il y en avait encore d'autres qui établissaient une sorte de pénalité contre les maîtres boulangers: sous peine de perdre leur dépôt et d'être condamnés à la prison, ils ne pouvaient quitter leur métier que six mois après en avoir fait la déclaration; il était interdit aussi aux boulangers de diminuer le nombre de leurs fournées sans y être autorisés par le préfet de police. Cet arrêté de l'an X créait des syndics de la boulangerie, lesquels étaient nommés par vingt-quatre des plus anciens boulangers. Le 2 février 1815, une ordonnance royale confirma l'arrêté du premier consul au sujet de la boulangerie. Le préambule de cette ordonnance est assez curieux : « Étant informé, dit Louis XVIII, que, dans notre bonne ville de Paris et sa banlieue, la profession de boulanger est exercée par des individus non patentés, qui, par leur existence et leur responsabilité, n'offrent ni à la surveillance de l'autorité, ni à la confiance des consommateurs, les garanties qu'il importe d'exiger de la part des boulangers; conformément aux dispositions de nos ordonnances antérieures, avons ordonné et ordonnons : les boulangers munis de permission ont seuls le droit de vendre du pain dans notre bonne ville de Paris et sa banlieue; la vente du pain n'aura lieu qu'en boutique et sur les marchés affectés à cette destination ; il est défendu, sous peine de confiscation, de vendre du pain au regrat (à petit poids, à petite mesure) en quelque lieu que ce soit et d'en former des dépôts. » On voit qu'entre l'arrêté de l'an X et l'ordonnance de 1815 la différence n'est pas grande; c'est toujours le droit, pour quelques-uns, de vendre du pain, tandis que ce commerce est interdit à d'autres. Les ordonnances qui suivirent celles que nous venons de citer n'avaient trait qu'à l'approvisionnement et conservèrent comme une arche sainte le précieux monopole de la boulangerie. L'auteur auquel nous devons quelques-uns des détails précédents ajoute : « Indépendamment de ces lois, décrets et ordonnances de l'autorité suprême, il y a les règlements. Or, d'après les dispositions de ces règlements, généralement en vigueur dans les villes de France, les maires assignent aux boulangers les quartiers de la ville où ils doivent exercer leur profession. Les pains doivent être de forme et de poids déterminés; ils doivent être vendus en boutique ou sur des marchés à ce affectés; ils doivent être bien élaborés, convenablement fermentés, dûment boulangés, bien cuits, bien essuyés, et posés à six ou sept heures du matin. Défense est faite d'employer certains blés, certaines farines, certains procédés pour rendre le pain plus blanc. Si, d'autre part, le pain n'a pas la blancheur voulue, les qualités requises, il est saisi ou détruit, et le boulanger poursuivi. Les boulangers sont tenus de se soumettre à toutes les dispositions d'urgence ayant pour but l'hygiène publique, notamment à la taxe du pain, quelle qu'elle soit, taxe que les maires établissent sans appel. » (*Joseph Garnier.*) La même réglementation est applicable non-seulement aux principales villes de France, mais encore à toutes les communes. Si ces règles sévères avaient eu pour résultat de faire progresser la fabrication du pain; si les permissions accordées aux boulangers n'étaient délivrées qu'à la condition qu'ils connussent au moins les principes élémentaires de cette profession, on comprendrait jusqu'à un certain point ces restrictions; mais il n'en est rien. Dans les grandes villes, on achète un fonds de boulanger sans connaître le moins du monde la boulangerie; c'est, pour ainsi dire, de l'argent qu'on place, et cette industrie est plutôt un commerce qu'une profession, car elle consiste à acheter de la farine et à avoir une clientèle aussi nombreuse que possible. « Cela est si vrai, surtout pour Paris, que beaucoup de maîtres boulangers n'ont jamais, comme on le dit vulgairement, mis la main à la pâte; ils exploitent seulement le métier comme marchands, et non comme ouvriers. » (*Émile Lassailly.*) « Aussi cette profession si importante est restée stationnaire, étrangère à toute propagande industrielle; elle est ce qu'elle était au temps de Louis IX..... Si vous pénétrez dans l'intérieur d'un fournil, vous y rencontrerez tous les ustensiles et instruments de travail semblables à ceux que l'on connaissait de temps immémorial, sans aucune amélioration. » (*P. Gosset.*) Il y a deux causes principales auxquelles on peut attribuer la stagnation professionnelle de la boulangerie : la première, c'est qu'un ouvrier, n'espérant point devenir maître, travaille d'une façon routinière et suit les anciennes méthodes; la seconde, c'est que les tentatives faites pour améliorer la fabrication du pain n'ont abouti jusqu'à ce jour qu'à la ruine de leurs auteurs.

Comment se fait-il donc que la boulangerie soit encore un monopole en France? N'est-ce point ici la preuve qu'un monopole est plus facile à établir qu'à détruire? Écoutons ce que dit M. Mouchot aîné de la boulangerie à Londres : « La boulangerie à Londres est complétement libre; elle n'est assujettie à aucune loi ou ordonnance de police, si ce n'est à la vérification de la justesse des balances et à l'exactitude des poids. Ce sont les administrateurs de chaque paroisse qui sont chargés de ces vérifications. L'autorité ne taxe pas le pain. Les boulangers des villes s'entendent dans des réunions spéciales, et lorsque les prix des farines varient, ils fixent alors le prix du pain de façon à ne pas trop exciter la concurrence des boulangers du dehors. Ils ne sont tenus à aucun approvisionnement. » Pourquoi n'en est-il pas ainsi en France? — Voy. *Farine, Panification*, etc.

BOULE DE NANCY. — Boules vulnéraires composées d'un mélange de tartrate acide de potasse et de fer avec de l'alcool; on les appelle ainsi parce qu'on en fabrique une grande quantité à Nancy. En agitant pendant quelques instants une de ces boules dans l'eau, on en obtient un liquide d'un brun rougeâtre, connu sous le nom d'*eau de boule*, et que l'on emploie, en applications externes, à la suite des coups, des chutes, des entorses. Beaucoup de personnes attachent une grande importance à la possession de la boule de Nancy, qui, d'après le prospectus mensonger des marchands, ne *s'use* pas et communique à l'instant des propriétés miraculeuses à l'eau dans laquelle on la met. « De plus, l'eau de boule est *vulnéraire* : elle guérit promptement les plaies, les coups, les contusions, etc.; elle prévient les abcès, les dépôts à la tête, enfin demeure vulnéraire, soit qu'on la boive, qu'on la respire ou qu'on l'applique à l'extérieur. » Malheureusement, rien de tout cela n'est vrai que sur le prospectus. Et si les boules de Nancy communiquent à l'eau un goût ferrugineux et des propriétés toniques, astringentes et résolutives, elles n'ont aucun avantage sur beaucoup d'autres préparations plus simples, jouissant d'ailleurs des mêmes propriétés. B. Lunel.

BOULEAU (botanique) [du lat. *betula*.]. — Arbre à bois blanc, genre type de la famille des bétulacées, dont les caractères distinctifs sont : fleurs monoïques; chatons mâles terminaux, longs et cylindriques, formés d'écailles soudées par trois, et portant six à douze étamines; les chatons femelles plus petits, formés d'écailles trilobées portant chacune deux ou trois fleurs consistant en un ovaire terminé par deux stigmates; fruit membraneux à une seule loge et une seule graine. Le bouleau est d'une grande utilité dans l'économie domestique, malgré le peu de dureté de son bois. « Les habitants du Kamtschatka mangent son écorce coupée par petits morceaux et mêlée aux œufs de poissons. Les Finlandais font infuser ses feuilles à défaut de thé. Les Norwégiens, les Suédois ont trouvé le moyen de les conserver pour affourager pendant l'hiver leurs vaches, leurs moutons, et même pour ajouter à la nourriture de leurs volailles. Ils extraient de la séve un sirop analogue à celui de l'érable, quoique moins sucré. Les Russes l'emploient pour suppléer à la drèche dans leurs bières les plus estimées. Les Lapons extraient, par la combustion, de l'écorce du bouleau, une huile médicinale. Ils font encore avec l'écorce des chaussures, et avec le bois des ustensiles de ménage; ils en couvrent les maisons. Dans nos climats, les jeunes tiges donnent d'excellents cercles; on fait les meilleurs balais connus avec les plus petites brindilles. Le charbon fabriqué avec le bois de bouleau est recherché pour la fabrication de la poudre. Cet arbre croît sous toutes les latitudes, froides et tempérées, à toutes expositions, dans les sables les plus arides comme dans les marais les moins favorables à la végétation des autres arbres. Outre le *bouleau commun*, qui est celui dont nous venons de parler, et le *bouleau nain*, qui croît dans les marais du nord de l'Europe, on connaît plusieurs autres espèces originaires de l'Amérique septentrionale, dont les principales sont : le *bouleau à canot*, le *bouleau à papier*, le *bouleau merisier*, le *bouleau à feuilles de peuplier*.

BOULET. — Projectile sphérique en fonte de fer lancé par le moyen du canon.

Le calibre porte le nom du poids exprimé en livres (anciennes mesures).

L'empereur Napoléon III, si préoccupé des progrès à imprimer à une arme qui fait la force militaire des empires, l'empereur est parvenu à uniformer autant que possible le service des bouches à feu.

Il a créé pour cela le canon obusier de 12, affecté aux divisions de ligne; le canon de 8 foré au 12 ou canon de 12 léger, affecté aux divisions légères de cavalerie. De plus, il a maintenu le canon de 12 de réserve pour les divisions de réserve.

Cette ingénieuse solution a détruit les difficultés sans nombre qu'offre pendant la guerre le service des différents calibres.

Avec les trois espèces de bouches à feu précitées, le boulet de 12 devient unique; si avec les deux premiers canons on a besoin d'employer les projectiles creux, l'obus de 0,12, affecté à l'obusier de montagne, est lancé par eux, puisqu'il est du même calibre.

De ce nouveau système découle évidemment un grand avantage, qui peut s'exprimer ainsi : simplification dans le calibre des projectiles; unité dans l'approvisionnement; appropriation de plusieurs espèces de projectiles à plusieurs espèces de bouches à feu.

Il est à désirer que l'artillerie de siége fasse les mêmes progrès que l'artillerie de campagne, dans l'uniformité de ses calibres. Cette question sans doute sera bientôt tranchée par l'emploi du projectile lancé avec la plus grande précision par des bouches à feu rayées. Application au canon des principes de la carabine vantée à si juste titre.

Boulets rouges. — Ce sont des boulets rougis dans un fourneau à réverbère ou sur un gril. On les sépare de la poudre par des bouchons très-longs en terre glaise ou en gazonnage et on les lance pour incendier.

Le boulet roulant est celui qui est placé simplement sur le bouchon de la charge; le boulet ensaboté a sa calotte enfermée dans un sabot de bois dont le diamètre coïncide, autant que possible, avec la surface intérieure de l'âme pour détruire les effets du vide appelé *vent*.

Boulets ramés. — Sont deux hémisphères creux renfermant une chaîne de réunion; ce sont ainsi deux boulets réunis par une chaîne. On les emploie pour briser la mâture des navires, désorganiser le gréement, ou rompre le front d'une troupe.

Boulets messagers.—Sont des boulets creux chargés de dépêches. JOUBERT.

BOULIMIE (pathologie générale). — Voy. *Faim.*

BOUQUETIN (zoologie). — Espèce de mammifère du genre *chèvre*. — Voy. ce mot.

BOURDON (zoologie) [*bombus*]. — Genre d'insectes hyménoptères de la famille des mellifères, dont les caractères sont : fausse trompe plus courte que le corps; labre transversal; deuxième article des palpes labiaux terminé en pointe portant les deux autres; côté externe des tibias postérieurs ayant un enfoncement ou corbeille pour récolter le pollen; toutes les jambes terminées par deux épines.

Les bourdons sont faciles à reconnaître; leur corps court, velu, couvert de poils de couleurs tranchantes, les distingue facilement des autres hyménoptères. Vivant au milieu de nos jardins et de nos bois, ils ont toujours fixé l'attention; Réaumur les a étudiés avec soin, et après lui d'autres observateurs ont ajouté à ses remarques; mais je ne puis laisser passer, sans le citer nominativement, M. Huber fils, qui a rendu de si grands services à l'histoire des abeilles en général. Les bourdons ont le corps trapu, très-velu; les yeux, lisses, au lieu d'être disposés en triangle au sommet de la tête, sont presque sur une ligne droite, transverse; les antennes sont filiformes, fortement coudées; les mandibules sont en cuiller dans les femelles, mais plus allongées dans les mâles; les parties inférieures de la bouche sont très-allongées pour former une trompe fléchie le long de la poitrine dans le repos; les ailes sont petites en comparaison de la masse du corps, les supérieures ont une nervure radiale, ovale et allongée, trois cellules cubitales presque égales, dont la première est coupée par une petite nervure qui descend du point de l'aile, la seconde est presque carrée et reçoit la première nervure récurrente, la troisième reçoit la seconde, qui est très-éloignée du bout de l'aile; les femelles et les neutres ont un aiguillon; les pattes postérieures, comme celles de tous les mellifères, sont comprimées et ciliées sur les bords pour pouvoir récolter le pollen. Ces insectes font partie de la division des mellifères vivant en société, mais ces sociétés sont peu nombreuses comparativement aux abeilles proprement dites, n'étant composées que de quarante à deux ou trois cents individus au plus; on y trouve, comme dans les abeilles, des mâles qui sont très-petits, des femelles assez grosses, et des individus neutres appelés *mulets* ou *ouvrières*, de taille intermédiaire; encore a-t-on remarqué deux différences de taille sensibles dans ces dernières.

Après l'hiver, quelques femelles fécondées, qui ont

échappé aux rigueurs de la saison, se mettent en mesure de déposer les œufs dont elles sont chargées; à cet effet elles cherchent, soit dans les plaines sèches ou dans un coteau, un emplacement convenable; elles se mettent à creuser le nid; mais il est probable que d'abord elles se débarrassent de quelques œufs qui donnent naissance à des ouvrières, et que toutes ensemble continuent ensuite l'excavation du nid; il se compose de deux parties : d'abord un chemin incliné qui a quelquefois deux pieds de profondeur, sans compter souvent un long boyau qui y conduit et qui est fermé de mousse à l'extérieur; ce chemin conduit au nid proprement dit, qui est un espace en forme de dôme, dont la voûte est formée de terre et de mousse cardée que ces insectes y transportent brin à brin; la manière dont ils s'y prennent pour la carder mérite d'être rapportée : plusieurs bourdons se mettent à la suite, le premier détache la mousse qui doit être travaillée et la poussant de ses pattes de devant à celles de derrière il l'envoie ainsi à un autre, et de bourdons en bourdons elle arrive dans l'état voulu à sa destination; quand la voûte du nid est terminée, ils couvrent le sol d'une couche de feuilles; c'est là qu'on dépose une masse de cire brute, irrégulière, et que l'on a comparée assez justement à une truffe pour la figure. La femelle y pond alors un nombre d'œufs sans pour cela interrompre les travaux; ces œufs, au bout de quatre ou cinq jours, passent à l'état de larves qui vivent probablement d'une petite portion de miel que leur fournissent les ouvrières, car on en trouve des provisions ou des petits godets tout ouverts, plus ou moins remplis, dans la masse de cire qui forme la base du gâteau, et l'on a remarqué que les ouvrières ouvrent les cellules des larves pour leur fournir de nouvelles provisions quand elles pensent qu'elles les ont épuisées. Quand ces larves ont pris tout leur accroissement, elles se filent une coque dans laquelle la nymphe se trouve la tête en bas; vers le mois de mai ou de juin, ces individus éclosent et se mettent à partager les travaux de la famille; c'est à l'automne que la réunion atteint son chiffre le plus élevé, mais aux premiers froids de l'hiver tout périt, excepté quelques mères fécondées qui, au printemps, fonderont de nouvelles colonies. (*A. Percheron.*)

Les espèces de bourdons les plus connues sont : le *bourdon terrestre*, qui fait son nid sur terre et le couvre de mousse; le *bourdon des pierres*, qui fait son nid sous les pierres, et le *bourdon des mousses*, qui le fait dans la mousse. — On appelle *bourdon* le mâle de l'abeille domestique. — Voy. *Abeille*.

BOURGEON (botanique).— Corps qui se développe sur diverses parties des végétaux, et qui, par son évolution, donne naissance à des pousses nouvelles. Il faut distinguer dans le bourgeon : l'*œil*, le *bouton* et le *bourgeon* proprement dit. L'*œil* n'est que le germe du bouton; c'est un petit corps ordinairement de forme conique, composé d'écailles imbriquées, que l'on observe à l'aisselle des feuilles ou au sommet des rameaux dans les arbres et arbrisseaux. Le *bouton* est ce même germe développé, porté déjà sur une tige fruticuleuse, mais encore tendre, et qui, par sa forme, peut annoncer s'il ne renferme que des feuilles et du bois, ou s'il sert de réceptacle au précieux dépôt de la multiplication par les fleurs ou les fruits. Le bouton prend le nom de *bourgeon* dès qu'il est beaucoup caractérisé, et que la jeune pousse, que la branche naissante a pris de l'accroissement tant en grosseur qu'en longueur. Œil à la fin du printemps et au commencement de l'été, bouton pendant l'automne et l'hiver, le germe devient bourgeon au printemps suivant. Le froid resserre les pores du bourgeon, le force à changer de couleur, et quelquefois le fait périr; lorsqu'il a résisté à cette épreuve, sa végétation prend de la force à mesure que la température s'élève; alors il rougit sur l'orme, il verdit sur le saule, il est légèrement violacé sur le chêne, etc.; après la seconde année il prend une couleur semblable à celle du reste de l'arbre.

Le bourgeon n'est pas toujours très-apparent à l'extérieur; dans les acacias, les robiniers, les cytises et autres légumineuses, il est engagé dans la substance même du bois; il est caché sous la base des pétioles chez les platanes, les sumacs et beaucoup de polygonées; il est *simple* dans le plus grand nombre des plantes ligneuses; mais il est *composé* dans les conifères. On le dit *vertical* ou *direct* lorsqu'il est perpendiculaire à la branche; *gourmand*, il emporte toute la séve, il exténue les autres branches, on le supprime ordinairement, surtout sur les arbres fruitiers; il est appelé *latéral* quand il croît de droite et de gauche et qu'il importe de le conserver. Les bourgeons *antérieurs* et *supérieurs* doivent être abattus. Le bourgeon qui part du bas de la tige a reçu le nom particulier de *surgeon*; celui qui s'élève des racines, *drageon*; tout bourgeon qui perce de l'écorce et ne sort pas directement du bouton, prend le nom de *faux bourgeon* : il est toujours maigre, poreux, et n'est jamais assez élaboré pour donner un bon bourgeon : on le laisse quelquefois pour garnir des vides, mais hors ce cas, il faut l'enlever. Pour l'horticulteur, le bourgeon se considère encore selon les organes qui se développent au moment de son évolution. A-t-il la forme allongée et pointue, il donnera des feuilles, et est nommé bourgeon *foliifère*; se montre-t-il plus gros, plus arrondi, il renferme des fleurs, et est appelé *fructifère*; et s'il dénonce, par un renflement plus prononcé que dans le premier et par un allongement plus grand que chez le second, qu'il contient à la fois feuilles et fleurs, on le dit *mixte*. A l'époque de la taille, l'horticulteur qui veut pousser ses arbres à la production du fruit supprime sans pitié tout bourgeon mixte et foliifère.

On applique encore le mot bourgeon aux gemmes qui se montrent au collet de la racine des plantes herbacées vivaces; comme le véritable bourgeon, les gemmes renferment, au milieu d'écailles diversement disposées, les rudiments d'une jeune tige de feuilles et de fleurs; mais leurs évolutions diffèrent absolument, puisqu'ils donnent, placés dans des circonstances favorables, une autre plante semblable à celle qui leur servit de berceau. (*Thiébaud de Berneaud.*

BOURRACHE (botanique) [du latin *borrago*]. — Genre de plantes type de la famille des borraginacées, renfermant environ une dizaine d'espèces. « Ce sont des plantes herbacées, annuelles ou vivaces, à tiges et feuilles rudes, hérissées de poils piquants, à inflorescences subunilatérales, et disposées en grappes lâches ramifiées, dont les fleurs sont roses, bleues ou blanches. Dans certaines espèces, elles passent du bleu d'azur le plus pur au rose ou au blanc. Deux espèces croissent communément, l'une en France, l'autre en Corse; ce sont la *bourrache officinale* et la *bourrache laxiflore*. La première s'élève quelquefois jusqu'à un mètre de hauteur; sa tige principale est dressée, ramifiée, garnie de larges feuilles ovales lancéolées alternes. Elle est annuelle et croît dans tous les endroits cultivés. Dans les parties méridionales de l'Europe, en Turquie et sur la côte d'Afrique, on mange la bourrache comme des épinards et on la met dans les potages comme le chou. En France, on n'emploie que ses fleurs en aliments, et encore est-ce comme ornement. On les met sur la salade avec celles de la capucine, et leurs couleurs, qui tranchent sur le vert des feuilles de la laitue, produisent un effet admirable. Les Anglais la pilent et en tirent une boisson rafraîchissante dont ils font usage dans les chaleurs de l'été. »

BOURSE. — On nomme ainsi le lieu où les négociants, marchands, banquiers, les agents de change et courtiers se rassemblent, à une certaine heure, pour y traiter des affaires de commerce qu'ils ont à se proposer les uns aux autres.

La bourse de commerce est la réunion qui a lieu, sous l'autorité du gouvernement, des commerçants, capitaines de navire, agents de change et courtiers. (71.)

La bourse, nous dit Merlin, dans son *Répertoire de Jurisprudence,* est le lieu ou le logement auquel se rendent à certaines heures les agents de change et autres gens d'affaires, pour y négocier les papiers et autres effets, et pour y traiter des affaires de commerce, tant de l'intérieur que de l'extérieur du royaume.

Cette définition démontre toute l'utilité d'un pareil établissement. Il est nécessaire que les commerçants aient entre eux, en commun, des rapports prompts et réguliers, soit pour apprécier l'état des affaires, les variations, les changements, les événements commerciaux; soit pour communiquer les renseignements, les nouvelles qui peuvent influer sur le commerce; soit pour vendre leurs marchandises avec plus de facilité.

Le résultat des négociations et des transactions qui s'opèrent dans la bourse détermine le cours du change, des marchandises, des assurances, du fret ou nolis, du prix des transports par terre et par eau, des effets publics et autres dont le cours est susceptible d'être coté. (72.)

Ces divers cours sont constatés par les agents de change et les courtiers, dans les formes prescrites par les règlements de police généraux ou particuliers. (73.)

Il y a des agents de change et des courtiers dans toutes les villes qui ont une bourse de commerce. (75.)

En matière de saisie et vente de bâtiments de mer, les criées et publications sont faites à la bourse, consécutivement de huitaine en huitaine. (202.)

Dans les deux jours qui suivent chaque criée et publication, il est apposé des affiches à la bourse de commerce. (203.)

Les nom, prénoms, profession et demeure du débiteur admis au bénéfice de cession, seront insérés dans des tableaux à ce destinés, placés à la bourse. (573.)

Copie de la pétition du demandeur en réhabilitation restera affichée pendant deux mois à la bourse du domicile du pétitionnaire. (607.)

Nul commerçant failli ne pourra se présenter à la bourse, à moins qu'il n'ait obtenu sa réhabilitation.

L'origine de ce qu'on appelle en termes de négociant la *bourse,* est assez singulière; la maison où se réunissaient les commerçants d'Anvers avait pour enseigne une *bourse;* d'un autre côté, l'ont prétend que les négociants de Bruges tenaient aussi leur assemblée dans un hôtel qui avait appartenu à une ancienne famille nommée *La Bourse;* cet édifice était même décoré de ses armoiries, qui consistaient en trois bourses, d'où vint le nom générique que l'on conserva dans la suite à ces sortes de bâtiments, réservés aux réunions des négociants dans toute l'Europe. La Bourse de Lyon fut la première établie en France; celle de Toulouse fut créée par Henri II en 1549, celle de Montpellier en 1691.

La Bourse de Paris fut établie par un arrêt du conseil du 24 septembre 1724; il fut dit que l'entrée en serait ouverte tous les jours, excepté les fêtes et dimanches, depuis dix heures du matin jusqu'à une heure après midi, aux négociants, marchands, banquiers, financiers, agents de change et de commerce, aux bourgeois et autres personnes connues et domiciliées dans Paris, excepté aux femmes, qui n'y pourraient entrer sous quelque prétexte que ce fût.

Il est permis à tous ceux qui sont admis à la Bourse de négocier entre eux les lettres de change, les billets au porteur et à ordre, ainsi que les marchandises, sans l'entremise des agents de change; mais pour les autres effets et papiers commerçables, ils ne peuvent être négociés que par des agents de change, à peine de six mille livres d'amende et de nullité de la négociation, à l'effet de quoi les particuliers qui veulent vendre ou acheter des papiers commerçables et d'autres effets doivent remettre l'argent ou les effets aux agents avant l'heure de la bourse, et ceux-ci sont obligés d'en donner leur reconnaissance.

Un arrêt du conseil du 7 août 1785 portait défense aux agents de change de coter à la Bourse de Paris d'autres effets que les effets royaux et le cours des changes. Mais un ordonnance du 12 novembre 1823, rendue sous le ministère Villèle, rapporta les dispositions de cet arrêté, et permit qu'à l'avenir les effets publics des emprunts des gouvernements étrangers seraient cotés sur le cours authentique de la Bourse de Paris.

L'arrêt du conseil du 7 août 1785, rapporté en partie par cette ordonnance, embrassait toutes les opérations de la bourse.

Son principal but était d'empêcher les ventes à termes, et d'arrêter les autres abus qui s'étaient déjà introduits à cette époque dans la négociation des effets publics. Il paraîtrait, d'après le deuxième considérant de l'ordonnance du 12 novembre, que les lois actuelles ont corrigé ces anciens abus, et suffisent pour en prévenir de nouveaux.

Une des plus belles et des premières bourses construites en Europe est celle de Londres, bâtie par un riche négociant, Thomas Grasham. La reine Élisabeth s'y rendit avec un brillant cortége, en examina chaque partie, et fit annoncer à son de trompe que ce superbe bâtiment devait être appelé maison de change (*exchange housé*), ce qui eût lieu le 9 janvier 1561, jour de l'ouverture de cette bourse, où se rassemblent les négociants de Londres et tous ceux qui s'intéressent au commerce.

Il existe maintenant des bourses dans les principales villes de commerce de l'Europe : à Amsterdam, Rotterdam, Anvers, Marseille, Bordeaux.

La nouvelle Bourse de Paris, qui, dit-on, a coûté 12 millions, est un superbe monument, qui surpasse en grandeur et en magnificence tous ceux de ce genre consacrés au commerce; le tribunal de commerce y tient ses séances. On peut citer ensuite la Bourse de Saint-Pétersbourg, qui, pour la beauté du bâtiment, ne le cède qu'à la Bourse de Paris.

Les bourses n'existent en France que dans les grandes villes de l'intérieur qui ont un commerce étendu, et où elles facilitent les rapprochements, et sur nos côtes, dans les ports de mer où abondent les étrangers.

La police en est confiée à l'autorité locale, qui y maintient le bon ordre, d'après un arrêté du 27 prairial an X; l'entrée, à Paris, en était libre à tout le monde, mais un décret récent (1856) a établi un droit d'entrée de 1 franc ou de 50 centimes par personne, selon la nature des affaires.

BOUSIERS (zoologie) [de *bouse*, excrément de la vache]. — Genre d'insectes coléoptères pentamères, de la famille des lamellicornes. « La dénomination vulgaire et le nom scientifique qu'on donne à ces insectes se tirent de l'élément qu'ils semblent préférer à tout autre; c'est presque exclusivement sur la fiente et dans le fumier qu'ils établissent leur demeure. A peine un quadrupède a déposé ses excréments, qu'on voit accourir de tous côtés ces scarabéides, qui, attirés par l'odeur, viennent se repaître de cet aliment impur. Ils forment avec ces ordures une petite masse arrondie et y déposent leurs œufs; puis, l'enveloppant de terre humide, ils la roulent dans la poussière pour lui donner plus de consistance. Lorsqu'elle est prête, ils creusent un trou proportionné à sa grosseur, et l'y roulent au moyen de leurs pattes postérieures. C'est un spectacle singulier pendant la belle saison que de voir des bousiers travailler en commun, et s'aider mutuellement à pousser leurs boules vers le trou qu'ils leur ont préparé. Si pendant le travail ils viennent à perdre l'équilibre, la boule roule d'un côté et les bousiers de l'autre, renversés sur le dos et les pattes en l'air. » La taille des bousiers varie considérablement; ils ne dépassent guère 18 ou 20 centimètres dans nos climats; presque tous sont d'un noir luisant; quelques espèces seulement sont brunes avec un reflet métallique. Les mâles ont la tête armée de cornes ou d'éminences qui leur donnent parfois un aspect fort bizarre. — Parmi les espèces indigènes, on remarque le *bousier lunaire*, fort commun dans les crottins de cheval. On connaît aussi le *bousier* Anténor, le *bousier isides*, le *bousier bucéphale*, etc., etc.

BOUSSOLE (physique). — Instrument à l'aide duquel les navigateurs reconnaissent la direction que doit suivre leur vaisseau pour arriver à sa destination. Il est aussi connu en marine sous le nom de *compas de route*. La boussole se compose d'une boîte ronde en cuivre, supportée par deux cercles concentriques, tels que les points d'appui du premier sur le second soient sur une ligne perpendiculaire à la direction des points d'appui du second cercle sur la boîte carrée qui sert d'enveloppe. Du centre de la boîte intérieure s'élève un pivot qui supporte une aiguille plate d'acier aimanté, au-dessous de laquelle est la rose des vents, divisée en trente-deux parties égales. Cette rose est en carton ou en mica ; elle tourne horizontalement, pour indiquer en mer le méridien magnétique.

L'origine de la boussole se perd dans les époques les plus reculées ; Aristote en parle dans son livre *De Lapidibus*. La fleur de lis, qui, chez toutes les nations maritimes, désigne le nord sur le carton où sont figurées les aires de vent, donne lieu de supposer que la boussole a été, sinon inventée, du moins perfectionnée par les Français. D'ailleurs, dès le principe, elle consistait uniquement en une aiguille aimantée soutenue par des rognures de liége posées à la surface de l'eau. En 1497, Vasco de Gama, pénétrant pour la première fois dans les Indes orientales, trouva des aiguilles aimantées entre les mains de tous les pilotes, qui en tiraient un grand parti. Les Italiens ont revendiqué la découverte de la boussole en faveur de Flavio Gioia, né en 1300, à Amalfi, dans le royaume de Naples. Mais, outre qu'il est probable que les Grecs connaissaient cet instrument, voici les vers de Guyot de Provins, poëte français de la fin du douzième siècle, qui montrent que, dès cette époque, et par conséquent bien avant l'Italien Gioia, nos pilotes utilisaient les propriétés de l'aimant, qu'ils nommaient la *marinette*, et qui les guidait dans les temps nébuleux :

> Icelle étoile ne se muet;
> Un arc font qui mentir ne puet,
> Par vertu de la marinette,
> Une pierre laide, noirette,
> Où le fer volontiers se joinct.

Les Anglais s'attribuent, sinon l'honneur de la découverte, du moins celui de l'avoir perfectionnée. D'autres en font honneur aux Chinois. La véritable cause de cette dispute, c'est qu'il en est de l'invention de la boussole comme de celle des moulins, de l'horloge et de l'imprimerie : plusieurs personnes y ont eu part. Ces choses n'ont été découvertes que par parties, et amenées peu à peu à une plus grande perfection.

On place la boussole en avant de la roue ou de la barre du gouvernail, sous les yeux du timonnier, dans une armoire carrée sans fer, que les marins nomment *habitacle*.

Les capitaines de vaisseau et les officiers attentifs ont ordinairement une boussole suspendue au plancher de leurs chambres, afin de pouvoir, lors même qu'ils ne sont pas sur le pont, savoir à toute heure où le navire a le cap. Mais il faut observer que tous les points de la rose soient dans une situation inverse à l'égard de l'observateur.

Maintenant, voici la manière de se servir de la boussole pour diriger la route du vaisseau : lorsqu'on a reconnu, sur une carte marine réduite, par quel rhumb le vaisseau doit tenir sa route pour aller au lieu proposé, on tourne le gouvernail jusqu'à ce que le rhumb déterminé soit vis-à-vis la ligne marquée sur la boîte ; et alors le vaisseau faisant voile est sur sa véritable route.

Boussole transparente. — C'est une boussole imaginée en Angleterre, dont le but est, en temps de guerre, de ne laisser apercevoir au dehors aucune lumière, et de dérober sa marche à la connaissance de l'ennemi. La rose de cette boussole est peinte des deux côtés : ses lettres et ses points, ainsi qu'un trait qui indique l'avant du vaisseau, sont rendus transparents ; un miroir ou réflecteur est placé en dessus pour réfléchir la lumière d'une lampe placée dans l'habitacle, et dont la lumière ne peut être vue, et qui ne laisse apercevoir que les lettres et les points parfaitement éclairés.

Boussole à cadran. — C'est ainsi qu'on appelle une boîte sur le plan de laquelle est tracé un cadran solaire, garni d'un style, et dans laquelle est suspendue librement sur un pivot une aiguille aimantée. Sur le fond de cette boîte est tracé un cercle divisé en 360 parties, dont le 0 est dans la ligne nord et sud, laquelle est dans le plan du style ou méridien du cadran.

Une pareille boussole est très-utile pour connaître l'heure. En effet, quand on a un cadran solaire bien fait, il suffit, pour savoir l'heure, de le bien orienter : c'est à quoi sert l'aiguille aimantée de la boussole. Il faut : 1° mettre le plan du cadran de niveau, au moyen de son à-plomb ; 2° ensuite, faire répondre l'aiguille à la ligne méridienne du cadran, si l'on est dans un lieu où l'aiguille aimantée n'ait pas de déclinaison ; si, au contraire, elle en a, il faut faire répondre l'aiguille au degré qui marque cette déclinaison ; alors le cadran est bien orienté, et son style se trouve précisément dans le plan du méridien.

On donne aussi le nom de boussole aux instruments qui servent à mesurer l'*inclinaison* et la *déclinaison* de l'aiguille aimantée. — Voy. ces mots.

La boussole d'arpentage consiste en une boussole ordinaire fixée dans un cadre carré dont un côté est garni d'une lunette mobile, seulement dans un plan vertical. Le lever à la boussole s'exécute très-simplement et très-rapidement, car il consiste : soit à placer la boussole horizontalement en un point fixe du terrain que l'on doit lever, puis à faire tourner la boussole sur son pied de façon que le champ de la lunette rencontre successivement les divers points du terrain ; soit à parcourir le terrain en visant successivement les points auxquels on s'arrête. En notant dans les deux cas l'angle des rayons visuels et du méridien magnétique, ainsi que les distances des points visés au point d'observation, il sera très-aisé de dessiner une carte du terrain. Ce mode d'opérer n'offre certainement pas la précision que donne le cercle répétiteur ou même le graphomètre, mais il est plus rapide que si l'on faisait usage de ces instruments.

J. Lagarrigue (de Calvi).

BOUTEILLE DE LEYDE (physique.) — L'appareil que l'on désigne sous ce nom est composé d'un flacon rempli d'or en feuille, d'étain laminé, de clinquant ou de toute autre matière conductrice, fermé par un bouchon recouvert de vernis de gomme laque ou de cire d'Espagne, au travers duquel passe une tige terminée inférieurement par une pointe et supérieurement par un bouton ; la surface extérieure est recouverte jusqu'à la courbure du col de la bouteille d'une feuille d'étain. Le métal enveloppant porte le nom d'*armure extérieure*, et celui qui est dans le flacon le nom d'*armure intérieure*. Cet appareil est de la même nature que ceux qu'on appelle des *condensateurs*, car il est formé de deux corps conducteurs séparés par une lame isolante. Par conséquent, pour le charger d'électricité, il faut qu'une des armures soit en contact avec le sol tandis que l'autre communique avec une source d'électricité. On y parvient en touchant la machine électrique avec la tige de la bouteille, que l'on tient par la panse, c'est-à-dire par son armure extérieure.

L'armure intérieure se charge ainsi d'électricité positive qui, repoussant par influence l'électricité de même nom de l'armure extérieure, attire l'électricité négative de cette armure. Cette électricité négative, que la cloison de verre empêche de se réunir à l'électricité positive de l'armure intérieure, neutralise ou dissimule sur cette armure une partie de son électricité positive, et permet à une nouvelle quantité d'électricité positive d'arriver de la machine dans la bouteille. Le même effet se produit de nouveau. Pour comprendre qu'il y a nécessairement une limite à la charge d'une bouteille de Leyde, on doit se rappeler que l'action de l'électricité décroît avec la distance ; il faut donc que la quantité d'électricité positive accumulée dans l'armure intérieure l'emporte sur la quantité d'électricité positive chassée de l'armure extérieure dans le sol, et conséquemment sur la quantité d'électricité négative retenue dans cette armure. Il y a donc dans l'armure intérieure une certaine quantité de l'électricité qui n'est retenue que par la pression de l'air. Cette quantité augmente avec la charge de la bouteille, et lorsqu'elle est capablable de vaincre cette pression, la charge est arrivée à sa limite.

Ces appareils, qui furent découverts, en 1746, par Muschenbrœck et Cunéus, sont principalement employés pour produire de violentes commotions ou des combustions ; ils sont aussi très-commodes pour se procurer à volonté les deux électricités : pour cela, on isole une bouteille chargée, puis on touche alternativement les armures, et l'on obtient successivement les deux sortes de fluides.

Dans la bouteille de Leyde, comme dans le condensateur ordinaire, l'électricité accumulée sur les deux armures adhère au verre, de sorte que si l'on pouvait enlever successivement les deux armures, chacune d'elles ne serait chargée que d'une très-petite quantité d'électricité. C'est ce que l'on vérifie en chargeant une bouteille de Leyde composée de trois vases cylindriques qui entrent les uns dans les autres; les deux extrêmes sont en métal et forment les deux armures; celui qui est intermédiaire est en verre. On peut obtenir une assez forte décharge après que l'on a successivement chargé la bouteille, puis démonté et déchargé les armures séparées, puis replacé ces armures dans leur position primitive. Quelquefois la tension de l'électricité est tellement grande qu'elle rompt la résistance que lui oppose le verre, et brise la bouteille.

Pour décharger une bouteille de Leyde sans éprouver de commotion, il faut toucher d'abord avec un conducteur métallique l'armure extérieure ou la panse de la bouteille, puis faire communiquer l'autre extrémité du conducteur avec la tige de l'armure intérieure.

La réunion de plusieurs bouteilles de Leyde qui ont leurs armures reliées entre elles par des tiges métalliques, constitue ce que l'on nomme une *batterie* électrique. Les bouteilles prennent alors quelquefois le nom de *jarres*.

C'est au moyen de la bouteille de Leyde et surtout des batteries électriques que l'on fait voir l'analogie des effets de la foudre et de ceux de l'électricité, soit en faisant fondre et volatiliser des métaux, soit en brisant des pièces de bois, de verre ou de corps mauvais conducteurs, soit enfin en foudroyant des animaux. J. Lagarrigue (de Calvi).

BOUTON (botanique). — Voy. *Bourgeon*.

BOUTURE (agriculture) [de *bouter*, mettre, placer]. — Branche d'un arbre, d'un arbrisseau, d'une plante herbacée à racine vivace, et même de plantes bisannuelles ou simplement annuelles, que l'on sépare de la tige mère, et qu'on coupe horizontalement pour être mises en terre. Ce moyen de propagation, naturel chez les polypes et les animaux voisins du dernier échelon végétal, fort en usage en agriculture et surtout parmi les horticulteurs et les pépiniéristes, est d'invention humaine; il est plus puissant que la voie des semences, puisqu'il développe dans les plantes une double propriété nouvelle, celle de ne point mourir, et celle de faire pousser, par le secours de la chaleur et de l'humidité, des racines à une portion végétale, isolée de la tige qui la nourrissait, confiée à la terre, et des feuilles, des fleurs et des fruits à celle qui demeure hors de terre. Une bouture parfaite est munie de boutons perçant directement de l'écorce, et le signe certain de sa réussite se manifeste par la présence d'un bourrelet.

Le temps propre à faire des boutures, le terrain qui leur convient, la manière d'opérer, les soins à donner pour assurer leur réussite, sont des détails de pratique qui appartiennent à l'art du cultivateur. Ils varient en raison des climats et des années plus ou moins hâtives, de la nature de la plante, du lieu de sa naissance, de sa culture en plein champ, sur couche, sous châssis, etc., dans la terre franche, le terreau, la terre de bruyère, etc.

Il est indifférent pour le succès d'une bouture, dit M. Thiébaut de Berneaud, que son extrémité inférieure, celle qui doit entrer en contact absolu avec le sol, soit coupée net ou en biseau. Il n'en est pas de même de la forme en pointe qu'on adopte généralement. — Il importe aussi que la portion de branche destinée à former bouture ait assez de séve pour entretenir la vie, et une quantité suffisante de matériaux de la partie solide des végétaux pour fournir à la nutrition des racines et des feuilles dans les premiers instants de leur existence, je veux dire jusqu'à ce que ces deux sortes d'organes soient suffisamment développés pour en puiser de nouveaux dans la terre et dans l'air. — Les fragments de racines des arbres et arbustes, poussant volontiers des fibrilles et des tiges, quoique dépourvus de collet et de bourgeons, sont de véritables boutures, ainsi que les bourgeons que l'on enlève aux racines d'un cep de vigne, et des écailles des plantes bulbeuses. — La propagation par boutures conserve exactement les espèces et variétés, tandis que celle résultant de la voie des graines produit presque autant de variétés qu'il naît d'individus. — Les arbres venus de boutures n'ont jamais de pivot ni même une tige aussi belle que ceux nés de semences. Ils tracent beaucoup. — Les boutures veulent être déposées dans une terre légère, bien divisée et qui ne soit point tassée autour d'elles; sans cette précaution, les radicules faibles ne pourraient ni s'allonger, ni prendre de la consistance, ni recevoir l'influence de l'air atmosphérique, dont le contact bien ménagé favorise la végétation. — Toutes les fois qu'il y a production de racines dans une bouture, c'est qu'il y a eu auparavant formation d'un bourrelet. — Le trop grand nombre de boutons est un obstacle aussi puissant à la reprise des boutures que leur absence totale.

BOUVREUIL (zoologie) [*pyrrhula europea; loxia pyrrhula*, Latham]. — Un des plus jolis oiseaux de nos climats, à dos cendré, à ventre rouge et à calotte d'un beau noir; il occupe à juste titre, dans nos volières, la place que lui assignent d'ailleurs la beauté de sa voix, la flexibilité de son gosier, sa familiarité, et la facilité avec laquelle il s'apprivoise et apprend à chanter et à parler. Son ramage, naturellement doux et agréable, se prête d'une manière surprenante aux sons les plus harmonieux, et doit à l'art sa perfection. Aux sons primitifs de sa voix, qui paraissent se révéler dans l'expression triple et distincte d'une même syllabe, *tui, tui, tui*, il a l'habitude d'ajouter un chant plaintif, empreint de douceur, de tristesse et de mélancolie, qui semble être moins le produit du travail de son gosier et de son bec que celui du ressort mis en mouvement des muscles internes de l'abdomen.

La longueur du bouvreuil ordinaire est d'environ seize centimètres; on donne le nom de *petit bouvreuil* à celui d'une longueur moindre. On se sert, pour lui apprendre à siffler, d'une serinette, plus justement appelée *bouverette* ou *pione*, nom qu'elle porte à Mirecourt, où on la fabrique.

Après avoir longtemps hésité à admettre une distinction de races chez ces oiseaux, on est enfin tombé d'accord pour en reconnaître deux, dont l'une, la plus grosse, diffère de l'autre par sa grandeur d'un sixième en plus ou moins d'étendue.

Fig. 35. — Bouvreuil.

Le bouvreuil ordinaire (*pyrrhula europea*) se reconnaît facilement à la couleur et à la forme de son bec, noir, gros, court et bombé; ses pieds sont noirâtres. La teinte de gris roussâtre ou de cendré vineux qui remplace le rouge chez la femelle sert à la distinguer du mâle. Elle a l'avantage, que n'a pas celle des autres oiseaux, de jouir, comme le mâle, du privilége d'être susceptible d'éducation et d'apprendre à siffler et à chanter; elle a la voix plus douce que le mâle,et paraît devoir à sa sensibilité plus grande la différence de tendresse de ses caresses et de la facilité de son attachement pour la personne qui l'a élevée.

Avec toutes ces belles qualités, qui le font si justement rechercher des amateurs d'oiseaux, le bouvreuil est tellement nuisible dans son état sauvage par le dégât qu'il cause dans les vergers et jusque dans les jardins, pour y vivre aux dépens des arbres fruitiers, des poiriers, pruniers et pommiers surtout, dont il mange et détruit les premiers boutons et les bourgeons, que la chasse que lui font les oiseleurs rend un véritable service à l'agriculture.

Ces oiseaux habitent dans toutes les contrées de l'Europe; ils se retirent, lors de la mauvaise saison, dans les bois situés sur les montagnes, d'où ils descendent au printemps dans les plaines, pour y venir nicher sur les arbres, dans les taillis, sur la lisière des bois, le long des chemins, où ils se nourrissent de baies, de graines, ainsi que des bourgeons du bouleau, de l'aune et du tremble. Leur ponte est de cinq ou six œufs d'un blanc bleuâtre, mêlé de petites taches rouges.

Élevés en cage, si l'on n'a soin de les tenir dans une grande propreté, ils ne tardent pas à y périr d'une sorte de goutte occasionnée par les ordures qui s'attachent à leurs doigts.

Les espèces de bouvreuil sont très-nombreuses; elles font partie du genre *gros-bec*, qui renferme le bouvreuil à *bec blanc* et le bouvreuil *bouveret*, et se subdivise en deux sous-genres : 1° le dur-bec (*corythus*), dont la mandibule supérieure du bec dépasse l'inférieure en se recourbant en forme de crochet; à ce sous-genre appartiennent le bouvreuil à gorge rouge (*loxia gularis*) et le bouvreuil *flamengo* (*loxia flamenga*), Linn., variété accidentelle du dur-bec, suivant Lath, et non du bouvreuil proprement dit, comme le prétend Gmelin; 2° le bouvreuil commun, de la grosseur du moineau, et le bouvreuil de Sibérie (*pyrrhula Sibrisea*), espèce qui diffère de la première en ce que les individus qui lui appartiennent ont, à peu de chose près, les deux mandibules du bec de même étendue.

J. Bécherand.

BRACHIOPODES (zoologie) [du grec *brachion*, bras, et *pous*, pied]. — Classe de mollusques renfermant des « animaux à coquilles bivalves, munis de deux bras charnus garnis de nombreux filaments qu'ils peuvent étendre hors de la coquille ou retirer en dedans, et dont la bouche est entre les bases des bras. Les brachiopodes se fixent aux rochers par un pédoncule fibreux ou par l'adhérence même de l'une de leurs valves; on les trouve rarement à l'état vivant, à cause des grandes profondeurs où ils vivent tous; mais on en connaît beaucoup à l'état fossile. Les genres principaux sont appelés *lingule*, *thérébratule*, *orbicule*, etc. »

BRADYPE (zoologie). — Voy. *Aï*.

BRAHMANISME (histoire religieuse). — Religion professée par la majorité des habitants de l'Hindoustan. Son nom vient de *Brahma*, qui est la divinité suprême de ces peuples. L'histoire du brahmanisme est peu connue, et toutes les recherches qu'on a faites à ce sujet depuis quelque temps n'ont pas abouti à en donner une connaissance beaucoup plus complète.

Cette doctrine religieuse, qui a pris naissance dans la vallée du Gange, reconnaît un être souverain, *Para-Brahma*, qui reste éternellement immobile, et qui est composé de *Brahma*, *Vischnou* et *Siva*. Brahma est la puissance, le dieu créateur; il représente le passé et a pour emblème le soleil. Vischnou est la sagesse, le dieu conservateur, le présent; l'eau est son emblème. Siva est le dieu destructeur; il représente l'avenir et a le feu pour emblème. Cette triade elle-même est représentée par un cercle inscrit dans un triangle. Cependant, ces trois divinités sont égales, comme l'attestent ces paroles prononcées par Para-Brahma : « Apprenez qu'il n'y a point de distinction réelle entre nous; ce qui vous semble tel n'est qu'apparent. L'être unique paraît sous trois formes par les actes de création, de conservation et de destruction; mais il est un. Adresser son culte à l'une de ces trois formes, c'est l'adresser aux trois ou au seul dieu suprême. »

La première de ces trois divinités, Brahma, est néanmoins tombée dans l'oubli, parce que les peuples hindous n'attendent plus rien du dieu créateur, tandis qu'ils ont tout à espérer ou à craindre des deux divinités de la conservation et de la destruction. « En général, dit l'abbé Dubois, les Indiens font profession d'honorer également ces deux grandes divinités du pays, qui sont Vischnou et Siva, sans donner la préférence à l'une ou à l'autre. Cependant, on trouve parmi eux un très-grand nombre de sectaires dont les uns s'attachent exclusivement au culte de Vischnou, et les autres à celui de Siva. Les premiers sont généralement désignés sous le nom de *Vischnou-baktar*, ou dévots de Vischnou, et les seconds sous celui de *Siva-baktar*, ou dévots de Siva..... Chaque secte exalte le dieu qu'elle honore, et s'applique à abaisser celui de la secte opposée. Les dévots de Vischnou prétendent que c'est aux soins du leur qu'on doit tout ce qui existe; que c'est à lui seul que Siva doit sa naissance et son existence, puisque c'est lui qui l'a sauvé en plusieurs circonstances où, sans son secours, il n'aurait pu éviter une perte certaine; qu'il est donc à tous égards infiniment au-dessus de Siva, et et que lui seul doit être honoré. Les dévots de Siva, de leur côté, soutiennent que Vischnou n'est rien et n'a jamais fait que des bassesses capables de l'avilir. Ils prouvent ces assertions par plusieurs traits de la vie de ce dieu. Siva, selon eux, est le souverain maître de tout ce qui existe, et ils en concluent que lui seul mérite les adorations des hommes. Ces prétentions réciproques entraînent souvent des altercations et des rixes violentes. »

Les Indiens sont partagés en quatre classes ou castes principales bien différentes les unes des autres. Le code de Manou dit que Brahma, en créant les hommes, fit le *brahmane*, ou prêtre, de sa bouche; le *kchatriya*, ou guerrier, de son bras; le *vaissiya*, ou laboureur, de sa cuisse; et le *soudra*, ou prolétaire, de son pied. Le livre de Manou assigne encore à chaque caste ses devoirs et ses obligations. Il donne au brahmane l'étude, l'enseignement des *védas* ou livres sacrés, et les diverses fonctions du culte; il impose pour devoir au kchatriya de protéger le peuple et d'exercer la charité, et au vaissiya de cultiver la terre, de soigner les bestiaux. Quant au soudra, son seul office est de servir les castes précédentes. « Une obéissance aveugle aux ordres des brahmanes versés dans la connaissance des livres saints, maîtres de maison et renommés par leurs vertus, est le principal devoir d'un soudra et lui procure le bonheur après sa mort..... Le brahmane ne doit pas lui enseigner la loi ni aucune pratique de dévotion expiatoire, sous peine d'être précipité avec lui dans le séjour ténébreux appelé *usamvrita*. — Un soudra ne doit pas amasser des richesses superflues, même lorsqu'il en a le pouvoir, car alors il vexe les brahmanes par son insolence..... Ceux-ci, dans le besoin, peuvent en toute sûreté de conscience s'approprier le bien d'un soudra. »

Le brahmanisme admet la métempsycose et l'immortalité de l'âme. La vie actuelle est l'expiation des vies antérieures, et ce n'est qu'après une série plus ou moins longue de transformation, après un certain degré de perfection, que l'homme est reçu dans le sein de Brahma, et dispensé de nouvelles épreuves. Les grands criminels obtiennent la rémission de leurs péchés par des austérités pratiquées avec exactitude. Une vie pénitente et mortifiée a même le pouvoir de faire parvenir au séjour bienheureux les âmes qui animent les vers, les serpents, les sauterelles, etc. Aussi les anachorètes y sont-ils fort communs, et étonnent par les terribles pénitences qu'ils s'infligent. Très-souvent ils se livrent à des austérités effrayantes, plutôt par vanité, par égoïsme, que par superstition : témoin ce faquir qui, chargé de chaînes, nu comme un singe, couché sur le ventre et se faisant fouetter pour les péchés de ses compatriotes : « Sachez, dit-il à l'un des spectateurs étonnés, que je ne me fais fesser dans ce monde que pour vous mieux fesser dans l'autre. »

Cette simple esquisse suffit pour faire apprécier à sa juste valeur cette absurde doctrine, que quelques auteurs ont osé nous vanter.

Le brahmanisme compte environ soixante millions de sectateurs. Dupasquier (de Sanvigne).

BRANCHIES (anatomie comparée) [en grec *branchia*]. — Organes des animaux qui vivent dans l'eau et qui y puisent l'air nécessaire à l'entretien de leur vie. « Chez les poissons, les branchies sont en forme de peignes, sur lesquels se ramifient les vaisseaux sanguins. Chaque dent du peigne présente une ou plusieurs veines abouchées à autant d'artérioles, et c'est au travers des parois de ces vaisseaux que l'oxygène de l'air contenu dans l'eau pénètre et produit la transformation du sang veineux en sang artériel. L'eau qui a été avalée, après s'être tamisée entre les dents du peigne, sort par des ouvertures extérieures appelées *ouïes*. Beaucoup de mollusques respirent par des branchies, tantôt renfermées dans l'intérieur du corps, tantôt extérieures et saillantes, sous forme de feuillets imbriqués, de panaches, de franges, de houppes, etc. Les crustacés et la plupart des annélides ont aussi des branchies. A l'état de têtards, les grenouilles ont des branchies en panaches attachées extérieurement aux côtés du cou. »

BRANCHIOPODES [du grec *branchia*, et *pous*, pied, les pieds de ces animalcules renfermant les branchies, et servant ainsi à la respiration].— Groupe de crustacés composé d'animaux microscopiques qui se trouvent en abondance dans les eaux bourbeuses, et qui nagent sur le dos en frappant l'eau avec leur queue. Ils semblent se nourrir des petits corpuscules que les courants apportent à leur bouche.

BREBIS (zoologie). — Femelle du *bélier*. Dans l'ancienne Afrique, les brebis étaient sacrées; l'époque de leur tonte était celle d'une fête religieuse; on ne pouvait tuer que les vieilles brebis, et il n'était permis de le faire qu'après les avoir tondues et porté la dîme aux ministres du culte. Les Arcadiens et les Phéniciens possédaient de grands troupeaux de brebis à longue laine. Comme ils remarquèrent que les brebis portent toujours les laines les plus fines, ils introduisirent l'usage de la castration sur les antenois, afin de rapprocher le plus possible leur laine de celle de leurs mères. C'est d'Afrique que l'Espagne a tiré ses brebis à longue laine soyeuse; elle en doit la conservation à l'institution de la Mesta, dont l'origine remonte à l'an 633 de l'ère vulgaire. C'est aussi de l'intérieur de l'Afrique que descendent les brebis anglaises à longue laine; on en fixe ordinairement l'époque à l'année 712; si cette date n'est pas certaine, c'est au moins celle des premières lois concernant leur entretien et leur multiplication. La brebis porte cent cinquante jours, c'est-à-dire environ cinq mois. Elle est très-sujette à l'avortement. (*Th. de Berneaud.*)

BRÊME (zoologie) [*brama*]. — Genre de poisson de la famille des cyprinoïdes, caractérisé par son corps comprimé, et son anale très-longue (voyez *Cyprins*). Ce poisson, qui ressemble beaucoup à la carpe, et dont la chair est blanche, ferme et de bon goût, est commun dans toutes les eaux douces de l'Europe.

BRÉSIL (géographie).— Partie de l'Amérique méridionale, située entre le 37° et le 75° de longitude occidentale, et entre le 4° degré de latitude boréale et le 33° de latitude australe. Cet empire est borné au nord par la république de Colombie, par les Guyanes anglaise, hollandaise et française, et par l'océan Atlantique; à l'est par l'océan Atlantique; au sud, par l'océan Atlantique, par la république orientale de l'Uraguay et par le dictatorat du Paraguay; à l'ouest, par la confédération du Rio de la Plata, par le dictatorat du Paraguay, et par les républiques de Bolivia, du Pérou et de la Colombie.

Cette partie de l'Amérique du Sud est arrosée par des cours d'eaux très-considérables. Parmi eux se trouvent le grand fleuve des Amazones, l'Oyapoc, le Tocantin ou Para, le Maranahô, l'Itapicuru, le Paranahiba, le Rio-Grande do Norte, le Rio San-Francisco, etc.

Le Brésil offre plusieurs chaînes de montagnes entièrement indépendantes du grand système des Andes; elles sont loin d'offrir des points aussi élevés que ceux qu'on retrouve dans les autres chaînes du nouveau monde; cependant elles ne sont pas sans importance. Le système brésilien peut se diviser en trois chaînes : la chaîne maritime, la chaîne centrale, et la chaîne occidentale. La chaîne maritime, que les Brésiliens nomment *Serra do mar*, s'étend le long des côtes, et forme une suite de groupes plutôt qu'une seule et même chaîne, attendu les nombreuses et considérables interruptions que l'on y remarque. Elle parcourt ainsi successivement les provinces de la côte, qui sont les provinces de Rio-Grande, de Paraïba, de Fernambuco, d'Alagoa, de Fergipe, de Bahia, d'Espiruto-Santo, de Rio de Janeiro, de San-Paulo et de San-Pedro. La chaîne centrale, qu'on nomme aussi *Serra do Espinhaço*, qui prend ensuite divers noms dans plusieurs de ses parties, tels que ceux de *Serra das Almas* dans le nord, et de *Serra da Mantequeira* dans le sud, s'étend depuis la rive droite de San-Francisco jusqu'à l'Uruguay, en traversant les provinces de Bahia, de Minas-Geraes, de San-Paulo et l'extrémité septentrionale du Rio de Janeiro. C'est dans la partie méridionale de cette chaîne que l'on trouve ces mines si fécondes d'or, d'argent et de diamants, qui font du Brésil une des plus riches contrées du globe.

Enfin la chaîne occidentale, nommée aussi *Serra dos Vertentes*, parce qu'elle sépare les affluents de l'Amazone, du Tocantin, du Paranahiba, de ceux de San-Francisco, du Parana et du Paraguay, s'étend depuis la frontière méridionale de la province de Seara jusqu'à l'extrémité occidentale de la province de Matto-Grosso; elle prend différents noms dans ce demi-cercle immense décrit par elle, tels que *Serra Alegre*, *Serra de Pycuy*, *Serra de Santa-Marta*, etc.

Le climat du Brésil est sain et bon, quoiqu'il renferme de ces variations si bizarres et qu'on ne trouve que sur la terre du nouveau monde : écoutons à ce sujet M. de Humboldt; il nous expliquera quelles sont les causes de ces singulières différences : « Le peu de largeur du continent, son prolongement vers les pôles glacés; l'Océan, dont la surface non interrompue est sans cesse balayée par les vents alisés; des courants d'eau très-froide qui se portent depuis le détroit de Magellan jusqu'au Pérou; de nombreuses chaînes de montagnes remplies de sources et dont les sommets couverts de neige s'élèvent bien audessus de la région des nuages; l'abondance de fleuves immenses qui, après des détours multipliés vont toujours chercher les côtes les plus lointaines; des déserts en général non sablonneux, et par conséquent moins susceptibles de s'imprégner de chaleur; des forêts impénétrables qui couvrent les plaines de l'équateur, remplies de rivières, et qui, dans les parties du pays les plus éloignées de l'Océan et des montagnes, donnent naissance à des masses énormes d'eaux qu'elles ont aspirées, ou qui se forment par l'acte de la végétation; toutes ces causes produisent, dans les parties basses de l'Amérique, un climat qui contraste singulièrement, par sa fraîcheur et son humidité, avec celui de l'Afrique. C'est à elle seule qu'il faut attribuer cette végétation si forte, si abondante, si riche en sucs, et ce feuillage si épais, qui composent le caractère particulier du nouveau continent. » (*Jubé de la Pérelle.*)

BRETAGNE (géographie)[1]. — La Bretagne, dont les habitants, sous l'ancienne dénomination des *Gaules*, étaient appelés *Venètes* et *Armorici*, l'une des cinq provinces occidentales appartenant à la division de la France en provinces ou gouvernements, antérieure à la révolution de 1789, renferme aujourd'hui cinq départements, disposés ainsi selon leur ordre de situation relative, nord : 1° le département des Côtes-du-Nord (bassin de la Loire), dont le chef-lieu, Saint-Brieuc, est à 4 degrés de lattitude sud de Paris, 446 kilomètres, et, par conséquent, au 45e degré de latitude et au 5e degré 1 dixième environ à l'occident de la même ville. Le chiffre de la population de Saint-Brieuc s'élève à 12,000 habitants; 2° le département d'Ille-et-Vilaine (même bassin), chef-lieu Rennes, à 8 degrés au sud et à 4 degrés à l'occident de Paris, 846 kilomètres. Sa population est de 35,000 habitants; 3° le département du Finistère (même bassin), chef-lieu Quimper, situé sur le Stair et l'Odet, à 1 degré au sud et à 6 degrés 3 dixièmes à l'occident de Paris, 623 kilomètres. Sa population est de 10,000 habitants; 4° le département du Morbihan (même bassin), chef-lieu Vannes, sur la Marle, à 1 degré 2 dixièmes au sud, 5 degrés 2 dixièmes à l'occident de Paris, 500 kilomètres. Sa population est de 11,289 habitants; 5° le département de la Loire-Inférieure, chef-lieu Nantes, sur la Loire, à 1 degré 5 dixièmes au sud, 3 degrés 9 dixièmes à l'occident de Paris, 889 kilomètres. Sa population est de 76,894 habitants.

Le climat de la Bretagne, province maritime de la France, offre en général le tableau pittoresque d'un terrain diversement accidenté, où, indépendamment des souvenirs historiques qui s'y rattachent et des nombreux et divers témoignages qu'y ont laissés, comme partout, de leur inflence la religion, la guerre, la civilisation et les arts, on se plaît à découvrir dans la prévoyance de la nature, en faveur de la constitution native de ses habitants, en quelque sorte diversement acclimatés dans un pays d'une grande étendue, tout ce qui peut faire naître et entretenir en eux leurs dispositions naturelles pour les travaux de l'industrie, du commerce, de la pêche et de la navigation.

Le département des Côtes-du-Nord est formé d'une partie de la haute Bretagne, et doit son nom à sa position. Il est borné au nord par l'Océan, à l'est par l'Ille-et-Vilaine, au sud par le Morbihan, à l'ouest par le Finistère. Ses rivières navigables sont le Goy, le Tréguier, la Rance, le Guer, le Trieux.

Saint-Brieuc, son chef-lieu, jolie ville située à une lieue de la mer, possède un évêché, des tribunaux, une école d'hydrographie et un musée de peinture et de gravure; ses principaux objets de curiosité sont l'église paroissiale, ancien temple des druides, l'hôpital général, la salle de spectacle et le pont sur le Gouet. Son industrie consiste en fabrication de draps, en lainage, en filature de coton, en papeteries, tanneries, etc. Elle doit son nom à un monastère fondé en l'honneur de saint Brieuc, son premier apôtre, qui y a été enterré au septième siècle. Saint-Brieuc fait des armements pour la pêche de la baleine et de la morue à Terre-Neuve. Quintin, sur le Gouet, et Guingamp, sur le Trieux, font un grand commerce de toiles et de fils retors. Les produits des manufactures de Quintin, connus sous le nom de toiles de Bretagne, toiles de lin et de tamis, etc., sont exportés dans toute l'Europe, aux Indes et au Japon.

Dinan, qui appartient à ce département, situé sur une montagne près de la Rance et fondé au commencement du douzième siècle, avec une seigneurie qui fut ensuite unie au duché, et qui devint, dans les guerres de Bretagne, la place d'armes de ses ducs, parce qu'ils la regardaient comme la clef de leur Etat, offre aux regards, suivant son historiographe Osée, l'aspect d'une campagne comparable aux champs d'Éden pour la beauté de ses sites et le luxe de sa végétation. Il serait, en effet, difficile, dit l'auteur de *la Vallée de la Rance, l'ancienne Lorseult*, de trouver en Bretagne un pays plus pittoresque, plus accidenté que la contrée où la rivière de Rance coule dans son lit si profondément encaissé et apporte chaque jour le flot de la mer. Il y a là comme une copie du paradis terrestre faite de la main de la nature; seulement, aux lignes primitives de ce charmant tableau, le génie de l'homme a ajouté des détails pleins de contrastés. Il ne faut pas croire cependant que la Bretagne est aussi avantageusement favorisée dans toute son étendue. La nature, ajoute le même auteur, qui a si richement doté ce jardin de la Bretagne, lui a refusé le beau climat des contrées méridionales. Quoi qu'il en soit, l'historique de la vallée de Dinan la présente comme ayant été le siége d'une des villes les plus considérables de la confédération gauloise, c'est-à-dire de l'ancienne capitale des *Curiosolites*. Nous ne devons pas oublier de dire qu'elle fut la patrie de Duclos-Pinot, auquel les Dinonais, en reconnaissance de son dévouement à leurs intérêts, ont élevé un monument[1].

[1] Le nom de *Breton* vient du mot *brython*, qui signifie *guerrier*; il appartient à la langue dite *bretonne*, qui forme la seconde branche du groupe des langues celtiques, divisées en deux branches, et comprend le *cymrique*, de *cym*, premier, et de *bro*, pays, le *cornique*, dialecte de la province de Cornouailles, et l'*armoricain* ou bas-breton, qui signifie voisin de la mer. — Voyez *Vies des Saints de Bretagne*, Ogée, le chanoine Moreau; *Mémoires de la Ligue; Mémoires de Duclos; les Derniers Bretons*, Émile Souvestre, du Chatellier; *Histoire de la Révolution en Bretagne*, Briseux, Carné, Ménard, etc., etc.

[1] En bronze, sur une colonne de granit, au milieu des petits fossés.

Les autres principales villes de ce département sont Loudéac, qui possède plus de mille manufactures de toiles de Bretagne, des poteries et des forges importantes; Lannion, sur le Guer, qui commerce en chevaux, bestiaux et en vins de Bordeaux et de la Rochelle; Tréguier; Usel.

Après la contrée et les villes bretonnes que nous venons de signaler, celles qui, dans l'intérêt d'un parcours scientifique, doivent nous paraître mériter d'attirer plus particulièrement notre attention sont, dans le département d'Ille-et-Vilaine, son chef-lieu, Rennes, à l'évêché duquel a été réuni celui de Saint-Malo depuis 1790. Il a une cour royale, un tribunal de commerce, une académie, une école de droit, un jardin botanique, une bibliothèque publique de 20,000 volumes, des écoles de dessin, de peinture et de sculpture, une école de médecine, une d'artillerie, et une maison centrale de détention. Cette ville fait un grand commerce de beurre, dont la qualité de celui qui se fabrique au hameau de la *Prévalaye*, situé dans son arrondissement, lui a valu son juste renom. Elle possède des fabriques de toile, de dentelle, de flanelle et de filets à pêcher. Elle a donné le jour à Duguesclin, qui, en 1356, y a remporté une grande victoire sur les Anglais. Elle avait anciennement le nom de Condate, capitale des Redones, les plus célèbres des Armoriques. Des Romains, elle passa sous la domination des Saxons, des Francs et des Bretons. Elle a encore vu naître le savant jésuite de Tournemine, le ministre Corbière, le fameux Lachalotais, magistrat qui, le premier, dénonça la constitution des Jésuites, et le chantre Elleviou.

L'historique de Saint-Malo, sous-préfecture du département d'Ille-et-Vilaine, et des fondements sur lesquels repose la renommée des Malouins, ses habitants, en qualité d'armateurs et de marins, demanderait à lui seul plus d'un volume; nous dirons seulement qu'elle se présente sous l'aspect d'une ville maritime fortifiée, avec un port vaste, sûr, quoique d'un accès que des rochers à fleur d'eau rendent difficile, et comme une des principales villes du royaume par sa marine marchande et ses armements pour la pêche de la morue, qu'elle tire son nom d'un prieuré de bénédictins de saint Vincent, et qu'elle a été fondée dans le huitième siècle par les habitants de l'ancienne cité d'Aleth. Jean de la Grille y a transféré son siége épiscopal l'an 1149. Les Anglais l'ont bombardée en 1693, et les habitants se sont signalés par les prises fréquentes qu'ils leur ont faites.

L'éloge de Saint-Malo et des Malouins, ses habitants, est tout entier dans l'illustration des noms célèbres qui les honorent, et dont aucune autre ville de Bretagne n'a produit un pareil nombre. Saint-Malo a donné le jour à Porée de la Touche, l'émule de Duguay-Trouin, à Duguay-Trouin, à Lamétrie, au célèbre et infortuné Mahé de Labourdonnaye, à de Maupertuis, qui reconnut qu'au lieu d'être un sphéroïde allongé, notre globe est aplati vers les pôles, au physiologiste Broussais, à Jacques Cartier, qui découvrit le Canada, à Dufresne Marion, qui découvrit, en 1772, l'archipel auquel il donna son nom, à Robert de Lamennais, savant théologien, fondateur de la congrégation de l'Institution chrétienne, à son illustre frère, Félicité de Lamennais; enfin, à Chateaubriand, qui en a fait sa patrie d'adoption, et a obtenu de la ville de Saint-Malo la concession de quelques pieds de terre dans l'îlot le plus voisin, où a été déposée sa tombe.

Le département du Finistère doit son nom à sa position (l'extrémité occidentale de la France). Son chef-lieu, Quimper ou Quimper-Corentin, est la patrie du fameux critique Fréron, l'auteur de l'*Année littéraire*; du père Hardouin, jésuite, dont le savant Huet disait : Il a travaillé quarante ans à ruiner sa réputation sans pouvoir en venir à bout; du père Bougeant, l'auteur de *la Femme Docteur ou de la Théologie en quenouille*, du *Saint déniché ou la Banqueroute des Miracles*. Cette ville est située au confluent de la Stair et de l'Odet; elle a un évêché, un tribunal de première instance, un tribunal de commerce, et possède un petit port favorable à la pêche des sardines.

Les sous-préfectures de ce département sont Brest (30,000 habitants), dont le port passe pour le premier de la marine militaire de France et un des plus beaux et des plus sûrs de l'Europe. Brest a une école impériale de marine; il y avait autrefois un bagne célèbre. (Voy. *Bagne*.) Chateaulin, riche en ardoises, et où se trouvent les plus riches mines de plomb argentifère de France. Quimperlé, Morlaix, sur la rivière du même nom; la première fait commerce de beurre et de miel, et la deuxième de graines.

Le département du Morbihan tire son nom du canal de même nom qui sert d'entrée au golfe de Vannes. Son chef-lieu, Vannes, ville commerçante, à trois lieues de la mer, avec laquelle elle communique par le canal du Morbihan, patrie de le Sage, auteur de *Gil Blas*, a un évêché, un tribunal de première instance et un de commerce, un collége, une école d'hydrographie. Son commerce consiste en toiles à voiles, cordages, fer, blé, maïs, beurre, sardines, etc. Ville des Venètes, habiles dans la navigation, elle fut prise par Pépin en 753, et *Numénoim*, prince breton, s'en empara sous ses successeurs. Dans l'arrondissement de Vannes se trouvent Quiberon, situé à l'extrémité d'une petite presqu'île où débarquèrent, en 1795, des émigrés français qui furent faits prisonniers et mis à mort. Auray, petit port près duquel Duguesclin fut fait prisonnier en 1361.

Ploermel, sous-préfecture, près de l'Oust, possède une église gothique, un collége, des fabriques de toiles dites *carto*, du fil, de la rhubarbe, etc. On trouve encore dans le même département Pontivy, Lorient, qui a un bon port, une rade sûre, et qui possédait un bagne où étaient envoyés les militaires condamnés pour insubordination. A Lorient est né Bisson, lieutenant de marine, mort en 1827, à l'âge de 36 ans, sur le brick qu'il commandait et qu'il fit sauter en mettant le feu à la poudrière, plutôt que de se rendre aux soixante-dix pirates par lesquels il fut attaqué.

Le département de la Loire-Inférieure, formé de la haute Bretagne, doit son nom à sa position. Son chef-lieu, Nantes, situé sur la Loire, patrie du célèbre marin Jacques Cassard, rappelle les horribles massacres de Carrier et le fameux édit de Henri IV en faveur des protestants, et qui fut depuis révoqué par Louis XIV. C'est une des villes les plus commerçantes de la Bretagne; on y construit beaucoup de vaisseaux; elle possède un évêché, des tribunaux, un hôtel des monnaies, une banque, une hydrographie de première classe, un musée de tableaux et d'antiques, un cabinet d'histoire naturelle, une bibliothèque de 90,000 volumes, etc.

Les sous-préfectures de ce département sont Chateaubriant, dont le commerce consiste en confitures d'angéliques fort renommées; Ancenis, qui fait commerce de vins, eaux-de-vie; Savenay, qui fait commerce de bestiaux; Paimbœuf, port où les gros vaisseaux débarquent leurs cargaisons, que l'on conduit ensuite sur des gabares jusqu'à Nantes.

Au même département appartiennent les villes remarquables suivantes : le Pouliguen, petit port au milieu de marais salants; Saint-Nazaire, ville maritime qui contient des mines de pierre d'aimant; le Croisic, port de mer avec école impériale de navigation; Quérande, qui a des fabriques de toiles et de basins, et qui fait un grand commerce de sel.

J. Bécherand.

BREVET D'INVENTION (droit, industrie). — Titre que le gouvernement délivre à un inventeur, à l'auteur d'une nouvelle découverte ou d'un nouveau procédé d'application, pour lui en assurer la propriété et l'exploitation exclusives pendant un temps déterminé.

Ce titre de propriété momentanée a été institué par les lois du 7 janvier et du 25 mai 1791 pour plusieurs motifs. Le premier fut de détruire les édits qui régissaient l'industrie manufacturière en France avant 1789, et de briser le joug qu'un aveugle arbitraire avait fait peser sur elle depuis tant de siècles, qui l'avait découragée dans ses essais, comprimée dans son essor et réduite à une dégradante routine par les entraves tyranniques des corporations. Ces lois libérales établirent presque l'égalité en principe, en constituant les mêmes droits pour tous, après avoir accompli l'anéantissement des maîtrises et des jurandes, dont les priviléges et les monopoles enchaînaient depuis si longtemps le progrès des arts industriels.

Antérieurement à la loi de 1791, les lettres patentes ou brevets de ces époques (heureusement déjà loin de nous) ne s'obtenaient qu'à prix d'argent, de sacrifices, et au bout d'un temps indéterminé; enfin, lorsque l'industriel était affilié à une corporation, il était placé sous la surveillance rigoureuse d'hommes qui avaient acheté leurs charges et les exploitaient avec une rapacité que rien ne contrôlait; et comme tout fabricant français était contraint de se renfermer dans le cercle étroit qu'on lui avait tracé, il ne pouvait hasarder le moindre perfectionnement sans enfreindre les règlements établis et sans s'exposer à voir ses marchandises détruites ou confisquées. Des règlements officiels réduisaient l'homme à l'état de machine, imposaient à tous les ouvriers une seule manière de travailler, sous peine des plus sévères châtiments.

Une tyrannie égoïste avait présidé à la rédaction de ces absurdes règlements, la violence en assurait l'exécution. Sous les moindres prétextes et même sans aucun prétexte, le domicile des citoyens était violé, leurs ateliers envahis et bouleversés, les ouvriers maltraités, les travaux interrompus, et les procédés de fabrication étaient divulgués ou devenaient le prix de la dénonciation d'un concurrent jaloux. A la suite de ces vexations et de ces entraves, il faut encore ajouter les prétentions fiscales et annuelles des communautés, des confréries et des corporations qui, comme un vaste réseau, embrassaient la France entière.

Ces institutions arbitraires empêchaient l'ouvrier intelligent de s'émanciper et même de vivre de son travail, paralysaient l'émulation industrielle, condamnaient à l'inaction les hommes à talent que leur défaut de fortune excluait des communautés, privaient la nation et les manufactures des lumières et de l'expérience que l'étranger aurait pu y apporter, et, en s'opposant à tout progrès, maintenaient les arts dans un état complétement stationnaire.

Les maîtrises et les jurandes, en possession du monopole et jalouses de le conserver, excluaient les inventeurs dont le génie leur faisait craindre une concurrence. Malheureusement, à cette époque, il n'existait pas en France de ville libre où, comme en Angleterre, des inventeurs ou perfectionneurs pouvaient trouver un refuge contre les exigences des corporations.

Après l'anéantissement des corporations, maîtrises et jurandes, le but de la loi de 1791 était de remplir, à l'égard des inventeurs, l'obligation contractée par la société d'assurer à chacun la jouissance de sa propriété intellectuelle, d'empêcher le découragement et l'émigration des artistes qui pourraient chercher ailleurs une protection qu'ils ne trouveraient plus dans leur patrie, et de la priver ainsi du fruit de leur découverte; on pouvait ajouter aussi celui d'assurer au public, à l'expiration du brevet, la jouissance de plusieurs découvertes industrielles qu'il ne connaîtrait qu'imparfaitement sans ce moyen qui impose une description exacte et complète.

Les obligations de la société envers tous ses membres étant exactement les mêmes, il semble que, pour remplir le premier objet, la loi a manqué tout d'abord à la liberté et à l'égalité en imposant l'inventeur surtout d'une taxe excessive; cependant elle consacrait à tout auteur d'une fabrication nouvelle, d'un perfectionnement ou application quelconque dans tous les genres d'industrie, le droit de se faire délivrer un brevet d'invention pour cinq, dix ou quinze ans, à son choix; et pendant ce temps, il avait le privilége exclusif de l'exploitation de sa découverte. Sur son propre brevet on pouvait en prendre un autre d'*addition* ou de perfectionnement. Celui qui apportait en France une découverte étrangère avait le même avantage que s'il était l'inventeur, par le brevet d'importation.

Pour obtenir ce brevet, il fallait présenter une pétition au préfet de son département; elle devait être accompagnée d'un mémoire descriptif de la découverte, avec les plans, modèles et échantillons, le tout remis cacheté par l'auteur, payer en même temps 50 francs pour les frais d'expédition et une taxe de 300, 800 ou 1,500 francs, suivant celui des trois termes pour lequel il demandait le brevet, dont moitié payable d'abord, et l'autre partie, accompagnée de différents frais, soldée dans le cours des six mois suivants, sous peine de voir prononcer la déchéance de son brevet.

Le breveté pouvait exploiter sa découverte dans toute la France, et y former autant d'établissements qu'il voulait; il était fondé en droit, pourvu qu'il fournît une caution, à faire saisir les objets qu'il prétendait être de contrefaçon. Une loi de 1792 a supprimé le droit au brevet pour les médicaments.

Notre industrie nationale, régie par ces lois pendant cinquante-deux ans et soumise à ce fâcheux impôt, a pu cependant se livrer au progrès, quoiqu'il en coutât des efforts inouïs. Ce régime fut encore bien préférable à celui des siècles passés : bien des hommes éclairés et sages se sont élevés contre ces taxes exagérées qui interdisent aux ouvriers, aux contre-maîtres, aux inventeurs pauvres, l'accès de ce genre de propriété. Les fortes taxes ont fait des brevets le fief de l'aristocratie industrielle, et l'on a eu raison de les comparer à une amende préventive infligée à ceux qui enrichissent leur nation des fruits de leurs études et de leur persévérance; on n'a pas moins raison, de nos jours, de s'élever contre cet impôt qui frappe une idée avant qu'elle ait pu donner aucun produit; car autant vaudrait imposer l'embryon, la graine, le germe avant son développement.

La loi de 1844 est bien venue apporter quelques améliorations à ces principes; elle a adouci l'impôt sans l'affaiblir, réglementé différents points obscurs ou imprévus; enfin, elle a cependant élargi les droits de l'inventeur, mais sans lui donner aucune garantie sérieuse de plus : la durée des brevets est la même, seulement la taxe se paye par annuités de 100 francs.

Pour obtenir un brevet sous le régime actuel, on devra déposer sous cachet, au secrétariat de la préfecture de son département : 1° sa demande au ministre de l'agriculture et du commerce; 2° une description de la découverte; 3° les dessins ou échantillons qui seraient nécessaires pour l'intelligence de la description; 4° et un bordereau des pièces déposées. La demande doit être limitée à un seul objet principal, avec les objets de détail qui le constituent. Elle indiquera un titre renfermant la désignation sommaire et précise de l'invention; la description ne peut être écrite en langue étrangère; les dessins seront tracés à l'encre et d'après une échelle métrique; un duplicata de la description et des dessins sera joint à la demande; toutes ces pièces seront signées par le demandeur; aucun dépôt n'est reçu que sur la production d'un récépissé constatant le versement d'une somme de 100 francs à valoir sur le montant de la taxe du brevet. La durée du brevet court du jour du dépôt; il est délivré par le ministre de l'agriculture et du commerce, sans examen préalable, aux risques et périls des demandeurs; le duplicata certifié de la description des dessins et la première expédition des brevets sont délivrés sans frais; toute expédition ultérieure est soumise à une taxe de 25 francs, non compris les dessins. Tous les trois mois les brevets sont proclamés et insérés au *Bulletin des Lois*; la durée des brevets ne peut être prolongée que par une loi. Le breveté a le droit d'apporter à l'invention des changements, perfectionnements ou additions, en remplissant pour le dépôt de la demande les mêmes formalités que celles du brevet; le certificat d'addition donne lieu à un payement de 20 francs. Nul autre que le breveté ou ses ayants droit ne peut, pendant une année, prendre valablement un brevet pour un perfectionnement ou addition à l'invention qui fait l'objet du brevet primitif. Tout breveté peut céder la totalité ou partie de la propriété de son brevet, mais la cession ne pourra être faite que par acte notarié et après le payement de la totalité de la taxe; les cessionnaires ont les mêmes droits que l'inventeur ou les importateurs.

Les étrangers peuvent obtenir en France des brevets, en remplissant les formalités et conditions de la loi nationale. L'auteur d'une invention déjà brevetée à l'étranger peut obtenir un brevet en France, mais la durée de ce brevet ne peut excéder celle des brevets antérieurement pris à l'étranger.

Seront nuls et de nul effet les brevets délivrés dans les cas suivants : 1° si la découverte, invention ou application n'est pas nouvelle; 2° si l'objet est une composition pharmaceutique; il en est de même pour les plans et combinaisons de crédit ou de finances; 3° si les brevets portent sur des principes, méthodes, systèmes, découvertes et conceptions théoriques ou purement scientifiques dont on n'a pas indiqué les applications industrielles; 4° si l'invention est reconnue contraire à l'ordre ou à la sûreté publique, aux bonnes mœurs ou aux lois; 5° si le titre sous lequel le brevet a été demandé indique frauduleusement un objet autre que le véritable objet de l'invention; 6° si la description jointe au brevet n'est pas suffisante pour l'exécution de l'invention; 7° si le transfert du brevet n'est pas notarié, et la totalité de la taxe acquittée. Sont également nuls et de nul effet les certificats d'additions qui y seraient attachés. Enfin, ne serait pas réputé brevetable ou nouvelle découverte, invention ou application, l'objet qui, en France ou à l'étranger, et antérieurement à la date du dépôt de la demande, aurait reçu une publicité suffisante pour pouvoir être exécuté.

Sera déchu de tous ses droits le breveté qui n'aura pas acquitté son annuité avant le commencement de chacune des années de la durée de son brevet, ou s'il n'a pas mis en exploitation sa découverte ou invention en France, dans le délai de deux ans. De même, le breveté qui aurait introduit en France des objets fabriqués en pays étranger et semblables à ceux qui sont garantis par son brevet.

Une amende de 50 à 1000 francs est infligée à quiconque, dans des enseignes, annonces, prospectus, affiches, marques ou estampilles, prendrait la qualité de breveté sans posséder un brevet, ou après l'expiration antérieure, ou qui, étant breveté, mentionnera sa qualité ou son brevet sans y ajouter ces mots : *sans garantie du gouvernement*; et en cas de récidive, cette amende peut être portée au double.

L'action en nullité et l'action en déchéance peuvent être exercées par toutes personnes y ayant intérêt; ces actions, ainsi que toutes contestations relatives à la propriété des brevets, sont portées devant les tribunaux de première instance, les déchéances sont publiées aux époques pour la proclamation des brevets.

Toute atteinte portée aux droits du breveté, soit pour la fabrication de produit, soit pour l'emploi de moyens faisant l'objet de son brevet, constitue le délit de contrefaçon. Ce délit est puni d'une amende de 100 à 2,000 francs, et, en cas de récidive, elle serait portée au double avec un emprisonnement d'un mois à six mois, la confiscation des objets reconnus contrefaits; et, le cas échéant, celle des instruments ou ustensiles destinés spécialement à leur fabrication est, même en cas d'acquittement, prononcée contre le contrefacteur, le recéleur, l'introducteur ou le débitant; les objets sont remis au propriétaire du brevet sans préjudice de plus amples dommages-intérêts, et de l'affiche du jugement, s'il y a lieu.

Les descriptions, dessins, échantillons et modèles des brevets délivrés restent, jusqu'à l'expiration des brevets, déposés au ministère de l'agriculture et du commerce où ils sont communiqués sans frais à toute réquisition. Toute personne peut obtenir à ses frais copie desdits descriptions et dessins après le payement de la deuxième annuité; les descriptions et dessins sont publiés textuellement; il est en outre publié, au commencement de chaque année, un catalogue contenant les titres des brevets délivrés dans le courant de l'année précédente; ces recueils sont déposés au ministère de l'agriculture et du commerce et au secrétariat de la préfecture de chaque département, où ils peuvent être consultés sans frais. A l'expiration des brevets, les originaux des descriptions et dessins sont déposés au Conservatoire des Arts et Métiers.

Le brevet anglais, à peu de différence, offre les mêmes garanties. Tout inventeur anglais ou étranger peut sur sa demande obtenir la *patente*, en adressant à la commission d'examen le dépôt de ses modèles, plans et spécification, puis une pétition à la reine avec la déclaration qu'il se croit seul possesseur de sa découverte. Après ces formalités, l'inventeur obtient des lettres patentes, s'il y a lieu.

Le minimum pour la prise d'une patente, en Angleterre, est de 175 livres sterling, ou 4,375 francs, ce qui est exorbitant pour un simple industriel.

La nouvelle loi belge offre aux inventeurs des avantages que nous nous faisons un devoir de faire connaître. Le brevet belge s'obtient avec la même formalité de dépôt et de demande que le brevet français, et sans examen préalable : la durée des brevets est fixée à vingt ans; il est payé pour chaque brevet une taxe annuelle et progressive, ainsi qu'il suit : première année, 10 francs; deuxième, 20 fr.; troisième, 30 fr.; et ainsi de suite jusqu'à la vingtième année, pour laquelle la taxe sera de 200 fr. Voici encore quelques avantages importants qu'ils y trouvent : trois mois de secret absolu; garantie complète contre les plagiaires, en Angleterre, en France, en Autriche et aux Etats-Unis, où l'inventeur seul a qualité pour obtenir le brevet et la patente. Enfin, la loi sur les brevets belges est celle qui offre le plus d'avantages aux inventeurs pauvres; c'est peut-être la solution la plus simple et la plus sûre pour arriver à fonder la propriété intellectuelle du travailleur.

LARIVIÈRE, *prudhomme*.

BRÉVIPENNES (zoologie) [du latin *brevipenna*, à courtes plumes]. — Famille d'oiseaux de l'ordre des échassiers, comprenant l'*autruche*, le *casoar*, le *dronte*, etc. Ces oiseaux sont incapables de voler, n'ayant que des rudiments d'ailes; mais ils sont excellents coureurs.

BRICK (marine) [par corruption de *brig*, abréviation de *brigantine*, nom de voile]. — Bâtiment à deux mâts, qui porte des hunes à l'extrémité des bas mâts, ce qui le distingue des goëlettes, qui n'ont que des barres. On appelle *bricks-goëlettes* des navires qui ont une hune au mât de l'avant et une barre au mât de l'arrière.

BRIQUE [du celtique *briq*, terre cuite]. — Pierre artificielle faite avec de l'argile. La fabrication des briques est assez intéressante pour que nous reproduisions ici un excellent article publié à ce sujet en 1856 par M. E. Guinet, dans le *Journal pour tous*.

Dans un grand nombre de contrées dépourvues de pierres propres aux constructions, la fabrication des briques remonte à l'origine des premières sociétés. Souvent, dans les pays chauds, les briques furent simplement séchées au soleil, et non cuites comme on le fait actuellement. Les Égyptiens avaient soin de mélanger la terre à briques avec de la paille ou des roseaux hachés, afin de les empêcher de se fendiller par la dessiccation. Ils employaient les Juifs esclaves à ce travail; et l'*Exode* nous apprend que Pharaon refusait de fournir aux Juifs la paille nécessaire à la confection des briques, tout en exigeant d'eux la même quantité de ces matériaux. Dans les ruines de Babylone, on a trouvé un grand nombre de briques préparées d'une manière analogue. Elles sont en général de très-grandes dimensions et chargées, comme celles d'Égypte, d'inscriptions indéchiffrables. Enfin, plusieurs anciens temples du Pérou ont été construits avec des briques crues d'une remarquable solidité.

Les anciens fabriquaient aussi des briques cuites.

Au rapport de la *Genèse*, ce furent des matériaux de ce genre qui servirent à la construction de la fameuse tour de Babel. Hérodote fait mention de la fabrication des briques cuites. Le palais de Crésus, à Sardes, fut construit avec des briques cuites d'un rouge foncé. Les Romains excellèrent dans la fabrication des briques, des tuiles, des tuyaux de conduite, et en général de tous les ustensiles de terre cuite.

La fabrication des briques ne s'est développée que fort tard dans quelques parties de l'Europe; en Angleterre et en Italie, cet art n'a pris de l'importance que vers le quatorzième siècle. Presque tous les terrains d'alluvion ou d'atterrissement qui ne renferment pas de pierres fournissent, au contraire, de bonnes terres à briques; la plus grande partie du sol de la Hollande se trouve dans ce cas; aussi la fabrication de la brique a-t-elle pris dans ce pays de très-grands développements. Mais les briques peuvent rendre aussi de grands services à l'art des constructions, même dans les pays où l'on trouve de bonnes pierres à bâtir. C'est ainsi que dans les nouvelles constructions de Paris on consomme d'énormes quantités de briques pour établir des murs minces, des cloisons, etc.

Plusieurs machines ingénieuses ont été imaginées dans le but de rendre le façonnage des briques plus régulier et plus expéditif. En général, ces machines ont peine à soutenir la concurrence avec le travail à la main; toutefois, nous dirons qu'on emploie avec succès, dans un grand nombre de localités du midi de la France, la machine de M. Terrasson, qui peut produire jusqu'à vingt mille briques par jour quand elle est servie par huit hommes et deux chevaux. Cette machine est peu coûteuse et d'une simplicité telle que les ouvriers les plus ordinaires peuvent la réparer.

Depuis quelques années, une véritable révolution s'est opérée dans la fabrication des briques. Les briques ordinaires sont lourdes, sujettes à gauchir pendant le séchage et la cuisson; le séchage est très-long et la cuisson n'est jamais complète jusqu'à l'intérieur, comme on peut s'en convaincre en examinant la cassure d'une brique. Pour remédier à ces inconvénients, M. Borie a imaginé de fabriquer des *briques creuses* ou *tubulaires*; ces briques, de même forme extérieure que les briques ordinaires, sont percées de plusieurs canaux à sections carrées, de sorte que le poids de la brique se trouve réduit à moitié; on réalise donc une économie considérable sur la consommation de la terre, sur le séchage, la cuisson, les frais de transport, etc., en même temps qu'on obtient des produits plus réguliers et mieux cuits. Mais ces avantages ne sont pas les seuls que présentent les briques creuses; leur grande légèreté les rend parfaitement convenables pour la construction des cloisons, des murs d'étages supérieurs en retraite sur les gros murs, et en général de toutes les maçonneries en porte-à-faux. On les emploie avec succès pour le remplissage (hourdis) des planchers métalliques, pour la construction des voûtes légères, etc. Les constructions en briques creuses sèchent plus vite que les autres; comme elles renferment dans leur intérieur une grande quantité d'air, elles son plus *sourdes* que les murailles ordinaires et plus *chaudes*, en ce sens qu'elles conduisent mal la chaleur, et s'opposent par conséquent à la déperdition de la chaleur des appartements.

Il ne faudrait pas croire que les briques creuses ne présentent pas une résistance suffisante pour les constructions ordinaires. Des cheminées de 20 mètres de hauteur pour foyers de machines à vapeur ont été montées avec des briques creuses sans que leur base ait fléchi. Une brique creuse, soumise à l'action de la presse hydraulique, ne s'est écrasée que sous une pression équivalant à vingt mille kilogrammes.

Dans les constructions où l'on désire laisser les briques apparentes, on emploie avec avantage deux espèces de briques creuses; elles ont mêmes dimensions extérieures, mais les unes sont percées dans le sens de la longueur, et les autres dans le sens de l'épaisseur; de sorte que les briques présentent toujours à l'extérieur une face pleine.

Les briques creuses se fabriquent à Paris avec des argiles prises dans les environs. La préparation de ces terres s'effectue au moyen d'une machine particulière qui est mise en mouvement par une machine à vapeur, de même que la machine qui sert à façonner les briques. Cette dernière machine, inventée par M. Borie, consiste essentiellement en une espèce de coffre rempli de terre préparée qu'un piston comprime fortement, et force à passer à travers une filière dont les parties pleines correspondent aux parties vides de la brique. Une semblable machine, servie par un mouleur, deux porteurs et un enfant, produit jusqu'à huit mille briques en douze heures de travail.

La cuisson s'opère soit dans des fours ordinaires, soit dans des fours à cuisson continue inventés par M. Deminuid. Dans ces derniers fours, qui présentent la forme d'une longue galerie inclinée, le feu n'est jamais interrompu; les briques sont entassées sur des wagons de fer portés par une chaîne sans fin qu'on peut manœuvrer de l'extérieur; quand un wagon est cuit, on le défourne par une des extrémités du four, et il est aussitôt remplacé par un wagon de briques crues qui pénètre dans le four par l'extrémité opposée.

Les ressources nouvelles que les briques creuses offrent aux architectes ont valu à M. Borie des récompenses aux expositions universelles de Londres et de Paris. L'usage de ces matériaux a pris une extension rapide à Paris et dans plusieurs provinces.

En Angleterre on fabrique aussi des briques creuses; les canaux intérieurs sont ronds au lieu d'être carrés. Cette disposition doit favoriser le gauchissement des briques par le séchage et la cuisson, car la terre ne présente pas partout une épaisseur uniforme comme dans les briques françaises. (*E. Guinet.*)

BROCHET (zologie) (*esox lucine*, Cuv.). — Espèce de poisson qu'on trouve dans presque toute les contrées de l'Europe, et qui habite les fleuves, les rivières et les eaux douces du nord de l'Asie et de l'Amérique.

Ce poisson, que la rapidité avec laquelle il croît, sa multiplication qui serait beaucoup plus grande encore si elle ne trouvait un obstacle, soit dans le penchant qu'ont ces poissons à se détruire les uns les autres, soit dans la crue des eaux qui, dans le printemps, entraînent une grande partie de leurs œufs sur les bords des rivières, où ils sèchent quand l'eau diminue, ont rendu célèbre aussi bien que son étrange voracité et la propriété digestive de sa chair, se fait remarquer par la singularité particulière de la forme de sa tête. La partie antérieure de cette tête, énormément grosse, est aplatie et comprimée latéralement vers les joues. La membrane des ouïes présente quinze rayons, la nageoire de la poitrine quatorze, celle du ventre dix, celle de l'anus dix-sept, et enfin celles du dos et de la queue vingt. La largeur de l'ouverture de la bouche est telle, qu'elle s'étend presque jusqu'aux yeux. La mâchoire inférieure avance un peu sur la supérieure; elle est garnie d'une rangée de dents, dont les antérieures diffèrent des postérieures par leur grosseur, qui est beaucoup moindre. La rangée de dents que présente en avant la mâchoire supérieure est comparativement plus petite; comme dans la mâchoire inférieure, celles du fond sont plus grosses et plus rentrées en dedans. On en trouve trois rangées longitudinales sur le palais, toutes mobiles, et tournées en dedans; on en a compté jusqu'à sept cents, indépendamment de celles qui sont derrière, vers les ouïes autour de l'œsophage. Il est à remarquer que les dents de la mâchoire sont successivement fermes et mobiles d'une à une. Les yeux ont une prunelle bleuâtre entourée d'un iris jaune d'or; un double opercule recouvre la large ouverture des ouïes; la membrane branchiostége est soutenue par quatorze rayons. La tête et le corps sont marbrés. La forme carrée du corps est due à la largeur du dos jusqu'à sa nageoire, et à celle du ventre jusqu'à la nageoire de l'anus, ainsi qu'à la compression des côtes. *Richer* fixe à dix-sept mille le nombre des écailles oblongues et dures qui couvrent le corps, dont la ligne latérale est droite. Le dos est noir; le ventre blanc avec des points noirs; les côtés sont gris, garnis de taches jaunes, quelquefois si nombreuses, qu'elles se perdent les unes dans les autres et forment des raies. La couleur des brochets n'est pas constante; elle éprouve des variations dues à diverses causes, telles que celles du temps, des lieux, du plus ou moins d'abondance de nourriture, et de la nature des eaux qu'ils habitent dans le temps du frai; par exemple, le gris se change en un beau vert, les taches d'un jaune pâle en jaune d'or, et les ouïes prennent la couleur d'un rouge vermeil. Celui que les Hollandais appellent le *roi des brochets* a le fond jaune d'orange semé de taches noires. La couleur de ce poisson varie d'une année à l'autre; de vert qu'il était la première, il devient gris la deuxième, et prend successivement des taches pâles qui, la troisième année, sont d'un jaune prononcé. Les nageoires présentent l'aspect de rayons ramifiés, dont les couleurs varient suivant leur position; les pectorales et les ventrales sont rougeâtres; les dorsales, les anales et les caudales sont brunes et semées de taches noires. Elles sont toutes composées de rayons à plusieurs branches : la dorsale, très-voisine de la queue, a environ vingt rayons, la ventrale dix, l'anale dix-sept et la caudale vingt.

Fig. 36. — Brochet.

Ce poisson habite toutes les contrées de l'Europe, excepté en Espagne et en Portugal, selon Amatur.

« Le brochet, dit M. Bosé, est de tous les poissons que je connais celui qui croît le plus promptement; la première année il parvient à la longueur de huit à dix pouces; la seconde à celle de douze à quatorze, et la troisième de dix-huit à vingt. Selon les observations de *Hederstromi*, un brochet de six ans doit avoir une aune et demie de long, un de douze ans deux aunes; il parvient jusqu'à la hauteur de six à huit pieds, on en trouve même dans une contrée qui restent morts ou malades sur les bords du lac *Arend*, qui sont aussi grands que des hommes. Scheffer raconte qu'il y a en Laponie des brochets plus grands que des hommes.

» Pline, continue le même auteur, met le brochet au nombre des poissons qui parviennent au poids de près de mille livres. En 1497 on en prit un à *Kayserslautern*, dans le Palatinat, qui avait dix-neuf pieds de long, et qui pesait trois cent cinquante livres; on l'a peint dans un tableau que l'on conserve au château de Lautern, et l'on voit son squelette à Manheim; l'empereur *Barberousse*, qui le fit mettre, en 1230, dans cet étang, lui fit mettre un anneau de cuivre doré, qui pouvait s'élargir par ressort : il fut pêché deux cent soixante-sept ans après. On conserve encore cet anneau à Manheim, en mémoire de ce poisson extraordinaire. »

La voracité du brochet l'a justement fait considérer comme le tyran des eaux; il ne se contente pas, en effet, d'avaler une telle quantité de poissons qu'on lui a, pour cette raison, donné dans quelques contrées le nom de *poisson-loup*, il avale aussi les autres habitants des eaux, tels que les oiseaux, les serpents; les jeunes chiens et les chats jetés dans l'eau deviennent sa proie, comme aussi la partie de corps humain qu'on a quelquefois trouvée dans sa gueule. Ainsi que nous l'avons dit, il n'épargne pas même son espèce, et sa voracité est telle, qu'elle le porte à s'emparer de ceux des autres poissons qui sont presque aussi gros que lui. A l'aide du grand nombre de dents aiguës dont sa longue et large gueule est garnie, il les saisit par la tête et les introduit jusqu'à la moitié du corps dans son large gosier, à l'entrée duquel se fait le premier travail de digestion qui lui permet de retirer petit à petit le reste jusqu'à la queue.

Avec l'*épinoche*, que les pointes de sa nageoire dorsale, qui se redressant au moment de la mort mettent constamment à l'abri des attaques du brochet, la perche est le seul poisson des rivières qui doive aux épines de sa nageoire dorsale de pouvoir lui opposer une arme dont il ait à tenir compte au moment de l'attaquer. Cependant, moins favorisée que l'*épinoche* en ce que les épines de sa nageoire dorsale sont rendues inoffensives par la mort, elle ne tarde pas, en cas d'attaque, à devenir victime de la prévoyance de son ennemi, qui, au lieu de l'avaler tout d'un coup, la tient entre ses dents jusqu'à ce qu'elle soit morte.

Le nombre de 148,000 œufs, trouvés dans une femelle de moyenne grandeur, suffit pour donner une idée de ce que serait la multiplication des brochets si, indépendamment des autres causes de destruction dont nous avons parlé précédemment, le frai et les brochetons, dans la première année de leur vie, n'étaient la proie de plusieurs autres poissons, même des gros de leur espèce et de la plupart des oiseaux d'eau.

Le brochet, comme les autres poissons d'eau douce, se pêche avec les filets en usage, tels que l'épervier, la louve, la ligne, etc. Les nuits claires, les temps orageux, le clair de la lune, favorisent également la pêche du brochet; dans les temps d'orage, les autres poissons étant retirés au fond des eaux et ne pouvant satisfaire leur appétit, des brochets se jettent avec avidité sur les appâts qui leur sont présentés; dans le cas contraire d'une belle nuit d'été éclairée par la lune, le brochet quitte le fond des eaux pour se porter à leur surface, et y saisit l'appât qu'on lui jette et qu'il découvre plus facilement.

La chair du brochet, blanche et d'une digestion facile, fournit une bonne nourriture aux personnes faibles et d'un estomac débile. On doit donner la préférence à celle du jeune poisson.

L'idée de châtrer les brochets et les carpes pour leur donner une chair plus savoureuse, d'abord mise en avant, il y a quelques années, et suivie d'un essai d'opération qui réussit fort bien, s'est bornée ensuite à devenir un simple objet de curiosité.

Les pêcheurs anglais, dit-on, se prévalant de la dureté du brochet, qui est telle, qu'on peut lui ouvrir le ventre et le coudre ensuite, sans qu'il en meure, pour s'assurer s'il est gras ou maigre, lui ouvrent le ventre, le recousent et le rejettent dans le lac, s'il ne leur convient pas. Du temps de Charles IX, dit Morel, on nourrissait un brochet qui s'approchait pour manger toutes les fois qu'on l'appelait. Il en résulterait que, comme le remarque Pline, le brochet a l'ouïe extrêmement fine. Quant à ce que dit Kramer que l'usage des œufs de brochets cause le vomissement et la diarrhée, c'est un fait que nous abandonnons à la discrétion judicieuse du lecteur.

On donne en France les noms de brocheton, fanceron ou fançon au brochet quand il est petit; ceux de brochet ou poignard quand il est de moyenne grandeur; enfin, de brochet carreau quand il est gros.

J. Bécherand.

BROMATES (chimie). — Sels formés par l'acide bromique et une base. Ces sels, dit Hoefer, sont isomorphes avec les chlorates, et se décomposent, par l'action de la chaleur, en oxygène et en bromures analogues aux chlorures. Ils fusent sur les charbons ardents; mêlés avec du soufre et du phosphore, ils détonnent vivement sous le choc du marteau. Traités par un corps désoxygénant, comme l'acide sulfureux, ils donnent naissance à du brome qui colore la liqueur en jaune rougeâtre. Le chlore produit le même effet. Tous les bromates sont solubles dans l'eau, excepté les bromates d'argent et de protoxyde de mercure. Comme dans les chlorates, l'oxygène de l'acide est à l'oxygène de la base comme 5 : 1. Les bromates peuvent servir aux mêmes usages que les chlorates.

BROME [de *bromos*, puanteur]. — Corps liquide, ayant une grande tendance à prendre l'état élastique. Vu en couches épaisses, il est d'un rouge très-foncé; en couches minces, il est d'un beau rouge hyacinthe. Sa densité est 2,966. Son odeur et sa saveur sont analogues à celles du chlore. Il bout à 47°, et répand des vapeurs jaunes qui ressemblent aux vapeurs nitreuses; mais elles s'en distinguent facilement par leur densité, qui est 5,393. A la température de 20°, le brome se solidifie et prend l'aspect de l'iode. Il est très-peu soluble dans l'eau. Le véritable dissolvant du brome est l'éther, qui en peut dissoudre une grande quantité. Il est également soluble dans l'alcool, mais moins que dans l'éther. Le brome produit, avec les autres corps, à peu près les mêmes combinaisons que le chlore et l'iode. Les bromures ont la plus grande analogie avec les chlorures et les iodures. Il agit, comme le chlore, sur les substances organiques, seulement avec un peu moins d'intensité. Comme le chlore, le brome décolore les couleurs végétales; son action décolorante est peut-être un peu moins énergique. Comme l'iode, il colore la peau en jaune, et la tache ne tarde pas à disparaître d'elle-même. Des traces de brome colorent l'amidon en jaune. L'amidon est presque un aussi bon réactif du brome que de l'iode. L'état liquide, la couleur, le point d'ébullition, la densité énorme des vapeurs, distinguent facilement le brome de tous les autres corps. Si on le met en contact avec le phosphore, il y a combinaison instantanée, avec déflagration, élévation de température et dégagement de lumière; l'excès de phosphore est projeté au loin avec violence. Il se forme un bromure de phosphore qui, étant mis dans l'eau, se décompose instantanément en acide bromhydrique et en acide hypophosphoreux, aux dépens de l'hydrogène et de l'oxygène de l'eau. Le brome est un corps simple. Son symbole est Br ou Br^2 (2 vol. ou atomes), représentant 978,300 (équivalent en poids).

Le brome accompagne les composés d'iode et de chlore dans les eaux de la mer, dans les plantes marines, et en général dans toutes les substances animales et végétales qui se rencontrent dans les eaux de la mer. Les eaux d'Aix et d'autres eaux minérales contiennent de l'iode et du brome combinés avec un alcali.

Le brome se prépare de la même manière que le chlore et l'iode. On chauffe dans une cornue un mélange de bromure de sodium, d'acide sulfurique et de peroxyde de manganèse: aussitôt des vapeurs jaunes de brome se dégagent pour venir se condenser dans un récipient, entouré d'un mélange réfrigérant. On se procure d'abord le bromure de sodium de la manière suivante : on fait arriver dans les eaux mères de la soude de varec (résidu de l'incinération de plantes marines), ou, dans une grande quantité d'eau de mer, un courant de gaz chlore; celui-ci se substitue au brome, qu'il chasse de ses combinaisons; les eaux se colorent sensiblement en jaune par la présence du brome ainsi mis en liberté. Le brome est ensuite séparé par l'éther, qui le dissout en laissant les autres substances intactes. Enfin, la dissolution éthérée du brome, mise en contact avec de la potasse ou de la soude, donne naissance à du bromure de potassium ou de sodium très-soluble, avec un peu de bromate de potasse ou de soude, beaucoup moins soluble dans l'eau. Le bromure de potassium ou de sodium ainsi obtenu est ensuite traité comme nous venons de l'indiquer. Le brome peut servir à peu près aux mêmes usages que le chlore et l'iode; mais, comme il est plus rare que le chlore et l'iode, et que, d'ailleurs, ses propriétés sont moins prononcées que celles de ces deux corps, auxquels il ressemble, ses usages sont extrêmement restreints. Le brome a été découvert par M. Balard, en 1826. (*Hoefer.*)

BROMHYDRIQUE (acide). — Combinaison de brome et d'hydrogène. L'acide bromhydrique est un gaz incolore, fumant à l'air comme l'acide chlorhydrique. Il a une saveur fortement acide et une odeur qui rappelle celle de l'acide chlorhydrique. Sa densité est 2,721. L'eau en dissout près de cinq cents fois son volume. A une température élevée, il se décompose en partie; mis en contact avec les métaux, il se comporte comme l'acide chlorhydrique : il se produit des bromures analogues aux chlorures. L'acide bromhydrique rougit fortement la teinture de tournesol et détruit même en partie les couleurs végétales. Il donne, avec le nitrate d'argent, un précipité blanc qui jaunit aussitôt, et finit par devenir noir sous l'influence de la lumière. On l'obtient en traitant l'essence de térébenthine.

BROMIQUE (chimie, acide). — Combinaison de brome et d'oxygène. C'est un liquide incolore, sans odeur, très-acide et fort altérable; avec les bases, il forme les *bromates*; on l'obtient en combinaison avec la potasse, en même temps que le bromure de potassium, lorsqu'on dissout du brome dans la potasse. Sa formule est $Br\ O^5$, H. O.

BROMURE (chimie). — Combinaison du brome avec un métal. « Les bromures présentent la plus grande analogie avec les chlorures; ils ont presque tous les mêmes caractères et s'obtiennent de la même manière. La solution des bromures donne, avec le nitrate d'argent, un précipité jaunâtre de bromure d'argent, un peu moins soluble dans l'ammoniaque que le chlorure d'argent. On distingue les bromures des chlorures à la coloration jaune rougeâtre qu'y détermine l'addition d'une solution de chlore, par l'effet du brome mis en liberté. Le *bromure d'argent* se rencontre dans quelques mines; le *bromure de magnésium* accompagne les chlorures et les iodures dans l'eau de la mer et dans beaucoup d'eaux minérales. » Les bromures de fer et de mercure sont employés en médecine comme astringents énergiques.

BRONCHES (anatomie) [du grec *bronchos*, gorge ou gosier]. — Conduits fibro-cartilagineux qui naissent de la bifurcation de la trachée-artère et qui s'introduisent dans les poumons, où ils se subdivisent indéfiniment. C'est par les bronches que l'air nécessaire à la respiration pénètre dans les cellules pulmonaires où s'accomplit l'*hématose* ou transformation du sang veineux en sang artériel.

BRONCHITE (médecine) [de *bronchiæ*, les bronches, et de la désinence *ite*, commune à toutes les dénominations de phlegmasies]. — La *bronchite*, appelée plus communément jusqu'à ce jour *catarrhe pulmonaire*, est l'inflammation de la membrane muqueuse qui tapisse les bronches.

La bronchite, comme toutes les autres phlegmasies, est tantôt aiguë et tantôt chronique. Sous l'une et l'autre forme, l'inflammation peut occuper une partie ou la totalité des bronches.

§ I. Bronchite aiguë. — C'est, sans contredit, une

des maladies les plus fréquentes; la plupart des hommes en sont atteints un grand nombre de fois dans le cours de leur vie, à un degré quelconque. Elle ne se montre pas également dans tous les temps de l'année; elle règne plus particulièrement pendant l'hiver, en automne et au printemps, époques où la température est remarquable par ses brusques variations. Sur 54 épidémies principales de catarrhe pulmonaire, qui ont régné en Europe depuis le quatorzième siècle jusqu'à nos jours, dit M. Andral, 22 ont eu lieu en hiver, 12 au printemps, 11 en automne, et 5 en été; parmi les 4 autres, 2 ont sévi pendant toute une année, 1 pendant l'hiver et le printemps, et 1 enfin pendant l'automne, l'hiver et le printemps. La bronchite paraît plus commune dans les climats tempérés, dans les lieux exposés au sud et à l'ouest, et dans les endroits bas et humides.

Les conditions individuelles qui paraissent favoriser le développement de la bronchite sont la vieillesse et l'enfance, surtout pendant le travail de la dentition, une constitution faible, une vie molle et sédentaire, d'où résulte une susceptibilité plus vive aux impressions du chaud et du froid. Les personnes qui ont de l'embonpoint, et conséquemment des sueurs faciles, sont plus exposées à contracter cette phlegmasie. Les femmes y sont moins sujettes que les hommes. Sur 149 cas de cette affection recueillis par M. Louis (*Recherches sur la Phthisie pulmonaire*, p. 526), 52 seulement, ou le tiers environ, appartenaient aux femmes. Sur 61 bronchites observées à la clinique de M. Rullier, 41 existaient chez des hommes, et 20 chez des femmes. Certaines professions ont été considérées comme prédisposant à la bronchite, celles de boulanger et de plâtrier surtout; mais ces assertions ne reposent sur aucune donnée positive. Enfin, on a admis une sorte de prédisposition particulière, soit innée, soit acquise, en vertu de laquelle des individus sont atteints de cette affection plusieurs fois chaque année et sans aucune cause appréciable. Riedlin, cité par J. Frank, parle d'une femme qui s'enrhumait habituellement pendant les chaleurs de l'été, et ne voyait sa toux cesser que quand l'hiver arrivait.

L'impression subite ou prolongée du froid, et surtout du froid humide, lorsque le corps est échauffé, est la cause occasionnelle la plus ordinaire de la bronchite. Elle peut aussi être produite par l'action de causes directes, comme l'inspiration d'un air très-froid ou brûlant, de substances irritantes gazeuses, liquides ou solides. Broussais dit qu'un frisson peut quelquefois suffire pour faire naître le catarrhe pulmonaire; il ajoute qu'il a connu des personnes qui se sont enrhumées pour avoir eu peur. Mais il faut reconnaître que l'action de pareilles causes est loin d'être démontrée.

La bronchite paraît si souvent au début ou dans le cours des fièvres éruptives, et surtout de la rougeole, qu'on doit la regarder comme une dépendance essentielle de ces affections, et non comme une simple complication. La bronchite se montre alors avec un caractère particulier qui ne permet pas de la confondre avec la bronchite ordinaire. Les fièvres graves ou typhoïdes sont de même presque toujours accompagnées de catarrhe pulmonaire qui a aussi ses caractères particuliers, comme un râle sibilant très-fin, des crachats rares, transparents, expectorés difficilement, et sans aucun doute un état de sécheresse des bronches, analogue à celui de la bouche et du pharynx.

La bronchite est le plus ordinairement sporadique; pourtant, elle règne quelquefois d'une manière épidémique. Willis, Sydenham, Stoll, Huxham, Borsieri, Currie, Lepecq de la Clôture, etc., nous ont transmis des descriptions de ces épidémies que nous avons été à même d'observer en France, et surtout à Paris, depuis quelques années. Comme elles diffèrent, par leurs symptômes généraux et leur marche, de la bronchite ordinaire, il en sera question à l'article *Grippe*.

Les symptômes, la marche et la durée de la bronchite aiguë, varient souvent à raison de son intensité. La bronchite aiguë la plus légère, désignée vulgairement sous le nom de *rhume*, n'est, à proprement parler, qu'une simple indisposition; caractérisée par de l'enrouement, une toux médiocre peu ou point douloureuse, l'expectoration de quelques crachats grisâtres, elle n'apporte aucun trouble dans la digestion et la circulation, et n'empêche pas l'individu qui en est atteint de vaquer à ses occupations habituelles. Le passage du chaud au froid en est la cause occasionnelle la plus fréquente. Les symptômes se développent peu d'heures après l'action de cette cause; ils prennent quelquefois dès ce moment toute leur intensité, diminuent peu à peu, et cessent souvent au bout de quelques jours; dans certains cas, ils persistent pendant assez longtemps.

La *bronchite intense* se développe souvent sans qu'on puisse l'attribuer à aucune cause externe, et presque toujours elle est précédée d'un dérangement notable de la santé. Ses phénomènes précurseurs sont des lassitudes spontanées, de la faiblesse générale, des pesanteurs de tête, des alternatives de chaud et de froid, de la douleur à la gorge, et du coryza. La bronchite, une fois développée, présente pour principaux symptômes une toux fréquente, une douleur diffuse et de la chaleur dans la poitrine, de l'oppression, l'expectoration de crachats plus ou moins muqueux, et une fièvre plus ou moins intense. L'auscultation fournit des phénomènes importants. De tous ces symptômes, le plus remarquable et le plus incommode est la toux. Elle a lieu souvent sous forme de quintes, pendant lesquelles le malade éprouve dans toute la poitrine, mais surtout derrière le sternum, des douleurs très-vives, une sorte de déchirement et un sentiment de chaleur brûlante. En même temps, la face devient rouge, la tête est tellement douloureuse qu'il semble au malade que les os du crâne vont s'entr'ouvrir. La région de l'estomac, violemment secouée, est aussi le siége des plus vives douleurs; des nausées, des vomissements ont souvent lieu, surtout chez les enfants. Ces quintes se terminent par l'expectoration d'un mucus clair et écumeux, quelquefois strié de sang. Elles se reproduisent à des intervalles inégaux, tantôt sans cause, tantôt sous l'impression du froid, en changeant de position, etc. Après ces quintes, le malade ressent pendant quelque temps des douleurs dans la poitrine, la tête et le ventre; il est oppressé, sa respiration et son pouls sont accélérés; il éprouve de la sueur et une fatigue qui cessent peu à peu, et les symptômes redeviennent par degrés ce qu'ils étaient auparavant. L'oppression n'est considérable qu'avant ou après les quintes. Lorsque l'inflammation est très-intense et très-étendue, la respiration est fréquente et très-gênée, surtout le soir; les malades se plaignent alors d'étouffer. La toux, sèche d'abord, devient bientôt humide; les crachats, qui commencent par être séreux, acquièrent de la consistance, augmentent de quantité, et finissent par devenir épais et gluants. L'auscultation présente les résultats suivants : au début, on entend dans la poitrine un râle sonore, grave, plus rarement un râle sibilant. Lorsque l'exhalation pulmonaire se rétablit et augmente, le râle prend le caractère que Laënnec a décrit sous le nom de *râle muqueux*; il est souvent accompagné de râle sibilant, et quelquefois de *ronchus* grave. L'étendue de la poitrine dans laquelle ces différents râles se font entendre peut donner la mesure de l'étendue qu'occupe l'inflammation. Le râle muqueux disparaît souvent chaque matin après l'expectoration, quand la bronchite est légère.

Les symptômes généraux qui existent concurremment avec ces phénomènes locaux, et qui ont une intensité en raison de la gravité de la maladie, sont les suivants: céphalalgie, douleur épigastrique, qui, n'existant d'abord qu'après chaque quinte, finissent par devenir continues; face rouge, appétit nul, langue blanche, bouche pâteuse, soif; fréquence du pouls, peau chaude et moite, urine rare et de couleur foncée. Ces symptômes augmentent ordinairement chaque soir, et une sueur plus abondante marque assez souvent le déclin de ces espèces d'accès.

La bronchite, même intense, a une issue communément heureuse, et sa durée moyenne est de deux à six semaines.

Chez certains sujets, la terminaison de la bronchite est incomplète : ou elle passe à l'état chronique, ou elle laisse une petite toux sèche seulement, qui persiste fort longtemps, et dispose à contracter de nouveau la même inflammation. Enfin, la mort peut survenir : cette terminaison funeste s'observe principalement dans l'enfance et dans la vieillesse. Elle est annoncée par une dyspnée intense, du râle et la suppression des crachats. Les personnes qui succombent à une bronchite intense offrent fréquemment, outre les lésions qui se rattachent à cette affection, soit une inflammation du tissu pulmonaire, des plèvres ou du péricarde, soit une altération organique des poumons ou du cœur.

La bronchite aiguë présente différentes variétés, en raison des phénomènes généraux et locaux qui l'acccompagnent et du siége de l'inflammation. Ainsi, relativement aux phénomènes généraux, chez les individus pléthoriques, le pouls est large et résistant, les téguments sont injectés, la chaleur est halitueuse, des hémorrhagies ont lieu, surtout par les narines : c'est le *catarrhe inflammatoire* de quelques auteurs; d'autres fois, la réaction est faible, le visage pâle, le pouls sans résistance : c'est chez les individus affaiblis par l'âge ou toute autre cause que cette forme existe. Dans certains cas, l'amertume de la bouche, l'enduit jaunâtre de la langue, la couleur jaunâtre de la peau, et souvent l'évacuation de matières bilieuses par la bouche ou l'anus, caractérisent une des variétés de la bronchite, désignée par Stoll sous le nom de *fièvre catarrhale bilieuse*.

Quant aux phénomènes locaux, on admet deux variétés principales : la *bronchite avec quintes*, dans laquelle la toux a lieu par accès très-répétés et très-pénibles, et la *bronchite suffocante*, dans laquelle la dyspnée est portée au point d'entraîner la mort en quelques jours. Comme les symptômes de cette affection se présentent avec des caractères si tranchés, nous en parlerons sous le nom de *Catarrhe suffocant*, nom qui lui est donné le plus ordinairement.

Quant au siége, la bronchite offre aussi deux variétés : tantôt elle est bornée aux bronches et à leurs premières divisions, tantôt elle s'étend à leurs dernières ramifications; cette seconde porte le nom de *bronchite capillaire*. C'est surtout chez les enfants qu'elle s'observe. Au début, toux profonde, sèche, par quintes comme convulsives; oppression extrême. L'auscultation fait entendre un râle sibilant très-prononcé, que Récamier nommait, dans quelques cas, *bruit de tempête*. Plus tard, le râle devient muqueux et sous-crépitant, le bruit respiratoire est moins intense que dans l'état normal, et le thorax conserve sa sonorité. La marche de cette affection est le plus souvent rapide : en trois ou quatre jours elle est à son maximum, et elle peut alors se terminer d'une manière funeste; d'autres fois, l'inflammation gagnant le tissu pulmonaire, la mort arrive promptement.

La bronchite aiguë peut être compliquée d'angine, de pneumonie, de pleurésie et d'emphysème pulmonaire. Chez les enfants, elle coïncide assez souvent avec une irritation gastro-intestinale.

Le diagnostic de la bronchite est facile à établir en se reportant aux caractères que nous avons indiqués.

Le pronostic est le plus souvent favorable : il n'est grave qu'autant que l'inflammation est très-intense, très-étendue, chez les enfants et les vieillards, et qu'il survient des complications.

Traitement. — Le traitement de la bronchite aiguë varie suivant son intensité et sa forme.

La bronchite légère, qui cesse souvent en peu de jours, ne demande que des précautions plutôt hygiéniques qu'un traitement médical. Ainsi, on évitera l'exposition au froid et à l'humidité, on portera des vêtements plus chauds, et l'on prendra des boissons adoucissantes, telles que l'infusion de fleurs pectorales, les décoctions d'orge, de gruau, de dattes, de jujubes, etc., sucrées avec le sirop de gomme, de guimauve ou de capillaire. Ces tisanes doivent être prises tièdes, en petite quantité à la fois, et on pourra les couper avec du lait. Si la maladie résiste à ces moyens, on peut la dissiper par un purgatif doux, tel que la manne ou l'huile de ricin, ou en provoquant une sueur abondante par l'exercice ou par des boissons diaphorétiques. Les individus robustes et habitués aux boissons alcooliques parviennent souvent à faire disparaître une bronchite commençante en avalant du vin chaud sucré, de l'eau-de-vie brûlée ou du rhum. Cette pratique, répandue aux armées et dans les pays froids, était regardée comme tout à fait héroïque par Laënnec, qui l'employait chaque fois qu'il n'existait pas de contre-indication évidente, telle qu'une inflammation d'estomac et d'intestins, une constitution débile, ou un degré assez violent dans l'affection catarrhale pour faire craindre une fluxion de poitrine.

Dans la bronchite intense, un traitement plus énergique est indiqué. On aura recours, suivant les cas et les individus, aux émissions sanguines, aux vomitifs, aux purgatifs, aux révulsifs, tels que les vésicatoires volants dans le dos ou sur la poitrine, les frictions avec l'huile de croton-tiglium, la pommade stibiée. Les boissons seront les mêmes que dans la bronchite légère; mais on pourra y ajouter quelques préparations narcotiques. On devra observer une diète plus ou moins sévère, et prendre de grandes précautions contre les variations de température pendant la convalescence. Enfin, il arrive quelquefois que la bronchite perd, avec le temps et à l'aide du traitement, son caractère inflammatoire et passe à l'état chronique.

§ II. Bronchite chronique. — Elle existe surtout chez les vieillards, les enfants et les personnes faibles et délicates. Quelquefois primitive, elle survient le plus souvent à la suite de plusieurs bronchites aiguës, dont elle est la continuation. Dans quelques cas, elle est liée à une autre affection, une maladie organique du cœur, ou la phthisie pulmonaire.

Les principaux symptômes sont l'expectoration de crachats blancs ou jaunâtres, souvent opaques, surtout le matin après une toux quelquefois fatigante, revenant par quintes; des douleurs dans la poitrine, de l'oppression, une diminution de l'appétit, de l'embonpoint et des forces. Les saisons influent sur la marche de la maladie; elle s'adoucit pendant les chaleurs pour revenir au retour des premiers froids. Sa durée n'a rien de fixe; elle est ordinairement assez longue chez certains individus, surtout chez les vieillards, mais elle peut exister fort longtemps sans menacer l'existence. Pourtant, il arrive quelquefois que les crachats devenant plus abondants, puriformes, la fièvre étant presque continue, le dépérissement augmente de jour en jour, des sueurs noturnes se manifestent, et les malades finissent par succomber, après avoir éprouvé cette succession de phénomènes qui ressemblent beaucoup à la phthisie pulmonaire tuberculeuse.

On admet plusieurs variétés de bronchite chronique; ainsi Laëennec a nommé *catarrhe sec* celle qui est caractérisée par une toux fatigante, de l'oppression, du râle sibilant, et l'absence d'expectoration. Cette variété s'observe surtout chez les goutteux, les dartreux, les hypocondriaques et les sujets épuisés par des excès quelconques. Le même observateur donne le nom de *catarrhe pituiteux* à cette forme de la bronchite chronique dans laquelle la toux est suivie de l'expectoration abondante de crachats transparents, incolores, filants, et semblables à du blanc d'œuf délayé dans de l'eau. La quantité des crachats s'élève quelquefois de un à deux litres dans les vingt-quatre heures.

Le diagnostic de la bronchite chronique est ordinairement assez facile; néanmoins, on peut quelquefois la confondre avec la *phthisie pulmonaire*. Lorsque nous traiterons cette dernière affection, nous établirons avec soin les signes caractéristiques au moyen desquels on peut distinguer ces deux maladies.

Le pronostic de la bronchite chronique n'est grave qu'autant qu'elle est accompagnée de dépérissement progressif.

Traitement. — Le grand nombre de moyens préconisés dans le traitement de la bronchite chronique prouve combien cette affection est opiniâtre. Ainsi, on recommande l'emploi des substances amères et aromatiques, telles que le lichen d'Islande en décoction, gelée et pâte; les infusions de lierre terrestre, de sauge, de polygala; les décoctions de quinquina, les eaux minérales sulfureuses d'Enghien, de Bonnes, de Cauterets, de Baréges; l'inspiration de vapeurs résineuses et aromatiques, comme celles de benjoin, d'ambre jaune, de baume de Tolu, du Pérou, de la Mecque; de baies de genièvre, de goudron; celles d'iode ou des chlorures alcalins. Ces inspirations se font par l'entremise d'un appareil spécial; et nous devons dire que de tous les moyens que nous avons employés contre ces catarrhes rebelles, qui font le désespoir de ceux qui en sont atteints, c'est celui qui nous a donné les plus heureux résultats. Chez des tuberculeux même, alors que la fonte commençait à avoir lieu, les inspirations ont eu des succès qui ont dépassé notre attente. Nous en parlerons plus longuement à l'article *Phthisie pulmonaire*, lorsque nous discuterons les différents modes de traitements à opposer à cette terrible maladie. Nous espérons prouver, à ce sujet, que si l'on peut avoir des chances de guérir la phthisie, c'est seulement en agissant directement sur l'organe malade, et non en faisant absorber par l'estomac des médicaments qui n'ont le plus souvent pour résultat que de troubler les digestions, sinon de les rendre impossibles. Ces inspirations doivent être faites avec méthode, souvent répétées, durer peu chaque fois, à une température égale à celle de la cavité pulmonaire, et ne doivent pas provoquer la toux.

On emploie encore dans la bronchite chronique les révulsifs sur la peau, les purgatifs, surtout les vomitifs. Le docteur Drake, de New-York, fait envelopper le malade bien chaudement, et lui fait ensuite respirer de l'air froid qu'on a fait préalablement passer sur de la glace; il s'ensuit généralement un mieux assez sensible, mais ce moyen n'est pas sans danger.

Enfin, on emploie les narcotiques lorsque la toux est très-intense; Laënnec conseillait surtout la poudre récemment préparée de belladone ou de stramonium, à la dose de deux à cinq centigrammes; il lui attribuait la propriété de diminuer le besoin de respirer, et par conséquent l'oppression. Dr DESPARQUETS.

BRONCHOPHONIE (pathologie générale). — Voy. *Auscultation.*

BRONCHOTOMIE (chirurgie) [du grec *bronchos*, bronche, et *temno*, je coupe]. — Opération chirurgicale dans laquelle on ouvre une portion du larynx ou de la trachée-artère, ou ces deux parties à la fois: dans le premier cas, l'opération porte plus particulièrement le nom de *laryngotomie*, dans le second celui de *trachéotomie*, et dans le troisième elle prend le nom de *trachéo-laryngotomie*. Le but qu'on se propose en la pratiquant est de permettre à l'air de pénétrer dans les poumons par une ouverture artificielle lorsqu'un obstacle, situé au gosier, en empêche l'accès, comme, par exemple, le gonflement inflammatoire produit par une angine ou une esquinancie, la tuméfaction de la langue, l'œdème de la glotte, la présence d'un corps étranger arrêté sur l'épiglotte, etc. Dès que la suffocation est imminente, on doit se hâter d'opérer. Il faudrait avoir recours à la même opération lors même que le corps étranger aurait pénétré jusque dans les bronches. Le larynx, en effet, qui offre une partie rétrécie très-sensible et très-contractile, s'oppose souvent à ce que ce corps étranger soit rejeté par la toux, et ce n'est qu'en pratiquant une ouverture artificielle au-dessous de cet organe qu'on peut espérer de retirer le corps étranger, ou de le voir s'échapper à la suite d'un effort de toux. La science possède un assez grand nombre d'observations d'enfants qui, en jouant avec des haricots ou d'autres substances, les avaient laissés s'engloutir dans le tube aérien, et qui sont morts après un temps plus ou moins long, ou n'ont dû la vie qu'à la bronchotomie.

Que dirons-nous de l'emploi de cette opération dans le croup? C'est que son moindre inconvénient est d'être utile. Le bon sens indique, en effet, de n'avoir recours à ce moyen souvent mortel par lui-même que dans les cas graves et presque désespérés; or l'expérience a appris qu'alors la bronchotomie n'a fait qu'accélérer la mort. Si, après avoir été employée dans des circonstances moins dangereuses, quelques malades n'ont pas succombé, il est probable que, sans l'opération, ils eussent guéri plus sûrement. Nous ne saurions trop prémunir le public contre le charlatanisme de certains groupeurs de chiffres qui font sonner bien haut la liste de quelques malades échappés à la mort, en ayant soin, comme dans les bulletins de batailles, de dissimuler le nombre bien plus considérable de ceux qui ont succombé.

Lorsqu'il s'agit seulement, dans l'opération de la bronchotomie, de donner accès à l'air dans le poumon, ou de retirer un corps étranger engagé dans un des ventricules du larynx, c'est à la laryngotomie qu'on a recours. On incise la peau et le tissu cellulaire jusqu'à la membrane qui unit le cartillage thyroïde au cartilage cricoïde (membrane *crico-thyroïdienne*); on plonge alors le bistouri dans cette membrane, et, s'armant ensuite d'un bistouri boutonné ou de ciseaux mousses et forts, on divise le cartilage thyroïde exactement sur la ligne médiane. On peut se borner, dans quelques circonstances, à inciser seulement la membrane crico-thyroïdienne; mais le plus souvent l'ouverture obtenue ainsi est insuffisante pour livrer passage à l'air. Lorsqu'on veut retirer un corps étranger engagé dans la trachée-artère ou dans les bronches, c'est à la trachéo-laryngotomie qu'on a recours, et plus souvent encore à la trachéotomie; dans cette première opération, aujourd'hui peu employée, on incise la membrane crico-thyroïdienne, le cartilage cricoïde et les trois ou quatre premiers anneaux de la trachée. En pratiquant la trachéotomie, on n'ouvre que la trachée dans l'étendue de quatre ou cinq anneaux; le sang qui s'écoule des veines thyroïdiennes rend souvent l'opération pénible et laborieuse. Toutes ces incisions sont faites de haut en bas, et doivent avoir une étendue convenable pour permettre d'y placer soit une canule métallique, soit une pince à ressort, afin de tenir écartés pendant un temps plus ou moins long les bords de la plaie. (Dr *Beaude*.)

BRONZE (chimie) [de l'italien *bronzo*]. — Alliage de cuivre et d'étain, et quelquefois de plusieurs autres métaux : de fer, de zinc et de plomb. On s'est proposé, dans ses emplois les plus importants, de transmettre à la postérité, par des monuments durables, les hauts faits, les noms des héros ou des hommes puissants chez les différents peuples. Le bronze, beaucoup plus dur que le cuivre, a été employé utilement à la fabrication des instruments tranchants; on s'en est servi pour couler des monnaies, des médailles, des cymbales, des statues, des inscriptions, des canons, des cloches, etc.

L'art de couler le bronze remonte à des temps fort reculés. Aristote en attribue la découverte à un certain Scyles, de Lydie, et Théophraste à Delas le Phrygien. Cet art, alors, était fort grossier; et la fonte des statues, que l'on peut regarder comme son premier pas marquant vers quelque perfection, paraît être due à Théodore et Rœcus, de Samos, qui vivaient sept cents ans avant l'ère chrétienne. Pline fait ainsi mention du bronze : « Il existe une espèce d'airain, appelée airain de forme, qui prend facilement la couleur qu'on appelle grécanique; cette espèce d'airain est un alliage de cent parties de cuivre, de dix parties de plomb, et de cinq parties de plomb argentaire. »

M. Pearson ayant analysé des lances et d'autres instruments tranchants d'origine celtique, les a trouvés composés d'un alliage dans lequel l'étain entre de 10 à 14 pour 100. Les notions suivantes peuvent expliquer la fabrication de ces armes :

1° Le bronze, rougi au feu et plongé dans l'eau froide, est amolli d'une manière très-sensible, ce qui permet de le travailler sur le tour, de réparer à l'outil l'irrégularité des pièces moulées, de l'étendre sous le marteau, enfin de le dresser avec la lime et de le polir avec la pierre, qui est une espèce de stéatite;

2° Le bronze, chauffé au rouge et refroidi dans l'air, devient dur, mais aigre et cassant; probablement les ouvriers terminaient l'opération en chauffant de nouveau les pièces de bronze amollies par l'immersion, et leur donnaient, en les laissant refroidir dans l'air, un haut degré de dureté.

Les anciens faisaient un très-grand nombre de statues en bronze. On a trouvé à Herculanum, ville qui existait trois cents ans avant Jésus-Christ, une multitude d'objets en bronze; les plus belles sculptures y étaient accumulées. Entre autres antiquités remarquables des fouilles de cette ville, on peut citer : les fragments des chevaux de bronze doré et du char qui avaient décoré la principale porte du théâtre, près le temple de Jupiter; les statues en bronze de Néron et de Germanicus, dans les murs du Forum; les statues de bronze qui ornaient une galerie circulaire au-dessus des gradins du théâtre où l'on était assemblé lors de l'irruption. Le Muséum de Portici, formé par suite des fouilles d'Herculanum, de Pompeïa et de Stabia, contient un si grand nombre de statues en bronze, que tout le reste de l'Europe, dit-on, aurait peine à en fournir autant. Beaucoup, parmi elles, sont de très-fortes dimensions et présentent de grandes beautés sous le rapport de la composition, du dessin et de l'exécution. Un des monuments les plus colossaux qui existent en bronze est la colonne de la place Vendôme, fondée avec le bronze des canons d'Austerlitz, et érigée en l'honneur des armées françaises; sa hauteur est de 75 mètres, en comprenant la hauteur de la statue de Napoléon, qui la surmonte; le poids total des diverses pièces en bronze qui la composent est de 900,000 kilogrammes. Dans l'érection de ce monument, on oublia de calculer l'effet des dilatations par la chaleur du soleil; et toutes les pièces du fût, liées fortement entre elles, formèrent une seule bande, contournée autour d'un massif cylindrique en maçonnerie, dans lequel de forts scellements sont cramponnés à des distances très-rapprochées. Lorsque le soleil darde ses rayons sur la colonne, elle est frappée d'un seul côté verticalement dans toute sa hauteur; le métal se dilate inégalement, et tend à forcer tous les obstacles qui s'opposent à son augmentation de volume. Dans les soirées d'été, l'abaissement de température est subit et considérable, et le retrait du métal agit violemment en sens inverse de sa dilatation; aussi, lorsque ces changements ont lieu, on entend de forts craquements dans toutes les parties de la colonne; il se produit des ruptures qui diminuent sa solidité. Napoléon Ier avait indiqué une disposition qui eût évité cet inconvénient : c'était de former tout le fût de cylindres réunis par assises, de la hauteur des bas-reliefs, à l'aide de goujons libres.

Dans la fabrication des statues en bronze, on doit obtenir un alliage assez coulant pour qu'il s'introduise aisément dans tous les détails du moule, de manière à reproduire toutes ses formes et à présenter des surfaces bien unies; il faut, de plus, que ce bronze soit assez dur pour résister aux chocs ou frottements accidentels auxquels ces objets peuvent être exposés pendant la durée de plusieurs siècles que l'on se propose de leur faire traverser; il est nécessaire encore que ces alliages ne soient pas facilement attaqués par l'action de divers agents naturels auxquels ils sont soumis. Ordinairement, l'action de l'air et de l'humidité les préserve de cette dernière influence par une première altération, qui ne peut se propager loin dans l'intérieur. Cette altération peu profonde est produite par le temps sur toute la surface du bronze exposée à l'atmosphère, et d'une couleur verte qu'on appelle *patine antique;* elle plaît aux amateurs, et on cherche quelquefois à l'imiter artificiellement sur des bronze neufs.

On se sert du bronze pour la fabrication des canons. Les meilleures proportions pour obtenir le bronze des canons sont : cent parties de cuivre et onze parties d'étain; si, au lieu de onze parties d'étain, on emploie douze, treize parties, etc., l'alliage devient plus dur, mais aussi plus cassant; l'étain alors tend à se séparer, en laissant des fentes et des cavités. Si l'on emploie moins de onze parties d'étain, l'alliage est trop mou.

Le bronze des cloches, connu sous le nom de métal de cloches, est composé en diverses proportions de cuivre, d'étain, de zinc, de plomb, et, accidentellement, de fer, de bismuth et d'argent. On a prétendu que ce dernier métal devait nécessairement entrer dans la composition des cloches, et surtout des grosses cloches; beaucoup de personnes pensent encore que, sans cela, le son ne serait pas aussi clair, aussi pur. Les faits qui ont accrédité cette opinion sont assez curieux : chacun sait l'usage anciennement établi de baptiser les cloches et de leur donner un parrain; outre l'honneur de tenir la cloche sur les fonts baptismaux, pour les pièces importantes, on conférait encore à un prince, à un seigneur ou à une personne de grande distinction, celui de plonger dans le four, et de ses propres mains, la quantité d'argent dont il faisait hommage à la paroisse, et qui était destinée à embellir le son de la cloche; les dames de l'endroit étaient admises à concourir à ce résultat en ajoutant quelques pièces de leur argenterie.

Malgré toute la publicité donnée à cette opération, il ne se trouva pas plus d'argent dans les cloches terminées qu'il n'y en avait dans les métaux employés par le fondeur. Voici comment la chose se passait : le trou ouvert sur le haut du fourneau, et destiné à recevoir tout l'argent qu'on voulait y apporter, était pratiqué directement au-dessus du foyer, et cette partie du fourneau à réverbère est séparée de la sole du four, sur laquelle les matières sont mises en fusion; il résultait de la disposition de ce trou, par lequel on introduisait aussi le combustible, que toute la quantité d'argent qu'on y projetait, au lieu d'être introduite dans le bain de bronze liquéfié, tombait directement dans le fond du cendrier, où le fondeur ne manquait pas de l'aller chercher après l'opération.

Le bronze est très-sujet à la liquation, c'est-à-dire qu'il a une grande tendance à se transformer, par la fusion, en deux autres alliages, l'un où le cuivre domine, l'autre où l'étain l'emporte. C'est ainsi que, dans le bronze fondu, le jet supérieur contient quelquefois jusqu'à vingt ou vingt-quatre parties d'étain, au lieu de dix ou onze, tandis que le jet inférieur en contient à peine quelques traces. J. RAMBOSSON.

BRONZÉE (maladie), ou MALADIE D'ADDISON. — Espèce d'anémie dont la cause échappe complétement, et qu'il est impossible de rattacher à une hémorrhagie, à la diarrhée, à la chlorose, au purpura, à des lésions des reins ou de la rate, en un mot à une maladie quelconque, soit aiguë, soit chronique. Ces états généraux, non encore expliqués, appelèrent l'attention du docteur Addison, doyen des médecins du *Guy's hospital*, à Londres, et le portèrent à rechercher si, dans ce type commun des anémies indépendantes des causes habituellement signalées, il ne serait pas possible de séparer quelques espèces définies.

Les observations qu'il poursuivit dans ce sens lui firent reconnaître une forme spéciale d'anémie dont les symptômes communs à toutes les anémies s'accompagnaient d'un *changement tout particulier de la couleur de la peau*; ce signe devint caractéristique, et permit d'établir une catégorie distincte à laquelle M. Addison donna le nom de *maladie bronzée* pour rappeler le symptôme bizarre qui la caractérise.

En 1855, le professeur de clinique médicale à l'hôpital de *Guy's*, publia sur cette étrange maladie une monographie qui ne fut guère connue en France que par une analyse que M. Lassegue en donna dans *les Archives de médecine*; presque en même temps M. Cazenave en observait un cas dans son service de l'hôpital Saint-Louis, et, peu après (1856), M. Trousseau en recevait un autre à l'Hôtel-Dieu, à l'occasion duquel il a appelé l'attention de l'Académie de médecine sur cette affection étrange.

Avant de parler de cette affection telle qu'elle vient d'être observée en France, arrêtons-nous un instant au travail du médecin anglais, car lui seul a des faits assez nombreux pour bien nous renseigner sur le début, la marche, la symptomatologie et la terminaison de la maladie.

Ses commencements, dit M. Lassegue dans son analyse, passent inaperçus, et le malade a de la peine à rendre compte du nombre de semaines ou de mois qui se sont écoulés depuis l'apparition des premiers malaises. Cependant les modifications maladives s'opèrent plus ou moins rapidement, suivant les individus. — Dans quelques cas, le progrès est rapide, et peu de semaines suffisent pour que la constitution soit profondément altérée, ou même que la vie soit compromise... Dans la plupart des observations recueillies par Addison, la santé s'altère lentement; le malade devient languissant, débile, incapable d'activité physique et morale; l'appétit est diminué ou perdu; les sclérotiques sont bleuâtres; le pouls est petit, faible ou large, mais mou et compressible. Le malade dépérit, mais sans avoir la peau sèche et ridée et sans l'extrême émaciation qui d'ordinaire succède aux affections de nature maligne longtemps prolongées; il accuse de la douleur ou au moins du malaise à la région épigastrique. Il survient parfois des vomissements qui peuvent être d'une fréquence et d'une persistance désolantes; assez souvent il constate lui-même des signes incontestables de troubles dans la circulation cérébrale.

Malgré ces symptômes évidents de défaut d'énergie dans la circulation, d'anémie, de perturbation générale, l'examen le plus attentif ne révèle aucun caractère positif et n'éclaire pas sur la nature intime de la maladie. Mais en même temps que le médecin constate ces signes négatifs, il est renseigné par la coloration de la peau, véritablement caractéristique et assez marquée pour avoir fixé le plus souvent l'attention ou du malade au moins de ceux qui l'entourent. Cette coloration toute spéciale occupe la superficie totale du corps; mais elle est ordinairement plus manifeste à la face, au cou, aux extrémités supérieures, au pénis, au scrotum, au pli de l'aisselle et autour de l'ombilic. Elle est d'un ton enfumé ou présente des nuances qui varient du brun clair à la terre d'ombre ou au bistre. Dans quelques cas, la peau est assez brunie pour qu'en voyant l'aspect du visage du malade on ait pu le prendre pour un mulâtre. — Parfois la coloration, au lieu d'être répandue uniformément, a lieu par plaques, de sorte que la surface du corps est comme marbrée... Cette distribution irrégulière du pigment n'est pas bornée au tégument externe, on la retrouve sur quelques membranes internes, et Addison dit avoir constaté chez un même sujet des plaques brunâtres de même apparence sur la peau du ventre et sur le péritoine.

A mesure que la maladie accomplit ses progrès, la coloration de la peau se prononce davantage; l'anémie, la langueur, le manque d'appétit, l'affaiblissement du cœur, vont croissant; une ligne plus foncée se dessine au-dessus de la commissure des lèvres; le pouls devient plus faible et plus mou; le malade dépérit sans pourtant maigrir énormément; il s'épuise graduellement, sans se plaindre de quelque douleur ou de quelque incommodité déterminée, et finit par s'éteindre.

Addison, on le comprend, ne pouvait s'arrêter à cette étude extérieure, pour ainsi dire, de la maladie, et il dut demander à l'anatomie pathologique sinon l'explication du changement de coloration de la peau, du moins les altérations organiques dont ce phénomène s'accompagne. Ses recherches l'amenèrent à constater une lésion des capsules surrénales dans tous les cas d'anémie où la couleur de la peau avait été altérée : « Quand l'altération pathologique des capsules surrénales, dit-il, est aiguë et rapide, je crois que l'anémie, la prostration et la coloration spéciale de la peau, suivent une marche correspondante. En tous cas, qu'elle soit aiguë ou chronique, lorsque la maladie a envahi la totalité des deux capsules, la mort en est la conséquence inévitable. »

Cette altération des capsules surrénales qu'Addison

a constamment notée, que M. Cazenave a également rencontrée et que M. Trousseau a montrée à l'Académie en 1856, indique-t-elle que dans les capsules surrénales se trouve le siége de cette forme d'anémie, ou bien n'est-elle que l'expression d'un phénomène concomitant et sans valeur pour la production de la maladie?

Il est incontestable que des altérations profondes, tuberculeuses, cancéreuses, etc., des capsules surrénales ont été constatées par les anatomo-pathologistes, sans le cortége, pendant la vie du sujet, des symptômes signalés par Addison; on ne peut donc pas dire que les altérations pathologiques des capsules surrénales soient la cause ou le point de départ de la maladie bronzée.

Cependant, de même que les lésions des glandes de Peyer et de Brunner ne suffisent pas pour donner naissance à l'état typhoïde, et que pour la production de cet état il faut qu'à ces lésions des glandes s'ajoute un élément dont l'essence nous est inconnue, ne pourrait-on pas dire que les altérations des capsules surrénales accompagnent toujours la maladie bronzée, comme les lésions des glandes de Peyer et de Brunner accompagnent la fièvre typhoïde, mais que dans l'un et dans l'autre cas la cause et l'essence de la maladie sont ailleurs?

Quoi qu'il en soit, la constance des altérations pathologiques des capsules surrénales dans la maladie d'Addison constitue une circonstance très-remarquable, qui peut-être mettra sur la voie des fonctions physiologiques de ces organes, et peut-être aussi sur leur valeur nosologique. Les notions que nous possédons à cet égard sont extrêmement bornées : l'anatomie, la physiologie et la pathologie sont également pauvres à leur endroit.

Voici le résumé de la communication faite à l'Académie de médecine (26 août 1856) sur la maladie bronzée par le professeur Trousseau :

Cette maladie cachectique conduit nécessairement à la mort ceux qui en sont atteints; à l'autopsie, on trouve des lésions graves des capsules surrénales; cependant les lésions de ces organes ne causent pas nécessairement la maladie bronzée.

Les capsules surrénales ont été généralement fort négligées, tant sous le rapport de l'anatomie et de la physiologie que sous celui de la pathologie. Mais, dans ces derniers temps, les affections de ces organes ont été étudiées par Addison, et M. Brown-Séquard a cherché à établir le rôle que jouent les capsules surrénales dans l'économie, et a fait dans ce but plusieurs expériences intéressantes.

M. Brown-Séquard a enlevé les capsules surrénales à divers animaux, et, sur soixante expériences, la mort est arrivée en moyenne onze heures et demie après l'opération. Dans les cas où une seule capsule est enlevée, la durée de la survie a été de dix-sept heures. Dans toutes ces expériences, on a bien constaté que la mort n'était pas la conséquence d'une hémorrhagie, d'une péritonite, d'une blessure du foie, de la rate ou des reins.

La maladie décrite par Addison est caractérisée par une anémie d'une forme particulière, et une faiblesse qui augmente rapidement; en outre, la peau présente dans certaines régions, au visage, aux aisselles, au pénis, etc., une coloration spéciale analogue à celle que l'on rencontre normalement chez les mulâtres et même chez les nègres. La mort est toujours la terminaison de cette maladie, et à l'autopsie on rencontre de graves altérations des capsules surrénales; on les trouve cancéreuses, tuberculeuses, purulentes, ou au moins fortement hypertrophiées.

Il s'est présenté récemment dans les hôpitaux deux cas de cette affection : un à l'hôpital Saint-Louis, dans le service de M. Cazenave; l'observation a été publiée par M. Segond-Féréol, interne du service; l'autre à l'Hôtel-Dieu, dans le service de M. Trousseau. Ce dernier malade était un homme de 37 ans, cocher du ministre de l'intérieur, bien nourri; il s'aperçut que la peau de son visage devenait sale, dit-il; il s'affaiblit graduellement, fut pris d'un dégoût pour la viande et devint très-maigre. Lorsque ce malade se présenta à l'hopital, M. Trousseau fut frappé de la coloration de la peau et pensa à la maladie bronzée, dont il avait lu la description peu de temps auparavant. Le malade entra à l'hôpital et fut pris de diarrhée et de refroidissement, sans qu'il y eût de symptômes de choléra; il n'y eut pas de vomissements; il continua à s'affaiblir considérablement et succomba.

A l'autopsie, on ne trouva rien du côté des poumons, des reins, des intestins, du cerveau, rien qui pût expliquer la mort. Mais on constata une hypertrophie considérable des capsules surrénales qui contenaient, en outre, des noyaux de tissu tuberculeux; on trouva au sommet d'un poumon un petit noyau tuberculeux gros comme une noisette; rien dans les ganglions bronchiques. Le sang, examiné par M. Ch. Robin, a présenté les mêmes caractères que ceux que l'on rencontre dans l'anémie ordinaire; M. Brown-Séquard a examiné les reins, et n'a rien trouvé de particulier.

Le malade de l'hôpital Saint-Louis était un homme de 35 ans, qui s'était livré à quelques excès dans ces derniers temps; il fut atteint de troubles du côté du canal alimentaire; son visage prit une coloration qui variait d'intensité suivant l'état des voies digestives; il se présenta d'abord à l'hôpital Necker, où on lui fit prendre de l'eau d'Enghien; puis il vint à l'hôpital Saint-Louis, au commencement de 1856; on trouva des tubercules ramollis au sommet des poumons. La débilitation devint excessive; le malade sortit de l'hôpital, puis y rentra et succomba.

A l'autopsie, on trouva, à la place des capsules surrénales, deux masses d'apparence graisseuse, d'un jaune intense. A la coupe, on voyait des tractus filamenteux, d'un blanc rosé, durs, irréguliers, circonscrivant des espaces celluleux remplis d'une substance jaune; ailleurs, d'une matière semi-fluide; ailleurs encore, d'une matière jaunâtre, comme du pus concret. M. Robin examina ce tissu, et trouva de la graisse, du pus, mais pas de matière tuberculeuse.

Depuis la communication faite en 1856 à l'Académie par le professeur Trousseau, divers cas de maladie bronzée ont encore été signalés, et tout récemment (avril 1857) on a été sur le point de constater la guérison d'un de ces cas.

Nous nous sommes fait un devoir de présenter ici l'analyse des observations relatives à cette nouvelle maladie, que, par un sentiment de noble reconnaissance, M. le professeur Trousseau propose d'appeler *maladie d'Addison*. Honneur à ceux qui comprennent que c'est un acte de haute probité scientifique que d'appliquer à la découverte d'une maladie le nom de son auteur! Tout homme, selon nous, qui dote la science d'impérissables travaux, devrait être assuré que la postérité la plus reculée redira son nom avec orgueil; ce ne serait point de la libéralité, mais simplement de la justice. B. Lunel.

BROUILLARD (météorologie). — Amas considérable de vapeurs répandues dans la partie de l'atmosphère la plus voisine de la terre, et qui troublent la transparence de l'air. Tout ce qui pourra fournir une grande quantité de vapeurs occasionnera des brouillards. Une rosée abondante qui passe de nouveau dans l'air, surtout si elle ne s'élève pas à une grande hauteur, y produit un brouillard. Des vapeurs qui, ayant été très-divisées et portées à une grande hauteur, viennent ensuite à se condenser par une cause quelconque, produisent encore des brouillards. Il suit de là que les brouillards doivent être plus fréquents dans les lieux les plus capables de fournir une grande quantité de ces vapeurs. Aussi le sont-ils plus dans les lieux bas et humides, dans les endroits marécageux, le long des rivières et des étangs, qu'ils ne le sont dans les endroits secs et élevés. D'ordinaire, les brouillards ne sont composés que d'eau; mais il arrive quelquefois qu'il s'y mêle des gaz fétides, dont quelques-uns sont nuisibles aux animaux et même aux végétaux. Si les brouillards, qui sont très-fréquents dans les saisons et les climats froids, viennent à se congeler, ils s'attachent en petits glaçons à tout ce qu'ils rencontrent, et forment ce qu'on appelle le *givre* ou *frimas*. — S'ils s'élèvent assez haut dans l'atmosphère, et y forment des amas compactes, il se produit ce qu'on appelle *nuages* ou *nuées*. Si les brouillards, au lieu de s'élever, retombent vers la terre, ils forment souvent une petite pluie fine, que l'on appelle *bruine*. — Le brouillard est plus fréquent en hiver qu'en aucun autre temps, parce que le froid de l'atmosphère condense plus promptement les vapeurs et les exhalaisons humides. C'est par la même raison qu'en hiver l'haleine qui sort de la bouche forme une espèce de nuage qui ne se manifeste pas en été. (Hoefer). D'après M. Berg, officier de la marine russe, les brouillards règnent sur les mers polaires, même dans la meilleure saison, juin, juillet, août. Leur intensité est quelquefois si grande, que la vue ne s'y étend qu'à la distance d'un pas, et que les rayons du soleil ne peuvent la pénétrer. Les brouillards sont ordinairement plus épais dans le voisinage des glaces que près de la terre. La fréquence de plus en plus marquée des brouillards, à mesure que l'on approche des pôles, provient de ce que, par l'effet du froid toujours croissant, les vapeurs à peine formées se précipitent presque immédiatement vers la terre. C'est, en général, par leur nature humide que les brouillards sont dangereux pour la santé. Quand le froid s'y joint, ainsi que des miasmes épais, fétides, et âcres, ils portent leur influence nuisible sur les yeux, l'odorat, la gorge, etc. De là, toux, fluxions, et autres maux dus aux refoulements forcés de la transpiration insensible.

Bien qu'ils soient souvent chargés des émanations des corps qu'ils recouvrent, les brouillards n'ont point par eux-mêmes d'odeur particulière; telle est du moins l'opinion de ceux d'entre les physiciens qui se fondent sur ce que, disent-ils, les émanations des brouillards se déposent avec facilité sur tous les objets que l'air traverse: de telle sorte que, suivant eux, les forêts, les arbres, les édifices, une simple gaze, peuvent préserver de leur action funeste. Les physiciens d'une opinion différente croient, au contraire, que l'odeur sensible et désagréable qu'affectent certains brouillards semble faire supposer, dans l'eau qui la renferme, la présence de quelque substance gazeuse plus légère que l'air, analogue aux nombreuses combinaisons de charbon et d'hydrogène qui se forment si aisément dans la nature, et qui donneraient aux vésicules la légèreté nécessaire pour se soutenir comme de petits aérostats.

Tous les brouillards ne se ressemblent pas; ils varient suivant la température de l'air, sa pesanteur, la direction et la force des vents, la nature des lieux où ils se développent, etc. On en voit qui rampent, pour ainsi dire, à terre, tandis que d'autres occupent les hautes régions de l'air. Les brouillards de la nuit, du matin ou du soir, sont plus dangereux que ceux qui apparaissent dans le milieu du jour, où la force des rayons solaires détruit facilement leur influence délétère. Lorsque les brouillards, en s'élevant dans les airs, s'y condensent, ils forment, avons-nous dit, les nuages.

La nécessité faite alors au brouillard de se transformer en nuage par le refroidissement des particules de vapeur, suffit pour faire apprécier, physiquement parlant, le degré d'inexactitude de ces paroles du célèbre physicien Monge : Un nuage est un brouillard dans lequel on n'est pas; un brouillard est un nuage dans lequel on se trouve. J. Bécherand.

BRUANT (zoologie). — Genre de passereaux conirostres, ayant pour caractères « bec court, fort, conique, comprimé latéralement, pointu; bords des mandibules rentrant en dedans, la supérieure moins large que l'inférieure et garnie intérieurement d'un petit tubercule osseux; narines placées à la base du bec, couvertes en partie par les plumes du front; première rémige de l'aile un peu plus courte que les deuxième et troisième, qui sont les plus longues. »

Ce groupe se compose d'espèces en général assez petites, mais très-nombreuses en individus ; pendant l'hiver, elles quittent pour la plupart les régions du Nord et s'approchent des pays méridionaux. Toutes se nourrissent de graines, de baies et d'insectes. Ces oiseaux sont recherchés comme un petit gibier; il est parmi eux plusieurs espèces auxquelles la délicatesse de leur chair a mérité de la part des amateurs une attention toute particulière. A ce genre appartiennent le *bruant jaune*, le *bruant zizi* ou *des haies*, le *proyer*, le *bruant fou*, l'*ortolan*, etc.

BRUCINE (chimie). — Substance alcaline végétale, retirée par MM. Pelletier et Caventou de l'écorce du *strychnos nux vomica* (fausse angusture), par le procédé mis en usage pour extraire la strychnine de la fève Saint-Ignace.

La brucine se présente tantôt sous forme de cristaux prismatiques à quatre pans obliques, transparents et incolores, tantôt sous forme de paillettes nacrées, ou bien encore sous l'aspect d'excroissances de choux-fleurs. Sa saveur, excessivement amère, persiste très-longtemps; son odeur est nulle. Sa solubilité, très-prononcée dans l'alcool, est presque nulle dans l'éther et les huiles grasses; les huiles volatiles la dissolvent, mais en petite quantité; l'eau la dissout également, mais plus à chaud qu'à froid; ses solutés ramènent au bleu le papier de tournesol rougi par les acides, et verdissent les couleurs bleues végétales. Soumise dans un petit tube de verre à une température un peu supérieure à celle de l'eau bouillante, la brucine se fond d'abord, puis se solidifie comme de la cire quand on la laisse refroidir, et enfin se décompose si on chauffe davantage.

La brucine a la propriété de former des sels avec les acides; mêlée avec de l'acide nitrique, elle acquiert une belle couleur rouge : cette couleur, qui passe au jaune si l'on élève un peu la température, au violet quand on y ajoute du chlorure d'étain, est un des caractères distinctifs de la brucine. Elle possède aussi des propriétés vénéneuses très-énergiques; elle agit principalement sur la moelle épinière en déterminant des contractions tétaniques. On l'obtient en traitant par l'eau la teinture alcoolique concentrée d'écorce de fausse angusture, afin d'en séparer la matière grasse contenue; on filtre, on traite la masse par le sous-acétate de plomb; on filtre de nouveau, et à l'aide d'un courant de gaz hydrogène sulfuré qu'on fait passer dans la liqueur, on précipite le plomb en excès. On filtre pour une troisième fois; on fait évaporer, après avoir préalablement ajouté dans la liqueur un excès d'acide oxalique qui s'empare de la brucine et qui chasse l'acide acétique qui était combiné avec elle; on favorise le dégagement complet de cet acide en ajoutant de temps en temps à la masse, que l'on dessèche lentement au bain-marie, un peu d'alcool très-fort. Cela fait, on ajoute à l'oxalate de brucine formé un excès de chaux ou de magnésie; on fait bouillir avec un peu d'eau; on évapore jusqu'à siccité, on reprend la brucine isolée par de l'alcool fort, on concentre la liqueur pour une dernière fois et on procède à la cristallisation. Si la brucine n'est pas parfaitement blanche, on fait un nouvel oxalate acide qu'on lave avec de l'alcool froid et très-fort; on enlève ainsi la matière colorante jaune. (Dr *Foy*.)

BRUYÈRE (botanique) [du grec *bryon*, mousse]. — Genre de plantes type de la famille des éricinées, renfermant un grand nombre d'espèces. Il n'est rien de plus joli qu'une prairie plantée de ces végétaux élégants; port gracieux chez les individus en miniature, à peine hauts de dix centimètres, comme chez ceux qui montent jusqu'à sept mètres; les uns forment des touffes arrondies, les autres des tapis serrés de plusieurs myriamètres d'étendue; et tandis que ceux-ci présentent un buisson ouvert à tiges fléchissant en divers sens et tout à fait pittoresque, ou qu'ils affectent de s'élancer en pyramide de la manière la plus variée, ceux-là se pressent en faisceau ou font pompe de leurs rameaux verticillés par étages. Tous sont remarquables par leur verdure persistante, suivant avec les saisons divers degrés d'intensité, par leur végétation continuelle, par le nombre, la gentillesse, la singularité, la disposition et la couleur de leurs fleurs, qui est tantôt d'un vert herbacé, blanche, violette, lilas, tantôt jaune, aurore, rouge, ponceau, écarlate, et qui n'arrive à cette couleur qu'après avoir passé par toutes les teintes. Les fleurs sont sphériques, en grelot, en cloche, en massue, depuis la grosseur de la tête d'une épingle jusqu'à celle d'un fort pois chiche, ou bien elles simulent un carquois, une fiole, une trompette, ou se prolongent en tubes cylindriques de seize millimètres à quarante et cinquante-quatre de long. Elles s'épanouissent que la plante est encore très-jeune; elles durent un mois, se succèdent sur le même rameau; il en est de même qui fleurissent deux fois et d'autres qui répandent une odeur fort agréable.

On en compte plus de quatre cents espèces ou variétés, dont une vingtaine indigènes à l'Europe, trois ou quatre appartiennent à l'Asie; toutes les autres naissent en Afrique, principalement en Ethiopie, aux plages sablonneuses du cap de Bonne-Espérance, sur les montagnes des îles de Madagascar, Mascareigne, Maurice et Seychelles. On n'en connaît point sur tout le continent américain. Elles vivent beaucoup moins de temps dans l'état de nature que la plupart des autres végétaux ligneux, même les plus faibles. On les trouve dans les terrains quartzeux qui contiennent une plus ou moins grande quantité d'oxyde de fer; elles y fixent une humidité stagnante nécessaire à leur prospérité, sans laquelle leurs racines, d'une consistance sèche, cassante, à chevelu très-délié, se dessécheraient instantanément au contact de l'air, l'épiderme qui les recouvre étant fort mince.

Ce fut en 1771 que l'on apporta pour la première fois du Cap plusieurs des plus belles espèces de bruyères exotiques. Les voyages de Masson, Sparmann, Labillardière, Péron, etc.; les ouvrages de Wendland, Andrews, Salisbury, où la description des espèces est accompagnée de figures excellentes; les cultures de André Thouin, de Cels et de Dumont de Courset, en ont enrichi les serres de l'Europe d'un très-grand nombre. Ces végétaux demandent des soins assidus et quelques procédés particuliers; pour les multiplier, on a la voie des semis, des boutures et des marcottes. Les semis se font à la mi-mars, au moment où la graine, parvenue à la maturité, va s'échapper des capsules qui la renferment. Cette graine est très-fine, en grande quantité; elle n'a pas d'époque fixe pour la germination; il y en a qui lèvent au bout d'un mois, d'autres qui en mettent deux, trois, quatre pour paraître, et même qui à la fin de ce terme ne donnent aucun signe : il ne faut cependant pas désespérer encore du succès, quelques-unes se faisant attendre un an, un an et demi. Chez nous, il faut déposer la graine dans des terrines à moitié remplies de gros sables ou fragments de poteries pour faciliter l'écoulement des eaux, et par-dessus de la terre dite de bruyère bien fine et bien ameublie. Dans les situations favorables à la propagation de ces plantes, la graine tombe sur le sol et y forme bientôt un joli gazon du plus bel effet lors de la saison des pluies. Elle perd promptement ses propriétés germinatives, lorsqu'elle est nue et séparée des capsules. Celle que l'on récolte se garde une année sans altération aucune. Quant aux boutures, elles se prennent toujours sur les jeunes rameaux de l'année pendant les mois de mai et de juin; on les coupe avec soin, à vingt-sept millimètres de long; on les effeuille dans le bas et on les met en terrines que l'on recouvre d'une cloche en verre. Les bruyères à petit feuillages réussissent plus facilement par cette voie que les bruyères à feuilles plus longues; celles admises depuis quelque temps dans les cultures, mieux que les nouvelles, les espèces aquatiques de préférence à celles des lieux secs. Les boutures fleurissent dans l'année même de la reprise, qui est très-prompte quand elles sont faites convenablement. Les marcottes se séparent au bout de l'an, elles se trouvent alors munies de racines, que l'on ait plié les branches inférieures dans des pots où on les assujettit, ou bien qu'on les ait laissées dans leur vase, ou que l'on ait simplement couché le pied sur un lit de bonne terre de bruyère. Il faut arroser très-fréquemment. (*Th. de Berneaud.*)

BRYONE (du grec *bryô*, pousser avec force). — *Bryonia*, genre de plantes de la famille des cucurbitacées, renfermant « des plantes herbacées, annuelles, poilues ou rugueuses, volubiles, à feuilles alternes, à rhizômes tubéreux et à fleurs axillaires monoïques ou dioïques. L'espèce la plus connue est la *bryone dioïque* ou *commune*, dite aussi *couleuvrée*, et plus vulgairement *vigne vierge*, plante grimpante qui croît dans les haies, les bois ou les lieux incultes. Ses fleurs sont disposées en grappes d'un blanc verdâtre; sa racine, grosse et charnue, appelée aussi *navet du diable*, renferme un principe âcre qui est vénéneux et purgatif. On extrait de cette plante la *bryonine*, substance roussâtre, demi-solide et très-amère, à laquelle elle doit ses propriétés actives. La médecine emploie la bryone comme purgatif drastique et comme succédané de l'ipécacuanha et du jalap. L'homœopathie en fait grand usage, surtout contre les maladies gastriques et les rhumatismes aigus. Fraîche et appliquée sur la peau, cette racine agit à la manière des sinapismes. On peut la débarrasser de son principe âcre par la torréfaction et le lavage. Elle fournit, dans ce cas, une fécule analogue à celle de la pomme de terre et aussi saine qu'abondante. »

BUCCIN (zoologie). — Voy. *Pourpre*.

BUCCINOÏDES. — Deuxième famille des gastéropodes pectinibranches, de Cuvier, comprenant tous les mollusques qui ont une coquille à ouverture échancrée ou canaliculée, tels que les genres *buccin*, *cône*, *porcelaine*, *ovale*, *tarière*, *volute*, *rocher*, *strombe*, etc.

BUCOLIQUE (belles-lettres) [du grec *bous* et *coléo*, faire paître des bœufs, et, par extension, qui a rapport aux scènes pastorales; *chanter les mœurs champêtres*].

Dans les temps primitifs, où la vie champêtre était la condition des habitants de la terre, où, tel que l'Écriture nous l'apprend, chacun était pasteur, dans ce temps où la tente était le seul abri de l'homme, les pasteurs, inspirés par les tableaux sublimes qui se déployaient à leurs yeux avec tant de magnificence, heureux de la fécondité de la terre et de l'accroissement de leurs troupeaux, durent exprimer les diverses sensations dont leur âme était frappée par des chants qui reproduisaient toutes les ravissantes merveilles de la nature. Le chant pastoral, les bucoliques n'eurent pas d'autre origine. Cette poésie n'a sans doute pas pris naissance au sein des villes ni au milieu des cours. Elle les précède d'un grand nombre de siècles. C'est dans les pays les plus favorisés du ciel, sous un climat fortuné et propice aux biens de la terre, qu'elle a senti s'élever vers Dieu ses premières inspirations. C'est à la race sémitique qui peupla l'Orient, après la dispersion des enfants de Noé, que nous devons sans doute l'invention de la poésie pastorale. On peut donc la considérer comme la plus ancienne des poésies. L'histoire nous dit que les prêtres égyptiens ont reçu de l'Orient les premiers éléments des sciences et que les Grecs ont puisé chez les Égyptiens la plupart des connaissances dans lesquelles ils ont excellé. C'est ainsi que la poésie pastorale s'est introduite en Grèce. Nous croyons cette origine plus probable que celle qui l'attribue à des personnages fabuleux ou obscurs, tels que Mercure, Apollon, ou le berger Daphnis.

Il est certain que les premiers qui ont chanté la nature champêtre et la vie pastorale sont des poëtes grecs et ensuite des poëtes latins.

Hésiode apparaît en première ligne. Son poëme des *Travaux* et des *Jours*, d'un style simple et élégant, se distingue par de grandes beautés, et l'on y remarque surtout l'épisode de Pandore. Bion et Moschus ont fait quelques idylles charmantes qu'on lit avec plaisir malgré leur antiquité. Mais Théocrite, par son style plein de grâce et de naturel et par ses descriptions élégantes mérite d'être placé au premier rang dans ce genre. Virgile, dans ses églogues et dans ses *Géorgiques*, nous offre une peinture des champs pleine d'attraits et de vérité qui nous séduit par une poésie toujours heureusement cadencée et éclatante.

Parmi les modernes qui se sont exercés dans ce genre de poésie, nous citerons le père Rapin, le père Vanières et Racan, tous trois du même siècle.

Boileau a dit de Racan :

> Malherbe d'un héros peut chanter les exploits ;
> Racan chanter Philis, les bergers et les bois.

Ce jugement nous dispense d'en dire davantage sur les bergeries ou idylles de Racan.

Le père Rapin nous a laissé un poëme des *Jardins*, en quatre livres, en langue latine. Nous avons cru le placer ici, quoique le sujet qu'il traite s'éloigne des conditions exigées par la muse des bergers. Cependant on ne peut pas parler des jardins sans que l'esprit se retrace un appendice de la campagne. La culture des fleurs, des arbres, est un amusement qui plaît toujours au philosophe, à l'ami de la belle nature. De ce penchant irrésistible l'homme se trouve naturellement entraîné à se livrer aux plaisirs et aux occupations champêtres. Ce poëme eut beaucoup de succès à son apparition dans le monde alors plus savant que le nôtre.

Le père Vanières a composé un poëme également en latin, intitulé *Prædium rusticum*, ou la maison rustique, dans lequel il chante les travaux et les plaisirs de la campagne. Ce poëme a un fort grand mérite, et se distingue par une grande pureté de style.

Roucher a fait un poëme sur les mois de l'année. Ses tableaux sont la plupart très-intéressants. Le mois de mai est bien traité. La peinture des fleurs du mois d'avril, les moissons et plusieurs parties des autres mois ne manquent pas de grâce; il retrace même avec bonheur les délices de la vie pastorale, mais quelquefois il manque de goût, et il prend souvent l'enflure pour du sublime.

Berquin, ce digne ami de l'enfance, a fait des idylles où respire la morale la plus pure et d'un style aussi charmant que simple et facile.

Segrais a composé des idylles que Boileau même n'a pas dédaigné de louer; c'est de lui qu'il dit, dans son *Art poétique*, liv. 4, en parlant du grand roi, protecteur des lettres :

> Que Segrais dans l'églogue en charme les forêts.

Saint-Lambert est auteur d'un poëme des *Saisons* qui renferme de grandes beautés, sans doute, mais qui malheureusement a le défaut de la monotonie. Voltaire cependant en a fait un grand éloge; nous ne serions pas étonnés que Mme du Chatelet n'y eût un peu contribué.

Tompson en Angleterre, et Gessner en Allemagne, ont acquis une réputation bien méritée dans ce genre de poésie.

Le cardinal de Bernis a fait *les Quatre parties du Jour* et le poëme des *Saisons*. Le style en est léger et faible, peu élevé, et trop prétentieux. Il emploie beaucoup trop les figures, et sème partout des fleurs de rhétorique; il en est même trop prodigue. C'est ce qui l'a fait appeler par Voltaire Babet la bouquetière. Il est un autre reproche à lui faire. Le cardinal a mis à contribution toute la théogonie d'Hésiode; il a certainement plus sacrifié au culte de Cupidon et de Vénus et de toutes les nymphes qu'au culte du vrai Dieu et des saints du paradis, ce qui pour un cardinal est fort peu orthodoxe. Mais les Grâces l'ont absous depuis longtemps aux yeux d'un monde plus sceptique que soucieux de morale.

Il nous reste à parler d'un génie plus sérieux, d'un poëte distingué, de l'auteur de *l'Homme des champs*, de Delille. Cet ouvrage remarquable eut un succès prodigieux lorsqu'il vit la lumière et jouit aujourd'hui d'une réputation méritée.

Il faut aller au-devant d'un reproche que l'on pourrait nous faire. Un poëme en quatre chants n'est pas une idylle, une églogue, une bucolique, où des bergers seuls sont en scène, mais c'est la nature entière qui est en scène, ce sont les champs, les eaux, les forêts, et les phénomènes qui nous frappent; ce qui domine c'est l'amour des champs. Un seul aperçu du sujet sera notre justification.

Dans le premier chant, c'est le sage qui, heureux, retiré aux champs, cherche à répandre autour de lui le bonheur dont il jouit, en appelant tout ce qui l'entoure à partager ses vues bienfaisantes afin d'assurer le bonheur de la vieillesse et de l'enfance au hameau qu'il habite. Tableau charmant, inspiré par l'amour de l'humanité, qui vaut bien un combat de chant ou de flûte entre deux bergers.

Le deuxième chant nous fait la peinture de tout ce qui a rapport à l'agriculture, de ses progrès, de ses perfectionnements dans tous les genres. C'est, en un mot, l'agriculture avec ses merveilles, parcourant les campagnes, tantôt comme une déesse qui sème des bienfaits, tantôt comme une fée qui prodigue des enchantements. C'est ainsi que le génie sait élever un sujet modeste et lui donner de la grandeur.

Le troisième chant, consacré à l'histoire naturelle, offre un sujet varié et des plus neufs.

Le quatrième chant enseigne l'art de peindre les beautés champêtres et de célébrer les phénomènes et les richesses de la nature.

Partout le poëte est à la hauteur d'un si noble, d'un si majestueux sujet.

On ne s'est pas toujours contenté de chanter les douceurs de la vie champêtre dans des églogues, dans des idylles, on les a mises en action en transportant sur le théâtre les scènes mêmes de la vie des champs : on a joué des *boucolicos*. L'inventeur de ce genre de spectacle est resté ignoré. Pourquoi n'en attribuerait-on pas l'invention à Thespis? Thespis, dit-on, est l'inventeur de la tragédie; mais avant d'arriver à cette perfection de l'art, ne se serait-on pas essayé à des sujets plus modestes? Ce qu'en disent les anciens et Boileau dans les vers suivants ne le ferait-il pas supposer avec juste raison :

> « La tragédie, informe et grossière en naissant,
> » N'était qu'un simple chœur, où chacun, en dansant,
> » Et du dieu des raisins entonnant les louanges,
> » S'efforçait d'attirer de fertiles vendanges;
> » Là, le vin et la joie éveillant les esprits,
> » Du plus habile chantre un bouc était le prix. »

Où voit-on dans cette peinture poindre la tragédie? n'est-ce pas plutôt le prélude de la pastorale? Ce qui suit ne le confirme-t-il pas?

« Thespis fut le premier qui, barbouillé de lie,
» Promena par les bourgs cette heureuse folie,
» Et, d'acteurs mal ornés chargeant son tombereau,
» Amusa les passants d'un spectacle nouveau. »

Tout ce tableau appartient à la vie champêtre et non à la tragédie. Que plus tard l'idée se soit développée, et que l'on soit arrivé insensiblement au drame, à la tragédie, nous concevons cette marche. Nous ne croyons donc pas être dans l'erreur en attribuant à Thespis l'invention de ce genre de spectacle. REDAREZ SAINT-RÉMY.

BUDGET [mot emprunté aux Anglais, et dérivé du bas latin *bulga*, sac, bourse, d'où vient aussi *bougette* en vieux français]. — Nom donné à la fois à un aperçu des dépenses et des recettes présumées, et à l'état définitif de ces dépenses et de ces recettes quand il a été arrêté par l'autorité compétente. En France, l'Etat, les départements, les communes, chaque établissement public, dressent annuellement leur budget de manière qu'il puisse être examiné et voté ou approuvé avant le 1er janvier. Tout budget se divise en deux parties principales : *Dépenses* et *Recettes*. Chacune de ces deux grandes divisions se subdivise elle-même en plusieurs autres parties qui aboutissent à des chapitres.

Budget de l'État. Les dépenses y comprennent cinq subdivisions : 1° dette publique; 2° dotations; 3° services généraux des ministères; 4° frais de régie, de perception des impôts et revenus publics; 5° remboursements et restitutions, non-valeurs, primes et escomptes. — Les recettes se subdivisent également en plusieurs parties : 1° contributions directes; 2° enregistrement, timbre et domaines; 3° produits des forêts et de la pêche; 4° douanes et sels; 5° contributions indirectes; 6° produits des postes; 7° revenus divers, tels que les taxes, remboursements, redevances, etc. — Dans les États constitutionnels, les budgets sont librement discutés et votés par le pouvoir représentatif. Des règles sévères imposent aux ministres l'obligation de ne rien dépenser au delà de leur budget; il est, en outre, défendu de modifier l'affectation des fonds, et de reporter sur un chapitre les fonds votés pour un autre : c'est ce qu'on nomme la *spécialité des chapitres*. Ces prescriptions sont résumées dans l'ordonnance du 31 mai 1838.

L'institution du budget appartient à l'Angleterre, où elle paraît être contemporaine du gouvernement représentatif. En France, les premiers essais en ce genre sont dus à Necker, qui donna l'exemple par la publication de son fameux *compte rendu* (1781). Louis XVI, par une déclaration du 24 janvier 1789, promit que désormais le tableau des recettes et des dépenses serait dressé chaque année, et soumis au vote des états généraux; mais les désordres de la Révolution empêchèrent d'exécuter régulièrement cet engagement : ce n'est que sous le Consulat, en 1802, que fut établi le premier budget de la France; c'est aussi à cette époque que le mot *budget* s'introduisit dans notre langue financière. Toutefois, les budgets du Consulat et de l'Empire laissaient encore beaucoup à désirer; en outre, ils étaient plutôt homologués que délibérés; ce n'est que depuis la Restauration que les budgets ont été dressés d'une manière complète et sincère, et qu'ils ont été librement discutés. Depuis cette époque, le budget de la France a été sans cesse croissant; le plus souvent encore il s'est trouvé insuffisant, et il a fallu le compléter par des *crédits supplémentaires*. Le budget de 1815 portait, pour les dépenses, 791,317,660 fr.; pour les recettes, 740,030,700 fr. Celui de 1850 s'élevait à 1,461,491,788 fr. pour les dépenses, et à 1,359,169,117 fr. pour les recettes. Depuis plusieurs années, surtout depuis la révolution de 1848, le budget de la France se solde par un déficit; on y fait face au moyen d'emprunts ou de *bons du Trésor*.

Budgets départementaux. Les dépenses comprennent les traitements administratifs, l'entretien des maisons de détention, des dépôts de mendicité, des bâtiments de la cour d'appel, de la préfecture, des routes départementales, la gendarmerie, les enfants trouvés, la dette du département, etc. Les recettes se composent de la portion des contributions directes affectées aux dépenses départementales, et des ressources dites *extraordinaires*, provenant de location d'immeubles, du prix des péages, du prix d'expédition des actes de la préfecture, etc. La discussion et le vote des budgets départementaux appartiennent aux conseils généraux; ils sont réglés définitivement par le chef de l'Etat. — Le *budget de la commune* est voté par le conseil municipal, mais il n'est définitivement réglé que lorsqu'il a été approuvé par le chef de l'État, sur le rapport du ministre de l'intérieur pour les villes et communes dont le revenu est supérieur à 100,000 fr., et par le préfet pour les communes dont le revenu est inférieur. Les budgets des établissements publics sont dressés par les chefs de ces établissements, et arrêtés par le ministre dans les attributions duquel ils se trouvent. (*Bouillet*.)

BUFFLE (zoologie). — Espèce de bœuf à demi sauvage qui se distingue du bœuf ordinaire par « une taille plus haute, des proportions plus robustes, mais aussi plus lourdes; par un front plus étroit et plus bas, par un mufle plus large, et surtout par ses cornes, comprimées en avant et surmontées d'une arête saillante en carène. » La voix de ce ruminant est un mugissement plus grave et plus pénétrant que celui du taureau. La femelle porte un mois de plus que la vache; son lait est moins abondant et moins savoureux que celui de la vache, mais contient plus de crème; il fournit un beurre qui conserve un goût sauvage. On mange la chair du buffle; et l'on prétend même que sa langue est un mets délicat. Le buffle a le poil noir, rude et peu fourni; son cuir spongieux résiste parfaitement aux armes tranchantes : aussi sert-il à fabriquer des cuirasses, des ceinturons, des gants, et toute espèce de *buffleteries*; ses cornes servent à faire des tabatières, des peignes, et ses poils à rembourrer les chaises, les selles, etc. Le buffle est originaire de l'Inde; on le trouve également en Afrique, en Turquie, en Transylvanie; il a été introduit en Italie au septième siècle, et il y vit aujourd'hui à l'état de domesticité, mais en conservant une partie de ses habitudes sauvages; il est plutôt farouche que méchant. On s'en sert pour le labourage, et on le conduit au moyen d'un anneau passé dans les naseaux. On est parvenu à naturaliser le buffle en France. On en a même formé un troupeau à Rambouillet; mais il ne saurait être substitué avantageusement à notre bœuf domestique.

BUGLOSSE (botanique).—Genre de plantes de la famille des borraginées, qui a beaucoup de rapport avec la bourrache et paraît posséder les mêmes propriétés médicinales. En Italie, on mange la buglosse comme les choux.

BUIS (botanique). — Genre de plantes de la famille des euphorbiacées. Lorsqu'on est habitué à ne voir le buis qu'en bordures, comme on y tient l'espèce naine, *buxus humilis* de nos jardins, on demeure tout surpris lorsque, arrivé dans le midi de l'Europe, on trouve dans les forêts les deux espèces géantes, *buxus arborea*, et à branches étalées, *buxus arborescens*. C'est ce que j'éprouvai durant une course dans l'île de Corse, en m'arrêtant aux pieds de bouquets de bois entièrement composés de la première espèce, à laquelle on conserve à tort le nom de *buis de Mahon*, que lui donnèrent plusieurs botanistes. L'arbre monte à la hauteur de vingt à trente mètres; le tronc et les branches sont droits, garnis de feuilles épaisses, oblongues-ovales, de quarante millimètres de long. Il abonde dans toutes les îles de la Méditerranée, en Grèce sur le mont Olympe, en Espagne et dans quelques localités du midi de la France. On le retrouve sur le Caucase, en Perse et jusqu'au Japon. Il est d'un très-bel effet dans les bosquets d'hiver. La seconde espèce ne diffère de la précédente que par sa taille, qui dépasse rarement trois mètres et demi, par ses paquets de fleurs petits ou médiocres, et par ses jeunes tiges, qui ont deux côtés glabres et les deux autres opposés velus. Le bois du buis, recherché par les anciens pour faire des flûtes et surtout des cassettes, *pyxis*, d'où lui vient son nom, est le plus dur, le plus dense, le plus pesant de tous les bois de l'Europe; il ne se gerce et ne se carie jamais; d'un jaune brillant, il est excellent pour les essieux de charrettes et sert beaucoup aux ouvrages de tour et aux tabletiers. Employé au chauffage, il donne d'excellentes cendres pour les lessives. La racine, qui est très-grande et très-forte, est remplie de nœuds et de tubérosités comme le tronc et les grosses branches; divisée par tranches, elle offre des marbrures superbes, des figures bizarres et très-variées, une couleur plus foncée que le bois; elle sert aux mêmes usages. Les feuilles et les sommités du buis font un très-bon engrais pour la vigne; employées comme succédanées du houblon, elles donnent à la bière une fâcheuse qualité; aucun animal n'y touche, et l'on dit que le chameau pressé par la faim qui les broute ne tarde pas à périr. Leur décoction est un puissant sudorifique; la fleur sucée par l'abeille imprime à son miel un goût âcre et dur. Le bois remplace quelquefois dans les pharmacies celui de gayac, *guajacum officinale*; on en retire une huile fétide.

On connaît l'usage du buis à parterre, on le tond au ciseau tous les ans pour qu'il reste garni et forme une jolie bordure. Cette opération se fait avant ou après la pousse; la première époque est préférable à la seconde pour l'agrément. On multiplie le buis par sa graine ovoïde, brune et luisante; on le fait aussi de marcottes et de boutures. (*Thiébault de Berneaud.*)

BUISSON (agriculture). — Nom collectif de tous les arbrisseaux et arbustes sauvages très-rameux, épineux ou non, et qui ne s'élèvent jamais à plus de trois mètres. On appelle encore *buissons* : « 1° les arbres qui, étant coupés tous les trois ou quatre ans, ne montent pas à une plus grande hauteur; 2° les arbres fruitiers presque nains et à plein vent, tels qu'abricotiers, poiriers et pommiers, dont les branches sont disposées de manière à représenter un entonnoir; 3° enfin, en terme forestier, les très-petits bois, ceux, par exemple, qui n'excèdent pas cinquante à cent ares d'étendue. En bonne agriculture, tout arbre tenu en buisson doit n'occuper que les places dont il est impossible de tirer un meilleur parti. Le bois que l'on en obtient sert à chauffer le four. La formation des buissons d'arbres à fruits est une des parties de la taille qui demande le plus de connaissances et les soins les plus assidus. »

BULBE (botanique). — Corps plus ou moins arrondi et charnu, formé d'écailles insérées les unes sur les autres, et naissant au-dessus de la racine chevelue d'un certain nombre de plantes vivaces. L'oignon de nos cuisines est une bulbe; la tulipe, le lis naissent d'une bulbe formant le collet de leur racine : tantôt les écailles sont emboîtées les unes dans les autres, de sorte que l'extérieure les embrasse toutes, c'est ce qu'on appelle *bulbe à tuniques*, comme celle de l'oignon; tantôt elles ne se recouvrent qu'imparfaitement et seulement par leurs côtés, ce sont là des *bulbes écailleuses*, dont les lis offrent un exemple. Enfin le safran a une bulbe dont les écailles sont soudées intimement et forment une *bulbe solide*. Il ne faut pas, dans ce cas, confondre cette espèce de bulbe avec le *tubercule*, dont la masse compacte ne se divise ni en lames ni en écailles. Les observations modernes ont conduit à regarder la bulbe comme un véritable bourgeon. En effet, la structure de ces deux organes est semblable : l'un et l'autre, composés d'écailles, renferment les rudiments des jeunes tiges et des feuilles. La seule et réelle différence, c'est que la bulbe est prolifère; chaque année elle se renouvelle; tantôt une nouvelle bulbe naît de la première, tantôt elle se produit à côté, au-dessus, ou bien au-dessous. La bulbe, faisant peu à peu partie de la racine, végète ordinairement en terre; cependant, s'il faut voir, avec M. Richard, un organe semblable dans la couronne du palmier et dans celle du balisier, on cherchera des bulbes en se baissant aussi bien qu'à une hauteur souvent considérable. (*Lallemant.*)

BUPRESTES (zoologie) [du grec *bouprestis*, enflebœuf]. — Genre d'insectes coléoptères pentamées, qui n'ont pas les formes élégantes de beaucoup d'insectes; mais il n'en est aucun qui puisse rivaliser avec eux pour l'éclat et la vivacité des couleurs: leurs élytres présentent la fusion la plus admirable de l'or, du cuivre et d'autres métaux éclatants, avec l'azur et l'émeraude des pierres précieuses. Frappé de la beauté de ces nuances, un naturaliste français leur a donné le nom de *richards*, qui convient parfaitement au luxe et à la magnificence de leur parure.

Ces insectes sont très-recherchés dans les collections d'entomologie; mais, quoique assez communs dans nos pays et peu agiles dans leur marche, on a de la peine à s'en procurer, parce que, se tenant continuellement sur des branches d'où ils s'envolent quand on veut les approcher, ils échappent à la main

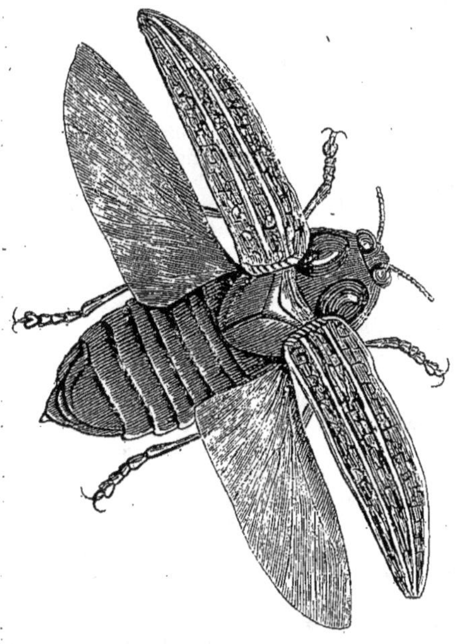

Fig. 37. — Bupreste.

et au filet au moment où l'on croit les tenir; et quand ils se trouvent surpris, ils se laissent tomber à terre et se cachent si bien parmi les feuilles, qu'il est très-souvent impossible de les découvrir. Ce qui les distingue des espèces du second genre, c'est qu'ils ont les yeux oblongs, et la saillie postérieure du prosternum aplatie et impropre à produire le saut. Aussi les *richards* ne sautent-ils jamais, tandis que les suivants s'élancent à terre comme s'ils étaient poussés par un ressort. Les environs de Paris en nourrissent plusieurs espèces, entre autres le *bupreste vert* et le *bupreste à fossettes*. (*Salacroux.*)

Le nom de bupreste paraît avoir été donné à ce genre d'insectes parce qu'on avait cru, à tort, y reconnaître le *buprestis* des anciens, qui, suivant Pline, fait enfler, au point qu'ils en crèvent, les bestiaux qui l'avalent en paissant: ce dernier, qui a les propriétés vésicantes de la cantharide, se rapporterait plutôt au genre *méloé*. — Voy. ce mot.

BULLE (diplomatie). — Ce nom a d'abord désigné le sceau métallique, en forme de boule, que l'on avait coutume d'attacher aux actes pour leur donner un caractère authentique; ensuite il a désigné les actes eux-mêmes; puis enfin, il a été employé pour certains actes émanés des papes et de quelques conciles œcuméniques.

Parmi les *bulles pontificales*, on en distingue de *grandes* et de *petites*. Les premières renferment des dispositions dont la durée doit être perpétuelle; les secondes sont relatives aux nominations d'évêques et aux dispenses. Les grandes bulles sont appelées *bulles pancartes*, lorsqu'en confirmant quelque donation faite à une église, elles énumèrent tout ce qui se trouve compris dans ces donations; *bulles priviléges*, lorsqu'elles accordent certains droits, certaines faveurs à une église, à un monastère quelconque; *bulles consistoriales*, lorsqu'elles traitent des intérêts de la religion et du saint-siége, et qu'elles sont données en consistoire; *bulles de canonisation*, lorsque, après la procédure ordinaire, elles proclament la canonisation d'un bienheureux; *bulles doctrinales*, lorsqu'elles se prononcent sur quelque point de la doctrine.

Lorsque la bulle pontificale est en forme gracieuse, la petite plaque de plomb est suspendue avec un cordon de soie; si, au contraire, elle est en forme rigoureuse, le plomb est attaché avec une petite corde de chanvre.

Notre histoire du moyen âge et de l'époque moderne mentionne un grand nombre de bulles, dont nous rapporterons ici les principales.

En 998, Robert est excommunié par Grégoire V pour avoir épousé, sans dispenses, Berthe, sa parente. — 1075, Grégoire VII défend aux prélats récemment nommés de recevoir l'investiture séculière, ce qui donne lieu à la *querelle des investitures*. — 1200, Innocent III met la France en interdit à cause du divorce de Philippe-Auguste avec la reine Ingeburge. — 1266, déclaration par laquelle Clément IV donne au pape les bénéfices ecclésiastiques et le droit de les conférer quand ils deviennent vacants. — 1243, défense par Innocent IV de fulminer aucune excommunication ou aucun interdit sur les terres de Louis IX ou de ses successeurs. — 1254, défense par Alexandre IV d'interdire Louis IX et la reine, ainsi que leurs successeurs. — 1265, Clément IV confirme tous les priviléges accordés à Louis IX, à sa famille et à ses successeurs; mais il les limite au seul domaine royal. — 1296, Boniface VIII publie la bulle *Clericis laicos*, qui fut l'origine des querelles du saint-siége avec Philippe le Bel. — 2 août 1297, canonisation de saint Louis par le même pape. — 1301, Boniface VIII publie la bulle *Ausculta fili*, que Philippe le Bel fit publiquement brûler à Paris; puis la bulle *Unam sanctam*, qui irrita au plus haut degré le gouvernement français; elle est révoquée peu de temps après par Benoît XI et Clément V, ses successeurs. — 1498, Alexandre VI prononce la dissolution du mariage de Louis XII. — 1512, Jules II excommunie Louis XII et met la France en interdit. — 15 juin 1520, bulle de Léon X, *Exsurge Domine*, contre les doctrines de Luther. — 3 janvier 1521, le même pape prononce l'anathème contre Luther et ses sectateurs.—1582, Grégoire XIII prescrit dans tous les États chrétiens l'adoption du *calendrier grégorien*. — 17 septembre 1598, bulle d'absolution donnée par Clément VIII à Henri IV, à l'occasion de son abjuration du protestantisme. — 1653, bulle *Cum occasione*, fulminée par Innocent X contre les cinq fameuses propositions de Jansénius, évêque d'Ypres. — L'année suivante, autre bulle d'Innocent X contre les Jansénistes. — 1699, bulle d'Innocent XII, qui condamne, comme entaché de quiétisme, le livre de Fénelon ayant titre : *Explications des Maximes des saints sur la vie intérieure*.— 8 septembre 1713, bulle *Unigenitus* de Clément XI, qui condamne le livre de Quesnel intitulé : *Réflexions morales*. — 1792 et 1793, bulle de Pie VI contre la constitution civile du clergé et les prêtres assermentés. — 10 juin 1809, bulle de Pie VII qui excommunie Napoléon. — 7 août 1814, bulle du même qui prononce anathème contre les sociétés secrètes et rétablit les Jésuites.

Dans l'histoire d'Allemagne, on désigne sous le nom de *bulles d'or* plusieurs chartes ou constitutions émanées des empereurs; elles étaient ainsi nommées parce qu'elles étaient munies du sceau d'or de l'empire.

DUPASQUIER.

BURLESQUE (belles-lettres). — Poésie triviale qui emprunte ordinairement les termes dont elle fait usage au langage des halles et des carrefours. Les expressions qu'elle emploie sont communes et souvent abjectes. Quelquefois elle a la prétention d'être plaisante en tournant en ridicule les personnes et les choses.

Il y a plusieurs sortes de burlesque : le burlesque de mots, le burlesque de pensées, et le burlesque physique, ou pris dans la nature.

Dans le *Vercingétorix*, tragédie bouffonne du marquis de Bièvre, chaque vers se termine par un calembour. On peut dire que cette parade est hérissée de burlesque de mots.

Dans *la Pipe cassée*, poëme poissard de Vadé, dans *Cadet Butteux*, chanson-parodie de Désaugiers, se rencontrent beaucoup d'exemples de burlesque de mots et de burlesque de pensées.

Rabelais en est partout assaisonné et parfumé, pour ne pas dire empesté. Tous les personnages qu'il a mis en scène sont enveloppés d'une étoffe burlesque : Panurge, Pantagruel, Gargantua, Jean des Entommeures, etc. Je ne dis rien de *la Prognostication pantagruéline* et de *la Chrème philosophale*, disputée *Sorbonicolificabilitudinissement*, etc.

Villon fut aussi un grand maître dans le burlesque, et son petit et son grand *Testament* en sont des exemples. Bien que spirituel, son style est trop souvent grossier et toujours informe. Boileau, qui fut très-sévère pour beaucoup d'auteurs, s'est montré fort indulgent à son égard quand il a dit que Villon sut le premier,

> Dans ces siècles grossiers,
> Débrouiller l'art confus de nos vieux romanciers.

Cet honneur est beaucoup plus mérité par Marot, dont Boileau a dit :

> Marot, bientôt après, fit fleurir les ballades,
> Tourna des triolets, rima des mascarades.
> A des refrains réglés asservit les rondeaux,
> Et montra, pour rimer, des chemins tout nouveaux.

Tous ces spirituels auteurs atteignirent le but qu'ils s'étaient proposé : ils furent burlesquement plaisants.

Mais combien d'auteurs, en courant après l'esprit et pensant du Parnasse atteindre la hauteur, passent à côté du sublime et tombent dans le burlesque!

Quand Ronsard a voulu faire du français à sa manière, et

> Que sa muse, en français, parla grec et latin,

comme le dit Boileau, assurément son style barbare avait une affectation non-seulement pédantesque et ridicule, mais burlesque.

Les auteurs des quatorzième et quinzième siècles sont la plupart inintelligibles pour nous. Qui lit aujourd'hui même Allain Chartier, le père de l'éloquence française, bien qu'il ait reçu, pendant son sommeil, un baiser sur sa bouche de Marguerite d'Écosse, épouse du dauphin (Louis XI), en admiration de ce que cette bouche avait dit de si belles choses? Certains auteurs du seizième siècle, dignes de figurer dans la pléiade poétique de Charles IX, ne sont, à nos yeux, par leur style boursoufflé et hérissé de pointes, que des auteurs burlesques. Qui peut supporter Hardy et Jodelle?

Quel sera sur nous le jugement de la postérité? Nous nous imaginons être de grands génies; peut-être serons-nous burlesques aux yeux de nos neveux. Ce qui arrive à nos prédécesseurs ne peut-il pas nous arriver? Ne foulons-nous pas aux pieds ce qu'ont adoré nos ancêtres? Nous nous assurons en notre propre mérite; contents de nous, nous croyons toucher à la perfection, et nous nous endormons dans cette douce croyance : mais craignons le réveil. Portons nos regards en arrière, parcourons la liste des écrivains qui ont paru comme des météores à différentes époques : que de noms, même parmi les immortels, sont ensevelis dans les flots du fleuve de l'oubli! Que de choses qui faisaient les délices et l'admiration de nos pères sont aujourd'hui considérées comme burlesques!

Et ceci n'est pas une boutade paradoxale. N'avons-nous pas vu surgir naguère une école, avec des prétentions de bouleversement, de destruction, voulant, dans son audace, renverser Racine de son piédestal, bafouer Corneille, reléguer dans les antiquailles nos meilleurs poëtes, et renvoyer Aristote sur les bancs de l'école? Ne les avons-nous pas vus déjà à l'œuvre, briser d'anciens autels et en élever de nouveaux à d'étranges figures? Ne prétendaient-ils pas, ces barbares, chasser du ciel nos demi-dieux comme surannés et burlesques?

Et qui nous dit qu'il n'apparaîtra pas un jour une coterie, une race de crétins, sans goût, insensibles à toute beauté, et qui, du haut de leur grandeur, traiteront toute notre littérature de grotesque et de burlesque? Oh! mon Dieu! ne commence-t-elle pas déjà à poindre dans les arts?

Ne voyons-nous pas les réalistes se proposer, ni plus ni moins, d'enterrer les idéalistes?

Dans l'art, Aristote ramène le beau à l'imitation de la nature; mais Aristote ne défend pas de prendre dans la nature toutes les belles paroles qui peuvent concourir à la perfection d'une œuvre. Voilà l'erreur des réalistes.

Faut-il les suivre dans leur aveuglement? Alors, détrônons les vierges de Raphaël; et les Willis, et les houris, et les almées, à la taille de sylphide, aux proportions aériennes, ne seront donc que des monstres?

Devant qui devons-nous désormais nous prosterner? quel culte aura notre amour? pour qui notre encens? Saluez le maître et contemplez *la Baigneuse* au palais des Arts: voilà le modèle de la beauté.

Voyez-vous les trois Grâces; voyez-vous la nymphe Écho; voyez-vous Diane chasseresse, avec les proportions d'hippopotame de ce chef-d'œuvre de l'art?

Voyez Pallas, Vénus, Junon, avec des formes herculéennes devant le berger Pâris, et Pâris mettra la pomme dans sa poche.

Pour trouver sa soi-disant réalité, l'auteur de *la Baigneuse* s'est donné assurément beaucoup plus de peine que le célèbre Apelle lorsqu'il fit sa *Vénus* anadyomène sur les six jeunes beautés que les Agrigentins lui avaient envoyées pour lui servir de modèles.

Si Téniers a trempé son pinceau dans des couleurs bizarres, il n'a jamais prétendu faire prévaloir son genre burlesque au détriment des autres beautés de l'art. Il en est de même de Callot. Croyez-vous qu'après avoir fait les deux *Tentations de saint Antoine* et *les Gueux*, contrefait et mis en caricatures certains vices et certains ridicules, il se soit écrié, dans la contemplation de ses œuvres biscornues: Mortels, admirez! et qu'il ait dit à l'art: Voilà les bornes; tu n'iras pas plus loin? A genoux, sots idéalistes, Raphaël, Michel-Ange, Rubens, et vous tous, voilez-vous devant mes crapauds, mes diables cornus et mes monstres!

Que vous entriez à pleines voiles dans une carrière nouvelle; que vous frayiez des routes jusqu'alors inconnues, et que vous abordiez au rivage où vous attend la toison d'or, contentez-vous d'en faire la conquête; mais n'allez pas vous oublier jusqu'à rire de vos prédécesseurs, et, pleins d'une vanité ridicule, gardez-vous, sans tenir compte des temps, des lieux, des mœurs, des religions, de briser ce qui a fait l'admiration des siècles; car chaque chose a sa raison d'être qu'un esprit sage doit respecter. Ce mépris est la preuve d'un orgueil aveugle et n'indique point un esprit élevé et sain.

Eh quoi! avec vos trois images à la main, vous avez la prétention d'éclipser ces immortelles pages qui font la gloire des nations! Étudiez, étudiez, et vous parlerez quand vous aurez produit un *Jugement dernier*, une *Bataille d'Alexandre*, un *Léonidas*, une *Vierge*, une *Conception*.

Suivez-moi, entrons dans ce palais des Beaux-Arts, pénétrons dans ce sanctuaire, qu'éclaire un jour mystérieux, où Delacroix a épuisé les richesses des couleurs de sa magique palette, et prodigué les beautés de son immense talent; contemplez cet Olympe nouveau, cette assemblée de dieux dont le front rayonne d'une auréole de lumière et de gloire. Le génie est empreint dans chacun de leurs regards. Toutes ces couronnes, données aux vainqueurs, n'excitent que votre pitié; ce spectacle imposant ne touche point votre âme, fermée aux choses sublimes; vous n'êtes point ému, et le frisson ne s'empare pas de vos sens; et vous tenez un pinceau, et le pinceau ne s'échappe pas de votre main, et vous ne vous inclinez pas, et vous ne fléchissez pas les genoux!..... Qui ne sait pas admirer perd tous les droits à l'admiration et vainement il y prétend; il n'en sera jamais digne. Allez, sortez de cette enceinte, où vous ne figurerez jamais; arrière, profane!

Quelque idée excentrique qui se produise, ne soyez pas en peine, il se trouvera toujours une poignée de badauds, cinquante claqueurs qui applaudiront.

Prenez la collection des costumes depuis le moyen âge jusqu'à nos jours; quelle mine de burlesque! Nous voyons les grands seigneurs porter des habits de différentes couleurs et bariolés de toutes les pièces de leurs armoiries; les nobles dames, à leur tour, étalent sur leurs robes, à grands ramages, d'un côté le blason de leur famille et de l'autre celui de leur mari. Sous Louis XIV, on se cache sous l'ampleur d'une énorme perruque, qui, loin de donner de la dignité, ne donne qu'un air burlesque. Sous Louis XV, ce sont les paniers, nécessitant l'élargissement des portes; c'est la poudre, c'est la coiffure étagée, s'élevant jusqu'au plafond. Au commencement de la révolution, quoi de plus burlesque que la cravate où s'ensevelissait le menton, et les cadenettes, et l'habit à queue de morue, et... et... etc.? Et depuis!... et aujourd'hui!...

Dans les mascarades de carnaval, que de costumes grotesques, que de figures burlesques! Où le burlesque n'apparaît-il pas?

Vulcain, laid et difforme auprès des dieux de l'Olympe, et jeté, d'un coup de pied, par Jupiter, du haut des cieux sur la terre, à la risée de l'assemblée des dieux;

Thersite, à côté d'Achille et d'Agamemnon, Thersite, le plus laid de tous ceux qui étaient venus à Ilion; louche et boiteux, les épaules ramassées sur la poitrine, la tête pointue et parsemée de rares cheveux; insolent, et, par ses grossièretés, provoquant les Grecs à rire[1];

[1] *Iliade*, livre II.

Tyrtée, boiteux et borgne, par dérision envoyé par les Athéniens aux Lacédémoniens qui, sur un oracle, leur avaient demandé du secours pendant la deuxième guerre de Messénie;

Esope, aussi laid que Thersite;

Quasimodo, à côté du beau Phébus et de Esméralda, dans *Notre-Dame de Paris*,

Ne sont-ils pas des types de burlesque?

Si le mot *burlesque* est moderne, et effectivement on ne le trouve pas dans les auteurs anciens, en est-il de même de la chose, comme on l'a dit? Ce qui précède prouve le contraire; ce qui suit en est encore une autre preuve.

Nous avons parlé de Thespis à propos de bucolique, nous le citerons à propos de burlesque.

Qu'est-ce, en effet, qu'un homme qui se barbouille de lie, qui se pare grotesquement de feuillages, s'excite à la joie par le vin, et qui promène par les bourgs un tombereau chargé d'acteurs mal ornés[1]? Ce n'est pas, certes, de la farce à la façon de Molière dans Scapin, dans Pourceaugnac; c'est plus que du bouffon, c'est du burlesque.

Susarion, l'émule de Thespis, dans ses comédies, représentées en plein vent, sur des tréteaux, comme le rapporte l'auteur d'Anacharsis, n'offrait que des sujets remplis de farces indécentes et satiriques aux habitants des campagnes; ces comédies pouvaient-elles être autrement que burlesques? Qui ne voit dans ces bouffonneries les parades de nos foires?

Aristophane, dans sa comédie des *Nuées*, représentant Socrate au milieu des airs, hissé dans un panier, et dans celle des *Oiseaux*, où la plupart des acteurs sont des oiseaux, est plus burlesque que facétieux.

Quoi de plus burlesque que la *Batrachomyomachie ou les Combats des Rats et des Grenouilles*? Peut-on, à cette œuvre, méconnaître l'antiquité du burlesque? C'est l'*Iliade* d'Homère travestie. On a attribué ce poëme à Homère lui-même. Nous repoussons une pareille hypothèse.

Penserait-on que Racine lui-même, dans ses *Plaideurs*, en faisant apporter sur la scène une famille désolée de chiens qui pissent partout pour apitoyer Dandin par leurs larmes, soit plutôt facétieux que burlesque?

L'esprit de l'homme n'a pas d'entrave qui le retienne; enclin à la malignité, de tout temps disposé à rire, à plaisanter, il a dû descendre insensiblement de la farce au grotesque et enfin au burlesque. Il y a si peu à franchir, qu'il n'a pu résister à l'entraînement.

Les Grecs aimaient la satire, ils étaient railleurs, semant partout le sel attique; Aristophane et Ménandre en sont la preuve. Les Latins ne dédaignèrent pas de marcher sur les traces des Grecs. Térence et surtout Plaute en sont un témoignage. Dans ce dernier, les jeux de mots, les pointes et les charges grossières abondent; Martial, dans un autre genre, ne s'en est pas fait faute. Des Grecs et des Latins ce goût s'est propagé chez toutes les nations. Parmi les modernes, les Italiens furent les premiers à se livrer au genre burlesque. Les Français le reçurent des Italiens. Au dix-septième siècle, il envahit tous les esprits, et les plus fortes têtes s'en coiffèrent, voire même des élus de Richelieu; l'Académie était à peine fondée. A cette époque on vit paraître *la Passion de Jésus-Christ* en vers burlesques, tant le mauvais goût dominait. En même temps parut le *Virgile travesti* de Scarron, ainsi que les *Métamorphoses* d'Ovide travesties par d'Assouy, le singe de Scarron, et dont Boileau a dit :

Et jusqu'à d'Assouy, tout trouva des lecteurs.

Après cette époque, qui fut un moment d'égarement, le burlesque n'a plus reparu que par intervalles. Il ne fut plus regardé comme un art faisant partie des belles-lettres. Il s'est réfugié, tout honteux, dans les ponts-neufs, et il fait les frais de la parodie, où il a établi son empire, ainsi que dans certains vaudevilles, dont les plus fameux interprètes sont Levassor, Grassot, etc., qui ont reçu leur marotte de Potier et d'Odry, de burlesque mémoire.

Les beaux esprits, aujourd'hui, ne sont pas tentés de courir après la gloire qu'a donnée jadis le burlesque; ils en laissent la palme aux Cassandre et aux Deburau.

Nous terminerons en citant ce qu'en dit Boileau :

Quoi que vous écriviez, évitez la bassesse;
Le style le moins noble a pourtant sa noblesse.
Au mépris du bon sens, le burlesque effronté
Trompa les yeux d'abord, plut par sa nouveauté[1];
On ne vit plus en vers que pointes triviales;
Le Parnasse parla le langage des halles;
La licence à rimer alors n'eut plus de frein;
Apollon travesti devint un Tabarin[2].
Cette contagion infecta les provinces,
Du clerc et du bourgeois passa jusques aux princes;
Le plus mauvais plaisant eut ses approbateurs;
Et jusqu'à d'Assouy[3], tout trouva des lecteurs.
Mais de ce style, enfin, la cour désabusée
Dédaigna de ces vers l'extravagance aisée,
Distingua le naïf du plat et du bouffon,
Et laissa la province admirer le *Typhon*[4].
Que ce style jamais ne souille votre ouvrage;
Imitons de Marot l'élégant badinage,
Et laissons le burlesque aux plaisants du Pont-Neuf[5].

RÉDAREZ SAINT-RÉMY.

BUSARD (zoologie). — Genre d'oiseaux voisin des buses, dont ils ne diffèrent que par des tarses plus élevés, et par une espèce de collier que les plumes de leurs oreilles forment de chaque côté du cou. Tels sont en France la *soubuse* ou l'*oiseau Saint-Martin*,

[1] *Art poétique.*

[1] Le style burlesque fut extrêmement en vogue depuis le commencement du dernier siècle jusque vers 1660, qu'il tomba. (BOIL.)

[2] Bouffon grossier, valet de Mondor, charlatan célèbre au commencement du dix-septième siècle.

[3] Pitoyable auteur qui a composé l'*Ovide en belle humeur*. (BOILEAU.)

[4] Ou la *Gigantomachie*, poëme burlesque de Scarron.

[5] Les vendeurs de Mithridate et les joueurs de marionnettes se mettent depuis longtemps sur le Pont-Neuf. (BOIL.)

le *busard cendré* et la *harpaie*. La *soubuse* est grande comme une forte poule; elle se reconnaît en ce qu'elle a les troisième et quatrième rémiges égales, et en ce que ses ailes ne recouvrent que les trois quarts de la longueur de la queue. Le *busard cendré* est un peu plus petit, a la troisième rémige plus longue que toutes les autres, et les ailes aussi longues que la queue. La *harpaie* ou *busard des marais* se distingue des deux espèces précédentes en ce qu'elle a le dessous des ailes d'un blanc pur, tandis que celles-ci l'ont rayé de brun. Du reste, tous ces oiseaux ont les mêmes habitudes. Ils se tiennent dans le voisinage des marais, se nourrissent spécialement des reptiles qui y abondent, et nichent à terre dans les bois qui les environnent. Ils sont tous assez communs en Europe, surtout dans les pays marécageux, comme la Hollande. (*Salacroux.*)

BUSE (zoologie). — Genre d'oiseaux de l'ordre des rapaces, de la famille des diurnes, caractérisé par un bec non denté courbé dès la base, des ailes longues, une queue faiblement arrondie et un espace nu entre l'œil et le bec. Ce sont des oiseaux de proie dont on n'a jamais pu tirer aucun parti pour la chasse, ce qui les faisait ranger autrefois parmi les oiseaux *ignobles*.

La *buse commune*, que tout le monde connaît, se tient dans les bois touffus qui avoisinent les champs; elle est très-commune en Hollande et en France. Son air stupide, qui est devenu proverbial, paraît tenir en grande partie de la faiblesse de ses yeux, que le grand jour blesse presque autant que ceux de certains oiseaux diurnes; c'est aussi pour cette raison que pendant la journée on la voit souvent rester plusieurs heures de suite perchée sur la même branche

La buse chasse les oiseaux, les petits quadrupèdes, les serpents et les gros insectes. Son nid, qu'elle place sur de vieux arbres, des chênes ou des bouleaux, est construit avec de petites branches et garni en dedans de laine et d'autres matériaux légers; la femelle y pond trois ou quatre œufs blanchâtres tachetés de jaune, qu'elle couve avec soin; lorsque les petits sont éclos, elle les garde plus longtemps que les autres oiseaux de proie. Cette espèce varie beaucoup; le plus souvent elle est d'un brun roussâtre, zoné de blanchâtre et de brun sur la poitrine et le ventre; mais il est presque impossible de voir deux individus qui se ressemblent. On en trouve un grand nombre qui sont plus blancs, d'autres plus foncés. Les espèces étrangères sont fort nombreuses. (*Gervais.*)

BUTOR (zoologie) [du latin *boatus taurinus*, mugissement du taureau, à cause de son cri sourd et prolongé, semblable à un mugissement]. — Espèce de héron, de l'ordre des échassiers, famille des cultrirostres. — Voy. *Héron.*

BUTYRINE (chimie) [du latin *butyrum*, beurre]. — Matière graisseuse, ainsi nommée par M. Chevreul, qui l'a découverte en 1819, parce qu'elle contient les éléments du principe odorant du beurre. La butyrine, dit le docteur Foy, ordinairement de couleur jaune, bien qu'on puisse l'obtenir incolore, a une odeur de beurre chaud, est sans action sur le tournesol, insoluble dans l'eau, soluble dans l'alcool bouillant, saponifiable par la potasse, etc. On l'obtient en traitant le liquide qui surnage le dépôt formé par le lait de beurre abandonné à lui-même, par de l'alcool; distillant avec ménagement; ajoutant au produit obtenu, qui est un mélange de butyrine et d'acide butyrique, d'abord du sous-carbonate de magnésie pour séparer l'acide, puis de l'eau pour dissoudre le butyrate de magnésie, enfin de l'alcool chaud pour séparer la butyrine de l'excès de sous-carbonate de magnésie. La butyrine est sans usage.

BUTYRIQUE (acide). — Acide volatil du beurre, découvert par Chevreul. Pour l'obtenir, on saponifie le beurre par une lessive de potasse, et, après l'avoir étendue d'eau bouillante, on y ajoute une solution d'acide tartrique en excès : la liqueur renferme en dissolution les acides butyrique, caprique et caproïque. Soumis à la distillation, le mélange fournit un produit liquide, qui, traité par l'hydrate de baryte, donne, par l'évaporation, d'abord des cristaux de caprate de baryte, puis des cristaux de butyrate. Ce dernier sel est ensuite décomposé par l'acide sulfurique très-étendu. L'acide butirique est un liquide huileux, d'une odeur de beurre rance très-prononcée, et d'une saveur mordicante. Sa densité est 0,976, à 25°. Il bout au-dessus de 100°. Il absorbe l'oxygène de l'air en se résinifiant partiellement. Il brûle avec une flamme fuligineuse. La composition de l'acide butyrique anhydre est d'après, Chevreul, $C^8 H^{11}, O^3 + HO$. — Les *butyrates* sont très-solubles et peu cristallisables; ils exhalent une odeur de beurre rance. On connaît plus particulièrement les *butyrates de baryte*, de *chaux*, de *plomb*, et d'*argent*. (*Hoefer.*)

BUXINE (chimie). — Substance obtenue, par M. Faure, en analysant l'écorce et la racine de buis. Elle est pulvérulente et rousse, amère, sans acreté, soluble dans l'alcool, dans l'eau bouillante et dans les acides où elle est précipitée par l'ammoniaque. Elle ramène au bleu le tournesol rougi. La buxine, qui provoque l'éternuement, donne un sulfate et un acétate très-amers.

BYSSUS ou **BISSE** [du grec *byssos*, fil de lin]. — Matière rare et précieuse dont les anciens se servaient pour fabriquer des étoffes très-riches et très-recherchées : selon les uns, cette matière était une soie jaune, fournie par le coquillage appelé *pinne marine*; selon d'autres, c'était une espèce de *coton*; enfin, on a supposé que cette matière n'était autre que les filaments des racines d'une plante de la famille des carduacées. — Le nom de *bissus* se donne aujourd'hui aux étoffes de filaments qui sortent de la coquille de certains mollusques lamellibranches (pinne-marine, tridacne, etc.), et avec lesquels ils s'attachent aux rochers. Les Siciliens et les Calabrais les filent et en fabriquent des bas, des gants, etc.

FIN DE LA LETTRE B

C (alphabet). — Seconde consonne et troisième lettre de l'alphabet français, qui, chez les Romains, signifiait *cent*, comme lettre numérale. Avec une barre au-dessus, $\overline{C}$ valait *cent mille*; CC, *deux cents*; CCC, *trois cents*; CD, *quatre cents*; DC, *six cents*; DCC, *sept cents*; DCCC, *huit cents*, etc. Cette lettre, sur les anciennes monnaies de France, indique que ces monnaies ont été frappées à Saint-Lô, ou à Caen.

CABALE (histoire, aceptions diverses) [de l'hébreux *kabbalah*, qui signifie proprement réception par tradition; du verbe *kibbel*, qui, en hébreu rabbinique, veut dire recevoir par tradition, recevoir de père en fils, d'âge en âge]. — Le mot *cabale* s'entendait originairement d'un sentiment, d'une opinion, d'une explication de l'Écriture, d'une coutume ou pratique transmise de père en fils. Les Juifs croient que Dieu donna à Moïse, sur la montagne de Sinaï, non-seulement la loi, mais encore l'explication de la loi; et cette explication non écrite, ils l'appellent loi orale, ou *cabale*. C'est le sens propre et primitif de ce mot; après cela, parmi les explications de la loi, il y en a eu de mystérieuses : on a donné à certains mots, et même à des lettres de certains mots, des significations abstruses, singulières et fort éloignées de ce que les termes semblaient naturellement signifier; c'est l'art d'interpréter ainsi l'écriture qui a été plus particulièrement appelé *cabale*, et c'est le sens le plus ordinaire de ce mot dans notre langue. Dans la suite, on a donné le nom de *cabale* non-seulement à cet art, mais à toutes les opérations dans lesquelles on suivait les règles de cet art. De là la *cabale hermétique*, ou l'art prétendu de connaître les propriétés les plus cachées des corps, et la raison des phénomènes les plus extraordinaires, par un commerce immédiat avec les esprits, et par l'intelligence de leurs caractères mystiques.

Cabale se dit de l'intrigue d'un parti ou d'une faction formée pour travailler, par des pratiques secrètes, à tourner à son gré les événements ou le cours des choses.

CABESTAN (mécanique) [de l'espagnol *cabre stante*, chèvre debout]. — Machine composée d'un rouleau de bois cylindrique ou un peu conique, posé verticalement entre des pièces de bois, et que l'on fait tourner par le moyen de leviers qui y sont appliqués. Au moyen de cette machine on peut vaincre de très-grandes résistances avec des puissances beaucoup moindres. Aussi s'en sert-on sur les vaisseaux, pour lever les ancres ou autres fardeaux où sont amarrés les câbles, que l'on fait passer par-dessus le cylindre. On s'en sert encore dans les ports pour amener les vaisseaux à terre, et pour faire passer d'un bateau sur le sol des masses extrêmement lourdes, comme des blocs de marbre, de pierre, etc.

CABIAIS (zoologie) [*hydrochærus*]. — Famille de mammifères de l'ordre des rongeurs acléidiens, qui n'ont que deux incisives, quatre doigts devant et trois derrière, tous armés d'ongles larges et réunis par une membrane : ce qui détermine chez eux des habitudes aquatiques. On ne connaît qu'une seule espèce de ce genre, le *cabiai* ou *capybare*.

Le cabiai est le plus grand de tous les rongeurs, et sa taille égale celle d'un petit cochon, auquel il ressemble aussi par la brièveté de ses pattes. Sa peau, ferme et épaisse, est garnie de poils courts, grossiers et fortement serrés contre le corps, à peu près comme ceux des phoques. Ses habitudes sont presque exclusivement aquatiques, et le poisson fait la base de sa nourriture; aussi la pêche fait-elle son occupation habituelle. Néanmoins il sort de l'eau de temps en temps et se promène sur le bord des fleuves, cherchant des fruits et des racines, dont il se nourrit également. C'est surtout pendant la nuit qu'il va chercher sa subsistance, de compagnie avec plusieurs de ses semblables, ou du moins avec sa femelle. Le jour, il se tient caché dans un terrier qu'il se creuse sur le bord de la rivière qu'il fréquente; mais, comme il est extrêmement timide, au moindre bruit qui l'effraye, il se précipite dans le courant, nage longtemps entre deux eaux, et ne se montre à l'air qu'à une très-grande distance du point où il a plongé; de sorte qu'il est très-difficile à prendre. Ce rongeur est très-commun à la Guyane, où il passe pour un bon gibier, quoique sa chair ait un peu le goût de poisson, comme celle de la loutre; mais on le lui fait perdre assez aisément en le nourrissant de végétaux;

car, malgré son naturel craintif et sauvage, il s'apprivoise sans peine, et se montre même très-docile à la voix des personnes qui le soignent. (*Salacroux.*)

CABLE (marine). [Du hollandais *cabel*, ou de l'arabe *chabel*, dont les Anglais ont également fait *cable.*] — Grosse et longue corde, faite ordinairement de chanvre et deux fois commise, c'est-à-dire composée de trois haussières, dont chacune est faite de trois torons commis et tortillés ensemble. Une corde faite de cette façon est appelée *câble* lorsque sa grosseur est au moins de douze pouces (0,32 centimètres) de circonférence; car celles qui sont plus petites sont appelées *grelins* et *cablots*.

On n'emploie proprement les câbles qu'à tenir les ancres des vaisseaux, et à les amarrer dans les ports : on les fait ordinairement de 120 brasses (194 mètres) de longueur; de sorte que, lorsqu'on dit qu'un vaisseau est à deux *câbles* ou *encâblures* de terre ou d'un autre vaisseau, on doit entendre qu'il en est à 240 brasses (399 mètres). On désigne un câble par sa circonférence : ainsi, un câble de vingt-quatre pouces (0,64 centimètres) est un câble de vingt-quatre pouces (0,64 centimètres) de circonférence.

On rencontre souvent, dans les ouvrages de marine, ces expressions : *couper un câble*; *filer un câble par le bout*. — *Couper un câble*, c'est, dans un cas où l'on est forcé d'appareiller promptement d'un mouillage, soit par le mauvais temps, ou par la présence de l'ennemi, couper le *câble* qui tient l'ancre au fond de la mer, sans s'arrêter à lever l'ancre, ce qui ferait perdre trop de temps. Alors, on sacrifie son ancre, ou on y laisse une bouée attachée par un orin, afin de reconnaître l'endroit où on l'a laissée, et venir la reprendre dans un autre moment. *On file le câble* par le bout, au lieu de le couper, lorsqu'on prévoit qu'on aura l'occasion de venir le reprendre, au moyen de la bouée qu'on a laissée sur l'ancre.

CABOTAGE (marine) [radical espagnol *cabo*, cap]. — Navigation de *cap en cap*, c'est-à-dire le long des côtes, pour le transport des marchandises d'un port à un autre du même pays, sans toucher aucune terre étrangère, hors le cas de relâche forcée.

CACAOYER ou **CACAOTIER** (botanique), aussi nommé *théobrome* (nourriture des dieux). — Arbre dont les graines, torréfiées, servent à faire le chocolat. On en connaît quatre espèces, formant un genre de la famille des malvacées. Le cacao du commerce s'obtient par la culture du cacaoyer, qui se pratique à l'île Bourbon, au Mexique, aux Canaries, à la Guyane, aux Philippines, etc. Ces végétaux atteignent jusqu'à dix mètres de hauteur; leurs feuilles sont d'un vert brillant, entières, alternes et munies de stipules; les fleurs, blanchâtres, inodores, forment de petits bouquets; le calice monosépale, caduc, a cinq divisions profondes; la corolle a cinq pétales inégaux, alternés avec les lobes du calice; les étamines, au nombre de dix, alternativement fertiles et stériles, sont soudées à la base et ont des anthères à deux loges; style simple, cinq stigmates; le fruit, qui s'appelle *cabosse*, ressemble pour la forme au concombre, il est marqué de dix sillons; son enveloppe extérieure, très-dure, a treize millimètres d'épaisseur, et contient de quinze à quarante graines enveloppées d'une pulpe dont l'acidité agréable est, dit le docteur Chenu, un rafraîchissement qui fait les délices des dames créoles. Le cacaoyer, comme toutes les plantes de la même famille, contient beaucoup de mucilage, et l'on extrait de ses graines le beurre de cacao, qui est très-émollient. GOSSART.

CACATOÈS (zoologie). — Genre d'oiseaux comprenant treize espèces, de la famille des cacatuinés et de l'ordre des grimpeurs. Ce genre se distingue par un bec fort, épais, très-recourbé, peu comprimé, un peu plus haut que large, à arête élargie, à bords sinueux, renflé au milieu, terminé en pointe crochue, courte; mandibule inférieure épaisse, carénée, un peu échancrée du bout; des narines larges, arrondies, cachées sous les plumes; des ailes atteignant le bout de la queue, la deuxième, la troisième et la quatrième rémiges plus longues que les autres; une queue courte, carrée; des tarses courts, assez forts, réticulés, et des ongles longs, robustes, recourbés. Ces oiseaux sont remarquables par la beauté de leur plumage et par une huppe qu'ils redressent à volonté. On les trouve aux Moluques et en Australie; ils font leurs nids dans des trous d'arbres, et se nourrissent de graines et de quelques autres parties des végétaux; mais ils en détruisent beaucoup plus qu'ils n'en consomment. Ils sont intelligents et apprennent facilement à parler. GOSSART.

CACHALOT (zoologie) [*physeter macrocephalus*]. — Mammifères cétacés dont les dimensions égalent celles de la baleine. Leur tête, quoique faisant plus du quart de la masse totale de leur corps, est cependant presque uniquement formée par la mâchoire supérieure; le crâne n'occupe qu'un très-petit espace à sa partie postérieure; le reste est consacré à de grandes cavités qui logent la substance connue dans le commerce sous le nom de *blanc de baleine*. Quant à la mâchoire inférieure, elle est très-petite et s'applique dans un sillon de la supérieure, qui la cache presque entièrement. De ces deux mâchoires, l'inférieure est seule garnie de dents coniques et recourbées vers l'intérieur de la gueule; et cette particularité, jointe à leur museau tronqué carrément et à la position de leur évent unique, qui s'ouvre à l'extrémité de ce museau, forme le meilleur caractère distinctif de ces animaux : à quoi on peut ajouter qu'ils ont l'œil gauche plus petit que le droit, et une bosse graisseuse sur le dos.

Les cachalots, comme tous les autres cétacés, vivent en sociétés nombreuses, qui sillonnent la plupart des mers, car les pêcheurs en rencontrent fréquemment des troupes dans les voyages qu'ils font loin des côtes. Une de ces troupes, composée de dix-neuf individus, échoua en 1723 à l'embouchure de l'Elbe; et plus récemment il en échoua, sur les côtes de Bretagne, une seconde, dans laquelle on n'en compta pas moins de trente-trois. On assure que lorsque quelqu'un des individus qui forment ces sociétés remarque l'approche de quelque danger, il en donne connaissance à ses compagnons en poussant un grand cri, dont le timbre a été comparé à celui que produisait une forte cloche. Le retentissement en est tel, si l'on en croit les capitaines de vaisseau, qu'il fait trembler le navire pendant plusieurs secondes.

Les mœurs de ces mammifères sont à peu près aussi carnassières que celles des dauphins (voyez ce mot); et, comme ils sont plus forts, ils se rendent aussi plus redoutables. Ils attaquent tous les habitants de la mer, et font surtout une guerre d'extermination aux mollusques, aux poissons, aux phoques, etc., qui font leur principale et presque unique nourriture. On assure qu'il n'est pas rare de voir tous les membres d'une troupe se jeter sur l'embarcation qui a blessé l'un d'eux, chercher à la submerger, et, s'ils y réussissent, dévorer les gens de l'équipage.

Mais, malgré sa force et sa taille, le cachalot n'est pas plus à l'abri des poursuites de l'homme que les autres cétacés. Son *lard*, et surtout le *blanc de baleine* et l'*ambre gris* qu'il fournit, sont des appâts trop puissants pour qu'il ne brave pas tous les périls de sa pêche. L'ambre gris est un parfum de consistance variable, qu'on trouve tantôt contenu dans les intestins de l'animal, tantôt flottant à la surface des mers qu'il fréquente, et quelquefois gisant sur leurs rivages déserts; mais on ignore s'il se forme dans l'intérieur de son corps, ou s'il a d'abord été avalé et ensuite rejeté. Quoi qu'il en soit, c'est une substance fort recherchée en médecine et surtout dans la parfumerie. Quant au *blanc de baleine*, dont le nom propre vient de ce que l'on confondait autrefois la baleine et le cachalot, c'est une espèce de cire blanche et friable, qui se forme dans les cavités de la tête et dans quelques autres parties du corps. Il sert à faire d'excellentes bougies, qui joignent à l'avantage de répandre une belle lumière celui de ne pas tacher les tissus sur lesquels il en tombe quelques gouttes. Pour le lard, il sert aux mêmes usages que celui des autres cétacés, c'est-à-dire que, transformé en huile, il devient propre au tannage, à l'éclairage, etc.

La quantité de ces substances produites par un seul cachalot varie considérablement; en général, on en retire quatre-vingts barils d'huile, vingt barils de blanc de baleine et douze kilogrammes d'ambre gris; mais il faut observer que l'on ne trouve pas toujours cette dernière matière; il paraît qu'il n'y a que les individus malades qui en fournissent. Outre ces trois produits, qui sont les principaux que nous recherchons dans les cétacés dont nous parlons, les peuples peu civilisés en retirent plusieurs autres services; ils mangent leur chair, boivent leur huile, emploient leurs mâchoires et leurs côtes comme bois de charpente, etc. Leurs dents surtout ont à leurs yeux une valeur inestimable; ils les prisent autant que nous le diamant, et les marins qui voyagent dans les mers du Sud se procurent avec quelques-uns de ces os les objets les plus précieux et les plus rares.

On ne compte qu'une espèce bien authentique de ce genre; c'est le *cachalot macrocéphale*. Il fréquente indistinctement les mers glaciales, tempérées ou intertropicales, mais surtout celles du Midi, les seules où on lui fait la pêche en grand. (*Salacroux.*)

CACHEMIRE (industrie, commerce). — Nom donné aux châles indiens qui nous viennent du royaume de Cachemire, et qui se fabriquent avec le duvet qui recouvre la poitrine des chèvres d'une race particulière au pays des Kirghiz. Ces châles sont précieux, tant par la solidité et le moelleux du tissu que par la richesse des couleurs et la variété des dessins brochés dans le tissu même. Leur usage est devenu assez commun en Europe depuis l'expédition d'Égypte, et surtout depuis la paix générale de 1814 — En 1856, M. A. de Bréhat a donné, dans le *Journal pour tous*, les détails suivants sur la fabrication des cachemires : Les beaux cachemires ne se fabriquent que dans la ville même de ce nom, dont l'air semble exercer une influence toute particulière sur leur tissu. A diverses reprises, en effet, on a emmené des *châlbates* ou tisserands, choisis parmi les plus habiles dans d'autres villes du voisinage, et jamais ils n'ont pu obtenir les mêmes résultats qu'ils obtenaient à Cachemire, quoiqu'ils opérassent avec les mêmes fournitures et les mêmes métiers.

Le *paschm*, ainsi qu'on appelle la partie de la toison d'une certaine espèce de chèvres qui sert à fabriquer les cachemires, vient presque entièrement de Ladak, et, tous droits acquittés, se vend au bazar de 3 à 5 roupies (7 fr. 50 c. à 12 fr. 50 c.) le *ser*, poids qui équivaut à peu près à notre kilogramme. Comme ce paschm contient une grande quantité de poils et de parties grossières, on lui fait subir un premier triage, dont le résultat est porté de nouveau au bazar et revendu aux tisserands, ou, pour mieux dire, à leurs femmes, au prix de 5 à 7 roupies le ser. Les femmes le filent alors à la main avec un rouet dans le genre de ceux de nos paysannes bretonnes. Chaque ser ne produit qu'un quart environ de fil de première qualité, c'est-à-dire fin et soyeux. Ces malheureuses, dont le triste sort rappelle celui de nos fileuses de province, travaillent de 9 à 10 heures par jour pour gagner 2 francs au plus par mois. Elles vendent leur fil à des *tarferoches* ou marchands de fils, dont le commerce est absolument le même que celui des *filotiers* de Bretagne, qui le revendent par quantité plus considérable aux maîtres de métiers, aux karkhandars, après avoir toutefois payé des droits sur leur acquisition. La première opération que les karkhandars font subir à ce fil, c'est de l'envoyer à la teinture. Il vaut alors depuis 6 roupies le ser jusqu'à 30 ou 35 roupies, suivant sa qualité, et se divise en fil double, qui est peu tordu et sert à faire la trame, et en fil simple pour croiser cette trame. Les métiers ont beaucoup d'analogie avec ceux de nos tisserands, et sont réunis au nombre de 5 à 6 dans des pièces basses d'étage et percées de petites croisées. Enveloppés de leurs longues robes, les châbates se tiennent assis au nombre de trois devant chaque métier. Dans l'hiver, ils ont des chaufferettes sous leurs pieds, et, comme en même temps on tient les fenêtres fermées, on comprend quelle odeur suffocante saisit à la gorge le visiteur qui pénètre dans ces salles humides et malsaines.

Les trames se composent de 1,000 à 3,000 fils, suivant le châle. On les mouille de temps en temps avec de la bouillie de farine de riz excessivement délayée, qui fortifie le fil et empêche sa surface de s'écorcher. Comme on le voit, c'est absolument le même procédé que celui employé pour les toiles par les tisserands français, sauf la farine de froment ou d'avoine substituée à celle de riz. Les ouvriers chargés de tisser les beaux châles ont devant eux une telle quantité de bobines, 900, 1,000, 2,000, peut-être, que je ne comprends pas comment ils peuvent s'y reconnaître malgré toute leur habileté. C'est, du reste, un métier fort difficile, et plusieurs années de travail sont nécessaires pour former un ouvrier passable. Le salaire de ces pauvres gens est pourtant fort minime, d'autant plus qu'ils sont forcés d'acheter leur riz aux karkhandars, leurs maîtres, qui le payent eux-mêmes fort cher au gouvernement, et le revendent en conséquence aux malheureux tisserands. Le métier de ces derniers est si malsain qu'ils meurent jeunes et deviennent presque infirmes de 40 à 50 ans.

On appelle *zamine* le fond uni des châles, qui se fait à part et se compose d'une étoffe nommée *alouanne*, dont le prix reste, à peu de chose près, le même, quelle que soit la finesse de son tissu. On rapporte sur ce fond les palmes et les bordures qui sont tissées séparément et divisées en plusieurs morceaux, par suite de la façon déplorable dont se perçoit l'impôt sur les châles. Tous les mois, en effet, le percepteur indigène fait une visite dans les ateliers, afin de toucher, sur ce qu'il y a de fabriqué, des droits qui sont basés sur la valeur du travail terminé, et doivent être fixés par des arbitres à la nomination desquels le fabricant n'a même pas le droit de participer. Pour soumettre la portion de châle à l'estimation, on fait couper tout ce qu'il y a d'achevé sur le métier, et le morceau, estampillé après payement du droit, est rapporté au mâlik. Ce qui contribue encore à augmenter le nombre de ces morceaux, c'est qu'un châle d'une certaine valeur, fait d'une seule pièce, occuperait un métier pendant cinq ou six ans, et nécessiterait des avances considérables. Partagé, au contraire, entre plusieurs ouvriers, dont chacun a sa spécialité, il peut être achevé au bout de sept ou huit mois. Les divers morceaux sont recousus autour du zamine par des *raffaguers*, qui accomplissent ce difficile travail avec une habileté extraordinaire et se font payer une roupie environ par chaque morceau. La plupart des beaux châles se composent ainsi de 15 à 30 pièces, mais cela ne nuit en rien à leur vente, qui se fait toujours par paire, excepté pour les *djamévars* et les *douchalahs*. On appelle *djamévars* les châles sans fond, c'est-à-dire rayés d'un bout à l'autre, ou semés de divers dessins qui ne manquaient jadis ni de cachet, ni d'originalité, mais qui deviennent chaque jour plus laids et plus baroques. Quant aux *douchalahs*, ce sont des cachemires plus communs et très-épais qu'on ne voit jamais en Europe, et qui se vendent presque tous en Perse, où ils servent à faire des habillements d'hiver pour les femmes riches. Le prix des cachemires qui viennent dans nos pays varie de 1,500 à 3,000 roupies la paire. On n'en fait guère au-dessus de ce prix que par commande spéciale. La teinture de ces châles est toute primitive et se fait de la manière la plus grossière avec du safran pour le jaune, de l'indigo pour le bleu, de la cochenille pour l'écarlate, du sulfate de fer pour le noir, et des mélanges de safran et d'indigo, de cochenille et de bois de teinture pour les diverses couleurs intermédiaires. Quant au vert ou au bleu marin ou *seroze*, ils l'obtiennent au moyen de drap vert commun qu'on fait venir d'Europe, et qui ne sert qu'à transmettre sa couleur aux cachemires. Pour mordant, on emploie de l'alun.

Des marchands persans, établis à Cachemire et dans les environs, achètent ces châles, et les envoient soit en Perse, soit à Calcutta, d'où leurs correspondants les font passer en Europe. Beaucoup sont achetés sur place par des marchands de Lahore ou de quelques grandes villes du nord de l'Hindostan, et revendus ensuite aux rajâhs et aux riches *bâboos*. Quant aux souverains un peu importants de l'Hindostan, la plupart d'entre eux font des commandes directes, et ont sur les lieux des agents spéciaux qui surveillent la confection des châles et les rapportent à leur souverain. Par suite des frais de voyage, des intérêts, des courtages, des bénéfices des divers marchands et des droits énormes prélevés sur les cachemires, le châle qui a coûté 3,000 francs à Cachemire ne peut se vendre moins de 6 à 7,000 francs une fois rendu en France. (*A. de Bréhat.*)

CACHET [du verbe *cacher*]. — Objet formé d'une matière quelconque, gravé sur une surface pouvant varier de un à quatre centimètres, et servant à imprimer, en appuyant, les initiales d'un nom, les armoiries ou dessins, soit sur de la cire, du papier ou toute autre chose imprégnable. Il sert le plus souvent à cacheter les lettres, les contrats, les diplômes, les testaments, etc. L'empreinte elle-même s'appelle aussi *cachet*.

Le cachet peut se confondre avec le *sceau* et le *timbre*; il en diffère cependant en ce qu'il ne sert généralement qu'aux commerçants ou aux particuliers, soit pour cacheter des lettres ou des marchandises. Le sceau appartient aux administrations publiques, aux princes, à l'État; le timbre, enfin, à la poste et à l'administration qui porte son nom.

Quelques auteurs prétendent que l'usage du cachet fut une invention des Lacédémoniens, qui, non contents de fermer leurs armoires et leurs coffres avec les clefs, y ajoutèrent une plus grande sûreté en y appliquant un cachet; de là vient probablement cette coutume d'apposer les scellés après la mort, en marquant le sceau sur tout ce qui peut contenir des valeurs ou les dernières volontés des trépassés.

On a conservé le souvenir des cachets de plusieurs illustres personnages de l'antiquité. Jules César avait sur son cachet une figure de Vénus; Auguste avait un sphinx, Mécène une grenouille, Pompée un chien sur la proue d'un navire; Séleucus, roi de Syrie, une ancre; Polycrate une lyre. Plusieurs chrétiens des premiers siècles portaient sur leurs anneaux, servant de cachets, le monogramme du Christ. Il serait fort intéressant qu'on pût rassembler les cachets des hommes qui se sont rendus célèbres ou illustres; on pourrait presque ainsi juger, d'après les figures ou allégories qui y seraient représentées, de leurs sentiments et de leurs mœurs; ces pièces serviraient à l'appui de l'histoire pour constater leurs penchants, leurs vices ou leurs vertus.

Les Grecs et les Romains enveloppaient leurs parchemins ou tablettes, sur lesquels ils avaient écrit, d'un fil de lin passant dans des trous et faisant plusieurs tours; ils les induisaient alors de cire et y posaient leur cachet.

Les cachets sont généralement gravés en creux, afin de produire des reliefs. Les cachets antiques sont presque tous montés sur des bagues.

On a conservé jusqu'aujourd'hui, au moins en partie, ce genre de cachet; il est commode en ce sens qu'on le porte constamment avec soi, et sert généralement de parure. Il consiste en un anneau d'or travaillé plus ou moins richement, surmonté d'une petite plaque de pierre fine quelconque, de forme ronde, ovale ou carrée arrondie. Il se porte à l'index.

La majeure partie des cachets est fabriquée par les orfévres, les lapidaires et les bronziers. Leur forme ordinaire est une petite colonne servant de manche et terminée par une embave où se trouve gravé le cachet.

Le lapis, le jaspe, la cornaline, le cristal de roche, l'aventurine, la malachite, le verre ordinaire même, sont autant de matières qui servent à faire les cachets dans la lapidairerie. La bijouterie et la fabrique de bronzes ne sont pas moins fécondes. Des sujets modelés et ciselés de toutes sortes, allégoriques ou vrais, tirés des arts et des sciences, tout ce que la nature produit, animaux, plantes, fleurs et fruits, vient se grouper selon la fantaisie et la plus ou moins heureuse combinaison de l'artiste; le diamant et l'émail viennent encore parfois s'harmoniser avec l'art.

Le cachet est une consécration morale. De même qu'on n'appose sa signature que sous des pensées dignes de soi, de même on n'imprime son cachet que sur des actes dont on n'a pas à craindre l'examen de l'avenir. E. Paul, *statuaire-jouillier.*

CACHEXIE (médecine) [du grec *cacos*, mauvais, et *hexis*, disposition]. — État de dépérissement qui survient après de longues maladies ou à la fin de certaines affections (scorbut, cancer), et que caractérisent l'amaigrissement, un teint jaune ou plombé, l'infiltration des tissus et la langueur de toutes les fonctions. Il ne faut pas confondre ce mot avec *diathèse*. — Voy. *Diathèse*.

CACHOU [par corruption de l'indien *catechu*, suc d'arbre]. — *Terra japonica*, extrait préparé dans les Indes orientales avec le bois, les feuilles et les fruits de l'*acacia catechu*. On trouve dans le commerce trois espèces de cachou : 1° celui du *Bengale*, terne et rougeâtre, sous forme de pains pesant trois à quatre onces; 2° celui de *Bombay*, brun et plat, ayant la forme de pains très-aplatis et du poids de deux à trois onces; 3° le *cachou en masses*, qui est en fragments irréguliers, provenant de masses d'un poids plus considérable. Les deux dernières espèces sont plus estimées que la première.

Le cachou est solide, cassant, soluble dans l'eau, surtout dans l'eau chaude; il a une saveur astringente particulière, suivie d'un arrière-goût sucré, qui rend cette substance moins désagréable à prendre que les autres astringents. Il renferme une très-grande quantité de cette espèce de tannin qui jouit de la propriété de précipiter en vert les sels de peroxyde de fer. Ses propriétés médicales sont d'être astringent et légèrement tonique. On l'emploie avec succès dans les diarrhées anciennes et non inflammatoires, dans les hémorrhagies dues à la faiblesse, dans certains écoulements muqueux, etc. Son usage en gargarisme ou sous forme de tablettes, pour remédier au relâchement des gencives et à certaines ulcérations de la muqueuse buccale, est très-fréquent. Voici la formule de quelques-unes de ses préparations : la décoction usitée dans les diarrhées et les hémorrhagies ou flux de sang chroniques se prépare en faisant dissoudre à chaud quatre à huit grammes de cachou dans un litre d'eau; on édulcore avec soixante grammes de sirop de coing. On conserve, dans les pharmacies, une teinture de cachou simple ou composée (*teinture japonaise*) qu'on emploie avec succès, en l'étendant d'eau, pour raffermir les gencives qui sont molles, gonflées et saignantes au moindre contact. Cette teinture, dont la composition est connue, doit être préférée pour la toilette aux préparations secrètes que vendent les parfumeurs, et dont le moindre inconvénient est souvent de n'être pas utiles. On emploie dans les mêmes affections des gencives et surtout afin de remédier à la fétidité de l'haleine les tablettes ou pastilles de cachou (cachou une partie, sucre quatre parties); pour qu'elles remplissent ce dernier but, il est nécessaire d'y ajouter une certaine quantité de poudre de vanille et une teinture odorante quelconque, celle d'ambre, par exemple. (*J. P. Beaude.*)

CACOGRAPHIE (grammaire) [du grec *cacos*, mauvais, et *graphé*, écriture]. — Recueil de mots ou de phrases où les règles de l'orthographe ont été violées à dessein, et que le maître fait corriger par ses élèves. Cette méthode est déjà ancienne, car Jacquier a publié une cacographie en 1752, et on ne dit pas qu'il en soit l'inventeur. Mais ce n'est qu'à partir de 1811 que la cacographie a commencé à devenir en vogue, grâce au grammairien Charles-Constant Letellier. Les auteurs de ces ouvrages ont suivi divers systèmes dans leur composition. Les uns ont accumulé comme à dessein et sans ordre les fautes les plus grossières, sous prétexte qu'il y a beaucoup de gens qui écrivent aussi incorrectement. Les autres n'ont violé les règles de l'orthographe que pour quelques mots, et les ont classés dans l'ordre des règles de la grammaire. Quelques-uns ont écrit tous les mots français conformément à la prononciation. Enfin il en est qui ont recouru en même temps ou successivement à ces divers procédés. Quelle que soit la marche que l'on adopte, la cacographie est un mode d'enseignement radicalement vicieux, qui tend à disparaître de l'enseignement, et elle est déjà abandonnée depuis longtemps par les maîtres les plus éclairés. Boniface l'appelle un *mal nécessaire*. Je ne crois pas à cette nécessité. Un professeur de calligraphie ne donne pas pour modèles à ses élèves les griffonnages et les pattes de mouches qui forment l'écriture de la grande majorité des hommes; il choisit les écritures les plus correctes, les plus régulières. Les artistes ne s'initient pas à la connaissance du beau par l'étude des caricatures et des barbouillages des peintres d'enseignes, mais ils étudient les chefs-d'œuvre des peintres et des statuaires, antiques et modernes, de toutes les écoles et de tous les pays. Et si un jeune homme veut suivre le sentier de la vertu, ce n'est pas en fréquentant les gens les plus vicieux et les plus corrompus qu'il y parviendra. Pourquoi donc suit-on une autre marche en matière d'orthographe? Il est vraiment étonnant que des hommes passant leur vie avec des enfants n'aient pas songé que la première impression faite sur notre esprit est la plus forte, la plus durable; que souvent même elle est ineffaçable. De là vient que l'élève retient souvent plutôt la mauvaise orthographe que la bonne. Dans tous les cas, il lui en reste au moins presque toujours une incertitude qui le fait tomber dans de fréquentes erreurs. Quand les exercices cacographiques sont basés sur des règles déjà apprises, comme dans les cacographies méthodiques, le mal est moins grand, mais il n'existe pas moins. Le système des cacographies orthophoniques est aussi tolérable jusqu'à un certain point, car il enseigne au moins la prononciation, mais il est toujours à craindre que les élèves ne confondent, en écrivant, l'orthographe et la prononciation, qui malheureusement sont presque toujours en désaccord. Boniface dit que, la cacographie, quand elle est méthodique, loin d'être un instrument nuisible pour l'élève, est un moyen facile de vérifier par lui-même l'étendue de ses connaissances, de se fortifier dans ce qu'il sait et d'apprendre ce qu'il ignore. Ce but est plus facilement atteint en présentant aux enfants des phrases orthographiées régulièrement, lorsqu'on les oblige à rendre compte des motifs qui ont porté à écrire un mot d'une façon plutôt que d'une autre.

J. B. Prodhomme,
Correcteur à l'Imprimerie impériale.

CACOLOGIE (grammaire) [du grec *cacos*, mauvais; *logos*, discours]. — La cacologie est un recueil de phrases vicieuses extraites de divers auteurs, qu'un professeur donne à corriger à ses élèves. Ce que j'ai dit de la cacographie s'applique également à la cacologie; mais les ouvrages de cette nature présentent un autre inconvénient, c'est de donner comme vicieuses des phrases de Corneille, de Racine, de Bossuet, etc., parce qu'elles ne sont pas conformes à l'usage actuel, ce qui contribuerait à faire croire aux élèves que les ouvrages de ces écrivains illustres sont remplis de fautes. Quelquefois aussi les auteurs des exercices cacologiques rangent parmi les phrases vicieuses des phrases très-correctes, qui n'ont d'autre défaut que de ne pas être basées sur des règles arbitraires faites par des grammairiens qui ne connaissent pas le génie de notre langue, et qui, au lieu d'établir leurs règles sur des exemples puisés dans les écrits des hommes qui font la gloire de notre pays, n'admettent comme digne d'approbation que ce que leur étroit cerveau juge tel.

J. B. Prodhomme,
Correcteur à l'Imprimerie impériale.

CACOPHONIE (grammaire) [du grec *cacos*, mauvais; *phoné*, son]. — Rencontre de lettres ou de syllabes dures et choquantes par leur dissonance ou leur bizarrerie, et qui forment dans le style ou dans le langage un son désagréable à l'oreille.

La cacophonie produite par la rencontre des voyelles s'appelle *hiatus* ou *bâillement*. Nos anciens poëtes ne cherchaient nullement à l'éviter. En voici un exemple tiré des quatrains de Pibrac :

Ne vas au bal, qui n'aimera la danse;
Ni à la mer, qui craindra le danger;
Ni au festin, qui ne voudra manger;
Ni à la cour, qui dira ce qu'il pense.

Mais, depuis Malherbe, il n'est aucun poëte, même le plus médiocre, qui ne se soit fait une loi d'éviter cette rencontre.

On a été beaucoup trop sévère en proscrivant impitoyablement toutes les rencontres de deux voyelles; on n'aurait dû condamner que celles qui produisent des sons cacophoniques. Pourquoi le rapprochement d'une voyelle finale et d'une voyelle initiale serait-il plus dur que celui qui se trouve dans le courant des mots? On ne veut pas souffrir *il y a* dans un vers, et personne ne condamne des mots tels que *Ilia*, *Ilion*, où la même rencontre a lieu. Quoi qu'on dise, il sera difficile d'obtenir la modification de cet usage, car il est trop ancien.

S'il y a un *e* muet, on dit que l'hiatus n'existe pas :

L'essieu *crie et* se rompt.....

Mais on trouve un hiatus dans cet hémistiche :

Le *cri est* entendu.....

Tout cela n'est-il pas un peu arbitraire?

Ce serait pousser la sévérité jusqu'au ridicule que de vouloir bannir l'hiatus de la prose; cependant il est certaines rencontres de voyelles qu'il n'est pas possible d'admettre, telles sont les suivantes : Il alla a Athènes, on demanda a Aaron.

La cacophonie vient aussi de la répétition trop fréquente des mêmes lettres et des mêmes syllabes. Ce vice existe dans les phrases suivantes : *Cette pièce est intéressante, et* l'on la lira. *Dès que la ville fut prise,* Sylla la pilla. *Le* roc occidental. O homme. *J'ai entendu* son son. *Il* y hivernera.

Non, il n'est rien que *Nanine n'honore.* (Voltaire.)

On peut encore citer comme un exemple de cacophonie les vers suivants que Boileau a faits, à l'imitation de Chapelain, pour tourner en ridicule le style de ce poëte :

> Maudit soit l'auteur dur dont l'âpre et rude verve,
> Son cerveau tenaillant, rima malgré Minerve,
> Et, de son lourd marteau, martelant le bon sens,
> A fait de méchants vers douze fois douze cents.

Mais c'est se montrer rigoureux à l'excès que de trouver, comme la Harpe, une cacophonie dans le vers suivant de Voltaire :

> Depuis la mort d'un père, un jour *plus plein* d'effroi.

La cacophonie résulte aussi de syllabes nasales trop répétées et surtout trop rapprochées. Voici un des plus remarquables exemples de cette faute. On raconte que pendant les guerres de la Fronde, un magistrat trouvant qu'on ne tendait pas assez vite la chaîne qui devait fermer le passage d'une rue, s'écria : *Qu'attend-on donc tant? Que ne la tend-on donc tôt?*

Cependant l'emploi des syllabes nasales est si fréquent dans notre langue, qu'il n'est pas toujours possible d'éviter ces rapprochements. Ainsi, quand Lhomond dit que *le subjonctif se forme du participe* PRÉSENT EN CHANGEANT ANT EN *e muet*, il ne pouvait guère éviter ces nombreuses nasales. Il y a donc des cas où la cacophonie est plutôt un vice de la langue qu'un vice de l'élocution.

Il y a également cacophonie par la fréquence et le voisinage des mots où domine la lettre *r*, comme dans ce vers de Lemière :

> Je *pars*, j'*erre* en ces *rocs* où *partout* se *hérisse*...

Quelquefois il en résulte une beauté, comme dans ce vers de Virgile :

> Ergo ægrè rastris terram rimantur.

La rime, qui produit un effet agréable dans les vers, nous choque en prose et est considérée comme une cacophonie; il en est de même des simples assonances, c'est-à-dire des sons qui approchent de la rime, quoiqu'ils ne riment pas.

Quoique dans toutes les langues on cherche ce qui flatte l'oreille, certaines syllabes, certains sons qui sont admis dans une langue sont considérés comme cacophoniques dans une autre.

Le mot cacophonie s'applique aussi, par extension, à l'incohérence des idées; on dit d'un discours sans suite et sans liaison : C'est une véritable cacophonie.

On appelle également de ce nom les sons qui résultent de voix et d'instruments qui chantent et jouent sans être d'accord, et, par extension, le bruit confus et inintelligible que produisent les voix d'un certain nombre de personnes qui parlent ou crient toutes à la fois sans qu'on puisse distinguer leurs paroles. J. B. PRODHOMME,

Correcteur à l'Imprimerie impériale.

CACTÉES (botanique). — Famille de plantes grasses extrêmement remarquables par leur port; les unes s'arrondissent comme un melon, d'autres s'allongent en forme de serpents, il en est qui s'aplatissent en rubans ou en galets. Les feuilles sont le plus souvent subulées et en faisceaux. Les fleurs, quelquefois très-grandes et de couleurs éclatantes, se composent d'un calice monosépale multilobé, de plusieurs rangs de pétales nombreux, de beaucoup d'étamines à filets longs et grêles, d'un ovaire infère, à une loge contenant un grand nombre d'ovules attachés à des placentas pariétaux, un style, trois stigmates rayonnés, ou plus; fruit charnu, ombiliqué au sommet; embryon droit ou courbe, sans endosperme. Ces végétaux croissent dans les lieux secs, et leurs fruits servent d'aliment. La *raquette*, qui colore en rouge l'urine de ceux qui la mangent, et le *nopal*, qui nourrit la cochenille, dont on extrait les plus belles nuances de pourpre et d'écarlate, appartiennent à cette famille. GOSSART.

CACTIER ou **CACTUS** (botanique) [du grec *cactos*, plante épineuse]. — Nom générique d'un grand nombre de plantes épineuses, originaires des contrées chaudes de l'Amérique, remarquables par leurs formes bizarres et la disposition singulière des corolles de leurs fleurs. Ces plantes poussent, pour la plupart, sur les rochers et dans les terrains sablonneux; quelques-unes sur le tronc des vieux arbres. « Les uns présentent, comme le *cactier nain*, le *cactier monstrueux*, le *cactier mamillaire*, une masse sphéroïde, plus ou moins considérable, ordinairement verte ou grisâtre, hérissée de tubercules coniques, cotonneux au sommet, et couverts de petites pointes divergentes, ou bien, comme le *mélocacte*, une boule à côtes droites, à rosaces épineuses, surmontée d'un spadice laineux où naissent les fleurs; ou bien encore une sphère irrégulière, formée de larges tubercules déprimés; d'autres sont munis d'une tige anguleuse, cylindrique ou cannelée, sur laquelle de nombreuses épines semblent remplacer les feuilles; cette tige est tantôt simple et droite, et s'élève quelquefois à une hauteur de quinze à vingt mètres, comme dans le *cierge du Pérou*, tantôt garnie de rameaux composées d'articulations naissant les unes des autres, comme dans les *raquettes*, articulations que l'on considérait autrefois comme des feuilles; quelques-uns, comme le *cactier de Campêche*, le *cactier de Peiresc*, le *cactier à cochenille*, donnent naissance à des feuilles épaisses et charnues. Les fleurs des cactiers sont également remarquables par la variété de leurs formes et de leurs couleurs, ainsi que par leur parfum; elles produisent des baies dont quelques-unes sont bonnes à manger. Beaucoup de cactus sont cultivés dans nos serres chaudes; mais les deux espèces les plus connues, et en même temps les plus utiles, sont le *cactier raquette* et le *cactier à cochenille*. — Le *cactier raquette*, dit aussi *figuier d'Inde*, ou *figuier de Barbarie* (*cactus opuntia*), a sa tige, qui est d'un vert de mer, garnie de rameaux composés d'articulations comprimées et aplaties, portant des épines rousses disposées par petits bouquets du centre desquels sort une fleur solitaire, inodore et jaune, faisant place, en août, à un fruit sucré, mais un peu fade, de la grosseur d'une figue, à pulpe aqueuse et rougeâtre. Cette espèce de cactus est très-commune dans l'Amérique du Centre, en Afrique et dans le midi de l'Europe. On en fait des haies impénétrables autour des habitations; les Indiens se servent de son bois pour faire des assiettes, des ustensiles de ménage, des rames, etc. En Sicile, les gens du peuple sont très-friands de la pulpe de ce cactus. On peut encore nourrir les bestiaux avec les enveloppes du fruit et même avec les articles dépouillés de leurs épines; ces mêmes articles servent en médecine en place de cantharides ou de sinapismes. Le *cactier à cochenille* ou *nopal* (*cactier cochenillifer*) est celui sur lequel on élève l'insecte qui donne la *cochenille*; ses articulations sont oblongues, épaisses et presque entièrement lisses : il est originaire du Mexique. »

CADASTRE (administration, jurisprudence) [du latin *capacitas*, contenance, dont on a fait *capistrum*, en français *cadastre*]. — Ce mot désigne : 1° l'ensemble des opérations, dont le but est de fournir la base de la répartition individuelle de l'impôt foncier entre les contribuables d'une même commune; 2° le registre public dans lequel la qualité et la quantité des biens-fonds sont marquées en détail.

De tout temps, les gouvernements ont senti la nécessité de mesurer et d'apprécier les biens-fonds qui forment le territoire, afin d'obtenir, entre autres avantages, une répartition plus équitable de l'impôt foncier. Il serait inutile de tracer, même en abrégé, l'histoire des diverses tentatives qui ont été faites, en France, depuis le temps des Romains jusqu'à nos jours, pour parvenir à l'établissement d'un cadastre complet et suffisamment exact. Nous nous contenterons d'examiner rapidement les moyens imaginés pour réaliser le cadastre actuel et pour le conserver à l'avenir.

Ce cadastre est nommé *parcellaire*, parce que la comparaison proportionnelle ou peréquation se fait de parcelle à parcelle (une parcelle est toute portion de terrain distincte par sa nature ou par son propriétaire).

La peréquation cadastrale devait embrasser toute la France, c'est-à-dire que les parcelles de chaque nature devaient être comparées et classées dans toute la France. L'extrême difficulté de ce travail l'a fait abandonner; on a restreint la peréquation cadastrale aux départements d'abord, puis aux arrondissements, enfin aux communes. Maintenant, le cadastre n'a plus pour objet de répartir l'impôt foncier entre les départements, les arrondissements ou les communes, mais seulement, comme on l'a dit plus haut, de fournir la base de la répartition individuelle de l'impôt foncier entre les contribuables d'une même commune.

Pour dresser le cadastre, deux genres d'opération sont nécessaires : des opérations d'art et des opérations administratives :

1° *Opérations d'art*. — Elles sont confiées à un géomètre en chef, aidé de ses auxiliaires. Elles consistent à établir la délimitation de chaque commune, diviser la commune en sections, l'arpenter, en lever le plan.

2° *Opérations administratives* ou d'*expertise*. — Elles sont au nombre de trois :

1° *Classification*. — Cinq commissaires classificateurs, plus cinq commissaires suppléants, sont choisis par le conseil municipal délibérant avec les propriétaires de la commune les plus imposés, en nombre égal à celui des membres du conseil. Trois de ces cinq classificateurs sont pris parmi les habitants de la commune les plus imposés, les deux autres sont pris parmi les habitants d'une commune voisine.

Les commissaires classificateurs sont assistés du contrôleur des contributions directes, ou même d'experts nommés par le préfet, sur l'avis du directeur des contributions directes et sur la demande du conseil général ou municipal. Ils fixent le nombre des classes pour chaque genre de culture, et choisissent dans chaque classe deux parcelles destinées à servir de types, l'une pour la qualité supérieure, l'autre pour la qualité inférieure. Il ne peut y avoir, pour chaque genre de culture, que cinq classes au plus; cependant les maisons des communes rurales peuvent être divisées en dix classes, celles des communes urbaines, et dans toute sorte de communes, les usinés sont évaluées séparément.

2° *Évaluation*. — Cette seconde opération administrative est aussi faite par les cinq commissaires classificateurs, qui prennent le terme moyen du produit net par hectare de deux parcelles choisies pour type dans chaque classe.

3° *Classement*. — Cette troisième opération administrative n'est faite que par trois commissaires classificateurs. Elle consiste à évaluer le produit net de chaque parcelle, et, en le comparant avec les termes moyens obtenus par l'évaluation, à déterminer la classe à laquelle chaque parcelle doit appartenir.

Les opérations administratives peuvent être l'objet d'un recours contentieux, lorsqu'elles blessent des droits privés. On comprend dès lors que le classement puisse seul donner ouverture à ce recours : seul, en effet, il peut blesser des droits privés, en appliquant des mesures générales, telles que la classification et l'évaluation, aux propriétés particulières. Cependant, lorsqu'un propriétaire possède tous les biens d'une même nature dans une commune, l'évaluation peut blesser des droits privés et devient susceptible d'un recours contentieux : dans ce cas, elle se substitue au classement. En réalité, le recours contentieux, lorsqu'il s'agit de classement, n'est qu'une demande en réduction de la contribution foncière, ce qui attribue la compétence aux conseils de préfecture. J. PLASSARD.

CADAVRE (médecine légale) [de *cadere*, tomber]. — Mot qu'on réserve particulièrement pour désigner l'homme qui a cessé de vivre. — Voy. *Autopsie cadavérique*.

CADENCE (littérature) [du verbe latin *cadere*, tomber, la cadence étant la chute euphonique d'une phrase ou d'un mot dans le discours et surtout en poésie].

Dans toutes les langues, la cadence est une beauté à laquelle tout écrivain doit sacrifier s'il veut mériter les suffrages universels.

L'écrivain qui cherche les tours heureux et qui

emploie les expressions les plus nobles et les plus délicates, s'attache à coordonner ses idées avec goût, à en suivre l'enchaînement avec méthode, à les disposer avec art, de manière à produire, par un accord parfait de sons, un effet harmonique qui caresse l'oreille et chatouille l'âme gracieusement.

Telle est en résumé la recommandation d'Aristote, de Cicéron et de l'auteur du *Traité des Études*.

La plus belle pensée, pour se produire avec éclat et mériter l'admiration des beaux esprits, ne saurait se passer du secours de la cadence. Sans cette parure, le plus beau trait de génie vainement cherche à plaire à l'oreille, l'oreille est sourde loin d'être étonnée. Ainsi la beauté négligée ne trouve jamais grâce à nos yeux et fait de vains efforts pour nous toucher le cœur.

Dans le discours il y a surtout à éviter deux écueils ordinaires à deux classes d'orateurs. La première, verbeuse, accumule les périodes, se perd en divagations, et se noie dans des digressions sans règle et sans mesure; la seconde, affectant d'être concise, coupe ses périodes, hache ses phrases et prend ses cascades pour des chutes; le bruit qu'elles produisent n'est qu'un murmure discordant qui bourdonne à l'oreille.

On peut être obscur de deux manières : en disant trop ou trop peu.

Dans le premier cas, la cadence est sourde, traînante, sans vibration, comme la corde non tendue d'un instrument; dans le second cas, la cadence est aiguë, rapide, agaçante, comme la corde trop tendue d'un instrument.

C'est à l'écrivain à choisir un milieu qui l'éloigne autant de la fougue téméraire qui le transporte au delà du but que du laconisme saccadé qui l'empêche de l'atteindre; il parviendra ainsi à trouver cette heureuse harmonie qui séduit et entraîne.

Il est un troisième écueil, dans lequel tombe ordinairement l'orateur qui, au mépris des plus nobles sentiments, cherche à acquérir une popularité éphémère par l'artifice de quelques mots plaisants. Cette maladresse, souvent dangereuse, est seule digne de la plèbe des orateurs. L'homme sérieux repousse de si puérils moyens. Une assemblée de législateurs ne doit jamais se travestir en tribunal de police correctionnelle.

Ce ne sont pas de tels modèles que nous proposerons.

Nous donnerons pour exemples à suivre Démosthène parmi les Grecs, et Cicéron parmi les Romains.

En France le gouvernement parlementaire a mis en lumière une masse d'éminents orateurs. Certes, il en est beaucoup qui ont fait preuve d'un grand talent, qui ont brillé même d'un certain éclat, mais trop souvent placés sous l'influence de l'esprit de parti, toujours étroit et mesquin, ils ne se sont point montrés, dans l'occasion, aussi grands qu'ils pouvaient l'être; ils n'ont point arrêté le mal et ils ont empêché souvent le bien de se produire. L'intérêt seul de la patrie n'animait pas toujours leur âme, asservie sous une pression étrangère.

Mais si Démosthène eut la gloire de retarder la chute de sa patrie, si Cicéron sauva Rome, à côté de ces deux grands hommes si la France, dans des occasions suprêmes, n'a pu être sauvée, néanmoins, parmi nos grands orateurs, deux se sont distingués de manière à mériter l'admiration des peuples.

Ces deux orateurs sont Mirabeau et Lamartine. Les événements qui les ont vus, l'un et l'autre, combattre à la tribune nationale pour la cause de la liberté, pour l'ordre et l'humanité, sont trop près de nous pour rappeler toute la puissance de leur parole.

La cadence est nécessaire à toute sorte de discours en prose et en vers, dans les descriptions, les narrations, les harangues, les oraisons funèbres, etc. Le sublime seul peut quelquefois s'en passer. Le sublime n'est souvent qu'un trait, qu'une pensée exprimée par un seul mot, un élan de l'âme qui se produit avec vivacité, qui étonne et transporte. La Genèse est sublime sans harmonie. Dans l'Exode, le cantique de Moïse, en action de grâce à Dieu, après le passage de la mer Rouge, a peu ou point d'harmonie, et cependant il est sublime.

Outre les orateurs que nous avons cités, nous ajouterons une foule d'autres écrivains chez l'une et l'autre nation, tels que Thucydide, Platon, Aristote, Xénophon, Tacite, Tite-Live, Bossuet, puis Fénelon, Buffon, etc., etc.

En poésie, la cadence prend une tout autre allure; elle y existe éminemment, mais elle a un autre caractère. Elle se fait sentir par sa marche particulière, par des mouvements plus réguliers, et elle est sujette à d'autres règles que la prose.

Dans le grec et le latin la cadence obéit à des principes prosodiques, basés sur des syllabes longues ou brèves et arrangées suivant que l'auteur adopte le genre de versification qui convient au sujet qu'il veut traiter.

Les Grecs appellent la cadence *ῥυθμὸς*, rhythme. Le rhythme, en général, dit l'abbé Barthélémy, dans le voyage d'Anacharsis, est un mouvement successif et soumis à certaines proportions. Vous le distinguez dans le vol d'un oiseau, dans les pulsations des artères, dans le pas d'un danseur, dans les périodes d'un discours. En poésie, c'est la durée relative des instants que l'on emploie à prononcer les syllabes d'un vers ; en musique, la durée relative des sons qui entrent dans la composition d'un chant.

Nous nous permettrons d'ajouter, pour ce qui a rapport à la poésie, que c'est aussi l'accord harmonieux produit par l'arrangement d'un heureux choix de mots.

Les Latins appellent la cadence *numerus*, c'est-à-dire nombre, collection de mesures, assemblage de sons produisant une certaine harmonie. *Numerus poeticus, numerus oratorius, numerosa oratio*: expressions de Cicéron pour dire qui a du nombre, de l'harmonie; à l'exclusion surtout des mots d'une certaine longueur comme traînants et sans grâce; ce qu'exprime Horace dans ce vers de l'Épître aux Pisons :

> Projicit ampullas et sesquipedalia verba.

Les Grecs et les Romains, par leur prosodie, possèdent une cadence naturellement toute faite et pour ainsi dire notée. Les mesures, les pieds, la césure qui peut se rencontrer plusieurs fois dans les vers, mais rigoureusement après le second pied, forment un certain ton musical, agréable à l'oreille; mais c'est par le choix des mots que se produit l'harmonie complexe.

Les Grecs, à cet égard, avaient un avantage immense sur les Romains. La musique, familière aux Grecs, leur était d'un merveilleux secours, ce que les Romains ne possédaient qu'à un faible degré. Cette différence provient des mœurs différentes des deux nations. Les Grecs, après leurs guerres, purent enfin respirer sous Périclès; les mœurs s'adoucirent, beaucoup trop peut-être, et les arts, suivant le développement de la civilisation, firent leurs délices. Les Romains, occupés de guerres continuelles, négligèrent beaucoup les arts d'agrément.

Les Grecs, dans leurs jeux solennels, dans les festins, dans les représentations scéniques, ou s'accompagnaient de la lyre en récitant leur poésie devant le peuple assemblé, surtout aux jeux olympiques, ou se faisaient accompagner de la flûte au théâtre. L'instrument, soit au son dorien, soit au son phrygien, soutenait la voix dans la lecture, la déclamation ou le chant.

Nous pourrions, pour donner une idée de ces sortes d'accompagnements, faire une comparaison prise au récitatif de nos opéras, en modifiant seulement l'effet et en diminuant sensiblement le ton.

Qu'on juge de l'effet prodigieux que devait produire la musique sur des paroles dans une langue déjà magnifiquement harmonieuse de sa nature.

Dans la langue française nous n'avons aucun auxiliaire soit par la prosodie, soit par la musique; il faut donc y suppléer par le goût, par le choix des mots, par leur arrangement en périodes soutenues et par la richesse de la rime. Ces difficultés pourraient faire supposer que la poésie française est hérissée d'obstacles. Pour le poëte que le ciel favorise de son influence, pour l'homme de génie, ces obstacles ne sont qu'un jeu : rimes, mesures, hémistiches, arrivent sans effort et viennent se ranger sous sa plume, et se placent comme les pierres des murs de Thèbes se rangeaient d'elles-mêmes aux sons de la lyre d'Amphion.

C'est ce qu'a exprimé Boileau dans ces deux vers :

> Ce que l'on conçoit bien s'énonce clairement,
> Et les mots pour le dire arrivent aisément.

La plus grande difficulté, c'est d'avoir une âme et de l'esprit, accompagnés d'un goût exquis. Avec de l'âme, on a des pensées, avec de l'esprit on a des idées, avec du goût on les dispose de manière à plaire.

Dans l'une et l'autre langue nous pouvons citer une foule d'admirables exemples :

Parmi les Grecs, Homère, les trois tragiques, Eschyle, Euripide, Sophocle, Pindare, Théocrite, Anacréon, etc., etc.

Parmi les Latins, Virgile, Horace, Ovide, etc.

Parmi les Français, Corneille, Racine, Molière, Boileau, J. J. Rousseau, Voltaire, Delille, C. Delavigne, Lamartine, etc.

Nous pourrions ajouter Victor Hugo pour les hommes d'un esprit déjà mûr, mais non pour la jeunesse, à laquelle nous hésiterions de le donner pour modèle. Génie ardent, plein d'enthousiasme et d'ambition, dédaignant de marcher sur les traces de ses prédécesseurs, il a voulu tenter la conquête d'un nouveau monde. Son esprit novateur a dépassé le but. Du jour qu'il a voulu faire sa révolution, sa couleur poétique a perdu de son éclat, et l'harmonie a manqué d'accords parfaits. Les enjambements semés avec un luxe mal entendu, les mesures négligées, ont brisé la cadence, et l'oreille a cessé d'être satisfaite dans ses goûts les plus délicats.

Il a cru pouvoir imiter les Grecs et les Romains, mais il ne s'est pas aperçu que les Grecs et les Romains, par l'usage de l'inversion, pouvaient indifféremment choisir, dans la période, le mot qui leur convenait le mieux pour le jeter à la fin de la phrase, afin de produire de l'effet. Il est à remarquer que, chez les Grecs et les Latins, les enjambements sont toujours heureux et forment image.

Les cadences produites par enjambement sont très-communes aux Grecs et aux Latins. Ils en sont prodigues, parce qu'elles sont toujours pleines et nombreuses.

Le second vers de l'Iliade commence par un enjambement :

> Μῆνιν ἄειδε, Θεὰ, Πηληϊάδεω Ἀχιλῆος
> Οὐλομένην...

Il en est de même pour l'Énéide, le second vers commence également par un enjambement :

> *Ille ego, qui quondam, gracili modulatus avena*
> *Carmen...*

Dans ces deux auteurs, il n'est pas de page où l'on n'en rencontre.

Dans nos bons poëtes, à partir de Malherbe, ce défaut apparaît rarement, comme dit Boileau :

> Enfin Malherbe vint, et, le premier en France,
> Fit sentir dans les vers une juste *cadence* ;
> D'un mot mis à sa place enseigna le pouvoir,
> Et réduisit la muse aux règles du devoir.
> Par ce sage écrivain la langue réparée
> N'offre plus rien de rude à l'oreille épurée :
> Les stances avec grâce apprirent à tomber,
> Et le vers sur le vers n'osa plus enjamber.

Le mot cadence a plusieurs significations.

En musique, selon J. J. Rousseau, c'est la terminaison d'une phrase harmonique sur un repos ou sur un accord parfait. Il y a plusieurs sortes de cadences, selon Rameau : la cadence parfaite, imparfaite, interrompue et rompue. D'autres ont ajouté la cadence double, préparée ; la cadence brisée, perlée ; enfin la cadence brillante.—Voy. *Cadence* (musique).

En terme de danse, c'est le mouvement du pas qui, s'accordant avec l'instrument, tombe en même temps que la mesure.

Pour celui qui a de l'oreille, la cadence se produit chez lui instinctivement par un mouvement indépendant de lui-même. Si vous écoutez une musique au théâtre ou dans un concert, par un mouvement soit de tête, soit des pieds, soit des doigts, vous battez la mesure malgré vous. Entendez-vous la musique militaire d'un régiment en marche, vous allez au pas, vous exécutez la cadence du pas vous-même.

Enfin Boileau a dit, *Art poétique :*

N'offrez rien au lecteur que ce qui peut lui plaire.
Ayez pour la *cadence* une oreille sévère.

Notre Dictionnaire n'est pas seulement fait pour le vulgaire, il est fait aussi pour les savants. Nous sommes loin d'avoir la prétention d'apprendre quelque chose à ceux-ci, mais nous éprouverions une certaine satisfaction si nous leur procurions un moment de délectation en citant quelques passages d'auteurs qui ont jadis fait leurs délices.

Voici quelques exemples tirés d'auteurs grecs et latins, riches de cadence et d'harmonie :

Δεινὸν ἀπ' ἀκροτάτης κόρυθος νούοντα νοήσας.
'Εκ δ' ἐγέλασσε πατήρ τε φίλος, καὶ πότνια μήτηρ.
Αὐτίκ' ἀπὸ κρατὸς κόρυθ' εἵλετο φαίδιμος Ἕκτορ...

(Homère, *Il.*, l. VI.)

« Le fils d'Hector est effrayé de l'agitation du terrible panache qui ombrage le casque de son père. Le père et la mère sourient de sa frayeur. Aussitôt l'illustre Hector ôte son casque. »

Τῆ νῦν τοῖτον ἱμάντα, τεῷ δ' ἐγκάτεθο κόλπῳ,
Ποικίλον, ᾧ ἔνι πάντα τε τετεύχηται. Οἰδέ σέ φημὶ
Ἄπρηκτόν γε νέεθαι. ὅ τι φρεσὶ σῆσι μενοινᾷς.

(Homère, *Il.*, l. XIV.)

Vénus a Junon :

« Recevez cette ceinture et cachez-la dans votre sein. Tout ce que vous pourrez désirer s'y trouve renfermé, et, par un charme extraordinaire et inexplicable, elle vous secondera dans tous vos desseins. »

..... Τάδ' ἐν τᾶδε Διὸς ἀρχᾷ
Ἀλιτρά, κατὰ γᾶς δικάζει τις, ἐχθρᾷ λόγον φράσας ἀνα-
Ἶσον δὲ νύκτεσιν αἰεὶ, [γκᾳ.
Ἴσα δ' ἐν ἁμέραις ἄκιον ἔχοντες, ἀπονέστερον
Ἐσθλοὶ νέμονται βίοτον, οἱ χθόνα ταραύντες ἀλκᾷ
Οὐδὲ πόντιον ὕδωρ, [χέρων,
Κεινὰν παρὰ δίαιταν· ἀλλὰ παρὰ μὲν τιμίοις.
Θεῶν, οἵτινες ἔχαιρον εὐορκίαις,
Ἀδακρίω νέμονται
Αἰῶνα· τοὶ δ' ἀπροσόρατον ὀκχέοντι πόνον.

Ὅσοι δ' ἐτόλμασαν ἐς τρὶς
Ἑκατέρωθι, μείναντες,
Ἀπὸ πάμπαν ἀδίκων ἔχειν
Ψυχὰν ἔτειλαν Διὸς
Ὁδὸν παρὰ Κρόνου τύρσιν· ἔνθα μακάρων
Νᾶσονὶ ὠκεανίδες
Αὖραι περιπνέουσιν· ἄνθεμα δὲ χρυσοῦ φλέγει,
Τὰ μὲν χερσόθεν ἀπ' ἀγλαῶν δενδρέων
Ὕδωρ δ' ἄλλα φέρβει·
Ὅρμοισι τῶν χέρας ἀναπλέκοντι καὶ στεφάνοις...

(Pindare. Deux strophes de l'ode II des *Olympiques* pour Théron, roi d'Agrigente, vainqueur à la course des chars.)

L'ILE, SÉJOUR DES BIENHEUREUX.

Oui, la honte est le seul partage,
Ici-bas, de l'homme pervers;
Il reçoit du ciel qu'il outrage
Son châtiment dans les enfers.
Mais le juste qu'en sa carrière
Un beau soleil toujours éclaire,
En paix coule des jours heureux ;
Il n'ira point, d'une âme avide,
Tourmenter un sillon aride,
Ni braver les flots orageux.

Non, jamais une larme amère
Ne vient mouiller l'œil du mortel
Qui, des dieux craignant la colère,
Garde son serment solennel ;
L'esprit tranquille et l'âme pure,
Il n'est point, comme le parjure,
En proie aux remords odieux.
Dans la justice est son refuge ;
Aux yeux de l'un et l'autre juge
Il est trois fois victorieux.

D'un pas ferme, il marche, paisible,
Vers ce délicieux séjour,
De Saturne, île inaccessible
Que la mer baigne avec amour ;
Lieux fortunés qu'avec tendresse
Un frais zéphyr toujours caresse
Sous l'ombrage d'arbres touffus ;
Où se promène une onde pure
Sur l'or des fleurs et la verdure
Dont se couronnent les élus.

(*Tirée d'une traduction inédite de Pindare.*)

Hæc ubi dicta, cavum conversa cuspide montem
Impulsit in latus ; ac venti, velut agmine facto,
Qua data porta, ruunt, et terras turbine perflant.
Incubuere mari, totumque a sedibus imis
Una Eurusque Notusque ruunt creberque procellis
Africus, et vastos volvunt ad littora fluctus.
Insequitur clamorque virum stridorque rudentum.
Eripiunt subito nubes, ponto nox incubat atra,
Intonuere poli, et crebris micat ignibus Æther ;
Præsentemque viris intentant omnia mortem.

(Virg., *En.*, lib. I.)

Parmi les poëtes français, nous n'avons que l'embarras du choix. Nous nous contenterons d'en citer quelques-uns sur les quatre ou cinq différentes mesures de vers les plus usitées...

ÉOLE DÉCHAINANT LES VENTS A LA PRIÈRE DE JUNON.

Il dit, et du revers de son sceptre divin
Du mont frappe les flancs ; ils s'ouvrent ,et soudain
En tourbillons bruyants l'essaim fougueux s'élance,
Trouble l'air, sur les eaux fond avec violence.
L'Eurus et le Notus, et les fiers aquilons,
Et les vents de l'Afrique en naufrages féconds,
Tous bouleversent l'onde et des mers turbulentes
Roulent les vastes flots sur leurs rives tremblantes.
On entend des nochers les tristes hurlements,
Et des câbles froissés les affreux sifflements.
Sur la face des eaux s'étend la nuit profonde ;
Le jour fuit, l'éclair brille, et le tonnerre gronde ;
Et la terre et le ciel, et la foudre et les flots,
Tout présente la mort aux pâles matelots !

(DELILLE.)

J. B. ROUSSEAU. ODE SUR L'EXISTENCE DE DIEU.

PREMIÈRE STROPHE.

Les cieux instruisent la terre
A révérer leur auteur.
Tout ce que le globe enserre
Célèbre un Dieu créateur.
O quel sublime cantique
Que ce concert magnifique
De tous les célestes corps!
Quelle grandeur infinie,
Quelle divine harmonie
Résulte de leurs accords!

LE FRANC DE POMPIGNAN. ODE SUR LA MORT DE J. B. ROUSSEAU.

DERNIÈRE STROPHE.

Le Nil a vu, sur ses rivages,
Les noirs habitants des déserts
Insulter, par leurs cris sauvages,
L'astre éclatant de l'univers.
Crime impuissant, fureurs bizarres !
Tandis que ces monstres barbares
Poussaient d'insolentes clameurs,
Le dieu, poursuivant sa carrière,
Versait des torrents de lumière
Sur ses obscurs blasphémateurs.

RACINE. CHOEUR D'ESTHER.

J'ai vu l'impie adoré sur la terre ;
Pareil au cèdre, il cachait dans les cieux
Son front audacieux.
Il semblait à son gré gouverner le tonnerre,
Foulait aux pieds ses ennemis vaincus :
Je n'ai fait que passer, il n'était déjà plus.

LAMARTINE. QUATRE STANCES PRISES DANS LA MÉDITATION LE LAC.

O temps ! suspends ton vol ; et vous, heures propices,
Suspendez votre cours ;
Laissez-nous savourer les rapides délices
Des plus beaux de nos jours.

Assez de malheureux ici-bas vous implorent ;
Coulez, coulez pour eux ;
Prenez, avec leurs jours, les soins qui les dévorent ;
Oubliez les heureux.

Mais je demande en vain quelques moments encore ;
Le temps m'échappe et fuit.
Je dis à cette nuit : Sois plus lente, et l'aurore
Va dissiper la nuit.

Aimons donc, aimons donc ! de l'heure fugitive
Hâtons-nous, jouissons !
L'homme n'a point de port, le temps n'a point de rive,
Il roule et nous passons.

Ces citations sont suffisantes pour se former une idée de la cadence en poésie et pour juger, à l'occasion, si un auteur a su, en l'employant avec goût, jeter dans ses écrits ce charme ravissant qui excite les âmes à l'admiration et transporte les sens par une suave et brillante harmonie.

REDAREZ SAINT-REMY.

CADENCE (musique). — Cadence, en musique, signifie repos; ce repos peut exister soit dans la mélodie, soit dans l'harmonie. La *cadence mélodique*, qui autrefois était un petit tremblotement qui précédait une finale, se compose aujourd'hui de l'alternative qui existe entre une note principale et sa note accessoire supérieure qui sert de point de départ; cet effet se nomme également *trille*, mais c'est assez communément lorsque la cadence est d'une petite durée. La *cadence* se prépare quelquefois par deux notes dont la première est prise au-dessous de la note principale, et finit par un groupe qui tourne autour de cette même note ; elle doit aussi être rhythmée, quelle que soit sa durée, et s'indique par une grosse note d'une durée donnée, surmontée du signe *tr...*, précédée d'une petite note accessoire supérieure, et terminée par les deux dernières petites notes du groupe final qui va joindre la note de repos.

La *cadence harmonique* est plus étendue, en ce qu'elle détermine un caractère dans le développement de la marche des accords. Les principales cadences harmoniques sont :

1° La *cadence parfaite*, qui fait son repos de la dominante à la tonique ;

2° La *cadence imparfaite*, qui fait son repos sur la dominante ;

3° La *cadence évitée*, procédant du quatrième au troisième degré des deux modes par l'accord de *triton* ;

4° La *cadence rompue*, qui fait son repos sur un mode étranger à celui du point de départ ;

5° La *cadence interrompue*, faisant son repos sur une dissonnance arbitraire, qui n'impose pas l'obligation d'une modalité ; et enfin :

6° La *cadence plagale*, le repos à la tonique par l'accord parfait majeur ou mineur du quatrième degré ; cette terminaison appartient au genre religieux, ou à la composition profane lorsqu'elle relève d'un style sévère ou pompeux.

CADMIUM (chimie) [du latin *cadmia*, calamine]. — Métal entrevu pour la première fois vers l'année 1817, par Stromeyer, dans l'oxyde de zinc impur, dans plusieurs minerais de zinc, et sur lequel Roloff écrivit la première notice (avril 1818) dans le *Journal médical* de Hufeland.

Le cadmium se rencontre surtout en Silésie. On l'extrait des minerais de zinc qui le contiennent, toujours en petite quantité, en dissolvant ces derniers dans l'acide sulfurique, étendant d'eau le soluté qui doit contenir un excès d'acide, et faisant passer un courant de gaz hydrogène sulfuré jusqu'à ce qu'il ne se forme plus de précipité jaune ou sulfure de cadmium. On dissout celui-ci dans l'acide *chlorhydrique* concentré; on chasse l'excès d'acide par l'évaporation; on traite le sel par l'eau, et on le précipite par le carbonate d'ammoniaque. Il faut ajouter un excès de carbonate d'ammoniaque pour dissoudre le cuivre ou le zinc qui aurait été précipité par le gaz hydrogène sulfuré. Alors on fait rougir le carbonate de cadmium, on le mêle avec du noir de fumée calciné, on introduit le mélange dans une cornue de verre ou de porcelaine, et l'on chauffe jusqu'au rouge obscur; l'oxyde se réduit et le métal distille. Si on veut l'avoir en culot, on le détache du col de la cornue et on le fond.

Les propriétés du cadmium sont les suivantes : la couleur est presque aussi blanche que celle de l'étain; son aspect est brillant, sa texture susceptible d'un beau poli; sa cassure est fibreuse; il cristallise en octaèdres réguliers, et sa surface, lorsqu'il se refroidit, se couvre d'arborisations confuses qui ont l'apparence de feuilles de fougère. Il est mou, facile à ployer, et fait entendre, lorsqu'on le ploie, un cri analogue à celui de l'étain. Il est plus dur, plus tenace que ce dernier; on peut le limer, le couper et le réduire en fils très-déliés, en feuilles extrêmement minces, sans qu'il se fendille sur ses bords, à moins qu'il ne contienne un peu d'étain; enfin, il jouit, comme le plomb, de la propriété de tacher les corps avec lesquels on le frotte.

Soumis à l'action de la chaleur, le cadmium fond, mais à une température inférieure à celle du rouge; il se transforme même en une vapeur inodore qui se condense, dans le col de la cornue dans laquelle on opère, en gouttelettes brillantes et cristallines. A froid, il est, comme l'étain, sans action sur le gaz oxygène et sur l'air, que ces deux gaz soient secs ou humides; mais, si on vient à chauffer, il brûle facilement avec lumière, et se transforme en un acide d'un jaune brunâtre. Le cadmium est sans usage. (*F. Foy.*)

CADRAN [du mot latin *quadrans*, parce que primitivement sa forme était carrée]. — Surface ronde sur laquelle on a gravé les divisions du temps (heures, minutes, secondes, etc.), et où elles sont indiquées par des aiguilles mobiles, comme dans les *horloges*, ou par l'ombre d'un style, comme dans les *cadrans solaires*. On fabrique les cadrans en or, argent, platine, émail et porcelaine.

Cadran solaire (astronomie). — Instrument qui sert à marquer l'heure au moyen d'un style projeté par le soleil.

L'art de tracer des cadrans sur des surfaces planes ou circulaires dont les heures sont marquées par les mouvements célestes se nomme gnomonique. Cet art, dit un auteur, est entièrement fondé sur ces mouvements, et principalement sur la rotation diurne de la terre. Voici quels sont les principes fondamentaux des constructions propres aux cadrans solaires. Si l'on conçoit, par l'axe de la terre, douze plans naturellement inclinés de 15 degrés, et coupant ce globe en 24 trièdres égaux, l'un de ces plans étant d'ailleurs le méridien ; qu'à partir de ce méridien, et en allant vers l'occident, on donne à ces plans les numuros 1, 2, 3, etc., jusqu'à 12, qui sera placé sur le méridien supérieur, on aura ainsi le système des plans ou cercles horaires du lieu dont il s'agit, c'est-à-dire que chaque jour, le soleil paraissant décrire uniformément un cercle parallèle à l'équateur, cet astre met une heure à passer de l'un de ces plans au suivant. A dix heures, par exemple, il arrive dans son mouvement diurne, au plan marqué n° 10, du côté occidental le soir, et du côté oriental le matin ; à une heure, il est au plan n° 1 ; il entre dans le plan n° 12, qui est le méridien, dans la région supérieure à midi, dans l'inférieure à minuit.

L'art de tracer des cadrans solaires demande des soins particuliers. Si le cadran est placé sur un plan, il est évident que les lignes horaires sont des droites qui vont concourir au point de la méridienne où le style rencontre ce plan ou le centre du cadran. Les lignes horaires de même dénomination, matin et soir (comme six heures du matin et six heures du soir), sont données par le même plan horaire considéré de part et d'autre de l'axe ; elles sont donc le prolongement l'une de l'autre, des deux côtés du centre. Si le cadran est sur la face verticale d'un mur, la ligne du midi est une verticale, puisque le méridien, qui est aussi un plan vertical, coupe ce mur suivant la méridienne. Quelquefois l'heure est indiquée à l'aide d'une plaque percée au centre et soutenue en avant du cadran par une tige scellée. L'ouverture du disque remplace alors l'aiguille en donnant passage au rayon solaire. En effet, ce rayon va se porter sur la partie du cadran où se projetterait l'ombre du point de l'aiguille dont il tient lieu. Le tracé du cadran est donc le même dans les deux cas.

On appelle encore Cadran équinoxial :

1° Un instrument parallèle à l'équateur dont le plan est horizontal pour ceux qui ont l'équateur parallèle à l'horizon, vertical pour ceux qui ont la sphère droite, et oblique pour les intermédiaires. « Sa construction est la même pour tous les lieux de la terre, pourvu qu'on le place parallèlement à l'équateur qu'il représente, pour que l'ombre de l'aiguille décrive, sur le plan du cadran, les degrés que le soleil parcourt. On distingue ce cadran en cadran supérieur, qui regarde le zénith, et en cadran inférieur, qui regarde le nadir. »

2° Cadran nocturne. Celui qui montre les heures de la nuit. Il y en a de deux sortes : *cadran lunaire* et *cadran sidéral* ; le premier fait connaître le temps au moyen de la lumière de la lune, et le second indique l'heure par l'observation de quelque étoile.

3° Cadran polaire. Celui qui est tracé sur un plan qu'on suppose passer par les pôles du monde, par les points de l'orient et de l'occident de l'horizon. Le plan de ce cadran est autant incliné à l'horizon que le pôle en est élevé; on en distingue de deux sortes : le supérieur et l'inférieur. Le premier est tourné vers le zénith et marque les heures de six heures du matin à six heures du soir; le second les marque avant et après.

CAFÉIER (botanique) [en latin *coffea arabica*]. — Arbre de la famille des rubiacées, qui s'élève de sept à dix mètres. Il a les feuilles opposées oblongues, pointues, ondulées au bord, luisantes, d'un vert foncé; les fleurs axillaires, blanches, odorantes; le calice adhérent à la base; la corolle monopétale. Le fruit contient deux graines appelées café, lesquelles, torréfiées, moulues et infusées dans de l'eau bouillante, forment une liqueur très-savoureuse qui porte aussi le nom de café. Il y a trois variétés de café en grains: le moka, qui est petit et arrondi; le bourbon, gros et jaunâtre; le martinique, dont la nuance est plus verte que les autres.

CAFÉ. — Fruit du caféier. Vers le milieu du neuvième siècle de l'hégire, ou du quinzième de l'ère chrétienne, Gémaleddin, qui demeurait à Aden, ville et port fameux à l'orient de l'embouchure de la mer Rouge, faisant un voyage en Perse, y trouva des habitants de son pays qui prenaient du *café* et qui vantaient cette boisson. De retour à Aden, il eut une indisposition dont il se persuada qu'il serait soulagé s'il prenait du café; il en but, et s'en trouva bien. Gémaleddin était muphti d'Aden, et avait coutume de passer les nuits en prières avec les dervis; pour accomplir ce devoir avec plus de liberté d'esprit, il leur proposa de prendre du *café*. Leur exemple mit le *café* en vogue à Aden. Les gens de loi pour étudier, les voyageurs pour marcher la nuit, enfin tous les habitants d'Aden en firent usage. De là il passa à la Mecque, où les dévots d'abord, puis tout le monde en prit. De l'Arabie Heureuse il fut porté en Égypte et au Caire; d'Égypte il passa en Syrie, et de là à Constantinople. L'Europe doit la culture du café aux Hollandais, qui, de Moka, l'ont porté à Batavia, et de Batavia à Amsterdam, dont un pied apporté à Paris, en 1714, et cultivé au Jardin du Roi, a fourni les plantes qui ont enrichi nos îles. M. de Clieux réussit le premier à transporter un caféier à la Martinique, après une longue et pénible traversée, pendant laquelle il partagea avec sa précieuse plante la faible ration d'eau fraîche strictement mesurée à chaque passager.

Il ne faut pas croire, du reste, que l'usage du café s'introduisît facilement. Des sultans le défendirent sévèrement en Turquie. En France, au dix-septième siècle, de grands esprits protestèrent contre cette innovation : on vit alors la faveur publique abandonner Corneille pour Racine, et Mme de Sévigné ne craignit pas de dire: *Racine et le café passeront.* Mais la postérité a fait mentir cette double prophétie.

Le *café*, qui contient de l'acide gallique et une substance particulière appelée *caféine* (voy. ce mot), doit son arome à la torréfaction qui y développe à la fois le tannin et une huile empyreumatique amère, à laquelle sont dues ses propriétés excitantes.

Ici se présente une question importante :

L'action de cette boisson sur nos organes est-elle utile ou nuisible?

Chez les personnes qui n'en font point un usage habituel, le café active singulièrement la digestion, et son action sur le cerveau est telle, qu'elle paraît doubler les facultés intellectuelles et faire d'un esprit lourd un homme spirituel. Plus d'un poëte, plus d'un musicien lui doivent leurs plus belles inspirations, et ce n'est point le moindre des mérites de cette boisson de chasser le sommeil pour faire tourner les veilles au profit de l'étude; mais de l'usage fréquent à l'abus il n'y a qu'un pas, et toutes les fois qu'il faut en prendre outre mesure pour arriver à un degré d'excitation de plus, la susceptibilité nerveuse devient extrême, les digestions laborieuses, des symptômes d'irritation chronique de l'estomac se manifestent, et la dégénérescence cancéreuse de cet organe chez les personnes âgées qui en font presque leur unique nourriture est peut-être due à l'abus de cet excitant, qu'on réserverait utilement dans certaines circonstances, si l'on avait la sagesse de ne pas s'y accoutumer. Mêlé au lait, le café perd la plus grande partie de ses propriétés; il peut même devenir un débilitant pour les personnes qui en prennent tous les jours: Broussais le défendait formellement en temps de choléra. Les personnes tristes et hypochondriaques, celles qui sont sujettes aux migraines, s'en trouvent assez bien; mais il est très-nuisible dans les affections du cœur. La médecine l'ordonne comme contre-poison de l'opium. Dans ces derniers temps, on l'a proposé et employé avec succès comme succédané du quinquina, dans les fièvres typhoïdes et dans les fièvres intermittentes opiniâtres, et tout récemment dans la coqueluche; on le recommande aussi comme emménagogue, à cause de son action tonique.

Dans un travail intéressant, lu à l'Académie des sciences en 1850, M. de Gasparin a cherché à prouver que le café joue dans la nutrition un rôle plus important qu'on ne l'avait cru jusqu'ici. Partant de ce résultat, dit M. Becquerel, que la quantité d'azote contenue dans les aliments d'un homme adulte bien portant pouvait être estimée à 20 ou 26 grammes dans l'espace de 24 heures, et ayant observé que les ouvriers mineurs de Charleroi avaient résolu le problème de se nourrir d'une manière suffisante et de conserver une bonne santé, une grande vigueur musculaire, avec des aliments qui, dans leur ensemble, contenaient une quantité moitié moins considérable de principes azotés et qui étaient représentés par le chiffre moyen de 14 grammes 82 centigrammes, M. Gasparin a recherché la cause de ce fait remarquable, et l'a attribuée à ce que ces ouvriers faisaient un usage habituel du café à tous leurs repas.

Comme on le pense bien, le travail de M. Gasparin a soulevé de vives discussions à l'Académie. Est-il possible d'admettre, en effet, que le café, qui n'entre que pour 1/35 dans le chiffre des proportions nutritives, puisse être regardé comme une substance nourrissante? Il faut donc que cette infusion rende l'assimilation plus complète, ou retarde les mutations des organes de manière à rendre moins nécessaire l'introduction dans l'organisme d'aliments réparateurs? Bien que M. de Gasparin partage cette dernière opinion, il faut attendre de nouveaux faits pour résoudre sûrement cette importante question.

Les Orientaux n'emploient pas le moulin pour réduire le café en poudre, ils le pilent dans des mortiers de bois et avec des pilons de même nature; lorsque ces instruments ont longtemps servi à cet usage et qu'ils sont imprégnés des principes huileux odorants, on en fait beaucoup de cas et ils sont vendus fort cher. L'usage de réduire ainsi le café en poudre ayant été mis en pratique par quelques notabilités gastronomiques, et la question de supériorité étant contestée, voici ce que dit le spirituel auteur de la *Physiologie du Goût* : « Il m'appartenait de vérifier si en résultat il y avait quelque différence, et laquelle des deux méthodes était préférable; en conséquence, j'ai torréfié une livre de moka, je l'ai séparée en deux portions égales, dont l'une a été moulue et l'autre pilée; j'ai fait du café avec l'une et avec l'autre des poudres, j'en ai pris de chacune pareil poids et j'y ai versé pareil poids d'eau bouillante, agissant en tout avec une égalité parfaite; j'ai goûté ce café et l'ai fait goûter par les plus gros bonnets; l'opinion a été que celui pilé était évidemment supérieur à celui moulu. »

Le principe aromatique du café étant altérable au dessus de 50 à 55 degrés de chaleur, on doit abandonner l'usage de le préparer par ébullition; l'infusion en vase clos doit être préférée, et mieux encore la macération à froid, opérée de la veille au lendemain, ou du matin au soir; on introduit à cet effet le café pilé ou moulu dans un long tube de verre, et l'on verse l'eau froide, qui se charge de tous ses principes.

Sous l'Empire, à l'époque du blocus continental, le prix du café devint si élevé qu'on essaya de le remplacer par la racine de chicorée sauvage, la châtaigne, le gland du chêne rouvre, l'églantier, la graine de maïs, du petit houx, le seigle, etc.; mais, à l'exception de la chicorée, qu'on mêle au café par économie, tous ces *cafés français* ont été abandonnés.

Quelques végétaux féculeux (orge, maïs, avoine, seigle) sont employés pour altérer et falsifier le café. Voici le moyen de découvrir ces fraudes :

1° Tout café torréfié et moulu auquel on ajoute une proportion quelconque de graines céréales donne une infusion qui devient *trouble* dans l'eau distillée; l'eau iodée fait prendre à cette infusion, préalablement décolorée par le noir animal et filtrée, une *teinte bleue*.

2° Tout café en poudre contenant de la chicorée peut être reconnu par l'action de l'eau simple. *On dépose un peu du café suspect à la surface d'un verre d'eau; la chicorée absorbe immédiatement l'eau, se précipite au fond du verre et colore le liquide en jaune.*

3° Tout café *avarié* contient du sel marin et souvent du cuivre. La nature et la composition du résidu de l'incinération de ce café sont modifiées par ces deux sels : *l'azotate d'argent démontrera la présence du sel marin en donnant un précipité blanc et caillebotté; l'ammoniaque décèlera le cuivre par la coloration bleue qu'il fera naître, et le cyanure jaune par le précipité brun-marron.* B. Lunel.

CAFÉINE (chimie) [synonyme *théine, guaranine*]. — Alcaloïde qui cristallise en longues aiguilles soyeuses, blanches, perdant, à 100°, 2 équivalents d'eau. Il est amer, fusible à 177°, et sublimable à 384°. Ce principe actif du café se dissout très-bien dans l'eau bouillante. Pour préparer la caféine, on traite les graines de café torréfiées par l'eau bouillante; le décoctum est ensuite précipité par l'acétate de plomb, et le précipité est décomposé par l'acide sulfurique. La liqueur filtrée, et convenablement évaporée, laisse déposer les cristaux de caféine. La caféine a été découverte en 1821 par Pelletier et Robiquet dans le café, et par Andry dans les feuilles de thé (*théine*).

D'après Robiquet et Boutron, on trouve les quantités suivantes de caféine dans 500 grammes des différentes espèces de cafés :

Café Martinique	1,79
Café d'Alexandrie	1,26
Café de Java	1,26
Café de Moka	1,26
Café de Cayenne	1,06
Café de Saint-Domingue	0,85

Pour M. Payen, le principe actif du café est une matière cristallisée qui serait un chloroginate double de caféine et de potasse. Ce chimiste donne les rapports suivants comme exprimant la composition moyenne des diverses espèces de café :

Cellulose	34
Eau hygroscopique	17
Substances grasses	10 à 13
Glucose, Dextrine, Acide végétal indéterminé	15,5
Légumine, Caséine, Gluten	10
Chloroginate de caféine et de potasse	3,5 à 5
Organisme azoté	3
Caféine libre	0,8
Huile essentielle concrète, insoluble	0,001
Substances minérales	6,697

La torréfaction du café devant s'opérer à 250 degrés environ, voici les phénomènes qui se passent pendant cette opération. A cette température, l'eau interstitielle commence par se vaporiser, le chloroginate double se tuméfie, se colore en roux, se gonfle, désagrége les tissus, et laisse en liberté une partie de la caféine qu'il tenait en combinaison. La cellulose éprouve une légère caramélisation, et donne des produits pyrogènes. Les huiles grasses se répandent dans la masse devenue poreuse, en entraînant avec elles les huiles essentielles modifiées. La théine ou principe actif retiré du thé est absolument identique à la caféine; il contient comme elle une énorme quantité d'azote. — Voy. *Théine*.

La caféine, selon quelques savants, jouirait de propriétés nutritives énergiques; ainsi, d'après M. Payen, le café au lait représenterait *six fois plus de substances solides et trois fois plus de substances azotées que le bouillon de viande de bœuf*. Nous ne pouvons partager cet avis, puisque l'expérience nous prouve que, mêlé au lait, le café perd une partie de ses propriétés; nous dirons plus: chez beaucoup de convalescents, qui persistaient à vouloir faire usage de cette nourriture, la santé ne revenait que très-lentement, tandis que ceux qui prenaient du bouillon arrivaient beaucoup plus promptement au rétablissement de toutes les fonctions. Pendant l'épidémie cholérique de 1854, nous avons pu constater la vérité de l'opinion de Broussais, qui regardait le café au lait comme débilitant, et partant comme pouvant favoriser chez les sujets qui en faisaient usage le développement du choléra. La science n'a donc pas dit encore son dernier mot sur la valeur nutritive du café. B. Lunel.

CAFÉS. — Lieux publics où l'on vend du café préparé en infusion et diverses autres liqueurs. Dès le milieu du seizième siècle (1554), il y avait des cafés établis à Constantinople. A Paris, le premier établissement de ce genre figura à la foire Saint-Germain (1672). Peu de temps après, Grégoire d'Alep et le Florentin Procope en établirent un autre rue des Fossés-Saint-Germain: ce café, alors voisin de la Comédie-Française, devint bientôt le rendez-vous des auteurs et des critiques. Depuis, les cafés, dont le nombre augmentait tous les jours, firent abandonner les cabarets, et l'on vit s'ouvrir successivement une foule d'établissements de ce genre, parmi lesquels on remarquait à Paris: le *Café Manouri*, sur le quai de l'École, autre lieu de réunion pour les beaux esprits; le *Café de la Régence*, fondé en 1718, rue Saint-Honoré, si fameux par ses joueurs d'échecs; le *Café Foy*, au Palais-Royal, qui, dès le commencement de la Révolution, devint un véritable club; le *Café de Momus*, où se réunissaient les chansonniers, etc. Aujourd'hui, on compte à Paris et dans toutes les villes de France et d'Europe des milliers de cafés rivalisant de luxe et d'élégance. Plusieurs de ces établissements ont adjoint à leur industrie des concerts, diverses curiosités, telles que géants, négresses, singes, etc. Larivière.

CAÏD ou **KAÏD** (administration). — Dans les États barbaresques, on donne ce nom à un officier public qui est à la fois juge, commandant, receveur des contributions, etc. La France a maintenu en Algérie l'institution des caïds, mais en s'en réservant la nomination.

CAILLE (zoologie) (*coturnix*). — Oiseau de la famille des gallinacés propres et du genre perdrix, originaire des contrées chaudes du globe. Les cailles ont beaucoup d'analogie avec les perdrix par leur organisation et leurs habitudes, mais elles en diffèrent en ce qu'elles n'ont pas d'éperon, ont la queue très-courte et le bec menu; telle est la caille commune. Cet oiseau n'a que 16 à 18 centimètres de long. Son plumage est d'un gris roux, avec des ondes noires et des raies blanches. Il est assez commun l'été, époque où il trouve une nourriture abondante dans les semences et les insectes; mais l'hiver il nous quitte pour gagner des pays plus chauds. Il paraît que, malgré la petitesse de ses ailes, il a assez de vol pour traverser la Méditerranée; ce qui a fait dire aux paysans qu'il s'enfonce alors sous terre. Les cailles ont le caractère naturellement querelleur; les anciens se passionnaient pour les combats de cailles tout autant que pour les combats de coqs. On a aussi constaté dans cet oiseau plus de chaleur naturelle que dans la plupart des autres; d'où le proverbe: *Chaud comme une caille*.

CAILLE-LAIT (botanique) [en latin *Galium cruciata*]. — Plante de la famille des rubiacées; son nom lui vient de la propriété qu'on lui a attribuée de faire cailler le lait. Cette propriété, qui lui est contestée chez nous, elle l'a peut-être dans d'autres climats, comme la ciguë qui empoisonne en Grèce, tandis que les Allemands la mangent. C'est une herbe à tige tétragone, à feuilles verticillées par quatre, à fleurs jaunes, calice adhérent à l'ovaire, corolle régulière à quatre divisions, fruit glabre, formé de deux capsules ovoïdes, un style, deux stigmates. On s'en sert pour colorer le beurre et le fromage. Gossart.

CAILLETTE (anatomie comparée). — Nom donné au quatrième estomac des animaux ruminants. — Voy. *Ruminants*.

CAILLOT (physiologie). — Masse molle formée par la fibrine et les globules du sang lors de la coagulation de ce liquide. — Voy. *Sang*.

CAÏMAN (zoologie). — Genre de reptiles de la famille des crocodiliens, de Cuvier. Leur nom scientifique est *alligator*. — Voy. ce mot.

CAL (chirurgie). — Voy. *Fracture*.

CALAMENT (botanique) [*melissa calamintha*.] — Voy. *Mélisse*.

CALANDRE (*Calandra*.) — Genre d'insectes coléoptères tétramères, de la famille des charançons, ayant pour caractères principaux: « une trompe cylindrique, longue, un peu courbée; une bouche petite, munie de mandibules dentelées, de palpes coniques et presque imperceptibles; les pattes fortes avec les jambes pointues; l'abdomen terminé en pointe; le corps allongé, elliptique et très-déprimé en dessus; ces insectes ont la démarche lente. » On en compte plusieurs espèces, vivant dans les graines et les semences, l'intérieur des tiges ou des racines, etc. — Voy. *Charançon*.

CALAO (zoologie). — Famille d'oiseaux de l'ordre des passereaux, remarquables par la longueur et la forme très-variable du bec, non-seulement entre les espèces différentes, mais encore suivant l'âge des individus: les uns l'ont extraordinairement grand; chez d'autres il est surmonté de protubérances volumineuses qui paraissent extrêmement bizarres. Les pieds, au contraire, présentent beaucoup de conformité : ils sont couverts de larges écailles, les trois doigts de devant sont presque entièrement réunis à leur base et de longueur égale; celui de derrière est large et plat, la peau de dessous raboteuse. Cette famille se compose de trois genres, savoir : le genre *calao*, qui a le bec surmonté d'un casque, et comprend trente-quatre espèces ; le genre *naciba*, caractérisé par une proéminence en demi-disque, allant de la base du bec au front, dans lequel il n'entre qu'une espèce, et le genre *tock*, sans excroissance, formé de dix espèces.

Ces oiseaux, dit Levaillant, vivent en société, se réunissent en grandes bandes, et font leur principale

Fig. 38. — Calao.

nourriture d'insectes, de lézards, de grenouilles. Il a vu un calao-rhinocéros qui était très-craintif; il fuyait et se cachait aussitôt qu'il apercevait un être quelconque, à moins que ce ne fût le matelot qui lui apportait à manger; dans ce cas, il s'approchait en sautant des deux pieds à la fois, il étendait ses ailes, ouvrait le bec et jetait des cris de joie : on lui donnait du biscuit, du riz, des pois, des haricots cuits, et même du lard. Dans le navire qui l'avait apporté de Java, il avalait les rats et les souris. En effet, les habitants de Ceylan l'élèvent en domesticité, parce qu'il chasse ces animaux aussi bien que les chats. D'autres voyageurs assurent que les calaos vivent aussi de figues, d'amandes, de pistaches, de muscades, de marrons, de glands. Une espèce de Ceylan, le calao violet, qui était à la ménagerie du Cap, était d'une docilité remarquable envers son gardien; il poursuivait les souris et les rats, les saisissait fort adroitement et les avalait entiers, après les avoir froissés dans son bec. On dit que le calao du Népaul est très-recherché pour la délicatesse de sa chair

GOSSART.

CALCAIRE [du latin *calx*, chaud]. — Épithète donnée à toutes les roches qui sont essentiellement composées de chaux carbonatée. On appelle *formation calcaire* l'ensemble de tous les calcaires déposés depuis les temps historiques dans les cavités de la terre ou au fond de certaines eaux. Les calcaires les plus importants sont : 1° les *marbres*, comprenant les diverses variétés employées pour la statuaire, la décoration des édifices et l'ameublement; — 2° le *calcaire lithographique*; — 3° le *calcaire grossier*, vulgairement appelé *pierre à chaud*, *pierre à bâtir* des Parisiens;—4° la *craie*, variété de calcaire friable et très-tendre, presque toujours blanche, qui forme le sol de contrées entières, comme en Angleterre, en Champagne, en Pologne, etc.

CALCANEUM (anatomie) [de *calx*, talon]. — Os court, situé à la partie postérieure et inférieure du pied, et qui fait partie du tarse ; c'est lui qui soutient le poids du corps dans la station et la marche. Cet os est articulé en haut et un peu en devant avec l'astragale et le cuboïde ; sa face postérieure donne attache au tendon d'Achille; l'inférieure présente en arrière deux tubérosités où s'attachent les muscles superficiels de la plante des pieds.

CALCÉDOINE (minéralogie) [ainsi nommée de *calcédon* ou *chalcédoine* en Asie-Mineure, où l'on en trouvait en quantité dans les temps anciens].—Variété de quartz-agate, qui est généralement blanche, laiteuse et parfois bleuâtre, teinte qui augmente sa valeur. Quand le bleu domine, on lui ajoute le nom de saphirine, et cette espèce est la plus estimée, en raison de sa dureté, de sa beauté et de sa rareté.

La calcédoine est demi-transparente, quelquefois opaque ou translucide; sa cassure, quoique conchoïde, se rapproche de celle esquilleuse et est tout à fait mate, ce qui distingue ce minéral de ses sous-dérivés, différents par la coloration, qui sont : la *cornaline*, la *sardoine*, la *chrysoprase*, la *plasma*, l'*onyx*, le *silex* et le *cacholong*.

La *calcédoine commune* existe abondamment en masses uniformes ou en couches dans les noyaux d'agate; elle est en morceaux arrondis, uniformes, stalactiformes, rhomboïdaux primitifs, et rarement en cristaux cubiques pseudomorphes. Sous cette dernière forme, elle incruste des cristaux de quartz rayonnants, des madrépores, des bois et diverses autres substances.

La *calcédoine* n'est pas fusible; cependant elle blanchit ou diminue de couleur par l'action d'un colorique approprié et sans dégagement d'eau. Sa pesanteur spécifique est de 2,6. Analysée, elle donne : silice 84, et alumine 16. Parfois on y rencontre un peu moins d'alumine, qui y est remplacée par de la chaux.

On trouve cette substance minérale en France, en Angleterre, en Écosse, en Irlande, en Transylvanie, en Norvége, en Islande, aux îles Féroë, etc., etc. Celle douée de couleur verte, qui est très-rare, ne se trouve que dans l'Inde.

Comme la généralité des pierres précieuses, on divise la calcédoine en orientale et en occidentale; celle-ci, moins dure que la première et même que l'agate blanche, est d'un blanc de lait, commune et peu estimée. Il y a une variété remarquable par des raies ou points gris ou rouges sur le fond blanc laiteux. Outre quelques camées antiques que l'on trouve à la Bibliothèque Impériale, et parmi lesquels on distingue entre autres la déesse Roma, le taureau Dyonisiaque et un Jeune Guerrier, il existe quelques coupes et quelques beaux vases de calcédoine, mais ils sont rares.

D'après Pline, les belles calcédoines si estimées des anciens provenaient d'Afrique. On les achetait à Carthage, et on les taillait et gravait à Rome.

De nos jours, on emploie la calcédoine à la fabrication de divers bijoux, bagues, cachets, boules pour bracelets, manches de coupe-papier, etc., etc.

Tous ces ouvrages sont généralement exécutés en Allemagne, où l'habitude de ce travail et le bas prix de la main-d'œuvre en font une spécialité qui, de là, se répand partout. Ch. Barbot.

CALCINATION (chimie) [du latin *calx*, chaux]. — Traitement d'une substance quelconque par le feu. « Dans la plupart des cas, ce traitement se fait au contact de l'air, et a pour effet de modifier la nature chimique de la substance qui le subit. Si cette substance est un métal, celui-ci perd son brillant et se transforme en une poudre diversement colorée, suivant la nature du métal. Cette poudre portait autrefois le nom de *chaux métallique* (de là le nom de *calcination*); aujourd'hui on l'appelle *oxyde*. Elle est le résultat de la combinaison de l'oxygène de l'air avec le métal. Un très-petit nombre de métaux, l'argent, l'or, le platine, etc., résistent à cette action de l'air par la calcination. »

CALCIUM (chimie) [du latin *calx*, chaux]. — Corps simple métallique, contenu dans la chaux et les calcaires, découvert, en 1807, par Seebeck et isolé par Davy, en 1808; au moyen de la pile, la couleur et l'éclat du calcium sont ceux du plomb; il s'enflamme et s'oxyde rapidement à l'air en se recouvrant d'une couche blanche de chaux; il s'oxyde également au contact de l'eau, qu'il décompose. — Voy. *Chaux*.

CALCUL MENTAL (arithmétique) [du latin *calculus*, petit caillou (dont on se servait pour compter), et *mens*, esprit]. — Ces mots, qui expriment une opération de l'arithmétique faite par le raisonnement et sans le secours de la plume, ni d'aucun autre objet matériel, sont à peine connus dans le langage mathématique; il n'est pas, cependant, de branche d'étude plus utile et d'une application plus fréquente; mais le domaine des mathématiques est si vaste, que les personnes qui s'y livrent exclusivement reconnaissent qu'elles ont toujours quelque chose à apprendre, et trouvent plus de satisfaction à résoudre des problèmes de haute algèbre que de chercher à acquérir de la facilité dans le calcul de tête.

Malgré les exemples assez fréquents de personnes qui ont acquis de l'habileté dans ce genre de calcul, on est généralement persuadé qu'il est fort difficile : c'est une erreur d'autant plus regrettable que, par ce motif sans doute, l'enseignement en a été tout à fait négligé, si ce n'est toutefois dans le Bas-Rhin, où il paraît avoir pris une certaine extension, et donné de bons résultats. Ceux qui ont assisté aux séances de *Desforges*, *Henri Mondeux*, *Mangiamèle*, *Grandemange*, attribuent à une faculté toute particulière l'aptitude de ces jeunes gens pour retenir et combiner des nombres.

Il est bien plus probable qu'ils ne doivent cette facilité qu'à l'habitude qu'ils ont prise de calculer de tête, et aux méthodes qu'ils ont créées pour s'aider dans ces opérations.

Il n'est pas rare, en effet, de voir des gens qui ne sachant pas écrire résolvent cependant des problèmes compliqués. En voici des exemples : Un ouvrier peintre, d'Yvetot, qui n'avait jamais tenu une plume, passait pour un habile calculateur; on lui donna le problème suivant : Une femme va au marché avec des œufs; elle vend à une première personne la moitié de ce qu'elle a, plus la moitié d'un œuf; à une seconde, le tiers de ce qui lui reste, plus le tiers d'un œuf; à une troisième, le quart de ce qui lui reste, plus les trois quarts d'un œuf; à une quatrième, le cinquième de ce qui lui reste, plus les quatre cinquièmes d'un œuf; après ces distributions, il lui en reste quatre : combien en avait-elle d'abord? Le peintre a répondu 29; ce qui était juste.

Un boucher d'Évreux disait : « J'ai acheté un bœuf 360 francs; je vendrai la peau, les pieds, etc., 14 francs; j'aurai 75 kilog. de suif à 85 centimes; et 240 kilog. de viande : combien faut-il que je la vende pour gagner 5 centimes par kilog. ? » Il faisait son compte, de mémoire, en cinq minutes, et ne se trompait pas, tandis que le voisin, avec sa plume, y restait une demi-heure et ne trouvait pas toujours juste du premier coup.

L'histoire de l'Amérique fait mention d'un nègre affranchi qui, honteux de n'avoir pas pu comprendre un calcul de son ancien maître, résolut d'apprendre à compter. A cet effet, il s'imposa l'obligation de calculer combien il y avait de grains de blé dans un sac : il compta d'abord une petite mesure, puis un litre, puis un boisseau, enfin le sac entier. Ces exercices le rendirent si habile, qu'il s'acquit une grande réputation, et résolut ce problème qu'un voyageur lui avait proposé : Une poule a 13 poussins qui, l'année suivante, seront des poules et feront chacune, ainsi que la mère, 13 poulettes, et ainsi de suite d'année en année. Quel en sera le nombre au bout de 13 ans? Le nègre avait répondu juste avant que

CAL

le calculateur, qui faisait son compte sur le papier, n'eût fini.

Dans la séance du 18 mars 1853, l'Académie de l'Enseignement, première société de Pédagogie, fondée en France en 1846 par M. B. Lunel, a entendu le jeune Grandemange, né sans bras ni jambes, à Épinal (Vosges), le 10 juin 1835, et que tout Paris a vu. Voici quelques-unes des questions qui ont été posées :

1° En supposant l'année de 365 jours, combien de temps faudrait-il à un boulet, qui ferait une lieue en 20 secondes, pour aller de la terre au soleil, c'est-à-dire pour franchir un espace de 34,600,000 lieues? La réponse, qui a été reconnue exacte, était 21 ans 344 jours 6 heures 12 minutes 20 secondes.

2° Un Anglais a 5 chevaux; il charge son domestique de lui en amener 3, désignés par leurs noms; le domestique oublie ces noms et prend 3 chevaux au hasard. Combien y a-t-il à parier qu'il se trompera? Réponse, 10 contre 1.

3° De combien de manières le nombre 7 peut-il être amené avec deux dés? Réponse, 6.

4° Quel est le volume d'une sphère de 6 centimètres de rayon? Réponse, 904.

5° Quelle est la somme des 32 premiers nombres? Réponse, 528.

6° Quelle est la somme des 50 premiers nombres? Réponse, 1275.

Henri Mondeux, bien connu aussi, avait cela de particulier, qu'il trouvait les logarithmes des nombres et les nombres des logarithmes [1]. Il a répondu sans faute à une douzaine de questions qui lui ont été adressées à ce sujet. On lui a proposé de chercher la racine vingt et unième de

247,064,529,073,450,392,704,413.

Il a trouvé 13, qui est bien le chiffre demandé, et l'on comprend qu'une pareille opération n'a rien d'extraordinaire pour lui, par l'usage des logarithmes.

Tous ces calculs paraissent prodigieux parce qu'on est habitué à les faire sur le papier. La plume a rendu l'esprit paresseux sous ce rapport. Il n'est pas douteux cependant que cela tient au défaut d'exercice; les moyens sont faciles; le nègre affranchi le prouverait suffisamment, lors même qu'on n'aurait pas d'autres exemples dans Desforges, Grandemange, Mangiamèle, Mondeux.

La bibliographie du calcul mental est assez restreinte : il n'y a guère de connu que l'*Enseignement du calcul mental*, par Ferber (1846); le *Calcul de tête*, par Fellens; les *Principes pour calculer de tête*, par J. Roze (1852); et la STÉNARITHMIE, dont deux éditions successives ont été publiées à Paris, en 1852 et 1853, par Mallet-Bachelier. Ce dernier ouvrage, beaucoup plus complet que les autres, donne une grande quantité de moyens ingénieux pour faciliter les calculs : il renferme en outre une théorie nouvelle des puissances tellement simple, qu'elle permet de trouver de tête des racines carrées et cubiques de plusieurs chiffres. Voici un aperçu très-succinct des préceptes qui y sont renfermés.

On doit s'exercer à l'*Addition* en énonçant tous les nombres naturels 1, 2, 3, jusqu'à cent; ensuite compter par 2, par 3, par 4, etc., en disant, 4, 8, 12, 16, etc., ou 3, 7, 11, 15, etc.

Lorsqu'il y a plusieurs chiffres à additionner, on augmente et on diminue l'autre d'autant, de manière à former un nombre rond de dizaines ou de centaines. Ainsi, au lieu d'additionner 24 avec 12, on ajoute 2 à 24, il vient 26; puis on retranche 2 de 12, il reste 10 : le total de 26 et 10 est 36, comme celui de 24 et 12. De même

$$
\begin{aligned}
34 + 15 &= 39 + 10 = 49\\
66 + 25 &= 71 + 20 = 91\\
98 + 44 &= 102 + 40 = 142\\
175 + 198 &= 173 + 200 = 373
\end{aligned}
$$

Pour la *Soustraction*, il faut décompter à partir de 100 par 1, par 2, par 3, etc., de cette manière : 100, 99, 98, 97, etc., 100, 98, 96, 94, etc., etc.

Dans les gros nombres, comme 3647 moins 512 : on retranche successivement un chiffre, comme il suit : $3647 - 512 = 3147 - 12 = 3137 - 2 = 3135$.

Ou bien on ajoute à chaque terme un nombre qui facilite l'opération sans changer le résultat; par exemple de 125 retrancher 49 : en ajoutant 1 de part et d'autre, on a 126 moins 50; en ajoutant encore 50, il vient 176 moins 100; or 176 moins 100 égalent 76. De même

$$
\begin{aligned}
42 - 28 &= 44 - 30 = 14\\
48 - 27 &= 51 - 30 = 21\\
92 - 36 &= 96 - 40 = 54
\end{aligned}
$$

On s'exerce dans la *Multiplication* en faisant de tête le produit par 2, par 3, par 4, par 5, etc., de tous les nombres jusqu'à 100.

Ensuite on passe aux moyens abrégés; ainsi, au lieu de multiplier par 4, on double 2 fois; de même les multiplications par 8, par 16, par 32, etc., se font en doublant successivement le multiplicande. Exemple : quel est le produit de 345 par 32?

On se dit 345 par 32 égalent 345 et 345, ou 690, par 16; 690 et 690 ou 1380 par 8; 1380 et 1380, ou 2760 par 4; 2760 et 2760 ou 5520 par 2; 5520 et 5520 ou 11040 par 1; 11040 sont donc le produit demandé. Si l'on avait dû multiplier 345 par 31, après avoir trouvé, comme on vient de le faire, 11040, produit par 32, on en retrancherait 345, en suivant les procédés indiqués à la soustraction, et l'on aurait ainsi le produit par 31. Pour multiplier 345 par 33, on commencerait encore par faire le produit par 32, et l'on y ajouterait 345; ainsi de suite : il n'y a, dans ces procédés, rien que tout le monde ne puisse faire.

La sténarithmie donne plusieurs autres moyens, aussi faciles, d'opérer de mémoire des multiplications.

La *Division*, qui paraît si difficile à faire de têtes

[1] Dans un rapport qui a été lu à l'Athénée des Arts, on assurait que Voltaire calculait aussi de tête les logarithmes.

quand on n'y est pas exercé, n'a rien de plus embarrassant que la multiplication, puisque l'une peut se remplacer par l'autre. Si j'avais à diviser 183 par 13, je pourrais chercher par quel nombre il faut multiplier 13 pour avoir 183, ou pour en approcher le plus possible; 13 par 10 donnent 130, par 5 de plus ce serait 130 + 65, ou 195; mais 183 a 12 de moins, donc 183 divisé par 13 égale 15 moins 12, ou 14 plus 1.

S'il s'agissait de diviser 382 par 5, on ferait ce raisonnement : 382 par 5 donnent le même quotient que 2 fois 382 par 10; or 2 fois 382 font 764 et ce nombre divisé par 10, en retranchant un chiffre fait 76,4.

Pour diviser 382 par 15, on a 382 par 15 = 764 par 30 ou 76,4 par 3. Le tiers de 76 est de 25 pour 75, c'est donc 25 + 14 trentièmes.

On divise 382 par 16 de cette manière : 382 par 16 = 191 par 8 = 95,5 par 4 = 47,75 par 2 = 23, 875.

Si l'on voulait calculer le nombre d'or pour l'année 1857, on dirait : 1857 + 1 = 1858, qu'il faut diviser par 19. En divisant par 20 avec le complément 1, on a, la moitié de 185 dizaines est de 92, qui sont des vingtaines, et il reste une dizaine et les 8 unités du nombre 1858; il y a donc, dans 1858, 92 fois 20 plus 18; mais 92 fois 20 = 92 fois 19 plus 92 fois 1, ou 92 fois 19 plus 92; ces 92 ajoutés aux 18 déjà trouvés, font 110, c'est-à-dire que dans 1858, il y a 92 fois 19 plus 110. En opérant sur ces 110 comme on l'a fait pour 1858, on dit : La moitié de 11 est de 5, reste 1, qui est une dizaine : or, ces 5, qui sont des vingtaines = 5 fois 19 plus 5 fois 1; il faut donc ajouter 5 à la dizaine qui restait de 110, ce qui fait 15; c'est le nombre d'or.

L'épacte n'est pas plus difficile à trouver : on retranche 1 du nombre d'or, il reste 14, qui multipliés par 11 donnent 154, car 10 fois 14 font 146, et 140 + 14 = 154; or 154 divisés par 30 ou 15 dizaines plus 4 divisés par 3 = 5 dizaines plus 4 : ce reste 4 est l'épacte.

Quand on a un diviseur qui approche d'un nombre rond comme 100,000, etc., le calcul est on ne peut plus facile. Ex. : Diviser 1857 par 99. Le nombre 1857 se compose de 1800 + 57 : or 1800 = 18 fois 99 + 18; le quotient est, par conséquent, 18 + 18 + 57 = 18, reste 75.

Le même nombre 1857 divisé par 98 donnera 1800 + 57; or 18 cents valent 18 fois 98 plus 18 fois 2, ou 36; le premier quotient est donc 18, et il reste 36 + 57 = 18, reste 93.

1857 divisé par 97 = 18, reste (18 × 3) + 57 = 18, reste 111; mais 111 contiennent encore une fois 97 plus 14 : donc le quotient est 19 et le reste 14.

Pour diviser 1857 par 48, on doublerait les deux termes, ce qui fait 3714 à diviser par 96 : en divisant par 100 avec le complément 4, on a 37, reste 37 × 4, plus 14 = 37 reste 162 : or 162 = 96 + 66; donc le quotient est 38 et le reste $\frac{66}{96}$ ou $\frac{33}{48}$

Il y a encore d'autres moyens de division que la sténarithmie fait connaître.

On y trouve aussi un nouveau mode de conversion des fractions basé sur ce fait, que deux fractions de même valeur peuvent être additionnées terme à terme, et donner une nouvelle fraction égale à chacune des deux autres : ainsi

$$\frac{2}{3} = \frac{4}{6} = \frac{2+4}{3+6} = \frac{6}{9}$$

Pour transformer $\frac{5}{8}$ en dixièmes, il faut prendre le quart de chaque terme et en former une nouvelle fraction, qu'on ajoute à la première, comme ci-dessus; on obtient

$$\frac{5}{8} = \frac{1.25}{2} = \frac{6.25}{10} = 0,625$$

Le calcul des *puissances* et celui des *racines* présentent des particularités très-remarquables, qui aident beaucoup à les effectuer.

Ainsi, pour le carré on augmente une racine et on diminue l'autre d'une quantité quelconque, et l'on ajoute au produit le carré de cette quantité.

Par exemple : Au lieu de multiplier 13 par 13, on ajoute 3 à l'un de ses facteurs et l'on retranche 3 de l'autre, ce qui donne 16 et 10; le produit de ces derniers est 160 : il faut y ajouter le carré de 3, qui est 9; on trouve 169, qui est, en effet, le carré de 13. De même

$$\begin{aligned}
14 \times 14 &= 18 \times 10 + 16 = 196 \\
15 \times 15 &= 20 \times 10 + 25 = 225 \\
27 \times 27 &= 34 \times 20 + 49 = 729 \\
43 \times 43 &= 50 \times 36 + 49 = 1849 \\
88 \times 88 &= 100 \times 76 + 144 = 7744 \\
99 \times 99 &= 100 \times 98 + 1 = 9801
\end{aligned}$$

Pour appliquer ce procédé à un nombre de trois chiffres, on ferait d'abord le carré des deux derniers; par conséquent,

$$\begin{aligned}
514 \times 514 &= 528 \times 500 + 196 = 264\,196 \\
543 \times 543 &= 586 \times 500 + 1849 = 294\,849
\end{aligned}$$

On passe ensuite à un quatrième chiffre :

$$8543 \times 8543 = 9086 \times 8000 + 294\,849$$

Pour ces divers calculs, il est bien entendu qu'on fait usage des moyens de facilité indiqués à l'article *Multiplication*. Ainsi voilà des produits qui s'élèvent à plusieurs millions, et que tout le monde peut trouver par la sténarithmie.

Ses avantages se montrent sous un jour plus brillant encore dans la recherche des racines, car celles-ci s'obtiennent par de simples divisions, qui peuvent se faire de mémoire, en employant des nombres ronds.

En effet, veut-on connaître la racine carrée de 1725, cette racine doit approcher de 40, puisque 40 × 40 = 1600 : je divise donc 1725 par 40 ou 172 (les fractions se négligent) par 4 : or, 172 divisé par 4 donne 43.

Cette racine 43 ne peut pas être juste, parce qu'il y a trop de différence entre le quotient 98 et le diviseur 30 : il faut essayer du diviseur 40.

	80 000 000
40	20 000 00
40	5 000 0
40	1 250
40	31
31	
191	

$\frac{1}{5} = 38$ racine.

Le quotient 31 ne diffère pas dans une forte proportion du diviseur 40; on en conclut que la racine trouvée est juste.

Pour se rendre compte de ce fait, il suffit de diviser un carré, tel que a^2, par un nombre qui diffère de la racine en plus ou en moins, comme $a + b$ ou $a - b$. La division par $a + b$ donne $a - b$ pour quotient et b^2 pour reste. En divisant par $a - b$, on a le même reste avec $a + b$ au quotient. Or, dans les deux hypothèses, la racine est égale à la demi-somme du diviseur et du quotient, et la différence de ces termes est 26, dont la moitié, élevée au carré, est b^2, quantité égale aux restes dont il s'agit. Si le reste était $<$ que b^2, la racine trouvée serait trop forte : mais b^2 est égal à la différence $2\,b$ multipliée par son quart $\frac{2\,b}{4}$ On peut donc, au moyen de cette multiplication, s'assurer de l'exactitude des racines.

Ce rapport entre le *reste* de la division, qui sera désigné par R, et la *différence* du quotient avec le diviseur, qui sera représentée par D, varie avec le degré des puissances; car a^3 divisé 2 fois par $a + b$, donne au dernier quotient $a - 2\,b$ et au reste $3\,b^2 - \frac{b^3}{a+b}$ On néglige cette quantité $\frac{b^3}{a+b}$ parce qu'elle a trop peu de valeur pour altérer les racines, toutes les fois qu'il n'y a pas une différence notable entre le quotient et le diviseur. Donc, pour le cube $R = 3\,b^2$ et $D = 3\,b$, d'où $R = D \times \frac{D}{3}$

En appliquant le même raisonnement aux autres puissances, on reconnaît que :

Pour la 4ᵉ $R = D \times \frac{3\,D}{8}$

Pour la 5ᵉ $R = D \times \frac{4\,D}{10}$

Pour la 6ᵉ $R = D \times \frac{5\,D}{12}$

Et l'on s'aperçoit que dans toutes ces équations, le dénominateur est le double de l'exposant, et le chiffre du numérateur 1 de moins que cet exposant : on peut donc trouver la formule d'un degré quelconque sans être obligé de la calculer.

Cette nouvelle théorie de l'extraction des racines, si facile et si remarquable dans les faits qui en découlent, paraît bien de nature à fixer sérieusement l'attention des professeurs.

La sténarithmie révèle en outre un moyen de vérification bien facile pour tous les calculs; il consiste à faire la somme des chiffres de chaque nombre, en la réduisant toujours à un seul chiffre, et à répéter avec ce chiffre les opérations que l'on a faites sur les quantités d'où il provient : le chiffre du résultat final doit être le même que celui que l'on obtient en dernier lieu. Exemple :

ADDITION.

4647	somme des chiffres	21.....	3
8753	id.	23.....	5
13,400			8

La somme des chiffres du total $1 + 3 + 4 = 8$, comme la somme des chiffres des deux nombres additionnés; d'où l'on conclut que le calcul est juste, à moins qu'il ne s'y soit glissé des erreurs qui se compensent.

SOUSTRACTION.

	8244	somme des chiffres	9
	5323	id.	4
Reste...	2921		5

La somme des chiffres de 2921 est 5.

MULTIPLICATION.

	444 × 555 = 246,420
Somme des chiffres	3 × 6 = 9

DIVISION.

	2,904 divisé par 66 = 44
Somme des chiffres	6 id. 3 = 8

En multipliant le diviseur par le quotient on retrouve le dividende : de même en multipliant 8 par 3 on trouve 6.

Les puissances et les racines se vérifient de la même manière.

Il serait inutile de pousser plus loin cette analyse : elle doit suffire pour démontrer la prodigieuse facilité que le calcul mental puise dans ces sortes de combinaisons; on comprendra aussi que ces méthodes sont bien de nature à développer l'intelligence des élèves; faisons des vœux pour qu'elles se propagent le plus promptement possible. GOSSART.

CALCULS (chirurgie) [du latin *calculus*, caillou, pierre]. — On désigne sous ce nom des concrétions inorganiques de consistance et d'aspect variables, qu'on rencontre dans les cavités et dans le tissu de certains organes. On trouve des calculs dans la vésicule et les conduits biliaires, ainsi que dans le foie, dans les diverses parties de l'appareil urinaire, dans la glande pinéale, les poumons, les veines, les articulations, les amygdales, les voies lacrymales, les glandes salivaires, le conduit auditif, le tube digestif, la prostate, les vésicules séminales, le pancréas, l'utérus et les glandes mammaires. Sous le rapport de la fréquence, les calculs suivent à peu près l'ordre dans lequel nous venons d'énumérer les différents organes.

Caractères physiques. — La grosseur des concrétions calculeuses varie depuis celle d'un grain de sable fin jusqu'au volume de la tête d'un fœtus à terme ; leur forme est le plus ordinairement arrondie ou ovoïde, quand elles sont uniques. Lorsqu'elles sont multiples et renfermées dans une même cavité, leur surface est quelquefois taillée à facettes concaves et convexes. Tantôt leur surface est lisse et polie; tantôt elle est rugueuse, hérissée d'aspérités. Les concrétions que renferment certaines cavités peuvent y être libres ou adhérentes. La plupart sont formées par l'agrégation de molécules disposées par couches concentriques les unes aux autres; d'autres présentent à leur intérieur une cassure radiée, cristalline, résineuse; il en est dont la cassure est terreuse. Les analogies que présente leur composition chimique ressortent de la comparaison que l'on peut faire de chaque espèce de calcul en particulier.

Calculs salivaires. — On les rencontre dans les canaux excréteurs des glandes salivaires, dans le canal de Warthon plus souvent que dans celui de Sténon. Ils sont composés de phosphate de chaux et de mucilage animal, d'après Fourcroy, qui conclut que leur source est dans la salive, laquelle contient du phosphate de chaux.

Calculs gutturaux. — On les trouve dans les sinus et les enfoncements des amygdales; leur forme est inégale; ils sont d'une couleur brune foncée. Leur composition est la même que celle des calculs salivaires.

Calculs pulmonaires. — Ils sont petits, durs, inégaux, ressemblant à des graviers, gris ou rougeâtres, blanchissant à l'air en séchant. On les rend par la toux, pendant des accès d'asthme, ou durant une espèce de phthisie dont les calculs forment le caractère principal (Portal). Ils sont situés dans les aréoles du tissu pulmonaire et dans des kystes disséminés au milieu de ce même tissu. Ils sont formés de phosphate et de carbonate de chaux, de phosphate ammoniaco-magnésien (Williams Henry) et de substance animale.

Calculs intestinaux. — On les rencontre dans l'iléon, le commencement du gros intestin. Ces concrétions ont pour point de départ un corps étranger, tel que des noyaux, des grains de plomb, de petits fragments d'os, etc. Ils sont très-fréquents chez les animaux, où ils portent le nom de *bézoards*. Ils sont arrondis, friables, spongieux, et de couleur brune. Quelquefois ils ulcèrent le canal intestinal (Lobstein, *Anat. pathol.*, t. I, p. 485).

Calculs biliaires. — Ils siégent tantôt dans le foie, tantôt dans le canal hépathique, et le plus souvent dans la vésicule du fiel, dans son conduit excréteur et dans le canal cholédoque. L'élément dominant dans leur composition est l'adipocire (Fourcroy); Thénard y reconnaît deux substances, la *cholestérine* et une matière jaune; d'autres y ont trouvé aussi de la matière grasse.

Calculs urinaires. — Les urines peuvent déposer des matières de trois sortes, savoir : des sédiments pulvérulents amorphes, des sédiments cristallisés appelés *gravelle*, et des calculs proprement dits formés par l'agrégation de ces sédiments. Les deux premières espèces seront étudiées à l'article *Gravelle*, nous n'avons à nous occuper ici que de la dernière. Les calculs se rencontrent dans tout le système urinaire, mais le plus souvent dans la vessie. Le plus souvent ils se forment dans les reins. Lorsqu'il n'a qu'un petit volume, le calcul prend le nom de *gravier*. Il a une triple origine; ainsi il descend le plus souvent des reins tout formé, ou bien il provient de l'intérieur, ayant pour point de départ un corps étranger qui s'est introduit dans la vessie, ou il prend naissance dans la vessie même, et son noyau a eu pour origine un caillot de sang, de fibrine, de mucus, ou un sédiment naturel de l'urine. Les calculs peuvent acquérir un volume considérable; Lister et Morand font mention de pierres qui pesaient trois kilogrammes. Ils peuvent exister en très-grand nombre; la vessie de Buffon en renfermait cinquante-neuf, et Souberbielle en a retiré plus de quatre-vingts de la vessie d'un homme qu'il a présenté à l'Académie. Leur composition chimique est très-variable; ils contiennent de l'acide urique, du phosphate de chaux, du phosphate ammoniaco-magnésien, de l'oxalate de chaux, de l'urate d'ammoniaque, du carbonate de chaux, de l'acide cystique, de l'urate de soude et du carbonate de magnésie.

Calculs utérins. — L'existence de ces calculs a été prouvée par les observations de Louis, qui rapporte dix-huit observations dans son travail (*Mém. de l'Acad. de Chirurgie*, t. I, p. 500); Winslow en cite aussi d'autres faits.

Plusieurs conditions organiques favorisent la formation des concrétions calculeuses : telles sont les causes qui déterminent la stagnation ou qui ralentissent le cours des liqueurs sécrétés et secondent ainsi la précipitation des matières salines qu'ils contiennent. Cet effet peut résulter de l'étroitesse naturelle ou acquise des conduits que parcourent ces liquides, de leur dilatation partielle, de l'allongement et des sinuosités de ses canaux, de l'infiltration ou extravasation d'une partie de la liqueur secrétée par une ouverture accidentelle existant à ces conduits, etc. A ces dispositions particulières des organes creux dans lesquels se développent les calculs, il faut joindre, comme cause aidant singulièrement leur formation, la présence du mucus que ces organes sécrètent, mucus qui favorise la formation des molécules qui doivent entrer dans la composition de ces concrétions, et qui sert à les unir. L'existence du mucus dans la plupart des calculs ne laisse en effet aucun doute sur le rôle qu'il joue, dès le principe, dans leur agrégation. C'est ainsi qu'il faut expliquer les opinions des médecins qui voyaient jadis une prédisposition à la naissance des calculs dans le tempérament pituitaire, dans l'abondance des glaires et des humeurs.

En général, tout ce qui augmente ou modifie le produit des diverses sécrétions peut être considéré comme une cause éloignée des concrétions calculeuses; aussi plusieurs auteurs, et Meckel, entre autres, admettent-ils que ces concrétions doivent leur origine à un état morbide des organes qui les renferment. Cependant il y a ici une distinction à établir, car souvent les symptômes d'irritation ou d'inflammation qui se manifestent dans les parties où siégent les corps étrangers, se développent consécutivement à leur présence, et surtout par suite de l'accroissement de leur volume. En outre, il est bien certain que, quoique diverses espèces de calculs ne soient pas très-rares, elles sont néanmoins incomparablement moins fréquentes que les phlegmasies des différents organes sécréteurs où on les rencontre.

Enfin, une cause mécanique qui détermine rapidement la formation des concrétions calculeuses, c'est la présence d'un corps étranger introduit accidentellement au milieu des liquides sécrétés. Il ne tarde pas à devenir le noyau sur lequel se dépose la matière saline que contiennent ces liquides, matière dont l'accumulation progressive produit quelquefois des concrétions d'un volume considérable.

Telles sont les causes occasionnelles de la formation des calculs. Quant aux influences auxquelles on attribue la formation de ces concrétions, cette étiologie est encore enveloppée de beaucoup d'obscurité et consiste, pour ainsi dire, dans l'énoncé de quelques coïncidences que l'observation a fait reconnaître. Ainsi, on a remarqué que les calculs sont en général d'autant plus fréquents que l'on se rapproche davantage de la vieillesse; les femmes paraissent être plus sujettes aux concrétions biliaires et intestinales que l'homme, qui est, au contraire, plus fréquemment affecté de calculs urinaires. Des exemples assez multipliés prouvent que la disposition particulière de l'organisme qui favorise la formation des calculs est transmissible par hérédité. Cette remarque s'applique particulièrement aux concrétions urinaires et arthritiques. Il y a même une espèce d'échange de la maladie dans cette transmission; car on voit souvent des individus atteints de la pierre donner naissance à des enfants goutteux, et *vice versâ*. Il n'est pas rare non plus de voir des personnes sujettes à la gravelle chez lesquelles la cessation brusque de cette maladie est suivie de douleurs arthritiques de longue durée. Parmi les influences exercées par le régime, le climat, les habitudes sur le développement des diverses concrétions de l'économie animale, nous noterons une température froide et humide, des habitudes trop sédentaires, un régime trop animal, ainsi que l'usage de vins généreux, de ceux surtout qui sont chargés de tartre.

Quant aux symptômes et aux accidents que déterminent les concrétions calculeuses, ce sont communément les effets qui résultent de la présence d'un corps étranger dans une partie quelconque de l'économie. Ces effets varient suivant l'organe dans lequel la concrétion se développe, et il en résulte toujours des accidents plus ou moins graves suivant le volume des calculs et le siége qu'ils occupent. Le toucher aide à reconnaître la présence d'un certain nombre de ces calculs et vient ainsi confirmer les signes diagnostics que l'on tire du trouble des fonctions de l'organe affecté.

Dans le traitement des calculs, on se propose pour but de provoquer leur disparition, soit en déterminant la dissolution de la matière qui le constitue, soit en procédant à leur extraction, soit enfin en prévenant leur retour. Pour remplir la première indication, la médecine s'éclaire des lumières de la chimie dans l'administration d'un grand nombre de substances propres à favoriser la décomposition des calculs, et dont on varie les combinaisons suivant la nature présumée ou connue de la concrétion. On a cherché aussi à introduire directement les dissolvants dans la vessie au moyen d'une sonde; mais le danger d'irriter cet organe a dû bientôt faire renoncer à ce moyen. Enfin on a voulu, mais sans plus de succès, décomposer les calculs au moyen de la pile galvanique. Quant à la seconde indication, elle est entièrement du ressort de la chirurgie, et il en sera question aux mots *Cystotomie* et *Lithotritie*. La troisième indication, qui consiste à prévenir le retour de cette affection, a surtout cherché dans l'hygiène les moyens prophylactiques qui pouvaient agir efficacement pour détruire la tendance que ces concrétions ont souvent à se reproduire; mais l'obscurité qui règne sur leurs causes rend très-incertain le traitement préventif qu'on leur oppose. Pourtant, en augmentant la portion aqueuse de l'urine de manière à ce que les molécules des éléments salins ou acides soient moins rapprochées, on s'oppose à leur agglomération, qui constitue la gravelle d'abord et plus tard les calculs. L'usage d'une boisson abondante et presque entièrement aqueuse est donc un des premiers moyens à conseiller pour empêcher la formation de ces concrétions. C'est aussi en rendant plus grande la quantité d'eau que contiennent les urines que sont utiles la plupart des tisanes apéritives le plus anciennement préconisées, celles de chiendent, de queues de cerises, de racines de fraisier, etc. Les bains tièdes de longue durés remplissent le même but. Mais à côté de ces innocentes préparations il en est d'autres qu'on décore du nom de *spécifiques*, et qui, sous forme de vins, liqueurs, sirops, poudres, etc., contiennent des substances drastiques des plus énergiques, comme la colchique, la vératrine, etc., et contre lesquelles on ne saurait trop se mettre en garde, sous peine de voir survenir de violentes inflammations du tube digestif.

Dr Desparquets.

CALE (marine) [du latin *chalare*, abaisser, faire descendre, caler]. — Intérieur du navire, dans sa partie la plus basse. On appelle *cale* à l'eau la partie de la *cale* où l'on met l'eau; *fond de cale*, la partie la plus basse de la *cale*. — *Cale* se dit d'une punition en usage sur les vaisseaux de guerre pour les matelots malfaiteurs. On distingue la *cale* ordinaire et la *cale* sèche. La première consiste à élever le patient, par le moyen d'un cordage, sur un anspect ou barre de bois, à une poulie placée au bout de la grande vergue; de là, on le laisse tomber dans la mer, en lâchant tout à coup la corde; on le hisse de nouveau, et on le laisse retomber autant de fois que la sentence le porte. Dans la *cale* sèche, la corde est tenue plus courte, et le criminel ne tombe pas jusqu'à l'eau : le châtiment est plus dur; c'est une espèce d'estrapade. — *Cale pour la construction des vaisseaux* est un terrain préparé en pente douce, pour servir de base ou de local pour la construction des vaisseaux. Il est essentiel que ce terrain soit ferme et solide, afin que le poids du vaisseau que l'on établit dessus ne l'affaisse pas dans quelque partie, ce qui causerait de très-grands inconvénients : c'est sur cette *cale* que l'on établit le chantier du vaisseau.

CALEBASSE (botanique). — Nom donné en Afrique et en Amérique aux fruits de diverses cucurbitacées, dont les naturels dessèchent la peau et en font des ustensiles de ménage. — Voy. *Courge*.

CALEMBOUR. — L'étymologie de ce mot est fort incertaine, quoiqu'il ne remonte, dit-on, qu'à la fin du règne de Louis XV : on prétend qu'il vient de l'italien *calamaio* ou *calamajo burlare*, mot à mot badiner avec l'écritoire, badiner en écrivant. Si cette étymologie était exacte, elle condamnerait le *g* muet final, avec lequel quelques personnes écrivent ce mot, et par conséquent son dérivé *calembourgiste*, faiseur de calembours. On trouve aussi dans le même sens *calembourdier*, et le verbe *calembourder*, faire des calembours, mots dans lesquels la présence du *d* n'est nullement justifiée. Le dérivé le plus régulier serait *calembouriste*.

Le calembour est une espèce de jeu de mots fondé sur la ressemblance plus ou moins grande que présentent des mots ou des sons, sans égard à l'orthographe. Quelque futile que soit cette espèce de plaisanterie, elle remonte cependant à une haute antiquité. On en trouve des exemples dans les comédies d'Aristophane, de Plaute, etc. Les amphibologies des oracles étaient souvent de vrais calembours. Cicéron en a fait un grand usage, et de nombreux écrivains modernes de tous les pays n'ont pas dédaigné d'y recourir. Quant à la conversation, on sait qu'elle en est fréquemment assaisonnée. Le plus célèbre fabricant de calembours est le marquis de Bièvre, qui a eu de nombreux imitateurs. Il faut avouer que notre langue est une de celles qui s'y prêtent le plus, aussi n'est-elle que trop riche en ce genre.

Le calembour a été fort décrié; il a eu aussi de nombreux apologistes. Cherchons de quel côté est la vérité.

On a appelé le calembour *l'abus de l'esprit*, *l'esprit de ceux qui n'en ont pas*. Voltaire craignait que ce *tyran si bête* n'usurpât l'empire du monde. Boileau en a condamné l'emploi dans sa satire sur l'*Équivoque*. L'abbé Delille l'a stigmatisé dans les vers suivants :

Le calembour, enfant gâté
Du mauvais goût et de l'oisiveté,
Qui va guettant, dans ses discours baroques,
De nos jargons nouveaux les termes équivoques,
Et se jouant des phrases et des mots,
D'un terme obscur fait tout l'esprit des sots.

Un des collaborateurs de cette *Encyclopédie*, M. Redarez Saint-Remy, au mot *Anagramme*, a plaidé les circonstances atténuantes en sa faveur : « Ce n'est point un crime, ni même un péché, de se récréer quelquefois l'esprit; cette distraction, à tout prendre, vaut bien celle de ce marquis de Molière qui, pour passer le temps, s'amusait à faire des ronds en crachant dans un puits. Esope, après avoir travaillé à ses apologues, pour se donner de la distraction, jouait aux noix; nous pouvons bien jouer aux mots. »

Quant aux partisans du calembour, ils mettent en avant le grand nombre d'hommes distingués qui s'y sont livrés. Ils vont jusqu'à admettre dans leur camp Jésus-Christ, car on range dans la classe des calembours le jeu de mots qu'il adressa à saint Pierre : tu es *Pierre*, et sur cette *pierre* je bâtirai mon église. Victor Hugo, grand partisan des calembours, disait que, loin d'être *l'esprit des sots*, ils étaient *la sottise des gens d'esprit*. Quoi qu'il en soit, il est bien rare que le calembour s'élève jusqu'au bon mot.

Personne ne conteste cependant qu'il y a des calembours très-spirituels; de ce nombre est l'exclamation poussée par le marquis de Bièvre à la nouvelle de la maladie qui retenait au lit le comédien Molé : Quelle *fatalité* ! (quel fat alité !) On raconte que Mlle Mars, se promenant aux Tuileries, entendit derrière elle des gardes du corps qui prononçaient son nom : « Eh! messieurs, dit-elle en se retournant, qu'a de commun *Mars* avec les gardes du corps? » Pourquoi tout le monde admire-t-il de tels jeux de mots? c'est qu'il y a là autre chose qu'un calembour.

Le calembour est tantôt louangeur, tantôt épigrammatique. Voici des exemples de l'une et de l'autre espèce. Lorsque la pièce de Sauvigny, intitulée *le Persiffleur*, fut sifflée, M. de Bièvre dit plaisamment : « le *Persiffleur* (père siffleur) avait mis ses enfants dans le parterre. » Une dame qui chantait avec prétention, n'ayant pu achever sur le ton qu'elle l'avait pris l'air qu'elle avait commencé, dit à un homme d'esprit placé à côté d'elle : « Je vais le reprendre en *mi*.—Non, madame, restez-en *là*, » reprit son voisin. Lorsque l'on joua la jolie comédie de Duval intitulée : *Maison à vendre*, Carle Vernet dit avec un grand sérieux : « Je ne sais pourquoi l'on s'extasie autant sur le mérite d'une pièce qui ne justifie pas son titre : on m'annonçait une *maison à vendre*, et je n'ai vu qu'une *maison à louer*. »

Le calembour est une plante si frêle et si délicate, qu'il ne peut vivre que dans la contrée où il a pris naissance; la traduction le fait disparaître, comme un souffle léger dissipe les bulles de savon; on est obligé de recourir à de longues explications pour faire comprendre un calembour étranger à celui qui ne connaît pas la langue dans laquelle il est écrit, et encore ne réussit-on pas toujours. On peut en juger par les exemples suivants. Cicéron avait présenté au sénat romain un jeune homme, fils putatif de Crassus, et signalé par la chronique scandaleuse comme le fils d'Accius, en le qualifiant de : *Axios Krassou*, expression grecque qui voulait dire également : digne de Crassus, ou Accius, fils de Crassus. Dans ses discours contre Verrès, ce caustique orateur se plaît à appeler ce préteur concussionnaire tantôt *pourceau*, tantôt *balai* de la Sicile, etc. (en latin *verres* signifie pourceau, verrat; *verrere*, balayer).

M. Choler cherche quelles sont les qualités nécessaires pour qu'un calembour puisse être considéré comme bon, et voici les conditions qu'il pose : « Pour exciter un rire légitime, il faut que le calembour transforme le sens en laissant le son exactement pareil; il faut que l'une et l'autre manière de comprendre le mot ou les mots qui le constituent aient une signification distincte, et que chacune de ces significations présente une idée piquante; il faut enfin que le calembour arrive à propos, sans être cherché, sans être amené de loin; il faut qu'il vienne naturellement, quand le ton de la conversation s'y prête. Ce sont ces conditions, malaisées à remplir, qui rendent si insupportables les faiseurs de calembours continuels, qui négligent la qualité en faveur de la quantité, qui ne tiennent compte ni des lieux ni des circonstances, et qui font du calembour le sujet principal de leur conversation, au lieu d'en faire un assaisonnement répandu d'une main plus ou moins discrète, selon la nature du festin ou la disposition des convives. »

Si l'on doit se montrer aussi sévère pour les auteurs de calembours, on doit l'être bien davantage encore pour ces gens qui apprennent le matin les calembours qu'ils donneront le soir comme des improvisations; mais comme ils puisent à des sources connues, les vaudevilles des petits théâtres, les anas et les almanachs, il est rare que leurs vols ne soient pas découverts.

Comme le calembour provoque toujours le rire, M. Paffe en a cherché la raison, et voici les explications qu'il en donne. « Le rire est l'expression d'un sentiment excité dans l'esprit par la présence simultanée d'un rapport de convenance et d'un rapport de disconvenance qui se manifestent ou qui semblent se manifester à la fois entre deux choses, entre deux idées. Or le calembour, qui consiste dans la double signification de deux homonymes, ou mots ayant la même consonnance, nous offre d'abord un rapport de ressemblance ou de convenance entre les sons qui représentent les idées, puis un rapport de différence entre les idées représentées par des sons semblables. Plus ces rapports sont frappants, c'est-à-dire plus la ressemblance entre les sons est exacte, et la différence entre les idées saillantes, plus aussi le calembour prête à rire. Ainsi ce jeu de mots est moins heureux quand les homonymes s'écrivent avec une orthographe différente, parce que le rapport de ressemblance n'est plus alors aussi parfait; et c'est pour la même raison qu'on le trouve déplaisant quand la similitude des sons n'est pas entière, comme lorsqu'à un *o* bref correspond la syllabe longue *au*, etc. » M. Paffe compare ensuite, sous ce rapport, le calembour et le bon mot. « Dans le calembour comme dans le bon mot, le plaisir intellectuel que l'on éprouve consiste dans la simultanéité et pour ainsi dire le conflit entre les mêmes termes de deux rapports d'une nature opposée. Comment se fait-il cependant qu'on porte un jugement si différent sur le calembour et sur le véritable bon mot? Dans le bon mot, le rapport de convenance est dans le fond, la disconvenance, ou, si l'on veut, la discordance des pensées n'est que dans la forme. Dans le calembour, c'est l'absurdité qui, à la faveur d'une équivoque, singe la vérité et grimace sans pudeur sous le masque qu'elle lui emprunte. Dans le bon mot, c'est la vérité qui s'enveloppe avec coquetterie dans le voile transparent de l'erreur, et qui cache ingénieusement sous cette forme piquante son mérite et sa beauté. La vérité n'est rien pour le faiseur de calembours; s'il la rencontre quelquefois, il ne la cherchait pas, ne s'en inquiète jamais, et la sacrifie sans pitié à une misérable ressemblance de sons qui fait mieux ressortir encore la frivolité et le vide de sa pensée. Plus même l'idée à laquelle il fait allusion est ridicule et fausse, plus on le verra s'enorgueillir de l'absurdité où il aboutit. L'amour de l'homme pour la vérité et le bon sens est donc la source légitime du mépris qu'on manifeste avec tant de justice pour les esprits futiles dont les conceptions n'enfantent que le faux et l'absurde, et qui préfèrent le clinquant du mensonge à la lumière voilée de la raison. L'homme vraiment spirituel, au contraire, n'a en vue qu'une pensée vraie ou qu'il croit telle, et qu'il déguise seulement pour lui donner plus d'attraits. Et en effet, ce qui constitue le mérite d'un bon mot, c'est la justesse, la profondeur, l'intérêt de la vérité qu'il recèle; si la pensée qui se trouve au fond d'un bon mot est commune et de mince importance, le bon mot sera lui-même empreint des mêmes caractères; il fera rire un moment, perdra à être cité, et n'amusera que des têtes légères. »

Le calembour doit être proscrit de tout ouvrage sérieux, soit en prose, soit en vers. Nous ne l'admettrions pas, comme les Anglais, dans la tragédie ou dans la haute comédie. Il nous choquerait encore également dans le genre oratoire, quoique Cicéron s'en soit permis un grand nombre dans ses discours. Autrefois, les orateurs sacrés eux-mêmes, oubliant leur dignité, n'ont pas dédaigné de descendre jusqu'au calembour. Le Père Garasse, attaquant le poëte Théophile Viaud, jouait sur son nom et le comparait à un veau : « Mais, ajoutait-il, la chair d'un *veau* est bonne à bouillir et à rôtir, et la sienne n'est bonne qu'à brûler au feu de l'enfer. »

Si un calembour fait sans prétention peut se tolérer et faire sourire, il devient fatigant lorsqu'on en fait un roman, comme celui de la *Fée Lure* et de *l'Ange Lure*, ou une tragédie burlesque tout entière de ce style, comme celle de *Vercingétorix*, qui finit par ces vers :

Je vais me retirer dans ma *tente* ou ma nièce,
Et j'attendrai la mort de la *faim* de la pièce.

Mal vu dans la bonne société, le calembour s'est réfugié dans les parades de nos théâtres secondaires et fait les délices des grisettes et des commis voyageurs. Plusieurs vaudevilles n'ont dû leurs succès qu'aux calembours dont les auteurs ont lardé leur dialogue, et des acteurs, comme Odry et Vernet, y ont souvent encore ajouté des équivoques de leur cru. Les petits journaux satiriques offrent aussi à leurs lecteurs de nombreux calembours qui servent de passeports à des épigrammes plus ou moins piquantes.

C'est dans ces journaux et dans ces vaudevilles que l'on trouve les calembours les plus extravagants. En voici quelques échantillons : « Nous monterons à l'*assaut six* (la saucisse). » « Son char était traîné par six mules. — Tu *dis six mules* (dissimules). » Dans une discussion élevée entre Méry et Karr, ce dernier fut vaincu; un plaisant dit à ce sujet que Méry avait mis *Karr à fond* (carafon). Le suivant est attribué à Carle Vernet : « Quel est le moyen de n'avoir pas froid l'hiver? C'est de prendre une statuette de Bonaparte et de lui casser un bras, parce qu'alors on a *un Bonaparte manchot* (un bon appartement chaud). » Et on ose appeler cela de l'esprit!

Quelques calembours sont devenus d'un usage si habituel, qu'on s'en sert même sans songer à leur nature; tel est celui-ci : « Il n'en a pas *l'air*, mais en a la *chanson*. » Il en est resté aussi quelques traces dans les proverbes. Le peuple et les argotiers aiment passionnément le calembour.

Il y a des gens dont l'esprit est tellement faux qu'ils sont sans cesse à la recherche des réunions de syllabes pouvant donner lieu à des calembours, ce qui oblige quelquefois à éviter l'emploi de certains mots utiles, uniquement à cause des mauvaises plaisanteries qu'on en peut faire. Tel est le mot *amatrice*, que les dames n'osent employer, quoique de bons écrivains s'en soient servis et que les meilleurs grammairiens en aient recommandé l'usage.

On attribue à l'école du bon sens *le calembour par à peu près* ou *par approximation*. Cet exercice consiste à remplacer les mots par d'autres dont le sens est à peu près semblable, sans tenir compte d'ailleurs du rapprochement ou de la dissemblance des idées.

On peut rapprocher de cette espèce de calembour une variété fondée également sur l'emploi des synonymes. Elle consiste à substituer à une ou à plusieurs syllabes d'un mot un mot équivalent, que l'on ajoute à la syllabe ou aux syllabes laissées intactes. Ainsi, pour *cha*-PEAU, on dit *cha*-CUIR; pour *rap*-PORT, *ra*-COCHON; pour *atten*-TION, *atten*-JÉRUSALEM, etc.

D'autres fois, dès que quelqu'un prononce un mot qui a un homonyme en français, vite un mauvais plaisant ajoute un mot pour appeler l'attention sur la ressemblance d'expressions qui n'ont aucun rapport pour le sens. Dites-vous : Je vous *suis*, on vous répond : *de cheminée*. C'est ce que, dans les ateliers, on appelle *des queues*.

Outre les calembours parlés, il y a aussi les calembourgs dessinés ou peints, qui se confondent souvent avec les rébus. Beaucoup d'enseignes sont dans ce cas. Tout le monde connaît l'enseigne du *Signe de la Croix*, où l'on représente un cygne portant une croix. Les marchands de vin, dont la boutique est ordinairement au coin des rues, mettent pour enseigne : *Au bon* COING (coin). Un tailleur représentait une culotte surmontée d'une oie, avec cette inscription : *Prenez votre culotte et laissez là* MON OIE (la monnoie), selon l'ancienne prononciation. Les marchands ne sont pas les seuls à user de tels calembours, des littérateurs s'en servent volontiers. On a vu Victor Hugo dessiner un Turc enlevant une femme et respirant un sachet de parfums, ce qu'il traduisait par : *Le mal est qu'Adèle* (le Malek-Adel) aime le patchouli.

Il y a aussi des calembours en action. Dans un vaudeville joué au théâtre des Variétés sous la Restauration, une querelle s'élève entre deux des personnages de la pièce; un duel est proposé, et l'un des champions demande qu'on lui apporte son *briquet*; une des personnes présentes va chercher un *briquet* et de l'amadou et revient sur la scène en battant le briquet. Les journaux racontaient, il y a peu de temps, que le théâtre du Havre avait annoncé l'*exécution* d'un grand *ballet* par toute la troupe; on a réalisé ce programme en promenant sur la scène un grand *balai*, qu'un des acteurs, en habits de bourreau, a solennellement *exécuté* en lui tranchant la tête sur un billot. Cette facétie a, dit-on, excité des murmures. Il en a probablement été de même de la plaisanterie suivante. Une actrice ayant manifesté à un grand seigneur le désir qu'elle avait d'avoir des *chatons* pour composer un collier, ce seigneur lui envoya le lendemain une corbeille pleine de *chatons* (petits chats).

J. B. PRODHOMME,
correcteur à l'Imprimerie impériale.

CALENDES [du latin *calare*, dérivé du grec *kalao*, annoncer]. — Nom que les Romains donnaient au premier jour de chaque mois. Dans le mois des Romains, il y avait trois jours remarquables, savoir : le jour des *calendes*, le jour des *nones* et le jour des *ides*; tous les autres jours prenaient de là leur dénomination, et se comptaient en rétrogradant; de sorte que les jours qui se trouvaient entre le jour des calendes et le jour de nones s'appelaient *jours avant les nones*; les jours qui se trouvaient entre le jour des nones et le jour des ides s'appelaient *jours avant les ides*; et les jours qui se trouvaient entre le jour des ides et le jour des calendes du mois suivant, et qui étaient les derniers jours du mois, prenaient leur dénomination des calendes du mois suivant. Ainsi les derniers jours de février, par exemple, s'appelaient *jours avant les calendes de mars*. Les jours de calendes n'étaient pas en même nombre dans tous les mois; ils empiétaient plus ou moins sur les mois qui les précédaient. Ceux des mois d'avril, de juin, d'août et de novembre ne s'étendaient que jusqu'au seizième jour inclusivement du mois qui les précède ; parce que les mois de mars, de mai, de juillet et d'octobre ayant six jours de nones, les ides de ces mois tombaient le quinzième ; au lieu que les jours des calendes des huit autres mois s'étendaient jusqu'au quatorzième jour inclusivement du mois qui les précède ; car ces mois n'avaient que quatre jours des nones, et leurs ides tombaient, par conséquent, au treizième. Les mois de janvier, de février et de septembre avaient donc 19 jours de calendes ; les mois de mai, de juillet, d'octobre et de décembre en avaient 18 ; les mois d'avril, de juin, d'août et de novembre en avaient 17. Le mois de mars n'en avait que 16 dans les années communes ; mais il en avait 17 dans les années bissextiles, et ce jour était immédiatement ajouté avant le 24 février, qui était le sixième des calendes de mars ; on comptait alors deux fois ce sixième, ce qui l'avait fait nommer *bissexte* ; d'où est venu le nom d'année *bissextile*. (*Dr Hoefer.*)

CALENDRIER (astronomie). — Table qui indique l'ordre des jours, des semaines, des mois, des fêtes, etc., de tout le cours de l'année.

Le mot *calendrier* vient de Calendes (*calendæ*), premier jour du mois chez les Romains.

L'année civile est de 365 jours 5 heures 48′ 51″ 6‴. Elle est composée de 12 mois ; le mois moyen, de 30 jours ; le jour, de 24 heures ; l'heure de 60 minutes ; la minute, de 60 secondes. La semaine est composée de 7 jours ; l'année contient 52 semaines. Les mois ont 28, 30 ou 31 jours. Les mois de 31 jours sont janvier, mars, mai, juillet, août, octobre, décembre ; les mois de 30 jours sont : avril, juin, septembre, novembre. Le mois de février a 28 jours dans les années communes, et 29 dans les années bissextiles. Les mois lunaires ont 29 jours 12 heures 46 minutes.

L'année commence par toute l'Europe, à quelques exceptions près, à l'époque où commence la nôtre. Les Grecs la commençaient au mois de septembre ; les Romains, sous Romulus, la commençaient au 1er mars : alors l'année n'avait que 10 mois, et le mois de décembre était le dixième et le dernier. Numa la fit commencer au 1er janvier, et fit l'année de 12 mois, en y ajoutant janvier et février. En France, l'année commença longtemps à Pâques ou à l'Annonciation (25 mars). Elle devrait toujours commencer à l'équinoxe du printemps. — Voy. *Année*.

CALICE (lithurgie) [du grec *calyx*, même signification]. — Vase consacré par l'évêque, et qui sert au sacrifice de la messe. C'est dans ce vase que se fait la consécration du vin. Les calices des apôtres et de leurs premiers successeurs étaient de bois ; le pape Zéphirin, d'autres disent Urbain Ier, ordonna qu'on se servît de calices d'or et d'argent, et défendit ceux d'étain et de verre. Les anciens calices avaient deux anses ; Bède assure que le calice dont Notre-Seigneur se servit à la cène avait deux anses et qu'il était d'argent. Les anciens calices étaient aussi beaucoup plus grands que ceux d'aujourd'hui, parce que le peuple communiait alors sous les deux espèces, au lieu que le calice ne sert présentement qu'au prêtre.

Calice (botanique). — Enveloppe la plus extérieure des organes de la fructification dans les fleurs qui ont une périanthe double. Tournefort et Linnée nommaient aussi *calice* le périanthe simple lorsqu'il est de couleur verte et peu apparent. Jussieu a nommé *calice* tout périanthe simple, quelles que soient sa couleur, sa consistance et sa forme. Le *calice commun* est celui qui appartient à plusieurs fleurs ; le *calice propre* est celui qui n'appartient qu'à une seule. Le calice est *monosépale* quand il n'est formé que d'une seule pièce (labiées) ; *polysépale*, quand il est formé d'un certain nombre de pièces séparables sans déchirure (giroflée, renoncule). On distingue, dans la plupart des calices, le *tube* ou la partie inférieure, ordinairement allongée et rétrécie ; le *limbe*, ou la partie supérieure, plus ou moins étalée ; et la *gorge*, qui sépare le tube du limbe.

CALIFE (histoire mahométane) [de l'arabe *khalifa*, vicaire, successeur ; formé du verbe *khalafa*, qui signifie venir à la place d'un autre, lui succéder]. — C'était, chez les Sarrasins ou Arabes musulmans, le nom d'une dignité souveraine qui comprenait un pouvoir absolu, tant sur les choses de la religion que sur le gouvernement politique ; en sorte que le *calife* était en même temps souverain temporel et spirituel. Ce nom, qui est arabe, était affecté aux successeurs de Mahomet. Son origine vient de ce qu'*Aboubecre*, après la mort de Mahomet, ayant été élu par les musulmans pour lui succéder, ne voulut pas prendre d'autre titre que celui de *khalifah resous Allah*, c'est-à-dire vicaire de l'apôtre de Dieu ; mais Omar ayant succédé à Aboubecre, il représenta que, s'il prenait la qualité de successeur d'*Aboubecre*, successeur de Mahomet, la chose, par la suite des temps, irait à l'infini : c'est pourquoi il fut résolu qu'il prendrait le titre d'*émir almoumenin*, c'est-à-dire commandant des fidèles. Cependant les successeurs de Mahomet n'ont pas laissé de prendre le titre de *calife*, sans y rien ajouter.

CALIFORNIE (géographie). — Contrée au nord-ouest de l'Amérique septentrionale, comprise entre le 22e et le 42e degré de latitude nord, le 110e et le 127e degré de longitude ouest, bornée à l'est par les montagnes Rocheuses, à l'ouest par la mer Pacifique, au nord par les possessions américaines de l'Orégon, et au sud par la mer Vermeille. On l'appelait autrefois île Caroline ou Nouvelle Albion ; aujourd'hui, elle se divise en Vieille Californie et Nouvelle Californie.

La Vieille Californie, découverte, en 1536, par Cortez, est une presqu'île, séparée du continent par un isthme de 100 kilomètres ; elle s'étend du 22e au 32e degré de latitude et du 111e au 119e degré de longitude ; sa longueur est de 1330 kilomètres, sa largeur varie de 40 à 160 kilomètres ; sa population est de 7,200 habitants, dont 800 à Real de San-Antonio, capitale actuelle, et 400 à Loreto, ancien chef-lieu. Le climat est très-chaud et le pays généralement sablonneux. On y cultive le blé, le maïs, l'indigo, la canne à sucre ; on y entretient beaucoup de bestiaux.

La Nouvelle Californie, découverte, en 1542, par Cabrillo, cédée, en 1848, aux États-Unis par le Mexique, va du 32e au 42e degré de latitude et du 110e au 127e de longitude; ses dimensions, du nord au sud, sont de 1,100 kilomètres, et de l'est à l'ouest de 1,330 kilomètres. Sa population, avant la découverte des gisements aurifères, qui a eu lieu en 1848, était de 16,000 habitants; elle s'élève actuellement à plus de 100,000. Capitale, Monterey. Ce pays est montagneux, très-fertile et extrêmement riche en mines de toute espèce. Le climat est tempéré : il forme deux saisons bien tranchées, celle des pluies, qui commencent en octobre ou novembre et durent jusqu'en mars ou avril, et celle des sécheresses, qui comprend les six autres mois. La température minimum est de 9 à 10 degrés au-dessous de zéro; elle vient en décembre et janvier : la chaleur la plus forte est de 24 degrés, et se fait sentir en août.

GÉOGRAPHIE PHYSIQUE DE LA NOUVELLE CALIFORNIE.

Montagnes.	*Géologie.*
CÔTE DE LA CALIFORNIE.	CÔTE DE LA CALIFORNIE.
Elle est formée par les montagnes suivantes, dont l'élévation ne dépasse pas 800 mètres, savoir, du nord au sud : *Les Sierras* { de Ross, de Santa-Cruz, de Santa-Lucia, del Buchon, de Santa-Inès, de San-Fernando de San-Gabriel.	Paraît appartenir à l'âge tertiaire, car on trouve alternativement : Grès, Marne, Gypse, Silice, Ocre. Dans quelques endroits du granit.
MONTS CALIFORNIENS.	MONTS CALIFORNIENS.
Cette chaîne, qui atteint de 1,000 à 1,200 mètres de hauteur, suit une direction à peu près parallèle à la côte, dont elle n'est d'ailleurs éloignée que de 70 kilomètres.	Appartiennent aux terrains crétacés. On trouve à leur base des grès diversement colorés, entremêlés de couches argileuses; à leur sommet le calcaire domine.
SIERRA NEVADA.	SIERRA NEVADA.
Chaîne de montagnes qui mesure toute l'étendue de la Californie, dans la direction du N. N. O. au S. S. E. *Distance de la base au sommet* : 120 kilomètres. Hauteur ordinaire 2,400 mètres. La sierra Nevada et les monts Californiens forment, en se réunissant au sud, la magnifique vallée des *Tulares*, agréablement diversifiée par des lacs, des collines, des rivières et des prairies où paissent d'immenses troupeaux de daims, de buffles et de chevaux sauvages. Cette vallée se termine à la hauteur de la baie de San-Francisco.	Ces roches, qui sont presque toutes aurifères, sont de formation granitique. Elles sont un composé de Quartz blanc, Feldspath, Mica noir. Basalte.
MONTAGNES ROCHEUSES.	MONTAGNES ROCHEUSES.
Immense chaîne qui sépare les Etats-Unis de la nouvelle Californie; appartient aux *Cordillières*, cette longue chaîne qui parcourt l'Amérique du nord au sud, dans une étendue de 2,500 lieues. Les montagnes Rocheuses ont jusqu'à 5,000 mètres de hauteur dans certains endroits.	A leur base : granits divers. Sur le plateau : gypse, basalte, trappe. OBSERVATION. La grande zone comprise entre les montagnes Rocheuses et la sierra Nevada est formée en partie de roches calcinées et de dépôts de calcaires.

Parmi les rivières de la Californie, on cite : 1° Le Gila, qui prend sa source dans les montagnes Rocheuses et se jette dans le Colorado, après un cours de 3,000 kilomètres. Il roule de l'est à l'ouest avec la rapidité d'une flèche, saute de rocher en rocher, change souvent de direction et ne forme qu'une suite de cascades et de tourbillons. Ses affluents sont le Rio-Asuncio et le Rio-Azuel. 2° Le Colorado, qui a aussi sa source dans les montagnes Rocheuses; il va d'abord du nord au midi, puis au sud-ouest, et se jette dans la mer Vermeille après avoir parcouru 5,000 kilomètres. Il reçoit la Gila à 30 kilomètres de son embouchure. 3° Le Sacramento, dont la source est entre le 41° et 42° latitude, se dirige du nord au sud dans la vallée fertile du Sacramento, et se perd au fond de la baie de San-Francisco; son cours est de 1,300 kilomètres et sa largeur de 3 kilomètres en plusieurs endroits. Il est peu rapide, et les navires de 200 tonneaux le remontent jusqu'à 300 kilomètres de son embouchure. Ses principaux affluents sont la Fourche américaine, le Weber, la Plume, les Trois-Buttes, les Daims, le Moulin, les Saulés, les Cotonniers. 4° Le San-Joaquim, dont la source est à 1,200 kilomètres de San-Francisco, navigable jusqu'à 130 kilomètres de son embouchure; il traverse une grande partie de la vallée des Tulares, se joint au Sacramento, et reçoit les eaux du Cosumnes, du Mockelenumes, du Calaveras, du Stanislas, du Tawalumnes, du Notre-Dame-de-Miséricorde et du Mariposa.

Le lac Salé, dont les eaux contiennent des chlorures de sodium, de calcium et de magnésie avec des sulfates de chaux et de soude, est entre 40° 41′ et 41°

50′ de latitude, 114° 30′ et 115° 20′ de longitude. C'est un vaste bassin qui reçoit un grand nombre de rivières, entre autres l'Ours et la Plate.

Les autres lacs principaux sont : le Tulare, le Laguna, le Frémont et le Pyramide.

Historique. — « Au temps de la domination des Espagnols, dit le capitaine Dupetit-Thouars, la Californie n'entretenait que des rapports fort éloignés avec le gouvernement central. Ce gouvernement paraissait, du reste, méconnaître l'immense valeur de cette colonie, considérée sous le point de vue agricole, et ignorer tout le parti que l'on pouvait en tirer. Il se contentait de nommer des gouverneurs et n'envoyait jamais de secours ni de subsides. Les colons, quoique très-ignorants en agriculture, s'entretenaient sans peine dans cette contrée fertile, et les *Missions*, composées uniquement d'indigènes, bien administrées par des religieux que recommandaient également une grande probité et une charité éclairée, étaient alors florissantes. »

Jusqu'en 1823, la Nouvelle Californie jouit de beaucoup de calme ; mais, par suite de l'émancipation qui eut lieu en raison de la réunion de la Californie au Mexique, bon nombre de religieux qui dirigeaient les Missions durent les abandonner, n'ayant point voulu prêter serment au nouveau gouvernement. On leur substitua des hommes d'un moindre mérite, et bientôt toutes les Missions décrurent en richesses et en population. — En 1834, deux cents de ces hommes habitués à vivre aux dépens de la société, furent envoyés par le Mexique pour peupler ce fertile pays que beaucoup d'Indiens avaient abandonné ; mais cette mesure maladroite exalta le reste de la population. — A partir de 1835, une foule d'étrangers venus du Nouveau Mexique, de la rivière de Colombia, des îles Sandwich, vinrent en Californie exercer le métier de chasseurs. La présence de ces hommes encouragea la partie de la population qui ne cherchait qu'une occasion d'agir contre le gouvernement. Cette occasion se présenta bientôt. Un chef de la douane, J. B. *Alvarado*, eut quelques difficultés avec le gouverneur général, *don Nicolas Gutierez*, qui ordonna son arrestation : dès lors le signal de la révolte se trouvait donné. Secondé par plusieurs aventuriers, Alvarado s'échappe de Monterey, gagne le village de San-Juan, recrute des adhérents et marche sur la capitale, qui se rend le 5 novembre 1836, sans qu'un coup de feu ait été tiré. — Proclamé gouverneur de la province, Alvarado nomme le lieutenant Vallejo commandant général, et don José Castro préfet de Monterey. Immédiatement des commissaires parcourent les districts pour sommer les villes de reconnaître l'indépendance, mais les populations refusent et s'arment contre le vainqueur de Monterey. A cette nouvelle, Alvarado se remet en campagne, mais des forces supérieures, commandées par don José Castillero, le forcent de jurer fidélité à la constitution centrale du Mexique. Cependant Alvarado est reconnu par Castillero, chef politique par intérim, et une décision ultérieure du congrès le maintint au pouvoir et confirma la nomination de Vallejo. — En 1840, des divisions éclatent entre les habitants et les chefs du gouvernement. — On veut déposer Alvarado, qui, prévenu à temps, fait arrêter et expédier quarante-six insurgés dans les prisons du Mexique : le vieux Isaac Graham, dont le nom se trouve lié à tous les mouvements en faveur de l'indépendance, était au nombre des chefs. — Alvarado reste maître de la contrée jusqu'en 1842, époque à laquelle le congrès de Mexico envoya, pour le remplacer, *Micheltorena*, général de brigade. — La France et l'Angleterre venant de reconnaître l'indépendance du *Texas*, le Mexique, que la perte de cette province affectait, éleva une discussion à l'occasion des limites de ce pays : le gouvernement américain envoya une armée d'observation (1846) pour protéger la limite du territoire contestée. — Une armée mexicaine fut aussi organisée. Plusieurs combats eurent lieu, et bien que les Américains eussent beaucoup à souffrir, en moins de huit mois après l'ouverture de la campagne, ils occupaient le Nouveau Mexique, le Tamaulipas, le Nuevo Leon, la Californie, etc.

Pendant que d'autres événements se poursuivaient au Mexique, la population blanche de la Californie cherchait à s'affranchir de l'autorité de son gouvernement. Le nommé *Pico*, chef de l'insurrection, parvint à réunir des forces imposantes qu'il confia à Castro, à Vallejo et à Alvarado, tous chefs de l'ancien gouvernement. — Dans une rencontre que le gouverneur Micheltorena eut avec Castro, le 21 février 1845, il fut défait avec ses troupes aux environs de los Angelès. Pico fut alors nommé gouverneur de la Californie, et Castro commandant général des troupes. — Le gouvernement de Washinghton ayant résolu de faire occuper la Californie, Pico organisa la résistance et fit occuper à son parti la cité de los Angelès. — La nouvelle de ces événements parvint au capitaine américain Frémont, du corps des ingénieurs topographes, qui réunissait un petit corps d'armée dans la plaine des Trois-Buttes. Au moment où Castro dirigeait des troupes sur Sonoma, le capitaine Frémont s'y porta avec quatre-vingt-dix hommes, dispersa l'avant-garde de Castro, qui allait attaquer le fort. — Le capitaine Frémont se fit livrer ce fort et y organisa un gouvernement provisoire dont il prit lui-même la direction. — Quelque temps après, Frémont se disposait à marcher sur los Angelès, lorsqu'il apprit que M. Larkin, consul américain, venait d'être enlevé par une bande de Californiens. — A l'instant un détachement est dirigé dans la direction de cette bande, qui est attaquée et dispersée ; M. Larkin est délivré.

Le 30 novembre, le capitaine Frémont marche sur los Angelès. — Secondé par le colonel Kearny, qui se rendait en Californie avec un régiment de dragons, et par le capitaine Word-Marston, l'insurrection fut partout vaincue, et la conquête de la Californie consommée.

Enfin, le 2 février 1848, les États-Unis arrêtaient les conditions qui contenaient la cession du Nouveau Mexique et de la Nouvelle Californie pour la somme de 15,000,000 de dollars qu'ils s'engageaient de payer à la république du Mexique, en considération de leur agrandissement territorial.

Depuis que le pays a été envahi par des habitants de toutes les nations pour exploiter les mines d'or, le prix des principaux objets s'est élevé dans une forte proportion. En effet, on payait à Monterey,

	en 1846.	en 1849.
Un cheval	100 fr.	1,500 fr.
Une mule	75	1,000
Un bœuf	75	375
Une vache	50	150
Un mouton	10	20
Un hectolitre d'orge	14	70
Un hectolitre de haricots.	28	50
Un journalier (par mois).	150	500
Un matelot id.	100	625
Un mécanicien id.	300	1,300

Les prix sont beaucoup plus élevés aux mines.

La zoologie de la Nouvelle Californie comprend :

Mammifères : Antilopes, Argalis, Baleines, Bisons, Blaireaux, Bœufs musqués, Cachalots, Cerfs, Castors, Chats sauvages, Chauves-Souris, Chevaux, Chèvres, Chevreuils, Couguars, Daims, Dauphins, Ecureuils, Ecureuils volants, Elans, Gloutons, Jaguars, Lapins, Lièvres, Loutres, Lynx, Marmottes, Martres, Moutons, Ours gris, Porcs-épics, Putois, Rats, Rats musqués, Renards argentés, Zorillos.

Oiseaux : Aigles, Albatros, Alouettes, Autours, Bécassines, Cailles, Canards, Chouettes, Cigognes, Cormorans, Cotingas, Courlis, Cygnes, Eperviers, Faisans, Faucons, Fauvettes, Geais, Goëlands, Grands-Ducs, Grives, Grues, Guêpiers, Hérons, Loriots, Merles, Mésanges, Moineaux, Mouettes, Oies, Oiseaux-Mouches, Pélicans, Perdrix, Pétrels, Pies, Pingouins, Pivers, Pluviers, Poules, Ramiers, Roitelets, Tourterelles, Troupiales, Vautours.

Reptiles : Boas, Couleuvres, Crapauds, Grenouilles, Lézards, Serpents à sonnettes, Tortues, Vipères.

Poissons : Ablettes, Anguilles, Brochets, Eperlans, Loutres de mer, Maquereaux, Marsouins, Morues, Requins, Sardines, Saumons, Torpilles, Truites, Turbots, Veaux marins.

Mollusques : Anatifes, Bucardes, Buccins, Cames, Casques, Cérithes, Cônes, Haliotis géants, Huîtres, Hélix, Lymnées, Moules, Patelles, Peignes, Planorbes, Porcelaines, Rochers, Tarets, Vénus, Volutes.

Articulés : Araignées, Cloportes, Mouches, Moustiques, Papillons, Scarabées, Scorpions, Tarentules.

Voici une liste des végétaux les plus utiles :

(On a imprimé en *italique* le nom de ceux qui ont été introduits en Europe.)

Absinthe, *Aegochloa*, Agave, Aigremoine, Ammolé, Arbousier, Aristida, Armoise, Arroche, Asthenia-Glabatra, Aubépine, Aune, Avoine, Bananier, Belle-de-Nuit, Blé[1], Boeria Chrysost., Bois rouge, Bouleau, Cactus, Calycanthus, Canchalaguan, Canne à sucre, *Canothus rigidus*, Caoutchouc, Cèdre, Céphalanthus, Chanvre, Châtaignier, Chêne, Chenopode, Chèvrefeuille, *Chryseis*, Clématite, Cocotier, *Collomia*, *Colluisia bicolor*, Concombre, Cotonnier, Cyprès, Daleas[1], *Dendromeeon rigidum*, *Diplacus puniceus*, *Dodecatheon dentatum*, Encelia farinosa, Ephedra occid., Erable, Erigeron, Erodium cicutarium, Euphorbia, *Eutoca Wrangeliana*, Fèves, Figuier, Fraises, Framboisier, Frêne, Frigole, Froment, Gadelles, *Garrya ellipt.*, *Gilia tricolore*, Graminées, Grenadier, Groseillier, Haricots, *Helenium ondul.*, Herbe, Hêtre, *Hugelia densifl.*, Laurier camphrier, Lepidostephanus, *Leptosiphon*, Lupins, Magnoliers, Maïs[2], Mancenillier, Marronnier, *Meconopsis*, Melothria, *Mimulus cardin.*, Moutarde, Mûrier, Myrica, Myrte, Navet, *Nemophila aurita*, Nopal, Noyer, Obione, Oignon, Olivier, Oranger, Orcis, Orge, Orme, Palafoxia, Palmier, *Pavia*, Pêcher, Pentslemon, Peuplier blanc, *Phacelia tena cetif*, Photenia, Pins[3], Plantain, Platane d'occ., Platistigma, *Platystemon*, Poiriers, Pois, poivre rouge, Pomme de terre[4], Pommier, Potiron, Prunier, Psoralier, Ptiloneris aristata, Purshia tridentata, Rhammus, Roseau, Salicornes, Sapins, Sarrasin, Saule, Simsia, Solidago canadiensis, Spyrolobium, Stanleya, Sumac, Sureau, Sycomore, Symphoria, Tabac, Taxodium, Thé du Mexique, Thuya, Tomate, Trufle, Tula (jonc), *Valeriana*, Vigne, Yedra, Yucca, Zygophillum.

Tout le monde sait combien la Californie est riche en minéraux. On y trouve :

1° mines d'argent. — Les quatre mines connues authentiquement sont : 1° celle située à quinze lieues à l'est du port de San-Diego ; 2° celle qui se trouve à deux lieues au nord-ouest du village de los Angelès ; 3° la mine d'argent de Santa-Inès ; 4° la mine du district de Monterey.

2° sources de bitume. — La plus importante est située à deux lieues au sud-est du village de los Angelès. Elle coule par quatre ouvertures.

3° mines de cuivre. — On en cite une aux environs de San-Diego, une autre près de la baie de San-Francisco, enfin une troisième, celle de *los Angelès*, à douze lieues nord-ouest de ce village.

4° eaux sulfureuses. — Il en existe plusieurs sources ; mais les cartes ne les mentionnent pas.

5° mines de fer. — Dépôt de sulfate de fer découvert dans l'île de San-Clemente, à vingt-cinq lieues à l'ouest du port de San-Diego.

6° mines de houille. — Une mine très-riche près de la cité de los Angelès ; banc d'*anthracite* dans la vallée du Sacramento.

7° mines de mercure. — Une mine célèbre à New-Almaden, à quelques lieues du village de San-José,

[1] S'élève jusqu'à plus de 3 mètres de hauteur. On en fait deux récoltes par an.

[1] Ne pas confondre avec *Dalhia*.

[2] Rend 150 pour 1.

[3] S'élèvent jusqu'à 100 mètres de hauteur et acquièrent 6 à 7 mètres de diamètres.

[4] Elles sont quelquefois si grosses, qu'une seule suffit pour un repas.

découverte en 1845 par deux cultivateurs du pays. Ce métal est tellement abondant, qu'on en a expédié 15,000 quintaux au Mexique en 1851.

8° MINES D'OR. — Vouloir citer les lieux qui renferment ce précieux métal serait citer toute la Californie. On sait quelle quantité d'or on trouve dans le Sacramento, la Fourche américaine, les rivières de la *Plume*, de l'*Ours*, de *Cossumnes*, les rochers, les ravins, les montagnes, etc.

« La région aurifère s'étend de jour en jour, » écrivait en 1848 M. Walter Colton.

Cette parole est encore vraie actuellement, et la Californie n'a cessé de fournir depuis cette époque plus de 4,000,000 de dollars (21 millions de francs) annuellement.

9° MINES DE PLATINE. — On n'est pas encore fixé sur le siége de ces mines.

10° Trois MINES DE PLOMB dans la vallée de Sonoma. Une mine exploitée dans le district de Monterey.

Les naturels de la Californie ont la tête carrée sans être plate, la face large, le teint brun, les yeux petits et allongés, le nez épaté, la bouche grande, les pommettes saillantes, les cheveux noirs et plats, la poitrine haute, les jambes grêles. Quant à leur caractère moral, il a été diversement apprécié; néanmoins la Peyrouse et quelques autres voyageurs s'accordent à les dépeindre comme essentiellement doux, affables et généreux.

Lorsqu'un peuple n'a pas d'écriture, il est bien difficile d'établir son origine : à défaut de documents historiques, c'est à la comparaison des langues qu'on doit les aperçus les plus vrais sur cette question; en faisant le rapprochement des principaux idiomes de l'Amérique avec ceux de l'Asie, on trouve des analogies frappantes et nombreuses, qui ne peuvent être l'effet du hasard. De plus, les caractères physiques des Californiens ont beaucoup de similitude avec ceux de la race jaune ou mongolique, qui est répandue sur le continent asiatique, et la tradition de ces peuples, qui ne manquent jamais de dire qu'ils sont *venus du nord*, lorsqu'on les interroge sur leurs ancêtres, mérite aussi d'être prise en considération. Il est donc très-probable que les Californiens descendent de l'Asie.

Ils habitent des huttes de forme circulaire, ayant deux mètres de haut et sept à huit de circonférence, couvertes de paille, plus ou moins bien assujettie. Cette architecture générale des deux Californies n'a jamais pu être changée par les exhortations des missionnaires. Les Indiens objectent qu'ils aiment le grand air, qu'il est commode de mettre le feu à sa maison quand on y est dévoré par les insectes et de pouvoir en construire une autre en deux heures.

Les loutres, les daims, les lièvres et les renards font tous les frais de leurs vêtements; une ceinture et un manteau confectionnés avec la peau de ces animaux, voilà, en y joignant un chapeau de paille et quelques ornements, le costume des Californiens.

Un chef absolu gouverne chaque tribu; mais il n'ordonne rien sans avoir consulté une espèce de devin (*puplem*), qui est à la fois instituteur, médecin et prêtre. La dignité de chef est héréditaire. Les enfants sont élevés d'une manière étonnante pour ce pays; ils respectent et honorent infiniment leur père et leur mère, vénèrent les vieillards, haïssent le mensonge, et sont habitués à ne point faire aux autres ce qu'ils ne voudraient pas qu'on leur fît. Les peuples *sauvages* ne pourraient-ils pas servir de modèles à bien des nations *civilisées?*

Leur industrie, qui ne pouvait guère se développer à cause de la diversité des dialectes (il arrive souvent qu'une tribu ne comprend pas le langage de celle qui l'avoisine), consiste à fabriquer des paniers, à filer le lin et le chanvre, à faire des pirogues, à cultiver le maïs et à élever des bestiaux.

Ils brûlent les morts avec tout ce qui leur a appartenu : arc, flèches, plumes, peaux, bijoux, etc. Chez eux, le deuil consiste à se couper les cheveux plus ou moins courts, selon le degré de parenté du défunt. GOSSART.

CALLIGRAPHIE [du grec *kalligraphia*, composé de *kallos*, beauté, et de *graphô*, écrire]. — Art de mettre au net ce qui a été écrit en notes. Autrefois on écrivait la minute d'un acte, le brouillon ou le premier exemplaire d'un ouvrage, en notes, c'est-à-dire en abréviations, comme les notes dites de Tiron. Cela se faisait afin de pouvoir suivre celui qui dictait. Ceux qui écrivaient ainsi en notes s'appelaient en latin *notarii;* mais comme peu de gens connaissaient ces notes ou ces abréviations, et que d'ailleurs ces premiers exemplaires ne pouvaient pas être assez nets ni assez propres, d'autres écrivains, qui avaient une belle main, les copiaient pour les revendre, et ceux-ci s'appelaient *calligraphes*, nom fort ancien, et qui signifie ceux qui écrivent pour la beauté, pour l'ornement. — Voy. *Écrivains.*

CALLIPÉDIE [du grec *kallos*, beauté, et *païs*, enfant]. — Art de procréer de beaux enfants. C'est le titre d'un poëme latin publié par Cl. Quillet, en 1655, et bon tout au plus à distraire les oisifs.

CALLITHRICHE (zoologie) [du grec *kallos*, beau, et *thrix*, poil]. — Genre de singes du Brésil comprenant trois espèces du groupe des sagouins. Ils se reconnaissent à leur queue non prenante, à leur tête arrondie, à leurs narines, très-ouvertes latéralement et séparées par une large cloison. Ils ont, au côté de chaque mâchoire, deux incisives, une canine et six molaires, disposées pour un régime insectivore et frugivore.

L'espèce callithriche moloch a les poils longs et serrés, de couleur cendrée, annelés de blanc et de noir; les mains et le bout de la queue sont gris blanchâtre; le dessous du corps et l'intérieur des membres roux fauve; la face nue, brunâtre; les joues et le menton garnis de poils.

Le callithriche à fraise est noir, mêlé de brun avec un demi-collier blanc; les mains antérieures d'un jaune pâle et terne; la queue noire, touffue.

Le callithriche à masque est d'un gris fauve, la tête et les mains noir foncé, la queue rousse.

Ces singes sont intelligents; ils voient mieux la nuit que le jour. GOSSART.

CALLITRICHE (botanique). — Genre de plantes de la famille des haloragées. La fleur n'a qu'une enveloppe formée de deux bractées pétaloïdes, opposées, une étamine ou deux, à filets longs, à anthère réniforme, uniloculaire; un ovaire libre, deux styles, fruit composé de quatre coques monospermes, indéhiscentes. La flore parisienne en fournit trois espèces, qui sont : le *callitriche pédonculé*, renommé à cause de son fruit; le *callitriche printanier*, dont les feuilles supérieures sont ovales, et le *callitriche automnal*, qui a toutes ses feuilles linéaires, les supérieures bifides au sommet. GOSSART.

Fig. 39. — Callitriche.

CALMAR (zoologie) [du latin *calmar*, étui d'écritoire]. — Genre de mollusques céphalopodes, de la famille des décapodes, ainsi nommés de la forme de leurs rudiments internes et de la liqueur noire qu'ils répandent. Ils servent d'appât pour la pêche de la morue, et sont fort utiles aussi à cause de leur encre, qu'on emploie dans les arts.

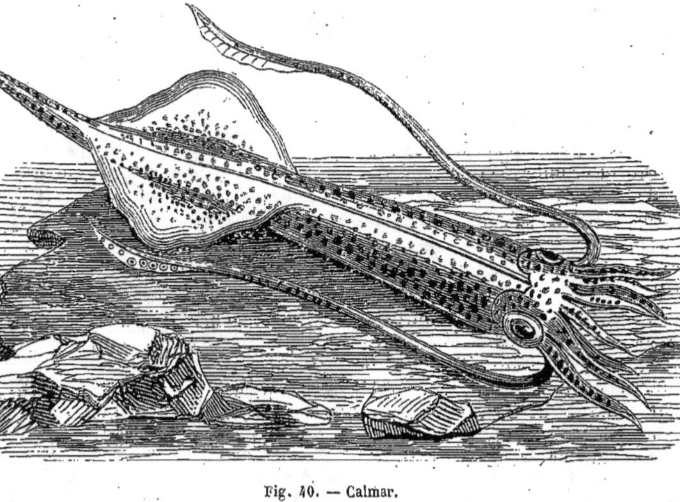

Fig. 40. — Calmar.

CALOMEL ou **CALOMÉLAS** (chimie, matière médicale) [du grec *calos*, beau, et *mélas*, noir, parce qu'il noircit sous l'influence de la lumière]. — Nom donné au *protochlorure de mercure* ou *mercure doux*, sel blanc, insipide, insoluble dans l'eau, volatil sans décomposition, et cristallisable. Il noircit à la lumière. On le prépare en sublimant un mélange de deutochlorure de mercure et de mercure métallique, ou bien un mélange de sel marin et de sulfate mercureux.

Les pharmaciens désignent sous le nom de *mercure doux à la vapeur* celui qu'on obtient à l'état d'extrême division au moyen de la vapeur d'eau.

Le calomel est fréquemment employé en médecine comme purgatif, contro-stimulant, anthelmintique et quelquefois comme antisyphilitique : l'absence de toute saveur et le mode d'action de ce médicament en font un agent thérapeutique précieux dans les maladies des enfants; il est très-utile dans les angines, le croup, la variole, la scarlatine, la péritonite, les ophthalmies, les hydropisies, les rhumatismes, les maladies chroniques de la peau, surtout l'eczema, l'impétigo, le lichen, etc. Sous forme de pommade, il est fort employé à l'extérieur. Pour l'école italienne, son action est hyposthénisante lymphatico-glandulaire.

La dose de ce médicament est de 10 à 20 centigrammes en pilules, suspendu dans une potion gommeuse ou mélangé avec du miel. Le docteur Bretonneau a donné à un enfant de 30 mois atteint de diphtérite jusqu'à 12 grammes de calomel en 60 heures! Quel médecin assez téméraire pour suivre cet exemple? Soit pur, soit mélangé avec du sucre en poudre, le calomel est encore employé pour faire des insufflations dans le croup et dans certaines ophthalmies.

B. Lunel.

CALORICITÉ ou CHALEUR ANIMALE (physiologie).—Température constamment uniforme des êtres organisés vivants. Cette chaleur a une source propre et encore inconnue, car ceux qui l'attribuent soit à la respiration (combustion du carbone du sang), soit à l'innervation ou à la circulation du sang, s'égarent dans le labyrinthe des hypothèses. Cette chaleur échappe aux lois ordinaires de la physique ; elle se maintient à peu près constante chez les animaux qui habitent les pays arctiques, aussi bien que chez ceux qui habitent les pays tropicaux. Ainsi, chez l'homme, la température du sang se maintient sensiblement à 37°; l'âge et le climat ne produisent que de légères différences. J. Davy a mesuré la température du sang de nègres de Madagascar et de Mozambique, de Hottentots, de naturels de Ceylan, d'albinos, de Malais, de Cipayes, de prêtres de Bouddha, qui se nourrissent exclusivement de légumes, de Vaids, qui ne vivent que de viandes, et il a trouvé que la température de leur sang variait très-peu ; la plus basse température était de 35,8 : elle appartenait à deux Hottentots du cap de Bonne-Espérance; la plus élevée était de 32,9 : elle appartenait à deux enfants d'Européens, nés à Colombo, l'un de huit et l'autre de douze ans. Chez les mammifères, surtout chez ceux de l'ordre des carnassiers, la température du sang est sensiblement la même que chez l'homme. Chez les oiseaux, elle est de 40° à 43°, c'est-à-dire de plusieurs degrés plus élevée que chez l'homme. Chez quelques reptiles, elle a été trouvée de 20° à 32°; chez les poissons, les mollusques et les crustacés, de 14 à 27° : la température de l'air ambiant était à peu près la même que celle du sang de ces animaux. (Dr *Hœfer.*)

CALORIFICATION (physiologie). — Mot par lequel Bichat a exprimé le dégagement de calorique qui s'opère dans l'économie animale, et qu'il considérait comme une fonction subordonnée à l'exercice de toutes les autres. Les recherches modernes ont confirmé l'exactitude de cette interprétation. La production de la chaleur est, en effet, un *résultat* de l'accomplissement de toutes les autres fonctions ; seulement la calorification n'est pas une fonction ; cet acte est accompli sans qu'il y ait un appareil propre qui soit plutôt qu'un autre chargé de l'effectuer. C'est pour s'être servi du mot *fonction* que Bichat a été mal compris, et que ses successeurs, contrairement à lui, ont envisagé la calorification à l'égal de la digestion, de la respiration ou de toute autre fonction. Mais la chaleur animale n'est ni le produit de la respiration, ni de toute autre fonction ; elle est un *résultat de tous les actes de composition assimilatrice et de décomposition désassimilatrice qui se passent dans tout l'organisme*. Elle se produit dans ce mouvement de composition et de décomposition qui constitue le travail de la nutrition. Bien qu'il s'en produise pendant la contraction musculaire, bien que le frottement ou autres actes physiques qui passent pendant le jeu des organes et des appareils en dégagent, cette quantité n'est pas comparable à celle qui est produite par les actes de composition et de décomposition signalés plus haut. Et c'est là où ils sont le plus nombreux (foie, rein, etc.) que se dégage la plus grande partie de calorique, distribué ensuite dans l'économie par le sang qui s'en est chargé dans les organes. *Il est très-probable que la chaleur animale est produite presque entièrement par les réactions chimiques* qui se passent dans l'économie; mais le phénomène est trop complexe pour qu'on puisse le calculer d'après la quantité d'oxygène absorbé. (*Charles Robin.*)

CALORIMÉTRIE (du latin *calor*, chaleur, et *metrom*, mesure). — Ensemble des méthodes à l'aide desquelles on détermine les chaleurs spécifiques. Ces méthodes sont : « 1° la *fonte de la glace*, procédé qui consiste à déterminer la quantité de glace fondue par différents corps ayant le même poids, et qui repose sur ce fait, que la glace fond à une température fixe, et que la chaleur qui lui est fournie est employée à la fondre sans l'échauffer ; le *calorimètre de glace* de Lavoisier et Laplace se compose de trois cavités concentriques, en cuivre ou en fer-blanc, excepté la cavité intérieure, qui est en grillage de fil de fer; on met dans celle-ci le corps que l'on veut examiner, les deux autres contiennent de la glace et sont inférieurement terminées chacune par un robinet; la cavité extérieure ne sert qu'à préserver la suivante de l'air ambiant : d'après la quantité d'eau fondue dans la moyenne, on connaît la quantité de calorique fournie par le corps pour ramener à l'état liquide la glace mise à zéro ; — 2° la *méthode des mélanges ;* elle consiste à porter le corps qu'on examine à une certaine température, à le mélanger ensuite avec de l'eau à une température donnée, et à prendre la température de ce mélange ; — 3° la *méthode du refroidissement* : elle repose sur ce fait, qu'une même surface perd, dans le même temps, par le rayonnement, une même quantité de chaleur pour une température constante, de sorte que, quel que soit le corps renfermé dans une enveloppe, la chaleur émanant de la surface dans un temps donné dépendra entièrement de cette surface, et non de la nature du corps enfermé ; si l'on enferme dans une semblable enveloppe des poids égaux de deux corps contenant des quantités de chaleur différentes, la durée de leur refroidissement sera dans le rapport de ces quantités de chaleur; on déduit alors leurs chaleurs spécifiques de la durée du refroidissement. »

CALORIQUE (chaleur). — Ce nom fut appliqué pour la première fois par Lavoisier au principe impondérable de la chaleur. D'après la théorie de Lavoisier, le calorique doit être rangé au nombre des substances simples ; tous les corps sont composés de calorique, élément impondérable, et d'un ou de plusieurs radicaux pondérables. D'après cette théorie, les corps solides sont ceux qui renferment le moins le calorique, et les gaz en renferment le plus; ce calorique est logé dans les interstices qui séparent les atomes les uns des autres, et il devient libre par un rapprochement brusque de ces mêmes atomes. C'est ce qui expliquerait la production de chaleur qui accompagne l'oxygène au moment de sa combinaison avec un autre corps, c'est-à-dire au moment où il perd son état de fluide élastique. Cette théorie si ingénieuse de Lavoisier a prévalu jusqu'à nos jours, après avoir subi différentes modifications. — Faisant abstraction de tout ce que les philosophes ont dit touchant l'origine obscure et la cause de la chaleur, nous nous bornerons à signaler les *lois générales* tirées des nombreux *effets* de cet agent mystérieux, auquel Lavoisier a donné le nom de *calorique*. Les principales sources du calorique sont le soleil et les combustions ou combinaisons chimiques. Le mode de propagation du calorique, c'est le *rayonnement*. Tous les corps chauffés ont un *pouvoir émissif* ou *rayonnant*, c'est-à-dire qu'ils ont la propriété d'émettre autour d'eux, dans *toutes les directions*, de la chaleur, qui traverse l'air comme la lumière traverse les milieux translucides. C'est pourquoi on dit *rayons calorifiques*, comme on dit *rayons lumineux*. Cette analogie est démontrée au moyen de deux miroirs paraboliques de métal poli, disposés de manière que leurs axes soient coïncidents : après avoir placé un corps incandescent au foyer du premier miroir, on remarque qu'un corps combustible, par exemple un morceau d'amadou, peut s'allumer au foyer du second, éloigné du premier de plusieurs mètres. Les rayons calorifiques se réunissent donc en un foyer, absolument comme le feraient les rayons lumineux. Le *pouvoir émissif* suppose naturellement le *pouvoir absorbant*; l'amadou qui s'allume au foyer du miroir ardent suppose qu'il possède la faculté d'*absorber* le calorique. Il en est de même de tous les corps qui s'échauffent au soleil ou par toute autre source de calorique. Mais les corps n'absorbent pas toute la chaleur provenant d'un foyer quelconque : une partie de cette chaleur est *réfléchie* comme la lumière, c'est-à-dire en *faisant l'angle de réflexion égal à l'angle d'incidence*. C'est ce que démontre encore l'expérience des miroirs, car les foyers de chaleur coïncident avec les foyers de lumière. Le *pouvoir réfléchissant* doit être nécessairement *complémentaire* du pouvoir absorbant, car la somme des quantités de chaleur absorbées et réfléchies représente exactement la totalité de la chaleur incidente; conséquemment l'un de ces pouvoirs augmente quand l'autre diminue, et le pouvoir réfléchissant est nul dans le cas où le pouvoir absorbant serait total; c'est ce qui arrive pour les surfaces recouvertes de noir de fumée ; au contraire, le pouvoir réfléchissant est d'autant plus grand que les surfaces métalliques sont plus polies.

L'*équilibre de température* dans une enceinte quelconque s'établit par un échange mutuel : chaque corps perd autant de chaleur qu'il en absorbe. Aucun corps ne peut éprouver une modification de température sans que tous les autres qui l'entourent ne participent à l'instant à cette modification, mais dans des rapports variables à raison de leur grandeur, de leur distance et de leur intensité calorifique. Le pouvoir calorifique, comme l'attraction, est en raison inverse du carré de la distance. D'après la *loi du cosinus*, l'intensité des rayons calorifiques est proportionnelle au cosinus de l'angle que ces rayons font avec la normale de l'élément rayonnant.

On a beaucoup discuté pour savoir si le calorique ne serait pas au fond le même principe que la lumière, dans deux états différents. Ce qu'il y a de certain, c'est que toutes les lois de réflexion et de réfraction de la lumière s'appliquent également au calorique. M. Melloni est un des physiciens qui ont, sous ce rapport, le plus contribué aux progrès de la science. Herschell avait déjà fait voir, en 1800, qu'en décomposant la lumière du soleil au moyen d'un prisme, on remarque qu'un thermomètre placé au delà du rouge du spectre solaire accuse une température sensible. Ce point, au delà du rouge, fut dès lors appelé *spectre calorifique*, par opposition au spectre lumineux ou coloré. Seebeck démontra plus tard que la position du maximum de la chaleur du spectre solaire change avec la nature de la composition du prisme : le flint-glass le fait paraître un peu en dehors du rouge; le crown-glass, un peu en dedans; l'alcool et l'acide sulfurique dans l'orangé, et l'eau dans le jaune. (*Hœfer.*)

CALMANTS (matière médicale, erreurs et préjugés). — Nom générique des médicaments adoucissants, antispasmodiques et narcotiques. Les personnes étrangères à l'art médical ne se doutent guère que les préparations désignées sous le nom de *calmants* sont en général des substances très-actives, telles que l'opium, la belladone, l'éther, etc., dont un usage intempestif peut produire les plus graves accidents. Le médecin seul est donc apte à juger les circonstances dans lesquelles l'emploi de ces médicaments peut être opportun. — Je sais qu'on pourra me dire : Vous considérez donc l'*eau de fleurs d'oranger* comme une substance active ? A quoi je répondrai que j'ai vu des accidents sérieux survenir chez une personne à qui l'on en avait fait prendre pure une dose assez élevée. B. L.

CALVITIE. — Voy. *Alopécie*.

CALYCANTHÉES (botanique) [du grec *kalux*, calice, et *anthos*, fleur]. — Tribu de la famille des rosacées, formée du genre calycanthus, composé d'arbrisseaux de l'Amérique septentrionale. Ces végétaux ont la tige carrée, les feuilles opposées, le calice coloré; ils n'ont pas de corolle. Les fleurs de quelques espèces ont une odeur très-agréable.

GOSSART.

CALYCÉRÉES (botanique). — Famille de plantes herbacées, à feuilles alternes; les fleurs sont réunies sur un réceptacle et dans un involucre commun, formé d'écailles foliacées qui se soudent quelquefois avec les fleurs; le calice est adhérent, à limbe divisé; la corolle monopétale, tubuleuse, régulière; les étamines, au nombre de cinq, ont les filets et les anthères soudés; au-dessous sont cinq glandes nectarifères; l'ovaire, à une loge monosperme, est infère; style simple, stigmate hémisphérique; fruit sec, couronné par les dents du calice; embryon renversé, endosperme charnu.

CALYCIFLORES (botanique) [de *calyx*, calice, et *flos*, fleur]. — Dans la classification de De Candolle, on a donné ce nom à la seconde division des végétaux dicotylédonés: elle comprend ceux dont la corolle polypétale est libre ou insérée sur le calice.

CAMBIUM (physiologie végétale). — Substance blanche, limpide, inodore, d'une saveur douce, composée d'une foule de grains blancs, que l'on trouve à la fin du printemps entre l'aubier et l'écorce des arbres. Par la respiration et l'exhalation des plantes, le cambium devient plus concret et plus visqueux, change d'apparence, s'épaissit peu à peu, passe à l'état globuleux, puis à l'état cellulaire, et devient enfin une nouvelle couche d'aubier. Cette substance est très-abondante dans les chênes et les autres arbres; au contraire, les plantes herbacées annuelles en contiennent fort peu.

CAMBOUIS. — *Vieux oing* dont on enduit les essieux des voitures et les axes des machines, et qui est devenu noir par le frottement des roues; il renferme beaucoup de particules métalliques. Il passait pour avoir la propriété de résoudre les hémorrhoïdes; on s'en sert aussi comme de lut.

CAME (zoologie) [du grec *chêmê*, même signification]. — Genre de mollusques acéphales à coquille épaisse, solide, adhérente, inéquivalve et irrégulière. L'espèce la plus curieuse est la *Came feuilletée*; sa valve supérieure est formée de lames superposées de diverses couleurs: on en fait quelquefois des camées qui imitent assez bien les camées sur agate-onyx. Ce mollusque se trouve dans les régions intertropicales.

CAMÉE. — L'étymologie de ce mot a été souvent discutée et changée. On disait autrefois *camayeu*. Selon Ducange, on trouve ce mot écrit de différentes manières dans l'inventaire de la Sainte-Chapelle de 1376, et dans l'ordre suivant: *camœus*, *camahutus*, *camahelus*, *camaholus* et *camaheu*. Selon Gaffard, on disait aussi *gamahé*. Lessing en cite encore: *camehuja*, *gemohuida*, *gemmahuija*. D'après ce qu'on sait, il paraît constant que ce mot n'est guère plus ancien que le quatorzième siècle; on pense néanmoins qu'il est l'abrégé de ces deux mots: *gemma*, *onychia*, dont on a fait *gemma-huja*, puis *camehuja* et *camayeu*. M. de Veltheim croit que ce mot vient de l'hébreu *camea*, en arabe *camâa*, qui signifie une amulette, et comme les amulettes étaient de sardonyx et gravées en relief, il pense que depuis on leur a substitué en italien *cameo*, en français *camée*.

Le camée est une pierre fine gravée en relief, qui sert à la parure sous forme de bijoux, et à enrichir toutes sortes d'orfèvreries et de meubles.

L'origine de la gravure des pierres, soit en creux ou en relief, paraît remonter à la plus haute antiquité; on trouve dans les tombeaux des Egyptiens, des scarabées en lapis, malachite, et d'autres minéraux couverts d'hiéroglyphes gravés.

Les sévères coutumes des Grecs leur firent adopter le camée, à la place des pierres scintillantes, qui étaient employées en grand nombre par les peuples d'Orient. A ce luxe de profusion sans art, les fils d'Homère et de Périclès préférèrent les pierres opaques ou demi-opaques, d'ailleurs en parfaite harmonie avec la gravité de leurs mœurs et l'austère simplicité de leurs vêtements; puis le sentiment inné de la statuaire et l'architecture leur firent adopter naturellement une ornementation sculpturale en rapport avec le goût du temps. Ils employaient de préférence, pour ces objets, l'agate, la sardoine, l'onyx, la cornaline, le grenat foncé, etc. Ils poussèrent surtout la gravure en creux des pierres fines jusqu'à la dernière perfection. Elles étaient, le plus souvent, enchâssées dans des bagues d'or massives, et servaient de cachet. Ces gravures représentaient des sujets tirés de leur histoire ou de la mythologie, ou bien encore des sculptures et des portraits contemporains. Le nom est souvent à côté de l'effigie.

Après les Grecs, les Romains employèrent aussi avec profusion le camée proprement dit. Ils en enrichissaient les meubles, les vases et les vêtements. Les dames romaines en ornaient leur coiffure, leurs bracelets, leurs agrafes. En grand usage sous le Bas-Empire, nous lui devons en majeure partie bon nombre de portraits d'hommes et de femmes illustres de ce temps, dont les musées et bibliothèques possèdent de riches collections.

Il se passa une assez longue période, du quatrième au seizième siècle environ, où le camée parut rarement et fut remplacé par les pierreries et l'émail, dont Limoges, foyer central de l'orfèvrerie dans la Gaule, était l'initiatrice. Ce fut seulement sous la renaissance qu'on vit reparaître ces sortes de bijoux ou sculptures lilliputiennes, arrachées au vandalisme par les antiquaires, les artistes et les savants. Cependant ce goût ne fut pas de longue durée, il s'éteignit encore en passant par les siècles de Louis XIV et de Louis XV, dont les goûts capricieux et légers bannirent ce style sévère et pur. Ce ne fut qu'après les guerres d'Italie, à la fin du dix-huitième siècle, que la rénovation de cette mode revint en France. Il se créa une nouvelle école d'artistes graveurs, qui progressa et l'emporta bientôt sur celle d'Italie, au moins par la composition et la variété, si ce n'est par l'exécution.

Depuis, à toutes les expositions qui se sont succédé, on a pu constater les progrès réels en cet art. Salmson, dont on a pu admirer les œuvres consciencieuses, est digne des maîtres anciens, et doit faire supposer qu'avec les tendances artistiques de notre époque, quand l'étude du dessin sera plus développée dans les professions, on pourra pousser cet art jusqu'à ses dernières limites.

Nous nous sommes longtemps arrêté devant les camées dits antiques qui sont à la Bibliothèque de Paris, et voici notre impression: il y en a de parfaits, mais il en est aussi une grande quantité qui, à notre avis ont plutôt le mérite de la vieillesse que de la beauté; nous avons constaté plus d'une fois le manque de grâce et d'élégance, le manque de proportions et d'anatomie des formes. Est-ce à dire cependant qu'on doive juger *à priori* sur ces échantillons qui ont été déterrés çà et là ? nous ne le pensons pas; ce serait trop audacieux, car l'on doit dans ces cas apporter beaucoup de circonspection ; nous croyons, d'ailleurs, qu'en général nous sommes trop disposés à former des siècles de chefs-d'œuvre et trop enclins à rabaisser le mérite moderne. Néanmoins, il reste une chose qui domine toujours et donne à mérite égal la supériorité aux anciens, c'est l'innovation! Nous ne sommes toujours depuis quelques siècles que des copistes en matière d'art et de dessin.

Le camée, nous l'avons dit, est une gravure en relief pratiquée dans une pierre de plusieurs couches, de différentes couleurs, superposées plus ou moins régulièrement, et dont l'artiste peut tirer un grand parti, selon les exigences du sujet, en donnant aux draperies, aux cheveux, aux chairs, etc., différents tons, et les réservant et les distribuant ainsi en harmonie avec l'ensemble; une figure peut paraître blanche sur un fond noir, ou noire sur un fond blanc; c'est de cette dernière façon que sont faites les têtes de nègres. Telles sont encore l'apothéose d'Auguste et celle de Germanicus, au cabinet des Antiques de la Bibliothèque, celle d'Auguste au cabinet de Vienne, un autre camée qui représente Rome et Auguste et qui se trouve dans le même cabinet.

Mariette juge la gravure en creux plus difficile que l'autre. Natter les estime toutes deux d'une égale difficulté. Nous sommes de l'avis du premier, en ce qu'on ne peut se rendre compte aisément du travail que l'on fait dans un creux qu'en tirant force empreintes dans la cire, pour juger du relief qu'on veut obtenir, et qui se modifie à chaque coup d'outil.

On fait des camées avec un genre de coquille bivalve, appelée chame, dont quelques parties épaisses et de différentes couleurs sont, par conséquent, propres à la gravure en relief et à imiter les camées sur agate-onyx. Il s'appelle camée-coquille.

Il s'en fait avec des émaux, des compositions et de la porcelaine.

Le camée fin se taille au tour avec des petites molettes en fer de toutes grosseurs et la poudre de diamant.

Le camée faux se moule ou se fait au burin.

E. Paul.

CAMÉLÉON (zoologie) [du grec *chamaileôn*, petit lion].— Genre unique de la famille des caméléoniens de Cuvier, comprenant 17 espèces de reptiles de petite taille : ils ont la peau nue, tuberculeuse, de couleur changeante ; la tête grosse, anguleuse, quelquefois armée de cornes; les yeux sont saillants, et la paupière qui les recouvre presque en totalité ne laisse qu'une très-petite ouverture, mais l'animal les dirige à sa volonté, ensemble ou séparément, en haut, en bas, en avant et en arrière; le cou très-court; le corps comprimé; la queue ronde, prenante; les pattes, longues, grêles, ont cinq doigts réunis en deux faisceaux, l'un de trois doigts, l'autre de deux, tous armés d'ongles aigus; la langue cylindrique, terminée par un tubercule charnu, mousse, visqueux, déprimé au centre. Ils s'accrochent aux branches d'arbres et vivent de mouches, de chenilles, de larves qu'ils saisissent en projetant avec une grande rapidité, sur ces animaux, leur langue, qui s'allonge considérablement et se retire avec la même vitesse, en apportant cette proie dans leur bouche. Les autres mouvements des caméléons sont lents, surtout lorsqu'ils marchent sur la terre, ce qu'ils font en posant leurs pattes l'une après l'autre. Leurs œufs sont d'un gris terne, la femelle les enfouit soigneusement sous terre et les recouvre d'herbes. Ces animaux se rencontrent dans toutes les parties du monde, excepté en Amérique.

Les *caméléons* ont été de tous temps célèbres par

Fig. 41. — Caméléon.

la faculté qu'ils ont de changer de couleur, ce qui les a fait regarder comme l'emblème de la basse flaterie. Mais c'est à tort qu'on a prétendu qu'ils prennent la teinte des objets qui les environnent: ces changement dépendent uniquement de la quantité d'air qui entre dans le poumon et de celle du sang qui est porté à la peau de l'animal[1], quantité qui varie non pas au gré du *caméléon*, ni selon la teinte des objets qui l'entourent, mais selon les passions ou les besoins qui l'agitent. Au reste, ce n'est pas le seul reptile qui nous offre de pareilles variations dans les teintes de l'enveloppe extérieure, les

[1] Salacroux, *Hist. nat.*

Marbrés, les Anolis, et plusieurs autres Sauriens nous en offrent d'aussi remarquables. L'homme lui-même n'a-t-il pas la peau, surtout celle du visage, sujette à des altérations de couleur tout à fait analogues?

On prétendait également autrefois que le *caméléon* vivait d'air; cette erreur avait pour fondement deux motifs assez plausibles : d'abord il mange rarement, comme la plupart des reptiles, et ensuite il prend les insectes avec une vitesse extraordinaire et sans se déplacer, de sorte qu'il n'est pas étonnant, qu'en égard à la rareté de ces reptiles, les observateurs anciens n'aient pas eu l'occasion d'en voir manger. En second lieu, le poumon de ce saurien est extrê-

Fig. 42. — Camellia.

mement vaste et occupe presque toute la cavité du tronc, dont la capacité est même augmentée par la disposition des fausses côtes, qui s'unissent à leurs correspondantes pour former un cercle complet autour de l'abdomen; de manière que, lorsque l'organe respiratoire est rempli d'air par l'inspiration, tout le corps du reptile, dont la peau est légèrement transparente, semble ne contenir que du fluide atmosphérique. GOSSART.

CAMÉLÉON MINÉRAL (chimie).— Nom donné au permanganate de potasse, qui prend différentes nuances selon qu'on le traite par l'eau, les acides, etc. Ce sel cristallise en aiguilles d'un beau pourpre. Dissous dans l'eau, il donne à ce liquide une teinte plus ou moins intense ; et traité par la potasse, il passe au vert, a bleu indigo, au violet, etc. C'est cette propriété qui sert à faire reconnaître le manganèse et ses oxydes. — Voy. *Manganèse.*

CAMELLIA (botanique) [du nom du père Kamel, moine allemand, qui, en 1739, fit passer en Europe le premier pied de camellia]. — Genre d'arbrisseaux de la famille des théacées. Ces plantes ont les feuilles alternes, persistantes, coriaces; les fleurs grandes, axillaires et terminales; le calice a cinq divisions, entouré de petites écailles imbriquées; la corolle, cinq pétales soudés à la base entre eux et avec les filets des étamines, qui sont nombreuses ; style et stigmate simples; fruit capsulaire formé de trois coques ligneuses, monospermes. Les principales espèces sont le *camellia japonica* à fleurs rouges, inodores (dans son climat, il acquiert 8 à 10 mètres de hauteur), et le *camellia sasanqua*, à fleurs blanches, odorantes. Les Japonais recueillent ses pétales pour en faire un cosmétique. La culture de ces deux espèces, dans des serres tempérées, a fait obtenir plus de sept cents variétés de camellias, à fleurs doubles, blanches, rouges, panachées. (*Ency. Chenu.*) G.

CAMERISIER (botanique).—Voy. *Chèvrefeuille.*

CAMOMILLE (botanique).— *Anthemis*, genre de plantes herbacées de la famille des composées, section des corymbifères de Jussieu, tribu des sénécionidées des nouveaux botanistes ; caractérisé par son involucre hémisphérique, ses fleurs radiées à demi-fleurons femelles et fertiles, et son réceptacle convexe et garni de paillettes. Toutes les espèces de ce genre renferment une huile volatile d'odeur agréable et de couleur azurée. L'espèce appelée *camomille romaine* (*anthemis nobilis*) est une plante vivace à fleurs jeunes au centre, blanches à la circonférence. Elle croit dans toutes les contrées sablonneuses de la France. Nous devons encore citer la *camomille puante* ou *maroute* (*A. cotula*), la *camomille des teinturiers* (*A. tinctoria*), vulgairement *œil-de-bœuf*, qui donne aux laines une belle teinte jaune aurore, et le *Pyrèthre*. — Voy. ce mot.

La camomille est tonique et stimulante; les fleurs seules sont usitées. On l'emploie contre les débilités de l'estomac, les flatuosités, les constipations passives, etc. Mais une de ses propriétés les plus importantes est son action fébrifuge. Réduite en poudre, elle était le quinquina de l'antiquité. Gallien, Dioscoride, Aëtius, Cullen, etc., la considéraient comme le remède par excellence dans les fièvres intermittentes.

La camomille est encore employée comme antispasmodique, emménagogue, anthelmintique, antiseptique, etc. Pour l'école italienne, son action est hyposthénisante, cardiaco-vasculaire. Voici les principaux modes d'administration de ces plantes : En *infusion*, 10 à 12 têtes pour 1 kilogr. d'eau. — En poudre, 2 à 4 grammes, comme fébrifuge. — En *extrait*, 1 décigr. à un gram. en pilules. — *Huile de camomille*, 50 gram. en frictions dans les rhumatismes. — On ordonne enfin quelquefois le *sirop de camomille* à la dose de 3 à 60 grammes dans une potion, un julep, etc., et le *vin de camomille* aux mêmes doses. B. LUNEL.

CAMPAGNOL (zoologie) [de *campagne*.] — *Arvicola*, genre de petits mammifères de l'ordre des rongeurs et de la famille des rats, vivant dans les champs et sur le bord des eaux. — Voy. *Rat*.

CAMPANULACÉES (botanique). — Famille de plantes dicotylédones monopétales, dont la *campanule* est le genre type. Ce genre renferme des plantes herbacées, des sous-arbrisseaux et des arbustes remarquables par la forme élégante de leurs fleurs, habituellement d'un bleu foncé. Ses principales espèces sont la *campanule* dite *Violette marine*, à grosses fleurs blanches ou violettes; la *campanule Bocconi*, dont on fait de jolies bordures; la *campanule raiponce*, dont les racines et les jeunes pousses se mangent en salade, et la *campanule à feuilles de pêcher* qui se mange également.

CAMPÊCHE (BOIS DE). — Espèce de bois propre à la teinture en violet et en noir, qui croît surtout dans la baie de Campêche.

Le véritable bois de Campêche, c'est-à-dire celui qui se coupe dans la presqu'île de Yucatan, près de la ville qui lui a donné son nom, est d'un eexcellente qualité et beaucoup meilleur que celui que coupent les Anglais dans la baie méridionale de Honduras, où le sol gras et presque marécageux n'en produit qu'une espèce bâtarde, donnant beaucoup moins de teinture. En général, on distingue plusieurs sortes de ce bois, dont on fait un commerce très-considérable. On distingue le bois de Campêche coupe d'Espagne, celui coupe d'Haïti, celui coupe de la Martinique, celui coupe de la Guadeloupe, qui sont d'une qualité plus ou moins inférieure au véritable campêche, et auquel on a donné, dans le commerce, le nom générique de bois d'Inde. Ce bois arrive en bûches de 1 mètre 20 à 1 mètre 50 de longueur, du poids de 6 à 10 et 20 kil., mal arrondies et souvent noueuses, présentant plusieurs cavités dans la longueur, d'une couleur brune obscure et quelquefois presque noirâtre, et très-pesant; c'est celui qui donne le plus de teinture; celui d'une couleur violette ou rougeâtre, et d'un poids plus léger, n'en fournit pas autant. On n'est pas dans l'usage, en France, d'employer le bois de *Campêche* pulvérisé; mais en Angleterre, où l'on a senti que les éclats et les rognures de ce bois ne peuvent jamais produire une infusion aussi forte que lorsqu'ils sont réduits en poussière, et qu'il reste dans l'intérieur du bois des molécules colorante ne pouvant être mises à profit, on a imaginé un moulin propre à broyer les bois de teinture, et qui réduit les plus grosses bûches en une poussière aussi fine qu'il est nécessaire.

CAMPHOGÈNE (chimie) [de *camphre*, et du grec *génos*, origine]. — Combinaison de carbone et d'hydrogène, qu'on obtient en soumettant le camphre à l'action de corps avides d'eau (chlorure de zinc ou acide phosphorique anhydre); c'est une huile incolore, plus légère que l'eau. Obtenu d'abord artificiellement par M. Dumas, il a été rencontré plus tard, tout formé, par MM. Gerhardt et Cahours, dans l'huile essentielle de cumin.

CAMPHORIQUE (ACIDE) (chimie). — Acide composé de carbone, d'hydrogène et d'oxygène, qu'on obtient en faisant bouillir du camphre avec de l'acide nitrique. Il se présente en aiguilles incolores, peu solubles dans l'eau froide. Découvert en 1785, par Kosegarten, MM. Laurent et Malaguti en ont établi la composition en 1836. Sa formule exacte est $C^{20}H^{14}O^{3},HO$.

CAMPHRE (histoire naturelle, matière médicale) [de l'arabe *camphur*]. — Espèce d'essence concrète, d'une odeur très-forte, d'une saveur amère et aromatique. Le camphre, plus léger que l'eau, entre en fusion à 175°, et bout à 204°; il est tellement volatil qu'il disparaît bientôt complétement quand on l'expose à l'air libre. L'eau n'en dissout qu'une petite quantité; l'alcool, l'éther, les huiles grasses et les huiles essentielles le dissolvent en entier. Il se dissout aussi dans l'acide azotique (autrefois d'*huile de camphre*); à chaud, l'acide azotique convertit le camphre en acide camphorique (voy. ce mot). Il renferme du carbone, de l'hydrogène et de l'oxygène, dans les rapports de $C^{20}H^{16}O^{2}$.

Le camphre est produit par un assez grand nombre de végétaux; il se rencontre dans la famille des labiées, dont les propriétés aromatiques sont si connues; mais il est abondant surtout dans une espèce de laurier, *laurus camphora*, qui croît au Japon, et dont on extrait tout celui qui est versé dans le commerce. Cette extraction [1] se fait sur le lieu même où croît le végétal, par des moyens fort grossiers; le camphre ainsi obtenu est en grains impurs, humides et salis par de l'huile empyreumatique. On le purifie en Europe par une nouvelle sublimation, qui a lieu dans des matras à fonds plats posés sur du sable échauffé par le moyen d'une galère qui a un foyer particulier pour chacun des nombreux matras qu'elle supporte: cette opération demande beaucoup d'habitude et d'adresse pour ne rien perdre du produit par une trop prompte volatilisation et lui donner la blancheur, la fermeté et la transparence requises; longtemps les Hollandais ont été en possession exclusive de cette fabrication, qui s'opère maintenant avec succès dans les environs de Paris.

Le camphre est employé dans la préparation des vernis, surtout de l'espèce recherchée sous le nom de *vieux laque*. On l'utilise aussi dans les feux d'artifice; la propriété qu'il a de brûler sur l'eau fait supposer qu'il entrait dans la composition du feu grégeois. Son odeur est fatale aux petits animaux, particulièrement aux insectes et aux vers: aussi en fait-on usage pour conserver les collections d'histoire naturelle, les pelleteries, les étoffes de laine.

En médecine, le camphre a une double action stimulante ou sédative, selon les doses et le mode d'application. On profite pour son emploi à l'extérieur de sa solubilité dans l'alcool et les huiles fixes, et on l'introduit ainsi dans des liniments ou embrocations dont ces liquides forment la base. Il entre aussi dans des emplâtres solides; mais il ne doit y être uni qu'au moment d'en faire usage, car le camphre ne se conserve guère dans les emplâtres officinaux. On le mêle

[1] Vée, pharmacien.

souvent aux cantharides pour modifier ou neutraliser l'action spéciale de ces dernières sur les organes génito-urinaires; on l'associe au quinquina pour le pansement des ulcères et plaies gangréneuses. A l'intérieur, on le donne à faible dose; il entre dans un grand nombre de formules de pilules; on l'y associe ordinairement au nitre, à l'extrait d'opium et à divers médicaments antispasmodiques. On le suspend dans des lavements à l'aide du jaune d'œuf; on se sert du même moyen pour le donner en potion, mais il est préférable alors de le dissoudre dans l'huile d'amandes douces, qu'on fait émulsionner ensuite au moyen de la gomme arabique. On ne peut guère se confier aux autres moyens donnés pour le diviser ou le suspendre, toujours il se sépare, vient nager à la surface du liquide et se trouve perdu ou inégalement partagé. —Le camphre à haute dose peut causer des accidents graves; il agit comme excitant sur le cerveau et le système nerveux, et tue promptement par asphyxie, en rendant impossibles les mouvements des organes de la respiration au milieu des spasmes violents qu'il occasionne. Lorsqu'il est pris en dissolution ou ingéré en fragment, il produit une inflammation locale sur les parties des vaisseaux digestifs avec lesquelles il se trouve en contact, et la mort ne survient qu'au bout de plusieurs jours. Les moyens indiqués par Orfila pour combattre ces empoisonnements sont: les vomitifs d'abord, l'insufflation de l'air dans les poumons, s'il y a asphyxie, et l'administration par cuillerées, à dix minutes d'intervalle, d'une potion faite avec 60 grammes d'eau, 15 grammes de sucre, 8 grammes d'éther et 8 grammes d'essence de térébenthine.

Avant que les chlorures fussent venus le remplacer en partie, le camphre passait pour un antiseptique presque universel; aussi entre-t-il dans une foule de recettes, de sachets préservatifs et d'amulettes contre la contagion. Il est certain que l'action spéciale et fort active qu'il exerce sur le système nerveux a pu le rendre utile dans quelques circonstances. Quant au préjugé, partagé par quelques médecins, que le camphre est antiaphrodisiaque, il doit disparaître devant l'expérience, qui ne peut lui reconnaître cette action spéciale.

Depuis la première invasion du choléra-morbus en France, et surtout depuis que la méthode Raspail a été créée, le camphre a joué un certain rôle qui n'a pas toujours été au profit de ceux qui en ont fait usage. Pendant l'épidémie cholérique de 1832 surtout, le camphre, à cause de ses propriétés antiputrides, avait obtenu une faveur imméritée. Le délire fut tel qu'on en portait sur soi, qu'on en mettait dans les armoires, sur tous les meubles, à ce point, que plusieurs appartements devinrent inhabitables, et qu'une foule de personnes tombèrent malades par l'abus des précautions dont elles s'étaient entourées. Lorsque Raspail publia son *Manuel de Médecine populaire*, ce fut bien autre chose : partant de ce faux principe, que *les neuf dixièmes des maladies sont dues au parasitisme des infiniment petits*, et que le camphre est la panacée universelle, le délire du vulgaire, pour ce produit immédiat des végétaux, fut porté à son comble; mais si Raspail a signalé les succès qu'il obtenait, il se gardait bien de mentionner les accidents nombreux auxquels sa médication avait donné lieu. Du reste, n'anticipons pas : nous renvoyons au mot *Méthode Raspail*, pour l'appréciation exacte du système médical de ce chimiste. Disons seulement, avec le Dr Bossu, que la propriété la plus contestable du camphre est assurément celle que lui a prêtée Raspail, et qu'admet aveuglément le troupeau si nombreux de l'homme politico-guérisseur. Il faut toujours se défier des engouements populaires: la vérité sera longtemps, comme toute chose précieuse, la propriété d'un petit nombre d'élus. B. Lunel.

CAMPHRE ARTIFICIEL (chimie). — On obtient un *camphre artificiel* en faisant passer un courant de gaz acide chlorhydrique sur de l'essence de térébenthine placée dans un mélange réfrigérant; il se forme une masse cristalline qui jouit de l'odeur et de quelques autres propriétés du camphre; elle résulte de la combinaison de l'acide chlorydrique avec une partie des éléments de l'huile essentielle. (*Vée.*)

CAMPHRIER (botanique) [*laurus camphora*]. — Espèce du genre laurier, de la famille des lauracées, section des *camphora*, à fleurs hermaphrodites, limbe du calice articulé; quinze étamines, anthères à quatre loges. Arbre assez élevé, ayant à peu près le port d'un tilleul; son tronc est droit; ses feuilles sont alternes, ovales, arrondies, vertes, luisantes en dessus, à pétiole canaliculé; ses fleurs, disposées en corymbes, sont d'abord renfermées dans des bourgeons écailleux, axillaires; les fruits ressemblent à ceux du cannellier, mais sont un peu plus petits.

Le camphrier croît dans les lieux montueux des contrées chaudes de l'Inde, particulièrement au Japon. On l'a introduit dans le midi de la France, où il vient en pleine terre et est rare d'ailleurs. Toutes ses parties, froissées, exhalent une odeur propre, due à la présence d'une huile volatile légère, blanche, qui rend le bois inflammable, et que l'on retire en mettant le bois coupé par morceaux ou les racines à bouillir avec de l'eau : la substance volatile vient s'attacher au chaume dont on garnit intérieurement le chapiteau de terre cuite qui recouvre l'appareil. — Voy. *Camphre*. B. L.

CANAL [du latin *canalis*]. — Cours d'eau artificiel, construit dans l'intérêt de la salubrité, de l'agriculture ou du commerce. On distingue trois genres de canaux : les *canaux de dessèchement*, dont le but est de dessécher des marais ou des terrains inondés; les *canaux d'irrigation*, qui servent à fertiliser des terres trop desséchées, en amenant par une pente douce l'eau d'un réservoir supérieur sur le terrain qu'on veut arroser, ou à approvisionner d'eau une grande ville; les *canaux de navigation*, destinés au transport des denrées et des marchandises. «Les Grecs et les Romains ne se sont point signalés par la construction des canaux : cependant ces derniers ont eu l'idée gigantesque de réunir la mer du Nord à la Méditerranée, au moyen d'un canal entre le Rhône et le Rhin. Charlemagne reprit ce projet en 794; mais il n'a été réalisé que de nos jours, en 1845, par la construction du *canal Louis*, qui unit le Danube au Mein par l'Altmühl. Pendant le moyen âge, l'hydraulique resta à peu près stationnaire; mais, au quinzième siècle, une nouvelle impulsion fut donnée à la construction des canaux. La France et l'Italie septentrionale donnèrent l'exemple; malheureusement, elles se sont laissé devancer par les nations qui vinrent après elles, et aujourd'hui les contrées les plus favorisées sous ce rapport sont l'Angleterre, les États-Unis et la Hollande. La création des chemins de fer a pu faire craindre que les canaux ne devinssent inutiles; mais il est à penser que ces deux moyens de transport, loin de se nuire, s'aideront mutuellement, les railways étant plutôt faits pour transporter les voyageurs et les marchandises peu volumineuses, et les canaux pour les lourds fardeaux et les marchandises encombrantes. »

CANARD (zoologie) (*anas*). — Genre le plus nombreux de l'ordre des palmipèdes, dont on compte plus de cent vingt espèces, toutes faciles à distinguer à leur bec large, revêtu d'une peau molle et garni sur ses bords de lames minces, placées transversalement et paraissant destinées à laisser écouler l'eau quand l'oiseau a saisi sa proie, ou à tamiser la vase pour en retirer les matières nutritives qu'elle peut contenir. Ces animaux recherchent indistinctement les herbes tendres, les graines farineuses et les petits animaux aquatiques, tels que insectes, têtards, petits poissons, etc. Aussi ont-ils le gésier plus fort et plus musculeux que les autres palmipèdes.

Les canards sont sans contredit les plus beaux et les plus utiles de leur ordre. Leur plumage offre souvent des couleurs vives et éclatantes, surtout sur les ailes, où l'on voit souvent de grandes taches d'une teinte différente du fond, que l'on désigne sous le nom de *miroirs*. Ce sont aussi les seuls palmipèdes dont la chair soit bonne à manger, et qui s'accoutument bien à la vie domestique. Tandis que les autres, farouches et sauvages, ne peuvent vivre qu'au milieu de leur élément favori, et ont la chair huileuse, dure et repoussante, les canards semblent rechercher la société de l'homme, auquel ils fournissent un aliment agréable; aussi en élève-t-on beaucoup dans les basses-cours avec les volailles; la seule chose qu'ils exigent de plus que ces dernières, c'est une mare d'eau où ils puissent aller barboter de temps en temps.

Ces palmipèdes nichent toujours sur le bord des eaux, parmi les joncs et les autres plantes aquatiques; ils font un nid fort large, qu'ils tapissent intérieurement d'une couche épaisse de duvet arraché de leur corps. Ils pondent un grand nombre d'œufs (de huit à douze); leurs petits marchent au sortir de leur coquille.

La mue des canards se fait après la ponte, et paraît être le résultat des fatigues que celle-ci leur a occasionnées; elle se fait d'une manière si subite, que toutes les pennes tombent en quelques jours, souvent même en une seule nuit. Aussi l'oiseau en est-il très-malade : il reste constamment caché et ne bouge pas de place, lors même qu'on cherche à le prendre. Cette période critique dure trente à quarante jours; ce temps passé, la santé revient avec les plumes, et le canard reprend ses habitudes et ses allures ordinaires.

C'est à ce genre que se rapportent les *cygnes*, les *oies*, etc. Les canards exécutent presque tous de longs voyages, passent l'hiver dans les contrées tempérées, et retournent, dès le printemps, vers le Nord, où ils construisent leur nid. Ils sont polygames. Toutes les espèces ont à peu près le même cri, sauf le *canard siffleur*. Leur taille varie de 35 à 60 centimètres : le *canard de Barbarie* est le plus grand; vient ensuite le *canard sauvage*, puis les *souchets* et les *siffleurs*, qui occupent le milieu; les *sarcelles* sont l'espèce la plus petite. Dr Bossu.

Canard. — Nouvelle erronée, annoncée ou racontée dans le but de faire croire à un fait faux ordinairement bizarre. M. Quetelet, secrétaire perpétuel de l'Académie de Bruxelles, a fait connaître tout récemment l'origine des *canards* dans un passage de la vie de Cornelissen. On doit à notre confrère, dit-il, une invention dont il ne tirait point de vanité : il en rougissait, au contraire, à cause des abus qu'il en voyait faire; je veux parler de ce qu'on est convenu d'appeler un *canard*, mot nouveau dont le dictionnaire de l'Académie n'a pas encore consacré l'usage. Pour renchérir sur les nouvelles ridicules que les journaux lui apportaient tous les matins, Cornelissen avait fait annoncer dans les colonnes d'une de ses feuilles qu'on venait de faire une expérience intéressante, bien propre à constater l'étonnante voracité du canard. On avait réuni vingt de ces volailles; l'un d'eux avait été haché menu avec ses plumes et servi aux dix-neuf autres, qui en avaient avalé gloutonnement les débris. L'un de ces derniers, à son tour, avait servi de pâture aux dix-huit survivants, et ainsi de suite jusqu'au dernier, qui se trouvait avoir dévoré ses dix-neuf confrères dans un temps déterminé et très-court. Tout cela, spirituellement raconté, obtint un succès que l'auteur était loin d'en attendre. Cette petite histoire fut répétée de proche en proche par tous les journaux, et fit le tour de l'Europe; elle était à peu près oubliée depuis une vingtaine d'années, lorsqu'elle nous revint d'Amérique avec des développements qu'elle n'avait point dans son origine, et avec une espèce de procès verbal de l'autopsie du dernier survivant, auquel on prétendait avoir trouvé des lésions graves dans l'œsophage. On finit par rire de l'histoire du *canard*, et le mot resta.

CANCER ou Carcinome (pathologie, chirurgie). — Maladie qui désorganise les tissus, qui les envahit de proche en proche, les détruit, sans pouvoir être arrêtée dans sa marche autrement que par le fer ou le feu, encore que le plus souvent ces moyens soient sans succès. « Il faut avouer, disent les auteurs de l'article *Cancer* du *Dictionnaire des Sciences médicales*, que, dans l'état actuel de la science, cette maladie est aussi difficile à définir qu'à guérir; et comme elle est incurable, nous pouvons dire aussi qu'elle est indéfinissable. » Cette déclaration nous fera pardonner l'insuffisance de notre définition et l'idée que nous avons eue de rapporter le cancer à une perversion des propriétés vitales qui président à la nutrition.—Étant une manière d'être particulière des tissus, une production nouvelle sans analogue dans l'économie, le cancer doit être étudié : 1° dans ses éléments anatomiques ou constituants; 2° dans les accidents qu'il détermine. Ce n'est qu'après cette étude que nous examinerons ses causes et son traitement.

Le cancer se présente sous deux formes différentes, le squirrhe et le tissu encéphaloïde.

A. On appelle *squirrhe* un tissu lardacé, dur, criant sous le scalpel à la manière d'une couenne de lard, d'un blanc bleuâtre ou grisâtre. Il paraît constitué par deux substances : l'une fibrineuse, disposée de telle sorte qu'elle rayonne du centre à la circonférence; l'autre grisâtre, lardacée, contenue entre les fibres de la première.

B. On appelle *encéphaloïde* (à cause de sa ressemblance avec la substance encéphalique) un tissu mou, pulpeux, blanchâtre, cérébriforme, qui diffère encore du squirrhe en ce qu'il contient beaucoup de petits vaisseaux artériels.

Les *tissus colloïde* et *mélanique* sont des variétés du tissu encéphaloïde : le premier est constitué par une sorte de gelée, analogue à la colle; il n'a pas de période de crudité et ne possède point de vaisseaux. Le second est une production accidentelle plus ou moins molle ou ferme, existant à l'état de masses, d'infiltration ou de couches, se caractérisant spécialement par sa couleur noire, due, selon toute apparence, à du sang altéré.

C. Considéré d'une manière générale, le cancer se développe sous forme de tumeurs ou d'ulcères d'aspects très-variables. — Les *tumeurs cancéreuses* offrent des variétés nombreuses sous le rapport du volume, de la forme, de la consistance, etc. Tantôt ce sont des boutons, comme des verrues, qui se montrent particulièrement au visage, où ils peuvent rester plusieurs années sans grossir; tantôt ce sont des tumeurs plus volumineuses, mobiles sous la peau ou adhérentes aux parties sous-jacentes. Le tissu de ces tumeurs est d'abord dur, squirrheux (*cancer cru*). Il reste dans cet état pendant un temps variable, mais qui peut être long. Puis il se ramollit peu à peu, passe à l'état d'encéphaloïde, et, attaquant la peau et les parties voisines, il les détruit, ronge tout autour de lui et s'ouvre à l'extérieur. Alors on voit un *ulcère cancéreux* dont les bords sont renversés et sur lequel s'élèvent des végétations qui donnent lieu parfois à un écoulement de sang abondant. Les vaisseaux de la partie, quoique résistant longtemps aux ravages du mal, finissent par être détruits, et à partir de ce moment surviennent des hémorrhagies graves, mortelles même.

D. *L'ulcère cancéreux* est quelquefois primitif, c'est-à-dire que le cancer peut débuter de prime abord par une ulcération. Celle-ci est tantôt sèche et croûteuse, tantôt humide et fongueuse. Elle s'étend soit en surface, soit en profondeur, et détruit également les tissus qu'elle envahit, mais plus lentement que les cancers ulcérés; car il y a une différence, qu'on saisit maintenant, entre l'*ulcère cancéreux* et le *cancer ulcéré*. — Tels sont les principaux caractères physiques du cancer. Le microscope en décrit d'autres que nous croyons inutile d'exposer, parce qu'ils sont moins importants et que la micrographie, sous ce rapport, est encore à l'état d'enfance.

Examinons maintenant les accidents que produit le cancer dans l'économie en général. Des douleurs vives, lancinantes et exacerbantes se manifestent dans la tumeur : leur caractère *lancinant* est, pour ainsi dire, pathognomonique; elles ressemblent à celles que produiraient des coups d'aiguille et s'étendent quelquefois très-loin autour du mal. Elles n'existent pas toujours dès le début de la maladie; il est, au contraire, bon nombre de cas où le cancer reste longtemps indolent. Les ganglions lympathiques voisins de la tumeur s'engorgent, s'enflamment, soit par continuité de tissu, soit par le contact de la matière cancéreuse dont s'emparent les vaisseaux absorbants. Les ganglions les plus éloignés s'engorgent de même si les vaisseaux lympathiques qui y aboutissent sont en rapport direct ou indirect avec le foyer du mal. — L'obstruction des lympathiques et des veines par la matière du cancer explique l'espèce de tuméfaction œdémateuse des tissus malades et des parties voisines. — Ajoutons à ces phénomènes ceux qui résultent du trouble survenu dans les fonctions de l'organe envahi : il est évident, en effet, que le foie atteint de cancer peut donner lieu aux effets ordinaires des altérations de ce viscère, tels que jaunisse, ascite, etc. — Enfin les symptômes généraux, comme l'inappétence, l'amaigrissement, la fièvre, etc., résultent de la mise en jeu des sympathies, et complètent le tableau des accidents.

Jusqu'ici nous supposons le cancer à sa première période, c'est-à-dire à l'état de *crudité* ou de squirrhe. Il ne reste pas toujours tel. Après un temps qu'on ne peut déterminer d'avance, il se ramollit, et alors la maladie, qui semblait entièrement locale, commence à troubler les grandes fonctions, à faire maigrir le sujet, à lui imprimer un teint jaune paille presque caractéristique. Ces nouveaux phénomènes ne résultent pas seulement de la mise en jeu des sympathies, ils annoncent une sorte d'empoisonnement général de l'économie par la matière cancéreuse absorbée.

Abordons maintenant l'étiologie du cancer. Elle est à peu près inconnue, car les irritations, les violences extérieures, l'inflammation chronique, les passions tristes, etc., ne sont que des causes occasionnelles. Pour que le mal se développe, il faut que l'individu en ait la prédisposition. Or, cette prédisposition, qui est tantôt congéniale et héréditaire, tantôt acquise on ne sait comment, explique l'apparition en quelque sorte spontanée d'un cancer que rien ne pouvait faire prévoir, et sa tendance à se reproduire soit à la même place, soit dans tout autre organe.

A. La récidive opiniâtre de certains cancers, la possibilité de guérir certains autres soulèvent une foule de questions jusqu'ici sans solution. Le cancer est-il une affection primitivement locale, est-il au contraire général dès le principe? Le squirrhe paraît être local dans bien des cas, car son extirpation complète est assez souvent suivie de succès. Si, pour opérer, on attend que le ramollissement soit survenu et que l'économie s'empoisonne, on perd toute chance favorable. Cependant on a émis l'opinon qu'il vaudrait mieux attendre que l'organisme se fût débarrassé complétement du principe morbide, supposé primitivement général, en le concentrant dans la tumeur; mais dans cette supposition, comment saisir le moment, très-court, où les humeurs se sont débarrassées entièrement des molécules cancéreuses, et où la résorption ne s'est point encore opérée?

B. Si le squirrhe ramolli a une grande tendance à repulluler, cette tendance est encore plus prononcée pour le tissu encéphaloïde, qui paraît être une espèce particulière de cancer, beaucoup plus grave, en ce qu'il dénote l'existence d'une diathèse fâcheuse en vertu de laquelle il se reproduit presque nécessairement. Cela est si vrai que, tandis qu'une grosse tumeur squirrheuse peut être radicalement guérie, le plus petit noyau d'encéphaloïde expose à la récidive et tue tôt ou tard. Le tissu colloïde a une disposition encore plus grande à la repullulation.

C. Ainsi donc le squirrhe peut être local et guérissable. Mais le plus souvent il n'est que l'ombre d'un état spécial des humeurs. Cet état est sans doute bien souvent primitif; d'autres fois aussi il est consécutif à l'absorption des molécules cancéreuses, et dans l'un et l'autre cas, il récidive presque sûrement après l'opération. Le tissu encéphaloïde suppose-t-il toujours une diathèse cancéreuse, dont il serait l'effet tardif ou prompt, et cette diathèse est-elle primitive? On est porté à le croire lorsqu'on sait le danger qu'entraînent les petits noyaux de cette production homicide. A ce propos, nous ne pouvons nous empêcher de faire une remarque : Dans la nature tout semble s'entre-détruire; les espèces différentes se font la guerre, de petits animaux attaquent, tuent même des gros; dans la même espèce, on voit des instincts de destruction naturelle; dans le même individu ce sont des influences fonctionnelles qui se nuisent réciproquement, et dans les mêmes tissus on trouve des molécules ennemies déclarées les unes des autres. De ce point de vue élevé, il faudrait considérer les molécules du cancer et des tubercules comme des êtres primordiaux, inséparables de notre faible nature et incompréhensibles comme le mouvement nutritif. Quoi qu'il en soit, le cancer est une maladie d'une gravité épouvantable.

Les lieux d'élection du cancer sont principalement les mamelles, la matrice, les testicules, les lèvres, les joues, la langue, etc. Cette maladie n'est point contagieuse et ne peut s'inoculer.

Traitement du cancer en général. — Un grand nombre d'agents thérapeutiques composent ce traitement, hélas! trop souvent impuissant. Ils se distinguent en internes et en externes.

A. Le *traitement interne* du cancer se compose des altérants et des fondants, tels que l'iodure de potassium, l'iode et la ciguë administrés en pilules ou en solution; tels qu'une foule d'autres remèdes dont aucun n'a guéri un seul cancer véritable. Chaque jour les faiseurs de dupes vantent les cures qu'ils obtiennent sans recourir à l'opération..... Ce sont des imposteurs : les fondants, la compression, le temps surtout font disparaître quelquefois des tumeurs fibreuses ou des ganglions lymphatiques engorgés, pris ordinairement pour des cancers; mais ces moyens sont tout à fait impuissants contre l'affection organique qui nous occupe.

B. Le *traitement externe* ou chirurgical du cancer comprend la compression, la cautérisation et l'extirpation. — La compression, vantée par M. Récamier, ne peut guérir le cancer confirmé; mais étant méthodiquement employée, elle a une action efficace pour hâter la fonte des tumeurs fibreuses chroniques. Et comme ces tumeurs peuvent être aisément confondues avec le cancer, il est bon de commencer par elles, en employant concurremment, si l'on y a foi, les moyens internes susdits. Nous en dirons autant des émollients et des sangsues, qu'on peut essayer tout d'abord. — La cautérisation, dont le but est de détruire les parties malades, réussit assez bien contre les petits cancers locaux, les boutons, les ulcérations cancéreuses; elle se fait au moyen de la pâte de chlorure de zinc, de la pâte arsénicale, des caustiques concentrés, du feu. Elle a l'inconvénient d'irriter les parties saines et quelquefois de faire dégénérer en cancer un mal qui ne l'était point. — L'extirpation est préférable; malheureusement elle n'est pas toujours praticable. Il ne faut pas compter sur elle lorsque la maladie infecte l'économie, ou qu'elle ne peut être enlevée tout entière.

C. Le *traitement palliatif* est employé quand tout a échoué, ou quand il n'est plus possible de tenter l'opération, soit à cause du siége du mal, soit à cause du volume excessif de la tumeur, etc. Alors on prescrit des frictions avec des pommades opiacées, l'opium à l'intérieur pour calmer les douleurs, les toniques et les ferrugineux pour combattre la diathèse. Il faut augmenter progressivement les doses du narcotique. Dr Bossu.

CANDÉLABRE [du latin *candelabrum*, radical *candela*, chandelle]. — Colonne en métal, en zinc, bronze, argent ou or, en marbre ou en pierre, servant à supporter des lampes, des bougies, des becs de gaz; la plupart sont garnis de branches dont le nombre est indéfini, et d'où jaillit la lumière.

On varie le dessin et la hauteur selon le caprice et le lieu où il sert. Tantôt il représente un arbre garni d'enfants ou d'oiseaux; tantôt ce sont des fleurs dont les pistils sont autant de jets de flamme; d'autres fois des ornements de tous les styles, des figures supportant ces mêmes branches; il serait impossible de décrire toutes les formes, elles sont par myriades, sans compter celles qui viendront encore. Nous doutons qu'on en crée une plus grande quantité que celle que le dix-neuvième siècle pourra produire, à cause du peu de fixité dans la mode, de l'énorme concurrence, qui font que les principaux motifs d'ornements de tous les genres ont été sinon épuisés, du moins mis en évidence.

L'origine du candélabre est fort ancienne. Sa forme, dans l'antiquité, ressemblait assez à celle d'un chandelier. Il servait à la décoration des palais, des temples et des bains publics. Ils étaient presque tous d'un travail d'architecture exquis, et atteignaient souvent plusieurs mètres de hauteur.

Le bronze et le marbre furent les matières qu'on employait le plus communément. Plus tard, sous la première race des rois mérovingiens, et surtout à l'époque où l'orfévrerie fut en grand honneur et reparut d'une manière grandiose (après l'invasion des Francs dans la Gaule), vers le septième siècle, nous voyons que la reine Bathilde, femme de Clovis II, pour honorer dignement la mémoire de saint Éloi, orfévre et ministre de Dagobert, lui fit construire un tombeau d'or et d'argent, dans lequel une quantité de trésors furent déposés par tous les princes du temps. Nous voyons figurer parmi ces présents des lampes et candélabres en or et en argent d'un poids considérable et d'un travail parfait. Le règne de Charlemagne fut celui des magnificences; ainsi le pape Léon III donna aux églises de Rome 1,075 livres d'or et 24,744 livres d'argent en travaux d'orfévrerie, parmi lesquels on remarque quarante-sept lampes ou petits candélabres d'autel, en forme de couronnes, pesant 55 livres d'or. Suger, abbé et ministre de Louis VI, fit faire pour la basilique de Saint-Denis, des candélabres d'or du poids de vingt marcs.

Comme on le voit, les métaux précieux étaient moins épargnés à cette époque qu'aujourd'hui. Les orfévres de ces temps, et même encore de la Renaissance, eurent le monopole des œuvres grandioses, soit en bronze, ou d'autres matières; ils furent les initiateurs des autres métiers qui se servent de la forge et de la lime. Il n'est point étonnant de les voir parfois exécuter des œuvres colossales, qui, à présent, se produisent par différents corps de métiers bien distincts.

L'extrême abondance de l'or et de l'argent dont les monarques et le clergé étaient possesseurs faisait concevoir à ceux-ci l'idée d'immenses projets de travaux que les orfévres étaient forcés d'exécuter. De nos jours, ces métaux, devenus plus rares parce qu'ils sont plus disséminés, ont obligé l'orfévre à ne les conserver que pour de plus petits objets, et à laisser le cuivre, le fer et les autres matières en d'autres mains pour subvenir à l'ornementation religieuse et profane, dont ils étaient les seuls ouvriers. Ce sont les bronziers qui aujourd'hui font la plus grande partie des candélabres qui ornent nos salons et nos monuments; l'usage en est plus répandu depuis que la fonte de fer est venue apporter les facilité d'exécution, et des modifications sur les autres dans le prix de revient.

Le candélabre est un heureux sujet d'ornementation dans les grandes villes; il n'est point de promenade qui n'en soit parsemée, point de place qui ne soit harmonieusement combinée sans lui; et, pour ne citer qu'un seul exemple, on peut s'en rendre compte dans l'admirable place de la Concorde.

Le candélabre sert aussi dans l'architecture; il est un amortissement en forme de balustre qui se place à l'entour intérieur d'un dôme ou au-dessus du portail d'une église. Plusieurs édifices de Paris en sont pourvus. E. Paul, *statuaire orfévre-bijoutier.*

CANGUE. — Espèce de carcan portatif, consistant tantôt en une grande table percée de trois trous, l'un pour passer le cou, et les autres pour passer les mains; tantôt en un triangle de bois qu'on fixe au cou du patient, et auquel une de ses mains est attachée. Ce supplice est en usage dans plusieurs contrées de l'Asie, surtout en Chine.

CANICULE [du latin *canicula*, littéralement petite chienne]. — Nom de la belle étoile du Grand-Chien, qu'on appelle simplement l'étoile du Chien; les Grecs la nommaient *Séirios*.

Le jour où la *canicule* se lève, disaient Hippocrate et Pline, la mer bouillonne, le vin tourne, les chiens entrent en rage, la bile s'augmente et s'irrite, et tous les animaux tombent en langueur et dans l'abattement. On sent bien que se sont les effets du calorique qu'on attribuait à l'astre qui annonçait les chaleurs. C'est actuellement le 20 août qu'arrive le lever héliaque de *Sirius;* et cependant alors, ce qu'on appelle les jours *caniculaires* sont près de finir[1]. Les Romains étaient si persuadés de la malignité de la *canicule*, que, pour en écarter les influences, ils lui sacrifiaient tous les ans un chien roux : le chien avait eu la préférence dans le choix des victimes, à cause de la conformité des noms.

Quelques personnes croient encore que la canicule exerce une grande influence sur l'économie animale. On a dit qu'il ne fallait pas se baigner pendant la canicule, se purger dans les jours caniculaires, etc. Ce sont autant de préceptes erronés, qui ne trouvent leur source que dans l'ignorance la plus complète des lois qui régissent le monde physique.

B. Lunel.

CANNE A SUCRE (*saccharum*). — Plante de la famille des graminées, vivace, à tiges droites de 3 ou 4 mètres de hauteur, cylindriques, striées, pleines intérieurement, et dont les entre-nœuds sont rapprochés et un peu renflés; feuilles engaînantes, planes, longues de 65 cent. à 1 mètre, et larges de 5 cent., rapprochées les unes des autres; fleurs en panicule terminale, grande et étalée au sommet de la tige, qui est sans nœuds.

La *canne à sucre* est l'une des plus belles et plus grandes espèces de graminées. Originaire de l'Inde, elle a été transportée dans le nouveau monde, aux Antilles particulièrement, où elle s'est parfaitement naturalisée, et où on la cultive et on la multiplie de

[1] Les jours caniculaires commencent le 24 juillet et finissent le 23 août.

bouture. Elle met cinq à six mois à parvenir à son entier accroissement; mais on la récolte avant la floraison, qui détruit toujours une notable quantité de sucre.

Le sucre de canne, dont il est inutile que nous indiquions ici les usages nombreux, s'obtient de la manière suivante : On écrase la canne au moyen d'un laminoir ou moulin composé de trois gros cylindres de fer élevés verticalement sur un plan horizontal entouré d'une rigole pour l'écoulement du suc, appelé *vesou*, *vin de canne*. On chauffe le vesou dans une chaudière, avec un peu de chaux pour séparer les matières étrangères; il se forme alors une écume qu'on enlève à mesure qu'elle se produit. Quand le jus est suffisamment clarifié, on le concentre par la cuisson, et on le filtre à travers une étoffe de laine dans de larges bassines; il se prend alors, par le refroidissement, en une masse cristalline, qui est le *sucre brut* ou *cassonade*. C'est sous cette forme qu'on expédie le sucre en Europe, pour y être soumis à la *raffinerie*. Les raffineurs blanchissent le sucre en le faisant dissoudre dans l'eau et projetant dans la solution chaude du sang de bœuf ou du noir animal. La liqueur sirupeuse ainsi clarifiée se passe à travers des filtres d'une construction particulière, et puis on la concentre par la cuisson. — Voy. *Sucre*.

Dr Bossu.

CANNE DE PROVENCE (*arundo donax*). — Plante de la famille des graminées, vivace, à tige creuse, ligneuse, haute de plus de 3 mètres; feuilles longues, étroites, lancéolées; fleurs en panicule rameuse très-grande, etc. Ce roseau croît au bord des eaux, dans la Provence et le Languedoc. Les racines jouissent d'une immense réputation populaire, comme sudorifique, antilaiteux, réputation non méritée aux yeux de la science. B.

CANNELLE [de l'italien *cannello*, tuyau]. — *Cinnamomum*, écorce intérieure des jeunes pousses et des branches du laurier-cannellier (*Voy.* ce mot). On distingue trois sortes de cannelle, savoir : la cannelle fine, la cannelle moyenne, et la cannelle commune. Mais, quelle que soit la qualité de la cannelle, il a été généralement reconnu que c'est la seconde écorce des tiges du cannellier, que l'on cultive en grand dans l'île de Ceylan, et que le même arbuste en fournit trois qualités, dépendant de l'âge de la plante et de la grosseur des tiges desquelles on enlève l'écorce.

La cannelle fine provient des tiges et des branches du cannellier qui a environ 3 à 4 ans. On doit la choisir d'une teinte jaune-rougeâtre, d'une saveur douce sucrée d'abord, un peu âcre et piquante sur la langue, d'une odeur très-suave et pénétrante; sa texture est très-fine et se rompt facilement.

La cannelle moyenne est plus épaisse que la première, ayant été extraite des tiges les plus fortes du cannellier, ou le plus âgé. Les habitants de Ceylan en introduisent une partie dans les paquets qu'ils font avec la première espèce.

La cannelle commune provient des grosses branches du cannellier plus avancé en âge : elle est rude, épaisse, d'une couleur jaune livide, d'une saveur âcre, mordicante, laissant une certaine viscocité sur la bouche, d'une odeur forte qui approche de celle de la punaise. Elle fournit une plus grande quantité d'huile essentielle par la distillation que les deux autres; mais cette huile est plus pesante et d'une odeur beaucoup moins suave.

La meilleure cannelle est mince, élastique, d'un jaune pâle, d'un brillant poli, d'une cassure éclatante, ayant une saveur chaude, aromatique, et un goût sucré et fort doux; elle devient souple dans la bouche, et le goût piquant dont elle affecte la langue est assez supportable. La cannelle qui est dure, épaisse comme une pièce de deux francs, d'une couleur brune et noirâtre, ou qui a une saveur d'un piquant insupportable, doit être mise au rebut; c'est pour cette raison qu'on doit bien faire attention que les ballots ne soient pas falsifiés ou mélangés avec de la cannelle d'une qualité inférieure.

La cannelle de la Cochinchine est le produit des districts arides situés au N. O. de la ville de Faifoé, entre le 15e et le 16e degré de latitude N. On la préfère, en Chine, à la cannelle de Ceylan. On en importe de 125 à 250 mille kilogrammes par an à Canton et dans d'autres ports. Il n'y en a pas moins de 10 variétés différentes.

Voici les diverses espèces de cannelles les plus nécessaires à connaître.

Cannelle de Ceylan. Cette espèce se divise en trois sortes : la cannelle fine, mi-fine et commune, connues aussi sous le nom de *lettre rouge première*, *lettre rouge seconde*, et *lettre noire*, attendu que les balles qui les renferment sont ainsi marquées.

Caractères propres à chacune d'elles.

Cannelle fine ou *lettre rouge première*. Cette cannelle est en longs faisceaux composés d'écorces minces, flexibles, et faciles à rompre, roulées les unes sur les autres; d'une couleur blonde, d'une saveur agréable, chaude, un peu sucrée, et d'une odeur aromatique.

Cannelle mi-fine, ou *lettre rouge seconde*. Cette sorte, d'autant plus estimée qu'elle se rapproche plus de la précédente, est en écorces plus épaisses, d'une couleur plus foncée, d'une saveur moins agréable et d'une odeur à peu près semblable.

Cannelle commune, ou *lettre noire*. Cette troisième sorte est composée d'écorces moins lisses que les deux précédentes, plus épaisses, d'une couleur encore plus foncée que la dernière, d'une odeur moins fine et d'une saveur âcre.

Cannelle de la Chine (produit du *laurus cassia*). Cette cannelle est en écorces d'un demi-millimètre à un millimètre d'épaisseur, d'une odeur aromatique et forte, d'une saveur chaude et piquante. Elle sert aux mêmes usages que celle de Ceylan, mais elle est moins estimée.

Cannelle blanche. Écorce qui vient des Antilles, et surtout de la Jamaïque.

Cette écorce, qui peut avoir de 2 à 5 millimètres d'épaisseur, est de couleur jaune citron, d'une cassure blanche et grenue. Sa surface intérieure paraît revêtue d'une pellicule beaucoup plus blanche que le reste. Elle possède une saveur amère, aromatique et piquante, et exhale une odeur agréable et particulière. Elle arrive râclée en morceaux de longueur inégale et de 15 à 45 milimètres de diamètre.

Cannelle giroflée, ou *écorce de cannelle*. Cette écorce, improprement appelée *bois de giroflée* et *bois de crabe*, est la dépouille d'un arbre qui croît à Ceylan, à la Jamaïque, à Cuba, à la Guadeloupe, et dans les autres îles de l'Amérique.

La cannelle giroflée est en bâtons longs de 810 millimètres (2 pieds et demi environ), de 30 millimètres (1 pouce) de diamètre, formés d'un grand nombre d'écorces minces, compactes, très-serrées, roulées les unes autour des autres, et maintenues à l'aide d'une petite corde faite d'une écorce fibreuse. Cette cannelle est d'une couleur brun foncé quand elle est privée de son épiderme, et d'un extérieur gris blanchâtre quand elle en est revêtue. Elle offre une forte odeur de girofle et une saveur aromatique et chaude; elle est très-dure et se broie difficilement sous la dent.

Pour bien choisir cette cannelle, il faut la prendre en morceaux longs, minces, unis, fins, faciles à rompre, d'un jaune tirant sur le rouge, odorants, aromatiques, d'un goût vif et piquant, mais en même temps agréable. On doit, surtout, faire attention qu'elle ne soit point mêlée de morceaux dont l'essence ou l'huile aurait été tirée, ce qui est facile à connaître à la souplesse et à la flexibilité de ces mêmes morceaux, ainsi qu'à leur peu d'odeur et à leur goût insipide et même de moisi. La grosse cannelle, qui se tire du tronc de l'arbre, et se vend séparément, est celle de moindre qualité, et par conséquent de moindre valeur; la cupidité du bénéfice la fait acheter par certains épiciers détaillants qui l'amincissent, la taillent, la rompent et la mélangent avec la moyenne et la fine; mais, à la vue, il est facile de s'apercevoir qu'elle n'a pas la rondeur naturelle que le soleil donne à cette écorce. (*Montbrion.*)

La cannelle est un excitant général, fréquemment employé toutes les fois qu'il s'agit de stimuler l'organisme, et particulièrement l'appareil digestif. C'est en outre une substance excellente pour masquer l'odeur de plusiers médicaments désagréables. On l'ordonne avec succès dans les catarrhes pulmonaires chroniques, dans certaines diarrhées rebelles, mais sans irritation locale. Enfin elle entre dans la plupart des potions toniques et stimulantes. B. LUNEL.

CANNELURE (architecture). — Petite entaille ou canal formé par une portion de cercle, descendant verticalement du dessous du chapiteau à la base d'une colonne, et servant à l'ornementation de son fût. Le nombre de cannelures varie de seize à vingt-quatre par colonne; c'est l'ordre dorique grec qui en comporte le moins, le corinthien et le composite qui en comportent le plus.

On appelle cannelures à vives arêtes celles qui sont contiguës les unes aux autres et ne sont séparées que par la ligne d'intersection de leurs cavités; elles ont en profondeur à peu près le quart de leur largeur et sont employées exclusivement dans l'ordre dorique.

Lorsque les cannelures sont séparées les unes des autres par un petit filet, elles prennent le nom de cannelures à côtes; ce sont celles qui ont été le plus souvent mises en usage, parce qu'elles entrent indistinctement dans la décoration des fûts de tous les autres ordres; leur profondeur est égale à la moitié de leur largeur. Quelquefois les cannelures du tiers inférieur de la colonne sont remplies par des espèces de bâtons, de roseaux, de câbles, d'ornements divers; on dit alors que les cannelures sont rudentées. Ce système a été assez souvent employé dans l'architecture du temps de Louis XIV, mais la richesse de cette ornementation n'est acquise qu'aux dépens de sa pureté.

Le fût de l'ordre dorique grec ne doit son aspect de fermeté qu'à ses cannelures à vives arêtes; supprimez ces cannelures, la colonne devient lourde et contraste avec les moulures fines et accentuées de l'entablement. Aussi l'emploi des cannelures est presque indispensable dans cet ordre. Dans l'ordre dorique romain et dans l'ordre ionique, les proportions plus élancées du fût rendent les cannelures moins nécessaires, mais dans les ordres corinthien et composite leur utilité se fait sentir de nouveau; en effet, presque toujours les fûts de ces colonnes sont lisses, ils ne se relient pas suffisamment avec les chapiteaux et les entablements, qui sont très-ornés, et l'ensemble manque d'unité.

Cependant, lorsque les fûts des colonnes sont en porphyre, en granit ou en marbre de couleur, l'emploi des cannelures est non-seulement superflu, mais encore il est nuisible, car alors les veines du marbre étant interrompues et coupées par les arêtes ou les cavités des cannelures formeraient un réseau qui retirerait au fût toute noblesse et toute simplicité.

C. GARNIER.

CANON (artillerie) [de l'italien *cannone*, augmentation de *canna*, parce que le *canon* est creux, long et droit comme une canne; les Italiens emploient le mot *canna* pour désigner un canon d'arquebuse, en y ajoutant *di ferro*]. — Grosse et longue pièce d'artillerie, faite de fer ou de fonte, dont la forme est celle d'un cône fort tronqué, allongé, et dont la cavité est cylindrique. Les premiers canons furent formés de plusieurs cylindres de fer gros et courts, réunis les uns au bout des autres et fortement attachés ensemble par des anneaux de cuivre : le calibre de ces canons était énorme, et l'on jetait par leur moyen des boulets de pierre d'une grosseur et d'un poids considérables. On trouva, quelque temps après, l'art de faire des boulets de fer; en conséquence, on travailla à diminuer le calibre des canons. De là vinrent les canons de bronze et de fonte, qui étaient plus forts et malgré cela plus aisés à manœuvrer. L'usage des canons en France est très-ancien. Selon les registres de la Chambre des comptes, on les connaissait et l'on s'en servait dès l'année 1338. Les canons de mer sont plus courts et plus renforcés de métal que ceux de terre, afin qu'ils occupent moins de place dans le vaisseau et qu'ils soient plus solides en même temps qu'ils sont plus légers. Les canons sont placés dans le vaisseau sur les ponts et sur les gaillards. Le mouvement continuel de la mer oblige de les assujettir, chacun contre leur sabord respectif, par le moyen de plusieurs cordes et poulies, qui servent à les manœuvrer et à les faire aller et venir dans un combat.

CANON (droit canon,—canonique) [ce mot vient du grec *canôn*, qui signifie *règle*]. — Le droit canon ou canonique est la science de l'ensemble des lois et règles ecclésiastiques, tant en ce qui concerne le for extérieur, la discipline, qu'en ce qui touche le for intérieur, la direction de la vie spirituelle des chrétiens. La puissance temporelle, la législation civile des différents peuples ne sont en contact que sous le premier rapport avec le droit canonique. C'est ainsi que les décisions des conciles généraux déjà sous notre ancienne législation, suivant le célèbre canoniste de Héricourt (*Lois ecclésiastiques*, part. I, chap. 14, n° 16), n'avaient point force exécutoire dans l'Église gallicane qu'ils n'eussent été « publiés et acceptés par les *prélats* et par le roi, protecteur de la discipline ecclésiastique. » Aujourd'hui, les décrets émanant du saint-siége, quels qu'ils soient et quelque dénomination qui puisse leur être donnée, aussi bien que ceux des synodes étrangers ou des conciles généraux, ne peuvent être publiés en France sans l'autorisation du gouvernement. (*Articles organiques*, art. 1 et suiv.) De cette règle, aux termes du décret du 28 février 1810, sont exceptés les brefs pénitenciers concernant exclusivement le for intérieur. — Parmi les recueils des décisions et règles diverses constituant l'ensemble du droit canon, il faut citer notamment : le *Décret* de Gratien, rédigé par Gratien, moine de Saint-Benoît, publié en 1151, sous le pape Eugène III, et contenant toutes les constitutions ecclésiastiques publiées jusqu'à cette époque; les *Décrétales* de Grégoire IX ; le *Sexte* (6e livre) de Boniface VIII, 1299 ; les *Clémentines*, préparées par Clément V et publiées par Jean XXII en 1317 ; les *Extravagantes* de ce dernier pontife et les *Extravagantes communes*, comprenant diverses décisions des papes, depuis l'an 1261 jusqu'à l'année 1483. Enfin, depuis les *Extravagantes*, dont le nom singulier est dû, pour les unes, à ce qu'elles ont été réunies sans être classifiées en *livres*, pour les autres en ce qu'elles sont restées longtemps sans être jointes au corps général des lois canoniques (*vagantes extra corpus juris canonici*), on n'a plus que les *Bullaires*, non réunies en corps de droit, mais n'en ayant pas moins autorité. Parmi les bulles et brefs des derniers pontifes se trouvent ceux relatifs au Concordat. — Voy. *Concordat*. Adolphe Breulier.

CANONISATION (théol.). — Jugement par lequel l'Église, après les procédures voulues, ayant reconnu qu'une personne est morte pour la foi, ou qu'elle a pratiqué toutes les vertus chrétiennes à un degré héroïque, l'inscrit au *canon des saints*. Le mot *canonisation* n'a commencé à être employé qu'à partir du pontificat de Jean XV, bien que la chose qu'il exprime remonte aux premiers temps du christianisme.

« Les martyrs, c'est-à-dire ceux qui avaient souffert la mort pour la foi, dit le cardinal Gousset, ont été les premiers auxquels l'Église a rendu un culte public. On élevait un autel à l'endroit où l'on avait déposé leurs corps, ou les restes, *reliques*, qu'on en avait pu conserver; et on honorait également les *confesseurs*, c'est-à-dire les chrétiens qui avaient *confessé* publiquement la foi pendant la persécution. C'étaient de vrais soldats de Jésus-Christ, éprouvés par les supplices, et auxquels il n'avait manqué souvent que le coup de la mort pour être *martyrs*. L'Église, toujours en garde contre le zèle indiscret des simples fidèles, ne s'en rapporta jamais au jugement de la multitude pour ce qui regarde le culte à rendre aux saints. La confession la plus éclatante, ni la mort la plus glorieuse, ne suffisaient point pour consacrer authentiquement la mémoire d'un athlète de la foi chrétienne : on attendait qu'il eût été proclamé par les évêques comme martyr ou confesseur ; c'était à eux qu'il appartenait de légitimer le culte qu'on voulait lui rendre, en célébrant les saints mystères sur son tombeau, et en faisant inscrire son nom dans le *canon* ou catalogue des héros du christianisme. »

Dans l'origine, les évêques prononçaient les canonisations dans leurs diocèses respectifs; mais, depuis la fin du dixième siècle, ce droit est réservé au pontife romain, qui l'exerce avec de grandes et utiles lenteurs, après un mûr et minutieux examen. — Lorsque l'on veut faire placer authentiquement au canon des saints une personne morte en odeur de sainteté, et qui s'est rendue célèbre par des miracles, on en fait la demande au pape, qui charge une commission spéciale d'instruire la cause ; alors commence, aux frais des demandeurs, une procédure excessivement compliquée. Deux avocats, vulgairement appelés, l'un *avocat de Dieu*, l'autre *avocat du Diable*, exposent, celui-ci les défauts, celui-là les vertus du personnage mis en cause ; et la sévérité du tribunal est telle, qu'une seule faute, même très-légère, peut faire rejeter la déclaration demandée. Si les débats ont été favorables, le souverain pontife lui-même annonce, dans la basilique de Saint-Pierre, au bruit des cloches et du canon, que la liste des saints contient un élu de plus. Dupasquier.

CANTALOUP (botanique). — Espèce de melons à côtes saillantes et rugueuses. — Voy. *Melon*.

CANTATE [du latin *cantare*, verbe au participe; féminin, cantatus, *ta*, tum. Le mot a été néanmoins emprunté aux Italiens, parce que c'est d'eux que nous tenons la chose, comme étant les premiers qui se sont essayés dans ce genre]. — C'est un petit poëme, ou ode, propre à être mis en musique, ainsi que le dit J. B. Rousseau; mais ce poëme a des qualités qui lui sont propres. Il est divisé en deux parties distinctes, celle consacrée à un récitatif, et l'autre aux airs. Si, comme dans l'ode,

Chez elle un beau désordre est un effet de l'art,

elle en diffère par sa marche irrégulière et dithyrambique. Elle embrasse tout, le profane comme le sacré; elle s'accommode de tous les sujets, élégiaques, érotiques, bachiques, et quelquefois le poëte emprunte sa forme pour exhaler ses sentiments patriotiques contre la tyrannie, en conviant les peuples à briser leurs fers et en les appelant à la liberté.

Dans certaines occasions, elle affecte le dialogue entrecoupé de chœur, ce qui lui donne un air dramatique.

Une opinion généralement reçue, c'est que J. B. Rousseau est le premier qui ait mis la cantate en usage, et qu'à l'imitation des Italiens, elle a été introduite en France.

Telle serait son origine, telle serait son histoire.

Il n'est nullement question des anciens, et il n'est prouvé dans aucun auteur qu'il ait été fait des recherches à cet égard.

Cependant il est facile de reconnaître que les Grecs et les Romains ont composé des poëmes qui ont le caractère de la cantate, et dont le sujet en a tout l'esprit. Il est vrai que ces poëmes existent sous un autre nom, mais qui est loin de leur convenir.

Cette appréciation est toute de jugement, et non de fantaisie.

En effet, si l'on veut bien approfondir et la forme et le sujet des idylles de Théocrite, la plupart, notamment les premières, ont le caractère de la cantate.

Prenons la première idylle. Lisons ce chant admirable adressé aux Muses et consacré à Daphnis, que consuma l'amour et dont les Parques tranchent les derniers fils qui l'attachent à la vie. Est-il une cantate pastorale plus belle et plus touchante?

Passons à la seconde idylle, *la Magicienne*. Par quel côté ce poëme touche-t-il à l'idylle? Cette invocation à la lune et à Hécate, tous ces bizarres apprêts, ces lauriers, ces philtres, cette coupe que couvre une rouge toison, ces enchantements qui ne cèdent ni à ceux de Circé ni à ceux de Médée, ont-ils quelque rapport avec l'idylle? Ne reconnaît-on pas à ces traits la cantate propre à évoquer les ombres?

J. B. Rousseau a imité Théocrite dans sa cantate de *Circé*, si justement admirée.

Il en est de même des autres idylles de Théocrite, parmi lesquelles nous distinguerons la dixième, *les Moissonneurs*, dont voici le sujet:

L'amour dont Battus est épris lui fait oublier sa moisson. Milon lui reproche sa faiblesse. Battus chante à son amie des couplets où respire l'amour. Milon entonne la chanson des moissonneurs.

Ce poëme est plein de charmes, et forme une cantate en dialogue des plus belles, en donnant en même temps une leçon de sagesse.

Virgile, dans ses églogues, offre le même exemple que Théocrite; je ne les parcourrai pas toutes, mais je signalerai la quatrième, à Pollion; la sixième, à Silène, et la huitième, *les Enchantements*. Cette dernière, si ce n'est pas une traduction, est au moins une imitation de *la Magicienne* de Théocrite. Tous ces poëmes n'ont de l'églogue que le nom, et portent avec eux tout le caractère de la cantate.

Plusieurs odes d'Horace pourraient certainement passer pour des cantates; mais il est un poëme de cet auteur qui en a le caractère plus prononcé, c'est le fameux *Chant séculaire*. Ces chœurs de jeunes filles et de jeunes garçons, ces vœux, ces prières aux dieux pour le bonheur et la gloire de la patrie, composent une des plus magnifiques cantates que l'antiquité nous ait léguées. Nous verrons plus loin qu'elle a inspiré un de nos plus grands poëtes.

J. B. Rousseau a composé une vingtaine de cantates, et, seul, il a porté et porte encore le sceptre dans le genre dont il est le créateur en France. Voici le jugement qu'en porte Lebrun, qui, en cette matière, a le droit d'être écouté :

« On dirait que Rousseau s'est plu à réserver pour ses cantates toute la flexibilité de son beau talent. Il s'y montre tout à la fois pur, élégant, harmonieux, passionné, et se venge bien du reproche qu'on lui a fait quelquefois de manquer de sentiment dans ses odes; ses seules cantates suffiraient pour le placer au plus haut rang, parce qu'il y développe toutes les qualités qui font le grand poëte : l'invention, le coloris, la grâce et les artifices du style, portés au plus haut période.»

La Harpe, à son tour, regarde ces mêmes cantates comme des morceaux achevés : « C'est là, dit-il, qu'il paraît avoir eu le plus de souplesse et de flexibilité; il sait choisir ses sujets, les diversifier et les remplir; ce sont des morceaux peu étendus, mais finis. »

Suivant le temps et les circonstances, la cantate a subi, depuis J. B. Rousseau, certaines modifications. Les sujets empruntés à la fable, qui ont fait l'admiration des lecteurs à une époque, aujourd'hui ne pourraient guère compter sur un succès. Dans quelques-unes de ses odes, qui sont aussi des cantates, Lebrun a commencé à se frayer une autre route, et le sentiment patriotique a fourni à son génie des inspirations sous l'influence d'une autre muse. C'est à cette muse nouvelle que des poëtes, pleins d'enthousiasme, ont demandé des chants, inconnus même à la Grèce et à Rome, que Tyrtée avait pressentis, mais que Virgile et Horace n'auraient osé soupçonner, surtout sous Auguste.

Au moment où les esprits, en France, étaient portés au plus haut point d'exaltation par les nouveaux principes enfantés par une révolution qui menaçait, à sa naissance, de changer la face du monde, les trônes, étonnés et effrayés, formèrent entre eux une coalition pour s'opposer au torrent qui déjà débordait sur eux. C'est à cette occasion que Rouget de l'Isle, officier de génie, se trouvant à Strasbourg, en 1792, à la frontière même, où les cris de l'ennemi pouvaient se faire entendre, composa les paroles et la musique de la cantate célèbre, à laquelle il doit sa réputation. Ce chant, qui, déjà répété par la musique des régiments, accompagnait les volontaires accourus de toutes parts pour voler à la défense de la patrie, devint bientôt national et fit le tour de la France. Depuis il a fait le tour du monde, non-seulement avec nos armées victorieuses, mais toutes les nations l'ont adopté au moment d'une crise politique, où il s'agissait de conquérir la liberté contre la tyrannie. C'est *la Marseillaise*, que tout le monde connaît en France, jeunes et vieux. Ce nom lui vient des volontaires marseillais, qui furent les premiers à l'entonner à la journée du 10 août, en marchant contre les Tuileries.

Parmi tant de chants enfantés par l'enthousiasme qui s'était emparé, à cette époque, de tous les esprits, il faut distinguer une cantate qui a eu aussi un immense retentissement, pleine de nobles sentiments, de grandeur et d'amour de la patrie. C'est le fameux *Chant du Départ*, de J. Chénier. Cette cantate remarquable est en forme de dialogue, accompagnée de chœurs. Nous soupçonnons fortement que le *Chant séculaire* d'Horace en a fourni l'idée. On remarque surtout un rapprochement entre un passage du chœur des jeunes filles dans l'auteur latin avec la strophe chantée par une jeune fille dans le *Chant du Départ*. C'est dans cette cantate qu'on trouve la strophe suivante, chantée par une épouse :

Partez, vaillants époux ; les combats sont vos fêtes !
Partez, modèles des guerriers :
Nous cueillerons des fleurs pour en ceindre vos têtes.
Nos mains tresseront vos lauriers ;
Et si le Temple de mémoire
S'ouvrait à vos mânes vainqueurs,
Nos voix chanteront votre gloire,
Et nos flancs portent vos vengeurs.

Nous citerons aussi le chant patriotique que C. Delavigne composa à la révolution de Juillet 1830, qui peut être aussi considéré comme une cantate. Il a été extrêmement populaire au commencement du règne de Louis-Philippe.

Lamartine a composé une cantate pour les enfants d'une maison de charité, qui est digne de servir de modèle en ce genre. Elle est parfaitement sentie, d'une noble simplicité, et à la hauteur du sujet, tiré de l'enfance du Christ. Elle est composée d'un récitatif plein d'onction, d'un dialogue entre deux voix, entrecoupé d'un chœur, et se termine par une prière ou invocation à la Providence.

Le besoin de varier les jouissances de l'esprit et de multiplier les plaisirs des sens a fait faire un nouveau pas à la cantate ; cette révolution est due à un jeune talent plein d'avenir, qui, du premier coup, s'est placé à côté des grands maîtres les plus admirés par leurs chefs-d'œuvre.

Nous voulons parler des odes-symphonies, qui ne sont autres que des cantates pompeuses, que Félicien David a revêtues d'une musique des plus brillantes. Ces cantates ont été exécutées à l'Opéra et au Jardin d'Hiver, où elles ont été accueillies avec enthousiasme par un public qu'électrisait une harmonie riche, abondante, majestueuse, tantôt frémissante comme les flots de l'Océan agité, tantôt calme et douce comme la brise du soir ou la rosée du matin et suave comme les fleurs d'Eden.

Ces cantates ont une certaine étendue, divisées par parties, comme, par exemple, celle de *Christophe Colomb, ou la Découverte du Nouveau Monde*, qui a quatre parties : *le Départ, une Nuit des Tropiques, la Révolte, le Nouveau Monde*.

Elle commence par une symphonie. L'introduction se compose de strophes déclamées. Ces strophes déclamées ; après une symphonie large et passionnée, arrivent pour donner du repos à l'esprit et aux sens, comme à la tempête succède le calme d'un ciel pur et serein. Cette innovation est d'un caractère plein de grandeur et produit un effet des plus solennels. Suivent les récitatifs, les airs et les chœurs, ce qui forme un ensemble admirable.

Quand la cantate traite un sujet sacré, elle prend le nom d'*oratorio* : tels *la Création du Monde*, d'Haydn ; *l'Armide*, de Beethoven ; *la Primavera*, de Cherubini. REDAREZ SAINT-REMY.

CANTHARIDE (zoologie) [du grec *cantharos*, scarabée]. — Genre d'insectes coléoptères hétéromères, de la famille des trachélides, dont le corps brille d'une belle couleur verte à reflets dorés (fig. 43).

Les cantharides sont connues depuis fort longtemps par la propriété qu'elles ont de produire une vive irritation sur la peau de la partie où on les applique, propriété qui les fait employer tous les jours comme vésicatoires. Pour cela, après avoir fait sécher l'insecte, on le réduit en une poudre dont on couvre un emplâtre, et l'on fixe ce dernier sur l'endroit où l'on veut établir un exutoire. On reconnaît aisément ces animaux à leurs tarses dont les crochets sont profondément divisés, à leur tête grosse et arrondie, ainsi qu'à leur corps de forme allongée. L'espèce la plus célèbre est la *cantharide commune* ou *mouche d'Espagne*, qu'on trouve partout, mais principalement dans les pays chauds. Elle se tient de préférence sur les frênes et sur les lilas. C'est un coléoptère de six à sept lignes de long, remarquable par la grosseur de sa tête et la petitesse de son corselet. Tout son corps est d'un vert doré, avec les antennes noires. Il vit en troupes considérables ; il répand une forte odeur de souris, et devient par conséquent facile à découvrir. Pour s'en rendre maître, il suffit de secouer fortement l'arbre sur lequel il se tient ; comme il a l'habitude de contrefaire le mort, il reste à terre sans faire le moindre mouvement, et se laisse prendre comme on veut.

Dans le *Dictionnaire de Médecine*, publié sous la direction du docteur Beaude, M. Vée résume ainsi les principales propriétés de la cantharide :

On doit à M. Robiquet une excellente analyse des principes chimiques des cantharides ; il y a trouvé :

Une matière noire, soluble dans l'eau, insoluble dans l'alcool ;

Une matière jaune, visqueuse, soluble dans l'eau et dans l'alcool ;

Une huile verte, soluble dans l'alcool ;

De l'osmazome, du phosphate de chaux, de magnésie et les débris du squelette ou résidu inerte nommé chitine.

Aucune de ces substances n'est vésicante, cette propriété réside tout entière dans une substance blanche, cristallisable, volatile, soluble dans l'éther et dans les corps gras, insoluble dans l'eau quand elle est isolée des autres corps qui l'accompagnent, soluble dans l'alcool chaud, qui la laisse déposer par le refroidissement. Cette substance a reçu de M. Robiquet le nom de *cantharidine*.

Nous avons parlé de l'action irritante que les cantharides exerçaient sur les parties du corps qui en recevaient l'impression; mais outre cette action locale, elles en exercent une autre toute spéciale, par absorption, sur les organes génito-urinaires, qu'elle excite fortement. Cette propriété est trop bien connue du vulgaire, qui regarde les cantharides comme un aphrodisiaque puissant; mais presque toujours l'attente de ceux qui les emploient comme telles se trouve déçue, car ou la dose donnée est trop faible, et elles ne produisent aucun effet, ou, lorsqu'elles agissent, elles causent une tension et une irritation si douloureuses qu'elles changent en maux cuisants les plaisirs qu'on en attendait, et il n'est arrivé que trop souvent de voir la mort suivre l'ingestion de ce philtre dangereux.

Les médecins emploient aussi quelquefois les cantharides à l'intérieur; on en prépare un extrait par l'intermédiaire de l'alcool, ou on les donne en poudre, soit dans des pilules, soit dans un véhicule approprié. Elles ont été administrées comme emménagogues ou comme diurétiques dans des cas d'hydropisie, et nous avons vu prescrire aussi l'extrait des cantharides dans une intention opposée, pour prévenir l'écoulement involontaire des urines chez des adolescents; mais c'est un médicament périlleux dont les médecins font rarement usage.

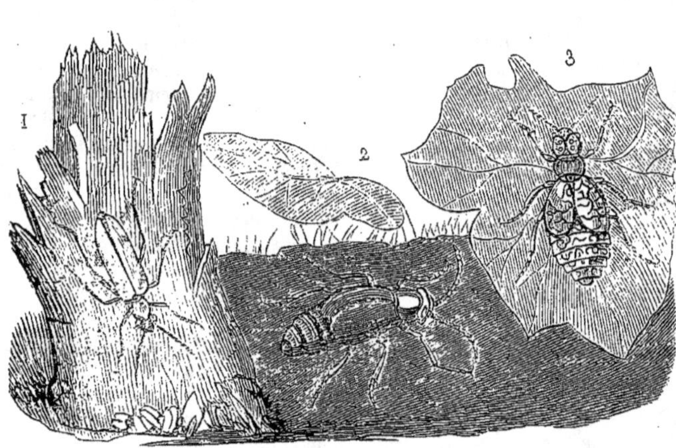

Fig. 43. — Cantharides.

Les symptômes de l'empoisonnement par les cantharides sont, outre les traces d'inflammation locale qu'elles développent dans l'estomac ou les autres parties du corps avec lesquelles elles se sont trouvées en contact, une irritation très-vive de la vessie qui rend l'émission des urines rare, difficile et sanguinolente, un priapisme opiniâtre et douloureux. Ces accidents doivent être combattus par un abondant usage de boissons mucilagineuses très-légèrement nitrées et camphrées, des bains tièdes, des applications émollientes ou des applications d'huile camphrée.

Mais si les préparations de cantharides ne s'administrent intérieurement que rarement et toujours en hésitant, elles sont, à l'extérieur, un des agents thérapeutiques les plus utiles et les plus employés: tantôt on dissout leurs parties actives dans l'alcool, dans l'éther acétique, dans les huiles qu'on emploie sous forme de liniment pour exciter à la peau de légères rubéfactions; tantôt on les réduit en poudre et on les incorpore dans des masses emplastiques formées de graisse, de cire et de résine, ou bien on se contente d'en saupoudrer fortement la surface d'écussons formés de ces mêmes substances ou de toute autre pâte glutineuse capable de les retenir; elles servent alors, comme nous l'avons dit, à irriter la peau et à former des vésicatoires qu'on sèche ensuite immédiatement si on n'a voulu qu'obtenir une révulsion momentanée, ou sur lesquels on détermine une suppuration plus ou moins longue, en y appliquant des *pommades épispastiques*, dont ces cantharides forment encore presque toujours la base.

Nous terminerons en disant quelques mots des inconvénients que peut éprouver l'opérateur pendant la préparation des médicaments dans lesquels on fait entrer les cantharides.

Leur pulvérisation est chose fort dangereuse; on conçoit, en effet, que réduites en poudre fine, si elles se répandent dans l'air, elles doivent s'introduire dans les voies digestives ou respiratoires de ceux qui s'y trouveront exposés, et causer l'empoisonnement par l'inflammation qu'elles détermineront dans les diverses parties sur lesquelles elles se seront arrêtées.

Nous savons, par une expérience journalière, qu'on peut sans inconvénient manier les diverses préparations de cantharides, respirer l'odeur forte qu'elles répandent autour d'elles, et même rester longtemps au milieu de la vapeur que produit l'eau en ébullition sur ces insectes. Rien de fâcheux n'est ressenti tant que la température ne dépasse pas cent et quelques degrés; mais si la préparation a éprouvé une chaleur plus forte, si quelques portions de graisse cantharidine tombent par mégarde dans le foyer et s'y brûlent, ou si en préparant l'extrait de cantharide on n'emploie pas le bain-marie pour l'évaporation, et que la chaleur ne soit pas suffisamment ménagée, l'opérateur ressent d'abord aux yeux un picotement léger et qui n'a rien de très-incommode; mais au bout de quelques heures, les paupières deviennent gonflées et larmoyantes, elles recouvrent entièrement le globe de l'œil, dans lequel la vue est troublée ou presque éteinte, et les plus atroces douleurs se font sentir; cependant il ne s'injecte pas de sang, presque aucun symptôme d'inflammation n'apparaît, le système nerveux semble seul atteint. L'irritation va toujours croissant pendant dix ou douze heures, au bout desquelles elle s'arrête et commence à diminuer d'intensité, pour ne se terminer qu'au bout de deux à huit jours, selon la gravité du cas. Il nous a semblé que ni les émissions sanguines, ni les bains et les autres moyens employés pour combattre ces accidents, n'en ont sensiblement changé la marche; au reste, les malades ne ressentaient rien du côté de la vessie ni d'aucun autre organe, et quelque effrayante et douloureuse que fût cette affection au début, sur cinq à six fois qu'elle s'est présentée sur des personnes travaillant dans notre laboratoire, nous ne lui avons jamais vu avoir de terminaison fâcheuse : nous avons cru devoir la signaler ici à ceux qui pourraient s'y trouver exposés, parce qu'il est facile d'en éviter les atteintes en prenant quelques précautions.

CANTHARIDINE (chimie). — Principe immédiat auquel les cantharides doivent leur propriété épispastique. Sa composition est $C^{10}H^{6}O^{4}$. — Voy. *Cantharide*.

CANTIQUE [du latin *canticum*, qui vient du verbe *cantare*, ou du supin de *cano*, *cantum*; employé par Cicéron dans le sens de chanson, et par Tite-Live, *canticum agere*, chanter un récit]. — Chanson, hymne, ou récit en vers, chanté en l'honneur de la Divinité en action de grâces. En effet, tous les cantiques, avoués par l'Église, au nombre de sept, ont pour sujet quelque action de grâces où, dans sa reconnaissance, la créature humaine élève la voix vers l'Éternel pour consacrer la gloire et la toute-puissance de Dieu.

Ces cantiques sont : celui que composa Moïse, après le passage de la mer Rouge[1]; celui de Débora, après la défaite de Sisara[2]; celui de Judith, à l'occasion de la mort d'Holopherne[3]; celui de David, sur la mort de Saül[4]; celui de Zacharie[5]; celui de Salomon[6], et celui de la sainte Vierge[7].

Il y a en outre le cantique, appelé *le Cantique des Cantiques*, que l'on attribue à Salomon. Il est divisé en huit chapitres, qui constituent un assez long poëme. C'est un épithalame en forme de dialogue entre l'époux et l'épouse.

[1] *Exode*, chap. 15.
[2] *Les Juges*, chap. 5.
[3] *Judith*, chap. 16.
[4] *Les Rois*, liv. II, chap. 10.
[5] *Zacharie*, chap. 11.
[6] *Nunc dimittis*, etc.
[7] *Magnificat*.

On peut s'en faire une idée par ces quelques strophes détachées :

L'ÉPOUSE. Pendant que le roi se reposait, le nard dont j'étais parfumée a répandu sa bonne odeur......... Mon bien-aimé est pour moi comme un bouquet de myrrhe.... .... comme une grappe de raisin de Cypre dans les vignes d'Engaddi.

L'ÉPOUX. O que vous êtes belle, ma bien-aimée! ô que vous êtes belle! Vos yeux sont comme des yeux de colombe.

L'ÉPOUSE. O que vous êtes beau, mon bien-aimé! que vous avez de grâces et de charmes! Notre lit est couvert de fleurs.

L'ÉPOUX. Je suis la fleur des champs; je suis le lis des vallées.

L'ÉPOUSE. Tel qu'est un pommier entre les arbres des forêts, tel est mon bien-aimé entre les enfants des hommes.

L'ÉPOUX. Vos lèvres sont comme une bandelette d'écarlate. Votre parler est agréable. Vos joues sont comme une moitié de pomme de grenade sans ce qui est caché au dedans.

LES COMPAGNES DE L'ÉPOUSE. Vos deux mamelles sont comme deux petits jumeaux de la femelle d'un chevreuil. .... Votre cou est comme une tour d'ivoire........ Votre nez est comme la tour du Liban qui regarde vers Damas.........

Par ces fragments on peut juger de l'esprit qui règne dans cette composition pour nous si extraordinaire. Le style en est grand, noble, magnifique; les expressions sont tendres, suaves, charmantes. Les comparaisons sont toutes métaphoriques, dans le genre oriental le plus élevé. Quoique souvent hyperboliques, elles effrayent moins l'esprit qu'elles ne le frappent d'étonnement et d'admiration.

Par les pensées qui y sont exprimées, l'esprit, au premier abord, n'y voit qu'un épithalame, composé à l'occasion du mariage de Salomon avec la fille du roi d'Égypte. C'est le sentiment le plus commun.

L'Épouse dit : « Je suis noire, mais je suis belle, ô filles de Jérusalem! comme les tentes de Cédar, comme les pavillons de Salomon! »

Cependant, selon l'interprétation des docteurs et des pères, il faut regarder ce récit comme une allégorie qui fait une peinture de l'amour réciproque de l'Église et de Jésus-Christ.

C'est pour cette raison que le *Cantique des Cantiques* a été regardé comme un livre canonique. A cette occasion, d'après saint Jérôme, il n'était pas permis, de son temps, de le lire avant d'avoir atteint l'âge de trente ans, et saint Bernard dit qu'on ne doit le confier qu'aux esprits purs et aux oreilles chastes.

Certains esprits s'en sont formé une toute autre idée. Ils ont vu dans ce cantique un opéra très-bien conduit. Les scènes, les récits, les duos, les chœurs, rien n'y manque, selon eux, et ils ne doutent pas même que cet opéra n'ait été représenté.

En effet, le dialogue y est parfaitement suivi. Il y a même certaines répétitions que l'on pourrait regarder comme des refrains dont le retour apparaît à certains intervalles; et les compagnes de l'Épouse font le rôle de chœur.

Nous citons les opinions; nous nous abstenons de soulever le voile qui couvre ce mystère.

Il n'est pas douteux que, par la forme qui leur est propre, ces cantiques n'aient été chantés par des chœurs de musique, et même accompagnés de danses; nous en avons un témoignage irrécusable, l'Écriture elle-même. Cette littérature si féconde en images, qui nous peint les harmonies de l'univers et ses magnifiques mystères, n'est guère connue que des savants, et le vulgaire et même l'homme du monde n'y ont cru jusqu'ici que sur parole.

Cette raison nous engage à mettre un exemple sous les yeux de nos lecteurs. Nous allons rapporter le cantique de Moïse. Ce cantique est regardé comme une des plus éloquentes poésies de l'antiquité. Tout y est plein d'idées qui frappent l'esprit et saisissent l'imagination. La simplicité dont il brille n'en exclut pas la grandeur. C'est, en un mot, une œuvre sublime, et la Grèce et Rome n'ont rien qui puisse lui être comparé.

Nous ne donnerons pas le texte hébreu ni la traduction latine; nous nous bornons à la traduction française. Elle est d'un jeune rabbin d'une grande érudition, professeur de théologie à l'École centrale rabbinique de Metz, et qui est sur le point de publier une traduction du Pentateuque, accompagnée d'un commentaire. A notre prière, il a bien voulu nous communiquer cette page de son œuvre. Ce jeune savant, que des études profondes placent à l'un des premiers rangs du rabbinat français, et qui a été choisi par le consistoire central des Israélites pour former des élèves en théologie, se nomme L. Wogue. Plusieurs publications antérieures, en prose et en vers, lui ont déjà donné parmi ses coreligionnaires une réputation à laquelle il ne manque qu'une sphère plus étendue. Mais cette bonne opinion que nous nous sommes formée de son talent sera confirmée par le jugement des hommes éclairés, et le temps, sans nul doute, la consacrera.

CANTIQUE DE MOÏSE,

APRÈS LE PASSAGE DE LA MER ROUGE.

1. Alors Moïse et les enfants d'Israël chantèrent cet hymne à l'Éternel, et parlèrent ainsi :
« Chantons l'Éternel, il est souverainement grand;
Coursier et cavalier, il les a lancés dans la mer.

2. » Il est ma force et ma gloire, l'Éternel!
Je lui dois mon salut.
Voilà mon Dieu, je lui rends hommage,
Le Dieu de mon père, et je le glorifie.

3. » L'Éternel est le maître des batailles;
ÉTERNEL est son nom!

4. » Les chars de Pharaon et son armée,
Il les précipite dans les flots.
L'élite de ses combattants
Se noient dans la mer des Joncs.

5. » L'abîme s'est fermé sur eux;
Au fond du gouffre ils sont tombés comme une pierre.

6. » Ta droite, Seigneur, insigne par la puissance;
Ta droite, Seigneur, foudroie l'ennemi.

7. » Par ta souveraine majesté
Tu renverses tes adversaires;
Tu déchaînes ton courroux,
Il les consume comme du chaume.

8. » Au souffle de tes narines
Les eaux s'amoncèlent,
Les ondes se dressent comme une digue;
Les flots se figent au sein de la mer.

9. » Il disait, l'ennemi :
Courons, atteignons! partageons la proie!
Que notre âme s'en repaisse!
Tirons l'épée, que notre main les extermine!...

10. » Toi, tu as soufflé, —
L'Océan les a engloutis;
Ils se sont abîmés, comme le plomb,
Au sein des eaux puissantes.

11. » Qui t'égale parmi les forts, Éternel?
Qui est, comme toi, paré de sainteté,
Inaccessible à la louange,
Fécond en merveilles?

12. » Ta droite a fait un signe,
La terre les dévore.

13. » Tu guides, par ta grâce,
Ce peuple affranchi par toi;
Tu *le* diriges, par ta puissance,
Vers ton auguste demeure.

14. » A cette nouvelle les peuples frémissent,
Un frisson s'empare des habitants de la Palestine;

15. » A leur tour ils tremblent, les chefs d'Édom,
Les vaillants de Moab sont saisis de terreur,
Consternés, tous les habitants de Canaan.

16. » Sur eux pèse l'anxiété, l'épouvante;
La majesté de ton bras les rend immobiles comme la pierre,
Jusqu'à ce qu'il ait passé, ton peuple, Seigneur!
Qu'il ait passé, ce peuple acquis par toi;

17. » Que tu les aies amenés, fixés, sur ce mont, ton domaine,
Résidence que tu t'es réservée, Seigneur!
Sanctuaire, ô mon Dieu! préparé par tes mains...

18. » L'Éternel régnera à tout jamais! »

Telle est la traduction de M. Wogue. Nous n'essayerons pas d'en faire remarquer les beautés. C'est au lecteur à la juger; qu'il la compare à celle de Hersan, que Rollin regardait comme bien supérieure à celle de Sacy, et qu'il prononce en conscience. Pour nous, nous la considérons comme digne de l'original, dans toutes les qualités par lesquelles il brille. Nous regrettons que notre cadre limité ne nous ait pas permis de joindre à ce spécimen les intéressantes *notes* grammaticales, historiques, littéraires, etc., qui l'accompagnent comme le reste de la traduction, et qui en font, nous ne craignons pas de le dire, un chef-d'œuvre à la fois d'érudition et d'élégance.

Ce genre de poésie, qui demande tant d'élévation dans les idées, n'a été tenté jusqu'ici que par un petit nombre d'hommes de génie. Après avoir lu l'Écriture sainte, il n'est pas étonnant que les plus hardis aient reculé devant tant de majesté. Quelques auteurs ont chanté la gloire de Dieu dans des odes sacrées; mais dans leurs efforts, louables sans doute, malgré leur grand mérite, ils sont loin d'atteindre à la hauteur des cantiques de la Bible. J. B. Rousseau, le seul peut-être qui eût pu le plus approcher des Écritures, a fait quelques essais qui ne manquent pas de hardiesse et de grandeur, mais la plupart sont des imitations de psaumes; cependant l'ode *sur l'Existence de Dieu*, qui lui est propre, offre de grandes beautés. Mais il faut en venir à Racine, qui, dans les chœurs d'*Athalie* et d'*Esther*, présente le plus de rapprochement avec les Écritures par l'éclat des pensées et la majesté du style. Ce n'est rien que de lire ces admirables strophes, il eût fallu les entendre à la représentation d'*Athalie* ou d'*Esther*, lorsque Talma interprétait les rôles de Joad et d'Assuérus, Lafon Abner et Aman, la belle George Athalie, et la tendre Duchesnoy Esther. Il eût fallu voir cette pompe des plus magnifiques, les chœurs de l'Académie de musique, transformés en lévites, entonner, avec un accord parfait, ces chants sublimes que cent artistes de l'Opéra accompagnaient d'une harmonie des plus splendides. Dieu jamais, du haut de son trône, n'entendit des mélodies aussi belles, si ce n'est celle que les archanges font entendre aux pieds de son trône éternel. C'était un spectacle majestueux, que la Grèce et Rome n'ont jamais donné à leur peuple, si avide de pompeux appareils; le temple même de Salomon, avec sa splendeur, n'a rien offert de semblable. A cette sublime harmonie, relevée par l'éclat d'un spectacle pompeux, l'âme émue était transportée de la joie des bienheureux et se sentait inondée des flots d'une ineffable volupté...

Ces solennités sont très-rares; mais un gouvernement ami des lettres et des arts devrait de temps en temps faire résonner à l'oreille de la jeunesse ces chants sublimes, qui sont aussi une gloire nationale, et les annoncer même longtemps à l'avance pour convier les étrangers à ce spectacle d'un éclat inouï, afin qu'ils se fassent une idée de la grandeur d'un peuple dont ils ont su tant de fois apprécier la valeur sur les champs de bataille, et qu'ils apprennent que, pas plus que la victoire, les arts ne lui sont étrangers. La cour devrait y assister en grand appareil. Ce spectacle, d'ailleurs, peut être fréquenté par tout le monde, et le clergé lui-même peut l'honorer de sa présence. Qui oserait montrer de la susceptibilité, lorsque Mme de Maintenon elle-même présidait à Saint-Cyr à ces représentations? Puisse ma voix être entendue, et qu'on ne dise pas enfin que nous ne vivons que de chemins de fer, de crédit mobilier et de trois pour cent!...

Mais quand il s'agit de la gloire d'un peuple dans ses œuvres littéraires, quand il s'agit de poésie resplendissante de suaves beautés, quand il s'agit de chanter les louanges de Dieu dans ses œuvres magnifiques, il faut citer Lamartine. Lamartine s'est exercé dans ce genre, et y a réussi, comme dans toutes les poésies où l'âme, livrée à ses mystérieux élans, s'abandonne aux plus douces aspirations, et, de ses ailes franchissant les espaces, ne s'arrête que devant les pavillons resplendissants de lumière où Dieu s'enivre de concerts éternels.

Les *Harmonies poétiques et religieuses*, de Lamartine, sont autant d'hymnes, de cantiques, pleins de grâce et de suavité; tantôt majestueux, ils s'élèvent jusqu'aux cieux; tantôt d'une simplicité antique, ils pénètrent au fond de l'âme, qu'ils remplissent d'une mélodie touchante, et la plongent dans la plus douce méditation.

Nous citerons l'*Hymne de la Nuit*, l'*Hymne du Matin*, l'*Hymne au Christ*, le cantique *Éternité de la Nature*, *Briéveté de l'Homme*, l'*Hymne de l'Enfant à son réveil*, poëme charmant, d'une naïveté exquise, et qui pourrait passer pour une prière que tout enfant devrait balbutier; enfin il faudrait citer toutes les harmonies de cet harmonieux poëte.

Nous pourrions certainement classer parmi les cantiques les *Psaumes* de David, dont la plupart sont magnifiques, malgré la forme peu poétique dans laquelle on les chante chez les protestants. L'un et l'autre, sans contredit, sont de la même famille. Leur origine est la même, et l'étymologie ne diffère que par la langue, car la signification est la même; l'un vient du latin, et l'autre du grec.

Il y a une autre sorte de cantique qu'on appelle cantique spirituel; c'est toujours un sujet de dévotion. Racine a composé quelques cantiques spirituels où l'on reconnaît la main qui a tracé les chœurs d'*Athalie* et d'*Esther*.

A une époque de notre vie politique, un peu agitée, il y eut une certaine recrudescence d'esprit religieux. On vit des missions partir de tous les points et sillonner la France comme si l'idolâtrie avait fait invasion. Les cantiques étaient devenus à la mode; il en a été composé près de cinq mille, le nombre de cantiques que l'Écriture attribue à Salomon. Pour les faire entrer plus facilement dans l'esprit des catéchumènes, on les composa sur les airs les plus populaires, sur des ponts-neufs, puis dans les opéras, les vaudevilles et ailleurs. Nous ignorons si, en religion, ils ont eu du succès, mais pour ce qui regarde la littérature, aucun n'a échappé au néant.

Dans quelque coin ignoré du globe, qu'il se trouve des êtres vivants, une famille, un germe de société, il y a toujours des voix qui s'élèvent vers le Créateur de toutes choses, pour le remercier des bienfaits que l'homme reçoit de sa munificence. Ces élans de reconnaissance, ces actions de grâces sont des hymnes, des cantiques.

Aux bords du Gange, comme aux bords du Nil, l'encens a brûlé dans les temples pour les dieux, et les chants sont montés au ciel, l'un pour louer Wishnou, l'autre Isis et Osiris, le grand Zeus. Tous ces dieux étaient les symboles ou du soleil, ou du ciel, ou de la terre, les plus grands bienfaiteurs de l'humanité, suivant la religion de ces peuples. De ces chants, rien n'est parvenu jusqu'à nous.

Ainsi, en l'absence de chants sacrés chez les peuples de l'antiquité la plus reculée, les cantiques des Hébreux doivent être considérées comme les plus anciens monuments historiques.

Les Grecs, peuple religieux, ainsi que l'atteste la majesté de leurs temples, ne durent pas manquer de chants en l'honneur de leurs dieux. Ici les nuages commencent à se dissiper, et l'on voit apparaître quelques faibles rayons de lumière. Il y eut, chez ce peuple, des chants pour Cérès, pour Apollon; il y eut des dithyrambes pour Bacchus et pour d'autres dieux, selon le besoin. Orphée, Linus, Amphion, Alcée, Pindare, avaient composé des chants en l'honneur des dieux. De tous ces chantres, nous ne possédons que quelques hymnes d'Orphée. Ces hymnes sont tous sous l'emblème d'un parfum; ce qui ferait supposer que, dans les mystères sacrés où ils se chantaient, on brûlait le parfum qui était consacré à la Divinité. L'encens était consacré à Ouranos et au Soleil, les aromates aux astres, signaux brillants du ciel; la myrrhe à Latone, la manne à Apollon, à Jupiter, foudroyant l'encens du Liban, etc.

Nous rapporterons un hymne à l'éther-parfum, le safran :

« Flamme sacrée, qui veilles éternellement dans les pa-
» lais élevés de Jupiter, portion toute-puissante des élé-
» ments, du soleil et de la lune; Éther, dominateur de
» toutes choses, ardeur vivante de tout ce qui respire, toi
» qui règnes dans les hauteurs azurées, noble élément du
» monde, fleur flamboyante, rayon radieux, je te supplie,
» avec prière, d'être pour moi innocent et tempéré. »

Cette poésie ne manque pas d'un certain mysticisme, et se distingue par une grande richesse d'expression.

Avec l'antique Rome, nous sommes moins heureux; elle forma sa théogonie sur celle de la Grèce. Le peuple romain n'a jamais été profondément religieux, si ce n'est sous Numa. Déjà sous la république on n'avait plus foi aux aruspices. On sait le mot de Claudius Pulcher, à qui l'on vint annoncer que les poulets sacrés ne voulaient pas manger : — Eh bien, dit-il, qu'on les jette à la mer, et qu'ils boivent s'ils ne veulent manger.

Lucrèce avait jeté le doute dans les esprits; le scepticisme devint contagieux, et la doctrine d'Épicure, propagée par Lucrèce, gagna du terrain; Cicéron ne partageait pas entièrement les opinions de Lucrèce, mais il n'eut pas toujours pour les dieux un bien grand respect. Sous Auguste, deux augures ne pouvaient se rencontrer sans rire. S'il y a eu des hymnes pour Auguste, on en compte peu pour les dieux, après le *Chant séculaire* d'Horace.

Les Grecs, dit Rousseau, donnaient le nom de cantiques à certains monologues passionnés de leurs tragédies, qu'on chantait sur le mode hypodorien, ou sur l'hypophrygien, comme nous l'apprend Aristote au dix-neuvième de ses problèmes.

REDAREZ SAINT-REMY.

CANTIQUE (musique religieuse).—Hymne sacrée que l'on chante à la louange du Seigneur et de la Vierge, ainsi que sur des sujets allégoriques et mythologiques. Son origine se perd dans la nuit des temps; il se chantait en chœur et était souvent accompagné de danses. Le plus ancien de ce genre semble être le *Cantique des cantiques*, attribué à SALOMON à l'occasion de son mariage avec la fille du roi d'Égypte, ce que les théologiens désignent sous l'emblème de l'union de J. C. et de l'Église; on prétend même que cette pièce remarquable avait toutes les proportions d'une œuvre dramatique et lyrique, qui a dû être représentée sous forme d'opéra.

Les cantiques, en général, avaient pour but de chanter les événements mémorables de toutes les époques; et ils ont fait partie de la liturgie de tous les dogmes et de toutes les religions.

Une relation de l'abbé Mallet affirme que les Grecs nommaient *cantiques* certains monologues passionnés de leurs tragédies que l'on chantait sur le mode hypodorien ou hypophrygien.

Les mélodies des cantiques varient selon les nations, les langues et les usages particuliers de chaque église. Les cantiques de la religion anglicane diffèrent de ceux de la religion luthérienne.

L'Église catholique, dans son bréviaire d'après l'Écriture sainte, reconnaît sept cantiques canoniques, savoir : celui de *Moïse* au passage de la mer Rouge; de la prophétesse *Débora* après la défaite de Sisara; de *Judith* pour avoir sauvé Béthulie; de *David* à la mort de Saül; de *Zacharie*, qui se chante à laudes; de *Siméon*, qui se chante à complies, et enfin celui de la *Vierge*, intitulé le *Magnificat*, qui se chante à vêpres.

L'origine du cantique *O Salutaris* date d'environ 1512, époque à laquelle Louis XII eut à soutenir la guerre contre Maximilien et la république de Venise protégés par le pape Jules II, qui, par une bulle, prescrivait à tous ses fidèles de chanter des oraisons contre la prospérité des armes de la France. Le roi très-chrétien, de son côté, confiant en la Divinité pour combattre les foudres papales, fit chanter dans tous les offices et les saluts ce divin motet qui a suscité de si belles inspirations; et le sort du combat se tourna en sa faveur.

Les *Cantiques des Flagellants* eurent aussi quelque renommée. Ils étaient en usage vers 1347, lorsqu'une secte de fanatiques, en Allemagne, parcourait en procession les rues, les places et les cimetières, s'administrant la flagellation jusqu'au sang, et chantant des cantiques pénitenciers pour conjurer le Seigneur contre les ravages de la peste.

Il y a des recueils de cantiques spirituels, tels que ceux de saint Sulpice, sainte Geneviève et autres, faits sur des airs spéciaux de vaudeville et d'opéra; il y en a même que l'on a adaptés à des airs patriotiques.

De nos jours on a publié plusieurs recueils de cantiques en chœur, à l'usage du mois de Marie.

On désigne aussi sous le nom de *cantiques* les chants d'allégresse et de fraternité qui se chantent dans les réunions maçonniques. CHARLES POLLET.

CAOUTCHOUC (mot indien qui signifie *suc d'arbre*). Vulgairement *gomme élastique*. — Produit de la dessiccation d'un suc laiteux qu'on extrait, par incision, de beaucoup de plantes de l'Amérique du Sud et des Indes Orientales, surtout du *jatropha elastica* ou *hevea guianensis*, et d'autres arbres appartenant aux artocarpées, aux euphorbiacées, etc. Cette extraction se fait au Brésil, à la Guyane, à

Java, à Singapore, à Assam, etc. Le suc fluide est appliqué sur des moules de terre, et on le fait sécher au soleil; lorsque l'épaisseur de la couche est suffisante, on brise le moule. Ce genre de fabrication communique au caoutchouc la forme d'une poire ou d'une gourde, et c'est dans cet état qu'il est livré au commerce. Depuis quelques années il arrive aussi en feuilles et en grandes plaques épaisses. «Le caoutchouc a une couleur ordinairement brunâtre; il est sans odeur ni saveur; sa densité varie de 0,92 à 0,94; il est inaltérable à l'air, mou, flexible, imperméable, et extrêmement élastique. Il se compose, pour la plus grande partie, de deux principes particuliers, renfermant du carbone et de l'hydrogène, et récemment isolés par M. Payen (1852) : l'un éminemment tenace et presque insoluble, élastique, dilatable; l'autre plus soluble et essentiellement adhésif. Soumis à l'action d'une douce chaleur, il se ramollit assez pour se souder avec lui-même; à une température supérieure, il entre en fusion, prend la consistance du goudron, et conserve cet état, après le refroidissement, pendant des années; une chaleur plus élevée encore le décompose, et il donne alors à la distillation des huiles volatiles et odorantes (*caoutchine*), qui jouissent de la propriété de le dissoudre rapidement. Mis en contact avec la flamme d'une bougie, il prend feu promptement et brûle avec rapidité. Il est insoluble dans l'eau et l'alcool; mais il se dissout dans l'éther pur, ainsi que dans les huiles essentielles, telles que la benzoïne, l'essence de térébenthine, le sulfure de carbone : ce dernier agent, additionné de 6 à 8 parties d'alcool, constitue le meilleur dissolvant du caoutchouc. Les acides, à la température ordinaire, ont peu d'action sur lui. »

Il n'y a guère qu'un siècle que le caoutchouc est connu en Europe; la première description scientifique en fut faite, en 1751, par la Condamine. On y voit qu'un nommé Fresneau en fit la découverte à Cayenne, et que les Indiens en fabriquèrent les premiers des tissus imperméables.

Les singulières propriétés de cette substance attirèrent d'abord l'attention du gouvernement anglais. Par l'ordre du conseil de l'amirauté, des expériences eurent lieu à bord du vaisseau du roi *l'Excellent*, à l'effet d'examiner si l'emploi du caoutchouc pouvait contribuer au perfectionnement des affûts, et rendre l'assiette des canons plus sûre et plus régulière. Les essais tentés sur des pièces de 68 livres de balle et sur des caronades de 32 présentèrent des résultats satisfaisants. L'élasticité du caoutchouc parut fournir un excellent moyen pour empêcher le recul des pièces. On s'en servit bientôt pour confectionner les câbles et prévenir le labourage des ancres, puis pour rendre imperméables une foule d'objets. En France, cette industrie a pris un développement remarquable depuis trente ans, et l'on pourrait consacrer un volume à décrire les nombreux usages du caoutchouc. On en fait des balles élastiques, des tubes destinés aux appareils de chimie, des instruments de chirurgie, sondes, canules, bouts de sein, des conduits acoustiques, des étoffes imperméables, des chaussures, etc. On est parvenu à le réduire en fils très-minces destinés à confectionner des bretelles, jarretières, corsets, etc. En associant le caoutchouc dissous à l'huile de lin et à une certaine quantité de résine, on en fait un vernis pour les cuivres. On fait usage également, au lieu du caoutchouc pur, du caoutchouc dit *vulcanisé*, c'est-à-dire auquel on a incorporé du soufre, soit directement, soit au moyen du sulfure de carbone ou du chlorure de soufre. Ce caoutchouc conserve son élasticité à toutes les températures, est inattaquable par les dissolvants ordinaires du caoutchouc, et résiste à la compression.

LARIVIÈRE.

CAOUTCHOUC MINÉRAL, appelé aussi *bitume élastique* ou *élatérite*. — Substance hydrocarbonée, plus légère que l'eau, facilement fusible, et ayant une élasticité analogue à celle du caoutchouc. On la trouve dans des mines de plomb d'Odin (Derbyshire), de houille de *South-Bury* (Massachussets) et de Montrelais, près d'Angers (Maine-et-Loire). Cette substance se salit en effaçant le crayon sur le papier. (*Idem.*)

CAP (géographie) [de *caput*, tête]. — Avance considérable d'un rivage qui se termine brusquement dans la mer, et que forment des terres élevées ou la terminaison abrupte d'une chaîne de montagnes. En style élevé on dit plutôt *promontoire*.

Outre son acception géographique, le mot *cap* signifie, dans la marine, l'avant du bâtiment, la proue ou plutôt la direction du navire vers un point quelconque. Ainsi, dire qu'un bâtiment a le cap au nord, c'est indiquer qu'il se dirige vers le nord; *mettre le cap* sur un point, c'est se diriger vers ce point; *virer cap pour cap*, c'est tourner complétement sur soi-même jusqu'à ce que la proue se dirige sur le point opposé. Être *cap à cap* s'est dit de deux vaisseaux allant l'un vers l'autre sur des routes directement opposées.

CAPELINE (chirurgie) [de *caput*, tête]. — Bandage destiné à envelopper la tête, et qui se fait avec une seule bande de toile. Ce bandage a été aussi nommé bonnet d'Hippocrate. Par extension, on a appliqué ce bandage aux moignons des membres amputés et à la clavicule; on lui donne dans ces cas l'épithète du lieu où on l'applique. La capeline se fait avec une bande roulée à deux globes, un des chefs de la bande sert à décrire des arcs de cercle sur le sommet de la tête, et qui sont placés les uns à côté des autres se recouvrant en partie, tandis que l'autre chef sert à fixer ceux-ci par des tours circulaires autour de la tête, en passant horizontalement du front vers l'occiput. Le mode d'application se modifie suivant les autres parties où l'on fait usage du bandage. (*J. Beaude.*)

CAPILLAIRE (botanique et matière médicale). — Nom collectif donné à plusieurs fougères employées en médecine comme plantes *pectorales*. Ces espèces comprennent le capillaire du Canada (*Adianthum pedatum* L.), venant de la contrée dont il porte le nom; le capillaire de Montpellier (*Adianthum capillus veneris* L.), plante très-commune dans les lieux humides et au bord des sources dans le midi de la France; le capillaire noir (*Asplenium adianthum nigrum* L.), qui se rencontre dans toute la France. Cette dernière espèce est peu aromatique et à peine usitée. Le capillaire est un léger excitant que l'on utilise principalement dans les rhumes un peu anciens : c'est sous forme d'infusion chaude qu'on doit l'employer. Il faut environ 15 grammes de capillaire par litre d'eau. Sucrée convenablement, cette boisson a un goût assez agréable; on peut aussi se servir du sirop de capillaire étendu d'une quantité plus ou moins grande d'eau chaude.

CAPILLAIRE [de *capillus*, cheveu]. — On se sert de ce mot pour désigner dans les sciences des corps longs, minces et ténus; en *botanique*, on dit des feuilles et des racines capillaires, pour indiquer qu'elles sont longues et fines. En *physique*, on nomme tubes capillaires des tuyaux minces et dont la cavité est extrêmement petite. Une loi spéciale préside à la circulation des liquides dans leur cavité. (Voy. *Capillarité*.) En *anatomie*, on nomme vaisseaux capillaires les extrémités des vaisseaux sanguins; ils servent d'intermédiaires entre les artères et les veines, et c'est dans cet ordre de vaisseaux que se passe le travail de la nutrition et celui de toutes les sécrétions. L'importance de ces vaisseaux, qui, par leur ensemble, forment un système que l'on a nommé *système capillaire*, est, comme on le voit, extrêmement grande dans l'économie animale, puisque c'est dans leur intérieur que se passent tous les grands phénomènes de la vitalité. — Voyez pour les détails le mot *Circulation*. (J. *Beaude*.)

CAPILLARITÉ (physique). — Force de laquelle dépendent les phénomènes capillaires. En physique, on appelle *phénomènes capillaires* ceux que l'on observe quand on plonge dans un vase contenant un liquide l'extrémité d'un tube capillaire, c'est-à-dire dont le diamètre ne dépasse pas 1 millimètre. Alors, en effet, si le liquide est de nature à mouiller les parois du tube (comme l'eau), il s'élève dans le tube au-dessus du niveau qu'il a dans le vase, et s'y maintient; si, au contraire, le liquide n'est point de nature à mouiller les parois du tube, il s'abaisse au-dessous du niveau du liquide contenu dans le vase. De plus, dans le premier cas, la surface du liquide présente une courbure concave (ménisque concave); dans le second, cette surface est convexe (ménisque convexe). Ce double phénomène ne dépend pas de la pression atmosphérique, puisqu'il a également lieu dans le vide; il dépend de l'affinité du liquide pour le tube et de l'attraction des molécules du liquide les unes pour les autres. (*Nysten*.)

CAPITAL (économie politique). — Tout ce qui peut servir à la *production* (voy. ce mot) : numéraire, valeurs de toute espèce, mobilières ou immobilières. Les économistes ont appelé *capitaux productifs* « ceux qui sont exploités par l'industrie d'une manière utile, d'une manière qui crée des valeurs; et *capitaux improductifs* ceux qui ne rapportent rien; tels sont, par exemple, une maison abandonnée et dont on ne retire aucun loyer, un champ non cultivé, une somme retirée de la circulation ou enfouie par la terreur, par l'avarice. La terre, la possession d'une chute d'eau, celle d'une machine à vapeur, d'un vaisseau, d'une collection d'ustensiles aratoires ou d'animaux domestiques, sont des capitaux comme l'argent, lorsqu'ils ont procuré à l'industrie les services dont elle a besoin. Le capital d'un pays ne se compose donc pas seulement de ses valeurs en numéraire, mais de toutes les autres. Les navires qui servent à son commerce ou à sa défense, les terres qu'il exploite pour sa subsistance, les fabriques qu'il entretient pour suffire à ses besoins ou à ses plaisirs, constituent la richesse nationale. Les capitaux forment plusieurs classes qui ont leur dénomination particulière. — Les uns consistent dans l'accumulation de toutes les économies dont la production sert à la subsistance générale et fournit la matière première de tous les travaux. On leur donne le nom de capital circulant, parce qu'ils ne donnent de profit à leur possesseur que par leur circulation du producteur à toutes les classes d'ouvriers qui leur donnent successivement les préparations nécessaires à leur consommation, des choses industrieuses à celles du commerce, et de celles-ci aux consommateurs. — Il y a un autre genre de capital qui se compose des améliorations du sol, des machines, des outils, de la monnaie, de la terre, cette source féconde de toutes les richesses, et de tout objet qui produit un revenu ou des profits sans changer de maître et sans aucune circulation; il porte le nom de capital fixe. — Enfin il y a une troisième sorte de capital, qui ne contribue point à la formation de la richesse du pays, mais qui en fait, pour ainsi dire, le fonds principal, le supplément et la réserve. Telles sont les accumulations de vêtements, de maisons, de palais, de meubles, d'objets d'art, de métaux travaillés, de routes, de canaux, de ports, de forteresses et d'arsenaux, de monuments publics, et de l'universalité des objets durables d'utilité, de commodité et d'agrément, dont la possession distingue les peuples civilisés, et marque, pour ainsi dire, les divers degrés de la civilisation. »

Dans ces derniers temps, on a voulu établir un funeste antagonisme entre le *travail* et le *capital* : c'était raisonner singulièrement, le capital ne pouvant produire si le travail ne le met en valeur, et le travail, de son côté, ne pouvant s'exercer si le capital ne lui fournit les matériaux et les instruments nécessaires. D'ailleurs, le capital n'est jamais lui-même que le fruit du travail ou des économies accumulées. Quand ces économies sont reproduites directement et immédiatement, ou médiatement et indirectement, elles sont le mobile et la mesure de la richesse. Sans emploi, les épargnes ne forment pas des capitaux, ne sont bonnes à rien, pas même à leur possesseur; elles sont même fâcheuses et préjudiciables à l'État, dont elles réduisent la somme des consommations. R. C.

CAPITALE (grammaire et typographie.)—On appelle *capitales* ou *lettres capitales* des lettres que l'on emploie soit pour le commencement des mots, soit pour des mots entiers sur lesquels on veut appeler l'attention. Leur forme diffère de celle des lettres ordinaires.

Ce mot vient du latin *capita*, pluriel de *caput*, tête, parce qu'on se sert souvent de ces lettres pour les titres, et généralement les têtes des différentes divisions d'un ouvrage. Ces lettres capitales sont appelées dans l'écriture lettres *majuscules*, parce qu'elles sont plus grandes que les autres, que l'on appelle *minuscules*, c'est-à-dire petites lettres. Enfin on nomme *médiuscules* les lettres qui ne s'emploient que dans le courant des mots, comme cela a lieu pour certains genres d'écriture.

Il y a encore des *lettres initiales*, qui ne se placent qu'au commencement des mots, et des *lettres finales*, qui ne se placent qu'à la fin. L'écriture avait aussi autrefois de très-grandes lettres, appelées *onciales*, dont on se servait dans les inscriptions.

De même, en typographie, il y a deux sortes de capitales, les *grandes capitales* et *les petites capitales*. Leur forme est la même, elles ne diffèrent que par la grosseur; mais les petites capitales sont principalement destinées à fixer l'attention du lecteur sur tel titre, tel mot ou tel membre de phrase que l'italique ne ferait pas ressortir assez et que les grandes capitales rendraient trop saillants comparativement avec ce qui précède ou ce qui suit. Les lettres ordinaires s'appellent *lettres du bas de casse*, parce qu'elles sont placées dans le bas de la casse, pour être plus à portée de la main du compositeur, qui s'en sert beaucoup plus souvent.

En typographie, on place souvent au commencement d'un livre, d'un chapitre, une lettre dont le corps est le double de celui du texte, c'est ce que l'on appelait *lettre de deux points*, et ce qu'on nomme aujourd'hui *lettre binaire*. Quelquefois elle est ornée de dessins, et est alors beaucoup plus grosse, car elle s'étend sur plusieurs lignes; on y voit souvent des imitations des dessins des anciens manuscrits.

Les anciens ne faisaient pas, entre toutes ces lettres, la distinction que nous avons établie : ils écrivaient tout en majuscules ou en minuscules, sans employer les unes avec les autres. Tous les vieux manuscrits, jusque vers le septième siècle, sont en majuscules. Mais cette distinction est aujourd'hui généralement admise, et elle facilite souvent en effet l'intelligence du texte.

Utilité des capitales ou majuscules. — L'usage des lettres majuscules a beaucoup d'analogie avec la ponctuation. En effet, qu'est-ce que ponctuer? C'est séparer par des signes. La majuscule ou capitale, dans ses différents emplois, est aussi un signe de séparation, puisqu'elle sert à séparer les vers d'avec la prose, une phrase d'avec une autre, un nom propre d'avec un nom commun. Éviter de faire majuscules les initiales dans certains cas, c'est une pratique contraire à un usage très-réfléchi, pratique qui tend à bannir de notre écriture la netteté de l'expression, de laquelle dépend toujours la distinction précise des objets ; ajoutons que l'œil est intéressé à la conservation des lettres majuscules; il s'égarerait et se lasserait de l'uniformité d'une page où toutes les lettres seraient constamment égales. Les grandes lettres répandues avec intelligence parmi les petites sont des points de repos pour l'œil, auquel elles offrent en même temps le plaisir de la variété; ce sont, en outre, des avis muets ou des observations nécessaires; c'est une heureuse invention de l'art pour augmenter ou pour fixer la lumière, et alors leur usage est d'un très-grand prix.

On convient généralement que les lettres capitales ne font pas un bel effet dans l'impression. Il est d'ailleurs aisé de sentir qu'en multipliant beaucoup leur usage, on les rend inutiles au but de leur institution : elles ne servent plus à aucune distinction, si elles reparaissent à tout moment dans l'écriture imprimée ou manuscrite. Aussi doit-on borner le plus qu'il est possible l'usage des lettres capitales, et ne s'en servir que dans les occasions où elles sont d'une utilité manifeste. Ne les rendons pas inutiles en les prodiguant sans besoin ni raison, et ne répandons pas sur nos livres une bigarrure qui à des distinctions utiles ne substituerait que de la confusion.

Dans l'écriture, on se montre généralement moins sévère pour l'emploi des capitales, c'est un tort : le même motif qui a engagé à s'en servir dans les livres doit porter à en faire usage dans les manuscrits. On sait combien sont choquantes à la vue ces copies où des maîtres d'écriture ignorants s'efforcent de multiplier les majuscules, pour faire briller l'adresse de leur main et la hardiesse des traits de plume.

Les capitales ne peuvent être de quelque utilité que lorsqu'on s'en sert pour établir des distinctions nécessaires. Mais à quoi peuvent-elles servir chez les Allemands, qui en mettent à tous les substantifs? Que signifie la capitale employée par les Anglais dans le pronom *I*? Est-ce parce que ce mot est d'une seule lettre? Cette raison ne justifierait pas la bizarrerie d'un tel usage.

Capitales dans les titres. — C'est un usage général d'écrire les lignes de titres entièrement en capitales. Comme souvent il y a des divisions et des subdivisions dans un ouvrage, on a l'habitude, pour faire sentir ces différences, d'employer alternativement les grandes capitales, les petites capitales et même l'italique. Je n'ai pas à examiner ici quels sont les principes qui guident dans ce choix, je m'en occuperai ailleurs.

Si les capitales de nos caractères d'impression produisent un effet agréable à l'œil, il n'en est pas de même des majuscules de l'écriture : elles ne sont pas lisibles et choquent la vue, aussi ne s'en sert-on que dans les registres à talon et dans quelques pièces de comptabilité. Lorsqu'on veut écrire un titre manuscrit, on se sert des minuscules ordinaires, que l'on fait beaucoup plus grosses que celles du texte, ou bien on emploie une autre espèce d'écriture.

Capitales en poésie. — En poésie, pour mieux assurer la distinction des vers, on place une capitale au commencement de chaque vers, grand ou petit, soit qu'il commence un sens, soit qu'il fasse partie d'un sens commencé.

Sur l'appui du monde
Que faut-il qu'on fonde

D'espoir ?
Cette mer profonde
En débris féconde
Fait voir
Calme au matin l'onde,
Et l'orage y gronde
Le soir.

Quelques grammairiens trouvent cet usage ridicule. « N'est-il pas bizarre, en effet, dit M. Bescherelle, de voir des prépositions, des conjonctions et des pronoms relatifs avec des majuscules? » Cette opinion n'a eu aucun succès, et quelques poëtes qui avaient tenté de la faire prévaloir ont échoué complétement.

Si l'on a blâmé la majuscule dans ce cas, personne ne peut désapprouver les colporteurs qui, par économie, disposant leurs vers comme des lignes de prose, sont nécessairement obligés de mettre une majuscule au commencement de chaque vers, comme dans l'exemple suivant : Renonçons au stérile appui Des grands qu'on implore aujourd'hui; Ne fondons point sur eux une espérance folle : Leur pompe, indigne de nos vœux, N'est qu'un simulacre frivole ; Et les solides biens ne dépendent pas d'eux. (J.-B. Rousseau.)

Capitales dans les abréviations. — Les mots écrits en abrégé ne prennent pas ordinairement de capitale, cependant quelques-uns en admettent; voici les principaux : A. P., à protester; A. S. P., accepté sans protêt; A. S. P. C., accepté sans protêt pour à-compte; B^{on}, baron; B^{nne}, baronne; Ch^{er}, chevalier; Cte, comte; Ctesse, comtesse; D^{r}, docteur; D^{r}-M^{n}, docteur-médecin; E., Éminence; LL. AA. II., Leurs Altesses Impériales; LL. AA. RR., Leurs Altesses Royales; LL. AA. SS., Leurs Altesses Sérénissimes; LL. Em., Leurs Eminences; LL. Exc., Leurs Excellences; LL. HH., Leurs Hautesses; LL. MM., Leurs Majestés; LL. MM. II., Leurs Majestés Impériales; LL. MM. RR., Leurs Majestés Royales; M., monsieur; M. A., maison assurée; M. A. C. L., maison assurée contre l'incendie; M^{d}, marchand; M^{de}, marchande; M^{e}, maître; Mlle, mademoiselle; Mgr, monseigneur; Mis, marquis; M^{ise}, marquise; MM., messieurs; Mme, madame; M^{s}, manuscrit; M^{ss}, manuscrits; N., nord; N., nota; N.-B., nota bene; N.-D., Notre-Dame; N.-N.-E., nord-nord-est; N.-N.-O., nord-nord-ouest; N^{t}, négociant; N^{te}, négociante; N^{o}, numéro; N. S., Notre Seigneur; O., ouest; O.-N., ouest-nord; O.-S., ouest-sud; P., père; P.-S., post-scriptum; S., sud; S. A. I., Son Altesse Impériale; S. A. R., Son Altesse Royale; S. A. S. Sérénissime; S.-E., sud-est; S. E., Son Eminence; S. Exc., Son Excellence; S. G., Sa Grandeur; S. H., Sa Hautesse; S. M., Sa Majesté; S. M. B., Sa Majesté Britannique; S. M. C., Sa Majesté Catholique; S. M. I., Sa Majesté Impériale; S. M. R., Sa Majesté Royale; S. M. S., Sa Majesté Suédoise; S. M. T.-C., Sa Majesté Très-Chrétienne; S. M. T.-F., Sa Majesté Très-Fidèle; S.-O., sud-ouest; S.-P., Saint-Père; SS. PP., les saints pères; S. S., Sa Sainteté; S.-S.-E., sud-sud-est; S.-S.-O., sud-sud-ouest.

En outre, dans les inscriptions latines, françaises, etc., les mots, soit entiers, soit abrégés, sont ordinairement en capitales.

On applique souvent aussi la capitale à des prépositions et à des mots de diverses parties du discours qui subissent une abréviation plus ou moins forte, comme Seguin C. Ouvrard, où C. signifie contre, afin que ces abréviations frappent davantage les yeux du lecteur.

Capitales après la ponctuation. — Le premier mot d'un discours quelconque, et de toute phrase nouvelle qui commence après un point et un alinéa doit être distingué des autres par une capitale. Cette règle est conforme à l'usage général. Il est bon en effet qu'un point, dont la petitesse peut échapper aux yeux, soit suivi d'un signe qui annonce plus manifestement le repos. La capitale sert d'ailleurs, dans ce cas, à distinguer les sens indépendants les uns des autres, et facilite par conséquent l'intelligence de ce qu'on lit.

Dans quelques ouvrages, tels que la Bible, chaque chapitre est partagé en des versets, qui forment chacun autant d'alinéas. On est dans l'usage de mettre une capitale au premier mot de chacun d'eux, lors même qu'ils sont une dépendance de l'alinéa précédent. Cet usage a été blâmé comme l'emploi des capitales dans les vers, mais avec aussi peu de succès.

Il est admis généralement que tout alinéa, quelle que soit la ponctuation de l'alinéa précédent, doit commencer par une capitale.

Après le deux-points, quand il est employé pour annoncer un discours direct que l'on va rapporter, soit qu'on le cite comme ayant été dit ou écrit, soit qu'on le propose comme pouvant être dit par un autre ou par soi-même. L'amitié a choisi pour devise un lierre qui entoure de verdure un arbre renversé, avec ces mots : *Rien* ne peut m'en détacher. (De la Tour.) Écolier, il pose les premiers fondements de sa bonne renommée ; car, comme l'a dit un conteur célèbre, avec une originalité piquante : *L'honnête* enfant est un honnête homme qui n'a pas fini sa croissance. (Rollin.) L'homme rebrousse chemin, et dit : *La* nature brute est hideuse et mourante. (Buffon.) En sortant des barrières, j'étais toujours sûr de trouver un grand pauvre qui criait d'une voix glapissante : *La* Charité, s'il vous plaît, mon bon monsieur ! (Arnault.)

On ne met pas de capitale après les mots suivis d'un point indiquant une abréviation. Le S. P. *m'ac*cueillit favorablement. S. M. *est* rentrée de bonne heure.

Les points suspensifs n'exigent pas non plus de lettres majuscules après eux.

Le bras fatal, sur la tête étendu,
Prêt à frapper, tient le fer suspendu...
Un bruit s'entend... *l'air* siffle... *l'autel* tremble...
Du fond des bois, au fond des arbrisseaux,
Deux fiers serpents soudain sortent ensemble. (Malfilâtre.)

On ne met pas non plus de capitale après les

points employés pour indiquer la suppression d'un ou de plusieurs mots. Je chante ce héros... *qui* fut de ses sujets le vainqueur et le père.

Néanmoins on emploie la capitale après les points suspensifs, dans le cas où, indépendamment de la suspension, il aurait fallu un point.

Je devrais sur l'autel où ta main sacrifie
Te... *Mais* du prix qu'on m'offre il faut me contenter. (Racine.)
Par la mort... *Il* n'acheva pas. (Scarron.)

Le point d'interrogation et le point d'exclamation n'exigent pas une capitale après eux, excepté dans le cas où le sens aurait demandé un point, s'il n'y avait pas eu interrogation ou exclamation. Qu'elle est belle cette nature cultivée! *que* par les soins de l'homme elle est brillante et pompeusement parée! (Buffon.) Que de trésors ignorés! *que* de richesses nouvelles! (Buffon.)

Mais il faut la capitale dans les exemples suivants. De quoi les hommes n'abusent-ils pas? *Ils* abusent des aliments destinés à les nourrir, des forces qui leur sont données pour agir et se conserver. (Lamennais.) Que signifient les désirs et les espérances de temps plus heureux? Nous rendrons le temps meilleur si nous savons agir. (Franklin.) En effet, dès qu'elle parut : Ah! *mademoiselle*, comment se porte mon frère? *Madame*, il se porte bien de sa blessure. Et mon fils? *On* ne lui répondit rien. Ah! *mademoiselle! mon* fils! *mon* cher enfant! *Répondez*-moi; est-il mort sur-le-champ? *N'a*-t-il pas eu un seul moment? *Ah! mon* Dieu! *quel* sacrifice! (Mme de Sévigné.)

On ne met point de capitale après la virgule ni après le point-virgule.

Une beauté jeune, fraîche, ingénue,
S'appelle Hébé. (Voltaire.)
Quand il quitta les cieux il se fit médecin,
Architecte, berger, ménétrier, devin. (Voltaire.)

La capitale se met, dans certaines citations, après une simple virgule, tenant lieu de deux points. Le peuple criait de toutes parts, les uns, *Vive le roi!* les autres (et c'était le plus grand nombre), *Vive la nation!*

Quelquefois même on se sert de la capitale en l'absence de toute ponctuation. Ce n'est pas en criant *Paix* qu'on l'obtient.

Lorsque dans un catalogue, un table alphabétique, etc., le ou les premiers mots qui forment l'énonciation sont reportés, entre parenthèses, après le substantif par lequel on fait commencer la ligne, on met une capitale au premier mot transposé. Ivresse (Excès d'). Orgueil (Danger de s'abandonner à l').

Le Dictionnaire de l'Académie a fait un abus des capitales. En voici quelques exemples. Guerre se dit en parlant Des bêtes qui en attaquent d'autres pour en faire leur proie. Guerre, Nom d'Un jeu qui se joue sur un billard. *Faire la guerre à quelqu'un*, Lui faire souvent des réprimandes sur quelque chose. Confirmation, en rhétorique, Cette partie du discours oratoire qui suit la narration. Où était la nécessité de mettre des capitales aux mots *des, nom, un, lui, cette?* N'est-ce pas prodiguer inutilement les capitales?

Capitales dans les noms propres. — Les noms propres doivent commencer par une lettre capitale. Cette règle est universellement adoptée, et elle fournit dans l'écriture une distinction très-commode entre les noms propres et les noms communs; mais, dans son application, elle présente quelques difficultés que je vais examiner successivement.

Sont classés parmi les noms propres :

1° Les prénoms, *Pierre, Paul, Marie, Anne*; les noms de famille, *Bossuet, Fléchier*; les sobriquets et surnoms, *Pierre le Grand, Louis le Hutin*;

2° Les noms de royaumes, empires, républiques, *France, Espagne, Turquie*; de provinces, *Boulogne, Champagne, Picardie*; de villes, *Paris, Bordeaux, Marseille*; de fleuves, de rivières, *Seine, Marne, Tarn*; de montagnes, *Alpes, Pyrénées*; de mers, *Océan, Méditerranée*; de rues, places, quais, rue *Saint-Honoré*, pont *Marie*, quai du *Louvre*;

3° Les noms des anges, *Michel, Gabriel, Raphael*; des démons, *Astaroth, Belzébuth, Lucifer*; des saints, *Jean, Pierre, Auguste, Henri*; des divinités païennes, *Neptune, Jupiter, Minerve*;

4° Les noms des animaux, *Bucéphale* était le cheval d'Alexandre; de fêtes, *Pâques, les Rameaux, la Quasimodo, la Pentecôte, Noël, la Toussaint*; de tableaux, de statues, *les Batailles d'Alexandre, l'Enlèvement des Sabines, le Gladiateur*; de livres, *l'Esprit des Lois, le Génie du Christianisme, la Henriade*;

5° Les noms des monuments publics, *les Tuileries, le Louvre, le Panthéon*; des théâtres, des bibliothèques, églises, hôpitaux, *le Gymnase, l'Arsenal, Saint-Roch, le Val-de-Grâce*.

Quand un nom propre est à la place d'un nom commun, il s'écrit avec la capitale.

Un *Auguste* aisément peut faire des *Virgiles*.
Un regard de *Louis* enfantait des *Corneilles*.
Aux temps les plus féconds en *Phrynés*, en *Laïs*,
Plus d'une *Pénélope* honora son pays.

Certains noms propres, par leur fréquent usage, sont devenus de véritables noms communs, comme *mentor*. C'est mon *mentor*.

On dit de même un *trial*; c'est-à-dire un acteur qui joue des rôles semblables à ceux que créa Trial.

Quand les noms propres de personnes s'appliquent à des objets, ils s'écrivent sans capitale : *un barème, un calepin, un dédale, un hermès*, etc.

Mais on écrit avec une capitale le nom d'un auteur quand on veut désigner ses œuvres : Acheter *un Homère, un Pline, un Callot*.

On dit même au pluriel, *des Elzévirs, des Plines, des Callots*, c'est-à-dire des éditions d'Elzévir, des éditions de Pline, des collections de Callot.

Mais si les noms propres sont précédés de l'article, ils conservent la capitale et sont invariables lorsqu'on n'a en vue que le seul individu dont on rappelle l'idée : Les plus savants des hommes, *les Socrate, les Platon, les Newton*, ont été aussi les plus religieux. Ce furent les flatteries des Grecs et des Asiatiques esclaves, qui y formèrent *les Catilina, les César, les Néron.*

Si l'article fait partie essentielle du nom, tantôt il ne fait qu'un avec le substantif, comme dans le P. *Lemoine;* tantôt il s'en détache, comme *la Bruyère, la Fontaine.* Dans ce cas l'article prend ordinairement une capitale, mais il est mieux de n'en pas mettre.

Mais si c'est un nom de ville, de fleuve, de montagne, on ne met pas de capitale : *le Havre, la Seine, les Alpes.*

La même chose a lieu pour *de, du, des, de la : d'Anville, Pierre des Essarts, Juvénal des Ursins.*

Quand le mot *saint* entre dans la composition d'un nom, il faut tantôt une capitale et une division, et tantôt il n'en faut pas.

En général, le mot *saint* prend une capitale et se joint par une division au substantif qu'il modifie, lorsqu'il forme avec ce dernier un nom qui ne s'applique point à un saint, ou qui ne s'y applique que d'une manière indirecte : *Saint-Germain-en-Laye, Saint-Cloud,* la rue *Saint-Honoré,* le faubourg *Saint-Jacques,* une croix de *Saint-André, Saint-Lambert,* l'auteur du poëme des *Saisons,* le conventionnel *Saint-Just,* l'ordre de *Saint-Benoit.*

On écrit de même la *Saint-Jean,* la *Saint-Martin,* etc., c'est-à-dire le jour où l'on célèbre la fête de saint Jean, de saint Martin.

Mais on écrit sans capitale et sans division : les apôtres *saint Pierre* et *saint Paul, saint Louis,* roi de France, l'Évangile de *saint Luc.*

On écrit encore de cette manière le mot *saint,* chaque fois que l'on désigne précisément un saint lui-même, et non pas quelque édifice ou localité, quelque fête ou quelque coutume qui peut avoir pris son nom. C'est ce qui a lieu dans ces phrases proverbiales. Découvrir *saint Pierre* pour couvrir *saint Paul.* Être dans la prison de *saint Crépin.* C'est *saint Roch* et son chien.

On doit écrire avec une capitale tout nom ajouté à une dénomination de ville, de monument, soit que ce nom ait été donné pour le distinguer d'un autre nom de ville, d'un autre monument portant le même nom, soit pour rappeler l'idée du lieu où ces monuments ont été élevés : *Bar-le-Duc, Choisy-le-Roi, Fontenay-aux-Roses, Villeneuve-le-Comte,* l'église *Saint-Germain-des-Prés.*

Quelques auteurs écrivent la *Mer Rouge,* la *Mer Méditerranée,* la *Mer Noire,* etc. C'est à tort, car dans ces dénominations le mot *mer* est un nom commun.

Mais, par une contradiction étonnante, ils écrivent la rue *Blanche,* la rue *Verte,* la rue *Bleue,* sans capitale et sans division. Il n'en faut pas plus dans un cas que dans l'autre.

Il n'en est pas de même des mots *Champs-Élysées, Terre-Neuve, États-Unis,* etc. Ces mots forment un tout indivisible.

Mais, si l'on disait : les *états unis* par le commerce et la paix, les *états unis* par ce nouveau traité; évidemment il n'y a plus là de nom propre, et par conséquent plus lieu à capitale et à division.

Des distinctions analogues doivent avoir lieu dans les cas suivants :

Quand les mots *bas, haut,* précèdent un nom propre, ils ne prennent ni capitale, ni division : on écrit la *basse Bretagne,* la *basse Normandie,* les *basses Pyrénées,* les *basses Alpes,* quand on veut désigner la partie de ces pays, de ces montagnes voisine de la mer. Mais si l'on parle des départements où sont situées les basses Pyrénées, les basses Alpes, on écrit les *Basses-Pyrénées,* les *Basses-Alpes.*

On écrit le *bas Rhin,* le *bas Danube,* quand on veut désigner la partie de ces fleuves qui est plus voisine de l'embouchure que de la source. Mais s'il s'agit du département auquel le bas Rhin a donné son nom, on écrit le *Bas-Rhin.*

La même chose a lieu pour le royaume des *Pays-Bas,* qui s'était formé de la Belgique et de la Hollande. Mais on n'emploie ni capitale ni division, si l'on dit : le *pays bas* est inondé, c'est-à-dire la partie basse du pays.

On dit les *hautes Pyrénées,* les *hautes Alpes,* pour distinguer la partie de ces montagnes éloignée de la mer, et les départements des *Hautes-Pyrénées* et des *Hautes-Alpes.*

Le *haut Rhin,* la *haute Loire,* la *haute Garonne,* la *haute Marne,* indiquent la partie de ces fleuves, de ces rivières voisine de leurs embouchures. Mais on écrit les départements du *Haut-Rhin,* de la *Haute-Marne,* avec la capitale et la division.

Lorsqu'on donne à un produit, à un objet de fabrication quelconque, le nom de la ville où il a été fabriqué, ou celui d'une localité dont il est extrait, exporté, ce nom ne prend pas de capitale. Un mètre d'*angleterre.* Une statue en *carrare.* Un bel *angora.* Une bouteille de *cognac.* Fumer du *maryland.* Une robe de *florence.* Une robe de *madras.*

Tout nom propre perd la capitale lorsqu'il entre dans la composition d'un mot, et forme avec celui-ci un substantif commun. Un *asiarque,* un *anglomane,* un *daguerréotype,* un *hermaphrodite,* un *nilomètre.*

Cependant on écrit un *prie-Dieu,* un *lever-Dieu,* un *hôtel-Dieu,* à cause de la présence de la division.

Lorsque le nom composé est un nom propre, la capitale doit figurer au nom du personnage, s'il est placé au commencement du mot : le *Minotaure.*

Mais le nom propre perd sa capitale s'il est placé à la fin du mot, et dans ce cas c'est une simple préposition qui figure avec la capitale. *Anténor, Anticaton, Anticésar.*

Mais, si les composés d'*anti* étaient écrits avec une division, comme on le fait quelquefois, deux capitales sont alors nécessaires. *L'Anti-Caton, l'Anti-César, l'Anti-Liban, l'Anti-Taurus, l'Anti-Lucrèce.*

On agit de la même manière dans les autres mots formés d'une manière analogue. *Pseudo-Epiphane, Pseudo-Philippe.*

Quoique les noms des dieux et déesses de la mythologie s'écrivent avec une capitale, on n'en met pas aux mots *dryades, faunes, satyres, tritons,* parce qu'ils rentrent évidemment dans la classe des noms communs.

Le mot *dieu* quand il désigne particulièrement l'Être suprême doit prendre évidemment une capitale. La même chose a lieu pour tous les mots qui le désignent, tels que *Créateur*, *Tout-puissant*, etc.

Mais il ne prend pas de capitale lorsqu'il est appliqué pour désigner les fausses divinités du paganisme. Apollon était le *dieu* de la poésie. Tout était *dieu*, excepté *Dieu*. (Bossuet.)

Il en est de même s'il est pris dans un sens figuré.

Si vaincre est d'un héros, pardonner est d'un *dieu*.

Ou s'il est regardé comme sujet de quelque qualification déterminative. Le *dieu* des miséricordes, le *dieu* des vengeances. Le dieu d'Abraham, le dieu de Jacob.

La même chose a lieu à plus forte raison avec le pluriel *dieux*.

Quoiqu'on écrive avec une capitale les noms de fêtes, comme *Pâques*, la *Pentecôte*, etc., cependant on écrit sans capitale les *ambarvales*, les *bacchanales*, les *saturnales*, etc. N'est-ce pas un peu contradictoire?

Les titres d'ouvrages s'écrivent avec une capitale; mais ils n'en prennent pas s'ils sont employés comme dénominations communes : un *almanach*, un *antiphonaire*, une *biographie*, un *dictionnaire*, une *encyclopédie*, une *grammaire*, une *géographie*, etc.

Mais les mêmes titres prennent une capitale s'ils sont accompagnés du nom de l'auteur ou de l'éditeur. La *Biographie* Didot, les *Commentaires* de César, le *Dictionnaire* de l'Académie.

On n'emploierait pas de capitale dans les phrases suivantes : Cet enfant serait en état de réciter toutes les *fables* de la Fontaine; connaître à fond tous les *aphorismes* d'Hippocrate. Il est évident que, dans ces deux dernières phrases, les mots *fables*, *aphorismes*, ne sont employés que comme des noms communs.

Il faut autant de capitales qu'il y a de personnages dans le titre d'une fable, d'une comédie, etc. *Le Chêne et le Roseau; la Génisse, la Chèvre et la Brebis; le Flatteur et l'Envieux; le Maître et le Valet.*

Il faut de même autant de capitales qu'il y a d'ouvrages mentionnés dans un titre. Le *Complément* de l'*Encyclopédie moderne*, la *Critique* de l'*École des femmes*, *Défense du Génie du Christianisme*, *Observations sur l'Esprit des Lois*.

Mais on ne met qu'une seule capitale dans le cas suivant, parce qu'il n'est question que d'un seul ouvrage : *Considérations* sur l'histoire de France, par A. Thierry; *Discours* sur l'histoire universelle, par Bossuet.

Doit-on mettre une capitale dans les substantifs et adjectifs qui entrent dans la composition d'un titre? L'usage varie : on écrit tantôt la *Chaumière Indienne* avec deux capitales, et l'*Année sainte* avec une seule. Il n'est pas possible d'approuver de telles contradictions. Il est évident que, pour les adjectifs, on doit les écrire sans capitale; ainsi on écrit généralement le *Combat spirituel*, l'*Année sainte*, la *Chaumière indienne*. Mais, si l'adjectif précède, on met deux capitales. La *Divine Comédie*, les *Deux Gendres*, les *Fausses Confidences*, etc.

On fait de même pour tout autre titre analogue. L'ordre du *Mérite civil*, l'auberge du *Cheval blanc*, l'hôtel du *Soleil levant*.

Tout cela n'est-il pas bizarre? L'adjectif change-t-il de nature, suivant qu'il est placé avant ou après le substantif?

S'il y a plusieurs substantifs dans un titre, on ne met généralement pas de capitales lorsque les autres en sont des compléments. *Almanach du commerce*, *Études de la nature*.

Dans les titres formés d'une phrase entière, on ne met de capitale qu'au premier mot. Avez-vous vu jouer la pièce : *On ne s'avise jamais de tout?* Avez-vous lu le conte : *Comment l'esprit vient aux filles?*

Les noms propres prennent une capitale, mais les périphrases qui en tiennent lieu ne l'admettent pas. *L'aigle de Meaux*, Bossuet; *l'aigle de Patmos*, saint Jean; *le cygne de Thèbes*, Pindare; *la déesse des Moissons*, Cérès.

Cependant, si cette périphrase est employée comme surnom, elle constitue alors un nom propre, et prend la capitale. *L'Apôtre des nations*, saint Paul; *l'Ange de l'école*, saint Thomas; *le Docteur de la grâce*, saint Augustin; *l'Orateur romain*, Cicéron.

Cette distinction est un peu subtile, et n'est pas toujours facile à saisir.

Si l'on désigne, par une périphrase, un monument qui a une dénomination propre, on ne mettra pas de capitale. C'est ce qui a lieu quand on dit l'*acropole de Thèbes* pour la *Cadmée*; la *ville sainte*, pour *Jérusalem*.

La capitale se place pour indiquer tout nom abstrait personnifié :

L'*Ennui*, le sombre *Ennui*, triste enfant du *dégoût*,
Dans ces lieux enchantés se traîne et corrompt tout.
(Colardeau.)

Sur les ailes du *Temps* la *Tristesse* s'envole.
(La Fontaine.)

Il ne suffit pas qu'un mot ait une existence individuelle pour être considéré comme un nom propre, car à ce titre les mots *or*, *argent*, *cuivre*, *feu*, *air*, *eau*, seraient de cette classe, et jamais personne ne s'est avisé de leur donner la capitale.

Tout mot considéré matériellement prend la capitale. Le mot *Charité* est composé de trois syllabes.

Lorsque les vents sont personnifiés, comme dans la mythologie, ils prennent une capitale; ils n'en prennent pas dans le cas contraire.

Les noms donnés à des monuments ou édifices publics ne prennent pas de capitale si ces dénominations peuvent s'appliquer à des objets du même genre. L'*ambassade* turque à Paris. La *chambre* des pairs. L'*hôtel de ville* de Paris.

Mais il n'en est plus de même si cette dénomination commune devient dénomination propre; c'est ce qui a lieu lorsqu'on appelle l'*Arsenal* une des bibliothèques de Paris; la *Salpêtrière*, un de ses hospices; la *Chartreuse*, un de ses bals publics.

Lorsque deux substantifs figurent dans une dénomination propre, et que le second n'est que le complément déterminatif du premier, le premier seul prend la capitale. L'*Académie des sciences*, le *Conservatoire de musique*, l'*École des chartes*, l'ordre de la *Légion d'honneur*.

Mais on agit autrement dans le cas suivant : La barrière du *Trône*, la fontaine des *Innocents*, l'hôtel des *Ambassadeurs*, l'île de la *Réunion*, les monts de la *Chimère*, parce que c'est le second nom qui est le nom propre.

Mais si une dénomination quelconque, exprimée par deux mots, est une dénomination commune, il ne faut de capitale ni à l'une ni à l'autre : l'*administration des postes*, *la caisse d'épargne*, *la halle aux blés*, *l'hôtel de ville*.

Lorsqu'une dénomination propre ou commune se présente sous forme elliptique, le second mot prend la capitale, si, à cause de l'ellipse, cette dénomination offre une équivoque ou un non-sens. Il est allé aux *Arts et métiers*, à l'*Instruction publique*, à la *Monnaie*.

Dans le cas contraire, on ne met pas de capitale. Il est allé à la *poste*, aux *douanes*.

Capitales dans les noms de peuples. — Les noms des peuples, des nations, servant à désigner des multitudes d'individus, sembleraient devoir suivre la règle des noms communs, mais l'usage général veut qu'on les écrive par des capitales. Plusieurs de ces noms, n'étant pas d'un usage bien commun, ont besoin par cela même d'un signe d'orthographe qui les fasse remarquer. Vous arrivez sans cesse d'un bazar à un cimetière, comme si les *Turcs* n'étaient là que pour acheter, vendre et mourir. (Châteaubriand.) Les flammes poussées par le vent s'élevèrent, s'étendirent, et offrirent aux yeux des *Russes* le spectacle de la flotte ennemie embrasée tout entière. (Rullière.)

Mais on écrit sans capitale les noms de nation s'ils servent à désigner la langue d'un peuple. Ambitieux de tous les genres de gloire, Mahomet II s'était livré à l'étude, et parlait avec une égale facilité l'*arabe*, le *turc*, le *latin*, l'*hébreu* et le *persan*. (Ségur.)

> Il sait le *turc* et le *hongrois*,
> L'*arabe*, l'*indien*, l'*iroquois*. (Lemare.)

Il en est de même quand ils sont employés adjectivement. Les soldats *romains* frémissaient, se cherchaient dans les ténèbres. (Châteaubriand.) Les vaisseaux *russes*, quoique assez éloignés, étaient agités comme par les secousses d'une violente tempête. (Rulhière.) L'orateur *grec*, comme l'orateur *français*, compte les mots et ne donne rien à la phrase. (Dussault.)

Les noms de peuples n'admettent pas la capitale s'ils sont employés pour exprimer une qualité ou un défaut analogue à ceux qu'on leur attribue. C'est un *cosaque*, un *allobroge*, un *ostrogoth*, un *juif*, un *arabe*, un *tartare*.

Les noms des dynasties suivent la règle des noms de peuple.

M. Tassis prétend que les noms de peuple, employés comme adjectifs, doivent prendre une capitale en latin. Rien ne justifie une telle distinction, et si les éditeurs s'y conforment, c'est un abus qu'il faut tendre à réformer.

Dans le latin, les noms propres employés dans le sens métaphysique conservent la capitale.

> *Bacchus* amat colles, Aquilonem et frigora taxi.

Bacchus est là pour *vitis*.

L'emploi des capitales est souvent un moyen d'établir des distinctions utiles. Ainsi l'on écrira d'une côte quelconque renommée par l'excellence de ses vignobles : C'est une *côte d'or*, sans capitale; on écrira avec une capitale au mot *or*, la *côte d'Or*, la côte qui est située près de Dijon, et enfin avec deux capitales et une division, le département de la *Côte-d'Or*.

Capitales dans les noms de sectes, de religions, de partis, etc. — Quelques grammairiens veulent qu'on suive pour ces mots la même règle que pour les noms de nations, et qu'on écrive avec la capitale les *Païens*, les *Chrétiens*, les *Chartreux*, les *Malthusiens*, les *Voltairiens*, etc.; et sans capitale : le parti *huguenot*, les prêtres *païens*, les philosophes *voltairiens*, etc. Mais le plus généralement on ne met de capitale ni dans l'un ni dans l'autre cas.

C'est ce que l'on fait également pour les substantifs abstraits servant à désigner les opinions religieuses, politiques ou philosophiques, comme *christianisme*, *paganisme*, *voltairianisme*.

Capitales dans les noms appellatifs des tribunaux, des compagnies, des corps. — On emploie une capitale lorsque ces mots sont employés sans complément déterminatif. On comptait autrefois douze *Parlements* en France. L'*Église* est la colonne et le soutien de la vérité. L'*Apôtre* fait une belle peinture de la charité.

Mais on n'en met pas dans le cas contraire. Les membres du *parlement*. L'union des *églises*. L'*église* de la paroisse.

Capitales dans les mots qui ont plusieurs acceptions. — Beauzée demande que, dans ce cas, on emploie la capitale pour le sens le plus important. Ainsi il écrit avec une capitale la *Jeunesse*, pour désigner les jeunes gens; les *Grands*, pour désigner ceux qui forment la classe la plus riche et la plus puissante d'un pays; la *Noblesse*, le corps des nobles; et il écrit sans capitale la *jeunesse* d'une personne, avoir de *grands défauts*, la *noblesse* des sentiments. Cette distinction a été rejetée comme inutile dans la plupart des cas.

Capitales dans les noms de sciences, d'arts, de métiers. — Beauzée et d'autres grammairiens demandent qu'on donne une capitale aux noms des sciences, des arts, des métiers, s'ils sont pris dans un sens individuel, qui distingue la science, l'art, le métier, de toute autre science, de tout autre art, de tout autre métier. La *Grammaire* a des principes plus importants et plus solides qu'il ne paraît d'abord. Les poëtes disent que la *Musique* est un présent des dieux. Il est honteux d'ignorer le fondement de l'*Orthographe*. La *Menuiserie* emprunte le secours de la *Géométrie* et du *Dessin* pour fournir des embellissements à l'*Architecture*.

Mais ils écrivent ces mêmes noms sans capitale quand ils sont suivis d'une détermination. On a appliqué sans jugement la *grammaire* latine à toutes les langues, comme si chaque langue ne devait pas avoir sa *grammaire* propre. La question de savoir si la *musique* italienne est préférable à la *musique* française a été agitée bien des fois et n'est pas encore résolue. Notre *orthographe* actuelle est loin de l'*orthographe* ancienne. La *menuiserie* du buffet de l'orgue de l'église Saint-Sulpice est travaillée bien délicatement. Les curieux font grand cas des *dessins* des grands peintres.

Cette règle a rencontré de nombreux contradicteurs, et en effet on ne voit pas la nécessité d'une telle distinction.

Mais si les noms de sciences, d'arts, sont employés comme titres d'un ouvrage, il est évident qu'ils doivent prendre une capitale. La *Grammaire* de Port-Royal. La *Logique* de Crousas.

On tend également à rejeter cette autre règle qui exigeait la capitale pour les mots qui faisaient le principal sujet d'un livre, d'un chapitre. Ainsi les grammairiens mettent une capitale aux mots *substantif, adjectif*, etc., dans les chapitres qu'ils leur consacraient. C'est là évidemment une distinction tout à fait inutile.

Capitales dans les titres. — Les titres honorifiques ne prennent pas la capitale, *roi*, *autocrate*, *empereur*, *consul*.

Mais on écrit avec la capitale : *Votre Majesté*, *Vos Majestés*, *Sa Majesté*, *Leurs Majestés*. On écrit *Sa Sainteté*, en parlant d'un pape; *Son Éminence*, en parlant d'un cardinal; *Sa Grandeur*, en parlant d'un évêque; *Son Altesse*, en parlant d'un prince.

Mais les noms communs qui viennent après ces titres s'écrivent sans capitale. Sa Majesté la *reine* d'Angleterre.

On devrait écrire sans capitale les adjectifs qui accompagnent les mots *Majesté*, *Altesse*, mais l'usage contraire est établi.

Mais on doit écrire avec une capitale Sa Majesté *Catholique*, Sa Majesté Très *Fidèle*, Sa Majesté *Britannique*, parce que c'est un titre particulier.

Capitales dans les ouvrages spéciaux. — Dans certains ouvrages spéciaux, tels que les mémoires judiciaires, les ouvrages de polémique, politiques ou religieux, les mandements épiscopaux, les instructions ministérielles, et beaucoup d'ouvrages de ville, on multiplie les capitales, et on ne suit guère de règle positive en ce cas. J. B. Prodhomme,

Correcteur à l'Imprimerie Impériale.

CAPPARIDÉES (du latin *capparis*, câprier). — Famille de plantes Dicotylédones polypétales, à étamines hypogynes, renfermant des herbes, des arbrisseaux et même des arbres, à feuilles alternes, simples ou digitées, à fruits charnus et capsulaires; la plupart sont indigènes des régions intertropicales de l'Afrique et de l'Amérique. Le genre type de cette famille, dont les espèces jouissent de propriétés antiscorbutiques et stimulantes, est le *câprier*. — Voy. ce mot.

CÂPRE (botanique). — Nom donné au bouton floral du câprier. — Voy. ce mot.

CAPRICORNE (astronomie) [du latin *capricornus*, composé de *caper*, bouc, et de *cornutus*, cornu]. — Dixième signe du zodiaque. On l'appelle aussi le *bouc*, la *chèvre Amalthée*, la *porte du soleil* : car on regardait les deux tropiques comme les deux portes du ciel; par l'une, le soleil montait dans les régions supérieures; par l'autre, il redescendait dans la région la plus basse du ciel. Le *Capricorne* est aussi la dixième partie de l'écliptique, dans laquelle le soleil nous paraît entrer le 21 ou 22 décembre. C'est alors que l'hiver commence pour les habitants de l'hémisphère septentrional, et c'est, au contraire, l'été qui commence alors pour les habitants de l'hémisphère méridional.

CÂPRIER (botanique) [*capparis*]. — Sous-arbrisseau de la famille des capparidées de Jussieu, qui croît dans le midi de la France. L'écorce de la racine, d'une saveur âcre, amère et piquante, est une des cinq racines apéritives mineures des anciens. Les jeunes boutons de fleurs, confits dans du vinaigre, servent d'assaisonnements sous le nom de câpres.

CAPRIFICATION (horticulture) [du latin *caprificatio*, formé de *caprificus*, figuier sauvage]. — L'art de mûrir les figues domestiques au moyen des figues sauvages. La *caprification* est une pratique singulière du jardinage, en usage à Malte et dans l'Archipel. Cet art, dont Théophraste, Plutarque et Pline ont fait mention, consiste à procurer aux figues domestiques, par le moyen des figues sauvages, qui ne sont pas bonnes à manger, une maturité qu'elles n'obtiendraient pas sans cela. Voici comment les paysans de la Grèce procèdent à la *caprification*. Dès qu'au mois de juin et de juillet, les vers qui se sont métamorphosés dans les figues sauvages, sont prêts à sortir sous la forme de moucherons, ils ramassent des figues, et les portent enfilées à des brochettes sur les figuiers domestiques qui sont alors en floraison. Alors ces moucherons sortent des figues sauvages, s'accouplent, entrent dans l'ombilic des figues domestiques, et y déposent non-seulement la poussière fécondante des étamines des figues qu'ils viennent de quitter, et dont ils sont encore tout couverts, mais encore leurs œufs, qui, venant à éclore, produisent des insectes qui font grossir à vue d'œil et mûrir les figues franches. Les figues ainsi *caprifiées* ne sont jamais aussi bonnes que les autres; mais les habitants de l'Archipel savent, par expérience, qu'ils en obtiennent par ce moyen une plus grande quantité. Un motif plus impérieux encore les oblige d'en agir ainsi : c'est que ce fruit fait leur principale nourriture; ils prennent seulement la précaution de les faire sécher au four, afin de faire périr la substance vermineuse qui y est renfermée. Quelques naturalistes révoquent en doute l'utilité de la *caprification*, et la regardent comme un tribut payé à l'ignorance et aux préjugés.

CAPRIFOLIACÉES (botanique) [de *caprifolium*,

chèvrefeuille]. — Famille de plantes dicotylédones monopétales, à étamines épigynes et à anthères distinctes, renfermant des arbres et des arbrisseaux quelquefois grimpants, à feuilles opposées réunies par la base, qui se trouvent en général dans les régions tempérées de l'hémisphère boréal. Le chèvrefeuille, l'hièble, le sureau, le cornouiller appartiennent à cette famille.

CAPROMYS (*capromys*). — Genre de rongeurs dont les formes générales sont celles des rats, mais plus grosses et plus trapues. Ils ont la queue de la longueur de la moitié du corps, droite, grosse, conique, peu velue et couverte de nombreuses écailles disposées en anneaux; 5 doigts aux pieds de derrière, 4 à ceux de devant, avec un pouce à l'état rudimentaire; pelage d'un brun noirâtre lavé de fauve, rude, assez peu fourni, avec une tache blanche sous la gorge.

Les capromys sont propres à l'île de Cuba, où on les nomme vulgairement *Utias*. Ils vivent dans les bois, grimpent assez facilement sur les arbres; ils sont herbivores, et ne boivent que rarement. — On en distingue trois espèces : la plus intéressante est le *capromys de Fournier*, animal presque plantigrade, dont les mouvements sont lents. Il se tient souvent sur les deux pattes de derrière, à la manière des kangurous, et emploie alors une ou les deux mains pour manger. Ce rongeur ne mord jamais, et montre de l'indifférence pour les autres animaux. Il dort en compagnie de plusieurs, rapprochés les uns des autres. Desmarest en a élevé deux en domesticité : il dit que leur voix est un petit cri aigu, et qu'ils s'en servent pour s'appeler; qu'ils manifestent leur contentement par un petit grognement lorsqu'on les caresse, etc. Dr Bossu.

CAPSULE (botanique). — Nom donné à tout fruit sec et déhiscent qui s'ouvre de lui-même à la maturité pour répandre sur le sol les graines qu'il renferme. — Voy. *Déhiscence*.

CAPUCINS (histoire religieuse). — Religieux de l'un des ordres des frères mineurs ou franciscains. Ils ont été ainsi nommés du capuchon ou capuce long et pointu dont ils recouvraient leur tête. — Ils furent institués en 1525 par Mathieu Baschi, frère mineur du couvent de Montefalcone. Cette congrégation fut supprimée trois ans après sa fondation par le pape Clément VII; mais en 1536 Paul III la rétablit, et approuva ses statuts. Les capucins s'établirent en France sous le règne de Charles IX, et ne tardèrent pas à fonder à Paris et dans les environs des monastères célèbres. — Au dix-huitième siècle, les capucins étaient répandus dans toutes les parties du monde, et au nombre de 25,000 environ. Aboli en France, en 1790, leur ordre se maintint à l'étranger.

Ces religieux sont rigoureusement astreints au vœu de pauvreté, qui est une des bases essentielles de leur règle; ils ne vivent que d'aumônes, que des membres de la maison sont spécialement chargés d'aller quêter. Ils portent la barbe longue, n'ont sur la tête qu'une couronne de cheveux, vont jambes et pieds nus, n'ayant pour chaussure que des sandales; leur vêtement consiste en une robe de grosse étoffe de laine grise ou marron clair, qu'ils serrent autour de la taille au moyen d'une corde. — Leur mission principale est la confession et la prédication.

Il y avait aussi un ordre de religieuses qui suivaient à peu près la même règle et portaient le même habit que les capucins, et que pour cela on a surnommées les *capucines*. Ces religieuses, dites aussi *filles de la Croix*, furent instituées à Naples en 1538 et introduites en France en 1602. Dupasquier.

CAPUCINE (*tropœolum*) (botanique). — Genre de plantes de la famille des géraniacées, herbacées, grimpantes, qui ont pour caractères : calice à 5 divisions, éperonné à sa base; 5 pétales, dont les 2 supérieurs sessiles, les 3 autres unguiculés; étamines 8, libres; style à stigmate trilobé; fruit composé de 3 akènes. — Ce genre comprend une douzaine d'espèces, toutes originaires de l'Amérique méridionale et du Pérou.

Fig. 44. — Caracara.

La *capucine ordinaire* (*tropœolum majus*), que l'on cultive dans nos jardins, est connue de tous. Ses fleurs, d'un rouge de feu, se succèdent tout l'été, et servent à parer et à assaisonner les salades. C'est en même temps un antiscorbutique excellent.

La *petite capucine* (*tropœlum minus*) est également cultivée comme plante potagère, et considérée comme antiscorbutique. Ces deux espèces s'obtiennent doubles par la culture.

CARABE (zoologie) [du grec *carabos*, crabe, à cause de la forme de ses pattes]. — Genre d'insectes coléoptères pentamères, de la famille des carnassiers, dont les caractères principaux sont : labre supérieur bilobé; dent de l'échancrure du labre inférieur entière; point d'ailes propres au vol. Ces insectes vivent de chenilles et d'insectes, et sont plus utiles que nuisibles. Plusieurs brillent des plus belles couleurs : tels sont le *carabe doré* des environs de Paris, le *carabe brillant* des Cévennes, le *carabe rutilant* des Hautes-Pyrénées et le *carabe d'Espagne*, qu'on trouve dans la Lozère; le *carabe ferrugineux*, qui passait pour guérir les douleurs de dents. Plusieurs autres ont été regardés à tort pour vésicants et épispatiques, parce qu'on avait placé dans les carabes les buprestes ou enfle-bœufs des anciens. Le genre carabe est le type de la tribu des carabites.

CARACAL ou **LYNX DE BARBARIE.** — Voyez *Lynx*.

CARACARA (zoologie) [du cri qu'il fait entendre]. — Genre d'oiseaux de proie de l'Amérique méridionale, de la famille des vautours, dont les caractères sont : bec droit à sa base, allongé; tarses nus, écussonnés; ongles émoussés, ailes longues. Ces oiseaux ont le vol horizontal et plus rapide que celui des aigles et des buses, mais ils marchent plus qu'ils ne volent; ils dévorent les petits quadrupèdes, les oiseaux, les reptiles, les vers, les insectes, etc.; ils se jettent également sur les charognes les plus infectes et sur les immondices, et font une guerre acharnée aux autres oiseaux de proie.

CARACTÈRE [du grec *charactêr*]. — Impression au propre et au figuré. Au propre, empreinte que fait un objet sur un autre objet, traits principaux qui distinguent un objet d'un autre. Au figuré, ce que la nature grave dans l'âme, et qui constitue une différence entre un homme et un autre, sous le rapport moral. Par extension, signe distinctif d'une chose.

Ce mot a plusieurs acceptions; on peut donc le considérer sous trois rapports principaux : littéraire, philosophique ou moral, scientifique ou artistique.

En littérature, l'orateur qui veut instruire, plaire et toucher, n'y parvient que par l'emploi des trois genres, appelés le simple, le sublime et le tempéré. Dans le discours, l'orateur, en se servant de l'un de ces genres, doit toujours observer le *caractère* qui convient à chacun d'eux, et s'en servir, avec convenance, suivant le sujet qu'il traite.

L'écrivain que la nature fait poëte, en lui communiquant cette flamme sacrée qui donne à toute pensée une forme harmonieuse et un tour plein de noblesse et d'élégance, doit avoir une connaissance profonde des règles qui régissent l'art d'écrire en vers, afin de les appliquer avec discernement, et sans confondre les genres. Chaque genre a son caractère particulier, auquel il faut approprier la mesure de vers qui lui convient.

L'ode demande de l'élévation; l'églogue veut la simplicité, la naïveté; l'élégie, la sensibilité; la chanson, la grâce, l'abandon; l'épopée, la grandeur, le sublime; le drame, l'intérêt, le pathétique ou le comique. Nous pourrions citer Boileau, dans son *Art poétique*; nous y renvoyons.

Le drame, en outre, a d'autres exigences. Le drame est la peinture des mœurs et représente soit une action de la vie commune, alors c'est une comédie; soit un action héroïque ou terrible, alors c'est une tragédie. Pour animer l'action et donner de la vie, en développant les moyens qu'on emploie pour arriver à un dénoûment ou catastrophe, on fait intervenir des personnages. Ces personnages agissent suivant les passions qui bouillonnent dans leur âme et auxquelles ils obéissent; quelques efforts qu'ils fassent, dans le cours de l'action, pour jeter de la variété dans l'intrigue par des épisodes, ils sont toujours ramenés au joug auquel leur nature les tient attachés. Les passions forment le fond de leur caractère. Une fois ce caractère empreint sur leur front, il ne doit jamais se démentir; il reste comme un stigmate ineffaçable. C'est au talent de l'auteur à le soutenir constamment sans l'affaiblir. S'il est nécessaire d'introduire un autre caractère pour lui faire opposition, il faut éviter de diviser l'intérêt et de jeter dans l'esprit des spectateurs une indécision d'où peut naître un partage des sentiments dans lequel le principal personnage serait rejeté dans l'ombre et finirait par perdre de son importance. L'action devenant double, le but serait manqué. Nos bons auteurs ont toujours évité de venir se briser contre un pareil écueil.

Cependant les contrastes, comme caractères épisodiques, et donnant à l'action plus d'intérêt, sont généralement admis; mais, soumis au caractère principal, ils doivent le mettre en relief. En un mot, tout ressort employé pour intéresser doit recevoir son impulsion du caractère mis en jeu, et en refléter les nuances dans les différentes péripéties où le plonge les oscillations de l'intrigue.

Dans *Mithridate*, malgré les dispositions que nous éprouvons dans l'âme pour Monime et Xipharès, l'intérêt se concentre tout entier sur le vieux roi que la fortune vient de trahir dans le dernier combat qu'il a livré aux Romains, et que l'amour trahit.

Dans *Mahomet*, il en est de même; le prophète anime la pièce d'un bout à l'autre, malgré Zopyre, malgré les amours de Séide et de Palmyre.

Dans *Britannicus*, l'écueil était plus imminent. Néron, par le faste impérial qui l'entoure, par son pouvoir absolu, pouvait jeter quelque ombre sur le caractère de son rival, mais l'amour de Junie qui l'attache au malheureux Britannicus, la jeunesse du prince, sa confiance, son aimable caractère, attire tout l'intérêt sur lui, malgré la grande figure de Néron et les agitations violentes d'Agrippine.

Dans la comédie, les mêmes observations existent. Le Misanthrope ne se dément point; Célimène, le seul personnage important, ne nuit point au caractère principal; elle lui donne, au contraire, raison par sa conduite, et le met toujours ainsi en relief. Philinte en fait de même par son opposition aux principes d'Alceste.

Dans *la Métromanie*, le caractère principal ne se dément jamais.

Le Tartufe est toujours tartufe. L'Avare toujours avare.

C'est surtout dans les derniers coups de pinceaux que le caractère principal de la comédie doit se manifester.

L'Avare va voir sa chère cassette.

L'Irrésolu dira :

> J'aurais mieux fait, je crois, d'épouser Célimène.

Le Distrait, qui ne se souvient plus qu'il est marié, dit à son valet :

> Tu m'en fais souvenir, je l'avais oublié.

Le Joueur, que tout abandonne, se console en disant :

> Va, va, consolons-nous, Hector; et quelque jour
> Le jeu m'acquittera des pertes de l'amour.

Chaque auteur a son caractère propre que détermine sa manière d'écrire. Il est clair ou obscur, impétueux ou traînant, noble ou rampant, pathétique ou comique, harmonieux ou trivial, concis ou diffus, élégant ou prétentieux, hardi ou lâche, etc., ainsi à l'infini.

En philosophie, il faut considérer l'homme par le côté qui le distingue, par le caractère qu'il a reçu de la nature en naissant; s'il est bon, il fait quelquefois son bonheur, s'il n'en ternit point l'éclat par la fougue de ses passions; s'il est mauvais, il est souvent cause de son malheur, parce qu'il ne sait pas se diriger par la pratique des habitudes bienséantes, qui sont les vertus de l'homme en société. Il faut une bien grande vertu pour conserver le premier, et une vertu plus grande pour corriger le second.

Serait-il bien vrai que le caractère dans l'homme ne puisse se modifier, ne puisse changer, et qu'il soit si inhérent à son individualité qu'il en constituerait une des parties organiques? Si c'est là une vérité, il est bien triste d'y penser. Mais, malgré le jugement de certains philosophes, nous n'osons pas le croire; nous sommes loin d'être de l'avis de Voltaire, qui dit que le naturel de l'homme ne changera pas plus que l'instinct d'un loup ou d'une fouine. Le caractère, dit-il, est formé de nos idées et de nos sentiments; or il est très-prouvé qu'on ne se donne ni sentiments ni idées : donc notre caractère ne dépend pas de nous.

Voltaire, à l'appui de son raisonnement, cite Sixte-Quinte et l'exemple d'un petit valet de François Ier.

Voltaire n'a pas toujours raison, et ici il l'a moins que jamais. Et, d'abord, en parlant du loup et de la fouine, il a entendu parler des animaux en général en état de sauvages. Nous répondrons à cela que tous les animaux domestiques ont été en état de sauvages, et que l'homme, en les soumettant au joug, a dompté leur nature, les a rendus dociles, et par conséquent a changé leur instinct.

Quoi qu'en dise Voltaire, on se donne des sentiments et on se donne des idées. A quoi bon servirait d'étudier, de s'instruire, de suivre les leçons des maîtres dans les sciences, si on ne devait en retirer aucun profit pour augmenter le nombre de nos idées et la somme de nos sentiments? A quoi bon la religion si elle ne devait pas améliorer le cœur de l'homme, calmer ses passions, détruire ses vices, déraciner de monstrueux abus, anéantir les offrandes sanglantes, briser le glaive aux mains d'un sacrificateur, éteindre le feu des holocaustes humains, rendre l'anthropophage à la civilisation et changer enfin les méchants caractères?

Nous disons plus, nous disons que l'homme peut non-seulement réformer son caractère, mais qu'il peut se faire un caractère, se donner des idées et des sentiments.

Qui dira qu'il peut faire l'évaluation des idées qui germent dans un cerveau, et que le nombre arrêté, le cerveau ne peut plus en acquérir d'autres?

L'idée est une notion que l'âme attentive se fait de quelque chose. Tous les philosophes, depuis Platon jusqu'au dernier professeur de nos collèges, savent cela. Où est la borne de nos idées? nous en enfantons tous les jours.

La manière de former les idées, dit l'auteur d'*Émile*, est ce qui donne un caractère à l'esprit humain. On peut donc se créer un caractère, et Rousseau lui-même le prouve par des exemples.

La sensation est le sentiment qu'éprouve notre âme à la présence des corps par suite de l'impression qu'en reçoivent nos sens. Qui saura apprécier le nombre des sentiments qui impressionnent notre âme? Il est vrai que nous ne pouvons augmenter nos sens; mais nos sentiments, mais, comme dit Platon, les sens de l'âme? il n'en est pas de même. Nous abrégeons, parce que nous ne prétendons pas ouvrir un cours de philosophie, cela nous mènerait trop loin; nous en avons dit assez pour convaincre les esprits sur la question.

Mais Voltaire lui-même nous en offre un exemple. Son caractère, d'abord, se présente comme irascible, vindicatif, implacable envers ses ennemis, et par-dessus tout indépendant. Il est loin de suivre le précepte de Cléobule, l'un des sept sages de la Grèce, dont la maxime était : *De la mesure en tout; fais du bien à tes amis pour te les attacher davantage, et à tes ennemis pour en faire des amis.*

Mais aussi, dans les questions d'humanité, Voltaire se présente sous un aspect bien différent. Quelle noblesse d'âme, quelle magnanimité de caractère, quelle sensibilité pour l'infortune, n'a-t-il pas déployées dans la défense de familles innocentes qu'il a arrachées à l'infamie!

Que devenait son indépendance lorsqu'il était aux pieds du grand Frédéric?

Auquel des deux caractères faisait-il donc violence?

Ainsi nous sommes tous bien loin de ressembler aux Zénon et aux Socrate.

Un esclave casse le doigt à Zénon. Zénon se contente de lui dire : « Je t'avais pourtant bien dit que tu finirais par me casser le doigt.

Socrate reçoit une potée d'eau sur la tête, de la part de sa femme en colère; et Socrate de dire tranquillement : « Après la tempête, la pluie. »

Tout cela n'empêche pas Destouches d'avoir raison, en général, lorsqu'il dit :

Chassez le naturel, il revient au galop.

Soit dit en passant, traduction acceptée de confiance du vers d'Horace :

Naturam expelles furca, tamen usque recurret,

mais qui est loin de répondre à la pensée du poëte latin, comme on l'a cru jusqu'ici. La différence, c'est que dans le vers français nature est prise au figuré, et dans Horace nature est prise au propre ; ce qui se confirme par le vers suivant :

Et mala perrumpet furtim fastidia victrix.

HORACE, ép. X.

Que le naturel du loup ne change jamais, le naturel de l'homme change et varie suivant mille circonstances de la vie ; avec le naturel, ses sentiments ; avec les sentiments, ses idées.

L'homme a-t-il le même caractère à quarante ans, à soixante ans, qu'il avait à vingt ans ? non, certes, cela ne s'est jamais vu.

A vingt ans, il est vif, léger, dissipateur ; à quarante, il est réservé, ambitieux ; à soixante, il est grave, conservateur, ou avare, si vous l'aimez mieux. La raison ainsi le veux, en voici la preuve.

Osez représenter sur la scène un jeune homme de vingt ans sage, grave et avare, même ambitieux, on vous sifflera.

Osez représenter un homme de soixante ans vif, léger, dissipateur, on vous sifflera plus fort.

Que de conversions ne se sont pas faites ! Voyez l'abbé de Rancey, l'homme du monde jadis livré aux plaisirs, le plus voluptueux, le plus dissipé de son temps, après la mort de sa maîtresse, renoncer au monde, s'ensevelir chez les trappistes, l'ordre le plus sévère, y rester trente ans, et mourir sur la paille, couvert de cendre.

Voyez Alcibiade même, l'élève de Socrate, mélange de vices et de vertus, du caractère le plus souple ; forcé de s'exiler à Sparte, il vit en Spartiate ; en Perse, il étale tout le luxe d'un satrape.

Que dira-t-on d'Auguste, cruel tant que la politique exigea qu'il le fût pour servir son ambition, et clément une fois monté sur le trône ?

Nous ne finirions pas à citer des exemples.

Il est vrai qu'il est des caractères que rien ne peut ébranler, et qui restent attachés au cœur de l'homme comme le vautour aux entrailles de Prométhée, et qui ne l'abandonnent que lorsque son cœur a cessé de battre.

Denys le tyran fut toujours le même, sur le trône et après en être descendu.

Pierre Ier, de Russie, fut toujours plus cruel.

Néron ne crut jamais être assez cruel jusqu'à ce qu'il eût tué sa mère.

Il y a une foule de caractères qui pourraient servir au philosophe dans l'étude de l'humanité s'il voulait chercher les moyens les plus propres à diriger les bonnes natures et à corriger les mauvaises. Mais la philosophie le plus souvent s'indigne contre les vices, et donne peu de remèdes pour les extirper.

Théophraste, la Bruyère, sont les principaux auteurs qui se sont occupés de faire la peinture des caractères. Assurément leurs travaux offrent beaucoup d'intérêt, leurs portraits sont profondément dessinés, et les couleurs qu'ils emploient merveilleusement appropriées.

L'un nous peint le flatteur, le grand parleur, l'avare, l'hypocrite, le complaisant, le superstitieux, le glorieux, le médisant, etc.

L'autre nous fait le tableau des hommes d'esprit, de l'égoïste, du riche, du pauvre, des mœurs de la cour, des grands, du faux dévot, du distrait, du frivole, du gastronome, du plaideur, etc.

Dans les *Maximes* de la Rochefoucauld, de Vauvenargues, dans les *Sentences* de Publius Syrus, nous trouvons de sages réflexions, de nombreuses et excellentes pensées, qui sont la monnaie des caractères ; il est bon de les étudier et de les joindre aux différents caractères auxquels ils peuvent convenir pour les orner et les enrichir.

Mais dans tout cet amas de richesses, nous ne voyons pas une seule recette propre à guérir d'un travers ou à redresser un caractère.

Il nous reste à parler du caractère sous le rapport scientifique ou artistisque. Nous mêlons ces deux rapports parce que pour pratiquer un art avec succès, il faut du savoir ; or le savoir dans les arts, c'est de la science, à quelque degré que ce soit.

Dans ce cas, le caractère signifie une marque tracée sur un corps avec tout instrument qui laisse empreints des traits, des lignes, des figures ; tels sont les hiéroglyphes égyptiens qu'on voit sur l'obélisque de Louqsor, gravés au ciseau ; les lettres ou signes formant, par leur assemblage, les différents alphabets des peuples chinois, grecs, français, allemands, et que l'imprimerie ou la topographie empreint sur le papier par un moyen mécanique ; leur diversité, en italiques, nonpareille, cicéro, mignonne, etc.

A propos de signes, de lettres, c'est ici le lieu de rappeler quel fut l'inventeur des lettres de l'alphabet, et qui les introduisit en Grèce avec l'écriture. C'est Cadmus, roi de Phénicie. Le quatrain suivant donne une juste idée de cette merveilleuse invention :

C'est de lui que nous vient cet art ingénieux
De peindre la parole et de parler aux yeux,
Et, par les divers traits des figures tracées,
Donner de la couleur et du corps aux pensées.

Si Brébeuf avait toujours été aussi heureux, Boileau, dans son *Art poétique*, après avoir flétri le style burlesque, n'eût pas, certes, immédiatement après, fait rimer le nom de Brébeuf avec pont-neuf, au sujet de sa traduction de *la Pharsale*.

On dit, dans le même sens, caractères de musique, ou les notes ou autres signes mélodiques ; les caractères algébriques, astronomiques, chimiques, dont ont se sert dans ces sciences. Caractère se dit aussi des plantes ; ce sont les signes qu'elles présentent dans leur formation, soit par la fleur, le pistil, les étamines, etc., et qui distinguent leurs espèces, leurs classes et leurs genres. On dit également caractère d'un minéral, à cause de la propriété qu'il possède, et qui diffère de celle d'un autre minéral. Dans les beaux-arts, en peinture, en sculpture, expression donnée à une figure : cette tête, cette statue est d'un beau caractère.

Par extension, on dit : chaque passion a son caractère; cette maladie a un caractère peu rassurant; le caractère de ce discours est révolutionnaire; le caractère de cette physionomie est la bonhomie, la douceur; caractère d'un ambassadeur, dignité, titre; un homme à caractère, sans caractère, homme courageux ou faible, etc.

Chaque individu, en outre de son caractère particulier qu'il couve dans le fond du cœur, a un autre caractère que les circonstances font éclater au dehors. Le caractère se communique par les mœurs, les usages, les habitudes, et se propage par le contact, la communication d'idées et les opinions, qui aujourd'hui se manifestent par mille moyens, et surtout par les écrits de toutes sortes. Il est souvent l'héritage légué par nos pères, et fait partie de l'existence sociale d'une nation et de son existence politique. L'agglomération d'individus forme naturellement un faisceau imposant de sentiments, d'opinions, d'idées, qui sont autant de caractères. Mais, dans toute société, il y a des nuances, des dissidences, des oppositions, parce que, ainsi est fait l'esprit de l'homme, une unanimité est une chose impossible. Mais si l'unanimité ne peut exister, il y a pourtant une majorité, et c'est cette majorité qui fait loi. C'est pourquoi il y a un caractère dominant dans toute société. Chaque peuple a le sien.

Le Français se distingue par sa légèreté, sa sociabilité;

L'Anglais par son esprit de spéculation et de locomotion qui en est la conséquence;

L'Italien par sa gravité, en imitation du peuple romain;

L'Allemand par la réflexion et son esprit philosophique.

Le Russe tient beaucoup des Grecs. (*Timeo Danaos et dona ferentes.*)

Le Turc est superstitieux et fataliste.

L'Espagnol a de la morgue et de la fierté.

Le Français est-il le mieux partagé, et doit-il être fier de son caractère? Nous pouvons plutôt l'être de l'opinion qu'avait conçue Charles-Quint à l'occasion du caractère propre aux langues de certains peuples.

Charles-Quint disait donc qu'on devrait parler *espagnol* à Dieu, *allemand* aux chevaux, *anglais* aux oiseaux, *italien* à sa maîtresse, *français* à son ami.

REDAREZ SAINT-REMY.

CARACTÈRE (grammaire et typographie) [du grec *charactêr*, mot formé de *charassein*, graver, imprimer]. — Ce mot signifie, en général, ce qui constitue la nature des êtres d'une manière distinctive et propre à chacun. Mais on donne plus spécialement le nom de *caractères* aux signes établis de convention pour représenter d'une manière sensible les objets de la pensée sur du papier, du bois, de la pierre, du métal, de la pâte, avec la plume, le burin, le pinceau, le ciseau ou tout autre instrument. D'Alembert admet trois espèces principales de caractères : les *caractères littéraux*, les *caractères numéraux* et les *caractères d'abréviation*.

Le *caractère littéral* est une lettre de l'alphabet, propre à indiquer quelque son articulé.

Le *caractère numéral* est ce qu'on appelle plus ordinairement *chiffre*.

Les *caractères littéraux* peuvent se diviser, eu égard à leur nature et à leur usage, en *nominaux* et en *emblématiques*.

Les *caractères nominaux* sont ce qu'on appelle proprement des lettres, qui servent à écrire les noms des choses.

Les *caractères emblématiques* ou *symboliques* expriment les choses mêmes, et représentent leurs formes, tels sont les hiéroglyphes des anciens Égyptiens.

On a retrouvé chez les Péruviens le même système d'écriture, tracé au moyen de plumes d'oiseaux; on les appelait *pampos*. Mais les Péruviens n'en connaissaient point d'autres, tandis que les Égyptiens avaient deux sortes de caractères, les uns sacrés, les autres populaires. Les caractères sacrés étaient les hiéroglyphes, dont ils se servaient dans les choses relatives à la politique, à la morale, et surtout à la religion. Les prêtres en avaient seuls le secret. Quant aux caractères populaires, ils n'étaient autre chose que des lettres formant un alphabet.

Les Chaldéens se servaient à la fois de caractères symboliques et de caractères littéraux.

Il est aussi des caractères symboliques qui se font avec des fleurs arrangées dans un certain ordre.

D'une fenêtre à l'autre, on nous dit, fleurs discrètes,
Qu'aux amours musulmans vous servez d'interprètes.

(LEMIERRE.)

Les *caractères littéraux* peuvent encore se diviser, eu égard aux différentes nations chez lesquelles ils ont pris naissance et où ils sont en usage, en *caractères grecs*, *caractères hébraïques*, *caractères latins*, etc. C'est à ce point de vue surtout que les lettres justifient leur nom de *caractères*, parce que, dans chaque nation, elles ont une forme et une figure déterminées, qui les distinguent des lettres des autres nations. Les caractères le plus répandus aujourd'hui sont les caractères latins.

Considérés au point de vue de l'orthographe, les caractères de l'alphabet latin sont très-imparfaits, car ils ne peuvent rendre tous les sons et toutes les articulations des langues qui en font usage, parce qu'ils ne sont pas assez nombreux, ce qui oblige à donner à un même caractère plusieurs emplois différents, ou à grouper plusieurs caractères pour obtenir un son unique. D'un autre côté, il y a des caractères complétement inutiles, tels que le *q*, le *x*. Ce défaut existe plus ou moins dans d'autres alphabets.

La diversité des caractères dont se servent les différentes nations pour exprimer la même idée est regardée comme un des plus grands obstacles qu'il y ait au progrès des sciences; aussi quelques auteurs, pensant affranchir le genre humain de cette servitude, ont-ils proposé des plans de caractères qui pussent être *universels*, et que chaque nation pût lire dans sa langue. Pour atteindre ce résultat, ces caractères devraient être réels et non nominaux, c'est-à-dire exprimer des choses et non pas des sons.

Si ce projet avait été mis à exécution, chaque nation, tout en conservant son propre langage, aurait été cependant en état d'entendre celui d'une autre, sans l'avoir appris, en voyant simplement un caractère réel ou universel, qui aurait eu la même signification pour tous les peuples, quels que pussent être les sons dont chaque nation se serait servie pour l'exprimer dans son langage particulier. Par exemple, en voyant le caractère destiné à signifier *boire*, un Anglais aurait dit *to drink*; un Français, *boire*; un Latin, *bibere*; un Grec, *pinein*; un Allemand, *trinken*, et ainsi des autres; de même qu'en voyant un cheval, chaque nation en exprime l'idée à sa manière, mais toutes entendent le même animal. Les Chinois et les Japonais possèdent quelque chose de semblable. Ils ont un caractère commun que chacun d'eux entend de la même manière, quoique les mots de leurs langues soient tellement différents qu'ils n'entendent pas la moindre syllabe les uns des autres quand ils parlent.

Les premiers essais, et même les plus considérables que l'on ait faits en Europe pour l'institution d'une langue universelle et philosophique sont ceux de l'évêque Wilkins et de Dalgarme; cependant ils sont restés sans aucun effet.

Leibnitz, qui s'est aussi occupé de cette question, pensait que les caractères de cette langue devaient ressembler à ceux de l'algèbre, qui sont fort simples quoique très-expressifs, sans avoir rien de superflu ni d'équivoque. Il avait en vue un *alphabet des pensées humaines*, et même il y travaillait, quand la mort empêcha son projet de venir à maturité.

Lodwic avait conçu le plan d'un caractère universel d'une toute autre nature. Il devait contenir une énumération de tous les sons ou lettres simples, usités dans une langue quelconque; au moyen de quoi on aurait été en état de prononcer promptement et exactement toutes sortes de langues, même celles que l'on n'aurait pas encore entendu prononcer. Ce caractère aurait pu servir aussi à perpétuer les sons d'une langue quelconque.

Un autre auteur croyait atteindre plus facilement le même but en se servant de caractères connus, les chiffres arabes, dont les diverses combinaisons, qui sont infinies, pourraient en effet exprimer toutes les idées possibles.

Un grand nombre d'autres projets ont été proposés de nos jours; tous sont très-ingénieux, et infiniment supérieurs aux moyens dont nous nous servons pour nos relations avec les étrangers, mais aucun n'a été adopté. Ici, en effet, la difficulté est bien moins d'inventer les caractères les plus simples, les plus aisés et les plus commodes, que d'obtenir que les différentes nations en fassent usage; elles ne s'accordent, dit Fontenelle, qu'à ne pas entendre leurs intérêts communs.

Il y a des caractères ou des lettres qui indiquent seules un mot. On en faisait un grand usage dans les anciennes inscriptions. Les manuscrits du moyen âge en étaient remplis. On n'y a pas renoncé de nos jours. On s'en sert dans toutes les langues. Nous écrivons *c. a. d.*, pour signifier c'est-à-dire; *S. M.*, pour Sa Majesté, etc.

Outre les caractères ordinaires, on en a inventé de particuliers pour la tachygraphie, la sténographie, la stéganographie, la télégraphie. Les divers chiffres dont on se sert dans la diplomatie sont aussi des caractères spéciaux, quoiqu'ils ne soient que les caractères vulgaires, soit lettres, soit chiffres, mais on leur donne des significations nouvelles. On fait également un usage particulier de caractères différents en arithmétique, en algèbre, en géométrie, en trigonométrie, en astronomie, en médecine, en chimie, en pharmacie et en musique.

On appelle en typographie *caractère* chaque lettre ou signe qui se trouve en relief à l'extrémité d'un petit parallélipipède de métal fondu; on se sert aussi, pour quelques gros caractères d'affiches, de lettres gravées sur bois.

Dans les caractères typographiques, les trois dimensions, longueur, largeur et profondeur portent des noms particuliers : la longueur s'appelle *corps*; la largeur, *épaisseur*, et la profondeur, *hauteur*.

Le corps d'une lettre se mesure depuis la tête des lettres montantes, *l*, *d*, *b*, jusqu'à la queue des lettres descendantes *g*, *p*, *q*. Le blanc qui existe d'une ligne à l'autre n'est produit que par cette partie de la lettre appelée *talus* qui existe dans les lettres qui ne sont ni montantes ni descendantes, comme l'*a*, l'*o*, le *c*, etc. Si l'on veut que les lignes soient plus écartées, on place alors entre chacune d'elles une lame de métal appelée *interligne*; on s'aperçoit de sa présence, parce que les lettres montantes et descendantes cessent de se toucher.

L'épaisseur de la lettre est la différence qui existe entre une lettre large comme le *m* et une autre moins large comme le *n*, le *l*, l'*i*.

La hauteur est la distance prise du pied de la lettre supposée debout sur sa tige jusqu'à l'œil. Cette hauteur est, en France, pour tous les caractères, de 10 lignes 1/2 ou 24 millimètres. C'est ce que l'on appelle la *hauteur en papier*.

On appelle *œil* de la lettre cette partie du caractère qui paraît à l'impression.

Pour indiquer au compositeur de quel côté il doit placer la lettre, les fondeurs tracent sur la tige, soit en haut, soit en bas, quelquefois en dessus, quelquefois en dessous ou même des deux côtés, un, deux, trois ou même quatre crans. Ces crans servent en outre à faire connaître les différents œils des caractères.

Il y a des caractères de différentes épaisseurs ou forces de corps. Pour les distinguer les uns des autres, on a donné à chacun d'eux une dénomination particulière. Pendant longtemps, rien, dans ces noms, n'indiquait le rapport de ces caractères les uns avec les autres. Ils avaient été empruntés arbitrairement soit au nom de leurs inventeurs, soit à celui des ouvrages où ils avaient été primitivement employés, soit à d'autres circonstances passagères. Avant 1737, on n'avait aucune mesure pour régulariser la force relative des divers corps; c'est alors que Fournier jeune inventa le *prototype* pour obtenir la régularité par tout le royaume, on l'a remplacé par le *typomètre*. Mais ce n'était pas assez d'avoir une mesure régulière et uniforme, on sentit le besoin de remplacer les anciens noms arbitraires des caractères par des dénominations plus générales, et on l'obtint par des numéros. On choisit une mesure spéciale, le *point typographique*, équivalant à deux points du pied de roi, et chaque caractère fut désigné par le nombre de points qu'il portait. Comme les anciens noms ne sont pas encore entièrement abandonnés, je donne ici les uns et les autres :

Diamant....................	3
Sédanoise....................	4
Parisienne....................	5
Nompareille....................	6
Mignonne....................	7
Petit-texte....................	7 1/2
Gaillarde....................	8
Petit-romain....................	9
Philosophie....................	10
Cicéro....................	11
Saint-Augustin....................	12 ou 13
Gros-texte....................	14
Gros-romain....................	15 ou 16
Petit-parangon....................	18 ou 20
Gros-parangon....................	21 ou 22
Palestine....................	24
Trismégiste....................	36.
Gros-canon....................	40 ou 44
Triple-canon....................	72

Il y a aussi des caractères d'affiches, qu'on appelle *grosses de fonte*.

Pour que l'on puisse juger de l'effet que produisent ces différents corps de caractères, j'en donne le spécimen suivant :

Corps 5.

Ambassadrice

Corps 6.

Ambassadrice

Corps 6 1/2.

Ambassadrice

Corps 7.

Ambassadrice

Corps 8.

Ambassadrice

Corps 9.

Ambassadrice

Corps 11.

Ambassadrice

Corps 13.

Ambassadrice

Corps 10.

Ambassadrice

Corps 20.

Ambassadrice

Corps 28.

Ambassadrice

Corps 32.

Ambassadrice

Corps 60.

Oiseaux

Outre ces caractères principaux, il y a des caractères intermédiaires, dont l'œil est plus fort que celui du 6 et moins fort que celui du 7, etc. On leur donne la dénomination fractionnaire de 6 1/2; et comme le 6 1/2 est ordinairement sur le corps 7, on ajoute à cette dénomination celle du corps sur lequel ils sont fondus; ainsi l'on dit du 6 1/2 corps 7, ou du 7 petit œil; du 7 1/2 corps 8, ou du 8 petit œil. Ces caractères portent un demi-point de blanc; il y en a qui portent jusqu'à un point et plus, alors on dit du 6 corps 7, etc.

Au moyen de ces nouveaux noms, on voit de suite le rapport qu'il y a entre un caractère et un autre, de sorte que si l'on veut changer le caractère d'un ouvrage dans une seconde édition, on n'a qu'un calcul très-simple à faire pour connaître la différence qu'il y aura en plus ou moins, suivant que l'on emploiera un caractère plus fort ou plus faible. Ce rapport était bien plus difficile à trouver avec les anciens noms.

Il y a diverses espèces d'œils : le *petit œil*, l'*œil ordinaire* et le *gros œil*. On a aussi un *œil poétique*, ainsi appelé parce que les lettres à œil poétique sont peu épaisses et très-allongées, pour qu'un vers entier puisse entrer dans une ligne. Il y a également des caractères *compactes*, qui ne portent presque pas de blanc, et dont on se sert dans les éditions économiques.

Que le caractère soit français ou étranger, calligraphique ou moulé, on le désigne toujours par ces dénominations; ainsi l'on dit du grec corps 6, de l'hébreu corps 8, de l'anglaise corps 12, de la ronde corps 12, etc.

On n'a pas seulement à distinguer les caractères sous le rapport de la force du corps et de la grosseur de l'œil, il y en a aussi de différentes formes.

Pour les peuples qui ont adopté l'alphabet latin, il y a le *romain* et l'*italique*. Le romain est un caractère droit, et l'italique un caractère penché. Le romain est celui dont on se sert le plus ordinairement; l'italique ne s'emploie que dans certains mots, certaines phrases, que l'on veut faire remarquer. Cependant on a vu quelquefois des ouvrages entiers composés en italique; et encore aujourd'hui on compose des préfaces, des épîtres dédicatoires, des circulaires entièrement en italique. Chaque romain a son italique.

Romain. Italique.

Ambassadrice *Ambassadrice*

On se sert aussi en imprimerie de caractères dits *calligraphiques* ou d'écriture, l'anglaise, la ronde, la gothique.

Anglaise. Ronde.

Ambassadrice *Ambassadrice*

Gothique.

Ambassadrice

Ces divers caractères n'ont pas encore paru suffisants, on a inventé une grande variété de formes de lettres, dites de fantaisie, qui ne sont pas toutes agréables à l'œil; quelques-unes même sont peu lisibles. Il y a des lettres *grasses*, *maigres*, *égyptiennes*, *normandes*, etc.

Grasses. Maigres.

AMBASSADRICE AMBASSADRICE

Égyptiennes. Normandes.

AMBASSADRICE **AMBASSADRICE**

Dans chaque sorte de caractère, il y a des lettres de différentes formes, les *grandes capitales*, A, B, C, les *petites capitales*, A, B, C, et les lettres du bas de casse, qui sont les lettres ordinaires, a, b, c, etc. Parmi celles-ci, il se trouve encore quelques lettres doubles, telles que *fi*, *ffi*, *fl*, *ffl*, *ff*. Autrefois ces lettres étaient en plus grand nombre; il y avait des *s* doubles, des *si*, des *ct*, la ligature que l'on écrit aujourd'hui *et*, et que l'on n'a conservée que dans l'écriture.

C'est dans les capitales que l'on a multiplié surtout les caractères de fantaisie; on a des lettres *ombrées*, des lettres *ornées*, des lettres *blanches*, des lettres *antiques*, etc.

Ombrées.

AMBASSADRICE

Ornées. Blanches.

AMBASSADRICE AMBASSADRICE

Antiques.

AMBASSADRICE

Au commencement des livres, des chapitres, on place des lettres beaucoup plus grosses que celles du texte, quelquefois elles s'étendent sur plusieurs lignes, d'autres fois elles ne tiennent qu'à une seule, mais elles s'élèvent beaucoup au-dessus. Ces lettres sont quelquefois simples, mais souvent elles sont ornées de dessins.

Dans les abréviations, on se sert souvent de lettres qu'on appelle *supérieures*, parce qu'elles se placent au-dessus des autres lettres; elles sont beaucoup plus petites. En voici quelques exemples : 1°, 1re, 1er, St, etc.

Il y a aussi des chiffres supérieurs, dont on fait un grand usage dans les calculs algébriques : 3^2, 8^3, a^4, b^5. Il y a même des chiffres inférieurs : 3_4, 8_2.

Ces lettres et ces chiffres sont ordinairement d'un seul morceau; mais quand on n'en a pas dans une imprimerie, on se sert de lettres d'un caractère beaucoup plus petit, que l'on fait tenir au moyen d'espaces qui servent à combler le vide. C'est ce qu'on appelle un *parangonnage*. Quelquefois, au lieu d'espaces, on emploie un peu de papier, c'est ce qu'on nomme des *espaces de Limoges*. C'est un procédé fort incommode.

Outre les lettres, les signes de ponctuation et des accents qui font partie de la lettre, on se sert encore de petits morceaux de métal plus bas que la lettre, pour séparer les mots les uns des autres, c'est ce qu'on appelle des *espaces*. Pour obtenir de plus grands blancs, on a des *quadrats*, des *quadratins*.

J.-B. Prodhomme,

Correcteur à l'Imprimerie Impériale.

CARACTÉRISTIQUE (grammaire). — Ce mot se dit, en général, de ce qui caractérise une chose, une personne, c'est-à-dire de ce qui constitue son caractère, par lequel on en fait la distinction des autres choses.

Il s'emploie surtout en grammaire pour désigner la principale lettre d'un mot, qui se conserve dans la plupart de ses temps, de ses modes, de ses dérivés et composés; ainsi, dans le verbe *aimer*, les lettres caractéristiques sont *aim*.

On nomme aussi *lettre caractéristique* celle qui dénote la formation d'un temps, et qui se trouve la même dans les mêmes temps. Ainsi la lettre *r* est la caractéristique de tous nos futurs et conditionnels français : *j'aimerai*, *je finirai*, *j'aimerais*, *je finirais*, etc.

Les caractéristiques sont d'un grand usage dans la grammaire grecque, particulièrement dans la formation des temps.

On appelle aussi de ce nom les lettres qui se conservent dans les dérivés d'un mot, comme le *p*, dans les dérivés de *corps* et de *temps* : *corporel*, *temporel* ; le *g*, dans *long*, *sang*, *rang*, à cause de *longueur*, *sanguin*, *ranger*. Leur utilité est bien loin d'être aussi réelle qu'on veut bien le dire, je le démontrerai au mot *Néographie*.

Caractéristique est aussi d'un grand usage dans les mathématiques. J.-B. Prodhomme.

CARAPACE (zoologie). — Nom donné au test osseux ou bouclier supérieur qui recouvre le corps des chéloniens ou tortues : le test inférieur s'appelle plastron. La carapace de ces reptiles est formée d'un grand nombre de plaques osseuses unies ensemble par des sutures.

CARAT [du mot indien *kuara*[1]]. — Poids conventionnel servant, de temps immémorial, à peser le diamant, les perles et les pierres précieuses. Il se subdivise en $\frac{1}{2}$ $\frac{1}{4}$ ou grain, $\frac{1}{8}$ $\frac{1}{16}$ $\frac{1}{32}$ $\frac{1}{64}$ de carat.

Ce poids, tout exceptionnel comme la marchandise qu'il régit, n'a pas cependant la même valeur en tous lieux. Ainsi en France il équivaut à 0,206 mil., en Angleterre à 0,205, en Autriche à 0,206,013, en Portugal et au Brésil à 0,200. Dans ce dernier pays, le carat se nomme aussi quilate. On s'y sert encore d'un poids nommé octave et qui correspond à 17 carats 1/2.

Dans l'Inde, le carat se nomme magnelin, et équivaut à 0 gr. 398 mil. ou 7 grains 1/8. Aux mines de Raolconda et de Gani ce poids était compté pour 7 grains ou 1 carat 3/4. Aux royaumes de Golconde et de Visapour (Deckan) il répondait à 1 carat 3/8. A Soumelpour et dans le Mogol on se servait du ratis, correspondant à 7/8 de carat. A Madras, à Goa, on se sert du magnelin, qui, là, égale 1 carat 1/4. On voit que rien n'est plus arbitraire que ce poids, quoiqu'il soit de pure convention. Ce terme cependant est générique pour la désignation du diamant eu égard à sa grosseur. Dans ce commerce on dit, pour désigner une partie assortie, du 8, du 16, du 100, du 1000 au carat, suivant la dimension des cristaux.

Le carat considéré comme unité de poids pour cette spécialité, malgré les défectuosités que nous venons de signaler, est tellement inféodé dans les habitudes du commerce des pierres précieuses dans le monde entier, que c'est peut-être la seule marchandise qui n'ait pu être ramenée au système décimal dans les pays civilisés, malgré le grand avantage qu'aurait présenté, pour la justesse du poids, l'extrême division du gramme, son unité parfaite étant partout la même.

Le mot carat est aussi employé pour désigner le titre de l'or. Ainsi l'or fin ou vierge à 1000 millièmes est désigné à 24 carats, et les alliages de cuivre ou d'argent qu'on y ajoute, altérant sa pureté, diminuent par conséquent son titre. Si l'on ajoute un quart d'alliage à un lingot d'or fin, il arrive à 750 millièmes et n'est plus qu'à 18 carats. Ch. Barbot.

CARAVANE (commerce) [du persan *kervan* ou *karvan*, qui signifie un nombre de personnes qui voyagent ensemble]. — Réunions de pèlerins et de marchands, qui, de divers points de l'Asie et de l'Afrique, se rendent soit à la Mecque, soit à Damas, soit au Caire, etc., pour y vendre et acheter leurs marchandises. Cette manière de commercer est très-ancienne et la seule qui se pratique dans les vastes pays de la Tartarie, de la Perse et de l'Afrique.

Caravane se dit, en termes de commerce du Levant, d'un bâtiment de mer qui, sans avoir aucune destination fixe, va à fret d'un port à l'autre et d'une échelle à l'autre, suivant les occasions qui se présentent lorsqu'il se trouve sur les lieux. Ces sortes de bâtiments restent jusqu'à deux années dehors, c'est-à-dire jusqu'à ce que le sort leur ait produit de quoi rapporter un chargement pour leur propre compte.

CARAVANSERAI, vulgairement *caravansérail*, [mot persan et turc, composé de *kervan* ou *karvan*, un nombre de voyageurs, et de *serai*, maison, hôtel, palais : maison destinée à recevoir les voyageurs]. — Bâtiment public destiné dans l'Orient à servir d'hôtellerie ou de lieu de repos aux caravanes et aux marchands. « C'est un édifice de forme carrée, au milieu duquel se trouve une vaste cour entourée d'arcades avec un puits ou une fontaine. Tous les voyageurs y sont reçus gratuitement, mais ils n'y trouvent d'ordinaire que de l'eau et le couvert. La police des caravansérais est confiée à un officier appelé *caravansérakier*. Quelques-uns de ces édifices, surtout à Constantinople, à Ispahan et à Agra, sont remarquables par la magnificence et la richesse de leur construction. Dans quelques villes ils servent également de marchés ou bazars. En Turquie, il n'est permis qu'à la mère et aux sœurs du sultan, aux vizirs et aux pachas qui se sont trouvés trois fois dans une bataille contre les chrétiens, de fonder des *caravansérais*. »

CARBONARISME (politique). — Association des carbonari ; ensemble de leurs principes. Le mot *carbonaro*, qui fait au pluriel *carbonari*, signifie en italien *charbonnier*. On donnait le nom de *carbonari* aux membres d'une société politique et secrète dont le but était le renversement de la monarchie. L'association des carbonari, dit J. B. Soulas, tire son origine d'Italie ; dès 1819, la Corse comptait bon nombre d'associés. Le gouvernement de Louis XVIII connut la formation de cette société ; mais, comme les carbonari étaient alors peu nombreux, il crut plus sage de les tolérer que de les poursuivre. Une circulaire du ministre d'alors portait que des poursuites décelaient une crainte que de pareilles sociétés ne peuvent inspirer. Après les insurrections qui éclatèrent à Naples et en Piémont, et où la charbonnerie montra sa force, Dugied introduisit cette société en France. Le 1er mai 1821, Bazard, Buchez, Guinard, Corcelles fils, Flottard, Sautelet et Caïrol en prirent la direction. Peu nombreuse à son début, la charbonnerie se répandit rapidement dans toute la France. Elle comptait dans son sein les hommes les plus influents de l'opposition d'alors : Dupont (de l'Eure), d'Argenson, Corcelles, Beauséjour, Schonen, La-

[1] Nom d'une graine employée jadis en Afrique à peser la poudre d'or et qui, transportée dans l'Inde, y servit à peser le diamant.

fayette, Kœchlin, tous députés; Mauguin, Barthe, Mérilhou, Cabet, Trélat, Degeorges, Cauchois-Lemaire, Arnold Scheffer, etc., en faisaient également partie. Les carbonari se divisaient en divers groupes appelés *ventes;* il y avait des ventes particulières, des ventes centrales, de hautes ventes, et enfin une vente suprême, dont les membres étaient inconnus, et qui formait une espèce de gouvernement provisoire. Les ventes particulières étaient le premier échelon de la charbonnerie; on ne pouvait être admis que sur la présentation d'un nombre déterminé de carbonari, qui répondaient du patriotisme du récipiendaire. Le nouvel affilié jurait sur un poignard haine à la royauté. Chaque vente se composait au moins de vingt associés, dont un était président, un autre censeur, un troisième député. Les censeurs étaient chargés de surveiller les ventes secondaires; les députés, au contraire, communiquaient avec les ventes supérieures; dix de ces députés formaient une vente centrale. De cette manière, les ventes particulières n'étaient reliées aux ventes centrales que par le censeur, tandis que les ventes centrales correspondaient avec la haute vente par l'intermédiaire des députés. Cette organisation assurait aux carbonari la possibilité de déjouer les efforts de la police; en outre, les affiliés promettaient, sous la foi du serment, de ne jamais chercher à pénétrer d'une vente dans une autre. Quand un membre de la charbonnerie manquait à son serment, il était condamné à mort. Les députés et les censeurs communiquaient l'unité d'action et de pensée à toute la charbonnerie. A côté de cette charbonnerie civile que nous venons de tracer, il existait encore une organisation purement militaire et qui était divisée en légions, cohortes, centuries et manipules. Quand la charbonnerie se réunissait, soit pour traiter des intérêts locaux, soit pour discuter sur les choses politiques, la partie militaire était considérée comme non avenue; quand, au contraire, on était à la veille d'une insurrection et qu'on se réunissait en armes, le côté civil disparaissait. Le but des carbonari était indéterminé; mais la pensée avérée et reconnue de tous était la destruction des rois et l'appel au peuple pour la création d'un nouvel ordre de choses. Tout carbonaro devait avoir un fusil et cinquante cartouches. Les carbonari se multiplièrent rapidement en France: dès 1821, trente-cinq préfets avaient annoncé la formation de sociétés de carbonari organisées sur divers points de leur département; dans l'année 1822, on comptait déjà 60,000 charbonniers. Dans les principales villes de France, à Poitiers, à Niort, à Colmar, à Nantes, à Béfort, à Bordeaux, à Toulouse, les carbonari étaient préparés pour un mouvement insurrectionnel. Le moment d'agir étant enfin arrivé, l'ordre partit de la vente suprême: on se mit en marche sur Béfort; mais à peine le mouvement éclatait dans cette ville, qu'il était comprimé par suite de la trahison de quelques affidés. Les carbonari ne se relevèrent pas de ce premier échec, et plusieurs d'entre eux portèrent leur tête sur l'échafaud.

CARBONATES (chimie). — Sels composés d'acide carbonique et d'une base. On les reconnaît à la propriété qu'ils ont de faire effervescence quand on y verse un acide fort, tel que l'acide chlorhydrique.

Les carbonates, dit Hœfer, sont décomposés à des températures variables, excepté les carbonates secs de potasse, de soude, de lithine, qui résistent à toute température. Le carbonate de baryte, qu'on a cru pendant longtemps indécomposable au feu, se décompose à la température du fer fondant. Pour décomposer les carbonates de potasse, de soude et de lithine, il faut les chauffer avec du charbon, du soufre, du fer, enfin avec des corps qui décomposent l'acide carbonique en s'emparant au moins de la moitié de son oxygène. Le potassium, le sodium, l'aluminium, etc., s'emparent de la totalité de l'oxygène de l'acide du carbonate, en laissant pour résidu du carbone noir. Tous les carbonates sont plus ou moins insolubles. Les carbonates de potasse, de soude, d'ammoniaque et de lithine sont seuls solubles dans l'eau; ils sont peu solubles dans l'alcool. Tous les carbonates alcalins verdissent le sirop de violette, ramènent au bleu la teinture du tournesol rougi par un acide; en un mot, ils ont tous une réaction alcaline. Certains carbonates insolubles deviennent solubles par un excès d'acide carbonique, et se transforment en *bicarbonates.* Les carbonates de chaux, de baryte, de magnésie, de fer, sont dans ce cas. Dans les *carbonates neutres*, un équivalent d'acide sature un équivalent de base; l'oxygène de l'acide est à l'oxygène de la base comme 2 est à 1. Dans les *bicarbonates* il y a deux équivalents d'acide unis à un équivalent de base. L'oxygène de l'acide, dans ce cas, est 4, celui de la base étant 1. Dans les *sesquicarbonates* (sesquicarbonate d'ammoniaque) il y a 1 équivalent de base uni à 1 1/2 équivalent d'acide. Il y a enfin des *sous-carbonates* dont la composition n'est pas exactement déterminée.

CARBONE (chimie) [du latin *carbo*]. — Corps simple qui constitue presque en totalité le *charbon noir*, et qui existe pur dans le *diamant.* La *plombagine*, *l'anthracite*, la *houille* ou *charbon de terre*, le *lignite*, représentent également du carbone plus ou moins impur. Toutes les matières végétales et animales renferment du carbone en combinaison avec d'autres éléments, particulièrement avec l'hydrogène, l'oxygène et l'azote. Le carbone pur est insipide, inodore et tout à fait insoluble dans l'eau. Il est complétement infusible et fixe. Le carbone cristallisé, qui peut présenter des colorations variées, réfracte très-fortement la lumière: son indice de réfraction est 2,439. Newton place, dans la liste des corps qui réfractent la lumière, le diamant à côté des résines, c'est-à-dire à côté des corps les plus riches en carbone; il était donc près d'arriver, par une autre voie, à découvrir que le diamant est du carbone. A l'état poreux ou pulvérulent, le carbone est si mauvais conducteur de l'électricité, qu'on peut l'employer comme corps isolant. A l'état de diamant, il conduit assez bien l'électricité.

Le carbone se combine directement avec l'oxygène à l'aide de la chaleur, pour donner naissance à de l'acide carbonique ou à de l'oxyde de carbone. Lorsque le carbone est en excès par rapport à l'oxygène, il se produit de l'oxyde de carbone; dans le cas contraire, il se forme de l'acide carbonique. En se combinant avec l'hydrogène, le carbone donne de l'hydrogène protocarboné, de l'hydrogène bicarboné, et une foule d'autres carbures d'hydrogène, en général odorants comme les huiles essentielles. Il se combine, par voie indirecte, avec l'azote (cyanogène) et avec un certain nombre de métaux tels que le fer, le zinc, le cuivre. Ces dernières combinaisons ne sont point en proportions rigoureusement définies. La fixité, l'infusibilité et la propriété qu'a le carbone de produire, pendant sa combustion avec l'oxygène, de l'acide carbonique qui représente exactement le volume d'oxygène absorbé, tout cela ne permet pas de confondre le carbone avec aucun autre corps.

Le carbone, avons-nous dit, est un corps simple; sa formule est : C ou $C^2 = 75,0$. Ce poids atomique a été trouvé récemment par la combustion directe du diamant. (Dumas et Stass.)

Le carbone se rencontre pur, sous le nom de diamant, dans les Indes occidentales et dans différents districts du Brésil. La houille, le graphite, l'anthracite, le lignite, sont du carbone mêlé à quelques substances étrangères. A l'état de combinaison il constitue la matière fondamentale de tous les corps organiques. On obtient le carbone par divers moyens : 1° Lorsqu'on brûle des résines dans un endroit où l'accès de l'air est incomplet, on obtient une grande quantité de noir de fumée. Celui-ci, condensé dans un creuset et calciné au rouge, donne un résidu noir, très-divisé, qui est du carbone à peu près pur. 2° En recueillant l'acide carbonique qui se dégage des charbons en combustion, et en le décomposant au moyen du potassium, on obtient du carbone parfaitement pur; mais ce procédé est trop coûteux pour être généralement employé. 3° En faisant arriver dans un tube de porcelaine, chauffé au rouge, des vapeurs d'huile de térébenthine ou d'esprit-de-vin, on obtient du carbone pur, doué d'un éclat métallique.

Le carbone pur, à l'état de diamant, sert, à cause de son extrême dureté, à couper le verre, car le diamant lui-même ne peut être rayé que par sa propre poussière. Tout le monde connaît l'emploi du diamant comme ornement.

Oxyde de carbone. L'oxyde de carbone est un gaz incolore, insipide et inodore. Sa densité est 0,9678. Il est peu soluble dans l'eau, qui n'en prend que $\frac{1}{500}$ de son volume. Il brûle avec une belle flamme bleue. C'est ce gaz qui produit la flamme bleue qu'on remarque souvent pendant la combustion du bois ou du charbon dans nos cheminées. La chaleur et l'électricité n'exercent sur lui aucune action décomposante. Son indice de réfraction est 1,157. L'oxyde de carbone ne précipite pas l'eau de chaux. En brûlant, il forme de l'acide carbonique qui précipite l'eau de chaux. Il n'entretient ni la respiration ni la combustion. L'air qui contient le quart de son volume d'oxyde de carbone est irrespirable. L'oxyde de carbone se combine avec l'oxygène au moyen de la chaleur ou de l'électricité. L'oxyde de carbone est un corps éminemment stable. Le fer et le carbone ne le décomposent à aucune température. Le potassium lui-même ne le décompose pas; il se combine avec lui et donne un composé particulier de potassium et d'oxyde de carbone, qui n'a pas encore été bien examiné.

En chauffant 4 parties d'acide sulfurique avec une partie d'acide oxalique, on obtient un dégagement de volumes égaux d'oxyde de carbone et d'acide carbonique. Après avoir absorbé l'acide carbonique par la potasse ou la chaux caustique, on a pour résidu l'oxyde de carbone. L'acide oxalique se compose de carbone et d'oxygène, dans les rapports de volumes égaux d'acide carbonique et d'oxyde de carbone. L'acide sulfurique décompose l'acide oxalique en lui enlevant 3 équivalents d'eau.

$$\left.\begin{array}{l} C^2\,O^3 + 3 \text{ éq. d'eau} \\ S\;\,O^3 + 1 \text{ éq. d'eau} \end{array}\right\} = \begin{array}{l} C\,O^2 \text{ (acide carbonique).} \\ C\,O \text{ (oxyde de carb.)} + \\ \quad S\,O^3 + 4 \text{ éq. d'eau.} \end{array}$$

On prépare également l'oxyde de carbone en décomposant l'acide carbonique par le fer ou par le carbone à une température élevée, ou bien en calcinant des oxydes métalliques avec du charbon en excès. Car lorsque l'oxygène est en excès par rapport au carbone, il se forme de l'acide carbonique; dans le cas contraire, il se produit de l'oxyde de carbone. Un volume d'oxyde de carbone et un volume de chlore, mis ensemble dans un ballon, se combinent sous l'influence de la lumière, en donnant naissance à un volume de gaz acide *chloroxy-carbonique*. Il y a donc condensation de moitié. Ce composé est fort remarquable, car il prouve qu'en remplaçant dans l'acide carbonique 1 équivalent de chlore (2 vol. de chlore) par 1 équivalent d'oxygène, on ne change pas le type du composé, c'est-à-dire qu'on donne naissance à un acide analogue, par sa composition, à l'acide carbonique.

En mettant dans l'eudiomètre :

Oxyde de carbone = 100 volumes.
oxygène = 100
Total 200

on a,
après l'étincelle électrique = 150;
après la potasse = 50 (oxygène.)

Ainsi la potasse a absorbé 100 volumes d'acide carbonique. Des 100 volumes d'oxygène ajoutés dans l'eudiomètre aux 100 volumes d'oxyde de carbone, il n'y en a que 50 d'employés pour former de l'acide carbonique. Donc, 100 volumes d'oxyde de carbone prennent 50 volumes d'oxygène; en d'autres termes, l'oxyde de carbone contient moitié moins d'oxygène que l'acide carbonique; et en lui donnant cette moitié, on le change en acide carbonique. De là sa formule : = CO ou C^2O (atomes).

D'après ces données, on détermine, par le calcul, le poids de l'unité de volume ou la densité de l'oxyde de carbone :

1,5240 = poids de 1 volume d'acide carbonique.
0,5513 = poids de 1/2 vol. d'oxyg. (1,1026 = 1 vol.).

0,9727 poids de 1 vol. d'oxyde de carbone.

Sulfure de carbone. Le sulfure de carbone est un liquide incolore, d'une odeur d'œufs pourris et d'une saveur âcre et amère. Sa densité est 1,272. Il bout à 45° Il est insoluble dans l'eau, et réfracte très-fortement la lumière. En se vaporisant, il produit un abaissement de température capable de congeler le mercure. Le sulfure de carbone est aussi stable que l'acide carbonique; la chaleur seule ne le décompose pas. Il est très-inflammable et brûle avec une flamme bleue, en donnant naissance à de l'acide sulfureux et à de l'acide carbonique. En brûlant dans l'oxygène, il produit une température capable de faire fondre des fils de platine. Lorsqu'on fait passer l'étincelle électrique à travers un mélange d'oxygène et de vapeurs de sulfure de carbone, il se produit de l'acide sulfureux et de l'acide carbonique. Procédé de préparation : On fait passer des vapeurs de soufre sur des charbons chauffés au rouge. Le sulfure de carbone vient se condenser dans des récipients contenant de l'eau. Il se dégage en même temps des gaz, tels que l'hydrogène sulfuré, l'oxyde de carbone et l'acide carbonique. Par une distillation réitérée, on obtient le sulfure de carbone parfaitement pur et limpide. Le sulfure de carbone a une composition analogue à celle de l'acide carbonique. Sa formule est = CS^2, analogue à celle de l'acide carbonique (CO^2). Il se compose, en centièmes, de

15,77 de carbone
84,23 de soufre.

Le *sulfure de carbone solide* se trouve comme résidu dans le tube servant à la préparation du sulfure liquide. Brûlé avec du nitre, il donne du sulfate de potasse. Sa composition n'est pas connue. Le prétendu sulfure de carbone gazeux n'est probablement qu'un mélange d'acide sulfhydrique et d'oxyde de carbone. Le sulfure de carbone liquide a été découvert par Lampadius.

Perchlorure de carbone (*huile du gaz oléfiant; chloride de carbone*). Le perchlorure de carbone est solide, friable, incolore; son odeur est légèrement aromatique, et sa saveur douce et assez agréable. Sa densité est 2,0. Il est fusible et bout à 180°. Il est insoluble dans l'eau. Il ne joue ni le rôle d'acide ni celui de base. Il se décompose à une température élevée en chlore, et en un chlorure de carbone moins chloruré. Il brûle avec une flamme verdâtre en répandant beaucoup de noir de fumée. Le chlore et le carbone ne se combinent pas directement. La combinaison ne s'opère qu'en faisant agir, à la lumière du soleil, un excès de chlore sur l'huile du gaz oléfiant (CH^2 Cl). Dans cette action, le chlore se substitue à l'hydrogène en même temps qu'il se produit de l'acide chlorhydrique, qui est éliminé. Formule du perchlorure de carbone : C Cl^3.

Deutochlorure de carbone (*bichlorure de carbone; Bichloride de carbone*). Le bichloride de carbone est liquide, incolore; sa densité est 1,55. Il bout à une température inférieure à 100°, et se congèle à une température inférieure à 0°. Le bichlorure de carbone se décompose, dans un tube incandescent, en chlore et en carbone. Sa vapeur, mise en contact avec de l'hydrogène, donne à une température élevée de l'acide chlorhydrique et du carbone pur. Le deuto-chlorure de carbone est le résultat de la décomposition du perchlorure à la température rouge. Formule du deutochlorure de carbone : CCl^2.
M. Julien d'Abo a obtenu, par la distillation, un sulfate de fer de Fahlun avec du nitre, une combinaison de chlore et de carbone, qu'il écrit sous le nom de *protochlorure de carbone* (CCl). L'existence de ce composé est encore douteuse. (*Dr Hœfer.*)

Carbone (minéralogie) [au Brésil *carbonado*]. — Substance minérale découverte au Brésil, vers 1842, et que l'on trouve dans les mines de diamant et dans les alluvions et rivières qui le recèlent.

Cette substance est noire, opaque, d'une structure amorphe, d'un aspect inégal et vitreux, quoique sans aucune apparence de cristallisation, et d'une pesanteur spécifique de 3,782. Sa plus précieuse qualité, qui suffirait seule à la distinguer de toute autre espèce minérale, est sa prodigieuse dureté, qui égale absolument celle du diamant.

On trouve ce minéral dans les terrains diamantifères en morceaux variables, en poids de 1 à 500 carats, et depuis sa découverte il a constamment servi à tailler et polir le diamant, qu'il use avec la plus grande facilité.

Il sert aussi à confectionner des espèces de burins destinés à agir sur les pierres gemmes, de quelque dureté qu'elles soient.

On en rencontre parfois certains morceaux ayant un commencement très-marqué de cristallisation et présentant dans leur forme, du reste peu appréciable, une multitude de points blancs lumineux, quoique n'ayant aucune espèce de transparence.

Cette substance, connue seulement des mineurs et des diamantaires, paraît être la base du diamant avant sa cristallisation, c'est-à-dire le carbone ayant atteint le dernier degré de densité et d'incombustibilité, mais n'ayant pu cristalliser ni se débarrasser de sa matière noire, reste d'impureté carbonique. Il est cependant à remarquer que cette substance diffère du diamant en ce qu'elle ne peut se diviser en lames, ce qui s'explique par sa constitution non cristalline. Un morceau de ce carbone, pesant 25 carats, soumis par l'auteur de cet article à une température de 2,765° centigrades, a brûlé avec flamme fuligineuse et phosphorescente, mais bien moins claire que celle que présente le diamant dans l'acte de sa combustion. Sa destruction par le feu fut plus vive et plus prompte que celle du diamant, puisqu'il déchut de 10 carats en quelques secondes en laissant un morceau de la même forme qu'avant l'opération, devenu d'un blanc gris, ayant conservé toute sa dureté, mais ne présentant aucune espèce de transparence, malgré la perte de sa couleur noire.

Cette substance minérale, par sa dureté hors ligne, ne paraît avoir que peu d'analogie avec le spath adamantin que l'on trouve aux Indes, et qui est loin de présenter les mêmes caractères et les mêmes propriétés. CH. BARBOT.

CARBONIQUE (ACIDE) (chimie).—Air fixe, acide méphitique, acide crayeux. L'acide carbonique est un corps gazeux formé d'un volume de gaz d'oxygène et d'un volume de vapeur de carbone condensé en un seul; il existe à l'état libre en petite proportion dans l'air atmosphérique; on le trouve en plus grandes proportions dans certaines localités, et entre autres dans la grotte du Chien à Pouzzole, où il se dégage d'un terrain volcanique. Il existe aussi mêlé à quelques eaux minérales; il se dégage des matières végétales en fermentation et en combustion; il forme un grand nombre de combinaisons; enfin c'est un des corps les plus répandus dans la nature. Ce gaz est incolore, transparent, d'une odeur un peu piquante et d'une saveur aigrelette, que l'on peut facilement apprécier en buvant de l'eau de seltz; c'est lui qui produit l'effervescence que l'on observe dans le vin de Champagne, dans la bière et le cidre lorsqu'on débouche les bouteilles qui les contiennent. L'acide carbonique est plus pesant que l'air; il ne peut favoriser la combustion et éteint immédiatement les bougies et les charbons allumés; sa solubilité dans l'eau est mise à profit pour préparer des eaux minérales et des limonades gazeuses. Il entre dans la composition d'un grand nombre de corps où il est produit par leur décomposition; il forme avec les oxydes métalliques et avec l'ammoniaque des sels dont il a été parlé au mot *Carbonate*. Dans ces derniers temps (1835) on est parvenu à obtenir l'acide carbonique à l'état liquide : cette importante découverte est due à M. Thillorier, qui, au moyen d'une forte compression et d'un abaissement notable de la température, est parvenu à condenser ce corps au point de le liquéfier : dans cet état l'acide carbonique jouit de propriétés nouvelles, parmi lesquelles sa tendance à retourner à l'état de gaz est celle qui est la plus marquée; on s'est même fondé sur la force énorme qu'il développe par sa tension pour poser les bases nouvelles d'un système de machines à vapeur qui seraient beaucoup plus puissantes et moins massives que celles employées jusqu'à ce jour. Laissant vaporiser ce liquide mêlé à la vapeur d'éther, M. Thillorier a obtenu les plus grands et les plus prompts abaissements de température observés jusqu'à ce jour. Du reste, les propriétés de l'acide carbonique liquide fourniront encore d'importants sujets d'étude.

En médecine, l'acide carbonique n'est guère employé que pour la préparation des eaux minérales factices, le soda-water et la limonade gazeuse; encore ces dernières sont-elles plutôt un objet comestible que médicamenteux; mêlé simplement à l'eau au moyen d'appareils convenables, il constitue l'eau gazeuse acidulée que l'on sert sur les tables sous le nom d'eau de seltz. On a aussi proposé de faire inspirer ce gaz comme propre à arrêter les progrès de la phthisie pulmonaire en ralentissant la conversion du sang veineux en sang artériel; mais ce moyen paraît doué de peu d'efficacité. A l'extérieur, on a tenté d'en faire usage pour stimuler les plaies gangréneuses ou de mauvaise nature, et les résultats n'ont pas été satisfaisants. Cet acide n'est plus employé qu'à l'intérieur, et il fait aussi la base de la potion anti-émétique de Rivière.

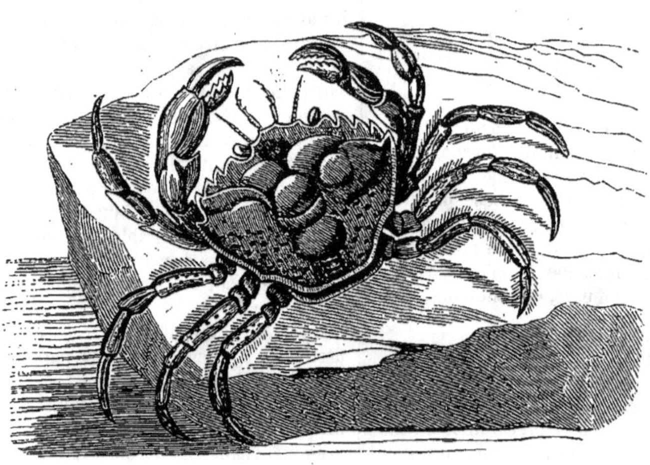

Fig. 45. — Carcin.

La préparation de l'acide carbonique est très-simple : on l'obtient en versant de l'acide sulfurique sur de la craie réduite en bouillie et mise dans une cornue de plomb; le carbonate de chaux se trouve transformé en sulfate et l'acide carbonique se dégage. On emploie aussi quelquefois l'acide muriatique, que l'on verse sur des fragments de marbre blanc qui est du carbonate de chaux presque pur; mais ce dernier procédé est plus incommode que le précédent et est presque entièrement abandonné aujourd'hui pour fabriquer l'acide carbonique en grand.

L'acide carbonique n'agit pas seulement sur l'économie animale comme déterminant l'asphyxie par défaut d'oxygène, il agit comme poison, car de petites proportions mêlées à l'air ont suffi pour déterminer des accidents; M. Collard de Martigny, qui s'est livré à des recherches importantes sur ce sujet, a constaté ces faits d'une manière positive; il a reconnu que ce poison agit principalement et primitivement sur les nerfs et sur le cerveau, et qu'il ne détermine pas une asphyxie passive comme l'hydrogène et l'azote. (Dr *Beaude*.)

CARBONISATION (chimie). — Transformation d'une matière végétale ou animale en charbon, soit par la nature, soit par l'art. Le charbon végétal qu'on emploie comme combustible se prépare par la carbonisation du bois. — Voy. *Charbon*.

CARBURE (chimie). — Combinaison neutre de carbone avec un corps quelconque autre que l'oxygène. Les carbures d'hydrogène, qui sont les plus

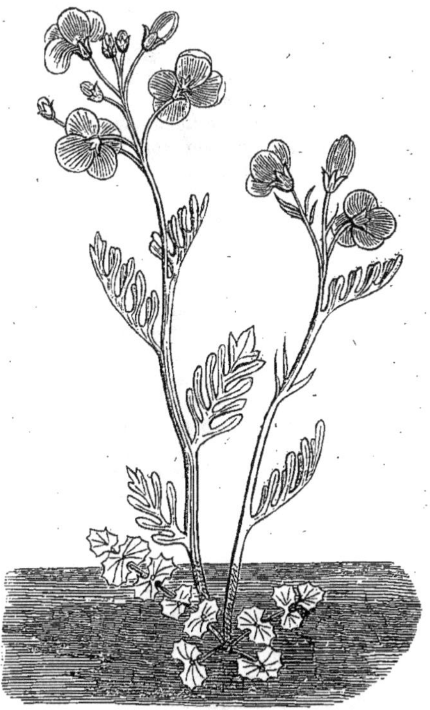

Fig. 46. — Cardamine.

nombreux, s'obtiennent, en général, lorsqu'on calcine des matières organiques (résines, huiles, etc.) à une chaleur rouge et à l'abri de l'air.

CARCIN (zoologie) [du grec *carcinos*, crabe]. — Espèce de crustacé de l'ordre des décapodes brachyures et de la famille des portuniens, très-commune sur les côtes de France, où on la trouve, à marée basse, entre les pierres ou enfoncée dans le sable (voy. fig. 45). Elle court avec rapidité et peut être conservée longtemps sans périr. Sa chair n'est pas délicate; on en expédie beaucoup cependant, en juillet et en juin, pour les villes de l'intérieur. — Voy. *Crabe*.

CARDAMINE (botanique) [*cardamina*]. — Genre de crucifères comprenant des plantes annuelles ou vivaces, dont les feuilles sont pinnatiséquées, pétiolées; les fleurs blanches ou roses, à quatre sépales et quatre pétales unguiculés, suivies d'une silique linéaire s'ouvrant en deux valves.

La *cardamine des prés* (*cardamina pratensis*), vulgairement *cresson des prés*, est vivace, haute de vingt à cinquante centimètres; à tige verticale, à feuilles inférieures souvent velues, à segments obovales; les supérieures à segments linéaires. Fleurs assez grandes et couleur lilas, ayant des pétales trois fois plus grands que le calice; étamines plus courtes que les pétales. — Cette plante croît dans les endroits herbeux, ombragés, dans les prairies humides, et fleurit au printemps. Les propriétés sont analogues à celles du cresson de fontaine, et elle peut se manger en salade; mais on peut dire qu'on n'en fait aucun usage, ni en médecine, ni en économie domestique. Les moutons et les chèvres aiment à brouter ses feuilles, que les vaches, les chevaux et les cochons négligent. Les abeilles vont puiser le suc de ses fleurs.

La *cardamine amère* (*cardamina amara*) est une espèce qui se distingue par ses fleurs blanches et ses étamines égalant presque les pétales. B.

CARDÈRE (botanique) [*dipsacus*]. — Genre type de la famille des dipsacées, plantes bisannuelles dont la tige est garnie d'aiguillons; les feuilles sont entières ou pinnatiséquées, munies d'aiguillons sur la nervure moyenne; les fleurs, d'un rose lilas ou blanc jaunâtre, sont disposées en capitules, sur un réceptacle garni de paillettes épineuses plus longues qu'elles. Calice tronqué en haut et présentant quatre angles; corolle à quatre lobes inégaux.

La *cardère à foulon* (*dipsacus fullonum*), vulgairement *chardon à foulon*, *chardon à bonnetier*, offre une tige qui s'élève à quatre-vingts et cent cinquante centimètres; tige robuste, cannelée, hérissée d'aiguillons inégaux, portant des feuilles opposées, coriaces, à nervure moyenne chargée en dessous d'aiguillons, feuilles inférieures largement connées, et formant par leur soudure un cornet profond. — Cette plante, dont les fleurs sont en capitule allongé, croît à l'état sauvage (*dipsacus sylvestris*) dans les lieux incultes, au bord des champs et des fossés; mais sa culture se fait en grand pour la récolte de ses capitules armés de piquants raides et crochus, qui servent dans la fabrication des draps.

La *cardère verge à pasteur* (*dipsacus pilosus*) est une espèce aux fleurs d'un blanc jaunâtre et aux capitules globuleux. B.

CARDIA (anatomie). — Orifice supérieur de l'estomac. — Voy. *Estomac*.

CARDIALGIE (pathologie). — Voy. *Gastralgie*.

CARDINAL (histoire ecclésiastique) [du latin *cardo*, gond]. — Cardinal signifie qui est le principal, le premier, le plus considérable, le fondement de quelque chose, et qui est, par rapport à elle, comme un gond relativement à une porte. Ainsi on dit *les quatre parties cardinales*, *les quatre points cardinaux*, *les nombres cardinaux*. Le mot cardinal s'introduisit par la corruption de la langue latine. On usa de ce mot pour signifier *premier* ou *grand*; les premiers officiers de la cour de Théodose furent appelés *cardinaux*.

Dès les premiers siècles du christianisme, le titre de *cardinal* fut appliqué aux prêtres, aux évêques et aux diacres titulaires et attachés à une certaine église, pour les distinguer de ceux qui ne desservaient que momentanément et par commission. L'on disait, de même, église *cardinale*, pour l'église principale d'une ville; autel *cardinal*; pour le maître-autel d'une église, et messe *cardinale*, pour la grand'-messe ou la messe solennelle. C'est là ce que ce mot signifiait selon l'ancienne interprétation. Le titre de *cardinal* demeura sur le même pied jusqu'au onzième siècle. Mais le pouvoir et la grandeur des papes s'étant considérablement augmentés, ils voulurent avoir un conseil de *cardinaux*. L'ancien nom est demeuré, mais ce qu'il exprimait n'existe plus. Aujourd'hui le titre de *cardinal* appartient exclusivement aux seuls *cardinaux* de l'église romaine; encore ces *cardinaux* n'eurent pas dès ce moment la prééminence sur les évêques : ils ne s'élevèrent au-dessus d'eux qu'après s'être arrogé le droit de nommer les papes. Ensuite vinrent les autres distinctions : ils obtinrent le chapeau rouge et la pourpre. Urbain VIII leur accorda le titre d'Éminence en 1631; jusque-là ils étaient traités d'illustrissimes. Enfin, leur grandeur commença sous Nicolas I, leur accroissement sous Alexandre III et Philippe-Auguste; leur préséance fixée sur les évêques, sous Innocent IV, du temps de saint Louis, et leur égalité aux princes, sous Boniface VIII et Philippe le Bel. Le nombre des *cardinaux* a varié pendant très-longtemps. Le concile de Constance les avait fixés à vingt-quatre, mais aucun pape depuis n'observa ce règlement, sans pourtant rien établir de fixe à cet égard; ce fut Sixte-Quint qui en fixa le nombre à soixante-dix, dont six évêques, vingt-cinq prêtres et dix-neuf diacres. Ce règlement, qui est de 1526, a été observé par ses successeurs.

CARÊME (*quadragesima*). — C'est, dans la religion catholique, un temps de pénitence pendant lequel, par quarante jours de jeûne et d'abstinence d'aliments gras, on se prépare à la célébration de la fête de Pâques.

Du temps des apôtres, la fête de Pâques était célébrée par des jours de jeûne; mais le nombre n'en était pas fixé : les fidèles ne consultaient en cela que leur zèle. Vers le milieu du troisième siècle, l'Église en établit l'obligation et régla que ce jeûne serait de trente-six jours. Dans la suite, pour imiter plus parfaitement le jeûne de quarante jours que Jésus-Christ souffrit au désert, le pape Grégoire I augmenta le *carême* de quatre jours, et cet usage a été suivi dans l'Occident.

Dans les premiers temps le jeûne consistait à s'abstenir de viandes, d'œufs, de laitage, de vin, et à ne faire qu'un repas vers le soir. Le jeûne était encore plus rigoureux dans les églises d'Orient, où la plupart des fidèles ne vivaient alors que de pain et d'eau avec quelques légumes. Avant l'an 800, on s'était beaucoup relâché de ces pieuses austérités, par l'usage du vin, des œufs et des laitages. Le jeûne consistait alors à ne faire qu'un repas par jour, vers le soir, après vêpres.

Vers l'an 1500, on avança les vêpres à l'heure de midi, et le dîner fut avancé de même; le carême se réduisit alors à s'abstenir de viande et à ne faire que deux repas, l'un plus fort et l'autre plus léger; on appela ce dernier *collation*, mot emprunté des religieux, qui, après souper, allaient à la *collation*, c'est-à-dire à la lecture des conférences des SS. Pères, appelées en latin *collationes*, après quoi on leur permettait de boire, les jours de jeûne, de l'eau ou un peu de vin, et ce léger rafraîchissement se nommait aussi *collation*.

Le carême a, en réalité, quarante-six jours; mais en ôtant les six dimanches pendant lesquels on ne jeûne pas, il reste précisément quarante jours où l'on s'abstient, à l'imitation des quarante jours que Jésus-Christ passa dans le désert à prier et à souffrir. Le carême, selon les docteurs, est d'institution apostolique, et il est certain qu'aucun concile ne l'institua; or, ce qui n'est point institué par les conciles est admis (dans la religion catholique) pour avoir été établi par les apôtres. Tertullien (*De Jejuniis*) en parle dès la fin du deuxième siècle comme d'une chose très-ancienne.

L'observation rigoureuse du carême ne serait peut-être pas sans inconvénient pour beaucoup de personnes; aussi, et surtout depuis quelques années, les évêques ont-ils permis beaucoup d'adoucissements aux prescriptions sévères des premiers temps. — On appelle Carême un recueil de sermons prêchés pendant ce temps. Le *Carême* de Bourdaloue, le *Petit Carême* de Massillon sont célèbres. MOULNIER.

CARÈNE (marine) [de l'italien *carena*, formé du latin *carina*]. — Nom donné à toute la partie submergée, ou l'œuvre vive du vaisseau, depuis la quille jusqu'à la ligne de flottaison : *abattre ou mettre un vaisseau en carène*, c'est le coucher sur le côté, pour le *caréner*, c'est-à-dire pour le chauffer, l'enduire de goudron et d'autres compositions, afin de l'empêcher de faire de l'eau.

En termes de botanique, *carène* se dit de la fleur ou de la corolle papilionnacée. C'est aussi l'angle ou la saillie longitudinale du milieu du dos d'une partie plus ou moins creusée ou pliée en gouttière. De *carène* on a fait *caréné*, pour désigner une partie de plante qui a longitudinalement sur le milieu du dos un angle manifeste, formé par la rencontre des deux côtés.

CARIATIDE (architecture). — On appelle ordre cariatide une disposition dans laquelle la colonne est supprimée et remplacée par une figure de femme qui supporte l'entablement. Dans son premier livre *de l'Architecture*, Vitruve donne l'origine de cette substitution. Que cette origine soit vraie ou fausse, comme elle est généralement adoptée, nous allons citer le passage où elle est mentionnée : « Carie, » ville du Péloponèse, s'unit aux Perses contre la » Grèce. Délivrés de la guerre par une glorieuse

» victoire, les Grecs, d'un commun accord prirent » les armes contre les Cariates. La ville fut détruite, » les hommes massacrés, les femmes emmenées en » esclavage, mais l'on ne souffrit pas qu'elles dépo- » sassent leur robe et leur parure de femmes libres. » Qu'était-ce qu'un triomphe de quelques heures? » on voulait que l'éternité de leur servitude et de » leur humiliation rappelât sans cesse qu'elles » payaient pour un peuple entier. C'est pour cela » que les architectes du temps les représentèrent » sur les monuments publics et chargèrent leurs » images de pesants fardeaux; la postérité elle- » même devait apprendre ainsi le crime et le châti- » ment des Cariates. »

Ce récit prouverait que les Grecs commencèrent à mettre des statues à la place des colonnes après les guerres médiques; mais bien avant ce temps les Égyptiens faisaient déjà porter leurs temples par des colosses. Les plus belles cariatides (ce nom, lorsqu'il est employé seul, s'applique spécialement aux statues de support) sont, sans contredit, celles de l'Erecthéon, à l'Acropole d'Athènes; ce sont des jeunes filles revêtues du costume porté dans les Panathénées, et qui, réunissant la grâce et l'élégance à la noblesse et à la fermeté, supportent avec aisance l'entablement sans frise qui repose sur les chapiteaux dont leurs têtes sont couronnées.

Il y a à Paris plusieurs exemples de cariatides, nous citerons celles des pavillons du nouveau Louvre et la tribune intérieure de la grande salle de Henri II, également au Louvre.

Lorsque les figures de femmes sont remplacées par des figures d'hommes souvent colossales, comme au temple des Géants à Agrigente, ces derniers portent le nom d'*Atlandes* ou *Télamons*. C. Garnier.

CARILLON (musique) [de l'espagnol *quadrilla*; diminutif de *quadra*, parce que les *carillons* se faisaient autrefois avec quatre cloches]. — Sorte d'air fait pour être exécuté par plusieurs cloches. Comme tous les sons des cloches ont quelque durée, ceux qui font des *carillons* sont obligés de maintenir une sorte d'harmonie avec le son qui précède et avec celui qui suit, afin que les sons qui durent ensemble ne soient point dissonants à l'oreille.

Le premier carillon fut fait à Alost en Flandre, en 1487. La Belgique et la Hollande ont toujours eu les carillons les plus renommés. Il existe encore, dans plusieurs villes de France, des carillons mécaniques adaptés aux horloges et qui font entendre des airs aux différentes heures. Celui de l'horloge de la Samaritaine, qu'on voyait à Paris dans le dernier siècle, était un des plus célèbres.

Carillon électrique (physique). — Assemblage de petits timbres de métal, suspendus à une plaque de métal accrochée elle-même au conducteur d'une machine électrique. Une partie de ces timbres communique avec le conducteur, et est isolée comme lui; l'autre communique avec la terre par une chaîne. On pend, de plus, entre chacun de ces timbres, et à leur hauteur, une boule légère et un gobelet de métal attaché à la même plaque par le moyen d'un cordon de soie. Maintenant, si l'on électrise le conducteur, les timbres qui communiquent avec lui s'électrisent de même, attirent les grelots qui les avoisinent, leur transmettent leur électricité, et les repoussent vers le timbre voisin, qui n'est pas isolé. Celui-ci enlève l'électricité du grelot, qui est de nouveau attiré et repoussé par le timbre isolé et électrisé; et cette alternative dure tant qu'on entretient l'électricité du conducteur. Chaque fois que les grelots touchent les timbres, ils les font sonner; c'est ce qui fait qu'on a donné à cet assemblage le nom de *carillon électrique*.

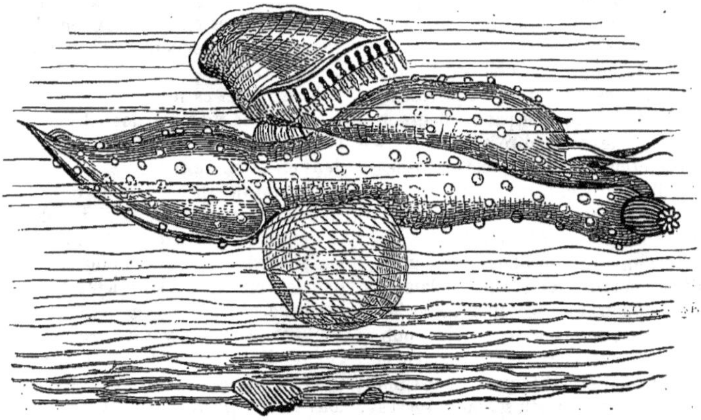

Si l'on suspend un pareil assemblage à une barre de métal en plein air, et que cette barre devienne électrique par l'électricité de l'air, aussitôt les timbres se font entendre et avertissent du phénomène; et les grelots se meuvent avec d'autant plus de vitesse que l'électricité est plus forte. On peut donc se servir utilement du *carillon* électrique pour être averti de l'approche et de la force de l'orage.

Fig. 47. — Carinaire.

CARINAIRE (zoologie). — Genre de coquilles

univalves, non symétriques, extrêmement minces, fragiles, vitrées, enroulées obliquement sur la droite; à spire très-petite; à ouverture extrêmement grande, oblongue, divisée en deux parties par une carène longitudinale mince et très-saillante; à couleurs vives, etc. — Très-rares autrefois dans les collections, à cause de leur extrême fragilité, ces coquilles commencent à devenir plus communes; cependant, on cite encore comme la plus belle celle que possède le Muséum de Paris.

L'animal est de l'ordre des gastéropodes hétéropodes. Ce sont des mollusques qui habitent les hautes mers, grâce à ce que leur pied est converti en nageoire, et qu'on ne rencontre dans le voisinage des terres que lorsque les courants ou les tempêtes les y ont jetés. Vivant dans l'eau même, quoiqu'à la surface de la mer, ils nagent le corps renversé, afin que leur bouche puisse explorer cette surface. Ils peuvent se fixer aux corps flottants à l'aide d'une espèce de ventouse dont le bord du pied est muni. B.

CARLINE (botanique). — Genre de plantes de la famille des composées, renfermant un grand nombre d'espèces de plantes herbacées, qui peuvent se manger en guise d'artichaut. Elles croissent pour la plupart sur les Pyrénées et dans les montagnes de la Suisse et de l'Italie. On en trouve une espèce aux environs de Paris dans les lieux secs et pierreux : c'est la *carline vulgaire*, remarquable par ses fleurs en corymbe, à fleurons jaunes au centre et d'un pourpre violet à la circonférence; on l'emploie en médecine comme sudorifique. Cette plante tire son nom de *Carolus* ou *Charles*, parce qu'elle aurait, prétend-on, guéri de la peste l'armée de Charlemagne.

CARMIN [de l'italien *carminio*, dérivé de l'arabe *kermès*]. — Matière colorante d'un rouge éclatant, qu'on obtient en précipitant une décoction de cochenille avec de l'alun. C'est une substance solide, pulvérulente, d'un beau rouge, fort précieuse pour la peinture en miniature ou en détrempe. Le carmin est un composé triple, formé : 1° du sel qui a servi à le précipiter; 2° de la matière animale qui se trouve dans l'insecte (voy. *Cochenille*); 3° de la partie colorante nommée *carmine*.

CARMINATIFS (matière médicale) [du bas latin *carminare*, nettoyer]. — Substances employées dans le but d'expulser les gaz développés dans le canal digestif ou de modifier la disposition qui les produit; tels sont l'anis, la camomille, le fenouil, la coriandre, etc.

CARNASSIERS (zoologie) [du latin *caro, carnis*, chair]. — Troisième ordre mammifères dans la classification de Cuvier, comprenant les animaux qui se nourrissent particulièrement de chair crue, tels que le lion, le chien, l'ours, etc. « Les animaux carnassiers sont pourvus d'un appareil dentaire complet, c'est-à-dire des trois sortes de dents. Ils ont les mâchoires courtes; les os qui les forment sont très-forts et mus par des muscles d'une grande puissance. La force de leurs ongles, jointe à celle de leurs dents, prouve qu'ils sont faits pour combattre et dévorer. Le canal digestif de ces animaux présente une organisation qui répond à cet instinct : l'estomac est simple, membraneux, à parois énergiques, et les intestins sont relativement courts, parce que les aliments destinés à les parcourir sont très-substantiels. Ils n'ont pas le pouce opposable aux autres doigts, par conséquent ils n'ont pas de mains, ce qui les sépare complétement des quadrumanes. Chez eux l'odorat, l'ouïe et la vue sont plus développés que le goût et le tact : ce dernier sens paraît résider dans leurs longues moustaches. »

On partage les carnassiers en trois groupes ou tribus : 1° les *cheiroptères*; 2° les *insectivores*; 3° les *carnivores*. — Voy. ces mots.

CARNIVORES (zoologie) [du latin *care*, chair, *vorans*, qui dévore]. — Tribu de l'ordre des carnassiers, comprenant les carnassiers proprement dits, c'est-à-dire les animaux pourvus de canines longues, de molaires tranchantes, de griffes fortes, recourbées et pointues, et que l'on connaît vulgairement sous le nom de *bêtes féroces*, parce qu'elles se nourrissent essentiellement de matières animales. Outre la différence de leur système dentaire, les carnassiers se distinguent des chéiroptères et même des insectivores en ce qu'ils sont dépourvus de clavicules. Aussi viennent-ils après eux dans l'ordre de classification.

La tribu des carnivores se divise en trois familles, basées sur la manière dont ils appuient le pied sur le sol et sur la possibilité pour quelques-uns de vivre dans les eaux. Ce sont :

Les PLANTIGRADES, ou ceux qui, dans la progression, appliquent toute la plante de leurs pieds sur le sol, comme les *ours*, les *ratons*, les *blaireaux*, les *gloutons*, etc. Ces animaux ont cinq doigts à tous les pieds; ils sont lents et mènent une vie nocturne.

2° Les DIGITIGRADES sont ceux qui n'appuient que l'extrémité de leurs doigts sur le sol, comme les *martres*, les *chiens*, les *civettes*, les *hyènes*, etc. De tous les carnivores ce sont les plus sanguinaires. Leur démarche est légère, leur course rapide; ils ne s'engourdissent jamais pendant l'hiver.

3° Les AMPHIBIES ont une organisation très-analogue à celle des autres carnivores; mais leurs membres, qui sont impropres à la marche, constituent des espèces de rames pour la natation : tels sont les *phoques*, les *morses*, etc. Ces animaux ne sont lestes et agiles que dans l'eau; à terre ils rampent plutôt qu'ils ne marchent. Ils se nourrissent spécialement de poissons. Dr Bossu.

CAROTTE (botanique) (*daucus*). — Genre de la famille des ombellifères, renfermant une quinzaine d'espèces végétales habitant presque toutes le bassin de la Méditerranée, et particulièrement les côtes de Barbarie, et se montrant toutes aromatiques.

La CAROTTE COMMUNE (*d. carota*) est une plante bisannuelle qui, à l'état de nature, a une racine et un feuillage peu volumineux, et qui n'est recommandable que par les propriétés médicinales de ses semences, lesquelles servent aux liquoristes. Sa culture dans nos jardins se perd dans la nuit des temps; et elle est généralement si connue que nous pouvons nous dispenser d'en donner la description botanique. — La carotte est un légume sain et avec raison estimé; c'est sa racine que l'on emploie. Le peuple en prescrit la décoction dans la jaunisse, sans doute à cause de l'analogie de sa couleur avec celle qu'offre la peau dans cette maladie. Des cataplasmes faits avec sa pulpe sont appliqués avec avantage sur les ulcères cancéreux. C'est une bonne nourriture pour les bestiaux. On a essayé d'en extraire du sucre, mais la tentative a été sans résultat. La carotte a produit plusieurs variétés, remarquables par le développement de la racine, qui est blanche, rouge ou jaune, etc., selon l'espèce. La carotte blanche est la plus rustique et la moins aromatique; la carotte jaune est la plus hâtive, et pivote moins; la carotte rouge est la meilleure des trois.

La CAROTTE RÉSINEUSE (*d. gummifer*) est une espèce qui contient un principe odorant en telle quantité qu'on l'extrait par incision sous forme de gomme-résine. Dr Bossu.

CAROUBIER (botanique). — Arbre de la famille des légumineuses, dont le bois est connu dans le commerce sous le nom vulgaire de *carouge*, et dont le fruit, qui a jusqu'à trente centimètres de longueur, contient une pulpe d'un goût sucré assez agréable. Cet arbre croît en Orient et dans le midi de l'Europe, surtout sur les roches voisines de la mer et des cours d'eau.

CARPE (*cyprinus*).— Genre de poissons de l'ordre des malacoptérygiens abdominaux, famille des cyprinoïdes, dont voici les caractères: bouche peu fendue, mâchoires faibles, ordinairement sans dents, pourvues ou non de barbillons; corps couvert d'écailles imbriquées, olivâtres sur le dos, jaunâtres sous le ventre; nageoire dorsale longue, bleuâtre; anales et ventrales violacées.

Ces poissons paraissent être originaires de la Perse et des contrées chaudes de l'Asie, d'où ils se sont répandus à des époques diverses, par les soins de l'homme, dans les différentes parties du globe. Les carpes n'appartiennent qu'aux eaux douces; elles sont susceptibles d'acquérir une grande taille.

Leurs couleurs sont plus ou moins intenses, selon la qualité des eaux, comme aussi leur chair est d'autant plus estimée que celles-ci sont moins vaseuses. Elles se multiplient avec une facilité qu'on peut dire fâcheuse, pour leur accroissement et leur qualité comme mets, lorsque tous les individus ne peuvent trouver dans l'étang qu'ils habitent une nourriture suffisante.

Leur nourriture consiste en insectes, vers, petits coquillages, frai d'autres poissons, graines et parties tendres de plantes aquatiques. — M. Valenciennes ne reconnaît qu'une vingtaine d'espèces bien spécifiées: les unes ont des barbillons, les autres en sont dépourvues. Parlons d'abord des premières.

Carpe commune (*c. carpio*). — Poisson d'eau douce, muni d'une tête grosse et aplatie en dessus; de lèvres épaisses, susceptibles de s'allonger, et garnies de quatre barbillons. Il s'élève avec la plus grande facilité dans les rivières, les lacs et les étangs, présentant une chair dont le goût perd de sa délicatesse en abandonnant les eaux vives pour celles qui dorment sur la vase. La carpe croît assez vite dans la première année; ensuite sa croissance devient moins rapide, quoiqu'elle acquière, avec le temps, un poids de 30 kil.; car on prétend qu'elle peut vivre plus d'un siècle. On assure qu'il y avait naguère dans le bassin de Fontainebleau des carpes qui dataient du temps de François Ier. Chacun sait d'ailleurs combien ce poisson a la vie tenace, et comme il peut vivre longtemps dans la mousse humide. Il saute comme le saumon pour remonter et franchir les obstacles qui l'arrêtent, et il est difficile à prendre à cause des bonds qu'il fait pour échapper à ses ennemis.

Les carpes fraient dans le mois de mai: elles déposent leurs œufs ou leur laite dans des endroits couverts de verdure. On dit qu'en général chaque femelle est suivie de deux ou trois mâles; sa fécondité est prodigieuse et paraît croître avec l'âge, car l'on a trouvé 237,000 œufs dans une femelle de 500 gr., 340,000 dans une de 750 gr., 620,000 dans une de 750 gr., 620,000 dans une de 4 kil., etc. Les soins de l'homme ne sont pas sans utilité pour l'amélioration de ces poissons, comme produit surtout. Lorsque les jeunes carpes ont séjourné deux ou trois ans dans les étangs formés pour leur accroissement, on les transporte dans un étang établi pour les engraisser, d'où, au bout de trois ans, on peut les retirer déjà grandes, grasses et agréables au goût. En Angleterre, on leur fait subir la castration, en leur enlevant les œufs ou la laite, ce qui les fait engraisser en peu de temps. On pêche ces poissons à la ligne, dans les fleuves, les rivières et les grands lacs; à la nasse, aux collets, aux louves, dans les étangs. Ils sont difficiles à prendre à l'hameçon: ils évitent les filets en enfonçant leur tête dans la vase, et se méfient des différentes substances avec lesquelles on cherche à les attirer. L'hiver ils cherchent les endroits les plus profonds, fouillent avec leur museau dans la terre grasse pour s'abriter, réunis plusieurs ensemble contre la rigueur du froid.

La *carpe à miroir* ou *reine des carpes* (*c. prinorum*) est une espèce à écailles extrêmement grandes et dont la peau est nue par places. Elle acquiert une grandeur très-considérable, et sa chair a un goût exquis.

La *carpe à tête de dauphin* est une autre espèce qui se fait remarquer par un développement anormal des os du crâne. Ce serait, selon Block, un métis provenant de la fécondation des œufs de la carpe commune par des carrassins ou des gibèles.

Voici maintenant les espèces sans barbillons.

Carpe carassin (*c. carassius*). — Corps très-élevé, ligne latérale droite, très-petite, caudale coupée carrément, couleur de la carpe ordinaire, taille, 30 cent. — Cette espèce est rare en France, mais très-commune dans le nord de l'Europe.

Carpe Gibèle (*c. gibelio*). — Corps un peu moins haut, ligne latérale arquée vers le bas, caudale coupée en croissant, petite taille. — Elle est plus commune que la précédente, ayant comme elle les épines des nageoires si faibles, que c'est à peine si on peut y observer quelques dentelures.

Carpe bouvière ou *pétcuse* (*c. amarus*), la plus petite de nos carpes (3 cent.). Elle a deux dorsales formant une épine assez raide. Dr Bossu.

CARPELLE (botanique) [du grec *carpos*, fruit]. — Ce nom a été donné 1° à chacun des fruits ou des pistils partiels d'une même fleur, comme dans les fraisiers; 2° aux organes élémentaires, tantôt libres, tantôt adhérents ensemble, dont la réunion donne naissance au pistil, et dont chacun peut être considéré comme une petite feuille ployée en dedans sur elle-même, renfermant les germes que doit développer la fécondation.

CARPHOLOGIE (pathologie générale) [du grec *carphos*, fétu, flocon, et *légô*, ramasser]. — Agitation automatique des mains, qui tantôt semblent chercher des flocons dans l'air, tantôt roulent ou palpent, de diverses manières, les draps ou les couvertures du lit dans lequel le malade est couché. Ce phénomène n'a guère lieu que dans les maladies les plus graves, et indique toujours un danger imminent.

CARPOLOGIE (botanique) [du grec *carpos*, fruit, et *logos*, discours]. — Dénomination créée par Gærtner pour désigner l'étude du fruit considéré dans son ensemble et ses détails.

CARRÉ (géométrie) [du latin *quadratus*]. — Parallélogramme dont les côtés sont égaux et les angles droits. La superficie d'un carré s'obtient en multipliant un côté par lui-même. — Voy. *Arpentage*.

CARRÉ (arithmétique). — Seconde puissance d'un nombre. On appelle puissance d'un nombre le produit de ce nombre multiplié par lui-même.

La première puissance d'un nombre est le nombre lui-même; la deuxième est le produit du nombre par lui-même (4×4); la troisième est le produit de la seconde par la première ($4 \times 4 \times 4$), etc.

Le carré d'un nombre est la deuxième puissance de ce nombre. Ex.: Le carré de 5 est $5 \times 5 = 25$.

La racine d'un nombre est le nombre qui sert de facteur à une puissance.

On appelle *racine carrée* d'un nombre un autre nombre qui, multiplié par lui-même, reproduit le nombre donné. La racine carrée de 25 est 5; car $5 \times 5 = 25$.

Les carrés des 9 premiers nombres sont :

Racine carrée :	1,	2,	3,	4,	5,	6,	7,	8,	9.
Carrés :	1,	4,	9,	16,	25,	36,	49,	64,	81.

Le carré d'un nombre de plusieurs chiffres contient : 1° le carré des dizaines; 2° plus le double produit des dizaines par les unités; 3° plus le carré des unités [1].

EXEMPLE :

Le carré de 25 est 625.

[1] On exprime en algèbre le principe précédent d'une manière générale par la formule : $(a + b)^2 = a^2 + 2\,ab + b^2$.

Démonstration : $25 \times 25 = 20 \times 20 + 20 \times 5\ 2 + 5 \times 5$.

En effet :

$$\begin{array}{r} 20 \times 20 = 400 \\ 20 \times 5 \times 2 = 200 \\ 5 \times 5 = 25 \\ \hline 625 \end{array}$$

Pour extraire la racine carrée d'un nombre quelconque, on dispose l'opération comme pour faire une division, laissant libre la place du diviseur pour la racine. On partage ce nombre par des points, on tranche de deux chiffres, en allant de droite à gauche (la dernière tranche à gauche peut n'en contenir qu'un). On examine ensuite quel est le plus grand carré contenu dans la première tranche à gauche, et on l'écrit à la place indiquée. On élève cette racine au carré pour la soustraire de la tranche qui l'a fournie. Mettant le reste au-dessous, l'on abaisse la tranche suivante, dont on sépare le dernier chiffre par un point; on double la racine trouvée, et on divise par ce double le reste joint au premier chiffre de la nouvelle tranche : le quotient de cette division est le second chiffre de la racine. On retranche le produit obtenu du nombre fourni par l'abaissement de la seconde tranche; près du second reste on abaisse la tranche suivante, dont on sépare encore le dernier chiffre. Pour trouver le troisième chiffre de la racine, on répète alors la même opération que pour le second, et ainsi de suite jusqu'à l'entier épuisement des tranches.

EXEMPLE :

Soit à extraire la racine carrée de 421,209; on dispose ainsi l'opération :

Carré,	4 2. 1 2. 0 9	6 4 9
	3 6	1 2. 4 × 4
1er reste,	6 1. 2	1 2 8. 9 × 9
	4 9 6	
2e reste,	1 1 6 0 9	
	1 1 6 0 1	
3e reste,	8	

DÉTAILS.

Le premier chiffre de la racine est 6, qui, doublé, donne 12; le premier reste 6 et la seconde tranche 12, divisés par 12, donnent 4, deuxième chiffre de la racine, qu'on écrit près de 12. Les deux premiers chiffres de la racine, doublés, donnent 128; le deuxième reste 116, et la troisième tranche 09, divisés par 128, donnent 9, troisième chiffre de la racine, qu'on écrit aussi à la droite de 128. Le troisième reste est 8. 649 est donc la racine carrée de 421,209 moins 8.

La preuve de la racine carrée se fait en multipliant la racine trouvée par elle-même, et en ajoutant le reste au produit.

CARRELAGE (architecture). — Assemblage symétrique de dalles ou de carreaux de marbre, de pierre, ou de terre cuite, de petites dimensions, servant à orner le sol intérieur et les planchers des édifices.

Le carrelage proprement dit n'a été mis en usage que dans le moyen âge. Avant cette époque, on décorait le sol des monuments soit par de la mosaïque, formée de petits cubes de marbre de différents tons scellés dans une couche de ciment, soit par un dallage plus ou moins riche. Ce qui distingue le dallage du carrelage, c'est que le premier est toujours exécuté avec des morceaux de grande dimension, qui peuvent être ou quadrangulaires, ou recevoir toutes les formes possibles, tandis que le second est formé par des carreaux dont la grandeur dépasse rarement quarante centimètres, et qui sont tous ou égaux entre eux indistinctement, ou égaux deux à deux.

Le dallage est plus monumental et est employé non-seulement pour recouvrir le sol des grandes salles, mais encore pour recouvrir celui des places, des plates-formes, des terrasses, tandis que le carrelage ne peut guère servir que pour la décoration de salles de moindre importance.

Pendant le moyen âge et la renaissance, on fit un fréquent emploi de carreaux en terre cuite vernissée avec des dessins et des divisions de couleurs différentes; on en formait alors des arrangements et des compartiments qui avaient parfois une apparence assez agréable. Malheureusement l'émail venant à s'user assez promptement, la terre rouge se montrait place à place, et donnait au carrelage un aspect de vétusté qui nuisait beaucoup à l'ensemble. De nos jours, les carreaux vernissés ne sont plus guère employés que dans quelques petites pièces peu importantes, ou bien pour les revêtements de fourneaux de cuisine.

Les carreaux hexagones, qui formaient les planchers de toutes les maisons il y a quelques années, disparaissent de jour en jour, et sont remplacés avec avantage par le parquet.

Le seul genre de carrelage qui puisse encore se conserver est celui qui est formé de compartiments noirs et blancs; il convient parfaitement aux vestibules, aux salles de bains, aux cuisines, aux offices. Quant aux salles à manger, nous en désapprouvons le carrelage, puisqu'il faut ou le recouvrir d'une natte ou avoir froid aux pieds, et indépendamment de l'hygiène, une pièce carrelée a toujours l'air d'une pièce de passage, et cette apparence influe très-souvent sur la quiétude et l'intimité qui doivent se trouver dans les repas.

Le nombre des arrangements que l'on peut faire avec des carreaux de deux couleurs est immense; lorsque l'on peut disposer de deux ou de plusieurs formes, le nombre augmente encore.

A part quelques exceptions où la richesse du sol doit participer de la richesse de la salle, nous préférons beaucoup les carrelages simples et uniformes aux carrelages à compartiment, et il faut ordinairement, dans n'importe quel parti, que la surface de tous les carreaux noirs soit beaucoup moins grande que la surface de tous les carreaux blancs.

Ch. Garnier.

CARRELET (zoologie). — Nom vulgaire de la *plie franche* (*pleuronectes platassa*). — Poisson fort commun sur les marchés de Paris, et facile à distinguer aux six ou sept tubercules qu'il porte sur le côté droit de la tête entre les yeux, et aux taches aurore qui sont parsemées sur le côté de son corps; il n'a pas ordinairement plus de dix pouces ou un pied de long; cependant on en trouve de beaucoup plus gros, surtout dans les mers du Nord. Celui qu'on pêche sur les côtes sablonneuses est bien préférable à celui qu'on prend dans la vase. Quoique ces poissons soient meilleurs frais que salés, on en conserve beaucoup dans les pays froids; mais ils ne sont destinés qu'aux pauvres. (*Salacroux.*)

CARROSSE (dérivé du terme italien *carroccio*). — Cette espèce de voiture, connue depuis longtemps chez les Orientaux, est à présent beaucoup moins en usage parmi eux qu'en Europe. Il y en avait de plusieurs sortes chez les Grecs, les Romains, les Gaulois, etc. La voiture nommée *carpentum* servait ordinairement aux matrones romaines; elle était tirée par des mules et avait deux roues; la *carraque* avait quatre roues, présentait souvent des ornements d'argent, et était tirée également par des mules. *Rheda,* voiture gauloise à quatre roues, tirée par huit ou dix chevaux; *benna,* autre voiture gauloise garnie d'osier, etc.

Le premier carrosse à coffre suspendu servit, en 1405, à la reine Isabeau, lors de son entrée solennelle à Paris; les carrosses suspendus furent appelés *chariots damerets* ou de dames. La reine Éléonore entra à Marseille, en 1533, dans un chariot à coffre suspendu. Jean de Laval Bois-Dauphin, à qui un embonpoint extraordinaire interdisait l'exercice du cheval, se servit d'un semblable carrosse sous François Ier; plusieurs dames de la cour suivirent cet exemple. En 1563, lors de l'enregistrement au parlement de Paris des lettres patentes de Charles IX pour la réforme du luxe, cette cour souveraine arrêta que le roi serait supplié de défendre les *coches* par la ville. Le quatrième carrosse fabriqué en France appartenait à Christophe de Thou, premier président au parlement de Paris, qui se le procura lorsqu'il fut attaqué de violentes douleurs de goutte; cependant ce magistrat ne s'en servait jamais ni pour aller au parlement ni pour se rendre au Louvre quand le roi l'y mandait; sa femme allait souvent en croupe faire des visites à ses parents ou à ses amis; ils ne faisaient usage de leur carrosse que pour aller à la campagne. En 1586, les courtisans de Henri III venaient encore au Louvre à cheval et beaucoup se tenaient en croupe. Les dames venaient chez la reine de la même manière; plus anciennement, les dames et les princesses assistaient aux tournois et aux fêtes, derrière leurs écuyers, sur un cheval de croupe. Les carrosses étaient encore rares à Paris du temps de Henri IV : le roi n'en avait qu'un pour la reine et pour lui. Le duc d'Épernon, sous prétexte d'incommodité, entra le premier en carrosse dans la cour du Louvre en 1607; cette distinction fut ensuite accordée par Henri IV au duc de Sully; et sous la régence de Marie de Médicis, on en laissa jouir les ducs et les grands officiers de la couronne, qui l'ont depuis conservée. L'usage des glaces aux carrosses nous vient d'Italie; il a été introduit en France par Bassompierre. — L'invention des voitures suspendues, appelées *berlines*, est attribuée à Philippe Chièze, originaire d'Orange, architecte de Frédéric-Guillaume, électeur de Brandebourg. L'emploi des *ressorts en acier trempé* pour suspendre les coffres des voitures ne fut introduit en France qu'en 1787. —Le nombre des voitures à Paris, en 1658, était de trois cent dix à trois cent vingt; et en 1763, il excédait dix-sept mille. Aujourd'hui il dépasse cent mille. — Le premier carrosse parut à Vienne en 1515, et à Londres en 1580. L'usage des carrosses était défendu aux hommes en Angleterre en 1601; il devint cependant commun à Londres en 1605. — En 1650, le nommé Villarne obtint le privilége exclusif de louer de grandes et de petites carrioles dans Paris; les *voitures publiques de courses* n'y étaient pas encore en usage au commencement du règne de Louis XIV. Le nommé Sauvage, qui logeait rue Saint-Martin, *à l'Image saint Fiacre,* établit les premières; ces voitures prirent le nom de l'enseigne de leur propriétaire; on les nomma d'abord les *carrosses à cinq sous,* parce qu'on ne payait que cinq sous par course ou par heure; comme il n'y avait pas encore de lanternes dans les rues, ces carrosses en avaient une attachée à l'impériale. (*Mémorial de Chronologie*).—Voy. *Voitures* et *Omnibus*.

CARROUSEL (histoire moderne) [*Currus solis*, char du soleil]. — Espèce de tournoi, exercice équestre, fête militaire consistant en courses de chars, combats entre chevaliers armés de toutes pièces, jeux de bague, de javelot, courses de têtes, quadrilles de cavaliers adroits à manier leurs chevaux.

Les jeux olympiques, les arènes romaines, les tournois de la chevalerie, les fêtes militaires du temps de Louis XIII et de Louis XIV, les solennités des écoles de cavalerie sont les phases et les transformations diverses de l'idée des carrousels.

Aux combats dangereux de la Grèce, de Rome, et du moyen âge, ont succédé les jeux équestres de notre temps. Il n'y a rien d'offensif dans ces exercices plein de grâce et de dextérité. Ils maintiennent l'équitation militaire à un degré toujours utile aux armées.

Laguérinière et Dore en France, Newcastle en Angleterre, ont propagé *les carrousels*. *Richard Cœur-de-lion*, en passant par Messine à son retour des croisades, imagina le combat des *cannes*. Un jour il se promenait avec ses courtisans. Ils étaient à cheval. On fit la rencontre d'un paysan qui, monté sur un âne, transportait des roseaux. Il fut dévalisé par les cavaliers, qui se battirent en riant avec les cannes qu'ils lui prirent. De là vint le *combat des cannes*, exercice équestre.

Aujourd'hui un carrousel est la partie importante des fêtes militaires données par la cavalerie. L'école de cavalerie de Saumur brille par ses *carrousels*. Le programme est ainsi conçu.

Première partie :

Formation de la troupe du carrousel en quadrilles. On exécute un ballet équestre.

Entrée du carrousel. On salue de la lance.

Un escadron de quarante-huit files, plus quatre trompettes. On les range dans l'ordre de bataille, par divisions, un officier devant le centre de chaque peloton.

Premier mouvement préparatoire : on exécute le jeu de la bague.

Deuxième mouvement préparatoire : on exécute la course au javelot.

Attaque des cercles.

Attaque de flanc.

Les quatre cercles : on forme des cercles concentriques.

La croix de Malte : les quadrilles se placent en croix.

Les huit cercles : huit cercles courent concentriquement.

Deuxième partie :

Attaques successives en colonne : les colonnes s'attaquent en se croisant.

Attaque en colonne et retraite en cercle : une colonne cède à l'autre.

Attaque obliquée : on se croise en obliquant individuellement.

La retraite : on cède le terrain à l'agresseur.

Les moulinets au sabre : les cavaliers font le simulacre de se frapper.

La croix de Saint-André : les quadrilles sont en X.

La mêlée au sabre et au pistolet : on se combat avec ces armes.

La charge : on se précipite en ligne au galop.

Le défilé : on termine en saluant les spectateurs.

Les principaux commandements sont : *Portez la lance. Lance en arrêt. Haut la lance. Croisez la lance en avant. Croisez la lance à droite. Croisez la lance à gauche. Salut de la lance. Maniement du dard.*

Les exercices les plus intéressants sont : la course de la bague (avec une lance de bois, on enfile des bagues, les chevaux étant lancés au galop. On dépose gracieusement la bague).

La course des têtes.

Des têtes en carton sont piquées et enlevées à la pointe du sabre, au galop, en se penchant sur le cheval et s'appuyant sur les étriers. La course au dard consiste à planter un dard dans une tête de Méduse.

Un romain nommé *Quintus* inventa la course à la *quintaine*. On frappait un pilier de bois pour s'exercer à lancer le javelot étant à cheval.

Les juges du camp étaient choisis parmi les plus adroits cavaliers.

Le *Faquin* consistait à frapper un homme de peine

armé de toutes pièces, payé pour subir le choc des jouteurs.

L'Afrique française offre chaque année, lors des courses de septembre, à Alger, un magnifique carrousel appelé *Fantasia*. Des députations nombreuses des trois provinces de Constantine, d'Oran, et d'Alger, sont convoquées pour y assister. Les cavaliers arabes revêtent leurs plus beaux costumes, leurs coursiers de noble race sont richement caparaçonnés. Des combats simulés sont exécutés aux applaudissements d'une foule nombreuse. Pendant que les guerriers font cabrer leurs chevaux en tirant le *moukala* (fusil), les *you you* (cri de guerre) des femmes cachées dans des palanquins d'étoffe rouge, perchés sur les chameaux, et des musiques guerrières excitent l'enthousiasme des cavaliers. Quand un prince ou un grand personnage visite nos écoles de cavalerie, on le fête par le spectacle brillant d'un carrousel. Le maréchal Pélissier a été ainsi fêté à Saumur. Quand un régiment de cavalerie veut venir au secours des malheureux de la localité qu'il habite, il donne un carrousel, qui se termine par une quête abondante.

Le *Carrousel* des Tuileries rappelle par son nom les fêtes équestres qui se donnèrent dans les cours de ce palais sous le règne des rois qui protégèrent l'équitation. JOUBERT.

CARTE (astronomie, géographie, etc.) [du grec *chartês*, d'où en latin *charta*, papier, carte, cartel, carton, charte, pancarte, etc.). — Une carte est une figure plane qui représente la figure de la terre ou une de ses parties, suivant les lois de la perspective, ou encore une projection de la surface du globe, ou d'une de ses parties, qui représente les figures et les dimensions, ou au moins les situations des villes, des rivières, des montagnes, etc.

On appelle *cartes universelles*, ou *mappemondes*, celles qui représentent toute la surface de la terre; *cartes particulières*, celles qui représentent quelques pays particuliers ou quelques portions de pays.

Ces deux espèces de cartes sont nommées souvent *cartes géographiques* ou *cartes terrestres*, pour les distinguer des hydrographiques ou marines, qui ne représentent que la mer, ses îles et ses côtes.

Cartes marines ou *hydrographiques*. L'invention de ces cartes est l'ouvrage du prince don Henri de Portugal. Il y avait longtemps que les *cartes géographiques* étaient connues, mais des *cartes marines* contruites suivant le même principe eussent été inutiles dans la navigation. Le prince préféra donc de développer la surface du globe terrestre en étendant les méridiens en lignes droites et parallèles entre elles. Telles furent les premières cartes employées par les navigateurs : on les nomme *cartes plates*, parce qu'elles sont en quelque sorte formées de la surface du globe aplatie. Mais il y a dans ces sortes de cartes deux inconvénients : l'un consiste en ce que la proportion des degrés des parallèles et de ceux des méridiens n'y est point conservée. Le second et le plus essentiel est que le rhumb qu'elles indiquent, en tirant une ligne d'un lieu à un autre, n'est point le véritable, excepté lorsque ces lieux sont sous le même méridien ou sous le même parallèle.

Dès le milieu du seizième siècle, on sentait déjà la nécessité d'avoir une autre manière de représenter la surface du globe terrestre qui fût exempte de ces défauts. *Mercator*, fameux géographe des Pays-Bas, en donna la première idée, en remarquant qu'il faudrait étendre les degrés des méridiens d'autant plus qu'on s'éloignerait davantage de l'équateur; mais il s'en tint là, et il ne paraît pas avoir connu la loi de cette augmentation. Édouard Wrigth la dévoila le premier, et publia, en 1599, un ouvrage dans lequel il calcule l'accroissement des parties du méridien par l'addition continuelle des sécantes, de dix en dix minutes. Ces cartes remplissent parfaitement toutes les vues des navigateurs. A la vérité, les parties de la terre y sont représentées toujours en croissant du côté des pôles, et d'une manière tout à fait difforme : mais cela importe peu, pourvu qu'elles fournissent un moyen facile et sûr de se guider dans sa route.

Cartes célestes. Ce sont celles dans lesquelles on représente les constellations et les étoiles qui les composent.

Carte militaire. C'est la carte particulière d'un pays, ou d'une portion de pays, ou d'une frontière, ou des environs d'une place, d'un poste, sur laquelle sont exprimés tous les objets qu'il est essentiel de connaître pour former et exécuter un projet de campagne, tels que les marches qu'une armée peut faire; les lieux où elle peut camper; les divers postes qu'elle doit occuper; les défilés et leur longueur; les rivières, les ruisseaux, leur largeur, leur profondeur, les gués, la nature du fond, la hauteur des bords, les ponts, les passages, les moulins, les canaux, les étangs, les villages, les hameaux, les châteaux, les métairies et autres lieux qui sont bons à occuper; les montagnes, leur hauteur, leur pente, leur escarpement; les vallons, les ravins, leur largeur, leur profondeur, etc., etc.

L'usage des cartes militaires était connu des anciens : « Un général, dit Végèce, doit avoir des tables dressées avec exactitude, qui lui marquent non-seulement la distance des lieux par le nombre des pas, mais la qualité des chemins, les routes qui abrégent, les logements qui s'y trouvent, les montagnes et les rivières. »

Cartes à jouer. Il ne paraît aucun vestige de ces cartes avant 1293, que Charles VI tomba en frénésie. Le jeu de cartes présente une idée de la vie paisible, comme le jeu des échecs offre le tableau de la guerre. Ce qui pourrait faire soupçonner que ce jeu a pris naissance en France, ce sont les fleurs de lis qu'on a toujours remarquées sur toutes les figures en cartes. — Voy. *Cartomancie*.

CARTÉSIANISME (philosophie) [de *Cartesius*, nom latin de Descartes]. — Philosophie, doctrine de Descartes, né à la Haye (Indre-et-Loire), en 1596, et mort en 1650. Le cartésianisme se résume tout entier dans le doute méthodique, doute par lequel on substitue progressivement, et par des raisonnements rigoureux, les croyances de l'expérience à celles de la routine. L'école de Descartes fut *spiritualiste*, mais ce spiritualisme alla plus tard jusqu'à l'*idéalisme*. « Au moment où nous sommes, je déclare, dit Cousin, qu'il n'y a pas une école ou s'enseigne le cartésianisme, c'est-à-dire le doute. »

CARTHAME (botanique). — *Carthamus*, genre de plantes de la famille des composées, dont une espèce (le *carthame des teinturiers*) a dans ses fleurs des principes colorants jaune et rouge employés dans l'art des confiseurs, et une autre (*carthame laiteux*) qui fut jadis célèbre comme vermifuge et fébrifuge.

CARTILAGE (anatomie) [du latin *cartilago*]. — Tissu particulier, blanc opalin et nacré; flexible, très-élastique, d'une consistance moyenne entre celle des os et des ligaments, et sans apparence de texture ni d'organisation. Les *cartilages articulaires* sont ceux qui revêtent les surfaces articulaires des os, et amortissent par leur élasticité les efforts de pression et les chocs que peuvent éprouver les articulations; les cartilages articulaires constituent une partie ou la totalité de la charpente osseuse de certaines parties : tels sont les cartilages des côtés, du pharynx, du larynx, de la trachée-artère. « Les cartilages articulaires, appelés aussi *de revêtement* ou *d'encroûtement*, sont lamelliformes dans ces articulations immobiles; ils adhèrent à l'os par leurs deux faces, et au périoste par leurs bords : tels sont les cartilages intervertébraux. Dans les articulations mobiles, les cartilages, dits alors *cartilages diarthrodiaux*, ont la forme de lames aplaties, plus minces à la circonférence qu'au centre sur les extrémités articulaires convexes, et plus épaisses à leur bord qu'à leur centre sur les surfaces concaves. Une de leurs faces adhère intimement à l'extrémité articulaire de l'os; l'autre est libre, lisse et tapissée par la membrane synoviale. Les cartilages articulaires sont tous revêtus d'une membrane fibreuse appelée *périchondre*, analogue au périoste, dont elle ne diffère qu'en ce qu'elle contient moins de vaisseaux; c'est dans elle seule que paraît résider la vitalité, dont sont privées leurs couches plus profondes; avec l'âge, ils s'ossifient plus ou moins. — Par suite du défaut de vitalité, les plaies ou simples divisions de ces parties, ainsi que leurs fractures, sont susceptibles de réunion après un temps plus ou moins long, au moyen du périchondre, qui s'enflamme et s'organise. Elles sont aussi sujettes à une *ossification* accidentelle ou morbide : cette affection s'observe assez souvent ches les vieillards ou chez de jeunes sujets atteints de maladies chroniques. L'inflammation ou un vice quelconque de l'économie peuvent modifier la vitalité des cartilages, et les rendre susceptibles, comme les os, de carie, notamment dans la phthisie laryngée. Les cartilages sont aussi altérés et ramollis dans les tumeurs blanches. Dans la goutte, ils deviennent le siége de concrétions particulières (*tophus*), formées de phosphate de chaux ou d'urate de soude, qui déforment les articulations, et empêchent leur mouvement. Les progrès de l'âge déterminent souvent l'usure des cartilages qui recouvrent les surfaces articulaires. »

CARTILAGINEUX (zoologie) [du latin *cartilago*]. — Groupe de poissons nommés aussi *chondroptérygiens*, caractérisés par un squelette cartilagineux, résultant de ce que la matière calcaire, au lieu de se réunir en fibres osseuses, se dépose par petits grains. De là vient que le crâne est formé d'une seule pièce, sans sutures. Ce sont en général des animaux de grande taille et de conformation très-variable.

Les principaux types sont : l'*esturgeon*, le *requin*, la *raie*, la *lamproie*. On en connaît une centaine d'espèces comprises dans deux ordres, les *chondroptérygiens à branchies libres*, et les *chondroptérygiens à branchies fixes*, qui forment ensemble trois familles, savoir : les sturoniens, les sélaciens, et les suceurs. GOSSART.

CARTOMANCIE (sciences occultes). — L'art de lire dans le passé, le présent et l'avenir, au moyen des cartes, par des calculs et des combinaisons particulières, présidées le plus souvent par le hasard. La cartomancie n'a pas dû tarder à paraître après l'invention des cartes (quatorzième siècle), surtout si nous jugeons d'après l'état des esprits à cette époque, de la population peu éclairée, aspirant sans cesse à des jours meilleurs, malheureuse, et cherchant dans sa misère, autour d'elle, quelque génie consolateur, qui pût lui dire enfin quand finirait son esclavage et son extrême pauvreté. L'énergie incessante que déployait les gouvernements d'alors contre les sorciers ne faisait qu'augmenter cet ardent désir de savoir sa destinée, au lieu de l'apaiser.

Les cartes apportèrent cet aliment, et à dater de cette époque l'on s'en servit. Court de Gébelin rapporte dans son *Monde primitif* (huitième volume), la manière complète de tirer les cartes : la voici, précédée de réflexions à ce sujet :

« Vos diseurs de bonne fortune (dit M. le C. de M.) ne sachant pas lire les hiéroglyphes, en ont soustrait tous les tableaux, et changé jusqu'aux noms de Coupe, de Bâton, de Denier et d'Épée, dont ils ne connaissaient ni l'étymologie ni l'expression; ils ont substitué ceux de Cœur, de Carreau, de Trèfle et de Pique; mais ils ont retenu certaines tournures et plusieurs expressions consacrées par l'usage, qui laissent entrevoir l'origine de leur divination. Selon eux, les Cœurs (les Coupes), annoncent le bonheur; les Trèfles (les Deniers), la fortune; les Piques (les Épées), le malheur; les Carreaux (les Bâtons), l'indifférence et la campagne; le neuf de Pique est une carte funeste; celui de Cœur, la carte du Soleil; il est aisé d'y reconnaître le grand neuf, celui des Coupes; de même que le petit neuf de Trèfle, qu'ils regardent aussi comme une carte heureuse. Les As annoncent des lettres, des nouvelles; en effet, qui est plus à même d'apporter des nouvelles que le borgne (le Soleil), qui parcourt, voit et éclaire tout l'univers? L'as de Pique et le huit de Cœur présagent la victoire; l'As couronné la pronostique de même, et d'autant plus heureuse qu'il est accompagné des Coupes ou des signes fortunés; les Cœurs, et plus particulièrement le dix, dévoilent les événements qui doivent arriver à la ville. La Coupe, symbole du sacerdoce, semble destinée à exprimer Memphis et le séjour des Pontifes ; l'as de Cœur et la dame de Carreau annoncent une tendresse heureuse et fidèle ; l'as de Coupe exprime un bonheur unique, qu'on possède seul ; la dame de Carreau indique une femme qui vit à la campagne ; et dans quel lieu peut-on espérer plus de vérité et d'innocence qu'au village ? Le neuf de Trèfle et la dame de Cœur marquent la jalousie. Quoique le neuf de Denier soit une carte fortunée, cependant une grande passion, même heureuse pour une dame vivant dans le grand monde, ne laisse pas toujours son amant sans inquiétudes, etc., etc. On trouverait encore une infinité de similitudes qu'il est inutile de chercher.

MANIÈRE DE TIRER LES CARTES.

» On se sert d'un jeu de piquet qu'on mêle, et on fait couper par la personne intéressée. On tire une carte qu'on nomme As, la seconde Sept, et ainsi en remontant jusqu'au Roi ; on met à part toutes les cartes qui arrivent dans l'ordre du calcul qu'on vient d'établir, c'est-à-dire que si en nommant As, Sept, ou tel autre, il arrive un as, un sept ou celle qui a été nommée, c'est celle qu'il faut mettre à part. On recommence toujours jusqu'à ce qu'on ait épuisé le jeu ; et si sur la fin il ne reste pas assez de cartes pour aller jusqu'au Roi inclusivement, on reprend des cartes sans les mêler ni couper, pour achever le calcul jusqu'au Roi. Cette opération du jeu entier se fait trois fois de la même manière. Il faut avoir le plus grand soin d'arranger les cartes qui sortent du jeu, dans l'ordre qu'elles arrivent, et sur la même ligne, ce qui produit une phrase hiéroglyphique, et voici le moyen de la lire : Toutes les peintures représentent les personnages dont il peut être question ; la première qui arrive est toujours celle dont il s'agit. Les Rois sont l'image des souverains, des parens, des généraux, des magistrats, des vieillards. Les Dames ont les mêmes caractères dans leur genre, relativement aux circonstances, soit dans l'ordre politique grave ou joyeux, tantôt elles sont puissantes, adroites, intrigantes, fidèles ou légères, passionnées ou indifférentes, quelquefois rivales, complaisantes, confidentes, perfides, etc. ; s'il arrive deux cartes du même genre, ce sont les secondes qui jouent les seconds rôles, etc. ; les Valets sont des jeunes gens, guerriers, amoureux, petits-maîtres, rivaux, etc. ; les Sept et les Huit sont des demoiselles de tous les genres ; le neuf de Cœur se nomme le Soleil parce qu'il annonce du succes, surtout s'il est avec le neuf de Trèfle, qui est une carte de bon augure ; le neuf de Carreau, le retard en bien ou en mal ; le neuf de Pique, la plus mauvaise carte, ruines, maladies, mort ; le dix de Cœur, la ville ; le dix de Carreau, la campagne ; le dix de Trèfle, fortune, argent ; le dix de Pique, peines, chagrins ; les As, lettres, nouvelles ; les quatre Dames ensemble, babil, querelles ; les Trèfles et surtout ensemble, succès avantage, fortune, argent. Plusieurs Valets ensemble, rivalité, dispute, combats ; les Carreaux, la campagne, indifférence ; les Cœurs, contentement, bonheur ; les Piques, pénurie, soucis, chagrins, mort. Il faut avoir soin d'arranger les cartes dans le même ordre qu'elles sortent, et sur la même ligne, pour ne pas déranger la phrase et la lire plus facilement. Les événements prédits en bien ou en mal peuvent être plus ou moins malheureux, suivant que la carte principale qui les annonce est accompagnée ; les Piques, par exemple, accompagnés de Trèfles, surtout s'ils arrivent entre deux Trèfles, sont moins dangereux ; comme le Trèfle entre deux Piques, ou accolé d'un Pique, est moins fortuné. Quelquefois le commencement annonce des accidents funestes, mais la fin des cartes est favorable s'il y a beaucoup de Trèfles ; on les regarde comme amoindris, plus ou moins, suivant la quantité. S'ils sont suivis du Neuf, de l'As, du Dix, cela prouve qu'on a couru de grands dangers, mais qu'ils sont passés et que la fortune change de face. »

LES AS

De Carreaux avec huit de Cœur, bonne nouvelle.
De Cœur et dame de Pique, visite de femme.
De Cœur et valet de Cœur, victoire.
De Cœur, neuf et valet de Cœur, amant heureux.
De Pique, dix et huit de Pique, malheureux.
De Pique, huit de Cœur, victoire.
De Trèfle, valet de Pique, amitié.

LES SEPT.

Sept et dix de Cœur, amitié de demoiselle.
Sept de Cœur, dame de Carreau, amitié de femme.
Sept de Carreau, roi de Cœur, retard.

LES NEUF.

Trois Neuf ou trois Dix, réussite.

LES DIX.

Dix de Trèfle, roi de Pique, un présent.
Dix de Trèfle, valet de Trèfle, amoureux.
Dix de Pique, valet de Carreau, quelqu'un d'inquiet.
Dix de Cœur, roi de Trèfle, amitié sincère.

Beaucoup d'auteurs ont contesté l'invention des cartes au temps de Charles VI, et l'ont attribuée à des époques et des peuples différents, tels que les Allemands, les Espagnols, aux Français, aux Arabes, aux Indiens et aux Égyptiens. Ceux qui en font remonter l'origine à ces derniers en trouvent la preuve dans l'explication des cartes et leur valeur divinatoire, qui seraient en rapport avec différents signes de ce peuple. Ainsi, il est à remarquer que, dans l'écriture symbolique, les Égyptiens traçaient des carreaux pour exprimer la campagne.

Après toutes les discussions et recherches plus ou moins exactes qui ont eu lieu à ce sujet pour sonder cette science de la divination des cartes, une chose assez curieuse et digne de remarque paraît avoir échappé complétement à l'investigation de ces infatigables chercheurs : ils n'ont pas su à quoi attribuer ces espèces de prophéties, et les ont classées de préférence dans l'ordre physique et mathématique, plutôt que dans l'ordre psychologique et moral. La plupart savaient cependant que les sorciers, sibylles et devineresses avaient une certaine pratique occulte qui les mettait sur les traces des actions et sentiments d'autrui; mais l'extrême secret gardé par ceux-ci sur leur pouvoir leur faisait croire le plus souvent à l'intervention du diable dans ces actes.

Nous croyons aujourd'hui, d'après nos observations (et cela nous a été avoué, en outre, par des cartomanciens), que la divinotion des cartes n'est pas précisément dans leur combinaison, qui est due au hasard, mais bien à un état tout particulier de l'organisation chez ceux qui se livrent à cette profession (et nous entendons parler de ceux qui ont ou ont eu une supériorité en cet art, tels que Mlle Lenormand, Saunier, Edmond, etc.). On sait que le somnambulisme recèle en lui quelque chose de mystérieux; dans cet état, l'âme paraît s'être condensée au cerveau. Les facultés sont centuplées, des sujets voient souvent à des lieux éloignés, peuvent prédire l'avenir, ont la transmission de pensée et sentent souvent les maladies. C'est ce qu'on appelle lucidité somnambulique [1].

Elle est souvent incohérente, à cause des nombreuses influences morales ou maladives qu'éprouvent ces sortes de sujets, dont la sensibilité extrême s'exalte et s'émousse au moindre choc.

Cela posé, nous pensons, quoiqu'ils soient dans un état différent (c'est-à-dire la veille), qu'il y a une analogie de même nature dans la condition du cartomancien, à un degré moins avancé, mais parfois aussi perceptif que le premier : la chlorose, l'hystérie, l'épilepsie, les affections nerveuses, en général, sont autant de conditions capables de produire ces particularités.

Ajoutons maintenant à cette conformation toute extraordinaire et spéciale du chercheur le désir ardent de savoir de la part du consultant, et nous aurons pour un instant une attraction, un mélange de deux corps, dont nous pouvons supposer l'un négatif et l'autre positif, desquels il surgira par leur contact une étincelle, la vérité.

Les prophétesses des temps anciens, les druidesses chez les Gaulois, les sorciers plus tard, et, presque de nos temps, Jeanne d'Arc, qui prédit d'avance une multitude de faits et ses victoires, qui se sont toutes réalisées, furent dans ce cas.

L'arrangement symétrique des cartes n'est donc pas la représentation exacte de la prédiction; on ne doit considérer ce simulacre que comme un temps utile et nécessaire au recueillement de ces nouveaux prophètes.

Nous ne plaçons pas dans la même catégorie les bateleurs qui sont sur les places publiques, dont les prédictions sont banales et les mêmes pour tout le monde, et qui tiennent plus à la physiognomonie qu'à l'inspiration. En un mot, le tireur de cartes, qui ne possédera pas l'intuition ou la présensation de ce qu'il peut prédire ressemblera à l'enfant qui lit et répète les mots sans en comprendre ni la valeur ni le genre.

E. PAUL.

[1] Nous laissons ici à l'auteur la responsabilité pleine et entière de ses idées touchant la cartomancie et le somnambulisme. (*Note du Rédacteur en chef.*)

CARVI (botanique). — Plante de la famille des ombellifères et du genre *carum*. Elle croît dans les prairies et les lieux élevés. Sa racine a une saveur très-agréable, et elle sert d'aliment dans quelques contrées du Nord. Son fruit est très-aromatique; c'est un condiment pour les légumes, dont il facilite la digestion. On en retire une huile volatile très-bonne dans les coliques.

CARYOPHYLLÉES (botanique). — Famille de plantes herbacées, à tige noueuse, à feuilles simples, opposées ou verticillées. Calice monotétra, ou pentasépale. Corolle de quatre ou cinq pétales ordinairement onguiculés, rarement nulle. Étamines en nombre égal ou double de celui des pétales; ovaire libre; deux à cinq styles, stigmates subulés. Capsules à une ou plusieurs loges polyspermes; périsperme farineux.

Le type de cette famille est l'œillet; on y range aussi la nielle, la saponaire, le mouron des oiseaux, etc. Elle est formée de dix-sept genres.

CAS (grammaire) [du latin *casus*, chute]. — On appelle ainsi certaines terminaisons des substantifs, des adjectifs et des pronoms qui ajoutent à l'idée principale du mot l'idée accessoire d'un rapport. C'est cette distinction qui différencie le *cas* de la *terminaison*. Toute fin de mot est une terminaison, mais n'est pas un cas. Il en est de même du mot *désinence*, qu'il n'est pas permis de confondre avec le cas.

L'existence des cas n'est pas indispensable dans les langues, puisque beaucoup n'en ont pas, telles que l'hébreu, le syrien, le phénicien, l'arabe moderne, le chinois, le siamois, le cophte, et la plupart des langues modernes de l'Europe, le français, l'anglais, l'italien, l'espagnol; au contraire, le polonais, le russe, le bohémien, le hongrois, le suédois, le danois, le lapon, le finois, le lithuanien et toutes les langues indo-germaniques et scytho-sarmatiques. Le sanscrit est aussi au nombre des langues à désinences casuelles.

Le hulan est remarquable en ce qu'il conjugue les noms au lieu de les décliner.

Les langues qui en sont privées y suppléent par l'emploi de l'article et des prépositions.

Ainsi, en français, où il n'y a pas de cas, on dira : 1. LE SEIGNEUR est bon. 2. *La bonté* DU SEIGNEUR *est inépuisable*. 3. *Donner* AU SEIGNEUR *ce qui lui est dû*. 4. *J'aime* LE SEIGNEUR. 5. SEIGNEUR, *vous êtes bon*. 6. *Je suis aimé* DU SEIGNEUR. Dans tous les exemples, le mot *Seigneur* reste invariable, il n'y a que l'article qui change. Au pluriel, le substantif prend seulement le *s*, caractéristique de ce nombre. 7. LES SEIGNEURS *sont aimables*. 8. *La bonté des* SEIGNEURS *de ce pays est très-grande*. 9. *Je ne puis accorder* AUX SEIGNEURS *ce qu'ils me demandent*. 10. *J'aime* LES SEIGNEURS *qui ne maltraitent pas leurs vassaux*. 11. SEIGNEURS, *écoutez les réclamations de vos subordonnés*. 12. *J'ai été puni par les* SEIGNEURS.

Chez les Latins, au contraire, où je puiserai tous les exemples des cas, parce que cette langue est plus connue, le mot *dominus*, équivalent de *seigneur*, varie douze fois, six pour le singulier, six pour le pluriel. Dans la première phrase ils se servent de *dominus*; dans la deuxième, de *domini*; dans la troisième, de *domino*; dans la quatrième, de *dominum*; dans la cinquième, de *domine*; dans la sixième, de *domino*; dans la septième, de *domini*; dans la huitième, de *dominorum*; dans la neuvième, de *dominis*; dans la dixième, de *dominos*; dans la onzième, de *domini*; et dans la douzième, de *dominis*.

Quand on récite de suite les divers cas d'un nom, cela s'appelle *décliner*, et la réunion de ces cas *déclinaison*.

Tous les mots n'avaient pas des terminaisons semblables dans des cas analogues; ainsi le mot *soror*, sœur, ne se déclinait pas comme le mot *dominus*; il n'était donc pas de la même déclinaison. Je parlerai de cet objet au mot *Déclinaison*.

On voit que la *Déclinaison* est au fond la même chose que la *conjugaison*, mais la déclinaison ne se dit que des noms, des adjectifs et des pronoms, tandis que conjugaison ne se dit que des verbes. Cette distinction n'a pas toujours été admise par les anciens grammairiens.

Bien que les noms des langues à déclinaisons fussent généralement susceptibles de varier, cependant il y en avait quelques-uns qui ne variaient pas plus qu'en français, tels étaient, en latin, les mots *fas*, *nefas*, *cornu*, etc. Ces mots n'ont pas de cas, ils sont *indéclinables*, et si, dans les phrases où ils sont employés, on en parle comme s'ils étaient déclinables, c'est uniquement pour montrer leur relation avec les autres mots de la phrase.

On a dû voir au mot *dominus*, cité comme exemple, que des cas différents ont des terminaisons semblables, cette ressemblance est très-fréquente, et il n'en résulte pas pour cela de confusion, parce que la construction de la phrase achève de distinguer ce que le défaut de variété de désinence laisserait confus. *Domini justitia*, la justice du Seigneur, ne se confond pas avec *domini justi*, les seigneurs justes, ni *domini, justi estis*, seigneurs, vous êtes justes.

Quoique les Latins eussent douze terminaisons dans leurs noms, ils n'avaient que six cas, parce qu'ils donnaient aux terminaisons du singulier et à celles du pluriel des dénominations communes. Les six cas admis en latin étaient le *nominatif*, le *génitif*, le *datif*, l'*accusatif*, le *vocatif* et l'*ablatif*.

Le nominatif s'employait pour désigner le sujet de la phrase : *Dominus est bonus*, le Seigneur est bon. On l'appelait ainsi parce qu'il nomme le sujet.

Le génitif, ainsi appelé parce qu'il sert à former les autres cas, ou parce qu'il exprime une idée de génération et par suite de possession, est employé pour le complément des substantifs, de quelques adjectifs. *Domini justitia*, la justice du Seigneur. *Plenus vini*, plein de vin.

Le datif, ainsi nommé de *dare*, donner, exprimait principalement un rapport d'attribution. *Do pauperi*, je donne au pauvre.

L'accusatif, de *accusare*, accuser, sert à accuser, c'est-à-dire à déclarer le terme de l'action que le verbe signifie. *Amo Dominum*, j'aime le Seigneur.

Le vocatif, de *vocare*, appeler, sert à adresser la parole à quelqu'un. *Ave, domine*, bonjour, monsieur.

L'ablatif, de *ablatus*, enlevé, indique une idée de séparation, d'éloignement. *Discedere è regione*, s'éloigner du pays.

Il ne faut pas croire que chacun de ces cas servait invariablement à marquer toujours le même rapport; il était souvent employé à plusieurs usages, mais les dénominations se tirent toujours de l'usage le plus connu et le plus fréquent.

Les langues qui admettent des cas n'en ont pas toutes le même nombre. Le nombre des rapports à exprimer étant infini, chaque peuple n'a cru devoir n'affecter de formes particulières qu'à l'expression d'un petit nombre de rapports. Les Grecs n'avaient que cinq cas, qui portaient les mêmes noms que chez les Latins; l'ablatif leur manquait. Les anciens Arabes en avaient trois; l'arménien en a dix. Les Suédois, les Lapons, les Hongrois, les Groenlandais, les Basques et les Péruviens en ont un bien plus grand nombre.

Chez les peuples qui admettent un grand nombre de cas, cela vient quelquefois de ce qu'au lieu d'employer des prépositions pour marquer les rapports des mots, ils placent à la fin des particules enclitiques; ces langues ont donc en effet autant de cas qu'il y a de rapports généraux à exprimer. Ainsi les Lapons ont, parmi leurs cas, le *locatif*, le *médiatif*, le *négatif*, le *factif*, le *nuncupatif*, le *pénétratif*, le *descriptif*, etc.

Mais il s'est trouvé des grammairiens qui, connaissant mieux le latin que les autres langues, ont voulu appliquer ses principes à toutes les langues, quelles qu'elles fussent. Ils ont été jusqu'à ne vouloir reconnaître que six cas, même dans les langues qui en ont évidemment davantage, et il a fallu, bon gré, mal gré, que celles qui en avaient moins arrivassent à ce nombre. Sanctius a même été jusqu'à prétendre que c'était une nécessité naturelle de trouver six cas dans tous les idiomes. Voilà pourquoi Port-Royal admettait six cas en grec.

Ce funeste préjugé, qui n'est pas encore détruit complétement, a contribué à compliquer l'étude des langues. Les grammairiens consacrent inutilement un grand nombre de pages à chercher des cas dans des langues où il ne peut y en avoir, puisque les mots ont toujours les mêmes terminaisons. Ainsi, quand nous disons : *Le Seigneur, du Seigneur, au Seigneur*, etc., nos anciens grammairiens appelaient cela des cas, quoique la terminaison soit toujours la même. Les Anglais n'ont pas manqué de se conformer à cet usage, qui a été suivi également par les Italiens, les Espagnols, etc. La grammaire de l'Académie espagnole va plus loin encore : elle donne une double forme au datif à cause des prépositions *a* et *para*;

elle donne six formes à l'ablatif à cause des prépositions *con*, *de*, *en*, *par*, *sin*, *sobre* ; mais pourquoi les premières forment-elles un datif ? Pourquoi les dernières forment-elles un ablatif ? Pourquoi les autres prépositions de la langue espagnole *ante*, *contra*, *segun*, *tras*, etc., ne rentrent-elles pas dans un de ces deux cas, ou n'en forment-elles pas un septième ? C'est uniquement parce qu'il n'y en avait que six en latin. En italien, où l'article se contracte avec certaines prépositions, on croirait que les grammairiens vont admettre autant de cas qu'il y a de contractions différentes ; point du tout, ils ne font que six cas, pour se conformer au latin.

Si aujourd'hui cette opinion a encore conservé quelques partisans, la grande majorité des grammairiens et des professeurs éclairés admet, avec Périzonius, Beauzée, Dumarsais et tous les grammairiens philosophes, que, dans la plupart des langues modernes, il n'y a que des prépositions devant des substantifs ou des prépositions qui se contractent avec l'article, mais rien qui ressemble à des cas. Cependant il se trouve toujours quelques routiniers qui disent, avec Priscien, que ce ne sont pas seulement les terminaisons qui font les cas, mais encore les différentes constructions auxquelles on a recours pour en tenir lieu.

Certains grammairiens, tout en convenant que la suppression des cas est une chose raisonnable, ne les conservent pas moins, en faveur des jeunes gens et des étrangers, qui sont accoutumés à l'ancien système : comme si on facilitait l'étude d'une science en y laissant des dénominations sans objet et des règles sans fondement.

Il y en a d'autres qui prétendent que la conservation des cas dans les langues modernes est d'un grand secours pour les jeunes gens qui doivent étudier la langue latine. J'ai éprouvé bien des fois le contraire. Un élève, entre autres, qui avait étudié la grammaire dans l'abbé Gaultier, confondait tous les cas. Avait-il à traduire en latin cette phrase : Je veux du pain, il traduisait : *Volo panis*, au lieu de *volo panem*. J'ai eu beaucoup de peine à le faire revenir de son erreur.

Les langues qui admettent des cas n'en ont pas assez pour exprimer tous les rapports qui peuvent exister ; c'est pourquoi il y a souvent nécessité, même dans ces idiomes, de recourir aux prépositions. Ces prépositions qui précèdent les noms équivalent à des cas pour le sens, mais ne peuvent réellement être considérées comme telles, car l'essence du cas ne consiste que dans la terminaison du nom.

Si, lorsque le latin était florissant, il arrivait souvent qu'un cas venait à exprimer plusieurs rapports, ce fut bien pis à l'époque de la décadence, car ces formes paraissant trop compliquées pour les Barbares qui avaient envahi l'empire, ils employaient indifféremment les cas les uns pour les autres ; de là à les abandonner et à les remplacer par les prépositions il n'y avait qu'un pas, et il ne tarda pas à être franchi par les peuples modernes.

Cependant nos ancêtres et plusieurs des peuples qui écrivent les langues néo-latines, avant de renoncer entièrement au système latin, admirent deux cas, le *subjectif*, servant à désigner le sujet, et le *complétif*, le complément. Le subjectif fut emprunté au nominatif des Latins, et le complétif à l'accusatif. Cet état de choses se maintint, tout en s'affaiblissant graduellement, jusqu'au quinzième siècle, où cet usage disparut tout à fait.

Il ne resta plus quelques traces de cas que dans les pronoms personnels, où Beauzée reconnaît encore un subjectif et un complétif, et en français un cas *adverbial* ; mais des grammairiens plus récents ont même abandonné ces dénominations, dont l'utilité, en effet, n'est pas bien démontrée.

Les langues qui ont des cas sont en général transpositives, parce qu'elles peuvent se permettre des inversions plus fortes et plus fréquentes, et donner par là plus de grâce et de variété ; elles ont aussi l'avantage de la brièveté, débarrassées qu'elles sont du lourd attirail de nos prépositions et de nos articles ; mais les langues qui n'ont pas de cas sont généralement plus claires et plus propres à la déduction de la pensée.

Les deux exemples suivants, empruntés à Virgile, indiquent comment, malgré les transpositions, on reconnaît dans le latin le rapport des mots. Virgile ayant à exprimer cette pensée : « Si une pluie froide retient chez lui le laboureur, » s'exprime ainsi :

Frigidus agricolam si quando continet imber.

Il est certain que, dans l'esprit de Virgile, *frigidus* et *imber* devaient être réunis, puisque l'un est le substantif et l'autre l'adjectif ; cependant *frigidus* commence le vers et *imber* le finit ; mais cependant il n'y a pas obscurité, parce que les terminaisons de ces mots indiquent qu'ils sont tous les deux au nominatif.

Dans cet autre vers :

Aret ager ; vitio, moriens, sitit, aeris herba.

Ces mots ainsi séparés de leurs corrélatifs ne forment aucun sens. Est sec le champ ; vice, mourant, a soif, de l'air, l'herbe ; mais les terminaisons m'indiquent les corrélatifs, et dès lors je trouve le sens. Dans les langues analytiques, les mots auraient été ainsi placés : *Aret ager ; herba moriens sitit pro vitio aeris.*

On donne aux cas, outre leurs noms propres, d'autres dénominations relatives à certains points de vue de l'esprit. Ainsi le nominatif est appelé *cas absolu*, parce qu'il n'est jamais en rapport avec le reste de la phrase, et qu'on peut presque toujours le détacher sans nuire à la clarté de la construction. Les autres cas, au contraire, sont appelés *cas relatifs*, parce qu'ils y sont dans une certaine relation avec les autres mots.

Le nominatif est nommé *cas direct*, parce qu'il indique toujours un sujet ou un attribut, et qu'il n'est sous la dépendance d'aucun autre mot. Les autres cas, au contraire, excepté le vocatif, expriment toujours des compléments, ce qui leur aurait mérité le nom de *cas complétifs* ou *complémentaires*, mais l'usage les a désignés sous le nom de *cas obliques* ou *indirects*.

Les grammairiens se servent encore de beaucoup d'autres dénominations, que je ne puis qu'indiquer; ils admettent le *cas générateur*, le *cas généré*, le *cas formel*, le *cas éventuel*, le *cas sur-adjudiciel*, le *cas actif*, le *cas passif*, le *cas terminatif*, le *cas déterminatif*, le *cas interjectif*, le *cas apposé*, le *cas combiné*, etc.

En logique, on donne une plus grande extension au mot cas. On ne l'applique pas seulement aux substantifs, aux adjectifs et aux pronoms, mais encore aux autres espèces de mots; ainsi, pour eux ce n'est pas seulement *amatoris*, *amatori*, *amatorem*, qui sont des cas de *amator*, mais *amator* lui-même, comme *amans*, *amatio*, *amatus*, etc., sont des cas d'*amo*; ainsi tous les dérivés d'un radical sont ses *cas logiques*. Aujourd'hui cette dénomination est abandonnée; on appelle ces mots des *dérivés*. M. B. Jullien préfère les appeler des *conjugués*. Il regarde comme les conjugués d'un mot tous les autres mots qui se rattachent à sa famille soit par dérivation, soit par composition, soit par simple changement de formes déclinatives. J.-B Prodhomme,

Correcteur à l'Imprimerie impériale.

CASÉINE (chimie). — Caseum à l'état de pureté, très-riche en azote. On distingue la *caséine animale* et la *caséine végétale*. La caséine animale s'obtient sous forme de flocons agglomérés, par l'ébullition du lait écrémé. Elle est à peu près insoluble dans les acides minéraux un peu étendus. Elle se redissout dans un excès d'acides tartrique, acétique et oxalique. Elle est également soluble dans les alcalis. Par l'incinération, elle laisse un résidu salin de sulfate de chaux. La caséine animale constitue la partie essentielle des fromages. La caséine végétale présente l'aspect de l'empois; desséchée, elle forme une masse compacte et transparente. Elle se dissout aisément dans les acides tartrique et oxalique étendus. Sa solution n'est pas précipitée par l'alcool ni par le sublimé corosif. La caséine végétale (*légumine*) existe dans un grand nombre de plantes, et particulièrement dans les fruits des légumineuses. Pour l'obtenir, on broie, dans un mortier, des haricots, des lentilles ou des pois, ramollis dans l'eau. La bouillie qui en résulte est mêlée de beaucoup d'eau; ce mélange est jeté sur un tamis fin, qui retient les cosses, tandis que l'amidon et la caséine passent à travers. Par le repos, l'amidon se dépose et la caséine reste en dissolution. Cette dissolution, d'un blanc jaunâtre, s'acidifie à l'air, et se coagule comme du lait écrémé. Elle est précipitée par l'alcool et les acides minéraux étendus; le précipité donne une cendre alcaline, composée de phosphate calcaire. La caséine tant animale que végétale se compose, terme moyen, de 53 pour 100 de carbone, 7 pour 100 d'hydrogène, 15 d'azote et 23 d'oxygène. (Dr *Hœfer*.)

CASEUM (chimie) [mot latin qui signifie fromage]. — Principe immédiat qui forme en grande partie le caillé du lait et dont on fait le fromage. — Voy. *Caséine*.

CASOAR (ornithologie). — Oiseau de l'ordre des struthions et de la famille des struthioninés, caractérisé par un bec aussi long que la tête, droit, caréné en dessus, fléchi à sa pointe, un peu voûté à la partie supérieure, à bords déprimés et entaillés au bout; l'inférieure un peu anguleuse au-dessous. Narines couvertes, arrondies. Ailes impropres au vol, portant cinq baguettes rondes, pointues, sans barbe. Pas de queue. Tarses nus, réticulés. Pieds robustes, trois doigts munis d'ongles solides, convexes, inégaux. Tête surmontée d'un casque osseux. Joues garnies de deux fanons pendants, nues, ainsi que le cou.

Cet oiseau habite les îles de l'archipel Indien et les forêts de l'île Céram. Sa taille est d'un mètre et

Fig. 48. — Casoar.

demi. Il ne vole pas, mais sa course est aussi rapide que celle du cheval. La femelle pond trois œufs, qu'elle couve la nuit seulement; elle laisse, pendant le jour, ce soin au soleil, qui s'en acquitte très-bien. Gossart.

CASQUE [du celtique *cas*, caisse, étui]. — Coiffure défensive, qui garnissait autrefois la tête, la figure et le cou. Depuis l'invention de la poudre, la visière a été généralement supprimée. Le casque du *cent-garde*, du *cuirassier* et du *dragon* sont des coiffures de métal dont la partie sphérique est ou d'acier ou de cuivre, et le tour du bas de tête en peau de tigre, d'ours ou de panthère.

Le cimier est orné d'une mèche et d'un plumet; la partie postérieure est revêtue d'une crinière épaissé qui pourrait parer avantageusement les coups de sabre.

Le casque du pompier et celui du carabinier sont revêtus d'une chenille. Le pompier supprime la chenille lorsqu'il est appelé à un incendie ; il peut se garantir le visage au moyen d'une visière articulée qu'il rabat quand cela est nécessaire, et qui rentre dans la partie sphérique du devant.

Le soldat du génie se garantit la tête dans son dangereux service des siéges en se coiffant d'un volumineux casque en fonte de fer, de la forme de ceux du moyen âge. Il est appelé *pot-en-tête*. Le sapeur et le mineur du génie travaillent à genoux, coiffés du pot-en-tête. Il y a aussi une espèce de casque fort intéressante ; cette coiffure a attiré l'attention de ceux qui ont visité l'exposition universelle de 1855. Nous voulons parler du casque à plongeur. Il enveloppe la tête, le cou et les épaules, et va faire corps avec un vêtement de métal et de cuir, destiné à isoler l'homme du liquide dans lequel il plonge à des profondeurs très-grandes. Le casque du plongeur a deux yeux ou lentilles de verre. A l'endroit du nez et de la bouche se trouve un tuyau qui ressemble assez à une trompe d'éléphant. Ce tuyau, d'une longueur variable, sert à faire respirer le plongeur.

Les souverains portaient sur leur casque la couronne ou le diadème.

Jadis, en France, les gens d'armes avaient tous le casque. Le roi le portait doré, les ducs et les comtes argenté. Les gentilshommes d'ancienne race le portaient en acier poli, et les autres simplement en fer.

Les soldats romains portaient des casques d'airain ou de fer, et les officiers des casques dorés ou ornés d'aigrettes.

L'empereur de Russie figure encore coiffé du casque lors des grandes cérémonies.

Le casque est la coiffure uniforme de grande tenue dans toute l'armée russe, quel que soit le corps. Il est en cuir bouilli. La Prusse a adopté aussi cette coiffure pour la plus grande partie de ses régiments.

JOUBERT.

CASQUE (zoologie) [*cassis*]. — Genre de coquilles marines univalves, qui diffèrent des buccins par la forme longitudinale de leur ouverture ou bouche, laquelle est étroite et dentée sur le bord gauche ; elles sont fortement bombées, à spire courte et aiguë, de grandeur très-variable. L'animal est semblable à celui des buccins. Ces mollusques sont au nombre de plus de vingt-cinq espèces. Parmi les plus grandes de ces coquilles, nous citerons le CASQUE DE MADAGASCAR et le CASQUE TRICOTÉ, ce dernier connu vulgairement sous le nom de *Fer à repasser*, employé par les Italiens, ainsi que le CASQUE ROUGE, pour la fabrication des *camées coquilles* ; il y a le CASQUE D'ÉPAMINONDAS, le CASQUE DE GERMANICUS, le CASQUE DE TRAJAN, etc.

CASQUE (botanique). — Nom donné à la lèvre supérieure des corolles bilabiées, lorsqu'elle est voûtée et concave ; au pétale supérieur du genre aconit ; à l'éperon des fleurs qui affecte la forme d'un casque ; à la division supérieure et redressée du périgone des orchidées, etc.

CASSATION (droit) [du latin *quassare, cassare*, ébranler, rompre]. — Voie extraordinaire ouverte, plutôt dans un intérêt public que dans un intérêt privé, pour arriver à l'annulation d'une décision judiciaire, rendue en dernier ressort et en violation de la loi.

C'est au roi saint Louis qu'on doit l'abolition du *combat judiciaire*, seul mode en usage jusqu'alors d'appel et de réformation des décisions des justices seigneuriales.

Plus tard ce fut au *conseil du roi* qu'il appartint de casser les décisions des cours souveraines, et comme le conseil du roi, qu'il ne faut pas confondre avec le *grand conseil*, se divisait en plusieurs sections, c'était à la section dite *conseil privé* ou *conseil des parties* qu'était dévolue cette juridiction. Dans ses attributions rentraient les affaires contentieuses entre particuliers, les conflits entre les diverses cours supérieures, etc. Au conseil des parties a succédé le *tribunal*, puis la *Cour de cassation*.

Cette haute juridiction est destinée à maintenir, pour toute l'étendue de la France et de ses possessions, l'intégrité de la loi et l'unité de jurisprudence.

Le recours en cassation n'est ouvert que contre les jugements et arrêts à l'égard desquels tout autre mode d'attaque est épuisé ou non recevable. Comme l'a dit Poncet, c'est l'*ultimâ ratio*.

On peut se pourvoir en cassation soit dans un intérêt privé (mais toujours au point de vue général de la violation de la loi), soit dans un intérêt d'ordre public. Dans le premier cas, le pourvoi est exercé par les parties en cause ; dans le second, par le procureur général.

La procédure suivie devant la Cour de cassation demeure encore aujourd'hui régie par l'ancien règlement de 1738, sauf quelques modifications introduites depuis par quelques lois particulières.

Le délai pour se pourvoir, qui, en matière civile, était autrefois de six mois, d'après le règlement de 1738, est aujourd'hui de trois mois, à partir du jour de la signification du jugement pour tous ceux qui habitent la France continentale.

La Cour de cassation n'a pas à connaître du fond des affaires qui lui sont soumises ; elle tient pour constants les faits tels qu'ils ont été présentés devant les premiers juges et appréciés par eux. La Cour suprême se borne à examiner si la loi a été bien ou mal appliquée à ces faits ainsi constatés. Cette haute juridiction se divise en deux chambres : la *chambre des requêtes*, qui prononce d'abord sur l'admission ou le rejet des pourvois, et la *chambre civile*, qui statue sur les pourvois préalablement admis à son examen. Si la sentence vérifiée est cassée, la Cour renvoie la cause devant une juridiction ordinaire, qui juge à nouveau le procès, et dont la décision peut elle-même être l'objet d'un pourvoi.

Aux termes de la loi du 1er avril 1837, lorsque, dans une même affaire, il est intervenu deux arrêts de cassation fondés sur les mêmes motifs, le tribunal de renvoi est tenu de se conformer à l'interprétation juridique de la Cour de cassation.

En matière criminelle, les délais pour se pourvoir sont généralement plus courts qu'en matière civile, et varient suivant la nature des juridictions qui ont rendu les décisions attaquées. L'article 373 du Code d'instruction criminelle a fixé un délai de trois jours francs pour le pourvoi dirigé contre les arrêts de condamnation rendus par la cour d'assises.

En matière civile, le pourvoi doit être formée par une requête signée par un avocat à la Cour de cassation; en matière criminelle, par déclaration faite au greffe de la cour ou du tribunal dont la décision est attaquée.

Enfin, en matière civile, le pourvoi ne suspend pas l'exécution de la décision contre laquelle il est dirigé; il devait en être et il en est autrement en matière criminelle. AD. BREULIER.

CASSE (typographie) [du latin *casa*, maison, case]. — La casse est une boîte à compartiments servant à contenir les lettres employées dans l'imprimerie. Elle est formée de deux parties égales, appelées *bas de casse* et *haut de casse*. Chacun des compartiments de la casse s'appelle *cassetin*. Il y a autant de cassetins qu'il y a de lettres en usage dans l'imprimerie. La casse ordinaire en contient 152, dont 98 pour le haut de casse, et 54 pour le bas de casse. Ce nombre des cassetins est plus ou moins élevé suivant la langue. La casse grecque, par exemple, n'a pas moins de 457 cassetins, à cause de la grande quantité d'accents dont on se sert en cette langue. Les casses pour l'écriture sont aussi plus compliquées que les casses ordinaires, parce que l'on a été obligé pour la conservation des liaisons de fractionner les lettres. La capacité des cassetins est en raison de l'emploi des lettres auxquelles ils sont destinés. Dans le haut de casse on place les grandes et les petites capitales, quelques lettres accentuées et quelques-uns des signes de ponctuation. Dans le bas de casse se trouvent les minuscules ou lettres ordinaires, les chiffres, les

MODÈLE DE CASSE

A	B	C	D	E	F	G	A	B	C	D	E	F	G
H	I	K	L	M	N	O	H	I	K	L	M	N	O
P	Q	R	S	T	V	X	P	Q	R	S	T	V	X
â	ê	î	ô	û	Y	Z	J	U	Æ	Œ		Y	Z
É	È	Ê	°	r	;	W	ffl	Æ	OE	Ç			!
à	è	ì	ò	ù	( )	s	fl	é	è	ê	$	ç	?
« »	°	U	J	j	[ ]	—	ff	ë	ï	ü		+	

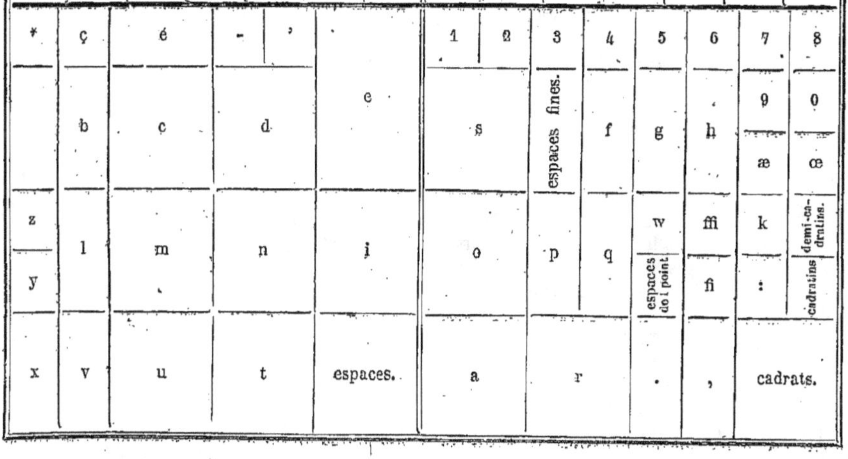

*	ç	é	-	’	e	1	2	3	4	5	6	7	8
	b	c	d			s		espaces fines	f	g	h	9 / æ	0 / œ
z / y	l	m	n		i	o		p	q	w / espaces de 1 point	ffi / fi	k / :	demi-cadratins / cadratins
x	v	u	t		espaces.	a		r	.	,		cadrats.	

signes de ponctuation et les lettres accentuées les plus usitées, les espaces pour séparer les mots et les cadrats et cadratins pour produire les blancs. Il y a une grande disparité entre la grandeur des cassetins du bas de casse, parce que certaines lettres et certains signes sont plus usités que d'autres ; mais, dans le haut de casse, tous les cassetins ont les mêmes proportions. Les lettres ne sont pas rangées dans les casses suivant l'ordre alphabétique; on les a placées de façon que les lettres les plus en usage se trouvent le plus à portée de la main du compositeur; il en résulte plus de rapidité dans le travail. Dans le haut de casse, au contraire, on a eu un peu plus d'égard à l'ordre alphabétique, parce que les sortes qui s'y trouvent sont moins en usage. Je présente ici un modèle de casse française, pour donner au lecteur une idée de la disposition des cassetins. Il y a quelques changements à ces dispositions dans certains pays, mais ils sont peu importants. Il se trouve dans le modèle quelques cassetins vides, cela vient de ce que l'on varie beaucoup sur les sortes que l'on doit y mettre; un d'eux, celui qui est placé sous le point d'interrogation, s'appelle *cassetin au diable ;* il est destiné à recevoir toutes les lettres estropiées ou cassées, jusqu'à ce qu'on les remette à la fonte.

La casse française a été depuis quelque temps l'objet de critiques, et plusieurs personnes ont proposé de lui faire subir des modifications, dont quelques unes n'avaient d'autre but que d'en diminuer les dimensions, afin de réunir le plus d'ouvriers possible dans l'espace le moins considérable. Je ne m'occuperai pas de cette réforme.

M. Théotiste Lefèvre a proposé une réforme plus importante: je ne donnerai pas le modèle de la casse qu'il propose, je me contenterai de dire quelques mots de sa classification. Dans le bas de casse ; il enlève les chiffres pour les remplacer par les lettres accentuées placées dans le haut de casse; le *j* est aussi descendu dans le bas de casse; quelques autres lettres sont changées; le *l* est remplacé par le *q*, et mis à la place du *p*, substitué au *q*; l'*e* cède sa place à l'*i*, et le cassetin de l'*e* est agrandi aux dépens de celui de l'*i*. Dans le haut de casse; les grandes et les petites capitales ont quitté les cassetins supérieurs pour venir se placer dans les cassetins inférieurs; les chiffres sont au-dessus des grandes capitales, et les cassetins supérieurs contiennent les lettres supérieures et quelques signes peu usités. Cette classification paraît mieux entendue que l'ancienne, mais elle est encore trop nouvelle pour être bien répandue.

Une autre modification a été proposée par plusieurs maîtres imprimeurs de Paris : elle consiste dans la transformation de la double casse en une casse simple, en supprimant les petites capitales, que l'on place dans des casseaux particuliers. Cette combinaison produira-t-elle les avantages que se sont proposés les auteurs? c'est ce que le temps décidera.

Le *casseau* est un diminutif de la casse. Il renferme des cassetins plus ou moins grands, plus ou moins profonds, suivant le caractère auquel il est destiné. J.-B. PRODHOMME.

CASSE (botanique) (*cassia*). — Genre de plantes de la famille des légumineuses comprenant un grand nombre d'espèces cultivées, les unes pour l'agrément, les autres pour leur utilité; rapprochées les unes des autres par leurs fleurs, mais très-différentes sous le rapport de leurs gousses, dont la forme, le nombre des valves, la nature sèche ou pulpeuse semblent les rattacher à des genres distincts. Toutes les casses sont des plantes dormantes, c'est-à-dire qu'elles resserrent leurs feuilles le soir et les étalent chaque matin aux premiers rayons du soleil.

Les principales espèces sont : la *casse purgative* (fruit du *cassia pistule*), la *casse d'Italie* (*cassia senna*) et la *casse éretelle* (*cassia chamæcrisia*).

La casse purgative, originaire de l'Arabie, possède des propriétés rafraîchissantes et laxatives. Lorsqu'on veut obtenir un effet purgatif avec ce médicament, il est bon d'ajouter à la décoction de pulpe de casse un peu de crème de tartre soluble. B. L.

CASSE-NOIX (ornithologie). — Oiseau de l'ordre des passereaux, sous-ordre des conirostres, famille des corvinés, type du genre *nucifraga*, caractérisé par un bec aussi long que la tête, en cône allongé, droit, plus haut que large, comprimé sur les côtés, à arêtes lisses, arrondies, la partie supérieure plus longue, aplati et émoussé à l'extrémité. Narines petites, cachées. Ailes acuminées, à penne bâtarde, la quatrième et la cinquième plus longues. Queue médiocre, arrondie. Tarse scutellé, plus long que le doigt du milieu. Doigts courts, ceux des côtés soudés à leur base. Ongles longs, courbés, aigus, comprimés.

Son plumage est d'un brun de suie foncé, taché de larmes blanches, petites aux parties supérieures, larges aux inférieures; stries au-devant du cou. Ailes et queue noires à reflets verdâtres. Sous-caudales blanches. Bec et pieds noirs. Iris noisette. Longueur totale, trente-cinq centimètres.

Le casse-noix fait des provisions qu'il dépose dans des trous d'arbres ou de rochers; à cet effet, il se sert d'une poche à parois minces, dont l'ouverture est sous la langue et occupe toute la largeur de la bouche. Cette poche est au-dessous du muscle peaucier, en avant du cou, dont elle occupe les deux tiers de la longueur. L'œsophage est aussi très-dilatable et peut servir de seconde poche : le casse-noix conserve dans sa poche et dans son œsophage des noisettes et des graines de pin en quantité assez grande pour lui former une sorte de goître gros deux fois comme sa tête.

Cet oiseau se nourrit aussi de chair, et il en est très-vorace. Il s'apprivoise facilement; ses manières sont extrêmement amusantes : il imite la voix de quelques animaux et babille comme le geai. On le trouve en Asie et en Europe, dans les forêts de l'Auvergne, de la Lorraine, des Alpes, etc. Sa ponte est de six œufs gris perle luisant, parsemés de mouchetures vert brun clair. GOSSART.

CASSIQUE (zoologie). — Genre d'oiseaux d'Amérique, type de la famille des cassicinés, tribu des ictéridés, sous-ordre des conirostres, ordre des passereaux. Les caractères de ce genre sont : bec aussi long ou plus long que la tête, conique, finissant en pointe mousse; sa base entamant les plumes du front par un disque circulaire formant bourrelet. Narines basales, latérales. Ailes longues, les trois premières rémiges étagées régulièrement, la troisième et la quatrième plus longues. Queue longue, étagée, large. Tarses robustes, de la longueur du doigt médian, garnis de scutelles épaisses, relevées sur les bords. Ongles très-forts, recourbés. La plupart des espèces ont une huppe formée de sept ou huit plumes filiformes. Ces oiseaux vivent par paires le plus souvent, toutefois on en rencontre des troupes qui volent ensemble : ils font leurs nids à la lisière des bois, et l'on en a trouvé jusqu'à six sur le même arbre : ces nids sont suspendus à l'extrémité des branches; ils sont formés de joncs et de brins d'écorce entrelacés, c'est une sorte de poche qui a un mètre de longueur et vingt-cinq centimètres de largeur, garnie d'une couche de feuilles sèches. Les cassiques produisent trois petits, qui se nourrissent de vers, d'oranges et d'anas. GOSSART.

CASTAGNETTES (musique). — Mot qu'on dit être dérivé de *castanea* qui, en latin, signifie *châtaigne*. Cette origine semble d'autant plus hasardée que, malgré la concavité de l'intérieur de son écorce, ce fruit n'a jamais dû beaucoup imiter le bruit de cet instrument, et, pris à la forme, on aurait pu le comparer à toute autre chose de plus analogue. On l'a appelé également *cascagnettes*, se fondant sur ce qu'il pouvait provenir de *cascare*, qui, en italien, signifie tomber ; les Espagnols disent *castanetas* ou *castañuelas*.

Quoi qu'il en soit, son usage date de très-loin. Aristophane en trouve chez les Athéniens, Martial en parle dans les analyses des spectacles des premiers temps, et Diodore de Sicile, ainsi que Pausanias, les fait remonter aux *Priapées*.

Les Maures avaient adopté cet instrument dans leurs danses et leurs jeux. Il était formé de coquilles de mer attachées par paires avec un cordon, et se nommait *crumata*. Ce n'est guère qu'au quinzième siècle qu'on a commencé à les fabriquer en bois en Espagne, et depuis il est devenu une ressource dans les danses de ce pays, ainsi que dans une partie de l'Italie et de l'Orient.

Les castagnettes jouées avec une certaine dextérité déterminent un aplomb et suscitent un entrain irrésistible. La guitare et les castagnettes à elles seules produisent plus d'effet sur les danseurs espagnols que le plus puissant orchestre n'en saurait produire sur ceux des grands Opéras de Londres, Paris et Naples; aussi les danseuses espagnoles sont-elles réputées pour leur hardiesse et leur désinvolture.

On distingue dans les castagnettes la *bassa* et l'*alta*, elles diffèrent par le son et la dimension. La *bassa* marque le temps de la main gauche, tandis que la main droite, avec l'*alta*, se livre à des roulements ou des exercices rhythmés.

Les Espagnols forment entre eux des compagnies de castagnettistes, comme nous voyons des batteries de tambours, et il est inouï de voir comme la plupart du temps ces organisations, encore sauvages sous le rapport musical, obtiennent des résultats curieux avec de pareils éléments. Le rhythme du *boléro* est celui qui leur est le plus familier.

On a parfois introduit dans l'art dramatique l'usage des *castagnettes* ; et comme on ne pouvait pas toujours obtenir une grande perfection d'exécution, on a monté cet instrument sur une petite palette qu'il suffit seulement d'agiter comme une sonnette pour obtenir un roulement ou tout autre rhythme.

CHARLES POLLET.

CASTOR (*castor*) (zoologie). — Genre de mammifères de l'ordre des rongeurs, dont voici les caractères distinctifs : cinq doigts à tous les pieds, les doigts de derrière plus longs et entièrement palmés; queue aplatie horizontalement, nue et écailleuse; yeux petits; oreilles courtes et arrondies; deux poches renfermant une matière onctueuse et odorante, situées de chaque côté des organes génitaux chez les mâles. Il n'existe qu'une seule espèce, comprenant plusieurs variétés.

Le castor (*castor fiber*), autrefois nommé *bièvre* en France, est originaire du Canada et des contrées septentrionales de l'Asie. Mesurant environ un mètre de longueur sur trente centimètres de largeur, il est le plus grand des rongeurs actuellement vivants. Il a les formes lourdes et ramassées, le pelage roux et bien fourni, les habitudes presque entièrement aquatiques, l'intelligence des plus remarquables, les mœurs les plus sociables. Aussi est-il peu d'animaux dont l'histoire soit plus intéressante que celle des castors. Écoutons ce qu'en dit l'éloquent Buffon.

Autant l'homme s'est élevé au-dessus de l'état de nature, autant les animaux se sont abaissés au-dessous : soumis et réduits en servitude, ou traités comme rebelles et dispersés par la force, leurs sociétés se sont évanouies, leur industrie est devenue stérile, leurs faibles arts ont disparu, chaque espèce a perdu ses qualités générales, et tous n'ont conservé que leurs propriétés individuelles, perfectionnées dans les uns par l'exemple, l'imitation, l'éducation, et dans les autres par la crainte et par la nécessité où ils sont de veiller continuellement à leur sûreté. Quelles vues, quels desseins, quels projets peuvent avoir des esclaves sans âme, ou des relégués sans puissance? ramper ou fuir, et toujours exister d'une manière solitaire, ne rien édifier, ne rien produire, ne rien transmettre, et toujours languir dans la calamité, déchoir, se perpétuer sans se multiplier, perdre, en un mot, par la durée autant et plus qu'ils n'avaient acquis par le temps.

Aussi ne reste-t-il quelques vestiges de leur merveilleuse industrie que dans ces contrées éloignées et désertes, ignorées de l'homme pendant une longue suite de siècles, où chaque espèce pouvait manifester en liberté ses talents naturels, et les perfectionner dans le repos en se réunissant en société durable. Les castors sont peut-être le seul exemple qui subsiste comme un ancien monument de cette espèce d'intelligence des brutes, qui, quoique infiniment inférieure par son principe à celle de l'homme, suppose cependant des projets communs et des vues relatives; projets qui, ayant pour base la société, et pour objet une digue à construire, une bourgade à élever, une espèce de république à fonder, supposent aussi une manière quelconque de s'entendre et d'agir de concert.

Les castors, dira-t-on, sont parmi les quadrupèdes ce que les abeilles sont parmi les insectes. Quelle différence! Il y a dans la nature, telle qu'elle nous est parvenue, trois espèces de sociétés qu'on doit considérer avant de les comparer : la société libre de l'homme, de laquelle, après Dieu, il tient toute sa puissance; la société gênée des animaux, toujours fugitive devant celle de l'homme; et enfin la société forcée de quelques petites bêtes, qui, naissant toutes en même temps dans le même lieu, sont contraintes d'y demeurer ensemble. Un individu, pris solitairement, et au sortir des mains de la nature, n'est qu'un être stérile, dont l'industrie se borne au simple usage des sens; l'homme lui-même, dans l'état de pure nature, dénué de lumières et de tous les secours de la société, ne produit rien, n'édifie rien. Toute société, au contraire, devient nécessairement féconde, quelque fortuite, quelque aveugle qu'elle puisse être, pourvu qu'elle soit composée d'êtres de même nature : par la seule nécessité de se chercher ou de s'éviter, il s'y formera des mouvements communs, dont le résultat sera souvent un ouvrage qui aura l'air d'avoir été conçu, conduit et exécuté avec intelligence. Ainsi l'ouvrage des abeilles, qui, dans un lieu donné, tel qu'une ruche ou le creux d'un vieux arbre, bâtissent chacune leur cellule, l'ouvrage des mouches de Cayenne, qui non-seulement font aussi leurs cellules, mais construisent même la ruche qui doit les contenir, sont des travaux purement mécaniques qui ne supposent aucune intelligence, ou un projet concerté, aucune vue générale, des travaux qui, n'étant que le produit d'une nécessité physique, un résultat de mouvements communs, s'exercent toujours de la même façon, dans tous les temps et dans tous les lieux, par une multitude qui ne s'est point assemblée par choix, mais qui se trouve réunie par force de nature. Ce n'est donc pas la société, c'est le nombre seul qui opère ici; c'est une puissance aveugle qu'on ne peut comparer à la lumière qui dirige toute société. Je ne parle point de cette lumière pure, de ce rayon divin qui n'a été départi qu'à l'homme seul; les castors en sont assurément privés comme tous les animaux; mais leur société n'étant point une réunion forcée, se faisant, au contraire, par une espèce de choix, et supposant au moins un concours général et des vues communes dans ceux qui la composent, suppose au moins aussi une lueur d'intelligence qui, quoique très-différente de celle de l'homme par le principe, produit cependant des effets assez semblables pour qu'on puisse les comparer, non pas dans la société plénière et puissante, telle qu'elle existe parmi les peuples anciennement policés, mais dans la société naissante chez des hommes sauvages, laquelle seule peut, avec équité, être comparée à celle des animaux.

Fig. 49. — Castor.

Voyons donc le produit de l'une et l'autre de ces sociétés; voyons jusqu'où s'étend l'art du castor, et où se borne celui du sauvage. Rompre une branche pour s'en faire un bâton, se bâtir une hutte, la couvrir de feuillage pour se mettre à l'abri, amasser de la mousse ou du foin pour se faire un lit, sont des actes communs à l'animal et au sauvage; les ours font des huttes, les singes ont des bâtons, plusieurs autres animaux se pratiquent un domicile propre, commode, impénétrable à l'eau. Frotter une pierre pour la rendre tranchante, et s'en faire une hache, s'en servir pour couper, pour écorcer du bois, pour aiguiser des fleches, pour creuser un vase; écorcher un animal pour se revêtir de sa peau, en prendre les nerfs pour en faire une corde d'arc, attacher ces mêmes nerfs à une épine dure, et se servir de tous deux comme de fil et d'aiguille, sont des actes purement individuels que l'homme en solitude peut tous exécuter sans être aidé des autres, des actes qui dépendent de sa seule conformation, puisqu'ils ne supposent que l'usage de la main. Mais couper et transporter un gros arbre, élever un carbet, construire une pirogue, sont, au contraire, des opérations qui supposent nécessairement un travail commun et des vues concertées. Ces ouvrages sont aussi les seuls résultats de la société naissante chez des nations sauvages, comme les ouvrages des castors sont les fruits de la société perfectionnée parmi ces animaux : car il faut observer qu'ils ne songent point à bâtir, à moins qu'ils n'habitent un pays libre et qu'ils n'y soient parfaitement tranquilles. Il y a des castors en Languedoc, dans les îles du Rhône; il y en a un plus grand nombre dans les provinces du nord de l'Europe; mais comme toutes ces contrées sont habitées, ou du moins fort fréquentées par les hommes, les castors y sont, comme tous les autres animaux, dispersés, solitaires, fugitifs, ou cachés dans un terrier: on ne les a jamais vus se réunir, se rassembler, ni rien entreprendre, ni rien construire; au lieu que dans ces terres désertes, où l'homme en société n'a pénétré que bien tard, et où l'on ne voyait auparavant que quelques vestiges de l'homme sauvage, on a partout trouvé les castors réunis, formant des sociétés, et l'on n'a pu s'empêcher d'admirer leurs ouvrages.

Le castor captif est un animal assez doux, assez tranquille, assez familier, un peu triste, même un peu plaintif, sans passions violentes, sans appétits véhéments, ne se donnant que peu de mouvement, ne faisant d'effort pour quoi que ce soit; cependant occupé sérieusement du désir de sa liberté, rongeant de temps en temps les portes de sa prison, mais sans fureur, sans précipitation, et dans la seule vue d'y faire une ouverture pour en sortir ; au reste, assez indifférent, ne s'attachant pas volontiers, ne cherchant point à nuire, et assez peu à plaire. Il paraît inférieur au chien par les qualités relatives qui pourraient l'approcher de l'homme ; il ne semble fait ni pour servir, ni pour commander, ni même pour commercer avec une autre espèce que la sienne; son sens, renfermé dans lui-même, ne se manifeste en entier qu'avec ses semblables ; seul, il a peu d'industrie personnelle, encore moins de ruses, pas même assez de défiance pour éviter des piéges grossiers : loin d'attaquer les autres animaux, il ne sait pas même se bien défendre ; il préfère la fuite au combat, quoiqu'il morde cruellement et avec acharnement lorsqu'il se trouve saisi par la main du chasseur. Si l'on considère donc cet animal dans l'état de nature, ou plutôt dans son état de solitude et de dispersion, il ne paraîtra pas, pour les qualités intérieures, au-dessus des autres animaux : il n'a pas plus d'esprit que le chien, de sens que l'éléphant, de finesse que le renard, etc.; il est plutôt remarquable par des singularités de conformation extérieure que par la supériorité apparente de ses qualités intérieures. (*Buffon.*)

Les castors se nourrissent de poissons, de racines aquatiques, de l'écorce des arbres qu'ils abattent pour se bâtir des demeures. Leur intelligence est fort bien servie par leurs organes; car leurs doigts de devant, courts, petits, libres, garnis d'ongles, sont propres à fouir ; ils s'en servent pour manier les objets avec autant d'adresse que les écureuils ; leurs pieds de derrière sont palmés, très-propres à la nage, et leur queue remplit le rôle de gouvernail. Quand ils construisent leurs demeures, ils se servent encore de leur queue pour battre la terre, comme fait le maçon avec sa truelle. Au mois de septembre, leurs travaux terminés, ils se livrent aux douceurs du repos et de l'amour, à l'abri des intempéries de la mauvaise saison. Les femelles portent quatre mois, dit-on, et mettent bas deux ou trois petits au commencement du printemps ; elles s'occupent de leur éducation pendant que les mâles font des excursions dans le voisinage durant la belle saison. Chaque cabane a son magasin de vivres, proportionné au nombre de ménages qui l'habitent. La plus parfaite intelligence règne dans les bourgades, dont plusieurs se composent de vingt à vingt-cinq maisonnettes et de deux à trois cents citoyens.

Le castor est l'ennemi déclaré de la loutre, qu'il éloigne de ses parages ; mais, à son tour, il a pour ennemi le glouton, et surtout l'homme, qui le poursuit à outrance, tant pour sa fourrure précieuse, avec laquelle on fait les plus beaux chapeaux et qui se paye jusqu'à 400 francs le kilogramme, que pour cette substance huileuse, jaune et fétide, contenue dans deux espèces de sacs ou de poches situées à côté des organes génitaux, substance connue sous le nom de *castoreum*, et qui constitue un médicament antispasmodique, d'ailleurs peu fidèle et très-cher. On fait encore la guerre à cet animal à cause des dégâts qu'il cause aux propriétés riveraines.

Nous avons dit qu'il existait plusieurs variétés de castors : tels sont le *castor de France*, jaune olivâtre; le *castor noir*; le *castor blanc*, le *castor varié*, le *castor jaune*, le *castor du Canada*, d'un blanc noirâtre et de petite taille.

La variété européenne ou de France connue sous le nom de *bièvre*, n'est autre, selon toute apparence, que le castor ordinaire, dont les mœurs ont été modifiées par le changement de climat. Elle existait dans la plupart des rivières, mais aujourd'hui elle est limitée à une portion du Rhône. La petite rivière de *Bièvre*, qui se jette dans la Seine près du pont d'Austerlitz, paraît lui devoir son nom.

On a trouvé sur les bords de la mer d'Azoff des débris osseux d'une espèce de Castor plus grande que celles vivantes, et qu'on a désignée par le nom de *castor trogontherium*. Dr Bossu.

CASTORÉUM (matière médicale). — Voy. *Castor*.

CASTRAMÉTATION (art militaire) [du latin *castrametatio*, formé de *castra*, camp, et *metor*, je mesure]. — Art de camper. — L'armée française a poussé très-loin le progrès de l'art de camper. Elle a montré tout ce qu'il y a d'ingénieux et de commode dans le système simple qu'elle emploie pour abriter les soldats pendant la campagne.

La guerre d'Afrique, avec ses continuelles expéditions, a causé cette amélioration remarquable. La tente-abri est le moyen commode et facile de campement actuel.

Chaque soldat porte sur son havresac la portion d'abri dont la réunion fournit une tente construite en quelques minutes.

La *tente-abri* est composée de la manière suivante : deux piquets portés par deux hommes, une ficelle attachée aux piquets passe sur l'extrémité des deux piquets longs ; quatre rectangles de toile grise sont garnis de boutons et boutonnières, tout le long de leur périmètre : ils sont réunis par ce moyen, et forment la couverture. Les deux ouvertures sont fermées par deux autres rectangles placés la diagonale sur l'arête de la ficelle.

La tente-abri est excellente pour les marches, les débarquements et les déplacements fréquents d'une expédition.

Pour les stations, longues la tente-abri est repliée, et les soldats occupent alors des tentes de grandes dimensions, très-confortables, fournies par les soins de l'intendance.

La tente réglementaire, en forme de *bonnet de police*, est de forte toile grise ; elle peut contenir jusqu'à seize hommes. La tente anglaise, de toile écrue, est surmontée par un cône d'étoffe rouge. La tente turque est en coton très-blanc, et a la forme d'un cône. Celle des chefs est d'étoffe verte.

La tente la plus commode qui ait encore été imaginée a été inventée par l'anglais Georges Turner. Quoique spécialement destinée aux exigences de la vie militaire, elle peut également servir dans bien des circontances de la vie civile : à l'émigré, au chercheur d'or, au touriste, au chasseur, enfin à tous ceux qui, par nécessité ou par goût, mènent une vie nomade.

Elle offre un abri commode aux ingénieurs et autres employés des travaux des chemins de fer, des mines ; elles peuvent servir de demeure, de bureau et d'atelier.

La forme de la tente Turner est celle des tentes turques. Un cône placé sur un cylindre, des amarres ou brides en fil métallique, partant d'un centre au sommet, vont se fixer près du sol à des piquets de fer terminés en tire-bouchon pour les terrains légers, et en plomb pour les terrains solides.

Le cône est une couverture d'étoffe enduite de caoutchouc *vulcanisé* pour que la chaleur ne puisse l'influencer. La force des amarres permet de suspendre à chacune d'elles (au nombre de seize) un montant de bois à anneau, horizontalement placé à deux mètres du sol. Une extrémité est fixée, suivant la circonférence de la couverture, à l'intersection du cône avec la partie cylindrique, de l'autre à un cercle de fer qui sert de base à un cône de tôle. Ce cône est le commencement d'un tuyau de cheminée ou tube qui sert de piquet ou support conique à toute la tente. Le tuyau sort de la couverture par la pointe du cône et est garni d'un autre cône, de tôle qui protége le sommet de la toile des atteintes du feu.

Sous le cône antérieur, est une cheminée ou fourneau circulaire appuyé sur la barre du tuyau.

Le foyer est un cylindre percé de trous en grillage ; autour de lui peuvent se mettre les marmites de la cuisine.

Avec cette tente si commode, on peut impunément faire camper des troupes en plein hiver.

JOUBERT.

CASTRAT [de *castratus*, participe de *castrare*, châtrer]. — Nom qu'on donnait à un chanteur en voix de *contralto* ou de *soprano*, qui, dans son enfance, avait été privé des organes de la génération, dans le but de prévenir les changements que les phénomènes physiologiques de la puberté font subir à la voix. — Voy. *Castration*.

CASTRATION. — Opération qui consiste dans l'ablation d'un ou des deux testicules. Lorsqu'elle a lieu dans l'enfance, elle a pour effet d'arrêter le développement du corps, d'empêcher l'apparition de la barbe, et de conserver à la voix un timbre clair et argentin.

En Italie, dit Beaude, la castration était pratiquée dans un but d'art et de luxe sur de jeunes enfants destinés aux chapelles et aux théâtres ; car cette opération laissait à leur voix la douceur et la suavité des voix de femmes, avec une étendue et un développement plus parfait. Le pape Clément XIV défendit cette mutilation, qui devait être très-commune, puisque l'on dit qu'il existait certains opérateurs dont c'était l'unique profession, et qui l'annonçaient par une enseigne placée sur leur boutique. En Orient, la castration est pratiquée pour faire les eunuques destinés à garder les femmes enfermées dans les sérails ; mais tous ces eunuques ne sont pas complétement privés des attributs de leur sexe ; les uns n'ont subi que l'ablation d'un seul testicule et sont peu propres aux fonctions auxquelles ils sont destinés, puisque la conservation d'un seul de ces organes leur laisse tous les caractères de la virilité ; les autres sont privés des deux testicules, et complétement privés de la faculté de se reproduire. Enfin, il en est (ce sont les eunuques noirs) chez lesquels on a enlevé tous les organes génitaux extérieurs, et qui sont même obligés d'uriner avec une canule. — Cet usage de la castration paraît avoir été connu dès la plus haute antiquité, et c'est à l'Orient que l'on en doit l'invention. Diodore de Sicile dit qu'en Égypte on punissait par cette mutilation les individus coupables de viols. La polygamie, aussi ancienne en Asie que la civilisation, est la cause qui a donné naissance à cette classe d'hommes destinés à assurer la tranquillité et la sûreté des plaisirs du maître ; car l'on trouve des eunuques à la cour des anciens monarques perses et assyriens. L'Égypte les avait sans doute empruntés à l'Asie. Rome, luxueuse et amollie sous les empereurs, eut aussi ses eunuques, dont Juvénal dit que les dames romaines savaient si habilement profiter. Enfin, il n'est pas jusqu'à Brantôme qui dit avoir vu en Italie ce vieil usage encore conservé par les femmes de son temps.

Dans l'enfance de la chirurgie, la castration était regardée comme le seul moyen de guérir les hernies inguinales. Jusqu'à Ambroise Paré, les médecins du moyen âge partagèrent cette erreur. Néanmoins, longtemps encore cette pratique barbare subsista, et une foule de charlatans l'employèrent, même comme moyen prophylactique. On peut juger du nombre de victimes qu'ils firent en songeant que l'anatomiste Dionis rapporte qu'un de ces opérateurs ambulants nourrissait un énorme chien des testicules qu'il enlevait. B. LUNEL.

CATACLYSME [du grec *cataclusmos*, déluge]. — Bouleversement qui change la surface du globe, ayant pour cause ou pour effet concomitant de grandes inondations. On est parvenu, à l'aide des données fournies par la géologie et la paléontologie, à établir une série chronologique de douze ou quinze révolutions de la surface du globe plus ou moins bien constatées. Ces divers cataclysmes ont, suivant la science, déterminé les formes des continents, les reliefs des montagnes, et ont amené ces changements remarquables que nous observons dans la succession des êtres organisés dont on retrouve aujourd'hui, comme autant de témoins de ces révolutions, les débris enfouis dans les couches formant les différents terrains qui composent la surface de notre planète. Voici les causes primordiales de ces grands effets géologiques: Vulcanisme primitif et ses suites ; formation des eaux par condensation des vapeurs; abaissement de leur niveau par suite de l'infiltration qui s'est opérée proportionnellement au refroidissement; diminution de la température à la surface du globe par l'effet de ce refroidissement.

L'un des plus importants faits relatifs aux cataclysmes est l'existence de blocs *erratiques*, énormes cailloux roulés que l'on rencontre en très-grand nombre dans le nord de l'Europe, et dont l'origine, longtemps discutée parmi les savants, est aujourd'hui attribuée à une masse d'eau considérable qui les aurait détachés de montagnes assez éloignées, comme l'attestent les angles arrondis de ces blocs.

Mais, après les causes primordiales que nous venons d'indiquer, quelles sont celles qui ont pu et pourront peut-être encore produire ces grandes révolutions terrestres, car il y en a une dont les hommes ont gardé la mémoire, le *Déluge*, et qui doit trouver son explication? Les savants, dit M. Rey de Morande [1], devraient bien nous faire connaître dans quel but et à quelle fin notre hémisphère septentrional possède annuellement la présence du soleil sur l'horizon pendant sept jours dix-huit heures de plus que l'hémisphère austral, ou, en d'autres termes, pourquoi, d'un équinoxe à l'autre, l'axe terrestre reste-t-il incliné pendant sept jours dix-huit heures de plus dans l'hémisphère austral que dans le boréal? Nous savons bien qu'en raison de l'ellipse parcourue par la terre, les choses ne peuvent se passer autrement, quoique la science ait été jusqu'à admettre qu'à une certaine époque le globe n'éprouvait aucune inclinaison dans son axe et offrait un printemps perpétuel. Mais, selon nous, au moyen de cette accumulation successive de glaces à l'un et à l'autre pôle, et néanmoins plus considérable au pôle austral, la nature, par cette rupture d'équilibre, en amenant insensiblement un changement de centre de gravité dans le globe et par suite un brusque déplacement des eaux océaniques et de celles congelées, assure à notre sphère les conditions nécessaires pour opérer seule et par elle-même ses rénovations périodiques connues sous le nom de *cataclysmes*; rénovations dont la science ne saurait fixer le nombre, mais qui ont laissé partout des traces évidentes.

[1] Examen critique du *Cosmos* de Humboldt, Paris, 1846.

N'est-il pas, en effet, plus que surprenant, si ce n'est providentiel, que le pôle austral, indépendamment de son hiver plus long, présente encore une énorme masse continentale polaire, vérifiée dans ces derniers temps, afin d'y favoriser davantage une accumulation de glaces bien plus forte qu'au pôle nord, presque entièrement composé de mers dans lesquelles ces glaces s'écoulent et se fondent en plus grande quantité? — A quelle époque ce déplacement de centre de gravité et les résultats qui en seront les conséquences pourront-ils avoir lieu? c'est ce que la science peut sans doute parvenir à calculer approximativement. Ce que nous voulions constater, c'est que notre globe, dont les volcans sous-marins préparent sans cesse de nouvelles montagnes, pendant que les courants océaniques creusent d'autres vallées, possède en lui-même, dans le cercle éternel de l'ordre physique qui lui est assigné, tous ses moyens généraux et particuliers de rénovations et de transformations. C'est encore dans la réunion des effets physiques provenant de l'accumulation des glaces polaires avec ceux plus prépondérants des lois de la pesanteur universelle que doivent se trouver les véritables causes perturbatrices qui occasionnent la nutation de l'axe terrestre, nutation sur laquelle le *Cosmos* garde le silence le plus complet. Dr BOSSU.

CATACOMBES [du grec *katas*, en bas, et de *kumbos*, tombe, tombeau : tombeau souterrain. — On appelait ainsi en Italie des lieux souterrains où se cachaient les premiers chrétiens, et où ils enterraient ceux d'entre eux qui avaient souffert le martyre. La plupart des catacombes n'étaient dans l'origine que des carrières abandonnées; celles de Syrie sont les plus vastes et les mieux conservées qui existent; viennent ensuite celles de Rome, qui servirent de cimetière et d'église; celles de Naples, de Syracuse et de Paris. — Voy. *Cimetières de Paris*, pour la description des catacombes de cette ville.

CATALEPSIE (pathologie) [du grec *catalepsis*, surprise, saisissement]. — Névrose cérébrale intermittente, le plus souvent sans fièvre, caractérisée par la perte instantanée du mouvement et de l'entendement, et surtout par une raideur des muscles, qui permet aux membres et même au tronc de conserver, tout le temps de l'accès, la position qu'ils avaient au moment de l'invasion, ou celle qu'on leur donne. Les tempéraments nerveux, les individus sujets à l'hystérie, à l'épilepsie, à la chorée, etc., s'y trouvent prédisposés naturellement. Les magnétiseurs assurent pouvoir produire à volonté une catalepsie totale ou partielle sur certaines personnes : nous avons été témoin d'un fait de ce genre, ce qui ne veut nullement dire que nous soyons convaincu.

L'accès cataleptique est un état aigu qui se termine de lui-même et n'a pas ordinairement de durée. Il est donc inutile d'accabler ces malades de soins superflus. Après les avoir couchés, desserré leurs vêtements, dégagé leur cou, suffisamment couvert leur corps et leurs pieds, élevé leur tête, donné accès à un air pur et tempéré, à une lumière douce et même un peu vive, on reste paisiblement auprès d'eux sans agitation, sans alarme, car il en est qui voient et entendent ce qui se passe à leurs côtés. Si l'accès se prolonge, l'incertitude de son inssue et l'ignorance des soins actifs qu'il réclame doivent faire recourir au médecin; lui seul peut prescrire et pratiquer une saignée, ordonner une potion antispasmodique et d'autres moyens énergiques commandés par la nature variée des symptômes et de l'intensité du mal. En attendant son arrivée, on réchauffe les parties qui se refroidissent, on pratique des frictions sur les extrémités inférieures, on peut mettre des cataplasmes chauds simples et sinapisés aux pieds, administrer un lavement émollient ou laxatif, faire flairer légèrement l'éther, l'ammoniaque, les alcools et les vinaigres aromatiques. Ces moyens (moins l'olfaction) conviennent aussi après l'accès, lorsqu'il existe de l'embarras et de la douleur dans la tête. Quant à l'hygiène à observer dans l'intervalle des attaques, elle consiste surtout à éviter les causes morales que nous avons signalées; de plus, les abus vénériens, les excès alcooliques, les aliments indigestes ou pris en trop grande quantité; à exercer le corps avec persévérance et l'esprit sans fatigue, avec calme, agrément et variété; à tenir le ventre libre; ne point dormir dans le jour sur les repas, etc. Nous ne dirons rien de la saignée, des sangsues aux tempes, des bains froids et des topiques à la même température sur la tête, des antispasmodiques variés, des purgatifs, de l'électricité et d'autres moyens actifs, salutaires dans l'occurrence, mais qui sont loin de l'être dans tous les cas de catalepsie, et dont le médecin doit seul décider la convenance et l'opportunité.

La catalepsie est, du reste, une maladie très-rare, qu'on n'observe guère que chez les femmes. Elle a fait le sujet, en 1841, d'un ouvrage du docteur Boudin, et d'une thèse du docteur Favrot (1844). On trouvera dans ces deux ouvrages des faits physiologiques vraiment extraordinaires. (*Lagasquie.*)

CATAPLASMES (pharmacie). — Médicaments d'une consistance molle ou pâteuse, destinés à être appliqués extérieurement; ils sont ordinairement formés de matières végétales, telles que différentes poudres, farines ou pulpes amenées en consistance de bouillie épaisse, soit par simple mélange à froid, soit par coction dans un liquide aqueux, et plus rarement dans le vin ou le vinaigre : quoiqu'on y ajoute quelquefois des corps gras comme accessoires utiles, ils diffèrent essentiellement des emplâtres et des onguents, soit par la consistance qui les éloigne des premiers, soit parce que ces deux espèces de médicaments ont constamment pour base, à une seule exception près, des graisses, des huiles ou des matières résineuses.

Les cataplasmes, presque toujours destinés à être appliqués immédiatement ou médiatement sur des parties enflammées, sont ordinairement émollients et relâchants; mais il en est aussi de toniques et d'irritants, de ce nombre sont les cataplasmes de farine de moutarde appelés *sinapismes*. (Voy. ce mot.)

Pour faire l'application d'un cataplasme, il faut prendre un morceau de toile un peu plus grand que l'étendue qu'il doit occuper; on le verse, on l'étend et on replie autour les bords du linge, de manière à l'encadrer et à l'empêcher de couler; on répand alors dessus, s'il y a lieu, les poudres ou liquides qui doivent y être ajoutés, et on le pose sur la partie malade disposée de manière à présenter sa surface le plus horizontalement possible. On a souvent l'habitude d'enfermer les cataplasmes entre deux linges, mais on en diminue alors l'efficacité. Cependant, il y a quelquefois nécessité de le faire, lorsqu'on doit les appliquer sur certains organes comme les yeux ou les oreilles, ou sur des plaies dans lesquelles on ne peut pas les laisser pénétrer; il faut alors n'interposer qu'un tissu extrêmement fin, comme une gaze ou une mousseline.

La détermination de la température à laquelle on pose les cataplasmes est une chose fort importante et en général trop négligée, elle doit être réglée chaque fois par le médecin selon l'effet qu'il a l'intention de produire. En général, on les pose froids dans certains cas de brûlure. Appliqués directement sur les parties irritées ou enflammées, ils doivent être tièdes et à peine à la température de l'organe malade. On les pose très-chauds lorsqu'on veut, au contraire, déterminer une irritation de la peau, en gonfler les vaisseaux capillaires, et produire ainsi le dégorgement des tissus subjacents; tels sont les cataplasmes posés sur l'abdomen pour calmer des coliques causées par l'état inflammatoire des intestins, etc. (*Vée.*)

CATARACTE (pathologie chirurgicale) [du grec *catarassein*, tomber, parce que les anciens attribuaient la perte de la vue à une humeur ou à une membrane qu'ils croyaient être tombée sur les yeux]. — On donne ce nom à l'opacité du cristallin, et, partant, au trouble ou à la perte de la vue par obstacle au passage des rayons lumineux. Cette opacité diffère de siége : quand elle appartient au cristallin lui-même, la cataracte prend le nom de *lenticulaire;* elle s'appelle *capsulaire* ou *laiteuse*, suivant que c'est la capsule du cristallin ou l'humeur de Morgagni qui s'est obscurcie. Sous le titre de *cataracte fausse*, on désigne l'opacité de l'humeur aqueuse survenant à la suite de violentes inflammations de l'iris ou de la cornée, le cristallin et son enveloppe restant intacts derrière : il ne faut pas la confondre avec la *cataracte vraie*, la seule dont il soit question en ce moment.

La cataracte se forme ordinairement avec lenteur, sous l'influence des progrès de l'âge, de la contemplation d'objets exigus ou blancs, des rayons du soleil, etc. L'opacité se montre alors principalement dans le cristallin, dont le mouvement nutritif, naturellement faible, diminue encore, se trouble ou cesse. Quelquefois la maladie survient plus rapidement sous l'influence d'une violence extérieure, de commotions morales, de vapeurs irritantes dirigées sur les yeux : dans ces cas, l'opacité occupe soit la capsule cristalline, qui s'est enflammée (*cristalloïdite*), soit l'humeur de Morgagni, qui s'est troublée toute seule ou en même temps que la capsule, par l'effet d'une altération dans son mode de nutrition. La cataracte est *dure* ou *molle*, de couleur *blanchâtre*, *jaunâtre* ou *verdâtre*; elle peut se compliquer de diverses maladies oculaires, le plus souvent d'amaurose. Toutes ces circonstances établissent autant de variétés auxquelles les oculistes ont consacré des descriptions spéciales.

Au commencement de la maladie, le sujet aperçoit comme un nuage qui enveloppe les objets qu'il fixe; mais si on examine sa pupille, on n'y voit encore aucune tache : alors on peut soupçonner une amaurose commençante aussi bien qu'une cataracte. Un peu plus tard, une opacité apparaît derrière la prunelle. Elle débute par le centre de cette ouverture, se montre lente dans ses progrès, et présente une teinte jaunâtre si elle occupe le cristallin (catar. *lenticulaire*). Elle se forme, au contraire, plus rapidement, débute par la circonférence et se montre blanchâtre lorsqu'elle occupe soit l'humeur de Morgagni (catar. *interstitielle* ou *laiteuse*), soit la capsule (catar. *capsulaire*). Dans tous les cas, l'opacité n'est générale, complète (catar. *mûre*), qu'au bout d'un temps plus ou moins long, et la diminution de la vision suit ses progrès. Cependant, lors même que la cataracte est *mûre*, ainsi qu'on le dit vulgairement, la vue peut encore s'exercer un peu, mais seulement le soir ou par un jour sombre. Cette particularité s'explique facilement. La pupille pouvant se dilater largement dans ces circonstances, des rayons lumineux peuvent arriver jusqu'à la rétine en traversant le corps vitré en dehors de la circonférence du cristallin, ce qui fait que plus le jour est beau, moins les individus affectés de cataracte peuvent voir, à cause du rétrécissement de la pupille. C'est précisément le contraire dans l'amaurose (paralysie de la rétine), cas où cette membrane doit être vivement excitée pour être impressionnée. Il est bien entendu que si, comme cela existe souvent, ces deux affections se compliquent, les circonstances que nous venons d'énoncer disparaissent. On reconnaît que l'amaurose complique la cataracte lorsque, en même temps que le cristallin se montre opaque, la pupille reste immobile à quelque lumière qu'on expose l'œil. — Vu la lenteur du travail morbide et la nature de la maladie, qui est plutôt atonique que sthénique, la cataracte ne donne lieu à aucune douleur, à aucune réaction générale. Ces simples explications suffisent, nous le croyons, pour faire comprendre le mécanisme de la formation de la cataracte et les modifications qu'en éprouve la vue.

Traitement. — La première idée qui a dû se présenter pour guérir la cataracte a été de dissoudre, de faire fondre le corps opaque qui empêche les rayons lumineux d'arriver sur la rétine. On a donc, dans ce but, employé les résolutifs ou fondants et les dérivatifs, c'est-à-dire les frictions mercurielles ou iodées autour de l'orbite, les vésicatoires et sétons, etc., sans compter une foule de remèdes empiriques qu'il est inutile d'énumérer. Mais que peuvent ces moyens contre une affection essentiellement chronique, occupant un petit corps doué de peu de vitalité et situé au milieu du globe de l'œil, où il est inaccessible à la thérapeutique directe, surtout lorsque ce corps devient opaque par l'effet seul des progrès de l'âge? On comprend, à la rigueur, que la cataracte due à une sorte d'inflammation de la capsule cristalline puisse, sinon disparaître une fois formée, du moins être arrêtée dans sa marche sous l'influence d'un traitement antiphlogistique et révulsif; mais il ne faut pas trop compter sur ce moyen, et d'ailleurs presque jamais on n'est appelé à donner des conseils dans ces circonstances, le malade ne consultant habituellement le médecin que lorsque la vision est abolie.

Il n'y a donc d'autre moyen, pour rétablir la vue, que d'ôter le corps opaque de la place qu'il occupe. Pour cela, tantôt on l'extrait de l'œil, tantôt on l'abaisse dans les profondeurs du globe oculaire, tantôt enfin, lorsqu'il est de consistance molle, on le broie et on en livre les parties divisées à l'action des vaisseaux absorbants. L'*extraction* se fait au moyen d'une incision que l'on pratique à la cornée, à l'aide du couteau à cataracte ; l'*abaissement* s'exécute avec une petite lance, dite aiguille à cataracte, qu'on introduit dans la chambre postérieure par la sclérotique; le *broiement* se fait aussi à l'aide de la même aiguille. Nous ne faisons qu'indiquer nominativement ces opérations.

Il se trouve encore des charlatans qui osent promettre de guérir la cataracte sans opération. Pendant leur traitement, les malades peuvent en effet distinguer les objets qu'ils n'apercevaient pas auparavant; mais aussitôt qu'ils le cessent, la cécité reparaît. Cela s'explique facilement. Ces hommes, qui ne font ordinairement qu'un court séjour dans les mêmes localités, prescrivent l'extrait de belladone, qui, comme chacun sait, a la propriété de dilater la pupille. Or, du moment que celle-ci est assez large pour laisser passer des rayons lumineux entre la circonférence du cristallin opaque et le bord de l'iris, ces rayons vont impressionner la rétine en traversant l'humeur vitrée. Mais cesse-t-on l'usage de la belladone, la pupille revient à ses dimensions ordinaires, et le cristallin qui n'a été ni ôté ni rendu plus transparent, en ferme entièrement le champ.

Docteur Bossu (*Anthropologie*).

CATARACTE (géographie physique) [du grec *catarassô*, se précipiter]. — Grandes chutes d'eau qui interrompent le cours des fleuves et en rendent la navigation impossible et périlleuse. Les plus anciennement célèbres sont celles du Nil, dont on avait longtemps exagéré l'élévation. Les plus majestueuses sont celles de Niagara, situées entre les lacs Érié et Ontario : elles ont de 40 à 45 mètres d'élévation sur 300 mètres de largeur.

CATARRHE (médecine) [du grec *cata*, en bas, et *rheô*, je coule.] — Dans l'opinion des anciens médecins grecs, il se faisait de la tête vers les membranes muqueuses un écoulement d'humeur auquel ils donnaient le nom de *catarrhe*. Cette dénomination fut appliquée à toute inflammation aiguë ou chronique des membranes muqueuses, avec augmentation de la sécrétion habituelle de ces membranes, et par extension à toutes les inflammations de ce système, qu'elles soient ou non accompagnées de cet accroissement de sécrétion : de là, les catarrhes du nez, de l'oreille, des bronches, du poumon, de l'intestin, de la veine, de la matrice, le catarrhe sec, suffocant, etc. Plus tard le sens en fut borné aux inflammations des narines, de la gorge et des bronches; mais dès le début il s'y attache une idée hypothétique et fausse, c'est que la *matière peccante* descendait de la tête. Cette opinion, modifiée et commentée de différentes manières, fut très-longtemps en vigueur parmi les médecins. Schneider a consacré un volumineux ouvrage à la réfuter; il établit que le catharre ne vient pas du cerveau, et il soutient que les sept catarrhes d'Hippocrate n'ont pas d'existence autant que le médecin les suppose découlant de la tête; que ce sont ou bien des humeurs qui proviennent du cœur ou du sang.

D'un autre côté, on observa que le catarrhe, ainsi limité aux affections du nez, de la gorge et des bronches, régnait souvent d'une manière épidémique, et qu'il s'accompagnait d'une fièvre également épidémique. On lui donna le nom de *fièvre catarrhale*.

Enfin les anciens observateurs, toujours disposés à se créer des théories, et ayant reconnu le génie épidémique de ces affections catarrhales, firent du catarrhe une abstraction, de sorte que le catarrhe était non plus un flux pathologique, mais une cause qui déterminait une série de phénomènes. Cette idée, combinée avec les différents caractères qu'offraient les matières excrétées, a fait admettre des catarrhes chauds, froids, âcres, salés, acides, pituiteux, mélangés.

Aujourd'hui, le mot catarrhe est réservé exclusivement aux excès de sécrétion des membranes muqueuses, tels que la *blennorrhée*, la *leucorrhée*, l'*otorrhée*, etc., et autres maladies terminées par la désinence *rhée*, les inflammations de ces membranes muqueuses ayant presque toutes reçu des dénominations formées du nom particulier de la membrane affectée, auquel on ajoute la désinence *ite* : de là, *bronchite, otite, cystite, laryngite*, etc.

Catarrhe suffocant. — Cette affection, sur la nature de laquelle on est généralement peu d'accord, est considérée, dans l'état actuel de la science, comme une bronchite dans laquelle une dyspnée considérable, survenue tout à coup, peut amener la mort dans un temps très-court. Envisagé sous ce point, le catarrhe suffocant ne constitue point une maladie particulière, mais seulement un accident, qui peut arriver dans plusieurs cas très-différents.

« On trouve peu de vraies observations de cette affection, mais beaucoup d'opinions, dit Lieutaud; de sorte qu'il serait difficile de ne pas s'égarer en prenant les écrivains pour guides. » En effet, les uns, avec Schneider, l'ont regardé comme un rhumatisme du poumon; d'autres, avec Schœffer, comme une paralysie du même organe. Suivant Mauclerc, c'est une apoplexie pulmonaire.' (*Sur le Catarrhe suffocant*, Montpellier, 1803.) Hufeland le dépeint ainsi : « Accès » de suffocation, orthopnée, stertoration, sueur » d'anxiété, angoisses mortelles, avec et souvent aussi » sans perte de connaissance. Sa marche est rapide; » la maladie se termine en vingt-quatre ou quarante-» huit heures, soit par la mort, soit par une amélio-» ration. La cause est la même que dans l'apoplexie, » avec cette différence seulement qu'il y a ici para-» lysie des nerfs de la poitrine, tandis que dans l'apo-» plexie, il y a paralysie des nerfs du cerveau.

» Les causes occasionnelles peuvent être les mêmes » que celles de l'apoplexie. Cependant la maladie peut » aussi dépendre d'accumulations matérielles locales » et d'extravasations dans les bronches; par exemple, » d'un amas considérable de mucosités chez un suje » atteint d'asthme muqueux, d'une extravasation de » sang et d'un épanchement de pus à la suite de la » rupture subite d'une vomique. »

Chez les vieillards atteints de catarrhe pulmonaire chronique, le développement d'une bronchite aiguë donne lieu quelquefois à tous les phénomènes du catarrhe suffocant. C'est particulièrement en hiver que survient cet accident, et, comme le remarque Laënnec, il est alors très-souvent mortel.

La suffocation, dans certains cas, peut être la suite de la suppression de l'expectoration; mais le plus souvent elle est le résultat d'une sécrétion muqueuse tellement abondante que le malade, ne pouvant s'en débarrasser, succombe, pour ainsi dire, comme asphyxié. Dans quelques circonstances plus rares, elle est due à l'obstruction subite d'une partie plus ou moins considérable des bronches, produite par un amas de mucus demi-solide, ou par une concrétion muqueuse polypiforme, faisant en quelque sorte l'office de bouchon. M. Andral a cité deux faits de ce genre. (*Clinique méd.*, 4e édit., t. III, p. 206 et 209.)

L'œdème pulmonaire, dit Laënnec, est presque toujours accompagné d'une bronchite pituiteuse, qui peut facilement devenir suffocante, à raison du flux séreux qui se fait alors dans les bronches, et de l'abattement des forces du malade, surtout s'il est avancé en âge.

Sous le nom de *catarrhe suffocant aigu*, Laënnec décrit cette variété de la bronchite aiguë qui attaque la totalité ou une très-grande partie de la membrane muqueuse pulmonaire. « Très-rare chez l'adulte, » dit-il, elle est plus commune chez les enfants en » bas âge, et souvent elle a été confondue avec le » croup. On la reconnaît au râle trachéal que l'on » entend à l'oreille nue, et à une suffocation immi-» nente, et telle, que la face devient souvent livide. » Le stéthoscope fait reconnaître, dans toute l'étendue » de la poitrine, un râle muqueux bruyant, et dont » la matière est très-liquide, et un mouvement » du cœur très-fréquent et ordinairement irrégu-» lier. Sa durée est de vingt-quatre à quarante-huit » heures, ou au plus de quelques jours. Au bout de

» ce temps, le malade succombe, ou l'expectoration » commence, et fait cesser la suffocation : la maladie » prend alors la marche d'un catarrhe ordinaire. » Tant que la suffocation dure, il y a peu de toux, et » l'expectoration, presque nulle, est entièrement pitui» teuse. » D'après M. Blache, c'est particulièrement chez les enfants rachitiques dont le thorax est mal conformé, et quelquefois dans le cours de bronchites même peu étendues, que l'on a occasion d'observer ces accidents de suffocation, presque toujours accompagnés d'un grand danger.

Chez les sujets atteints de maladies du cœur ou des gros vaisseaux, il survient parfois tout à coup une très-grande gêne dans la respiration, qui peut faire supposer un catarrhe suffocant, mais qu'après un examen attentif on ne tarde pas à rapporter à sa véritable cause.

Traitement. — D'après ce que nous avons dit sur la nature et les causes du catarrhe suffocant, il est évident que le traitement ne saurait être le même dans tous les cas. L'indication fondamentale, dit Hufeland, est de *débarrasser le plus promptement possible les poumons des matières qui les obstruent, et de ranimer leur action.* Les principaux moyens que ce savant praticien indique pour remplir ce double but sont la saignée pratiquée sur-le-champ, et immédiatement suivie de vomitifs, de sinapismes sur la poitrine et au bras, de manuluves. Plus tard, il recommande de donner la décoction de serpentaire de Virginie ou de racine d'arnica avec la liqueur anodine d'Hoffmann, l'esprit de corne de cerf succiné, le musc, et enfin de poser des vésicatoires et de s'occuper des causes éloignées, comme dans les cas d'apoplexie.

Lorsque la suffocation semble reconnaître pour cause une recrudescence de l'inflammation bronchique, ou qu'elle paraît dépendre de la grande étendue de cette phlegmasie, la saignée générale, et, à son défaut, les sangsues et les ventouses scarifiées, sont les premiers moyens à employer, en ayant soin de ne pas affaiblir par trop les forces du malade. On aura recours aussi aux révulsifs sur les extrémités inférieures. Dans un cas de ce genre, Laënnec rapporte qu'il employa, avec avantage et pour seul remède, le tartre stibié à haute dose. C'était chez une femme de vingt-quatre ans, d'une constitution robuste, malade depuis trois jours, et qui paraissait prête à expirer lorsqu'elle entra à l'hôpital. Au bout de douze heures, elle était hors de danger. (*Auscul. méd.*, 2e édit., t. I, p. 206.) La même médication, suivie d'une saignée, eut également un heureux résultat dans un cas analogue cité par le docteur Tonnelé. (*Journal des Progrès des Sciences médicales*, 1829, t. XIV, p. 269.) M. Trousseau vante surtout dans ces circonstances les avantages de l'oxyde blanc d'antimoine.

Si l'on pensait qu'une concrétion muqueuse formée dans un point quelconque des bronches fût la cause de la suffocation, il faudrait se hâter d'administrer un vomitif, les secousses produites par le vomissement pouvant favoriser son expulsion. C'est dans ce cas qu'on pourrait aussi employer les inspirations de vapeur d'eau simple ou diversement aromatisée. Ce moyen, beaucoup trop négligé et auquel on doit pourtant des succès, a été recommandé par M. Andral. On ne négligera pas non plus les médicaments tels que le kermès minéral, l'oxymel scillitique, etc., auxquels on accorde la propriété de rendre le mucus bronchique plus liquide, en augmentant l'exhalation pulmonaire.

Chez un malade dont le catarrhe suffocant était compliqué d'œdème pulmonaire, Laënnec obtint la guérison en administrant l'émétique seul, mais à hautes doses.

Lorsque le catarrhe suffocant est produit par une sécrétion excessive des bronches, on aura recours à l'emploi des substances balsamiques données intérieurement et administrées en vapeur; cette dernière manière d'en faire usage produira les plus heureux résultats, en tonifiant la muqueuse bronchique, dont elle diminuera la sécrétion. On pourra aussi obtenir une dérivation salutaire par l'application de sinapismes, de ventouses sèches ou de vésicatoires sur le thorax, et mieux sur les membres abdominaux. Le malade sera placé dans une attitude assise, et la tête penchée en avant, afin de faciliter le passage des mucosités. Dr DESPARQUETS.

CATARRHININS (zoologie) [du grec *kata*, dessous, et *rin*, nez]. — Première section de la famille des singes : ils se caractérisent par leurs narines ouvertes en dessous et rapprochées. Ils sont tous de l'ancien continent. On les partage en deux tribus qui sont : 1° les *primates*, remarquables par leur taille et leurs formes comparables à celles de l'homme; 2° les *pithéciens*, qui ont les membres postérieurs plus longs que les antérieurs.

CATASTROPHE [du grec *catastrophé*, renversement, destruction, fin déplorable]. — La catastrophe est la fin de l'action d'une œuvre dramatique dont elle complète le dénoûment. Ce mot convient plus particulièrement à la tragédie. Dans une œuvre comique, il ne donnerait pas une idée exacte de la cause qui termine l'action. Le mot propre dans ce cas est dénoûment.

Toute œuvre tragique, pour avoir ses proportions et ses conditions vitales, se compose d'un commencement, d'un milieu, d'un dénoûment et d'une fin. L'écrivain qui veut traiter un sujet, s'il ne l'a pas préalablement mûri, s'il n'a pas combiné dans son esprit les différentes parties qui doivent le constituer, ne produira jamais, après mille efforts, qu'une œuvre imparfaite. Dans une tragédie, avant de songer à introduire les personnages en scène, il est essentiel d'en arrêter les principales divisions. D'abord l'exposition, l'intrigue ou le nœud, le dénoûment, qui délie le nœud, et la catastrophe, qui est l'événement qui termine l'action.

On voit que le dénoûment est la dernière partie de l'intrigue, où les caractères se dévoilent; chaque personnage, selon les passions qui l'ont fait agir, se pose dans son vrai jour; le masque tombe et la révolution éclate comme la foudre qui sort de la nue.

Cette situation doit en amener une autre, le sort de chacun, le triomphe des uns et le châtiment des autres. C'est la catastrophe, c'est la foudre qui tombe. Il y a donc une différence à établir entre le dénoûment et la catastrophe. Le dénoûment démêle l'intrigue; la catastrophe termine l'action ou la catastrophe complète le *dénoûment*. Voyez ce dernier mot, sur lequel nous aurons plusieurs observations à faire, à cause de son emploi dans la tragédie et dans la comédie.

Cette marche est dans la nature. Si Eschyle est le père de la tragédie, Sophocle peut en être regardé comme le maître. Eschyle, on peut le dire, l'a créée; avant lui tout était informe, confus, enveloppé de ténèbres; il fit pénétrer quelques rayons de lumière dans ce chaos; ses essais furent imparfaits sous le rapport de l'art. Sophocle le perfectionna. Depuis il a été posé des règles par Aristote, Denis d'Halicarnasse, Longin et par d'autres rhéteurs, et d'après les chefs-d'œuvre de Sophocle, qui sut s'inspirer de la nature.

Des traités de poétique ont établi des règles pour amener la catastrophe, ainsi que pour les différentes parties du drame.

Il y a la catastrophe simple et la catastrophe compliquée. On définit l'une et l'autre, soit qu'elle repose sur la simple reconnaissance, soit qu'elle surgisse d'un changement de fortune, ce qu'on appelle péripétie.

Des auteurs, pénétrés des œuvres des anciens et des modernes, dont ils ont pu apprécier le mérite, ont porté divers jugements sur l'excellence de la catastrophe et sur les moyens que l'on peut employer pour la rendre plus intéressante.

L'un, c'est le passage de l'agitation, de la crainte à un état calme et de sécurité.

L'autre, c'est un changement, un revirement de fortune dans le principal personnage par l'effet d'un incident imprévu.

Ici, c'est une condition que le personnage soit animé de divers sentiments, sa colère succédant à la bonté, la vengeance à la clémence, la haine à l'amour.

Là, par le changement de sentiment et de résolution d'un personnage. On trouve des exemples de ces divers moyens. Ainsi le dénoûment le plus parfait est celui où l'action se décide par une catastrophe qui, avec la plus forte vraisemblance, excite la plus vive surprise. C'est incontestable. La tragédie de *Rodogune* présenterait cette perfection. Cléopâtre, prenant la coupe empoisonnée, et la portant à ses lèvres, pour engager Antiochus et Rodogune à boire après elle, est un trait de génie des plus dramatiques.

Enfin, pour produire un grand effet sur l'esprit du spectateur, et ébranler l'âme par la terreur, en excitant l'admiration et la surprise, la raison veut que la catastrophe soit vraie, et pour être vraie, il faut qu'elle naisse des entrailles mêmes de l'action.

Mais peut-on toujours prendre pour modèle de catastrophe celle de *Rodogune*, et jeter toutes les tragédies dans le même moule pour atteindre la perfection? non, certes. C'est pourquoi le génie ne peut point toujours s'assujettir à toutes ces règles. Il a satisfait à toutes les exigences du moment s'il a préparé une catastrophe naturelle et motivée par le sujet. Il est aussi difficile d'imposer des règles au génie que de lui assigner des bornes.

A la suite de toutes ces règles nous pourrions citer divers exemples, mais ces citations, pour être appréciées, demanderaient un trop grand développement. Pour bien juger d'une catastrophe, il faudrait rapporter des actes entiers, une analyse ou des tirades tronquées ne présenteraient qu'une peinture froide et sans vie. Nous renverrons donc à la lecture des anciens, Eschyle, Sophocle, Euripide, et des modernes, Corneille, Racine, Crébillon, Ducis, Voltaire, Casimir Delavigne, modèles à étudier pour ceux qui veulent suivre la carrière.

Il reste à examiner une question qui partage depuis longtemps les esprits. Les auteurs et les philosophes qui se sont occupés de la matière se sont demandé si la catastrophe doit avoir toujours pour résultat la punition du vice et le triomphe de la vertu. Ainsi le veulent la raison et l'intérêt des bonnes mœurs, dans une nation bien policée; le vice, qui engendre le crime, doit être représenté sous les couleurs les plus sombres, et succombant dans les affreuses angoisses d'une fin déplorable, pour exciter dans l'âme des spectateurs, si ce n'est la pitié, du moins la terreur. A côté de ce tableau, du méchant, livré aux plus horribles tortures, la vertu, sortant victorieuse de toutes les épreuves auxquelles elle a été soumise, apparaîtrait triomphante et heureuse.

Tel est le sentiment d'un des plus beaux génies de l'antiquité, d'un philosophe qui sut embellir la philosophie des charmes de l'éloquence, et allier la philosophie à la législation. Platon, appréciant la puissance de la poésie et des arts, et sentant toute l'influence qu'ils peuvent exercer simultanément sur les mœurs d'une nation aussi impressionnable que le peuple athénien, estime que le devoir de la tragédie est de faire les fonctions de la loi, c'est-à-dire que, comme elle, la tragédie doit respecter la vertu, honorer les nobles sentiments et tout ce qui est grand, généreux et humain, et se souvenir qu'elle tient un glaive à la main pour punir le crime. Idée sublime qui, selon Platon, transforme le poëte en magistrat et en législateur; telle est la noble mission qu'ont remplie dans leurs chefs-d'œuvre Corneille, Racine et Voltaire.

Tous n'ont pas aussi bien compris ce respectable sacerdoce; quelques-uns ont plus visé à la terreur sans passer par le pathétique. Plus la scène est ensanglantée, plus ils se sont imaginé avoir atteint le but de la tragédie; ils ont révolté, et n'ont point touché.

Aristote, élève de Platon, qui a quelquefois abandonné les idées du maître et suivi d'autres principes, surtout en métaphysique, Aristote, peut-être par esprit de contradiction, est d'un avis contraire. Il préfère une catastrophe horrible, qui révolte et qui jette l'épouvante dans l'âme du spectateur, à une catastrophe qui se termine heureusement, parce que l'un est plus propre que l'autre à exciter la terreur et la pitié, qui sont les deux fins de la tragédie.

A cette occasion, nous demanderons si l'on peut dire catastrophe heureuse. Ces deux mots n'impliquent-ils pas contradiction? La catastrophe ne représente-t-elle pas à la pensée l'image de destruction, d'un événement extraordinaire et malheureux? ce qu'en effet signifie son origine grecque. Cela posé et reçu, peut-on raisonnablement dire que la fin de la *Bérénice* de Racine est une catastrophe?

En résumé, toute pièce qui a l'art de toucher et qui procure du plaisir sera toujours considérée comme une bonne pièce. La principale règle, quand il s'agit d'une œuvre dramatique, est de plaire et de toucher, n'importe les moyens employés pour y arriver, fussent-ils contraires aux règles d'Aristote : unité de lieu, de temps et d'action.

Nous sommes à cet égard de l'avis de Gresset :

> Aux règles, me dit-on, la pièce est peu fidèle.
> Si mon esprit contre elle a des objections,
> Mes yeux ont des larmes pour elle;
> Les pleurs décident mieux que les réflexions;
> Le goût partout marche sans règle sûre;
> Le sentiment ne va point au hasard;
> Le suffrage de la nature
> L'emporte sur celui de l'art.

Bon nombre de pièces, surtout chez les auteurs étrangers, sont dépourvues de règles. Tantôt le lieu change plusieurs fois dans le cours de l'action, et se trouve transporté à de grandes distances; tantôt l'unité est rompue et renouée; tantôt le temps embrasse un certain nombre d'années.

Les auteurs français se sont montrés plus scrupuleux à l'égard du code d'Aristote. Ils l'ont toujours respecté, peut-être trop servilement; rarement ils y ont dérogé dans les ouvrages sérieux.

Que de reproches ou plutôt quelle guerre n'a-t-on pas faite à l'auteur de *Coriolan* pour avoir transporté l'action de Rome au camp des Volsques, qui était sous les remparts de Rome? C'était un crime irrémissible.

Mais le Français s'est bien dédommagé depuis en entrant dans une nouvelle voie, et en fait de licences, c'est dans le drame et la féerie qu'il s'en donne à cœur joie. C'est là que le *deus ex machinâ*, renouvelé des Grecs, trône avec magnificence.

Le mot catastrophe s'emploie aussi au figuré, et a la même signification que nous lui donnons au propre.

Cependant nous avons été témoins que certains orateurs ont voulu faire une distinction entre catastrophe et révolution. Une vive opposition s'est manifestée à cet égard. Les uns soutenaient que catastrophe ne disait pas assez, et les autres que révolution disait trop.

Les uns et les autres étaient dans l'erreur.

En effet, *catastrophe,* avons-nous dit, vient du grec *catastrophè*, mot dérivé de *cata*, préposition, et du verbe *strephô*; *révolution* vient du verbe latin *revolvo*, participe *revolutum*. Or, ces deux verbes ont absolument la même signification.

Qu'est-ce qu'une catastrophe qui renverse un trône, chasse un roi, et change la forme d'un gouvernement, si ce n'est une révolution? Qu'est-ce qu'une révolution qui, après avoir appelé le peuple aux armes, brise une couronne, brûle un trône, et précipite une dynastie dans l'abîme, si ce n'est une catastrophe? REDAREZ SAINT-REMY.

CATHARTIQUES (matière médicale) [du grec *catharsis*, purgation]. — Médicaments dont la propriété évacuante est plus prononcée que celle des laxatifs; tels sont l'huile de ricin, la rhubarbe, le séné, le calomel, les sels neutres, etc.

CATHÉRÉTIQUES (matière médicale) [du grec *cathairô*, purifier, détruire]. — Nom donné aux caustiques faibles ou employés en petite quantité; tels sont l'azotate d'argent, l'alun calciné. Leur effet doit se borner à produire une vive irritation ou à fermer des escharres très-superficielles.

CATHÉTER (chirurgie). — Instrument destiné à être introduit dans la vessie, en suivant la direction du canal de l'urètre. On désignait autrefois sous ce nom toutes les sondes; mais, dans ces derniers temps, le nom de cathéter a été spécialement réservé à un instrument d'acier qu'on introduit dans la vessie, lorsqu'on pratique l'opération de la taille, ou lorsqu'on veut reconnaître la présence d'un calcul. — Voy. *Cathétérisme*.

CATHÉTÉRISME (chirurgie) [*cathétérismus*, du grec *kathiênai*, introduire.] — Opération qui consiste à faire pénétrer une sonde dans la vessie en suivant les voies naturelles. En pratiquant le cathétérisme, dit Leroy d'Étiolles, on a pour but ordinairement ou de donner issue à l'urine retenue par une cause quelconque, ou bien de reconnaître la présence, dans la vessie de calculs urinaires, de tumeurs, etc. Dans le premier cas le cathétérisme est appelé *évacuateur*; on le nomme *explorateur* dans le second. La conformation des organes urinaires dans les deux sexes amène des différences dans la forme des sondes et dans la manière de les introduire. La sonde de femme, beaucoup moins longue, est presque droite; cette forme, seule usitée jusqu'à ces dernières années, convient à merveille pour vider la vessie; mais pour explorer cet organe, il vaut mieux faire usage d'une sonde courbée à la manière de la sonde exploratrice de l'homme. La position de l'utérus donnant plus d'élévation au centre de la paroi postérieure de la vessie, rejette la pierre dans l'une des parties latérales où la sonde courbe l'atteint mieux que ne peut le faire la sonde de femme presque droite. Le cathétérisme se fait avec des sondes métalliques, des sondes de gomme, des bougies de cire, de corde de boyau, etc. La manière de faire pénétrer ces divers instruments varie suivant leur nature et leur forme. Les sondes métalliques sont tantôt droites, tantôt courbes. Le cathétérisme rectiligne, tiré dernièrement de l'oubli par un habile chirurgien français, a exercé une heureuse influence sur la découverte de la lithotripsie. »

Pour conduire sûrement une sonde métallique, il faut une main exercée et prudente. On ne doit jamais employer la force pour vaincre les résistances que l'on rencontre; les règles d'après lesquelles doivent être introduites ces sondes, bien que simples, ne peuvent être enseignées qu'aux yeux, mais ne peuvent se décrire. Les personnes étrangères à l'art de guérir ne devront donc s'aventurer à pratiquer cette opération sur elles-mêmes ou sur d'autres qu'après s'y être exercées plusieurs fois et d'après les conseils du médecin.

CATI (arts industriels). — Espèce d'apprêt ou de lustre que l'on donne aux étoffes de laine, surtout aux draps, pour les rendre plus fermes et plus brillantes. « On commence par déplisser et étendre les étoffes à l'aide d'un mécanisme nommé *corroi* ou *étendoir*, composé de plusieurs rouleaux de bois sur lesquels la pièce s'enroule et se déroule; ce corroyage se fait à froid ou à chaud; puis on procède au *catissage* proprement dit. Il se donne à la presse en plaçant chaque double du tissu entre des cartons bien lisses; le plus souvent, pour aider l'action de la presse, on interpose des plaques de fonte plus ou moins chauffées entre les plis de l'étoffe. Après une pression de 24 heures, les pièces sont *caties*. Plus le pressage est fort, plus l'apprêt glacé est beau et durable : aussi se sert-on pour cet usage de la presse hydraulique, dont l'action est très-puissante. » — Voy. *Décatissage*.

CATOPTRIQUE (physique) [du grec *catoptron*, miroir; dérivé de *cata*, contre, et *optamai*, voir]. — Science qui a pour objet la réflexion de la lumière. Tous les corps non lumineux réfléchissent de la lumière; c'est cette condition qui les rend visibles. Quelque opaque que soit un corps, jamais il ne réfléchit toute la lumière qui tombe sur lui. On peut concevoir cette lumière divisée en trois parties, dont l'une se réfléchit régulièrement, ayant l'angle de réflexion égal à celui d'incidence; une autre se réfléchit irrégulièrement et se disperse, à cause de l'inégalité inévitable des surfaces; enfin, une troisième se perd dans l'intérieur même. La première portion de lumière a pu seule être soumise à des lois certaines. L'expérience prouve que la lumière, lorsqu'elle se réfléchit, a l'angle de réflexion égal à celui d'incidence. (Voy. *Lumière*.) Cette loi générale est le fondement de toute la *catoptrique* : elle seule suffit pour rendre raison de tous les phénomènes; toutes les autres lois n'en sont que des conséquences. Si la direction de la lumière réfléchie peut être mesurée avec une précision géométrique, il n'en est pas de même de son intensité. L'observation a fourni à ce sujet les données suivantes : 1° la quantité de lumière réfléchie va croissant avec l'angle d'incidence, sans toutefois être nulle quand l'angle est nul; 2° elle dépend du milieu *dans* lequel la lumière se meut et du milieu *sur* lequel elle tombe; 3° elle est très-différente pour les corps de différente nature qui sont placés dans les mêmes circonstances.

(Dr *Hœfer*.)

CAUCHEMAR (physiologie, hygiène). — Sentiment d'un poids qui comprime la poitrine ou la région de l'estomac, avec impossibilité de se mouvoir, de parler, de respirer, survenant pendant le sommeil, et produisant un réveil brusque suivi d'anxiété extrême. Il n'est pas rare, dans cet état pénible, de croire voir un fantôme, un animal comprimer la région épigastrique, ou un précipice s'ouvrir sous nos pas et nous engloutir.

Le cauchemar reconnaît ordinairement pour cause 1° une digestion difficile; 2° une position pénible du corps; 3° les affections morales tristes; 4° une maladie de l'estomac, des poumons, du cœur ou du cerveau. On n'attribue plus, comme autrefois, ce sentiment de suffocation à des *esprits* dont on était obsédé, et sur lesquels les contes les plus ridicules ont été imaginés.

Les moyens de combattre le cauchemar varient selon les causes qui lui donnent lieu. « Comme traitement général, cependant, il est bon de se préserver de tout ce qui émeut le sentiment et l'imagination d'une façon effrayante ou triste, et de se préparer, au contraire, au repos par des lectures ou des conversations agréables, de ne point manger trop ou trop tard, et surtout des aliments indigestes, de se livrer pendant le jour à un assez grand exercice, de se coucher le corps incliné du côté droit, la tête et les épaules élevées. Toutes les fois qu'on le pourra, il faudra provoquer le réveil lorsque le trouble de la respiration, l'expression d'anxiété du visage, la sueur du corps annoncent la présence du cauchemar. Après quoi l'on s'empressera de calmer l'esprit, si l'on a affaire à des sujets jeunes et impressionnables. » Le cauchemar étant assez souvent le symptôme d'une affection de l'estomac, on comprend qu'il ne puisse disparaître qu'avec l'éloignement des causes qui le produisent. B. L.

CAUDINES (FOURCHES) (histoire et géographie) [du latin *furcæ*, fourches; *Caudium*, ville des Samnites]. — Défilé de l'Italie ancienne, dans le Samnium, célèbre par l'échec que les Romains y éprouvèrent. On l'appelle aujourd'hui *Stretto di Arpaia* (royaume de Naples). Voici, d'après Tite-Live, le fait qui rendit les *fourches caudines* si célèbres : Claudius Pontius, général des Samnites, ayant fait camper ses troupes près de Caudium, envoya à Calatia, où il savait que les consuls romains étaient déjà, dix soldats déguisés en bergers. Ces soldats reçurent l'ordre de mener paître leurs troupeaux, chacun d'un côté différent, à peu de distance des postes ennemis, puis de se faire prendre, et enfin de déclarer que les légions des Samnites assiégeaient *Luceria*, ville alliée des Romains. Convaincus de la vérité d'un récit qui paraissait d'autant plus véridique que les prétendus bergers s'accordaient tous à tenir le même langage, les Romains volent au secours des Lucériens. Deux chemins s'offraient à eux pour arriver à Luceria : l'un facile et ouvert qui longeait les côtes de la mer Supérieure (mer Adriatique), plus long à la vérité, mais plus sûr; l'autre, plus court, à travers les *fourches caudines*. Or, voici quelle est la nature du lieu : là, deux défilés profonds, étroits et couverts de bois se trouvent unis par une chaîne de montagnes qui règne alentour. Entre ces défilés existe une petite plaine. Après avoir franchi le premier, l'armée romaine veut pénétrer dans le second, mais elle le trouve fermé par des arbres abattus et par des masses énormes de rochers. Trop tard elle reconnaît l'artifice de l'ennemi. Elle se hâte de retourner sur ses pas, mais elle se voit arrêtée à l'entrée du premier défilé, et par les difficultés du lieu, et par les armes que lui oppose l'ennemi. Alors, chefs et soldats, frappés de stupeur, suspendent leur marche et sont réduits à demander la paix. La guerre est terminée, dit Pontius aux députés romains, vous êtes contraints d'avouer votre mauvaise fortune; vous passerez sous le joug des armes, couverts d'un simple vêtement; les colonies établies sur le territoire samnite seront évacuées, et les deux peuples vivront dans la concorde. — Cette réponse si dure et si hautaine rendue aux soldats leur fit jeter des cris lamentables. Tous eussent préféré mille fois la mort; mais l'intérêt de Rome l'emporta, et le traité fut accepté. L'armée romaine passa sous le joug. Aussi lorsqu'on dit au figuré : *Passer sous les fourches caudines*, cela signifie : *Subir une rude épreuve, une grande humiliation.*

CAULINAIRE (botanique) [de *caulis*, tige.] — Nom donné à toutes les parties de la plante qui naissent de la tige : c'est ainsi qu'on dit *feuilles caulinaires, stipules caulinaires*, etc.

CAUSE (métaphysique). — On entend par *cause* tout principe qui produit ou concourt à produire un effet; et par effet tout ce qui est produit, ce qui reçoit l'existence par l'efficacité d'une cause.

Il y a plusieurs espèces de causes : 1° La cause physique, qui produit par elle-même immédiatement son effet; 2° la cause morale, qui le produit par l'intermédiaire de quelque agent : celui qui conseille un homicide en est la cause morale. « La cause est libre si son effet a dépendu de sa propre volonté; autrement elle est nécessaire. Lorsqu'une cause produit l'effet qu'elle avait l'intention de produire, si elle est intelligente, ou l'effet pour lequel elle était destinée, si elle n'est pas intelligente, elle est directe. Dans le cas contraire, la cause est accidentelle ou occasionnelle. »

Voici quelques axiomes relatifs aux causes et aux effets :

1° *La cause précède l'effet.* Elle le précède de deux manières : par le temps; c'est ainsi que le père existe avant le fils; ou simplement par la conception. Dans le second cas, la cause n'est antérieure à l'effet que parce qu'on conçoit qu'elle doit le précéder; c'est ainsi que le soleil est antérieur à la lumière dont il est la cause.

2° *Il n'y a pas d'effet sans cause.* Rien n'ayant aucune propriété, un effet ne peut pas résulter de rien; il est donc nécessaire que tout effet ait une cause.

3° *Tout ce qui est dans l'effet doit se trouver dans la cause.* Car s'il y avait quelque chose dans l'effet qui ne fût pas dans la cause, ce quelque chose serait un effet sans cause.

La cause contient formellement son effet, ou éminemment, ou virtuellement; formellement, c'est-à-dire suivant sa forme et sa nature; éminemment, lorsque la cause a plus qu'il ne faut pour produire son effet; virtuellement, si la cause ne contient pas son effet en nature, mais a pu le produire.

En méditant sur les causes et les effets, on est conduit à penser qu'il y a une cause première qui, par conséquent, n'en suppose point d'autres; qui existe par elle-même, et de laquelle tout dépend; qui est puissante, sage, bienfaisante, providente au suprême degré; amie de la vertu, ennemie du vice, et propice à l'homme de bien : cette cause est Dieu. L'idée de cause, dit J. Levallois, est inséparable de l'idée de Dieu. La *causalité* se démontre ordinairement de deux manières : il y a les preuves physiques ou naturelles, les preuves métaphysiques ou purement rationnelles. Parmi ces dernières, nous appuierons sur celle qui est tirée de l'idée de *limitation.* Si la matière s'était elle-même donnée la vie, il y aurait dans la nature unité de substance. Comment alors expliquer ces bornes contre lesquelles l'esprit se heurte, et qui diffèrent si profondément de lui? Pourquoi ce *moi* et ce *non-moi* si constamment en lutte, et s'imposant une limitation réciproque? Si le monde était le fils de la matière, il en conserverait des traces plus indélébiles, tandis que partout, dans le spectacle de la nature comme dans les œuvres et les actes de l'âme humaine, éclate la preuve lumineuse, irrécusable, de la création du monde par l'*esprit.* D'ailleurs, les immenses progrès des sciences naturelles, et de la géologie en particulier, ne nous ont-ils pas fait suivre jusqu'en leurs moindres détails les révolutions successives du globe? Ne nous ont-ils pas fait assister au perfectionnement de la matière, en nous montrant par quelle gradation merveilleuse la végétation a succédé à l'état inorganique, l'animalité à la végétation? Il faudrait donc, pour être logiquement panthéiste, admettre que la matière s'est créée, s'est disposée dans l'ordre géométrique, rationnel, que nous admirons, précisément dans sa première et confuse période, lorsqu'elle restait encore à l'état inorganique, s'essayant péniblement à la vie végétative. Ainsi, dans l'ordre de la raison pure et de la haute critique scientifique, la nécessité, la réalité d'une cause suprême, absolue, nous demeurent surabondamment démontrées; mais l'évidence devient encore bien plus grande lorsque nous demandons à la nature les titres de la Divinité. Ce n'est plus seulement l'esprit qui est touché, c'est le cœur : la conviction devient l'émotion. Il n'est pas une seule des grandes scènes de la nature qui ne nous révèle la présence d'une cause première. A la vue de la mer ou du ciel, on a le sentiment intuitif de lois immuables réunies comme en faisceau dans une loi absolue; et, comme l'ont remarqué les philosophes moralistes, tels que Duguet et Bernardin de Saint-Pierre, dans la corolle de la fleur, dans le nid de l'oiseau, nous retrouvons ces calculs minutieux et savants, cette géométrie sublime, qui repoussent l'idée du hasard. C'est qu'en effet la notion de cause n'est pas moins importante dans l'ordre purement moral et social que dans l'ordre métaphysique. Les actions des hommes aussi bien que les manifestations de la nature, la chute des empires comme la décroissance des plantes, ont une raison, des rapports qui deviennent explicables : c'est là ce que l'on est convenu d'appeler les *causes finales*.

CAUSTIQUE (matière médicale) [du grec *kaiô*, je brûle]. — Agents à l'aide desquels on produit la cautérisation. Les caustiques agissent en altérant, en détruisant chimiquement le tissu des organes, c'est-à-dire en leur enlevant certains de leurs éléments pour former de nouvelles combinaisons. Ils prennent le nom d'*escharrotiques* s'ils sont très-puissants, de *cathérétiques* quand ils sont faibles. Les caustiques sont nombreux; on les emploie sous formes liquide, molle, pulvérulente. Ils servent pour détruire des chairs fongueuses, baveuses; pour raviver des ulcères ou en changer la nature; pour déterminer la cicatrisation de trajets fistuleux, l'oblitération de conduits naturels, pour arrêter l'introduction, dans l'économie, de virus nuisibles et même mortels, tels que celui de la rage et le venin des serpents. L'action d'appliquer les caustiques se nomme *cautérisation*. — Voy. ce mot.

CAUTÈRE (chirurgie) [du grec *kaiô*, je brûle].— Espèce d'exutoire de forme arrondie ou ovale, que l'on peut établir dans le tissu cellulaire sur diverses régions du corps, et dont on entretient ordinairement la suppuration pendant un temps prolongé. Les parties du corps sur lesquelles on ouvre le plus souvent les cautères sont les bras, les cuisses, les jambes. On en établit aussi à la nuque, dans l'intervalle qui sépare les muscles trapèzes, dans les gouttières vertébrales, sur le thorax, derrière le grand trochanter, etc.

Le procédé qui paraît préférable pour ouvrir un cautère est le suivant : « On applique sur le point déterminé un petit emplâtre de diachylon gommé, au centre duquel on pratique un petit trou arrondi d'un peu plus d'une ligne de diamètre; on place dans cette ouverture un petit fragment de potasse caustique ou *pierre à cautère* des pharmaciens, du volume environ d'un grain de blé, et l'on recouvre le tout d'un second emplâtre de diachylon non troué et plus large que le premier; par-dessus on place une compresse qu'on assujettit au moyen d'une bande. Le malade éprouve d'abord une sensation de chaleur, puis de douleur en général supportable, et le lendemain, ou même bien auparavant, la cautérisation est achevée; en levant l'appareil, on trouve une sorte de croûte ou escharre noire et arrondie; dont il faut attendre la chute, afin de pouvoir placer dans la petite plaie restante un pois d'iris ou d'orange destiné à entretenir la suppuration. Le plus souvent, pour hâter la chute de l'escharre, on l'incise en croix dans toute son épaisseur et l'on place le pois au centre; cette incision n'est pas douloureuse. Dans quelques circonstances on fait mettre deux ou trois pois dans la plaie.»

M. le Dr Beaude apprécie de la manière suivante l'usage des cautères :

« On a beaucoup abusé des cautères en s'en servant indistinctement dans toutes les affections chroniques; ils sont plus nuisibles qu'utiles dans les maladies nerveuses; et leur action est tout à fait nulle pour guérir les maladies organiques, les hydropisies, les tumeurs enkystées, etc. Les cas où ils peuvent être de quelque utilité sont la *phthisie commençante*, surtout lorsqu'elle coïncide avec la suppression d'une fistule, d'une plaie ou d'un écoulement habituel; certains vieux *catarrhes* du poumon ou de la vessie; des *ophthalmies* chroniques et rebelles, liées à un vice dartreux ou scrofuleux; quelques maladies de la peau, de l'utérus. etc. Comme alors les cautères doivent être entretenus longtemps, on les place en général dans un des lieux d'élection. Les médecins les emploient encore avantageusement dans le traitement de plusieurs maladies chroniques des os et du périoste ; tels sont : les *tumeurs blanches*, le *mal vertébral de Pott*. Ils les placent alors tout près du siége du mal, et les suppriment après la guérison de la maladie. Ceux qu'on a placés dans les lieux d'élection sont souvent constamment conservés, et servent alors de remède prophylactique ou palliatif de la maladie qui a déterminé leur application. Mais nous devons nous élever ici contre les craintes superstitieuses de quelques personnes qui ont voué une sorte de culte à leur cautère et ne croiraient pouvoir s'en séparer sans être menacées d'une foule de maladies. Cette idée, reste des anciennes théories humorales qui ont régné en médecine, doit être rejetée. A cet égard, voici la règle à suivre. Le cautère doit être maintenu jusqu'à ce que la cause pour laquelle on l'avait placé soit détruite; si cette cause était un de ces vices qui modifient la constitution, il faut que celle-ci soit suffisamment modifiée; lorsque les choses en sont là, on peut les supprimer sans crainte, surtout si l'on a affaire à un jeune sujet. Quelques précautions néanmoins doivent accompagner cette suppression; on doit, en même temps qu'on cesse de mettre le pois, établir un vésicatoire qui suppure bien; il sera aussi utile de se purger une ou deux fois avec une bouteille d'eau de Sedlitz; on pourra également exciter l'action de la peau au moyen de quelques bains tièdes. Ajoutons ici, avec un chirurgien distingué, le vénérable Boyer, qu'il importe d'autant plus de supprimer un cautère lorsque la maladie qui l'a nécessité est guérie, que si on le conserve trop longtemps, il se tourne, pour ainsi dire, en habitude, et qu'alors la suppression peut en être dangereuse; dans tous les cas, on ne doit rien faire sans prendre conseil d'un médecin prudent et éclairé. — Quel est le mode d'action des cautères ? Les médecins les considèrent, en général, comme de puissants révulsifs, c'est-à-dire comme excitant une irritation locale qui fait disparaître et absorbe, pour ainsi dire, l'inflammation principale. Cette manière d'agir leur est commune avec les vésicatoires; mais il est probable qu'ils ont, en outre, une action particulière; on peut les considérer comme de nouveaux organes sécréteurs, qui agissent aussi par l'évacuation purulente qu'ils entretiennent; les diverses sécrétions sont en effet solidaires et se lient les unes aux autres. On a remarqué, en outre, qu'un cautère est dans un rapport assez constant avec l'état de la santé de la personne qui le porte; lorsque toutes les fonctions s'exécutent bien, la suppuration est abondante, épaisse, sans mauvaise odeur; le malade ne sent pas de douleur. Survient-il de la fièvre ou d'autres accidents, le pus s'altère, il peut diminuer, devenir clair, sanguinolent, fétide, etc.; souvent cet effet se produit par une simple affection morale. En résumé, le cautère est un puissant moyen thérapeutique, mais qui ne convient que dans certaines maladies, et dont il ne faut pas abuser; on doit le supprimer dès que la cause de la maladie est entièrement dissipée, parce que le conserver serait chose inutile, et d'ailleurs, l'habitude affaiblissant toute action thérapeutique, on se priverait plus tard d'une ressource précieuse, si l'affection chronique reparaissait.

(*J. P. Beaude.*)

CAUTÉRISATION (chirurgie). — Emploi chirurgical du feu ou de substances caustiques pour modifier et désorganiser plus ou moins des tissus vivants de l'économie. On distingue :

1° La *cautérisation objective* ou à distance, qui consiste à approcher de la surface de certains ulcères ou plaies atoniques des fers incandescents, qu'on y présente pendant quelques minutes, dans le but d'échauffer, d'irriter, de ranimer la partie malade, et de la disposer à une bonne granulation : cette espèce de cautérisation est presque abandonnée aujourd'hui;

2° La *cautérisation transcurrente*, plus usitée en médecine vétérinaire, qui se pratique en promenant rapidement sur la peau le cautère chauffé à blanc, de manière à produire des lignes ou raies de feu, et seulement des escharres superficielles : on s'en sert surtout contre les tumeurs blanches avant la formation du pus;

3° La *cautérisation inhérente*, qui s'emploie dans le plus grand nombre de circonstances : elle a pour but de désorganiser les tissus par une application soutenue du métal sur la partie malade; elle est d'un très-puissant secours contre les morsures d'animaux enragés ou venimeux, contre certaines hémorrhagies provenant de vaisseaux que leur position ou leur petitesse ne permettent pas de saisir et de lier, et surtout contre la carie; il faut éviter toutefois de la pratiquer dans le voisinage des grandes articulations et des gros troncs vasculaires, sous peine de voir l'inflammation consécutive se propager à ces parties; sur les os du crâne, à cause des enveloppes du cerveau.

Les principaux agents employés pour la cautérisation sont: le calorique (fer rouge, eau bouillante, etc.), la potasse caustique, l'azotate d'argent, le beurre d'antimoine, le nitrate acide de mercure, divers acides, etc.

Pour la cautérisation par l'électricité, voy. *Galvano-caustique.*

CAUTION (droit) [du lat. *cavere*, prendre garde, garantir]. — Personne qui répond de l'exécution d'une promesse contractée par une autre. La caution, s'obligeant à remplir l'obligation du principal engagé, dans le cas où celui-ci manquerait à sa promesse, doit avoir capacité de contracter toutes les obligations qui n'ont rien de contraire aux lois, c'est-à-dire qu'elle doit être maîtresse de sa personne et de ses biens. Ainsi, les femmes en puissance de mari, les mineurs, les interdits, les fous et les imbéciles ne peuvent se rendre caution. Il est de la nature de l'engagement que forme la caution de participer en tout de l'obligation principale; il a la même étendue et ne saurait être plus fort ni plus onéreux. Les règles qui régissent les cautions en matière civile et commerciale sont l'objet du titre 14 du livre III du Code civil et des art. 120, 155, 346 du Code de commerce.

CAUTIONNEMENT (droit). — Acte par lequel on s'oblige pour un autre, et le gage que l'on donne comme nantissement d'une promesse ou pour garantie d'une gestion. Tous les comptables, ainsi que certains officiers ministériels, tels qu'avocats au conseil et à la Cour de cassation, avoués, notaires, commissaires-priseurs, agents de change, greffiers, huissiers, gardes du commerce, sont tenus de verser un cautionnement dans les caisses publiques, cautionnement qui varie selon la nature des fonctions; le cautionnement produit un intérêt de 3 0/0 (loi du 4 août 1844). Imposée dès les temps les plus anciens aux employés des fermes du roi, l'obligation du cautionnement a été appliquée par un arrêt du 17 février 1799 à toutes les parties des finances; la loi du 28 avril 1816 l'a étendue aux officiers ministériels.

Comme on le voit, « le cautionnement a été dans tous les temps d'un usage très-fréquent et très-utile dans la société. Les autres obligations conventionnelles ont souvent besoin de son intervention. Il les facilite et les multiplie, en assurant leur exécution. La garantie qu'il procure établit la confiance, qui est la base de toutes les transactions civiles. La sécurité qu'il inspire appelle la circulation des capitaux et les progrès de l'industrie. Par son moyen, une famille malheureuse trouve des ressources, un négociant honnête échappe à la misère qui le menaçait, et l'absent doit à son ami la conservation de son patrimoine. La loi définit parfaitement l'obligation du fidéjusseur en disant que la caution se soumet, envers le créancier, à satisfaire à l'obligation si le débiteur n'y satisfait pas lui-même. Il suit en effet de cette définition que le cautionnement ayant pour objet de garantir l'obligation principale, il n'est et ne peut être que l'accessoire de cette obligation; que par conséquent l'on doit les juger l'un et l'autre par les mêmes principes dans tout ce qui est relatif à leur existence, à leur validité, à leur étendue, à leur durée, à leur extinction. Le cautionnement, contrat unilatéral et personnel, est conventionnel, légal ou judiciaire selon les cas. Il a pour objet d'assurer l'exécution d'un engagement, et est l'accessoire d'une obligation principale. Voilà pourquoi le fidéjusseur ou la caution remplit l'engagement au défaut du principal obligé, et il est juste aussi que la caution qui l'a rempli soit subrogée aux droits du principal obligé. Il ne peut pas exister de cautionnement quand il n'existe pas une première obligation à laquelle le cautionnement se rattache. Ainsi, une obligation contractée contre la défense de la loi, surprise par dol, arrachée par violence, entachée enfin de quelque vice de cette nature, est absolument nulle; l'acte qui l'a cautionnée tombe dès lors avec elle-même. »

Cautionnement des journaux. — Voy. *Journaux*.

CAVALERIE [de *cavalleria*, qui, en italien, signifie troupe à cheval]. — Nom collectif qui comprend différentes espèces de troupes à cheval.

Dès que l'homme reconnut la force de l'union, en outre de ses semblables, il s'adjoignit pour auxiliaire les agents de la nature.

Avant d'user de la mécanique, de l'air, du feu, de la poudre à canon, de la vapeur et de l'électricité, il employa les facultés des animaux.

L'intelligence, la force, la vivacité, la souplesse, le courage, la grâce du cheval séduisirent son regard.

Ce noble quadrupède lui offrit la locomotion nécessaire aux voyages et à la guerre. De là naquit l'idée de la cavalerie.

La cavalerie est si ancienne dans les constitutions militaires des grands empires d'Asie, qu'on ne peut fixer l'époque de son institution. Job parle de l'usage du cheval dans les combats. La cavalerie de Pharaon poursuit les Hébreux. Osimandias et Sésostris en eurent dans leurs armées. L'Iliade n'en parle pas. Les Thessaliens se servirent des chevaux pour la guerre. Iléon, homme de ce peuple, inventa les *Iles*, mot qui en grec signifie *escadrons*. La cavalerie des Grecs était armée de piques, de javelots, de cuirasses, de boucliers et de bottines.

Alexandre donna le casque, l'arc et les flèches à ses cavaliers. Ce furent les premiers *dragons*. Ils eurent plus tard les cuissards, les gantelets, et les chevaux eurent des fronteaux et des garde-flancs. Romulus divise le peuple en trois tribus; dans chacune il choisit cent hommes pour former sa cavalerie. Il donne à ces trois collections de cavaliers le nom de *centurie* avec celui de la tribu dont elle est sortie. Les curies nomment chacune aux suffrages dix jeunes cavaliers pris parmi les familles les plus distinguées. Ce corps, composé de trois cents hommes, reçoit le nom de *célères*. (C'est l'idée de la cavalerie légère.) Le plus noble des trois cents jeunes gens en eut le commandement. Il eut sous ses ordres trois officiers nommés centurions. (Dans cette garde, divisée par centaines, on trouve l'idée des cent-suisses et des cent-gardes.) Cette troupe, toujours armée, était la garde du roi. Elle l'accompagnait et portait ses ordres.

A l'armée, elle figurait aux premiers rangs, combattait à pied et à cheval et contribuait souvent à la victoire.

Numa dissout cette garde et la change en un corps de simples cavaliers. Tullus Hostilius et Tarquin l'Ancien, rendirent aux *célères* tout leur éclat.

Plus tard, le nom de *célères* s'étend à toute la cavalerie romaine. Le général en chef de cette arme reçut le nom de *magister equitum*. Après les rois, les censeurs eurent le commandement de la cavalerie; ils la passaient en revue une fois l'an, le 15 juillet. Les censeurs s'asseyaient sur une estrade placée au pied du Capitole; le peuple était assemblé sur le forum.

Les cavaliers défilaient un par un, le peuple acclamait les qualités ou les défauts du *célère*; s'il était accusé, on le dégradait. On lui enlevait son cheval et ses armes. Le cavalier devait être un homme modèle. On voit que l'idée de la noblesse remonte à l'institution de la cavalerie. Elle avait des priviléges, mais il fallait les mériter.

La classe d'où les cavaliers étaient tirés partagea la judicature avec le sénat sous les Gracques. Sous Sylla, elle la perdit et se jeta dans les fermes générales.

Tous les publicains ou fermiers des deniers publics furent *chevaliers*. Bientôt ils oublièrent leurs bons principes pour le faste, l'orgueil, la mollesse et l'opulence.

Marius fut détesté par eux pour avoir voulu démocratiser leur corps en y introduisant des hommes de basse condition.

Auguste et Tibère confient la garde de leur personne à la cavalerie.

Caligula marque dans l'histoire romaine par son amour du cheval et de la cavalerie.

Tout le monde se rappelle ce vers singulier :

> Caligula, tyran de Rome, fit un consul de son cheval.

Claude règle le service équestre de manière que le commandement d'une cohorte ou de toute fraction de cavalerie fût un titre à la considération publique.

Tacite, Suétone et Velléius donnent le nom d'*ala* à la cavalerie, sans doute parce que dans la tactique militaire de ce temps, la cavalerie se plaçait aux ailes.

La cavalerie des Numides a été célèbre dans tous les temps. Le cavalier y conduisait deux chevaux pour en avoir un de rechange pendant le combat.

Des historiens ont dit que des chiens dressés ont été opposés à la cavalerie. Ces animaux étaient pris parmi les races fortes, légères, féroces et tenaces, comme, par exemple, les lévriers de grande taille et les boule-dogues. Ils sautaient aux naseaux du cheval et l'arrêtaient dans sa marche. Olaüs, archevêque d'Upsal, dans une histoire des peuples du Nord, attribue aux Finlandais ce moyen de combattre la cavalerie.

Les Bretons furent célèbres par leur cavalerie. Partout où la race des chevaux est supérieure, la cavalerie l'est aussi évidemment.

Le race bretonne ne produit pas de chevaux légers, mais la sobriété, la docilité et l'énergie sont les qualités dominante du cheval.

A la mort d'un guerrier breton, son cheval était enterré avec lui.

Les Francs eurent peu de cavalerie; son institution arriva progressivement. Clovis combat à Tolbiac à la tête de la cavalerie,

A la bataille de Tours (732), l'armée française avait 12,000 cavaliers.

Sous Charlemagne (768), la cavalerie était très-nombreuse. Ses fonctions étaient bien plus en honneur que celles de l'infanterie.

Les gens d'armes, ensuite appelés gendarmes, formaient la grosse cavalerie. Les chevau-légers et les carabiniers composaient la cavalerie légère et la cavalerie de ligne. Les premiers étaient armés de toutes pièces, les autres n'étaient pas armés de pied en cap. Jusque-là, la cavalerie est formée de compagnies franches. Ce n'est que sous Charles VII (1422) qu'elle est réglée et soldée. Elle prend le nom *de compagnies d'ordonnance.* Elle est divisée en *escadrons.* Elle n'avait combattu que sur un seul rang, aucun noble ne voulant être derrière un autre. La formation de l'escadron et du peloton la fait disposer sur plusieurs rangs. Les faits et gestes de la cavalerie peuvent être suivis avec exactitude à partir du règne de Louis XII (1498). François Ier, Henri II (1559) et Henri IV eurent une nombreuse cavalerie.

La création des régiments de cavalerie date de Louis XIII. Les mousquetaires sont restés célèbres comme cavalerie de choix renfermant toutes les illustres qualités des preux chevaliers.

Louis XIV supprime les compagnies d'ordonnance, et les remplace par celles des princes.

La cavalerie légère date de 1635. Les chefs de ces régiments reçurent le titre de *mestre de camp.* Chaque régiment eut une compagnie de mousquetaires à cheval, et plus tard une de carabiniers. Sous Napoléon Ier, la cavalerie nombreuse et brillante contribua puissamment au gain des batailles les plus célèbres, principalement celles de Fleurus, Castiglione, Rivoli, Zurich, Marengo, Austerlitz, Iéna, Eylau, Wagram, Champaubert, etc.

La cavalerie française actuelle est supérieure à ce qu'elle a jamais été.

La race chevaline du pays a été améliorée d'une manière extraordinaire depuis que le sang arabe et le sang anglais sont venus ajouter leur vigueur et leur richesse au sang un peu lourd du cheval français.

La cavalerie française se compose (1857 de la manière suivante :

Cavalerie de la garde impériale.

Un escadron de *cent-gardes* ; cuirassiers, deux régiments ; dragons de l'Impératrice, un régiment ; lanciers, un régiment ; chasseurs, un régiment ; guides, un régiment.

Cavalerie de réserve.

Carabiniers, deux régiments ; cuirassiers, dix régiments.

Cavalerie de ligne.

Dragons, douze régiments ; lanciers, huit régiments.

Cavalerie légère.

Chasseurs, douze régiments ; hussards, huit régiments.

Cavalerie d'Afrique.

Chasseurs, trois régiments ; spahis, trois régiments.

Il faut ajouter maintenant la gendarmerie à cheval des départements et de la garde impériale, la garde de Paris et les troupes à cheval que l'artillerie peut au besoin mettre sur pied.

On voit que l'armée française peut mettre en ligne une cavalerie formidable.

Si les armées alliées avaient eu de la cavalerie lors de la bataille de l'Alma, l'expédition de Crimée aurait eu de grandes chances pour des résultats plus prompts et plus décisifs.

Mais une guerre aussi lointaine, dont toutes les troupes durent être embarquées, ne put être entreprise avec plus de moyens que ceux qu'elle mit en œuvre.

Ensuite, la Crimée aurait-elle fourni l'eau et le fourrage nécessaires à une nombreuse cavalerie?

Tous les peuples ont employé la cavalerie comme partie importante de leurs armées.

La cavalerie anglaise brille par ses magnifiques chevaux. L'Allemagne a une belle cavalerie. La Russie ne le cède en rien pour cela aux autres nations. Le peuple arabe est le peuple cavalier par excellence.

L'équitation est devenue une science dans notre pays.

Les Laguérinière, les Dore, les Beaucher ont fait faire d'immenses progrès à notre cavalerie.

La dernière et magnifique revue du Champ-de-Mars a présenté au grand-duc Constantin et aux représentants de toutes les nations du monde la plus belle cavalerie qui ait jamais été vue. JOUBERT.

CAVATINE (musique) [petite *cavata*]. — Cette expression a aujourd'hui une interprétation toute différente que lors de son origine.

Autrefois, en Italie, on nommait *cavata* une phrase de chant qui servait à peindre un sentiment lorsqu'elle était *tirée* des récits descriptifs de sa situation; cette phrase n'avait point alors l'importance d'un grand air, et malgré cela, elle était de nature à faire briller le chanteur ou la chanteuse qui l'exécutait. Elle n'avait pas de reprises et s'enchaînait à de nouvelles situations par des récitatifs. Depuis, les Italiens, qui ont totalement changé leur système de composition, n'en ont pas moins conservé le mot *cavatina,* qui est resté traditionnel pour exprimer indistinctement un morceau de musique chanté par une seule voix lorsqu'il contient plusieurs mouvements et réunit à la fois le genre large et léger; ce dernier se nomme assez souvent la *cabaletta,* pour faire allusion à une musique vive et dansante. En effet, c'est ordinairement dans cette partie de la *cavatina* que l'artiste se livre à toute la hardiesse dont il est susceptible et déploie toutes les ressources de son talent dans l'exécution des traits et de la vocalisation.

En France, où l'inspiration musicale est subordonnée aux exigences de la situation dramatique, on est un peu plus sobre de l'expression *cavatine*, qui cependant est adoptée dans certaines circonstances, entre autres dans les morceaux doux et légers ; ainsi l'on dira la *cavatine* du sommeil de *la Muette*, et, en parlant de la scène d'Éléazar (*Rachel, quand du Seigneur*), l'on dira le *grand air* de *la Juive*.

CHARLES POLLET.

CAVEAU (SOCIÉTÉ DU). — Société littéraire et bachique, fondée vers l'année 1730, par Piron, Collé, Gallet et Crébillon fils, tous déjà renommés par de jolies chansons, indépendamment de leurs autres productions. Un dîner que ces quatre amis firent chez Landelle, traiteur alors fameux, dont l'établissement, situé au carrefour Bucy, était connu sous le nom de *Caveau*, fut l'origine de cette académie qui n'avait en vue que le plaisir. Ils se trouvèrent si bien de cette petite fête gastronomique qu'ils résolurent de la renouveler tous les mois ; ils s'affilièrent quelques autres littérateurs qui n'étaient pas seulement des faiseurs de couplets, mais des hommes célèbres à divers titres. Ainsi, Duclos, Helvétius, le savant Fréret, furent des membres de cette société, où entrèrent aussi des artistes, tels que le peintre Boucher et le compositeur Rameau ; des hommes de société, tels que Maurepas, qui eût mérité un siége de convive résident. Pendant longtemps le *Caveau* fut célèbre autant par les chansons et les spirituelles causeries de ses membres que par l'amitié sincère et la confraternité littéraire qui les unissait. Ils se donnaient entre eux des conseils utiles et désintéressés sur leurs ouvrages. Leurs réunions étaient une joute de plaisanteries, de saillies fines, quelquefois mordantes, qui amusaient la société et souvent brouillaient les membres, malgré les règlements sévères où les verres d'eau étaient la punition de ceux qui s'écartaient des convenances. Des troubles survenus à l'occasion de quelques grands seigneurs qui voulaient être membres de cette académie gastronomique et qui refusaient de se soumettre à l'égalité académique furent la cause de la cessation des séances du *Caveau*. Mais vingt ans après, cette société recommença, aussi brillante qu'auparavant, sous les auspices du fermier général Pelletier. L'existence du second caveau fut de courte durée ; il fut en quelque sorte continué ou repris en 1796 par les artistes du Vaudeville. Après cinq années, la ferveur des membres se refroidit, les chansons et les dîners cessèrent. La collection des *Dîners du Vaudeville* forme neuf petits volumes devenus assez rares. Un nouveau caveau, connu sous le nom de *Caveau moderne*, se forma en 1806 : il compta, parmi ses célébrités, Armand Gouffé, qui en fut le fondateur, Brazier, Ségur aîné, Piis, Désaugiers, Cadet-Gassicourt, et Grimod la Reynière, l'auteur de l'*Almanach des Gourmands*. Pendant plusieurs années, la société publia le *Journal des Gourmands et des Belles*, qui contenait le procès-verbal de ses dîners et de ses travaux. Ces dîners firent la fortune du *Rocher de Cancale*. Le nombre des chansons que l'on recueillait chaque année fut très-considérable ; car on chantait encore en France à cette époque. Beaucoup de sociétés épicuriennes des départements s'affilièrent au *Caveau moderne*. (*La Châtre*.)

CAVIAR. — Aliment composé d'œufs de poissons salés, principalement de ceux des esturgeons, qui en fournissent des quantités considérables : on cite une femelle dont les ovaires pesaient 400 kilogrammes, quoique le poids total du poisson ne fût que de 1,400 kilogrammes. On prépare aussi, avec la laite du petit esturgeon ou sterlet, une sorte de caviar qui est réservé pour la cour du czar. Presque tout le caviar du commerce provient de la Russie.

CAVIENS (zoologie) [de *cavia*, agouti, genre type]. — Tribu de mammifères de l'ordre des rongeurs, ayant pour caractère commun une queue excessivement courte ou nulle, et appartenant à l'Amérique méridionale.

Quatre genres forment ce groupe ; voici le tableau synoptique de leurs traits distinctifs :

Cinq doigts aux pieds de devant et à ceux de derrière. . . . . PACA.
Quatre doigts aux pieds de devant et trois à ceux de derrière ; doigts réunis par une membrane ; point de queue. CABIAI.
Doigts séparés. . . . . COBAYE.
Une petite queue ou un tubercule à sa place. . . . . AGOUTI.

CÉBRION (zoologie). — Nom d'un géant de la mythologie. — Genre d'insectes coléoptères de la famille des malacodermes, remarquables par leur manière de s'accoupler : la femelle s'enfonce dans la terre et ne laisse voir que l'extrémité de son abdomen ; c'est alors qu'elle reçoit le mâle, qui est complétement à l'air. Les *cébrions* existent dans les parties méridionales de la France, où on les rencontre en grand nombre, surtout après les pluies d'orage.

CÉCUM ou **CÆCUM** (anatomie) [du latin *cæcus*, aveugle ou caché]. — Portion du gros intestin qui se trouve placée profondément dans la région iliaque droite. C'est une espèce de sac membraneux n'ayant qu'une ouverture où viennent aboutir l'iléon et le colon. Cette ouverture est munie d'une triple valvule qui permet aux matières alimentaires de passer de l'iléon dans le *cécum*, de celui-ci dans le colon, et qui s'oppose à leur marche rétrograde.

CÉDILLE (grammaire) [de l'espagnol *cedilla*, petit c]. — La cédille est un signe orthographique que l'on place sous le *c* quand il doit avoir le son du *s*, devant l'*a*, l'*o* et l'*u*, comme dans les mots *çà*, *leçon*, *reçu*. « On l'a introduit dans notre langue, dit Dumarsais, pour que le dérivé ne perde point la lettre caractéristique, et conserve ainsi la marque de son origine. » Ainsi *leçon* prend une cédille à cause de *lecture*, et *reçu* à cause de *recevoir*. Quelques grammairiens ont proposé de cédiller le *t* quand il se prononce comme le *s*, le *c* de *ch* quand il se prononce comme dans *cheval*, *chien*, etc. ; leur proposition n'a pas été adoptée, et l'on doit s'en féliciter, car si, dans l'impression, ces signes sont visibles et reconnaissables, il n'en est pas de même dans l'écriture, où ils ne font que ralentir la main de l'écrivain, qui, la plupart du temps, les néglige, ou du moins altère leur forme en écrivant vite. Si l'on veut faire des réformes utiles, c'est une autre voie qu'il faut suivre. Au point de vue de la dérivation, la cédille est-elle aussi utile qu'on veut bien le dire? C'est ce que j'examinerai au mot *Néographie*. La cédille nous vient de l'espagnol; avant de nous en servir, nous écrivions les mots *leçon* et *façon* LECZON et FACZON. Les Espagnols, de qui nous avons emprunté ce signe, l'ont entièrement proscrit de leur langue moderne; ils ont remplacé le *c* cédillé par un *z* ou un *s*. Quoique l'on admette généralement que ce signe nous vient de l'espagnol, il est cependant des grammairiens qui affirment que le type primitif de la cédille est le *sigma* ou *s* des Grecs, ainsi figuré: ς. D'autres assurent que la cédille n'est autre chose que le *z* employé par nos ancêtres dans *faczon*, et que l'on a placé sous le *c*, en le modifiant un peu. Cette opinion paraît peu vraisemblable. Il en est d'autres enfin qui ont voulu voir dans la cédille une virgule que l'on plaçait sous le *c*. Il est assez singulier que des grammairiens aient pu confondre un signe de ponctuation avec un signe orthographique. Les fondeurs de caractères et les imprimeurs appellent le ç un *c à queue*. J. B. PRODHOMME,

Correcteur à l'Imprimerie impériale.

CÉDRATIER (botanique). — Arbre du genre *citrus* (oranger), de la famille des aurantiacées, communs en Italie. Il a les rameaux courts et raides, les feuilles étroites : son fruit, gros et verruqueux, nommé cédrat, est très-recherché pour son odeur agréable et l'excellence de son écorce, lorsqu'elle est confite. GOSSART.

CÈDRE (botanique). — Très-bel arbre du genre *larix*, de la famille des conifères, caractérisé par des fleurs monoïques, les chatons mâles solitaires, les écailles des cônes amincies au sommet. Bourgeons florifères entourés de feuilles verticillées. Sa tige s'élève à plus de trente mètres, et elle atteint jusqu'à douze mètres de circonférence. Ses branches sont étagées, et les rameaux qui les terminent se disposent en nappes horizontales. Cet arbre, qui croît dans diverses contrées de l'Asie, était célèbre dans l'antiquité. Son bois passait pour être incorruptible à cause de son amertume, qui en éloigne les insectes : on en tirait une résine, nommée cédrie, qui servait aux embaumement. Le temple de Salomon avait été construit en partie avec des cèdres du mont Liban, qui, à cette époque, y formaient de vastes forêts, tandis qu'aujourd'hui on n'en trouve plus que quelques pieds de loin en loin. Ces arbres croissent lentement, et l'on dit qu'ils vivent plus de mille ans. Le jardin des Plantes de Paris en possède un très-beau, qui y a été apporté, en 1734, par Bernard de Jussieu. GOSSART.

CÉDREL (botanique). — Grand et bel arbre de la famille des méliacées. Il a des feuilles pennées, des fleurs en panicule lâche, le calice petit à cinq dents, la corolle de cinq pétales obtus, cinq étamines à filets courts, distincts, à anthères oblongues; un ovaire, style simple, fruit capsulaire, à cinq loges polyspermes. Cet arbre croît dans l'Amérique méridionale, et fournit l'acajou à planches. GOSSART.

CÉDRIE (botanique). — Résine qui sort naturellement du cèdre en forme de larmes. Les anciens s'en servaient pour embaumer.

CÉLASTRE (botanique). — Genre d'arbrisseaux de la famille des célastrinées, caractérisés par des feuilles alternes, des fleurs axillaires, fasciculées; calice à cinq lobes, corolle de cinq pétales étalés, à onglet large; cinq étamines; ovaire entouré d'un disque large; style court; trois stigmates; capsule trigone à trois loges. Une espèce est vénéneuse.

GOSSART.

CÉLASTRINÉES (botanique). — Famille de plantes dicotylédones, polypétales, périgynes. Ce sont des arbrisseaux à feuilles alternes ou opposées, à fleurs axillaires en cimes. Calice à quatre ou cinq divisions, corolle de quatre ou cinq pétales, quatre ou cinq étamines. La plupart des célastrinées sont purgatives; elles croissent principalement au cap de Bonne-Espérance. GOSSART.

CÉLÉBRITÉ (philosophie, morale) [en latin *celebritas*]. — La célébrité consiste dans une réputation de talent, d'esprit ou de génie que l'on donne à un homme lorsque, par ses inventions ou ses travaux intellectuels, il a dépassé les limites ordinaires des capacités humaines et qu'il s'est placé par sa pénétration et son intelligence au-dessus du vulgaire, en imprimant à ses œuvres ce cachet d'élévation et de bon goût qui les isole parmi les productions de l'humanité. On pourrait ajouter que la célébrité est le résultat d'une certaine supériorité morale, intellectuelle ou physique, et qu'il suffit de s'être fait un nom soit par ses mérites, soit par ses vices, pour vivre dans le souvenir de la postérité. Il serait curieux, à propos de célébrité, de rechercher, dans les annales de l'histoire, quelles ont été les causes diverses qui, selon la nature et les tendances des époques, ont rendu célèbres certains hommes : on découvrirait ainsi les variations successives de l'esprit humain, et cette étude, bien que difficile par la multiplicité même de ses détails, amènerait sans doute à la connaissance plus exacte des siècles qui nous ont précédés. Dans tous les temps, soit par orgueil, soit par faiblesse, l'homme a voulu s'élever au-dessus de ses semblables, et, chaque fois qu'il a trouvé en lui assez de supériorité pour se distinguer des autres, il s'est complu dans l'idée qu'on parlerait un jour de lui, et que son nom, se rattachant à un événement remarquable ou à une découverte sublime, aurait sa part d'immortalité. Que l'on examine bien chaque classe de la société, qu'on la divise en forces industrielles, commerciales, scientifiques, politiques et littéraires, et l'on verra si partout ce n'est pas cette soif de la célébrité qui les consume toutes, et fait sortir de cette pépinière d'esprits cultivés ces natures d'élite destinées à briller au premier rang par la variété et la profondeur de leurs connaissances, et établissant entre elles et ceux qui les entourent cette ligne de démarcation que leur trace la main du génie. Choisissez dans l'antiquité et dans le monde moderne quelques-unes des grandes figures que l'admiration des siècles a rendues à jamais illustres, et vous serez étonnés de la distance qui existe entre leurs débuts et leur triomphe dans la carrière de la célébrité; vous surprendrez ces hésitations, ces tâtonnements, ces angoisses de l'âme qui se cherche elle-même dans ces régions lumineuses où elle se transporte; vous assisterez à ces luttes qui s'établissent entre les idées, les paroles et les actes, et les éternels modèles du beau, du bien et du vrai; vous sentirez tout ce qu'il y a de force de volonté, de ressources et de grandeur d'âme dans cette organisation qui veut enfin faire rayonner autour d'elle la puissance et la gloire; et lorsque la renommée, appelée à grands cris auprès d'une tombe, aura récompensé de son immortel sourire cet être qui va s'éteindre, vous saluerez à votre tour cette individualité glorieuse, dont la vie ne fut qu'un long culte au progrès, car elle est désormais pour vous la véritable image de la célébrité! On ne saurait, en effet, entourer de trop de vénération ces êtres privilégiés que la Providence semble avoir choisis pour interpréter la grandeur et la magnificence de ses œuvres; ce sont comme autant d'étoiles destinées par elle à illuminer le ciel de notre humanité.

Cependant, il ne faudrait pas croire que la célébrité s'attachât toujours à la beauté morale ou à la supériorité intellectuelle; elle embrasse encore toutes les affections humaines considérées dans leurs effets les plus contraires à nos idées de bien et de juste, et réunit sous le même titre la célébrité de l'écrivain, du philosophe, du sage, et la célébrité du tyran, du débauché et du criminel. Le vice aurait-il donc son prestige comme la vertu, et dans cette immense balance des compensations humaines, le mal serait-il invoqué avec plus de succès que le bien? Triste, il est vrai, doit être la célébrité du méchant, et pourtant notre pauvre humanité est souvent si fragile, qu'elle se brise aussitôt contre le devoir et la conscience, abandonnant ainsi cette satisfaction intérieure et cette paix du cœur, qui est le meilleur gage de son élévation future, pour se précipiter au milieu des écueils de la vie, et s'engloutir comme une insensée dans ce gouffre des passions et du crime qui donne toujours une couleur d'opprobre et de sang à son infâme célébrité!

La célébrité s'adresse donc aussi bien à nos bons qu'à nos mauvais instincts, et, sans faire ressortir toute la différence qui existe entre celle qui se puise dans le développement moral et intellectuel ou celle qui n'arrive qu'après une sorte d'exaltation remarquable à cause de son excentricité même, on ne peut nier que dans tous les siècles elle n'ait également laissé trace de son passage, soit comme leçon ou comme modèle, symbolisant ainsi la justice suprême, qui s'étend également sur les génies du bien et du mal, afin de laisser choisir chacun entre la Providence et la fatalité! Il y aurait ici une question bien délicate à soulever au sujet de cette célébrité qui s'attache à nos tendances mauvaises et parvient quelquefois à se croire assez puissante pour oser se comparer, dans sa folie, à la célébrité de la science ou de la vertu; nous nous contenterons de la signaler en demandant la raison d'être de cette trop réelle célébrité. Après cela, nous n'aurons besoin, pour mieux nous convaincre de cette universalité d'hommes célèbres dans tous les genres, que de faire appel à nos souvenirs d'histoire ou de littérature, et nous laisserons parler les noms eux-mêmes, en les chargeant d'être les meilleurs commentaires de leur célébrité. Être célèbre autrefois, n'était-ce pas faire école de philosophie, s'appeler Socrate, Platon, Épicure; écrire l'histoire comme Xénophon, Thucydide et Tacite; parler comme Démosthène et Cicéron; faire des vers comme Homère, Pindare, Horace et Virgile; gouverner comme Solon et Périclès; se bien battre comme Léonidas et Xercès; être conquérant comme Alexandre, Annibal et César; cruel comme Néron et Tibère, mou et efféminé comme Balthazar et Sardanapale, sanguinaire comme Caligula et Héliogabale, doux et juste comme Titus, protecteur des lettres comme Auguste, éloquent comme les Chrysostôme, les Augustin et les Ambroise; rigide comme les Jérôme et les Benoît, ou posséder cette science immense et mystérieuse d'un Confucius ou d'un Mahomet? Dans des temps plus rapprochés, n'était-on pas célèbre en étant astronome, tel que Galilée et Newton; philosophe, tel que Bacon et Descartes; roi, tel qu'Henri IV, François Ier, Louis XI et Louis XIV; écrivain, tel que Bossuet et Voltaire; réformateur, tel que Luther et Calvin; poëte, tel que Racine, Molière et Boileau; héroïne, comme Jeanne d'Arc, Jeanne Hachette, Charlotte Corday ou madame de Lafayette; amoureux, tel qu'Abeilard et Héloïse; beautés, telles que Ninon et la Pompadour; généraux, tels que Villars et Turenne? Et pour arriver tout à fait à notre siècle, quel est le nom où le prestige de la célébrité soit plus brillant que sur celui de Napoléon? Nous ne parlerons pas trop de notre époque; outre qu'il nous faudrait citer beaucoup de noms dans toutes les branches des connaissances humaines, aussi bien que dans toutes les applications de l'industrie au bien-être et au progrès matériels, nous serions infiniment embarrassé pour nous retrouver au milieu de tant de célébrités qui n'ont pas encore pour elles cette ineffaçable empreinte que le temps seul donne au génie. D'ailleurs, citerions-nous Cuvier, Arago, Cousin, Lamennais, Lamartine, Béranger, Guizot, Thiers, Michelet, mesdames de Staël et George Sand, que bien des voix s'élèveraient peut-être contre la nôtre pour nous prouver que si notre siècle est le siècle des lumières, il est encore plus celui des jalousies et des vanités froissées. Et nous nous tairons également sur les noms hideusement célèbres que nous pourrions invoquer pour faire voir que, même de nos jours, ce n'est point seulement à l'illustration du savoir, mais encore à la noirceur et à la rouerie, que s'attache la célébrité.

Aujourd'hui, d'ailleurs, qui ne veut donc pas devenir célèbre? Depuis l'humble clerc de notaire, le courtier de bourse, l'ingénieur ordinaire et l'aspirant aux feuilletons des quatre grands journaux, sans en excepter les petits, jusqu'au journaliste et au professeur du collége de France, sans parler des académiciens naturalisés célèbres, chacun veut faire parler de soi, et fuit, bien entendu, tous les hommages publics, en récoltant toutefois avec un plaisir infini tous ceux qu'on lui donne chez lui. Le monde est rempli de ces êtres, qui, sous les dehors de l'abnégation la plus spécieuse, cachent les désirs les plus violents de réputation et de renommée; et nous ne voudrions point parier que le plus savant de nos hommes d'esprit ne dût peut-être toute sa pénétration et sa science au simple désir de percer et de se faire un titre doublement respectable par sa noblesse et son humilité. Ce désir entretient, du reste, une émulation louable, et c'est toujours à lui que nous devons cette nuée d'inventions, de découvertes et de productions tant industrielles que littéraires (car aujourd'hui la littérature ne devient si marchande que parce qu'elle est en général trop marchandée); ce qui est une conséquence de la diffusion des lumières et de la pénétration intellectuelle appliquée non-seulement à l'esprit, mais encore aux objets extérieurs, qui, chacun dans leur force purement inerte et passive, ont pourtant avec l'homme des rapports d'harmonie, et peuvent établir entre lui et eux un courant de sympathie, qui développe la supériorité humaine et la rapproche insensiblement de la célébrité. En un mot, s'illustrer par ses victoires, son dévouement, son style, son esprit, ses grâces, ses qualités ou son héroïsme, ou se faire un nom par ses vices, ses cruautés, ses infamies et sa honte, c'est également jouir de la célébrité; mais la dernière ressemble à ces murs usés et vieillis, dont les étoffes les plus somptueuses ne sauraient dissimuler la laideur et les ruines, tandis que l'autre, attachant à ses ailes les fleurs les plus délicates du jardin céleste, plane doucement sur la terre pour y cueillir l'estime et la reconnaissance, et en tresser pour son heureux élu cette couronne d'admiration qui ne se fane jamais!... EDOUARD BLANC.

CÉLERI (botanique). — Plante bisannuelle de la famille des ombellifères et du genre *apium*, auquel appartient aussi le persil. Le céleri est vénéneux à l'état inculte; mais celui des jardins est un aliment agréable et sain, légèrement stimulant et antiscorbutique.

CÉLIBAT (philosophie, morale) [du latin *cælibatus*, *cælebs*]. — Le célibat est l'état d'une personne qui vit hors du lit nuptial ou du mariage. Chez tous les peuples de l'antiquité, les célibataires ont été d'autant plus méprisés que le mariage était plus honoré. Ce genre d'existence, contraire à la nature et à la condition de la vie sociale de l'homme, a de tout temps été presque partout justement flétri. Frappés du sceau de l'infamie par les lois de Lycurgue, les célibataires, chez les peuples de Lacédémone, étaient exclus des charges civiles et militaires. Les raisons même les plus justes en apparence ne pouvaient soustraire un Spartiate, arrivé à l'âge de vieillesse sans avoir eu d'enfants, au châtiment de sa désobéissance, en pareil cas, aux lois, et de son peu de respect pour les habitudes et les mœurs de ses concitoyens. « Je ne me lève pas devant toi, dit un jeune homme à Dercyllidas, qui s'était distingué dans le commandement des armées, je ne me lève pas devant toi, parce que tu ne laisseras point d'enfants qui puissent un jour se lever devant moi[1]. »

Les célibataires, suivant Plutarque, étaient condamnés, dans certaines fêtes, à être offerts en spectacle, et il dépendait du magistrat de les exposer à la risée du peuple en les contraignant à faire pendant les rigueurs de l'hiver le tour de la place, dépouillés de leurs habits, et chantant contre eux-mêmes des chansons où ils reconnaissaient que leur désobéissance aux lois méritait le châtiment qu'ils éprouvaient[2]. Il y avait une solennité où les femmes se vengeaient de leur indifférence en les conduisant nus au pied des autels, où, prenant plaisir à leur prodiguer des coups de verge et des soufflets, elles leur faisaient faire ce qu'elles appelaient une amende honorable à la nature[3]. Les temps, il faut en convenir, sont aujourd'hui bien changés, et les voluptueux célibataires de nos jours n'ont rien de pareil à redouter.

Les Athéniens du temps de Platon devinrent cependant un peu moins sévères; ce grand homme, dans sa *République*, tolérait le célibat jusqu'à trente-cinq ans, à la condition toutefois que ceux qui, passé cet âge, garderaient le célibat seraient privés des emplois, et qu'ils auraient les derniers rangs dans les cérémonies publiques.

A Rome, le célibat, bien que moins maltraité qu'à Sparte et à Athènes, éloignait cependant des charges et des fonctions de la république. Les censeurs, dans le temps du dénombrement, demandait à chaque citoyen s'il était marié, et condamnaient ceux qui ne l'étaient point à une amende, appelée *æs uxorium*.

Du temps d'Horace, les choses étaient bien changées, ainsi que le prouvent les paroles suivantes de cet auteur: *Nihil erit, esse prius, melius nil cælibe vitâ*[4].

A l'avénement d'Auguste sur le trône, la débauche et le libertinage avaient fait de tels progrès que ce prince, pour en arrêter le cours et rétablir les bonnes mœurs, renouvela les anciennes lois contre le célibat, et en porta de nouvelles en faveur du mariage. Suétone, dans la *Vie d'Auguste*, fait mention de la loi *Julia pro maritandis ordinibus*, qui accordait des récompenses à ceux qui se mariaient.

Bien que le célibat fût généralement méprisé chez les païens, des motifs contraires à ceux qui le firent repousser pour le plus grand nombre des citoyens le firent, au contraire, non-seulement admettre, mais ordonner aux classes particulières des prêtres de Cybèle, des hiérophantes, etc. C'est qu'alors, en assujettissant ces derniers à conformer leurs mœurs à la

[1] Xénoph., *Hist. Græc*, lib. III, p. 490, etc.
[2] Barthélemy, *Voyage d'Anacharsis*.
[3] Plut., in *Vitâ Lycurg*.
[4] Horat., *Epist.* 1.

règle des exigences que comporte la véritable signification de ce mot, on en faisait une classe à part, dans l'exemple de la conduite desquels le célibat, réformé dans ses abus, et en quelque sorte réhabilité, les rendait particulièrement dignes de la vénération des peuples. C'est ainsi que les déesses Vesta, Minerve, Diane, les Muses, les Grâces, etc., étaient révérées comme les patrones de la virginité.

Dès la fondation d'Athènes, on y voyait un temple dédié à Minerve Poliade avec un *parthénon*, c'est-à-dire une maison de vierges. Les vestales des Romains, les sybilles gardaient rigoureusement la virginité[1].

Le *croissez* et le *multipliez* des livres saints, entendus dans le sens où ils doivent être pris, celui de la consécration du mariage[2], est la condamnation du célibat chez les Juifs, peuple chez lequel la loi flétrissait non-seulement la condition de célibataire, mais encore la stérilité des femmes.

Avec les progrès de la civilisation, qui se constatent toujours par les changements de mœurs, les lois, qui en doivent être la manifestation, prirent une autre empreinte, et l'on vit le nombre des célibataires s'accroître plus ou moins rapidement. Un grand nombre de gens de lettres et de philosophes surtout embrassèrent le célibat par principes.

La chasteté est une des principales vertus recommandées par la religion chrétienne. Aussi voyons-nous les premiers pères de l'Église en préconiser l'excellence avec enthousiasme. Dès le règne de Louis VI, le pape Calixte II vient en personne tenir à Reims un concile dans lequel il interdit par un canon les concubines aux prêtres.

Dans un autre concile, composé de onze cents prélats, et tenu à Reims par le pape Eugène III, il est défendu aux évêques, aux prêtres, aux diacres et sous-diacres, moines et religieuses, de se marier. Le grand saint Bernard parut dans cette assemblée.

N'ayant pas à discuter ici la grave question relative au célibat des prêtres, auxquels le mariage a été définitivement interdit par le concile de Trente, nous nous contenterons de dire en finissant avec M. Vaumène : Que de célibataires voluptueux qui sont les premiers à crier contre le célibat des religieux et des prêtres !

Nous devons ajouter que c'est par une sorte de renversement des idées préconçues contre le célibat que l'état du célibataire qui l'est par principes prend à ses yeux, comme à celui du public, un caractère essentiellement moral et religieux.

L'abstinence de femmes que s'imposèrent Apollonius et Pythagore n'eut d'autre fondement que celui du respect dû à la vertu de chasteté qui fait du célibat des prêtres un prétexte de récriminations constamment démenties et vengées par le mépris qu'a toujours inspiré le prêtre marié. J. Bécherand.

[1] Furgault, *Recueils d'Antiquités grecques et romaines.*

[2] Conformément à l'esprit duquel nous citerons ces belles paroles du chapitre XVI de l'*Ecclésiastique : Melioris bonæ beatus vir ; numerus enim annorum illius duplex.* Le mari d'une femme qui est bonne est heureux ; car le nombre de ses années se multipliera au double.

CELLÉPORE (zoologie). — Genre de polypiers flexibles qu'on trouve en plaques plus ou moins étendues sur toutes les productions marines (rochers, plantes marines, mollusques) ; ils sont composés d'un amas de petites cellules ou vésicules calcaires, serrées les unes contre les autres, et percées chacune d'un petit trou. Ces polypes sont peu remarquables par leur forme et leur couleurs.

CELLULAIRE (TISSU) (anatomie). — Tissu organique composé d'un assemblage de lamelles, de filaments très-fins, mous, blanchâtres, extensibles, entrecroisés en une foule de sens différents, et laissant dans leurs intervalles des espèces de *cellules* irrégulières, plus ou moins distinctes. Ce tissu entoure et pénètre tous les organes ; on le trouve surtout sous la peau et entre les muscles ; le tissu adipeux, ou graisse proprement dite, est contenu dans les aréoles ou interstices du tissu cellulaire.

En botanique, on appelle 1° *tissu cellulaire* la réunion de petites cavités ovales, oblongues ou hexagonales, qui forme la première trame du végétal ; 2° *enveloppe cellulaire* la première peau ou couche, ordinairement verte, qu'on trouve sous l'épiderme des végétaux, et dont l'organisation a quelque rapport avec celle du tissu cellulaire des êtres organisés vivants.

Cellulaire (système). — Voy. *Pénitencier* et *Prisons*.

CELLULOSE (chimie, *cellule*). — Substance qui compose la trame du tissu solide de tous les végétaux et forme le *ligneux* ; elle affecte la forme de cellules au début de son organisation Le tissu ligneux du bois est composé en grande partie de cellulose, qui, suivant l'âge et l'espèce de l'arbre, se trouve imprégnée de matières incrustantes, résineuses, féculentes, ou autres. La cellulose pure est blanche, diaphane ; elle renferme du carbone, de l'hydrogène, et de l'oxygène dans les rapports de $C^{12} H^{10} O^{10}$; elle est insoluble dans l'eau, l'alcool, l'éther et les huiles. Les solutions alcalines faibles sont sans action sur elle. Il en est de même des acides minéraux étendus.

Les propriétés physiques de la cellulose varient en raison de l'agrégation des molécules. Nous allons examiner les divers états sous lesquels elle se présente. Le coton est de la cellulose très-agrégée. On peut facilement distinguer cette substance de la laine en plongeant successivement les fils que l'on veut éprouver dans une dissolution d'iode, puis dans l'acide sulfurique. Comme ce dernier a la propriété de transformer la cellulose en amidon, et que l'iode colore l'amidon en bleu, le coton prendra aussitôt une teinte violacée. La laine, au contraire, n'éprouverait aucune altération.

Le papier de riz, très-improprement nommé, car il est formé de la moelle d'une plante, l'*æschinomene paludosa*, habilement sciée en spirale, est aussi de la cellulose pure. On distingue facilement sa texture au microscope. Dans quelques plantes analogues au *phytéléphas*, la cellulose est, au contraire, si fortement agrégée, qu'elle peut remplacer l'ivoire dans la fabrication des objets d'art ou dans leur ornementation.

L'usage de la cellulose comme fibres textiles étant très-répandu, on a cherché à substituer au coton, même au lin et au chanvre, d'autres plantes telles que l'*urtica nivea* et le *phormium tenax* : le nom de ce dernier végétal indique sa résistance à la traction, et pourtant cette résistance n'est qu'apparente, car elle est due surtout à l'interposition de substances agglutinatives entre les cellules, qui disparaissent après un simple lavage à l'eau pure. L'usage des fibres du *phormium tenax* pour la fabrication des voiles de navires doit donc être prohibé, et pour les reconnaître, M. Vincent les imbibe d'une dissolution de chlore, et les expose ensuite aux vapeurs d'ammoniaque; on voit aussitôt apparaître une coloration d'un rouge vif qui ne se verrait ni sur le lin ni sur le chanvre.

Il est aussi très-important de distinguer la cellulose sous la forme de lin, de chanvre ou de coton, de la soie, de la laine et d'autres matières animales. Il suffit pour cela de traiter les tissus par une dissolution chauffée de potasse ou de soude de 0,05 environ. Cette dissolution désagrége les matières textiles animales; les fibres des végétaux, au contraire, conservent à peu près leur longueur et leur ténuité. Il est d'ailleurs facile de distinguer les fils de soie de ceux de laine; ces derniers, contenant du soufre, prennent une coloration brune dans une solution de plombate de soude, tandis que les premiers ne se colorent pas.

La cellulose peut se combiner ou se transformer en donnant naissance à des produits remarquables. C'est ainsi que l'acide sulfurique la transforme en matière amylacée. Si l'action se continue, cette substance se transforme en dextrine et en glucose. On voit presque ainsi se réaliser ce mot d'un chimiste : « Donnez-moi un morceau de bois, je le changerai en sucre. » — Nous venons de voir que la cellulose traitée par l'acide sulfurique se transforme en amidon; l'action simultanée et à parties égales de l'acide sulfurique et de l'acide nitrique en ferait du pyroxyle ou poudre-coton, dont tout le monde connaît la force d'expansion et le danger. — Voy. *Poudre-coton*.

Si dans un ballon de verre contenant une solution d'hypochlorite de chaux, on met du coton ou de la cellulose sous une autre forme, en élevant la température une action très-vive se produit et peut se continuer à l'aide de la chaleur provenant de l'action elle-même. Il se fait un dégagement interne d'acide carbonique et toute la cellulose disparaît en brûlant.

n voit donc avec quels ménagements il faut user d'agents composés de chlore dans le blanchiment du linge, du fil et de la pâte à papier.

La cellulose, c'est-à-dire les tissus de lin, de chanvre, de coton, et le bois lui-même, peuvent être rendus non pas incombustibles, mais ininflammables de plusieurs manières. L'inconvénient que présente pour cet objet le verre soluble, ou silicate de soude, est l'altération qu'il fait éprouver aux couleurs. L'alun n'est que peu efficace; mais le phosphate d'ammoniaque remplit toutes les conditions désirables. Son prix un peu élevé le fait encore exclure lorsque l'on veut préserver de grandes surfaces. Il en est de même du borate d'ammoniaque, que l'on espère bientôt obtenir plus économiquement. Ces substances agissent comme isolant du contact de l'air le corps combustible qui, échauffé, se carbonise, mais ne s'enflamme pas. Il est à désirer que l'emploi de ces préservatifs se généralise, et nous n'aurons plus à déplorer ces terribles accidents qui, chaque année, font retentir les colonnes des journaux, et viennent mettre la désolation dans les familles. Il coûtera, en effet, pour rendre une robe de gaze incombustible, un prix au plus égal à celui de son blanchissage.

Les étoffes sont rendues imperméables en les plongeant dans une dissolution d'acétate d'alumine, que l'on forme en mélangeant dans 50 litres d'eau 1,500 grammes d'alun et autant d'acétate de plomb. Il y a un excès d'alun qui favorise seulement l'action de l'acétate d'alumine qui se forme. Les étoffes imperméabilisées par ce moyen laissent dégager de légères vapeurs peu odorantes d'acide acétique, et l'eau, ne mouillant pas l'acétate d'alumine, ne les pénètre pas, même lorsque le tissu est assez large.

Employées comme vêtement, elles ne concentrent pas la transpiration et laissent circuler l'air; elles n'ont ni les inconvénients ni les propriétés malsaines des étoffes préparées par les autres procédés.

J. Lagarrigue (de Calvi).

CÉMENT (chimie et métallurgie) [du latin *cœmentum*, blocage, blocaille]. — Mélange de diverses substances pulvérisées, disposées par couches entre certains corps dans des vaisseaux réfractaires et qui, aidées d'un calorique approprié, les purifient ou leur font acquérir de nouvelles propriétés.

Les céments pour l'or et l'argent, avant la découverte de l'affinage par la voie humide, ont été de toutes natures, surtout dans les laboratoires des alchimistes. On y employait le soufre, le salpêtre, le sulfure d'antimoine, le sublimé corrosif, le plomb, etc.

Pour le fer, on emploie encore de nos jours, la suie, le charbon de bois pulvérisé, les cendres, le sel, le charbon animal, en un mot le carbone de toutes provenances. Bergmann cémenta du fer cru avec de la plombagine, Guyton-Morveau avec de la fonte grise, Clouet avec du diamant, et dans toutes ces opérations, le cément à base de carbone différent opéra toujours la conversion du fer en acier.

Le cément du cuivre rouge destiné à être converti en laiton est la calamine (oxyde de zinc natif) unie au charbon. Celui du verre de bouteille, pour former la porcelaine dite de Réaumur, est le sablon uni au plâtre.

Enfin il existe ou peut exister des céments de toutes natures et pouvant amener toutes sortes de résultats, en variant les doses de leur composition. Mais, règle générale, l'action de toutes les combinaisons cémentatoires doit toujours être aidée ou développée par le feu.

On se sert, dans les ateliers où l'on fabrique des ouvrages d'acier, d'une multitude de céments, destinés à obtenir une trempe particulière en restituant à l'acier une partie du carbone que la mise au feu souvent répétée lui fait toujours perdre.

Ces procédés sont tous autant que possible tenus secrets, et beaucoup d'ouvriers de cette profession croient individuellement avoir le meilleur.

Certains de ces prétendus secrets sont à notre connaissance; les uns ont réellement pour eux de grandes probabilités, d'autres sont d'une puérilité extrême; cependant, nous nous abstiendrons de les faire connaître, les considérant, quels qu'ils soient, comme la propriété d'ouvriers habiles praticiens : d'ailleurs il est certain pour nous que dans ces opérations, un peu excentriques, *le tour de main* ou la pratique est beaucoup plus efficace que tous les ingrédients plus ou moins bizarres que les uns et les autres ont imaginé d'employer. CH. BARBOT.

CÉMENTATION (technologie). — Action des divers céments dont nous avons parlé plus haut, sur les substances métalliques ou autres avec lesquelles ils sont en contact et que développe le calorique.

L'opération de la cémentation se fait le plus souvent dans des creusets pour ce qui regarde les métaux précieux, et pour le fer dans des caisses en tôle, en fer de fonte, en brique, en grès, etc.

Ce procédé chimique, très-simple dans son application, quoique très-varié dans ses combinaisons, consiste réellement à envelopper un corps quelconque à l'état solide avec la poussière de quelques autres corps, et d'exposer le tout, pendant un laps de temps variable, suivant le résultat à obtenir, à un degré de chaleur parfois minime, souvent intense, mais jamais assez pour fondre les matières qui y sont soumises.

Ainsi, l'or et l'argent sont isolés des métaux inférieurs ; le fer est converti en acier, le cuivre rouge devient laiton, le verre se change en porcelaine au moyen de cette agrégation des substances cémentatoires dans leur propre substance.

Bien que depuis longtemps la science et l'industrie connussent ces diverses applications, ce ne fut que vers la fin du dix-septième siècle que l'on découvrit en France les procédés de la cémentation du fer. Ils furent, comme de coutume, introduits immédiatement en Angleterre, où, grâce à la qualité des fers fins, dont elle a en quelque sorte le monopole, la suprématie de cette industrie lui fut acquise.

Puisque nous sommes sur ce sujet, constatons ici que les fers des forges de Suède et de Norvége, dont les fabricants anglais reçoivent presque tous les produits, sont ceux qui se prêtent le mieux à cette opération, quoique l'analyse chimique ne puisse faire découvrir la cause de cette supériorité sur les autres. Mais disons aussi qu'on a pu remarquer, à l'exposition universelle de 1855, que nos fers cémentés provenant de l'Algérie ne leur cédaient en rien.

Les qualités auxquelles les fers de Suède doivent leur réputation se rencontrent dans les minerais magnétiques des provinces de Bone et de Constantine, lesquels produisent un fer semblable à celui de Danemora.

Quels que soient les divers procédés employés, la cémentation est un moyen très-énergique pour amener dans les corps de grands changements, sinon de grandes améliorations.

Ce procédé sert particulièrement à trouver des combinaisons qu'on n'obtiendrait guère par d'autres moyens, et nous croyons que son application sur une grande échelle, c'est-à-dire en variant encore ses nombreux alliages et en opérant sur de nouvelles substances, pourra faire faire quelques pas de plus, surtout aux industries métallurgique et minéralogique.

La cémentation, dans beaucoup de cas, paraît n'être qu'une purification; dans d'autres, c'est une addition de principes nouveaux; parfois, une transformation; d'autres fois enfin une question de surface; car on sait que l'acier obtenu par la cémentation est encore fer à l'intérieur, ce qui l'empêche de se prêter à un corroyage soutenu et le rend inférieur à l'acier naturel. On pourrait cependant arriver à aciérer le cœur du fer, mais alors l'extérieur viendrait à son tour à l'état de fonte.

Nous renvoyons pour les détails techniques aux mots : *Acier, Argent, Cuivre, Or* et *Porcelaine*.

CH. BARBOT.

CENDRES [du latin *cinis*, même sens, et dérivé de *konis*, mot grec qui signifie *poussière*]. — Résidu des corps organisés ou inorganiques après leur combustion à l'air libre. En général, le carbonate de chaux domine dans les cendres des végétaux, et l'argile dans les combustibles minéraux. « Les végétaux ne fournissent pas tous la même quantité de cendres; les plantes en donnent plus que les arbres, et dans un arbre, les feuilles en produisent plus que les branches; l'écorce, plus que le tronc, suivant l'abondance de la transpiration dans chacune de ces parties. Ce sont les sels alcalins qui forment le produit utile dans les cendres; on en a déterminé la quantité dans les différentes espèces. Voici quelques-unes de ces proportions :

Espèces.	Proportions.
Pin	0,136
Tilleul	0,108
Châtaignier	0,146
Chêne de Paris	0,150
Hêtre de Paris	0,160
Charme	0,180

» La *potasse* qu'on trouve dans le commerce provient, en majeure partie, des *cendres de bois* brûlés sur place dans les forêts de l'Europe et de l'Amérique. La *soude* est un produit des *cendres de plantes* recueillies sur les bords de la mer. Indépendamment des propriétés générales qu'on reconnaît aux cendres abondantes en alcali, elles en ont de particulières; les *cendres de hêtre* sont recherchées par les verriers; celles *de chêne*, par les salpêtriers et les savonniers :

les *cendres de châtaignier*, employées à la lessive, tachent le linge d'une manière indélébile. Si toutes les cendres ne peuvent être utilisées indifféremment dans les arts, il n'en est point que l'agriculture ne puisse mettre à profit. La quantité à répandre sur la terre est relative à leur qualité, à celle du terrain et des productions, et le moment de faire cette sorte d'amendement se règle aussi sur la nature des terres et des récoltes. L'effet des cendres est de retenir l'humidité, de diminuer la trop grande compacité de la terre. Leurs parties alcalines et calcaires suffisent pour détruire les mauvaises herbes et favoriser l'accroissement des bonnes dans les prairies. Enfin, les cendres sont ennemies des limaçons et des insectes, et on les fait entrer dans la composition du chaulage pour préserver certaines céréales de la carie. »

Cendres volcaniques. Matières pulvérulentes qui s'élèvent des cratères des volcans et forment parfois une pluie très-abondante. Après l'éruption du Vésuve, en 1794, il s'en forma, dit un auteur, une couche de seize centimètres d'épaisseur sur une surface de vingt-quatre kilomètres de circonférence. L'Etna avait produit un phénomène analogue en 1787. Ces *cendres* ou *sables*, suffisamment humectés, forment l'espèce de mortier qui prend une grande consistance et qu'on connaît sous le nom de *tuf volcanique*. Quand ce mélange sort tout formé du cratère, on lui donne le nom d'*éruption boueuse* ; mais il arrive souvent que les cendres des volcans ne s'agglutinent pas. Tantôt elles vont, sous la forme de nuages épais, à des distances immenses, et l'on a vu celles du Vésuve transportées jusqu'à Constantinople; tantôt elles retombent à une certaine distance, se mêlent à la terre végétale, et fertilisent des contrées entières. C'est à une cause de cette nature que la Limagne d'Auvergne doit sa richesse; mais quand les *cendres volcaniques* sont composées de rudiments de cristaux mêlés de molécules ferrugineuses, comme aux environs de l'Etna, elles rendent la terre stérile jusqu'à leur décomposition.

CÈNE (religion catholique) [du latin *cœna*, souper, formé du grec *koinos*, commun, parce que les anciens prenaient leurs repas en commun]. — Souper que Jésus-Christ fit avec ses apôtres la veille de sa passion et dont saint Mathieu fait en ces termes le récit : « Le premier jour des azymes, les disciples de Jésus vinrent vers lui en lui disant : Où veux-tu que nous te préparions à manger la Pâque ? Il leur dit : Allez à la ville, vers un tel, et dites-lui : Le maître dit : Mon temps est proche; je ferai chez toi la Pâque avec mes disciples. Les disciples firent ce que Jésus leur avait ordonné, et ils préparèrent la Pâque. Le souper étant prêt, il se met à table avec ses douze. Et pendant qu'ils mangeaient, il dit : En vérité, je vous dis que l'un de vous me trahira. Et étant fort attristés, ils commencèrent chacun à lui dire : Est-ce moi, maître ? Il répondit : Celui qui met la main au plat avec moi me trahira. Il a été écrit : Malheur à cet homme par qui le Fils de l'Homme sera trahi ! Il eût mieux valu pour lui de ne jamais être né. Judas, celui qui le trahit, lui dit : Est-ce moi, maître ? Il répondit : Tu l'as dit. Et pendant qu'ils mangeaient, Jésus ayant pris le pain et l'ayant béni, le rompit, le donna à ses disciples et dit : Prenez, mangez ; ceci est mon corps. Et ayant pris la coupe et l'ayant bénie, il la leur donna, disant : Buvez-en tous, ceci est mon sang, celui de la nouvelle alliance, celui versé pour la rémission des péchés. Je vous dis que je ne boirai plus de ce fruit de la vigne jusqu'à ce jour où j'en boirai de nouveau avec vous dans le royaume de mon père. » — On donne encore le nom de Cène à la cérémonie annuelle qui se célèbre le jeudi saint en mémoire du dernier repas que fit le Christ avec ses disciples.

CÉNOTAPHE [du grec *kénos* ; vide ; *taphos*, sépulcre]. — Tombeau vide, monument élevé à la gloire de quelque mort illustre, dont on n'a pu trouver les cendres. La croyance où l'on était que les ombres ou les âmes des morts privés de sépulture erraient cent ans autour des rives du Styx, sans être admises à les franchir, croyance qui avait pour effet de contraindre les familles aux inhumations ou à toute autre cérémonie funèbre, avait donné l'idée des cénotaphes, surtout lorsqu'il était impossible de retrouver les cadavres. Pour faire cesser ce douloureux état de l'âme, on imagina que la déposition du cadavre dans le tombeau n'était pas une condition essentielle du passage du Styx, et que, dans une place ou un monument vide, certaines formules, certaines cérémonies appelaient irrésistiblement l'âme. Cette opération religieuse se nommait *psychagone*, et la tombe vide que l'âme venait habiter reçut le nom de *cénotaphe*. Les cénotaphes de ce genre étaient des monuments religieux. Plus tard on consacra souvent des cénotaphes à des hommes morts depuis longtemps et dûment ensevelis. Achille, Aristomène, Euripide, Alexandre, en ont eu un grand nombre. Quelques personnes se faisaient élever des cénotaphes de leur vivant : c'était le plus souvent dans la crainte de mourir par naufrage ou par meurtre, et de peur qu'alors on ne retrouvât pas leur dépouille mortelle. On plaçait ordinairement sur les cénotaphes religieux un fragment de tillac, emblème de mort sur mer ou au delà des mers. Il y a cette différence entre le *cénotaphe* et le *mausolée*, que le *mausolée* est supposé toujours renfermer le corps ou la cendre, ou au moins quelques parties de celui en l'honneur duquel il est élevé, tandis que le *cénotaphe* en suppose l'absence. Le *cénotaphe* est élevé pour conserver la mémoire d'un nom cher à la patrie ou à une famille ; le *mausolée* est construit pour conserver les restes précieux du cadavre. (*Lachâtre.*)

CENS [du latin *census*, estimation des biens]. — Les Romains appelaient *cens* 1° le dénombrement du peuple et le recensement des fortunes que les *censeurs* faisaient tous les cinq ans. Le premier recensement eut lieu sous Servius Tullius, sixième roi de Rome ; 2° une redevance annuelle imposée aux immeubles dans les provinces ; une rétribution perçue annuellement par un seigneur (*seigneur censier*), sur une chose ou sur une personne.

Avant l'établissement du suffrage universel en

France, on appelait *cens électoral* la quotité d'impositions nécessaires pour être électeur ou éligible. De 1814 à 1830, le *cens électoral* était, pour les électeurs, de 500 fr. ; depuis 1830, il fut abaissé à 200 fr. ; le cens d'éligibilité, fixé à 1,000 fr. de contributions directes en 1814, avait été réduit en 1830 à 500 fr.

CENSEUR [en latin *censor*, de *censere*, évaluer].— Magistrat romain qui tenait un registre des citoyens et de leurs biens (*cens*), et qui avait en outre le droit de surveiller leurs mœurs et leur conduite.

Dans l'ancienne université, on appelait *censeur* un officier nommé pour examiner la capacité des récipiendaires. — Dans nos lycées, le *censeur* (ancien préfet des études) est le fonctionnaire plus spécialement chargé de la surveillance des études et du maintien de la discipline.

En politique, on nomme *censeur* le fonctionnaire préposé par le gouvernement à l'examen des livres, des journaux, des pièces de théâtre, etc., avant la publication ou la représentation.

CENSURE DES JOURNAUX, LIVRES, PIÈCES DE THÉATRE. — Autrefois c'était une affaire d'État que l'examen d'une bluette des petits théâtres. Tous les ouvrages étaient assujettis à l'autorisation préalable de l'université. La crainte des supplices arrêtait ceux qui auraient tenté de se soustraire à la censure. L'édit de Henri II prononçait la peine de mort. C'est en vertu de cet édit qu'on fit pendre à Paris des marchands de Genève. Les parlements secondèrent la rigueur de la censure. Renouvelant la coutume de quelques empereurs romains, ils ordonnèrent que les livres condamnés seraient brûlés par le bourreau sur la place publique. Cet usage se maintint jusqu'à la Révolution. La censure, attribuée pendant plusieurs siècles à la Faculté de théologie, étendit ses attributions aux ouvrages qui avaient reçu la sanction du temps. En 1789, repoussée entièrement par l'opinion publique, véritable puissance, la censure n'était déjà plus qu'une vaine formalité, même avec l'appui des lettres de cachet et les prisons d'État. La censure a tour à tour disparu et ressuscité depuis la Révolution française. Ainsi, la déclaration des Droits de l'homme proclama le droit pour chaque citoyen de publier et de faire imprimer ses opinions. Le décret de 1791 accorde également à tout homme la liberté d'écrire, de publier et d'imprimer sa pensée, sans que les écrits puissent être soumis à une censure préalable. Dans les premiers transports de cette liberté absolue d'écrire et d'imprimer, la presse devint un instrument terrible. A cette époque où la révolution marchait comme l'ange exterminateur dans le royaume de Pharaon, à cette époque où le feu de la guerre civile dévorait les entrailles de la république, la Convention nationale elle-même établit sur la pensée et le silence une inquisition odieuse. La Constitution de l'an III consacra sans restriction la liberté de la presse. Cette liberté absolue fut bientôt restreinte. Elle reparut sous le Consulat; sous l'Empire, d'abord la liberté de la presse ne fut proscrite par aucune loi, mais des décrets et des règlements particuliers l'embarrassèrent de tant de liens qu'elle fut réduite au silence. Le décret de 1810 porta le dernier coup à la liberté de la presse. A la chute du gouvernement impérial, la presse fut moins esclave; mais bientôt la loi de 1814 vint ravir aux citoyens le droit précieux de communiquer librement leur pensée. Cette loi, arme terrible contre la liberté de la presse, consacra la censure préalable de tous les ouvrages et la servitude absolue des journaux. Dans les Cent-Jours, Napoléon n'osa ni interdire la presse ni la proclamer ouvertement libre. En 1815, par ordonnance du 21 juillet, le roi renonça au droit de faire exercer la censure sur les ouvrages autres que les journaux et écrits périodiques. Les lois de 1817 rétablirent la censure préalable. Enfin la loi de 1819, née sous le feu sacré de la patriotique éloquence de de Serres, rendit à la presse sa véritable liberté. La censure fut abolie. Cependant la loi de 1820 soumit à la censure les journaux politiques; mais sous le ministère de Martignac, la liberté de la presse surgit de nouveau : la loi de 1828 prononça l'abolition de la censure facultative. Enfin arriva 1830. La presse était forte et puissante, elle enfanta la révolution; et la loi constitutionnelle proclama que la *censure ne pourrait jamais être rétablie*. La pensée! le plus bel attribut de l'homme, et la libre manifestation de la pensée par l'écriture et l'imprimerie, droit le plus précieux de l'homme, doivent à jamais jouir d'une liberté sainte et sacrée! Il n'est point vrai que, dans les ardeurs des conflagrations sociales, dans les moments où les sociétés s'agitent comme les flots de l'Océan, sous le poids des tempêtes, la pensée, lancée par la presse, ait besoin d'être arrêtée dans sa manifestation, car elle est le levier qui remue le monde! (*A. Caumont.*)

La censure existe aujourd'hui sur les pièces de théâtre, sur les gravures, estampes et lithographies, et même sur les ouvrages de littérature, par la loi concernant le *colportage*. — Voy. ce mot.

CENTRALISATION (politique, administration). — Concentration dans les mains d'un gouvernement unique et central de toutes les attributions de la puissance publique. — La centralisation, dit M. Buchet-Cublise, est d'autant plus utile que le territoire est plus étendu; elle assure la grande et haute individualité nationale, qui protége et vivifie toutes les autres. Les *confédérations d'Etats* ne subsistent qu'en vertu du principe de la centralisation, qui régit les intérêts communs et qui forme des alliances d'autant plus étroites et plus durables que ces intérêts sont plus multipliés. La confédération germanique, les cantons suisses, les États-Unis en sont des exemples. L'histoire de la centralisation dans les différents États, soit anciens, soit modernes, est du plus haut intérêt. Elle suffit souvent à elle seule pour expliquer l'accroissement en grandeur et en puissance, ou l'affaiblissement et la ruine des nations. La centralisation de Rome devint si absorbante, sous les empereurs, que ce grand corps de l'empire romain s'exténua, la vie n'y étant qu'au cœur, en surabondance, et manquant d'autant à tout le reste. Les curiales, organisés pour lever l'impôt, ruinèrent les contribuables des provinces; puis se ruinèrent eux-mêmes, étant responsables. La terre cessa d'être cultivée et se dépeupla, pendant que Rome elle-même se consumait dans la débauche et dans l'orgie. Quand les Barbares firent irruption, ils ne rencontrèrent ni un Marius, ni des légions habituées à vaincre; il n'y avait plus de Romains ni d'armée en état de résister à ces bandes que les trésors de Rome attiraient. La France est, de tous les États existants, le plus fortement centralisé. C'est à son unité qu'elle doit d'avoir résisté à des chocs qui auraient été mortels pour toute autre nation en Europe, et d'avoir pu, après 1815, réparer en quelques années ses pertes immenses avec une facilité étonnante et digne d'être méditée par ceux qui auraient jamais envie de toucher à sa nationalité. La centralisation de la France est l'œuvre des siècles. Beaucoup y ont travaillé; entre tous on distingue, avec raison, Louis le Gros, Philippe-Auguste, Philippe le Bel, Suger, Louis IX, Louis XI, Richelieu, Louis XIV, et surtout l'Assemblée constituante, la Convention et l'Empire.

CENTRE [du grec *Kenton*, formé de *Kentéo*, papier]. — Dans un sens général, le mot *centre* indique un point également éloigné des extrémités d'une ligne, d'une figure, d'un corps, ou le milieu d'une ligne, ou un plan par lequel un corps est divisé en deux parties égales.

Le *centre d'un cercle* est le point du milieu du cercle, situé de façon que toutes les lignes menées de là à la circonférence sont égales.

Le *centre d'une section conique* est le point où concourent tous les diamètres : ce point, dans l'ellipse, est en dedans de la figure, et dans l'hyperbole, en dehors.

Centre de gravité (physique). — Tout corps pesant, dit Hœfer, peut être considéré comme un assemblage d'un nombre infini de molécules matérielles, dont chacun est sollicitée par la pesanteur vers le centre de la terre. Dans tout corps pesant, dont la dimension ne dépasse pas plusieurs centaines de mètres, on peut donc supposer un nombre infini de *forces parallèles et égales*. Or, c'est le point où s'applique la résultante de ces forces parallèles et égales, qui constitue le *centre de gravité*. Dans un *cercle*, le centre de gravité est au centre du cercle; dans un *cylindre à bases parallèles*, il est au milieu de l'axe; dans un parallélogramme, il est au point de rencontre des diagonales. Enfin, pour tous les corps homogènes, compactes et de formes régulières, on parvient, par des considérations géométriques assez simples, à déterminer le centre de gravité.

Centre de mouvement. — C'est un point autour duquel tournent ou peuvent être censés tourner plusieurs corps qui composent un même système.

Centre d'oscillation. — On appelle *pendule composé* l'assemblage de plusieurs corps liés solidement entre eux, et qui oscillent autour d'un même axe fixe, et *centre d'oscillation* le point de ce *pendule*, où il faudrait placer un petit corps, de masse insensible (qu'on appelle *pendule simple*), pour que ce dernier pendule, oscillant seul et librement, fît des oscillations dans le même temps que le *pendule composé*.

Centre de percussion. — On appelle ainsi un point dans lequel la masse d'un système de corps, étant supposée réunie et agissant perpendiculairement à l'extrémité d'un levier égal à la distance de ce point à l'axe, donnerait le plus grand coup possible à l'obstacle qu'on lui opposerait.

Centre de conversion. — C'est ainsi que plusieurs auteurs appellent le point autour duquel un corps, libre d'ailleurs, tourne ou tend à tourner, lorsqu'il est poussé inégalement dans ses différents points, ou par une puissance dont la direction ne passe pas par son centre de gravité.

Centre des corps pesants. — C'est dans notre globe le même que le centre de la terre, vers lequel tous les corps graves ont une espèce de tendance.

Centre d'équilibre. — C'est, dans un système de corps, le point autour duquel ces corps seraient en équilibre, ou, ce qui est la même chose, un point tel que, si le système était suspendu ou soutenu par ce seul point, il resterait en équilibre. Le point d'appui d'un levier est son centre d'équilibre.

CENTRIFUGE. — Voy. *Forces*.

CENTRIPÈDE. — Voy. *Forces*.

CENTURIE (histoire). — Les Romains donnaient ce nom à une compagnie de cent hommes commandés par un officier appelé *centurion*. On appelait aussi *centuries* les subdivisions du peuple romain établies par Servius Tullius. Les citoyens étaient partagés en six classes, et chacune d'elles subdivisée en un nombre inégal de centuries. La première classe avait 98 centuries, la deuxième 22, etc. Il y avait en tout 193 centuries. Les centuries ne contenaient pas toutes cent citoyens, mais plus ou moins, selon le but du législateur. L'établissement des centuries réunit tout le pouvoir dans les mains des praticiens.

Centurie (littérature). — C'est le titre de plusieurs ouvrages composés de cent ou de plusieurs centaines d'articles. Il se dit plus particulièrement des vers de Nostradamus, qui sont rangés par centaines de quatrains. On appelle quelquefois un seul quatrain centurie. En voici deux exemples.

> Vingt ans du règne de la lune passez,
> Sept mille ans autre tiendra sa monarchie,
> Quand le soleil prendra ses jours laissez,
> Lors accomplir et mine ma prophétie.
>
> (*Première centurie*, quatr. 48.)

> Le grand satyre et tigre d'Hyrcanie,
> Don présenté à ceux de l'Océan;
> Un chef de classe istra de Carmanie,
> Qui prendra terre au Tyrren Phocéan.
>
> (*Troisième centurie*, quatr. 92).

Toutes les centuries de Nostradamus, ou plutôt ses quatrains, sont allégoriques, et offrent un sens si général, qu'on peut, sans rien craindre, leur donner toute sorte d'interprétation.

On appelle encore *centuries de Magdebourg* un

corps d'histoire ecclésiastique, que quatre ministres de Magdebourg commencèrent en 1560, et continuèrent jusqu'au douzième siècle. Chaque centurie contient les événements d'un siècle, et est divisée en seize chapitres.

CÉPHALALGIE (pathologie) [du grec *képhalé*, tête, et *algos*, douleur]. — Nom générique de toute douleur occupant la tête en tout ou en partie. La plupart des maladies s'accompagnent de céphalalgie; aussi n'est-il pas de douleur plus commune; et l'on conçoit qu'il n'en peut être autrement, lorsqu'on sait qu'entre le cerveau, siége le plus ordinaire de la céphalalgie, et nos divers organes, il existe un connexion si intime, une solidarité telle que le moindre trouble de l'un d'eux ne peut subvenir sans que le cerveau n'y prenne une part plus ou moins active. Toutes les fois que la douleur de tête dépend de la souffrance de quelque partie éloignée, la céphalalgie est dite *sympathique;* dans ce cas elle se dissipe par la cessation de la cause qui l'a provoquée; mais si cette douleur est l'effet direct d'une maladie ayant son siége dans le cerveau ou dans ses membranes, la céphalalgie n'est plus alors qu'un symptôme de cette même maladie. On aura recours aux émissions sanguines si la céphalalgie dépend de la suppression de quelque écoulement sanguin, d'une saignée habituelle, ou si elle tient à un état pléthorique, comme dans le cas de grossesse. Une application de trois ou quatre sangsues dans l'intérieur des narines nous a souvent été utile lorsque la céphalalgie coïncidait avec la cessation d'un épistaxis habituel. Dans les circonstances moins graves, les bains de pieds sinapisés, les frictions stimulantes sur les membres, les applications d'eau froide et d'éther sur le front et les tempes, le repos au lit, le silence, l'obscurité, la diète absolue, quelques tasses d'une infusion de feuilles d'oranger, de tilleul, de camomille, suffisent pour dissiper la douleur de tête, qui n'est qu'accidentelle: chez quelques personnes on la fait cesser en prenant une petite quantité de café à l'eau, en faisant une promenade au grand air, ou en se livrant à un léger repos. Lorsque la céphalalgie est la suite de l'inspiration des vapeurs de charbon, c'est par la saignée, les bains frais et les infusions de thé, de valériane, de mélisse, etc., par les légers purgatifs, la manne, l'eau de sedlitz, l'huile de ricin, qu'on doit la combattre. Lorsqu'elle provient d'excès de travaux intellectuels, c'est par la distraction, la promenade, le séjour à la campagne, que l'on s'en rendra maître. Si elle se lie à la diminution des menstrues, à la leucorrhée, à des habitudes pernicieuses, l'usage des ferrugineux, du quinquina, des amers, du vin dit *vermout*, des bains frais, un exercice modéré et la continence sont les moyens auxiliaires qui doivent en outre être prescrits.

Si la migraine ou la céphalalgie coïncide avec un état saburral de l'estomac, ce sont, au contraire, les évacuants des premières voies qui doivent avoir la préférence.

Enfin, lorsque la maladie qui nous occupe existe chez des sujets ayant des vers, il faut d'abord commencer par les expulser; car, dans cette douleur comme dans toutes les autres, c'est à la cause qu'il faut remonter avant tout, cette marche étant le moyen le plus sûr pour s'épargner de nombreux essais ou des tentatives infructueuses. (*L. Martinet.*)

CÉPHALOMÉTRIE (phrénologie) [du grec *képhalé*, tête, et *métron*, mesure]. — M. Armand d'Harembert désigne sous ce nom la phrénologie. Ce savant pense avoir apporté à la science de Gall des modifications assez nombreuses et assez profondes pour devoir désigner par un nom nouveau l'ensemble de ses vues. Des trente-six protubérances du crâne indiquées par le maître et ses continuateurs, M. d'Harembert n'en reconnaît que quatorze : sept placées sous le frontal sont les organes des facultés de l'âme; les sept autres, recouvertes par les pariétaux, les temporaux et l'occipital, sont les organes de l'instinct et président à la conservation du corps. L'auteur développa son système devant le congrès des sociétés savantes. L'extrait suivant de son discours donnera une idée de l'ensemble de ses vues :

L'homme a reçu quatorze organes primitifs : sept pour les facultés de l'âme, sept pour les instincts.

Ceux des facultés de l'âme sont :

Premièrement, *cinq sens moraux donnés à l'homme seul* pour mettre son âme en rapport avec le monde immatériel, sa patrie :

La pénétration, l'équité, le respect, l'imagination, et l'harmonie;

Deuxièmement, *deux auxiliaires communs aux hommes et aux animaux :*

La mémoire locale, la mémoire des sons.

La pénétration donne à l'homme le pouvoir de comparer; mariée à l'imagination et à l'harmonie, elle fait naître la causalité, saisit les rapports de la cause à l'effet, crée l'induction, les sciences, ce que l'on appelle l'esprit, qui est bienveillant avec l'équité, religieux avec le respect, ingénieux et pratique avec la mémoire locale, brillant avec la mémoire des mots, etc.

L'équité (sens du juste et de l'injuste, conscience) cause la bienveillance, la sensibilité, l'abnégation, la charité, etc.

L'imagination (idéalité, inspiration, faculté de créer des images, etc.) devient, quand seule elle est puissante et active, la folle du logis; elle fait, par exemple, la femme romanesque, incomprise, superstitieuse.

L'harmonie crée, avec la mémoire des sons, la musique; avec celle des formes, l'ordre, le goût, les arts; avec l'imagination, l'espérance, la poésie; avec les connaissances acquises, la philosophie. Elle donne l'amour de perfections indéfinies, promesse du Créateur, qui ne peut nous tromper.

La mémoire locale, (configuration, individualité, localité, etc.) et la mémoire des sons (mots, langage) ont permis d'écrire le langage, la pensée; elles marient les sensations morales aux sensations physiques en donnant aux premières des formes et des noms.

Les organes primitifs pour les instincts communs

aux hommes et aux animaux sont aussi au nombre de sept :

La *circonspection*, la *persévérance*, la *fierté*, la *sympathie*, l'*amour*, la *défensivité*, et l'*alimentivité*.

Comme je l'ai déjà dit, ces instincts, sous l'empire de la raison, résultant de l'action puissante et harmonieuse des facultés de l'âme, sont tous indispensables au bonheur de l'homme; abandonnés à des sens physiques plus imparfaits chez l'homme que ceux de la brute, ils deviennent la source de tous les vices et de tous les malheurs.

Ainsi nous voyons naître :

De la *circonspection*, la prévoyance, la prudence, la sagesse, quelquefois la timidité; ou la ruse, le mensonge et le vol.

De la *persévérance*, la constance, la volonté; ou l'entêtement, l'opiniâtreté.

De la *fierté*, le respect humain, l'émulation, la dignité, l'honneur; ou l'ambition, la vanité, le dédain, la présomption, la fatuité, la coquetterie, l'orgueil, l'envie, la jalousie.

De la *sympathie*, attachement aux personnes, aux objets, aux lieux, l'amitié, la sociabilité, la civilisation; ou la disposition à contracter de mauvaises habitudes.

De l'*amour*, la charité; ou la galanterie, le libertinage, etc.

De la *défensivité*, le noble courage, la susceptibilité; ou la brutalité.

De l'*alimentivité*, instinct de chercher et de prendre la nourriture, remède contre la faim, qui est une maladie mortelle, la tempérance; ou la gourmandise, l'ivrognerie et même la cruauté. En effet, sans la raison, le courage qui devient brutal et l'alimentivité qui porte certains animaux à vivre du sang des autres, familiarisent avec la cruauté et même avec le meurtre.

Je crois devoir faire remarquer qu'il y a deux sortes d'instincts, les uns purement mécaniques et qui ne sont pas du ressort de la céphalométrie : l'abeille construisant géométriquement ses cellules, comme l'abaissement de la température congèle géométriquement la nuée qui se change en neige, etc., etc.; les autres, ceux dont je viens de décrire les organes, dirigés par des sensations physiques ou morales : le chien reconnaissant son maître, choisissant sa nourriture, le renard flairant son ennemi caché, l'homme faisant de ce qui n'est pour le mouton que l'attachement, la noble amitié; de ce qui, pour le renard, n'est que circonspection et ruse, la prudence et la sagesse; de la persévérance, la volonté qui n'est autre chose que cet instinct ennobli par la raison, c'est la persévérance raisonnée.

Ces instincts, par l'action répétée des sensations et l'exercice de la mémoire, s'élèvent chez les animaux, comme l'a dit M. Flourens, jusqu'à l'*intelligence*; il aurait dû ajouter : des choses physiques. Car l'homme seul possède la faculté de saisir les rapports des phénomènes, de s'élever à la connaissance de leurs causes, de faire naître ainsi la sagesse, le génie. Il ne faut donc point confondre l'esprit de l'homme avec l'intelligence des animaux.

Si l'homme avait été créé sage, si Dieu lui avait imposé une raison invariable, comme il a imposé aux autres animaux les instincts qui sont invariables, il aurait cessé d'être libre; en perdant sa noble mission, la conquête de la vérité, il aurait perdu toute sa dignité; les erreurs du passé sont un point d'appui pour nous élever indéfiniment vers la vérité.

Si j'ai été assez heureux pour avoir clairement exposé la céphalométrie, il est inutile d'en déduire toutes les conséquences morales, toute son utilité pour l'éducation (qui n'est autre chose que la direction des instincts, dont les organes agissent chez l'enfant longtemps avant ceux des facultés de l'âme), et pour l'instruction, qui est la culture de l'esprit, dont on doit s'occuper dès qu'il commence à poindre, car l'activité que l'on donne à ses organes en augmente la force et même le volume.

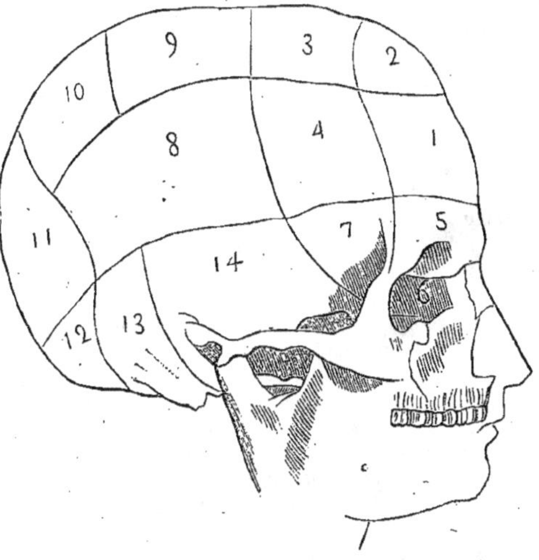

Fig. 50. — Système céphalométrique.

Et, tout en admettant le vaste génie de Gall, qui a entassé les matériaux précieux au milieu desquels je n'ai eu qu'à choisir pour harmoniser un édifice, il me sera facile de démontrer que ceux des trente-six organes primitifs de la phrénologie qui n'ont point trouvé place parmi les facultés de l'âme ou les instincts n'ont pour objet que des facultés composées dont l'esprit du céphalomètre découvrira et harmonisera facilement toutes les nuances.

La justice, par exemple, qui ne peut exister sans le concours de la pénétration, de l'équité, de la persévérance et de la prévoyance, ne pouvait avoir un organe spécial que la phrénologie avait supposé entre ceux de la prévoyance, de la fierté et de la persévérance, avec lesquels les hommes habiles et pervers se font souvent passer pour justes.

La phrénologie ne connaissait pas toute la supériorité qu'elle devait avoir sur la science de Lavater, qui n'indique souvent que le rôle convenant à notre figure et que nous trouvons quelquefois de bon goût de jouer toute notre vie.

L'idée de Dieu et de religion ne pouvait aussi être due à un seul organe; elle est le résultat de l'action puissante de toutes les facultés de l'âme.

La pénétration, en faisant comparer la terre aux millions de mondes qui l'entourent, indique un ordonnateur, esprit infini dont l'équité est la voix, le respect un effet de sa grandeur, que l'imagination cherche et dont l'harmonie qui nous fait rêver des perfections indéfinies est la promesse, etc., etc.

La première science du monde, la plus indispensable au bonheur de l'homme, celle qui doit être l'arbitre et non l'auxiliaire de la philosophie, de la religion et de la politique, la morale qui a pour but la direction de la vie de l'homme, qui seule peut faire mûrir les véritables fruits d'une paix durable, est tout entière dans la domination des facultés de l'âme sur les instincts. Elle a pour point de départ naturel et physiologique la céphalométrie, qui prouve mathématiquement que la raison, résultat de l'action harmonieuse de toutes les facultés de l'âme, doit constamment dominer nos instincts et que l'humanité, sans laquelle l'idée de Dieu n'existerait pas sur la terre, est un temple où le culte est digne du Créateur.

La figure 50 met en regard une tête topographiée d'après la céphalométrie.

Organes pour les facultés de l'âme : 1. Pénétration, sagacité comparative. 2. Équité, conscience, etc. 3. Respect. 4. Imagination, idéalité, etc. 5. Mémoire locale, configuration, etc. 6. Mémoire des sons, des mots, etc. 7. Harmonie applicable à la configuration, aux sons, aux idées.

Organes pour les instincts : 8. Circonspection, prévoyance. 9. Fermeté, persévérance, etc. 10. Fierté, estime de soi. 11. Sympathie, amitié, sociabilité. 12. Amour, instinct de la reproduction. 13. Défensivité, courage, etc. 14. Alimentivité, instinct de manger pour vivre. A. D'Harembert.

CÉPHALOPODES (zoologie) [du grec *képhalè*, tête, et *pous, podos*, pieds]. — Ordre de la classe des mollusques, contenant des animaux chez lesquels les organes qui servent à la locomotion s'insèrent soit sur la tête, soit autour de la tête ou autour de la bouche, de manière que ces animaux se traînent le corps en haut et la tête en bas.

Ces animaux sont, de tous les mollusques, ceux dont l'organisation est la plus compliquée. Ils ont une tête bien distincte, des yeux ronds et très-grands, une oreille analogue à celle des poissons, deux mâchoires cornées semblables au bec d'un perroquet, et un cerveau renfermé dans une boîte cartilagineuse.

A l'aide de leurs tentacules, dont toute la surface est garnie de suçoirs ou ventouses, et dont l'extrémité est quelquefois élargie, les *céphalopodes* peuvent se fixer aux corps placés dans l'eau, saisir leur proie, ramper au fond des mers ou nager avec agilité dans leur sein. Dans ce dernier cas, ils ont toujours la tête en bas et le corps en haut; ce qui ne les empêche pas de se porter dans toutes les directions avec beaucoup de rapidité.

Leurs organes digestifs, circulatoires et respiratoires sont renfermés dans le *manteau*, qui est fermé de toutes parts, excepté en avant, où se trouve une grande poche (*l'entonnoir*) qui laisse passer la tête avec ses dépendances, et dans laquelle s'ouvrent l'orifice du conduit qui amène aux branchies l'eau nécessaire à la respiration, l'ouverture du canal qui rejette le résidu de la digestion, et enfin l'extrémité du tube qui verse au dehors une sécrétion particulière, fortement colorée, que l'animal répand autour de lui, pour se rendre invisible, quand il est poursuivi par ses ennemis.

La bouche des *céphalopodes* présente, outre ses deux mâchoires, une langue hérissée de pointes cornées qui leur forment des organes masticateurs très-énergiques; aussi ces mollusques sont-ils voraces et carnassiers ; ils se nourrissent de crabes, de homards, de poissons et de tous les animaux marins qu'ils peuvent saisir et terrasser. Unissant l'adresse à la force et à l'agilité, tantôt ils se tiennent cachés parmi les algues et les fucus, attendant que quelque victime arrive à la portée de leurs longs tentacules; tantôt ils voguent au sein des eaux, portant de tous côtés leurs regards attentifs; et dès qu'ils aperçoivent une proie convenable, ils s'élancent à sa poursuite, et, l'enlaçant dans leurs bras, ils l'amènent à leur bouche, où elle est écrasée et engloutie sur-le-champ. Leur œsophage, qui est très-court, se renfle à son extrémité en un jabot, puis aboutit dans un gésier aussi charnu que celui d'un oiseau. Vient ensuite un troisième renflement, qui est analogue au duodénum, et dans lequel s'ouvrent deux conduits hépatiques. Leur foie est volumineux; mais l'intestin est court, et s'ouvre dans l'entonnoir.

Les céphalopodes n'ont qu'un *cœur* aortique; mais la veine cave débouche dans deux poches musculaires, qui peuvent, jusqu'à un certain point, être regardées comme un cœur droit qui présiderait à la circulation branchiale.

Leur *organe respiratoire* consiste en deux branchies, en forme de feuille fougère.

Tous ces mollusques ont une *sécrétion* particulière, d'un noir très-foncé, qu'ils répandent autour d'eux, quand ils veulent se rendre invisibles pour échapper à leurs ennemis ou surprendre leur proie.

Presque tous les *céphalopodes* ont une coquille; ceux qui ne l'ont pas extérieure en ont un rudiment intérieur, qui acquiert quelquefois une dureté pierreuse, et qui demeure assez souvent complétement cornée. C'est d'après la considération de la position intérieure ou extérieure de cette espèce de coquille qu'on a divisé cette classe en onze familles, dont les genres principaux sont : les *poulpes*, les *argonautes*, les *seiches*, les *calmars*, les *nautiles*, les *ammonites*, etc. (*Dr Salacroux.*)

CÉRAMIQUE (technologie) [du grec *keramos*, brique]. — Art de la fabrication et de la cuisson des objets de terre, de faïence, de porcelaine, etc. Les

Étrusques excellèrent autrefois dans cet art. Les Chinois peuvent aussi revendiquer leur part d'honneur dans la céramique. Ces produits de la Chine ont trouvé en France et en Saxe une concurrence redoutable. La porcelaine de Saxe n'a plus son ancienne réputation ; mais les produits de la manufacture de Sèvres ont toujours conservé leur supériorité. M. Brongniart, qui a été longtemps le directeur de la manufacture de Sèvres, a publié un remarquable *Traité des Arts céramiques* ; il est aussi le créateur du beau *Musée céramique* de Sèvres, dont il a publié lui-même la *Description* avec M. Riocreux.— Voy. *Poterie, Faïence, Porcelaine.*

CÉRAT (matière médicale) [du latin *cera*, cire].— Médicament externe ayant pour base la cire et l'huile, et qu'on emploie pour dessécher les plaies légères, adoucir la peau, prévenir les gercures, etc. On distingue : 1° le *cérat simple*, dit aussi *cérat blanc* ou *de Galien*, composé de cire vierge et d'huile d'amandes douces ; rougi avec de l'orcanette et aromatisé avec une huile essentielle de roses, il donne le *cérat à la rose* ou *pommade pour les lèvres* ; 2° le *cérat de Goulard* ou *cérat saturnin*, cérat astringent qui doit cette propriété à l'addition d'une très-petite quantité d'acétate de plomb liquide ; 3° le *cérat soufré* ; 4° le *cérat ammoniacal*, etc.

CERCLE (géométrie). — Surface plane entourée d'une ligne courbe, dont tous les points sont à égale distance du centre.

On appelle *circonférence* la ligne courbe dont tous

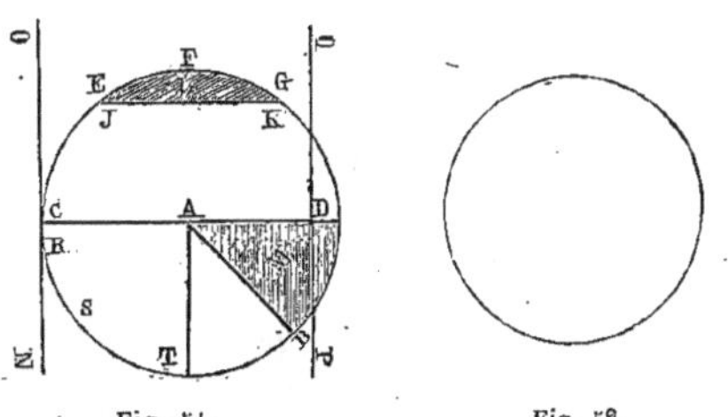

Fig. 51. Fig. 52.

les points sont à égale distance du centre. C'est le *périmètre* du cercle. Fig. 52.

On appelle *rayon* toute ligne droite menée du centre à la circonférence. Fig. 51, A B.

Diamètre, toute ligne droite qui, passant par le

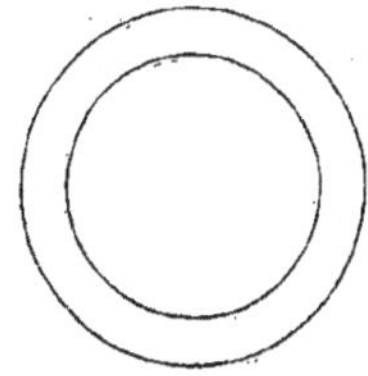

Fig. 53. — Cercles concentriques.

centre, se termine de part et d'autre à la circonférence. Fig. 51. C D.

Le diamètre partage donc le cercle en deux parties égales.

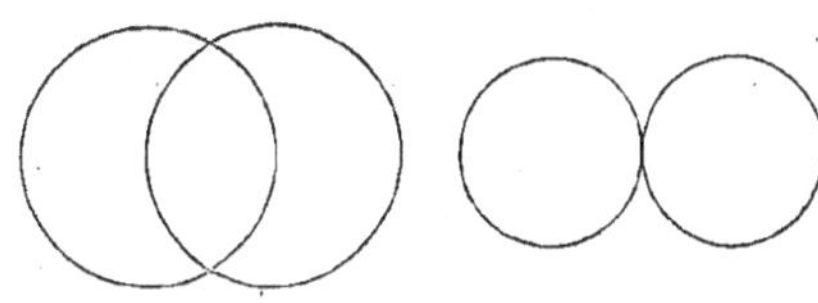

Fig. 54.—Cercles excentriques. Fig. 55.—Cercles tangents.

Arc, portion quelconque de la circonférence. Fig. 51, E F G.

Si l'on se contentait de marquer un arc par deux lettres E G, on ne saurait pas s'il s'agit de la portion E G H, de la circonférence, ou de la portion plus

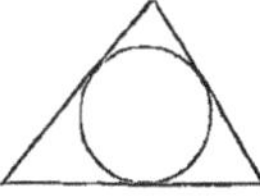

Fig. 56.—Polygone inscrit. Fig. 57.—Polygone circonscrit.

petite E F G. Un *arc* doit donc toujours se désigner par trois lettres.

On appelle *corde* ou *sous-tendante* la ligne qui joint les deux extrémités d'un arc. Fig. 51, J K.

On appelle *segment* l'espace compris entre l'arc et la corde. Fig. 51, *l*.

Le *secteur* est l'espace compris entre deux rayons et l'arc qui les joint. Fig. 51, *n*.

La *tangente* est la ligne qui touche la circonférence en un point. Fig. 51, *n*, *o*.

La *sécante* est la ligne qui coupe la circonférence en deux points. Fig. 51, *p*, *q*.

Toute circonférence se divise en 360 parties égales appelées degrés.

La grandeur d'un degré est donc toujours la *trois cent soixantième partie* d'une circonférence.

Le *degré* se divise à son tour en 60 parties égales appelées *minutes*.

La minute en 60 parties égales appelées *secondes*.

La seconde en 60 parties égales appelées *tierces*.

Dans le *système décimal*, la circonférence se divise en 400 parties égales appelées *grades* ou *degrés*, chaque grade en 100 parties égales appelées *minutes*, chaque minute en 100 parties égales appelées *secondes*, et chaque *seconde* en 100 parties égales appelées *tierces*. Néanmoins, on a conservé généralement l'ancienne division de la circonférence en 360 degrés.

On appelle *quadrant* tout arc qui est le quart de la circonférence. Fig. 51, *r*, *s*, *t*.

Les degrés servent à désigner la grandeur des angles, par la mesure de l'arc qui les sous-tend.

Ainsi, lorsqu'on dit qu'un angle est de 20 *degrés*, 60 *degrés*, etc., on exprime que l'arc de cet angle contient 20 fois, etc., la 360me partie de la circonférence.

D'après la division de la circonférence en 360°, l'angle droit vaut 90 degrés.

Il a pour indicateur le quart de la circonférence.

L'angle aigu, moins grand que l'angle droit, a moins de 90 degrés.

L'angle *obtus*, plus grand que l'angle droit, a plus de 90 degrés.

On appelle cercles *concentriques* ceux qui ont le même point pour centre. Fig. 53.

La *couronne* est l'espace compris entre deux circonférences concentriques. Fig. 53.

On appelle cercles *excentriques* ceux qui sont décrits de centres différents. Fig. 54.

Les cercles *tangents* sont ceux dont les circonférences se touchent. Fig. 55.

Les cercles peuvent être tangents en *dehors*, comme dans la figure 55, ou en *dedans*.

Un polygone *inscrit* est celui dont les angles sont à la circonférence du cercle, fig. 56. Le cercle, dans ce cas, est circonscrit.

Un polygone *circonscrit* est celui dont les côtés sont tangents à la circonférence du cercle. Fig. 57. Le cercle, dans ce cas, est inscrit.

Voici les principaux théorèmes relatifs au cercle :

1° *La perpendiculaire abaissée du centre d'un cercle sur une corde partage en deux parties égales cette corde et l'arc sous-tendu.*

2° *Dans un même cercle ou dans des cercles égaux, les arcs égaux sont sous-tendus par des cordes égales, et reciproquement.*

3° *Les cordes parallèles interceptent dans un cercle des arcs égaux.*

4° *Lorsque deux cercles se coupent, la droite qui joint leurs points d'intersection est partagée en deux parties égales et à angles droits par celle qui joint leurs centres.*

5° *Par trois points donnés qui ne sont pas en ligne droite, on peut toujours faire passer une circonférence.*

6° *Un triangle quelconque peut être inscrit et circonscrit à un cercle ; il en est de même d'un polygone régulier d'un nombre quelconque de côtés.*

Une ligne courbe pouvant être considérée comme un assemblage de lignes droites infiniment petites, la circonférence du cercle n'est que le périmètre d'un polygone régulier d'un nombre infini de côtés, et le cercle lui-même n'est qu'un semblable polygone : de là la mesure de la surface du cercle, qui est le produit de la circonférence par la moitié du rayon.

L'opération serait très-expéditive si l'on avait toujours la circonférence et le rayon du cercle ; mais il n'en est pas toujours ainsi. Voici donc comment il faut s'y prendre pour déterminer le contour du cercle :

Il s'agit de trouver une ligne droite, égale en longueur à la circonférence du cercle, pour la comparer au rayon ou au diamètre.

Pour résoudre ce problème, nous n'avons que des méthodes approchées ; mais le degré d'approximation qu'on obtient équivaut à peu près à l'exactitude.

On sait qu'un cercle qui a 7 mètres de diamètre en a 22 de circonférence, c'est-à-dire que la circonférence d'un cercle quelconque égale 3 fois plus $\frac{1}{7}$ la longueur du diamètre.

D'après cette donnée, on trouvera la circonférence d'un cercle en mesurant son diamètre et en se servant de la proportion suivante :

7 : 22 :: le diamètre : la circonférence.

EXEMPLE.

Quelle est la superficie d'un cercle dont le diamètre a 21 mètres.

OPÉRATION.

En se servant de la proportion 7 : 22, on peut faire le raisonnement suivant :

Si 7 mètres de diamètre donnent 22 mètres de circonférence, 1 mètre donnera 7 fois moins, ou $\frac{22^m}{7}$ et 21 mètres de diamètre donneront 21 fois plus, ou $\frac{22 \times 21}{7} = 66$ mètres.

OPÉRATION.

```
   22
   21
  ----
   22
  44
  ----    | 7
  462     |----
   42     | 66m
   00
```

La circonférence du cercle à évaluer est donc de 66 mètres.

En multipliant cette circonférence par le demi-rayon ou le quart du diamètre, qui est 5 mètres 25 centimètres, on aura :

```
   66m
    5,25
  ------
   330
  132
  330
  ------
  346,50
```

La superficie de ce cercle est donc de 346 mètres carrés, 50 décimètres carrés.

On comprendra aisément que le cercle étant un polygone régulier d'un nombre infini de côtés, il se compose d'une infinité de triangles ayant pour base la circonférence du cercle et pour sommet le centre ; or, pour avoir la superficie d'un triangle, on multiplie la base par la demi-hauteur, en multipliant la circonférence du cercle par le demi-rayon ; c'est comme si l'on multipliait les bases de tous les triangles par leur demi-hauteur.

Le rapport 7 : 22 est d'*Archimède*.

Adrien Métius a trouvé plus approximativement que la circonférence du cercle contient 355 fois la 113me partie du diamètre.

Enfin les géomètres modernes ont trouvé que 1 mètre de diamètre donnait 3^{m},141592653589...... de circonférence.

Enfin, quelques auteurs se servent du rapport 100 : 314, très-commode lorsqu'on n'a pas besoin d'une grande approximation [1].

Comme le rapport de la circonférence au diamètre est d'un fréquent usage, au lieu du nombre peu commode 3,1415, etc., on se sert du rapport moins exact, mais plus simple, d'*Archimède* 7 : 22, etc., ou $\frac{22}{7}$. Ce nombre en décimales donne 3,142, etc., et coïncide avec 3, 1415, etc., jusqu'aux centièmes inclusivement. C'est pourquoi l'on peut dire, avec une approximation suffisante aux arts manuels, que la circonférence contient le diamètre trois fois plus $\frac{1}{7}$.

Quant au rapport d'*Adrien Métius* le nombre $\frac{355}{113}$ évalué en décimales, donne 3, 1415929, etc., qui coïncide avec 3, 1415926, etc., jusqu'aux millionièmes.

On pourra donc retenir les rapports suivants :

7 : 22	::	le diamètre	:	la circ.	(Archimède).
113 : 355	::	—	:	—	(A. Métius).
1 : 3,1415	::	—	:	—	(Géom. mod.)
100 : 314	::	—	:	—	(Qq. auteurs.)

Si dans un problème on n'avait que la circonférence, il faudrait, pour trouver le diamètre, se servir des rapports ainsi posés :

22 de cir.	:	7 de diam.	::	la circ.	:	diam.
355 —	:	113 —	::	—	:	—
3,1415 —	:	1 —	::	—	:	—
314 —	:	100 —	::	—	:	—

Fr. Delille.

CÉRÉALES (agriculture) [de *Cérès*, déesse des moissons]. — Nom donné aux plantes cultivées pour leurs grains, et dont on fait du pain pour la nourriture de l'homme; tels sont l'avoine, le froment, l'épeautre, le maïs, l'orge, le riz, le sarrasin, le seigle, le sorgho. La plus précieuse de toutes ces céréales est, sans contredit, le froment (voy. ce mot). En 1856, M. J. Rouffé a publié les détails suivants sur l'emploi de quelques céréales dans les temps anciens :

Les anciens habitants des Gaules et de l'Espagne cultivèrent l'orge et l'employèrent à faire une boisson qui n'était autre chose que notre bière. Les nations occidentales, dit Pline, s'enivrent avec une boisson de grain fermenté. Dans les Gaules et en Espagne, on a plusieurs sortes de ces liqueurs, qui sont faites de la même manière, quoique portant différents noms. On dit qu'en Espagne elles se conservent bonnes pendant un temps considérable. Il paraît que ces peuples se servaient de l'écume épaissie pour faire lever le pain et le rendre plus léger. Nous dirons bientôt à quel degré de perfectionnement la panification était arrivée dans la Gaule.

En Italie, on semait deux espèces d'orge, l'une appelée *hexasticum* ou *cantherinum*, et l'autre *distichum* ou *galiichum*. Columelle prétend que c'était, après le froment, le meilleur grain pour le bétail, comme pour l'homme. On sème l'orge, dit-il, sur une terre franche et sèche, et dans un sol très-riche ou très-pauvre. On la regarde comme le grain qui épuise le plus la terre; c'est pour cette raison qu'on la sème dans une terre très-riche, dont la fertilité est inaltérable, ou dans un sol si pauvre qu'il ne peut produire autre chose. On sème l'orge sur le second labour, après l'équinoxe, vers le milieu du temps des semailles, si la terre est forte, et plus tôt, si elle est pauvre. Ce grain est moissonné avant tout autre. Caton en parle d'une manière générale, et la range parmi les productions qui épuisent le sol. Il conseille de semer l'orge sur des terres nouvelles ou sur celles qui sont assez riches pour produire une récolte tous les ans.

D'après Pline, on semait du millet et du *panicum* après avoir moissonné l'orge. Aujourd'hui, en France, plusieurs cultivateurs bêchent ou labourent les terrains où ils viennent de couper l'orge, pour y semer des pommes de terre ou des haricots. Cet auteur prétend que l'orge a servi à la nourriture des hommes dans les temps les plus reculés, comme les coutumes des Athéniens le prouvent. Plus tard, le luxe a banni le pain d'orge et a relégué ce grain dans les étables, pour la nourriture des quadrupèdes. On pourrait facilement admettre que de toutes les céréales c'est celle qui a été cultivée la première, parce qu'on la trouve plus généralement répandue à l'état sauvage.

Les Romains n'ont pas cultivé l'avoine; ils donnaient de l'orge aux chevaux, ainsi que cela se pratique encore en Afrique. Les Gaulois sont les premiers qui l'ont cultivée comme grain et l'ont employée à la nourriture des chevaux et des hommes.

Les anciens, qui s'occupaient sérieusement d'agriculture, savaient adapter chaque chose au sol qui lui convenait. Le système de rotation qu'ils avaient adopté était très-avantageux au progrès; les terres donnaient de plus abondantes récoltes. La plupart des écrivains sont entrés dans de grands détails à ce sujet:

« Dans quelques lieux que soient situés les champs que vous voulez ensemencer, dit Caton, observez d'abord ces choses : un champ d'une terre riche,

[1] Ludolphe de Ceulen a *poussé* ce rapport jusqu'à 33 décimales.

EXEMPLE : 100,000,000,000,000,000,000,000,000,000,000
314,159,265,358,979,323,846,264,338,327,950.

On a calculé ce rapport avec 154 décimales :

3,14159265358979323846264338327950288419716989937510
5820974944592307816406296208998628034825342117067
9821480865132723066470938446095505822317253594081
284802.

forte et en pleine vigueur, sans arbres, doit être semé en grains ; si cette terre est humide, semez-y des turneps, du millet ou du *panicum*. Jetez des fèves dans un sol ferme ; du *siligo* et du *triticum* dans les lieux ouverts et bien aérés, où le soleil frappe longtemps ; des lentilles sur une terre rouge qui n'a pas été cultivée et ou il y a peu d'herbes ; de l'orge sur les terres neuves ou en état de rendre une récolte chaque année. » Deux choses sont à considérer, dit Varron : quelles productions on doit cultiver, et l'endroit particulier qui convient à chacune. Certaines terres sont propres aux prairies, d'autres au blé, d'autres à la vigne, et quelques-unes aux oliviers. Certaines terres conviennent aux herbages qu'on sème pour nourrir le bétail, parmi lesquels sont l'*oceimum*, le *ferrago*, l'*herba medica* (qu'on croit être notre sainfoin), le *cytisus* et le *lupin*.

Voici dans quel ordre se succédaient les récoltes : lorsque le sol était ce qu'on nommait *terra tenera* : orge, millet, raves ; puis encore orge ou *triticum*. Lorsque la terre était d'une qualité inférieure, on en tirait une récolte de grains, une de fèves et une de légumes. On semait alternativement du far et des fèves de printemps. Si le sol était plus pauvre, on le laissait reposer la troisième année. La méthode la plus suivie était donc d'avoir alternativement une récolte et une jachère.

De l'anesthésie des insectes destructeurs des céréales.

Depuis longtemps déjà on connaissait l'effet que produisent sur les insectes la fumée de tabac et l'essence de térébenthine, mais, sans plus approfondir ces phénomènes, on croyait devoir les attribuer à l'influence des odeurs fortes en général. Plus tard, la question de l'anesthésie, mieux étudiée, désigna un certain nombre de vapeurs comme possédant les mêmes propriétés. Puisque l'éther, non-seulement plongeait l'animal dans un profond sommeil, mais encore à une dose élevée pouvait le faire passer de vie à trépas, on avait entre les mains un excellent moyen de se défaire d'une foule d'insectes malfaisants. M. Milne Edwards pensa le premier à faire servir la benzoïne à la conservation des céréales. Une fois émise, l'idée ne devait pas rester sans application. Déjà les collections d'histoire naturelle empruntaient à ce gaz une sorte d'inviolabilité vis-à-vis des insectes destructeurs. M. L. Doyère se saisit alors de la question, et, après de sérieuses études, il crut devoir mettre au premier rang des agents insecticides le chloroforme et le sulfure de carbone.

Une commission nommée par M. le ministre de la guerre choisit Alger pour siége d'une expérimentation en grand des résultats que M. L. Doyère annonçait avoir obtenus. On put alors constater que deux grammes de chloroforme ou de sulfure de carbone par quintal métrique de blé suffisent pour faire périr tous les insectes, en quatre ou cinq jours, dans l'intérieur de silos hermétiques. Avec cinq grammes de sulfure de carbone par quintal métrique, répartis convenablement dans l'intérieur du silo, la destruction est complète en vingt-quatre heures. L'action du chloroforme est plus lente, à cause de la densité de la vapeur, qui la fait descendre et stagner dans les parties les plus basses. Pour 11,600 hectolitres d'orge, M. Doyère avait employé 50 kilos 500 grammes de sulfure de carbone : vingt minutes avaient suffi pour l'introduction de l'agent anesthésique dans cette énorme quantité de grains.

Les silos hermétiques, tout en représentant les meilleurs récipients pour cette opération, ne sont pas essentiellement nécessaires, car on peut obtenir les mêmes résultats par le procédé suivant. On étend sur les tas de grains une grande toile imperméable, de manière qu'elle les déborde tout autour, et on a soin alors de boucher les fuites avec de l'argile. Placées dans ces conditions, les larves ne tardent pas à périr dans l'intérieur des grains, les germes sont tués dans les œufs, et la semence soumise à l'anesthésie n'offre plus aucun animal vivant.

Ici s'élevaient quelques objections d'un ordre très-sérieux. Cette anesthésie des céréales portait peut-être atteinte à la puissance germinative de la semence : l'odeur si désagréable du sulfure de carbone ne persisterait-elle pas dans la farine et le pain, et les animaux eux-mêmes ne seraient-ils ni dégoûtés ni incommodés par une alimentation composée de ces grains ?

On le voit, ces questions étaient de nature à compromettre l'avenir des travaux de M. Doyère, si cet éminent chimiste n'avait su d'abord établir que toutes ces objections étaient heureusement mal fondées. L'anesthésie ne détruit aucune des qualités du grain qui a été soumis à son action ; employé comme semence il germe parfaitement bien ; l'odeur si incriminée du sulfure de carbone disparaît après trois jours d'exposition à l'air et quelques pelletages ; les produits de la mouture et de la panification ne l'accusent en aucune manière, et les animaux mangent sans le moindre inconvénient l'orge qui vient de sortir du silo, et par conséquent encore toute infecte. De ses expériences, M. Doyère a cru pouvoir conclure que le sulfure de carbone est un anesthésique énergique, mais sans aucun effet toxique consécutif.

Mentionnons encore un fait très-remarquable qui s'est produit pendant les expériences de M. Doyère. Les blés traités par le sulfure de carbone et par le chloroforme ayant été réunis en couches, n'ont plus montré de tendance à s'échauffer, tandis que — et c'est un fait connu — dans le même grain non traité, la température s'est élevée jusqu'à + 40°, malgré les pelletages répétés deux fois par jour. Comment expliquer cette absence de fermentation ? Doit-on l'attribuer à l'action des anesthésiques ? C'est un problème à l'étude et digne des recherches des hommes spéciaux. (*Docteur Reynaud.*)

CERF (*cervus*). — Genre de mammifères de l'ordre des ruminants, dont les différentes espèces, dans la classification linnéenne, forment aujourd'hui autant de genres séparés, unis par des caractères communs que les naturalistes modernes indiquent à la famille des corvidés ou des élaphiens. Ces caractères très-généraux se résument en peu de mots : ruminants à prolongements frontaux, lesquels subsistent au moins chez le mâle, et consistent en des bois caducs ordinairement ramifiés. A l'exemple de I. Geoffroy Saint-Hilaire, nous n'adopterons que les seuls genres *élan*, *renne*, *muntjac*, auxquels nous renvoyons, et le genre *cerf*, dont voici l'histoire abrégée.

Ce genre présente les caractères que voici : corps svelte, élégant; jambes fines, nerveuses; tête longue terminée le plus souvent par un mufle; bois plus ou moins développés, d'abord cartilagineux, velus, ensuite nus et durs, placés sur deux tubérosités de l'os frontal, se composant d'une tige principale (*merrain*, *dague*), de branches diversement dirigées (*andouillers*), dont le nombre augmente d'une nouvelle chaque année, lorsque les bois, tombés, repoussent, ce qui fait deviner à peu près l'âge exact de ces animaux.

Les cerfs sont répandus dans les deux continents; ils vivent soit en troupes plus ou moins nombreuses, soit isolément et par paires, dans les grandes forêts, les pays de plaines ou les contrées marécageuses. Ce sont des animaux de taille grande ou moyenne, paisibles, assez timides et intelligents, totalement herbivores, dont le naturel se ploie aisément aux circonstances qui dépendent des climats et de la température. Les femelles sont plus petites que les mâles, sans cornes; elles portent sept mois au moins, et les petits naissent en état de force assez avancée pour marcher. Les mâles deviennent furieux, parfois même redoutables au temps du rut, où ils font entendre aussi un cri particulier que l'on appelle *bramer*. Il existe des rapports frappants entre les bois et les organes de la génération chez le cerf, comme chez l'homme entre la barbe et ces mêmes organes. Outre la chute et le renouvellement généralement annuel de cet ornement, I. G. Saint-Hilaire a vu, chez un de ces ruminants qui eut une maladie des testicules, les bois s'arrêter dans leur développement et ne consister qu'en de simples dagues. Le pelage est composé de poils soyeux plus ou moins abondants et ornés de teintes qui varient selon l'âge, le climat, la saison, l'espèce.

De tout temps le cerf a eu le fatal privilége d'attirer l'attention des grands de la terre et d'exciter leurs goûts passionnés pour la chasse, ce *noble* mais barbare plaisir, que Buffon a exalté en ces termes : « Voici, dit-il, un de ces animaux innocents, doux et tranquilles, qui ne semblent être faits que pour embellir, animer la solitude des forêts, et occuper loin de nous les retraites paisibles de ces jardins de la nature; sa forme élégante et légère, sa taille aussi svelte que bien prise, ses membres flexibles et nerveux, sa tête, parée plutôt qu'armée d'un bois vivant et qui, comme la cime des arbres, tous les ans se renouvelle, sa grandeur, sa légèreté, sa force, le distinguent assez des autres habitants des bois; et comme il est le plus noble d'entre eux, il ne sert aussi qu'aux plaisirs des plus nobles des hommes. Il a dans tous les temps occupé le loisir des héros; l'exercice de la chasse doit succéder aux travaux de la guerre, il doit même les précéder : savoir manier les chevaux et les armes, sont des talents communs au chasseur, au guerrier : l'habitude au mouvement, à la fatigue, l'adresse, la légèreté du corps, si nécessaires pour soutenir et même pour seconder le courage, se prennent à la chasse, et se portent à la guerre; c'est l'école agréable d'un art nécessaire; c'est encore le seul amusement qui fasse diversion entière aux affaires, le seul délassement sans mollesse, le seul qui donne un plaisir vif sans langueur, sans mélange et sans satiété.

» Que peuvent faire de mieux les hommes qui, par état, sont sans cesse fatigués de la présence des autres hommes? Toujours environnés, obsédés, et gênés, pour ainsi dire, par le nombre, toujours en butte à leurs demandes, à leur empressement, forcés de s'occuper de soins étrangers et d'affaires, agités par de grands intérêts, et d'autant plus contraints qu'ils sont plus élevés, les grands ne sentiraient que le poids de la grandeur, et n'existeraient que pour les autres, s'ils ne se dérobaient par instants à la foule même des flatteurs. Pour jouir de soi-même, pour rappeler dans l'âme les affections personnelles, les désirs secrets, ces sentiments intimes mille fois plus précieux que les idées de la grandeur, ils ont besoin de solitude; et quelle solitude plus variée, plus animée que celle de la chasse! quel exercice plus sain pour le corps! quel repos plus agréable pour l'esprit!

» Il serait aussi pénible de toujours représenter que de toujours méditer. L'homme n'est pas fait par la nature pour la contemplation des choses abstraites; et de même que s'occuper sans relâche d'études difficiles, d'affaires épineuses, mener une vie sédentaire, et faire de son cabinet le centre de son existence, est un état peu naturel, il semble que celui d'une vie tumultueuse, agitée, entraînée, pour ainsi dire, par le mouvement des autres hommes, et où l'on est obligé de s'observer, de se contraindre, et de représenter continuellement à leurs yeux, est une situation encore plus forcée. Quelque idée que nous voulions avoir de nous-mêmes, il est aisé de sentir que représenter n'est pas être, et aussi que nous sommes moins faits pour penser que pour agir; pour raisonner que pour jouir : nos vrais plaisirs consistent dans le libre usage de nous-mêmes; nos vrais biens sont ceux de la nature; c'est le ciel, c'est la terre, ce sont ces campagnes, ces plaines, ces forêts, dont elle nous offre la jouissance utile, inépuisable. Aussi le goût de la chasse, de la pêche, des jardins, de l'agriculture, est un goût naturel à tous les hommes; et dans les sociétés plus simples que la nôtre, il n'y a guère que deux ordres, tous deux relatifs à ce genre de vie : les nobles, dont le métier est la chasse et les armes, et les hommes en sous-ordre, qui ne sont occupés qu'à la culture de la terre. »

Ainsi pensait-on du temps du grand naturaliste : la chasse, la guerre, le pugilat, les combats d'animaux, la vue du sang ruisselant et des chairs palpitantes, pouvaient être de nobles distractions. Mais les temps sont bien changés : au lieu de se repaître de ces spectacles cruels, on crée des lois protectrices des animaux, on prend même souci de ceux que l'on mène à la boucherie; et lorsque nous voyons un brutal conducteur maltraiter ses chevaux, nous intervenons pour rappeler à la raison celui qui emploie si mal celle que Dieu lui a donnée. « Que des chasseurs, s'écrie M. Bory Saint-Vincent, poursuivent à la queue de cent chiens et à la tête de vingt piqueurs un être timide, et qu'après l'avoir excédé on lui coupe un jarret raidi par la fatigue, en lui ouvrant encore le ventre avec un couteau de chasse! quiconque fait ses délices de pareilles horreurs descend au-dessous du boucher, qui, au moins, n'égorge pas les bœufs et les moutons par un coupable et féroce esprit de discernement. »

Le genre cerf forme un groupe nombreux en espèces que l'on divise en deux sections : les *daims* (voyez ce mot), et les *cerfs*. Les cerfs forment eux-mêmes plusieurs divisions, basées sur la forme, la disposition des bois et le nombre des andouillers.

Le *cerf commun* (*cerus elaphus*) fait partie des espèces qui ont plus de deux andouillers, par opposition à celles qui n'en ont que deux et où se range l'axis. Son pelage d'été est d'un fauve clair, avec une ligne brune plus foncée sur la région médiane du dos et des taches de couleur fauve pâle; pelage d'hiver, gris brun, sans tache; bois ronds branchus : trois andouillers et une ampaumure terminale ou couronne formée de deux à cinq dagues; longueur de 3 mètres; hauteur du train de devant 1,18, du train de derrière 1,26.

C'est à cette espèce principalement que se rapporte ce qui vient d'être dit plus haut. Cet animal est propre aux contrées tempérées et boréales de l'ancien continent. Il habite les grandes forêts, qu'il quitte l'hiver pour les pays découverts. Il vit une vingtaine d'années, mais à huit ans il est déjà vieux pour les veneurs. Les femelles, appelées *biches*, sont dépourvues de bois, ainsi que les *faons* jusqu'à six mois. Il n'est sorte de ruses que le cerf n'invente pour échapper au loup et à l'homme, ses plus redoutables ennemis. La rapidité de sa course est son premier moyen de défense; mais forcé de combattre, c'est autant avec ses pieds qu'avec son bois qu'il le fait. Le rut est l'occasion de rencontres furieuses entre les mâles. Quant aux variétés, disons seulement que le *cerf de Corse* est plus petit que le cerf commun, que le *cerf des Ardennes* est plus grand ; et qu'il y a le *cerf blanc*, le *cerf d'Algérie*, etc.

Le *cerf du Canada* (*canadensis*) est un animal d'un quart plus grand que le cerf commun ; il a le bois très-grand, avec le premier andouiller très long et abaissé dans la direction du chanfrein ; les andouillers du sommet ne forment jamais la couronne; la queue est réduite à un simple moignon ; il y a absence de taches sur les parties latérales de la ligne médiane du dos. — Cette espèce représente en Amérique celle d'Europe ; propre aux régions boréales, elle se trouve aussi assez abondamment en Virginie.

L'Amérique possède encore deux autres espèces : le *cerf de Virginie*, au bois très-courbé en avant, et le *cerf Leucure*, dont la queue est un peu plus allongée.

L'*axis* et le *chevreuil* sont aussi des espèces du genre cerf qui font chacun le sujet d'un article à part ; disons seulement que ce qui les distingue, c'est que, chez le premier, le bois fournit, en dedans, l'andouiller supérieur, et que, chez le second, l'andouiller supérieur, constituant une bifurcation du bois, se trouve situé dans le même plan antéro-postérieur que la perche. Dr Bossu.

CERFEUIL (botanique) (*scandix*).— Genre d'ombilifères annuelles ou bisannuelles, à feuilles bitripinnatiséquées, à fleurs blanches, etc., dont les différentes espèces sont:

Le *cerfeuil commun* (*scandix cerefolium*) est une plante annuelle que tout le monde connaît. Tiges dressées, rameuses, striées, fistuleuses ; feuilles plusieurs fois ailées, à folioles pinnatifides; fleurs en ombelles sessiles opposées aux feuilles, et à 3-5 rayons ; involucelle de 1-3 folioles ; pour fruit deux graines accolées, oblongues. — Le cerfeuil est cultivé dans les jardins comme plante potagère. On emploie ses feuilles avant qu'il soit monté en graine, et pour en avoir toujours de fraîches, il est bon d'en semer tous les huit jours. Son odeur aromatique diminue considérablement par la dessiccation, ainsi que sa saveur légèrement piquante. Les lapins sont très-friands de cette plante, dont la médecine se sert à titre d'apéritif, de désobstruant, et à l'extérieur, comme résolutif et calmant.

Le *cerfeuil musqué* (*scandix adorata*), ou *cerfeuil d'Espagne*, a les tiges plus fortes, les feuilles plus grandes, le fruit très-gros, l'odeur aromatique plus développée. Il peut remplacer le cerfeuil commun, mais son action est plus marquée.

Le *cerfeuil sauvage* (*chærophyllum sylvestre*) atteint cinquante centimètres à un mètre, et croît naturellement dans les prés, les haies humides. Il ressemble beaucoup à la ciguë et n'est pas sans danger.

Le *cerfeuil bulbeux* (*chærophyllum bulbosum*) a fait dans ces derniers temps l'objet d'une étude approfondie, à cause des vertus nutritives de sa racine. Celle-ci contient en effet une fécule très-abondante et des substances azotées en proportion plus considérable que la pomme de terre; et cette fécule est de plus exempte de l'odeur désagréable qui caractérise cette dernière. M. Payen pense qu'elle pourrait remplacer les fécules exotiques extraites des racines d'igname, de manioc, etc. Plusieurs horticulteurs de Vitry-sur-Seine ont présenté des produits remarquables à la dernière exposition de la Société centrale d'horticulture; aussi M. Sacc vient-il d'appeler l'attention de la Société impériale d'acclimatation sur cette espèce.

Cultivée sur une grande échelle en Bavière, où elle occupe une place importante sur le marché de Munich, cette plante vient spontanément dans les prés et les forêts humides, notamment dans le voisinage des ruisseaux. Dans une terre fraîche et fortement fumée, les tubercules atteignent les dimensions d'un œuf de poule ordinaire, et un poids moyen de vingt et un grammes. Une planche de jardin de huit mètres superficiels a rapporté à M. Sacc neuf kilogrammes deux cent cinquante grammes.

De juin en août, le cerfeuil tubéreux développe ses gracieuses ombelles de fleurs blanches qui donnent de la graine en abondance. Celle-ci doit être semée à la volée et pas trop serrée, c'est-à-dire que les jeunes plantes doivent être espacées à quatre centimètres environ, en tous sens. Quand le semis est trop serré, ou est envahi par les mauvaises herbes, le mieux est de ne pas y toucher : on risquerait, par le sarclage de tuer toutes les plantes en ébranlant leurs frêles radicelles.

Vers le milieu de juin, les feuilles se dessèchent, et l'on peut commencer d'arracher les tubercules ; ils ont acquis leur entier développement ; mais ce n'est qu'en septembre qu'ils prennent le délicieux parfum de vanille qui caractérise ce légume et en fait un plat d'une grande délicatesse. Il est préférable de n'arracher les tubercules qu'au fur et à mesure des besoins, parce qu'ils se conservent mieux en pleine terre que dans les caves : ils ne craignent point les gelées les plus fortes.

En résumé, le cerfeuil bulbeux est un excellent légume, très-nutritif, facile à cultiver, et qui a surtout l'avantage d'arriver précisément à l'époque où les chaleurs de l'été diminuent la production des autres légumes, et où les provisions des pommes de terre commencent à s'épuiser. Dr Bossu.

CERF-VOLANT (zoologie). — Nom vulgaire d'une des plus grandes espèces d'insectes du genre lucane (voy. ce mot). On l'a ainsi nommé parce qu'on a comparé ses mandibules au bois du cerf; ces organes sont assez forts pour causer une douleur vive lorsqu'ils parviennent à saisir le doigt. On trouve ce coléoptère dans tous les pays chauds pendant la belle saison; il ne vole que le soir et produit un bourdonnement monotone assez fort. On pense que c'est la larve de cet insecte que les anciens nommaient *cossus* et qu'ils regardaient comme un mets délicat.

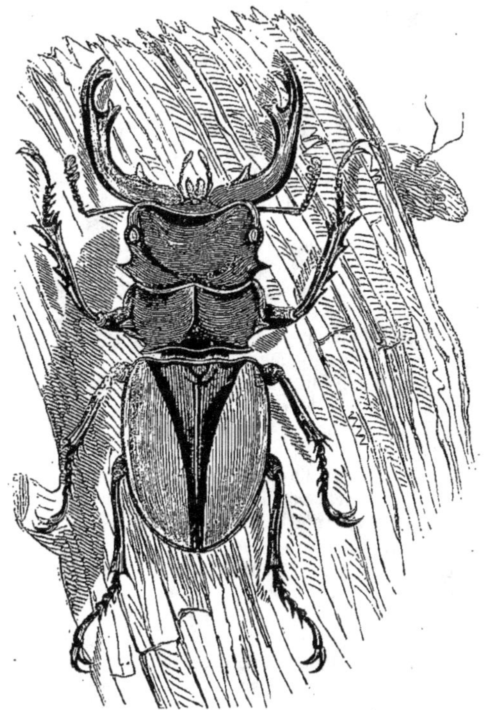

Fig. 58. — Cerf-volant.

CERISIER (botanique). — Genre de plantes de la famille des rosacées qui se rapproche beaucoup du prunier et qui comprend des arbres de moyenne grandeur très-connus des agriculteurs et des horticulteurs. Les botanistes réunissent les cerisiers aux pruniers parce qu'ils ont les mêmes caractères génériques, mais les cultivateurs les séparent.

Nous allons donner ici l'extrait d'un excellent article publié sur ce sujet par le docteur Couverchel, de l'Académie de médecine.

La cerise doit son nom à la petite ville de *Cerasunte*, de la province de Pont, en Asie; elle fut importée à Rome par Lucullus, vainqueur de Mithridate.

Les Romains, dignes appréciateurs de tous les genres de conquêtes, en connurent bientôt huit espèces : une rouge, une noire, une tellement molle qu'on pouvait à peine la transporter, une autre ferme et résistante qui se rapprochait de notre bigarreau, une assez petite et d'une saveur amère analogue à la merise, une dernière, enfin, qu'on appelait cerise naine. Si l'on en croit Pline, cette variété, lorsqu'on en faisait un usage immodéré, causait des vertiges et enivrait à l'égal du vin. Nous sommes, sous ce rapport, beaucoup plus riches que les Romains, car on ne compte maintenant pas moins de cinquante à soixante, tant espèces que variétés. Les progrès presque journaliers que fait l'horticulture permettent de croire que ce nombre augmentera encore.

On divise les cerises en deux classes principales : la première comprend celles dont la forme est en cœur, exemple : merises, guignes, bigarreaux; la deuxième, celles dont la forme est ronde, et plus généralement connues sous le nom de griottes, elle comprend : la cerise franche ou commune, celle hâtive, celle tardive, celle de Montmorency ordinaire et gros-Gobet, la cerise de Hollande, de Goulard, le chery-Duke, le may-Duke ou royale hâtive des environs de Paris, et les griottiers marasquins, du nord, etc., etc.

La cerise est, sans contredit, un des meilleurs fruits connus, tant par les ressources qu'elle offre à l'alimentation qu'à cause de ses propriétés diététiques; c'est sous ce dernier rapport qu'il nous importe de considérer ce fruit, devenu, pour ainsi dire, indigène en France. Mais les cerises, et notamment celles dites griottes, bien que généralement laxatives et rafraîchissantes, sont cependant plus nourrissantes que les autres espèces du même genre; cette différence est vraisemblablement due à la proportion généralement plus considérable de principe sucré. On met souvent cette propriété à profit en prescrivant leur usage lorsque, après des maladies graves, on veut sustenter les convalescents, et néanmoins tenir, comme on dit vulgairement, le ventre libre.

Le suc exprimé de cerises, étendu d'eau et désigné dans le régime diététique sous le nom d'*eau de cerises*, forme également une boisson qui, dans certains cas, remplace avec avantage la limonade.

On prépare aussi, en plaçant des cerises écrasées dans des circonstances favorables au développement de la fermentation et activant celle-ci par l'addition d'une matière sucrée, du miel par exemple, une boisson alcoolique ou vin, assez estimé et dont l'usage est très-approprié dans les pays chauds. Cette boisson fournit par la distillation une liqueur ou ratafia connu sous le nom de *marasquin;* elle est, dans ce dernier cas, préparée de préférence avec l'espèce de cerise dite *marasca,* très-commune aux environs de Trieste et de Zara. Cette circonstance et les soins qu'on apporte à sa fabrication ont mis ces pays en possession de fournir au commerce la plus grande partie du marasquin qui se débite en Europe.

On conserve les cerises de diverses manières; mais le moyen le plus simple consiste à en opérer la presque complète dessiccation en les plaçant d'abord sur des claies, puis les exposant soit à l'étuve, soit sur un four. Cette opération, en rapprochant les principes, fait acquérir au fruit une saveur douce-aigrelette très-agréable; elles prennent dans cet état le nom de *cerisettes* et sont vendues dans le commerce en petits bouquets ou paquets. Elles s'associent parfaitement avec les pruneaux et relèvent leur saveur fade et nauséeuse.

Un autre mode de conservation, beaucoup plus commun, consiste à plonger les cerises, préalablement privées de leur pédoncule ou queue, dans un sirop de sucre bouillant, puis à rapprocher convenablement sur le feu pour convertir en confiture ou en marmelade; cette conserve, très-agréable et très-saine, est d'une heureuse indication lorsqu'il s'agit d'entretenir dans un état normal les fonctions des voies digestives chez les enfants et chez les vieillards, dans la saison principalement où l'alimentation s'effectue, en grande partie, sans le concours des végétaux et notamment des fruits.

On prépare encore, avec le suc des cerises, un sirop rafraîchissant moins acidule que celui de groseilles, et qui peut conséquemment, dans beaucoup de cas, le remplacer avec avantage.

Nous ne ferons mention que pour mémoire de la conservation des cerises au moyen de l'eau-de-vie, attendu d'abord que cette préparation n'offre aucune ressource à la thérapeutique, et qu'ensuite les propriétés du fruit y sont complétement dénaturées.

Les pédoncules ou queues de cerises séchées et infusées dans l'eau forment une boisson ou tisane apéritive et tempérante, que l'on administre avec assez de succès contre les inflammations des voies urinaires.

Les autres espèces de cerises, celles qui forment, comme on l'a vu plus haut, la première classe (*merises, guignes* et *bigarreaux*), sont en général beaucoup moins agréables et moins saines que les griottes; elles peuvent, lorsqu'on en fait un usage immodéré, donner lieu à certains troubles dans les voies digestives; c'est ainsi que l'on remarque chez les enfants, qui, en général, en sont assez friands, la manifestation de vers intestinaux, et souvent même l'indigestion avec de graves symptômes.

La mérise, bien qu'en général peu recherchée en France, et rarement présentée sur nos tables attendu surtout sa saveur amère, n'en est pas moins l'objet d'un commerce fort intéressant pour plusieurs contrées de la Suisse et de la Savoie. Très-commune dans les forêts, elle formait autrefois la nourriture presque exclusive des bûcherons et des charbonniers qui les exploitent; ils préparaient avec ce fruit sec, bouilli dans l'eau, du beurre et du pain, une sorte de soupe que leur extrême frugalité pouvait leur rendre supportable, mais qui exigeait néanmoins le concours d'estomacs robustes pour être convertie en matière assimilable. Maintenant, ils en effectuent la récolte pour la vendre aux fabricants de kirschewasser; les plus intelligents fabriquent eux-mêmes cette liqueur alcoolique, mais les procédés qu'ils emploient laissent néanmoins beaucoup à désirer. Non-seulement ils opèrent dans des vases non étamés et souvent fort malpropres, mais ils négligent, en outre, d'enlever une partie des noyaux, précaution fort importante cependant pour éviter la présence, dans la liqueur, d'une proportion trop considérable d'acide prussique (cyanhydrique). Ces circonstances rendent son usage quelquefois fort dangereux. (*Couverchel.*)

CÉRITE (minéralogie) [du latin *cera,* cire.]— Oxyde silicifère de cérium, minéral assez rare, d'un rouge rose ou de couleur de chair, quelquefois avec des teintes de brun de girofle. Sa poudre est d'un gris rougeâtre. Il est à peine luisant à l'intérieur ; son éclat est résineux; sa cassure est esquilleuse, à grains fins, avec fragments indéterminés. La cérite est opaque ; elle raye le verre, fait feu avec le briquet, se rompt difficilement, cède à peine au couteau, et donne une râclure d'un blanc grisâtre. Elle est infusible au chalumeau; mais la couleur de sa poussière passe du gris au jaune.

Cérite (zoologie) [du grec *kérutès,* même sens]. — Genre de mollusque à coquilles canaliculées, comprenant plus de trois cents espèces vivantes ou fossiles. Les terrains tertiaires sont particulièrement riches en cérites, tandis que les terrains secondaires en offrent un si petit nombre qu'on a cru pendant longtemps qu'elles n'y existaient pas. Les espèces vivantes se trouvent dans presque toutes les mers, et particulièrement dans les mers les plus chaudes.

CÉRIUM [pron. *cériome;* de *cérite*]. — Métal découvert par Berzélius en 1804, et trouvé pour la première fois dans la cérite. Il est cassant, lamelleux, d'un blanc grisâtre, presque infusible, et soluble uniquement dans l'eau régale; il appartient à la série des métaux qui absorbent l'oxygène aux plus hautes températures. «Le cérium n'existe pas dans la nature à l'état de pureté. On le rencontre dans plusieurs espèces du genre fluorure, dans deux espèces du genre phosphate et dans un grand nombre de silicates; on reconnaît sa présence dans un minéral à ce que celui-ci donne avec le borax, au feu d'oxydation, un verre qui est rouge ou orangé foncé tant qu'il est chaud, et qui devient jaune en se refroidissant. »

CÉROMANCIE (sciences occultes) [du grec *kéros*, cire; *manteia*, divination]. — Divination qui consistait à faire fondre de la cire, à la verser goutte à goutte dans un vase d'eau, et à tirer des présages heureux ou malheureux de la figure que formaient ces gouttes. Elle était en usage chez les Turcs. On pourrait comprendre sous ce titre une superstition bizarre répandue autrefois dans l'Alsace. « Lorsqu'une personne était malade, et que les bonnes femmes catholiques voulaient savoir quel saint lui avait envoyé sa maladie, elles prenaient autant de cierges du même poids qu'elles soupçonnaient exister de saints dans le ciel; elles en allumaient un en l'honneur de chaque saint, et celui dont le cierge était le premier consumé passait, dans leur esprit, pour l'auteur du mal. »

CERTIFICAT (médecine légale). — Simple attestation d'un fait qui peut se donner sur la demande de l'autorité ou sur celle d'un simple particulier. M. Trébuchet, chef du bureau de la police médicale, apprécie en ces termes[1] l'importance du rôle du médecin et la valeur des certificats qu'il délivre :

Ce n'est pas seulement sous le rapport thérapeutique que le médecin joue parmi nous un rôle dont on ne peut nier l'importance. En possession d'un art qui touche à presque toutes les sciences, il est un grand nombre de situations où son intervention nous devient nécessaire. Il suffit pour s'en convaincre de consulter les nombreux ouvrages de médecine légale qui traitent cette matière : on y voit que le médecin est en quelque sorte un homme public; qu'en dehors de l'exercice habituel de sa profession, il est revêtu d'un ministère d'autant plus important que sa décision influe de la manière la plus positive sur le jugement des tribunaux appelés à prononcer sur la vie ou sur la fortune des citoyens. Nous ne traiterons pas ici ces questions; elles trouveront leur place quand nous parlerons des *rapports médico-légaux*. Nous n'examinerons en ce moment que ce qui concerne les *certificats*, objet moins grave, mais qui cependant, dans certains cas, ne laisse pas que d'avoir une importance réelle. En effet, nous retrouvons ces certificats à chaque instant de la vie, et au milieu de l'accomplissement de ces nombreux devoirs que la société nous impose. La loi elle-même les prescrit pour une foule de cas, et si elle se tait quelquefois, nous n'en sommes pas moins forcés de recourir aux médecins afin de pouvoir, au moyen de leurs certificats, jouir des bénéfices qu'elle nous accorde.

Cependant les certificats ne sont entourés d'aucune des solennités exigées pour les rapports en justice : ils ne sont pas faits sous la foi du serment; la présence du magistrat n'est pas nécessaire; ils sont entièrement laissés à la conscience du médecin qui les délivre; aussi sont-ils, quelquefois, beaucoup plus officieux qu'authentiques, et délivrés bien plus encore dans l'intérêt seul des personnes qui les réclament que dans l'intérêt général de la société. Mais ils n'en exigent pas moins, de celui qui les délivre, la même véracité, la même bonne foi, que s'il s'agissait d'un rapport, et nos lois criminelles ont prononcé des peines sévères contre les malversations dont ils peuvent être l'objet.

Les certificats doivent tous, sans exception, être rédigés avec clarté, avec précision; ne laisser aucun doute sur le fait qu'ils sont destinés à constater, et sur l'âge, le sexe, la demeure et la profession des personnes qu'ils concernent. Un certificat incomplet et obscur peut être la source de nombreuses difficultés, car il arrive souvent qu'on ne s'en sert que bien des années après qu'il a été délivré : un certificat de vaccine, par exemple. Or, si le médecin qui a rédigé le certificat n'existe plus et que la cause pour laquelle il a été fait ait elle-même disparu, toute rectification devient impossible; on ne saurait donc trop appeler à cet égard l'attention des médecins et des personnes qui leur demandent des certificats. Ajoutons qu'il est nécessaire qu'ils soient faits sur papier timbré, et que la signature du médecin soit légalisée par les autorités compétentes.

Les certificats se délivrent principalement pour justifier des infirmités graves qui exemptent de la tutelle (art. 434 du Cod. civ.); pour constater qu'un juré est, par suite de maladie, dans l'impossibilité de se rendre aux assises (art. 397, Cod. d'instr. crim.); ou qu'un témoin ne peut, pour les mêmes causes, comparaître sur la citation qui lui a été donnée (art. 83, Cod. d'instr. crim.); pour la radiation des contrôles de la garde nationale des personnes atteintes d'une infirmité qui les met hors d'état de faire le service (art. 29, loi du 22 mars 1831); pour la constatation d'infirmités qui rendent impropre au service militaire (loi du 21 avril 1832). Ils se donnent aussi dans une foule de circonstances où il est nécessaire de faire constater, d'une manière régulière, une maladie ou une infirmité soit chronique, soit passagère : ainsi, il est nécessaire de se pourvoir d'un certificat de médecin pour éviter de présenter aux mairies les enfants nouveau-nés auxquels ce transport pourrait occasionner des accidents graves; pour s'exempter d'un service momentané de la garde nationale, une garde, par exemple; pour constater l'état de santé d'un enfant qu'on veut faire entrer dans un collége ou autre établissement d'instruction publique; pour obtenir une retraite avant l'âge et le temps de service fixés par les règlements, etc., etc.

Comme on le voit, ces actes se multiplient suivant nos intérêts, nos besoins, et il n'est personne qui n'y ait eu plus d'une fois recours. Mais plus ils sont facilement admis, plus ils ont de crédit auprès des autorités qui les réclament, plus les peines sont sévères quand ils sont entachés de faux, et qu'ils ont été délivrés ou par complaisance, ou par suite de concussion. Nous renvoyons à cet égard aux art. 159, 160,

[1] *Dict. de Méd.* de Beaude.

162 du Code pénal, 86 du Code d'instruction criminelle, et aux lois sur le recrutement.

Les peines prononcées en pareils cas sont fort sévères, et impriment à jamais une juste flétrissure sur l'homme de l'art qui a oublié à ce point la hauteur de son ministère. (*Ad. Trébuchet.*)

CÉRUMEN (physiologie). — Humeur épaisse, jaunâtre, analogue à la cire, et qui est sécrétée dans le conduit auditif externe de l'oreille. Cette humeur, qui est composée, d'après Vauquelin, de mucus, d'une matière résineuse semblable à celle qui est dans la bile, d'une matière colorante jaune, de soude et de phosphate de chaux, est sécrétée par des follicules de la peau qui tapissent le conduit auditif, et qui existent à toutes les ouvertures naturelles du corps où elles sécrètent des humeurs qui varient de nature pour chaque partie. Le cérumen lubréfie l'intérieur du conduit auditif, en entretient la souplesse et en défend l'entrée contre les insectes et les corps étrangers qui viennent de l'extérieur; son accumulation détermine souvent une surdité qui cède à l'extraction de cette matière au moyen d'une petite curette : il faut auparavant avoir soin de la ramollir en instillant dans l'oreille, avant l'opération, quelques gouttes d'huile d'amandes douces. (Dr *Beaude.*)

CÉRUSE [du latin *cerussa*, même signification], dite aussi *blanc de plomb, blanc d'argent, sous-carbonate de plomb.* — Combinaison d'acide carbonique et d'oxyde de plomb, blanche, friable, insipide et insoluble dans l'eau. Quand elle est pure, la céruse se dissout complétement et avec effervescence dans l'acide azotique. Les céruses se vendent dans le commerce sous forme de pains coniques de 1 à 2 kilog.; elles sont souvent mélangées avec des substances blanches de moindre valeur, comme le sulfate de plomb, le sulfate de baryte, la craie ou le sulfate de chaux.

M. P. Vinçard[1] a résumé d'une manière admirable le commerce, la fabrication de la céruse, ainsi que les dangers auxquels sont exposés les ouvriers cérusiers. — Nous sommes heureux de reproduire ici ces deux articles.

La céruse sert à une infinité d'usages dans les arts et dans l'industrie, et il y a, à Paris seulement, 43 professions où elle est employée à des doses plus ou moins fortes. On la fabrique principalement en Hollande, en Allemagne et en France, et dans ces trois pays il y en a de quatre sortes différentes, dont les qualités sont à peu près semblables. Voici, en France, leur désignation : 1° *Blanc d'argent.* Sa pâte est fine et serrée, sa couleur très-pure, et il se casse nettement. Les artistes peintres, les décorateurs et les peintres sur porcelaine emploient ce blanc de préférence à tout autre. 2° *Céruse de Hollande.* Ainsi nommée parce qu'elle se fabrique par les mêmes procédés que ceux dont se servent les Hollandais. Elle est serrée, compacte et douce, et couvre parfaitement. 3° *Céruse de Clichy.* Du nom de la fabrique où elle se prépare. Elle n'a pas toutes les qualités des précédentes; sa pâte est moins fine, son blanc n'est pas d'un beau mat et elle ne couvre pas assez. 4° *Céruse de Lille.* Elle tient le milieu entre celle de Hollande et celle de Clichy. Pour ôter à la céruse ce reflet jaunâtre qu'elle a communément, on y ajoute un peu de charbon en poudre ou d'indigo. Les peintres en bâtiments essayent leurs céruses en mesurant la surface d'enduit ou de bois uni qui peut être couverte par un poids donné après que les céruses ont été préalablement délayées dans de l'huile : celles qui couvrent le plus sont choisies de préférence. La fabrication des céruses françaises s'opère de cette manière : on prend des lames de plomb coulé, on les met dans des pots de grès, et on les place ensuite dans des couches de fumier sur lesquelles on jette du vinaigre. Au bout de quelques jours, l'action du fumier et du vinaigre sur le plomb le transforme en écailles. Quelquefois on met de la paille ou du tan à la place du fumier, et ce dernier procédé paraît préférable. Lorsque les lames de plomb sont réduites à l'état d'écailles, on les broie, on les met en poudre ou en pâte, suivant l'usage qu'on en veut faire, et on livre la céruse au commerce. Cette industrie est une des plus meurtrières pour ceux qui sont condamnés à l'exercer. L'opération de l'*empotage*, qui consiste à mettre la céruse dans des pots ou en barils, est la plus dangereuse de toutes, et il n'est pas de jours où elle ne fasse de nombreuses victimes. A diverses époques, le gouvernement a essayé de détruire la fabrication de la céruse, les sociétés savantes ont proposé des prix, et des chimistes distingués ont même découvert des produits qui eussent pu remplacer cette substance homicide; mais nous le disons avec tristesse, ces tentatives ne se sont encore traduites en faits pratiques que dans un seul cas que nous allons mentionner tout à l'heure. Dans un rapport présenté à l'Académie des sciences, Ruolz disait, il y a plusieurs années : « Aucune des espérances fondées jusqu'à ce jour sur des moyens de neutraliser les graves inconvénients particuliers du blanc de plomb n'a été justifiée par l'expérience en grand. Les dangers sont donc inhérents à l'emploi du plomb, et nous croyons que le seul moyen sûr, *à priori*, de préserver une classe d'ouvriers dont on compte à Paris seulement près de 8,000, est de remplacer la céruse par une combinaison ne contenant pas ce métal. » Leclaire, maître peintre en bâtiments, douloureusement affligé des accidents qui frappaient tous les ouvriers de cette profession, et s'appuyant sur les travaux antérieurs de *Guyton-Morveau* et d'*Atkinson*, est parvenu à substituer le blanc de zinc et les couleurs à base de zinc au blanc de plomb, et dans un rapport fait à la Société d'encouragement par A. Chevalier, on voit que « la peinture au blanc de zinc n'offre pas plus de difficulté dans son application que la peinture au blanc de céruse; le blanc de zinc se mêle parfaitement à l'huile sans qu'il soit nécessaire d'employer le broiement. » Ajoutons que, pour les ouvriers qui l'emploient, le blanc de zinc

[1] *Diction. univ.* de M. Lachâtre, t. Ier, p. 869 et suiv.

ne présente aucun des dangers de la céruse, et que, sous ce rapport, il y a un grand progrès accompli. Malheureusement, la routine s'oppose de toutes ses forces à ce que l'usage du blanc de zinc soit universellement répandu; car, ainsi que l'a écrit A. Toussenel, il y a encore « en France, comme en Angleterre et partout, des industries homicides qui condamnent impitoyablement à mourir, en un temps donné, le malheureux qui est réduit par la misère à exercer ces industries pour vivre. » (*P. Vinçard.*)

CÉRUSIER. — Ouvrier qui fabrique le blanc de céruse. Cette profession est si dangereuse, que ceux qui l'exercent ne peuvent y résister longtemps. Aussi un homme ne s'y résigne-t-il que lorsqu'il a épuisé toutes ses ressources et qu'il n'a plus qu'à choisir entre le suicide et le déshonneur. Les cérusiers chargés de broyer la céruse aspirent le poison dans de si grandes proportions qu'ils succombent au bout de quelques mois, après avoir enduré les plus atroces souffrances. Cette catégorie est appelée l'*armée roulante*. Les cérusiers qui mettent le blanc dans les barriques sont aussi condamnés, par la nature de leur travail, à mourir en peu de temps, par suite des coliques qu'ils éprouvent. Rien n'est plus triste que de les voir les narines et la bouche couvertes d'un linge qui est insuffisant pour empêcher le poison de pénétrer dans les voies respiratoires. On a imaginé de leur faire porter un masque, qui, leur couvrant entièrement la figure, pouvait diminuer la gravité des dangers; mais la difficulté de respirer et la chaleur communiquée par cet appareil ont empêché les cérusiers d'en profiter. Il y a quelques années, ces pauvres victimes de la misère étaient un objet de terreur pour les habitants qui demeuraient auprès des fabriques de céruse. Leurs vêtements en lambeaux, leurs physionomies portant l'empreinte de vives douleurs, tout enfin concourait à leur donner un aspect étrange, et on les fuyait comme s'ils eussent été pestiférés. A l'époque dont nous parlons, il y avait un certain nombre de repris de justice parmi eux, et l'on aurait dû leur tenir au moins compte de leur volonté de rentrer dans le devoir. Maintenant, l'on n'est admis à travailler dans les fabriques de céruse qu'à la condition d'avoir un livret parfaitement en règle, et chaque jour il se présente encore plus d'ouvriers qu'il n'en faut. La plupart espèrent qu'ils seront assez forts pour résister au danger; d'autres croient qu'ils retrouveront du travail dans leur première profession et qu'ils quitteront la fabrique de céruse au bout de quelques jours. Pour la généralité ce n'est qu'un mirage, et ils succombent après avoir souffert au delà de toute expression. Laissons parler à ce sujet Tanquerel des Planches : « ... Alors, en proie à l'anxiété la plus vive, la face toute décomposée, les traits grippés, les yeux enfoncés, ternes et égarés, ces malheureux malades poussent des cris déchirants, des gémissements affreux, quelquefois une sorte de mugissement... » Après avoir décrit les efforts de ces pauvres moribonds pour échapper au moins pendant quelques instants à de si horribles tortures, le même auteur ajoute : « Quelques-uns se roulent dans leur lit ou même par terre, se mettent en double, se pelotonnent sur la face antérieure du tronc, en prenant mille attitudes aussi bizarres... Nous avons observé de ces infortunés qui se portaient eux-mêmes des coups sur l'abdomen, la figure et les membres, se mordaient les doigts, etc., etc.... Il y en a qui se serrent au moyen de cravates, de cordes, etc. Enfin nous avons vu, comme quelques auteurs (Fernel, Mérat), des malades faire monter leurs camarades sur leur ventre. » D'après les statistiques fournies par les hôpitaux, il est entré, de 1838 à 1847, dans les hôpitaux de Paris, 3,142 ouvriers atteints de coliques saturnines, et, sur ce nombre, 112 sont morts. Cependant, ainsi que le fait très-judicieusement observer A. Chevalier, « Paris ne compte que deux fabriques de céruse et de minium. » Les autres villes, telles que Nantes, Lille, etc., fournissent un contingent de malades à peu près analogue, et il n'est pas un ouvrier préparant ou employant le blanc de céruse qui ne soit exposé aux mêmes dangers. Les cérusiers gagnent en moyenne 2 fr. et 2 fr. 25 cent. par jour. A Nantes, où il y a deux fabriques de céruse, les hommes gagnent au plus 2 fr., et les femmes, 1 fr. 25 cent. par jour. On avouera sans peine que c'est acheter bien cher les avantages que l'on prétend retirer de la fabrication de la céruse, lorsque, d'une part, le salaire des ouvriers est aussi minime, et que, de plus, la vie de tant d'hommes se trouve exposée à de si graves dangers. En présence de pareils faits, n'a-t-on pas droit d'espérer que l'emploi du blanc de zinc, qui n'offre aucun des inconvénients de la céruse, remplacera bientôt ce produit, qui, à lui seul, a déjà plus décimé d'hommes que ne l'eût fait une sanglante bataille? (*P. Vinçard.*)

CERVEAU (anatomie). — Partie la plus considérable de l'encéphale, qui occupe toute la cavité du crâne, à l'exclusion de la partie comprise au-dessous de la tente du cervelet. Le cerveau proprement dit s'étend du front aux fosses occipitales supérieures. Sa forme est symétrique, ovoïde, légèrement comprimée sur les côtés et aplatie en dessous. Sa face supérieure est divisée, par une scissure profonde, en deux moitiés appelées *hémisphères cérébraux*, et présente à sa surface un grand nombre d'éminences appelées *circonvolutions cérébrales*, et séparées par des sillons sinueux nommés *anfractuosités*. Sa face inférieure offre, d'avant en arrière, la commissure des nerfs optiques, le tubercule cendré, la tige et la glande pituitaires, les tubercules mamillaires, la protubérance cérébrale, et sur les côtés, trois lobes, dits antérieur, moyen et postérieur. A l'intérieur, le cerveau renferme le corps calleux, le *septum-lucidum*, la voûte à trois piliers, la glande pinéale, le ventricule moyen et les ventricules latéraux. Toute la masse cérébrale est contenue dans trois enveloppes membraneuses appelées *méninges*, qui sont : la *pie-mère*, l'*arachnoïde*, la *dure-mère*. (Voy. *Méninges*.) On distingue dans le cerveau deux substances : la *corticale*, grise, molle, spongieuse, d'où naissent les filaments nerveux; la *médullaire*, blanche, plus ferme, parsemée de rameaux vasculaires, qui constitue ces mêmes filaments.

Dr Heinriech.

Physiologie du cerveau. — Au moment de la naissance, l'enfant, dont la tête est relativement si volumineuse, est bien loin encore de l'entier développement de ses facultés. Les substances cérébrales et les circonvolutions elles-mêmes sont loin d'être aussi nettement tranchées qu'elle doivent le devenir.

L'imperfection simultanée des actes intellectuels, moraux et instinctifs, et des conditions matérielles sous lesquelles se présentent les diverses parties de l'encéphale, temporaire dans le fœtus humain, se montre d'une manière permanente dans les animaux auxquels il est refusé d'atteindre aux perfectionnements propres à l'esprit humain.

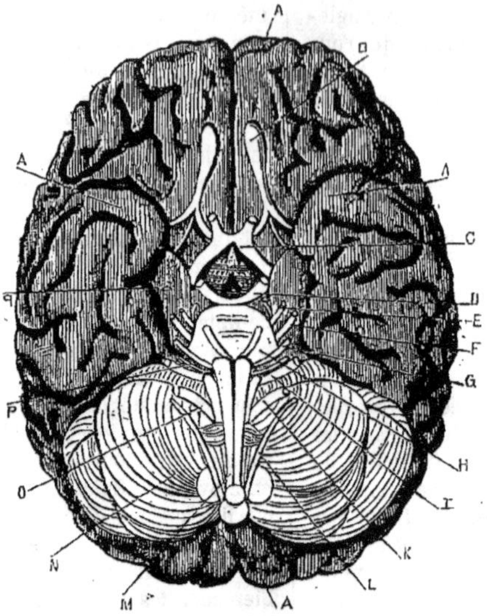

Fig. 59. — *Cerveau vu par sa face inférieure.* — On y voit les circonvolutions cérébrales (A, A); le nerf olfactif (B); le nerf optique (C); le nerf pathétique (D); les nerfs moteurs oculaires (E, F, G); la protubérance annulaire (H); les nerfs cérébraux spinaux (I, K, L, O, P); la naissance de la moelle allongée (M); le cervelet (N).

L'homme, sous le rapport du développement des hémisphères, du cervelet et du cerveau, occupe le premier rang; les quadrumanes et les dauphins viennent ensuite. Déjà chez les carnassiers, le cervelet n'est plus recouvert par les lobules postérieurs du cerveau, qui manquent en partie. Les circonvolutions sont proportionnellement aussi considérables, mais non aussi nombreuses. Ce sont les rongeurs qui présentent parmi les mammifères le cerveau le plus simple. On voit chez les oiseaux disparaître les hémisphères latéraux du cervelet, ainsi que les fibres transversales de la protubérance; il n'y a ni lobules ni circonvolutions aux hémisphères cérébraux. On voit dans les reptiles et les poissons l'encéphale tendre à l'uniformité, à l'allongement, au rapprochement avec la conformation de la moelle, comme on l'a vu dans le fœtus humain. Quelques parties, les tubercules quadrijumeaux, par exemple, augmentent, au contraire, en raison directe de la diminution des hémisphères cérébraux et cérébelleux. On admet plus de cerveau dans les insectes. Ce sont des renflements successifs unis par des nerfs, comme si les organes réunis dans l'encéphale humain fussent dissociés et reportés à chaque partie qu'ils doivent animer. La substance nerveuse devient indistincte dans les derniers animaux. Ainsi progressivement décroît et disparaît la disposition compliquée de l'encéphale humain, en même temps que les facultés qui le distinguent et lui assignent une prédominance si exceptionnelle.

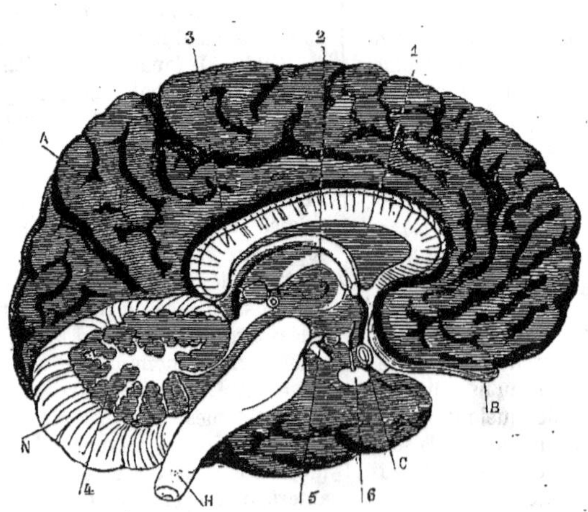

Fig. 60. — *Coupe verticale du cerveau, du cervelet et de la moelle allongée.* — On y voit les circonvolutions cérébrales (A); les substances blanche et grise; la moelle allongée (H), etc.

D'autres conditions viennent révéler encore cette sorte de dépendance de la matière et de l'esprit. La compression du cerveau par la main lorsqu'une blessure a ouvert le crâne produit un sommeil, une suppression irrésistible des facultés, l'oubli, de penser, de vouloir; ainsi agissent l'apoplexie, qui comprime, par l'épanchement du sang qui la constitue, le fragment enfoncé d'une fracture, une balle, etc. L'inflammation des membranes du cerveau, celle du cerveau lui-même, altèrent, pervertissent et abolissent les actes moraux, intellectuels, instinctifs.

Comme les autres organes, le cervau se nourrit par l'abord du sang; comme les autres, il s'enflamme, s'altère, se durcit, se ramollit, est le siége de dépôts de pus, de tubercules, de cancers, de matières osseuses, cartilagineuses, etc., et ces altérations donnent lieu à des troubles divers dans les facultés psychologiques.

Elles s'altèrent encore sans qu'aucune lésion matérielle l'indique, pour nos sens du moins, et à l'état de connaissances où nous en sommes. La folie, l'hystérie, l'épilepsie, l'hypochondrie, sont des maladies de l'encéphale; on ne rencontre pas constamment des lésions anatomiques sur les personnes qui y succombent.

Le sang altéré par l'alcool contenu dans les boissons prises en trop grande quantité dans les excès de table, prive le cerveau de l'action normale de ses facultés. Dans l'espèce humaine, qui ne saurait supporter son prodigieux accroissement sans les liens sociaux, la plus essentielle des facultés est la puissance morale, aussi tout y est-il ordonné pour cette existence spirituelle. A la disposition inconnue, inconcevable, insaisissable d'une partie de notre organisme est dévolue l'attribution de manifester cette puissance. Comme pour les autres organes, quelques exercices dirigés d'après certaines lois permettant de donner à l'organe de notre pensée une énergie plus prononcée, une portée plus étendue, une action plus soutenue. Ici le physiologiste intervient, le médecin s'asseoit parmi les législateurs, après avoir éclairé le philosophe; l'éducation morale repose sur des lois presque physiques, la gymnastique de l'esprit reconnaît des préceptes et des expériences analogues à ceux qui modifient le reste du corps; l'esprit s'est matérialisé dans son instrument; dans le cerveau siége la force de l'homme social. On est loin d'avoir atteint le but dans cette voie de progrès; mais on y marche, et il appartient aux physiologistes de tracer ce plan, lui que ses investigations ont porté à éclairer la route. (*Sanson Alphonse.*)

Cerveau (hygiène des facultés du). — S'il est une vérité démontrée, inconstestable en physiologie, une vérité à l'état d'axiome, c'est la suivante : Toute fonction, toute faculté se perfectionne ou se détériore avec le perfectionnement ou l'altération de l'organe chargé de la produire. Or, dépendant essentiellement de l'encéphale, les facultés intellectuelles et morales sont nécessairement influencées par la manière d'être du cerveau, par l'état congénial ou accidentel de l'organe qui les produit. En veut-on encore de nouvelles preuves? Depuis l'animal le plus simple jusqu'au plus compliqué, depuis le *zoophyte* jusqu'à l'*homme*, l'accroissement insensible et gradué des facultés, de quelque nature qu'elles soient, correspond toujours, partout et sans exception, au perfectionnement des organes. Les facultés cérébrales se développent peu à peu en suivant les progrès du développement de l'encéphale, depuis le jeune âge jusqu'au moment où cet organe atteint toute sa perfection, et elles s'affaiblissent en même temps que celui-ci se détériore par l'effet de l'âge ou des maladies. Il suffit d'un peu de vin, de café ou d'opium ingéré dans l'estomac pour troubler, diminuer, exalter ou pervertir ces facultés, consécutivement à la modification physique que ces substances impriment à l'organe encéphalique. Ces mêmes facultés sont anéanties, paralysées, lorsque l'organe chargé de les produire devient le siége d'une altération profonde.

Admettre que les facultés intellectuelles sont le résultat unique, exclusif, d'un principe immatériel, immuable, insaisissable, n'ayant rien de commun avec la matière, c'est reconnaître l'impossibilité de les modifier, de les diriger; car nous ne pouvons rien sur ce qui n'est pas saisissable, sur ce qui échappe à tous nos sens, à tous nos moyens d'action. Envisageant différemment le principe de l'immatérialité, que certes nous ne révoquons pas en doute et sur l'origine duquel nous ne préjugeons rien, nous suivrons une marche différente des moralistes et des métaphysiciens, marche plus conforme à la nature. Pour peu qu'on y réfléchisse, d'ailleurs, la théorie qui nous sert de point de départ est, socialement parlant, plus rassurante que celle des idéologues, car elle fait espérer plus de succès dans les préceptes de la morale et de la religion pour redresser les idées et les passions affectives que s'il s'agissait de modifier l'*être surnaturel* que nous ne pouvons comprendre et sur lequel nous ne savons comment agir.

Comme toutes les autres fonctions, celles du cerveau sont donc susceptibles d'être modifiées par l'exercice. A la vérité, les modifications physiologiques que l'hygiéniste ou le moraliste s'efforce de leur imprimer sont le plus souvent insensibles, parce qu'il est plus difficile de produire un changement dans la substance cérébrale que dans les muscles, les os ou la peau par exemple, attendu que l'encéphale, qui est relativement très-volumineux dès le bas âge, se perfectionne matériellement d'une manière peu marquée, et que, son action et son produit ne tombant pas sous nos sens, sa direction est elle-même peu accessible aux agents hygiéniques. Toutefois, si, au lieu d'être soumis à des influences lentes et graduées dans l'intention de modifier son état fonctionnel, le cerveau reçoit des impressions profondes et subites, alors des changements plus ou moins marqués se produisent soit dans sa texture, soit dans son mode de vitalité, conséquemment dans ses fonctions, ainsi que nous allons le voir.

L'exercice modifie l'encéphale; bien dirigé, ce viscère se perfectionne, étend ses facultés en développant sa masse. Mais si l'exercice est poussé trop loin, il se manifeste une excitation très-prononcée, qui devient le siége d'une sorte de phénomène d'érection, puis d'une véritable irritation du cerveau, à laquelle peuvent succéder l'inflammation, la folie, l'apoplexie, la paralysie, l'épilepsie, suivant la nature des impressions et l'intensité de leur action. Au contraire, l'absence de toute excitation plonge les opérations mentales dans la langueur ou la paresse, et le cerveau semble s'atrophier.

Si l'exercice de la plupart des organes produit dans l'économie des effets généraux en même temps que des effets locaux, à plus forte raison devons-nous trouver les uns et les autres comme conséquence de l'exercice de l'encéphale, de l'action de ce centre commun qui entretient des relations plus ou moins intimes avec toutes les parties. Modérément excité, l'encéphale ne réagit sur le reste de l'économie qu'en réglant en quelque sorte le mouvement des divers appareils, en les animant suffisamment, et en maintenant leur harmonie. Mais lorsque l'excitation est portée trop loin, les autres fonctions en sont troublées, principalement celles de l'estomac, du cœur et des poumons; les muscles eux-mêmes, les glandes, tous les organes enfin languissent quand le cerveau, concentré sur l'objet qui l'occupe, les force à une inaction plus ou moins complète et n'écoute même pas leurs besoins.

D'après ce peu de mots, il est facile de se faire une idée des inconvénients, des dangers même auxquels s'exposent les hommes de lettres, les philosophes, les grands penseurs, qui tiennent leur esprit dans une tension continuelle sur un même sujet. A ces effets nuisibles de l'exercice cérébral trop actif et trop prolongé s'en joignent d'autres, causés soit par l'inaction dans laquelle vivent les hommes livrés aux travaux de cabinet, soit par leur attitude constamment assise, la poitrine penchée en avant, sans parler de la viciation, par les poêles et l'encombrement, de l'air qu'ils respirent. Les professions sédentaires, les travaux de cabinet notamment, exposent en effet aux hémorrhoïdes, aux affections des voies urinaires, à la constipation, par l'état congestif qu'ils favorisent et qui s'établit sourdement dans les organes du bas-ventre; ils dérangent les fonctions digestives, causent des palpitations nerveuses, prédisposent à l'hypochondrie et aux engorgements du foie par la prédominance du système nerveux d'abord, ensuite par le manque d'exercice musculaire qui en est la conséquence. Aussi, conseillons-nous aux personnes livrées à de tels travaux : 1° d'éviter une assiduité, une immobilité de plusieurs heures de suite; d'avoir soin, au contraire, d'alterner l'action musculaire et l'action cérébrale; 2° de combattre la constipation par les moyens que nous indiquerons ailleurs, de choisir un siége peu moelleux, et surtout de satisfaire aux besoins de l'excrétion urinaire aussitôt qu'ils se font sentir; 3° de faire usage d'une nourriture saine et substantielle, prise à des heures réglées, de s'abstenir des excitants, quels qu'ils soient, et de se livrer à un exercice modéré après chaque repas; 4° de choisir pour le travail les heures du jour où il est le plus facile, et nous croyons que c'est ordinairement le matin, alors que le corps et l'esprit viennent de se retremper dans un sommeil réparateur. Nous savons que les conditions dans lesquelles l'étude et la méditation sont le plus faciles varient pour chaque personne qui s'y livre : qu'à l'une il faut le silence, l'isolement, à l'autre le mouvement, le bruit; à celle-ci la nuit, à celle-là le jour, etc.; mais cela ne diminue en rien l'importance des règles que nous établissons.

Au lieu d'être modifié d'une manière lente, si l'encéphale reçoit une impression violente et subite, l'effet est prompt, rapide dans sa marche, et présente un caractère de gravité en rapport avec l'intention et la nature de la sensation : c'est ainsi qu'on voit survenir une attaque d'apoplexie, la perte de la raison, la mort, à l'annonce d'une nouvelle fâcheuse, à l'occasion d'une peur excessive, etc. A la place d'un modificateur moral, que ce soit une action physique qui frappe le cerveau, l'effet est encore plus prononcé, parce que la matière nerveuse subit une altération plus profonde, comme dans l'enfoncement des os du crâne et les blessures de l'organe cérébral.

L'hygiène des facultés du cerveau se résume en ce peu de mots : ne les exercer ni trop ni trop peu, car leur diminution ou leur exaltation, outre qu'elles ne sont pas dans le degré de développement convenable à leur balancement, troublent l'exercice des autres organes, notamment l'exercice musculaire, qui s'élève ou s'abaisse en sens inverse de l'action cérébrale. C'est à cause de cela, en effet, que l'athlète ne se montre, pour ainsi dire, jamais grand penseur, et réciproquement. Chaque faculté ayant un modificateur spécial, c'est de la mise en action de ce dernier que dépendra l'effet particulier qu'on voudra obtenir; et de même qu'en exerçant le système musculaire on diminue la prédominance de l'encéphale, de même en exerçant davantage certaines facultés intellectuelles ou morales on calme l'excitation des autres. Par exemple, pour distraire le jeune homme des idées et des actes que provoque chez lui l'instinct de propagation, il suffira souvent d'exercer sa faculté musicale, ou toute autre disposition naturellement prononcée, telle que l'ambition, la gloire, etc. Mais, hâtons-nous de le dire, il est plus souvent nécessaire de réprimer que de développer, attendu que, d'une part, dans les sociétés civilisées, tout tend à exalter les passions, et que, d'autre part, la prépondérance d'une faculté non-seulement détruit l'équilibre des fonctions de l'économie, mais encore blesse souvent les lois de la morale et de la société. Toutefois, pour réussir dans la direction morale de l'homme, il faut se mettre à l'œuvre de bonne heure, il faut attaquer les travers aussitôt qu'ils commencent à surgir. On ne doit pas oublier pourtant que si beaucoup de facultés se manifestent dès l'enfance, d'autres n'apparaissent que plus tard, et il importe, avant d'agir, de s'assurer de la tendance qu'elles offrent, en laissant l'enfant manifester librement ses dispositions et en l'observant attentivement et sans idée préconçue.

Dr Bossu (*Anthropologie*).

CERVELET (anatomie) [en latin *cerebellum*]. — Organe situé dans la cavité du crâne en arrière et sous le cerveau. — V. *Cerveau*.

CÉSARIENNE (OPÉRATION) (chirurgie) [du latin *cæsus*, participe passé de *cædere*, couper, inciser. Les Romains appelaient *cæsares*, ou *cæsones*, les enfants nés par cette opération]. — Incision du ventre et de l'utérus faite dans le but d'extraire l'enfant et le délivre de ce dernier.

Cette opération ne fut d'abord pratiquée que sur la femme morte; en 1500 seulement, un châtreur de pourceaux en Turgovie obtint des magistrats la permission d'opérer ainsi sa femme, qui ne pouvait accoucher autrement, au dire des sages-femmes; il réussit et sauva la mère et l'enfant. Depuis, cette opération a été vantée outre mesure par les uns, et proscrite entièrement par les autres. Anciennement l'incision se pratiquait sur un des côtés du bas-ventre; aujourd'hui on opère généralement sur la ligne médiane. Après avoir placé la malade sur le bord de son lit, ou sur une table convenablement garnie, et avoir eu soin de vider la vessie de l'urine qui pourrait y être contenue, on pratique sur la peau du ventre une première incision qui doit commencer à 3 centimètres environ au-dessus du nombril, et qui se termine à 4 centimètres au-dessus de la symphyse pubienne; on arrive ensuite avec précaution et en incisant couches par couches les divers tissus jusqu'à la matrice, qu'on ouvre en pratiquant une plaie parallèle à celle du ventre; puis l'opérateur fait une boutonnière à la poche des eaux, et divise cette poche au moyen d'un bistouri boutonné, en se servant de l'index comme conducteur; l'extraction du fœtus et de ses annexes présente alors peu de difficultés. Ensuite on réunit ordinairement la plaie au moyen de la suture enchevillée; mais on doit toujours en laisser libre l'angle inférieur, et y placer une mèche de linge effilée, pour faciliter l'écoulement des liquides au dehors.

Cette opération, où le péritoine est nécessairement intéressé, est des plus graves; plus de neuf fois sur dix peut-être elle est mortelle pour la mère, quoiqu'elle soit innocente pour l'enfant. Le plus souvent néanmoins, celui-ci succombe par suite de diverses circonstances et surtout à cause de la longueur du travail; on ne se décide en effet à cette terrible opération qu'à la dernière extrémité. On la pratique lorsque, par suite d'une grossesse extra-utérine, d'une monstruosité ou d'un vice de conformation du bassin, l'enfant ne peut franchir l'espèce de canal osseux qu'il doit parcourir; elle est en général indiquée lorsque le détroit supérieur a moins de sept centimètres d'étendue, l'enfant ayant son volume ordinaire. Il est inutile d'ajouter qu'il faudrait s'en abstenir si la mère refusait de s'y soumettre, ou si, par l'absence des battements du cordon, on était sûr de la mort de l'enfant. La science possède aujourd'hui le moyen de broyer la tête du fœtus dans l'utérus, et de l'extraire facilement sans augmenter les dangers de l'accouchement. Nous pensons même, vu l'extrême danger de l'opération césarienne, et convaincu d'ailleurs que le salut de la mère doit être toujours préféré à celui de l'enfant, que, dans le doute de l'existence du fœtus, on doit porter dans la matrice l'instrument broyeur toutes les fois qu'on peut introduire celui-ci. Il est bien entendu qu'avant de se décider à cette mutilation, il faut que l'accoucheur ait l'entière certitude que l'enfant ne peut venir au monde par les voies naturelles. L'opération césarienne doit encore être pratiquée sur les femmes enceintes de plus de six mois qui viennent à succomber; on a alors pour but de sauver l'enfant ou au moins de lui donner le baptême; le chirurgien doit agir au moment où il a la certitude de la mort de la mère; la prudence lui fait même alors un devoir d'opérer avec les mêmes précautions que si la femme était vivante (*J. Beaude*).

CESSION DE BIENS. — L'article 1265 du Code civil donne lui-même la définition de la cession de biens en ces termes : « La cession de biens est » l'abandon qu'un débiteur fait de tous ses biens à » ses créanciers, lorsqu'il se trouve hors d'état de » payer ses dettes. »

Cette cession est ou volontaire, c'est-à-dire stipulée librement et spontanément entre le débiteur et ses créanciers, ou judiciaire, c'est-à-dire stipulée par la loi elle-même et prononcée par les tribunaux.

Cette dernière est accordée au débiteur malheureux et de bonne foi, auquel il est permis, pour conserver la liberté de sa personne, de faire en justice l'abandon de tous ses biens à ses créanciers, malgré toutes conventions contraires. Les créanciers ont alors le droit de faire vendre les biens à leur profit et d'en percevoir les revenus jusqu'à la vente. Au surplus, cette cession ne transfère pas la propriété sur la tête des créanciers et ne libère le débiteur que jusqu'à concurrence de la valeur des biens abandonnés. Si cette valeur est insuffisante et qu'il survienne d'autres biens au débiteur, celui-ci est obligé de les abandonner successivement jusqu'à parfait payement.

La cession judiciaire nous est venue des Romains, chez lesquels toute dette emportait la contrainte par corps. Le bénéfice, depuis la loi de 1838, en est refusé chez nous aux commerçants; il est vrai qu'ils ont, en pareille situation, la ressource spéciale de la faillite; système à certains égards préférable, et plus humain, puisqu'il permet une libération complète sans qu'il y ait nécessité d'engager l'avenir du débiteur, ou même d'épuiser entièrement ses biens présents. AD. BREULIER.

CESTE (antiquité) [du grec *kestos*, même signification]. — Primitivement ceinture, ruban, et plus tard espèce de gantelet de cuir dont les anciens athlètes se servaient dans les combats du pugilat. Cette armure est parfaitement représentée sur un bas-relief de la villa Aldobrandini. « Le ceste y est figuré par un gant garni de doigts qui ne descendent pas jusqu'aux ongles; il est fendu dans la main; le bout de ce gant, vers le coude, est garni en dessous d'une peau de mouton avec la laine, et le tout est attaché par des courroies. Autour de la main et au-dessus des articulations des doigts, il y a une autre courroie d'un cuir épais qui fait plusieurs révolutions sur elle-même, et qui est ensuite attachée par des courroies plus minces. »

Il y avait plusieurs sortes de cestes : les *meiliques* n'étaient qu'un réseau de cuir dont on s'enveloppait la main; les *imantes* étaient formés de courroies de cuir de bœuf garnies de métal, dont on se couvrait le bras jusqu'au coude; enfin les *myrmèkes* (fourmis) tiraient peut-être leur nom de ce que leurs coups causaient des fourmillements. Pour se garantir les tempes et les oreilles des coups du ceste, les athlètes se couvraient la tête d'une calotte nommée *amphotide*, qui était d'airain et doublée de drap. On trouve dans plusieurs écrivains de l'antiquité la description du combat du ceste. Virgile, dans l'*Enéide*, a chanté celui d'Entelle et de Darès. Valerius Flaccus, dans les *Argonautiques*, décrit celui de Pollux et d'Amycus, roi de Bebrycie, qui défiait tous les voyageurs et faisait périr ceux dont il était vainqueur. Mais des détails qui ne sont point dans Valerius Flaccus sont représentés sur un vase cylindrique de métal placé dans la galerie du collége romain. Amycus, après avoir été vaincu par Pollux dans ce terrible combat, est lié à un arbre. Minerve, Castor et un argonaute assistent au spectacle de la vengeance que commence à exercer le vainqueur. Pour prix de son triomphe, la Victoire lui apporte des bandelettes et une couronne. Les bras de Pollux et ceux d'Amycus sont encore armés du ceste. (*Léon Renier*.)

CÉSURE (littérature) [de *cœsura*, même signification, dérivé de *cœdere*, couper].—Repos qui divise en deux parties les vers de douze syllabes et les vers de dix. Dans les vers héroïques ce repos est au milieu, c'est-à-dire après la sixième syllabe, et dans les vers de dix syllabes il se trouve à la quatrième. En voici des exemples :

Que toujours de vos vers — le sens coupant les mots,
Suspende l'hémistiche, — en marque le repos.

Certain enfant — qu'avec crainte on caresse,
Que l'on connaît — à son malin souris,
Court en tous lieux — précédé par les ris,
Mais trop souvent — suivi par la tristesse.

Il faut bien remarquer que ce n'est pas la césure qui fait le repos, mais, au contraire, le repos qui fait la césure ; il faut donc que ce repos soit naturel, c'est-à-dire qu'on puisse l'observer sans dénaturer la lecture du vers.

De ce que nous disons qu'il doit y avoir un repos après la sixième syllabe dans les grande vers, et après la quatrième dans les vers qui en ont dix, il ne suit pas de là que le sens doive toujours être complet à la fin des quatrième ou sixième syllabes, selon l'espèce de vers; il arrive, au contraire, presque toujours, que la seconde partie du vers dépend de la première, ou parce qu'elle en est le complément, ou parce qu'elle représente une proposition incidente dépendante de la proposition principale dont le sujet est exprimé dans la première partie du vers, ou parce qu'elle se compose de plusieurs épithètes modifiant un substantif renfermé dans cette première partie. Il arrive aussi très-souvent que par l'effet de l'inversion c'est la première partie du vers qui dépend de la seconde, en sorte que la césure n'est pas déterminée par la finition du sens, mais bien du repos qu'on peut faire sans choquer l'oreille. Dans ce vers de Millevoye, par exemple :

Le commerce bientôt rapprochant les distances...

ne peut-on pas s'arrêter sur le mot bientôt ? et cependant la seconde partie dépend totalement de la première.

Dans cet autre vers du même poëte :

La raison s'agrandit, et les mœurs se polissent,

le repos est très-bien marqué ; les deux propositions dont le vers se compose sont indépendantes.

Maintenant, examinons ce qui peut rendre la césure défectueuse.

1° Si la sixième syllabe du vers alexandrin ou la quatrième du vers pentamètre ne terminait pas le mot, de telle sorte que la dernière syllabe de ce mot fût la septième ou la cinquième du vers, ce ne serait plus un vers qu'on aurait fait.

Et sur le co-teau briguer une place,

ne serait pas un vers, parce que la dernière syllabe de *coteau* est la cinquième d'un vers de dix pieds et qu'on ne peut se reposer sur *co*. Mais si l'on construit le vers comme Rousseau :

Sur le coteau briguer une humble place,

le repos naturel se trouve après la quatrième syllabe, et c'est cette même syllabe qui termine le mot.

La plupart des dictionnaires confondent l'*hémistiche* avec la *césure*. Ce sont pourtant deux choses bien différentes. L'hémistiche, dans les vers alexandrins, est toujours à la moitié du vers. La césure, qui rompt le vers, est partout.

Par exemple, dans ce vers :

Tiens, le voilà, marchons; il est à nous, viens, frappe,

presque chaque mot est une césure.

Dans cet autre vers :

Hélas! quel est le prix des vertus ? La souffrance,

la césure est à la neuvième syllabe.

Enfin, dans les vers de dix syllabes, il n'y a point d'hémistiche, quoi qu'en disent les traités de versification.

Nous pouvons donc nous résumer en disant :

L'*hémistiche* est toujours la moitié du vers alexandrin ou de douze syllabes. La *césure*, qui rompt le vers, est partout où elle coupe la phrase. J. Raveaud.

CÉTACÉ (zoologie) [du grec *kétos*, baleine]. — Nom donné aux mammifères aquatiques dont la baleine est le type. Les cétacés forment, dans le règne animal de Cuvier, le huitième et dernier ordre des mammifères, et se trouvent placés entre les bœufs et les vautours. Cette place, peu rationnelle, montre évidemment le vice de la méthode dite naturelle, et qui consiste à classer les êtres dans une série linéaire ou chaîne. C'est ici surtout que l'on sent le besoin de la méthode philosophique indiquée par Lamark et constatée par Cuvier lui-même, quoique le premier n'ait pas su et le dernier n'ait pas voulu la suivre, savoir celle qui consiste à passer du simple au composé et à suivre la marche chronologique de la nature. D'après cette méthode, les cétacés peuvent être considérés comme des quadrupèdes rudimentaires, une première ébauche de la nature. Ils sont contemporains des premières créations animales ; ce sont les premiers mammifères habitants de la terre, car on les trouve pour la première fois au sein des terrains tertiaires. Ainsi, au lieu de les prendre pour des mammifères dégénérés, il serait plus philosophique de les regarder comme des espèces non encore perfectionnées. — Considérés en général, les cétacés forment un ordre parfaitement tranché. Tous habitent les eaux, et ont une conformation qui ne leur permet pas d'en sortir. Quand il leur arrive d'échouer sur quelque plage, ils meurent écrasés et étouffés par leur propre poids. Les anciens les prenaient pour des poissons. Cependant, à part l'élément au sein duquel ils vivent, la nourriture dont ils font leur proie, ils n'ont presque rien de commun avec les poissons ; ils en diffèrent essentiellement par leur organisation, et particulièrement par les organes de la respiration, de la locomotion et de la reproduction. Au lieu de branchies, les cétacés ont de véritables poumons, et ils respirent l'air en nature par des narines particulières placées au-dessus de la tête et appelées *évents*. Leur corps se termine par une queue épaisse et une nageoire cartilagineuse placée horizontalement, tandis que la nageoire caudale des poissons est toujours verticale ; leur sang est chaud, et la circulation double. Le mâle a un pénis, la femelle une vulve ; ils s'accouplent à la manière de tous les mammifères, et, au lieu d'œufs comme les poissons, ils font des petits vivants que la femelle allaite au moyen de deux mamelles qu'elle porte de chaque côté des organes sexuels. (*B. Barbe.*)

Les cétacés, étant presque tous de très-grande taille, ne produisent jamais plus d'un petit à la fois et le portent longtemps avant de le mettre au jour. Ils sont néanmoins assez communs et se rencontrent presque toujours réunis en troupes considérables, ce qu'on s'explique aisément, malgré la guerre acharnée qu'on leur fait, quand on songe à la durée de leur vie, qui s'étend à plusieurs siècles dans certaines espèces. Tous les individus qui composent ces troupes font, à ce qu'on croit, partie de la même famille ; ce qui le fait présumer, c'est qu'ils ont les uns pour les autres un attachement si vif, qu'ils ne manquent jamais de se secourir mutuellement lorsqu'ils se trouvent en danger. Les mâles et les femelles surtout se témoignent réciproquement et montrent pour leurs petits une affection qui les porte à sacrifier leur propre vie, pour tirer du péril les objets de leur amour. Aussi un moyen presque infaillible de prendre les parents consiste-t-il à s'emparer de leur progéniture ; il est rare qu'ils ne la suivent pas d'assez près pour tomber sous les coups du pêcheur.

Cet ordre, qui comprend environ quatre-vingts espèces, dont une quarantaine seulement sont assez bien connues, se divise en deux petites familles : les *cétacés herbivores* et les *cétacés souffleurs*.

1° Cétacés herbivores. — Ces animaux que l'on confondait autrefois avec les morses, sous le nom de *vaches marines*, de *sirènes*, de *tritons*, ont pour caractères distinctifs des narines placées à l'extrémité du museau et garnies de valvules, des mamelles pectorales, des moustaches fortes de chaque côté de la gueule, quelques poils rares sur tout le corps, des membres peu aplatis en nageoires, et généralement armés d'ongles ou de sabots, des molaires à couronne plate, un estomac multiple et des intestins très-développés. Ces trois dernières particularités, qui rapprochent leur appareil digestif de celui des ruminants, jointes à un vaste cœcum dont ils sont pourvus, annoncent un régime essentiellement herbivore, et tel est en effet leur genre de vie. Ces cétacés se tiennent toujours à peu de distance des côtes, dans les endroits où l'eau, peu profonde, leur permet d'atteindre facilement les algues qui croissent sur les rochers ; ils fréquentent surtout, préférablement à tous autres lieux, l'embouchure des grands fleuves, dans lesquels ils peuvent s'engager pour brouter, en nageant le long de leurs bords, les plantes qui poussent en abondance sur leurs rives, et quelquefois même, à ce qu'il paraît, pour aller paître sur le rivage. Leurs yeux, à pupille ronde, sont munis d'une troisième paupière, dont ils font usage quand ils sont dans l'eau.

Les *cétacés herbivores* se trouvent principalement dans les mers méridionales ou dans les grands fleuves qui s'y jettent ; une seule espèce fréquente l'Océan boréal. Partout on les rencontre en petites troupes composées d'un mâle, d'une femelle et de deux petits provenant de deux portées différentes. La mère allaite son petit en le tenant serré contre son sein au moyen de ses nageoires, dont elle se sert avec une adresse admirable, eu égard à leur conformation défavorable comme organe de préhension. Vus de loin, lorsqu'ils élèvent hors de l'eau le devant de leur corps, ces cétacés ressemblent assez bien à des créatures humaines pour qu'ils aient été pris pour des femmes par des voyageurs prévenus ; leur face arrondie, leurs mamelles saillantes sur la poitrine, les mouvements qu'ils exécutent avec leurs mains, et les poils de leur mufle qui ont quelque rapport avec une chevelure de femme, ont pu faire croire à quelques navigateurs que les sirènes et les tritons des anciens étaient des êtres existant réellement dans la nature. On connaît quatre ou cinq cétacés de cette famille, dont le principal est le lamantin. (Voy. ce mot.)

2° Cétacés souffleurs.—Quoique les cétacés souffleurs appartiennent évidemment au même ordre que les herbivores par le défaut de membres postérieurs, il existe cependant entre ces deux familles des caractères distinctifs très-remarquables ; dans ces derniers, nous trouvons encore un cou court, une tête plus ou moins arrondie, quelques poils sur le corps, des moustaches autour du museau, des ongles à l'extrémité des doigts et une queue ordinairement peu développée, de sorte que leur conformation générale offre des rapports frappants avec celle des morses de l'ordre des carnassiers, et les rapproche ainsi jusqu'à un certain point des mammifères ordinaires. Dans les souffleurs, tous ces traits disparaissent complétement, pour faire place à la forme ichthyoïde : plus de cou, plus de poils, plus de moustaches, plus d'ongles aux doigts ; leur tête est pointue, et leur queue allongée comme celle des poissons, dont il serait difficile de les distinguer extérieurement, si celle-ci n'était horizontale et leur peau entièrement nue et dépourvue d'écailles. Cette distinction serait d'autant plus difficile pour certaines espèces, que leur dos est garni d'une nageoire impaire ; aussi leurs habitudes sont-elles encore plus aquatiques que celles des précédents. Jamais ils ne sortent de l'eau, soit en totalité, soit en partie, pour chercher leur nourriture ; les poissons, les mollusques marins, les zoophytes de toute espèce, leur offrent, sans quitter leur élément, une subsistance toujours abondante et toujours à leur portée.

Ce genre d'aliments doit entraîner des modifications dans leurs organes digestifs ; leurs dents, quand ils en ont, sont toutes uniformes et ne peuvent être distinguées en incisives, canines et molaires, comme celles des autres mammifères ; elles sont toutes coniques et forment sur la mâchoire une rangée régulière, sans intervalles vides entre elles. Leur canal intestinal est aussi proportionnellement plus court, et leur estomac se compose de cinq à sept poches distinctes. Mais la particularité la plus remarquable de leur organisation est celle, sans contredit, qui leur a valu le nom de *souffleurs*. Comme ces animaux engloutissent dans leur vaste gueule une énorme quantité d'eau en même temps que leur proie, il faut qu'ils puissent s'en débarrasser sans qu'elle s'introduise dans les conduits de la respiration. A cet effet, leur larynx, au lieu de s'ouvrir dans leur arrière-bouche, s'élève jusqu'au delà de l'ouverture postérieure des narines, de manière que le liquide ne saurait y arriver. De plus, ces conduits ne communiquent pas directement avec l'air extérieur, ils aboutissent dans une grande cavité placée sous la peau de la tête, et qui s'ouvre au dehors par un ou deux orifices nommés *évents*. D'après cette disposition, lorsque les cétacés veulent rejeter l'eau dont leur gueule est remplie, ils ferment leur bouche et compriment le liquide avec leur langue, comme s'ils voulaient l'avaler ; mais en même temps l'orifice de l'œsophage se resserre pour l'empêcher de s'y introduire, de sorte que l'eau est obligée de pénétrer dans la seule ouverture qui se présente, celle des narines, qui la portent dans le réservoir dont nous avons parlé ; et afin qu'arrivée dans cette poche, elle ne puisse pas refluer dans les fosses nasales, une soupape s'étend sur l'ouverture de ces conduits et lui bouche le passage. Quand l'eau se trouve accumulée dans la cavité, les parois de celle-ci, qui sont musculaires, se contractent et la lancent au dehors avec plus ou moins de violence et de bruit, selon que l'animal est calme ou irrité.

Cet usage des narines rendrait l'odorat des cétacés souffleurs fort obtus, quand même ils auraient des nerfs olfactifs : or ceux-ci étant atrophiés, sinon tout à fait nuls, il est évident que ce sens doit être extrêmement imparfait.

Longtemps on a connu les cétacés dont nous parlons, sans se douter des avantages que l'économie domestique pourrait en retirer ; mais depuis quelques siècles on a vu que l'épaisse couche de lard qu'ils ont sous la peau pouvait fournir une immense quantité d'huile excellente pour le tannage des cuirs. Depuis qu'on a fait cette remarque, tous les peuples civilisés de l'univers arment contre ces animaux des vaisseaux qui reviennent chargés de leurs dépouilles ; leur pêche est devenue une des branches les plus lucratives de l'industrie, et leur huile un des articles les plus importants du commerce.

Ces cétacés, quoique très-semblables par leur organisation et leurs habitudes, se divisent aisément en deux tribus : les *delphinoïdes*, dont la tête est petite et proportionnée au reste du corps, et les *macrocéphales*, dont la tête est énorme et fait le tiers ou même la moitié du corps. — A la première tribu appartiennent les *dauphins*, les *marsouins* et les *narvals* ; à la seconde, les *cachalots*, *baleines*, etc. — Voy. ces mots. (Dr *Salacroux.*)

CÉTOINE (zoologie). — Genre de coléoptères pentamères, famille des lamellicornes, dont les caractères sont : corps ovale, déprimé dans sa partie supérieure ; la tête petite, les élytres fortement sinués, les jambes très-dentées, les formes lourdes et massives ; des *pièces auxiliaires saillantes entre les angles postérieurs du corselet et les angles huméraux des élytres.*

Les cétoines possèdent des couleurs brillantes ; leur vol est rapide. Elles aiment à se reposer sur les fleurs des ombellifères, des carduacées, des rosacées, dont elles sucent le suc comme les abeilles. Leurs larves, qui ressemblent à celles des hannetons, vivent au pied des vieux arbres, dans les fourmilières ; l'hiver elles rentrent dans la terre pour en sortir au printemps et se transformer en nymphes. — L'espèce la plus remarquable est la CÉTOINE DORÉE, qu'on trouve ordinairement sur les roses : sa couleur vert doré en dessus, rouge cuivreux en dessous, contraste avec l'incarnat de la fleur qu'elle aime.

CÉVADILLE (botanique). — Fruit d'une espèce de *vératre*. — Voy. ce mot.

CHACAL (zoologie) (*canis aureus*). — Espèce de mammifère carnivore du grand genre chien, intermédiaire entre le loup et le renard, ressemblant au premier par sa couleur, se rapprochant du second par sa taille et sa queue touffue mais courte. Son pelage d'un gris fauve, sa force et ses habitudes lui ont valu le nom de *loup doré* ; il a les yeux très-petits, les prunelles fauves ; longueur totale, 68 centimètres.

Le chacal appartient à l'Asie, à l'Afrique et un peu à l'Europe, car on le rencontre en Morée. On conçoit que, en raison des nombreuses contrées qu'il habite, son pelage varie, et qu'il offre plusieurs variétés. Celle d'Algérie est la plus répandue. Les chacals vivent en troupes d'une trentaine d'individus au moins, dans les vastes solitudes qu'ils habitent. Ils dorment en général le jour ; mais la nuit ils parcourent les campagnes sous la direction d'un chef, dit-on, cherchant leur proie et se prêtant une mutuelle assistance. Ils sont d'une voracité extraordinaire, et qui les rend audacieux jusqu'à s'avancer près des habitations et même y pénétrer pour se jeter sur tous les aliments qu'ils rencontrent, pour dévaster les basses-cours et les étables. Ils attaquent tous les animaux dont ils croient pouvoir se saisir, mais ils respectent l'homme ; ils se repaissent aussi de charognes, et même de cadavres qu'ils déterrent.

Le chacal du mont Caucase, au dire de Pallas et d'autres naturalistes, serait la souche de notre chien domestique ; mais on croit plus généralement aujourd'hui que cet animal n'a fait que contribuer pour une part à l'existence des nombreuses variétés de ce dernier, et que toutes les autres espèces sauvages du même genre y ont également plus ou moins contribué. Quoi qu'il en soit, le chacal s'accouple volontiers avec le chien, et de cette union résultent des métis féconds. Cet animal d'ailleurs, surtout l'espèce algérienne, s'apprivoise aisément ; son caractère est doux quoique capricieux, et on l'élève très-bien dans nos ménageries. Le voyageur Delon rapporte que, dans le Levant, on élève des chacals dans les maisons. (Dr *Bossu.*)

CHAGRIN (philosophie, morale) [de l'arabe *chakii*, qui se plaint]. — Affliction de l'âme, abattement du corps, anéantissement des facultés intellectuelles. Mal grand et terrible par les ravages funestes qu'il a toujours produits, même sur les âmes douées d'une force supérieure. Les chagrins sont l'apanage d'une grande partie de l'humanité ; peu de personnes y échappent dans la vie, et nul ne peut se flatter d'en être à l'abri, quelle que soit la force de son caractère ; aussi ne devons-nous pas nous étonner que les natures timides, craintives, et surtout très-sensibles, se trouvent anéanties par la puissance d'un mal supporté difficilement par les âmes vigoureuses et bien trempées. Qui pourrait rester insensible, par exemple, à la perte d'un père chéri, d'une mère adorée, ou à ces revers de fortune qui plongent l'homme opulent dans une profonde détresse ? Toutefois, les chagrins domestiques sont les plus difficiles à supporter avec calme et résignation, attendu qu'ils portent toujours avec eux l'empreinte des sombres couleurs qui attristent l'âme et déchirent le cœur. Devant un malheur imprévu, l'homme n'a pas assez de force morale pour repousser ce tyran inexorable qu'on appelle chagrin. Son âme abîmée par la douleur ne peut se redresser pour combattre le cruel ennemi qui établit son empire sur sa faiblesse, y siége en maître absolu et la retient captive dans ses chaînes d'airain ! Quels efforts pourraient faire sortir l'homme victorieux dans cette lutte inégale ? Semblable aux vagues mugissantes d'une mer en courroux, ils semblent monter jusqu'aux nues, mais bientôt ils retombent dans l'abîme pour venir se briser au pied du rocher ! Voilà l'image du combat intérieur que l'homme soutient longtemps, qui le domine quelquefois toujours, use les rouages de sa vie et ne l'abandonne souvent qu'au terme fatal assigné par la nature !

Fig. 61. — Chacal.

Une transition immense existe entre le bonheur et le malheur : là tout était joies, félicité, plaisirs aussi vifs que délicieux ; ici tout est peines, désastres, infortunes ! L'homme heureux croit parfois que son bonheur sera éternel ; mais il ne réfléchit pas que des nuages se forment souvent sur un beau ciel bleu, et qu'on a vu plus d'un lis royal au calice hautain jaunir sur sa tige, et la rose brillante être effeuillée avant le temps !

Les chagrins, de quelque nature qu'ils soient, nous laissent des traces de leur passage dans notre âme. La mort est un tribut que chacun de nous doit acquitter, depuis l'enfant qui vient de naître jusqu'au vieillard dont les rides sillonnent le visage ; cependant, qui de nous peut voir sans effroi la séparation éternelle d'un objet cher à notre cœur ? Ah ! de telles douleurs ne peuvent se peindre, car l'âme les éprouve et ne les traduit pas. Pourtant la mort est prévue ; elle est dans l'ordre des choses naturelles ; mais une mère peut-elle croire que son enfant lui sera ravi dès l'aurore de ses jours ? Alors pour elle toute illusion, tout bonheur disparaissent. Si elle survit à sa douleur par le courage et la résignation, son existence est décolorée pour toujours ; chaque pensée, chaque soupir qui s'exhale de sa poitrine volent vers la céleste patrie où elle espère retrouver les êtres qui l'y ont devancée. Ces âmes, douées d'une sensibilité exquise, croiraient commettre un acte sacrilége par l'oubli de leurs maux, regardant leur douleur comme l'abrégé de l'amour qu'elles ressentaient pour l'objet aimé. — Toutes les personnes d'un naturel doux supportent religieusement leurs peines; mais il est des hommes qui, dans le malheur, blasphèment sans cesse. Oh! ceux-là sont bien malheureux! car ils brisent chaque jour un ressort de leur existence et descendent dans la tombe avant l'âge marqué par les lois divines. Hélas! toutes les natures ne se montrent pas dociles à la voix de la raison; c'est pourquoi nous sommes souvent victimes de notre faiblesse.

Dans un revers de fortune, il est des hommes qui bravent le sort par leur courage, et pourtant ils sont dépossédés en un jour de leur bonheur, de leurs joies terrestres! Il en est d'autres qui ne peuvent survivre à la perte que leur cause un événement imprévu; ils ne sentent point en eux cette grandeur d'âme qui donne la force et le courage dans le malheur, semblables à l'oiseau meurtri par la flèche du chasseur, qui se blottit dans un coin étonné de lui-même. Il fait bien encore quelques efforts pour se relever, mais le coup est mortel!

Si dans un revers de fortune on n'avait qu'à déplorer la perte de l'or, ce serait bien cruel sans doute, surtout pour un noble cœur, accoutumé à répandre le bien chaque jour ; celui que l'adversité frappe ainsi est doublement malheureux, puisqu'il ne peut plus remplir ce qui a été pour lui un devoir sacré; mais ce n'est point là la seule déception : il a souvent la douleur poignante de se voir abandonné à ses chagrins par la noire ingratitude, et ce sont souvent les hommes que l'on a favorisés pendant l'opulence qui se montrent indignes des faveurs et de l'estime qu'on leur avait accordées; n'ayant point de cœur, ces hommes n'ont point la religion des souvenirs; ils n'ont point de consolation à donner à celui qui, en perdant sa fortune, n'a plus de prestige pour eux. C'est à la vue de tels tableaux que l'âme troublée s'irrite, se désespère, car il est difficile dans le malheur de s'accoutumer à cette froide indifférence, surtout après tant de paroles mensongères qui faisaient croire à la sincérité, à l'amitié, au dévouement de tous ces hommes à figure de Janus, qui vont saluer Phœbus à son aurore et le siffler à peine descendu. Mais ne perdons point courage, l'absence de faux amis n'est point à regretter; nous savons tous que les adorateurs du veau d'or n'ont point d'âme pour l'humanité, et que le champ de l'ingratitude ne produit que des ronces et des orties. Il est affligeant de voir de tels hommes, et pourtant il en existe. C'est un vrai fléau pour la société; mais, pour cela, nous ne devons pas nous laisser abattre. Quand la douleur a dompté notre courage, et que le front a pâli devant l'image terrible des événements inattendus, notre cœur est meurtri par les mille douleurs qui frappent toutes à la fois. Mais à côté du rocher abrupte, Dieu réserve aux malheureux des hommes de bien, des amis de l'humanité, qui soutiennent notre faiblesse, nous aident de leurs sages conseils, et nous amènent graduellement à la résignation de nos maux; et lorsque l'homme a passé au creuset de l'expérience par le malheur, il est souvent plus capable qu'au sein du luxe et de l'oisiveté, car alors il ignorait ce que la nature avait mis en lui de force et de génie.

Les hommes ont dû souvent aux malheurs les plus heureuses inspirations; le cœur s'élargit par la souffrance, et l'âme s'agrandit par le courage; on arrive souvent ainsi à acquérir autant de gloire dans l'adversité qu'un général d'armée dans ses plus beaux triomphes. Du reste, n'est-il pas grand, noble et sublime, de nous soumettre aux calamités attachées à l'existence, puisque tour à tour nous sommes frappés un peu plus, un peu moins, dans nos affections, dans notre bien-être? Donc le chagrin nous est connu; c'est pourquoi l'on doit se consoler mutuellement sur les peines inséparables de la vie; notre prudence même ne peut rien contre le sort. Il ne nous est pas plus possible d'arrêter les flammes du volcan que le torrent qui déborde et entraîne tout sur son passage; après le calme rétabli, on répare les dégâts; de même on doit être empressé de consoler ces âmes que le sort a déshéritées de leurs joies et de leur félicité, d'autant plus qu'il n'y a point eu de leur faute, elles n'ont été que les victimes des choses imprévues.

Mais il n'en est pas de même des chagrins domestiques qui, chaque jour, troublent l'âme et déchirent le cœur; et pourtant on ne peut accuser que le manque de foi dans ses devoirs et l'oubli des sentiments vertueux. Lorsque cette chaîne de bons principes vient à rompre ses anneaux un à un, on voit se préparer des chagrins éternels, et l'on entraîne dans sa chute quelquefois une famille entière. Voyez cette jeune vierge qu'un époux conduit à l'autel; comme le bonheur rayonne sur toutes les figures! les cœurs sont dans l'ivresse; que de joies, que d'espérances d'avenir! il leur semble que leurs jours seront tissus d'or et de soie. Tout cela pourrait exister si l'on était véritablement vertueux; mais l'homme ne se connaît point assez; ce qui le charme aujourd'hui, il l'oublie demain, et de cette inconstance découlent tous les désordres et les peines inséparables de toute mauvaise action. N'est-ce point une honte, par exemple, qu'après quelques jours ou quelques mois d'union, un mari abandonne le toit conjugal pour se livrer à tous les débordements, dissiper sa fortune, et plonger dans la douleur une jeune femme de mérite, belle quelquefois comme les anges? il la condamne, au printemps de la vie, à répandre des torrents de larmes. Peut-on dire que Dieu l'a voulu? non, non, cela n'est pas possible; c'est au manque de vertu que l'on doit tous ces maux.

Voyez encore ce père malheureux, dont le fils devait être l'espoir et l'honneur de la famille : arrivé à l'âge des passions, le voilà qui tombe d'erreur en erreur, d'écart en écart, et l'autorité paternelle a perdu ses droits, car ce fils insensé s'insurgerait contre Dieu lui-même, s'il mettait un frein à ses désordres. Vous voyez donc que le mal vient de nous, mais la douleur n'est pas moins déchirante, et les jours passés dans l'ennui sont toujours sombres; il faut donc un triple courage pour supporter la vie semée de tels malheurs.

Nous avons encore ces jeunes gens à bonnes fortunes, qui s'introduisent adroitement dans les familles, et cherchent à captiver, par des dehors séduisants et mensongers, la confiance des parents et l'affection d'une jeune fille. On est confiant au début de la vie, on ne peut croire à la trahison, et pourtant ces hommes dépourvus de cœur, ne trouvant point leurs intérêts satisfaits dans la dot qu'on leur déclare, ne craignent pas de devenir parjures en s'éloignant à jamais d'une maison où leur passage n'a apporté que regrets amers et douleur déchirante! Et souvent la jeune fille, qui se croyait aimée, n'a pas la force de supporter cette déception, et chaque jour elle marche vers la tombe! D'autres encore iront voir les maisons d'aliénés pour contempler les ravages de l'esprit humain produit par un amour trahi. Est-ce bien de sang-froid que l'homme se dégrade ainsi? n'est-il point sous l'empire d'une fièvre qui a dérangé ses facultés? Pour l'honneur de l'espèce humaine, nous devons le croire, car, dans le cas contraire, il deviendrait la terreur des gens de bien en semant chaque jour la honte et le désespoir dans les familles.

Mais comment les reconnaître ces hommes misérables? n'ont-ils pas l'art de cacher adroitement tous les vices qui sont en eux? Au champ de l'honneur, l'ennemi tue avec la balle, c'est le fléau de la guerre; mais le méchant prépare dans l'ombre l'assassinat moral, et parce qu'il n'a employé que les armes de la perfidie, se croit-il moins coupable? Que l'on tue avec le désespoir ou le chagrin, le crime est le même, car le poison versé goutte à goutte dans les veines donne la mort plus lentement, il est vrai, mais aussi sûrement, et l'on n'est pas moins responsable d'un suicide dont on aura à rendre compte un jour. Vous frappez un être dans ses affections; vous lui avez ravi le seul bonheur qui l'attachait à l'existence; vous l'avez dépossédé de cette part d'amour à laquelle il avait à prétendre ici-bas; vous l'avez réduit à traîner des jours remplis d'amertume, et vous croyez, parce que l'arme homicide n'a pas percé le cœur de l'infortuné, vous croyez, dis-je, n'avoir rien à vous reprocher? Oh! détrompez-vous! vous aurez à répondre au tribunal suprême de toutes vos actions, car Dieu ne peut s'assimiler à des actes coupables, et ceux qui persévèrent dans le mal ne sont guidés que par les génies infernaux.

On le voit, tous les chagrins ne sont pas de même nature, mais ils sont tous marqués du sceau de la douleur. La mort laisse des traces profondes, la perte de la fortune fait tomber l'illusion, l'inconduite produit le désespoir; mais n'oublions pas que le chagrin épargne bien peu d'hommes ici-bas, qu'il est une plante qui semble se reproduire dans toutes les situations et dans tous les sols, et que la résignation, le recours à Dieu, sont les plus puissants moyens à opposer aux pertes irréparables, aux chagrins de toute nature! Mme LUNEL *mère*.

CHAIR [en latin *caro*]. — Nom vulgaire de la partie rouge des *muscles*. — Voy. ce mot.

CHAIRE A PRÊCHER (architecture) [du grec *cathedra*, siége]. — Tribune élevée dans laquelle on place un prédicateur.

Pendant les premiers temps du christianisme, l'évêque, qui seul pouvait parler aux fidèles, s'asseyait sur un siége portatif que l'on plaçait au-devant de l'autel; plus tard ce siége fut remplacé par une tribune établie d'une manière fixe, d'abord dans le chœur, puis dans la nef.

On construisait souvent deux de ces tribunes vis-à-vis l'une de l'autre, mais ce n'étaient à proprement parler que deux ambons ou pupitres qui servaient à la lecture de l'épître et de l'évangile; on voit des exemples de cette disposition dans plusieurs églises d'Italie, comme, par exemple, à Rome, à Saint-Laurent hors les murs et à Saint-Clément. Dans cette dernière basilique, les deux ambons et l'autel sont élevés sur des gradins et entourés par une enceinte de marbre avec des ornements sculptés représentant des croix, des couronnes, et les chiffres du pape Honorius. Tout cet ensemble a un caractère simple, mystique et sévère qui, pourtant, n'exclut pas une certaine grâce naïve, car, lorsqu'au milieu du silence et de la solitude qui règnent bien souvent dans l'église, l'on pénètre dans le sanctuaire de Saint-Clément, on se sent plus calme, plus tranquille, et il semble que les paroles qui doivent se prononcer du haut de ces chaires doivent être des paroles paisibles et consolantes.

Nous ne connaissons pas, en France, de chaires à prêcher antérieures au quinzième siècle; ce n'est guère qu'en Italie que l'on retrouve un certain nombre de ces monuments construits pendant l'époque du moyen âge, et qui tous ont à peu près le même caractère et la même ornementation, consistant en plaques de porphyres, de granit ou de serpentin, incrustés dans le marbre blanc et accompagnés par des mosaïques, de tons éclatants, qui se contournent en cercles ou s'étendent en lignes droites. Les escaliers qui donnent accès aux tribunes sont simples ou doubles, presque toujours établis sur un plan rectiligne, et sont souvent ornés à leur naissance par de petites colonnes torses mosaïquées en hélices.

En Toscane, où les édifices religieux du moyen âge avaient souvent leurs façades construites en marbres blancs et noirs alternativement disposés par bandes horizontales, les chaires à prêcher, participant de ce genre de décoration, n'employaient en général, dans leurs mosaïques, que des petits morceaux de marbre noir diversement découpés. La chaire de l'église de San Miniato, aux portes de Florence, est un charmant spécimen de ce mode d'ornementation.

On retrouve encore en Italie plusieurs exemples de chaires à prêcher placées à l'extérieur des monuments. Parmi ces chaires extérieures, nous pouvons citer celle qui est placée à l'angle droit de la façade de la jolie petite église de Prato, en Toscane, et qui est composée d'un garde-corps circulaire engagé dans le mur et orné de bas-reliefs. Ce garde-corps, formant tribune, est soutenu par un cul-de-lampe sculpté qui repose sur un pilastre angulaire avec chapiteau en bronze ; le tout est recouvert par un abat-voix également circulaire, supporté dans son milieu par une petite colonne de marbre vert; l'ensemble de ce motif, établi à peu près sans règles et avec beaucoup de liberté, est fort gracieux et très-pittoresque. Mentionnons aussi les deux chaires qui se trouvent aux extrémités de la façade renaissance du portique de l'église de San Salvator à Spoletto, dans les États romains.

Tant que les chaires ont été construites en marbre ou en pierre, elles ont conservé une simplicité générale de forme en rapport avec la noblesse de leur destination. Mais lorsque vint l'usage de les construire en bois, elles perdirent toute dignité et ne furent plus que des meubles indépendants, plus ou moins bien exécutés, mais presque toujours d'un très-mauvais goût.

Les chaires en bois, nous parlons surtout de celles qui ont une réputation usurpée, comme, par exemple, celle de Sainte-Gudulle, à Bruxelles, les chaires en bois, disons-nous, loin d'être simples et de laisser dominer le prédicateur, le font disparaître au milieu de la masse des ornements, des sculptures ou des dorures dont elles sont surchargées. C'est ainsi qu'au lieu de voir le prêtre élevé sur une tribune, et commandant le respect à la foule, on n'aperçoit plus que la tribune elle-même, et que l'orateur n'a plus qu'une importance secondaire.

Nous avons quelquefois assisté, pendant l'Avent, aux prédications qui se font à Rome dans l'intérieur du Colisée; là, la chaire n'est autre qu'une estrade, une espèce d'échafaud élevé un peu au-dessus du sol, et d'environ trois mètres de côté ; c'est sur cette estrade que se place le prédicateur, c'est de là qu'il parle au peuple rassemblé dans l'arène, et cependant, malgré cette simplicité, malgré la proximité de son auditoire, le prêtre du Colisée produit bien plus d'impression que l'orateur de nos églises dans sa chaire dorée. C'est que là le prêtre domine l'assemblée et n'a que le ciel au-dessus de lui, c'est que là il paraît tout entier, aux yeux de la foule, vêtu de sa longue robe de franciscain, et tenant une grande croix de bois. Alors il marche, il s'arrête, s'agenouille ou se redresse en élevant sa croix comme s'il voulait en frapper le peuple qui recule en tremblant; puis l'illusion vous saisit, la robe noire s'allonge, le moine grandit, et l'on écoute avidement les paroles sonores qui, au milieu du silence, vont faire vibrer les échos du vieux cirque romain!

C'est en souvenir de ces impressions qu'il nous semble que, lors des grandes solennités religieuses, on pourrait établir au transeps de nos églises des estrades assez grandes où le prédicateur pourrait alors joindre l'éloquence du geste à l'éloquence de la parole. CHARLES GARNIER.

CHALE ou **SCHALL** (industrie, commerce) [de l'anglais *shawl*]. — Espèce de vêtement qui, en Europe, entre dans la toilette des femmes, et dont les Orientaux se servent comme de turban, de ceinture, de tapis, etc. Il se fait des châles de toutes sortes : imprimés, damassés, brodés, brochés, etc. ; en laine, en soie, en coton, en laine et soie, en dentelle, etc. ; mais les plus beaux et les plus recherchés sont les châles dits *cachemires*. (Voy. ce mot.)

M. P. Vinçard, dans le *Dictionnaire universel* de M. Lachâtre, décrit ainsi la fabrication des châles : Les dessins de nos premiers châles n'étaient qu'une imitation des *châles indous* qui se fabriquent à Sirinagor et dans la vallée de Cachemire. Bellangé, Renouard, Colin et Lagorce sont les premiers qui ont introduit cette fabrication dans notre pays. Un fait singulier, c'est qu'on ne sait pas encore très-bien comment est construit le métier à châles des Indiens, et que l'on ne saurait affirmer non plus qu'ils sont faits avec du duvet de chèvre ou de la laine de mouton. Tout ce qu'on connaît, c'est que la fabrication est très-divisée et que chaque ouvrier exécute une partie du châle. C'est, au reste, ce qui a lieu en France, et nous allons entrer dans quelques détails à ce sujet, car cette industrie est une des plus importantes. On commence par dessiner le modèle du châle, puis on colorie ce dessin, qui se trouve placé sur du papier réglé et divisé en petits carrés. Ce premier travail s'appelle la *mise en carte*. On met ensuite cette carte en rapport avec la chaîne montée sur le métier, et cette seconde opération se nomme *lecture* ou *lisage*. Après le lissage, on monte le métier, ou, pour nous servir de l'expression technique, on l'*équipe* et l'on *accroche* le dessin, c'est-à-dire qu'on l'attache au métier. Alors l'ouvrier, à l'aide de ses mains et de ses pieds, tisse le châle, et ses mouvements sont toujours si réguliers qu'ils reproduisent exactement le dessin. Le nombre des fils de trame étant souvent de quinze ou seize entassés les uns sur les autres par le *battant* du métier, le châle est très-épais lorsqu'il vient d'être tissé, et s'il contient beaucoup de couleurs, il pèse 4, 5 et 6 kilogrammes. On le soumet alors au *découpage*, car il doit ressembler, pour la forme et pour le poids, au cachemire indou. Le châle français est découpé à l'envers à l'aide d'une tondeuse mécanique. Quand il est découpé, on le donne à la frangeuse, qui tord et noue les franges laissées au bord, ou bien en rapporte d'autres préparées à l'avance. Le châle passe en dernier ressort chez l'apprêteur, qui se charge ordinairement du *découpage*, du *frangeage* et de l'*apprêt*. La fabrication des châles occupe, en France, 25,000 ouvriers et ouvrières qui, d'après Rey, se divisent principalement en : producteurs de toisons, laveurs, peigneurs, cardeurs, filateurs, droguistes, teinturiers, menuisiers, monteurs de métiers, mécaniciens, plombiers, cordiers, émailleurs, fabricants de fil, dessinateurs, liseurs de dessins, ourdisseuses, dévideuses, tisserands, brocheurs, serruriers, cartonniers, graveurs, découpeuses, repriseuses, frangiers, apprêteurs, presseurs, etc. Paris, Lyon et Nîmes sont les trois principaux centres de la fabrication des châles. On fait à Paris le *cachemire pur* et à peu près tous les châles riches. Le cachemire indou et les châles de fantaisie se fabriquent à Lyon, où cette industrie compte 4,000 métiers et 12,000 ouvriers, dont le quart chôme toujours. A Paris, il y a 1,920 ouvrières et 570 ouvriers qui s'occupent spécialement de la fabrication des châles. Le fabricant a peu de monde chez lui; sauf le dessin et le reprisage, tout se fait au dehors et est entrepris à façon, soit par ceux qui possèdent des métiers à tisser, soit par ceux qui les louent aux tisseurs. Les dessinateurs gagnent de 5 fr. à 5 fr. 50 c. par jour; les contremaîtres de 5 à 6 fr. Parmi les tisseurs, il en est qui reçoivent 4 fr. et 4 fr. 50 c., mais le plus grand nombre ne gagnent que 2 fr. et 2 fr. 50 c., et ce travail est très-fatigant. Les pieds et les mains sont continuellement en mouvement, et la barre du métier frappe plusieurs milliers de fois par jour la poitrine du pauvre ouvrier, qui, lorsqu'il n'est pas doué d'une forte constitution, devient phthisique et meurt à un âge peu avancé. La moyenne du gain des ouvrières frangeuses, découpeuses, etc., varie de 50 c. à 97 c. par jour. Il y a aussi de jeunes garçons, nommés *lanceurs*, qui sont employés par les tisseurs et sont payés par eux; ils reçoivent de 75 c. à 1 fr. par jour. Un fait particulier à l'industrie des châles, c'est qu'un chef d'atelier ne peut renvoyer un ouvrier qu'en lui donnant à faire une pièce dite de *congé*, c'est-à-dire un châle qui occupera l'ouvrier pendant un mois à peu près. Il en est de même du fabricant qui veut renvoyer son chef d'atelier. Le chômage dure trois mois chaque année. La plupart des ouvriers et des ouvrières employés à la fabrication des châles, l'une des gloires industrielles de la France, sont presque tous dans une condition précaire. Lorsqu'on examine les produits de cette industrie, on ne saurait leur donner assez d'éloges; mais lorsqu'on connaît l'existence de ceux qui les ont créés, l'âme est remplie de tristesse et de désolation. (*P. Vinçard.*)

CHALEUR (physique, physiologie). — Voy. *Calorique*. — Nous ajouterons seulement ici que les physiciens ne se sont occupés que fort tard de la théorie de la chaleur. L'invention du thermomètre et les perfectionnements apportés à cet instrument au commencement du dix-huitième siècle par Réaumur, Hales, Fahrenheit, Musschenbroeck, marquent les premiers pas de la science dans cette branche de la physique. Vers la même époque, Stahl, Crawford, Wilkes et Black démontrèrent l'existence du calorique latent; Hawkesbee reconnut les différents degrés de dilatation que la chaleur fait éprouver à l'air atmosphérique. De nos jours, les lois de la distribution du calorique et ses divers modes de transmission ont été étudiés avec soin par MM. Leslie, Nicholson, Bérard, Arago, Despretz et Pictet. Fourrier, Laplace et Poisson ont donné la théorie mathématique de la chaleur rayonnante; on doit à M. Melloni, de Parme, à M. Forbes, d'Édimbourg, et tout récemment à MM. de la Provostaye et Desains, de nombreuses expériences sur le même sujet. Des travaux importants sur les chaleurs latentes et les chaleurs spécifiques ont été faits par MM. Delaroche et Bérard (1812), Dulong et Petit (1819 et 1828), Aug. de la Rive et Marcet (1827 et 1836), Regnault (1840), Person (1847), etc. Dalton et Gay-Lussac ont trouvé la loi de la dilatation des gaz. La chaleur dégagée par les combinaisons chimiques a été particulièrement étudiée par MM. Fabre et Silbermann. Les tensions des vapeurs sous des pressions différentes ont été déterminées par MM. Œrsted et Perkins, Dulong, Arago, etc. (*Bouillet.*)

CHALUMEAU [du latin *calamus*, roseau]. — Tuyau de paille, de roseau, de métal, etc., servant à différents usages. Son origine est fort ancienne. Les bergers de l'antiquité inventèrent pour charmer leurs loisirs un petit instrument qui rendait des sons assez semblables à ceux du hautbois, qui consistait en un petit tube de roseau ou de paille, et percé de plusieurs trous. Il n'est pas de poésie quelque peu pastorale où il ne soit parlé du chalumeau; il rappelle bien, en effet, la vie primitive et simple, les troupeaux et les champs.

Il est aussi un tuyau qui sert à aspirer les boissons et liqueurs. Fort en usage chez d'anciens peuples et encore de nos jours chez quelques-uns, il est dans leurs habitudes et leurs mœurs d'avoir un seul vase rempli de liquide, dans lequel sont autant de chalumeaux qu'il y a de buveurs; d'autres, au contraire, n'en ont qu'un seul pour tous; ils pensent prouver ainsi leur sympathie et leur politesse, car ils ne manifestent aucun dégoût et ont soin de l'offrir au début à l'hôte ou l'étranger invité pour commencer la dégustation.

Il est évident que le chalumeau a dû être souvent employé de cette façon à une époque reculée, et, si les traditions ne nous l'apprenaient, nous pourrions encore en trouver la preuve dans une cérémonie de l'église qui doit provenir de la première période chrétienne. Quand le pape communie solennellement, il prend avec un chalumeau d'or le vin consacré.

Après avoir préludé à l'art de tirer des sons et l'art de boire, cet instrument s'est métamorphosé enfin en moteur industriel. Le chalumeau dans cette condition est un tuyau recourbé, et légèrement conique, au moyen duquel on conduit un courant d'air sur la flamme d'une lampe, et qu'on dirige sur les matières qu'on veut échauffer, souder ou fondre. Il est d'une seule pièce. Il en est un autre composé de trois pièces qui peuvent se séparer, c'est-à-dire d'un tube conique allongé, dont la partie la plus large sert d'embouchure, et dont la partie étroite est engagée dans un réservoir cylindrique, ou plutôt une boule qui sert à la fois comme réservoir d'air et comme condensateur de l'humidité envoyée par le souffle, et enfin la troisième partie qui vient s'y ajuster, et qui est celle qui approche de la flamme. La chimie, l'émaillerie, la verroterie, la boutonnerie, la petite partie du bronze, etc., sont autant d'industries qui y ont recours. Mais celle surtout qui s'en sert d'une manière toute spéciale, c'est l'orfèvrerie-bijouterie; nous dirons plus, c'est elle qui a dû le créer et en tirer le plus grand parti. On fit des écuelles d'or avant toute espèce d'objets en fer; l'or que les rivières charriaient s'offrit au génie des hommes avant qu'on ne songeât à sonder les entrailles de la terre pour en extraire les autres minerais. L'orfévre fut donc le créateur de l'industrie, c'est par lui que commença le travail du métal, et pour le souder il inventa le chalumeau. Sa forme est si simple qu'il ne dut pas subir de modification.

L'exercice du chalumeau est fatigant pour l'ouvrier quand il est de longue durée. Celui qui n'est pas fortement constitué et n'a pas le souffle énergique s'épuise en peu de temps. Il est d'expérience que le souffle le plus puissant ne peut fondre plus de 40 grammes d'or fin à 1000 millièmes au moyen du chalumeau à bouche; mais ce sont là des efforts qu'on peut éviter en adaptant le chalumeau à un soufflet; c'est par ce moyen que se soudent les pièces d'orfévrerie ou grosse bijouterie.

Nous devons mentionner ici une amélioration notable, qui vient d'être apportée au chalumeau pour obtenir la continuité d'air qu'on n'obtient le plus ordinairement que par saccades avec la bouche : nous voulons parler du chalumeau à jet continu de M. de Luca. M. Chevalier vient de faire, à ce sujet, une communication à la Société d'encouragement; nous en extrayons quelques passages que voici :

« Avec les chalumeaux usités, il est indispensable de produire un jet continu et régulier en expulsant l'air contenu dans la bouche par l'action seule des muscles des joues, sans faire aucun effort de la poitrine. Pour renouveler cet air dans la bouche, il faut respirer successivement par le nez, ce qui est facile avec un peu d'habitude, mais ce qu'il n'est pas donné à tout le monde de faire sans inconvénient, et ce qui devient difficile, sinon impossible, aux personnes les mieux constituées, quand l'opération doit se prolonger.

» Pour rendre abordable à tous cet instrument, auquel l'analyse chimique et les arts sont redevables de si grands services, M. de Luca a cherché à le disposer de manière à rendre le courant d'air continu, sans exiger de l'opérateur un effort spécial ou un apprentissage prolongé. Pour cela, l'auteur interpose entre le grand tube conique et le récipient cylindrique une boule en caoutchouc vulcanisé, munie à l'intérieur d'une soupape qui se ferme du dedans au dehors et qui est placée à l'extrémité du tube embouchure. Cette soupape, qui permet l'entrée à l'air, en empêche la sortie par le tube adducteur : comprimé à la fois par le souffle et la boule en caoutchouc qui tend à reprendre son volume primitif, l'air s'échappe régulièrement et d'une manière continue à l'extrémité de la pointe du chalumeau, sans qu'il soit nécessaire de souffler constamment, comme cela se pratique dans le chalumeau ordinaire.

» On peut donc, à l'aide de cet artifice, entretenir la flamme du chalumeau pendant des heures entières sans éprouver de fatigue et sans imposer une gêne quelconque à la marche normale de la respiration. Avec la modification proposée, le réservoir cylindrique du chalumeau ordinaire cesse de devenir indispensable; il est, en effet, avantageusement remplacé par la boule en caoutchouc, qui sert à la fois de réservoir et de condensateur, et qui permet de rendre la construction de cet instrument plus économique. La même modification, proposée pour le chalumeau, pourrait être appliquée pour obtenir d'autres effets dans les arts mécaniques et industriels.

» La boule, ou poche en caoutchouc, se trouve dans le commerce sous le nom de pelote à tamponnement, munie de deux tubes, et se vend à un prix minime. Elle constitue la partie essentielle de ce chalumeau.

» La soupape, tout le monde peut la construire avec des morceaux de peau de gants ou de toute autre matière, qu'on attache au bout du tube-embouchure. »

Ce n'est, on le voit, qu'après quelques milliers d'années, qu'un progrès notable vient d'être apporté à ce simple instrument; il appartenait au dix-neuvième siècle, si fécond en innovations, de venir modifier l'existence si vieille et si paisible du chalumeau.

Blooks inventa aussi un chalumeau qui porte son nom, dans lequel on fait usage d'un mélange d'oxygène et d'hydrogène, et au moyen duquel on a fondu presque toutes les substances qui passaient pour infusibles avant son invention.

Chalumeau (botanique). — On appelle aussi chalumeau les tiges simples, herbacées, sans nœuds, et plus ou moins fistuleuses.

Chalumeau (chasse). — Petites branches que l'on frotte de glu pour prendre les petits oiseaux.

E. Paul.

CHAMBRE [du grec *kamara*, dont les Latins ont fait *camera*, voûte, parce que, dans l'origine et jusqu'au quinzième siècle, tout ce qu'on appelait *chambre* était voûté].

En architecture, ce mot se dit de la plupart des pièces d'une maison, et principalement de celles où l'on couche.

Chambres des parlements (économie politique). — Lors de l'établissement du parlement des pairs, les membres qui le composaient se partagèrent, pour l'expédition des affaires, en plusieurs sections qu'ils appelèrent *chambres*, parce que les lieux où se tenaient les séances étaient voûtées. Chaque chambre prit une dénomination particulière, suivant la nature des affaires que l'on y traitait; de là la *grand'-chambre, la chambre des enquêtes, la chambre des requêtes*, etc.

En Angleterre, on appelle *chambre haute* celui des deux conseils de la nation où siégent les pairs du royaume, et *chambre basse* celui qui est composé des députés des communes et des comtés.

Chambre impériale. — C'est le premier tribunal du corps germanique, créé en 1495 par la diète de Worms, présidée par l'empereur Maximilien.

Chambre ardente. — On jugeait autrefois les criminels d'État d'une naissance distinguée dans une chambre tendue de deuil et uniquement éclairée par des flambeaux.

Le public a donné depuis le nom de *chambre ardente* à un tribunal créé par François II pour faire le procès aux luthériens et aux calvinistes, par allusion au supplice auquel ils étaient presque tous condamnés, celui du feu.

Chambre de l'œil (anatomie). — C'est un espace compris entre le cristallin et la cornée, lequel contient l'humeur aqueuse qui remplit l'œil; et comme cet espace est divisé en deux parties par l'uvée, Brisseau, médecin des hôpitaux du roi et professeur à Douai, a donné le nom de *première chambre* à la partie antérieure comprise entre l'iris et la cornée, et de *seconde chambre* à l'espace compris entre le cristallin et l'uvée. Tous les anatomistes ont adopté cette dénomination et disent unanimement, la *chambre antérieure* et la *chambre postérieure de l'œil*.

Chambre claire (*camera lucida*) (optique). — Appareil d'optique servant à tracer l'image exacte d'un objet ou d'un paysage. « Il se compose principalement d'une lame de glace ou miroir incliné et d'un prisme triangulaire à angle droit, dont une des faces est perpendiculaire à cette lame. Les rayons de l'objet dont on veut avoir l'image rencontrent d'abord le prisme, où ils sont réfractés à leur entrée et à leur sortie, puis ils vont frapper la glace, qui les réfléchit dans une direction qui permet de recevoir l'image sur une feuille de papier où on peut la tracer au crayon. La chambre claire a été imaginée par Wollaston, modifiée par M. Amici, professeur à Modène, et perfectionnée en dernier lieu par M. Vincent Chevalier. Elle est aujourd'hui d'une construction assez commode pour être facilement transportable. Elle offre l'avantage de pouvoir servir par tous les jours possible; la lumière qui entre par la fenêtre d'un appartement suffit pour éclairer les objets qu'on veut dessiner. »

Chambre obscure (optique). — C'est une chambre exactement fermée de manière qu'elle ne reçoive du jour que par une ouverture pratiquée à un volet, à la hauteur des objets qu'on veut voir. A cette ouverture, l'on ajoute, l'un dans l'autre, des tuyaux dont le second est garni d'un verre objectif de 6 mètres 66 centimètres de foyer. On tend un drap blanc au foyer de ce verre, et les objets qui se trouvent vis-à-vis sont représentés exactement avec leurs couleurs sur le drap, dans une situation renversée, ou dans leur état naturel si l'on met deux objectifs à 1 mètre 45 centimètres de distance l'un de l'autre. Le premier verre doit avoir 16 centimètres de foyer, et le second 27 centimètres.

Chambre noire (optique). — Appareil destiné à représenter sur un tableau les images des objets extérieurs revêtues de leurs couleurs, et tracées suivant les règles de la perspective la plus exacte, dans une situation droite et non renversée. C'est une boîte carrée, haute d'environ 64 centimètres, noircie intérieurement, au-dessus de laquelle est placé extérieurement, à 45 degrés d'inclinaison, un miroir plan, étamé d'un côté, dont les supports doivent être construits de façon qu'on ait la liberté de l'incliner un peu plus, un peu moins, suivant la situation des objets que l'on veut voir. Entre ces supports est un tuyau qui renferme un objectif qui doit avoir un foyer de la grandeur de la boîte; il faut mettre dans le fond de la boîte une feuille de papier blanc, sur laquelle l'image de l'objet sera représentée. Il faut, outre cela, que l'entrée de la boîte soit bien fermée par des rideaux noirs, pour exclure toute la lumière inutile. Lorsque la lumière ne pénètre que par l'objectif, les objets en sont beaucoup mieux terminés.

En marine, on appelle *chambres* différents logements destinés au capitaine et aux officiers dans les vaisseaux, pratiqués ordinairement vers l'arrière du vaisseau, sur les différents ponts.

Chambre du conseil. — C'est une chambre établie à l'arrière du gaillard, sous la dunette; c'est la plus ornée et la mieux meublée, parce qu'elle est destinée au logement du général, quand il y en a un à bord, à tenir les conseils de marine, à la réception des étrangers, etc. Elle a une galerie qui tient tout l'arrière et qui (dans les vaisseaux français) fait quelque saillie en dehors.

Chambres de commerce. — Assemblées des principaux négociants d'une ville, « réunis pour traiter des affaires de leur compétence et pour fournir au gouvernement des renseignements sur l'état du commerce et sur les moyens de le rendre florissant. La conception de cette utile institution paraît appartenir à la ville de Marseille, qui possédait, dès le quatorzième siècle, une chambre de commerce. Il fut créé en 1701 des chambres de commerce dans les principales villes de France; les chambres de commerce furent supprimées en 1791, puis rétablies dans un grand nombre de villes par un arrêté du 3 nivôse an XI. Leur organisation actuelle a été réglée par un décret du 3 septembre 1851, qui les reconnaît comme établissements d'utilité publique. »

Chambres consultatives d'agriculture (administration). — La loi du 20 mars 1851, qui établissait une chambre d'agriculture au chef-lieu de chaque département, avait été rendue pour donner cette satisfaction aux intérêts agricoles; mais elle présenta dans l'application de grandes difficultés; aussi, le 25 mars 1852, un décret, rendu en vertu des pouvoirs extraordinaires que possédait alors le Président de la République, a réglé de la manière suivante l'organisation et les attributions des chambres consultatives d'agriculture.

Il y en a une dans chaque arrondissement. Elle siége au chef-lieu, et elle est composée d'autant de membres qu'il y a de cantons dans l'arrondissement, sans que le nombre de ses membres puisse être inférieur à six. Pour composer la chambre, le préfet désigne dans chaque canton un agriculteur notable y ayant son domicile ou des propriétés. Les membres des chambres d'agriculture sont nommés pour trois ans; mais ils peuvent être continués indéfiniment dans leurs fonctions par périodes triennales. La chambre d'agriculture est présidée par le préfet au chef-lieu du département, et par les sous-préfets dans les autres arrondissements. Elle choisit un vice-président parmi ses membres.

Les chambres d'agriculture ont tous les ans une session ordinaire, dont le préfet fixe l'époque et la durée, en même temps qu'il arrête le programme de leurs travaux. Elles se réunissent en outre en sessions extraordinaires toutes les fois que le préfet juge utile de les assembler. Elles ont pour mission spéciale de présenter au gouvernement leurs vues sur les questions qui intéressent l'agriculture, et leur avis peut être demandé sur les mesures qui touchent plus ou moins directement aux intérêts agricoles, telles que la création des foires et marchés, la destination à donner aux subventions de l'État et des départements, l'établissement des écoles régionales et des fermes-écoles, et les changements à opérer dans la législation, notamment en ce qui concerne les contributions indirectes, les douanes, les octrois, le régime des eaux, etc. Elles sont chargées en outre de la statistique agricole de leur arrondissement. Les inspecteurs généraux de l'agriculture ont droit d'assister à leurs délibérations et doivent y être entendus toutes les fois qu'ils le demandent.

Les dépenses auxquelles les chambres d'agriculture peuvent donner lieu sont à la charge du département, et les préfets et sous-préfets doivent leur procurer un local convenable pour la tenue des séances. Du reste, comme ces chambres ont été rangées, par le décret du 25 mars 1852, au nombre des établissements d'utilité publique, elles peuvent, en cette qualité, recevoir des dons et legs, acquérir, posséder et aliéner, après y avoir été dûment autorisées. Enfin, sur cent membres dont se compose le conseil général de l'agriculture, quatre-vingt-six doivent être choisis parmi les membres des chambres consultatives. (L. Foubert, *Compl. de l'Encycl. mod.*)

Fig. 62. — Chameau.

CHAMEAU (zoologie) [de l'hébreu *gamel*, nom d'une lettre qui correspond au *gamma* des grecs, et dont la forme ressemble au cou du chameau]. — Quadrupède de l'ordre des ruminants, type de la famille des camélidés et du genre *camelus*, caractérisé par l'absence de cornes; mâchoire supérieure garnie de deux incisives, deux canines, douze molaires, l'inférieure ayant six incisives, deux canines, dix molaires; tête longue, chanfrein busqué, lèvre d'en haut divisée en deux parties qui s'allongent et se meuvent séparément; narines formées de deux fentes qui s'ouvrent et se ferment à volonté, yeux saillants et ternes, oreilles assez petites; cou très-allongé; jambes très-longues, grêles; pieds nus, fourchus, garnis en dessous d'une corne très-allongée, deux ongles courts, crochus; sur le dos deux bosses graisseuses et couvertes de poils longs et crépus; callosités au poitrail, aux coudes et aux poignets de devant, à la rotule et au talon de derrière; corps gros, taille de vingt à vingt-trois décimètres au garrot; queue moyenne; poils laineux, grossiers, d'un brun marron plus ou moins foncé, ras sur le corps, longs sous le cou; quatre mamelles; pénis très-mince; panse accompagnée d'un appendice divisé en un grand nombre de cellules membraneuses qui paraissent destinées à conserver de l'eau.

On trouve les chameaux à l'état de domesticité en Asie et en Afrique. Leur sobriété, qui est excessive, n'est pas un don exclusif de la nature, l'éducation y entre pour beaucoup. En effet, les chameaux élevés pour vivre dans les déserts de l'Arabie et de l'Afrique sont bien supérieurs, sous ce rapport, à ceux qui habitent des contrées plus fertiles. On dresse ces animaux, aussitôt après leur croissance complète, en réglant leurs repas, qu'on éloigne chaque jour davantage, en diminuant peu à peu la quantité de nourriture; on les habitue surtout à se passer de boisson. On les met ainsi en état de supporter une abstinence difficile à comprendre. Un chameau chargé de quatre à cinq cents kilogrammes et qui fait quarante à quarante-cinq kilomètres par jour, à l'ardeur d'un soleil brûlant, ne reçoit qu'une poignée de grain, quelques dattes ou une petite pelote de pâte de maïs, et il est souvent huit à dix jours sans boire; mais, au bout de ce temps, s'il existe une source d'eau dans le voisinage, il la sent à deux kilomètres de distance, et, doublant le pas, il court se désaltérer de la soif présente et pour la soif à venir. Le chameau qui, après avoir traversé un grand désert, est arrivé à un état de maigreur extrême, et trouve enfin à boire, change bientôt d'aspect, il reprend promptement un embonpoint général, dû sans doute à une absorption immédiate de l'eau qui, de l'estomac, se répand par endosmose dans tout l'organisme. Il paraît aussi avoir la faculté de tenir en réserve une certaine quantité d'aliments solides, et les loupes graisseuses du dos pourraient bien également concourir à ce but, car, après un long voyage, ces éminences se vident, l'animal maigrit et perd ses forces. Pour qu'il rende de nouveaux services, il faut qu'il ait repris de la vigueur au moyen d'une nourriture bien réglée.

Les chameaux sont très-dociles quand on les traite avec douceur; mais ils ne tardent pas à se venger de ceux qui les maltraitent; la violence les révolte et leurs morsures sont cruelles. Ces animaux peuvent se reproduire dès l'âge de trois ans, la durée de la gestation est de douze mois; le petit naît les yeux ouverts, et on doit le laisser téter pendant quatre ans, lorsqu'on veut qu'il devienne vigoureux; c'est à cet âge qu'on commence à le charger et à le faire travailler; mais il n'atteint son entier développement qu'à sa septième année : la durée de sa vie est de quarante à cinquante ans. Non-seulement le chameau est très-utile comme bête de somme, mais il est encore précieux par l'abondance de son lait, par la qualité de sa chair, qui est très-bonne, et par son poil, dont on fait des habits.

Le genre chameau comprend une seconde espèce, qui est le dromadaire, facile à distinguer en ce que celui-ci n'a qu'une bosse. GOSSART.

CHAMOIS (zoologie) [de l'italien *comozzia*]. — Quadrupède de l'ordre des ruminants, famille des antilopidés et du genre antilope. Il a le pelage long, grossier, gris cendré au printemps, fauve clair en été, brun l'hiver; une bande obscure oblique sur les yeux; les cornes un peu arquées en arrière, implantées sur l'orbite, légèrement striées en long et en travers, longues de douze centimètres et larges de deux à trois centimètres à la base. Cet animal est plus petit que le cerf, et c'est le seul du genre qui habite l'Europe occidentale; on le trouve dans les Pyrénées, dans les Alpes, dans la Grèce et daus l'Archipel. Il est très-agile, on le voit franchir les précipices, bondir sur les escarpements les plus arides, et s'arrêter tout court sur une pointe de roc où il existe à peine assez de place pour ses pieds rapprochés les uns des autres. Il voit et entend de très-loin se nourrit de fleurs, de bourgeons et de plantes aromatiques. On mange sa chair et il fournit de très-bon suif. Sa peau qui est extrêmement souple, sert à faire des gants et des souliers. GOSSART.

CHAMPIGNONS (botanique) [en italien *campinione*, dérivé lui-même de *campus*, champ; en latin *fungus*; en grec *mykès*]. — Famille de plantes acotylédones (*cryptogames* de Linnée), sans feuilles, ni fleurs, ni fruits; charnues, gélatineuses, souvent coriaces ou ligneuses; de couleur très-variée, de texture homogène. La forme, la consistance, la couleur des champignons sont extrêmement variables. Tantôt ce sont de simples tubercules à peine perceptibles, tantôt des filaments déliés, d'autres fois ils ont la forme de corail, de parasols bombés ou concaves en dessus, et recouverts en dessous de lames perpendiculaires rayonnantes, de tubes, de pores, de stries, de pointes, etc. Cette partie supérieure porte le nom de *chapeau*, et le pied qui la soutient celui de *stipe* ou pédicule, qui manque quelquefois, et le chapeau est alors *sessile*. Quelquefois le champignon tout entier est caché, avant son développement, dans une espèce de bourse close qui se rompt irrégulièrement, et qu'on appelle *volva*. Assez fréquemment la face inférieure du chapeau est recouverte d'une membrane horizontale qui s'attache d'une part à sa circonférence et, de l'autre, à la partie supérieure du pédicule, et qui, lorsqu'elle vient à se rompre, forme autour du *stipe* une sorte de *collier* ou d'anneau découpé. Les champignons naissent toujours d'un corps généralement filamenteux, nommé *mycelium*, dont ils sont en quelque sorte comme les réceptacles destinés à contenir les corps reproducteurs. Ce que l'on nomme vulgairement le *blanc de champignon*, corps composé de filaments qui se développe dans le fumier consommé et qui sert à la production du champignon de couche, est le *mycelium* de cette espèce. Les spores sont nues ou contenues dans des thèques ou sporidies. Elles sont placées soit sur le *mycelium* lui-même, comme dans les moisissures, soit dans un conceptacle de forme très-variée, nommé *peridium*, ou à la surface d'une membrane celluleuse ou *hymenium*. Les champignons naissent en général dans les lieux un peu humides et ombragés, tantôt à terre, tantôt sur le tronc d'autres végétaux ou sur des matières animales en état de décomposition. Presque jamais leur substance n'est verte à l'intérieur, caractère qui les distingue spécialement des algues, dans lesquelles cette couleur est très-commune. (*Richard.*)

Les champignons sont des végétaux généralement éphémères, dont la croissance est aussi rapide que l'existence est courte; souvent quelques heures suffisent au développement d'individus assez gros. Ils naissent de préférence dans les lieux bas et humides, et surtout à l'ombre; ils abondent également sur les troncs d'arbres abattus et sur les matières végétales et animales en putréfaction. C'est en automne et au printemps qu'on les voit pulluler de tous côtés; ces deux saisons, ordinairement pluvieuses, sont on ne peut pas plus favorables à leur multiplication. C'est alors qu'on recueille dans les campagnes les espèces comestibles, soit pour les manger sur-le-champ, soit pour les faire sécher et les conserver pour les saisons suivantes.

Quelques philosophes de l'antiquité, dit le Dr Couverchel, ayant remarqué que le développement de ces végétaux s'effectuait plus rapidement sous l'influence des orages, attribuèrent leur formation à l'union de la terre et du ciel, et leur donnèrent conséquemment la dénomination un peu ambitieuse de *fils des dieux*. Sans partager cette opinion dans toute sa rigueur, admettant d'ailleurs le fait de l'accroissement plus rapide sous cette influence, il nous serait difficile, maintenant surtout que l'on connaît l'influence de l'électricité sur les végétaux, de ne pas admettre son concours, surtout lorsqu'on considère qu'ils sont le produit d'une sorte de fermentation. Le mode de propagation de ces végétaux n'est pas non plus bien constaté; cependant on croit généralement que les sporules, lorsqu'elles sont placées dans des circonstances favorables, laissent, par une sorte de germination, échapper des filaments très-déliés qui, s'anastomosant entre eux, forment ce qu'on connaît vulgairement sous le nom de *blanc de champignon*. — Cette théorie qui, comme on le voit, est basée sur la réunion de plusieurs sporules ou graines pour former un seul individu, a fait rejeter par quelques auteurs, et Linnée le premier, les champignons du règne végétal et les a fait ranger parmi les polypiers, qui, comme on le sait, sont formés par la réunion en groupe d'animaux de même espèce. Cette analogie n'est pas la seule qu'offrent ces produits naturels, car non-seulement ces végétaux exercent sur l'air la même influence que les animaux (c'est-à-dire qu'ils en absorbent l'oxygène et exhalent de l'acide carbonique), mais ils fournissent en outre à l'analyse les mêmes principes. Quoi qu'il en soit, les champignons ont été réintégrés par les auteurs modernes dans le règne végétal. Si leur mode de développement n'est pas bien connu, il n'en est pas de même des conditions qu'il exige : les plus favorables sont, après l'emploi d'une terre appropriée, la présence de la chaleur (et peut-être, comme on l'a vu plus haut, le concours de l'électricité), l'influence de l'humidité et l'absence presque totale de la lumière.

Les champignons sont, bien certainement, de tous les végétaux, ceux sur lesquels l'influence du climat se fait le mieux remarquer. Il n'est pas rare, en effet, d'en voir qui, réputés dangereux dans certains pays, sont innocents dans d'autres. Ce fait, qu'on ne saurait révoquer en doute, est vraisemblablement dû aussi à une sorte de prédisposition constitutionnelle chez les individus qui s'en nourrissent ; car on remarque que les paysans russes, qui sont fort peu difficiles sur le choix de cet aliment, et que la misère oblige à en faire dans certaines saisons un usage presque exclusif, en sont rarement incommodés. Une circonstance fort importante, et qui tend en outre à confirmer cette assertion, c'est que, bien que l'analyse des champignons vénéneux ait été faite avec l'investigation la plus rigoureuse par les chimistes les plus habiles, ils n'y ont rencontré aucune substance dont l'action sur l'économie soit de nature à produire les accidents graves qui résultent quelquefois de leur usage. Il est bon de remarquer aussi que certains animaux s'en nourrissent sans éprouver de trouble dans leurs fonctions ; cette sorte d'anomalie est vraisemblablement due à cette circonstance que, dans les climats septentrionaux, les principes végétaux perdent en énergie ce que les animaux gagnent en force, par l'influence d'une basse température. Le contraire se faisant remarquer, et d'une manière non moins sensible, dans les contrées méridionales, on peut en conclure, suivant nous, que dans le premier cas l'inertie des principes est favorisée par la force de constitution des individus, tandis que dans l'autre l'action délétère est d'autant plus puissante que leur constitution est plus faible et plus débile ; aussi voyons-nous les habitants des villes plus sensibles à leur action que ceux de la campagne, les enfants et les vieillards plus que les adultes. Nous n'entreprendrons pas de rappeler tous les accidents qui sont résultés de l'usage des champignons vénéneux ; la nombreuse liste des victimes, bien qu'elle comprenne des papes, des empereurs et des rois, offrirait peu d'intérêt, à moins cependant qu'on ne l'explore pour déterminer lequel de l'intempérance ou de la misère exerce dans ce cas l'influence la plus funeste. L'action délétère des champignons n'est donc pas toujours due à la présence d'un principe vénéneux ; en effet, les uns sont d'une contexture tellement coriace qu'ils résistent à l'action des sucs digestifs ; d'autres sont d'une nature cotonneuse ou spongieuse et se gonflent dans l'estomac ; le plus souvent enfin les accidents sont dus à ce qu'ils ont éprouvé un commencement d'altération qui modifie leurs principes et en change la nature.

Les Champignons sont sans contredit les végétaux les plus variés dans leurs formes générales, leur structure, la position et l'arrangement de leurs spores. Voici, d'après A. Richard, les caractères des tribus les plus remarquables.

Gymnomycètes. Le mycélium se compose de filaments plus ou moins déliés, se développant sous l'épiderme de plantes en pleine végétatation ou privées de vie. Les sporidies sont nues, placées sous l'épiderme. D'abord recouvertes, elles finissent par être nues et semblent alors constituer à elles seules le Champignon tout entier, qui paraît formé uniquement par une sorte de poussière. Tels sont les genres *Rouille*, *Sphacélie*, etc.

Hyphomycètes. Mycélium composé de filaments libres et distincts, les uns couchés et stériles, les autres dressés portant des sporidies nues ou renfermées dans le sommet des tubes, lesquels se déchirent pour les laisser à nu. Dans ce groupe sont les *Moisissures*, le *Byssus*, etc.

Gasterémycètes. « Champignons de formes variées assez souvent plus ou moins globuleux, consistant en un péridium charnu, subéreux, membraneux ou floconneux, d'abord clos, puis s'ouvrant ou se déchirant irrégulièrement, contenant dans son intérieur simple ou multiple des thèques ou sporidies quelquefois placées sur des filaments ou réunies en une masse charnue mucilagineuse, qui se sépare en particules pulvérulentes. » Exemples : *Lycoperdon*, *Truffe*.

Hyménomycètes. « Ce sont les champignons par excellence, ceux que tout le monde reconnaît pour tels. Ils sont charnus, subéreux ou ligneux, offrant les formes les plus variées ; les sporidies ou les spores sont placées à la surface d'une membrane proligère ou *hyménium* recouvrant une partie déterminée de leur surface, soit externe, soit interne. » Les principaux genres sont ainsi nommés : *Morille*, *Bolet*, *Agaric*, *Amanite*. — V. ces mots.

L'analyse chimique a démontré l'existence, dans

les champignons, d'une certaine quantité d'osmazône, de gélatine, d'albumine, d'adipocire, et décélé ainsi la nature presque animale de ce genre de production.

Ce serait une grande erreur que de croire qu'une étude spéciale des champignons pût faire distinguer sûrement ceux qui sont comestibles de ceux qui peuvent produire des accidents redoutables. Cette insuffisance de la science ne se manifeste heureusement que sur un produit qui n'est pas indispensable à la nourriture de l'homme. Le savant botaniste Porsoon, qui avait fait de ce végétal l'objet de ses travaux pendant une grande partie de sa vie, ne voulait jamais donner son avis d'une manière formelle, dans la crainte de causer involontairement un malheur. Que penser alors des personnes qui prétendent résoudre sûrement le problème de la distinction des champignons vénéneux? Disons qu'il faut rejeter toutes les espèces qui ont une odeur fétide, une saveur âcre, amère ou acide; ceux dont la chair molle, aqueuse, change de couleur lorsqu'on les casse; ceux qui croissent dans des lieux souterrains ou humides, sur les débris de substances animales ou végétales en putréfaction.

Si les empoisonnements par les champignons sont devenus assez rares depuis longtemps, c'est qu'une sage police n'a plus admis sur les marchés de Paris qu'une seule espèce de champignons, l'*agaricus edulis*, ou champignon de couche (voy. *Agaric*): aussi lorsque des accidents ont eu lieu à la suite de repas dans lesquels on a mangé des champignons, c'est que ces champignons avaient été cueillis par des personnes qui se rendaient dans les bois avoisinant la capitale.

Les symptômes de l'empoisonnement par les champignons sont: le vomissement, l'oppression, la tension du bas-ventre, l'anxiété, les tranchées, une soif violente, la cardialgie, la dyssenterie, l'évanouissement, le hoquet et la mort. Les acides végétaux (vinaigre par exemple), sont regardés comme contrepoison des champignons. — Voy. *Empoisonnement*.

B. Lunel.

CHANCELIER (histoire) [du latin *cancellarius*, formé de *cancelli*, treillis, ou barres à claire-voie, qui environnaient le lieu où l'empereur rendait la justice et le garantissaient de la foule, sans pourtant empêcher qu'on ne le vît]. — Ce mot a servi, dans son origine, à désigner le treillis ou la barrière à claire-voie qui servait à contenir le peuple et à empêcher la foule d'incommoder l'empereur lorsqu'il rendait la justice. Depuis, on l'a appliqué aux gardes mêmes qui, dans ces occasions, se tenaient auprès de la personne de l'empereur.

Dans la suite des temps, on a appelé chanceliers les officiers ou magistrats qui étaient chargés par leurs fonctions de mettre le sceau aux jugements, lettres, etc., des empereurs, après en avoir raturé, biffé, ce qu'ils regardaient comme contraire à la justice et aux lois; et on les appelait peut-être ainsi parce que ces ratures ressemblaient aux treillis, *cancelli*, qui environnaient le lieu où se rendait la justice. Quoi qu'il en soit de l'origine de ce mot, les chanceliers étaient partout en honneur dès le cinquième siècle, et chez les premiers Français établis dans les Gaules, les chanceliers étaient des hommes publics qui jouissaient déjà de quelque distinction. Au septième siècle, la charge de *référendaire* se confondait avec celle de chancelier; et en 852, Erkambolde, l'un des chanceliers de Lothaire, prit dans un précepte royal la qualification *de regiæ dignitatis cancellarius*.

Sous Louis le Jeune, le chancelier assistait au jugement des pairs; en 1225, frère Guérin, évêque de Senlis, fit joindre à la dignité de chancelier, dont il fut revêtu, le titre de premier officier de la couronne; et enfin, en 1302, Philippe le Bel assigna au chancelier un rang immédiatement après les princes du sang.

Dans ces derniers temps, le titre de chancelier a été étendu à un grand nombre de personnes dont les fonctions ont quelque analogie avec celles des chanceliers d'un empire ou d'un État. C'est presque toujours un homme revêtu de la confiance d'un prince, d'un ordre, d'une corporation, ou d'un officier chargé de quelque fonction importante.

CHANCRE (pathologie) [du latin *cancer*, écrevisse, à cause de sa forme]. — Nom vulgaire de plusieurs espèces d'ulcères rongeants. En médecine, le mot *chancre* se dit particulièrement des ulcères vénériens. — Voy. *Syphilis*.

CHANDELEUR (culte catholique) [du latin *candelosa* ou *candelor*, à cause des cierges qu'on porte ce jour-là en procession et au service]. — Fête qui se célèbre le 2 février dans l'Église romaine, en mémoire de la présentation de Jésus-Christ au temple et de la purification de la sainte Vierge. Elle fut instituée par le pape Gelase en 492, ou par le pape Vigile en 536. Elle tire son nom des cierges bénits qu'on y porte en procession comme des symboles de la véritable lumière qui venait éclairer les gentils; et la coutume de porter ces cierges est fondée sur ce verset du cantique que fit Siméon lorsque Notre-Dame porta le Fils de Dieu au temple: *Lumen ad revelationem gentium*.

CHANDELLE [de *candela*, même signification]. — Mèche recouverte de suif, et qui est propre à l'éclairage. La *chandelle* se compose d'une mèche de fils de coton, et de suif fondu de mouton ou de bœuf. On en fait aussi avec de la graisse de porc, et ces chandelles, nommées *flambards*, ne sont blanchies qu'à la superficie. Lorsqu'on les allume, elles exhalent une odeur insupportable, fétide, et l'on s'aperçoit alors qu'elles n'ont été fabriquées qu'avec des suifs avariés. Il y a deux sortes de *chandelles*: celles *au moule* et celles *à la baguette*. Cette dernière se consomme beaucoup plus en province qu'à Paris. La *chandelle au moule* se fabrique en plaçant la mèche dans un moule en fer-blanc ou en verre préalablement rempli de suif. L'opération, fort simple en elle-même, n'offre que la difficulté de placer la mèche au milieu du moule; sans cette précaution, la chandelle coule toujours. Pour les *chandelles à la baguette*, voici comment on procède : on suspend les mèches à une baguette, on les plonge dans une chaudière pleine de suif en fusion, et l'on recommence cette opération jusqu'à ce qu'il y ait assez de suif pour que la chandelle soit d'une grosseur convenable. La meilleure chandelle est celle qu'on fabrique en hiver. « Cette différence, disent Debitte et Lagrange, est due principalement aux suifs, qui, provenant d'animaux nourris de foin, sont plus fermes et de meilleure qualité que dans la saison des pâturages ; et, d'ailleurs, la fabrication étant plus difficile durant les grandes chaleurs, puisque l'on est souvent alors obligé d'employer la vapeur pour séparer le suif du moule, les chandelles sont molles, sans consistance, sujettes à couler et de moindre durée. Le demi-kilogramme se compose de 4, 5, 6, 8, 10, 12 et 16 chandelles, que l'on désigne par ces numéros. On a fabriqué dans ces dernières années de la *chandelle*, nommée *économique*, qui se compose généralement de suif de mouton et de blanc de baleine ; elle est plus blanche et dure davantage que celles dont nous venons de parler. Cependant, cet éclairage ne saurait lutter longtemps encore contre celui de la lampe, qui au mérite d'être infiniment plus propre joint celui de donner une clarté régulière et de ne pas fatiguer la vue.

On donne le nom de *chandelier* à l'ouvrier qui fabrique la chandelle. Cette profession se confond maintenant avec celle de *cirier*, car les *chandeliers* fabriquent en même temps la bougie et la chandelle, depuis que la consommation de cette dernière a diminué d'une manière sensible. On compte, à Paris, 41 maîtres *chandeliers-ciriers*, qui occupent à peu près 300 ouvriers en hiver. Sur ce nombre, il y a 113 femmes ou jeunes filles qui sont occupées à mettre la chandelle ou la bougie en paquet. Un habile ouvrier *chandelier* fabrique chaque jour de 200 à 250 kilogrammes de chandelle. La moyenne du salaire des hommes est à peu près de 3 fr. 50 c. par jour ; quelques-uns gagnent jusqu'à 5 fr., mais ils sont peu nombreux. Les femmes gagnent de 75 c. à 1 fr. 25 c. par jour. En vertu d'un décret de 1810, aucun maître chandelier ne pouvait s'établir près des habitations particulières sans y être spécialement autorisé par la préfecture de police. Cette profession n'a rien de difficile ; mais la fonte du suif produit une odeur désagréable, nauséabonde, et les chandeliers sont sujets à de fréquents accidents gastriques, aux maladies du tube digestif, et leur respiration est toujours gênée. Autrefois, les chandeliers formaient un corps d'état auquel Philippe Ier, en 1061 et en 1093, donna ses premiers statuts ; que les successeurs de ce prince ont augmentés ou confirmés. (*P. Vinçard.*)

Il y a tout lieu de croire que les anciens ne s'éclairaient qu'à la lueur du feu ou de quelques éclats de bois résineux. Dès 1290, les Anglais connaissaient les chandelles, ce qui a fait penser à quelques auteurs que ce peuple aurait pu en être l'inventeur.

En France, sous le règne de Charles V (quatorzième siècle), on n'avait point encore pris l'habitude de mettre les *chandelles* dans des chandeliers, car les vieilles chroniques nous apprennent que les valets des seigneurs tenaient ces chandelles à la main pendant toute la durée des repas de nuit.

CHANGE (commerce) [du latin barbare *cambiare*, changer, qui pourrait venir du teutonique *kam*, main, passer de la main à la main]. — Opération de commerce par laquelle on échange de l'argent à recevoir dans un lieu contre de l'argent reçu ou à recevoir dans un autre.

L'objet de cette opération est d'éviter aux parties les frais et risques du transport de l'argent.

Cet échange paraît plus compliqué que les autres transactions de commerce, parce qu'il ne se conclut pas directement entre les deux parties, mais le plus souvent par des intermédiaires que l'on nomme banquiers.

Ces banquiers peuvent être considérés comme des marchands dont le commerce est de vendre ou d'acheter dans une place la faculté de disposer d'un argent existant dans une autre.

L'instrument qui sert à réaliser cet échange est un acte qui transporte à l'acheteur la faculté de disposer de l'argent dont le vendeur est propriétaire dans une place ; cet acte se nomme *lettre de change*.

Par cet acte, le propriétaire de cet argent éloigné mande à son débiteur ou correspondant de le payer à la personne qui lui a acheté cet argent, ou à telle autre indiquée par celle-ci, et il reconnaît en avoir reçu d'elle la valeur.

En style de commerce, ce vendeur se nomme *tireur* ; l'acheteur ou celui qui a ses droits se nomme *porteur*. Le porteur qui cède ses droits demeure garant envers son cessionnaire et se nomme *endosseur*, parce que ces sortes de cessions se font sur le dos de la lettre de change. Enfin, le débiteur correspondant à qui la lettre est adressée, et qui y met son acceptation, quand elle lui est présentée, est nommé *accepteur*.

Si la somme totale des fonds que l'une des places a tirée sur l'autre est égale de part et d'autre, alors il n'y a pas de transport actif d'argent à faire de l'une des places à l'autre ; tout se consommera par le transport fictif qu'opéreront les lettres de change. Tous les débiteurs de l'une des deux places, au lieu de payer à leurs créanciers de l'autre place, payeront entre les mains des personnes résidentes dans la même ville qui leur auront été indiquées par leurs créanciers ; les lettres de change acquittées leur vaudront quittance, et tout sera soldé sans autres frais que le salaire des agents de change.

Quand il en est ainsi, on dit que le change est au pair, parce qu'alors la valeur d'une pièce de monnaie d'un pays est représentée dans l'autre par une pièce de la même valeur.

Mais il arrive souvent que l'une des places doit plus que l'autre, et a par conséquent plus de fonds à y faire passer qu'elle n'en a à en retirer. Alors les débiteurs de cette première place qui, pour s'acquitter à moins de frais et à moins de risques, cherchent à le faire par le moyen des lettres de change, se pressent d'en acheter ; or, il y en a moins que l'on n'en demande, donc ceux qui ont de l'argent tout transporté dans la place créancière exigeront un bénéfice pour céder cet argent ou tirer une lettre de change qui en transmettra la propriété à un autre. Ce bénéfice se nomme *prix du change*.

Le change prend naturellement un taux uniforme dans tous les traités de ce genre qui se font à la même époque entre les mêmes places. Ce taux se nomme le *cours du change*.

On dit que le change est en faveur d'une place ou pour elle quand les lettres sur cette place gagnent un prix de change. Dans le cas contraire, et quand on offre au rabais les lettres de change sur une place, on dit que le change est contre elle ou qu'il lui est défavorable.

CHANGEUR. — On appelle ainsi le commerçant boutiquier faisant commerce d'échange de billets de banque contre du numéraire, ou du numéraire contre des billets, de monnaies étrangères pour d'autres pièces, de matières précieuses contre des espèces en billets ou numéraire, et *vice versâ*.

Les changeurs, chez les Romains, remplissaient les fonctions de nos changeurs modernes, et, en outre, celles de nos banquiers et notaires. Les changes, dépôts, achats, ventes et prêts, se faisaient par leur ministère.

On donna le titre de changeur du trésor jusqu'en 1543 au trésorier du domaine.

On applique encore ce nom à certains employés de l'hôtel de la Monnaie, et notamment au caissier.

Ce fut surtout au moyen âge que cette profession joua un grand rôle. La partie industrielle de la population de Paris était divisée en six corps de marchands ou métiers. Ce nombre varia : sous Louis XII, il était de cinq; sous François Ier, il fut porté à sept : les changeurs, les drapiers, les épiciers, les merciers, les pelletiers, les épiciers et les orfévres. Ces corps avaient notamment la prérogative de porter le dais dans les cérémonies où les rois et les reines assistaient. Ils dépensaient beaucoup d'argent pour s'habiller avec magnificence. Les changeurs étaient au premier rang. Ce furent les orfévres dans la suite.

On voit, en 1303, sous Philippe IV, que le Grand-Pont, nommé plus tard pont au Change, était envahi par les changeurs et les orfévres : deux rangées d'habitations étaient, dans toute la longueur du pont, de chaque côté; les orfévres occupaient les maisons situées en aval de la rivière, du côté du Grand-Châtelet, tandis que les changeurs avaient les maisons en amont, du côte de la Grève. Comme deux armées en bataille, ils étaient face à face, et partagés en deux camps; ils luttèrent souvent par des procès, où le parlement fut obligé d'intervenir nombre de fois. Ils empiétaient l'un et l'autre sur leurs priviléges et prérogatives. La jalousie n'y fut point étrangère. Parfois aussi ils eurent des questions très-graves à démêler.

Les rois successeurs de saint Louis s'attribuaient souvent le droit de changer à leur gré le poids, le titre et la valeur des pièces de monnaie en circulation. Dans cet état de choses, les orfévres devaient redoubler de vigilance pour maintenir leur antique réputation de probité et pour empêcher le discrédit de la monnaie royale de s'étendre à leurs ouvrages fabriqués. Voilà pourquoi, sans doute, en dépit de plusieurs décisions de la prévôté de Paris, qui leur défendaient de se mêler d'affaires de change, ils persistèrent à faire concurrence aux changeurs. Ils pensaient ainsi qu'ayant un pied dans la place, ils seraient plus à même d'observer et de dévoiler le trafic sans nom qui régnait alors. Mais à la requête des changeurs, le prévôt de Paris fit enlever les tapis des orfévres, et leur défendit de s'entremettre désormais dans le commerce du change. C'était par l'entremise des changeurs que la Monnaie faisait circuler ses pièces dans le public; ils étaient chargés de faire rentrer celles qui avaient cours légal, pour les échanger contre des pièces altérées. Les gouvernements réalisaient ainsi des sommes considérables pour subvenir aux famines, aux guerres, à leurs débordements et excès. Philippe IV, surtout, en abusa tellement qu'on lui donna le surnom de faux-monnayeur. L'altération des monnaies reparaît presque à chaque année de son règne; trente-cinq ordonnances émanées de lui ont des falsifications de monnaies pour objet. Cette sorte de rapine donna lieu souvent à des scènes de désordre et d'émeute; on s'en prenait alors aux changeurs, comme dans les temps de disette on s'en prend de même aux boulangers; le peuple, mécontent, dévastait et brisait leurs boutique. Qu'on ajoute maintenant à toutes ces misères sans fin une autre calamité non moins grande, l'écroulement de ce même pont au Change qui arriva sept ou huit fois dans l'espace de trois siècles, c'est-à-dire la période pendant laquelle les changeurs s'entêtèrent à choisir ce lieu et à y demeurer, sans tenir compte de ces terribles accidents, et avec une imprévoyance inexplicable des engloutissements successifs de leurs ancêtres. (Chaque fois presque tout fut perdu corps et biens.) On jugera alors, avec ces fléaux de toutes sortes, ce qu'ils eurent à subir, outre la terrible responsabilité dont ils étaient chargés envers le pouvoir et la nation, les châtiments barbares qu'on leur infligeait dans les moments de perturbation ou d'altération des monnaies, les confiscations, etc.; on reconnaîtra que ce furent plutôt des esclaves que des commerçants, et la comparaison entre les changeurs de ces temps et ceux d'aujourd'hui fera embrasser et sentir immédiatement les immenses progrès que fit la civilisation.

Nous croyons devoir citer encore un procès qui eut un grand retentissement à cette époque, et qui se rattache à ce métier, pour identifier le lecteur aux faits, mœurs et coutumes de cette profession d'alors. Ce fut une grande querelle qui s'établit entre les changeurs, les orfévres et les oiseliers ou oiseleurs. Ceux-ci avaient obtenu de Charles VI, en 1402, le privilége de vendre leurs oiseaux sur le pont au Change, les dimanches et fêtes, au sortir de la messe; de s'installer sous les auvents, et d'accrocher leurs cages aux volets des ouvroirs et fenêtres des orfévres et changeurs. Henri III leur renouvela ce privilége, à condition « qu'ils soient tenus de bailler et délivrer quatre cents oiseaux » aux entrées des rois et reines dans Paris, après leurs sacres. Les changeurs et orfévres, propriétaires des maisons du pont, réclamèrent contre ces lettres *royaux,* et s'opposèrent à la vente des oiseaux. Les oiseleurs se récrièrent, et le parlement leur donna gain de cause, « attendu que jamais les inthimez ne » se sont plaints, ne fait instance aux suppliants; et » qui ont leurs maisons accoustumez à cette charge » de les laissez mettre et attacher leurs cages contre » les ouvroirs et maisons; que l'on y mette des oy- » seaux tant seulement, et non point des chiens, » chats, lappins, serbotines (écureuils?), ou autres » denrées et marchandises. » Les changeurs et orfévres ne tinrent pas compte de cet arrêt; ils employèrent la force, maltraitèrent les oiseleurs et leurs volatiles, et commirent beaucoup d'excès, au contempt et mespris de l'authorité de la cour. Ils durent céder néanmoins, et l'un d'entre eux fut condamné à vingt écus de dommages et intérêts aux demandeurs, et dix écus d'amende au roi.

Les changeurs, nous l'avons dit plus haut en d'autres termes, ne devaient pas vendre aux orfévres les matières d'or et d'argent, qu'ils avaient seuls le droit d'acheter, pour les livrer exclusivement aux hôtels des monnaies. Ils étaient chargés de surveiller l'état des monnaies mises en circulation, et de saisir toutes les espèces décriées; en un mot, c'était une charge plutôt qu'un commerce. Leur mission ne changea qu'après 1789.

Aujourd'hui les différentes attributions ayant rapport à la monnaie se sont rassemblées sous une seule administration, et ont affranchi le changeur des lois et responsabilité qui pesaient sur lui. Ils sont dans les conditions de tous les autres genres de commerce, et n'ont aucun compte à rendre à l'État. Il est des limites cependant qu'ils ne doivent pas dépasser; il leur est enjoint, par exemple, de n'altérer les monnaies ayant cours légal en aucune façon; tout récemment aussi, l'autorité a dû sévir contre des changeurs qui accaparaient les pièces de cinq francs en argent, pour en tirer un profit, à cause de l'augmentation du prix de ce métal, qui actuellement n'est plus en rapport avec la valeur inférieure de ces monnaies d'une autre époque.

Il leur est défendu, enfin, d'entraver ou gêner le commerce par quelque opération que ce soit.

E. Paul.

CHANOINE [du grec *kanonikos,* dérivé de *kanôn,* canon, règle, dont les Latins ont fait *canonicus,* chanoine, et *canonia,* réunion de chanoines]. — Ce mot signifie proprement *régulier.* Quelques étymologistes prétendent que le mot *canon,* dans ce cas, doit être pris dans le sens de *pension, redevance* ou *prestation annuelle,* ce qui convient en effet beaucoup mieux à la vie moderne des chanoines.

Autrefois, les chanoines aidaient l'évêque à desservir son église, dépendaient de lui en tout, vivaient de ses revenus et demeuraient sous le même toit; mais dès le onzième siècle, ils avaient déjà abandonné la vie commune, et les conciles de Rome de 1019 et de 1063 leur ordonnèrent de la reprendre; mais avant l'an 1200, ces ordres furent peu respectés, car on voit qu'en 1200 ils l'avaient presque tous quittée de nouveau, et qu'on les autorisa à partager les prébendes.

CHANOINESSE. — Ce sont des filles qui possèdent une prébende sans être obligées de renoncer à leur bien ni de faire aucun vœu. Cette institution, telle qu'elle existe encore aujourd'hui dans quelques parties de l'Europe, a pris naissance en Allemagne, vers 790, mais elle ne fut reçue dans le reste de l'Europe qu'en 1060.

CHANSON [du latin *cantio, cantionis*]. — Petit poëme fait pour être chanté, divisé en strophes ou couplets, sur lesquels un musicien compose un air. Elle embrasse tous les sujets. Qui ne connaît l'usage de la chanson? On la chante dans toutes les circonstances où l'homme peut se trouver, mais le plus souvent à table ; alors, ordinairement, elle a un refrain qui se répète en chœur, ce qui lui donne un certain entraînement qui électrise et enfante la gaieté. Pour tous les mouvements de l'âme, pour toutes les sensations du cœur, pour toutes les impressions que nous recevons, soit de plaisir ou de douleur, de peine ou de bonheur, d'amour ou de dédain, soit que nous voulions consacrer un grand fait historique ou célébrer la mémoire d'un héros, soit que nous voulions rendre grâces à Dieu d'un bienfait de sa toute-puissance, nous trouvons toujours pour chacune de ces occasions un écho dans la chanson.

C'est pourquoi l'homme, sujet à tous ces sentiments, dans quelque degré de civilisation qu'il se soit trouvé, a dû chanter, et a chanté.

Le chant n'est autre chose que la parole cadencée, et, pour y arriver, il a fallu peu d'efforts. Dans le commerce de la vie, pour les choses usuelles, la voix n'a pas besoin d'inflexions, mais aussitôt qu'une impression quelconque ébranle la fibre du cœur, la voix s'élève ou s'abaisse, prend une certaine extension, se modifie ; de là la modulation ou la transition harmonique. Ainsi est né le chant. Ce n'est pas sans doute la mélodie ; on charivarie, mais on chante, bien ou mal.

Rousseau a dit qu'il est très-difficile de déterminer en quoi la voix qui forme la parole diffère de la voix qui forme le chant. On a voulu le prouver anatomiquement. Nous laissons aux savants dans la science à l'expliquer. Mais Rousseau ajoute que le chant ne semble pas naturel à l'homme. Il dit que les enfants pleurent, crient et ne chantent pas. Nous croyons que c'est là un paradoxe. Il aurait pu en dire autant de la parole, car les enfants ne parlent pas en venant au monde. Si le chant est l'expression d'un sentiment, l'enfance peut-elle apprécier tous les mouvements que la nature fait agir pour les faire naître ? L'enfant pleure et crie sans raison, comme il rit et joue ; il ne sent pas, il ne parle pas, il ne peut pas encore chanter ; il chantera aussitôt qu'il parlera. Ainsi partout où l'on a parlé on a chanté. Les hommes chantent d'abord, ensuite ils écrivent, a dit Chateaubriand en s'appuyant sur les histoires de tous les peuples.

Les peuples de la plus haute antiquité, dont les monuments littéraires sont parvenus jusqu'à nous, nous ont légué des chants. D'abord dans l'enfance, sous l'influence des prêtres, leurs chants ont été consacrés à la Divinité ; plus tard, les héros, les grands hommes ont fourni des sujets à leurs chants, et enfin la civilisation ayant de plus en plus rapproché les hommes, les alliances entre familles s'étant formées, les liens de l'amitié ayant resserré davantage les cœurs sympathiques, le besoin de se réunir à de certaines heures de la journée, après les divers travaux, a fait sentir la nécessité de se livrer au repos, au plaisir de la conversation, de la table, aux jeux, aux concerts, et le chant est venu couronner ces réunions sous mille formes.

Le peuple hébreu, tenu constamment dans la dépendance des prêtres, et soumis à l'encensoir, à tous les instants de la vie, a eu des chants sévères ; il ne nous est venu de ce peuple que des chansons sacrées, adressées au Dieu créateur de toutes choses et au Dieu des batailles, sous forme d'hymnes ou de cantiques.

Le peuple grec a eu le même commencement, mais il a eu plusieurs âges distincts. Dans le premier âge, âge mythologique et mystique, c'est Linus, Amphion, Orphée. Les chants sont une suite d'hymnes en l'honneur des dieux.

Dans le second âge, c'est Homère, Tyrtée, le chant héroïque ; c'est Terpandre, qui invente la scolie ou chanson à la ronde, de table ou autres ; c'est Arion, inventeur du dithyrambe.

Dans le troisième âge, c'est Alcée, Sapho, Anacréon ; c'est l'amour, les grâces, le plaisir de la table, les orgies aimables, les réunions voluptueuses ; c'est le règne de la chanson, c'est le règne de la lyre ; c'est la rose, c'est le myrte qui couronnent les convives à table et les amants aux mystères des gynécées.

Les convives chantaient successivement et se passaient une branche de myrte qui annonçait le tour du chanteur. C'est lui qui présidait pour le moment ; la branche était son sceptre, et une couronne de roses ceignait son front. Voilà le roi du festin.

Le quatrième âge s'ouvre aux sons de la lyre et aux accents joyeux de la chanson. C'est Pindare, Corinne, Aspasie ; c'est le siècle de Périclès, l'âge d'or de la poésie, de la société élégante, des amusements variés, c'est le règne des courtisanes, entraînant à leur suite toute la jeunesse athénienne, et, demi-nues, se livrant à tous les plaisirs ; on les voyait entourées d'aimables parasites, les troubadours de l'époque, dignes compagnons d'Anacréon et de Bathyle, qui, se mêlant à leurs jeux et à leurs danses voluptueuses, accompagnaient leurs voix bruyantes de la lyre et de la pectis.

Veut-on savoir dans quelles dispositions l'esprit et le cœur se trouvaient dans cet heureux temps de plaisirs et de galanteries? Anacréon, qui certainement était le peintre des mœurs de son époque, va lui-même nous l'apprendre dans deux petites chansons pleines de grâce :

LA NICHÉE D'AMOURS.

I

Tous les ans, aimable hirondelle,
Avec le retour du printemps,
Tu viens, à tes amours fidèle,
Construire ton nid dans les champs.

II

Au premier orage qui gronde,
Aux premiers autans tu nous fuis
Pour les champs que le Nil féconde,
Pour le ciel plus doux de Memphis.

III

Moi, je ne puis briser ma chaîne ;
Mon cœur, assiégé tous les jours,
Sans force, et respirant à peine,
Sert de nid sans cesse aux amours.

IV

Là, toujours, par bandes nouvelles,
Les amours naissent à foison ;
Les uns vont essayant leurs ailes ;
D'autres entr'ouvrent leur prison.

V

Qu'un essaim prenne la volée,
Les amours aussitôt partis,
La famille est renouvelée
Par un autre essaim de petits.

VI

A d'autres ils donnent naissance.
C'en est trop ! il en vient toujours !
Ah ! que faire? Quelle puissance
Résisterait à tant d'amours ?

LE PRIX DE LA VIE.

I

Que m'importe, roi de Lydie,
Gygès, ta faveur, ton trésor ?
Non, vous n'avez rien que j'envie,
Rois, assis sur vos trônes d'or.

II

Parfumer ma barbe ondoyante,
Des roses sentir la fraîcheur,
M'endormir au sein d'une amante,
Voilà mon souci, mon bonheur.

III

Mortel, du beau jour qui t'éclaire
Jouis, le temps est incertain,
Et c'est toujours une chimère
De compter sur le lendemain.

IV

Joue et bois, jouis de la vie,
De peur qu'en te brisant le cœur,
La vieillesse ou la maladie
Ne te dise : Arrête, buveur!

Ainsi, dans ces temps heureux de la Grèce, après que Périclès eut mis fin à la guerre, et après avoir rendu le calme à sa patrie, on ne sacrifia plus qu'à l'amour, à Bacchus et à Momus.

Cependant, on se tromperait si l'on pensait que les Grecs n'ont eu que ce genre de chansons. Ils avaient la chanson morale, un peu épicurienne, la chanson philosophique, qui était loin d'être sur un ton à faire bâiller, mais à réjouir encore sur les bords de la tombe. Anacréon veut descendre chez les morts, mais en buvant. Le scepticisme dominait les esprits à cette époque.

En outre, ils avaient des chansons pour tous les états, que chaque corporation chantait à des réunions périodiques, comme nous voyons en France certaines sociétés d'ouvriers, de divers états, se placer sous l'invocation d'un saint ou d'une sainte, et se réunir le jour de leur fête pour chanter et se divertir.

Pour des occasions particulières, des événements survenus dans la vie, ils avaient aussi des chansons: une belle action, une union conjugale, la perte d'un ami, etc., donnaient lieu à des chansons. Mais le ton naturellement changeait, et, pour exprimer les divers sentiments dont ils étaient agités, suivant la situation, ils avaient plusieurs modes, le mode dorien, le lydien, le phrygien. Le premier, sérieux et grave, propre à animer le guerrier, et pour les pompes religieuses; le second, triste, pathétique, avec une tendance à la mollesse, pour les cérémonies funèbres et les chants plaintifs ; et le troisième, tendre, vif, ardent, pour célébrer l'amour et tout son cortége. Ces modes se subdivisaient encore pour d'autres occasions accidentelles.

Les Romains reçurent des Grecs la littérature, les sciences, les arts. Quoi que Quintilien en dise sur la nécessité de la musique, les Romains ne furent jamais de grands musiciens, et par conséquent ne furent point de grands chanteurs. Jusqu'à Auguste, ils n'ont dû que crier à tue-tête, sans règle et sans goût ; leur chant n'était autre chose qu'un bruit confus de voix détonnant à qui mieux mieux, semblable au chant de cette famille chinoise que nous avons entendue naguère à Paris, au théâtre des Variétés ; un ton plaintif, aigu, criard, dissonant, un véritable charivari. Hélas ! mon Dieu, faut-il le dire? en France, même aujourd'hui, dans certaines localités, on n'est guère plus fort que les Chinois.

Que pouvait-on d'ailleurs attendre d'un peuple qui, avant tout, ne connaissait de récréations que les exercices guerriers, les combats des bestiaires, parmi lesquels on comptait même des sénateurs du temps de l'empereur Claude, et qui préférait ces scènes ensanglantées aux comédies de Térence et de Plaute? Longtemps avant les théâtres, les Romains avaient des cirques. Aussi ne dit-on pas d'eux *panem et theatra*, mais *panem et circenses*. Sous le règne d'Auguste, les mœurs s'adoucissent. Virgile embouche la trompette de l'épopée et souffle dans ses pipeaux rustiques; sous les ombrages de Tibur, Horace chante l'amour et le vin vieux de Falerne; Ovide écrit son *Art d'aimer* sur les genoux de Julie, fille de l'empereur; Properce, célèbre sa Cynthie ; Catulle chante sa Lesbie dans des chants un peu libres, et Tibulle soupire la tendre romance à Délie. Le recueil le plus important que nous ayons de ce peuple, en fait de chansons, est celui des odes d'Horace, qui, la plupart, peuvent passer pour des chants érotiques et bachiques.

Après la chute de l'empire romain, diverses nations surgissent de cette grande dislocation. Nous ne parlerons pas de celles qui nous sont étrangères, et nous passerons sous silence leurs légendes bardiques, telles que les chansons dans le goût germanique, du moine de Saint-Gal et d'Ermold le Noir, les chants d'Ossian, les poésies scandinaves, les eddas et les sagas, les chants des Scaldes, les Niebelungs, etc.

Nous parlerons de ce qui nous concerne, nous touche, de ce qui nous appartient, enfin de nos propres richesses. Le champ est vaste, et nous devons le parcourir avec méthode.

Ce sont les Gaulois, nos ancêtres, qui apparaissent sur la scène, à qui les Romains laissent pour héritage, en musique et en chant, leur voix nasillarde, leur dissonance et leur disposition à canarder, comme dit Rousseau.

Les Romains, dans leur longue occupation, avaient tellement déteint sur la Gaule, que jusqu'à la seconde race, la langue latine était en usage, langue barbare qui, dégénérée, était devenue langue romane, mélange confus de celte et de franc avec le latin, etc., ensuite s'était changée en un français, par rapport à nous, si inintelligible, qu'il faut le secours indispensable d'une traduction pour le comprendre même au douzième siècle. Qu'on se figure une chanson, une romance, une déclaration d'amour en latin de Diafoirus à la réception du malade imaginaire, et chantées en croassant, comme dit Chateaubriand.

Voici un échantillon de la langue romane. A défaut de chansons, que nous ne possédons pas, nous citerons le serment de Louis le Germanique, prêté entre les mains de son frère Charles le Chauve, dans le neuvième siècle:

« Pro Deo amur, et pro kristian poblo, et nostro » commun salvamento, didst di in avant in quant » Deus savir et podir me donat, si salvari jo cist » meon fradre Karlo, et in adjudha er in cadhuna » cosa si cum hom, per dreit, son fradre salvar dist, » in o quid il me altresi faret; et ab Ludher nul plaid » numquam prindrai qui, meon vol, cist meon fradre » Karle in damno sit. »

Traduction: « Pour l'amour de Dieu, et pour le » peuple chrétien, et notre commun salut, à compter » de ce jour, autant que Dieu me donne savoir » et pouvoir, je sauverai mon frère Charles ici pré-

» sent, et lui serai en aide en chacune chose, ainsi » qu'il convient à tout homme de sauver son frère, » comme il le ferait pour moi; et je ne ferai avec » Lothaire aucun accord qui, par ma volonté, soit » dommageable à mon frère Charles. »

Le même serment fut fait par Charles à son frère Louis, en langue romane tudesque. La suite prouva qu'ils ne s'étaient compris ni l'un ni l'autre.

Nous arrivons ainsi, avec cet idiotisme jusqu'au onzième siècle. C'est dans ce siècle que Guy d'Arezzo invente la gamme. La musique fait quelques progrès dans certaines classes, et les troubadours la propagent. La chanson y gagne beaucoup et devient plus populaire.

La première chanson qui se présente à l'esprit est celle de Roland, chanson si célèbre, et que les soldats français chantent en allant au combat jusqu'au commencement du quatorzième siècle. On en a longtemps parlé sans la connaître; elle était même regardée comme perdue. On cherchait une chanson et c'était un poëme de quinze cents vers ! Un compilateur distingué l'a retrouvée et en a donné la rédaction primitive dans le langage du commencement du douzième siècle, plus inintelligible que la langue romane du neuvième siècle, car avec le secours du latin, on arrive à la déchiffrer [1].

Nous n'en faisons mention que pour mémoire et comme éclaircissement historique pour certains esprits qui peuvent être encore dans le doute. Si la chanson eût été d'une longueur ordinaire, nous eussions été heureux de la consigner ici [2]. Nous entrons dans le douzième siècle. Voici comme on chantait dans ce siècle :

[1] La chanson de Roland ou de Roncevaux du douzième siècle a été publiée, pour la première fois, d'après le manuscrit de la bibliothèque Bodléienne, à Oxford, par Fr. Michel (1837).

[2] Il a été fait une chanson sur Roland, sous Napoléon Ier, qui a été aussi chantée par tous les soldats français de la grande armée. La veille de la bataille de la Moskowa, tous les officiers de la division Gérard et des états-majors, au nombre d'environ cinq cents, au bivouac, en face même de la grande redoute russe, entonnèrent cette chanson, que l'armée russe pouvait entendre très-distinctement. En voici un couplet :

Combien sont-ils ? combien sont-ils ?
C'est le cri du soldat sans gloire.
Le héros cherche les périls :
Sans les périls qu'est la victoire ?
Ayons tous, mes braves amis,
De Roland l'âme et noble et fière ;
Il ne comptait ses ennemis
Qu'étendus morts sur la poussière.

REFRAIN :

Soldats français, chantez Roland,
L'honneur de la chevalerie,
Et répétez en combattant
Ces mots sacrés : (*bis*) Gloire et Patrie ! (*bis*)

I

Belé, doce, dame chière,
Vostre grant beauté entière
M'a si sorpris,
Que se j'ere en paradis
S'en revenroie arrière,
Par covent que ma proière
M'eust là mis
Que fuisse votre ami
N'a moi ne fuissiez fière.
Car ainc en nule manière
Ne forfis,
Que fuissiez ma guerrière.

II

Por une qu'en ai haïe,
Ai dit aux autres folie
Come irous.
Mal ait vos cuers convoitous
Qui m'envoia en Surie !
Fausse estes, voir plus que pie,
Ne mais por vous
N'averai jà iex plorous.
Vos estes de l'abbaie
As S'offre-à-tous ;
Si ne vos nommerai mie.

TRADUCTION.

Belle, douce et chère dame,
Votre grande beauté entièrement
M'a si séduit,
Que si j'étais en paradis,
J'en reviendrais,
A condition que vous me prendriez
Pour votre ami,
Et que pour moi vous ne seriez fière
Car je n'ai rien fait en aucune manière,
Pour que vous me fassiez la guerre

Pour une que j'ai haïe,
J'ai follement parlé des autres,
Comme un homme en colère.
Fi ! de votre cœur ambitieux,
Qui m'a envoyé en Syrie !
Vous êtes plus fausse qu'une pie,
Et jamais pour vous
N'aurai plus les yeux en pleurs.
Vous êtes de la congrégation
Des *S'offre-à-tous.*
Je ne vous nommerai pas.

Nous citerons le début d'une œuvre charmante, pleine de grâce et de naïveté, attribuée à Thibaut, comte de Champagne, et roi de Navarre, l'homme le plus galant de son siècle, et dont, sous le rapport de la galanterie, Henri IV a pu hériter. Le voici :

J'aloie l'autrier errant (l'autre jour),
Sans compaignons,
Sor mon palefroi pensant
A faire une chanson,
Quand je oi, ne sai comment,
Lès un buisson,
La vois du plus bel enfançon
C'onques veist nus hom.

Et n'estait pas enfés si
N'eust quinze ans et demi.
Onques nule rien ne vi
De si gente façon.

Dans le treizième siècle, les nuages s'éclaircissent insensiblement; la langue romane perd chaque jour de sa forme latine, et, au nord la langue d'Oil, et au midi la langue d'Oc, font des conquêtes importantes. Voici comme déjà l'on chante au treizième siècle :

CHANSON DU TROUBADOUR.

I

Volez oïr la muse Muset ? (la chanson de Muset.)
En mai fut fete un matinet,
En un vergier flori, verdet,
Au point du jor,
Où chantient cil oiselet,
Par grand baudor (à cœur joie),
Et j'alai fere un chapelet (couronne)
En la verdor ;
Je le fis bel et cointe et net,
Et plain de flor.
Vis une dancele (demoiselle),
Avenant et mult bele,
Gente pucele,
Bouchete riant,
Qui me rapele :
Viens ça, si viele (sur ta viole, joue ta
Ta muse en chantant chanson).
Tant mignotement.

II

J'aloi a li el praelet (le pré),
O tout la viele et l'archet ;
Si li ai chanté le Muset
Par grant amor.
Et quant je vis son chef blondet,
Et sa color,
Et son gent cors amoureuset,
Et si d'ator (attrait),
Mon cuer sautele
Pour la damoiselle,
Mult renouvele
Ma joie souvent.
Ele ot gonele (elle avait une robe)
De drap de cassele
Qui restincele.
Doux Dex ! je l'aim tant !
Du cuer loieuement (de cœur loyalement).

III

Quand j'oi devant li viélé,
Pour avoir s'amor et son gré,
Elle m'a bien guerredoné (récompensé),
Soc merci !
D'un baiser à ma volonté,
Dex ! que j'aime si !
Et autre chose m'a donné
Comme son ami,
Que j'avoie tant désiré,
Ce m'est merci.
Plus suis en joie
Que je ne saloie (jamais),
Quand cele est moie (j'ai obtenu)
Que je tant désir.
Je ne prendroie
Avoir ne monnoie
Pour riens que voie
Ne m'en quier partir (pour m'en déparer),
Ançois vuès mourir (auparavant j'aimerais mieux mourir).

IV

Or a Colin Muset musé (a joué).
Et s'a à devise chanté (à plaisir chanté),
Pour la bele au vis coloré (visage frais).
De cuer joli.
Maint bon morcel li a donné
Et départi,
Et de bon vin fort à son gré,
Ge l' vo affi (je vous l'affirme).
Ensi a son siècle mené (ainsi il a vécu).
Jnsques-ici.
Encore daignoie (se ci-joint).
En chantant mainte joie,
Mult se contoie (proteste).
Qu'amors veut servir.
Si a grant joie,
Et vergier où doignoie,
Bien se convoie (revient).
Bon vin fet venir
Fressons à loisir.

Il est inutile de traduire cette chanson d'une naïveté exquise ; en la lisant attentivement, on en saisira toutes les nuances, avec le secours de quelques mots éclaircis.

A cette époque la chanson était cultivée en haut lieu. Dans les douzième et treizième siècles, on compte plusieurs seigneurs qui se livrent à ce genre de poésie. C'est Charles d'Anjou, roi de Sicile, Quesne de Béthune, Richard Cœur-de-lion, Mauclerc, comte de Bretagne, le châtelain de Coucy, le vidame de Chartres, Hugues de Lusignan, et d'autres hauts et puissants seigneurs. C'était aussi le beau temps des troubadours. Les troubadours, ces anacréons errants, chantant le vin, l'amour et les belles et les exploits des héros du temps de Charlemagne, étaient, accueillis partout, dans les châteaux, avec munificence ; on ne manquait jamais de combler de cadeaux ces enfants de la gaie science.

Du douzième au quinzième siècle, il n'est pas de cour plénière sans qu'ils y assistent, pas une cérémonie chevaleresque, un festin où ne figurent ces bandes pacifiques, ces amis de la joie, du plaisir et de la folle gaieté, la harpe ou le psaltérion en sautoir, et toujours prêts à chanter sur tous les sujets et sur tous les tons.

Les plus célèbres troubadours sont Arnaud Daniel, Anselme Faydit, Hugues Brun, Pierre Roger, le fameux Raymond Bérenger, comte de Provence, Guillaume IX, comte de Poitou, Pierre de Pibrac, Vincent de Viviers, auteur d'un poëme sur Charlemagne, etc. Et parmi les poëtes chansonniers des quatorzième et quinzième siècles, Eustache Deschamps, Christine de Pisan, Basselin, Charles, duc d'Orléans, Alain Chartier, Molinet, maître Guillaume Coquillart, et d'autres dont les noms sont inconnus et dont les œuvres figurent à la Bibliothèque nationale.

Nous ne pouvons passer sous silence deux femmes célèbres dans leur genre, dont l'une, Béatrix d'Aragon, épouse de Raymond Bérenger, qui fit de la cour de ce prince, renommé par son amabilité, l'asile brillant des lettres et des arts ; elle se plut à s'entourer de tous les poëtes les plus distingués de son temps ; les troubadours recevaient chez elle l'hospitalité la plus gracieuse. On lui attribue le fabliau de la fée Urgèle, des lais d'amour, des chansons et deux complaintes adressées à Richard Cœur-de-lion.

Et l'autre, Barbe de Verrue, la troubadouresse, femme extraordinaire, et dont la vie errante est semée d'aventures. On la vit, portant sa harpe, parcourir la France, et principalement s'arrêtant dans les châteaux, visitant les seigneurs et châtelaines, et chantant ses charmantes poésies, pleines de verve. Elle eut à soutenir un combat poétique contre quatre trouvères renommés, Mauclerc, Brunel de Tours, Perrin d'Angecourt et de Lignecourt ; elle les vainquit. Cette victoire mit le comble à sa réputation, et de tous côtés on réclamait la belle troubadouresse.

Outre ses lais d'amour et ses chansons, on lui attribue les fabliaux de Gridélidin, de Guillaume au faucon, et d'Aucassin et Nicolette, ainsi qu'une épopée intitulée *l'Orphée Gaulois* ou *Urgélinde et Cyndoria,* dont le sujet est la civilisation des Gaules.

Elle nous a laissé son portrait, qui, s'il est vrai, ressemblant, comme il faut le supposer, annonce qu'elle possédait des qualités qui n'étaient certes pas à dédaigner.

On ne sera peut-être pas fâché de le rencontrer ici, d'autant qu'il est en forme de chanson. Il est assez curieux de savoir comment une femme s'y prend pour faire son portrait ; cette confidence n'est pas ordinaire :

PORTRAIT DE BARBE DE VERRUE, TROUBADOURESSE, PAR ELLE-MÊME.

Du chief aux piedz, j'ai de haltor (j'ai de hauteur)
Plus que n'en faut por n'estre briefve (pas petite),
Et bien chemine en sénator (marche en sénateur),
Por ça, ne m'en cuydez plus griefve (ne m'en croyez pas plus grave).

N'est faict mon teyn por esbloir;
Rose onc ne m'ha floty li genes (ne m'a fleuri les jours).
Et sienne Hébée j'ay peu l'oïr,
Choisy n'eust, en moy, Protogenes (Protogènes ne m'eût pas, certes, choisie pour son Hébé).

Feurent mes yelx trop pétillants (mes yeux furent)
De veyne et d'amorose flame,
Ors, plus dolcets, moins scintillants (à présent plus doux et moins),
Disent la paix qu'est en mon âme.

J'ay nez romain et front appert (ouvert),
Grand, serain, sy que belle aurore,
Bouche riante, à rose appert
Du phyltre que mes sens irrore (du philtre qui arrose mes sens).

Por mon seyn, ne soict blan de neix (neige),
Qui n'arsit, rien qu'à sa peincture ? (qui ne brûlerait)
Donc est biau ? non, maiz, comm' phénéix;
Croy n'ha sieu pair en la nature (il n'a pas son pareil).

A moltz, fut ma cosme ung lyen (à plusieurs ma chevelure fut un lien).
Jaçait ne cheust neyre ne blonde (quoique ne fût noire) ;
En quoi se meu ? ha? sçay trop bien! (en quelle couleur est-elle ?)
Mais ne vay le conter au mondé.

Brief, face auguste, a l'er benin ;
Taille ne gresle, ne membrue;
Bras ronds, col drect, pied femenin :
Cy veyez Barbe di Verrue.

Elle eut des élèves qui lui succédèrent dignement, mais dont les œuvres ne sont pas parvenues jusqu'à nous. Ces élèves sont trois jeunes et aimables dames, trois Grâces, Rose de Créquy, N. de Rose, et Rose d'Estrées, dont elle se plaisait à s'entourer et qu'elle appelait familièrement ses trois Roses.

Dans ces deux siècles, la chanson ne fait pas de grands progrès, et la langue reste à peu près stationnaire.

Cependant on remarque, dans le milieu du quinzième siècle, un changement notable dans la langue qui prend des petits airs de coquetterie et de mignardise dans l'expression et dans les mots, qui ne messeyaient pas à la chanson. On s'était épris d'amour pour les diminutifs ; ils ne manquaient pas d'une certaine grâce. J'en veux à nos pédants, puritains renforcés, de les avoir bannis totalement de notre langue ; certains sujets pouvaient assurément s'en accommoder. Les Italiens, nos imitateurs dans ce genre, ont mieux fait que nous, ils les ont conservés. Ce genre, tout de douceur et de cajolerie, convenait à merveille dans la bouche d'une femme. Il fut cultivé principalement par les Fene, Agnès de Bragelongne, de Plancy, Docte de Troies, Marie de France, Barbe de Verrue, Justine de Lévis, etc., qui s'y distinguèrent. Clotilde de Surville en offre divers exemples dans ses œuvres.

Je rapporterai deux ou trois strophes d'une chanson adressée à son premier né :

O chier enfancelet, vray pourtraict de ton père,
Dors sur le seyn que ta bousche a pressé !
Dors, petiot ; cloz, amy, sur le seyn de ta mère,
Tien doulx œillet par le somme oppressé.

. . . .

Quoi! tes blancs doigtelets abandonnent la mamme,
Où vingt puyzer ta bouschette à playzir!
Ah! dusses la sechier, chier gage de ma flamme,
N'y puyzerait au gré de mon dézir.

. . . .

Cher petiot, bel amy, tendre fils que j'adore !
Cher enfançon, mon soulcy, mon amour !

. . . .

Estend ses brasselets... (il étend ses petits bras.)

. . . .

Cet usage a survécu dans nos provinces, surtout où l'on parle encore la langue d'Oc.

Nous entrons ainsi dans le seizième siècle. L'imprimerie était découverte depuis peu. Sous François Ier, les lettres renaissent. La langue sort de ses langes, elle se transforme et se dépouille de son enveloppe grossière, qui la tenait enfermée comme une chrysalide. Sous le règne de François Ier, prince brillant, léger, galant et spirituel, et où déjà commence le règne des favorites ; avec Agnès Sorel, la chanson ne pouvait entrer dans une nouvelle phase, sous de meilleurs et de plus beaux auspices.

C'est notre Clément Marot qui, le premier, ouvre la marche des chansonniers dans l'ère nouvelle qui se prépare. Voici quels sont les conseils qu'il donne aux amants :

I

Quand vous voudrez faire un amie,
Prenez-la de belle grandeur,
En son esprit non endormie,
En son tetin bonne rondeur,
Douceur
En cueur,
Langage
Bien sage,
Dansant, chantant par bons accords,
Et ferme de cueur et de corps.

II

Si vous la prenez trop jeunette,
Vous en aurez peu d'entretien.
Pour durer prenez-la brunette,
En bon point, d'assuré maintien.
Tel bien
Vault bien
Qu'on fasse
La chasse
Du plaisant gibier amoureux ;
Qui prend telle proie est heureux.

Il y a trois cents ans que Marot chantait ces charmants couplets. Plus d'un chansonnier de nos jours voudrait les avoir faits. On voit que le valet de chambre de François Ier était digne de ce prince chevaleresque, car ce roi, d'un esprit vif et aimable, donnait aussi l'exemple et ne dédaigna pas de se livrer à la chansonnette.

La fameuse pléiade de Charles IX [1], composée des plus beaux esprits de son temps, ne produisit rien de remarquable en chansons. La langue, au lieu de marcher, s'arrêta et même rebroussa chemin. Peu s'en fallut que l'on n'en revînt à la langue romane et à pis encore, grâce à Ronsard et à ses amis. La fureur du néologisme s'était tellement emparée des esprits, que la langue française tous les jours se noyait dans un déluge de mots latins et helléniques, de sorte qu'à la langue romane venaient s'ajouter, pour mieux l'embrouiller, les formes grecques. Cette confusion, qui inspirait de vives craintes aux gens de génie, finit par se dissiper au charme du style harmonieux de Malherbes. Les sept étoiles de la pléiade de Ronsard peu à peu virent leur clarté pâlir et s'éteindre.

Il n'en est pas de même de la pléiade de la satire Ménippée [1]. La Ligue, par ses actes ridicules, avait excité la verve caustique de ses ennemis, et il était tombé sur elle une avalanche de chansons, dont les auteurs avaient gardé l'anonyme. On soupçonne fort que les auteurs de la satire Ménippée n'y étaient pas étrangers.

On compte, en outre, parmi ceux qui, dans ce siècle, se sont occupés de chansons, Alione d'Aski, Clément Jennequin pour sa chanson sur la victoire de Marignan. Jeanne d'Albret et Marie Stuart s'amusèrent aussi aux chansons.

Voici un couplet d'une chanson faite par Marie Stuart en montant sur le vaisseau qui la ramenait en Écosse :

Adieu, plaisant pays de France,
O ma patrie,
La plus chérie,
Qui as nourri ma jeune enfance !
Adieu, France ! adieu, mes beaux jours !
La nef qui déjoint nos amours
N'a ci de moi que la moitié ;
Une part te reste, elle est tienne ;
Je la fie à ton amitié,
Pour que de l'autre il te souvienne.

Il est impossible de passer sous silence ce diable à quatre qui eut le triple talent de boire et de battre, et d'être un vert-galant, et qui possédait une qualité tout aussi brillante, celle de faire chansonnette. On nous ferait un crime certainement de ne pas parler de Henri IV en cette occasion, quand ce ne serait que par curiosité et pour la rareté du fait. Un roi chansonnier fut de tout temps chose assez rare. Donc notre roi galant a fait une chanson pour sa mie, Gabrielle d'Estrées, qui, pour sa beauté et son amour, méritait bien que son royal amant la chantât. Voici cette chanson dans toute sa simplicité et sa grâce :

CHANSON POUR GABRIELLE D'ESTRÉES

Composée par Henri IV.

I

Charmante Gabrielle,
Percé de mille dards,

[1] Cette pléiade, que Ronsard avait formée, à l'instar de celle d'Alexandrie, se composait de Ronsard, Daurat, Du Bellay, Remi Belleau, Jodelle, Baïf et Ponthus de Thiard.

[1] Elle était composée de Pierre Leroy, le chanoine, Pierre Pithou, Nicolas Rapin, le philologue, Passerat, Florent

Quand la gloire m'appelle
A la suite de Mars,
Cruelle départie (cruelle séparation),
Malheureux jour!
Que ne suis-je sans vie,
Ou sans amour!

II

Bel astre, je vous quitte!
O cruel souvenir!
Ma douleur s'en irrite.
Vous revoir ou mourir!
Cruelle départie,
Malheureux jour!
Que ne suis-je sans vie,
Ou sans amour!

III

Je veux que mes trompettes,
Mes fifres, les échos,
Incessamment répètent
Ces tendres et tristes mots:
Cruelle départie,
Malheureux jour!
Que ne suis-je sans vie,
Ou sans amour!

IV

L'amour, sans nulle peine,
M'a, par vos doux regards,
Comme un grand capitaine,
Mis sous ses étendards.
Cruelle départie,
Malheureux jour!
Que ne suis-je sans vie,
Ou sans amour!

V

Si votre nom célèbre
Sur mes drapeaux brillait,
Jusques au bord de l'Èbre
L'Espagne me craindrait.
Cruelle départie,
Malheureux jour!
Que ne suis-je sans vie,
Ou sans amour!

VI

Partagez ma couronne,
Le prix de ma valeur;
Je la tiens de Bellone,
Tenez-la de mon cœur.
Moment digne d'envie,
Heureux retour!
C'est trop peu de ma vie
Pour tant d'amour.

VII

Je n'ai pu, dans la guerre,
Qu'un royaume gaigner;

Chrestien, précepteur du Béarnais, le conseiller Gillot, et Gilles Durant, tous gens d'esprit, s'il en fut, satiriques et bons vivants.

Mais sur toute la terre
Vos yeux doivent régner.
Moment digne d'envie,
Heureux retour!
C'est trop peu d'une vie
Pour tant d'amour.

Dans le dix-septième siècle on chante beaucoup. C'est Benserade, Quinault, Blot et Marigny, frondeurs; c'est maître Adam, le menuisier de Nevers; c'est Boursault, l'épicurien; Chaulieu, surnommé Anacréon; son ami le marquis Delafure; Chapelle et Bachaumont, et une foule d'auteurs ignorés, qui alimentent les chanteurs de cette époque. La chanson adoucit les mœurs, fait prendre le mal en patience, et quelquefois rend bon homme le plus récalcitrant. A l'occasion d'un impôt frappé par le ministre Mazarin, certaines têtes s'échauffèrent; on criait beaucoup contre le ministre, et l'on finit par se venger à à la française: on chansonna Mazarin. Le ministre, qui entendait chanter, se mit à dire dans son français italianisé: « Ils chantent, ils chantent, bien, bien, ils payeront. » Il savait bien, le rusé ministre, que lorsque l'on chante on n'est guère à craindre.

C'est dans ce siècle que l'on vit paraître *le Mercure galant*, recueil d'historiettes et autres sujets badins, et qui souvent contenait de fort jolies chansons.

Plus nous avançons et plus on chante. Le dix-huitième siècle est un concert universel; aussi les chansonniers abondent. C'est le beau temps du Caveau, la première des sociétés chantantes et gastronomiques, et dont les membres étaient de grands sableurs d'aï, de pomard et de chambertin. C'est Piron qui est à la tête. Partout se forment des sociétés chantantes: celle d'Apollon, les Enfants de la lyre, etc. Le Caveau a son recueil, et publie tous les ans un volume charmant et tout pétillant d'esprit. Mais cela ne suffit pas, et l'on crée l'*Almanach des Muses*, qui rivalise d'esprit, de gentillesse avec le Caveau.

A ces collections viennent s'ajouter les œuvres de divers auteurs. On pourrait former une pléiade, composée d'autant d'étoiles qu'on en compte à la voie lactée. Nous citerons les plus renommés, les plus populaires, Grécourt, Gresset, l'abbé Lattaignant, Pezay, Dufreny, le marquis de Coulanges, Bernard, Gentil-Bernard, ainsi baptisé par Voltaire; Panard, Piron, Collé, Crébillon fils, Poinsinet de Sivry, Vadé, l'inventeur de la chanson poissarde; le cardinal de Bernis, le chevalier Boufflers, Parny, le Tibulle français; le capitaine de dragons Desmoustiers, l'auteur des *Lettres à Émilie sur la Mythologie*; J. Chénier, le Tyrtée français, pour ses chansons patriotiques; Rouget de l'Isle, l'auteur de *la Marseillaise*, et tant d'autres que nous ne nommons pas, qui sont loin d'être sans mérite.

Vers la fin du dix-huitième siècle, les événements dont la France est le théâtre coupent la parole aux chanteurs. La Terreur fait entendre d'autres accents, et le glas des morts leur sert d'accompagnement. Cependant le ciel s'éclaircit, on respire.

Au dix-neuvième siècle, la chanson se réveille

avec Garat, son charmant interprète, et on la voit reparaître rieuse et insouciante avec le Caveau qui renaît de ses cendres.

Une nouvelle pléiade étincelle, Désaugiers à la tête; elle est renforcée par Béranger, notre grand chansonnier, notre grand poëte, qui, à lui seul, défraye toutes les réunions joyeuses, toutes les sociétés chantantes, depuis bientôt un demi-siècle[1].

Béranger est une de nos gloires. Il appartient à la France. Il doit être digne d'elle. Ces mots demandent une explication. Si nous n'étions pas jaloux de la gloire de notre pays et de la gloire de Béranger, nous ne prendrions nul souci de l'une et de l'autre.

Béranger a des détracteurs ; Béranger a des admirateurs. Les uns et les autres sont tombés dans l'exagération. Heureusement Béranger est une de ces natures calmes, réfléchies, et surtout favorisée d'un bon sens exquis. Il a méprisé les uns et n'a pas cru aux autres. Dans deux occasions solennelles, il a prouvé qu'il était tel que nous le jugeons. Dans l'excès de leur enthousiasme, ses partisans lui eussent volontiers voté la lyre d'or d'Apollon ; on en eût fait un dieu. Il a été question, à la révolution de 1848, de le porter à la présidence de la République. Fut-il jamais une idée plus facétieuse ? Nous citons ce fait pour démontrer jusqu'où peut aller l'esprit d'exaltation. On s'arrêta à l'idée de le faire entrer à l'Académie. On n'a jamais pu obtenir de lui de faire les démarches nécessaires pour assurer son élection. Béranger, sans le manifester, savait très-bien qu'on n'arrive point à l'Académie avec des flons-flons, à moins d'être duc (duc ou marquis on peut prétendre à tout), ou sans avoir rien fait de véritablement littéraire, si l'on n'est vicomte. Ses amis, battus, se retournèrent d'un autre côté, et il fut résolu de le porter au Corps législatif. Béranger législateur ! Anacréon, se disait-on, fut le conseiller de Polycrate, roi de Samos, associé aux affaires de l'État et aux plaisirs du prince. Erreur ! facétie ! à ses plaisirs d'accord. Béranger refuse. On ne peut vaincre sa résistance. On le nomme. Fidèle à ses principes, inspiré toujours par son bon sens, il abdique et donne sa démission. Il renonce à figurer sur la liste des Solon et des Lycurgue, et va siéger modestement au Caveau, au fauteuil où s'assit Désaugiers. Mais, nommé président d'un banquet offert par la jeunesse des écoles, il accourt, en omnibus, à la Closerie des Lilas, et il y siége, la couronne de fleurs en tête, un thyrse de lilas à la boutonnière. Voilà Anacréon, je veux dire voilà Béranger !

On a voulu comparer Béranger à Anacréon; un homme d'esprit l'a même placé au-dessus du poëte grec : flatterie ou excessif amour-propre national. La comparaison manque de justesse; les deux génies, évidemment, ne se ressemblent pas, et s'il est un côté par où ils paraissent avoir quelques traits de conformité, c'est justement celui où le poëte français est loin du poëte grec : c'est au sujet des chansons bachiques et surtout des chansons érotiques. Ce qui fait la gloire de Béranger, gloire qu'on ne peut lui contester, ce sont ses chansons patriotiques. Anacréon a fait des odes qui sont des chansons; Béranger a fait des chansons qui sont des odes. La muse d'Anacréon est simple, charmante, gracieuse, vive, légère comme l'amant de Flore; elle inspire l'amour, enivre les sens d'une douce et suave volupté et nous endort sur des roses. La muse de Béranger est belle, fière, hardie; elle inspire de nobles sentiments, enivre de gloire et nous endort sur des lauriers. Nous pourrions faire des citations, mais cela nous conduirait trop loin, et d'ailleurs ce serait changer le caractère de notre article. Que l'on consulte la traduction de Veissier-Descombes, quoique un grand reproche puisse être adressé à ce traducteur : il n'a point assez conservé la forme de la chanson, et il a souvent négligé le rhythme harmonique de son modèle[1].

[1] Au moment où nous recevions cet article, l'heure de l'immortalité venait de sonner pour Béranger ! (16 juillet 1857.) Plus heureux que beaucoup d'hommes illustres, le poëte dont la France s'enorgueillit à si juste titre est mort enseveli dans le linceul de la gloire et estimé de tous les partis. B. L.

[1] A l'occasion des *Odes d'Anacréon*, pour lesquelles notre collaborateur signale M. Veissier-Descombes comme le traducteur à consulter, nous pensons, avec quelque raison, qu'il aurait pu citer aussi un autre traducteur d'Anacréon. Nous comprenons sa délicatesse; cependant il est une manière de parler de soi en des termes assez mesurés pour ne pas faire soupçonner une pensée de fausse modestie. Nous savons qu'il est très-difficile d'en imposer à cet égard. L'embarras souvent trahit la vanité, et se donner en comparaison soi-même est chose fort scabreuse ; mais s'effacer entièrement, et se condamner à rester dans l'ombre, c'est par trop d'abnégation ; aussi nous permettrons-nous de suppléer à ce silence.

M. Rédarez Saint-Remy, notre habile collaborateur, a fait une traduction d'*Anacréon*. Nous ne la commenterons pas. Nous dirons les impressions qu'elle a produites sur nous, tout le plaisir que nous a causé sa lecture. Nous dirons les causes de toute la satisfaction que nous avons éprouvée, sans craindre d'être taxé de partialité, parce que ces causes ne souffrent aucune comparaison, attendu qu'elles n'existent chez aucun de ses prédécesseurs. M. Rédarez Saint-Remy n'a rien fait comme eux. Il ne s'est point traîné sur aucune trace. Il a tout composé, tout refait, tout créé. C'est pourquoi son œuvre est toute originale. — On peut la considérer sous trois rapports : *matériel*, *scientifique* et *littéraire*. Il a bouleversé tout ce qui a été reçu jusqu'ici ; il a détruit pour mieux édifier. D'abord, toutes les odes, sans exception, ont été faites sous forme de chansons. L'ordre des odes est entièrement changé. Dans le texte, c'est un pêle-mêle sans intelligence ; à côté d'une chanson d'amour figure une chanson sur la vieillesse, ou une sur la mort. Évidemment les époques sont interverties. Dans la marche du temps, comme dans celle des passions humaines, il y a une logique inflexible qui a ses règles et ses lois, auxquelles nous sommes tous assujettis. Jeune, Anacréon a chanté l'amour; dans la maturité de l'âge, la table a fait ses délices; vieux, l'appréhension de la mort le rendit quelque peu philosophe. Ses odes se ressentent de cette marche du temps. Le discernement peut parvenir à les classer en les faisant rapporter à chacune des époques de sa vie. De là découle nécessairement la division de ses odes en trois parties ou en trois livres. Anacréon avait composé trois livres d'odes; sans

Nous arrivons à notre réflexion dominante touchant les observations qui précèdent. Une grande partie des chansons de Béranger sont de circonstance. Le sort des écrits nés dans ces conditions est de ne vivre que le temps où l'intérêt qui les inspira est encore palpitant; à mesure que l'on s'éloigne de ces époques, les causes s'effacent, l'intérêt s'affaiblit, l'écrit pâlit et s'éteint dans l'oubli, il meurt. Que d'exemples à citer! Les révolutions bouleversent la société, le flot succède au flot, les mœurs changent, les générations s'engloutissent et font place à d'autres générations, les esprits prennent une autre direction, et ce qui fit le charme de nos pères, pour nous devient une énigme. Voulez-vous vivre dans la postérité? prenez vos sujets dans le cœur de l'homme, dans ses passions, ses penchants, ses vices, ses vertus, dans sa philosophie épicuriënne ou platonique, etc., tous sujets qui sont nés avec le monde et qui ne mourront qu'avec lui.

Béranger pourrait sacrifier un certain nombre d'odes sans nuire à sa gloire, elle y gagnerait. Ce n'est pas tout de plaire, il faut plaire à tout le monde, au moins au plus grand nombre; on n'atteint jamais ce but quand, dans des écrits, la morale est outragée, quand la pudeur voit, foulé aux pieds, son voile souillé. Nous le disons avec douleur, plusieurs chansons de Béranger sont entachées de ces vices. Il est aussi d'autres chansons qui, par leur sujet tout politique, n'ont plus aujourd'hui leur raison d'être. Pourquoi l'éditeur de Béranger ne ferait-il pas un un volume de ses chansons choisies?

Encore quelques jours, et Béranger aura atteint l'âge d'Anacréon. C'est à la vieillesse à corriger les erreurs de la jeunesse. Alors, nous, admirateur de Béranger, nous ne balancerons pas à le comparer à Anacréon, auquel il ressemblera par l'âge, par le génie, par le nombre de ses odes et par l'immortalité. Par ce moyen, Béranger ornera toutes les bibliothèques.

Nous n'avons pas fini de la chanson; nous n'avons point parlé de la chanson poissarde, genre inconnu aux anciens et inventé par Vadé, qui aujourd'hui ne manque pas de successeurs. Ce genre est très en vogue et fait les délices des ateliers et des habitués des guinguettes aux barrières.

Nous avons aussi la chanson politique, que les anciens ne connaissaient pas non plus, quoique Aristophane ait souvent, dans ses comédies, des allusions mordantes touchant la chose publique et certains personnages considérables de la république. A sa naissance, elle s'est montrée timide; elle s'est enhardie sous Mazarin et le cardinal Dubois. Plus tard, elle est devenue menaçante, terrible et sanguinaire sous la Terreur; provocante, noble, enthousiaste sous la République; insolente sous Villèle et Polignac. Ce genre est quelquefois scabreux. Le For-l'Évêque, la Bastille, Sainte-Pélagie, ont hébergé plus d'un téméraire, et Béranger en a su quelque chose.

doute il n'avait pas fait un mélange confus de celles composées dans sa jeunesse avec celles qu'il composa dans un âge mûr et dans sa vieillesse. Il existait assurément un ordre imposé par le temps dans lequel il les écrivit. C'est cet ordre que M. Rédarez Saint-Remy a cherché à établir.

De plus, il a restitué à Anacréon un petit poëme qui, jusqu'ici, avait été attribué à un auteur obscur, qui serait venu jusqu'à nous avec ce simple bagage. C'est *l'Amour noyé*.

En outre, en étudiant les divers fragments d'Anacréon, recueillis, au nombre de cent environ, par Fischer et Boissonnade, et dans l'*Anthologie*, en les combinant, les tournant et les retournant, il a fini par en réunir un assez grand nombre qui lui ont paru avoir une certaine analogie entre eux, et il est parvenu à en composer neuf odes qui présentent un sens complet, sans faire subir à ces fragments le moindre changement, de sorte que tout appartient à Anacréon.

Croirait-on qu'il est telle ode formée de sept fragments dont la liaison est si intime qu'elle ne saurait s'apercevoir, tant les sens des fragments sont, entre eux, d'un accord parfait d'idées? Nous ne saurions résister à la transcrire ici, ne serait-ce que par curiosité.

Bacchus et l'Amour.

I

Que de grâce, que de douceur,
Leucaspis, en toi l'on admire!
Goûtons ensemble le bonheur
Dans un voluptueux délire.

II

De ses vingt cordes à la fois,
Pour toi la Magadis résonne;
L'Amour t'appelle sous ses lois;
Jeunes, aimons, l'amour l'ordonne.

III

Quels parfums exhale ton sein!
Qu'il s'abandonne à mes caresses!
Eh quoi! tu repousses ma main,
Tu fuis, ingrate, et me délaisses!

IV

Elle me fuit avec dédain.
Non, je ne suivrai point sa trace;
Mon cœur espérerait en vain
Fléchir cette fille de Thrace.

V

Bacchus, j'implore ton secours!
Viens calmer le feu de mes veines...
Dans le vin noyons nos amours:
Le vin seul adoucit nos peines.

D'autres odes ont deux, trois et quatre fragments.

Nous pouvons dire à ce sujet que M. Rédarez Saint-Remy a ajouté des roses à la couronne d'Anacréon, et qu'il a enrichi la littérature de neuf poëmes qui étaient perdus pour elle.

Quant au mérite littéraire, nous nous abstiendrons d'en parler; on pourrait ne pas supposer notre opinion désintéressée lorsqu'il s'agit d'un de nos collaborateurs. On peut cependant en juger par les pièces qui sont sous les yeux du lecteur. Outre l'ode ci-dessus, les deux odes d'Anacréon citées dans l'article sont tirées de la traduction de M. Rédarez Saint-Remy.

Nous pouvons donc dire avec raison que l'on peut aussi consulter la traduction de M. Redarez-Saint-Remy.

(*Note du Rédacteur en chef.*)

Nous avons encore à parler d'un autre genre appelé complainte, c'est-à-dire chanson plaintive. Par sa contexture, par son style trivial, elle sort de toutes les règles. Elle emprunte ordinairement son sujet de quelque événement considérable ou tragique dont elle rapporte toutes les circonstances. Son style est burlesque, l'air burlesque, chantée par les chanteurs des rues, à la mine burlesque, accompagnée de l'orgue de Barbarie. La chanson se vend sur une feuille de papier grand format, avec une vignette grossière représentant la scène de l'événement. Les complaintes les plus populaires sont celles du *Juif Errant*, de *Fualdès*, de *Geneviève de Brabant*, que l'on peut voir dans tous les villages, décorant les chambres de la chaumière.

Chanter est un besoin de l'époque; pour satisfaire cette ardente soif, deux grandes publications viennent de se former : l'*Encyclopédie musicale*, et *le Panorama musical*. Ces deux immenses entreprises offrent aux amateurs, aux mélomanes, un recueil de romances, airs, chansonnettes, de plus des valses, des polkas, etc., à 20 centimes la livraison, ainsi que des albums, nouveau genre de recueils réunis en magnifiques keepsakes, avec couvertures, splendidement dorés, à 2 fr. Et enfin, pour donner une idée de la fécondité de nos troubadours, il est donné un volume contenant cinquante-deux chansons, avec musique, orné du portrait de l'auteur et de trente-deux gravures hors texte, pour la bagatelle de 10 fr. Et maintenant, s'il fallait donner la liste de tous les trouvères de l'époque, il faudrait une page entière pour les inscrire. Calculez le nombre de chansons que la France chantante possède et combien il en éclot tous les ans; comptez le nombre d'étoiles au firmament; comptez les grains de sable du grand désert de Sahara et des bords de la mer.

Tout Français est troubadour; qui n'a pas fait une chanson, des chansons? Celui qui n'a pas fait dix chansons, dans sa jeunesse, n'a jamais connu le plaisir, l'amour, la volupté, n'a jamais connu le bonheur.

Et tout finit par des chansons, dit un vieil adage; or, on ne trouvera pas étonnant que nous finissions cet article par une chanson.

I

Que le tonnerre gronde,
Pourquoi s'épouvanter ?
Dieu nous a mis au monde
Pour rire et pour chanter.
Malgré l'orage,
Le Français volage
Toujours rira,
Et chantera.

II

Du faible sans défense
Le Français est l'appui ;
Malheur à qui l'offense,
Malheur cent fois à lui!
Malgré l'orage,
Le Français volage
Toujours rira,
Et chantera.

III

Dans un jour de bataille,
Il sème la terreur,
Et ni tour ni muraille
N'arrêtent sa valeur.
Malgré l'orage,
Le Français volage
Toujours rira
Et chantera.

IV

Que les comètes roulent
Dans l'espace des cieux,
Que les trônes s'écroulent,
Avec leurs demi-dieux :
Malgré l'orage,
Le Français volage
Toujours rira,
Et chantera.

V

Il boit, il aime, il chante,
Il rit du lendemain,
Il charme ainsi l'attente
Des arrêts du Destin.
Malgré l'orage,
Le Français volage
Toujours rira,
Et chantera.

RÉDAREZ SAINT-REMY.

CHANT (musique). — Voy. *Chanson*, *Musique*, *Solfége* et *Vocalisation*.

CHANVRE (botanique) (*cannabis*). — Genre de la famille des urticées, originaire de l'Asie, dont on ne connaît qu'une seule espèce. C'est une plante d'une utilité générale par sa tige et par son fruit; aussi, malgré l'odeur vireuse et narcotique qu'elle exhale et les accidents qu'éprouvent les ouvriers qui la manient, cette plante est une de celles dont la culture est la plus étendue. Ses graines (le *chènevis*) servent à nourrir les volailles et fournissent une huile très-bonne à brûler; mais sa principale qualité réside dans son écorce filamenteuse (la *filasse*), qui sert à former des tissus dont la finesse dépend du terrain où le chanvre a été cultivé et des soins qu'on a donnés à sa préparation. Elle est d'un usage si général, qu'il serait inutile de détailler les emplois qu'on en fait. Pour séparer les fils de la partie ligneuse, on fait d'abord rouir la plante par un long séjour dans l'eau (six mois); ensuite on la fait sécher, et on la brise avec un instrument destiné à cet usage.

La qualité du chanvre, dit Barbé, dépend beaucoup du terrain où il a cru, des préparations qu'on a données à la terre, de celles qu'il a reçues après en avoir été arraché, de la bonté de la graine, du pays, et enfin du temps où il a été récolté. La quantité de filasse produite par un hectare planté en chanvre peut être évaluée approximativement à 650 ou 700 kilogrammes, et celle de chènevis à trois fois la semence. Dans quelques-unes de nos provinces, telles que la Champagne, la Picardie, la Bourgogne, l'Anjou, la Touraine, l'Alsace, la Bretagne, la culture du chanvre est fort étendue; pas assez cependant pour suffire aux besoins de notre marine et pour nous affranchir à cet égard du tribut payé à la Russie, à l'Allemagne, à l'Italie, à l'Amérique. Quelques pays sont cependant bien au-dessous de nous sous ce rapport. L'Espagne et le Portugal n'en produisent presque point, et l'Agleterre, la reine des mers, en achète seule tous les ans pour plus de 13 millions.

Du rouissage du chanvre. — Voici l'opinion de deux hommes compétents, MM. Chevallier et Furnari, sur les dangers du rouissage du chanvre.

Le rouissage du chanvre, quoiqu'on ait voulu le nier, est le sujet de nombreuses maladies; et si l'on se reporte aux observations faites sur l'influence fâcheuse qui résulte pour la santé des hommes de la viciation de l'air par diverses causes, on est porté à établir que les maladies qui se déclarent chaque année, les fièvres réglées, les fièvres typhoïdes, sont en partie dues aux émanations infectes qui résultent du rouissage.

On fera en partie cesser les inconvénients qui résultent du rouissage :

1° En construisant, autant que possible, au bord des rivières ou des ruisseaux, *des fosses ou routoirs* ayant des murs revêtus de pierres et de ciment de pouzzolane, ou bien formés de claies entre lesquelles on mettrait de la terre glaise corroyée, mêlée de paille, tassant bien cette terre pour qu'elle puisse résister à l'action de l'eau : la partie supérieure de ces fosses devrait être un peu plus basse que le niveau de la rivière ou du ruisseau, de manière qu'à l'aide d'une planche faisant *vanne*, qu'on fermerait à volonté, on pourrait y introduire ou en faire sortir l'eau.

L'eau qui entrerait dans le routoir devrait être reçue dans un tube formé de quatre planches assemblées, dont l'une plus courte; l'eau en passant par ce tube serait conduite dans le fond du routoir; elle déplacerait l'eau de macération, qui, par une rigole, pourrait s'écouler et se mêler peu à peu dans l'eau du ruisseau et de la rivière, sans donner lieu à l'infection de l'eau et à la destruction du poisson. Des routoirs construits de la sorte dispensent du rouissage à l'eau courante, rouissage qui, lors des *crues subites d'eau*, cause des pertes considérables, les chanvres étant entraînés par les eaux.

2° Il faudrait que le fond du routoir fût recouvert de pierres plates : ce routoir pourrait être plus ou moins grand, selon la quantité de chanvre, ou selon sa destination pour une ou plusieurs familles.

3° Lors du rouissage, le chanvre devrait être placé sur une espèce de radeau construit avec des perches, radeau qu'on ferait submerger à volonté en le chargeant de pierres.

4° Lorsque le chanvre serait roui, il serait convenable de ne le retirer de l'eau que lorsque l'eau putride qui résulte de la macération aurait été renouvelée par l'eau courante, en suivant le mode que que nous avons indiqué précédemment, c'est-à-dire en introduisant l'eau de manière à ce qu'elle se rende au fond du routoir, faisant écouler l'eau déplacée par une rigole pratiquée à la partie supérieure.

5° Si des sources d'eau, pouvant alimenter des routoirs, étaient destinées à cet usage, il faudrait se servir de la pente, faire arriver l'eau au fond du routoir par un tube, et pratiquer une rigole à la partie supérieure pour donner passage à l'eau de macération déplacée.

6° Il faut, autant que possible, ne construire les routoirs que loin des habitations, et les placer dans des localités bien situées, en ayant égard à ce que le vent qui souffle ordinairement dans ces localités ne puisse porter les effluves sur les lieux les plus voisins, et surtout sur les habitations.

7° A défaut de sources, de rivières et d'eaux courantes, il faudrait jeter au fond *des routoirs à eau dormante* une certaine quantité de poussier de charbon, profitant, dans diverses localités, du voisinage des charbonnières.

8° Les routoirs qui peuvent être mis à sec doivent être nettoyés pendant la saison froide; les matières terreuses extraites du fond du routoir et jetées sur les terres sont un bon engrais.

9° Ceux qui ne pourraient être curés de cette manière devraient être curés à la drague; on pourrait aussi y amener l'eau, quand cela est possible, et déterminer un renouvellement en agitant, pour que les matières légères puissent être entraînées; on pourrait, à défaut d'eau courante, profiter des grandes pluies, des averses, et diriger alors vers ces fosses, à l'aide de rigoles, les eaux qui ne pénètrent pas dans le sol.

10° Les ouvriers doivent, autant que possible, ne pas entrer dans les routoirs lorsque l'eau y est stagnante ou infecte; on peut attirer le chanvre à l'aide de crochets, ou se servir du radeau, qui s'élèvera à la surface lorsque les pierres qui le chargent seront déplacées.

Les précautions que nous venons d'indiquer ici seront peut-être considérées comme insuffisantes pour quelques personnes, exagérées pour l'emploi d'autres moyens. Quant à nous, nous sommes convaincus qu'elles sont utiles, et si nous étions placés près d'un pays où la culture du chanvre fût pratiquée, nous ferions tout ce qui serait en notre pouvoir pour déterminer leur emploi, convaincus que ces précautions tourneraient au profit de l'hygiène publique.

CHAOS [du grec *chaos*, abîme]. — Mélange confus de la matière, sans ordre ni régularité, que presque tous les systèmes de cosmogonie placent avant la création. — Voy. *Cosmogonie.*

CHAPEAU, autrefois *chapel* [du latin *caput*, tête]. — Coiffure d'homme faite ordinairement de feutre, castor, paille, etc. — Les Grecs en connaissaient l'usage. En France, l'origine de cette coiffure est difficile à préciser. Sous nos premiers rois, on se servait de *chaperons*, sorte de capuchon qui avait un bourrelet sur le haut et une queue par derrière. Ce fut assurément sous Charles VI, dit un auteur, que l'on commença à porter, dans les campagnes, une sorte de coiffure formée de laine et de poils foulés, qui n'était autre que le *chapeau.* Louis XII reprit le mortier de ses prédécesseurs, mais François Ier porta toujours un chapeau. « Quand Charles VII fit son entrée dans Rouen, le 10 novembre 1449, il avait un chapeau de castor, doublé de velours rouge, surmonté d'une houppe de fil d'or. C'est dans cette entrée, ou du moins sous ce règne, qu'on commença à voir en France l'usage des chapeaux et des bonnets, qui s'introduisit depuis peu à peu à la place des chaperons, desquels on s'était servi de tout temps. On regardait comme un très-grand désordre, en 1495, que les ecclésiastiques commençassent, à la manière des séculiers, de porter des chapeaux sans cornette. L'usage des chapeaux était plus ancien en Bretagne de plus de deux cents ans parmi les ecclésiastiques, principalement parmi les chanoines; mais ces chapeaux étaient comme des bonnets, et c'est d'où sont venus les bonnets carrés des ecclésiastiques. Un évêque de Dol, au douzième siècle, permit aux chanoines seulement de porter de ces sortes de chapeaux. » Il paraît que les premiers chapeaux de feutre avaient la forme d'une petite calotte, ornée d'une plume; c'est ainsi du moins qu'on les retrouve dans les portraits de François Ier, de Charles-Quint et des personnages de leur temps. Plus tard, sous Henri IV, la mode avait mis en honneur les chaperons à ailes horizontales, relevés par une ganse et ornés d'un panache sur le côté qui dominait le front. Louis XIV et sa cour portèrent aussi des chapeaux à ailes horizontales; mais les portraits nous les montrent ornés de plumes fixées autour de la coiffe. Sous Louis XV, la mode releva les ailes sur deux côtés, puis sur trois; de là les tricornes de nos pères, dont la forme nous a été assez grotesquement conservée par la variété d'ecclésiastiques qui portent le nom si bien mérité de frères ignorantins. Un instant, sous Louis XVI, les soldats eurent des chapeaux à quatre cornes; mais on ne tarda pas à revenir aux *trois cornes*, que nos grands-pères continuèrent à porter sous Louis XVI, avec une aile un peu plus grande que les deux autres et à laquelle la Révolution donna encore un plus grand développement. Quant aux affreux cylindres qu'on a désignés sous le nom de *chapeaux ronds*, on les connaissait depuis longtemps; mais ils n'ont été adoptés qu'à la fin du dix-huitième siècle. — Les chapeaux de femmes sont en soie, en gaze ou en paille, ornés de rubans ou de fleurs, mais de forme variable et parfois tellement bizarre, qu'il faut renoncer à en donner une idée précise.

CHAPELET (religion) [du bas latin *capellus*, couronne]. — Ce mot désigne 1° une formule de prières adressées à Dieu et à la Vierge Marie, à laquelle on demande son intercession auprès de Dieu; 2° la réunion de plusieurs petits grains enfilés qui servent à compter le nombre des *Pater* et des *Ave* constituant cette formule de prières. Selon quelques auteurs, le chapelet a été rapporté de la terre sainte à l'époque de la première croisade par le célèbre Pierre l'Hermite.

CHAPELET (mécanique). — Machine d'épuisement qu'on emploie fréquemment dans les constructions hydrauliques, quand les localités ne permettent pas l'usage facile de la vis d'Archimède. On distingue le *chapelet vertical* et le *chapelet incliné*. « Le *chapelet vertical* consiste 1° en un tuyau cylindrique de bois ou de métal, appelé *buse*, ayant une hauteur un peu plus grande que la profondeur dont on veut extraire l'eau et un diamètre proportionnel à la quantité qu'on désire en élever par seconde; 2° en un hérisson armé de griffes, placé à la partie supérieure de la base et traversé par un arbre sur lequel il est fixé, et qui porte, à ses extrémités, des manivelles où agissent les hommes qui font mouvoir la machine; 3° en une chaîne sans fin qui porte, de vingt-cinq en vingt-cinq centimètres, des disques ou patenôtres, composés chacun de deux plaques de fer entre lesquelles est boulonnée une rondelle de cuir gras; 4° en une lanterne fixée à la partie inférieure de l'appareil, correspondante au hérisson fixé en haut, et qui est destinée à tendre la chaîne par son poids et à amener les patenôtres à l'entrée de la buse. Dans le *chapelet incliné*, la buse est remplacée par une auge rectangulaire, et les patenôtres sont de simples planches carrées, dont les fonds et les côtés sont garnis de cuir pour empêcher l'écoulement de l'eau. »

CHAPELLE [du latin *capella*, qu'on fait dériver du grec *capéleia*, tente, ou encore du mot *chape*]. — Ce mot désigne : 1° un oratoire avec un seul autel, destiné le plus souvent au service d'une maison particulière, et où l'évêque diocésain seul peut permettre de dire la messe; 2° une enceinte ménagée dans une église pour y placer un autel sous l'invocation particulière de la Vierge ou d'un saint; 3° la réunion des musiciens qui exécutent la musique dans une église. On nomme *maître de chapelle* le chef de ces musiciens. On distingue encore les chappelles sépulcrales, expiatoires, etc.

CHAPELLERIE, CHAPELIER [radical *chapeau*]. — Le mot *chapellerie* désigne la fabrication et le commerce des chapeaux, et l'on donne le nom de chapelier à l'ouvrier qui fait ou qui vend les chapeaux. « Avant 1789, les *chapeliers* de Paris formaient quatre classes : celles des maîtres fabricants, des maîtres teinturiers, des maîtres marchands en neuf et des maîtres marchands en vieux. Mais tous étaient dans la même corporation et sous le même régime. On n'était maître qu'à condition d'avoir fait cinq ans d'apprentissage, quatre ans de compagnonnage, et exécuté le chef-d'œuvre. Quatre jurés régissaient la communauté. Outre les chapeliers de feutre, il y avait au treizième siècle des chapeliers de coton, des chapeliers de paon, des chapelières d'orfrois, et enfin des chapeliers de fleurs. C'étaient autant de corporations différentes, auxquelles Étienne Boileau avait donné des statuts. Dans un temps où l'on était près de la nature, l'usage des coiffures en fleurs devait être commun. Quant aux chapeliers de paon, ils préparaient les plumes de paon pour les coiffures des grandes dames, qui portaient aussi des orfrois ou chapeaux brodés en or et en perles, et qu'apprêtaient des ouvrières chapelières. »

Nous allons emprunter à M. P. Vinçard ce qui suit sur la fabrication des chapeaux :

Les chapeaux d'hommes se divisent en *chapeau de feutre* et en *chapeau de soie*. Il y a aussi les *chapeaux de paille;* mais ils forment une catégorie distincte, et ne rentrent pas dans ce qu'on appelle la *chapellerie.* Les opérations nécessaires à la fabrication d'un chapeau de feutre sont très-nombreuses. Le *feutre* proprement dit se compose de poil de castor, de chameau, de lièvre, de lapin, de loutre, et généralement de tous les poils d'animaux qui ont la propriété de s'accrocher les uns dans les autres. Le *dégalage* n'est autre chose que le nettoiement de la peau, ce qui se fait à l'aide d'une petite carde nommée *carrelet.* On bat ensuite cette peau jusqu'à ce qu'elle ne renferme plus de poussière. Il se rencontre quelques grands poils que l'on sépare du duvet en les coupant avec de grands ciseaux, parce qu'ils ne pourraient pas se feutrer. On bat les peaux avec une baguette, et on les empile cuir contre cuir. Après le travail du *dégalage*, vient celui du *secrétage.* On prend une brosse de sanglier, on la trempe dans du nitrate de mercure, et l'on frotte le poil jusqu'à ce qu'il soit imbibé à peu près aux deux tiers. Lorsque les peaux sont ainsi mouillées, on les met poil contre poil, et on les jette dans une étuve. On les retire et on les tond, soit en arrachant les poils, soit en les coupant. On les classe ensuite selon leurs qualités, et on les donne à l'*arçonneur,* qui les carde à nouveau, et les place sous les cordes d'un outil nommé *violon.* La pièce d'étoffe qu'il compose est tellement légère que le moindre vent pourrait entièrement la perdre. L'opération de l'*arçonnage* est une des plus difficiles, tant pour ne pas perdre la matière que pour donner à sa pièce la longueur et l'épaisseur qu'elle doit avoir. L'*arçonnage* étant fait, on procède au *bastinage,* qui consiste à tendre sur une table un morceau de toile, large d'un mètre et long d'un mètre et demi, que l'on nomme *feutrière.* On mouille cette toile; on colle dessus plusieurs feuilles de papier, et l'on y étend le poil arçonné. Dès que la pièce est *feutrée,* on la soumet au *foulage,* c'est-à-dire qu'on la jette dans une chaudière remplie d'eau chaude et de lie de vin. Là, on la presse pendant trois ou quatre heures. Cette opération est suivie de plusieurs autres, à la suite desquelles on teint le chapeau. Il ne reste plus qu'à lui donner l'apprêt et à le garnir. A part tout ce qui a rapport à la fabrication du feutre, et sauf la carcasse en toile, que l'on enduit d'un vernis imperméable, les procédés employés pour les *chapeaux de soie* sont à peu près les mêmes que ceux que nous venons de décrire. La mode a adopté ces derniers depuis une vingtaine d'années, en raison de leur élégance et de leur bon marché. Il paraît probable que ce sont des chapeliers de Florence qui ont fabriqué les premiers. Nous n'avons parlé que des chapeaux d'un usage commun, mais la *chapellerie* comprend encore la coiffure des prêtres et celle des soldats. Paris, Lyon, Marseille et Bordeaux sont, en France, les villes où la *chapellerie* occupe le plus d'ouvriers. On fait aussi des chapeaux en bois tressé, en baleine et en cuir bouilli. L'Amérique fabrique depuis longtemps des chapeaux de palmier nommés *brésiliens,* qui ont eu la vogue pendant quelques années. Au point de vue purement industriel et économique, cette industrie a fait d'immenses progrès; on ne peut en dire autant de la forme des chapeaux, qui, depuis le dix-huitième siècle, sont aussi laids qu'incommodes. Ajoutons que quelques chapeliers ont voulu tenter une réforme à cet égard, et qu'ils ont complétement échoué devant la routine et le mauvais goût de notre nation, qui, en la comparant aux autres, nous paraît être la plus mal coiffée. (*P. Vinçard.*)

CHAPITEAU (architecture) [du latin *capitellum,* diminutif de *caput,* tête]. — Partie supérieure d'une colonne ou d'un pilastre. On distingue :

1° Le *chapiteau toscan,* qui a un gorgerin, un annelet, un ove et un tailloir;

2° Le *chapiteau dorique,* qui a un gorgerin, trois annelets, un ove, un abaque couronné d'un talon et d'un filet. Il y a un *chapiteau dorique* qui n'a qu'un annelet; d'ailleurs, il est semblable au précédent;

3° Le *chapiteau ionique antique,* qui a une échine, des volutes, et un abaque formé d'un talon couronné d'un filet. Ces volutes représentent sur le côté un coussinet que quelques-uns appellent balustre, à cause qu'il l'imite par sa forme. Le *chapiteau dorique moderne* a des volutes angulaires, une échine, et son abaque a ses faces échancrées.

4° Le *chapiteau corinthien* a deux rang de feuilles d'acanthe, des caulicoles, huit volutes angulaires, huit hélices, deux au milieu de chaque face; son abaque est en adoucissement, et se termine en un filet couronné d'un ove; il est échancré, et chacune de ses faces a une rose qui prend sur les hélices.

5° Le *chapiteau composite* a deux rangs de feuilles de persil, ou autres feuilles, des volutes qui naissent au-dessus de l'échine, et son abaque est assez semblable à celui du chapiteau corinthien.

Vitruve assure que Callimaque est l'inventeur du chapiteau corinthien. Ce fameux sculpteur grec ayant vu, en passant près d'un tombeau, un panier que l'on avait mis sur une plante d'acanthe, fut frappé de l'arrangement fortuit et du bel effet que produisaient les feuilles naissantes de cette plante qui environnaient le panier, et il en imita la manière dans les colonnes qu'il fit depuis à Corinthe, en établissant et en réglant sur ce modèle les proportions et les ornements de l'ordre corinthien.

Le *chapiteau composite* a été inventé par les Romains, d'après l'imitation des chapiteaux *ionique* et *corinthien.*

Chapiteau (chimie). — Vaisseau placé au-dessus d'un autre appelé *cucurbite,* et dans lequel s'élèvent les vapeurs ou liqueurs que le feu fait monter dans la distillation. C'est dans la concavité intérieure de ce vaisseau que vont s'attacher les vapeurs qui s'élèvent des matières que l'on a mises dans la cucurbite; c'est là qu'elles se condensent ensuite par la fraîcheur de l'eau qu'on met dans le réfrigérant; et lorsqu'elles sont ramassées en gouttes assez grosses pour que leur pesanteur soit supérieure à leur adhérence aux parois intérieures du chapiteau, elles coulent le long de ces parois, se rendent dans une rigole qui règne tout autour du chapiteau, et arrivent à un tuyau oblique auquel communique cette rigole, et que l'on appelle le *bec* du *chapiteau*, ou de là tombent dans le récipient.

Les chapitaux qui n'ont point de bec ou d'issue, ou dont le bec est bouché hermétiquement, sont appelés *chapiteaux* aveugles; ils servent dans cet état à la sublimation des fleurs et des sels volatils. Lorsqu'on veut s'en servir pour les distillations, on les ouvre en rompant l'extrémité du bec.

Les botanistes appellent *chapiteaux* certaines parties des fleurs et des fruits qui ont des rapports avec le chapiteau de l'architecture.

Enfin, les canonniers donnent le nom de *chapiteau* à une espèce de petit toit qu'ils mettent sur la lumière du canon.

CHAR [du latin *carrus*, imité du celtique *carr*, et employé dans les *Commentaires* de César]. — Toutes les voitures avaient autrefois le nom de char; encore aujourd'hui, en irlandais et en breton, on appelle *carr* une espèce de voiture que les Italiens et les Espagnols appellent *carro*, les Allemands *karr*, les Flamands *karre*, les Suédois *kærra*.

Les premiers chars étaient à deux roues; les Phrygiens en firent à quatre roues, et les Scythes à six roues. Pour les cérémonies d'éclat, on les ornait d'or, d'argent et d'ivoire. Pour les combats, on les garnissait de longues faux et de lames tranchantes et aiguës. Les Grecs tiraient vanité de conduire parfaitement un char; ils avaient établi des jeux pour y disputer d'adresse en ce genre, et fondé des prix pour le vainqueur.

Les courses du char passèrent de la Grèce à Rome, où elles devinrent un magnifique spectacle du cirque.

CHARADE (littérature). — Pièce de vers ordinairement fort courte, composée sur un mot divisé en plusieurs parties qui forment chacune un mot distinct. Tous les termes d'une charade doivent être définis (sans être exprimés) de manière que chacun d'eux soit une sorte d'énigme que le lecteur ait à deviner.

Le mot qui fait le sujet de la charade se désigne par *mon entier* ou *mon tout*, et ses décomposés s'appellent *mon premier*, *mon second*, *mon troisième*, *mon dernier*. Si, par exemple, on voulait en faire une sur le mot *charade* lui-même, on aurait pour mon premier *char*, pour mon second *a* et pour mon dernier *de*.

C'est une espèce de jeu littéraire qui tient de l'anagramme et de l'énigme; ces sortes de compositions, qui ont été fort recherchées à partir du dix-septième siècle, et dont la vogue s'est maintenue jusqu'à ces derniers temps, sont presque totalement abandonnées de nos jours; cela tient sans doute à ce que la littérature est entraînée dans la voie de développement qui suit la mécanique; autrefois on faisait des romans en trois volumes, à présent on en écrit trente. Il n'est pas étonnant qu'un travail de quelques lignes reste inaperçu au milieu d'une telle profusion. On ne peut cependant refuser à la charade une certaine utilité; elle est très-propre à exercer le jugement, et procure quelque satisfaction à celui qui la devine, en même temps qu'elle développe ses facultés. En voici deux pour exemple :

Nous nous réunissons pour prendre mon premier,
Et c'est presque toujours le soir qu'on se rassemble,
Afin de le goûter tranquillement ensemble ;
Nous nous réunissons auprès de mon dernier,
Et c'est surtout le soir, au sortir de la table,
Lorsque l'on veut causer, qu'il est fort agréable;
Nous nous réunissons enfin à mon entier,
Et c'est le soir encor qu'on a soin de s'y rendre
Pour goûter le plaisir qu'on se promet d'y prendre.

Mon premier compte quatre pieds,
Mais il ne va que porté sur des roues;
On voyait autrefois d'intrépides guerriers
A son moyen courir plus vite que des roues;
Et tandis qu'ils sont emportés
Par ce rapide véhicule,
Ils frappent de tous les côtés
Sur un ennemi qui recule
Pour éviter quelque dur horion.
Un verbe auxiliaire, en sa conjugaison,
Pourra vous donner mon deuxième,
Et vous saurez que mon troisième
Est une préposition.
Mais à mon tout qui se devine,
Les gens d'esprit aiment à s'exercer :
Il se sépare, ainsi qu'une machine,
En fragments bien distincts qu'on cherche à replacer;
Mais souvent on se trompe, il faut recommencer,
Et quand on a trouvé, bien vite on s'en fait gloire :
On dit son mot, et l'on chante victoire.

Les mots sont *théâtre* et *charade*, avec leurs décomposés. GOSSART.

CHARANÇON (zoologie). — Genre d'insectes de la famille des rhynchophores, comprenant une quinzaine d'espèces de petits coléoptères, dévastateurs des végétaux et de leurs rameaux, aux formes agréables, aux couleurs très-variées, souvent très-brillantes, habitant les deux continents.

Ces insectes ont été connus de toute l'antiquité, à cause de leur voracité et des dégâts qu'ils occasionnent dans les greniers où l'on conserve les provisions de céréales nécessaires à la consommation des cités populeuses. Non-seulement ils s'en nourrissent à l'état d'insecte parfait, leurs larves naissent, croissent et se métamorphosent dans l'intérieur et aux dépens de ces grains et principalement du blé. Quelques espèces seulement se fixent sur les feuilles, à l'aide d'un suc visqueux qui exsude de leur corps ; mais ce ne sont pas les plus nuisibles : celles qui sont véritablement dangereuses, ce sont celles qui se cachent dans les magasins. Elles s'y multiplient avec rapidité, au point de détruire la totalité des grains qu'ils renferment; et il est d'autant plus difficile de se garantir de leur voracité, qu'elles n'attaquent jamais l'écorce, et ne rongent que la farine : de sorte que des tas entièrement dévorés paraissent aussi sains que ceux auxquels elles n'ont pas touché : ce n'est qu'au poids qu'on s'aperçoit du dégât.

Le meilleur moyen de se préserver de ces insectes consiste à remuer fréquemment le blé que l'on tient en magasin, cela les empêche de s'y mettre. S'il y en a déjà, il faut former un petit tas à côté du grand, et agiter continuellement ce dernier. Les charançons, qui n'aiment pas à être dérangés, quittent celui-ci et se jettent sur l'autre, où ils trouvent la tranquillité. Quant ils s'y sont tous établis, on jette ce petit tas dans l'eau bouillante, et l'on fait périr ainsi tous les insectes qu'il contient. (*Salacroux.*)

M. Mathieu de Dombasle a fait ainsi connaître le moyen efficace de détruire les charançons : Pendant quinze années, dit-il, la ferme de Roville avait été exempte de charançons ; mais en 1837 j'éprouvai le chagrin d'en voir paraître quelques-uns dans un grenier attenant à la maison d'habitation, et séparé par une simple cloison d'un cabinet dans lequel je conserve diverses semences. Quelques recherches me firent bientôt découvrir la source du mal : un sac contenait une couple de litres de blé d'une espèce particulière, qui m'avait été donné deux ans auparavant, et que j'avais négligé de faire semer. A l'ouverture du sac, les grains se trouvèrent mangés sans qu'il en en restât un seul entier, et divers autres échantillons qui se trouvaient dans le même cabinet avaient été plus ou moins atteints et contenaient beaucoup de charançons. Évidemment c'était par le premier sac que les charançons avaient été introduits dans la ferme, et les insectes avaient pénétré dans le grenier par quelques fissures peu apparentes dans la cloison. L'année suivante, les charançons se multiplièrent beaucoup dans ce grenier et commencèrent à se montrer dans les autres greniers, quoique l'un de ceux-ci soit séparé du premier par une grande cour. L'emploi des sacs et des autres ustensiles dans les divers greniers est, sans doute, la principale cause du transport de ces insectes. Quoi qu'il en soit, il est certain que dès qu'une maison en est infestée, il est à peu près impossible d'en préserver aucune partie du bâtiment. Les charançons sont, d'ailleurs, voyageurs, comme je m'en suis assuré en trouvant ces insectes noyés dans des bocaux qui contenaient un peu d'eau, et placés dans un appartement éloigné des lieux où ils pouvaient se propager.

Après avoir éprouvé beaucoup de peine, au printemps de 1838, pour atténuer du moins les ravages de ces insectes dans le froment qui restait de la récolte précédente, je résolus de tenter un moyen radical pour délivrer la ferme de ce fléau ; et, sans m'arrêter à des remèdes dont l'action est partielle, et par conséquent insuffisante, je résolus de faire périr par famine tous les charançons qui pouvaient se trouver dans les bâtiments. En conséquence, dès le mois de mai on opéra la vente de tout le blé qui restait ; on fit moudre les criblures destinées aux porcs, et l'on nettoya les greniers avec le plus grand soin, afin que les insectes ne pussent pas trouver, s'il était possible, dans toute la maison, un seul grain de blé. Le succès fut complet, car dans toute l'année 1839 on n'aperçut pas un seul charançon dans la ferme, quoiqu'on y ait conservé des grains jusque fort tard dans l'été.

Il est certain, en effet, que les charançons ne peuvent vivre sans manger, dans les temps chauds. Lorsque la température est basse, ils s'engourdissent et peuvent vivre fort longtemps en cet état; mais, si l'on renferme des charançons dans un bocal ou dans une boîte exposée à une température d'environ vingt degrés centigrades, une grande partie est déjà morte au bout de quatre ou cinq jours, et il n'en reste plus un seul vivant après huit jours ; et ils ne sont pas seulement engourdis, car, si on les renferme ensuite avec des grains de blé, aucun d'eux ne reviendra à la vie. D'un autre côté, la femelle du charançon ne dépose jamais sa ponte ailleurs que dans les grains de froment, en sorte que, lorsque les insectes sont ainsi morts de faim, il n'y a plus de reproduction possible. Au contraire, si l'on renferme dans un bocal des charançons vivants avec une provision de blé, ils y pullulent et en ont bientôt détruit tous les grains.

CHARBON [du latin *carbo*]. — Terme générique usité pour désigner le produit de l'action du feu, à l'abri du contact de l'air, sur le bois et une grande quantité de matières organiques. Solide, noir, fixe, friable, inodore, insipide, antiputride, absorbant l'eau, l'oxygène et l'hydrogène, le charbon joint à ces propriétés celle de décolorer un grand nombre de liquides. On pourra, du reste, constater dans le cours de cet article les nombreuses applications que la science et l'usage ont faites de ce produit précieux.

Il y a trois sortes de charbon principales, subdivisées en différentes espèces, d'après la nature de la base première. Le *charbon végétal* ou *de bois*, le *charbon animal* ou *d'os* et le *charbon minéral* ou *de terre*. Nous ne traiterons ici que les deux premiers, renvoyant les lecteurs au mot *Houille*.

Le charbon de bois est noir, plus léger que l'eau, à cause de sa porosité, qui est tellement extrême que le souffle passe à travers dans le sens de sa longueur. On peut s'en assurer en mouillant un des bouts avec un liquide agglutiné, puis soufflant par l'autre bout, on voit le liquide se boursouffler et bouillonner. Il se fabrique depuis longtemps à l'aide de procédés vraisemblablement encore imparfaits, puisque, d'après de sérieuses analyses, le bois contiendrait environ 40 pour 100 de charbon et que les plus habiles charbonniers n'obtiennent qu'un rendement variable de 13 à 15 pour 100. — Voici ce que dit M. J. Rambosson sur sa production dans un article très-savamment écrit :

« Les charbonniers commencent par choisir, à portée des tas de bois abattus, un terrain assez uni et ferme, sur lequel il leur suffit de nettoyer et de battre une place pour établir leur charbonnière ; mais si l'on ne rencontre, aux environs des cordes de bois empilées, que des fonds en pente, ou caillouteux, ou crevassés, il est nécessaire de niveler le terrain, d'y ajouter une couche de terre, de la ratisser et de battre, afin d'obtenir une surface unie ; la surface d'un fourneau ou d'un feu a ordinairement de douze à quinze pieds de diamètre.

» Les bois doivent être assemblés d'avance ou fractionnés par les charbonniers, suivant leur nature ou leur grosseur, qui varie de un à trois pouces de diamètre ; tous les morceaux doivent avoir la même longueur.

» Lorsque le bois est convenablement mis en tas, le charbonnier couvre toute sa surface avec du gazon ou des feuilles, et trace un chemin autour en bêchant la terre. Si la charbonnière est toute nouvelle et qu'il n'ait pas de frazin, c'est-à-dire un mélange de terre et de charbon, il divise la terre le plus possible et la met en tas ; il s'en sert pour donner le dernier enduit, en en couvrant toute la surface du fourneau d'un pouce et demi d'épaisseur, à l'exception d'un demi-pied par le bas, afin de laisser accès à l'air dans cette partie.

» Le tout étant ainsi disposé, on met le feu. Pour cela, on ôte une bûche que l'on a placée au centre du tas de bois, et le vide qu'elle laisse forme une cheminée dans laquelle on jette des brindilles de bois sec et une pellée de feu. Bientôt une épaisse fumée se dégage tout autour du fourneau et par la cheminée ; on laisse les choses en cet état jusqu'à ce que l'on aperçoive de la flamme sortir par la cheminée ; on la recouvre alors d'un morceau de gazon, sans la fermer complétement, afin de laisser la fumée sortir en cet endroit.

» L'ouvrier doit alors être très-attentif à observer ce qui se passe, afin de remédier à une foule de petits accidents qui pourraient avoir des conséquences graves. L'accès de l'air et les issues de la fumée doivent être régularisés soigneusement. Quelquefois les gaz comprimés font de petites explosions desquelles résultent quelques trous ; on doit les reboucher à l'instant avec de la terre, du frazin ou des pièces de gazon ; enfin, il faut ajouter de la terre au bas du fourneau, et rétrécir ainsi de plus en plus le passage qu'on y a ménagé. La carbonisation se fait bien lorsque la fumée s'exhale lentement de tous les points, excepté au sommet, où le courant doit être plus rapide.

» On doit observer l'influence du vent sur la carbonisation. Les charbonniers sont obligés, pour s'en garantir, d'élever des abris avec clayonnages en osier. Ils veillent, pendant les nuits, aux progrès de cette opération, dont le succès dépend entièrement de leurs soins, et qui pourrait ne leur donner qu'un tas de cendre sans valeur. A l'approche de la seconde nuit surtout, ils doivent redoubler d'attention, car alors toute la masse est embrasée, et l'on attend l'apparition du *grand feu* ; c'est le moment où la couverture, entièrement devenue rouge, indique que le charbon est fait. A ce moment on étouffe complétement le charbon en interceptant toute communication avec l'air extérieur.

» Le quatrième jour, le charbon est prêt à être tiré. Il faut donc trois jours entiers pour terminer la carbonisation et le refroidissement ; ce temps n'est pas nécessaire lorsque le bois est sec : il ne faut que deux jours et demi.

» Pour tirer le charbon, on ouvre le tas d'un côté seulement, à l'aide d'un crochet en fer ; et si le feu était mal éteint, on reboucherait cette ouverture avec du gazon et de la terre.

» On a apporté plusieurs modifications aux procédés que nous venons de décrire, mais, au fond, c'est toujours les mêmes précautions à prendre, les mêmes principes à suivre. Ainsi, par exemple, on a varié les formes des fourneaux et leurs dimensions : on les a construits en pyramides quadrangulaires, en cônes élevés de deux étages de plus ; quelquefois on met le feu par le bas et on laisse sortir la fumée sur plusieurs points de la partie inférieure. »

On peut encore obtenir du charbon en distillant le bois qui, alors, fournit en outre de l'huile, de l'acide acétique, de l'eau, du gaz oxyde de carbone et de l'acide carbonique.

Il existe nécessairement plusieurs qualités de charbon de bois, qualités comprises d'abord au point de vue de capacité calorifique et ensuite des usages auxquels on peut l'employer. Ainsi, pour le premier cas,

le charbon de noyer représente.... 292
— chêne........ 255
— hêtre........ 176
— bouleau...... 153
— châtaignier..... 146
— peuplier...... 109

Les deux premiers sont indispensables pour les opérations exigeant un calorique puissant, égal et soutenu. Les trois suivants servent aux usages culinaires, et les charbons de peuplier, de tilleul, de saule, d'osier, d'aune noir, etc., sont employés dans les ateliers de bijouterie, de marqueterie, les fabriques de crayons, les manufactures de poudre, d'artifices, etc., les uns pour supporter les pièces destinées à être soudées, les autres pour adoucir et polir les incrustations métalliques, et les derniers que nous venons de citer, vu leur légèreté et leur grande combustibilité, pour être mêlés en quantités définies au salpêtre et au soufre.

La pesanteur spécifique du charbon de bois varie suivant ses diverses provenances et présente de grandes différences, ainsi qu'on peut en juger, puisque le charbon de liége pèse 0,1, celui de sapin 0,4, et celui de buis 0,6. Au reste, les diverses espèces de charbon de bois peuvent être appréciées d'après leur densité et leur pesanteur spécifique toujours en rapport avec les bois qui les ont produites. M. Andraud estime que les deux hectolitres de charbon

de chêne pèsent. . . 45 kilos.
de frêne. 44
d'orme. 40
de hêtre. 38
de bouleau. 37
de pin. 35
de tilleul. 33
de tremble. 30

Mais cette évaluation ne peut être qu'arbitraire, car les propriétés hygrométriques du bois et surtout du charbon la font varier souvent et considérablement ; ainsi, nous avons vu du charbon de chêne peser jusqu'à 65 kilos les deux hectolitres. Quant à la conductibilité calorifique du charbon, elle est presque nulle, étant à celle de l'or comme 2 est à 1,000.

Les charbons végétaux les moins combustibles sont ceux de sucre, amidon, blé, riz, noix de galle, gayac, bruyère, indigo, glutine de froment, etc., etc. On carbonise aussi la cire, les huiles essentielles, les résines, etc., etc. Les noyaux de fruits produisent un charbon usité et estimé en peinture. En général, plus un charbon se rapproche de l'état de pureté, plus il perd de sa combustibilité ; aussi, plus un charbon est calciné, moins il est propre à la combustion.

Dans les laboratoires de chimie, on l'obtient en calcinant des morceaux de bois dans un creuset luté; son extrême bonté est en raison de la durée du feu auquel il est exposé. Dans les conditions ordinaires, il s'enflamme à 88° cent., et s'il est bien sec, il brûle en fournissant une flamme jaune; pour l'avoir constamment dans cet état, on doit le conserver dans des flacons bouchés à l'émeri afin de prévenir l'absorption de l'air.

Le charbon de bois bien réussi à la cuisson est sonore; ses morceaux se cassent facilement et sans être arrêtés par les fibres longitudinales du bois; tandis que celui qui n'est pas assez consumé et que l'on désigne sous le nom de *fumeron*, brûle avec flamme et fumée d'une odeur désagréable et délétère et ne se rompt point ou difficilement.

Les différentes sortes de charbon de bois se classent encore par les lieux de leur provenance. Le plus estimé est celui qui vient du département de l'Yonne; il est menu, rond, sans écorce et presque composé de chêne. Viennent ensuite les charbons de la Marne, de la Seine, de la Loire, etc., etc.; ce dernier, produit du département de la Nièvre, est bien inférieur aux précédents, ne contenant presque que des produits de bois blancs de diverses natures.

Le chiffre de la consommation annuelle de Paris seulement s'élève à près de trois millions d'hectolitres.

Indépendamment des services rendus par le charbon de bois pour le chauffage, on lui reconnaît encore plusieurs propriétés précieuses. Il absorbe avec rapidité tous les gaz délétères, et notamment le gaz acide carbonique; celui de buis, surtout, est de toutes les espèces celle qui s'empare d'une plus grande quantité de fluides élastiques. Le poussier de charbon de bois mêlé dans une certaine proportion avec les matières fécales en neutralise la mauvaise odeur, et cette combinaison fournit un excellent engrais.

Le charbon végétal, réduit en poudre, est employé en médecine contre la fétidité de l'haleine ou des selles, pour combattre des cas de dyspepsie, de cardialgie, etc. C'est un dentifrice souvent usité. A l'extérieur, soit seul, soit associé au quinquina, le charbon s'emploie pour combattre la gangrène et la pourriture d'hôpital. Le charbon de peuplier est vanté dans les affections nerveuses de l'estomac et de l'intestin, pour faire cesser les douleurs et rétablir les digestions.

Inaltérable dans la terre humide, il a conduit à l'usage de charbonner l'extérieur des pieux, pilotis, etc., qui doivent séjourner longtemps dans la terre et dans l'eau.

Le charbon de bois est encore précieux pour la fonte et l'affinage des métaux; mêlé avec du minerai de fer, il procure du fer de fonte. Pulvérisé et mêlé avec les oxydes de plomb, il les revivifie.

Le charbon en brûlant dégage une grande quantité d'acide carbonique (vingt parties de charbon donnent cent parties d'acide carbonique), et lorsqu'on opère sa combustion dans des lieux non aérés, on est exposé à de graves accidents, même à la mort. Il n'est pas jusqu'à la *braise* provenant des fours de boulanger, alimentés généralement par des bois de bouleau et de peuplier, qui, quoique dépouillée de presque tous ses principes combustibles, n'en conserve pas moins des gaz délétères, et peut dans beaucoup de cas déterminer l'asphyxie chez ceux qui s'exposent à ces émanations.

Il existe encore une espèce de charbon végétal nommé *charbon de tourbe*. Il remplace avantageusement le charbon de bois dans divers pays, et notamment en Hollande et en Belgique. Ce charbon, obtenu par l'étouffement dans des vaisseaux cylindriques bien fermés, donne une flamme moins haute que celui de bois, mais il ne contient pas autant de principes délétères, quoique dégageant une certaine odeur sulfureuse. Ses cendres servent d'excellent engrais pour les terres fortes.

On sait que la tourbe consiste généralement en parties terreuses pénétrées par des racines ou fibres radiculaires avec quelques portions de feuilles répandues çà et là.

On peut juger alors de la puissance calorifique et du degré de combustibilité de cette substance carbonisée, qui, du reste, est assez efficace pour l'absorption des gaz.

Nous pouvons citer encore un charbon végétal ou *de bois fossile*. On le trouve près d'Altorf en Franconie. Il existe en morceaux grands, semblables à du bois d'ébène, épars çà et là dans un grès fort dur. Très-pesant, compacte, il est souvent rempli de pyrites sulfureuses, et se réduit au feu en une cendre blanche qui contient un alcali fixe.

En résumé, et pour nos contrées surtout, les diverses espèces de charbon que la nature et l'art nous procurent rendent d'importants services. Les besoins les plus exigeants de l'existence en font une énorme consommation. L'industrie, ainsi qu'on l'a vu, obtient de ses propriétés si diverses d'immenses résultats. La physique lui doit la lumière électrique, appelée à un si grand avenir; la botanique, elle-même, d'excellents composés pour la culture des fleurs; l'hygiène publique un purificateur de l'air. Employé en chimie, le charbon supporte à l'abri du contact de l'air une forte puissance de calorique, aussi peut-on l'employer exclusivement à la *brasque* des creusets destinés à subir une extrême chaleur. Tout le monde sait que le charbon est la base du diamant. Divers essais plus ou moins ingénieux ont été tentés pour produire ce dernier [1], mais sans au-

[1] Nous ne parlons pas ici des cristaux nommés *diamants de bore*, et produits en traitant l'acide borique par l'alu-

cun succès jusqu'à présent; et cependant il est indubitable que si on parvenait à fondre le charbon, ou à le vaporiser en vaisseaux clos, ou qu'on lui découvrît un dissolvant, on arriverait par le repos et l'évaporation à le faire cristalliser.

CHARBON ANIMAL (noir animal). — On le subdivise en deux variétés :

Le *noir animal*, ou charbon d'os, préparé avec les os des divers animaux employés à la nourriture, et le *noir d'ivoire*, produit de la carbonisation des rognures et petits morceaux d'ivoire. Ce dernier est, du reste, imité avec assez de succès en y employant des os de pieds de mouton bien nettoyés.

Noir, très-léger, brillant, lamelleux, très-friable et très-difficile à réduire en cendres, il jouit de l'éminente qualité de décolorer un grand nombre de substances liquides et solides, et particulièrement le sucre.

Pour obtenir le charbon animal proprement dit, on prend la partie la plus compacte des os de bœuf et de mouton, on en remplit un creuset de dimension appropriée. On lute avec soin le couvercle, mais on laisse une petite ouverture à la partie supérieure. On place alors le creuset dans un fourneau de forge, et on chauffe graduellement jusqu'au rouge. Lorsque la flamme a cessé, on diminue l'ouverture du couvercle, on donne un fort coup de feu; c'est alors qu'il se dégage du gaz hydrogène carburé et même oxy-carburé. Après avoir laissé refroidir, on délute le creuset et on porphyrise le résidu carbonique. Il en est de même pour le charbon animal obtenu avec des rognures d'ivoire. Dans l'exploitation en grand, on carbonise ces matières dans des marmites en fonte bien closes.

Pour son emploi dans les laboratoires, comme l'énergie de sa puissance décoloratrice est en raison de sa pureté, on doit avant de s'en servir le purifier par des lavages à l'eau distillée bouillante, quelquefois le traiter avec un cinquième de son poids d'acide chlorhydrique, et l'épuiser par de nouveaux lavages à l'eau bouillante.

Si l'on veut l'obtenir dans le plus grand état de pureté possible, il faut le faire chauffer avec deux fois son poids d'acide chlorhydrique à 22°, le laver soigneusement, et enfin le calciner au rouge blanc dans un creuset hermétiquement luté.

Le charbon animal ainsi purifié par les acides, bien lavé et séché par le feu, sépare complétement de leurs dissolutions dans l'eau un certain nombre de substances lorsqu'il est employé en proportions suffisantes. Il produit cet effet sur la chaux caustique, l'émétique, le nitrate et le bi-acétate de plomb, le nitrate d'argent et le chlorure d'argent ammoniacal, ainsi que sur le sulfate de cuivre et d'ammoniaque. Il sépare aussi complétement l'oxyde de zinc de sa dissolution dans l'ammoniaque ainsi que l'oxyde de plomb de sa dissolution dans la potasse. Enfin il précipite l'iode de sa dissolution dans l'iodure de potassium.

La majeure partie du charbon animal consommé en France se fabrique aux environs de Paris. D'importantes exportations en sont faites à l'étranger et dans nos colonies. CH. BARBOT.

minium. Il est évident pour tous que, quelques mérites que possèdent ces cristaux, ils sont improprement nommés, car on n'obtiendra jamais de véritables diamants que par l'emploi du charbon. C. B.

CHARBON (pathologie externe). — Voy. *Anthrax.*

CHARCUTERIE, CHARCUTIER. — On donne le nom de *charcuterie* au commerce de la viande de porc préparée pour l'alimentation. Ce commerce est important, puisque le seul département de la Seine consomme chaque année près de 100,000 porcs. — Le nom de *charcutier* est donné à celui qui apprête et vend la viande de porc. Bien que, depuis la suppression des jurandes, cette profession soit devenue libre, elle est néanmoins soumise à la surveillance de l'administration municipale. Nous n'avons pas besoin de dire que l'hygiène et la salubrité publique y sont fortement intéressées. Sans que leur nombre soit limité comme celui des boulangers ou des bouchers, les charcutiers ne peuvent cependant s'établir sans en avoir obtenu l'autorisation. Avant 1848, ils pouvaient, à Paris, avoir des tueries particulières; mais la puanteur et les désagréments qu'elles occasionnaient ont engagé le gouvernement à faire construire deux abattoirs : l'un pour la rive gauche, l'autre pour la rive droite de la Seine. La malpropreté des cuisines et des laboratoires des charcutiers a aussi forcé l'autorité à leur imposer quelques conditions. Ces règlements ont été complétés par l'ordonnance du 19 décembre 1835, après un rapport fait par le conseil de salubrité. Voici le résumé de cette ordonnance : Il doit y avoir trois mètres au moins entre le sol et le plancher des boutiques, lesquelles doivent être carrelées ou dallées. Pour établir la ventilation, une ouverture doit être pratiquée sur le plafond, et une autre sur la porte d'entrée. Les cuisines et les laboratoires doivent avoir la même hauteur que les boutiques. Les soupentes et les cuisines ne peuvent plus servir de chambres à coucher aux garçons. Les saloirs et les pressoirs doivent être construits en pierre ou en bois, et il est interdit de se servir de vases ou ustensiles en cuivre; ils doivent tous être en poterie vernissée. Les charcutiers ont un syndicat, chargé de défendre leurs intérêts : c'est le seul vestige qui soit resté de leur ancienne puissance corporative. Il existe à Paris 381 marchands charcutiers, qui emploient 629 hommes et 72 femmes. Ces dernières sont, en général, demoiselles de boutique, ou filles ou femmes de charcutiers. Les apprentis sont logés, nourris et blanchis; quelques-uns reçoivent une paye minime, mais la plupart d'entre eux n'ont que les pourboires qu'on leur donne quand ils portent en ville. Les garçons sont placés dans les mêmes conditions, et reçoivent, en moyenne, 1 fr. 25 c. par jour. Les demoiselles de boutique sont au mois ou à l'année, et reçoivent, selon l'importance de l'établissement, depuis 150 fr. jusqu'à 800 fr. par année. Les charcutiers sont plus instruits que dans beaucoup d'autres professions, car on en compte 97 sur 100 qui savent lire. Leurs mœurs sont très-douces : il faut dire aussi que, constamment retenus par leur travail, il ne leur reste à peu près que le temps du repos. Le chômage des garçons charcutiers n'a lieu que lorsqu'ils quittent leurs patrons. Cette profession n'est réellement fructueuse que pour ceux qui peuvent s'établir. Considérée comme purement manuelle, elle offre peu de ressources, un garçon âgé trouve difficilement de l'occupation. (*P. Vinçard.*)

CHARDON (botanique). — Genre de plantes de la famille des composées, tribu des cynarocéphales, dont les espèces sont toutes à fleurs flosculeuses et à feuilles alternes et épineuses.

Nous citerons le *chardon nain*, aux feuilles étalées sur la terre. Il nuit beaucoup aux agriculteurs, qui ont de la difficulté à l'extirper. Les chèvres et les moutons le mangent volontiers, mais les vaches n'y touchent point.

Le *chardon des champs*, autre espèce, dont la tige atteint souvent la hauteur de 60 centim. et dont la racine est longue et rameuse. Il fleurit tout l'été. Lorsqu'il est encore tendre, il fournit de la nourriture aux bestiaux. Mais cette sorte de chardon est beaucoup plus nuisible que profitable : 1° parce qu'il étouffe les céréales et autres bonnes plantes, 2° parce qu'il mêle son grain au blé, et 3° parce qu'il blesse, par les piquants dont il est hérissé, les moissonneurs lors des récoltes. Il est donc urgent d'en débarrasser le champ où il a pris pied, ce qui n'est pas facile. On l'arrache ou à la main ou avec une tenaille, ou bien on le coupe avec une espèce d'instrument tranchant appelé *échardonnet*. On choisit pour cette opération le temps où les blés montent en tiges; mais ce qu'il importe, c'est d'empêcher la plante de grainer, afin qu'elle se propage moins.

Le but est mieux rempli en l'arrachant qu'en le coupant, parce qu'on obtient une plus grande longueur de racine, qu'il est néanmoins difficile de détruire entièrement. Au bout de quelques années, on voit souvent la plante apparaître de nouveau. Le moyen le plus efficace pour extirper le chardon est un bon assolement. Nous conseillons de ne pas le laisser longtemps en tas après l'avoir ôté de terre, car ainsi sa piqûre est aussi vive que quand il est sur pied. Il est facile de l'utiliser en le faisant manger aux bestiaux après l'avoir battu pendant quelques instants.

Nous mentionnerons aussi le *chardon bénit*, qui croît dans nos départements méridionaux. Sa taille s'élève à plus de trente centimètres, et ses feuilles se terminent par des épines courtes et molles. Les fleurs qui naissent au sommet viennent en mai et en juin. Cette plante, dont la médecine fait usage, est amère. Cueillie en été, elle passe pour être vulnéraire et anti-ulcéreuse. Les graines et les fleurs sont fébrifuges, apéritives, toniques et sudorifiques.

HERVÉ.

CHARDONNERET (zoologie) [radical *chardon*, parce que cet oiseau en aime beaucoup la graine]. — Nom vulgaire d'un oiseau du genre *moineau* (voy. ce mot), qui, croisé avec le serin, donne naissance à des métis stériles. — Voy. aussi *Fringile*.

CHARENTON (MAISON DE SANTÉ DE). — C'est à neuf kilomètres à l'est de Paris, dans un bourg célèbre (*Charenton-Saint-Maurice*), parce qu'il fut le lieu assigné aux protestants sous Henri IV, que se trouve le fameux établissement des aliénés fondé en 1644 par Sébastien Leblanc. En 1792, cette maison devint propriété nationale, et un décret de l'an X l'affecta spécialement au traitement des aliénés. Dès le Consulat, Napoléon en fit en outre une prison d'État, où plus d'un écrivain de l'opposition fut envoyé sans jugement. Le marquis de Sade, ce corrupteur si tristement célèbre, y fut enfermé, et y mourut en 1814. Aujourd'hui, Charenton a cessé d'être un hôpital et une prison : c'est une maison impériale de santé qui peut recevoir cinq cents pensionnaires.

CHARGE (art militaire). — Attaque impétueuse exécutée par une troupe militaire à cheval ou à pied, afin de produire un effet foudroyant au moment décisif d'une bataille.

On se précipite sur l'ennemi, on le perce, on le culbute, on se fait jour à travers ses rangs.

La charge de la cavalerie s'exécute à l'allure la plus rapide possible; elle est destinée à frapper de stupeur l'adversaire. Celui-ci doit lui opposer le calme et la ruse.

Pendant que les escadrons serrés chargent à outrance, l'infanterie résiste de pied ferme en bataillons carrés pleins d'artillerie prête à mitrailler.

Quand la charge est nombreuse, compacte, il est bon de se disperser pour lui livrer passage; mais une fois qu'elle est passée, on se retourne sur elle, on la harcèle et on l'écrase furieusement.

A Wagram et à Eylau, les charges de la cavalerie française se précipitèrent comme des torrents et renversèrent l'ennemi avec la terrible rapidité de la foudre.

Pendant la bataille de l'Alma, les ailes de l'armée russe, brisées par les attaques, avaient cédé le terrain; son centre essaya vainement un coup désespéré. S'il ne réussit pas, il masqua un moment le recul de l'armée russe. Ce coup fut une charge de cavalerie. Vingt-quatre canons-obusiers de 12 tiraient pour rompre le centre de l'armée du général Menschicoff; tout à coup des lignes d'escadrons russes firent irruption sur l'artillerie française. Celle-ci cessa son feu. Elle chargea à mitraille toutes ses pièces, et mit trois boîtes à balles près des bouches à feu, afin de tirer sans cesse. Son immobilité arrêta l'ennemi, qui tourna bride, et s'enfuit au galop. Alors la première bataille de la Crimée fut gagnée!

Dans la plaine de Balaclava, la belle cavalerie des *greys* écossais attaque témérairement les Russes par une charge mal combinée, et se fait détruire horriblement par une canonnade masquée par des masses de fantassins ennemis.

La charge à pied est une irruption de fantassins armés du fusil ou de la carabine avec la baïonnette au bout du canon.

Devant Sébastopol, les charges de l'infanterie française furent toujours victorieuses. Les charges françaises sont tellement pleines de fureur qu'elles sont irrésistibles.

Les Arabes seuls eurent le courage de venir prendre à pleines mains les baïonnettes; c'est pourquoi on inventa chez nous le sabre-poignard, qui consiste en une lame à deux tranchants. Elle devient insaisissable et meurtrière pour la main qui veut la prendre.

La *charge* (artillerie) est la quantité de poudre mise dans une bouche à feu pour lancer un projectile.

La *charge* est encore la manœuvre qui consiste à charger les armes. JOUBERT.

CHARGE [du latin *carrus*, char]. — Son acception propre est synonyme de fardeau.

Par extension, le mot charge est passé dans la littérature et dans les arts comme synonyme de caricature.

En littérature, charge représente ordinairement un personnage dans ses vices ou ses travers, avec une exagération d'expression poussée jusqu'à l'excès. Toutefois, pour si vigoureux et si profond, en un mot, pour si chargé que soit le trait, il ne doit pas cependant dépasser les bornes au point d'égarer le jugement en rendant méconnaissable le personnage même dont un esprit satirique et mordant veut tracer l'image bouffonne.

Il est certainement beaucoup de caractères qui prêtent le flanc à la charge, et les portraits ne manquent pas dans la société.

Divers personnages de comédies, depuis Aristophane jusqu'à Molière, en offrent des exemples de tous genres.

Dans *les Nuées*, comédie d'Aristophane, Socrate, perché dans un panier au milieu des airs; dans *les Grenouilles*, Bacchus, une balance à la main, pesant le mérite d'Euripide et d'Eschyle, en mettant dans chacun des plateaux un vers de l'un et l'autre auteur; dans *la Paix*, Trigée, monté sur un escargot, et rencontrant dans les airs les esprits de Cléon et de Brasidas, morts depuis peu, qui cherchaient des dithyrambes; dans *les Fêtes de Cérès et de Proserpine*, le sybarite Agathon, sous un costume de femme, allusion pleine de sel à ses mœurs efféminées; et dans Molière, les Précieuses ridicules, Sganarelle, le Médecin malgré lui, l'Avare, Georges Dandin, M. de Pourceaugnac, le Bourgeois gentilhomme, le Malade imaginaire, tous ces divers personnages sont assurément des charges des plus comiques, en même temps qu'elles sont poussées jusqu'à l'extrême ridicule. Au delà, ce ne seraient que des figures méconnaissables, dépouillées de tout intérêt de curiosité.

Dans les *Caractères* de Théophraste et de la Bruyère, il y a les mêmes observations à faire, car si la charge est une exagération, on conviendra que l'accumulation des traits qui forment chacun des traits ou portraits que ces deux auteurs ont voulu peindre n'est autre chose qu'une charge spirituelle.

Le récit n'exclut pas la charge, et la *Satire Ménippée*, qui est l'histoire de la Ligue par son côté comique, est un modèle parfait en ce genre.

La même finesse d'esprit se rencontre aussi dans *Don Quichotte*, roman dans lequel l'auteur raille de la manière la plus piquante le goût des aventures romanesques et chevaleresques qui s'était emparé de certains esprits de son temps; rien n'est plaisant comme les faits et gestes de Don Quichotte et les discours à perte de vue de Sancho Pança, son fidèle serviteur.

Mais c'est surtout dans Rabelais que la charge abonde; l'ouvrage entier est tout une charge. L'usage qu'il fait souvent de l'hyperbole est porté à son dernier période; presque toujours l'objet disparaît sous un luxe de détails si comiquement fabuleux qu'il en devient méconnaissable. Si l'on n'était parvenu à posséder la clef de la plupart des faits qu'il rapporte, beaucoup seraient des énigmes, ce qui arrive pour ceux qui restent encore enveloppés d'un voile trop difficile à soulever. Mais la vie de Gargantua et de Pantagruel sera de tout temps un récit des plus plaisants. Quoi de plus comique que frère Jean des Entomures, de plus bouffon que Panurge, de plus désopilant que la dispute, par signes, en philosophie, géomantie et cabale, entre Thaumaste et Panurge? quoi de plus finement spirituel que les voyages de Pantagruel dans les diverses îles de Tohu-Bohu, des Papimanes, des Papefigues, etc.?

En peinture, la charge exige les mêmes conditions qu'en littérature. La représentation, au lieu de la plume, s'exécute avec le pinceau ou avec le crayon, et les objets et les sujets sont offerts à la vue avec des couleurs ou en noir. Ce sont alors des portraits ou des tableaux. Quels que soient les oripeaux dont les figures sont affublées, quels qu'en soient les accoutrements burlesques, les poses académiques, l'exagération dans la grosseur ou l'exiguïté des différentes parties corporelles, il ne faut point perdre de vue ni jamais oublier qu'il doit s'y trouver assez de ressemblance pour que l'objet que l'on veut représenter ne perde pas de son expression au point de ne plus le reconnaître.

Le but alors serait manqué. Il est de rigueur qu'au premier abord le trait caractéristique du personnage doit frapper sans que l'esprit se donne la peine de le chercher. C'est là tout le secret de l'art, et ceux qui se sont occupés de ces sortes de charges ne se sont jamais écartés de cette indispensable condition.

Nous citerons parmi ceux qui se sont distingués dans le genre de la charge :

Les deux Téniers, père et fils, pour leurs scènes grotesques de buveurs, de fumeurs, de charlatans, et une foule de tableaux burlesques;

Callot, pour ses foires, ses gueux contrefaits, sa *Tentation de saint Antoine*, et un nombre infini de caricatures. Ses œuvres contiennent environ seize cents pièces plus bouffonnes les unes que les autres.

Parmi les modernes nous citerons :

Charlet, pour ses pochades représentant des sujets militaires, pleines de vérité et d'entrain, exécutées avec une verve étonnante, et tout empreintes d'un esprit des plus divertissants;

Grandville, pour une infinité de charges grotesques, ses *Fables illustrées de la Fontaine*, ses *Scènes de la*

Vie privée et publique des Animaux, ouvrage plein d'une raillerie piquante, dans lequel la société actuelle peut se voir comme dans un miroir. Cette critique, ou plutôt cette satire au crayon, sous le masque des animaux, à laquelle ont concouru, pour la partie littéraire, Balzac, Georges Sand, Ch. Nodier, J. Janin, etc., est une œuvre tout originale. Rien n'est plus plaisant que l'assemblée générale des animaux, avec la gauche, le centre et la droite; la chatte anglaise avec ses peines de cœur; la représentation d'un foyer de théâtre, où se trouve, sous la forme d'un animal, chaque collaborateur de l'ouvrage; le banquier, dans les souvenirs d'une vieille corneille; le lion, la lionne, le grand poëte Kacatogan, etc. Il faudrait rappeler tout l'ouvrage, ce qui serait un peu long.

Doré, Cham, Bertal, Daumier, chacun dans leur genre, sont des caricaturistes très-populaires. *Le Figaro*, *le Journal pour rire*, et plusieurs autres publications, sont les champs du tournoi où ils combattent journellement, non à l'épée, mais à la pointe de leur crayon spirituel. Critique de mœurs, de modes, de pièces de théâtre, tout passe sous le joug de leur crayon.

Nous avons parlé de la littérature et de la peinture, la sculpture aussi s'est emparée de la charge, et elle s'en acquitte merveilleusement par les doigts de l'habile Dantan. Qui ne connaît les spirituelles ébauches de cet artiste plein d'originalité? qui ne connaît surtout sa galerie d'artistes dramatiques, si comique, si drôlatique, et qu'on ne peut regarder sans pouffer de rire?

Si nous ne craignions de rendre cet article un peu trop ambitieux, en nous enfonçant dans les sciences, nous pourrions certes pénétrer dans un domaine tout nouveau, où nous trouverions d'intéressantes observations à faire sur la pauvre humanité et sur quelques hiérophantes qui l'exploitent avec effronterie. Mais nous ne nous étendrons pas sur certains systèmes de ces philosophes, plus ridicules les uns que les autres, tombés sous la risée publique, et qui aujourd'hui sont regardés comme de véritables charges.

Mais il en est un qui commence à poindre à l'horizon, et dont les prétentions ne tendent à rien moins qu'à faire une révolution radicale dans les arts et la littérature. S'il se fût présenté modestement comme apportant une nouvelle branche à l'arbre de la science ou un nouveau rayon de lumière ravi au ciel, comme Prométhée, nous lui eussions fait place avec reconnaissance; mais non, il se présente, le sourire dédaigneux à la bouche, le regard hautain, plein de mépris, la hache à la main, annonçant une Saint-Barthélemy de toutes les gloires.

Mais à l'œuvre connaissez l'ouvrier.

Premier acte. Pas un nom illustre qui ne soit honni, bafoué, ridiculisé; pas une gloire qui ne soit flétrie; pas une œuvre qui ne soit insultée, bafouée.

Deuxième acte. Peinture : Apelles, Raphaël, barbouilleurs, badigeonneurs;

Sculpture : Phidias, Michel-Ange, casseurs de pierres, figuristes.

Troisième acte. Littérature : académiciens, savants, sots idéalistes.

Poésie : Victor Hugo, Lamartine, écrivassiers, rimailleurs.

Toute la littérature de l'époque, crétinisme! La table est rase, tout est à refaire; quatre mille ans de besogne, une bagatelle!

Folie! chimère! rêve! non, véritable charge! cela s'appelle réalisme.

Le mot charge a une infinité d'acceptions soit au propre, soit au figuré.

On dit un navire en charge pour les Indes, dont le chargement a cette destination; recevoir une charge de coups, pour beaucoup de coups; il est à ma charge, pour à mes frais; les charges de l'État, sa dette et ses dépenses de toute nature; les charges publiques; charges de judicature, pour office, fonction; femme de charge, qui a soin de l'office dans une maison; des charges s'élèvent contre cet accusé, pour indices du crime; témoin à charge, qui témoigne contre; sonner la charge, battre la charge, avec la trompette ou le tambour, se précipiter avec impétuosité sur l'ennemi; la charge d'un fusil; exécuter la charge; et d'autres significations dans les arts et les sciences.

Il est encore une plaisante charge, celle des végétaux et les légumes personnifiés; rien n'est amusant comme les scènes burlesques dans lesquelles on les fait figurer, en les rattachant à un événement ou à une circonstance particulière : la maladie de la vigne, de la pomme de terre; le combat de la betterave avec la canne à sucre; la charge du bon bourgeois en melon, etc.

Et Polichinelle, avec sa bosse par devant et par derrière, et son chapeau de carton doré, accompagné de son cortége obligé, son chat, M. le commissaire et Mme Polichinelle, n'est-ce pas aussi une charge des plus amusantes? Ne serait-ce pas une ingratitude envers cet intéressant personnage que de l'oublier? on ne nous le pardonnerait pas. Il a provoqué nos premiers rires; que de fois sa voix criarde nous a appelés autour de sa baraque! En nous lançant dans le monde, le cerceau à la main, n'est-ce pas la première connaissance qu'on nous a fait faire? Dans les fêtes, aux Champs-Elysées, qui avait le privilége de nous faire rire? n'est-ce pas Polichinelle? Nous le voyons toujours avec plaisir, comme un vieil ami; et nous lui restons toujours fidèles, nous, hommes mûrs et vieux. Qui ne sourit encore à ces facéties qui font trépigner de joie les enfants et les bonnes qui les accompagnent? C'est le premier spectacle de l'enfance, à cinq centimes. Les grandes personnes ne dédaignent pas, tant le souvenir a de puissance, de s'arrêter pour l'écouter.

A tant de titres, Polichinelle mérite bien d'avoir sa place ici; qu'il vienne nous trouver au coin du feu, nous qui avons été si souvent le trouver en plein vent, pour réveiller en nous mille charmants souvenirs de notre enfance.

Nous ne voyons pas que les anciens se soient livrés à ce genre grotesque, soit en peinture, soit en sculpture, à moins qu'on ne veuille prendre pour des charges certaines peintures des Égyptiens, dans lesquelles aucune règle de l'art n'est observée. Si c'est ignorance, comme on nous le dit, ils ont fait de la charge sans le savoir. Il en est de même pour la sculpture. Les sphynx, les ibis, les anubis, les éperviers, devenus des monstres, tantôt représentés avec une tête d'homme et le corps d'un animal, tantôt avec la tête d'un animal et les membres d'un homme, quel que soit leur symbole religieux, n'en constituent pas moins à nos yeux de bonnes charges.

Chez les Grecs et les Romains, dans leur mythologie, dans leurs métamorphoses, et dans la représentation même de certaines de leurs divinités, telles que les satyres, Priape, le gros Silène, ne pourrait-on pas voir un type de la charge?

Après avoir parlé pochades et grotesques, pourquoi ne parlerions-nous pas, pour faire diversion, et pour le bouquet, sur un sujet plus agréable et plus galant?

D'après les principes que nous avons posés, peut-il y avoir des charges autres que ridicules, des charges auxquelles on puisse se permettre de donner le nom de gracieuses? Nous n'hésitons pas un instant à nous déclarer pour l'affirmative, assuré que nous sommes qu'on sera bientôt de notre avis.

Une main adroite et légère s'est exercée sur un sujet plein de coquetterie; elle s'est amusée à faire des charges gracieuses. Ce sont *les Fleurs animées*, idée charmante et dont l'exécution est toute délicate. Cette ingénieuse fantaisie est encore due au crayon de notre spirituel Grandville.

Ainsi, dans le cœur d'une rose apparaît le joli minois d'une femme au doux sourire, encadré dans les pétales, qui lui font une coiffure ravissante; deux branches, disposées élégamment, forment ses bras; sa toilette est un mélange de feuillage vert et de boutons naissants. Un papillon, séduit par tant d'attraits, voltige autour de la rose et la caresse de ses ailes diaprées. Ainsi du camélia, de l'iris, de la tulipe, de la pensée, de la marguerite, etc. La vue, agréablement flattée, se repose délicieusement sur ces charmants tableaux, et l'esprit, à leur aspect enchanteur, se berce des plus douces pensées.

RÉDAREZ SAINT-REMY.

CHARITÉ (philosophie, morale) [du grec *charis*, grâce, d'où les Latins ont fait *charus*, cher, aimé, puis *charitas*, charité]. — Sentiment d'amour pour nos semblables, qui nous porte, lorsqu'ils sont malheureux, à les secourir de notre bien, à les aider de nos conseils, etc.

Tous les hommes sont nés enfants du même Père, bien que leurs conditions de bien-être soient parfois différentes. Aussi, pour rétablir en quelque sorte l'égalité, ou au moins pour adoucir les peines inséparables de l'existence, la clémence divine a-t-elle créé ce mutuel amour, imprimé dans le cœur de l'homme ce devoir de justice appelé *charité*.

Primitivement, chez le peuple grec, le mot *charité* signifiait complaisance, grâce, faveur, bon office. Le christianisme, qui s'est approprié ce mot antique, lui a donné une importance qu'il n'eut jamais jusqu'à lui. Pour le chrétien, la charité est le sentiment d'amour qu'on a pour le prochain *en vue de Dieu*. Saint Paul l'a définie d'une manière splendide : « La charité, dit-il, est patiente et pleine de bonté; elle ne connaît point l'orgueil, ni l'insolence, ni l'envie; elle ne cherche point son intérêt, elle ne s'aigrit point, elle ne soupçonne point le mal, elle ne se réjouit point de l'injustice, mais elle se réjouit de la vérité; elle excuse tout, croit tout, espère tout, supporte tout; la charité est la plus grande des vertus, elle est au-dessus de la foi et de l'espérance! » Depuis saint Paul, tout ce que l'Église a renfermé d'âmes pures et éclairées a parlé le même langage, et c'est avec une rigoureuse vérité que Clément XIV a dit : « La vraie dévotion, c'est la *charité*; sans elle, tout ce qu'on fait pour le salut est inutile! »

La charité est l'humanité douce qui compatit à toutes les douleurs; elle est l'ange gardien des infortunés que l'injustice poursuit, que la misère accable. Qu'on ne croie point, cependant, que les richesses soient absolument nécessaires pour être charitable; il ne faut souvent qu'un cœur généreux et compatissant, animé du désir de répandre le bien ici-bas. L'indigent au front pâle, qui va traînant ses haillons sur les places publiques, a droit à l'aumône de celui que le Tout-Puissant a comblé de ses dons, de même que le vieillard infirme ou l'enfant misérable. Les cœurs magnanimes ont d'ailleurs toujours su comprendre la noble tâche qu'ils devaient remplir en présence des nombreuses infortunes à soulager. Pour y parvenir, ils ont fondé les crèches, les salles d'asile, les ouvroirs, les orphelinats. Mille autres établissements hospitaliers, hôpitaux, hospices, sociétés philanthropiques, etc., sont venus adoucir le sort des déshérités de la terre. — Qui oserait dire encore que la charité n'est qu'un mot et non un principe? Est-ce parce qu'il existe quelques individus à l'âme étroite, qui n'ont jamais senti battre leur cœur à la vue du malheur, qu'on nierait la charité? Ces gens-là n'excluent nullement le bien ; ce sont des égoïstes qui rapportent tout à eux, et nous savons que l'égoïsme est un défaut qui prend sa source dans un amour-propre désordonné, dans la vanité, la suffisance, la petitesse d'esprit, et qui vient le plus souvent d'une mauvaise éducation ; mais à part ces hideuses exceptions, la charité ne se montre pas moins brillante de ses bienfaits, laissant tomber sur tous les hommes quelques rayons de son feu brûlant de philanthropie.

D'ailleurs, l'histoire est là pour nous prouver que chez tous les peuples et dans tous les temps, cette sublime vertu était mise en pratique. Avant que saint Paul eût défini la charité et que le christianisme l'eût enseignée, le dévouement de l'homme à l'homme fut non-seulement préconisé, mais encore récompensé par des témoignages éclatants d'estime et d'admiration. Ce sentiment n'a pas dégénéré dans notre société moderne : il s'est peut-être encore épuré avec la civilisation. Voyez le ministre du culte ! Du haut de sa chaire auguste, il répand la morale la plus pure ; il cherche, par ses discours touchants et parfois poétiques, à tirer l'homme de sa léthargie, à émouvoir son âme, à attendrir son cœur, afin de le rendre charitable et compatissant pour les maux de ses semblables : voilà l'humanité ! Et ce prêtre, ne va-t-il pas encore chaque jour dans les familles pauvres pour distribuer les aumônes remises par les âmes pieuses ? Ne console-t-il point les malheureux frappés par l'adversité ? Ne sèche-t-il point les pleurs que la profonde misère ou les chagrins font verser jour et nuit ? Pour calmer tant de tristes douleurs, ne faut-il pas être éclairé du céleste flambeau de la charité, ce flot d'harmonie entre le ciel et la terre, cette chaîne d'amour dont chaque anneau lie étroitement les hommes l'un à l'autre ?

Voyez encore ces saintes filles qui se consacrent au soulagement de l'humanité ; elles abandonnent leur famille, elles font abnégation entière de leur jeunesse, de leurs joies, de ce qu'on appelle le bonheur du monde, pour rester constamment au chevet du malade, pour ne vivre que de douleurs et chercher par de douces paroles et par des soins assidus à calmer les souffrances physiques et morales ! Animées de la charité la plus pure, du zèle le plus saint, rien ne les rebute, rien ne les décourage. En contemplant leur regard doux, leur sourire bienveillant, leur patience admirable et leur dévouement sans bornes, en voyant ces anges consolateurs descendus du ciel pour alléger nos souffrances, ne trouvons-nous pas là un avant-goût des joies et des félicités célestes ? Soyez mille fois bénies, femmes généreuses, car la moisson d'immortelles que vous recueillez sur la terre est un sûr garant de la récompense qui vous attend dans les cieux.

La charité, comme on le voit, ne consiste pas toujours à répandre de l'or, il y a mille maux qui ne réclament que la tendre pitié, que ces consolations qui fortifient l'âme et le corps.

Par exemple, dans les épidémies, ne voit-on pas les amis de l'humanité dans les médecins ? Rien ne les arrête ; animés de l'ardente charité, ils marchent au milieu du fléau destructeur, ne craignant pas la mort qui les frappe souvent ; ils se dévouent à la cause commune. Sauver leurs frères, voilà leur triomphe ! car, près du malade, le prêtre et le médecin, c'est la foi, le symbole, et l'enfant sauvé du péril, rendu à sa mère, c'est l'amour et le bonheur. Donc la charité est un don précieux, puisqu'elle console, soulage les misères de toute nature.

En multipliant nos bienfaits, nous nous rapprochons de l'Être suprême qui mit dans notre âme cette part d'amour qu'il a répandu sur les humains avec tant de profusion. Aussi une mère ne peut-elle être insensible aux cris d'un enfant abandonné à la froide misère ; une voix intime lui dit : *Sois charitable ;* ce sont des trésors de bénédictions que tu accumules sur les tiens. C'est pourquoi nos dames de charité sont en tout temps sur les pas du malheur ; d'autres dames riches et pieuses quittent également leurs demeures somptueuses pour visiter le grabat du pauvre, et le don qu'elles laissent dans ces familles malheureuses leur procure la joie, le bonheur, car leur passage est béni par les larmes de la reconnaissance.

La charité n'est point une loi, c'est une religion, et toute religion est sacrée ; sans humanité, il n'est pas de lien possible, pas de paix, pas de concorde, dans la société. Le pauvre qu'on abandonne conserve dans son cœur une haine mortelle, et dans des temps de calamité il peut en tirer vengeance. Par la bonté, nous forçons les hommes à nous aimer ; par l'insensibilité pour les maux d'autrui, nous forgeons des armes contre nous. Voyez ce criminel que rien ne peut désarmer : lorsqu'il entend des paroles pleines d'onction, son cœur endurci se dilate peu à peu, et souvent il fond en larmes ; accoutumé à la dureté, au mépris des hommes sans cœur, il ignorait qu'il existât des amis de l'humanité doués de bons sentiments. Honneur aux aumôniers des prisons, qui remplissent une aussi noble tâche, en rappelant à Dieu des hommes que les mauvais principes ont corrompus et qui terminent leur existence par un drame sanglant ! Voilà la vraie charité : donner le baiser de paix et traiter de frère l'homme vraiment misérable !

L'aumônier du régiment n'est pas moins sublime. On le voit, au milieu de la mitraille, prodiguant les dernières consolations au malheureux mutilé par la balle ; le canon gronde autour de lui, mais il reste calme ; le désastre ne le trouble point. Fidèle à ses devoirs, il ne craint point pour ses jours ; consoler ses frères, voilà toute sa mission. Les soldats du Christ marchent avec confiance, car Dieu les soutient au milieu du danger. Voyez, enfin, les missionnaires ; n'exposent-ils pas leur vie par amour de la charité ? Les fatigues, le manque du nécessaire, les mauvais traitements des nations barbares, rien ne les rebute ; ils marchent la croix en main, leur Sauveur est leur soutien !

On le voit, la charité est magnanime ; tous ces hommes courageux restent calmes au milieu de l'orage. Il est bien prouvé que les hommes éclairés sont les amis de l'humanité. Les empires, les royaumes où les monarques portaient en eux cet esprit de justice et d'équité étaient vraiment chrétiens ; on les a surnommés à juste titre les *Pères du peuple*, regardant la charité comme un mandat sacré qu'ils avaient à remplir. C'est ainsi que les vertus aboutissent à une seule qui les résume toutes : la *charité*. Oui, la charité, qui procure les plaisirs les plus durables, qui donne à tous des droits égaux à nos bienfaits, qui fait disparaître l'inégalité des conditions, rehausse la différence des fortunes, nous assure la reconnaissance de nos semblables, resserre enfin les liens fraternels qui nous unissent !

Mme Lunel, *mère.*

CHARLATAN (police médicale) [de l'italien *ciarlatano*, de *ciarlare*, parler beaucoup]. — Nom donné principalement à celui qui vend des drogues, et qui les débite sur les places publiques, monté sur des tréteaux. « Il faudrait un livre, dit le spirituel docteur Beaude, si l'on voulait décrire toutes les formes du charlatanisme qui sont employées aujourd'hui. Les charlatans ont marché avec le siècle, et ce n'est point à eux qu'il faut reprocher d'être retardataires et de ne point s'élever à la hauteur des progrès de leur époque. Autrefois le charlatan, vêtu d'un habit d'une couleur éclatante, se posait sur la place publique où il débitait ses remèdes, fruits des secrets merveilleux qu'il avait arrachés aux contrées les plus lointaines. Aujourd'hui, le charlatanisme est plus habile : il dédaigne ces vieilles formes classiques, et c'est muni d'un diplôme authentique et assis dans le cabinet du docteur, qu'il se livre à ses spéculations ; les journaux sont les trompettes qui l'annoncent au public, trompettes dont l'effet s'étend bien au delà de la distance où parvenait le son du bruyant instrument ; tous les murs sont couverts d'affiches immenses dans lesquelles il n'y a qu'à choisir pour savoir par quel remède on peut se guérir *infailliblement* de l'affection dont on est atteint : car le propre du charlatan est de dire qu'il doit guérir toujours, même les maladies au-dessus des ressources de l'art. Rien n'arrête ces éhontés spéculateurs, ni les dangers que peuvent causer les médicaments appliqués par des mains ignorantes, ni les résultats graves qui peuvent être la suite de maladies traitées par des moyens inefficaces, et souvent, pour ne pas dire presque toujours, dangereux. Il n'est pas de maladies qui ne soient exploitées par ces vendeurs de remèdes; depuis l'affection la plus simple jusqu'à celles qui, par leur nature, obligent celui qui en est atteint à dissimuler, elles sont de leur domaine, et ce sont surtout celles qui font le plus de victimes qui sont le plus exploitées. L'un guérit toutes les dartres par un procédé qu'il prétend avoir inventé, et qui est toujours supérieur à toutes les méthodes connues ; un autre guérit *certaines affections* avec des médicaments également de sa composition, qu'il vend à un prix dix fois plus élevé qu'il ne lui coûte : car il est à remarquer que tous les médicaments vendus par ces charlatans sont des substances simples et connues de tout le monde ; l'étiquette et le nom nouveau font tout le merveilleux de la composition. Il est vraiment déplorable de voir l'espèce d'indifférence que l'autorité apporte dans la répression d'un si honteux trafic ; car, aujourd'hui, il n'est pas de maladie qui n'ait son remède, et la page d'annonces des journaux est tous les jours remplie des prospectus de ces médicastres qui spéculent sans pudeur sur la crédulité et l'ignorance ! »

Ces paroles, écrites il y a vingt-cinq ans, sont encore frappantes de vérité.

Lorsqu'en 1793, toutes les facultés de médecine furent supprimées, il fut permis à toute personne, instruite ou non, d'exercer la médecine. Les villes, les campagnes surtout furent envahies par des hommes parcourant les foires, les marchés sur des chars brillants, et annonçant au son de la trompe et des fanfares de prétendues panacées universelles. Ces substances, fussent-elles plus que médiocres, se débitaient par milliers, tant la crédulité se laissait prendre au ton grave et à la jonglerie de ces charlatans. — Plus tard, le gouvernement, jugeant qu'il était nécessaire d'arrêter les progrès d'un fléau si dangereux, fit la loi du 19 ventôse an XI, destinée à régler l'exercice de la médecine. Mais le but que se proposait cette loi, de détruire le charlatanisme, ne fut nullement atteint ; les charlatans se soumirent aux formalités voulues et purent souvent se soustraire au glaive de la loi. — Aujourd'hui, on peut diviser les charlatans en trois classes : les *charlatans nomades*, les *charlatans non titrés*, les *charlatans titrés*, c'est-à-dire muni d'un diplôme.

La première classe de charlatans n'a plus guère que les campagnes pour théâtre de ses exploits, et l'on peut dire que l'extinction des hommes qui la composent est prochaine.

La deuxième classe comprend les rebouteurs, les magnétiseurs, les somnambules lucides, les guérisseurs de ceci, de cela ; cette classe est nombreuse, et bien secondée par le journalisme, qui y trouve aussi son profit. Plusieurs charlatans de cette classe étant détenteurs de remèdes secrets, ces remèdes, pour être vendus publiquement, doivent avoir l'approbation de l'Académie de médecine. Mais, comme ce corps savant rejette quatre-vingt-dix-neuf de ces remèdes sur cent qui lui sont présentés, l'autorisation que sollicite l'inventeur n'est point accordée. Il semblerait que tout doit finir là pour l'industriel : il n'en est cependant point ainsi. Quelques mois se sont à peine écoulés, que la presse périodique annonce au public un nouveau *spécifique* contre telle ou telle maladie, spécifique présenté au gouvernement, et sur lequel les docteurs tels ou tels, membres de l'Académie de médecine, on fait un rapport. L'auteur de la découverte se garde bien de faire connaître l'esprit et les conclusions de ce rapport, et le bon public se laisse duper.

Du reste, les hommes qui occupent cette deuxième classe sont vraiment curieux à connaître. Voici, pour en donner une idée, quelques extraits de leurs ouvrages ou de leurs prospectus. — L'un de ces charlatans, qui donnait des séances particulières sur la manière d'employer son spécifique, s'exprimait ainsi :

« Doué d'une manière de voir à laquelle on a daigné prodiguer les éloges les plus flatteurs en Italie, en Suisse, dans les provinces françaises et dans mon pays natal ; inscrit dès avant mes principaux voyages, et mentionné honorablement dans le meilleur et le plus complet des dictionnaires biographiques, dans le catalogue des grands hommes et des philosophes, le seul qui ait été impartial, véridique et vraiment digne de fixer l'attention du public, je présume que vous consentirez à prendre part à mes séances particulières tenues à Paris, et à vous munir de mon spécifique. »

Qu'on juge par là de la modestie et du style de l'industriel.

Un autre, qui avoue avec orgueil ne posséder aucune notion d'anatomie et de physiologie, écrit dans un de ses ouvrages destinés à propager sa panacée :

« Je substitue à la médecine une science exacte et des procédés d'une certitude mathématique. Ma manière de voir et d'agir, ainsi que de créer des moyens de guérir, est toute raisonnée, c'est-à-dire que, connaissant la nature des maladies, j'ai tellement bien pu calculer et saisir les rapports qui existent entre le mal et le remède, que je suis parvenu au point de pouvoir répondre des malades que j'entreprends. Plusieurs personnes ont accepté mon défi en faveur de leurs parents malades. Ma bourse ni ma liberté n'ont jamais souffert dans cette occurrence, et si je ne dois mourir que de la main d'un individu qui me verra manquer à ma parole au préjudice de l'un des siens, j'ai la conviction entière et je vous jure que mon bail est fait pour vivre si longtemps, que je serais fort embarrassé de pouvoir fixer le terme de son expiration. »

Un autre du même genre écrit aussi, page 24 d'un livre de 392 pages, destiné à initier le public à sa méthode de traitement:

« Je guéris et préserve non-seulement sans avoir recours aux préparations pharmaceutiques, mais encore sans consulter les indications des urines, des selles, sans avoir besoin de tâter le pouls, de faire tirer la langue, de faire poser les culottes, de faire lever les jupes, sans presque m'inquiéter du nom, du siége, de la classification, de l'étymologie et de la définition de la maladie, non plus que de son genre de complication, et même sans voir les malades, autant de choses dans lesquelles vous voyez que je diffère du médecin. »

Enfin, un certain Larcheret, inventeur d'un *élixir universel*, fatigué d'exploiter sa découverte, a été jusqu'à l'offrir au roi Louis XVIII :

« Je supplie S. M. Louis XVIII de daigner me permettre, par une loi particulière, de vendre l'elixir universel, après toutefois que S. M. aura ordonné les informations qu'il lui plaira de faire prendre sur ce spécifique. Je désire que l'auguste chef du gouvernement daigne m'accorder ce privilége exclusif ou brevet pour débiter mon remède, si mieux n'aime et ne préfère S. M. m'allouer et me faire toucher d'ici au 1er mai 1820 une prime de 300,000 francs, pour prix de cette découverte, et pour en communiquer la recette, selon l'usage ordinaire, laquelle, dans ce dernier cas, serait imprimée et divulguée sur-le-champ par le ministère public. »

Quelle prétention ! Demander 300,000 francs pour faire connaître un élixir, dont l'utilité n'existe que dans l'imagination de son inventeur ! Quelle générosité, surtout, et quel dévouement au bonheur de l'humanité ! — Nous ferons grâce au lecteur de nouvelles citations.

La troisième classe de charlatans se compose de médecins qui n'ont pas craint de parcourir une route que leurs maîtres leur avaient toujours signalée comme dangereuse et déshonorante. Ces médecins, qui ont chacun une méthode, un système différents, déversent le sarcasme et l'ironie sur ces praticiens modestes pour lesquels la science est le but, la médecine l'unique moyen, et qui sourient de pitié en voyant tout ce que le désir de la fortune suggère autour d'eux en savoir-faire et en petits moyens. — C'est dans cette classe que doivent figurer les auteurs de la médecine chimique, du traitement végétal, dépuratif, de la méthode Raspail, etc., etc.

Nous poserons seulement cette question à nos lecteurs : Il y a en France une vingtaine de médecins qui prétendent posséder la vraie doctrine médicale : se peut-il que vingt personnes puissent avoir raison contre vingt mille médecins qui sont d'un avis contraire? A ceux qui, sans réfléchir, répondraient *peut-être*, nous leur dirions que le fait est matériellement impossible, attendu que ces charlatans professent chacun une doctrine opposée, et cependant prétendent chacun être dans le vrai : preuve incontestable qu'ils ont tous tort. Ils le savent d'ailleurs, bien que dans leurs ouvrages aucun médecin instruit ne soit épargné.

Sans doute, la route des praticiens honnêtes ne conduit pas en peu d'années à une fortune scandaleuse, mais elle conduit à quelque chose qui peut bien manquer dans l'opulente retraite des médecins charlatans : la conviction de n'avoir point abaissé un art aussi noble que l'art de guérir au niveau d'un vil métier, et la satisfaction d'avoir fait le bien, avant tout, pour le plaisir de le faire.

B. Lunel.

CHARME [son étymologie nous vient du mot celtique *carm*, qui signifie vers, de là *carmen* en latin]. — Les Celtes pratiquaient beaucoup les sciences occultes, et quand ils voulaient obtenir le charme, ils prononçaient des mots et des syllabes qui étaient une espèce d'évocation et ressemblaient assez à des vers, ce qui explique le mot *carmen* dans les anciens monuments.

Le charme tel qu'on l'entend, et beaucoup l'ont ressenti sans s'en rendre compte, est un état tout particulier de l'organisme, provoqué soit par la vue, l'ouïe ou le toucher, dans lequel on ressent un bonheur inexprimable, accompagné d'un isolement complet, et souvent d'insensibilité passagère aux parties extérieures. Il est des personnes plus ou moins sensibles à cette action. Il en est qui se livrent et s'abandonnent tellement aux sons mélodieux d'une musique ou d'un chant, à l'audition d'une poésie ou d'une littérature, aux paroles éloquentes d'un orateur dans le discours duquel brille surtout l'amour de la patrie et de la liberté, qu'ils arrivent par degrés à cette espèce d'enchantement sans s'en apercevoir, et seraient capables dans ces moments de sublime exaltation des élans les plus généreux! Les sentiments, chez ces individus, sont tellement prédominants sur les autres facultés, que celles-ci n'ont pas la force nécessaire pour combattre cette influence ; de là vient probablement cette extrême facilité à ressentir ces vibrations qui s'adressent de préférence aux sentiments de poésie, de bienveillance et d'amour. Les mêmes effets peuvent se produire par la vue de la nature, d'un beau site, d'une œuvre d'art, de l'un ou l'autre sexe réunissant la beauté et la grâce, et de tant d'autres choses capables de faire ressentir des impressions. Mais, on le voit, par l'ouïe, le principe s'adressait directement aux facultés qu'il pouvait modifier; ici, au contraire, par la vue, ce sont d'abord les facultés perceptives et réflectives, mises en jeu, qui transmettent et émeuvent toutes les séries affectives, sentimentales et intellectuelles, lesquelles se chargent de déterminer ce paroxisme de l'enthousiasme et de produire le charme. Par le toucher, qui s'adresse plutôt aux instincts, le charme est analogue aux deux premiers; mais avec cette différence qu'il est plus sensitif, la conscience est plus active.

Le charme est une des jouissances de la vie dont les êtres affectifs et expansifs ressentent souvent les effets; mais pour ceux qui sont égoïstes, blasés, secs et matériels, cette parcelle divine ne s'agite point, ce ravissement, témoin de la générosité et de l'amour, est inconnu à ces cœurs endurcis. Généralement, la nature si sensible de la femme la rend propre à se laisser charmer.

Le charme tel que nous venons de l'expliquer est celui qui se produit naturellement sous une impression quelconque; mais il en est un autre analogue dont les druides, les Égyptiens, les magiciens, les sorciers, les charmeurs et les bergers avaient la connaissance et possédaient le pouvoir. Depuis que Mesmer a retrouvé le magnétisme, cette science a été le sujet d'observations qui ont enfin donné l'explication et mis sur les traces de ces anciennes superstitions et maléfices qui ont si longtemps assailli surtout les gens des campagnes, et dont ils ne sont pas encore complétement dégagés. Il reste encore, dans certaines provinces, une queue de cet effrayant cortége de sorciers, de charmeurs, qui jetaient des sorts malfaisants, en vertu de leur pacte prétendu avec le diable. Ces faits n'ont été malheureusement que trop vrais et le sont encore parfois; mais si l'on a pu faire le mal, on peut aussi s'en servir pour faire le bien. Le charme donc, qu'on attribuait dans ces temps au démon, mais dont les possesseurs connaissaient bien la source, et qu'ils cachaient à dessein, n'est autre chose que l'art de choisir les sujets nerveux, à l'imagination faible et fébrile, et de leur frapper l'esprit avec résolution. Ils ne s'adressaient pas, en effet, à tous les individus; ce n'était qu'après avoir choisi leur victime, l'avoir étudiée, qu'ils se servaient de leur puissance. Ils frappaient ainsi le moral de toute une contrée, y jetaient l'épouvante et souvent la mort! Ceci doit donner à réfléchir sur les forces de l'imagination dans des cas donnés, et sur ce qu'on peut en tirer en les dirigeant vers le bien ou la guérison des maladies.

M. Hébert de Garnay, auquel nous empruntons les notes qui vont suivre, place le charme au troisième degré d'influence pour obtenir l'extase, qui en contient sept. En magnétisant un sujet, on obtient tout d'abord de l'assoupissement, premier degré, « qui contient des frémissements, vague inquiétude, douce chaleur à la tête, coloration et tuméfaction légère du visage, pesanteur et faible mal de tête, oppression indécise, sécheresse du gosier, difficulté d'avaler, bâillements, aspect vitreux des yeux, clignotements, larmoiement, faiblesse des membres, inclinaison de la tête en avant, abaissement des paupières, moiteur générale, engourdissement graduel, apparence de sommeil léger et assoupissement. »

Deuxième degré : « De la torpeur ou coma, paralysie variable des muscles dépendant de la volonté, domination de la sensibilité générale, froid aux extrémités, couleur violacée des mains, insensibilité aux piqûres, ou plutôt sensibilité sans douleur, difficulté de parler, sueur à la paume des mains, soumission du corps aux lois de la pesanteur, air de paresse et d'hébétude, sommeil profond ressemblant au narcotisme, au coma, à la torpeur. »

Le charme au troisième degré, dont les symptômes sont : « Mouvements volontaires faibles et incertains. Si le patient est sollicité de parler, de se lever, il n'y parvient qu'avec lenteur et difficulté; debout, il chancelle et fléchit; s'il marche, c'est en trébuchant comme un homme ivre. On peut l'attirer en tous sens et le faire osciller comme l'aiguille d'une boussole avec un aimant; il répète les gestes du magnétiseur comme le ferait un automate, ce qui permet d'établir une sorte de télégraphe. Il y a perversion des sens, trouble des idées, illusions diverses. Le sujet, ainsi dominé, croit et fait ce qu'on lui suggère, non ce qui lui est imposé; il a conscience de ses actes, mais n'en garde qu'un souvenir confus. L'ensemble de cet état rappelle le charme et les enchantements. »

Le charme s'obtient encore par les narcotiques, l'électrobiologie, qui consiste à regarder fixement pendant un certain temps un disque formé de deux métaux.

Les symptômes varient selon les sujets : les uns traversent immédiatement les trois degrés; d'autres n'y arrivent que progressivement. L'organisme se conduit en cela comme avec les médicaments, dont certains individus absorbent et sentent les effets instantanément, tandis que chez d'autres ils sont latents et ne se produisent qu'avec peine. Ce sont les premiers que nos charmeurs anciens savaient choisir.

Quand le sujet a acquis ce degré de charme, on procède par suggestion, et, comme un halluciné, il se figure être ou avoir la qualité qu'on lui a donnée. Nous allons citer à ce propos un fait qui eut lieu il y a environ un an et qui se passa en Espagne. Il s'agissait de juger un criminel dont les actes avaient jeté l'effroi aux alentours. Cet être singulier, dans une dispute qu'il eut un jour avec certain saltimbanque ou marchand d'orviétan, reçut un sort de lui qui le transforma en loup. Dès ce moment, il fut comme hébété, rechercha la forêt voisine, prit les allures et le caractère de cet animal, tomba sur une grande quantité de voyageurs qu'il dévora, et dont il fondait la graisse pour en faire certaine pommade qu'il allait vendre impudemment non loin de sa retraite. Il fut pris et avoua devant les juges le plus naïvement du monde qu'il faisait ainsi son métier.

Nous ne savons jusqu'à quel point un état semblable pourrait durer, et s'il est ici bien sincère; mais ce que nous savons, et ce que nous-même pouvons produire, c'est qu'on pourrait (si l'on ne craignait quelque perturbation) maintenir cet état de charme et d'hallucination fort longtemps; nul doute que la folie alors n'en soit le résultat; c'est, nous croyons, ce qui a dû avoir lieu dans l'exemple ci-dessus, car il est d'expérience que le charme produit par la suggestion doit se détruire de la même façon, et qu'en agissant sans discernement on peut exaspérer le sujet et donner lieu à des accidents très-graves. Au reste, comme on s'abstient de faire des expériences de cette nature, il est fort difficile de se prononcer à cet égard; mais les faits qui ont existé dans les siècles passés, et même de nos jours, comme on le voit, peuvent faire supposer avec raison qu'il y aurait danger à maintenir cet état plus longtemps. Aujourd'hui qu'on commence à expliquer le charme, les sujets disposés à l'éprouver ne s'y soumettront qu'en connaissance de cause et afin de n'en retirer que des bienfaits. Ne pourrait-on pas diriger cette puissance suggestive qu'ont certains êtres sur leurs semblables pour rappeler à la vie réelle ces pauvres malades, dénués des joies de ce monde, qu'on appelle fous? Ne serait-il pas possible, comme on suggère la folie, de faire servir cette force à sa destruction?

Il existe encore des individus, dans certaines contrées, appelés charmeurs, qui s'exercent à charmer des animaux, et surtout des serpents. Le charmeur, dit M. Adalbert de Beaumont, quand il se suppose être dans un endroit fréquenté par les serpents, se blottit dans un bosquet, et avec un instrument assez semblable au sifflet joue un air tout particulier qui attire l'animal.

Nous avons entendu parler d'un musicien violoncelliste qui se faisait fort d'attirer les chiens de chasse près de lui par un certain morceau qu'il jouait. Il en est ainsi de certains animaux sur d'autres. Toutes ces influences paraissent être analogues, mais ne se forment pas par les mêmes moyens. L'amour, les beaux-arts, la parole, le magnétisme, la terreur, coopèrent à la production du charme et produisent un état identique, au moins physiquement.

Enfin, il est encore un dernier charme, celui qui naît de la sympathie entre les deux sexes, mais dont on ne peut fixer l'intensité ni la durée, à cause de l'inégalité des sentiments chez les êtres. Ce charme, ou plutôt ce ravissement mystérieux et inexprimable, est bien la vraie représentation de la nature, de l'amour universel, de l'harmonie. Il a aussi ses dangers, en ce qu'il s'empare des âmes à leur insu et avec une force si irrésistible, que la séduction en devient la fatale conclusion, à laquelle la femme vertueuse échappe difficilement.

Tout cela appelle donc et oblige l'intelligence sérieuse à étudier, approfondir et tracer les lois morales et physiques de l'humanité. E. Paul.

CHARME, CHARMILLE (botanique). — Le charme, classé parmi les *amentacées*, est surtout employé comme arbre de décoration. Il se prête gracieusement à toutes les formes qu'on se plaît à lui faire prendre. Là vous le disposez en palissade; ici c'est un labyrinthe; plus loin il se montre en colonnade. Au fond d'un jardin, vous le voyez, entrelaçant ses vertes tiges, former un long berceau sombre, touffu, impénétrable aux rayons du soleil: séjour de paix qui invite aux causeries intimes. Quel opulent salon vaut, l'été, une verte charmille?

On multiplie le charme par semences, par plantations, par couchage, par drageons et par greffes. Pour que la graine puisse être considérée comme bonne, il faut qu'elle contienne une amande. Elle met quelquefois un an, dix-huit mois à lever. Le charme aime les terres argileuses, calcaires et fraîches. Cependant il vient aussi dans les mauvais terrains, dans les fonds humides où beaucoup d'autres arbres ne profitent pas. Les plaines, les coteaux de moyenne élévation lui conviennent beaucoup. S'accommodant de toutes les situations, résistant aux grands vents, on peut le cultiver avec succès dans les climats froids. En outre, il craint moins que les autres arbres la dent des bestiaux. On le voit atteindre l'âge de trois cents ans.

Plantation et conduite des charmilles. Cette plantation se fait à la fin de l'automne, avec du plant de trois à quatre ans ou de six à sept. L'un est plus lent, mais moins dispendieux. L'autre est plus coûteux, mais ses effets sont plus prompts. On creuse deux mois d'avance des tranchées plus ou moins profondes et plus ou moins larges, suivant la force du plant, qui doit être aligné rigoureusement. On met des perches attachées à des piquets pour redresser les plants qui tenteraient de s'écarter de la ligne droite. La troisième année on pourra tondre les sujets qui s'élèveront le plus. Pour les autres on attendra la cinquième année. La hauteur ordinaire de la charmille est de huit à dix pieds. La tonte alors a lieu une ou deux fois l'an. Nous conseillons de ne la faire qu'une fois, au milieu de l'été, entre les deux séves. On la fait le plus près possible du tronc. Que les brindilles saillantes disparaissent sous le ciseau ou le croissant, et que tout soit d'un niveau parfait. L'épaisseur varie suivant la hauteur. Quand une charmille dépérit pour cause de vieillesse ou de mauvais entretien, il faut, pour la rajeunir, couper toutes ses branches et sa tête pour lui faire pousser de nouveaux rameaux. Si ce moyen ne réussit pas, le meilleur est de replanter à neuf et de renouveler la terre qui est épuisée.

Usages du charme. Le bois du charme est dur, blanc, d'un grain serré, mais d'un poli mat. Ses couches étant en zigzag, il est difficile à travailler. Il ne faut l'employer que très-sec; alors il est meilleur que les autres bois pour les pièces de charronnage, qui exigent de la force, pour construire des maillets, des instruments qui doivent frapper de grands coups. Il est bon pour les roues de moulin, les poulies, les fléaux, les leviers, les coins, enfin pour beaucoup d'ouvrages de menuiserie, de charronnage et de tour. On s'en sert peu pour les constructions.

Comme bois de chauffage, on le met au premier rang. Le feu en est vif et garde longtemps sa chaleur. Le charbon de bois de charme est excellent pour les forges, la cuisine et la fabrication de la poudre à canon. Les brebis, les chèvres et les vaches trouvent un bon fourrage dans les feuilles vertes ou séchées de cet arbre.

Comme essence forestière, le charme n'offre pas

les mêmes ressources que beaucoup d'autres. Il croît lentement et fournit moins de bois que la plupart des autres arbres. Il faut ajouter que, en taillis ou en futaie, il fait souvent tort aux arbres voisins. Pouvant facilement être remplacé dans ses usages par des espèces différentes, l'ornementation des jardins doit être sa spécialité. On en fait aussi de très-bonnes haies. HERVÉ.

CHARPENTE (construction). — Assemblage de diverses pièces de bois servant à la construction des édifices.

Les qualités essentielles des bois de charpente sont d'être de grande dimension, forts, durs, droits et bien filés avec les fibres très-serrées ; on doit donc préférer dans chaque pays les bois qui réunissent le plus grand nombre de ces qualités; il faut, au contraire, rejeter comme impropres à la construction les bois noueux, les bois roulés, c'est-à-dire ceux dont les couches ligneuses sont distantes les unes des autres, et les bois gélifs ou bois que la gelée a fendus en étoile du centre à la circonférence.

Pour s'assurer en général qu'une pièce de bois est saine et propre à être employée, il faut la scier en travers à l'une de ses extrémités; si, alors, la surface du trait de scie est luisante et unie, si les fibres sont homogènes et veinées, et surtout si, en frappant la pièce, on entend un bruit sonore, on peut considérer cette pièce comme étant sans défauts. Il va sans dire qu'à l'extérieur, le bois doit être droit et sans nœuds. Si, au contraire, le bruit que fait la pièce lorsqu'elle est frappée est sourd, si les fibres sont écartées et arrachées par le trait de scie et que la surface coupée soit rugueuse, il est à peu près certain que le bois est de mauvaise qualité et a été abattu sur son retour.

Le chêne est le bois de charpente par excellence; viennent ensuite le châtaignier, le sapin, le pin, le mélèze, le hêtre, le platane, le charme, l'orme, le frêne, etc. Du reste, tous ces bois ont à peu près une destination spéciale, et par suite leur emploi est toujours avantageux.

Quant aux assemblages qui constituent la charpente proprement dite et servent dans les constructions, nous en parlerons aux mots qui les représentent, comme *combles, pans de bois, planches, échafaudages*, etc. C. GARNIER.

CHARPENTERIE, CHARPENTIER. — La charpenterie est l'art de faire de la *charpente*, c'est-à-dire de l'ouvrage en pièce de bois. « Il s'est écoulé bien des siècles, dit un auteur, avant que la pierre ait été employée dans les constructions, et le bois était seul utilisé. On peut même à cet égard consulter Vitruve, qui, dans son premier livre de l'*Architecture*, affirme ce que nous venons de dire. La pierre était réservée pour les édifices publics, et cela eut lieu en France jusqu'au quinzième siècle, et en Angleterre jusqu'au dix-septième. Londres, à cette dernière époque, était presque entièrement construite en bois. En 1666, l'incendie de cette ville a démontré combien ce mode de construction offrait de dangers. On voit encore dans plusieurs de nos villes, entre autres à Rouen et à Beauvais, des maisons qui n'ont pas été autrement bâties. Les anciens ponts étaient aussi construits en bois, et ce n'est qu'après de nombreuses inondations, qui enlevaient en quelques heures le travail de plusieurs années, qu'on s'est enfin décidé à remplacer le bois par la pierre. En Amérique, le vieux système de *charpenterie* existait il y a peu d'années; aussi, lorsqu'un incendie se déclare, il consume quelquefois un quartier tout entier. Nous devons dire cependant que, maintenant, on ne permet plus de constructions semblables. L'historique de la *charpenterie* serait presque celui de l'architecture. Nous devons donc nous borner à des généralités et dire brièvement comment on doit procéder pour établir de bonne *charpenterie*. La première condition est la qualité du bois; c'est pourquoi on se sert du chêne pour la construction des monuments et des habitations privées; on se sert aussi du châtaignier, mais avec moins d'avantage. Les principales parties de la *charpenterie* étant les *combles*, les *planchers*, les *pans de bois*, les *cloisons* et les *escaliers*, qui supportent un poids fort lourd, il est nécessaire que le bois soit très-sec. Si l'on ne tient pas compte de cette règle, qui doit être absolue, on s'expose à voir les planchers, pourris par l'humidité, s'écrouler après quelques années de service. Philibert Delorme, auquel on doit le plan de l'admirable coupole de la Halle aux Blés de Paris, a donné à ce sujet d'excellents conseils dans son livre des *Nouvelles Inventions pour bâtir à petits frais*. On trouve aussi dans le *Théâtre de l'Art du Charpentier*, de Mathurin Jousse, des notions élémentaires qui, bien qu'elles aient été écrites il y a bientôt deux siècles, n'en sont pas moins bonnes à consulter. Parmi les ouvrages modernes, on peut lire avec fruit le *Traité de la Charpente*, par Douliot, qui, quoique simple ouvrier tailleur de pierres, est parvenu, à force de persévérance et de travail, à écrire un livre intéressant et utile. *L'Art de bâtir*, par Rondelet, peut être aussi regardé comme une œuvre remarquable. Les progrès industriels qui s'accomplissent chaque jour ont déterminé l'emploi du fer au lieu du bois. On peut déjà juger de la supériorité d'un mode sur l'autre; la *charpenterie en fer* s'établit plus vite, et en cas d'incendie, elle peut prévenir d'irréparables malheurs. Le *Palais de Cristal*, qui a été construit à Londres, il y a deux ans, pour l'exposition universelle, n'était qu'un composé de petites charpentes et de poutres en fer, rapportées les unes aux autres, et pouvant se monter et se démonter à volonté. La superficie totale de l'édifice était de 78,341 mètres, et les *entraits*, ou poutres, étaient au nombre de 3,352, soutenus par 3,230 piliers en fer. La promptitude avec laquelle cet édifice a été construit et son élégance féerique tenaient réellement du prodige. Pour les partisans de la *charpenterie en fer* ce palais a été une grande victoire. »

On donne le nom de *charpentier* à l'ouvrier qui prépare, taille et monte les charpentes. Cette profession difficile ne peut être exercée que par des hommes robustes. On ne dresse pas le bois et on ne l'équarrit pas dans la *charpenterie* comme dans la *menuiserie*. Lorsqu'on veut tracer un assemblage avec précision, on présente les deux morceaux l'un sur l'autre, et l'on se sert d'un bout de corde blanchie, appelée *ligne*; on le soulève dès qu'il est tendu. On nomme cette opération *battre la ligne*. Les *charpentiers* se divisent en *gâcheurs* ou contre-maîtres, *leveurs* qui tracent le dessin sur le bois, *chefs de chantier*, *compagnons*, *garçons* et *hommes de peine*. Il y a aussi des *scieurs de long*, mais ils travaillent pour les entrepreneurs de charpente et pour les menuisiers. Sauf le contre-maître, tous les charpentiers supportent un chômage de quatre mois au moins chaque année, ce qui réduit leur gain d'un tiers. Les bons ouvriers font les *épures* et travaillent presque toujours sous les hangars ; ils ont moins de chômage que les autres et sont aussi moins exposés. La journée de travail est de dix heures, et le maître fournit les outils. La *pose* demande des précautions infinies; et comme, pour joindre ensemble les différentes pièces de bois, il faut monter dessus à une hauteur assez élevée, les ouvriers sont souvent exposés à de terribles chutes. L'emploi d'outils tranchants, tels que haches, scies et compas, est aussi la cause de blessures souvent fort graves. Cette corporation a produit de nombreux objets d'art, et l'on cite avec éloge un magnifique baldaquin envoyé à l'exposition de 1839 et exécuté par les *compagnons drilles*. Le chef-d'œuvre représentant l'église Saint-Sulpice est considéré aussi comme un travail remarquable. Les charpentiers ont conservé les traditions du compagnonnage, et dans la série de leurs affections, ils le placent au même rang que leur famille. Considérés comme compagnons, les charpentiers se divisent en trois classes : 1° les compagnons du Devoir, dits *Passants* ou *Drilles*; ils sont célibataires pour la plupart; 2° les compagnons dits *Renards de liberté*; 3° les agrichons, dits les *Anciens*; ils sont mariés et ne font plus partie d'aucune société. Ceux qui n'appartiennent pas au compagnonnage sont appelés, pour cette raison, *Renards indépendants*. Les compagnons passants et les Renards de liberté ne logent pas et ne travaillent pas dans les mêmes quartiers. Ainsi, à Paris, les premiers restent sur la rive droite de la Seine, et les seconds sur la rive gauche. A la suite de querelles et de rixes, ils ont fait une convention par laquelle chaque *devoir* s'est engagé à ne pas demeurer sur la même rive. La haine vivace qui régnait entre eux ne s'est apaisée qu'en 1845, au moment de leur grève. Depuis cette époque, elle s'est encore affaiblie, et aujourd'hui elle a presque disparu. A propos des *couleurs* (rubans), les charpentiers ont eu autrefois de fréquentes contestations avec les tailleurs de pierre. Les Drilles portent une équerre et un compas à chacune de leurs boucles d'oreilles, et ces simples signes, qui, dans la réalité, ne sont que les emblèmes du travail pacifique, ont été souvent la cause de luttes implacables. Les charpentiers ont fort maltraité les boulangers et les cordonniers qui osaient conserver ces marques distinctives. Considérés au point de vue moral, les charpentiers sont d'une probité scrupuleuse, et leur parole est sacrée. Sous ce rapport, ils honorent la classe ouvrière. Leur physionomie et leur costume ont une expression de finesse et de gravité, et l'on n'y rencontre jamais cette débilité précoce qui caractérise les ouvriers travaillant dans des ateliers fermés. (*P. Vinçard.*)

CHARPIE (du latin barbare *carpia*, de *carpere*, carder). — Amas de petits filets tirés d'une toile usée coupée par morceaux destinés au pansement des plaies. Pour faire de bonne charpie, on emploie de la toile de lin ou de chanvre, médiocrement fine, blanche de lessive et à demi usée ; on la coupe en morceaux de 6 centimètres carrés environ, que l'on effile complétement. Lorsqu'on veut faire des mèches, on se sert de morceaux de toile plus longs. Suivant les pansements on applique la charpie sèche, ou enduite de cérat, de pommades ou d'onguents variés. La cherté toujours croissante de la charpie, qui résulte de l'usage de plus en plus répandu des tissus de coton, a dû faire chercher des succédanées. En Angleterre, on a imaginé une espèce de peluche de lin qui n'est point assez perméable. La charpie faite avec le chanvre en étoupes, blanchi au chlore, coupé à la longueur de 18 à 20 centimètres et cardé, offre tous les avantages de la charpie ordinaire et, de plus, coûte moitié moins cher.

On nomme *bourdonnets* de petits rouleaux de charpie du volume d'une noix, que l'on fait en roulant la charpie entre les mains et dont on se sert pour absterger le pus ou combler les inégalités de la surface d'une plaie. La *charpie râpée*, obtenue en usant le linge et le *râpant* avec le tranchant d'un couteau est moins absorbante et plus irritante que la charpie ordinaire. Quant au *coton* employé à défaut de charpie, il n'est nullement nuisible, comme on l'a dit, à la cicatrisation des plaies; il n'a pas plus d'inconvénients que la charpie râpée ; quelques auteurs même lui donnent la préférence. B. L.

CHARRUE (agriculture). — Le premier et le plus utile des instruments de l'agriculture. Le labour et par suite le rapport des terres dépendent le plus souvent d'une bonne charrue. Nous allons indiquer d'abord les principaux mérites que doit réunir cet instrument pour produire un bon travail; ensuite nous choisirons parmi celles qui sont en usage les plus convenables à chaque genre de culture. Les cultivateurs ne sauraient trop méditer ce sujet capital; car les charrues qu'ils emploient sont, la plupart, d'une déplorable imperfection; et l'on sait combien il faut insister auprès d'eux pour les faire renoncer à des instruments grossiers dont l'ignorance et la routine perpétuent l'usage dans les pays où l'instruction agricole n'a pas pénétré.

L'objet du labour étant de couper, diviser, retourner et ameublir la terre, aucun instrument ne peut accomplir ces opérations aussi bien que la houe et la bêche. La meilleure charrue est donc celle dont le travail approche de celui de ces deux outils pour la perfection en y joignant la plus grande économie de bras et de temps.

La charrue défonce le sol et en sépare une bande de terre qu'elle renverse, soit à gauche seulement, soit des deux côtés, pour la livrer à l'action de la herse, qui doit la briser et la pulvériser le plus menu qu'elle pourra. Ce double résultat de trancher la terre et de la renverser s'obtient au moyen du *coutre*, du *soc* et du *versoir*, qui forment les trois parties essentielles de la charrue [1]. Les dimensions et les rapports de ces trois agents devant varier suivant les terrains qu'on laboure, on conçoit que nous ne puissions indiquer une forme de charrue comme absolument préférable à toutes les autres. Néanmoins voici les conditions générales indiquées par le comité de la Société centrale d'agriculture pour constituer une bonne charrue :

1° Que le laboureur n'ait pas besoin d'aide, c'est-à-dire qu'il puisse conduire à la fois l'attelage et diriger l'instrument;

2° Qu'il n'y ait aucune pièce inutile;

3° Que l'attelage se fatigue le moins possible;

4° Que le soc soit plat et tranchant, toute autre forme augmentant les résistances et les obstacles;

5° Que l'oreille (ou les oreilles s'il y en a deux) nettoie bien le fond de la raie et range bien sur le côté toute la terre soulevée par le soc;

6° Que le défonçage soit aussi profond qu'on le veut, et toujours droit;

7° Que le conducteur la manie et en dirige sans effort tous les mouvements. Nous ajouterons volontiers les conditions suivantes : qu'elle ne soit coûteuse d'achat ni d'entretien et de réparations, et enfin qu'elle fonctionne naturellement, sans exiger une grande dextérité du laboureur.

Après les trois principales pièces dont nous avons parlé, on remarque dans la charrue le *sep*, pièce ordinairement de bois, qui assujettit ensemble le soc et le versoir.

L'*age* ou *flèche* est la pièce qui donne le mouvement au corps de charrue en le joignant à l'avant-train dans la charrue proprement dite, et à l'attelage dans l'araire (charrue sans avant-train). Sa longueur devant varier suivant la profondeur qu'on veut donner au sillon, on y pourvoit en le perçant d'une série de trous destinés à recevoir la cheville qui l'attache au corps de charrue.

Les *manches* sont les pièces de bois relevées à l'aide desquelles le laboureur conduit la charrue, ou plutôt en corrige la marche irrégulière; car une bonne charrue doit faire naturellement le travail auquel on la destine. La plupart des charrues ont deux manches, bien qu'en réalité un seul soit nécessaire. On prétend que les doubles manches rendent les laboureurs nonchalants et les accoutument à s'appuyer sur la charrue, ce qui augmente la peine des bêtes de l'attelage. Néanmoins l'usage des deux manches est plus général et facilite la direction.

L'*avant-train*. Les charrues primitives ou *araires* n'avaient pas de roues ou avant-train, cette addition, imaginée dans le but d'en rendre la marche plus facile et plus régulière, est, dit-on, due aux Gaulois, nos ancêtres. Ces roues, surmontées d'un timon, ont le plus souvent deux pieds de diamètre; quelquefois l'une est plus grande que l'autre, pour maintenir l'avant-train horizontalement en roulant dans un sillon profond.

L'avant-train a-t-il plus d'avantages que d'inconvénients pour le travail de la charrue? Voilà une question qui a été longtemps débattue entre les notabilités de la science. M. Mathieu de Dombasle avait donné d'abord la préférence à l'*araire*, c'est-à-dire à la charrue simple, mais l'illustre agronome est revenu sur cette opinion; seulement il a apporté à la forme des avant-trains des simplifications qui, en leur laissant leurs avantages, y joignent celui de l'araire, c'est-à-dire la diminution de traction.

La marche d'une charrue, son entrure dans le sillon qu'elle trace, l'égalité du labour qu'elle donne, la faculté de la conduire, toutes ces propriétés, en un mot, dépendent de la forme et des proportions de sa construction.

D'abord, l'*entrure* dans le sillon, c'est-à-dire la profondeur du labour, dépend de la longueur de l'âge, ou plutôt de l'angle formé par l'assemblage de la flèche avec le sep; on élargit ou on rétrécit cet angle à volonté, au moyen des trous plus ou moins avancés qui percent la flèche, et qui permettent de l'attacher de plus près ou de plus loin au sep. Quand on veut avoir un sillon profond, on abaisse la flèche, qui produit une diminution de l'angle et un abaissement de la pointe du soc. On augmente l'écartement suivant le degré de profondeur qu'on donne au labour.

Le charron doit toujours ménager au laboureur la faculté d'élargir ou de diminuer à volonté cet angle de la flèche avec le sep. Rien de plus facile pour les charrues à avant-train; il ne s'agit que de reculer ou de rapprocher la flèche. Mais les charrues sans avant-train et dont la flèche repose sur le joug des bœufs offrent plus de difficulté. Le charron doit alors tenir la mortaise qu'il fait au manche ou au sep assez large pour qu'on puisse glisser dessus les coins destinés à la hausser. Le laboureur enfonce ces coins à volonté, suivant le degré d'entrure qu'il veut donner au soc, degré qui doit dépendre soit du terrain, soit de la nature de la semence.

Sans ces conditions indispensables, une charrue ne donnera jamais un labour convenable ni régulier, tout en exigeant de son conducteur beaucoup d'efforts et de fatigue.

On supplée, il est vrai, à ce défaut en allongeant les manches; le levier étant plus long, le laboureur appuie dessus avec moins d'effort, mais la pression continue qu'il exerce retarde la marche de la charrue et augmente les efforts de l'attelage.

Les bois destinés à la charrue sont d'une certaine

[1] Le coutre est une sorte de couteau planté presque droit en avant de la charrue, et qui coupe verticalement la terre; le soc, qui le suit, sépare horizontalement la tranche coupée par le coutre; le versoir ou oreille soulève cette tranche et la verse sur le côté, ou des deux côtés de la raie faite par le soc.

importance pour sa bonne confection. Le sep doit être d'un bois dur et poli, pour que le frottement ne retarde point sa marche; le poirier, le sorbier, le prunier conviennent à cet usage (mieux vaut le revêtir d'une lame de fer poli).

Le versoir demande les mêmes bois que le sep, ayant le même frottement à subir avec la terre du sillon.

La flèche, étant l'unique régulateur de la charrue, doit avoir de huit à dix pieds de long sur cinq à six pouces de diamètre pour l'effort qu'elle a à supporter. Afin que sa charge ne soit pas trop lourde à l'attelage, il est nécessaire de la construire avec un bois léger, tel que le hêtre, le frêne, ou même le tilleul; ces bois conviennent également pour le joug des bœufs.

Les manches sont en général faits en chêne.

L'avant-train doit être d'un bois peu pesant; la plus grande légèreté possible convient à cette partie (sans néanmoins nuire à sa solidité); trop pesante, il enfoncerait dans la terre, ce qui augmenterait la peine des chevaux en ralentissant la marche de la charrue.

Inutile de dire que les bois employés à la construction des charrues doivent être parfaitement secs, leur contact avec l'humidité de la terre et avec les pluies les expose à se déformer et à se fendre.

Quelques charrues modernes ont des roues en fer; ce qui importe avant tout, c'est qu'elles n'enfoncent pas dans la terre; par conséquent elles doivent avoir les bandes larges et peser le moins possible.

On ne s'attend pas sans doute que nous donnions ici même un aperçu des innombrables variétés de formes qu'a reçues la charrue dans ces derniers temps. A l'Exposition du concours agricole universel, nous en avons remarqué plus de cinquante nouvelles. Nous nous contenterons de donner ici celle de MM. Ransomès et celle de MM. Howard, qui nous ont paru réunir au plus haut degré les conditions que nous avons indiquées plus haut.

La charrue n'est pas exclusivement affectée au labour proprement dit, c'est-à-dire à l'opération qui consiste à couper, diviser et retourner la terre des champs; il faut y ajouter : 1° le *binot* ou *binoir*, charrue plus légère, sans versoir, employée pour les seconds labours et les façons qui complètent la préparation de la terre; 2° le *cultivateur* ou *houe* à cheval, qui ne remue que la superficie du sol, et s'emploie pour la préparation des semailles ou pour cultiver les semences déjà enterrées; 3° les *buttoirs* ou charrues à *butter* et façonner les récoltes sarclées; 4° les charrues à défricher, à défoncer, à écroûter, employées aux travaux de défrichements; 5° la charrue *taupe à rigoles*, pour les irrigations et dessèchements; 6° enfin les charrues-semoirs, machines ingénieuses et compliquées, sur lesquelles nous reviendrons au mot *Semoir*. HERVÉ.

CHARTE ou **CHARTRE** (politique) [du latin *charta*, papier]. — En matière d'histoire et de jurisprudence, le mot charte se prenait autrefois pour lettres ou anciens titres. Sous les deux premières races de la monarchie française et au commencement de la troisième, jusqu'au temps du roi Jean, on appelait *chartes* la plupart des titres, et notamment les coutumes, priviléges, concessions et autres actes innommés. On ne s'est servi du terme *charte* depuis ce temps que pour désigner les anciens titres antérieurs au quatorzième siècle. « On entendait encore par *chartes* toutes lettres expédiées en la grande chancellerie, et attribuant un droit perpétuel, telles que les ordonnances et édits, les lettres de grâce, rémission ou abolition qui procédaient de la pleine grâce du roi. La Champagne et la Navarre, qui, avant leur réunion au royaume de France, avaient leur chancellerie particulière, indépendante, expédiaient aussi directement leurs chartes. »

CHARTE NORMANDE. — Charte donnée à la Normandie pour la confirmation de ses priviléges par Louis le Hutin. Elle date du 15 juillet 1315, et fut successivement reconnue par Philippe de Valois, Charles VI, Charles VII, Louis XI, Charles VIII et Henri III. Ce monument historique, dit un auteur, qui fut longtemps tout le droit de la province, conserva jusqu'à la Révolution une grande autorité. Toutes les fois qu'il s'agissait de faire quelque règlement qui pût intéresser la Normandie, et que l'on voulait déroger à la charte, on ne manquait point d'y insérer la clause : *Nonobstant clameur de haro, charte normande*, etc.

Le mot *charte*, qui semblait effacé de la langue politique par la main des législateurs de 1789, a reparu plus tard. C'est Louis XVIII qui le rapporta à la suite des armées étrangères. Après les désastres de l'Empire, Louis XVIII dressa un pacte social, l'octroya au même titre que ses ancêtres du droit divin concédaient la liberté à leurs sujets, les priviléges et prérogatives à leurs communes. On a fait à ce sujet, dit Lachâtre, une distinction assez juste : on a jusqu'ici entendu par *charte* un titre solennel qui consacre des immunités civiles et politiques accordées aux peuples par les rois agissant de plein gré, tandis que les constitutions sont, dans la rigueur du terme, des contrats sérieux dans lesquels interviennent tous les membres d'une nation, directement ou par représentation. Dans ces contrats sont fixés les droits et devoirs des citoyens d'un pays libre, les attributions des différents pouvoirs. Ainsi les œuvres politiques de la Constituante, de la Convention, celle de 1848, sont des constitutions. Les contrats rédigés et décrétés par les souverains, quelquefois appelés du nom impropre de constitutions, ne sont que des *chartes*. Les constitutions ont cet avantage incontestable, étant discutées et votées par des représentants réels de la nation, de résumer l'état actuel de la civilisation, les traditions et les aspirations de la société. Elles présentent vraiment l'alliance du passé et de l'avenir. On les a souvent calomniées; mais l'histoire, tout en relevant en elles les imperfections inhérentes à toute combinaison humaine, leur rendra justice. L'histoire dira que sous les libérales époques où elles ont été respectées, le gouvernement des sociétés, forcé de marcher, d'agir à découvert, a été scrupuleux honnête et probe; car leur essence était d'appeler incessamment sur toutes choses le contrôle impartial de l'opinion publique.

CHARTE PARTIE (commerce). — C'est un contrat passé entre l'armateur ou le capitaine d'un navire et un commerçant qui fait l'affrétement, c'est-à-dire qui le loue en entier ou en partie pour transporter une cargaison, ou une certaine quantité de marchandises, d'un port ou d'un pays à un autre désignés dans cet acte, qui doit aussi faire mention du tonnage du navire, et certifier qu'il est en bon état et pourvu de tout ce qui est nécessaire pour faire le voyage. L'affréteur, de son côté, s'oblige à payer le fret tant par tonneau, ou pour toute la contenance du bâtiment, évaluée à un certain nombre de tonneaux lors de son arrivée à sa destination. On stipule dans ce contrat un nombre de jours pour le chargement et pour le déchargement, passé lesquels, s'il y y a une prolongation, il doit être payé pour chaque jour de retard une somme convenue, pour dommages et intérêts envers le capitaine. La cargaison doit répondre du payement du fret, suivant la teneur de la charte partie. Si un bâtiment se met en charge pour prendre les marchandises d'un seul négociant pour le port de sa destination, les marchandises seules sont responsables du payement du nolis, et non point l'affréteur, le commissionnaire ou facteur; ce sont les consignataires qui doivent payer le montant du fret à la réception des marchandises. Un courtier de vaisseau, ou le commerçant à qui est adressé le bâtiment de la part de l'armateur, peuvent dresser la charte partie, qui doit être souscrite par les parties contractantes et le capitaine, qui est tenu d'avoir à bord ce contrat. (*Montbrion.*)

CHARTREUSE (LA GRANDE). — Montagne du Dauphiné sur laquelle saint Bruno établit son premier monastère; se dit du monastère même.

Après avoir dépassé Chambéry et Saint-Thibault, on arrive par un chemin merveilleusement accidenté au passage des Échelles, long de trois cent huit mètres, que Napoléon fit tailler dans le roc, pour rendre plus facile les communications entre la France et la Savoie. Ce beau travail, dont l'inauguration eut lieu en présence de la reine Hortense, tout remarquable qu'il soit, a perdu quelque peu de son prestige lorsqu'on le compare aux tunnels percés récemment pour les chemins de fer.

A l'entrée de cette grotte, on remarque l'ouverture de l'ancienne caverne par laquelle on traversait jadis la montagne avec beaucoup de peine, car on était obligé de grimper et de redescendre à l'aide d'échelles un mamelon intérieur de près de cent pieds pour arriver au bourg situé au-dessous dans la vallée, et qui a tiré son nom de ces échelles.

La nécessité d'une voie plus commode s'était fait sentir depuis bien longtemps. En 1670, Charles-Emmanuel II avait déjà fait établir une route à côté de cette caverne, ainsi que l'atteste une inscription latine placée sur le monument élevé en mémoire de cette utile entreprise; mais cette route a été délaissée, on le conçoit, depuis le percement de la galerie pratiquée par Napoléon, qui ne fut définitivement achevée qu'en 1824, par les soins du roi Victor-Emmanuel.

C'est dans ce défilé, nouveau passage des Thermopyles, que quatre-vingts soldats français, n'écoutant que leur courage, s'immortalisèrent en 1814, en barrant le chemin à l'armée autrichienne, qui, grâce à leur héroïque résistance, fut forcée de passer pardessus la montagne.

Des Échelles par où l'on rentre en France, les voitures vous conduisent encore jusqu'à Saint-Laurent-du-Pont, où les guides et les mulets leur succèdent. On chemine d'abord facilement par une route dont l'aspect riant s'assombrit complétement, après trois quarts d'heure de marche, lorsqu'on arrive à Fourvoierie. Là une ouverture cintrée, pratiquée entre des rochers à pic et le Guiers-Mort, dont les flots impatients animent une foule d'usines, vous introduit dans l'entrée du désert. Après s'être égarée pendant une heure, au milieu des rochers et des forêts de mélèzes et de gigantesques sapins qui s'élancent dans l'air comme de verdoyants obélisques, la route, qui jusque-là a côtoyé la rive gauche du Guiers-Mort, passe par le pont Pérant sur la rive droite. Alors l'intérêt va *crescendo*; on passe sous la seconde porte du désert, d'où l'on aperçoit les ruines du château de l'Oreillette, construit, dit-on, pour s'opposer aux excursions du fameux Mandrin. Bientôt on atteint une plate-forme ornée d'une croix d'où l'œil plonge sur les bâtiments de la Courrerie, dépendance de la Grande Chartreuse, dont on ne tarde pas à apercevoir, à travers une clairière, la sombre silhouette.

Il est difficile de se figurer, à moins de l'avoir vu, le lugubre aspect de ces immenses bâtiments aux lignes sévères, aux teintes mélancoliques, dramatiquement encadrés, comme un paysage de Salvator, dans l'éternel rempart de ses rochers et de ses arbres séculaires déchirés par la foudre, dont le mugissement des torrents ou le cri rauque des aigles viennent seuls troubler la triste harmonie. Si reculée qu'elle soit des vaines passions du monde, cette célèbre retraite, fondée par saint Bruno en 1084, déjà soumise aux inclémences du climat, n'en a pas moins été souvent en butte à de nombreuses vicissitudes et aux fureurs des partis.

Ainsi, en 1133, le monastère, bâti primitivement au pied du Grand-Pont, au point extrême du défilé, fut renversé par une avalanche. Une chapelle consacrée à la vierge Marie échappa seule à cette catastrophe. L'édifice, rebâti depuis sur l'emplacement même occupé par les bâtiments actuels, devint huit fois la proie des flammes. Pour comble de malheur, les huguenots le pillèrent, puis y mirent aussi le feu en 1582. Enfin, après le dernier incendie, Dom Innocent Lemasson, alors général de l'ordre, le fit reconstruire en 1676, tel qu'on le voit aujourd'hui.

Les chartreux, dispersés lors de la révolution de 93, ne purent rentrer qu'en 1816 dans leur ancienne demeure; mais on en avait détaché les riches dépendances au profit de l'État.

L'ensemble de l'édifice consiste en deux corps principaux de bâtiments symétriques et clos de murs. Le plus grand contient les salles où couchent les voyageurs, la pharmacie, la bibliothèque, la chapelle, le logement du supérieur général, et au milieu l'église.

On remarque dans la salle capitulaire une série de tableaux représentant les principaux événements de la vie de saint Bruno, et les portraits des généraux de l'ordre, depuis sa fondation.

Les religieux ont la tête rasée, et sont tous vêtus d'une robe de laine blanche, à capuchon, qu'une corde retient à la taille. Ils mangent ordinairement seuls, excepté le dimanche et les jours de grande fête.

C'est dans cette solitude, entre les travaux du corps et de l'esprit, que des hommes, dont plusieurs ont connu les jouissances et les plaisirs du luxe, viennent passer leur vie dans le silence, jeûnant la plus grande partie de l'année, se privant d'aliments gras, et couchant sur la paille. Mais tels sont, sur ces cœurs remplis de ferveur, l'empire de la religion et l'ardeur de la foi, qu'ils trouvent sous ces froides voûtes, dans cette discipline si rigoureuse, un charme consolateur. Qu'ils sont beaux ces pieux cénobites lorsque, après s'être prosternés au pied de l'autel, ils viennent au milieu de la nuit implorer le Seigneur! Qui pourrait redire l'effet que produit dans l'église, à peine éclairée par de rares flambeaux, l'hymne sainte chantée à l'unisson par ces voix mâles, en magnifique choral, dont les accents, montant vers l'Éternel, remuent cent fois plus le cœur, dans leur énergie primitive, que les mélodies prétentieuses de tous nos maîtres de chapelle?

L'entrée de cette Thébaïde, par cela même qu'elle est interdite aux femmes, obligées de rester dans le bâtiment extérieur de l'infirmerie, converti pour leur usage en hôtel, excite d'autant plus vivement leur envie d'y pénétrer. La nature si excentrique qui les entoure, la curieuse chapelle de Saint-Bruno qui domine la Chartreuse, les moelleux gazons, les fraises et les fleurs parfumées qui s'épanouissent dans ce coin du Grésivaudan, ne leur suffisent pas. Pour goûter à ce fruit défendu, il n'est sorte de ruses et de supercheries qu'elles n'emploient, mais c'est en vain. Nous connaissons une de nos plus jolies actrices parisiennes, qui, malgré son talent pour se grimer et se déguiser, en a été quitte pour ses frais d'imaginative. Cette mésaventure, qui a eu quelque retentissement, arrêtera-t-elle les femmes du monde? il ne faut pas s'y fier : il y a parmi elles de si grandes comédiennes! H. Audifret.

CHARTREUX. — Ordre religieux célèbre par l'austérité de sa règle et qui n'eut jamais besoin de réforme. Il fut institué par saint Bruno, près de Grenoble, et dans le désert appelé *Chartreuse*, dont il prit le nom. Mort en 1101, saint Bruno fut canonisé par Léon X, en 1514. Outre la Grande Chartreuse, en Dauphiné, celle de Saint-Étienne, en Calabre, fut fondée du vivant de saint Bruno. Sous le généralat du bienheureux Guignes, mort en 1137, il n'y avait encore que trois chartreuses, des Portes, de Saint-Sulpice et de Meriac. Quarante-cinq ans après la fondation de l'ordre, le bienheureux Guignes écrivit, sous le nom de *Coutumes de la Grande Chartreuse*, les constitutions des chartreux. Saint Anthelme introduisit l'usage des chapitres généraux et convoqua le premier en 1141. Dom Basile, son successeur, ajouta plusieurs choses aux Coutumes du bienheureux Guignes dans une seconde compilation des statuts qui furent confirmés par le chapitre général de 1259. Dom Guillaume Rinaldi, élu prieur de la Grande Chartreuse en 1367, et qui refusa le cardinalat, fit, en 1368, de nouveaux statuts. Dom François du Puy fit encore un recueil des statuts et des ordonnances des chapitres généraux, publié en 1509, et qu'on appela *la troisième compilation des statuts*. Il y en eut de nouveaux, confirmés par les chapitres généraux, en 1572, 1581 et 1681. Cet ordre fut d'abord confirmé par Urbain II, puis d'une manière plus authentique par Alexandre III, dans sa bulle du 17 septembre 1170, qui plaça les chartreux sous la protection du saint-siége. En 1218, Honorius III écrivit à tous les évêques en leur faveur. En 1391, Boniface IX les exempta de la juridiction des évêques et les remit sous la protection du saint-siége. En 1420, Martin V les exempta de payer les dîmes de leurs terres; et en 1508, Jules II ordonna que toutes les maisons de l'ordre obéiraient au prieur de la Grande Chartreuse et au chapitre général de l'ordre.

A la fin du dix-huitième siècle, on comptait 172 chartreuses, dont 5 de filles. Elles étaient divisées en 16 provinces, ayant chacune 2 visiteurs élus tous les ans dans le chapitre général. De toutes ces chartreuses, il y en avait 75 en France. Les plus magnifiques étaient la Grande Chartreuse, celles de Gaillon, en Normandie, de Nancy, en Lorraine, de Pavie et de Naples, en Italie. Cet ordre a donné à l'Église plusieurs saints, quatre cardinaux, sans compter ceux qui refusèrent cette dignité, et soixante-dix archevêques ou évêques. Il en est également sorti plusieurs écrivains célèbres.

Les chartreux sont à la fois cénobites et solitaires. Comme cénobites, ils se réunissent tous les jours à l'église pour la célébration de l'office divin, prennent leurs repas au réfectoire les dimanches et fêtes, mais sans jamais rompre le silence, et font une fois la semaine une promenade ou spaciment qui dure environ trois heures. Tous les jours de l'année, ils se relèvent au milieu de la nuit pour chanter l'office. Rien de plus saisissant que ce spectacle, surtout lorsqu'on éteint les flambeaux, qu'il ne reste plus que la lampe du sanctuaire, et qu'au chant de l'office des morts succède le plus complet silence. Comme solitaire, le chartreux retiré dans sa cellule y partage son temps entre les exercices de piété, l'étude et le travail manuel. Ils s'abstiennent perpétuellement de tout aliment gras, même étant gravement malades, n'usent ni d'œufs ni de laitage pendant l'Avent, le Carême, tous les vendredis et certains jours particuliers, jeûnent huit mois de l'année et un jour par semaine se contentent de pain et d'eau. Ils ne se servent point de linge, couchent sur une simple paillasse, portent la tête rasée et sont continuellement revêtus du cilice. (*L'abbé Mullois.*)

CHASSE [du latin barbare *cassa*]. — Action de chasser; il se dit particulièrement de la poursuite des bêtes sauvages (lions, tigres), des bêtes fauves (lièvres, lapins, etc.), des oiseaux, etc.

La chasse est la plus noble et la plus belle passion, car elle n'éteint pas les autres. Elle développe le corps et elle délasse l'esprit, qui, même pendant ce temps de repos, ne tombe jamais dans l'inertie, forcé qu'il est sans cesse de prévoir, de préjuger de dresser un projet ou d'arrêter un plan; il doit, en outre, prendre mille précautions incessantes, et si, par instants, il se repose complétement, si la fatigue enfin le met, pour ainsi dire, en jachère, la nature lui parle, le paysage l'intéresse, sous le rapport de la culture, de la géologie, des accidents de la terre ou des coutumes diverses des habitants qui l'environnent, bien que cette étude soit hors d'œuvre; l'esprit capte tout ce qui se passe autour de lui, et travaille récréativement à des analyses comparatives, appréciées dans le vague d'une délicieuse distraction, et qui déjà déposent inaperçu dans le cerveau le germe substantiel de réflexions ultérieures. Un autre bénéfice de la chasse est d'imposer et de faire accepter à l'homme affecté de chagrin un soulagement forcé qu'il ne consentirait à recevoir de personne, et qu'il accepte du grand air des champs, sans avoir à se reprocher une inconstance à sa douleur, puisqu'il ne s'aperçoit pas de ce bienfait.

L'ennui que le luxe laisse après lui, le sourd bourdonnement des nullités mondaines, n'ont peut-être pas d'autre contre-poison que la chasse. Les champs et les bois dissipent tous ces miasmes délétères à différents degrés, parce que la chasse vous met de prime abord face à face avec la nature, si belle qu'elle vous plaît, si grande qu'elle vous grandit, si généreuse qu'elle vous sourit, à vous qui l'aviez méconnue! A dater de ce moment, vous descendez malade dans un bain salutaire dont toutes les émanations suaves captivent vos sens; c'est un prestige divin, c'est celui de la bienfaisance, qui donne tout et ne reproche rien, donne avant de promettre, et semble ignorer le bonheur qu'elle fait.

La première condition de la chasse, c'est d'avoir une arme bonne et sûre; la seconde condition est de bien charger cette arme; la troisième est de connaître toujours la force de la poudre qu'on emploie; la quatrième est de savoir, relativement au calibre de l'arme, à la longueur du canon et à la substance de la pâte constitutive de ce canon, équilibrer la force de résistance par le plomb, et la force d'impulsion par la poudre; la cinquième est de choisir une longueur de couche en rapport avec la longueur des bras et du cou; la sixième est de se rendre compte en plaque des défauts de son arme ou de ses défauts à soi-même, et de reconnaître que, la majeure partie du temps, les défauts de l'arme disparaissent avec la charge exactement pondérée qui lui est propre. (*Deyeux.*)—La chasse fut pratiquée surtout à la naissance des sociétés, et l'on se ferait difficilement une idée aujourd'hui de l'importance qu'eut cet exercice chez les peuples primitifs. Elle fournissait aux besoins de leur vie, et faisait leur plus constante occupation; elle est partout empreinte sur les monuments de l'art ancien. Les noms des plus habiles chasseurs de ces époques reculées ont été précieusement conservés, et la liste en serait trop longue pour la dresser ici. Le droit de chasse, qui, chez les nations nomades, appartenait naturellement à tous, subit plus tard de nombreuses transformations; il suivit dans toutes ses vicissitudes le droit de propriété, et encore aujourd'hui ces deux droits sont confondus. La législation romaine a défendu de chasser sur le domaine d'autrui; le vieux droit français en fait autant. Les rois seuls avaient le droit de chasse sur le sol français, étant propriétaires, par la grâce de Dieu, de leurs sujets, personnes et biens. Bientôt la propriété s'affranchit, se dégagea par l'effort des communes. Louis XI seconda, à son insu, ce mouvement d'émancipation. En même temps, le droit de chasse s'étendit. Ainsi, lors des révolutions communales, les bourgeois des cités affranchies conquirent la faculté de chasser dans le ressort de leurs banlieues; mais la réforme se réalisa lentement. Henri IV décréta la peine de mort contre les braconniers pris en récidive à chasser dans les forêts royales. Louis XIV, pour le même délit, punit les roturiers pour la première fois de cent livres d'amende, de deux cents livres pour la seconde, et pour la troisième du carcan et du bannissement, pendant trois ans, de l'étendue de la maîtrise des eaux et forêts où le délit avait été commis. Le braconnier pris dans les forêts royales fut puni du fouet jusqu'à effusion de sang, de l'emprisonnement au pain et à l'eau, du bannissement et des galères. Il y a loin de cette cruelle législation à la maxime des Gaulois, au temps de leur indépendance : *La terre est aux hommes, comme le ciel est aux dieux.* Aujourd'hui la loi est plus humaine; elle ne bannit plus et ne verse plus le sang pour un délit de chasse. Sous les gouvernements constitutionnels, le droit de chasse a préoccupé plusieurs fois les législateurs; les dernières dispositions prises sur cette matière datent de 1843, et consacrent pour les propriétaires, et sauf quelques réserves, la faculté de détruire ou de faire détruire sur leur terrain toute espèce de gibier. Voici, du reste, les réserves principales apportées à l'exercice absolu du droit du propriétaire par la loi de 1843 : Elle punit sévèrement la chasse en temps prohibé, et elle interdit la vente et le transport du gibier pendant le même temps; elle défend de prendre, sur le terrain d'autrui, les œufs ou les couvées; enfin, elle ne reconnaît que la chasse à tir et la chasse à courre. (*Lachâtre.*)

FIN DU TOME TROISIÈME.

TABLE ANALYTIQUE DES MATIÈRES

Les chiffres romains indiquent le Tome; les chiffres arabes, la Pagination. Ainsi au mot **BASSIN** on trouve : **III, 1**, c'est-à-dire que la description du mot *Bassin* se trouve tome III, page 1. Le signe * indique les planches gravées.

B

C

FIN DE LA TABLE DU TOME III.

Paris. — Typ. Morris et Cie, rue Amelot, 64.

www.ingramcontent.com/pod-product-compliance
Lightning Source LLC
Chambersburg PA
CBHW072000270326
41928CB00009B/1498
* 9 7 8 2 0 1 2 6 5 6 9 0 1 *